Geschichte und Kultur Churrätiens

Geschichte und Kultur Churrätiens

Festschrift für Pater Iso Müller OSB zu seinem 85. Geburtstag

Herausgegeben
von
Ursus Brunold und Lothar Deplazes

Desertina Verlag Disentis
1986

Photo S. 2: D. Schönbächler

Herstellung: Stampa Romontscha, Condrau SA, 7180 Disentis/Mustér
© 1986 Desertina Verlag, 7180 Disentis/Mustér
Alle Rechte vorbehalten
ISBN 3 85637 112 5

Inhalt

Tabula gratulatoria	IX
Geleitwort	XIX
Anita Siegfried-Weiss, Regula Steinhauser und Margarita Primas Archäologischer Beitrag zum Formationsprozess des frühmittelalterlichen Churrätien	1
Konrad Huber Der Ortsname Flem – Flims	49
Carl Pfaff Bemerkungen zum Warnebert-Reliquiar von Beromünster	69
Michael Borgolte Der churrätische Bischofsstaat und die Lehre von der Eigenkirche. Ein Beitrag zum archäologisch-historischen Gespräch	83
Georg Malin Die frühesten Bauten von St. Martin in Eschen	105
Irmgard Grüninger Die Pfarrkirchen Walenstadt und Mels im Früh- und Hochmittelalter. Erkenntnisse auf Grund der Grabungen von 1973 und 1978	129
Urs Clavadetscher Die Ausgrabungen in der Pfarrkirche St. Maria Magdalena in Stierva	147
Karl Schmid Von Hunfrid zu Burkard. Bemerkungen zur rätischen Geschichte aus der Sicht von Gedenkbucheinträgen	181
Dieter Geuenich Aus den Anfängen der Fraumünsterabtei in Zürich	211

Christoph Eggenberger
  Die Bilderdecke von St. Martin in Zillis 233

Jürg L. Muraro
  Die Freiherren von Belmont 271

Otto P. Clavadetscher
  Die Urkunde Bischof Adelgotts von Chur vom Jahre 1154
  für das Prämonstratenserkloster St. Luzi in Chur 311

Ursus Brunold
  Die Churer Dompropstwahl nach einem unbekannten Protokoll
  von 1237/38 331

René Projer
  Die Herren von Löwenstein 349

Urban Affentranger
  Die Ausbreitung der Bettelorden im spätmittelalterlichen
  Churrätien 363

Karl Heinz Burmeister
  Hugo VI. von Montfort (1269–1298), Propst von Isen,
  erwählter Bischof von Chur 389

Lothar Deplazes
  Zum regionalen Handel und Verkehr an der Lukmanier- und
  Oberalproute im Spätmittelalter 409

Elisabeth Meyer-Marthaler
  Das Toggenburger Erbe und die Anfänge
  des Zehngerichtenbundes 441

Hans Rutishauser
  Eine hochgotische Wandmalerei der Bärenhatz
  am Schloss Rhäzüns 471

Ludwig Schmugge
  Über Rom nach Chur.
  Zur Geschichte des Domkapitels im Spätmittelalter (1378–1455) . . 493

Inhalt   VII

Werner Vogler
    Zur frühen Geschichte des Pfäferser Bades 515

Martin Bundi
    Zur Frage einer Annäherung zwischen Churrätien und Brescia
    im frühen 15. Jahrhundert 549

Bruno Hübscher
    Wiederentdeckte Wappen im Disentiser Klosterhof
    zu Ilanz 559

Peter Ochsenbein
    Marias Fürbitte im Churer Weltgerichtsspiel von 1517 583

Adolf Reinle
    Der Kruzifixus von Lumbrein.
    Ein Andachtsbild mittelalterlicher und barocker Leidensmystik . . 617

Ursus Brunold
    Veröffentlichungen von P. Iso Müller 641
    Verzeichnis der Abkürzungen und Sigel 659
    Register der Personen- und Ortsnamen. 663

    Verzeichnis der Mitarbeiter 685

Tabula gratulatoria

Ulrich Aebi, Frauenfeld
Peter Aerne, Zürich
Klaus Aerni, Bern
Charles Aerssens, Loon op Zand
Franz Affentranger, Hitzkirch
P. Urban Affentranger, Disentis
Felix Agosti-Maurer, Uster
Giosch Albrecht, Chur
Hubert Albrecht, Sargans
Robert Allgäuer, Vaduz
Hans-Dietrich Altendorf, Aesch/Forch
Andreas Amiet, Remetschwil
Jacqueline Amrein, Luzern
Bernhard Anderes, Rapperswil
Hans Hubert Anton, Trier
Hanspeter Arnold-Schuler, Bürglen
Pia Arpagaus, Cunter
Ivo Auf der Maur, Abt von
 St. Otmarsberg, Uznach
Rudolf Auf der Maur, Bern
Nina Augustin, Mon
Karl S. Bader, Zürich
Max Banholzer, Solothurn
Giovanni Bargetzi, Chur
Alfred Bärlocher, St. Gallen
Rainer Baudendistel, St. Gallen
Iso Baumer, Fribourg
Kurt Baumgartner, Zürich
Adolf Beeler, Ruswil
Cyrill Beeler, Savognin
Gion Beer, Sedrun
Rudolf F. und M. Benziger-Halter,
 Luzern
Jean-François Bergier, Zug
Gottfried Bernhart, Zug
Adalgott Berther, Dallenwil
Bruno Berther, Rueras
Conrad Berther, Rueras
Francestg Berther, Rueras
Norbert Berther, Chur
Tumaisch Berther, Uors/Lumnezia
Benedikt Bilgeri, Hard/Vorarlberg
Jakob Bill, Adligenswil
Bernhard Bischoff, Planegg b. München
Pia Bisig-Binkert, Stans

Duri Blumenthal, Rumein
Maria Boesch-Ineichen, Meggen
Robert Bolliger, Altdorf
Walter Bonell, Bamberg
Pierluigi Borella, Gorduno
Michael Borgolte, Freiburg i.Br.
Karl Bosl, München
Arthur Brunhart, Balzers
Berty Brunner, Lustmühle
Gregor Brunner, Meilen
Remigi Brunold, Vella
Ursula und Ursus Brunold-Bigler, Zizers
Roman W. Brüschweiler, Widen
Hanspeter Bucher, Zürich
Josef Bühler, Rorschach
Linus Bühler, Oberrieden
Gian Bundi, Disentis
Martin Bundi, Chur
Victor Buner, Rheineck
Rudolf Bürgi, Luzern
Bernhard Burkard, Niedergesteln
Martin A. Burkhard, Einsiedeln
Erika Bürki, Zürich
Karl Heinz Burmeister, Bregenz
Hugo Burry, Gossau
Gieri Cadruvi, Zuoz
Cristian Caduff-Vonmoos, Castrisch
René Caflisch, Payerne
Adolf M. Calivers, Chur
Bistgaun Camenisch, Schluein
Reto Candinas, Zürich
Mario Canova, Chur
Giusep Capaul-Caduff, Disentis
Louis Carlen, Brig
Giachen Giusep Casaulta, Chur
Glieci Casaulta, Vella
Josef Casutt, Murten
Ignaz Cathomen, Falera
Yvonne Cathomen, Danis
Placi Cavegn-Venzin, Muttenz
Gion Mathias Cavelti, Rorschach
Toni Cavelti, Sagogn
Pieder Cavigelli, Minusio
Marjan Cescutti, Bozen
Andreas Christen, Buochs

Hilde Claussen, Münster
Otto P. Clavadetscher, Trogen
Urs Clavadetscher, Chur
Adolf Collenberg, Waltenschwil
Cristian Collenberg, Chur
Dumeni Columberg, Disentis
Gion Condrau, Herrliberg
Guido Condrau, Zollikon
Pius Condrau, Disentis
Victor Conzemius, Luzern
Gerold Curti, St. Gallen
Willem F. Daems, Arlesheim
Gian Peider Davoli, Samedan
Roger De Coster, Dendemonde
Alexi Decurtins, Chur
Giusep Decurtins, Chur
Clau Defuns, Chur
Alfons Della Pietra, Sachseln
Odo Denicolò, Müstair
Anna-Maria und Lothar Deplazes-Haefliger, Küsnacht
Gion Deplazes, Chur
Anita Derungs, Zug
Gion A. u. Heidi Derungs-Brücker, Chur
Martin A. Derungs, Andiast
Sigisbert Desax, Disentis
Florens Deuchler, Perroy
Hansjörg Domeisen, Rapperswil
Luzi Dosch, Chur
Men Dosch-Steiger, Küssnacht
Walter Drack, Uitikon-Waldegg
Pierre Dubuis, Sion
Franz Duss, Escholzmatt
Immo Eberl, Tübingen
Christoph Eggenberger, Zollikon
Carl Eggerling, Chur
Franz Ehrler, Buttisholz
Paul Eisenring, Erlenbach ZH
Christian Fanzun, Chur
Johann Peter Fanzun, Tarasp
Jon Fanzun, Tarasp
E.A. Farry, Zürich
Hans C. Faussner, München
Karl H. Flatt, Solothurn
Peter Fleiner, Erlenbach ZH
Suzanne Fleiner, Erlenbach ZH
Cyrill Flepp, Chur
Alexander Frick, Schaan

Nesa Fried, Chur
Karl Frischknecht, St. Gallen
Willy Frischknecht, St. Gallen
Horst Fuhrmann, München
Johannes F. Fulda, Kilchberg
Mauritius Fürst, Abt von Mariastein
Riccardo Galli, Grono
Joseph Melchior Galliker, Luzern
Giuseppe Gallizia, Lugano
Heinz Gallmann, Ftan
Klaus Gamber, Regensburg
Angelo Garovi, Sarnen
P. Giosch Gartmann, Surcuolm
Albert Gasser, Chur
Willi Gautschi, Baden
Hanny Genelin-Vieli, Bern
Alois Gerlich, Mainz
Franz Germann, Urdorf
Dieter Geuenich, Freiburg i.Br.
Giusep Gieriet, Camischolas
Paulina Giger, Curaglia
Peter Giger, Altstätten
Johannes Gisler, Appenzell
Josef Gisler, Stalden
Beat Glaus, Zürich
Fritz Glauser, Luzern
Alexander Good, Sargans
Carl Graepler-Diehl, Marburg a. Lahn
Lucien Graff, Erstfeld
Christian Grand, Wittenbach
Gertrud Groiss, Mörschwil
Peter Gros, Disentis
Hermann Grosser, Appenzell
Rudolf Gruber, Wil
Irmgard Grüninger, St. Gallen
Johannes Grüninger, Näfels
Josef Grüter, Baar
Andreas Gschwend, Zug
Erwin Gschwend, Rapperswil
P. Benedikt Gubelmann, Müstair
Hellmut und Rosemarie Gutzwiller-Hallenbarter, Solothurn
Max und Meryl Gutzwiller, Zürich
Alois Haas, Zürich
Leonhard Haas, Bern
Wolfgang Haas, Chur
Alfred Häberle, Winterthur
Hans F. Haefele, Kilchberg

Tabula gratulatoria

Alois Häfliger, Willisau
Urs Häfliger, Disentis
Wolfgang Hafner, Aarau
Anton Hänggi, a. Bischof von Basel
René Hantke, Zürich
Benedikt Hartmann, Zürich
Wolfgang Hartung, Erkrath
Barletta Haselbach-Cathomas, Berneck
Alexander Heckmann, Freudenstadt
Elisabeth Heckmann, Freudenstadt
René Hefti, Valbella
Arnold Helbling, Wettingen
Viktor Helbling, Rorschacherberg
Tarcisi Hendry, Sedrun
Ruedi Henny, Meierhof/Obersaxen
Hans Herold, Zürich
Heinz Herzig, Rüdtlingen
Paul Hess, Luzern
Albert Heuberger-Anrig, St. Gallen
Walter Hildebrandt, Bülach
Gerold Hilty, Oberrieden
Peter Hitz, Zürich
Eduard Hlawitschka, München
P. Hans Hobi, St. Gallen
Gertrud Hofer-Wild, Muri BE
Peter Hofmann, Basel
Kurt Holter, Wels
Georg Holzherr, Abt von Einsiedeln
Heinz Horat, Luzern
Leopold von Hospenthal, Zürich
Wolfgang Hübener, Wentorf b. Hamburg
Konrad Huber, Meilen
Bruno Hübscher, Chur
Heinrich Huonder, Disentis
Charles Hurni, Ruswil
Robert Hutter, Visp
Franz-Heinz Hye, Innsbruck
Reto Illien, Zürich
H. Rudolph Inhelder, London
Max Jaeger, Säriswil
Hans J. Joos, Basel
Christoph Jörg, Domat/Ems
Gebhard Jörger, Ingenbohl
Robert Jörger, Zürich
Joseph Jung, Zürich
Alphons Kappeler, Adliswil
B. Kaufmann, Aesch
Peter Kaufmann, Bern

Franz Kaufmann-Huber, Baar
Bernhard Kaul, Abt von Hauterive
H.G. und F. Keel-Benziger, Einsiedeln
Arthur Willy Keller, Zürich
Béatrice Keller, Oberwil
Willy Keller, Ibach-Schwyz
Fritz Kettner, Basel
Hans Kläui, Winterthur
Josef Knobel-Gabriel, Wolfenschiessen
Jakob Kobler, Bern
Guido Kolb, Zürich
Heinrich Koller, Salzburg
Johannes Kramer, Heidelberg
Ivo Kronig, Zermatt
Sibyll Kummer-Rothenhäusler, Zürich
Josef Küng, Appenzell
Stephan Kuny, Zürich
Alfons Künzle, Zürich
Leone Lanfranchi, Chur
Giorgio Lazzarini, Chur
Rudolf Lechmann, Disentis
Guy Le Comte, Genève
Hans Leu, Hohenrain
Hans Lieb, Schaffhausen
Ricarda Liver, Lützelflüh
Rainer Loose, Rottenburg/N.
Heinz Löwe, Tübingen
Heinz-Günter Lüdgen, Offenbach/M.
Reimo Lunz, Bruneck-Südtirol
J. Martin Lusser, Allschwil
Hans Lutta-Giger, Ilanz
Albert Lutz, Chur
Ernst Maeder, Zürich
Hugo Mäder, Zürich
Alex Maissen, Ilanz
Augustin Maissen, Laax
Felici Maissen, Cumbel
P. Flurin Maissen, Rumein
Georg Malin, Mauren FL
Gion Arthur Manetsch, Domat/Ems
Meinrad Mannhart, Baar
Guy P. Marchal, Basel
Silvio Margadant, Haldenstein
Max Martin, München/Basel
Karl Mätzler, Sargans
Helmut Maurer, Konstanz
Georg Mayer, Suhr
Erhard Meier, Chur

Max Melotti, Hospental
Peter Metz, Chur
Elisabeth Meyer-Marthaler, Frauenfeld
Franz Meyer, Andermatt
Myran Meyer, Andermatt
Paul Meyer, Andermatt
Christian Monn, Chur
Mario von Moos, Fehraltorf
Hans Muheim, Altdorf
Jürg L. Muraro, Winterthur
Tista Murk, Trun
George Müller, Basel
Gerold Müller, Olten
Iva-Doris-Inez Müller, Andermatt
Madeleine Müller, Olten
Paul Müller, Reinach BL
Remi Müller, Näfels
Stephan Müller, Olten
Urs A. Müller, Zürich
Franz Näscher, Vaduz
Günther E. Natsch, Bad Ragaz
Silvester Nauli, Tomils
Giusep Nay, Chur
P. Iso Niedermann, Mastrils
Felix Nöthiger, Reischen
Erich Nuber, Wangs
Paul Oberholzer, Uznach
Peter Ochsenbein, St. Gallen
Alois Ospelt, Vaduz
Ernst Ospelt, Vaduz
Mario Oss, Stäfa
Eduard Otth, Dübendorf
Christian Padrutt-Ryffel, Chur
Giusep Pally-Rothen, Bern
Giusep Pelican, Chur
Flavio Perotto, Nassenwil
Benjamin Peter, Schötz
Hans Conrad Peyer, Zürich
Carl Pfaff, Fribourg
Romano Plaz, Savognin
Tullio Pola, Poschiavo
Margarita Primas, Zürich
René Projer, St. Gallen
Giusep Quinter, Chur
Jürg Rageth, Chur
Simon Rageth, Bern
Alfons Raimann, Frauenfeld
Vittorio F. Raschèr, Zürich

Peter Raschle-Krämer, Appenzell
Daniel Reicke, Basel
Rudolf Reinhardt, Tübingen
Adolf Reinle, Pfaffhausen
Werner Rhiner, Geroldswil
Josef Riedmann, Innsbruck
Pius J. Rimensberger, Herrenschwanden
Ingrid Ringel, Mainz
Armin Rordorf, Chur
Hans Rossi, Chur
Jakob Ruckstuhl, Basel
Christian Russi-Holzgang, Andermatt
Hans Rutishauser, Chur
Alois Rutz, Bütschwil
P. Joachim Salzgeber, Einsiedeln
Gertrud Sandberger, München
Cesare Santi, Chiasso
Catherine Santschi, Genève
Kaspar Schindler, Niederurnen
Arnold Schlumpf, Zürich
Alfred A. Schmid, Fribourg
Gilli Schmid, Pfaffhausen
Heinrich Schmid, Zürich
Karl Schmid, Freiburg i.Br.
Siegfried Schmid, Zürich
Elisabeth u. Walter Schmidhauser, Zug
Heinrich Schmidinger, Salzburg
Ludwig Schmugge, Zürich
Boris Schneider, Zürich
Ludwig Schnüriger, Vaduz
Hans Schnyder, Kriens
Viktor Schönbächler, Abt von Disentis
Rolf Schönenberger, Hombrechtikon
Albert Schoop, Frauenfeld
Christian Schranz, Mogelsberg
Paul Schumacher, Zürich
Hans Schürmann, Root
Jakob Schutz, Filisur
Benedikt Schwager, Gossau
Gabriela und Werner Schwarz-Zanetti,
  Uster
Stephan Schwitter, Frauenfeld
Heinz Sdorra, Appen
Hans Rudolf Sennhauser, Zurzach
Heinrich Sgier, Compadials
Alexi Sialm, Disentis
Anita Siegfried-Weiss, Zürich
Josef Siegwart, Fribourg

Sep Fidel Sievi, Disentis
Guido Sigron, Uster
Guiu Sobiela, Ftan
Erik Soder v. Güldenstubbe,
    Theilheim bei Würzburg
Clau Solèr, Paspels
Claudio Soliva, Effretikon
Stefan Sonderegger, Herisau
P. Gebhard Spahr, Weingarten
P. Kolumban Spahr, Bregenz
Franz Staab, (Stadecken-)Elsheim
Alois Stadler, St. Gallen
Hans Stadler, Attinghausen
Giovanni Maria Staffieri, Lugano
Othmar Stäheli, Bülach
Franz Stark, Appenzell
Jacques Stäubli, Kloten
Duri Stecher, Tarasp
Anton F. Steffen-Stocker, Luzern
Urs Steiner, Oberuzwil
Margrit Steinhauser, Luzern
Regula Steinhauser, Küssnacht
Helmut Stimm, München
Peter Stöcklin, Diegten
Victor Stoll, Stein AG
Peter Stotz, Bülach
Ed. Strasky, Baden
Josef Strebel, Fribourg
Hans Stricker, Zürich
Anton Stucky, Sargans
Paul Stucky, Rapperswil
Charles Studer, Solothurn
Josef Styger, Zürich
Hans Sutter, Rickenbach BL
Alexander Tanner, Zürich
Josef Tannheimer, St. Gallen
René Teuteberg-Bentz, Basel
Gion Peder Thöni, Riehen
Karl Thüer, Aadorf
Jürg Thurnheer, Schübelbach

Aluis Tomaschett-Hack, Uitikon
Paul Tomaschett, Luzern
Max Leo Tramèr, Mompé-Tujetsch
Gian Trepp, Thusis
Josef Trütsch, Ingenbohl
Gian Battista von Tscharner, Reichenau
Szabolcs de Vajay, Vevey
Conrad Venzin, Niederglatt
Armin Vincenz-Riedi, Trimmis
Valentin Vincenz, Buchs SG
Eduard Vischer, Glarus
Robert Vögeli, Wohlen
Werner Vogler, St. Gallen
Elmar Vonbank, Bregenz
Johannes Vonderach, Bischof von Chur
Urs Waldmann, Haldenstein
Christian Walther, Hirzel
Jean Walz-Zwigart, Basel
Manfred Weitlauff, München
Hermann J. Welti, Leuggern
Erich Wenneker, Celle
Joachim Werner, München
Willi Werth, Müllheim/Bd.
Eugen Widmer, Horw
Werner Widmer, Zürich
Josef Wiederkehr, Dietikon
Constant Wieser, Chur
Franz Wigger, Solothurn
Albert Wihler, Stierva
Marianne Willi, Beromünster
Christian A. Winzap, Basel
Isidor Winzap, Chur
Leo Wolfisberg, Luzern
Francesco Zanetti, Sarmenstorf
P. Albert Ziegler, Zürich
Peter Ziegler, Wädenswil
Josef N. Zürcher, Rapperswil
Markus Züst, St. Margrethen
Walter Zwimpfer, St. Gallen

XIV Tabula gratulatoria

Aarau	Staatsarchiv des Kantons Aargau
Altdorf	Staatsarchiv des Kantons Uri
Andermatt	Katholisches Pfarramt Korporationsverwaltung Ursern
Bad Ragaz	Vereinigung der Freunde von Bad Pfäfers
Basel	Schweizerische Gesellschaft für Ur- und Frühgeschichte
Bellinzona	Biblioteca della Commercio/Biblioteca regionale
Berlin	Freie Universität, Friedrich-Meinecke-Institut
Bern	Bernisches Historisches Museum
Beuron	Bibliothek der Erzabtei St. Martin
Bozen	Benediktinerkloster Muri-Gries
Bregenz	Vorarlberger Landesarchiv Vorarlberger Landesbibliothek
Brugg	Kantonsarchäologie des Kantons Aargau, Vindonissa-Museum
Chur	Dicziunari Rumantsch Grischun Evangelische Buchhandlung Historisch-antiquarische Gesellschaft von Graubünden Kantonsbibliothek Graubünden Rätisches Museum Staatsarchiv Graubünden Stadtarchiv Theologische Hochschule
Disentis	Biblioteca romontscha della claustra
Einsiedeln	Stiftsbibliothek
Feldkirch	Archiv der Diözese Stadtbibliothek
Fischingen	Benediktiner-Gemeinschaft
Frauenfeld	Amt für Archäologie Thurgauische Kantonsbibliothek

Tabula gratulatoria

Fribourg	Albert le Grand SA Archives de l'Etat Mediaevistisches Institut der Universität Seminar für Schweizer Geschichte der Universität
Genève	Bibliothèque publique et universitaire
Giessen	Historisches Institut der Justus-Liebig-Universität
Göttingen	Max-Planck-Institut für Geschichte
Innsbruck	Amt der Tiroler Landesregierung Bibliothek des Jesuitenkollegs Institut für Ur- und Frühgeschichte
Karlsruhe	Generallandesarchiv
Kiel	Institut für Ur- und Frühgeschichte der Christian-Albrechts-Universität
Konstanz	Stadtarchiv
Laax	Fundaziun Retoromana
Luzern	Historisches Museum des Kantons Luzern Staatsarchiv Zentralbibliothek
Maria Laach	Abt-Herwegen-Institut der Abtei Maria Laach
Mariastein	Benediktinerkloster
Mendrisio	Biblioteca Liceo di Mendrisio
München	Institut für mittelalterliche Geschichte der Universität Monumenta Germaniae Historica Seminar für Bayerische Kirchengeschichte an der Universität Stiftsbibliothek Abtei St. Bonifaz Zentralinstitut für Kunstgeschichte
Münster/W.	Institut für vergleichende Städtegeschichte
Neuchâtel	Bibliothèque publique et universitaire Institut d'Histoire Service des archives de l'Etat

Tabula gratulatoria

Nürnberg	Germanisches Nationalmuseum
Olten	Historisches Museum Stadtbibliothek
Posieux	Konvent des Zisterzienserklosters Hauterive
Roma	Istituto svizzero di Roma
Saint-Maurice	Abbaye
Schaffhausen	Stadtbibliothek
Schwyz	Staatsarchiv
Solothurn	Bischöfliches Archiv des Bistums Basel Staatsarchiv
St. Gallen	Kantonale Verwaltungsbibliothek Kantonsbibliothek (Vadiana) Staatsarchiv Stiftsarchiv Stiftsbibliothek
Trun	Conferenza scolastica Cadi
Uster	Paul Kläui-Bibliothek
Vaduz	Historischer Verein für das Fürstentum Liechtenstein
Villazzano/Trento	Istituto storico Italo-Germanico
Wien	Institut für österreichische Geschichtsforschung
Zürich	Genealogisch-Heraldische Gesellschaft Historisches Seminar der Universität Romanisches Seminar der Universität

Donatoren

Peter Kaiser Stiftung, Vaduz
Domkapitel Chur
Otto Gamma-Stiftung
Regierung des Kantons Graubünden
Dr. M.O. Winterhalter-Stiftung, Domat/Ems
Südamerikanische Elektrizitäts-Gesellschaft, Zug
Jacques Bischofberger-Stiftung, Chur
Graubündner Kantonalbank, Chur
Historischer Verein der V Orte
Katholische Landeskirche von Graubünden
Katholischer Administrationsrat des Kantons St. Gallen
Regierung des Fürstentums Liechtenstein
Regierung des Kantons St. Gallen
Regierung des Kantons Uri
Politische Gemeinde Disentis/Mustér
Vorarlberger Landesregierung
Korporation Ursern, Andermatt

Geleitwort

Stellvertretend für viele möchten einige Freunde, Kollegen und Schüler dem verehrten Pater Iso Müller zum 85. Geburtstag am 13. Dezember 1986 ihren Dank ausdrücken, indem sie in dieser Festschrift Studien zu Themen veröffentlichen, die der Jubilar im Forschungsdialog angeregt oder mitgeprägt hat.

Pater Iso Müller wurde am 13. Dezember 1901 in Altdorf geboren. Über seine Gymnasialzeit bei den Jesuiten in Feldkirch und den Benediktinern in Einsiedeln berichtete er dankbar und humorvoll in der autobiographischen Skizze «Aber meine Lehrer waren gut». Ob er die Warnung eines Deutschlehrers vor «Eichendorffs Taugenichts, dessen Lektüre weltfremd und unwirklich mache», beherzigte oder den spielerisch souveränen romantischen Dichter schon damals tiefer verstand, diese und manch andere Frage lässt er offen. 1922 trat er ins Kloster Disentis ein. Nach dem Theologiestudium in Bregenz und Einsiedeln empfing er 1927 die Priesterweihe. An der Universität Freiburg im Uechtland studierte er Geschichte und Latein und besuchte zudem kunstgeschichtliche sowie romanistische Vorlesungen und Seminarien. Das «Fribourger Historiker-Trio» prägte ihn nachhaltig. Gustav Schnürer, der Verfasser des vierbändigen Werkes «Kirche und Kultur», hielt Vorlesungen mit «Horizont», gab aber auch einfache praktische Ratschläge, wie «Schreiben Sie jedes Jahr wenigstens einen kleinen Aufsatz . . .», ein Wort, das den Jubilar «durch das ganze Leben» begleitete! Albert Büchi war ein «zäher Arbeiter», der seinen Studenten die Textanalyse anhand klug ausgewählter Quellen zur Schweizer Geschichte beibrachte. Historische Grundwissenschaften lehrte Franz Steffens, dessen «Lateinische Paläographie» dem Mediävisten unentbehrlich bleibt. 1931 doktorierte Pater Iso Müller über die «Anfänge des Klosters Disentis», und im Benediktinerkonvent in der rätoromanischen Surselva führt er ein selten konsequentes Leben als Mönch, Lehrer und Forscher.

Das wissenschaftliche Werk unseres Jubilars umfasst über 350 Publikationen, die in der Bibliographie am Schluss dieses Bandes chronologisch geordnet sind. Die kurzen, nüchternen Werktitel deuten wohl die erstaunliche thematische Vielfalt an, aber kaum die Originalität der Fragestellung und der Methode oder die repräsentative Geltung von Einzelstudien. Wer in grossen Zusammenhängen denkt, hält es offenbar für selbstverständlich, dass das Allgemeine sich im Besonderen spiegeln kann und dass auch Strukturen und Langzeitabläufe, zumal für das Mittelalter, nur aus fragmentarischen Spuren der Vergangenheit zu erschliessen sind.

Wir versuchen, einige Merkmale dieses imponierenden Gesamtwerkes aufzuzeigen. Pater Iso Müller gehört zu den wenigen Historikern, die sowohl die

Einzelforschung wie die ausholende Darstellung geschichtlicher Themen des Mittelalters und der Neuzeit beherrschen. Scharfsinnige, ausgefeilte Analysen des «Tellotestaments» von 765 und grundlegende Beiträge zu weiteren schwierigen Fragen der früh- und hochmittelalterlichen Geschichte Churrätiens begründeten seinen Ruf im Kreis der Mediävisten über den deutschsprachigen Raum hinaus. Zahlreiche kleine Aufsätze, die Leitmotive modifizieren und weiter entfalten, schreibt er im Hinblick auf geplante grössere Werke: wertvolle Bausteine, die nicht immer feingeschliffen sein müssen; da scheut er weder harte Übergänge noch den von der chronologischen Ordnung zufälliger Belege strukturierten Gedankengang, der uns in die Werkstatt des Historikers blicken lässt. Doch immer wieder hat er den Weitblick und die Energie zur Synthese. So deuten die grösseren Monographien und Bücher das Spektrum und die Entwicklung des Gesamtwerkes an: Geschichte der Passstaaten in den Zentralalpen, der Klöster Disentis und Müstair von ihren Anfängen bis zur Gegenwart, Kulturgeschichte des mittelalterlichen Churrätien mit wichtigen Studien auch zur rätoromanischen Sprach- und Literaturentwicklung, Christianisierung des Alpenraumes, Beiträge zur Geschichte des abendländischen Mönchtums.

Bereich und Thematik dieser Arbeiten sind nicht zufällig gewählt! Desertina – Disentis – Mustér – Cadi (Casa Dei): in über 100 Werktiteln begegnen uns die Namen des Klosters und des Gebietes der Abteiherrschaft, zu der im Mittelalter ausser der oberen Surselva auch Urseren gehörte. Durch das historische Denken in grossen Zusammenhängen, vor allem in der Kulturgeschichte, weitet sich das «Gebiet» der Forschung in Kreisen, die weder geographisch noch landesgeschichtlich begrenzt sind.

Die einseitig staatsgeschichtliche Betrachtungsweise war dem Jubilar immer suspekt. In der reichen Kulturgeschichte des Mittelalters fühlt er sich in seinem Element, doch geht er konsequenter als sein Lehrer Gustav Schnürer vom thematisch Überschaubaren und von den Primärquellen aus, die er kritisch erschliesst, um Einzelbelege zum Gesamtbild zusammenzufügen. Dabei kommen ihm eine umfassende Bildung und Fachkompetenz in verschiedenen Bereichen der Geschichte und ihrer Nachbardisziplinen zugute. Mehr noch als das breitgefächerte Schrifttum kennzeichnet die Betrachtung eines Gegenstandes aus verschiedenen Perspektiven den Forscher Iso Müller. Mit Gespür für Zusammenhänge entdeckt und verbindet er die unterschiedlichsten indirekten Zeugnisse, wo mancher Mediävist über Quellenmangel klagt. Dazu ein Beispiel aus seinem methodisch verblüffend originellen Werk über die churrätische Wallfahrt im Mittelalter (1964, S. 59 f.). Er wirft die schwierige Frage auf, «ob nicht auch die Idee der bewaffneten Pilgerfahrt geistig im Hochmittelalter die Gläubigen in ihren Bann schlug», und beantwortet sie aus liturgischen und kunsthistorischen Quellen. Er entdeckt Indizien für diese seltsam kampflustige Frömmigkeit in der Disentiser Allerheiligenlitanei des 12. Jahrhunderts, in einer Formel der ritterlichen Schwertweihe, in einem Eintrag über die Eroberung Jerusalems durch Friedrich II. am 18. März (1228) ins Churer Necrologium; schliesslich folgt ein anschauliches Bild, das uns an den lebendigen Unterricht unseres Lehrers erinnert: «Als der sog. Danielmeister um 1210/20 die Kapitele der Churer Bischofskirche schuf, auf welchen das Kreuzgewölbe des Altarraumes ruht, da stellte er auf einem derselben einen Ritter dar, der eben mit der rechten Hand begeistert zum Schwerte greift, mit der linken aber zum Himmel weist, als ob er sagen wollte: Deus lo volt. Der ihm zugeordnete Engel hält mit dem Daumen und Zeigefinger seiner Rechten ein gleichschenkeliges Kreuz auf seiner Brust, das Zeichen dessen, der in Jerusalem gelitten hat.»

In einem offenen Gespräch bestätigte Pater Iso, das komplexe Thema «Kirche und Krieg» sei für jeden Christen schmerzlich, und das «sentire cum ecclesia» habe seine Grenzen.

Kirchliches Leben mit all seinen Widersprüchen, Liturgie, Hagiographie, monastische Geistigkeit, dazu hat ein Sohn des hl. Benedikt eine Affinität, um die ihn mediävistische «Laien» gelegentlich beneiden. Unser Jubilar zeigt nicht nur mit Akribie seine Quellen und seinen Standpunkt gegenüber der Forschung, sondern auch mit Überzeugung sein christliches Weltbild streng katholischer Prägung, das sich in den Forschungen spiegelt, und Transparenz der Methode und der persönlichen Sicht bleibt ein wesentliches Element der Wissenschaftlichkeit.

Es war und ist ein grosses Anliegen des Jubilars, besonders den kulturellen Glanz Churrätiens aufscheinen zu lassen. Deshalb der Titel und die bewusste räumliche und zeitliche Begrenzung für diese Festschrift. Wenn ein Beitrag Zürich und nicht Churrätien betrifft und wenn archäologische und kunsthistorische, sprach- und literaturgeschichtliche Studien einen grösseren Platz als in gewohnten Festschriften für Historiker einnehmen, so ist das ein Echo auf die Forschungen, die Pater Iso Müller uns mit Weitblick (über sein bevorzugtes Forschungsgebiet im Schnittpunkt mehrerer Kulturen) hinaus schenkte: bereits in seiner Dissertation über die «Anfänge» und meisterhaft in seiner jüngst erschienenen Arbeit über die «Frühzeit» des Klosters Disentis lehrt er uns, Reste von Mauern und Fresken, Berichte über einen Sarkophag und Mönchsnamen aus Verbrüderungsbüchern als sich gegenseitig ergänzende, ja deutende Zeugnisse im europäischen Kontext auszuwerten. Wir dürfen auf die nächsten Beiträge des Jubilars gespannt sein.

Der herzliche Dank der Herausgeber gilt den Autoren dieser Festschrift, den unten genannten Donatoren für ihre grosszügige Unterstützung, dem Leiter des Desertina Verlages, Ruedi Henny, der die Herstellung des Werkes betreute, sowie seinen Mitarbeitern Rita Caminada und Anton Eigel.

Ursus Brunold und Lothar Deplazes

Archäologischer Beitrag zum Formationsprozess des frühmittelalterlichen Churrätien

von Anita Siegfried-Weiss, Regula Steinhauser und Margarita Primas

Im frühmittelalterlichen Churrätien verbanden sich spätantike Strukturen und darunterliegende vorrömische Traditionen nicht ohne Einwirkungen von aussen zu einer neuen, ausbaufähigen Form. Bei der Entwirrung dieses Geflechts von Wechselwirkungen spielen die sich schnell vermehrenden archäologischen Quellen keine geringe Rolle. Im folgenden soll gezeigt werden, dass die Bearbeitung älterer Fundbestände zusammen mit neuen Feldforschungen in den letzten Jahren zu einer nicht unwesentlichen Erweiterung der Materialbasis führte. Es wird damit möglich, neue Gesichtspunkte in die Diskussion einzubringen, Sachverhalte zu präzisieren und offene Fragen zu formulieren. Im Mittelpunkt dieses Überblicks steht der Vorgang der Romanisierung. Die Verfasserinnen teilten das Thema regional auf und kennzeichnen ihre Beiträge durch Initialen.

A. Zur Romanisierung Nordbündens und des Rheintals

Archäologisch fand die Romanisierung ihren Niederschlag in verschiedenen Bereichen, die ein breites kulturelles Spektrum abdecken: Bautechnik und Innenausstattung der Häuser, Gerätschaften, Kleidung, Tracht und Schmuck, Keramik u.a.m. Für unsere spezifische Fragestellung spielen datierte Siedlungsbefunde eine vorrangige Rolle. Im Rahmen dieser Arbeit ist es aber nicht möglich, sie im Detail vorzulegen und zu erläutern bzw. zu interpretieren. Die Studie soll vielmehr als Versuch gewertet werden, die bisherigen Forschungsergebnisse zusammenzufassen und in eine überschaubare Form zu bringen.

In den Arbeiten von SCHNEIDER 1980 und OVERBECK 1973 und 1982 wurde das Material der römischen Zeit in unserem Arbeitsgebiet zu einem guten Teil aufgearbeitet[1]. Dort finden sich auch ausführliche Angaben zur Forschungsgeschichte, weshalb an dieser Stelle darauf verzichtet wurde, die älteren Publika-

---

[1] Was die archäologische Bearbeitung des Themas bei OVERBECK 1982 betrifft, sind verschiedentlich Vorbehalte anzubringen; vgl. dazu die Rezension von A. HOCHULI, Bonner Jahrbücher 184, 1984, 806ff.

tionen zu den jeweiligen Themen und Fundorten zu zitieren. Inzwischen haben aber Neufunde das Material vermehrt[2].

1. Geographische und zeitliche Abgrenzung

Berücksichtigt wurden Siedlungs-, Grab- und Einzel- bzw. Streufunde, die in den folgenden Verbreitungskarten und Tabellen mit den gleichbleibenden Signaturen versehen sind: Kreise für Siedlungen, Quadrate für Grabfunde, Dreiecke für Streufunde.

Die Münzfunde wurden hingegen nicht miteinbezogen, da dieses Thema erschöpfend behandelt[3] und für unsere Fragestellung nur bedingt von Bedeutung ist[4].

Siedlungs-, Grab- und Einzelfunde wurden in fünf Horizonte unterteilt, diese in den Fundlisten zusammengefasst und durch die Verbreitungskarten veranschaulicht. Zeitlich bewegt sich die Untersuchung zwischen dem Endabschnitt der vorrömischen Eisenzeit (Stufe La Tène [LT] D) und dem Frühmittelalter.

Geographisch habe ich mich auf das engere Gebiet Nordbündens, das Rheintal und das Engadin beschränkt. Die Fundstellen Vorarlbergs mit Bregenz wurden aus verschiedenen Gründen weggelassen[5]. Ebenfalls nicht berücksichtigt wurden die Alpensüdtäler Misox und Bergell[6].

2. Die historischen und archäologischen Voraussetzungen

Die historischen Ereignisse, die zur Integration unseres Arbeitsgebietes ins römische Reich führten, sind hinlänglich bekannt[7]. Auch über die Zugehörigkeit

---

[2] Dies betrifft insbesondere Chur (zitiert unter «Areal Dosch» 1986 und «Areal Markthallenplatz»); Riom, RAGETH 1979 und 1985; Zernez, RAGETH 1983 und Castiel-Carschlingg, ZINDEL 1979, CLAVADETSCHER 1985. Zum Rheintal vgl. Abschnitt B.

[3] OVERBECK 1973; vgl. dazu Rezension von F.E. KOENIG, Bemerkungen zur kritischen Aufnahme der Fundmünzen des Kantons Graubünden, SNR 56, 1977, 122 ff.; zudem OVERBECK 1982a.

[4] Einzelfunde haben für die Frage der Begehung des Gebietes ihre Bedeutung, zur Frage der Besiedlung tragen sie hingegen nicht viel bei. Anders verhält es sich mit den Schatzfunden; sie werden, wo nötig, im Text zitiert.

[5] Dazu OVERBECK 1982, 20 ff., 50 ff.; Bregenz. Das römische Brigantium. Kat. Vorarlberger Landesmuseum 1985.

[6] Sie wurden dem Imperium früher angegliedert, FREI-STOLBA 1984, 11 und Anm. 16; zum Misox: Th. SCHWARZ, Das Misox in ur- und frühgeschichtlicher Zeit, HA 2, 1979, 26 ff.; zum Bergell: R. FELLMANN, Die Ausgrabungen auf dem Crep da Caslac GR, JbSGU 58, 1974–75, 115 ff.

[7] OVERBECK 1982, 186 ff.; zusammenfassend FREI-STOLBA 1985.

Nordbündens und des Rheintals zum keltischen Kulturbereich im 1. Jh. v. Chr. herrscht, was die archäologischen Quellen betrifft, kaum mehr Zweifel[8]. Die Interpretation der archäologischen Befunde ist allerdings nicht immer einfach. Obwohl sich Fundstellen mit eindeutigen Siedlungsstrukturen für die römische Zeit auf ein paar wenige Fundpunkte beschränken[9], müssen doch viele Befunde mit Keramik als mutmassliche Siedlungen angesprochen werden. Durch die verfeinerte und intensivierte Grabungstätigkeit in jüngerer Zeit hat sich diesbezüglich gegenüber früher sicher ein Ungleichgewicht ergeben. Andererseits dürfte auch heute noch das Missverhältnis zwischen Siedlungs- und Grabfunden in früh- und mittelkaiserlicher Zeit nicht nur durch die Bestattungsbräuche, sondern auch durch Forschungslücken bedingt sein. Der Friedhof des römischen Chur ist beispielsweise bis heute noch nicht entdeckt worden[10].

Als Streufunde wurden alle vereinzelt gehobenen Kleinfunde gewertet. Es sind dies vor allem eine grosse Zahl von Fibeln, die allerdings zum Teil als Hinweis auf ein Grab gedeutet werden können[11].

3. Definition der Fundhorizonte

Der Begriff «Horizont» darf hier weder als ein durch die gängige Terminologie festgesetzter Zeitabschnitt noch als eine archäologisch klar definierbare Periode aufgefasst werden. Vielmehr wurde versucht, den Ablauf der durch kulturgeschichtliche Prozesse charakterisierten Romanisierung auch archäologisch zu fassen. Die entsprechenden Zeitabschnitte wurden folgendermassen definiert:

Horizont 1: Zeit der Spätlatènebesiedlung. Als SLT-Siedlungen wurden alle Fundstellen mit Graphittonkeramik erfasst. Demzufolge muss sich Horizont 1 auf die Periode LT D 1 beschränken. Dazu kommen die dem Abschnitt angehörenden Einzelfunde[12].

Horizont 2: LT D 2 und augusteische Zeit, also die Periode vor, während und unmittelbar nach dem Alpenfeldzug.

Horizont 3: Tiberische Zeit bis ca. Ende 1. Jh., Periode des Aufbaus und der Konsolidierung der römischen Herrschaft.

Horizont 4: 2. und 3. Jh. n. Chr., Periode der Blütezeit und der grössten Siedlungsintensität.

[8] Vgl. FREI-STOLBA 1984; ZINDEL 1985, 6.
[9] RAGETH 1983, 153
[10] SIMONETT 1974; bei den bis jetzt bekannten Gräbern handelt es sich um Einzelbefunde, vgl. etwa SCHNEIDER 1980, 218.
[11] RIECKHOFF-PAULI 1983, 74.
[12] Zur Datierung der Graphittonkeramik vgl. KAPPEL 1969, 51ff. CLAVADETSCHER 1978.

Horizont 5: 4. Jh., spätrömische Zeit.

Der Vollständigkeit halber sind in Tabelle 2 unter Horizont 6 die Fundorte mit frühmittelalterlichen Befunden des 5./6. Jh. aufgeführt[13].

In tabellarischer Form sind die Horizonte also folgendermassen unterteilt:

Horizont 1	Horizont 2	Horizont 3	Horizont 4	Horizont 5	Horizont 6
LT D 1	LT D 2 und august.	tiberisch – ca. 100	2. und 3. Jh.	4. Jh.	5./6. Jh.

Durch die gezwungenermassen ungleich langen Zeitabschnitte ergeben sich quantitative Gewichtungen im Fundmaterial, das deshalb statistisch für die einzelnen Horizonte nicht ausgewertet werden kann, sondern lediglich für die Verbreitungskarten von Bedeutung ist.

Die Übergänge zwischen den Horizonten sind zum Teil natürlich fliessend. Fibeltypen laufen unter Umständen von einem Abschnitt in den anderen weiter. Dasselbe gilt für verallgemeinernde Bezeichnungen wie «südgallisch» oder «ostgallisch» bei der Terra sigillata (TS). Für den groben Raster unserer Horizonte haben jedoch die Kriterien im allgemeinen genügt.

4. Zu den einzelnen Horizonten

Horizont 1 (Karte 1) LT D 1

Zu diesem Abschnitt wurden alle Fundstellen mit Graphittonkeramik sowie Nauheimerfibeln gerechnet. Es ergaben sich 17 Siedlungen, wovon lediglich deren zwei Baureste geliefert haben (Scharans und Lantsch). Scharans hat sicher schon in LT C2 bestanden[14]. Über den Charakter dieser Siedlungen kann nur gemutmasst werden. «Höhensiedlung» umschreibt zwar deren Lage, nicht aber die Siedlungsstruktur. Eine Befestigungsanlage dieser Zeit konnte auf dem Bot da Loz bei Lantsch nachgewiesen werden[15].

Bei den Einzelfunden (insgesamt 6) handelt es sich meist um Nauheimerfibeln oder um nicht näher datierbare Glasarmringe und eine SLT-Lanzenspitze. Nicht als Einzelfunde aufgenommen wurden der Schatzfund von Cunter-Burvagn und die Negauerhelme, da deren Datierung nicht gesichert ist[16].

---

[13] Berücksichtigt wurden nur Fundplätze, die auch römische Befunde geliefert haben.
[14] J. Rageth, AS 2, 1979, 88 ff.; Ders. BM 1981, 201 ff.
[15] Rychener 1983, 14 ff.
[16] Negauer Helme: Ch. Zindel, Der Negauer Helm von Castiel/Carschlingg, AS 2, 1979, 94 ff.; Rychener 1983. Hortfunde: Overbeck 1973, 179; 1982, 178 ff.

Der Versuch, die Spätlatènezeit bis zur römischen Okkupation archäologisch zu erfassen, stösst auf Schwierigkeiten. Mit der Graphittonkeramik, die nicht selten auch in unserem Gebiet mit Nauheimerfibeln vergesellschaftet ist, kommen wir nicht über LT D 1, d.h. nicht über die Mitte des 1. Jh. v. Chr. hinaus[17].

Horizont 2 (Karte 2) LT D 2, augusteisch
Die Zeit der 2. Hälfte des 1. Jh. v. Chr. bis zum Alpenfeldzug ist beim heutigen Forschungsstand so gut wie nicht vertreten. Als einzige mutmassliche Siedlung ist hier Chur, Welschdörfli, anzuführen, wobei auch hier kein gesicherter Siedlungsfund vorliegt (siehe unten, S. 8ff.). Neben ein paar wenigen Fragmenten von Campana fanden sich einige Fibeln, u.a. Typ Almgren 65, Manschettenfibeln u.a., die jedoch entweder stratigraphisch nicht fixiert sind oder aber in römischen Schichten gefunden wurden[18].

Überhaupt lassen sich für Chur-Welschdörfli zu dieser Zeit keine schlüssigen Angaben machen. Der Nachweis einer Siedlungskontinuität von der Hallstatt- bis in die römische Zeit ist bis jetzt nicht erbracht[19], und ob sich auf dem Rosenhügel ein Oppidum befand, wie OVERBECK 1982, 174, Abb. 64 es annimmt, ist mehr als fraglich.

Die wenigen übrigen Einzelfunde aus LT D 2 und augusteischer Zeit setzen sich aus ein paar wenigen Fibeltypen, vor allem der Typen Almgren 65 und 241, zusammen. Unter die Funde müssten noch die Keramikfragmente vom Septimer gerechnet werden[20], die jedoch nicht mehr aussagen, als dass der Pass in augusteischer Zeit begangen wurde.

Darüber hinaus ist aus dieser ganzen, 60 bis 70 Jahre umfassenden Zeitspanne kein weiterer Fund bekannt.

Horizont 3 (Karte 3) tiberisch, bis ca. Ende 1. Jh.
Die Funddichte ist gegenüber Horizont 2 insgesamt nicht viel stärker, doch können jetzt immerhin einige mutmassliche und gesicherte Siedlungsbefunde aufgeführt werden. Insbesondere setzt mit der tiberischen Zeit die Fundmasse in

---

[17] Vgl. Anm. 12; zur Problematik allgemein CHRISTLEIN 1982 und RIECKHOFF-PAULI 1983, 63 mit Anm. 1 (Ende von Manching).
[18] Areal Dosch: Manschettenfibel, OVERBECK 1982, 40, Taf. 11, B 2; Areal Markthallenplatz: Scharnierbogenfibel, OVERBECK 1982, 40, Taf. 11 B 1; Knotenfibel Almgren 65 und Varianten, RM Inv. P 1983. 1488, 1604, OVERBECK 1982, 40, Taf. 11 B 3; Distelfibel, OVERBECK 1982, 40, Taf. 12,6; spätere einfache gallische Fibel, RM Inv. P 1983. 1633; Campana: A. HOCHULI, Areal Dosch 1986 und Areal Markthallenplatz.
[19] Vgl. ZÜRCHER 1982, Zeittabelle.
[20] WIEDEMER 1966, KOENIG 1979.

Chur-Welschdörfli und in Riom ein[21], und unter den 8 gesicherten oder vermuteten Siedlungsfunden ist im späteren 1. Jh. mindestens die Villa von Sargans zu nennen. Bei den Einzelfunden handelt es sich ausnahmslos um Fibeltypen des 1. Jh.

In Chur-Welschdörfli und Sennhof stammen aus dieser Zeit die ersten gesicherten und datierbaren Siedlungsstrukturen[22]. Es sind dies, im Areal Dosch, Spuren von Ständerbauten mit Lehmfachwerk, die jedoch in keinem Fall in einen Gebäudezusammenhang gebracht werden können[23].

Horizont 4 (Karte 4) 2./3. Jh.
Mit dem späten 1. Jh. setzt im ganzen Arbeitsgebiet die grösste Funddichte ein. Spätsüdgallische, mittel- und ostgallische Terra sigillata (TS) decken den Zeitraum bis ins mittlere 3. Jh. ab. Helvetische TS ist an einigen Orten ebenfalls vertreten. Insgesamt wurden 17 Fundorte als gesicherte oder mutmassliche Siedlungen gewertet. Hier und auch unter den Einzelfunden findet sich ein breites Spektrum von Fibeln, die mit wenigen Ausnahmen den gängigen Typen der Zeit entsprechen[24]. Hervorzuheben sind die beiden *ROMA*-Fibeln von Chur und Sevgein, die zweifellos aus der gleichen Form stammen und der Gruppe der im 2. und 3. Jh. getragenen Buchstabenfibeln angehören (Abb. 1)[25].

Die meisten der in Horizont 3 schon bekannten Siedlungen sind auch in dieser Zeit belegt, aber es kommen auch eine ganze Reihe vorher nicht dokumentierter Plätze hinzu, wobei deren Beginn zeitlich noch kaum fixiert werden kann.

Horizont 5 (Karte 5) spätrömisch, 4. Jh.
Die Zahl der Siedlungsbefunde, die anhand von spätrömischer Keramik (Argonnen- und afrikanische TS, glasierte Reibschüsseln)[26] oder gesicherter Strukturen eruiert wurde, bleibt sich gegenüber Horizont 4 etwa gleich, eine ganze Anzahl von früheren Fundplätzen ist jetzt jedoch nicht mehr belegt. Dafür bestehen im 4. Jh. neu einige Höhensiedlungen oder Befestigungsanlagen (Castiel-

---

[21] Die Auswertung des Materials durch A. Hochuli zeigte, dass der Hauptanteil der italischen Sigillaten, der frühesten römischen Importkeramik in Chur-Welschdörfli, dem 2. Viertel des 1. Jh. n. Chr. angehört. Für Riom scheinen ähnliche Verhältnisse vorzuliegen, vgl. RAGETH 1985 und Fundkartei, für deren Einsichtnahme ich J. Rageth danke.

[22] Areal Dosch 1981, Abb. 1 und 2; Areal Dosch 1986, und mündliche Mitteilung von J. Rageth.

[23] Areal Dosch 1986, Baubefund.

[24] Eine Auswahl bei OVERBECK 1982, 40ff., Taf. 12 und 13.

[25] Chur: Areal Markthallenplatz, AD Fundnr. 1969/22; Sevgein: AD Fundnr. 1969/29; zu den Buchstabenfibeln A. BÖHME, Die Fibeln der Kastelle Saalburg und Zugmantel, Saalburg Jahrb. 29, 1972, 44f.; W. JOBST, Die römischen Fibeln aus Lauriacum. Forschungen in Lauriacum 1975, 118.

[26] Vgl. OVERBECK 1982, 224ff., Abb. 65–67. Neu: Wartau, siehe weiter hinten.

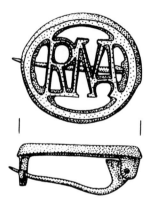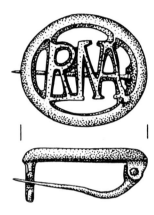

Abb. 1 Buchstabenfibeln von Chur (links) und Sevgein (rechts) (Nachweis siehe Anm. 25) (Zeichnung Ladina Ribi).

Carschlingg, Tiefencastel, Wartau), wobei die bei OVERBECK 1982, S. 247, Abb. 71 eingetragenen Punkte allerdings zum Teil mit einem Fragezeichen versehen werden müssen, da die Hinweise auf eine Besiedlung meines Erachtens doch etwas dürftig sind[27].

In Chur-Welschdörfli wurde im 4. Jh. noch gesiedelt, doch befand sich jetzt auch auf dem Hof eine Anlage. Chur ist für die spätrömische Zeit als Curia und Zillis (?) als Lapidaria auf der Tabula Peutingeriana eingetragen[28].

Zu den Siedlungsbefunden gesellen sich in spätrömischer Zeit eine ganze Anzahl Grabfunde. Ein unmittelbarer Zusammenhang zwischen Siedlung und Grab bzw. Gräbern kann in keinem Fall erstellt werden. Fast alle Gräber enthielten Lavezbecher anstelle von Keramik[29].

Bei den Einzelfunden handelt es sich wie immer in der Regel um Fibeln und Münzen, so auch bei den Passfunden vom Julier[30].

Horizont 6 (nicht kartiert) 5./6. Jh.

Der Vollständigkeit halber wurden frühmittelalterliche Befunde von Fundorten, die auch römisches Material geliefert haben, mitberücksichtigt, jedoch nur in Tabelle 2 (siehe unten, S. 14) aufgenommen und nicht kartiert, da die grosse Masse von beigabenlosen frühmittelalterlichen Gräbern nicht genauer datiert werden kann[31]. In Tabelle 2 sind jedoch alle frühmittelalterlichen Siedlungsfunde erfasst, ergänzt durch die neuen Befunde von Riom, Zernez und Chur. Bei den übrigen Funden des 5. und 6. Jh. handelt es sich um Kirchen-, Grab- oder Einzelfunde[32].

5. Einige Bemerkungen zu Chur-Welschdörfli

Die römische Siedlung in Chur-Welschdörfli ist flächen- und fundstoffmässig die grösste römische Überbauung im Arbeitsgebiet und deshalb vom Material her in vielen Belangen für andere Fundplätze, was den Prozess der Romanisierung betrifft, repräsentativ. Es sollen darum hier in aller Kürze einige Angaben zu den bisherigen Forschungsergebnissen folgen[33].

---

[27] Etwa Bonaduz, Schloss Rhäzüns, OVERBECK 1982, 122 ff. und 247, Abb. 71
[28] Vgl. UFAS V, 1975, 109; OVERBECK 1982, 160.
[29] SCHNEIDER 1980, Grabfunde, insbesondere Bonaduz, Bot Valbeuna, 27 ff.
[30] KOENIG 1979, OVERBECK 1982, 133 ff.
[31] SCHNEIDER 1980, 211 ff.
[32] SENNHAUSER 1979 a, 1979 b, 152 ff,; SCHNEIDER 1980, 212, 220 ff.
[33] Im Rahmen eines fünfjährigen Nationalfondsprojektes mit Unterstützung des Kantons Graubünden wurden die Grabungsbefunde und das Material der Areale Dosch und Markthallen-

Prähistorische Siedlungsspuren wurden im Welschdörfli verschiedentlich erfasst. Abgesehen von einem späthallstatt- bis frühlatènezeitlichen Horizont gibt es jedoch für die Eisenzeit keinerlei stratigraphische Anhaltspunkte[34]. Die mittlere und späte Latènezeit ist zwar durch einige Fibeln und anderes belegt[35], doch liegen die Fundamente der römischen Gebäude unmittelbar über den von Zindel als hallstattzeitlich betrachteten Steinzügen[36] – eine spätlatènezeitliche Besiedlung hätte zweifellos mehr Spuren hinterlassen. Dazu kommt, dass vielfach Material der Spätlatènezeit (u.a. Glasarmringe, Fibeln) in eindeutig römischen Schichten zum Vorschein kam[37]. Die Streufunde weisen wohl auf eine spätlatènezeitliche Besiedlung im Welschdörfli hin, doch konnten bis jetzt keine Baureste lokalisiert werden.

Nach Auswertung des Materials aus den Arealen Dosch und Markthallenplatz scheint kein Zweifel zu bestehen, dass die römische Besiedlung erst in tiberischer Zeit einsetzt. Mit Ausnahme von wenigen frühtiberischen Fragmenten wird die früheste importierte Keramik – italische Auflagen-TS – von A. Hochuli ins 2. Viertel des 1. Jh. n. Chr. datiert, und erst mit dieser Zeit setzt die Masse des Fundgutes ein[38]. Römische Präsenz in augusteischer Zeit ist, mit Ausnahme von ganz vereinzelten Objekten, nicht erwiesen[39].

Die Interpretation der Inschrift vom Markthallenplatz – für Lucius Caesar, den Adoptivsohn von Kaiser Augustus, geweiht zwischen den Jahren 3 vor und

platz, SIEGFRIED 1985, 12, Plan Gebäude 1 und 6–8, ausgewertet. (Der Plan ist gegenüber älteren Publikationen korrigiert und modifiziert.) Die Publikation über Areal Dosch ist im Druck und wird im Frühjahr 1986 erscheinen: A. HOCHULI, A. SIEGFRIED, E. RUOFF, V. SCHALTENBRAND, Chur in römischer Zeit. Ausgrabungen Areal Dosch. Antiqua 12, (zitiert als Areal Dosch 1986). Areal Markthallenplatz ist noch in Bearbeitung, Aussagen darüber werden ohne weitere Angaben unter Areal Markthallenplatz zitiert. Ältere Literatur dazu und Grabungsberichte sind ausführlich bei OVERBECK 1982, 34 erwähnt. Neue Grabungen im Sennhof, auf der anderen Seite der Plessur, haben weitere Siedlungsbefunde des 1. Jh. n. Chr. ergeben, Mitteilung J. Rageth.
[34] E. CONRADIN, Das späthallstättische Urnengräberfeld Tamins-Unterm Dorf GR, JbSGU 61, 1978, 126 ff.; Ch. ZINDEL, Prähistorische Siedlungsreste auf dem Markthallenplatz in Chur-Welschdörfli, Ur-Schweiz 30, 1966, 15 ff.
[35] Armring, RM Inv. P 1968.104; Gürtelkettenanhänger RM Inv. P 1968.105 und 1983.1587; LT-C Fibel RM Inv. P 1983.1619; Glasarmringe ZÜRCHER 1974; Münzen OVERBECK 1973, 181 (Chur allgemein).
[36] ZINDEL 1966, vgl. Anm. 34.
[37] ZÜRCHER 1974, 20, stellt die Glasarmringfragmente vom Areal Dosch in Zusammenhang mit vorrömischen Siedlungsbefunden, die Auswertung des Grabungsbefundes konnte dies nicht bestätigen. Zur Keramik: Im Areal kamen einige Fragmente zum Vorschein, die A. Hochuli mit aller Vorsicht als vielleicht spätlatènezeitlich betrachtet.
[38] A. HOCHULI, Areal Dosch 1986 und Areal Markthallenplatz.
[39] Wenige Münzen, OVERBECK 1973, 181 f., 1982, 40 und 190; E. RUOFF, Areal Dosch 1986; einige Fibeln vgl. Anm. 18; Riemenbeschlag, OVERBECK 1982, 42, Taf. 14,1.

2 n. Chr. – ist hypothetisch und kann nicht als eindeutig gesichert betrachtet werden; im Zusammenhang mit der Auswertung der Grabung 1965 muss sie überprüft werden[40].

Anhand der prozentualen Verteilung von importierter TS aus den Arealen Dosch und Markthallenplatz lässt sich ganz grob die Entwicklung des Platzes ermessen[41]. Den hohen Prozentanteilen süd-, mittel- und ostgallischer TS entspricht eine intensive Bautätigkeit im späteren 1. Jh. und im 2. Jh. Durch späte ostgallische und helvetische TS ist auch das frühere 3. Jh. vertreten, während die 2. Hälfte des 3. Jh. und das 4. Jh. nicht resp. in verschwindend kleiner Menge repräsentiert sind.

Herkunft	Dosch		Markthallenplatz	
Italien	% 5,1		% 1,3	
Südgallien	36,9		41,5	
Mittelgallien	9,8		9,5	
Mittel- oder Ostgallien	14,6	46,7	4,0	56,0
Ostgallien	22,3		42,5	
Rätien/Schweiz	8,0		0,7	
Afrika, Argonnen	3,2		0,05	

Tabelle 1   Prozentanteile der TS in Chur, Welschdörfli, Areale Dosch und Markthallenplatz.

Für die spätrömische Zeit ist allerdings in Betracht zu ziehen, dass die Keramik zu einem guten Teil durch Lavezgeschirr ersetzt wurde. Da das Lavezmaterial in den beiden Arealen in den wenigsten Fällen stratigraphisch datierbar ist, kann jedoch für das 4. Jh. kein Anteil von Lavez am gesamten Geschirr errechnet werden. Aufgrund anderer Datierungskriterien scheint es aber möglich, dass ein grosser Teil des Lavezgeschirrs schon ins 1. oder 2. Jh. gehört[42]. Das 4. Jh. ist auch durch die übrigen Fundkategorien kaum vertreten (von insgesamt 65 Fibeln ist eine einzige dem 4. Jh. zuzuweisen).

Die Frage, wann die Ansiedlung im Welschdörfli durch die Anlage auf dem Hof abgelöst wurde, ist bis jetzt nicht schlüssig zu beantworten. Die Liste der

---

[40] MEYER 1966; dazu E. RUOFF, Areal Markthallenplatz.
[41] Für die Angaben zur TS danke ich A. Hochuli.
[42] SIEGFRIED, Lavez, Areal Dosch 1986.

Siedlungsmünzen von Chur gibt diesbezüglich keine klaren Hinweise[43]. Wahrscheinlich wurde der Platz in der Ebene in spätrömischer Zeit nie ganz aufgegeben, wurde doch wohl im 5. Jh. in ein römisches Gebäude eine Kirche eingebaut[44]. Die Schichtverhältnisse in dem Areal und die Grabungsdokumentation erlauben es nicht, diesen Einbau zu datieren, doch Parallelen legen die erwähnte Zeitstellung nahe[45].

Die Verhältnisse auf dem Hof sind unklar. Sicher ist lediglich, dass dort in spätrömischer Zeit eine Anlage errichtet wurde[46].

6. Diskussion

Es kann hier nicht auf alle Aspekte des kulturgeschichtlichen Prozesses der Romanisierung in unserem Arbeitsgebiet eingegangen werden; dazu hat sich u.a. Overbeck, insbesondere was die historischen Voraussetzungen betrifft, geäussert[47]. Stützt man sich auf die archäologischen Befunde – und dort ist es wiederum vor allem die Keramik, d.h. Terra sigillata – dann spiegelt sich dieser Prozess letztlich in der Quantität bzw. Verbreitung dieser Fundgattung. Dies gilt wenigstens für die Fundplätze, die keine weiteren Anhaltspunkte wie Baustrukturen und ähnliches lieferten. Unter diesem Blickwinkel muss die Tabelle 2 verstanden werden, in welcher versucht wurde, anhand von römischer Keramik (lies TS) die mutmasslichen und die übrigen durch Siedlungsstrukturen gesicherten Siedlungsbefunde zusammenzustellen.

Zusammen mit den jeweilgen Verbreitungskarten ergibt sich für jeden Horizont ein unterschiedliches Bild, dessen Interpretation nicht immer einfach ist.

Von der Voraussetzung ausgehend, dass die Graphittonkeramik mit LT D 1 ausläuft, sind Siedlungen aus dieser Periode relativ häufig[48]. Sie können allenfalls auch einem früheren Horizont angehören, was ja z.B. für Scharans-Spundas zutrifft (siehe oben, S. 4). Wo diese Keramik mit Nauheimerfibeln kombiniert ist, liegt jedoch der Schluss nahe, dass es sich tatsächlich um Fundplätze

---

[43] OVERBECK 1973, 188 ff.
[44] SENNHAUSER 1979a, 134 f., Abb. 2; SIEGFRIED 1985, 12, Plan Gebäude Nr. 6.
[45] I. MÜLLER, Zur churrätischen Kirchengeschichte im Frühmittelalter, I. Die Kirchen im Gebiete der Stadt Chur. JHGG 99, 1969, 1 ff.; für das 4. Jh. gibt es Hinweise auf frühes Christentum in unserem Gebiet, vgl. H. BÜTTNER-I. MÜLLER, Frühes Christentum im schweizerischen Alpenraum, Einsiedeln–Zürich–Köln 1967, 14; in dem kleinen Annexbau südlich an Gebäude 6, SIEGFRIED 1985, 12, der sicher nachrömisch ist, fand sich in einer Brandschicht eine karolingische Scheibenfibel, RM Inv. P 1967.101, ein möglicher Hinweis auf spätere Nutzung der Anlage.
[46] ASA 1930, 110 ff.; RAGETH 1983, 150.
[47] OVERBECK 1982, 184 ff.
[48] OVERBECK 1982, 173 ff.

der ersten Hälfte des 1. Jh. v. Chr. handelt. Um so auffallender ist der Umstand, dass die nachfolgende Periode kaum belegt ist. Bei allen Fundpunkten der Periode LT D 2 handelt es sich, mit Ausnahme Churs, um isoliert gehobene Einzelstücke von Fibeln[49]. Das heisst, dass das Gebiet für diese Zeit praktisch fundleer ist.

Das Phänomen eines scheinbaren Hiatus in der 2. Hälfte des 1. Jh. v. Chr. ist bekannt. Ähnliche Verhältnisse wurden im bayrischen Alpenvorland und in Süddeutschland beobachtet[50]. Als Erklärung für die Situation in Süddeutschland zog Christlein einen Zusammenhang mit den Unruhen um die Auswanderung der Helvetier in Betracht, die «einen weitaus grösseren Rahmen betrafen, als Caesar ahnen konnte». Seither setzten nun aber im Oppidum von Manching[51] neue Grabungen ein, die jüngere Funde ergaben und damit die bisherige Forschungslücke aufzufüllen begannen. In unserem Gebiet sei daher einstweilen zu der archäologischen Quellenlage für diese Zeit ein Fragezeichen gesetzt.

Auch aus augusteischer Zeit sind, abgesehen von den Münzen und Einzelfunden, keine Befunde bekannt. So gesehen ist die Frage, ob der Alpenfeldzug archäologisch fassbare, zeitlich unmittelbar damit in Zusammenhang stehende Spuren hinterlassen habe, negativ zu beantworten[52]. Zudem scheint der Befund – das vorausgehende Siedlungsvakuum in LT D 2 – die neueren Erkenntnisse zum «Räterproblem» zu bestätigen[53].

Die Schwierigkeit, historische, epigraphische und archäologische Daten miteinander in Einklang zu bringen, zeigt sich auch am Beispiel der Churer Inschrift: Ausgehend vom archäologischen Befund im Areal Markthallenplatz hätte sich der Stein, akzeptiert man die von Meyer vorgeschlagene Interpretation und Datierung, sozusagen in einem Niemandsland befunden[54].

Das Einsetzen der Fundmasse in spättiberischer Zeit in Chur geht einher mit der Entstehung weiterer Siedlungen im Arbeitsgebiet (vgl. Tabelle 2). Dass Chur und Riom zeitlich ungefähr parallel laufen, ist naheliegend. Die Errichtung einer «mutatio» im Oberhalbstein kann nur in Relation zu einer grösseren Ansiedlung, eben Chur, verstanden werden[55]. Die Tatsache, dass die Münzreihe im Welschdörfli in spätaugusteischer bzw. frühtiberischer Zeit einsetzt, ist, was

---

[49] Vor allem Knotenfibeln Almgren 65; vgl. dazu FURGER-GUNTI 1979, 20; MAIER 1985, 42.
[50] Die beiden Fibeln von Scuol und Ramosch sind nicht mit Sicherheit so früh, sie könnten auch noch tiberisch sein, vgl. ETTLINGER, 1973, 33 ff.; RIECKHOFF 1975, 16; CHRISTLEIN, 1982, 292.
[51] MAIER u. Mitarbeiter 1985 u. 1986.
[52] OVERBECK, 1982, 186 ff.; RUOFF 1985.
[53] FREI-STOLBA 1984, 16; dass nämlich das Problem ihrer Lokalisierung nach wie vor ungelöst ist und alle archäologischen Quellen dagegen sprechen, dass die Bevölkerung in Nordbünden und im Rheintal zur Zeit des Alpenfeldzuges rätisch war; vgl. RAGETH 1984, 52.
[54] MEYER 1966, und Anm. 40; OVERBECK 1982, 190.
[55] RAGETH 1985.

den Beginn der römischen Besiedlung betrifft, kein Widerspruch, sondern belegt zusammen mit den wenigen Einzelfunden aus der Zeit lediglich römische (militärische) Präsenz und bestätigt, dass «der Prozess der Romanisierung nicht in allen Lebensgebieten gleich schnell» voranging[56].

Die kontinuierliche Zunahme von Siedlungsbefunden für das spätere 1. und das 2./3. Jh. ist eine folgerichtige, durch archäologische Quellen belegte Bestätigung der historischen Entwicklung[57]. Andererseits scheint es schwierig, anhand unserer archäologischen Befunde historisch datierte Ereignisse nachzuvollziehen. So können etwa die kriegerischen Ereignisse der Jahre 68/69 anhand der Siedlungsbefunde nicht belegt werden. Weder in Riom noch in Chur ist für das spätere 1. Jh. ein Zerstörungshorizont nachgewiesen. Ein Brandhorizont ist lediglich in Mon festgestellt, der jedoch zeitlich nicht so genau fixiert werden kann[58].

Anders sieht es für die Jahre um 270 aus. Etliche Münzschatzfunde im Rheintal und ein in jüngerer Zeit publizierter Schatzfund von Chur-Welschdörfli bewogen Overbeck zur Annahme, dass sich die kriegerischen Wirren dieser Zeit auch in unserem Gebiet niedergeschlagen hätten. Möglicherweise ist auch der Rückgang der Funddichte in den Arealen Dosch und Markthallenplatz in dieser Zeit in denselben Zusammenhang zu stellen (siehe oben, S. 10). Andererseits legt die durchgehende Besiedlung verschiedener Plätze bis ins 4. Jh. den Schluss nahe, dass die Ereignisse nicht für alle Fundorte allzu dramatisch waren[59]. Eine Kontinuität von der spätrömischen zur frühmittelalterlichen Zeit liess sich bis jetzt nur in Sagogn wahrscheinlich machen[60] (vgl. Tabelle 2). An allen andern bis jetzt untersuchten Plätzen handelt es sich bei den frühmittelalterlichen Befunden um Bauten, die sich nicht auf die römischen Strukturen beziehen (etwa Chur und Riom), um neue Anlagen nach einem Zerstörungshorizont (etwa Castiel-Carschlingg) oder um Bauten an neu gewählten Plätzen (etwa Trun, Grepault)[61].

Über die Verhältnisse auf Chur-Hof lassen sich diesbezüglich keine schlüssigen Angaben machen. Ebensowenig kann gesagt werden, ob das Gebäude 6 im Areal Markthallenplatz zur Zeit der Umfunktionierung in eine (mutmassliche) Kirche noch in Gebrauch war oder nicht (siehe oben, S. 11). Überhaupt ist die

---

[56] OVERBECK 1982, 190; 1973, 181 ff. vgl. dazu RUOFF 1985, 31.
[57] OVERBECK 1982, 194 ff.
[58] OVERBECK 1982, 193; die profilierten Fibeln mit Bügelknopf, die aus dem Brandhorizont stammen, OVERBECK 1982, Taf. 42, 12 und 43, 1, können noch spätflavisch bis anfangs 2. Jh. datiert werden.
[59] OVERBECK 1982, 198 ff.; 1982a; RUOFF 1985, 31 f.
[60] MEYER 1977, 151 ff.
[61] Chur-Welschdörfli: kleinere Bauten im Areal Markthallenplatz im Bereich der Gebäude 8, SIEGFRIED 1985, 12; Riom: RAGETH 1985; Trun: SENNHAUSER 1979a; Castiel: CLAVADETSCHER 1985.

Tabelle 2 Übersicht über die Siedlungsbefunde. Berücksichtigt sind die wichtigsten Fundorte mit gesicherten und mutmasslichen Siedlungsbefunden von der Spätlatènezeit bis und mit 5./6. Jh.

	Horizont	1	2	3	4	5	6
3.	Bonaduz, Bot Bonadisch	●					
	Bot Valbeuna	▲	▲	▲	▲	■—	■
5.	Castiel-Carschlingg	●				●	●
7.	Cazis-Cresta	●		●	●	▲	
8.	Chur, Welschdörfli	●	▲●?	●—	●	●■?	●□
	Hof					●■—?—	■
10.	Fläsch, Luzisteig	●			▲		
12.	Haldenstein	●					
15.	Lantsch, Bot da Loz	●	▲	▲	▲		
18.	Maladers, Tummihügel				●—	●	●
19.	Mon	▲	▲	●		■	
22.	Riom, Tigignas	●					
	Cadra	▲			●—	●—	●
25.	Sagogn, Schiedberg	●			●—	●—	●
27.	Scharans, Spundas	●					
29.	Scuol, Munt Baselgia				●		
30.	Sent, Spejel				●		
32.	Sevgein				●		
40.	Trun, Grepault	●					●■
41.	Vaz/Obervaz				●		
42.	Zernez, Viel				●		
	Friedhof					●	●
43.	Zillis				●	●	■
45.	Berschis					●	
46.	Flums					●	
47.	Mels, Castels	●					
48.	Oberriet, Montlingerberg	●	▲	●V	●	V	
49.	Sargans		▲				
52.	Wartau, Oberschan		▲				
	Ochsenberg	●			▲	●	
53.	Balzers, Gutenberg	●				▲●V? ●■	
54.	Gamprin, Lutzengüetle	●		▲	●V		
55.	Nendeln				●		
57.	Schaan, Krüppel	●			●	●	
	Kastell					●	■
58.	Schaanwald			●V		●	
59.	Triesen			▲	●	●■	
60.	Vaduz	▲	▲		▲		

● = gesicherter Siedlungsbefund
● = mutmassliche Siedlung
■ = Grab, Gräber
□ = Kirche

▲ = Streufunde, Einzelfund
V = Villa
? = Befund fraglich
— = Kontinuität

Interpretation dieses Gebäudes für das Frühmittelalter schwierig. Sennhauser nimmt aufgrund von «Gräbern» an, dass es sich um eine Pfarrkirche gehandelt habe. Abgesehen von zwei angeschnittenen, nicht datierbaren Gräbern fanden sich jedoch in der Umgebung des Gebäudes keine Bestattungen[62].

Der Versuch, den Prozess der Romanisierung aufgrund rein archäologischer Kriterien darzustellen, drängt sich dort auf, wo epigraphische und historische Quellen rar sind. Dass sich der Prozess bei diesem Vorgehen (durch das zur Verfügung stehende Material) weitgehend in der Quantität und Verbreitung von importierter Keramik bzw. der Intensität des Handels spiegelt, sei hier noch einmal festgehalten[63]. Die a n d e r e Seite, das heisst, die lokale Tradition in den verschiedenen Bereichen, ist sehr viel schwieriger zu erfassen. Angesichts der archäologischen Quellenlage für die zweite Hälfte des 1. Jh. v. Chr. sehen wir uns mit im Moment unlösbaren Fragen konfrontiert. Andererseits ist später, im 1. Jh. n. Chr., was z.B. Chur betrifft, das einheimische Keramikhandwerk sehr gut belegt[64]. Möglicherweise kennen wir heute auch die nicht-römische Keramik abgelegener Gebiete wie der Bündner Bergtäler noch zu wenig, und sicherlich haben die Siedler dort weitgehend auch andere Materialien (z.B. Holz) genutzt. Das Fehlen römischer Keramik heisst also noch lange nicht, dass fundleere Gebiete nicht besiedelt waren. (A. S.-W.)

B. Neue Forschungen im Rheintal

1. Die Siedlungsfunde des Montlingerbergs bei Oberriet SG

Die bisherigen Grabungen auf diesem Inselberg beschränkten sich auf verhältnismässig kleine Flächen. Mit dem heute vorliegenden Fundbestand können daher die Siedlungsaktivitäten erst in Umrissen erfasst werden. Die Fundanalyse ergab einstweilen keine eindeutigen Hinweise auf eine Lücke zwischen der vorrömischen und der römischen Besiedlung. Dieser von A. Siegfried oben abgehandelten Problematik müsste bei zukünftigen Grabungen auf dem Montlingerberg besondere Beachtung geschenkt werden.

---

[62] Baubefund Areal Markthallenplatz.
[63] Zum Handel in römischer Zeit A. HOCHULI, Areal Dosch 1981; DIES. 1985.
[64] A. HOCHULI, Areal Dosch 1986 und Areal Markthallenplatz; DIES., 1985, 25.

1) Die späte Latènezeit (1. Jahrhundert v. Chr.)

Auf dem Montlingerberg wurden – neben den Überresten der Bronze- und der frühen Eisenzeit – auch Funde einer späteisenzeitlichen Besiedlung festgestellt. Es handelt sich dabei vor allem um Scherben von Graphittonkeramik und um einige Fibelfragmente. Sie werden im folgenden kurz aufgelistet und besprochen (Abb. 2).

Graphittonkeramik:

Inventarnr.:
1) MB 1915: 142 — Wandscherbe mit senkrechter Kammstrichverzierung. H = 3,6 cm, B = 3,1 cm, D = 0,4 cm. (Keine Zeichnung)
2) MB 1921: 117 — Wandscherbe mit senkrechter Kammstrichverzierung. H = 4,1 cm, B = 5,9 cm, D = 0,7 cm. (Keine Zeichnung)
3) MB 1922: 10 — Zusammengehörende Bodenscherben eines Gefässes mit senkrechter Kammstrichverzierung, die über dem Boden durch zwei waagrechte Kanneluren unterbrochen ist. Zwischen den Kanneluren befindet sich ein Loch einer Flickstelle. Boden-⌀ 14 cm, H = 7,9 cm, D = 0,7 cm.
4) MB 1922: 37 — Randscherbe, grau. Unter der Randlippe ein Wulst, darunter Ansatz zu senkrechter Kammstrichverzierung. Rand-⌀ 20 cm, H = 4,1 cm, D = 0,7 cm.
5) MB 1922: 54 — Wandscherbe, leicht verbrannt, mit senkrechter Kammstrichverzierung. H = 7,4 cm, B = 3 cm, D = 1 cm. (Keine Zeichnung)
6) MB 1924: 58 — Randscherbe mit verdickter Randlippe, leicht verbrannt. Rand-⌀ 22 cm, H = 2,5 cm, D = 0,5 cm.
7) MB 1924: 84 — Bodenscherbe. Fragment ohne bestimmbaren Bodendurchmesser. Masse: 6,5 cm × 8,3 cm, D = 1 cm. (Keine Zeichnung)
8) MB 1951: 1b6 — Randscherbe mit verdickter Randlippe, leicht rötlich verbrannt. Rand-⌀ 23 cm, H = 2,5 cm, D = 0,5 cm.
9) MB 1952: 4a66 — Wandscherbe mit senkrechter Kammstrichverzierung. H = 2,5 cm, B = 4 cm, D = 0,6 cm. (Keine Zeichnung)
10) MB 1954: S2aa8 — Randscherbe mit verdickter Randlippe. Rand-⌀ 34 cm, H = 2,5 cm, D = 0,8 cm.
11) MB 1954: S2aa39 — Bodenscherbe. Fragment ohne bestimmbaren Bodendurchmesser. Masse: 1,6 cm × 5,5 cm. Dicke nicht eruierbar. (Keine Zeichnung)
12) MB 1954: S2ab45 — Wandscherbe mit senkrechter Kammstrichverzierung. H = 3,4 cm, B = 2,8 cm, D = 0,5 cm. (Keine Zeichnung)
13) MB 1954: S2ac15 — Wandscherbe mit senkrechter Kammstrichverzierung. H = 2 cm, B = 2,9 cm, D = 0,7 cm. (Keine Zeichnung)

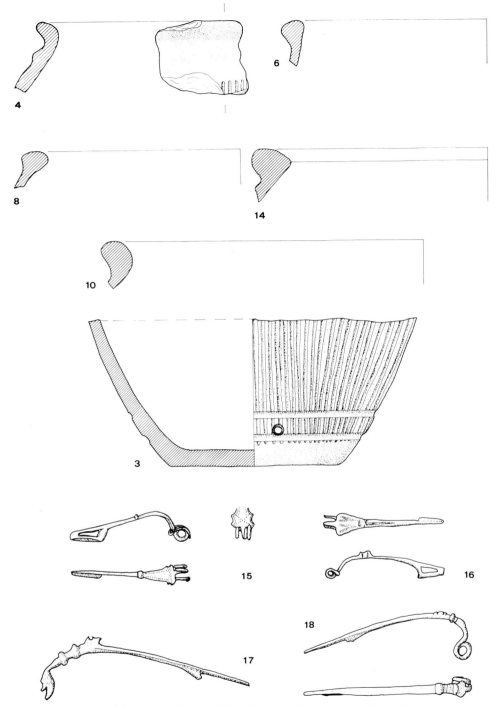

Abb. 2 Oberriet, Montlingerberg SG. Funde der Spätlatènezeit. M. 1:2.

14) MB 1954: S2ae31   Randscherbe mit verdickter Randlippe. Waagrechte Rille im unteren Teil der Randlippe, darunter Ansatz zu Rippe. Innen abgekantet.
Rand-$\varnothing$ 25 cm, H = 3,1 cm, D = 0,5 cm.

Die Scherben Nr. 1 bis 7 stammen aus den Aufsammlungen der Rheinkorrektion und den Grabungen von Dr. H. Bessler und können nicht stratifiziert werden. Die Fundumstände der übrigen Scherben sind bekannt und werden – zusammen mit der Fundvergesellschaftung – nachstehend aufgeführt. Alle diese Scherben stammen aus den Grabungen von Dr. h. c. B. Frei 1951 bis 1954.

8) Feld 1   2. Abstich (Wiedereinfüllung Bessler).
Dazu Latène A- und Hallstatt B-Ware.
9) Feld 4   1. Abstich.
Dazu viel Latène A-Ware.
10) Schnitt   2a, 1. Abstich, wallnahe Hälfte.
Dazu frührömische und wenig Latène A-Ware.
11) Schnitt   2a, 1. Abstich, wallferne Hälfte.
Dazu frührömische, Latène A- und Hallstatt B-Ware.
12) Schnitt   2a, 2. Abstich zwischen 1–12 m, wallnahe Hälfte.
Dazu Latène A-Ware und Fragment eines blauen Glasarmreifs mit gelber Fadenauflage.
13) Schnitt   2a, 3. Abstich, wallferne Hälfte.
Dazu v.a. Hallstatt B-Ware.
14) Schnitt   2a, 5. Abstich, Grube 1–5 m beim Wall.
Dazu frührömische und Latène A-Ware.

Im Verhältnis zum übrigen Fundmaterial ist die Graphittonkeramik sehr selten. Sie tritt aber v.a. in den obersten Abstichen der Grabungen Frei auf.

Die Randstücke können den Formengruppen «Südbayern» und «Hallstatt» zugeordnet werden[65].

Fibeln:
Inventarnr.:
15) MB 1921: 16   Nauheimerfibel, Bronze. Nadel und eine Windung der Spirale fehlen. 4 Windungen, untere Sehne, Fuss durchbrochen. Breite Bügelplatte, an den Rändern mit einer Punzlinie verziert. Kopfplatte mit eingepunztem Kreuz verziert. Bügelplatte gegen den Fuss mit Knoten abgeschlossen.
L = 6,25 cm, H = 3,5 cm.
Grabung Bessler, nicht stratifiziert.

---

[65] KAPPEL 1969, Abb. 22.

16) MB 1951: 1a43   Nauheimerfibel, Bronze. Nadel und 1¹/₂ Windungen der Spirale abgebrochen. 4 Windungen, untere Sehne, Fuss durchbrochen. Breite Bügelplatte, verziert mit je zwei gegen den Fuss zusammenlaufenden Punzlinien. Gegen den Fuss mit doppeltem Knoten abgeschlossen, an den sich auf dem Bügel eine weitere Punzlinie anschliesst.
L = 6,8 cm, H = 1,3 cm.
Grabung B. Frei, Feld 1, 1. Abstich (Wiedereinfüllung Bessler).

17) MB 1913: 583   Knotenfibel, Bronze. Spirale, Nadel und Teil des Fusses abgebrochen. Fuss durchbrochen. Bügel mit zwei Knoten und davor stehendem, senkrechtem Ornament verziert.
L = 11,2 cm, H = 3,4 cm.
Aufsammlung der Rheinkorrektion 1913.

18) MB 1924: 4   Knotenfibel, Bronze. Nadel, ein Teil der Spirale und Fuss abgebrochen. Fuss ehemals durchbrochen. Im hinteren Teil des Bügels eine breite Rippe, flankiert von zwei schmalen Rippen, und ein Knoten. Spirale vermutlich mit 6 Windungen.
L = 6,9 cm, H = 2,5 cm.
Grabung Bessler, nicht stratifiziert.

Über die oben beschriebenen Fibeln hat sich E. Ettlinger geäussert[66]. Nr. 15 und 16 gehören nach ihr zum Typ «Stabio» der Nauheimerfibel. Nach Stöckli datiert dieser Typ im Tessin in die 1. Hälfte des 1. Jahrhunderts v. Chr.[67].

Nr. 17 und 18 sind Knotenfibeln des Typs Almgren 65 = Ettlinger Typ 8. Ettlinger unterteilt diesen Fibeltyp nochmals in drei Gruppen. Die beiden Fibeln vom Montlingerberg gehören zu ihrer zweiten Gruppe[68] und werden in die Mitte und 2. Hälfte des 1. Jahrhunderts v. Chr. datiert[69].

2) Die frührömische Zeit (1. Hälfte des 1. Jahrhunderts n. Chr.)

Vom Montlingerberg existieren wenige frührömische Scherben. Sie sind bisher aber noch nicht publiziert worden. Es handelt sich um die folgenden Stücke (Abb. 3):

---

[66] ETTLINGER 1973.
[67] W.E. STÖCKLI, Chronologie der jüngeren Eisenzeit im Tessin (Antiqua 2), Basel 1975, 64 (Sementina, Grab 9).
[68] ETTLINGER 1973, 50.
[69] ETTLINGER 1973, 28; FURGER-GUNTI 1979, 20, beide mit weiterer Lit.

Inventarnr.:

19) MB 1921: 97, 119, 127 — Rand- und Wandscherben einer Knickwandschüssel. Ton mehlig, hellorange. Roter Überzug. Randlippe verdickt, darunter eine Rippe und eine seichte Kannelur.
Rand-$\varnothing$ 19 cm, H = 6,8 cm, D = 0,4 cm.

20) MB 1921: 157 — Bodenscherbe mit Standring. Fragment. Ton mehlig, hellorange. Rötlicher Überzug.
Boden-$\varnothing$ 10 cm, H = 2 cm, D = 0,3 cm.

21) MB 1924: 69 — Bodenscherbe mit Standring. Fragment. Ton braungrau gebrannt.
Boden-$\varnothing$ 11 cm, H = 3,4 cm, D = 0,5 cm.

22) MB 1951: 1a32 — Bodenscherbe. Ton hellorange, hart.
Boden-$\varnothing$ 7 cm, H = 1,9 cm, D = 0,5 cm. (Keine Zeichnung)

23) MB 1954: S2aa9 — Randscherbe, verdickt und gerade abgestrichen. Ton mehlig, gelbgrau.
Rand-$\varnothing$ 28 cm, H = 3,2 cm, D = 0,4 cm.

24) MB 1954: S2aa10 — Randscherbe mit verdickter Randlippe, ausladend. Ton orange, hart.
Rand-$\varnothing$ 9 cm, H = 3,2 cm, D = 0,4 cm.

25) MB 1954: S2aa11 — Randscherbe. Ton grau, weich.
Rand-$\varnothing$ 19 cm, H = 1,9 cm, D = 0,5 cm.

26) MB 1954: S2aa12 — Randscherbe. Ton orange, weich.
Rand-$\varnothing$ 14 cm, H = 3,2 cm, D = 0,5 cm.

27) MB 1954: S2aa13 — Bodenscherbe mit Standring. Ton orange, weich.
Boden-$\varnothing$ 13 cm, H = 2,3 cm, D = 0,6 cm.

28) MB 1954: S2aa14 — Wandscherbe mit senkrechter Kammstrichverzierung. Ton schwarzgrau.
H = 4,5 cm, B = 4,2 cm, D = 0,4 cm.

29) MB 1954: S2aa15 — Wandscherbe, ehemals mit senkrechter Kammstrichverzierung. Ton grauorange, weich.
H = 2,7 cm, B = 2,8 cm, D = 0,3 cm. (Keine Zeichnung)

30) MB 1954: S2aa36 — Randscherbe mit hängender, kantig profilierter Lippe. Ton orange, weich.
Rand-$\varnothing$ 15 cm, H = 2,3 cm, D = 0,6 cm.

31) MB 1954: S2aa37 — Randscherbe mit zweistabiger Lippe. Ton beige, weich.
Rand-$\varnothing$ 9 cm, H = 1,7 cm, D = 0,3 cm.

32) MB 1954: S2aa38 — Bodenscherbe mit Standring. Ton graubraun, weich.
Boden-$\varnothing$ 13 cm, H = 2,9 cm, D = 0,5 cm.

33) MB 1954: S2ab34 — Wandscherbe, Graphittonkeramik oder stark mit Graphit gemagert. Verziert mit dreifach wiederholtem, dreizeiligem Rädchenmuster. Das oberste Musterband ist um 180° gedreht.
H = 4,6 cm, B = 4,1 cm, D = 0,7 cm.

34) MB 1954: S2ae34 — Standringfragment. Ton orange, weich.
Boden-$\varnothing$ 15 cm, H = 0,7 cm, D nicht eruierbar. (Keine Zeichnung)

35) MB 1921: 109 — Wandscherbe, Drehscheibenware. Ton dunkelgrau, hart. Mit horizontalen Rillen und Wellenlinien verziert.
Hals-$\varnothing$ innen 11 cm, H = 3,8 cm, B = 5,2 cm, D = 0,5 cm.

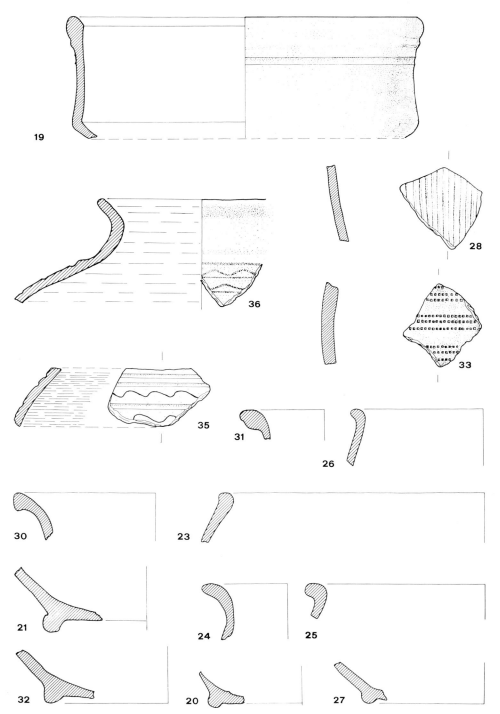

Abb. 3 Oberriet, Montlingerberg SG. Frührömische Keramik. M. 1:2.

36) MB 1954: S2ad22 Randscherbe, Drehscheibenware. Ton schwarz, hart. Drei horizontale Kanneluren, dazwischen flüchtiges Wellenornament.
Rand-$\emptyset$ 11 cm, H = 5,7 cm, B = 7,6 cm, D = 0,7 cm.

Die Scherben 19 bis 21 und 35 stammen aus den Grabungen Bessler und sind nicht stratifiziert. Die übrigen Scherben kamen bei den Grabungen Frei zutage. Ihre Fundlage wird hier angegeben:

22) Feld 1, 1. Abstich (Wiedereinfüllung Bessler)
23) bis 29) Schnitt 2a, 1. Abstich, wallnahe Hälfte
30) bis 32) Schnitt 2a, 1. Abstich, wallferne Hälfte
33) Schnitt 2a, 2. Abstich bei 11 m, wallnahe Hälfte
34) Schnitt 2a, 5. Abstich, Grube 1–5 m (beim Wall)
36) Schnitt 2a, 4. Abstich, 6–11 m

Die Fragmente der Knickwandschüssel (Nr. 19) lassen sich ohne weiteres den Knickwandschüsseln des Typs Drack 21B zuordnen[70]. Es handelt sich um eine helvetische Terra sigillata aus der 1. Hälfte des 1. Jahrhunderts.

Der Grossteil der frührömischen Keramik aus den Grabungen Frei wurde kurz danach von E. Ettlinger bestimmt. Gute Vergleichsfunde stammen aus dem Material des Schutthügels von Vindonissa und aus den Gruben des Kastells von Rottweil[71].

Vergleichbar mit der frührömischen Keramik vom Montlingerberg sind folgende Stücke:

23) Vindonissa, Taf. 1, 10; 17, 382
24) Vindonissa, Taf. 1, 13
25) Vindonissa, Taf. 2, 30 und Abb. 3a
26) Vindonissa, Taf. 17, 386
28) Vindonissa, evtl. Taf. 2, 27
33) Rottweil, Taf. 60, 1, 3, 5, 6
35)
36) } Rottweil, Taf. 12 und 47

Die frührömische Keramik vom Montlingerberg steht – aufgrund der Vergleichsfunde – in keltischer Tradition. Die Fragmentierung und das fassbare Gefässspektrum deuten darauf hin, dass es sich um Siedlungsmaterial handelt. Römische Siedlungsspuren sind auf dem Montlingerberg bisher allerdings noch nicht gefunden worden.

[70] W. DRACK, Die helvetische Terra sigillata – Imitation des 1. Jh. n. Chr., Basel 1945, 96ff. Taf. 12.
[71] ETTLINGER/SIMONETT, Vindonissa 8ff. mit Taf.; PLANCK, Rottweil, 162ff. mit Taf.

Der Nachweis früher helvetischer Sigillata-Fabrikate passt zu den Funden von Bregenz[72] und mag andeuten, dass die kulturelle Romanisierung des Bodensee-Rheintals von Nordwesten her erfolgte und nicht unwesentlich durch den Wasserweg gefördert wurde[73]. (R. S.)

2. Ein römischer Posten auf Severgall bei Vilters?

Merkwürdigerweise blieben bis jetzt die römischen Waffen aus den Grabungen auf der Anhöhe «Severgall» bei Vilters von der Forschung unbeachtet, während die Fibeln und Münzen zuletzt durch Overbeck[74] diskutiert wurden. Neben einem Lanzenschuh, dem Endbeschlag eines Bogens und mehreren fragmentierten Spitzen liegen die folgenden Geschossspitzen vor (Abb. 4):
1. Pyramidenförmige Spitze der «leichteren Form» nach Hübener[75]. Charakteristisch ist die im Verhältnis zur schlanken, massiven Spitze recht hohe, sich gegen die Basis kräftig erweiternde Tülle.
   Gewicht 46 g (Inv. Nr. 100).
2.3. Vierkantpfeilspitzen mit leicht abgesetzter, geschlossener Tülle. Diese Geschossköpfe mit ihren dornartigen, extrem schlanken Spitzen sind seit dem 3. Jahrhundert nachgewiesen[76].
   Gewicht 38 g bzw. 10 g (Inv. Nr. 109.108).
4. Blattförmige Pfeilspitze, beschädigt. Gewicht 17 g (Inv. Nr. 110). Es handelt sich um eine häufige Form, die im Rheintal bereits von der spätrömischen Höhensiedlung «Krüppel» bei Schaan bekannt ist[77].

So wenig spektakulär diese – im Historischen Museum St. Gallen glücklich wieder «ausgegrabenen»[78] – Funde auch sein mögen, sie liefern den durchaus nicht belanglosen Nachweis für die Anwesenheit römischen Militärs im Sarganser Talkessel. Vilters liegt an einem verkehrsgeographisch interessanten Punkt,

---

[72] Vgl. S. ZABEHLICKY-SCHEFFENEGGER, Terra sigillata aus Brigantium, in: Das römische Brigantium (Katalog Vorarlberger Landesmuseum 124), Bregenz 1985, 23.
[73] Zur Wasserführung des Rheins zwischen Bodensee und Hohenems vgl. E. MEYER-PETER u. C. LICHTENHAHN, Altes und Neues über den Flussbau unter besonderer Berücksichtigung des sanktgallischen Rheintales (Veröffentlichungen des Eidgenössischen Amts für Strassen- und Flussbau), Bern 1963.
[74] OVERBECK 1982, 91ff. (Katalog Nr. 16).
[75] W. HÜBENER, Die römischen Metallfunde von Augsburg–Oberhausen (Materialhefte zur Bayerischen Vorgeschichte 28), Kallmünz 1973, 29.
[76] U. KOCH, Die Metallfunde der frühgeschichtlichen Perioden aus den Plangrabungen 1967–1981 (Der Runde Berg bei Urach V), Heidelberg 1984, 108f. Taf. 19, 1–6, mit weiterer Lit.
[77] KELLNER 1965, Abb. 7, 12.
[78] Frau Dr. I. Grüninger, St. Gallen, habe ich für ihre tatkräftige Unterstützung sehr zu danken.

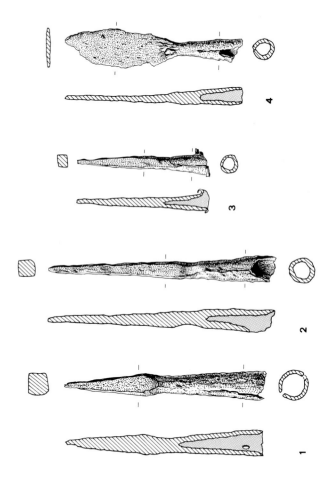

Abb. 4 Vilters, Severgall SG. Eiserne Geschossspitzen. M. 1:2.

der Luzisteig gegenüber, am Zugang zum Seeztal. Die Fibelserie wie die Münzreihe enthalten spätrömische Stücke neben Funden des 1. Jh. n. Chr.[79]. Dazu passen die Geschossspitzenformen recht gut. Ob die militärische Präsenz auf Severgall durchgehend war, kann allerdings ohne Kontrollgrabungen nicht beurteilt werden. Durch den heute vorliegenden Fundbestand lässt sich dieser Platz immerhin mit einiger Wahrscheinlichkeit unter die römischen Posten an Verkehrswegen einreihen, die unabhängig von der militärischen Lage an der Reichsgrenze die Sicherheit der Verbindungen im Landinnern zu gewährleisten hatten.

3. Vorrömische, spätrömische und frühmittelalterliche Siedlungsspuren auf dem «Ochsenberg» in Wartau SG

Über den ehemals versumpften Rheinauen nördlich von Sargans erheben sich, in Stufen ansteigend, die glazial überschliffenen Reste der helvetischen Decken. Nach der letzten Eiszeit bildeten sich hier unter Windeinwirkung relativ schwere, aber fruchtbare Lehmböden, sogenannter «Föhnlöss»[80]. Balzers gegenüber, und damit dem nördlichen Zugang zur Luzisteig über eine in historischer Zeit und wohl auch vorher schon viel benützte Furt sehr nahe, liegt das Ochsenbergplateau von Wartau. Die hochmittelalterliche Burgstelle setzt sich am südwestlichen Rand durch einen in den anstehenden Kalkstein eingearbeiteten Graben davon ab. Die archäologischen Ausgrabungen der Universität Zürich brachten 1985 ein dichtes Spurenbild der prähistorischen und frühgeschichtlichen Perioden an den Tag. Dies kam nicht unerwartet. Bereits die 1976 publizierten vegetationsgeschichtlichen Untersuchungen H.P. Wegmüllers am heute verlandeten Oberschaner See machten exemplarisch klar, dass die Terrassen von Wartau altes Kulturland sind. Im Zusammenhang mit unserem Thema sind zwei Aspekte des Pollendiagramms von Interesse:

a) Die seit der Jungsteinzeit recht gleichmässig verlaufende Kurve der Getreidepollen steigt in den oberen Profilabschnitten dreimal deutlich an, und

---

[79] OVERBECK 1982, 92.
[80] R. HANTKE, Eiszeitalter 2, 1980, 103; O. PETER, Wartau. SA. Mitt. Ostschweiz. geograph. Gesellschaft St. Gallen 1944/45–1954/55 (1960).

zwar während der Früheisenzeit[81], im Frühmittelalter[82] sowie im Hochmittelalter[83].

b) In die römische Zeit, d.h. in den Bereich der Holzkohleprobe mit Messwert 1770 ± 150 bp. und kalibriertem Datenbereich 20 v. Chr. – 565 n. Chr. fallen zwei recht drastische Veränderungen. Die Baumpollenwerte gehen stark zurück; offenbar wurden die Wälder ausgiebig gerodet. Bei den entsprechend steil ansteigenden Nichtbaumpollen dominiert mit Anteilen bis zu 89% Hopfen oder Hanf. Wegmüller vertritt die Auffassung, eine so grosse Menge belege einen Anbau in der nächsten Umgebung des Sees. Da die Nachweise im Pollenprofil bis in die Neuzeit durchgehen und Hanfanbau historisch belegt ist, Hopfen hingegen nicht, hält er die Einführung von Hanfkulturen bereits in römischer Zeit für wahrscheinlich[84].

Man wird auch bei vorsichtiger Beurteilung dieser Ergebnisse nicht daran zweifeln können, dass sich in frühgeschichtlicher Zeit eine expansivere Wirtschaftsweise in diesem Abschnitt des Rheintals durchsetzte, wobei die Rodungen nicht weniger als der intensivierte Anbau interessieren. Wegmüller vermutete, die Verhüttung von Eisenerz aus der Lagerstätte am Gonzen über Sargans habe den Holzbedarf drastisch ansteigen lassen[85] – eine mit archäologischen Mitteln überprüfbare Hypothese!

Obschon beim gegenwärtigen Stand der Ausgrabungen noch keine abschliessenden Aussagen möglich sind, kann doch festgestellt werden, dass sich Bestätigungen der mit paläobotanischen Methoden erzielten Ergebnisse abzeichnen. Die vorrömische Eisenzeit ist ähnlich wie im benachbarten Balzers[86] durch einen beträchtlichen Fundanfall repräsentiert. Darüber lagert ein spätrömischer Horizont, der den Münzen zufolge die zweite Hälfte des 4. Jahrhunderts umfasst. Dass sich hier recht viel Lavezgeschirr und wenig Keramik fand, überrascht nicht, herrschten doch auch im spätrömischen Kastell von Schaan ähnliche Sitten[87]. Wie in Schaan ist auch in Wartau etwas Argonnenware vor-

---

[81] WEGMÜLLER 1976, 258ff., Diagramm Ried bei Oberschan und Tabelle 1. Durch eine Holzkohleprobe mit dem konventionellen C14-Alter von 2540 ± 150 bp. (before present) wurde der erste Anstieg der Getreidepollenkurve zeitlich fixiert. Bei allen C14-Daten ist die gemessene Altersangabe mit Hilfe der Dendrochronologie zu kalibrieren; vgl. J. KLEIN, J.C. LERMAN, P.E. DAMON u. E.K. RALPH, Radiocarbon 24, 1982, 103ff. Das korrigierte Alter dieser Probe liegt demnach zwischen 1020–395 v. Chr.

[82] Dieser Profilabschnitt lag zwischen zwei datierten Holzkohleproben mit den Messwerten 1770 ± 150 bp., kalibriert 20 v. Chr. bis 565 n. Chr., und 810 ± 150 bp., kalibriert 915–1395 n. Chr. Diese Daten liefern die obere und untere zeitliche Begrenzung des Getreidepollen-Anstiegs.

[83] Messwert 810 ± 150 bp., kalibriertes Alter 915–1395 n. Chr.

[84] WEGMÜLLER 1976, 261f.

[85] WEGMÜLLER 1976, 265.

[86] J. BILL, JbHVFL 83, 1983, 7ff.

[87] E. ETTLINGER, JbHVFL 59, 1959, 229ff.

handen, nebst einem innen glasierten Reibschalenfragment der von Ettlinger[88] beschriebenen Formenreihe. Dazu kommen Eisenschlackenfunde, die zurzeit metallographisch untersucht werden, um abzuklären, ob Erz aus dem Gonzen das Ausgangsmaterial gebildet haben kann.

Nach längerem Siedlungsunterbruch setzte auf dem Ochsenbergplateau um 700 n. Chr. wiederum eine Aktivitätsphase ein. Der wichtigste Befund ist ein Holzbau, der einer Feuersbrunst zum Opfer fiel. Dass es sich um einen Profanbau, wohl einen Hof handelte, zeigen die Funde. Es sollen hier nur die aufschlussreichsten Kategorien kurz diskutiert werden: ein verbrannter Getreidevorrat und zwei Silbermünzen (Taf. 1, 6 u. 7). Beim Getreide handelt es sich um einen Mischvorrat, der neben Gerste auch Emmerweizen umfasst; ausserdem sind zwei Arten von Hülsenfrüchten vertreten, die Ackerbohne (vicia faba) und die Erbse. Die Anteile der einzelnen Vorratskomponenten können noch nicht diskutiert werden, da erst zwei kleine Stichproben bestimmt wurden. Es zeichnen sich aber auf jeden Fall interessante Hinweise zur Ernährungsbasis ab, da neben dem Körnervorrat auch recht viel Tierknochen geborgen wurden. Heute wird der Ochsenberg als Weideplatz genutzt, wofür er sich der dünnen Humusdecke wegen auch am besten eignet. Der frühmittelalterliche Getreidevorrat belegt für die damalige Zeit die Speicherung, nicht notwendigerweise den Anbau auf felsigem Grund, in bewährter Schutzlage. Am Hügelfuss liegt guter Ackerboden; ob sich dort ebenfalls Siedlungsstrukturen befanden, werden weitere archäologische Untersuchungen zeigen.

Die wichtigsten, datierenden Funde aus dem verbrannten Holzbau sind zwei langobardische Silberprägungen (Taf. 1, 6 u. 7). Ihre nähere Einordnung innerhalb der Münzreihen des italischen Langobardenreichs wird durch die folgenden Merkmale möglich:

Innerhalb der von Bernareggi[89] herausgearbeiteten drei Prägungsphasen sind Tremisses aus Silber eine späte Erscheinung. Das Bildmotiv auf der Rückseite unserer beiden Exemplare, St. Michael mit Schild und Lanze nach links, erscheint mit König Kunibert (688–702) und hält sich bis und mit König Liutprand (712–744). Auf der Vorderseite von Nr. 6 kann das stark verfremdete Brustbild eines Herrschers durchaus noch erkannt werden. Das davorgesetzte Zeichen T wie auch das niedrige Gewicht (0,69 g; Nr. 7 wiegt dagegen 1,05 g) sind bei einem der von Bernareggi dem Liutprand zugeordneten Tremissis nach-

---

[88] Vgl. JbHVFL 59, 1959, 252 ff. Taf. 3.
[89] E. Bernareggi, Il sistema economico e la monetazione dei Longobardi nell'Italia superiore, 1960; vgl. auch Bernareggi, Schweizer Münzblätter 17, 65, 1967, 9 ff.

Tabelle der spätrömischen Münzen von Wartau-Ochsenberg[90] (vgl. Tafel 1, 1–5)

Nr.	Einheit	Prägezeit (n. Chr.)	Münzstätte	Kaiser	Reverstyp	Sigel	RIC
1	Aes IV	347/348	Lyon?	Constans	2 Victorien VICTORIAE DD AVG GQ NN	[P] L G	VIII 180, 41
2	Aes IV	347/348	Rom	Constans	wie 1.	R O P	VIII 253, 84
3	Aes III	348–350	Trier	Constans	Phoenix auf Fels FEL TEMP REPARATIO	T R P.	VIII 154, 228
4.	Aes III	355–361	Antiochia	Constantius II	Behelmter, Soldat, fallender Reiter FEL TEMP REPARATIO	A N A	VIII 528, 187A
–	Aes IV	364–378	?	Valens	?	?	
5.	Aes IV	388–395	?	Honorius	Victoria, einen Gefangenen schleppend SALVS REI PVBLICAE	?	IX 107, 58d (Typ)

[90] Herrn Dr. H.M. von Känel vom Münzkabinett Winterthur und seinen Mitarbeitern bin ich für ihre sachkundige Bearbeitung zu Dank verpflichtet.

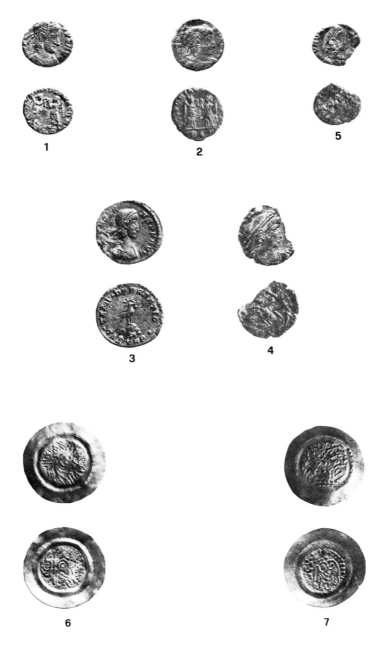

Tafel 1   Wartau, Ochsenberg SG.
Spätrömische Bronzemünzen (1–5) und langobardische Silberprägungen (6, 7). M. 1:1.

gewiesen[91]. In Arslans Katalog[92] werden unseren Neufunden im einen oder andern Merkmal vergleichbare Münzen nach Abwägen aller Gesichtspunkte mit Fragezeichen in die Aera Liutprands eingereiht.

Insgesamt steht einstweilen fest, dass sich die Reihe der Langobardenprägungen aus schweizerischen Fundstellen um einen sehr plausiblen Punkt zwischen der relativ dichten Streuung in Graubünden und dem zu einer Brosche umgearbeiteten Einzelstück aus Stein am Rhein vermehrt hat[93]. Zugleich wird wieder einmal die Bedeutung der Alpentransversale für das kulturelle und wirtschaftliche System Churrätiens evident.

Die Ausgrabungen von Wartau-Ochsenberg[94] ergaben nicht nur frühmittelalterliche Baureste, sondern auch den dazugehörenden Bestattungsplatz. Die Situation entspricht in verschiedener Hinsicht recht gut dem von CHRISTLEIN 1980 vorgelegten Befund von Moos-Burgstall in Niederbayern. Auch dort lag erhöht über einem Flussübergang ein Hof mit Begräbnisstelle; eine um 700 datierte langobardische Goldmünze bildete den Totenobolus.

Versucht man, mit Hilfe der heute verfügbaren archäologischen Evidenzen das Phänomen der «Höhensiedlungen» neu anzugehen, so wird bald einmal klar, dass die romantisierenden Vorstellungen von «Fluchtburgen» gerade in einigen modern untersuchten Fällen nicht der historischen Realität entsprechen können. Vielmehr beginnen sich Siedlungs- und Bestattungsplätze auf markanten Anhöhen in ein weiteres ökonomisches und verkehrsgeographisches Netz einzuordnen. Weder das Spurenbild der Eisenverarbeitung noch die Speicherung von Getreide, Hülsenfrüchten und Silbermünzen auf einem die Umgebung überragenden, allseitig gut sichtbaren Platz ergeben plausible Argumente für ein Refugium. Ähnliches dürfte auch für andere Fälle zutreffen. So wäre etwa die Frage durchaus der Klärung wert, ob die befestigte Siedlung auf dem «Carschlingg» bei Castiel mit der Erschliessung der Eisenlagerstätte im Schanfigg zusammenhängen könnte. Die Dinge müssen aber sicherlich sehr differenziert gesehen werden, und vor allem ist noch viel Geländearbeit erforderlich, um die einzelnen markanten Plätze aus ihrer forschungsbedingten Isolierung zu lösen.

(M.P.)

---

[91] BERNAREGGI 1960, 155, Nr. 113.
[92] E.A. ARSLAN, Le monete di Ostrogoti, Longobardi e Vandali. Catalogo delle Civiche Raccolte Numismatiche di Milano, 1978, 64.
[93] H.U. GEIGER, Die merowingischen Münzen der Schweiz. Schweiz. Numismat. Rundschau 58, 1979, 83ff., bes. 30f. Herrn Dr. Geiger habe ich für Literaturhinweise und Beratung zu danken.
[94] Die Ausgrabungen der Universität Zürich in Wartau werden durch den Schweiz. Nationalfonds zur Förderung der wiss. Forschung unterstützt.

Fundlisten zu den Karten 1–5 und Tabelle 2

Liste der Fundorte, nach Horizonten, in der Reihenfolge Graubünden, St. Gallen und Liechtenstein, und alphabetisch geordnet. Innerhalb der Horizonte werden zuerst die Siedlungsfunde, dann die Grabfunde und am Schluss die Streu- bzw. Einzelfunde aufgelistet. Die Nummern entsprechen denjenigen auf den Verbreitungskarten.

Erläuternde Angaben, Bemerkungen und Literaturzitate wurden nur dort angefügt, wo dies notwendig erschien. In allen anderen Fällen sind die Angaben bei OVERBECK 1982 verbindlich.

Horizont 1/LT D 1

Siedlungen
 3. *Bonaduz*, Bot Bonadisch
    Graphittonkeramik. JbSGU 29, 1937, 72; W. BURKART, Die rätische Siedlung Bot Panaduz bei Bonaduz, BM 1946, 140ff., Abb. 8; CLAVADETSCHER 1978; SCHNEIDER 1980, 51; ZÜRCHER 1982, 21; OVERBECK 1982, 122f.
 5. *Castiel,* Carschlingg
    SLT-Material in Abräumschichten. ZINDEL 1979. Nauheimerfibel. RAGETH 1979, 4, Anm. 3
 7. *Cazis,* Cresta und Niederrealta
    Graphittonkeramik. JbSLM 68/69, 1959/60, 21; CLAVADETSCHER 1978; ZÜRCHER 1982, 22; OVERBECK 1982, 160.
 8. *Chur*, Welschdörfli
    Graphittonkeramik. Grabung 1973, im AD. CLAVADETSCHER 1978. Nauheimerfibel. RAGETH 1979, 4.
10. *Fläsch*, Luzisteig und Matluschkopf
    Graphittonkeramik. JbSGU 1934, 58; JHGG 67, 1937, 50; CLAVADETSCHER 1978; OVERBECK 1982, 136.
12. *Haldenstein*
    Graphittonkeramik. JbSGU 29, 1937, 126; CLAVADETSCHER 1978.
15. *Lantsch/Lenz*, Bot da Loz
    Graphittonkeramik, Nauheimerfibel u.a.m; RYCHENER 1983.
22. *Riom*, Tigignas
    Graphittonkeramik. JbSGU 68, 1985, 232.
25. *Sagogn*, Schiedberg
    Graphittonkeramik. CLAVADETSCHER 1978; OVERBECK 1982, 144.
26. *Salouf*, Motta Vallac
    SLT-Höhensiedlung? WYSS 1982.
27. *Scharans*, Spundas
    Graphittonkeramik, LT-C 2 Fibeln u.a. J. RAGETH, AS 2, 1979, 88ff.; DERS., Prähistorische Siedlungsüberreste bei Scharans (Domleschg, GR), BM 1981, 201ff.; ZÜRCHER 1982, 51.

40. *Trun*, Grepault
    Graphittonkeramik, Glasarmringe. JbSGU 29, 1937, 115 ff.; JbSGU 48, 1960, 131 f.; ZÜRCHER 1974, 21, 30; DERS. 1982, 46; CLAVADETSCHER 1978; Nauheimerfibel. RAGETH 1979, 4, Anm. 3.
47. *Mels*, Castels
    Graphittonkeramik. ZAK 15, 1954/55, 133; CLAVADETSCHER 1978; SLT-Drahtfibel. OVERBECK 1982, 85 f., Taf. 33,5.
48. *Oberriet*, Montlingerberg
    siehe oben
52. *Wartau*, Ochsenberg
    Graphittonkeramik. JbSGU 25, 1933, 89; CLAVADETSCHER 1978.
53. *Balzers*, Gutenberg und Runder Büchel
    Graphittonkeramik. JbHVFL 30, 1930, 85; CLAVADETSCHER 1978; JbHVFL 83, 1983, 23. Nauheimerfibel. OVERBECK 1982, 98, Taf. 36,1.
54. *Gamprin*, Lutzengüetle, Schneller, Malanser
    Graphittonkeramik. JbHVFL 37, 1937; 42, 1942; 44, 1944; 46, 1946; 53, 1953; 55, 1955; CLAVADETSCHER 1978. Glasarmringe. JbHVFL 44, 1944, Abb. 21, 7. 8.
57. *Schaan*, Krüppel
    Graphittonkeramik, Nauheimerfibel, Glasarmringe. BECK 1965, Abb. 29; ETTLINGER 1973, 33; OVERBECK 1982, 110.
60. *Vaduz*
    Graphittonkeramik; J. BILL, JbHVFL 77, 1977, 22 f.
61. *Sevelen*, Sonnenbühl
    Graphittonkeramik, JbSGU 12, 1919–20, 141 f.; CLAVADETSCHER 1978.

Einzelfunde, Streufunde

3. *Bonaduz*, Bot Valbeuna
   Glasarmringe. SCHNEIDER 1980, 51 f.; OVERBECK 1982, 125.
9. *Felsberg*, Calanda
   SLT-Lanzenspitze. ZÜRCHER 1982, 26.
19. *Mon*
    Nauheimerfibel. BM 1936, 92, Abb. 2; ETTLINGER 1973, 33; OVERBECK 1982, 140, Taf. 42. 14.
21. *Ramosch*, Mottata
    Nauheimerfibel. ETTLINGER 1973, 33.
22. *Riom*, Cadra
    Nauheimerfibel. RAGETH 1979, 2 f., Abb. 2, 1.
29. *Scuol*, Russonch
    Nauheimerfibel (ähnliche). ETTLINGER 1973, 33.
    Glasarmringe. ZÜRCHER 1974.
50. *Vilters*, Severgall
    Glasarmringe, Graphittonkeramik (?). OVERBECK 1982, 92.

Archäologischer Beitrag zum Formationsprozess des frühma. Churrätien 33

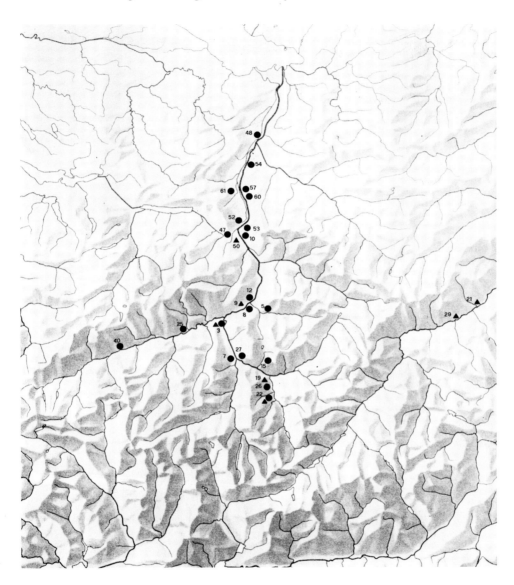

Karte 1 Horizont 1/LT D 1

Horizont 2/LT D 2 und augusteisch

Siedlungen?
8. *Chur,* Welschdörfli (kein eindeutiger Siedlungsbefund)
   Wenige Fragmente Campana (insgesamt ca. 5). Areal Dosch 1986 und Areal Markthallenplatz.
   Verschiedene Fibeln des Horizontes, z.T. abgebildet bei OVERBECK 1982, Taf. 11 B 1, Taf. 12, 6, im übrigen Areal Dosch 1986 und Areal Markthallenplatz.

Einzelfunde, Streufunde
3. *Bonaduz,* Bot Valbeuna
   Scharnierbogenfibel, späte eiserne gallische Fibeln. OVERBECK 1982, 125, Taf. 41, 10. 4 und 5; dazu RIECKHOFF 1975, 16; FEUGÈRE 1985, 299 ff., 309.
15. *Lantsch/Lenz,* Bot da Loz
    Fibel Almgren 65. RYCHENER 1983, 41 f., Taf. 2, 16.
19. *Mon*
    Fibel Almgren 241. BM 1952, 89 ff.; OVERBECK 1982, 140.
21. *Ramosch*
    eiserne, «der Nauheimerfibel nahestehende» Fibel. ETTLINGER 1973, 33, 35; OVERBECK 1982, 162; dazu RIECKHOFF 1975, 16.
28. *Schiers*
    Fibel Almgren 241. ETTLINGER 1973, 55.
29. *Scuol,* Russonch
    eiserne, «der Nauheimerfibel nahestehende» Fibel. ETTLINGER 1973, 33, 35; OVERBECK 1982, 162.
44. *Bad Ragaz*
    Knotenfibel Almgren 65. OVERBECK 1982, 82, Taf. 32, 14.
48. *Oberriet,* Montlingerberg
    Knotenfibeln Almgren 65. ETTLINGER 1973, 48.
50. *Vilters,* Severgall
    Fibel Almgren 241. OVERBECK 1982, 92, Taf. 35, 5.
52. *Wartau,* Oberschan
    Knotenfibel Almgren 65. OVERBECK 1982, 94, Taf. 35, 12.
60. *Vaduz*
    Knotenfibel Almgren 65. ETTLINGER 1973, 48; OVERBECK 1982, 119, Taf. 40, 2.

Horizont 3/tiberisch bis ca. Ende 1. Jahrhundert

Siedlungen
7. *Cazis,* Cresta und Niederrealta
   Keramik. JbSGU 44, 1954–55, 108; 47, 1958–59, 186; 53, 1966–67, 132; JbSLM 66, 1957, 13; H. ERB, Schriftenreihe RM 3, 1967, 1 ff.

Archäologischer Beitrag zum Formationsprozess des frühma. Churrätien

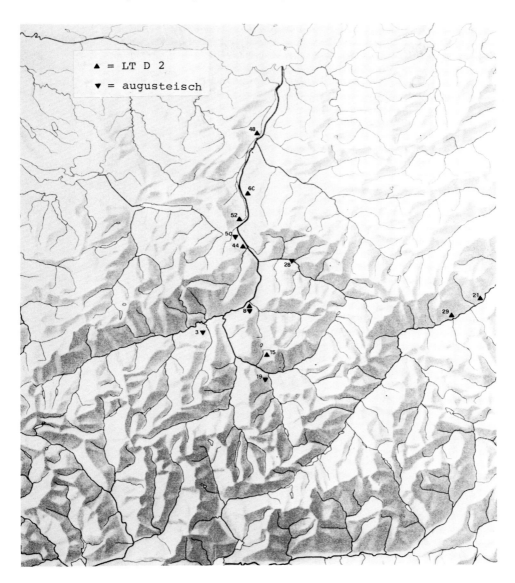

Karte 2 Horizont 2/LT D 2 und augusteisch

8. *Chur,* Welschdörfli
Italische und frühe südgallische TS; Fibeltypen u.a.m. Areal Dosch 1986 und Areal Markthallenplatz; eine Auswahl bei OVERBECK 1982, 40ff.
19. *Mon*
Keramik u.a.m. JbSGU 42, 1952, 89; BM 1952, 90ff.; OVERBECK 1982, 140.
22. *Riom,* Cadra
Italische und südgallische TS u.a.m. z.T. bei RAGETH 1979; für das Überlassen der Fundkartei zur Sichtung und für Auskünfte danke ich Jürg Rageth; vgl. dazu RAGETH 1985.
28. *Schiers* (Siedlung?)
TS, Feinkeramik, norisch-pannonische Zweiknopffibel; BM 1962, 85; ETTLINGER 1973, 64.
48. *Oberriet,* Montlingerberg
Siehe oben
49. *Sargans,* Villa
TS spät-südgallisch, versch. Fibeltypen. OVERBECK 1982, 89f.
58. *Schaanwald,* Villa
TS spät-südgallisch. OVERBECK 1982, 113f.

Einzelfunde, Streufunde

3. *Bonaduz,* Bot Valbeuna
Kräftig profilierte Fibel. OVERBECK 1982, Taf. 41, 7.; ETTLINGER 1973, 61ff.
15. *Lantsch/Lenz,* Bot da Loz
«schwere Fibel» (norisch-pannonische Zweiknopffibel, vgl. Schiers). RYCHENER 1983, 39f., Taf. 2, 15.
50. *Vilters*
Fibeln 2. H. 1. Jh. OVERBECK 1982, 92, Taf. 35 (Nummern stimmen nicht mit den Angaben im Katalog überein).
51. *Walenstadt*
Fibel, Aucissa-Nachform. OVERBECK 1982, Taf. 35, 14.
52. *Wartau,* Ochsenberg
Scharnierfibel. OVERBECK 1982, Taf. 35, 13.
53. *Balzers*
Fibeln. OVERBECK 1982, 98f.
54. *Gamprin*
Kräftig profilierte Fibel. OVERBECK 1982, 102.
57. *Schaan*
Fibel mit degeneriertem Tierkopf. ETTLINGER 1973, 60.
59. *Triesen*
Fibel mit degeneriertem Tierkopf. ETTLINGER 1973, 60.

Archäologischer Beitrag zum Formationsprozess des frühma. Churrätien 37

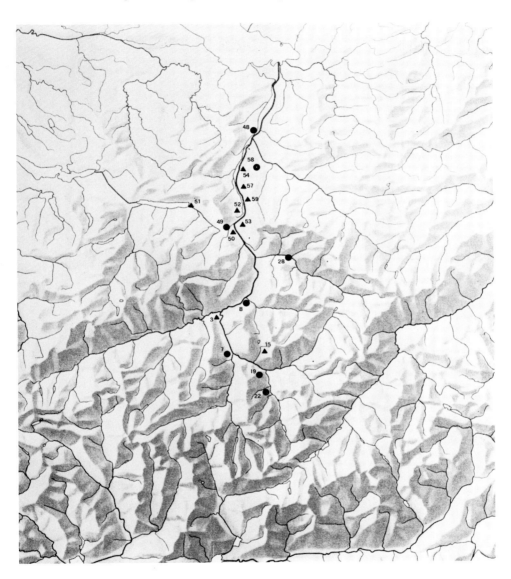

Karte 3   Horizont 3/tiberisch, bis ca. Ende 1. Jahrhundert

Horizont 4/2. und 3. Jahrhundert

1. *Andeer* (Siedlung?)
   TS mittel- und ostgallisch. OVERBECK 1982, 121 f.
8. *Chur*, Welschdörfli
   Areale Dosch und Markthallenplatz. Viel Material, darunter TS aus Süd-, Mittel- und Ostgallien, Rätien und der Schweiz (Vgl. Tabelle 1); insgesamt 44 Fibeln.
18. *Maladers,* Tummihügel
    TS mittel- und ostgallisch. AS 2, 1979, 69 ff.; JbSGU 62, 1979, 118 ff.; JbSGU 64, 1981, 244 ff.; ZÜRCHER 1982, 50 f.; OVERBECK 1982, 137 f.
    Verschiedene Fibeln, Merkurstatuette u.a., siehe oben.
22. *Riom,* Cadra
    Verschiedene Materialien aus der Zeit. RAGETH 1979.
25. *Sagogn,* Schiedberg
    TS ostgallisch und aus der Schweiz, rätische Reibschüsseln u.a. MEYER 1977, 94, 116; ETTLINGER/ROTH 1979, 20, 41; OVERBECK 1982, 142 ff.
29. *Scuol,* Munt Baselgia (Siedlung?)
    RS TS Dr. 37 ostgallisch und röm. Lavez. STAUFFER 1983, 217, Taf. 55. 590, 596–598.
30. *Sent,* Spejel
    TS, darunter Dr. 37 ostgallisch (RM, Inv. P. 1971. 387), mittel- oder ostgallisch (RM, Inv. P 1971, 393), u.a. JbSGU 44, 1954/55, 94; ZÜRCHER 1982, 41; OVERBECK 1982, 163.
32. *Sevgein,* St. Thomas
    TS mittel- oder ostgallisch u.a., darunter Buchstabenfibel (Abb. 1), AD 1969/29; JbSGU 57, 1972/73, 334; ZÜRCHER 1982, 41; OVERBECK 1982, 163.
38. *Trimmis*
    TS mittelgallisch, RM Inv. P 1971.23, 1971.13, und ostgallisch (wohl Rheinzabern) RM Inv. P 1971. 608, 16; TS Schweiz, RM Inv. P. 1971. 599; ETTLINGER/ROTH 1979, 20, 41.
41. *Vaz/Obervaz*
    Keramik. SCHNEIDER 1980, 74; OVERBECK 1982, 157 f. Trompetenkopffibel. RM Inv. 1977.2 (wie Chur, OVERBECK 1982, Taf. 13, 34).
42. *Zernez,* Viel
    Keramik, unter anderem TS ostgallisch. RAGETH 1983, 147, Abb. 29, 9–13.
43. *Zillis,* Reischen
    TS Dr. 37 Rheinzabern und Schweiz. ETTLINGER/ROTH 1979, 20; OVERBECK 1982, 159 f., Taf. 44, 5–9.
46. *Flums,* Villa(?)
    Versch. Funde. OVERBECK 1982, 79 f.
49. *Sargans,* Villa
    Versch. Funde, u.a. TS mittel- und ostgallisch, Schweiz. ETTLINGER/ROTH 1979, 40 f.; OVERBECK 1982, 89.
53. *Balzers,* Villa (?)
    Versch. Funde. OVERBECK 1982, 95 ff.
55. *Nendeln,* Villa
    Versch. Funde. OVERBECK 1982, 105 f.

Archäologischer Beitrag zum Formationsprozess des frühma. Churrätien

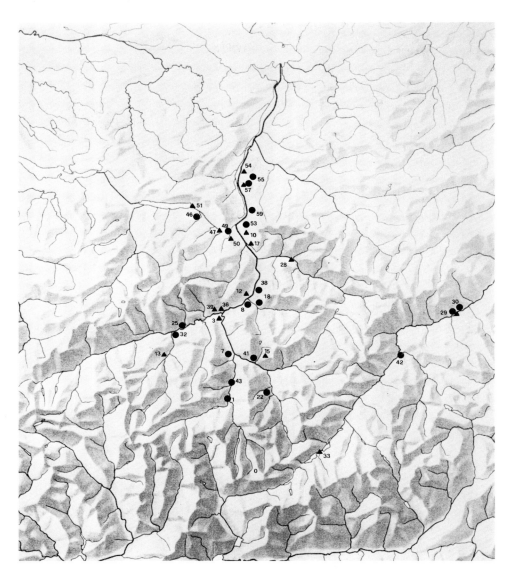

Karte 4   Horizont 4/2. und 3. Jahrhundert

57. *Schaan,* Krüppel
   KELLNER 1965.
59. *Triesen*
   Versch. Funde, OVERBECK 1982, 118.

Einzelfunde, Streufunde
12. *Haldenstein*
   Scharnierfibel. ETTLINGER 1973, 170; OVERBECK 1982, 161.
13. *Degen (Igels)*
   RS einer Reibschüssel. OVERBECK 1982, 161.
17. *Maienfeld*
   Späte kräftig profilierte Fibel. ETTLINGER 1973, 66; OVERBECK 1982, 161.
23. *Rudnal*
   Zangenfibel. ETTLINGER 1973, 67.
29. *Scuol*
   Fibel mit Bügelknopf. OVERBECK 1982, Taf. 45, 5.
33. *Sils-Baselgia*
   Inschriftenaltäre. ERB/BRUCKNER/MEYER 1966, 1 ff.
34. *Solis*
   Trompetenkopffibel. ETTLINGER 1973, 67.
36. *Tamins,* Imboden
   TS, Bügelfibel mit Emaileinlage. OVERBECK 1982, 154.
39. *Trin,* Crap Sogn Parcazi
   1 WS römisch. ZÜRCHER 1982, 45.
47. *Mels*
   Trompetenkopffibel. OVERBECK 1982, 87.
50. *Vilters*
   Zangenfibel, Omegafibel. OVERBECK 1982, Taf. 35, 9.
57. *Schaan*
   Fibel. OVERBECK 1982, 113, Taf. 38, 2.

Horizont 5/4. Jahrhundert

Siedlungen
3. *Bonaduz,* Schloss Rhäzüns
   Höhensiedlung? OVERBECK 1982, 122 ff.
5. *Castiel,* Carschlingg
   Höhensiedlung. ZINDEL 1979; OVERBECK 1982, 129 ff.; CLAVADETSCHER 1985.
8. *Chur,* Welschdörfli
   Gebäudereste aus spätrömischer Zeit, Funde (u.a. Argonnen- und afrikanische TS) Areal Dosch 1986 und Areal Markthallenplatz. Vgl. SIMONETT 1974; OVERBECK 1982, 40 ff.
   Chur, Hof
   Spätrömische Anlage; ASA 1930, 110 ff.; JbSGU 57, 1972/73, 301; OVERBECK 1982, 39 f.; RAGETH 1983, 150.

Archäologischer Beitrag zum Formationsprozess des frühma. Churrätien

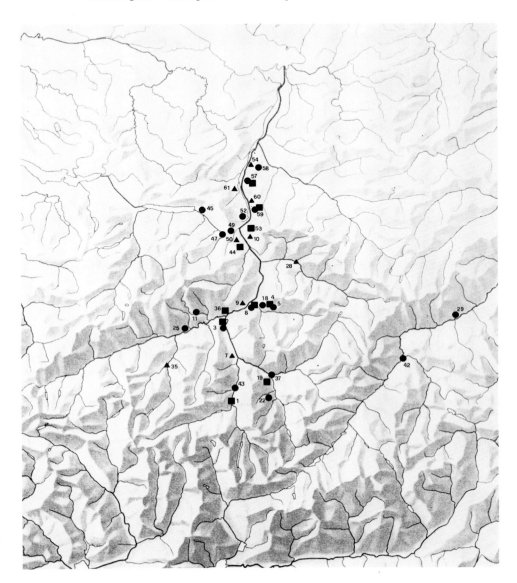

Karte 5   Horizont 5/4. Jahrhundert

11. *Flims*, Belmont
    Höhensiedlung? JbSGU 39, 1948, 93; ZÜRCHER 1982, 27; OVERBECK 1982, 131 f.
18. *Maladers*, Tummihügel
    Höhensiedlung. AS 2, 1979, 69 ff.; JbSGU 62, 1979, 118 ff.; JbSGU 64, 1981, 244 ff.; OVERBECK 1982, 137 f.
22. *Riom*, Cadra
    Spätrömische Befunde und Funde. RAGETH 1979, 60; JbSGU 64, 1981, 251; JbSGU 65, 1982, 208; JbSGU 67, 1984, 225; RAGETH 1985.
25. *Sagogn*, Schiedberg
    Spätrömische Keramik, u.a. Argonnen- und afrikanische TS. MEYER 1977; OVERBECK 1982, 142 ff.
29. *Scuol*, Crastuoglia und Russonch
    Spätrömische Keramik und Lavez. JbSGU 48, 1960–61, 140; SCHNEIDER 1980, 99, Anm. 366.
37. *Tiefencastel*, Kirchhügel
    Höhensiedlung. OVERBECK 1982, 154 ff.; RAGETH 1983, 153.
42. *Zernez*, Friedhof
    Spätrömische Befunde und Funde. RAGETH 1983.
45. *Berschis*
    Höhensiedlung? SCHNEIDER 1980, 77; OVERBECK 1982, 76 ff.
47. *Mels*, Castels
    Höhensiedlung? SCHNEIDER 1980, 84; OVERBECK 1982, 83 ff.
49. *Sargans*
    Villa. OVERBECK 1982, 88 ff.
52. *Wartau*, Ochsenberg
    Siehe oben.
57. *Schaan*, Krüppel
    Höhensiedlung. KELLNER 1965; OVERBECK 1982, 110 ff. Kastell: ETTLINGER 1959; OVERBECK 1982, 108 ff.
58. *Schaanwald*
    Argonnen-TS. OVERBECK 1982, 115.
59. *Triesen*, Meierhof
    OVERBECK 1982, 115 ff.

Gräber (vgl. SCHNEIDER 1980, 218 f., Liste 14)
 1. *Andeer*
    Beigabenlos und eines mit Lavezschale. OVERBECK 1982, 121 f.
 3. *Bonaduz*, Bot Valbeuna
    Gräberfeld. SCHNEIDER 1980, 17 ff.
 4. *Calfreisen*
    Armringe mit Schlangenkopfenden. OVERBECK 1982, 128; CLAVADETSCHER 1985, 26.
 8. *Chur*, Welschdörfli und Hof
    Calandagarage und St. Regula. SCHNEIDER 1980, 218.
19. *Mon*
    Argonnen-TS. JbSGU 42, 1952, 89; OVERBECK 1982, 140 f.
36. *Tamins*, Imboden
    Gräbergruppe. SCHNEIDER 1980, 58 ff., 186 ff.; OVERBECK 1982, 154 f.

44. *Bad Ragaz,* Kunkelspass
    SCHNEIDER 1980, 55f.; OVERBECK 1982, 82.
53. *Balzers*
    SCHNEIDER 1980, 55ff.; JbHVFL 82, 1982, 179ff.
57. *Schaan*
    SCHNEIDER 1980, 219.
59. *Triesen*
    SCHNEIDER 1980, 55f.; OVERBECK 1982, Taf. 39, 1.

Einzelfunde, Streufunde
 7. *Cazis*
    Ringfibel. OVERBECK 1982, 160.
 9. *Felsberg,* Tgilväderlishöhle
    Abri? Argonnen-TS. BM 1942, 80; OVERBECK 1982, 130.
10. *Fläsch,* Luzisteig
    «späte TS». JbSGU 25, 1933, 70ff.; JbSGU 26, 1934, 58.
28. *Schiers*
    Einzelne Streufunde. SCHNEIDER 1980, 66; OVERBECK 1982, 147f.
35. *Surcasti*
    Einzelne Streufunde; ZÜRCHER 1982, 43; OVERBECK 1982, 151.
50. *Vilters,* Severgall
    Zwiebelknopffibel. OVERBECK 1982, 92.
54. *Gamprin*
    Fibel. OVERBECK 1982, 102.
60. *Vaduz*
    Fibel (Grab?). OVERBECK 1982, 119.
61. *Sevelen,* Sonnenbühl
    Spätrömische Münze. JbSGU 22, 1930, 76 (unter «Buchs» registriert).

Nicht datierbare römische Streufunde (nicht kartiert)
Guarda, Patnal
CONRAD 1981; RAGETH 1983,
Paspels, Dusch
JbSGU 56, 1971, 187; ZÜRCHER 1982, 34.
Scuol, Russonch und Crastuoglia
JHGG 91, 1961, 15; CONRAD 1981, 126; ZÜRCHER 1982, 40.
Sent, Spejel
JbSGU 44, 1954/55, 94; CONRAD 1981, 127; ZÜRCHER 1982, 41.
Tinizong
BM 1952, 95.
Waltensburg/Vuorz
JbSGU 38, 1947, 89; BM 1948, 314f.; ZÜRCHER 1982, 48.
Zuoz
OVERBECK 1982, 164.

Horizont 6/Frühmittelalter, 5. und 6. Jahrhundert

Ergänzende Angaben zu Horizont 6 in Tabelle 2. Vgl. ausserdem SCHNEIDER 1980, 211 f. (beigabenlose Gräber), 213 (Einzelfunde), 221 f. (Waffengräber), und die entsprechenden Verbreitungskarten.

Siedlungen

5. *Castiel,* Carschlingg
   CLAVADETSCHER 1985.
8. *Chur,* Welschdörfli
   Nachrömische, wohl frühmittelalterliche Gebäudereste. Areal Markthallenplatz, SIEGFRIED 1985, 12, Plan, bei Gebäude 6 und 8.
18. *Maladers,* Tummihügel
    Frühmittelalterliche Befunde. A. GREDIG, AS 2, 1979, 69 ff.; CLAVADETSCHER 1985, 28.
22. *Riom,* Cadra
    Frühmittelalterliche Bauten. RAGETH 1984, 1985.
25. *Sagogn,* Schiedberg
    Frühmittelalterliche Bauten. MEYER 1977; SENNHAUSER 1979 b, 153.
42. *Zernez,* Friedhof
    Frühmittelalterliche Bauten. RAGETH 1983.

Kirchen (mit Gräbern)

8. *Chur*
   Welschdörfli. Einbau einer Kirche in römischem Gebäude. Areal Markthallenplatz; dazu SENNHAUSER 1979 a, 134 f. (kein dazugehöriges Gräberfeld bekannt).
   Hof. Kathedrale und St. Stephan. SENNHAUSER 1979 a, 134 f.; SCHNEIDER 1980, 61 ff.
28. *Schiers*
    Grabbeigaben 6.–7. Jh. SCHNEIDER 1980, 66 ff.
40. *Trun,* Grepault
    SCHNEIDER 1980, 70 ff., 220.
57. *Schaan,* St. Peter
    SCHNEIDER 1980, 202 f.

Gräber (sicher in den Horizont datiert)

3. *Bonaduz,* Bot Valbeuna
   SCHNEIDER 1980, 17 ff.

Verzeichnis der abgekürzt zitierten Literatur

Areal Dosch 1981
  Anne HOCHULI-GYSEL, Anita SIEGFRIED-WEISS, Eeva RUOFF, Bemerkenswerte römische Kleinfunde aus dem Welschdörfli in Chur, AS 4, 1981, 138 ff.
Areal Dosch 1986
  Anne HOCHULI-GYSEL, Anita SIEGFRIED-WEISS, Eeva RUOFF, Verena SCHALTENBRAND, Chur in römischer Zeit. Ausgrabungen Areal Dosch (Antiqua 12), Basel 1986.
Areal Markthallenplatz
  Anne HOCHULI-GYSEL, Anita SIEGFRIED-WEISS, Eeva RUOFF, Verena SCHALTENBRAND et al. Chur in römischer Zeit. Ausgrabungen Areal Markthallenplatz. In Bearbeitung.
BECK 1965
  David BECK, Der prähistorische und spätrömische Siedlungsplatz «Auf Krüppel» ob Schaan, JbHVFL 64, 1965, 5 ff.
BURKART 1952
  Walo BURKART, Archäologische Funde 1946/47 an der römischen Julier/Septimerroute, BM 1952, 89 ff.
CHRISTLEIN 1980
  Rainer CHRISTLEIN, Bajuwarische Adelsgräber des 7. Jh. von Moos-Burgstall, Lkr. Deggendorf, Niederbayern, Das archäologische Jahr in Bayern 1980, 166 f.
CHRISTLEIN 1982
  Rainer CHRISTLEIN, Zu den jüngsten keltischen Funden Südbayerns, Bayerische Vorgeschichtsblätter 47, 1982, 275 ff.
CLAVADETSCHER 1978
  Urs CLAVADETSCHER, Spätlatènezeitliche Graphittonkeramik der Schweiz und des Fürstentums Liechtenstein. Ungedruckte Seminararbeit, Seminar für Ur- und Frühgeschichte der Universität Zürich 1978.
CLAVADETSCHER 1985
  Urs CLAVADETSCHER, Die Fluchtburg von Castiel/Carschlingg, TG 44, 1985, Heft 4, 26 ff.
CONRAD 1981
  Hans CONRAD, Schriften zur urgeschichtlichen und römischen Besiedlung des Engadins, Samedan 1981.
ERB/BRUCKNER/MEYER 1966
  Hans ERB, Auguste BRUCKNER, Ernst MEYER, Römische Votivaltäre aus dem Engadin und neue Inschriften aus Chur, in: Helvetia Antiqua, Festschrift Emil Vogt, hg. von Rudolf DEGEN, Walter DRACK und René WYSS, Zürich 1966, 223 ff.
ETTLINGER 1973
  Elisabeth ETTLINGER, Die römischen Fibeln der Schweiz, Bern 1973.
ETTLINGER/ROTH 1979
  Elisabeth ETTLINGER, Katrin ROTH-RUBI, Helvetische Reliefsigillaten und die Rolle der Werkstatt Bern-Enge (Acta Bernensia 8), Bern 1979.
ETTLINGER/SIMONETT, Vindonissa
  Elisabeth ETTLINGER u. Christoph SIMONETT, Römische Keramik aus dem Schutthügel von Vindonissa, Basel 1952.

FEUGÈRE 1985
    Michel FEUGÈRE, Les fibules de la Gaule meridionale de 120 av. J.-C. à 500 ap. J.-C. (Revue Archéologique de Narbonnaise, Supplément 12), Paris 1985.
FREI 1984
    Benedikt FREI, Urgeschichtliche Räter im Engadin und Rheintal? Das Räterproblem in geschichtlicher, sprachlicher und archäologischer Sicht (Schriftenreihe RM 28), Chur 1984, 37ff.
FREI-STOLBA 1984
    Regula FREI-STOLBA, Die Räter in den antiken Quellen. Das Räterproblem in geschichtlicher, sprachlicher und archäologischer Sicht (Schriftenreihe RM 28), Chur 1984, 6ff.
FREI-STOLBA 1985
    Regula FREI-STOLBA, Die Besetzung des Alpenraumes, TG 44, 1985, Heft 4, 7ff.
FURGER-GUNTI 1979
    Andres FURGER-GUNTI, Die Ausgrabungen im Basler Münster I. Die spätkeltische und augusteische Zeit (1. Jh. v. Chr.) (Basler Beiträge zur Ur- und Frühgeschichte 6), Derendingen-Solothurn 1979.
HOCHULI 1985
    Anne HOCHULI-GYSEL, Der Handel in römischer Zeit, TG 44, 1985, Heft 4, 23ff.
KAPPEL 1969
    Irene KAPPEL, Die Graphittonkeramik von Manching (Die Ausgrabungen in Manching 2), Wiesbaden 1969.
KELLNER 1965
    Hans-Jörg KELLNER, Die Kleinfunde aus der spätrömischen Höhensiedlung «Auf Krüppel» ob Schaan, JbHVFL 64, 1965, 57ff.
KOENIG 1979
    Franz E. KOENIG, Der Julierpass in römischer Zeit, JbSGU 62, 1979, 77ff.
MAIER 1985. 1986
    Ferdinand MAIER und Mitarbeiter, Ausgrabungen 1984 im spätkeltischen Oppidum von Manching, Germania 63, 1985, 17ff.; 64, 1986.
MEYER 1966
    Ernst MEYER, in: ERB/BRUCKNER/MEYER, Römische Votivaltäre aus dem Engadin und neue Inschriften aus Chur, Helvetia Antiqua, Festschrift Emil Vogt, Zürich 1966, 228ff.
MEYER 1977
    Werner MEYER, Die Ausgrabungen der Burgruine Schiedberg, Schweiz, in: Maria Letizia BOSCARDIN und Werner MEYER, Burgenforschung in Graubünden (Beiträge zur Kulturgeschichte und Archäologie des Mittelalters 4), Olten 1977.
OVERBECK 1973
    Bernhard OVERBECK, Geschichte des Alpenrheintals in römischer Zeit 2. Die Fundmünzen (Münchner Beiträge zur Vor- und Frühgeschichte 21), München 1973.
OVERBECK 1982
    Bernhard OVERBECK, Geschichte des Alpenrheintals in römischer Zeit 1. Topographie, Fundvorlage und historische Auswertung (Münchner Beiträge zur Vor- und Frühgeschichte 20), München 1982.
OVERBECK 1982a
    Bernhard OVERBECK, Zwei neue Münzschätze aus dem «Haus des Mercurius» im römischen Chur-Welschdörfli, SNR 61, 1982, 81ff.

PLANCK, Rottweil
   Dieter PLANCK, Arae Flaviae I. Neue Untersuchungen zur Geschichte des römischen Rottweil, Stuttgart 1975.
RAGETH 1979
   Jürg RAGETH, Römische und prähistorische Funde von Riom, BM 1979, 49 ff.
RAGETH 1983
   Jürg RAGETH, Römische Siedlungsüberreste von Zernez, BM 1983, 109 ff.
RAGETH 1984
   Jürg RAGETH, Nachtrag zum Aufsatz von Benedikt Frei. Das Räterproblem in geschichtlicher, sprachlicher und archäologischer Sicht (Schriftenreihe RM 28), Chur 1984, 51 ff.
RAGETH, 1985
   Jürg RAGETH, Die römische Mutatio von Riom, TG 44, 1985, Heft 4, 14 ff.
RIECKHOFF 1975
   Sabine RIECKHOFF, Münzen und Fibeln aus dem Vicus des Kastells Hüfingen (Schwarzwald-Baar-Kreis), Saalburg Jb. 32, 1975, 5 ff.
RIECKHOFF-PAULI 1983
   Sabine RIECKHOFF-PAULI, Spätkeltische und frühgermanische Funde aus Regensburg, Bayerische Vorgeschichtsblätter 48, 1983, 64 ff.
RUOFF 1985
   Eeva RUOFF, Römermünzen aus Bündner Boden, TG 44, 1985, Heft 4, 30 ff.
RYCHENER 1983
   Jürg RYCHENER, Die ur- und frühgeschichtliche Fundstelle Bot da Loz bei Lantsch-Lenz, Kanton Graubünden (Schriften des Seminars für Urgeschichte der Universität Bern 8), Bern 1983.
SCHNEIDER 1980
   Gudrun SCHNEIDER-SCHNEKENBURGER, Churrätien im Frühmittelalter aufgrund der archäologischen Funde (Münchner Beiträge zur Vor- und Frühgeschichte 26), München 1980.
SENNHAUSER 1979a
   Hans Rudolf SENNHAUSER, Kirchen und Klöster. Das Frühmittelalter (UFAS VI), Zürich 1979, 133 ff.
SENNHAUSER 1979b
   Hans Rudolf SENNHAUSER, Der Profanbau. Das Frühmittelalter (UFAS VI), Zürich 1979, 149 ff.
SIMONETT 1974
   Christoph SIMONETT, Geschichte der Stadt Chur I. Von den Anfängen bis ca. 1400, JHGG 104, 1974.
SIEGFRIED 1985
   Anita SIEGFRIED-WEISS, Chur in römischer Zeit, TG 44, 1985, Heft, 4, 10 ff.
STAUFFER 1983
   Lotti STAUFFER-ISENRING, Die Siedlungsreste von Scuol-Munt Baselgia (Unterengadin GR) (Antiqua 9), Basel 1983.
WEGMÜLLER 1976
   Hans Peter WEGMÜLLER, Vegetationsgeschichtliche Untersuchungen in den Thuralpen und im Faningebiet (Kt. Appenzell, St. Gallen, Graubünden/Schweiz), Botanische Jahrbücher für Systematik, Pflanzengeschichte und Pflanzengeographie 97, 2, 1976, 226 ff.

WIEDEMER 1966
> Hans Rudolf WIEDEMER, Die Walenseeroute in frührömischer Zeit, in: Helvetia Antiqua, Festschrift Emil Vogt, hg. von Rudolf DEGEN, Walter DRACK und René WYSS, Zürich 1966, 167 ff.

WYSS 1977
> René WYSS, Motta Vallac, eine bronzezeitliche Höhensiedlung im Oberhalbstein, HA 8, 1977, 29/30, 35 ff.

WYSS 1982
> René WYSS, Die Höhensiedlung Motta Vallac im Oberhalbstein, AS 5, 1982, 77 ff.

ZINDEL 1966
> Christian ZINDEL, Prähistorische Siedlungsreste auf dem Markthallenplatz in Chur-Welschdörfli, Ur-Schweiz 30, 1966, 15 ff.

ZINDEL 1979
> Christian ZINDEL, Vorbemerkungen zur spätrömischen-frühmittelalterlichen Anlage von Castiel/Carschlingg, AS 2, 1979, 109 ff.

ZINDEL 1985
> Christian ZINDEL, Der bündnerische Raum in vorrömischer Zeit, TG 44, 1985, Heft 4, 3 ff.

ZÜRCHER 1974
> Andreas ZÜRCHER, Latènezeitliche Glasarmringe und Ringperlen aus Graubünden, BM 1974, 17 ff.

ZÜRCHER 1982
> Andreas ZÜRCHER, Urgeschichtliche Fundstellen Graubündens (Schriftenreihe RM 27), Chur 1982.

Der Ortsname Flem-Flims

von Konrad Huber

Lieber Pater Iso,

wenn ich diese Zeilen schreibe, dann steigen in mir Erinnerungen auf an kalte Wintermorgen, wo wir zwei alten Männer vor den Toren der Claustra schlotternd auf die Ankunft der Damen und Herren Studierenden warteten, während diese noch an einem ausgiebigen Morgenessen sassen; Erinnerungen auch an einen heiteren Briefwechsel in lateinischer Sprache, in schönstem Benediktinerlatein von Ihrer, in rohestem Vulgärlatein von meiner Seite. Und so lade ich Sie denn ein, mit mir, um mit Gottfried Keller zu sprechen, noch einmal die grünen Pfade der Jugend zu wandeln, vom Calanda zum Calmot, rüstig, aber gemessenen Schrittes, wie es unserem Alter ansteht.

Über *Flem-Flims* schreibt A. Schorta folgendes:

«*Flem*, dt. *Flims* (Dorf, RN I, 106), dazu *Crap de Flem, Curtgin de Flem*. – Urk. 765 *in Flem(m)e*, s. IX in. *in Fleme, curtis Flemes*, 841 *in Fleme*, s. XII m. *ad Flemme*, s. XII ex. *Flem, Flimes*, 1209, 1220, 1263 *Flimis*, 1261, 1300, 1410 *Flims*, 1290–98 *Flimes*, s. XIII ex. *Vlimes*, 1300 *Vlims*, 1325 *Flem*, 1375, 1378, 1394, 1396 *Flyms*. – Als Grenze gegen die Surselva ist der *Flimserwald* urk. oft erwähnt, cf. → *Surselva*, und urk. 1344 *Flimwald*, 1303–11 *Flinwalt*, 1395 *Flimwaldt*, 1396 *Flymwald*. Der zu lat. → FLUMEN gehörende Name eignete urspr. dem am Dorf vorbeifliessenden Wildbach, der noch heute gleich heisst. Cf. zum Lautl. RN I p. XL f[1].»

Wenn es je eine Etymologie gegeben hat, die nach allen Seiten, lautlich und topographisch, abgesichert war, so ist es diese. Lautlich: FUMUS ergibt surselv., über die Zwischenstufen *füm* (wie engadin.) *fim*, heute *fem* 'Rauch'. Entsprechend muss FLUMEN, über die im Engadin erhaltene Zwischenform *flüm*, zu *flim und zu heutigem *flem* sich entwickeln.

Als weitere Beispiele für diese Entwicklung mögen surselv. *battem*, engad. *battüm* 'das Dengeln', surselv. *pelisch*, engad. *pülesch, pülsch* 'Floh' gelten[2].

Topographisch, weil kaum ein Bündner Dorf so durch den reissenden Dorfbach gekennzeichnet ist wie *Flem*, und dieser Bach heisst dazu noch *il Flem*.

---

[1] Rätisches Namenbuch, begründet von Robert v. PLANTA, Bd. 2, Etymologien, bearbeitet von Andrea SCHORTA (Romanica Helvetica 63), Bern 1964 (RN), S. 693.

[2] S. PRADER-SCHUCANY, Romanisch Bünden als selbständige Sprachlandschaft (Romanica Helvetica 60), Bern 1970, S. 58.

Die Etymologie ist schon alt. Sie ist so naheliegend und einleuchtend, dass jeder, der sich mit dem Namen *Flem* beschäftigt hat, darauf zu sprechen kommen musste. Bereits Durich Chiampel war sie geläufig: ... *occurrit primum quam decimo loco ponam, quae Raetico nomine appellatur «Flem»: qui est vicus in loco amoenissimo pulcherrimus praeclarusque ... Germanis nominatus «Flims», forte Raetica voce paululum detorta, quae est «Flüms», hoc est Flumina, forsan ob frigidissimos vivosque fontium numero undecim latices, qui in vico illo nascentes, inde largissime profluunt. . .*[3]

a. 1742 hat Nicolin Sererhard die Etymologie wieder aufgenommen: ... *Flimss oder wie es andere aussprechen Flienß (auf rumansch Flem) ist eine große, ansehenliche Gemeind, rumanscher Sprach und ganz reformirter Religion ... Führt seinen Nammen von den schönen Wasserquellen, die im Fleken hervor quellen, dz sie mit Lust anzusehen und zwei Mühlegäng treiben könten. (Dann Flümß heißt in Rhaetischer Sprach so viel als Flumina, Wasserflüsse)*[4]. 1753 hat J.J. Leu, in seinem heute noch unerreichten *Helvetischen Lexicon*, wiederholt: ... *weilen Flüms in dortiger Sprach Wasser-Flüß bedeuten*[5].

a. 1873 wird sie vom Begründer der rätoromanischen Philologie, G.I. Ascoli, erneut zitiert[6]. A. Schorta hat die Erklärung a. 1938 in den ersten und a. 1964 in den zweiten Band seines monumentalen Rätischen Namenbuches übernommen[7].

Seit dem Erscheinen des Rätischen Namenbuches konnte man mit Fug und Recht sagen: Schorta locuto, causa finita. Aber bereits früher, a. 1926, meldeten sich Zweifel. August Kübler in seinem heute noch sehr brauchbaren Buch «Die romanischen und deutschen Ortsnamen des Kantons Graubünden» erwähnt *Flem* nicht unter den Ableitungen von lat. FLUMEN, wohl aber Untervaz *Flummis*. Man muss das so deuten, dass Kübler, der grundsätzlich nur Namen mit eindeutiger lateinischer oder deutscher Etymologie zitiert hat, den Gemeindenamen *Flem* bereits zu den Namen unbekannter Herkunft rechnete[8]. Es sei heute gestattet, mehr als hundert Jahre nach Ascoli, dem Problem erneut nachzugehen.

---

[3] Ulrici CAMPELLI Raetiae alpestris topographica descriptio, hg. von C.J. KIND (Quellen zur Schweizer Geschichte 7), Basel 1884, S. 24.
[4] Nicolin SERERHARD, Einfalte Delineation aller Gemeinden gemeiner dreyen Bünden. Neu bearbeitet von O. VASELLA, Chur 1944, S. 13.
[5] H.J. LEU, Allgemeines Helvetisches/Eydgenößisches oder Schweitzerisches Lexicon 7, Zürich 1753, S. 156.
[6] G. I. ASCOLI, Saggi Ladini, Archivio Glottologico Italiano 1 (1873), S. 32.
[7] RN 1, S. XL; 2, S. 693.
[8] A. KÜBLER, Die romanischen und deutschen Örtlichkeitsnamen des Kantons Graubünden, Heidelberg 1926, No. 1004.

Es ergeben sich folgende Fragen:
1. Die heutige Verbreitung des Namentypus FLUMEN im Zentralalpengebiet.
2. Das Fortleben von FLUMEN im surselvischen Wortschatz.
3. *Flem* = lat. FLUMEN?
4. Neue Lösungsvorschläge.

Der Namentypus FLUMEN für Bäche ist heute in Graubünden noch weit verbreitet. Ich führe die Beispiele des RN II an, wobei ich auf die dort vorkommenden Doppelzitierungen verzichte (Bäche werden meist in zwei oder drei Ortschaften benannt).

Foppa Flema, Weide, Gde. Sumvitg.

Flem: Bach, der im Val Frisal entspringt, zwischen Vuorz und Breil durchfliesst und sich bei Rueun in den Rhein ergiesst.

Flem, Bach, der das Dorf Flims durchfliesst und unterhalb von Trin-Mulin in den Vorderrhein mündet.

Dazu gehört das Maiensäss *Tarschlems* (TRANS FLUMEN), Gde. Flem, der Wald *Motta da Flem*, Gde. Sagogn, *Curtgin da Flem*, Gde. Sagogn, und die Alpweide *Flamera*, Gde. Falera.

Flamegl, Gadenstatt, Gde. Lumbrein.

Flüm, Wald, Gde. Brusio, dazu *Pru da Ca del Flüm*, Gde. Poschiavo. Zwei Flurnamen im Schams, bei denen ohne genauere Lokalkenntnis nicht zu entscheiden ist, ob sie zusammengehören: *Traunter Flimma*, Wiese, Gde. Andeer, und *Traunter Flemma*, Maiensäss, Gde. Donat. *Tranter Flemma*, Wiese, Gde. Filisur, vielleicht identisch mit dem urk. a. 1405 erwähnten *Strafalins*, Gde. Casti A. *Flumis*, Acker, urk. erw. a. 1513, Gde. Vaz (wahrscheinlich Verwechslung mit *Flummis*, Acker, Haus, Gde. Untervaz).

Flummes, urk. erwähnt a. 1521, Gde. Chur.

Straflins, Wiese, Äcker, Gde. Müstair.

Plümagl, Brücke, Gde. Sta. Maria M., dazu *Aua da Plümai*, Bach, Gde. Valchava.

Flimegl, Wald, Gde. Maton.

Flemals, Alpweide, Gde. Stierva.

Fiumagia, Bach, Gde. Cama.

Das sind 15–16 Ortsnamen im Kanton Graubünden, davon nur vier eigentliche Gewässernamen. Das mag zunächst erstaunen, allein ganz allgemein wird man einen Fluss kaum mit Fluss bezeichnen: entweder hat er einen eigenen Namen, *Plessur, Maira, Rabiusa*, oder er wird mit *aua, aual*, engad. *ova, oval*, ital. *ri, riale* bezeichnet. Trotzdem: *Flem, Flüm* gehört in Graubünden zu einer aussterbenden Namenschicht.

Merkwürdig ist jedoch, dass sich diese Feststellung über die Sprachgrenze hinweg weiterverfolgen lässt. Im angrenzenden Tessin wird mit *la fim* in der Regel der Talfluss bezeichnet.

La fim heisst in der Val Verzasca die Verzasca, in der Val Onsernone der Isorno, im Malcantone die Magliasina, *a fiim* bezeichnet in der Val Cannobina (südl. von Brissago) den Talbach. In der Leventina bezeichnet *la fim* den Ticinetto (Fluss der Val Chironico); in derselben Gemeinde Chironico führt der *Pont Fim* über die Gribbiasca. Auch die Lavizzara bei Fusio, und die Maggia werden mit *la fim* bezeichnet. Äusserste Ausläufer dieser Zone scheinen *ra him*, Gde. Germasino, am oberen Ende des Comersees, sowie *er fim*, Gde. Nonio, Prov. Novara zu sein. Gegen Süden zu treten an deren Stelle die Maskulinformen, vom Typus *ul fyüm*, die schon stark dem Italienischen angeglichen sind. Je weiter man dann nach Süden gelangt, um so mehr wird der Typus ital. *fiume* zum alleinherrschenden Typus. Er wird hier nicht weiterverfolgt. *La Fim* hiess ein heute verschwundenes Maiensäss am Eingang zur Val Ambra, Gde. Personico (heute vom Staubecken zugedeckt) sowie eine Gruppe von Ställen in Dalpe[9]. Man beachte, dass in den alten Belegen aus dem Tessin *fim* stets feminin ist: *la fim*, gegen ital. *il fiume* und rätor. *il flem*. Das ist eine bekannte Erscheinung des Lombardischen, dass nämlich die Masculina und Neutra, die auf Konsonant enden, den weiblichen Artikel annehmen (*la sal, la mel, la fim*)[10].

Wenn wir schliesslich noch unsere Blicke gegen das Rhonetal wenden, dann stellen wir fest, dass FLUMEN als Appellativum in keiner französischen Mundart existiert, dass aber in der Westschweiz nicht wenige Bäche den Namen *Flon* tragen: so u.a. ein Zufluss der Broye, ein Zufluss des Genfersees b. Lausanne, ein Bach, der bei Rivaz in den Genfersee mündet, ein weiterer Nebenfluss der Broye (sonst *la Carouge*), ein Bach im Bez. Rolle, eine Häusergruppe bei Vouvry VS und vermutlich noch weitere. Von einem dieser Bachnamen kommt ja auch der Familienname des Genfer Stadtpräsidenten *Roger Dafflon*[11].

---

[9] Materialien des «Rilievo Toponomastico Ticinese», freundlicherweise zur Verfügung gestellt von Dr. V.F. Raschèr und lic. phil. Mario Frasa. P. MONTI, Vocabolario dei dialetti della città e diocesi di Como, Milano 1845 (Ristampa: Bologna 1984), S. 78: *la fim* (Valle Maggia), *la fiumana*. V. PELLANDINI, Glossario del dialetto d'Arbedo (Ristampato in: Arbedo-Castione, Bellinzona 1975), S. 97. O. LURATI – I. PINANA, Le parole di una Valle. Dialetto, gergo e toponimia della Val Verzasca, Lugano 1983, S. 231: *la fim*. R. ZELI, Terminologia domestica e rurale della Valle Cannobina. Tesi Zurigo, Bellinzona 1967, S. 26. AIS 3, 429: S. 32 *la fim* Chironico; S. 42 *er fim* Sonogno; S. 52 *la fim* Vergeletto; S. 51 *la fim* Aurigeno; S. 71 *ra fim* Breno; S 222 *ra him* Germasino.

[10] G. ROHLFS, Grammatica storica della lingua e dei dialetti italiani, vol. 2, Morfologia, Torino 1966, S. 57 ff.

[11] Geographisches Lexikon der Schweiz, Bd. 2, Neuenburg 1904, S. 124. Vgl. für Frankreich A. DAUZAT-G. DESLANDES, Dictionnaire étymologique des noms de rivière et de montagne en France, 2. Aufl., Paris 1978, S. 46 (die meisten Belege aus den dép. Ain, Savoie und Jura).

Schliesslich ist, im alten rätischen Vorland, an den Namen der Gemeinde *Flums*, Bez. Sargans, zu erinnern. Im übrigen Vorland, insbes. im Vorarlberg, scheint der Ortsnamentypus zu fehlen[12].

Fassen wir die Ergebnisse dieser ersten Wanderung zusammen: FLUMEN als Bezeichnung von Bächen kommt rings um den Gotthard im Französischen, Italienischen und Rätoromanischen in halbappellativischer Form vor, d.h. das Wort selbst, in der Bedeutung 'Fluss' wird kaum gebraucht, in der Westschweiz überhaupt nicht, im Südtessin etwas mehr, aber die meisten Sprecher verbinden doch noch irgendwie den Begriff 'Fluss' mit den Bachnamen *Flon, Flem, Fim*.

Inwieweit ist das Wort *flem*, engad. *flüm*, überhaupt im Gebrauch[13]? R. Liver hat die Frage im entsprechenden Artikel des DRG sorgfältig untersucht. Schon Ascoli hatte vor mehr als hundert Jahren festgestellt, dass die Form *flum* in der Surselva nicht alteinheimisch sein kann. Wie schon weiter oben gesagt, heisst der Fluss in der Surselva *aua, aual* oder *rein*. Die Bezeichnung *flum* hat sich offenbar mit der Bibelübersetzung ausgebreitet, mit den vier Flüssen des Paradieses Pison, Gihon, Hiddekel und Euphrat, für welche die Bezeichnung *aual* doch nicht ganz zutreffend schien. Auch im Tessin ist *la fim* nicht eben volkstümlich: man braucht *ul fyüm*, wenn man etwa vom Po spricht.

Damit kehren wir wieder nach *Flims* zurück. Der Name kommt bereits im ältesten erhaltenen Text, im Tello-Testament von a. 765 vor. Die Stelle lautet: *... item in Flemme roncale ex integro ...; item colonia quam tenet Laveso in Fleme ...*[14] (Ich entschuldige mich für das Zitieren des Tello-Testamentes, denn ich habe eine vage Vorstellung, dass Ihnen, P. Iso, dieser Text nicht ganz unbekannt sein dürfte.) Bei der Lektüre wird der aufmerksame Leser stutzig. Zwar heisst es *Fleme*; aber im gleichen Text, vom gleichen Schreiber, finden wir die Erwähnung des Maiensässes *Tarschlems* als *trans flumen*. Es brauchte wohl schon damals keine grossen Lateinkenntnisse, um einheimisches *Flem* mit *flumen* wiederzugeben. Jedoch: der Schreiber tat es nicht. Mehr noch: im gleichen Text erscheint das Dorf *Flums* als *Flumini* (*... quam reliquimus curti nostre Flumini*). Diese Stelle ist stets, und wohl zu Recht, mit *Flums*, Bez. Sargans, identifiziert worden. (Die Möglichkeit eines Zusammenhanges mit dem Namen des Dorfteils *Flummis* in Untervaz ist m.W. noch nie erörtert worden. Ich halte sie für wenig wahrscheinlich.) Weiter: die heutige Wiese *Cangina* in Sagogn erscheint im Tello-Testament als *... agrum in Camguna*. Wir stellen zunächst fest: im Jahre 765 werden vier Ortsnamen, die ein betontes lat. $\bar{U}$ enthalten, zitiert;

---

[12] Freundliche Mitteilung von J. Zehrer, Dornbirn.
[13] Dicziunari Rumantsch Grischun, Chur 1938 ff. (DRG), hier Bd. 6, S. 422–423.
[14] BUB 1, S. 16, 20. Auf die Aufzählung der kritischen Literatur zum Tello-Testament kann hier wohl verzichtet werden, um so mehr, als sie nichts zur Lösung unserer Frage beiträgt.

davon hat einer, *Flums*, heute noch *u*, die andern drei haben *i*, resp. *e*. Auch im karolingischen Reichsurbar, und in sämtlichen späteren Urkunden, erscheint *Flims* ausnahmslos als *in Flemme, in Fleme, Flims*, nie als *Flums*. Zwar: dass *Flums* die alte Schreibung beibehalten hat, soll nicht wundern: im Jahre 765 war das Seeztal wohl noch rein romanisch. Dann ist aber der Wandel *u* > *ü* > *i* > *e* erst nach der Germanisierung, also nach dem 10. Jahrhundert, eingetreten. Dass aber *trans flumen* und *Camguna u* bewahren, der Ortsname *Flem* durch die Jahrhunderte hindurch immer *e*, das ist doch eigenartig. Damit geraten wir aber auf einmal in eine der ältesten Streitfragen der romanischen Sprachwissenschaft: wann ist der Wandel von *u* zu *ü* eingetreten? Je nach der Beantwortung dieser Frage steht oder fällt die Etymologie *Flims* < FLUMEN.

Es ist nicht der Ort, die ganze, unübersehbare Literatur zum Thema der *u-ü*-Frage hier auszubreiten. Sie beansprucht heute auch nur noch mässiges Interesse.

Grob zusammenfassend kann man vier Hauptthesen unterscheiden:

1. *ü* geht auf die Wirkung des gallischen Substrates zurück. Die Gallier konnten das lateinische *U* nicht aussprechen und artikulierten es als *ü*[15].

2. Der Wandel ist in keltischen Gebieten entstanden, hat sich aber dann von den grossen Macht- und Kulturzentren aus weiter verbreitet. Diese These wurde von W. v. Wartburg und kürzlich von G. Devoto vertreten[16].

3. Der Wandel geht auf eine interne Verschiebung im Vokalsystem zurück: wo *o* zu *u* wurde (surselv. *la flur*), wurde ursprüngliches *u* auf die Position *ü* abgedrängt[17].

4. Es bestehen in jeder Sprache nebeneinander frei austauschbare Varianten. In meiner Mundart von Meilen ZH kenne ich für 'melken' die beiden Varianten *mäle* und *mälche*. *Mäle* gilt heute als altertümlich und bäurisch. Ich selbst kenne die ältere Variante noch, brauche sie aber nur selten. Von den beiden Varianten setzt sich jeweils diejenige durch, die das höhere soziale Prestige geniesst und die auch näher an der geschriebenen Sprache steht. Die Gründe für den Lautwandel liegen also ausserhalb der Sprache[18].

---

[15] u.a. G.B. Pellegrini, Italia superiore preromana, in: Saggi di linguistica italiana. Storia, struttura, società, Torino 1975, S. 170. B.E. Vidos, Handbuch der romanischen Sprachwissenschaft, München 1968, S. 232 ss. W. v. Wartburg, Die Ausgliederung der romanischen Sprachräume, Zeitschr. für Romanische Philologie 56 (1936), bes. S. 11–14.

[16] Sehr zurückhaltend V. Väänänen, in: Introduzione al latino volgare, Bologna 1974, S. 72.

[17] H. Lausberg, Zum vorromanischen Vokalismus, Romanische Forschungen 60 (1947), S. 295–307. H. Lüdtke, Zur Lautlehre des Bündnerromanischen, Vox Romana 14 (1954), S. 223–242, bes. S. 225.

[18] W. Labov, The social motivation of sound change, Word 19 (1963), S. 273–309. M. Cortelazzo, Avviamento critico allo studio della dialettologia italiana, vol. 1, Pisa 1976, S. 151 ff.

Der Ortsname *Flims* soll uns dazu dienen, das ungefähre Alter der beiden Lautwandel *u* > *ü* und *ü* > *i* festzustellen, oder, für unseren Fall, seit wann sagt man in der Surselva *Flim*, seit wann sagt man *Flem?* Dabei werden die Verhältnisse in den Nachbarsprachen gebührend berücksichtigt werden müssen; mit zwei Einschränkungen: Einmal kann diese Entwicklung nur in Sprachen verfolgt werden, die für *ü* ein besonderes Schriftzeichen kennen, also im Deutschen und Rätoromanischen, nicht aber im Französischen und Italienischen, wo uns nur indirekte Nachweise zur Verfügung stehen. Sodann muss unterschieden werden zwischen Sprachgebrauch und Schreibgebrauch. Das Französische schreibt heute *u* und meint *ü*, es schreibt *ou* und meint *u*. Schreibungen sind immer konservativ, sie stehen in einer langen Tradition.

Das heisst, dass, wenn wir a. 998 für *Ladir* die Schreibung *Ladurs* vorfinden, dies noch kein Beweis für die tatsächliche Aussprache ist: schliesslich sagen die Oberengadiner auch *pem* für 'Brot', schreiben aber *paun*. Wenn aber a. 1300 *Ladúrs* geschrieben wird, dann müssen wir doch einen Bruch in der Tradition annehmen. Ebenso wenn in Luzein a. 1375 eine Flur *Strittiuras* heisst: da *iu* das mittelhochdeutsche Schriftzeichen für gesprochenes *ü* darstellt, müssen wir annehmen, dass tatsächlich *Stretttüras* gesprochen wurde. Im übrigen ist zu diesen Ausführungen zu sagen, dass sie nur provisorischen Wert haben können, weil eine Untersuchung der Schreibgewohnheiten in den verschiedenen Kanzleien Graubündens bis heute fehlt.

Zunächst gibt es im Zentralalpengebiet zwei Typen von *ü:* im Deutschen ist *ü* immer das Ergebnis eines Umlautes (ahd. *husir* > *hüser,* ahd. *friunt* > *fründ*), d.h. das Erscheinen des *ü* ist an das Vorkommen eines nachfolgenden oder vorausgehenden *i* geknüpft. Im Gegensatz dazu tritt in den romanischen Sprachen *ü* in allen Fällen spontan ein für lateinisches $\bar{U}$. Also lombard. *lüna* = LUNA, *püras* = PULICE 'Floh', *figüra* = FIGURA. Nun gibt es aber im deutschen Sprachgebiet einen schmalen Grenzstreifen längs der Romania, wo ebenfalls spontane Palatalisierung von *U* > *ü* eintritt. Die Zone umfasst das Elsass, das Baseldeutsche, Biel, dann das Oberwallis und das Oberhasli sowie den Kanton Uri, wo man sagt *hüsch* für *Haus, üf* für *auf*. Eine Mittelstellung nimmt der Kanton Unterwalden ein mit *ui* (*Eh, dui gruisigi Sui dui, wettigä nassä Buich hesch dui*!). Die gleiche Erscheinung tritt in den St. Galler Gemeinden Azmoos und Sevelen auf. In Deutschbünden ist die spontane Palatalisierung von U auf die Gemeinden Schmitten und Obersaxen beschränkt, wo wir wohl romanischen Einfluss annehmen dürfen[19]. In der Westschweiz sind die Verhältnisse eigenartig: das deutschsprachige Oberwallis hat *ü,* das angrenzende, sehr altertümliche romanische Oberwallis (Val d'Hérens, Val d'Anniviers, Plateau von

---

[19] R. HOTZENKÖCHERLE, Sprachatlas der deutschen Schweiz, Bern 1962: Karte 106 *'Maus'.*

Lens-Montana) hat aber *u* (*la luna*). Westlich davon beginnt eine zusammenhängende Zone, in der wieder nur *ü* anzutreffen ist, mit einer bemerkenswerten Ausnahme: wenn ein -N folgt, ist die Palatalisierung nicht eingetreten (UNA > *ona*). Zeichen dafür, dass der Wandel *ü* zu *u* dort noch relativ jüngeren Datums ist[20]. Das Tessin schliesslich gehört zur lombardischen *ü*-Zone, aber in der untern Leventina, in der Riviera, im Bellinzonese und im Locarnese, und weiter südlich noch in der Pieve Capriasca und im Malcantone, taucht wieder *u* auf. Dieses *u* ist deutlich in jüngerer Zeit aus *ü* zurückgebildet worden. Das gleiche gilt für das Misox (ohne Calanca), für Bormio[21].

Der Pfarrer von Sobrio in der unteren Leventina war ein grosser Jäger vor dem Herrn. Auf der Jagd war ihm ein Hund entlaufen. Ein Bauer, den er fragte, antwortete eifrig: *Si, si, l'è nacc in de la Val du kyu*. Der Pfarrer, erzürnt ob dieser vermeintlich respektlosen Antwort, entlud über dem armen Bauern ein heiliges Donnerwetter. Nun ist *la Val du kyu* ein steiles Felsentälchen. Wenn jedoch in Sobrio latein. CULU zu *kyu* wird, so setzt das eine frühere Stufe *kyü*, resp. *kü* voraus. Im Misox liegen die Verhältnisse ähnlich. Die Surselva befindet sich also im Zentrum eines Gotthardraumes, wo vier verschiedene Sprachen zu ganz verschiedenen Weiterentwicklungen desselben Lautes kommen.

Unsere anfängliche Frage lautete: wann ist in der Surselva *flum* zu *flüm*, und wann ist *flüm* zu *flim*, resp. *flem* geworden[22]. Ich stelle die mir bekannten Belege aus Graubünden zusammen:

Ladir, Gemeinde
    a. 998 *Ladurs*, s. XI in. *Leitura*, nach a. 1300 *Ladúrs*, a. 1448 *Ladür*, a. 1576 *Ladir*.

Clugin, Gemeinde
    a. 1243 *de Cloduno*, a. 1377 *Cladiung*, a. 1410 *Cludúnn*.

Dalin, Dorf, Gde. Prez.
    s. XII in. *Alune*, a. 1224 *de Alune*, a. 1468 *Talin*.

Duvin, Gemeinde
    s. IX in. *Aune*, a. 1290–98 *Aiuns*, a. 1325 *Awún*, a. 1426 *Vwin*.

Farden, Gemeinde
    a. 1219 *Faldaone*, a. 1407 *Verdunn, Fradün*, s. XIV *Fardün*.

---

[20] L. Gauchat – F. Jeanjacquet – E. Tappolet, Tableaux Phonétiques des patois suisses romands, Neuchâtel 1925: Tabl. 81 *le mur;* 31 *la lune*.

[21] S. Sganzini, Dalle isole di *u* da *ü* nella Svizzera italiana, L'Italia Dialettale 9 (1933), S. 27–64. P. Camastral, Vocalismo dei dialetti della V. Mesolcina, L'Italia Dialettale 23 (1958–59), S. 75–191.

[22] Alle Belege nach RN 2. Die Belege für Clugin werden vom BUB nicht lokalisiert. Das BUB schreibt für Fardün a. 1219 nicht *Faldaone*, sondern *Foldaone*.

Trin, Gemeinde
s. XII m. *Turunnio,* a. 1325 *ze Trünsse,* a. 1486 *Trinss.*
Vrin, Gemeinde
a. 1208 *Varin,* a. 1312 *Auvrins.* (Sofern die von A. Schorta vorgeschlagene Etymologie, gall. *Virunum,* richtig ist, wäre dies die einzige namhafte Ausnahme in der chronologischen Abfolge.)
Dardin, Dorf, Gde. Breil/Brigels.
a. 765 *Arduna.*

(Die beiden Ortsnamen Trimmis und Rhäzüns-Razen, die besondere Verhältnisse aufweisen, werden am Schluss behandelt.) Wenn wir von den Siedlungsnamen zu den Flurnamen übergehen (wo die Dichte der Belege naturgemäss abnimmt), so finden wir etwa:

Digg: Weiler der Gde. Trin, noch a. 1515 *Ux,* aber a. 1522 *Jan Digg von Trin.*
Liginas, Äcker, Gde. Cumbel, a. 1382 *Lagúnes,* a. 1527 *Laginas.*
Cultura, in dieser Form belegt a. 1552 Murissen, a. 1380 Zizers, a. 1475 Maienfeld.
Gultüra, urk. belegt in Cunter O. a. 1508.

(*stgir*):	Sched a. 1547 *Praw skürs.*
	Traun a. 1548 *Valeta schira.*
(*stretgira*):	Luzein a. 1375 *Strittiuras.*
(*valleglia*):	Degen a. 1309 *Valula,* s. XV ex. *Wallülla.*
	Churwalden a. 1513 *Vallůla.*
(*aradira*):	Degen s. XV m. *Aradura.*
	Vrin a. 1439 *Wiradůres.*
	Peiden a. 1582 *Aradyra.*
(*clis*):	Zizers a. 1350 *Clus.*
	Glion s. XV ex. *Clůs Katzett.*
(*ratira*):	Veulden a. 1464 *ratüra.*
	Salouf s. XVI in. *Ratůra.*
(*mira*):	Zizers a. 1374 *Danter mûre.*

Alix, Acker, Gde. Valendas: a. 1386 *Allůg.*

Nicht so eindeutig bietet sich der Befund bei den beiden Ortsnamen Rhäzüns und Trimmis.

R. v. Planta hatte für Rhäzüns die Etymologie RAETIODUNUM vorgeschlagen. Der Ansatz hat viel für sich und kann jedenfalls vom Lautlichen nur schwer widerlegt werden. Wir müssten, nach den oben aufgezählten Beispielen, eine älteste Namenschicht vom Typus *Razun(es)* erwarten, bis ca. 1300, dann eine mittlere Schicht von Namen auf *ü: Rhäzüns,* und schliesslich eine jüngste Schicht vom Typus *Rezins, Razen.* Die Belege lauten:
auf -*U:*

Ruzunnes a. 960, 976, 1160, 1217, 1299
Ruzunna a. 1137/39
Razunne a. 1170
Razuno a. 1204
Rizunes a. 1232
Ruchuns, Ruchunnis a. 1251
Rezums, Razunes a. 1252
Ruzuns a. 1255, 1257, 1272, 1336, 1375
Ruzunes a. 1282
Ratzuns, Razuntz, Rützunnes a. 1288
Rotzuns a. 1288
Ruzunnis, Rezunnis a. 1289
Rüzuns a. 1302
Rützuns a. 1349
Rutzzuns a. 1356, 1375
Rûtsuns a. 1443
Rodtsuns a. 1475

Formen mit -*ü*- (oder mit graphisch angedeuteter Palatalisierung)
Ruziunne a. 1137/39
Ruzens, Ruzines a. 1255
Razin, Resin a. 1277
Rûzûns a. 1283
Růtzůns, Rizinnes a. 1283
Rüzünnes a. 1299
Rizinnes a. 1290–98
Rotzůnss a. 1308
Rotsúns, Rüzüns a. 1319
Rutzüns a. 1343, 1370
Rúzúns a. 1347, 1368
Rützüns a. 1350, 1375

Nach a. 1350 praktisch nur noch *ü*-Schreibungen[23].

[23] Da die im RN angegebenen Daten und Formen in einigen Fällen mit denjenigen der benützten Urkundenbücher nicht übereinstimmen, gebe ich hier die Abweichungen an:
a. 1204 *Razuno:* BUB *Ruzummo*
a. 1282 *Ruzunes:* BUB *Ruzunnes*
a. 1288 *Rützunnes:* BUB *Rútzunnes*
a. 1137–39 *Ruziunne:* BUB *Ruzunne*
a. 1288 *Ritzinnes:* fehlt BUB, dafür steht bei MOHR CD 2, Nr. 45, S. 58 *Ritzinnes*.
a. 1343 *Rutzüns:* Mohr CD *Ratzüns*.
Eine andere, weniger befriedigende Erklärung von *Räzüns:* J.C. MUOTH, Über Bündnerische Geschlechtsnamen und ihre Verwertung für die Bündnergeschichte, Beilage zum Kantonsschulprogramm 1892/93, S. 30.

Nun beziehen sich die zahlreichen Belege für *Räzüns* nicht auf einen gewöhnlichen Ort, sondern sie erscheinen immer in Verbindung mit dem gleichnamigen, mächtigen Freiherrengeschlecht (ausgestorben a. 1458). Daraus ergeben sich zwei gegenläufige Tendenzen: einerseits bedingen Wappen und Siegel eine stark archaisierende Schreibung (noch a. 1443 *Rûtsuns*); andererseits erscheinen die auf Räzüns bezüglichen Urkunden im Rahmen einer schwäbischen Schreibertradition. Nun ist es eine alte Erfahrung, dass fremdsprachige Schreiber weniger an Traditionen gebunden sind. Beobachtungen an Tessiner Urkunden zeigen, dass die einheimischen Notare für Bodio noch lange schreiben *Boyd, Boit*, wo die Urner Kanzlei die noch heute übliche gesprochene Form wiedergibt (*Beyt*). So haben wir eine traditionelle Schreibung mit *-u-* (*Ruzuns* u.ä.) bis a. 1443; aber bereits a. 1255 erscheint daneben *Ruzines*, das sich a. 1277 wiederholt. Von a. 1283 an überwiegen dann die deutschen Schreibungen *Rotzüns* u.ä. Schreibungen mit *-e-*, vom Typus *Razen*, habe ich nicht angetroffen. Sie fehlen unter ca. 70 Belegen zwischen a. 960 und a. 1645 vollständig. Auch die vorangehende Schreibung mit *-i* (*Ruzines*) erscheint nur zweimal, und es ist fast sicher, dass es sich dabei um Schreibungen für gesprochenes *-ü-* handelt[24].

Noch schwieriger ist der Fall von *Trimmis*, rätorom. *Tarmin*, das A. Schorta als Stütze seiner Erklärung von *Flem* < FLUMEN heranzieht. Hier lautet der älteste Beleg, wieder aus dem Tello-Testament von a. 765: *Signum Pauli de Tremine militis testis*. Die rätoroman. Form kann auf *Tremune* oder auf *Tremine* zurückgehen. Dann aber folgen, bis a. 1224, 17 Belege, die ausnahmslos *Tremune, Trimune* zeigen, darunter immerhin 12 aus der Zeit vor a. 1000. So müssen wir doch wohl *Tremine* als atypische Schreibung des 8. Jahrh. ansehen.

Ein Vergleich der Schreibungen von *Bergün-Bravuogn* mit denjenigen von *Räzüns-Razen* zeigt überraschende Parallelitäten, trotzdem Bravuogn auf das Suffix -ONIU zurückgeht, also nichts mit der Palatalisierung von lat. *u* zu tun hat:

a. 1290–98 *Burginne*, a. 1290–98 *Rizinnes*
a. 1297 *Burgunne*, a. 960–1299 *Ruzunnes*
a. 1327 *ze Bergünne*, a. 1319 *Rüzüns*.

Bevor wir weitergehen, müssen wir noch auf eine andere Quelle für Palatalisierung und Entrundung hinweisen, es handelt sich um die Entwicklung des vulgärlat. Diphthongen *uo*, aus lat. kurzem, offenem *Ŏ*. Dabei muss unterschieden werden: die Palatalisierung ist in den romanischen Sprachen eine Spontan-

---

[24] Die fraglichen Belege von a. 1255 und a. 1277 erscheinen im BUB unter anderer Form: a. 1255 *Henricus de Ruzzuns;* a. 1277 *Henrico de Ruzunnes*. Die Urkunde a. 1290–98 ist ein Einkünfterodel des Bistums Chur (Mohr CD 2, S. 98ss.). Man liest dort S. 99 *Burginne*, S. 100 *Rizinnes*. Es handelt sich offenbar um eine Schreibung für *ü; domini de Resin* a. 1277 bezieht sich kaum auf Razen, sondern eher auf Reischen b. Zillis.

erscheinung, die Diphthongierung jedoch nicht. Sie ist an nachfolgendes *-i* oder *-u* gebunden (Umlautdiphthongierung). Man sagt in der Surselva: *in rasti nief* 'ein neuer Rechen', aber *ina capiala nova* 'ein neuer Hut'; *els ein novs – ellas ein novas*. Nur bei lat. NŎV-U tritt Diphthongierung ein, nicht aber bei lat. NŎV-A, resp. NŎV-AS. Das gleiche System beherrscht auch das Engadin und Oberitalien (*növ-nova*). Zusätzlich tritt in der Surselva noch die syntaktische Komplikation ein, dass die Diphthongierung nur beim attributiven Adjektiv eintritt, nicht aber beim prädikativen Adjektiv: *il manti ei novs – in manti niev*. Der letztere Zug unterscheidet Rheinischbünden vom Engadin. Ebenso differenziert Rheinischbünden, indem es den so entstandenen *ü*-Laut (aus üö) zu *i* entrundet. Im Gegensatz zur Diphthongierung ist die Entrundung spontan, das heisst sie tritt bei jedem *ü*-Laut auf.

Daraus ergeben sich weitere Datierungsmöglichkeiten. (Es wird jeweils nur der erste Beleg mit *-i-* angegeben.)

Vrin a. 1208 (?); *Rhäzüns* a. 1255 (s. oben, p. 58); *Duvin* a. 1426; *Dalin* a. 1468; *Trin* a. 1486; *Cumbel* s. XV ex.; *Degen* a. 1527; *Trin-Digg* a. 1522; *Malix* a. 1513; *Traun* a. 1548; *Ladir* a. 1576; *Peiden* a. 1582. (Belege v. p. 56–57)

Aus *-uo-* > *uö-* entrundete Formen:

Brav. 1290–98 (?); Brav. 1413 *Graneriel*; Rusch. 1446 *Jan Amriesch* (AMBROSIUS); Tam. 1450 *Steffen Kieni*; Pars. 1469 *Graveriel*; Oberhalbst. 1472 *Martin Niebel* (NOBILIS); Sumv. 1473 *Garnariel*; Vaz 1476 *Gaschiel*; Schnaus 1494 *Billiel*; Sumv. 1492 *Reindiert* (TORTUS 'krumm'); Thus. 1498 *Sutriefen aker*; Flem 1489 *Biliel*; Riom 1497 *Mazabierg* (*mazza-piertg*); Trun s. XV ex. *Geigel Degathieny*; Urm. 1401 *Claw Kieni*; Med. S. 1502 *Vincentz Claffanief*; Tuj. 1505 *Bulliel*; Vign. 1505 *Billiel*; Sevg. 1507 *Bulliel*; Port. 1512 *Riefenalt*; Glion a. 1519 *Dieni* (DOMINICUM); Andeer a. 1534 *Billiel*; Pars. 1536 *Clavah nieff*; Andeer a. 1536 *Riewen teiss*; Schams 1544 *Jan de Ka Anthini*, Fal. 1537 *Jŏri Canthieni*; Bon. 1544 *Lucy Bieller* (Bühler); Deg. a. 1588 *Sott jertt*; Sag. s. XVI *Thieny Kadilly* (*Cadieli* < Uoli)[24a].

Wir haben hier versucht, anhand von über 40 genau datierbaren und lokalisierbaren Orts- und Personennamen aus der Sutselva und der Surselva eine approximative Datierung für zwei der wichtigsten Lautvorgänge im Rätoromanischen zu geben. Selbstverständlich bleibt noch ein gewisser Unsicherheitsfaktor: eine genauere Analyse, die jedoch den Rahmen dieses kleinen Artikels gesprengt hätte, müsste zu jedem Beleg noch angeben, wer die betreffende Urkunde geschrieben hat, wo sie geschrieben wurde und für wen sie bestimmt war. Trotz dieser Einschränkungen kann man als vorläufiges Resultat festhalten:

[24a] Vgl. Rätisches Namenbuch, begründet von Robert v. PLANTA und Andrea SCHORTA, Bd. 3, Die Personennamen Graubündens mit Ausblick auf Nachbargebiete, bearbeitet von Konrad HUBER, Bern 1986.

1. Der Wandel $u > ü$ (Palatalisierung) ist in Rheinisch-Bünden nicht vor a. 1300 graphisch gekennzeichnet. Das beweist natürlich nicht, dass er nicht schon vorher bestanden hat. Das Beispiel der französischen Schriftsprache soll uns hier zur Vorsicht mahnen. Der Wandel hat noch das Prättigau ergriffen und vermutlich das Gebiet der Lenzerheide, nicht aber das Gebiet der Churer Herrschaft. Das entspricht ungefähr unseren bisherigen Vorstellungen der Romanisierung dieser Gebiete.

2. Der Wandel $ü > i$ (Entrundung) ist in der Surselva erst seit dem ersten Viertel des 15. Jahrhunderts nachweisbar. Im deutschsprachigen Gebiet erscheint er nur im sehr spät verdeutschten Malix. Es sei hier daran erinnert, dass in Malix der Flurname *Pazonia* surselv. *pitgogna* entspricht, d.h. dass Malix den Wandel von č zu *ts*, der heute für Bravuogn, Filisur und Lantsch typisch ist (Bravuogn: *kwuets* < COCTU, *séts*, surselv. *schetg* 'trocken', *vadréts*, surselv. *vadretg* 'Altschnee' etc.), noch gekannt hat[25]. Demzufolge hat Malix noch an den jüngsten Lautentwicklungen teilgenommen.

3. Die heutige Aussprache *flem* 'Fluss' habe ich nicht vor dem Ende des 17. Jahrh. angetroffen, doch könnte nur eine systematische Suche in der surselvischen Erbauungsliteratur des 17. und 18. Jahrh. eine genauere Datierung erbringen. Wenn wir das Bisherige zusammenfassen, so sprechen eigentlich alle Indizien dagegen, dass das *Fleme* der Tello-Urkunde einem lateinischen FLUMEN entspricht. Dieses Resultat entspricht aber auch den (allerdings nur fragmentarischen) Erkenntnissen, die wir aus anderen Gebieten mit spontaner Palatalisation und Entrundung, also insbesondere aus der Innerschweiz, dem Haslital und dem deutschsprachigen Oberwallis, gewinnen können.

In seiner a. 1968 erschienenen Dissertation hat Jos. Zimmermann die Verhältnisse im Saastal untersucht. Wir zitieren einige Beispiele:

Oaberhüsern	a. 1452 *Oberhüsren* a. 1488
Nyderhyssren	a. 1569
Millachren	a. 1543 (Mühlacker)
Zmilibach	a. 1555
Ryttinen	a. 1457
Binden	a. 1450 (Bündi)
Liechtbiell	a. 1457
Talejiun	a. 1459 (> ouwe)[26]

Zu gleichen Resultaten kommt das Ortsnamenbuch des Kantons Bern (alter Kantonsteil), Bern 1976 (freundl. Mitteilung von Dr. K. Ramseyer).

---

[25] RN 2, 274.
[26] J. ZIMMERMANN, Die Orts- und Flurnamen des Vispertales im Wallis, Diss. Zürich 1968, S. 124ss.

Wenn wir nun zu unserer kleinen Karte zurückkehren, dann schliesst sich plötzlich der Kreis. Es war bisher nämlich ein Rätsel, wieso die im Goms eingewanderten Siedler den Laut *ü* von den vorher dort ansässigen Romanen übernommen haben sollten, da doch das romanische Oberwallis den Laut *ü* gar nicht kennt, wobei die ganze Westschweiz eben nicht sagt *le Flin,* sondern *le Flon.*

Der Wandel *u* > *ü* ist erst viel später, lange nach der deutschen Besiedlung, eingetreten.

Ist der Lautwandel deutschen oder romanischen Ursprungs? Eine Frage, die auf dieser Basis kaum schlüssig beantwortet werden kann. Für romanischen Ursprung spricht, dass der Lautwandel nur in einem schmalen Grenzstreifen längs des romanischen Gebietes vorkommt, und dass das Deutsche die spontane Palatalisierung und Entrundung nicht kennt. Dagegen spricht, dass das angrenzende französische Gebiet offenbar ebenfalls erst in einer sekundären Phase zu *ü* gelangt ist. So scheint es vorderhand, als hätten wir es mit einem der merkwürdigen Berührungsphänomene zu tun, wie sie in Gebieten alter Zweisprachigkeit nicht selten auftauchen. Dabei darf allerdings nicht übersehen werden, dass das engadinische *ü*-Gebiet offenbar ursprünglich ist und direkt an eine weite lombardische Zone anschliesst. Wenn aber *Flem* nicht FLUMEN ist, was kann es dann sonst sein? A. Schorta, mit dem ich das Problem einmal im Gespräch aufgriff, wies auf die Möglichkeit hin, dass das Wort aus einer indogermanischen Sprache stammen könnte, die denselben Wortstamm besass.

Hier muss auf einen merkwürdigen Doppelgänger hingewiesen werden. Im Trentino, am Rande des ladinischen Dolomitengebietes, befindet sich das Tal des Avisio. In seinem oberen Abschnitt heisst es Val Fassa und spricht einen stark venezianisch durchsetzten ladinischen Dialekt; der mittlere Talabschnitt aber, von Moena bis Predazzo, mit dem Hauptort Cavalese, heisst ital. Val di Fiemme, deutsch Fleimsertal.

Es ist evident, dass *Fiemme-Fleims* bis in die letzte Einzelheit dem bündnerischen Paar *Flem-Flims* entspricht, wobei das *i* in der deutschtirolischen Form zu *ei* diphthongierte. Der Beleg ist darum von Wichtigkeit, weil im Trentino keine Spur des Wandels *ü* > *i* festzustellen ist, somit auch theoretisch eine Herleitung *Flem* aus FLUMEN (die in der Surselva möglich ist) ausgeschlossen bleibt. Zwar kennt das Fassatal den Laut *ü*, aber nicht dessen Weiterentwicklung zu *i* oder *e*[27].

---

[27] Th. ELWERT, Die Mundart des Fassatales (Wörter und Sachen. Der Neuen Folge Beiheft 2), Heidelberg 1943, S. 53. Da das Fassatal spät besiedelt wurde (kaum vor dem Jahre 1000), gibt es nur wenige alte urkundliche Formen. Zwar, das von E. LORENZI, Dizionario toponomastico tridentino hier angeführte *Flamonium* gehört nicht hieher, sondern zur Ortschaft *Flagogna* im Friaul (D. OLIVIERI, Toponomastica veneta 2, 1962, S. 4).

Als Sprachen, die, rein von der historischen Seite her, in Frage kämen, wären Rätisch, Etruskisch, Venetisch, Lepontisch und Gallisch zu erwähnen.

Vom Rätischen ist bis heute so wenig Sicheres bekannt, dass man mit neuen Etymologien besser zurückhaltend ist[28]. Das Etruskische ist als Siedlungsschicht immer wieder postuliert, aber noch nie eindeutig nachgewiesen worden. Immerhin gibt es im Etruskischen die Lautgruppe *fl-*[29].

Wir müssen aus lautlichen Gründen das Gallische und das Lepontische ausscheiden. Das Gallische und das Lepontische sind für die Surselva gleichermassen wichtig, das erstere, weil sich in der Surselva gallische Ortsnamen (*Breil, Dardin, Vrin, Cumbel*) häufen (oder gehören diese Namen bereits zum Lepontischen, das ja nur eine frühere Siedlungswelle des Keltischen in Oberitalien bezeichnet?), das Lepontische, weil es wohl einmal über die Pässe in die Surselva hinüber gereicht hat[30]. Der Ursprung der *P*-Graphien in lepontischen Inschriften ist umstritten; auf jeden Fall gehe sie nicht auf idg. *p-* zurück.

Weder das Gallische noch das Lepontische kennen die Lautgruppe *fl-* am Wortanfang. Indogerm. *pl-* erscheint im Gallischen als *l* (lat. *planum*, gallisch *lanon* 'Ebene')[31].

Nach der Eliminierung all dieser Sprachen bleiben nur zwei indogermanische Sprachen, die als Quellen in Frage kommen: das Germanische und das Venetische.

Das Germanische besitzt tatsächlich einen Wortstamm **flawjan,* der in ahd. *vlouwen,* mhd. *vlaejen, vlöuwen* 'waschen, spülen' erscheint, ferner im ags. *flowan,* neuengl. *to flow* 'fliessen'. Plinius erwähnt ein *Castellum Flevum* an der Rheinmündung, heute *Vlie,* wie der Ausfluss der Zuiderzee genannt wird. *Flevo* heisst beim Geographen Pomponius Mela die Zuiderzee[32].

Die ältesten von LORENZI angegebenen Belege, die ich leider nicht nachprüfen konnte, datieren auf das Jahr 1189: *Fleme* und 1333 *Odoricus dictus Passerinus archipresbiter de Flem.* Cf. O. STOLZ, Die Ausbreitung des Deutschtums im Südtirol 1, München u. Berlin 1927, S. 153.
Ein weiterer *Flimbach* im Martelltal im obersten Vinschgau, der von Battisti ebenfalls zu FLUMEN gestellt wird, trotzdem in der alten romanischen Mundart des Vinschgaus der Wandel *ü > i* unbekannt war. C. BATTISTI, Dizionario toponomastico atesino 1.1: I nomi locali della Alta Venosta, Firenze 1933, S. 120.
Ob das *flimbeant* in der Mundart der deutschen VII Comuni ebenfalls dazu gehört, wage ich nicht zu entscheiden. SCHMELLER, Cimbrisches Wörterbuch, Wien 1855, S. 183.

[28] E. RISCH, Die Räter als sprachliches Problem, Jahrb. der Schweiz. Gesellschaft für Ur- und Frühgeschichte 55 (1970), S. 127–134, immerhin kannte das Rätische ein Schriftzeichen für F.
[29] H. RIX, Das etruskische Cognomen, Wiesbaden 1963, S. 203.
[30] A. HOLDER, Alt-Celtischer Sprachschatz 1, Leipzig 1891, S. 1496–1497.
[31] M. LEJEUNE, Lepontica, Monographies Linguistiques 1, Paris 1971, S. 67ss.
[32] A. BACH, Deutsche Namenkunde, 2.1 und 2. Die deutschen Ortsnamen, Heidelberg 1954, S. 93.
E. GRAFF, Althochdeutscher Sprachschatz 3, Berlin 1837: S. 768: *flaum,* ags. *fleam* 'fuga', *flyma, fluwa* 'fugitivus', anord. *Flaum* 'cursus celer'; *flum, flôm* 'torrens, rapiditas fluminis'.

Lautlich und semantisch würde der Name sehr gut passen. Schwierigkeiten bereitet jedoch das Formans mit -*m*. Immerhin darf man dabei auf anord. *flum, flôm* 'torrens, rapiditas fluminis' erinnern. Wenn diese Erklärung zutrifft, dann würde *Flem* in die Reihe der altnordischen Reliktwörter gehören, die im ganzen deutschen Sprachbereich ausgestorben sind, die sich aber am Nordrand und am Südrand der Germania gehalten haben. Schwierigkeiten bereitet vor allem die historische Einordnung. Während dies für das bündnerische *Flem* mit etwas gewaltsamer Interpretation der Fakten noch möglich wäre (Graubünden hat zwar bis heute keine germanischen Grabfunde aufzuweisen, doch ist die alte Theorie von Th. Mommsen, dass Graubünden von Norden her, aus dem Donauraum romanisiert wurde, noch nicht widerlegt, und auf diesem Weg wären frühgermanische Einflüsse in Rätien zur Not denkbar), doch für das spät besiedelte Fleimsertal ist eine solche Annahme wohl auszuschliessen.

Anders verhält es sich mit dem Venetischen. Das Venetische, eine indogermanische Sprache, die dem Lateinischen am nächsten steht, ist seit den grundlegenden Arbeiten von Pellegrini-Prosdocimi und von Lejeune relativ gut erschlossen[33]. Wie weit sein Einfluss nach Norden reichte, ist umstritten. (Dabei muss immer wieder daran erinnert werden, dass siedlungsgeschichtliche Aufschlüsse aus Ortsnamen immer nur im Zusammenhang mit den Ergebnissen der Spatenforschung gesehen werden dürfen. Gerade in Graubünden, wo eine Siedlungskontinuität seit der Bronzezeit anzunehmen ist, haben sich in historischen Zeiten mindestens drei Sprachen abgelöst: Keltisch-Romanisch-Deutsch. Wenn hier also von venetischen Ortsnamen gesprochen wird, dann nur in dem Sinn, dass in unbestimmter Zeit von der einheimischen Bevölkerung ein venetisches Suffix angenommen wurde.)

Nun ist gerade im Venetischen am Wortanfang indogerm. **bh-* und **b-*, **dh-* und **d-*, **gh-* und **g-* getrennt geblieben[34], wie im Lateinischen, Oskisch-Umbrischen und Germanischen, im Gegensatz zum Keltischen, Ligurischen und Messapischen, wo diese phonematischen Oppositionen jeweils aufgehoben sind. Besonders für das *Fiemme* im Etschtal würde sich das Venetische eher anbieten als ein altgermanisches Relikt.

---

[33] G.B. Pellegrini – A.L. Prosdocimi, La lingua venetica, 2 voll., Padova 1967; M. Lejeune, Manuel de la langue vénète (Indogerm. Bibliothek, 1. Reihe: Lehr- und Handbücher), Heidelberg 1974.

[34] Lejeune, Manuel de la langue vénète, S. 166, Paragraph 12: «Non-confusion, à l'initiale du mot, entre **bh-* et **b-*, **dh-* et **d-*, **gh-* et **g-* (vénète /f-/ ~ /b-/, /f-/ ~ /d-/, /h-/ ~ /g-/: §§ 162, 168), en accord (pour les traitements eux-mêmes) avec latin et osco-ombrien, en accord (pour une distinction maintenue entre les deux séries) avec le germanique ... mais en opposition avec messapien, ligure, celtique (où /b-/, /d-/, /g-/résultent ensemble des anciennes aspirées et des anciennes sonores.» (Für wertvolle Hinweise zu diesem letzten Teil bin ich meinem Freund, dem Indogermanisten Ernst Risch, zu Dank verpflichtet.)

Verehrter Pater Iso, der kurze Sinn dieser langfädigen Ausführungen wäre also: *Flem/Flims* kommt nicht von lateinisch FLUMEN. Der Name muss aber, wie A. Schorta richtig bemerkt hat, aus einer Sprache kommen, in der ein fast gleichlautendes Wort für 'Fluss' existierte. Nach Ausscheidung der Möglichkeiten einer gallischen, lepontischen, etruskischen oder rätischen Herkunft bleiben Altgermanisch und Venetisch als Möglichkeiten bestehen. Das Venetische ist aus verschiedenen Gründen wahrscheinlicher. Gleichzeitig haben wir versucht, etwas Ordnung in die verzwickte Chronologie der rätoromanischen, besonders der surselvischen Lautlehre zu bringen.

	u	erhalten
▓▓▓	ū > ü	[mus > müs; MURU > mür]
░░░	ü > i	[müs > mis; mür > mir]
●	ū > ü > u [lomb. luna]
▒▒▒	u > ui	[mus > muis]

Für die deutschsprachigen Gebiete (vereinfacht) nach Schweiz. Sprachatlas I, 106–107; für die italienischsprachigen Gebiete nach P. CAMASTRAL, Il vocalismo dei dialetti della V. Mesolcina.

Bemerkungen zum Warnebert-Reliquiar von Beromünster

von Carl Pfaff

Nachdem der Münsterer Chorherr und Historiker Joseph Wilhelm Ludwig Aebi im «Geschichtsfreund» des Jahres 1869[1] das zierliche im Stiftsschatz verwahrte Bursenreliquiar zum ersten Mal beschrieben hatte, fand das rätselhafte Kleinod in der archäologisch-kunstgeschichtlichen Literatur vielfache Beachtung[2]. Umstritten blieben lange neben der stilistischen Einordnung auch die Datierung. Irregeführt durch Spekulationen über den auf der Fussbodenplatte genannten Stifter Warnebertus, setzten die Autoren des 19. Jahrhunderts das Kästchen ins 9. oder gar ins 10. Jahrhundert. In seinem 1906 veröffentlichten ersten Band des «Urkundenbuches des Stiftes Beromünster» identifizierte zwar Theodor von Liebenau diesen Warnebert mit einem wohl 675 verstorbenen Bischof von Soissons desselben Namens[3], doch haben erst Julius Baum[4] und Josef Braun[5] das Reliquiar als merowingische Arbeit eingestuft, wobei Baum zunächst nur die mit Tiergeflecht im germanischen Tierstil II verzierten Teile ins 7. Jahrhundert setzte, die mit Blattornamentik gefüllten Rück- und Seitenteile dagegen um 800 datierte, bis er sich den unwiderlegbaren Argumenten Joachim Werners[6] anschloss[7]. Werner wies die einheitliche Entstehung durch die Hand eines einzigen Meisters nach, dem mit Sicherheit ein ähnliches Kästchen aus Nymwegen zuzuweisen ist. Das Warnebert-Reliquiar stellt sich somit in eine Reihe berühmter frühmittelalterlicher Arbeiten, die auf verschiedenen stilisti-

---

[1] Bericht über ein altes Reliquienkästchen in der Stiftskirche zu Beromünster, Geschichtsfreund 24, 1869, S. 231–245. – Zum Autor cf. HBLS 1, S. 117.
[2] Die ältere Literatur referiert Julius BAUM, Das Warnebertusreliquiar in Beromünster, ZAK 8, 1946, S. 203–210. Die jüngste (Auswahl-)Bibliographie gibt Günther HASELOFF, Das Warnebertus-Reliquiar im Stiftsschatz von Beromünster, Helvetia archaeologica 57/60, 1984, S. 218.
[3] UB des Stiftes Beromünster 1, Stans 1906, S. 47.
[4] Julius BAUM, Die Malerei und Plastik des Mittelalters in Deutschland, Frankreich und Britannien, in: Handbuch der Kunstwissenschaft, 1930, S. 111.
[5] Josef BRAUN, Die Reliquiare des christlichen Kultus und ihre Entwicklung, Freiburg i. Br. 1940, S. 198f. – DERS. in: Reallexikon der deutschen Kunstgeschichte 3, S. 231–235.
[6] Joachim WERNER, Zur ornamentgeschichtlichen Einordnung des Reliquiars von Beromünster, in: Frühmittelalterliche Kunst, Olten-Lausanne 1954, S. 107–110. – DERS., Das alamannische Fürstengrab von Wittislingen (Münchner Beiträge zur Vor- und Frühgeschichte 2), München 1950, S. 27f.
[7] Julius BAUM, Das Reliquiar von Beromünster, in: Forschungen zur Kunstgeschichte und christlichen Archäologie 2, Baden-Baden 1953, S. 99–102.

schen Entwicklungsstufen die kulturhistorisch überaus aufschlussreiche Verschmelzung germanischer mit byzantino-italischen Elementen bezeugen. Erinnert sei an eine vielleicht vom gleichen Künstler stammende Riemenzunge aus Utrecht[8], an gewisse «burgundische» Gürtelschnallen[9], an den älteren Buchdeckel des Lindauer Evangeliars[10] oder den Tassilo-Kelch in Kremsmünster[11].

Baum hat als Datierungshilfe auch die Stifterinschrift auf der Fussplatte herangezogen und zu diesem Zweck die Ansichten mehrerer Paläographen angehört, die aus schriftgeschichtlichen und philologischen Gründen die von ihnen unterschiedlich gelesene und gedeutete Inschrift ins frühe 8. Jahrhundert (A. Bruckner), ins 8. Jahrhundert, genauer um 750 (R. von Heckel) oder in die zweite Hälfte des 8. Jahrhunderts (D. Schwarz) setzten, ohne eine Datierung ins späte 7. Jahrhundert, wie Baum ohne Beleg hinzufügt, ganz auszuschliessen[12]. Angesichts dieses nicht eben eindeutigen Resultats der paläographischen Prüfung verzichtete J. Werner überhaupt darauf, die Inskription bei der Datierungsfrage zu berücksichtigen, oder stellte wenigstens keinen Widerspruch zwischen seinem stilgeschichtlichen Befund und Liebenaus Identifizierung der Person des Stifters mit einem Bischof von Soissons aus dem späteren 7. Jahrhundert fest[13].

Im Hinblick auf die kunst- und kulturhistorische Bedeutung des Kleinods mag es somit gerechtfertigt sein, im folgenden die Inschrift einlässlicher, als es durch J. Baum geschah, unter schrift- und sprachgeschichtlichen Aspekten zu untersuchen, um anschliessend einige historische Erwägungen zur mutmasslichen Herkunft des Kästchens anzustellen.

Das Warnebert-Reliquiar besitzt die Gestalt eines von einem Walmdach bedeckten Hauses, wobei die an den Schmalseiten befestigten Vorrichtungen erkennen lassen, dass es mit Hilfe eines Lederriemens, der um den Hals des Trägers gelegt wurde, bei Prozessionen mitgeführt werden konnte, wie dies bei den sogenannten Bursenreliquiaren allgemein üblich war[14]. Der Boden, der hier allein interessiert, wird – wie die Wände – aus einer vergoldeten Kupferplatte

---

[8] WERNER, Einordnung, S. 108f. – HASELOFF, Warnebertus-Reliquiar, S. 213, Abb. 14.
[9] Marius BESSON, L'Art barbare dans l'ancien diocèse de Lausanne, Lausanne 1909, Tafel 19.
[10] Jean HUBERT, Jean PORCHER, W. Fritz VOLBACH, Die Kunst der Karolinger, München 1969, S. 213f. und Abb. 191f.
[11] Günther HASELOFF, Der Tassilokelch (Münchner Beiträge zur Vor- und Frühgeschichte 1), München 1951.
[12] Zitate bei BAUM, wie Anm. 2, S. 209f.
[13] WERNER, Fürstengrab, S. 28. – DERS., Einordnung, S. 109. – Ähnlich HASELOFF, wie Anm. 2, S. 216.
[14] BRAUN, wie Anm. 5, S. 384. Der Riemen ist an einem Bursenreliquiar im Schatz der Kathedrale von Sens (8. Jahrhundert) noch erhalten, Les Trésors des églises de France, Catalogue du Musée des Arts décoratifs, Paris 1965, Nr. 814, Tafel 13.

von 4,7 × 12,4 cm gebildet. Zwei parallele Hohlkehlen oder Rillen umranden das eigentliche Schriftfeld, das durch drei ebensolche Hohlkehlen in vier erhabene Stege aufgeteilt wird. Die auffallend sorgsame Gestaltung verrät einen ästhetischen Anspruch. Wie J. Braun mit Recht betont, wollen solche Inschriften, auch wenn sie normalerweise dem Blick entzogen sind, zugleich als Schmuck gelten[15].

Ein griechisches Tatzenkreuz öffnet und schliesst als Symbolinvokation[16] den Text, der m.E. folgendermassen zu lesen ist[17]:

+ VVARNEBERTUS P(RAE)P(OSITUS) FIERE/
IUSSIT AD CONSERVANDO RELIQUI/
AS S(AN)C(T)I MARIE PETRI OPEM TRIBUANT/
IPSIUS PONTEFICE AMEN +

Zu interpungieren ist, wie noch begründet wird, nach PETRI, so dass sich die Inschrift aus zwei selbständigen Sätzen zusammensetzt, die in Annäherung an «korrektes» Latein lauten müssten: *Warnebertus praepositus fieri iussit ad conservandas reliquias sanctae Mariae et sancti Petri. Opem tribuant ipsi pontifici. Amen.* (Warnebert, der Kirchenvorsteher, hat [es] machen lassen zur Aufbewahrung von Reliquien der heiligen Maria und Petrus. Sie mögen diesem Bischof ihre Hilfe zuteil werden lassen). Der erste Satz ist eine Stifterinschrift in urkundlicher Form, wie sie in wenigen Beispielen des 7. und 8. Jahrhunderts anzutreffen ist, so auf dem Reliquiar der heiligen Mumma in Saint-Benoît-sur-Loire[18], am Teuderigus-Reliquiar im Stiftsschatz von Saint-Maurice oder auf der Bodenplatte des Altheus-Reliquiars im Domschatz von Sitten[19]. Stifterinschriften nennen in der Regel den Auftraggeber mit Namen und Standesbezeichnung, zuweilen auch die im Schrein geborgenen Reliquien, so dass sie auch die Funktion einer Authentik erhalten[20]. Beides ist auch auf dem Warnebert-Reliquiar der Fall. Die Kürzung P̄P̄ nach dem Stifternamen ist deshalb

---

[15] BRAUN, wie Anm. 5, S. 684.
[16] Nach Edmond LE BLANT, Manuel d'épigraphie chrétienne d'après les marbres de la Gaule, Paris 1869, S. 29, sind Kreuze auf Grabinschriften wenigstens in Gallien zwischen 513 und 680 nachgewiesen. Auch der wohl ins späte 7. Jahrhundert zu datierende Landoalda-Stein aus Baulmes im Waadtland zeigt eine derartige Symbolinvokation, Corpus inscriptionum medii aevi Helvetiae (inskünftig CIMAH) 2, S. 96 und Tafel 21, Fig. 60. Für Goldschmiedewerke ist eine zeitliche Einschränkung, wie spätere Beispiele zeigen, nicht möglich.
[17] Die früheren Lesarten werden hier nicht wiederholt, sie finden sich an der Anm. 12 genannten Stelle.
[18] Richard HAMANN-MAC LEAN, Frühe Kunst im westfränkischen Reich, Leipzig 1939, Nr. 13.
[19] CIMAH 1, Nr. 28, Tafel 16, Fig. 37, bzw. Nr. 31, Tafel 18, Fig. 42. Zu Stifterinschriften allgemein: BRAUN, wie Anm. 5, S. 681, 709. Dictionnaire d'archéologie chrétienne et de liturgie 4, Sp. 1179–1191 und 11, Sp. 1497f. BESSON, wie Anm. 9, S. 19–33. Wolfgang MÜLLER, Urkundeninschriften des deutschen Mittelalters, Kalmmütz 1975.
[20] BRAUN, S. 686.

kaum mit *propria pecunia* aufzulösen, sondern als kirchlicher Titel zu lesen, wobei eigentlich, wie schon Chorherr Aebi erkannt hat[21], nur *praepositus* in Frage kommt, das in dieser Kürzung schon seit frühchristlicher Zeit gebräuchlich ist[22]. Die Auflösung in *pontifex praepositus* (Bischof und Propst), wie sie J. Braun vorgeschlagen hat[23], wäre dagegen ohne jede Parallele, und sie drängt sich auch insofern nicht auf, als *praepositus* bei den Vätern und noch in fränkischer Zeit jeden Kirchenvorsteher, ja selbst den Bischof[24], bezeichnen konnte, wenn dies auch zugegebenermassen epigraphisch nicht zu belegen ist. Seit der Antike begegnet auch die Formel *fieri iussit*. Wörtlich gleich oder in leicht abweichenden Varianten kehrt sie in frühmittelalterlichen Handschriften, auf Stifter- und seltener auf Grabinschriften wieder[25]. Die Zweckbestimmung des Reliquiars wird in der falschen Kasusform in *conservando* ausgedrückt, die kaum als Verschreibung des Herstellers verstanden werden darf, sondern durch den bekannten Zerfall der Deklinationen hervorgerufen ist. Indessen könnte bei der Angabe der Heiligennamen einiges durcheinander geraten sein, es sei denn, man bringe *sancti* statt zu erwartendes *sanctorum* ebenfalls mit dem eben erwähnten sprachgeschichtlichen Phänomen zusammen. Auch wenn die beiden Namen nicht durch ein *et* verbunden sind, scheint es m.E. plausibler zu sein, *Petri* ebenfalls auf *reliquias* und nicht auf *opem* zu beziehen, wie übrigens schon L. Kern vorgeschlagen hat[26].

Der zweite mit AMEN schliessende Satz erweist sich als kurzes Gebet zu den im Schrein durch ihre Reliquien gegenwärtigen Heiligen, die grammatisch als Subjekte zu denken sind. Die Gottesmutter und der Himmelspförtner mögen dem Stifter gleichsam als Gegengabe ihren himmlischen Beistand gewähren, ist der Sinn des Satzes. Die Beromünsterer Inschrift steht somit inhaltlich in Parallele etwa zur Inschrift auf der dem 6. Jahrhundert zugehörenden Chorschranke

---

[21] Wie Anm. 1, S. 236.
[22] René CAGNAT, Cours d'épigraphie latine, Paris ²1899, S. 406. E. DIEHL, Inscriptiones latinae christianae veteres 1. Dublin-Zürich ³1970, Nr. 917a, S. 170; Nr. 1291, S. 249; Nr. 1308, S. 251. – Spätere Belege mit angefügter Kasusendung bei Franz Xaver KRAUS, Die christlichen Inschriften der Rheinlande 2, Freiburg i. Br.-Leipzig 1894, Nr. 239/2, S. 108; Nr. 262, S. 122; Nr. 513, S. 238.
[23] BRAUN, wie Anm. 5, S. 198.
[24] DU CANGE 6, S. 462 s.v. praepositi. Cf. besonders: MGH Conc. 1, S. 91f. (Conc. Aurel. anno 541) und ebenda II, 1, S. 415 (Conc. Aquisgran. anno 816).
[25] Belege wie Anm. 15. – Cf. auch die Inschrift auf dem Schrein der hl. Mumma (zwischen 679 und 685), Les Trésors, wie Anm. 14, Nr. 192, Tafel 12; ferner Nancy GAUTHIER, Recueil des inscriptions de l'ancienne Gaule antérieure à la Renaissance 1: Première Belgique, Paris 1975, Nr. 1, 135 (8. Jahrhundert?) Nr. 1, 214, S. 511.
[26] Belege wie in Anm. 15. An der Innenseite der Vorder- und Rückfront sind je im Abstand von ca. 2,9 cm von den Ecken her gemessen ganz feine Rillen zu erkennen, die vielleicht dazu dienten, dünne Metallplatten zu befestigen, um drei Fächer für verschiedene Reliquien zu gewinnen (frdl. Hinweis von Herrn Kustos Suter, Beromünster).

Abb. 1   Warnebert-Reliquiar, Vorderansicht.
Abb. 2   Stifterinschrift auf dem Boden des Warnebert-Reliquiars.
(Nach G. Haseloff, Helvetia Archaeologica 1984, Nr. 57/60)

in der Kapelle S. Prosdocimo in der Basilika S. Giustina in Padua: IN NOMINE DEI IN HOC LOCO CONLOCATE / SUNT RELIQUIAE / SANCTORUM APOSTOLORUM MARTYRUM QUI PRO CONDITORE OMNIQUE FIDELIUM PLEBE ORARE DIGNENTUR +[27]. Warnebert bedient sich aber einer Formel, die in der Epigraphik kaum gebräuchlich war[28], die dem Bischof jedoch aus liturgischen Texten annähernd wörtlich vertraut gewesen sein mag[29]. In frühmittelalterlichen Sakramentarhandschriften stösst man auf uralte, in die Väterzeit hinabreichende Gebetsformeln, die in folgenden Wendungen die göttliche Hilfe erflehen: *Succurre quaesumus domine populo supplicanti, et opem tuam tribue benignus infirmis . . .* oder: *Respice, domine, familiae tuae praeces, et opem tribue suppliciter imploranti . . .*[30]. In der letzten Zeile tritt an Stelle des geforderten Dativs der Genitiv von *ipse,* das hier im Sinne von 'eben derselbe' oder 'der oben genannte' verwendet wird und dem halb romanischen Ablativ von *pontifex* zugeordnet ist, was sich beides wiederum aus der zeitbedingten Verwirrung der Deklinationsformen erklärt. Mit *Amen* schliessen sinnvollerweise schon seit frühchristlicher Zeit Inschriften mit Gebetsformeln, namentlich mit der auf Grabsteinen üblichen Bitte um die Seelenruhe des Verstorbenen[31]; ausnahmsweise begegnet es aber auch auf urkundlichen Stifterinschriften[32].

Die ganze Inschrift ist mit dem Stichel in kräftigen Zügen, die den geübten Meister verraten, mitteltief und so wohlberechnet in die vier als Zeilen dienenden Stege eingegraben, dass die einzelnen Buchstaben in auffallend regelmässigem Abstand einander folgen[33]. Nur am Ende der dritten Zeile geraten sie leicht

---

[27] Pietro RUGO, Le iscrizioni dei sec. VI–VII–VIII esistenti in Italia, vol. 1: Austria longobarda, Cittadella 1974, Nr. 38, S. 48.

[28] *ops* kommt z.B. vor auf der nur in einem Fragment erhaltenen Grabschrift aus Chur, KRAUS, wie Anm. 22, Nr. 4, S. 2, sowie in der Grabschrift des Bischofs Marius von Avenches, die aber eher rein literarischen Charakter hat, CIMAH 2, S. 183–186; cf. ferner DIEHL 2, wie Anm. 22, S. 208. Zu *tribuo* cf. ebenda 3, S. 414.

[29] Zur Verwendung von *ops* und *tribuere* in liturgischen Gebeten cf. P. BRUYLANTS, Les oraisons du missel romain, 2 Bde (Etudes liturgiques 1), Louvain 1952 (Neudruck 1965), Index s.v.

[30] Text nach dem Sacramentarium gregorianum Paduense, das den sehr verbreiteten Typus II des Gregorianums sehr getreu überliefert, Jean DESHUSSES, Le sacramentaire grégorien 1 (Spicilegium Friburgense 16), Freiburg/Schweiz 1971, Nr. 280, S. 628. Cf. auch das für den päpstlichen Gebrauch bestimmte Gregorianum (Hadrianum), ebenda Nr. 841, S. 311 bzw. Sacramentarium Veronense, hg. von Leo Cunibert MOHLBERG, Rom 1956, Nr. 937, S. 118; Nr. 1032, S. 131; Nr. 931, S. 117.

[31] Beispiele bei DIEHL 3, 319 ; Dictionnaire d'archéologie chrétienne et de liturgie 1, Sp. 1563–1571; CIMAH 2, Nr. 47, S. 96: 2. Hälfte 7.–8. Jahrhundert.

[32] Anschliessend an die Formel *fieri iussit* auf dem Teuderigus-Schrein in Saint-Maurice, CIMAH 1, Nr. 28, S. 89; Stifterinschrift aus Rom (844–847), Nicolette GRAY, The paleography of Latin inscriptions in the eighth, ninth and tenth centuries in Italy (Papers of the school at Rome 16), New York-London 1971, Nr. 106, S. 117.

[33] Auf einem Schriftfeld von $3,3 \times 11$ cm.

ins Gedränge, während in der ersten und letzten Zeile die um fünf bzw. sechs Einheiten verringerte Anzahl von Charakteren etwas mehr Raum beanspruchen dürfen. Eine vergleichsweise so durchdachte Disposition war nur erreichbar, wenn ein Verfahren gewählt wurde, das schon für antike Inschriften bezeugt ist: nach dem Entwurf auf einem Zettel oder Wachstäfelchen hatte der 'ordinator' den Text auf dem Inschriftenträger vorgeritzt, bevor ihn der Künstler, der mit dem 'ordinator' identisch sein konnte, in der endgültigen Form eingravierte oder einmeisselte[34]. Mit Ausnahme von M und V, die dem unzialen Alphabet entnommen sind, handelt es sich bei der Schrift um eine gedrungen bis vollschlank wirkende Kapitalis von 0,6 bis 0,7 cm Höhe mit keilförmig sich verbreitenden, zuweilen überdimensionierten Sporen an Hasten- und Balkenenden, wie sie zumal auf merowingischen Münzen begegnen[35]. Die Abkürzungen werden durch einen waagrechten Strich, der zwischen zwei Buchstaben (Zeile 1) oder über einen leicht verkleinerten Buchstaben (Zeile 3) zu liegen kommt, angegeben. Der in die Hohlkehle zwischen den Zeilen verlagerte Suspensionsstrich in OPE (Zeile 3) könnte eine nachträgliche Korrektur sein. Litterae insertae sowie Interpunktionszeichen fehlen, und es gibt keinerlei Anzeichen von Worttrennung; Wort- und Zeilenende fallen aber zusammen, ausser in der zweiten Zeile, wo in RELIQUIAS eine korrekte Silbentrennung vorgenommen wird. Von den lediglich zwei Ligaturen besitzt die eine (ND) in der zweiten Zeile eine übliche Form, die andere (VA) wirkt dagegen ungeschickt, der obere Teil der rechten Haste des V könnte auch im nachhinein eingeritzt sein.

Zu den einzelnen Buchstaben lassen sich folgende Beobachtungen machen: Das A mit geraden Hasten meidet den in vorkarolingischer Zeit sonst sehr beliebten gebrochenen Querbalken zugunsten des geraden, der auch einmal ganz entfällt. Das C tritt nur in der vom 5. bis 7. Jahrhundert besonders beliebten eckigen Form auf, die Arme setzen im rechten Winkel an den Schaft an. Schaftverlängerung, die für das 7. und 8. Jahrhundert geradezu als Kennmarke gilt[36], wird hier nicht erstrebt, dagegen überragt in der Ligatur ND die rechte Haste des N, die auch als Schaft des D dient, deutlich oben und unten die Rundung. Von einer andeutungsweisen Schaftverlängerung kann man in den mit keilför-

---

[34] Jean MALLON, Paléographie romaine, Madrid 1952, S. 57f. GAUTHIER, wie Anm. 25, S. 280.
[35] Philip GRIERSON, Münzen des Mittelalters, München-Freiburg/Schweiz 1976, z.B. Tafel nach S. 38.
[36] Paul DESCHAMPS, Paléographie des inscriptions lapidaires, Paris 1929, S. 68. – Rudolf M. KLOOS, Einführung in die Epigraphik des Mittelalters und der frühen Neuzeit, Darmstadt 1980, S. 116. – Besonders zahlreich sind Schaftverlängerungen beim sogenannten rheinfränkischen Typus, cf. Walburg BOPPERT, Die frühchristlichen Inschriften des Mittelrheingebietes, Mainz 1971 passim, vgl. aber auch HAMANN-MAC LEAN, wie Anm. 18. Nr. 36 (Poitiers, Hypogée de Dunes, Ende 7. Jahrhundert).

migen Armen versehene E im Namen WARNEBERTUS[37], von einer etwas ausgeprägteren insbesondere beim N in TRIBUANT[38] sprechen. Beim L liegt die Querhaste horizontal auf der Fusslinie und ist nicht etwa schräg abwärts gerichtet, wie erwartet werden könnte[39]. Aus dem unzialen Alphabet stammt das M, das die Gestalt eines Zwillingsbogens annimmt mit keilförmig nach unten sich verstärkenden Hasten[40]. Von allen Buchstaben fällt das auf eine Ecke gestellte, rautenförmige O ins Auge, dem so extrem grosse Sporen angesetzt sind, dass es sich wie ein griechisches Kreuz ausnimmt. Dazu fehlt es insbesondere für die Zeit vom 6.–8. Jahrhundert nicht an Parallelen, obgleich die Sporenbildung selten so weit getrieben oder auch ganz unterlassen wird[41].

Bei P und R, dessen gerader Abstrich bis zur Fusslinie reicht, setzt die Rundung zwar am oberen Schaftende an, sie bleibt aber unten offen, was bei Beispielen aus dem 5.–8. Jahrhundert keine Ausnahme ist[42]. Das etwas verkleinerte kreisrunde Q schwebt wenig über die Fusslinie, die nur von der nach rechts unten abstehenden, die Rundung nicht durchstossenden Kauda berührt wird[43]. Wiederum dem unzialen Alphabet gehören U bzw. V zu. Sie werden aus einem vertikalen rechten Schaft gebildet, von dem etwas über dem untern Ende die linke, einen Viertelkreis umschreibende Haste abzweigt[44].

Die Prüfung des Schriftcharakters und der Versuch, die einzelnen Buchstaben gemäss ihren Eigenheiten in die Schriftgeschichte einzuordnen, können

---

[37] Vgl. dazu CIMAH 2, 21–22, 25, Tafeln 12–13, Fig. 28–29, 31 (Genf, 5.–7. Jahrhundert).
[38] DESCHAMPS, Paléographie, S. 11 und S. 74 (Le Ham, 681/2). – KLOOS, Einführung, S. 116f. Zahlreiche Beispiele des 7. Jahrhunderts bei BOPPERT, Inschriften, passim und GRAY, Recueil S. 47, 56, 61–64, 81.
[39] DESCHAMPS, Paléographie, S. 11, 72. – KLOOS, Einführung, S. 116.
[40] Unziales M ist in vorkarolingischen Inschriften weniger häufig als kapitales, es können aber auch beide nebeneinander auftreten, DESCHAMPS, Paléographie, S. 73. – BOPPERT, Inschriften, S. 56. – CIMAH 2 Nr. 47, Tafel 21, Fig. 60 (Baulmes, 2. Hälfte 7.–8. Jahrhundert).
[41] Nach Edmond LE BLANT, wie Anm. 16, S. 40, tritt rautenförmiges O in Gallien erstmals in Lusigny 628/29 auf. Dem Warnebert-Reliquiar am nächsten steht das O der Rotswindta-Scheibe aus dem frühen bis mittleren 8. Jahrhundert, Rudolf RAUH, Die Inschrift auf dem Pyxisdeckel der Rotswindta aus dem Trierer Arenakeller, Trierer Zeitschrift 10, 1935, S. 17–19: Abbildung bei KLOOS, Einführung, Tafel 1, 2. – Weitere Beispiele des 7. Jahrhunderts bei BOPPERT, Inschriften, passim, des 8. Jahrhunderts bei GRAY, wie Anm. 32, S. 62, 67f., 81, 84, 163, 165. – Erwähnt sei noch der Tassilo-Kelch, 2. Hälfte des 8. Jahrhunderts, HASELOFF, wie Anm. 11, Tafel 1–2.
[42] HUBERT, PORCHER, VOLBACH, wie Anm. 10, S. 71, Fig. 83 (Epitaph der hl. Theodichild in Jouarre, 7. Jahrhundert). – GRAY, wie Anm. 32, Nr. 18, S. 57 (Comacchio, 708–723); Nr. 23, S. 64 und Pl. XIII, 1 (Pavia um 700). – CIMAH 1, Nr. 14 und 15, Tafeln 7–8, Fig. 13–15 (Saint-Maurice, 6. Jahrhundert); Nr. 24, Tafel 14, Fig. 32 (ebenda 6.–7. Jahrhundert).
[43] Ähnlich, aber mit durchstossender Kauda, DESCHAMPS, Paléographie, Pl. 1. Fig. 1 (Vienne, 7. Jahrhundert). – CIMAH 2, Nr. 46–47, Fig. 59–60 (Yverdon, bzw. Baulmes, 2. Hälfte 7.–8. Jahrhundert).
[44] Nach LE BLANT, wie Anm. 16, S. 57f., in gallischen Inschriften zwischen dem 5. und 7. Jahrhundert nachzuweisen. – BOPPERT, Inschriften, S. 155–159 (Worms, 7. Jahrhundert). – CIMAH 2, Nr. 47, Tafel 21, Fig. 60 (Baulmes, 2. Hälfte 7.–8. Jahrhundert).

selbstverständlich nur zu einer sehr relativen Datierung des Inschriftenträgers führen. Wie die in den Anmerkungen aufgeführten verwandten oder direkt parallelen Beispiele nahelegen, ist eine zeitliche Eingrenzung zwischen dem späteren 7. und dem früheren 8. Jahrhundert vertretbar. Einzelne Formen kommen selbstverständlich auch viel früher, andere viel später vor, wesentlich ist die Häufung der Vergleichsbeispiele in dem genannten Zeitraum. Es kommt aber nicht allein auf die einzelnen Buchstaben und ihre Eigenheiten an, sondern auch auf den Gesamtcharakter der Inschrift. Da fällt der Vergleich keineswegs leichter, da es an Parallelen aus dem gleichen Material und derselben Technik, die den Gesamtcharakter wesentlich mitprägen, fast ganz fehlt. So sieht man sich auf Beispiele in Stein verwiesen, deren Lokalisierung zwar besser gesichert, deren Datierung aber ebenfalls nicht eindeutig ist. Die Inschrift von Beromünster fällt durch ihre breitgelagerten, kraftvollen Charaktere auf; von einer im genannten Zeitraum oft zu beobachtenden Tendenz zu meist nur schwach eingeritzten, schlanken, ja überhöhten Formen mit gehäufter Schaftverlängerung kann nicht die Rede sein. Im Gegensatz zu dem von karolingischem Klassizismus unberührten, ausgesprochen merowingischen Latein entfernen sich die Buchstaben nicht allzuweit von ihren klassischen Urtypen. Mit der durch eine ganze Anzahl von Grabinschriften bezeugten rheinisch-fränkischen Schrift[45] hat das Warnebertus-Reliquiar trotz Verwandtschaft in Einzelzügen kaum etwas zu tun. Näher stehen einige Beispiele aus der burgundisch-fränkischen Westschweiz[46] und Norditalien[47]. Gerade italienischen Schriften des 7. bis zum frühen 8. Jahrhundert glaubt man z.T. eine besondere Neigung zu breiteren, im Prinzip klassischen Formen attestieren zu können[48]. Stellt man das Ergebnis der Formularuntersuchung daneben, erscheint eine ungefähre Datierung ins ausgehende 7. Jahrhundert oder um 700 auch vom Gesamtcharakter her als die wahrscheinlichste.

Hier stellt sich nun die Frage, ob sich aus dem Inhalt der Inschrift, genauer von der namentlich genannten Person des Stifters her ein Anhaltspunkt zur Datierung und vielleicht auch zur Lokalisierung des Reliquiars ergebe. Der Name setzt sich aus *warn-* zu althochdeutsch *warna* 'Vorsicht', 'Fürsorge' und *bert*,

---

[45] Cf. insbesondere BOPPERT, Inschriften, passim aber auch beispielsweise die sicher fränkische Inschrift auf der berühmten Bügelfibel von Wittislingen, Rainer CHRISTLEIN, Die Alamannen, Stuttgartt-Aalen 1978, Tafel 23.

[46] Der goldene Siegelring des Graifarius, wohl um etwa 630/40 zu datieren, kommt im Gesamthabitus recht nahe, CIMAH 1, Nr. 22, Tafel 12, Fig. 27–29, ebenfalls der noch dem 7. Jahrhundert zuzuweisende Ring des Mönchs Mario, CIMAH 2, Nr. 33, Tafel 16, Fig. 42–43.

[47] Zu denken ist an den epigraphischen Stil, wie er auf den von Theodelinde gestifteten Buchdeckeln in Monza aus dem frühen 7. Jahrhundert entgegentritt, HUBERT, PORCHER, VOLBACH, wie Anm. 10, S. 329f.

[48] KLOOS, Einführung, S. 114f.

bzw. *berht-* 'hell', 'glänzend' zusammen. Personennamen, die mit dem Stamm *warn-* gebildet sind, kommen vom 8. bis 10. Jahrhundert so häufig vor, dass sie als gemeingermanisch gelten müssen[49] und somit keinen Hinweis auf die Stammeszugehörigkeit des Trägers abgeben. Immerhin entspricht nach Wilhelm Bruckner die Schreibweise mit VV für W im Wortanlaut vor Vokal dem in den älteren Handschriften des Edictus Rothari wie auch in oberitalienischen Urkunden geübten Brauch[50]. Entscheidend für die Identifizierung des Stifters ist demnach die Titulatur. Wie schon eingangs vermerkt, hat bereits Theodor von Liebenau festgestellt[51], dass ein Bischof mit dem Namen Warnebert einzig in Soissons ausgemacht werden kann, doch ist dieser fränkische Würdenträger ausgesprochen schlecht bezeugt. In Urkunden scheint sein Name nicht auf. Nur in einer aus dem 9. Jahrhundert stammenden anonymen Ergänzung zur Vita Sancti Medardi, die ihrerseits der Zeit um 600 angehört, ist ausführlich von ihm die Rede als dem ärgsten Schädiger des Klosters[52]. Nach dieser recht späten Quelle hat Warnebert als Nachfolger des für 667 tatsächlich bezeugten Drausius den Bischofsstuhl von Soissons bestiegen[53], ohne auf seine bisherige Würde als Klostervorsteher von Saint-Médard verzichten zu müssen[54]. Da möglicherweise schon 675 Theuderich III. (673–690/91) einem Abt Maurus eine Besitzbestätigung ausstellte, dürfte Warnebert vielleicht in diesem Jahre verstorben sein[55]. Als einstiger Höfling soll er die unverdiente Gunst eines namentlich nicht genannten Merowingerkönigs genossen haben. Aus chronologischen Gründen kommt als sein Gönner am ehesten der unmündige Chlothar III. in Frage, in

---

[49] Ernst FÖRSTEMANN, Altdeutsches Namenbuch 1 (Personennamen), Bonn ²1902, S. 1539–1542. – Henning KAUFMANN, Altdeutsche Personennamen, München 1968, S. 389f. – Marie-Thérèse MORLET, Les noms de personne 1, Paris 1968, S. 218f. – Friedrich KLUGE – Alfred GÖTZE, Etymologisches Wörterbuch der deutschen Sprache, Berlin ¹⁵1951, S. 69. – Wilhelm BRUCKNER, Die Sprache der Langobarden, Strassburg 1895 (Neudruck, Berlin 1969), S. 318f. – Jörg JARNUT, Prosopographische und sozialgeschichtliche Studien zum Langobardenreich in Italien, Bonn 1972, S. 253. Ein Erzbischof von Mailand dieses Namens kommt aus chronologischen Gründen nicht in Betracht.

[50] BRUCKNER, Sprache, S. 126f. Zeitgenössische Belege aus dem Frankenreich relativieren jedoch die Beobachtung Bruckners.

[51] LIEBENAU, wie Anm. 3, S. 47.

[52] Acta Sanctorum Junii 2, S. 7–11. – MGH Auct. ant. 4/2, S. 67–73. – Zu Warnebert cf. Reinhold KAISER, Untersuchungen zur Geschichte und Diözese Soissons in römischer und merowingischer Zeit, Rheinisches Archiv 89 (1973), S. 233f.

[53] Bischofsliste von Soissons: DACL, wie Anm. 19, 5/2, Sp. 1562. – Louis DUCHESNE, Fastes épiscopaux de l'ancienne Gaule 3, Paris 1915, S. 90f.

[54] LIEBENAU, wie Anm. 3, S. 47 macht Warnebert zum Propst von St. Peter in Soissons, davon verlautet aber in der Quelle nichts.

[55] Clovis BRUNEL, Actes mérovingiens pour St-Médard de Soissons, in: Mélanges Louis Halphen, Paris 1951, S. 77. – Nach Kaiser, wie Anm. 52, ist er jedenfalls vor 683 gestorben, die Echtheit der Theoderichurkunde steht nicht eindeutig fest, ebenda Anm. 51.

dessen Namen der Hausmeier Ebroin und – bis sie sich mit dem ehemaligen Vertrauten 664/67 überwarf – die Königin Balthilde die Regierungsgeschäfte führten. Nach der Vita Balthildis hat die Witwe Chlodwigs II. die *seniores basilicae,* die vornehmsten Basilikalklöster des Reiches, u.a. Saint-Germain in Auxerre, Saint-Denis, Saint-Martin in Tours und Saint-Médard in Soissons durch Einführung einer strengen monastischen Ordnung, d.h. durch die heute sogenannte columbanisch-benediktinische Mischregel, reformiert[56]. So wäre es denkbar, dass Warnebert als Instrument der Balthilde und des mächtigen Hausmeiers, der selbst aus der Gegend von Soissons stammte, gedient hat. Diese politischen Hintergründe hätten genügen können, um ihn nach dem Aufstieg der Arnulfinger-Karolinger, Ebroins gefährlichsten Gegnern, in ein ungünstiges Licht zu rücken. Trotz der Beteuerungen der Quelle, die berichteten Schandtaten des Bischofs seien keine *fabula,* sondern *res veraciter gesta,* und obwohl es der Zeit an Beispielen moralisch verkommener geistlicher Hirten nicht fehlt, sind doch Zweifel an ihrer Aussage über Warnebert allein schon deshalb berechtigt, da ihr Bericht die offenkundige Absicht verfolgt, allen künftigen Bischöfen von Soissons eine unmissverständliche Verhaltensregel in bezug auf den Klosterbesitz zu erteilen. Wie dem auch sei, wenn Warnebert auch als Bischof die Leitung des Klosters beibehalten hat und er mit dem Stifter des Reliquiars identisch ist, deutet möglicherweise die Kürzung $\overline{PP}$ nach seinem Namen auf seine monastische Funktion hin; sie an dieser Stelle zu erwähnen war dann zumal angebracht, wenn er sein Geschenk dem Medarduskloster selbst zugedacht hätte, was um so wahrscheinlicher ist, als es Reliquien der Gottesmutter und des hl. Petrus enthielt, die zusammen mit Stephanus als ursprüngliche Patrone dieser königlichen Grabbasilika bekannt sind[57].

Trotz dem üblen Ruf, der Warnebert mindestens in der Karolingerzeit anhaftete, ist demnach eine Schenkung des Bischofs an sein Medarduskloster durchaus denkbar. Sie müsste, nach den erschlossenen Lebensdaten des Stifters, spätestens 675 erfolgt sein, was vom paläographischen Standpunkt aus vielleicht als etwas früh, aber als möglich erscheint. Der Entstehungsort bleibt indessen unbekannt. Bezieht man mit ein, was von archäologisch-kunsthistorischer Seite zur stilistischen Einordnung des Kästchens vorgebracht wird, ist in erster Linie ein Meister zu vermuten, der in der italienisch-langobardischen Kunsttradition verwurzelt war, aber sein Handwerk ohne weiteres auch auf

---

[56] MGH SS rer. Merov. 2, S. 493. – Friedrich PRINZ, Frühes Mönchtum im Frankenreich, München 1965, S. 159, 193, 279f.

[57] Eugen EWIG, Die Kathedralpatrozinien im römischen und im fränkischen Gallien, Historisches Jahrbuch 79, 1960, S. 22. – LIEBENAU, wie Anm. 3, S. 47, und nach ihm Adolf REINLE, Kdm Luzern 4, S. 75, Anm. 1, schreiben dieses Patrozinium der Kathedrale zu.

Wanderschaft in nördlicheren Breitengraden ausüben konnte, wie schon Joachim Werner vermutet hat[58].

Über die späteren Schicksale des Kästchens verlautet nichts. Kein mittelalterliches Schatzinventar gibt einen Fingerzeig in der Frage, wann und auf welchem Wege es nach Beromünster gekommen ist[59]. Theodor von Liebenau vermutete, es handle sich um ein Beutestück aus dem Feldzug der Gugler, die Ingelram VII. von Coucy, Graf von Soissons, 1375 bis in den Aargau geführt hatte[60]. Tatsächlich beschreibt eine dem Luzerner Staatsarchivar noch unbekannte Klageschrift der Mönche von Saint-Médard aus dem Jahre 1366 die ausserordentliche finanzielle Belastung und enormen Verluste der Abtei seit Ausbruch des Hundertjährigen Krieges. Insbesondere habe sich das Kloster gezwungen gesehen, für seinen Beitrag an das Lösegeld für König Johann von Frankreich und die Auslösung einiger fester Plätze Kelche, silberne und goldene Gefässe sowie kultischen Zwecken dienende kleine Preziosen (*iocalia preciosa*) zu veräussern[61]. Unter solchen Umständen wäre es nicht verwunderlich, wenn damals die Wanderschaft des Reliquiars begonnen hätte – mit oder ohne direkte Beteiligung des gefürchteten Kriegsunternehmers.

Die Liebenau'sche Hypothese beruht auf der stillschweigenden Voraussetzung, das Kästchen sei 600 Jahre hindurch in Soissons verblieben. Ebensogut denkbar wäre eine viel frühere Abwanderung, zum Beispiel in der Karolingerzeit, als die Mönche des Medarduskloster, wie der oben genannte Text bezeugt, kaum grosse Neigung besassen, ihrem einstigen Oberhaupt Reverenz zu erweisen. So sei hier in hypothetischer Weise eine Fährte verfolgt, die über das alte Rätien führt.

Die Anfänge des Kanonikerstiftes im Aargau liegen in ziemlichem Dunkel, das sich erst im vierten Jahrzehnt des 11. Jahrhunderts aufzuhellen beginnt. Am 9. Februar 1036 hat der Aargaugraf Ulrich der Reiche seine Chorherrengemeinschaft in dem nach Bero genannten Orte wie schon zuvor seine Eltern oder Voreltern dem Erzengel Michael geweiht[62]. Allgemein gilt der Aussteller der Ur-

---

[58] WERNER, Fürstengrab, S. 28. – HASELOFF, wie Anm. 2, S. 216, legt sich in dieser Frage nicht fest, scheint aber eher an eine Entstehung in Italien zu denken.

[59] Dieser Umstand spricht noch nicht gegen das Vorhandensein in Beromünster. Auch ein so exquisites Stück wie der Tassilokelch fand in mittelalterlichen Verzeichnissen keine Erwähnung, HASELOFF, wie Anm. 11, S. 1, Anm. 1. Dasselbe gilt auch für das Altheus-Reliquiar in Sitten, CIMAH 1, Nr. 31, S. 96. Entscheidend für die Registrierung in einem Schatzverzeichnis war anscheinend der Aufbewahrungsort in der betreffenden Kirche selbst, lag das Stück nicht im eigentlichen Thesaurus, sondern vielleicht auf einem Altar, entging es leicht dem Registrator.

[60] LIEBENAU, wie Anm. 3, S. 47.

[61] Pierre GASNAULT, Les malheurs de l'abbaye Saint-Médard de Soissons au début de la guerre de Cent Ans, Revue Mabillon 50, 1960, S. 69–80, insbesondere S. 76.

[62] UB Beromünster, Nr. 1, S. 65. = Quellenwerk zur Entstehung der Schweizerischen Eidgenossenschaft 1 (Urkunden), Aarau 1933, Nr. 72, S. 357.

kunde als Ahnherr der Lenzburger, während Arnold, der in Kaiserdiplomen 976 als Reichsvogt von Zürich und 972 als Kastvogt von Schänis erscheint, als sein Vater angesehen wird[63]. Weiter zurück – und zwar bis zum rätischen Grafen Hunfrid – führt die Genealogie der Vögte oder Eigenkirchenherren von Schänis, die in der zwischen 925 und 950 auf der Reichenau verfassten «Translatio sanguinis domini» überliefert wird und im Gegensatz zum reichlich fabulösen Bericht über die Herkunft der Heilig-Blutreliquie grosse Glaubwürdigkeit verdient. Dieser Hunfrid[64] ist ein typischer Vertreter des karolingischen Reichsadels, bekannt als der erste vom fränkischen Herrscher eingesetzte rätische Graf nach der Trennung der weltlichen und geistlichen Herrschaft. Als *vir inluster, Reciarum comis* ist er in einer zwischen 806 und 808 zu datierenden Privaturkunde erstmals bezeugt, und nach dem Reichenauer Translationsbericht verwaltete er zugleich Istrien. Kurz danach schickte ihn Kaiser Karl zu Papst Leo III. nach Rom, zum Unterkönig Pippin von Italien und zum Erzbischof von Ravenna. Dann ist erst 823 wieder von ihm die Rede, und wiederum stand er als Diplomat im Dienst des Hofes. In Rom hatte er abzuklären, was dort zur Ermordung von zwei Anhängern Kaiser Lothars geführt habe. Im November erschien er in Begleitung des Abtes Adalung von Sankt Vaast zur Berichterstattung auf dem Reichstag von Compiègne. Der Weg dahin führte die beiden Gesandten wahrscheinlich durch die nahe gelegene Bischofsstadt Soissons. Dass Hunfrid in Zusammenhang mit dieser Reise das Warnebert-Reliquiar erworben oder zum Geschenk erhalten habe, ist demnach als eine weitere Hypothese neben der Liebenau'schen mindestens denkbar. Das Kleinod müsste in der Folge ein ähnliches Schicksal erlitten haben wie das Reichenauer Kreuzamulett mit der Heiligblut-Reliquie. Hunfrid, der es nach der «Translatio» von Karl dem Grossen erbeten hatte, liess es in dem von ihm gegründeten Kloster Schänis von einer Nonnengemeinde verehren, was aber nicht hinderte, dass es seine Nachkommen wie ein vererbbares väterliches Gut wieder an sich nahmen, bis es geschenkweise in Reichenauer Besitz überging[65]. So wäre vorstellbar, Graf Ulrich der Reiche habe das möglicherweise schon mehr als zwei Jahrhunderte von sei-

---

[63] Josef Meinrad GUBSER, Die Landschaft Gaster, Mitteilungen des Vereins für vaterländische Geschichte 27, 1900, S. 366 – Walter MERZ, Die Lenzburg, Aarau 1904, S. 7. – Herbert WEIS, Die Grafen von Lenzburg in ihrer Beziehung zum Reich und zur adeligen Umwelt, Phil. Diss. (Ms.), Freiburg i. Br. 1959, Stammtafel. – Josef SIEGWART, Die Gründungsgeschichte von Beromünster, Geschichtsfreund 117, 1964, S. 118–136.

[64] Die Belege zu Hunfrid zuletzt zusammengestellt bei Michael BORGOLTE, Geschichte der Grafschaften Alemanniens in fränkischer Zeit (Vorträge und Forschungen, Sonderbd. 31), Sigmaringen 1984, S. 221 f.

[65] Zuletzt gedruckt bei Theodor KLÜPPEL, Reichenauer Hagiographie zwischen Walafrid und Berno, Sigmaringen 1980, S. 152–164, bes. S. 158. – Dazu BORGOLTE, Grafschaften, S. 219–224. – A. FROLOW, La relique de la vraie croix, Paris 1961, S. 204–206.

nen Ahnen gehütete Reliquiar in dem Augenblick seinem aargauischen Hausstift dediziert, als er es 1036 so grosszügig erneuerte und ausstattete, dass er geradezu als «zweiter Gründer» von Beromünster gelten kann[66]. Der Aargaugraf verfügte damals nicht nur über sein Erbe und seine Nachfolge, er regelte auch das innere Leben seiner Kanonikergemeinschaft, überliess ihr eine beträchtliche Besitzmasse und verschaffte ihr auch über den als Reformer bekannten Bischof Hartmann von Chur Reliquien des hl. Sigismund[67]. Im Rahmen dieser umfassenden Massnahmen könnte das Kästchen durch den zugleich als Kastvogt des rätischen Schänis und des aargauischen Beromünster bezeugten Grafen Ulrich in den Schatz seiner jüngeren Eigenkirche gelangt sein.

---

[66] Josef SIEGWART, Die Chorherren- und Chorfrauengemeinschaften in der deutschen Schweiz, Freiburg 1961, S. 226.
[67] Konrad LÜTOLF, Die Anfänge des Stiftes Beromünster 930/80–1045, ZSG 1 (1921), S. 178.

Der churrätische Bischofsstaat und die Lehre von der Eigenkirche

Ein Beitrag zum archäologisch-historischen Gespräch

von Michael Borgolte

Das archäologische Fundgut Graubündens aus dem Frühmittelalter wurde vor wenigen Jahren zum ersten Male zusammenfassend dargestellt. Die Bearbeiterin, Gudrun Schneider-Schnekenburger[1], stellte dabei anhand zweier Kirchengrabungen die These auf, schon im 7. Jahrhundert habe es in Rätien Eigenkirchen gegeben. Über die Tragweite ihres Urteils war sie sich durchaus im klaren; sie formulierte nämlich entschieden, damit sei die auf Ulrich Stutz zurückgehende Lehre «hinfällig» geworden[2]. Stutz hatte 1910 zu zeigen versucht, dass in Rätien bis zum Beginn des 9. Jahrhunderts das römische Kirchenrecht gegolten habe, nach dem alles Kirchengut Eigentum des Bistums war und dem Bischof als alleinberechtigtem Verwalter unterstand[3]. Das von Stutz entdeckte «Eigenkirchenwesen», angeblich germanischer Herkunft, das durch die Verfügung über Kirchengut durch Privatleute gekennzeichnet ist, habe sich dagegen erst zur Geltung gebracht, als Karl dem Grossen die administrative Eingliederung Rätiens ins Frankenreich gelang. Die Lehre von Ulrich Stutz über die frühe rätische Kirchenverfassung gilt bis jetzt unbestritten in der Geschichtswissenschaft[4], so dass die These Schneider-Schnekenburgers einer ernsthaften Prüfung

---

[1] Gudrun SCHNEIDER-SCHNEKENBURGER, Churrätien im Frühmittelalter auf Grund der archäologischen Funde (Veröffentlichungen der Kommission zur archäologischen Erforschung des spätrömischen Raetiens der Bayerischen Akademie der Wissenschaften = Münchner Beiträge zur Vor- und Frühgeschichte, Bd. 26), München 1980; vgl. DIES., Raetia I vom 4. bis 8. Jahrhundert auf Grund der Grabfunde, in: Von der Spätantike zum frühen Mittelalter. Aktuelle Probleme in historischer und archäologischer Sicht, hgg. von Joachim WERNER-Eugen EWIG (Vorträge und Forschungen, Bd. XXV), Sigmaringen 1979, S. 179–191.
[2] SCHNEIDER-SCHNEKENBURGER, Churrätien im Frühmittelalter (wie Anm. 1) S. 111.
[3] Ulrich STUTZ, Karls des Grossen divisio von Bistum und Grafschaft Chur. Ein Beitrag zur fränkischen Verfassungs- und Rechtsgeschichte im allgemeinen und zur Geschichte des Eigenkirchenrechtes im besonderen, in: Historische Aufsätze Karl Zeumer zum sechzigsten Geburtstag als Festgabe dargebracht, Weimar 1910, S. 101–152.
[4] Vgl. Iso MÜLLER, Die Pfarreien bis zur Jahrtausendwende, in: Heinrich BÜTTNER-Iso MÜLLER, Frühes Christentum im schweizerischen Alpenraum, Einsiedeln – Zürich – Köln 1967, S. 39–133, hier S. 55; Benedikt BILGERI, Geschichte Vorarlbergs, Bd. I, Wien – Köln – Graz ²1976, S. 52, S. 64f.; Elisabeth MEYER-MARTHALER, Römisches Recht in Rätien im frühen und hohen Mittelalter, Zürich 1968, S. 29–42; Otto P. CLAVADETSCHER, Die Einführung der Grafschaftsverfassung in Rätien und die Klageschriften Bischof Viktors III. von Chur, ZRG Kan. 70,

von seiten der historischen Forschung bedarf. Bei dieser These geht es aber keineswegs nur um die Geschichte Rätiens. Vielmehr stellt sie sich dar wie der Endpunkt eines archäologisch-historischen Gesprächs über die Eigenkirche, das fast so weit zurückreicht wie die Eigenkirchenlehre selbst. Schon früh nämlich ha-

1953, S. 46–111, hier S. 90f.; DERS., Zur Geschichte des Eigenkirchenrechts in Graubünden, BM 1950, S. 149–152; DERS., Das Schicksal bischöflicher Eigenkirchen (Riein und Pitasch), BM 1951, S. 108–116. – In der neuesten landesgeschichtlichen Literatur Rätiens wird die Frage nicht behandelt, vgl.: Iso MÜLLER, Zum Churer Bistum im Frühmittelalter, SZG 31, 1981, S. 277–307; Otto P. CLAVADETSCHER, Churrätien im Übergang von der Spätantike zum Mittelalter nach den Schriftquellen, in: Von der Spätantike zum frühen Mittelalter (wie Anm. 1) S. 159–178. – Obwohl die Stutzsche Lehre prinzipiell nicht bestritten wird, gibt es in der historischen Literatur häufig Hinweise auf vermeintliche Eigenkirchen. Wenn ich nichts übersehen habe, handelt es sich nirgendwo um ausreichend belegte Fälle. Zu den «Kirchenkastellen», die Heinrich BÜTTNER als «Wehranlagen des rätischen Adels (!)» gedeutet hat (H.B., Die Bistümer während des Frühmittelalters, in: DERS. – Iso MÜLLER, Frühes Christentum [wie Anm. 4 oben] S. 11–38, hier S. 21), was die Annahme von Eigenkirchen impliziert, s. jetzt Otto P. CLAVADETSCHER-Werner MEYER, Das Burgenbuch von Graubünden, Zürich – Schwäbisch-Hall 1984, bes. S. 24f., 33, und die im einzelnen behandelten Fälle, z.B. S. 81, 109f., 145f., 353 etc.; Otto P. CLAVADETSCHER, Die Burgen im mittelalterlichen Rätien, in: Die Burgen im deutschen Sprachraum. Ihre rechts- und verfassungsgeschichtliche Bedeutung, hg. von Hans PATZE, Bd. II (Vorträge und Forschungen XIX), Sigmaringen 1976, S. 273–292, hier S. 274–278; SCHNEIDER-SCHNEKENBURGER, Churrätien im Frühmittelalter (wie Anm. 1) S. 70–72; Hans Rudolf SENNHAUSER, Der Profanbau, in: Ur- und frühgeschichtliche Archäologie der Schweiz, Bd. VI: Das Frühmittelalter, Basel 1979, S. 149–164, hier S. 152f.; DERS., Spätantike und frühmittelalterliche Kirchen Churrätiens: in: Von der Spätantike zum frühen Mittelalter (wie Anm. 1) S. 193–218, hier S. 214–216. – Eine viktoridische Eigenkirche in Sagens, die im Kontext mit der *sala muricia* Bischof Tellos auf dem *castrum* (Schiedberg) gestanden haben soll, vermutet Werner MEYER, Die Ausgrabungen der Burgruine Schiedberg; in: Maria-Letizia BOSCARDIN – W.M., Burgenforschung in Graubünden. Berichte über die Forschungen auf den Burgruinen Fracstein und Schiedberg, Olten – Freiburg i.Br. 1977, S. 51–172, hier S. 155. – In seinen verdienstvollen Arbeiten zur Pfarrorganisation unterscheidet Iso Müller eine frühe Schicht privater Kirchengründungen von der später vom Bischofssitz aus unternommenen planmässigen Errichtung von Pfarrkirchen. Das ist sicher richtig, doch sollte man die frühen Kirchen nicht als Eigenkirchen bezeichnen, da wir nicht wissen, ob sie nach der Gründung im Besitz der Gründer verblieben oder gleich ins Eigentum des Bistums übergegangen sind (vgl. I. MÜLLER, Die Pfarreien [wie oben]; DERS., Die rätischen Pfarreien des Frühmittelalters, SZG 12, 1962, S. 449–497; DERS., Zum rätischen Pfarrei-System im Vorarlberger Gebiet, Montfort 14, 1962, S. 3–23). – Aus dem Beschwerdebrief des Abtes (Amico von Murbach) an den König (Karl den Grossen; von 774 – ca. 787) (MGH Formulae, ed. Karl ZEUMER, Hannover 1886, S. 331 Nr. 5) geht nicht sicher hervor, dass der Bischof von Chur dem elsässischen Kloster in Rätien eine *basilica* geschenkt hatte, vgl. aber zuletzt SENNHAUSER, Der Profanbau (wie oben) S. 153. – Inwieweit Franken (die Könige?) an der Gründung churrätischer Männerklöster beteiligt waren, ob also der Übergang derselben in Reichsbesitz ca. 806 auf eigenklösterlichen Ansprüchen der Karolinger beruhte, ist bekanntlich kontrovers. Zu Pfäfers: Dieter GEUENICH, Die ältere Geschichte von Pfäfers im Spiegel der Mönchslisten des Liber Viventium Fabariensis, Frühmittelalterliche Studien 9, 1975, S. 226–252, mit weiterer Lit.; zu Disentis: Iso MÜLLER, Geschichte der Abtei Disentis von den Anfängen bis zur Gegenwart, Zürich – Köln 1971, S. 9–15; zu Müstair: DERS., Geschichte des Klosters Müstair. Von den Anfängen bis zur Gegenwart, Disentis 1978, S. 9–23. Zu den Frauenklöstern Cazis und Mistail: DERS., Zur churrätischen Kirchengeschichte im Frühmittelalter, 99. Jahresbericht der Historisch-Antiquarischen Gesellschaft von Graubün-

ben die Archäologen die Lehre von der Eigenkirche zur Deutung ihrer Funde herangezogen, und bald darauf nutzten die Historiker umgekehrt die archäologischen Grabungsergebnisse zum Ausbau der Stutzschen Lehre. Was bedeutet es für den Forschungsdialog, wenn jetzt Bodenfunde zur Widerlegung zwar nicht der Lehre im ganzen, wohl aber wichtiger Teile von ihr verwandt werden? Es ist sicher, dass die von Schneider-Schnekenburger diskutierten Befunde zur Prüfung der Eigenkirchentheorie Anlass geben. Aber könnten sie statt zum Widerspruch gegen diese Lehre auch zu deren Fortentwicklung beitragen? Indem ich diesen Fragen im folgenden Beitrag nachgehe, hoffe ich, in Iso Müller einen unermüdlichen Erforscher der churrätischen Kirchengeschichte des frühen Mittelalters ehren zu können.

Bevor ich auf die von Schneider-Schnekenburger interpretierten Befunde eingehe, ist es unumgänglich, die Eigenkirchenlehre von Ulrich Stutz, besonders in ihrer Anwendung auf Rätien, zu skizzieren und die Entwicklung des archäologisch-historischen Gesprächs über sie nachzuzeichnen. Denn nur so lässt sich die Urteilsbildung Schneider-Schnekenburgers verstehen und ihre These kritisch würdigen. Nach seinen 1894/95 erstmals publizierten Forschungsergebnissen[5] sah Stutz in der Eigenkirche ein von Laien errichtetes Gotteshaus, über das

---

den, Jg. 1969, S. 1–107, hier S. 62–104; Elisabeth MEYER-MARTHALER, Zur Frühgeschichte der Frauenklöster im Bistum Chur, in: Festgabe Hans Nabholz, Aarau 1944, S. 1–44. – Wenn urkundlich verschiedentlich einzelne Kirchen und Klöster als Subjekte ihres Vermögens angesprochen werden, beweist das nicht, dass schon die Verwaltungseinheit des Bischofs im Sinne des römischen Kirchenrechts aufgebrochen war, vgl. MEYER-MARTHALER, Römisches Recht (wie oben) S. 30f. – Kaum lösbar erscheint die Frage, inwieweit die Viktoriden im churrätischen Bischofsstaat bischöfliches Amtsgut von ihrem Privatbesitz zu trennen wussten. Der immer wieder zum Beleg eigenkirchenrechtlichen Denkens herangezogene Fall Otmars von St. Gallen, der Anfang des 8. Jh. von Praeses Viktor der Titelkirche des hl. Florin vorgesetzt und dann als Vorsteher der Galluszelle an den Bodensee entsandt worden ist (MGH SS II, Hannover 1829, S. 41 f.), wird aus alemannischer Perspektive des 9. Jh. überliefert und lässt die Möglichkeit einer kirchenrechtlich gebotenen Mitwirkung des Bischofs von Chur durchaus offen. Ähnliche Überlegungen wären bei Viktors Initiative in St. Luzi anzustellen, s. zuletzt CLAVADETSCHER, Churrätien im Übergang von der Spätantike zum Mittelalter (wie oben) S. 171; Walther SULSER-Hilde CLAUSSEN, Sankt Stephan in Chur. Frühchristliche Grabkammer und Friedhofskirche, Zürich 1978, S. 162. Eine andere Frage ist es, wie weit sich die merowingerzeitlichen «Bischofsstaaten» von der römischen Kirchenverfassung entfernt hatten, zur Erscheinung zuletzt: Reinhold KAISER, Bischofsherrschaft zwischen Königtum und Fürstenmacht (Pariser Historische Studien 17), Bonn 1981, S. 55–74. – Keinesfalls sollte man bei den in viktoridischer Zeit von Chur aus gegründeten Pfarrkirchen von bischöflich-viktoridischen Eigenkirchen sprechen.

5 Ulrich STUTZ, Die Eigenkirche als Element des mittelalterlich-germanischen Kirchenrechts (Basler Antrittsvorlesung vom 23.10.1894), erstmals gedruckt Berlin 1895, wiederholte Nachdrucke, u.a. Darmstadt 1971; DERS., Geschichte des kirchlichen Benefizialwesens von seinen Anfängen bis auf die Zeit Alexanders III., Berlin 1895, Aalen ³1972. – Zum gegenwärtigen Forschungsstand vgl. Peter LANDAU, Art. Eigenkirchenwesen, in: Theologische Realenzyklopädie, Bd. IX, Berlin – New York 1982, S. 399–404; Rudolf SCHIEFFER – M. STÉFANSSON, Art. Eigenkirche, -nwesen, in: Lexikon des Mittelalters, Bd. III, Lief. 8, München – Zürich 1985, Sp. 1705–1710.

der Gründer die uneingeschränkte Verfügungsgewalt im vermögensrechtlichen Sinne behielt und zugleich die volle geistliche Leitungsgewalt ausübte. Die Eigenkirche mit ihrem vom Herrn eingesetzten Eigenpriester war daher der bischöflichen Kontrolle weitgehend entzogen. Es war Stutzens bahnbrechende Erkenntnis, dass das Kirchenwesen des Mittelalters somit einen unrömischen Zug erhielt und von der alten Kirchenverfassung stark divergierte. Nach dem römischen Recht hätte der Bischof auch bei privaten Gründungen über das Kirchengut verfügen müssen, aus dem er die Geistlichen zu besolden, die Kirchenbauten zu erhalten und die Bedürftigen zu versorgen hatte. Das Eigenkirchenwesen leitete Stutz aus dem heidnischen Kult der Germanen ab. Einem Hinweis bei Tacitus folgend nahm er an, jeder Familienvater sei der Priester seiner Angehörigen gewesen und habe in privaten Angelegenheiten den Willen der Götter erforscht. Der Hauskult sei bei den Germanen aber bald in ein eigenes Gebäude, den heidnischen Eigentempel, verlegt worden. Da nur Wohlhabende zur Errichtung eines eigenen Kultraumes in der Lage gewesen seien, hätten sich die minderbemittelten Nachbarn im Laufe der Zeit ebenfalls zu den Eigentempeln der Reichen gehalten. Die Schutzgewalt des Familienvaters über die Hausgenossen, die Munt, habe nun nicht mehr zur Ausübung der Herrschaft ausgereicht; weil nicht alle Besucher des Tempels zum Familienverband gehörten, habe sich das sachenrechtliche Verhältnis in den Vordergrund geschoben, das heisst die Verfügung über den Tempel als Eigentum.

Anderthalb Jahrzehnte nach diesen grundsätzlichen Ausführungen behandelte Stutz in einem Aufsatz die besonderen Verhältnisse in Rätien[6]. Sie boten ihm eine glänzende Bestätigung seiner Theorie. Denn noch vor Ludwig dem Frommen vertrat Bischof Viktor III. von Chur einen rein römisch-rechtlichen Standpunkt, als er den Karolingern bzw. ihren Grafen das Anrecht auf Kirchengut bestritt, das diese in grossem Umfang an sich genommen hatten. Vorausgegangen war dem Streit zwischen Bischof und Kaiser eine tiefgreifende Verfassungsreform in Rätien. Bis zum Beginn des 9. Jahrhunderts hatte die geistliche und weltliche Gewalt bei derselben Familie, den Viktoriden, gelegen, wenn nicht beides sogar in der Hand einer einzigen Person, der Praesides- (Rektoren-) Bischöfe, vereinigt gewesen war. Erst Karl der Grosse hatte das politisch längst zum Frankenreich gehörende Land wirklich unterworfen, indem er die Grafschaftsverfassung einführte und den *comitatus* mit Kirchengut ausstattete. Es waren diese *divisio inter episcopatum et comitatum* bzw. ihre Folgen einer eigenherrlichen Verfügung über Kirchengut, die Viktor III. zu bewegten Klagen vor dem Herrscher veranlasste: «Zweihundertunddreissig und mehr Kirchen sind in unserem Sprengel», hielt der Bischof Ludwig dem Frommen vor, «von denen

---

[6] Wie Anm. 3.

nicht mehr als sechs Taufkirchen und fünfundzwanzig Niederkirchen dem Bistum belassen wurden, und auch diese übel mitgenommen. Von fünf heiligen Leibern, die sich darin finden, haben wir nicht einen behalten. Desgleichen haben wir von fünf Klöstern nur noch zwei, um Nonnen zu halten. Und über das höchst Wenige, was uns geblieben ist, steht uns nicht einmal die volle Gewalt zu. Wie wir und unsere Priester da leben sollen, ist uns unerfindlich, können wir doch in keiner Hinsicht das uns anvertraute Amt den kanonischen Vorschriften gemäss in vollem Umfang versehen. Und wenn nicht Euer gnädiges Erbarmen zur Mehrung seines Verdienstes diese Dinge anders, als es jetzt der Fall ist, zu ordnen geruht, wird schwerlich einer daselbst das Bischofsamt verwalten können. Denn das Kirchengut, das von Rechts wegen zum Bistum gehört und wofür wir rechtsgültige Erwerbstitel haben, was uns aber zu Unrecht weggenommen ist, wird von einigen bereits unter Berufung auf den von Euch ausgegangenen königlichen Schenkungsbrief zu Eigentum innegehalten, wovon Ihr sicher keine Ahnung habt[7].» Stutz schätzte dieses Quellenzitat als Kronzeugnis für seine Theorie ein; er führte es gegen Kritik, die sich zwischenzeitlich erhoben hatte, an, denn es belehre, «dass nach der Anschauung dieses noch ganz und gar römisch denkenden Bischofs (also Viktors III.) schlechthin alle Kirchen bischöflich zu sein hatten[8].» Nach Viktors Auffassung gebühre «dem Bischof einerseits die unbeschränkte volle Leitungsgewalt nicht nur über die Laien in seinem Bistum, sondern namentlich auch über alle Geistlichen und alle kirchlichen Anstalten, Kirchen, Klöster, Fremden-, Kranken- und Armenhäuser, die sämtlich in seiner potestas und ordinatio sein müssen. Darnach hat er aber anderseits auch die Verwaltung des gesamten Kirchengutes seiner Diözese[9].» Wenn Viktor davon spreche, «der Bischof wisse nicht, wovon er und seine Priester fortan leben sollten, so wird», schreibt Stutz weiter, «auch das (...) begründet mit der

---

[7] Epistolae Variorum inde a morte Caroli Magni usque ad divisionem imperii collectae, ed. Ernst DÜMMLER (MGH Epp. Karolini Aevi T. III, Berlin 1898/99, S. 299–360, hier S. 309f. Nr. 7 = BUB I, S. 39f. Nr. 46: *Ducente siquidem XXX et eo amplius ecclesiae sunt infra parrochia nostra, ex quibus non amplius quam sex baptisteria, et viginti quinque minores tituli ad episcopatum remanserunt, et ipse male depraedate. Sunt ibidem sanctorum corpora quinque, ex quibus nec unum quidem habemus. Monasteria similiter quinque, ex quibus duos tantum ad nutrimendum habemus puellarum, et de hoc, quod nobis perparum remansit, potestatem pleniter non habemus. Qualiter vero nobis vel sacerdotibus nostris nunc vivendum sit ignoramus, quia in nullo ministerio nobis commissum secundum canonicam auctoritatem pleniter perficere possumus. Et nisi pia miseratio vestra ad augmentum suae mercedis hoc aliter quam quod nunc est ordinare dignata fuerit, episcopatus ibidem ministerium peragi a quolibet difficile poterit. Ipse namque ecclesiasticae res, quae ad episcopatum legibus pertinent, et de quibus nos auctoritatem firmam habemus et nobis iniuste abstractae sunt, et aliquibus iam per vestrum preceptum ad proprietatem tenentur: quod vobis omnino celatum credimus.* Übersetzung von STUTZ, Karls des Grossen divisio von Bistum und Grafschaft Chur (wie Anm. 3) S. 107–109.
[8] Ebd. S. 138 Anm. 1, vgl. S. 136.
[9] Ebd. S. 136.

Unmöglichkeit, ihr Amt zu versehen. Das Offizium stand eben für diese altkirchliche, noch durchaus öffentlich-rechtliche Auffassung im Vordergrund[10].» Erst mit der Säkularisierung des zuvor bischöflich verwalteten Kirchengutes durch die Karolinger hat nach Stutz das Eigenkirchenwesen in Rätien Einzug gehalten, mit König und Graf als den bedeutendsten ersten Eigenkirchenherren.

Die Rezeption der Eigenkirchenlehre durch die Archäologen, an deren vorläufigem Schlusspunkt die These von Gudrun Schneider-Schnekenburger steht, setzte einige Jahrzehnte nach den ersten Publikationen von U. Stutz ein. Sehe ich recht, so hat zuerst Paul Reinecke 1925 die kirchengeschichtliche Theorie zur Interpretation von Bodenfunden herangezogen. Schon Reinecke stellte dabei den bis heute für Archäologen konstitutiven Zusammenhang zwischen Eigenkirche und Bestattung her, der bei Stutz noch keine Rolle gespielt hatte. Allerdings sah Reinecke den Zusammenhang anders als die Archäologen nach ihm. Reineckes Thema war der Übergang von den Reihengräbern der Merowingerzeit zur Bestattung in den Sepulturen der Ortskirchen. Dieser Wechsel sollte seiner Vermutung nach «mit dem Aufkommen und der schnellen Vermehrung der Kirchen mit pfarrlichen Befugnissen» zusammengehangen haben. «Das Vorhandensein von frühen germanischen Eigenkirchen, die es allerorten gab, hat damit», nach Reineckes Urteil, dagegen «nichts zu tun. Erst wo eine solche Eigenkirche vom Grundherrn dem Bischof oder einem Kloster übergeben und dann mit gewissen pfarrlichen Funktionen ausgestattet wird, erhält sie auch eine Sepultur[11]». Man erkennt sehr deutlich, dass Reinecke den heute geläufigen Zusammenhang zwischen Eigenkirche und «Stiftergrab» noch nicht hergestellt, allem Anschein nach sogar bewusst verneint hat. Dieser tritt erst später in den Arbeiten Peter Goesslers und Joachim Werners hervor[12]. Am Beispiel der Martinskirche von Pfullingen (Württemberg), in deren unmittelbarer Nähe 1914 ein reichausgestattetes Waffengrab gefunden worden war, stellte Goessler um 1940 den Konnex von «Ahnengrab und Urkirche» her[13]; dabei war

---

[10] Ebd. S. 138.
[11] Paul REINECKE, Unsere Reihengräber der Merowingerzeit nach ihrer geschichtlichen Bedeutung, Der Bayerische Vorgeschichtsfreund 5, 1925, S. 54–64, Zitat S. 57; DERS., Reihengräber und Friedhöfe der Kirchen, Germania. Korrespondenzblatt der Römisch-Germanischen Kommission des Deutschen Archäologischen Instituts 9, 1925, S. 103–107, hier S. 105. – Vgl. unten bei Anm. 24.
[12] Er fehlt noch bei Hans ZEISS, Fürstengrab und Reihengräbersitte, Forschungen und Fortschritte. Nachrichtenblatt der Deutschen Wissenschaft und Technik 12, 1936, S. 302f., der sich S. 303 auf die Anm. 24 zit. Arbeit von P. Reinecke bezieht.
[13] In der Anm. 15 zit. Arbeit zitiert Goessler S. 136 Anm. 135 einen eigenen Zeitungsbeitrag mit dem Titel: Alt-Pfullingen, seine Dingstätte, Ahnengrab und Urkirche, Schwäbischer Merkur 3.9.1939, Nr. 205.

er auch von zeittypischen germanistischen Forschungen beeinflusst[14]. Goessler deutete die Kirche als «Eigenkirche, erbaut von einem Grundherrn auf eigenem Besitz und zunächst für ihn und seine Familie als Bestattungsplatz bestimmt[15]». Der Platz für Urkirche und Grab sei bewusst bei der «alten Dingstätte» und zugleich in nächster Nähe des Fronhofes gewählt worden: «Der Herr des Fronhofes war vermutlich der hier Bestattete, der auf eigenem Grund und Boden begraben lag und der dann auch eine Kirche gestiftet hat (...)[16].» Die Verbindungslinien zwischen Eigen- und späterer Pfarrkirche, Adelsgrab und Hof stellte, ganz ähnlich wie Goessler, 1950 J. Werner bei der Interpretation des Sporenfundes von Wittislingen her[17].

«Eigenkirche» und «Stiftergrab» haben erst die Archäologen gedanklich verbunden, doch folgten ihnen sehr schnell die Anhänger der Stutzschen Lehre. Begründet war dies wohl darin, dass es gerade archäologische Forschungsergebnisse gewesen waren, mit denen die Theorie von U. Stutz von anderer Seite kritisiert worden war. 1920 hatte nämlich Alphons Dopsch auf Ausgrabungen in Island hingewiesen, nach denen ein germanischer Tempelbau nicht vor dem 9. Jahrhundert anzunehmen war[18]. Damit war die Ableitung des mittelalterlichen Eigenkirchen- vom germanischen Eigentempelwesen, wie sie Stutz postuliert hatte, in Frage gestellt. Hans Erich Feine, der beharrlichste Verfechter der Stutzschen Lehre, leugnete die entstandenen Schwierigkeiten auch nicht. Schon im Jahr nach Stutz' Tod, 1939, schloss er die Lücke im Lehrgebäude mit dem Hinweis auf die germanistischen Forschungen Herbert Meyers und die archäo-

---

[14] Vgl. Herbert MEYER, Das Handgemal als Gerichtswahrzeichen des freien Geschlechts bei den Germanen. Untersuchungen über Ahnengrab, Erbhof, Adel und Urkunde (Forschungen zum Deutschen Recht I. 1), Weimar 1934; Peter GOESSLER, Grabhügel und Dingplatz, in: Beiträge zur Geschichte, Literatur und Sprachkunde vornehmlich Württembergs. Festgabe für Karl Bohnenberger, Tübingen 1938, S. 15–39, hier bes. S. 33 f.

[15] Peter GOESSLER, Die Alamannen und ihr Siedlungsgebiet. Neue Beiträge zur frühalamannischen Geschichte und Kultur, Deutsches Archiv für Landes- und Volksforschung 7, 1943, S.113–152, hier S. 136. Vgl. DENS., Zur frühalamannischen Zeit (Ulm und Pfullingen), in: Reinecke Festschrift, hgg. von Gustav BEHRENS – Joachim WERNER, Mainz 1950, S. 61–66, hier S. 64–66.

[16] GOESSLER, Die Alamannen und ihr Siedlungsgebiet (wie Anm. 15).

[17] Joachim WERNER, Das alamannische Fürstengrab von Wittislingen (Münchner Beiträge zur Vor- und Frühgeschichte, Bd. 2), München 1950, S. 8–10. Vgl. Hans BOTT, Frühkarolingischer Sporenfund von Westendorf, Ldkr. Kaufbeuren, Bayerische Vorgeschichtsblätter 18/19, 1951/52, S. 59–83, hier S. 67. – Zu den Funden von Pfullingen und Wittislingen s. jetzt den übersichtlichen Katalog von Rainer CHRISTLEIN, Die Alamannen. Archäologie eines lebendigen Volkes, Stuttgart – Aalen 1978, S. 161 f., 173 f.

[18] Alphons DOPSCH, Wirtschaftliche und soziale Grundlagen der europäischen Kulturentwicklung aus der Zeit von Caesar bis auf Karl den Grossen, II. Teil, Wien 1920, S. 228 f., Wien ²1924, S. 230 f.

logischen Arbeiten Peter Goesslers, in denen «die Bedeutung des Ahnengrabes als Kult- und Malstatt für Familie und Sippe» akzentuiert sei[19]. An die Stelle des germanischen Eigentempels als Ausgangspunkt des Eigenkirchenwesens bei Stutz trat bei Feine das «altarische (indogermanische) Hauspriestertum»[20]. Der «Kult am (germanischen) Ahnengrab» und die Eigenkirche – an diesem Bezug hat Feine dann bis zuletzt und in jüngste Zeit hinein festgehalten[21].

Auch in der archäologischen Forschung vertritt man bis heute die Korrelation «Eigenkirche» und «Stiftergrab»[22]. Es scheint sogar einen weitgehenden Konsens zu geben, dass vom «Stiftergrab» generell auf eine «Eigenkirche» geschlossen werden dürfe[23]. Dabei darf aber nicht übersehen werden, dass die Erforschung der «Stiftergräber» älter ist als die Konstruktion des Zusammenhangs der Gründergräber mit der «Eigenkirche»[24]. Und die archäologische Bestimmung von «Stiftergräbern» wird immer wieder auch unabhängig von der Frage der «Eigenkirche» vorgenommen. Dabei kann man auf die für die «Eigenkirche» wichtigen Kriterien des Verhältnisses zwischen exklusivem Grabplatz und Friedhof einerseits und zwischen Kirchengrab und Siedlung (Hof) andererseits verzichten. Zur Identifikation von «Stiftergräbern» reichen dann die prominente Lage des Grabes in oder bei der Kirche bzw. die Qualität der Grabbeigaben aus. So wurde beispielsweise die Kirche von Spiez-Einigen, die weithin

---

[19] Hans Erich FEINE, Ursprung und Wesen des Eigenkirchentums, Zeitschrift der Akademie für Deutsches Recht 6, 1939, S. 120–123, hier S. 121; DERS., Ursprung, Wesen und Bedeutung des Eigenkirchentums, MIÖG 58, 1950, S. 195–208. Zu Meyer und Goessler s. oben Anm. 13–15. Die Zusammenarbeit zwischen Feine und Goessler war offensichtlich durch dieselbe Wirkungsstätte, die Universität Tübingen, begünstigt.

[20] FEINE (wie Anm. 19, 1939) S. 122; DERS., Kirchliche Rechtsgeschichte. Die katholische Kirche, Köln – Wien ⁵1972, S. 161. – Zur Frage der germanischen Herkunft des Eigenkirchenwesens s.u. bei Anm. 77.

[21] FEINE, Kirchliche Rechtsgeschichte (wie Anm. 20) S. 162. Es sei aber darauf hingewiesen, dass Feine das Heiligengrab als Nachfolger des germanischen Ahnengrabes in der Eigenkirche betrachtete, nicht das «Stiftergrab».

[22] Zu alten Einwänden gegen die Bestimmung der «Stiftergräber» s. Rafael VON USLAR, Bemerkungen zu den Gräbern und den Holzpfostenkirchen, Bonner Jahrbücher 150, 1950, S. 221–228, hier S. 223–227, und die bei STEIN (wie Anm. 23) S. 167 genannte Literatur. Zur Kritik Fehrings s. bei Anm. 27.

[23] Vgl. Frauke STEIN, Adelsgräber des achten Jahrhunderts in Deutschland (Römisch-Germanische Kommission des Deutschen Archäologischen Instituts zu Frankfurt am Main, Germanische Denkmäler der Völkerwanderungszeit, Serie A, Bd. IX), Text, Berlin 1967, S. 167–172; Rudolf MOOSBRUGGER-LEU – Hagen KELLER, Der Adel, in: Ur- und frühgeschichtliche Archäologie der Schweiz, Bd. VI: Das Frühmittelalter, Basel 1979, S. 53–74, hier S. 59, 62.

[24] In einem Beitrag von 1911, auf den sich die neuere archäologische Literatur immer wieder zurückführt, stellte Paul REINECKE noch nicht den Konnex mit der Eigenkirchenlehre her: Spätmerowingisch-karolingische Grabfunde aus Süddeutschland, in: Die Altertümer unserer heidnischen Vorzeit, Bd. V, Mainz 1902–1911 (Aufsatz datiert 1905), S. 196–200, hier S. 199.

als Paradigma des Gotteshauses mit «Stiftergrab» angesehen wird, von Rudolf Moosbrugger-Leu 1956 allein nach dem Verhältnis von Kirchenlängswand und Grab analysiert, während die Frage einer Hofanlage bei der Kirche offen blieb und der Begriff «Eigenkirche» nicht erscheint[25].

Für Historiker ist beachtenswert, dass die Archäologen den Terminus «Stiftergrab» nicht im Sinne der Rechtsfigur «Stiftung» gebrauchen[26]. Gemeint ist lediglich das Grab des Kirchengründers. Nun hat aber in allerjüngster Zeit der Archäologe Günter P. Fehring in Frage gestellt, dass es bis jetzt auch nur einen einzigen wirklich sicheren archäologischen Beleg für ein «Stiftergrab» im Sinne des Gründergrabes gebe[27]. Nach Fehring ist nicht einmal bei der Kirche von Spiez-Einigen sicher, ob die Kirche oder das Grab die Priorität habe, ob also das Gotteshaus für die «Stifterbestattung» geschaffen oder erst nachträglich über dem «Stiftergrab» errichtet worden sei. Das Problem hat für die Archäologie wohl mehr Gewicht als für die Historie. Denn für die Bodenforschung sind es zumeist die Beigaben der Gräber, die erst die Datierung der Kirchen zulassen. Für den Historiker dagegen ist es von untergeordneter Bedeutung, ob der im «Stiftergrab» Bestattete tatsächlich auch der Initiant des Kirchbaus war. Wichtiger ist für ihn, dass die hervorragende Grabstätte auf einen sozialen Kontext der Totensorge schliessen lässt, der sich durch Rang und Dauer auszeichnet. Ein anderer Einwand Fehrings scheint weittragender. Fehring macht geltend, dass sich archäologisch die Gräber von Kirchengründern von den Bestattungen anderer religiöser Wohltäter im Kirchengebäude kaum scheiden liessen[28]. Hier dürfte sich die Forschungsdiskussion noch entzünden. Es fragt sich, ob nicht ein Fall wie Flonheim (Rheinhessen), bei dem die Kirche eine zeitlich geschichtete Reihe hervorragend ausgestatteter Gräber enthält, die in die Gründungszeit des

---

[25] Rudolf MOOSBRUGGER-[LEU], Gräber frühmittelalterlicher Kirchenstifter?, 45. Jb. der Schweizerischen Gesellschaft für Urgeschichte, 1956, S. 69–75, hier S. 71, vgl. im selben Band S. 81f.; vgl. Walter DRACK – Rudolf MOOSBRUGGER-LEU, Die frühmittelalterliche Kirche von Tuggen (Kt. Schwyz), Zs. für Schweizerische Archäologie und Kunstgeschichte 20, 1960, S. 176–207; Walter DRACK, Ein Adeligengrab des 7. Jahrhunderts in Bülach, Helvetia Archaeologica 1, 1970, S. 16–22; Hans Rudolf SENNHAUSER, Kirchen und Klöster, in: Ur- und frühgeschichtliche Archäologie der Schweiz, Bd. VI, Basel 1979, S. 133–148, hier S. 136f.

[26] Zum Stiftungsbegriff s.u. bei Anm. 56f.

[27] Günter P. FEHRING, Missions- und Kirchenwesen in archäologischer Sicht, in: Geschichtswissenschaft und Archäologie. Untersuchungen zur Siedlungs-, Wirtschafts- und Kirchengeschichte, hgg. von Herbert JANKUHN – Reinhard WENSKUS (Vorträge und Forschungen XXII), Sigmaringen 1979, S. 547–591, hier S. 570–576. – Zu weiteren Diskussionsbeiträgen der Archäologie s. die A. 80 zit. Arbeit.

[28] Ebd. S. 571 Anm. 55; vgl. Hagen KELLER, Archäologie und Geschichte der Alamannen in merowingischer Zeit. Überlegungen und Fragen zu einem neuen Buch, ZGORh 129, 1981, S. 1–51, S. 22–26.

Gotteshauses zurückführen muss, den Schluss auf ein «Stiftergrab» nahelegt[29]. Urkundlich ist für die Flonheimer Kirche der Status der Eigenkirche erwiesen[30].

Nachdem wir die Forschungslage erkundet haben, in der Gudrun Schneider-Schnekenburger 1972/80[31] ihre These von den vorkarolingischen Eigenkirchen in Rätien publizierte, können wir die massgeblichen Bodenfunde selbst betrachten und ihre Auswertung überprüfen. Es handelt sich um Grabungsergebnisse in der Pfarrkirche St. Donatus in Obervaz/Ortsteil Zorten (von 1970–74) und in der Kirche St. Justus in Flums (von 1932–34)[32]. In Obervaz[33] konnten im Kirchenschiff sieben Gräber aufgedeckt werden, die einem frühmittelalterlichen Kirchenbau zuzuordnen sind. Nur bei zwei Bestattungen sind Beigaben festgestellt worden. Das auffälligste Grab, Nr. 15, lag in der Mittelachse der Kirche und war zum Altar hin orientiert; Schneider-Schnekenburger spricht es als «Stiftergrab» an. Der in dem Grab bestattete erwachsene Mann trug eine silbertauschierte Gürtelschnalle, die typologisch in die Mitte bis zweite Hälfte des 7. Jahrhunderts zu datieren ist. Nach Schneider-Schnekenburger war die Schnalle ursprünglich Teil einer vielteiligen Gürtelgarnitur, wie sie bei den Alemannen nördlich von Bodensee und Rhein und bei den Bayern Mode war, wie sie im alemannischen Teil der Schweiz aber nie heimisch geworden sei. Der Tote habe die tauschierte Schnalle fremder Herkunft nach einheimischer Sitte als Einzelstück, als Schliesse des schmalen Leibgurts, getragen. Bemerkenswert in St. Donatus ist noch Grab 12, das nördlich von Grab 15 und parallel zu diesem angeordnet war und den gleichen steinernen Grabbau wie das sogenannte Stiftergrab aufwies. – In Flums[34] war eine Kirche des 8. Jahrhunderts über den baulichen Re-

---

[29] Hermann AMENT, Fränkische Adelsgräber von Flonheim in Rheinhessen (Römisch-Germanische Kommission des Deutschen Archäologischen Instituts, Germanische Denkmäler der Völkerwanderungszeit, Serie B, Bd. 5), Berlin 1970, bes. S. 130–163; Karl HEINEMEYER, Das Erzbistum Mainz in römischer und fränkischer Zeit, Erster Band: Die Anfänge der Diözese Mainz (Veröffentlichungen der Historischen Kommission für Hessen 39,1), Marburg 1979, S. 66–72. S. auch Anm. 30.

[30] Codex Laureshamensis, Bd. II, bearb. von Karl GLÖCKNER, Darmstadt 1933, S. 276 Nr. 940; vgl. Michael BORGOLTE, ZGORh 131, 1983, S. 468.

[31] Das Anm. 1 zit. Buch beruht auf einer Münchener Dissertation von 1972/3.

[32] Anders als es in der älteren historischen Literatur bisweilen geschah (z.B. MÜLLER, Die Pfarreien bis zur Jahrtausendwende [wie Anm. 4] S. 54; s. aber oben Anm. 4), bestimmte SCHNEIDER-SCHNEKENBURGER die beiden Kirchen beim Gräberfeld von Schiers nicht als Eigenkirchen: Churrätien im Frühmittelalter (wie Anm. 1) S. 66–69. Auch die Kirche St. Georg in Rhäzüns, die zwei auffällig plazierte Gräber in der Vorhalle birgt, mochte sie nicht entschieden als Eigenkirchen ansprechen: S. 52–54, 110 Anm. 403. Zu dieser Kirche vgl. CLAVADETSCHER – MEYER, Das Burgenbuch von Graubünden (wie Anm. 4) S. 183, SENNHAUSER, Kirchen und Klöster (wie Anm. 25) S. 136f.

[33] SCHNEIDER-SCHNEKENBURGER, Churrätien im Frühmittelalter (wie Anm. 1) S. 74–77, 190f. Nr. 16, S. 110f. Vgl. DIES., Raetia I (wie Anm. 1) S. 186.

[34] DIES., Churrätien im Frühmittelalter S. 82–84, 195f. Nr. 19, 110f. Vgl. DIES., Raetia I S. 188.

sten einer römischen Villa errichtet. Unter den drei beigabenführenden Bestattungen ragt das Grab alpha, das eines etwa neunjährigen Knaben, hervor. Seiner Lage nach orientiert es sich an römerzeitlichen Mauerresten, es erscheint deshalb im erschlossenen Kirchenschiff nicht besonders exponiert. Das Grab enthielt eine Spatha, ein Messer mit nietbesetzter Scheide und eine zweiteilige, tauschierte Gürtelgarnitur. Nach dieser Garnitur ist das Grab in die Zeit von ca. 620 bis 650 zu datieren. Zu dieser Bestattung gibt es im Bündner Raum nach Schneider-Schnekenburger keine Parallele, doch seien Kindergräber mit Waffenbeigaben eine besondere, im germanischen Bereich wiederholt geübte Sitte. Eine weitere Bestattung, die eines Mannes, lässt sich nach der nach einheimischem Brauch getragenen Gürtelschnalle «etwa eine Generation später» datieren[35].

Lage und Beigaben der Gräber von Obervaz und Flums haben Schneider-Schnekenburger Handhaben gegeben, die Bestattungen in den beiden frühen Kirchen als «Stiftergräber» bzw. als Gräber einer «Stifterfamilie» zu qualifizieren[36]. Eigengewichtige archäologische Argumente für Eigenkirchen hat sie aber nicht vorführen können. Das Verhältnis der Grabkirchen zu den Siedlungen bzw. Höfen blieb offen, und ebenso die Frage weiterer Grabanlagen (Reihengräber, Friedhöfe)[37]. Frau Schneider nahm stattdessen Zuflucht zur schrift-

---

[35] Mit Recht lässt sich SCHNEIDER-SCHNEKENBURGER bei der Analyse der Grabfunde nicht zu der Entscheidung drängen, ob in Obervaz und Flums Alemannen oder Rätier bestattet seien. Sie entgeht damit der Gefahr, das Ethnicum der Bestatteten als weiteres Argument für die Eigenkirche heranzuziehen (s.a. bei Anm. 77). Sie schreibt, Churrätien im Frühmittelalter (wie Anm. 1) S. 110f.: «In Flums fällt auf, dass die frühen Funde, insbesondere das Knabengrab mit Waffen, alamannischen Charakter haben. Aber selbst wenn hier auch Alamannen bestattet sind, was aus der historischen Situation durchaus erklärlich ist, kann die Gesamterscheinung (der Eigenkirche und Stiftergräber) nicht als Fremdelement in diesem Raum angesehen werden. Obervaz und Flums waren im 7. Jahrhundert in der Hand der weltlichen und geistlichen Oberhoheit Churs. Die Kirchen müssen innerhalb dieser Ordnung entstanden sein, also auch die Weihe des Churer Bischofs erhalten haben. Damit ist die Vorstellung hinfällig, dass es in Churrätien im Frühmittelalter keine Eigenkirchen gegeben habe.» Unvorsichtiger DIES., Raetia I (wie Anm. 1), S. 188, 190. – Zum Problem der ethnischen Bestimmung von Grabfunden s. KELLER, Archäologie und Geschichte (wie Anm. 28) S. 4–15, vgl. zuletzt Dieter GEUENICH – Hagen KELLER, Alamannen, Alamannien, Alamannisch im frühen Mittelalter. Möglichkeiten und Schwierigkeiten des Historikers beim Versuch der Eingrenzung, in: Die Bayern und ihre Nachbarn, Teil 1, hgg. von Herwig WOLFRAM – Andreas SCHWARCZ (Österreichische Akademie der Wissenschaften, Philosophisch-Historische Klasse, Denkschriften, 179. Bd.), Wien 1985, S. 135–157.

[36] Die Bedenken G.P. Fehrings (oben bei Anm. 27f.) waren ihr offenbar noch nicht bekannt.

[37] SCHNEIDER-SCHNEKENBURGER, Churrätien im Frühmittelalter (wie Anm. 1) S. 110: «Es handelt sich um Eigenkirchen, die vermutlich zu Herrenhöfen gehörten. Die Kirchenbauten wurden, anders als die Memorien, nicht im Gräberfeld errichtet. Sie entstanden aber vermutlich auch neben Pfarrkirchen der Gemeinden (. . .).» Herrenhöfe konnte die Verfasserin aber nicht nachweisen. Wie sie behaupten kann, die Kirchen seien nicht in Gräberfeldern entstanden, ist mir unerfindlich, da entsprechende Grabungsbefunde allem Anschein nach nicht vorliegen. S. 74 erwähnt sie einige Grabfunde ausserhalb der Kirche von Flums, die vermuten liessen, «dass um diese Zeit auch schon ein Friedhof um die Kirche St. Donatus angelegt wurde». Zur Frage der Pfarrkirchen von Obervaz und Flums s. bei Anm. 40, 45.

lichen Überlieferung: Einem Hinweis Iso Müllers folgend[38] argumentierte sie, nicht St. Donatus in Zorten, sondern St. Johann Baptista im Ortsteil Muldain, der im Testament Bischof Tellos von 765 erwähnt wird[39], könne die ursprüngliche Pfarrkirche von Obervaz gewesen sein[40]. In diesem Falle sah sie offenbar kein Hindernis für den Schluss auf eine eigenkirchliche Verfassung von St. Donatus, das im 9. Jahrhundert in königlichen Besitz übergegangen sein könnte[41]. Schneider-Schnekenburger schränkte ihre Überlegung aber selbst ein, indem sie betonte, eine Entscheidung über Priorität und Charakter der beiden Kirchen von Obervaz liesse sich nur nach einer Grabung in St. Johann Baptista treffen. – Ebenso unbefriedigend wie bei Obervaz erweist sich die Argumentation bei Flums. Schneider-Schnekenburger verwies auf das «Testament» des letzten Viktoriden Tello, in dem der Churer Bischof einen Hof in Flums von der Schenkung an das Kloster Disentis ausgenommen hätte[42]. Ein Privatbesitz Tellos in Flums lässt sich aber mit seiner Urkunde nicht belegen, da der von Schneider-Schnekenburger herangezogene Passus als Zufügung des 9. Jahrhunderts gilt[43]. Es ist also nicht erweisbar, dass die Kirche auf dem Eigengut der Viktoriden[44] oder eines anderen Grundherrengeschlechts errichtet war. Nach dem churrätischen Reichsgutsurbar war später eine *curtis ad Flumina* und eine Pfarrkirche (*ecclesia plebeia*) mit Zehntrechten in Flums und Berschis an die Karolinger gefallen[45]. Daraus darf man aber wiederum nicht folgern, dass die Kirche St. Justus[46] vor dem 9. Jahrhundert Zubehör des genannten Hofes war; die *curtis*

---

[38] MÜLLER, Die Pfarreien bis zur Jahrtausendwende (wie Anm. 4) S. 131.
[39] BUB I S. 23 Z. 4 Nr. 17.
[40] SCHNEIDER-SCHNEKENBURGER, Churrätien im Frühmittelalter (wie Anm. 1) S. 77.
[41] Im churrätischen Reichsgutsurbar des 9. Jh. wird ein *Beneficium Azzonis villa Vazzes* erwähnt und hinzugefügt: *Est ibi ecclesia, cum decima de ipsa villa* (BUB I, S. 395 Z. 17, 22). Die Bestimmung der *ecclesia* als St. Donatus gilt natürlich nur unter der Voraussetzung, dass die gleichzeitige Existenz von St. Johann Baptista auszuschliessen ist.
[42] SCHNEIDER-SCHNEKENBURGER, Churrätien im Frühmittelalter (wie Anm. 1) S. 83f.; BUB I, S. 20f. Z. 28–30. Z. 1: *Hoc stabilimentum proponimus et quidquid immemores fuimus, aut in hac donatione sanctorum non conscripsimus preter quartam, quam reliquias curti nostrę Flumini, de omnibus rebus nostris absolucionem, uti conscripta est, permanere.*
[43] BUB I, S. 21 Note b, s.a. ebd. S. 13. – Zur noch nicht abgeschlossenen Diskussion über das Tello-Testament s. zuletzt die Bemerkungen von MÜLLER, Zum Churer Bistum (wie Anm. 4) S. 287–294; CLAVADETSCHER, Die Burgen (wie Anm. 4) S. 277f.
[44] Zum Problem der Trennung bischöflichen Amts- und viktoridischen Eigengutes generell s. oben Anm. 4.
[45] BUB I, S. 382 Z. 11, 24f.
[46] Ein Sonderproblem stellt das Patrozinium der Kirche dar: SCHNEIDER-SCHNEKENBURGER, Churrätien im Frühmittelalter (wie Anm. 1) S. 84, mit Hinweisen auf MÜLLER, Die rätischen Pfarreien des Frühmittelalters (wie Anm. 4) S. 481f.; DERS., Die Patrozinien des Fürstentums Liechtenstein, Jb. des Historischen Vereins für das Fürstentum Liechtenstein 59, 1959, S. 301–327, hier S. 309.

könnte auch Ausstattungsgut der Kirche gewesen sein, eine Dotation, wie sie schon das römische Kirchenrecht bei privaten Gründungen vorgeschrieben hat[47].

Schneider-Schnekenburger konnte also allenfalls archäologische Argumente für «Stiftergräber», nicht aber für Eigenkirchen bieten. Über dieses Defizit hat sie sich freilich nicht beunruhigt, weil sie sich nach der gegebenen Forschungslage berechtigt glaubte, vom «Stiftergrab» auf die Eigenkirche zu schliessen[48]. Hier liegt aber der entscheidende Fehler ihres Beweisganges. Denn die von ihr vollzogene gedankliche Operation ist selbstverständlich nur dort erlaubt, wo in der Kirchenverfassung Eigenkirchen nachgewiesen sind, also beispielsweise in Alemannien. Wenn aber, wie in Rätien, das Eigenkirchenwesen schlechthin bestritten wird und auch kein schriftlicher Nachweis von Eigenkirchen vorliegt[49], darf man bei der Argumentation nicht vermeintliche Analogien aus ganz anderem Milieu heranziehen. Der archäologische Nachweis von Eigenkirchen im churrätischen Bischofsstaat ist also misslungen.

Wie soll man aber Befunde wie in Flums und Obervaz in die frühmittelalterliche Geschichte Rätiens einordnen, wenn man an dem Charakter der Bestattungen als «Stiftergräber» festhält[50]? Zunächst bereitet die Vorstellung einer privaten Initiative zur Kirchengründung keinerlei Schwierigkeiten. Im Gegenteil; Bischof Viktor III. bezeugt selbst in seiner Klage gegenüber Ludwig dem Frommen, dass religiosi homines *sanctas ecclesias ex propriis facultatibus* errichtet hätten[51]. Diese zählten jetzt zu den Gotteshäusern, die von den Karolingern bzw. ihren Grafen verwüstet oder für das Reichsgut eingezogen worden seien. Demnach müssen privat erbaute Kirchen in das Eigentum des Bistums und dann des Königs übergegangen sein. Es fragt sich nur, wie sie an den Bischof gelangt sind. Denkbar wären private Kirchengründungen, die dem inneren Ausbau des Bistums dienten. Wir wissen beispielsweise, dass in Bayern, wo die Bistumsverfassung erst 739 geschaffen wurde, die Eigenkirchenherren ihre schon länger bestehenden Gotteshäuser dem Bischof bei der Gründung der Diözese übergaben oder neue Kirchen erst zum Zweck der Ausstattung des Bistums er-

---

47 STUTZ, Geschichte des kirchlichen Benefizialwesens (wie Anm. 5) S. 58–63.
48 S. oben bei Anm. 23.
49 S. oben bei Anm. 4.
50 Es wäre wohl möglich, die Gräber im Sinne von Fehring (wie oben bei Anm. 28) auch als Bestattungen im Kirchengebäude zu betrachten. Aber Fehring weiss selbst, dass bei entsprechenden Funden die Möglichkeit des «Stiftergrabes» in der Bedeutung des «Gründergrabes» nicht auszuschliessen ist. Ich gehe bei meinen grundsätzlich gemeinten Ausführungen im folgenden mit Schneider-Schnekenburger von «Stiftergräbern» aus.
51 Epistolae Variorum (wie Anm. 7) S. 309 = BUB I, S. 39.

richteten[52]. Der Bau einer Kirche, die der Verbreitung des Glaubens und dem Gotteslob diente, wurde dann als frommes Werk betrachtet, das dem Seelenheil des Gründers zugutekommen würde[53]. Gegen einen Übergang der Kirchen von Flums und Obervaz an das Bistum Chur schon kurz nach der Gründung sprechen aber die Gräber. Die Bestattungen in der Kirche, also in der Nähe des Altares, waren wegen des Bezugs zum Heiligen im Reliquiengrab und zu den Nachlebenden in der Gebetsgemeinschaft der Messe erstrebenswert. Von den betenden Menschen erhoffte man sich die Fürsprache für die eigene Seele im Fegefeuer, von den Heiligen die Hilfe beim Jüngsten Gericht[54]. Mit anderen Worten war der Zweck der Bestattung in der Kirche nur dann erreichbar, wenn der Bestand der Kirche selbst gesichert werden konnte. Ohne Zweifel wurden Eigenkirchen vor allem deshalb errichtet, weil die bei der eigenen Familie verbleibende Herrschaft dem Gründer die Aussicht auf ein ungestörtes Gebetsgedenken an seine Person eröffnete[55]. Welche Möglichkeiten der Memorialsorge gab es aber, wenn, wie in Rätien, das Eigenkirchenwesen nicht vorausgesetzt werden kann? Ein Kirchengründer konnte dann auf die Rechtsfigur der Stiftung zurückgreifen, die aus römischem Recht stammte[56]. Kirchenstiftungen sind von

[52] Vgl. Ulrich STUTZ, Das Eigenkirchenvermögen. Ein Beitrag zur Geschichte des altdeutschen Sachenrechtes auf Grund der Freisinger Traditionen, in: Festschrift für Otto Gierke, Weimar 1911, S. 1187–1268; DERS., Geschichte des kirchlichen Benefizialwesens (wie Anm. 5) S. 196–216. Aus der neueren Literatur vgl. Rudolf SCHIEFFER, Die Entstehung von Domkapiteln in Deutschland (Bonner Historische Forschungen, Bd. 43), Bonn 1976, S. 192–206; Wilfried HARTMANN, Der rechtliche Zustand der Kirchen auf dem Lande: Die Eigenkirche in der fränkischen Gesetzgebung des 7. bis 9. Jahrhunderts, in: Cristianizzazione ed organizzazione ecclesiastica delle campagne nell'alto medioevo: Espansione e resistenze, 10–16 aprile 1980 = Settimane di studio del centro italiano di studi sull'alto medioevo XXVIII, T. I, Spoleto 1982, S. 397–441, hier S. 416–420.

[53] Vgl. etwa die Fälle von Taglaching und Abens: Die Traditionen des Hochstifts Freising, hg. von Theodor BITTERAUF, Bd. I, München 1905, S. 132–134 Nr. 121 und S. 40f. Nr. 13.

[54] Zuletzt: Bernhard KÖTTING, Die Tradition der Grabkirche, in: Memoria. Der geschichtliche Zeugniswert des liturgischen Gedenkens im Mittelalter, hgg. von Karl SCHMID – Joachim WOLLASCH (Münstersche Mittelalter-Schriften, Bd. 48), München 1984, S. 69–78; vgl. DENS., Der frühchristliche Reliquienkult und die Bestattung im Kirchengebäude, Köln – Opladen 1965; Philipp HOFMEISTER, Das Gotteshaus als Begräbnisstätte, Archiv für katholisches Kirchenrecht 111, 1931, S. 450–487. – Otto Gerhard OEXLE, Die Gegenwart der Toten, in: Death in the Middle Ages, ed. by Herman BRAET – Werner VERBEKE, Leuven 1983, S. 19–77, bes. S. 55f.; Michael BORGOLTE, Salomo III. und St. Mangen. Zur Frage nach den Grabkirchen der Bischöfe von Konstanz, in: Churrätisches und st. gallisches Mittelalter. Festschrift für Otto P. Clavadetscher, hg. von Helmut MAURER, Sigmaringen 1984, S. 195–225.

[55] Vgl. Michael BORGOLTE, Gedenkstiftungen in St. Galler Urkunden, in: Memoria (wie Anm. 54) S. 578–602.

[56] Eine befriedigende moderne Darstellung fehlt. Neben der in den folgenden Anm. zit. Literatur s. Hans LIERMANN, Handbuch des Stiftungsrechts, 1. Bd.: Geschichte des Stiftungsrechts, Tübingen 1963; Fernand DE VISSCHER, Les fondations privées en droit romain classique, Revue internationale des droits de l'Antiquité, 3e Série, T. II, Brüssel 1955, S. 197–218; DERS., Le droit des tombeaux romains, Mailand 1963; Siegfried REICKE, Stiftungsbegriff und Stiftungsrecht im

Eigenkirchen fundamental verschieden gewesen. Während die Eigenkirche durch die Herrschaft gekennzeichnet ist und durch den Charakter der Kirche als Zubehör eines anderen Besitztums, so war die Kirchenstiftung frei. Sie wurde bei der Gründung mit wirtschaftlichen Gütern ausgestattet, die ihr selbst gehörten und aus der ihre Existenz auf Dauer, begrifflich sogar: ewig, gesichert werden sollte. Stiftungen dieser Art führen ins hellenistische Griechenland zurück und sind im heidnischen Rom seit dem 1./2. nachchristlichen Jahrhundert bezeugt. Ursprünglich waren diese Stiftungen immer zugleich Totenstiftungen[57]. Ein heidnischer Römer errichtete also beispielsweise sein Grabmal und verfügte durch sein Testament, dass (ein Teil) sein(es) Vermögen(s) zur Erhaltung desselben und zu periodischen Memorialfeiern zu verwenden war[58]. Die Christen haben die Totenstiftungen dann modifiziert übernommen[59].

Kirchenstiftungen nach römisch-rechtlichem Gründungsstil hat es noch im langobardischen Oberitalien des 7./8. Jahrhunderts gegeben[60]; dieser Zeitstellung wegen, vor allem aber, weil Chur wohl bis zur Mitte des 9. Jahrhunderts zum Metropolitanverband von Mailand zählte[61], sind diese italienischen Vergleichsbeispiele im Hinblick auf Rätien interessant. Hans Erich Feine hat 1941 zum erstenmal die Reihe erhaltener Gründungsurkunden für das Stiftungswe-

Mittelalter, ZRG Germ. 53, 1933, S. 247–276; Bernhard LAUM, Stiftungen in der griechischen und römischen Antike. Ein Beitrag zur antiken Kulturgeschichte, 2 Bde., Leipzig – Berlin 1914; Michael BORGOLTE, Die Rolle des Stifters bei der Gründung mittelalterlicher Universitäten, erörtert am Beispiel Freiburgs und Basels, Basler Zs. für Geschichte und Altertumskunde 1985, S. 85–119; Karl SCHMID, Stiftungen für das Seelenheil, in: Gedächtnis, das Gemeinschaft stiftet, hg. von K. Sch. (Schriftenreihe der Katholischen Akademie der Erzdiözese Freiburg), München – Zürich 1985, S. 51–73.

[57] Eberhard F. BRUCK, Die Stiftungen für die Toten in Recht, Religion und politischem Denken der Römer, zuerst 1949, dann in: DERS., Über römisches Recht im Rahmen der Kulturgeschichte, Berlin – Göttingen – Hamburg 1954, S. 46–100; vgl. Gabriel LE BRAS, Les fondations privées du Haut Empire, in: Studi in onore die Salvatore Riccobono, T. III, Palermo 1936, S. 21–67; Mario AMELOTTI, Il testamento romano attraverso la prassi documentale, T. I: Le forme classiche di testamento, Florenz 1966.

[58] Vgl. nach BRUCK (wie Anm. 57) jetzt auch: Michael BORGOLTE, Freigelassene im Dienst der Memoria. Kulttradition und Kultwandel zwischen Antike und Mittelalter, Frühmittelalterliche Studien 17, 1983, S. 234–250, hier S. 238f.

[59] Auf die Piae Causae des justinianischen Rechts gehe ich hier nicht ein; vgl. Hans-Rudolf HAGEMANN, Die Stellung der Piae Causae nach justinianischem Rechte (Basler Studien zur Rechtswissenschaft, Heft 37), Basel 1953.

[60] Als Stiftung ist wohl schon die Gründung der Kirche S. Maria di Cornuta bei Tivoli im Jahr 471 durch den katholischen Goten Flavius Valila anzusehen, der sich als *vir clarissimus et inlustris et comes et magister utriusque militiae* bezeichnet: Le Liber Pontificalis. Texte, introduction et commentaire, ed. L. DUCHESNE, T. I, Paris ²1955, S. CXLVIf.; vgl. LANDAU (wie Anm. 5) S. 400. Unklar ist in diesem Punkt das Urteil von STUTZ, Geschichte des kirchlichen Benefizialwesens (wie Anm. 5) S. 53–55 und FEINE (wie Anm. 62) S. 1–4.

[61] Zuletzt CLAVADETSCHER, Churrätien im Übergang von der Spätantike zum Mittelalter (wie Anm. 4) S. 174–176.

sen ausgewertet[62]. Dabei unterschied Feine drei Merkmale, die «in den Dotationsurkunden auf die Schaffung einer selbständigen kirchlichen Rechtspersönlichkeit im Sinne des spätrömischen Kirchenrechts hinweisen: die Tradition des Kirchengrundes (fundamentum) an die Kirche selbst in persönlicher Anrede (trado tibi ecclesia Dei et S.N.); die Einsetzung der eigenen Gründung zum Erben und die Selbstbegebung des Gründers zum persönlichen Dienst an der Kirche, denn wer nichts als der Kirche dienen will, mag nicht ihr Herr sein»[63]. Wichtig ist darüber hinaus, dass die Konstruktion der Stiftung auch die Herrschaft des zuständigen Diözesanbischofs ausschliesst; eine Kirchenstiftung durfte also ebensowenig im Besitz der Gründerfamilie verbleiben wie ins Eigentum des Bistums übergehen.

Um anschaulich zu werden, möchte ich ein Beispiel näher vorstellen; dabei wähle ich eine besonders aussagekräftige Klostergründungsurkunde aus[64]. Sie betrifft S. Pietro di Monteverdi, das der Pisaner Bürger Walfred 754 auf seinen Gütern bei Populonia errichtet hat[65]. Er habe sich, klagt Walfred in der Stiftungsurkunde, lange Zeit dem vergänglichen Leben hingegeben, sei aber nun in Sorge, seiner Sünden wegen den Zugang zum Himmelreich verschlossen zu finden und nicht mit Christus das ewige Leben geniessen zu können. Er habe sich deshalb entschlossen, ein Leben zu führen, durch das seine Vergehen ausgelöscht werden könnten. Darum habe er *in proprio territorio meo,* also auf seinem Eigengut, ein Kloster des heiligen Apostelfürsten Petrus errichtet, *ob hamore Christi et pro remedio peccatorum meorum,* aus Liebe zu Christus und als Heilmittel gegen seine Sünden, in dem er ein reguläres Mönchsleben führen könne. «Und ich bringe mich», gibt Walfred ferner an, «zusammen mit meinen Söhnen und meinem Besitz dar, damit unsere und anderer Leute Seelen gerettet würden.» Walfred trat also mit seinen Söhnen, mit Ratchis, Gumfred, Taiso und Benedikt, in das von ihm errichtete Kloster ein, um hier als Mönch zu leben. Weder der Bischof oder ein weltlicher Amtsträger, und auch keiner seiner Söhne oder Erben sollte Macht über das Kloster mit seiner Mönchskongregation ha-

---

[62] Hans Erich FEINE, Studien zum langobardisch-italienischen Eigenkirchenrecht, I. Teil, ZRG Kan. 30,1941, S. 1–95, hier S. 13–21.
[63] Ebd. S. 14.
[64] Zu einfachen Kirchengründungen (ohne Kloster) s. die bei FEINE (wie Anm. 62) S. 14f. behandelten Fälle sowie oben Anm. 60.
[65] Codice diplomatico Longobardo, a cura di Luigi SCHIAPARELLI, Vol. I (Fonti per la storia d'Italia), Rom 1929, S. 337–352 Nr. 116. Über den politischen Kontext der Stiftung s. Karl SCHMID, Zur Ablösung der Langobardenherrschaft durch die Franken, zuerst 1972, jetzt in: DERS., Gebetsgedenken und adliges Selbstverständnis im Mittelalter. Ausgewählte Beiträge, Sigmaringen 1983, S. 268–304, der S. 281f. darauf hinweist, dass Walfred und danach sein Sohn Gumfred und ein weiterer Verwandter Äbte des Klosters geworden seien. Die vermögensrechtlich aufgegebene Herrschaft über Eigengüter hätten Walfred und seine Angehörigen also aufgrund der Abtsstellung wiedererlangt. Beides ist freilich auseinanderzuhalten.

ben. *Et filiis meis una cum ipsis, pariter adiuuante omnipotenti Dei misericordia, sancte et regulariter uitam peragantur, et pro meis peccatis die noctuque suis orationibus omnipotenti Deo non cess*[ent] *obsecrari misericordia.* Walfreds Söhne sollten also mit den übrigen Mönchen mit Hilfe des allmächtigen Gottes ein der Klosterregel entsprechendes Leben führen und für Walfreds Sünden Tag und Nacht den allmächtigen Gott in seinem Mitleid durch ihre Gebete anflehen. Im Kloster sollte die Benediktsregel gelten; falls über die Bestellung eines neuen Abtes Streit entstünde oder Missstände im Kloster einrissen, deren man aus eigener Kraft nicht Herr werden könne, sollten die Bischöfe von Pisa und Populonia sowie die Äbte des Salvatorklosters von Ponziano bzw. des Klosters S. Frediano in Lucca zur Lösung der Konflikte herbeikommen. Über das Korrektionsrecht hinaus sollte aber ihre Macht im Peterskloster nicht reichen. Wieweit sich Walfred seiner eigenen Rechte entäussern wollte, zeigt die Bestimmung über die Disziplinargewalt des Abtes gegenüber seinen Söhnen. Wenn nämlich einer von diesen in Sünde falle, solle der Abt ihn strafen, vor allem aber im Kloster halten, «damit seine Seele geheilt werden könne; keineswegs soll er aus dem Kloster vertrieben werden, so dass seine Seele zugrund gehen könne». Was seine Söhne nicht freiwillig tun würden, sollten sie gezwungenermassen verrichten. Unter den im einzelnen genannten Ländereien, die Walfred seiner Stiftung zukommen liess, befand sich vor allem der Grund und Boden, auf dem das Kloster errichtet war. Am Schluss der Güteraufzählung betont der Schenker noch einmal, er gebe alles *pro redemtiione anime mee* an das Peterskloster; der Rückkauf der Seele sollte vor allem durch das Gebet der Mönche bewirkt werden: *et abbas cum fratribus inibi congregatis peto ut pro meis peccatis suis orationibus et uigiliis intercedere dignetur, ut michi Dominus ignoscat quod neglegenter gessi, et eorum pro me peccatore Dominus retribuat mercedem.* Wenn einer der Söhne, Erben oder Nacherben gegen die Schenkungsurkunde vorgehen sollte, etwas von den Gütern wegnehmen oder dem Kloster Beschwerliches bereiten würde, schrieb Walfred ferner ein Strafgeld von 500 Goldsolidi vor. Die Urkunde wurde, wie endlich am Schluss vermerkt ist, in drei Exemplaren hergestellt; eines war für das Peterskloster selbst bestimmt, eines sollte der Kirche von Pisa zur Aufbewahrung gegeben werden, die dritte Ausfertigung wurde für das Archiv des Salvatorklosters hergestellt.

Die Klostergründung Walfreds von 754 trägt die Züge einer Stiftung, da dem Kloster der Grund und Boden, auf dem es errichtet war, geschenkt wurde und Walfred mit seinen Söhnen selbst den Mönchshabit nahm. Der Stifter verzichtete für sich und seine Söhne vollständig auf seine vermögensrechtlich begründeten Herrschaftsrechte und stellte seine Angehörigen unter die Gewalt des Abtes. Gleichwohl befürchtete er, seine Söhne oder andere Verwandte könnten seinen Plan zunichte machen, und setzte deshalb eine Multa, eine Geldstrafe, fest, die an das Peterskloster zu zahlen wäre. Andererseits bedrohte sein Werk der zuständige Bischof; deshalb bestimmte er – übrigens in Anlehnung an die Benediktsregel – ein Eingriffsrecht, das bei vier Prälaten, zwei Bischöfen und zwei Äbten, lag. Der Absicherung gegen den Diözesan und andere mögliche Gegner diente auch die ausdrücklich vermerkte dreifache Ausfertigung der Urkunde. Das beherrschende Motiv bei Walfreds Gründung war der Gewinn der Seligkeit des Stifters. Walfred wollte selbst Busse tun, aber vor allem die Mönche über seinen Tod hinaus für sich beten lassen. Merkwürdig ist, dass Walfred auch seine Söhne zum Gebet für sich selbst verpflichtet und dem Kloster offeriert hat. Indem er sie ebenfalls dem Kloster zuführte, glaubte er wohl, am besten für ihre Seele zu sorgen, andererseits aber eventuellen Übergriffen der Söhne auf seine Stiftung und ihre Güter vorzubeugen.

Weder in der Urkunde Walfreds noch in den anderen Kirchen- oder Klosterstiftungsurkunden Oberitaliens habe ich einen ausdrücklichen Hinweis auf die Bedingung eines «Stiftergrabes» gefunden[66]. Das lag wohl daran, dass die Kirche seit der Spätantike den Drang der Gläubigen nach der Bestattung im Kirchengebäude einzudämmen suchte[67]. Papst Pelagius I. (556–561) scheint – massgeblich auch für seine Nachfolger – zuerst zur Auflage gemacht zu haben, dass privat errichtete Kirchen vom Ortsbischof nur dann geweiht werden dürften, wenn sie keine Bestattungen enthielten[68]. Schon diese wiederholten Mahnungen weisen darauf hin, dass es aus der Sicht der Stifter eben die hervorgehobene eigene Bestattung war, die die Kirchenstiftung besonders motivierte. In diesem Beweggrund berühren sich Kirchenstiftungen und Eigenkirche ebenso, wie in der ihnen gemeinsamen Abwehr des bischöflichen Zugriffs.

Man kann also vermuten, dass es sich bei rätischen Kirchen mit Gründergräbern, wie in Obervaz und Flums, um Kirchenstiftungen römischen Rechts gehandelt hat. Gewiss ist dies nur eine Hypothese; sie hat aber gegenüber dem Schluss auf Eigenkirchen den Vorteil, sich bruchlos in die frühmittelalterliche

---

[66] Walfreds Grab in seiner Stiftung ist durch eine erzählende Quelle bezeugt: SCHMID (wie Anm. 65) S. 282. – Der Zusammenhang von Klostergründung und Grabstiftung erscheint in ungewöhnlicher Deutlichkeit in den Gründungsurkunden von Cysoing (Flandern) aus dem 9. Jahrhundert: Cartulaire de l'abbaye de Cysoing et de ses dépendances, ed. Ignace de COUSSEMAKER, Lille (1886), S. 8–11 Nrn. IV, V.

[67] S. die Arbeiten von KÖTTING, OEXLE, HOFMEISTER, zit. in Anm. 54.

[68] Regesta Pontificum Romanorum, edd. Philipp JAFFÉ – Wilhelm WATTENBACH, T. I, Leipzig ²1885, S. 127 Nr. 959; Pelagii I papae epistvlae qvae svpersvnt (556–561), edd. Pius M. GASSÓ – Columba M. BATTLE (Scripta et Documenta 8), Montserrat 1956, S. 210 Nr. 86; Liber Diurnus Romanorum Pontificum, ed. Hans FOERSTER, Bern 1958, S. 84 V 11 = C 11 = A 3; vgl. zahlreiche Belege in Briefen Papst Gregors des Grossen: Gregorii I papae registrvm epistolarvm, edd. Paul EWALD – Ludwig M. HARTMANN (MGH Epp. T. I–II), Berlin 1887/91, 1899, T. I, S. 107 Nr. II. 9 von 591 X 5 und die dort genannten Parallelstellen. Vgl. STUTZ, Geschichte des kirchlichen Benefizialwesens (wie Anm. 5) S. 57f.

Geschichte Rätiens mit ihrer starken römischen Tradition[69] einzufügen. Auch für den späteren Übergang gestifteter Kirchen an das Bistum böte Oberitalien die Parallelen; Feine hat gezeigt, dass die Kirchenstiftungen im langobardisch-fränkischen Italien entgegen der Intention der Stifter nicht auf Dauer selbständig blieben, sondern alsbald in die Hand der Bischöfe oder des Königs zu fallen pflegten[70].

In der Archäologie wird bisher noch nicht mit Kirchenstiftungen gerechnet. Dies sollte man künftig aber überall dort tun, wo ein starkes Nachleben römischen Rechts bezeugt ist. Beispielsweise wäre das in Gallien während des 6. Jahrhunderts der Fall. In ihrer imponierenden «Kulturgeschichte der Merowingerzeit nach den Werken Gregors von Tours» schloss Margarete Weidemann von Bestattungen Angehöriger der Oberschicht in Kirchenbauten ohne Bedenken auf den Charakter der Gotteshäuser als Eigenkirchen[71], obwohl nach Gregors Horizont eher mit römisch-rechtlichen Stiftungen zu rechnen wäre. Die Lebenskraft des Stiftungsgedankens zeigt sich noch 616 im Testament des Bischofs Bertram von Le Mans[72].

Die Forderung, das archäologisch-historische Gespräch über die Eigenkirche um die Alternativvorstellung der Kirchenstiftung zu bereichern, überzeugt gewiss nur dann, wenn man zu verstehen vermag, weshalb sie nicht schon früher erhoben wurde. Dabei ist zunächst einzuräumen, dass die Historiker des Frühmittelalters das Bewusstsein von der Eigenart der «Stiftung» selbst wenig verbreitet haben. Im allgemeinen werden sogar die Begriffe «Stiftung» und «Eigenkirche» undifferenziert für jede Art privater Kirchengründung gebraucht. Das ist insofern verständlich, als das Eigenkirchenwesen allenthalben die Stiftungen verdrängt hat, bevor diese im Hochmittelalter wieder in den Vordergrund traten[73]. Aber auch bei den Vertretern der Kirchenrechtsgeschichte des Mittelalters

---

[69] Vgl. MEYER-MARTHALER, Römisches Recht (wie Anm. 4); DIES., Fränkisches Reichsrecht in der Lex Romana Curiensis, Der Geschichtsfreund. Mitteilungen des Historischen Vereins der fünf Orte Luzern, Uri, Schwyz, Unterwalden ob und nid dem Wald und Zug 125, 1972, S. 169–208; Die Rechtsquellen des Kantons Graubünden. Lex Romana Curiensis, bearb. von DERS. (Sammlung Schweizerischer Rechtsquellen, XV. Abt.), Aarau 1959.

[70] FEINE, Studien (wie Anm. 62), vgl. danach SCHMID, Zur Ablösung der Langobardenherrschaft (wie Anm. 65).

[71] Margarete WEIDEMANN, Kulturgeschichte der Merowingerzeit nach den Werken Gregors von Tours (Römisch-Germanisches Zentralmuseum. Forschungsstelle für Vor- und Frühgeschichte), Mainz 1982, Bd. II, S. 7f., 10, 18, 20f.

[72] Michael BORGOLTE, Felix est homo ille, qui amicos bonos relinquit. Zur sozialen Gestaltungskraft letztwilliger Verfügungen am Beispiel Bischof Bertrams von Le Mans (616), in: Festschrift für Berent Schwineköper, hgg. von Helmut MAURER – Hans PATZE, Sigmaringen 1982, S. 6–18, hier bes. S. 16f.

[73] Vgl. die Anm. 56 zit. Arbeiten von LIERMANN und REICKE sowie Siegfried REICKE, Das deutsche Spital und sein Recht im Mittelalter (Kirchenrechtliche Abhandlungen 111/112), 2 Teile, Stuttgart 1932.

wurde das Stiftungswesen im Hinblick auf die Kirchen wenig betont. Hans Erich Feine, dem wir den Nachweis der Kirchenstiftungen in Italien verdanken, unterliess es selbst, seine Einsichten zu verbreiten, bis hin zu seiner «Kirchlichen Rechtsgeschichte»[74]. Vielleicht hat er die Bedeutung seiner Beobachtungen unterschätzt; vielleicht passten sie aber auch nicht recht zu einer erbitterten Diskussion um die Ursprünge des Eigenkirchenwesens, wie sie besonders seit Dopsch geführt wurde. Dopsch hatte nämlich nicht nur bestritten, dass die Eigenkirche, wie Stutz gelehrt hatte, vom Eigentempel abzuleiten sei[75]; er machte – im Anschluss an französische Forscher – geltend, die Eigenkirche sei ein Attribut der Grundherrschaft, das überall dort vorkommen konnte und vorgekommen ist, wo diese sich ausgebildet hat[76]. Das Eigenkirchenwesen sei deshalb bei den Griechen und Römern ebenso nachzuweisen wie bei den Germanen, es sei national indifferent[77]. Man wird wohl sagen dürfen, dass der grösste Teil der Forschung mit diesem Urteil bis jetzt übereinstimmt. Als 1968 in Bonn des hundertsten Geburtstages von Ulrich Stutz gedacht wurde, markierte der Züricher Rechtshistoriker Karl Siegfried Bader präzise den Stand der Forschung. Gegenüber der Lehre von Stutz müsse man zugeben, «dass wir über die Rechtsverhältnisse am germanisch-heidnischen Tempel und über die Rechtsstellung von Kultträgern und Priestern, wenn es sie überhaupt gab, wenig oder nichts aus sicheren Quellen wissen (...). Ist das 'germanische' Eigenkirchenwesen wirklich

[74] FEINE, Kirchliche Rechtsgeschichte (wie Anm. 20) S. 132f., 160–172. – Soweit ich sehe hat Stutz selbst das Verhältnis von Eigenkirche und römisch-rechtlicher Kirchenstiftung niemals selbst erörtert, wenn er auch offenkundig mit freien Stiftungen rechnete (für Rätien vgl. STUTZ, Karls des Grossen divisio [wie Anm. 3] S. 139, 138 Anm. 1). Stutz regte aber Arbeiten seiner Schüler über das Stiftungswesen an (vgl. ebd. S. 136 Anm. 2): Walther SCHÖNFELD, Die Xenodochien in Italien und Frankreich im frühen Mittelalter, ZRG Kan. 12, 1922, S. 1–54; REICKE (wie Anm. 56 und 73). Während Schönfeld und Reicke den römisch-rechtlichen Stiftungsbegriff an den Wohltätigkeitseinrichtungen der Kirche erarbeiteten, wandte ihn FEINE, Studien (wie Anm. 62), auf die Kirchen selbst an. – In der Forschungsliteratur aus Rätien hat nur Elisabeth MEYER-MARTHALER die Möglichkeit römisch-rechtlicher Kirchenstiftungen angedeutet, ohne der Frage doch weiter nachzugehen, s. Römisches Recht (wie Anm. 4) S. 30; DIES., Zur Frühgeschichte der Frauenklöster (wie Anm. 4) S. 7, 17.

[75] S. oben bei Anm. 18.

[76] DOPSCH, Wirtschaftliche und soziale Grundlagen (wie Anm. 18) II S. 230, II² S. 232. – Im Anschluss an Dopsch zuletzt Knut SCHÄFERDIEK, Das Heilige in Laienhand. Zur Entstehungsgeschichte der fränkischen Eigenkirche, in: Vom Amt des Laien in Kirche und Theologie. Festschrift für Gerhard Krause, hgg. von Henning SCHRÖER – Gerhard MÜLLER, Berlin – New York 1982, S. 122–140.

[77] DOPSCH (wie Anm. 76) II S. 243, II² S. 245. Vgl. auch Willibald M. PLÖCHL, Art. Eigenkirche (ecclesia propria), in: Handwörterbuch zur deutschen Rechtsgeschichte, Bd. I, Berlin 1971, Sp. 879–880; DERS., Geschichte des Kirchenrechts, Bd. I, Wien – München ²1960, S. 260–262; Friedrich KEMPF, in: Handbuch der Kirchengeschichte, Bd. III, Freiburg – Basel – Wien 1966, S. 296. Vgl. Richard PUZA, Gründer einer Gemeinde und Stifter einer Kirche oder eines Klosters in der christlichen Antike. Kirchen- und rechtsgeschichtliche Überlegungen zu den Begriffen κτίστης und fundator, Archiv für katholisches Kirchenrecht 151, 1982, S. 68–72.

germanisch, eine spezifische Errungenschaft also germanischen Rechtsdenkens», fragt Bader weiter, «oder handelt es sich nicht vielmehr um einen archaischen Topos, der uns auch in anderen Kulturen begegnet? Eine abschliessende Antwort wird erst die künftige rechtsvergleichende Forschung ergeben, mit der wir, geben wir es offen zu, noch in den Anfängen stecken. So gesehen könnte das Eigenkirchenwesen Produkt des Zusammenstosses einer fortgebildeten Kirchenverfassung mit archaischem Kultur- und Rechtsgut junger Völker sein. Dass wir Eigenkirchen der von Stutz gedeuteten Art bei slavischen und orientalischen Völkern ebenfalls – in gleicher oder abgewandelter Form – finden und dass wir andererseits die Eigenkirche nicht bei allen germanischen Stämmen – am wenigsten bei solchen, die spät oder gar nicht in engere Verbindung mit dem spätrömischen Reich gekommen sind – antreffen: dies spricht weniger für eine spezifisch germanische als für eine Übergangsform in der allgemeinen Rechtsentwicklung (...)[78].» Gegenüber der Sicht Baders, der den Einwänden Dopschs und anderer Rechnung trug, folgte Feine weiterhin den Spuren seines Lehrers Stutz. Er schloss lediglich über Stutz hinausgehend auf indogermanische (statt germanischer) Ursprünge des Eigenkirchenwesens zurück. Vehement wandte sich Feine insbesondere gegen Versuche, schon in römischen Grundherrschaften Eigenkirchen nachzuweisen[79]. Gewiss wären solche Kirchen etwas ganz anderes gewesen als Stiftungen, nämlich Zubehör eines Vermögens, keine freien Vermögenssubjekte ihrer selbst. Aber es mochte wohl sein, dass Feine in der Debatte um die Ursprünge des Eigenkirchenwesens nicht einen Typ privater Kirchengründungen akzentuieren wollte, der zwar innerhalb der römischen Rechtsordnung entstanden war, der aber wie die Eigenkirche im Gegensatz zum Anrecht des Bischofs auf Verwaltung allen Kirchengutes stand.

Doch wie dem auch sei: beim Übergang von der Antike zum Mittelalter sollten Historiker und Archäologen mit dem Nachleben römisch-rechtlicher Stiftungen rechnen[80]. Das ist namentlich im antik geprägten Rätien der Merowingerzeit zu beachten, wenn private Kirchengründungen interpretiert werden müssen.

---

[78] Karl Siegfried BADER, Ulrich Stutz (1868–1938) als Forscher und Lehrer (Alma Mater. Beiträge zur Geschichte der Universität 29), Bonn 1969, S. 26f.
[79] FEINE, Ursprung und Wesen des Eigenkirchentums (wie Anm. 19) S. 120f.; DERS., Ursprung, Wesen und Bedeutung des Eigenkirchentums (wie Anm. 19) S. 196; DERS., Kirchliche Rechtsgeschichte (wie Anm. 20) S. 161.
[80] Vgl. auch künftig: Michael BORGOLTE, Stiftergrab und Eigenkirche. Ein Begriffspaar der Mittelalterarchäologie in historischer Kritik, Zeitschrift für Archäologie des Mittelalters, im Druck.

Die frühesten Bauten von St. Martin in Eschen

von Georg Malin

Am 10. März 1977 begannen die ersten archäologischen Erhebungen im Schiff der neugotischen Kirche St. Martin in Eschen, Fürstentum Liechtenstein. Nach kurzer Grabungsdauer fanden wir auf mittlerer Höhe entlang der nördlichen Schiffsmauer die Westfundamente der älteren, 1893/94 abgebrochenen Kirche[1]. Das gotische Chorhaupt war schon 1974 bei der Renovation der Pfrundbauten angegraben worden[2]. So wussten wir um den genaueren Standort der Vorgängerbauten. Eine der Kirchen musste die für das Frühmittelalter genannte Kirche sein[3].

Die eigentlichen Ausgrabungen begannen am 26. März 1979. Sie dauerten ohne den zeitlichen Aufwand für Konservierungsarbeiten an den sichtbaren Mauern der Kirchengrundrisse bis zum 26. Oktober 1979. Die Grabungsfläche liegt im Durchschnitt 452.50 m ü.M. im Bereich der Koordinaten 158.000/31.100 (s. Übersichtsplan). Das Grabungsfeld ist eine sanfte Bodenwelle, welche die Gletscher zurückgelassen haben. Die Erhebung aus kiesigem und ockerigem Moränenschutt scheint durch Besiedlung noch flacher geworden zu sein.

Altes Siedlungsgebiet

Eschen liegt am Südosthang des Eschnerberges, eines ca. 6 km langen in Nordsüdrichtung gestreckten Inselberges in der Rheintalebene. Der Eschnerberg selbst ist mit seinen prähistorischen Fund- und Siedlungsplätzen für die prähistorische Forschung im Alpenraum von grosser Bedeutung. Zum Gemeindegebiet gehören die bekannten Siedlungsplätze Malanser und Schneller[4]. Für die

---

[1] Gedenkschrift zur Renovation der Pfarrkirche St. Martin, Eschen, 1977–1979, hg. von der Gemeinde Eschen, 1979, S. 7; Erwin POESCHEL, Die Kunstdenkmäler des Fürstentums Liechtenstein, Sonderband, Basel 1950, S. 229 ff., 231; Johann Bapt. BÜCHEL, Geschichte der Pfarrei Eschen, JbHVFL 26, 1926, S. 85 ff.
[2] Der Bericht zu den bauanalytischen Untersuchungen an den Pfrundbauten ist in Vorbereitung. Der erste fassbare Grundriss datiert aus dem Ende des 12. oder beginnenden 13. Jh.
[3] BUB 1, S. 387 f.; LUB I/ 1, S. 41 f.
[4] Georg MALIN, Zur Ur- und Frühgeschichte, Das Fürstentum Liechtenstein (Veröffentlichungen des Alemannischen Institutes, Freiburg i.Br. 50), Bühl/Baden 1981, S. 13 ff.; Zusammenfassung der archäologischen Untersuchungen im Gebiet des Fürstentums Liechtenstein vgl. Helvetia Archaeologica (Archäologie im Fürstentum Liechtenstein) 9, 1978, 34–36.

römische Zeit steht im Gemeindeterritorium von Eschen der römerzeitliche Gutshof «Im Feld» in Nendeln, der seit dem Ende des 2. Jahrhunderts bis zum ausgehenden 3. Jahrhundert bewirtschaftet worden ist[5]. Eschen galt neben Schaan bis vor kurzem als südlichste nachweisbare Niederlassung der vom Bodenseeraum ins Alpenrheintal vorstossenden Alemannen[6]. Die Ankömmlinge mussten das Land mit eingesessenen romanisierten Rätern teilen, was offenbar in Schaan am deutlichsten nachzuweisen ist[7].

Die Kirche St. Martin

Das Reichsgutsurbar von 842/43 notierte zu Eschen: *Aspicit namque ad cellam quae uocatur Fauares ... in Essane ecclesia, cum Decima de ipsa uilla. De terra dimidium mansum*[8]. Demnach nennt das Kloster Pfäfers schon in der 1. Hälfte des 9. Jahrhunderts die Kirche als Eigentum, sowie den Zehnten vom Dorf und von einem halben Mansus Land.

Der hl. Martin (gest. um 400) wurde schon im frühesten Mittelalter gern als Kirchenpatron gewählt. Und anscheinend war diese Heiligenverehrung in nachrömischer Zeit beinahe im ganzen christianisierten Kontinent beliebt, sowohl in Frankreich, Italien, im alpinen Raum und in Deutschland. Das Bistum Chur stand in der Martinsverehrung nicht nach: für Zillis[9] soll in der Zeit um 500 eine Martinskirche nachweisbar sein, und Cazis übernahm Ende des 7. Jahrhunderts[10] den Heiligenkult. Chur folgte mit der Martinskirche am Fusse des Hofes;

---

[5] Georg MALIN, Der römerzeitliche Gutshof in Nendeln, JbHVFL 75, 1975, S. 1ff.; DERS., Der römerzeitliche Gutshof in Nendeln, Helvetia Archaeologica 9, 1978, 34–36, S. 181ff.

[6] Gudrun SCHNEIDER-SCHNEKENBURGER. Raetia I vom 4. bis 8. Jahrhundert auf Grund der Grabfunde, in: Von der Spätantike zum frühen Mittelalter, hg. von Joachim WERNER und Eugen EWIG, Sigmaringen 1979, S. 188f.; Rudolf DEGEN, Liechtenstein zwischen Spätantike und Mittelalter, Helvetia Archaeologica 9, 1978, 34–36, S. 214ff.; Anton FROMMELT, Bericht über Grabungen in Ruggell und Schaan, JbHVFL 40, 1940, S. 30ff.; DERS., Alemannische Gräber Schaan 1938, JbHVFL 38, 1938, S. 87ff.; DERS., Alemannengräber in Schaan, JbHVFL 34, 1934, S. 3ff.; Fundberichte, JbHVFL 10, 1910, S. 188ff.

[7] Erwin POESCHEL, Kunstdenkmäler (wie Anm. 1) S. 77f.

[8] LUB I/1, S. 42.

[9] Iso MÜLLER, Vom Baptisterium zum Taufstein, in: Churrätisches und st. gallisches Mittelalter, Festschrift für Otto P. Clavadetscher, hg. Helmut MAURER, Sigmaringen 1984, S. 25ff.; Hans Rudolf SENNHAUSER, VK, S. 390.

[10] Hans LIEB, Die Gründer von Cazis, in: Churrätisches und st. gallisches Mittelalter (wie Anm. 9) S. 37ff.; Hans Rudolf SENNHAUSER, VK, S. 49f.

Abb. 1   Gesamtübersicht

sie wird 769 erstmals erwähnt[11]. Das Tellotestament von 765 nennt die Martinskirchen von Ilanz[12], Disentis[13] und wohl auch Trun[14]. Das Reichsgüterverzeichnis schreibt die Kirche von Flims, die ebenfalls dem hl. Martin geweiht war, dem Kloster Pfäfers zu[15]. Auch im nördlichen, rheintalischen Grenzbereich der Diözese Chur[16] war die Martinsverehrung verbreitet, z.B. in Ludesch[17] und in Röthis[18], Kirchen, die ebenfalls im Reichsgüterverzeichnis vermerkt sind[19].

Unter diesen Voraussetzungen ist es naheliegend, dass Erwin Poeschel den nach dem Reichsgüterverzeichnis zum Kloster Pfäfers gehörenden Besitz in Eschen als einen «Teil des Pfäferser Dotationsgutes» sah[20]. Dem stimmte Iso Müller vorsichtig und unter Vorbehalt zu mit dem Verweis auf Heinrich Büttners Darstellung, dass Pfäfers erst nach 806 grössere Grundbesitze erhalten habe[21]. Aufgrund der schriftlichen Quellen lag somit der Schluss nahe, dass es sich in Eschen um eine relativ kleine Pfarrei handelte, deren Ursprünge wohl im 8. oder 9. Jahrhundert liegen, wobei die Pfarrei zur wirtschaftlichen Konsolidierung der jungen Benediktinerabtei beitragen sollte und überdies zur Verdichtung des Pfarreisystems im Gebiet des heutigen Fürstentums Liechtenstein dienen konnte[22].

---

[11] Hans Rudolf SENNHAUSER, VK, S. 52f.
[12] Ebd. S. 127f.
[13] Ebd. S. 61.
[14] Iso MÜLLER, Die Patrozinien des Fürstentums Liechtenstein, JbHVFL 59, 1959, S. 313, vor allem Anm. 1.
[15] BUB 1, S. 386f.; Iso MÜLLER, Die rätischen Pfarreien des Frühmittelalters, SZG 12, 1962, S. 462f.; DERS., Patrozinien des Fürstentums Liechtenstein (wie Anm. 14) S. 313.
[16] Johannes DUFT, Frühes Christentum in Brigantium (Ausstellungskatalog des Vorarlberger Landesmuseums 124), Bregenz 1985, S. 101ff.; Wolfgang MÜLLER, Zur Kirchen- und Pfarreigeschichte (Veröffentlichungen des Alemannischen Institutes, Freiburg i. Br. 50), Bühl/Baden 1981, S. 35ff.; Rudolf DEGEN, Liechtenstein zwischen Spätantike und Mittelalter (wie Anm. 6) S. 202ff, 209ff.; Heinrich BÜTTNER/ Iso MÜLLER, Frühes Christentum im schweizerischen Alpenraum, Einsiedeln-Zürich-Köln 1967, S. 26ff.
[17] Iso MÜLLER, Zum rätischen Pfarrei-System im Vorarlberger Gebiet, Montfort 1/2, 1962, S. 13.
[18] Ebd. S. 7f.
[19] Das Patrozinium von St. Martin in Dornbirn scheint frühmittelalterlich zu sein, vgl. Iso MÜLLER, Zum rätischen Pfarrei-System (wie Anm. 17) S. 16.
[20] Erwin POESCHEL, Kunstdenkmäler (wie Anm. 1) S. 228.
[21] Iso MÜLLER, Patrozinien des Fürstentums Liechtenstein (wie Anm. 14) S. 313; DERS., Die rätischen Pfarreien des Frühmittelalters, SZG 12, 1962, S. 478f.; Heinrich BÜTTNER, Zur frühen Geschichte der Abtei Pfäfers, ZSKG 53, 1959, S. 8.
[22] Iso MÜLLER, Die rätischen Pfarreien des Frühmittelalters, SZG 12, 1962, S. 478f.

Früheste Besiedlung (Ia, Ib)

Nachdem auf dem Grabungsplatz östlich der heutigen neugotischen Kirche beinahe alle Kulturschichten abgetragen worden waren, glich das Arbeitsfeld einer Mondlandschaft, übersät von kleinen Kratern. Im gelblich-ockerigen Moränenschutt waren 103 Pfostenstellungen unterschiedlichster Art eingetieft: flache Dellungen, zylinderartige Löcher bis zu 80 cm und mehr Tiefe bei einem Durchmesser von 50 bis 60 cm. Dies waren die markantesten Stellungen. Daneben gab es tütenhafte Löcher, Erdlöcher mit Steinkrägen zur Verstätung stehender Hölzer. Anhand der Steinstellungen waren Rundholz, Vierkantholz (Holz mit rechteckigem und quadratischem Querschnitt) nachweisbar. Relativ schwierig deutbar war die jeweilige Funktion der Pfostenstellungen, die infolge Wiederverwendung leicht verschoben wurden, wobei der vorgängige Befund gestört worden war. Die Grubeninhalte erwiesen sich als hilfreiche Kriterien bei der Deutung der Grundriss-Systeme, so etwa Putzreste, Mörtel diverser Art, Knochensplitter und Holzkohle. Neben den erwähnten Kriterien gab öfters die Unterkanthöhe des Pfostenloches Hinweise auf Systeme und bauliche Logik.

Auf diese Weise konnten zahlreiche Gruben als zu ersten rechteckigen Grundrissen gehörend ausgeschieden werden. Es waren meistens wenig typische Stellungen, eher in unregelmässigen Abständen, jedoch oft in dichter Reihung. Mit einigen Vorbehalten und nicht mit absoluter Schlüssigkeit waren zwei Hüttengrundrisse von ca. 5.00 × 7.50 m zu erkennen. Charakteristische Merkmale für diese Grundrisse waren geringe Tiefe der Löcher, allgemein keine spezifischen Funde im Grubeninhalt und Nord-Süd-Orientierung der Grundrisse (Bauetappe Ia, Ib; s. Grundriss)[23].

Bemerkenswert scheint die Beobachtung zu sein, wonach grosse Teile der erwähnten Grundrisse von einer dunklen und humösen, mit Holzkohle durchsetzten und teilweise schmierigen Strate überdeckt waren. Die ca. 10 bis 20 cm kräftige Schicht war vor allem im Bereich der Pfostenstellungen 11, 61, 44 deutlich fassbar. Hier deckte die dunkle Erdschicht eine ca. 2.00 × 4.00 m grosse Steinpflästerung, die später von den Westmauern der Kirchen durchschlagen worden ist. Ausserhalb der späteren Kirchengrundrisse zerstörten Gräber den Befund.

Die Funktion der Bauten (Ia, Ib), welche auf den beiden Grundrissen standen, ist nicht klar. Es können Wohnhütten, Werkstätten oder Stallungen gewe-

---

[23] Georg MALIN, Eschen, St. Martin, in: Ergrabene Geschichte, Die archäologischen Ausgrabungen im Fürstentum Liechtenstein 1977–1984, hg. Jakob BILL, Vaduz 1985, S. 16ff. Bei den spätantiken Pfostenstellungen handelt es sich vor allem um folgende Gruben: Ia 42, 45, 48, 50, 52, 27; rechtwinklig dazu in zweireihiger Linienführung 63, 8, 13, 16 / 28, 64, 65, 66, 67b, 67, 53; nördliche Flucht 96, 81, 86, 90; gegen Süden 90, 80, 39, 40. – Bauphase Ib: Südwand 41, 60, 32, 31, 55; Ostwand 41, 43, 49, 30b.

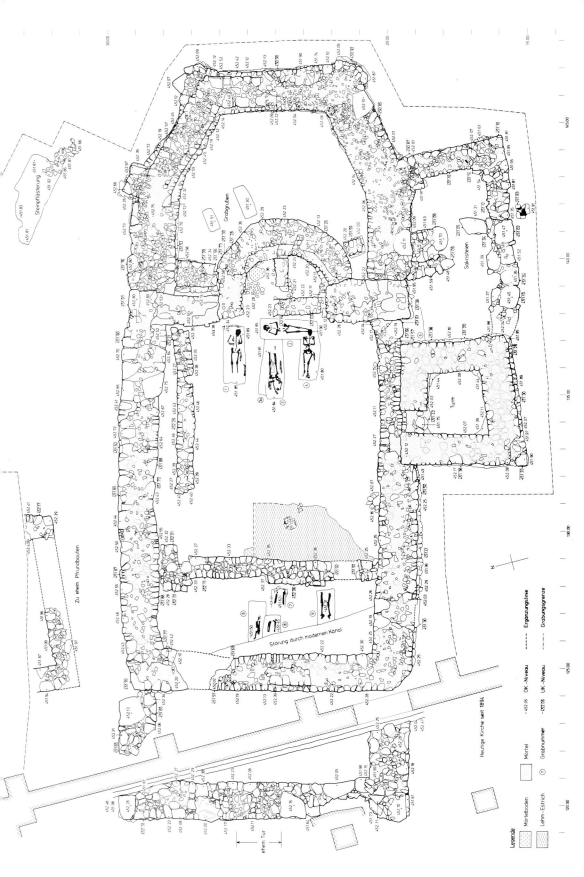

sen sein, Bauten aus stehenden Rundhölzern und geflochtenen Rutenwänden. Wie Holzkohlenreste in den Pfostengruben andeuten, müssen die dürftigen Gehäuse verbrannt worden sein.

Was die Zeitstellung der Bauten betrifft, so wird man wohl kaum fehlgehen, wenn man sie als spätantik bezeichnet und sie ins Ende des 4. und in den Beginn des 5. Jahrhunderts datiert. Die spärlichen römerzeitlichen Funde können ein Hinweis auf Besiedlung in römischer Zeit sein. Dabei handelt es sich allerdings nur um zwei Sigillatareste aus dem 1. Jahrhundert n.Chr. und dem beginnenden 2. Jahrhundert (Südfrankreich), sowie um zwei Randscherben von zwei Schüsseln aus dem 3. oder 4. Jahrhundert (vermutlich Argonnen). Drei Lavezstücke von zwei Gefässen stammen sehr wahrscheinlich ebenfalls aus spätrömischer Zeit. Ein Teil eines rhombischen, grünlichen und geschliffenen Marmorplättchens gehört auch zu diesem Fundkomplex[24]; dagegen konnte der Splitter eines römischen Geschirrs nicht in eine feinere Chronologie eingestuft werden. Man könnte einwenden, die Funde seien von einer nahen römischen Villa an die Grabungsstelle verschleppt worden. Solange man aber diese Villa nicht kennt, besteht kein Grund zu einer derartigen Hypothese. Weit eindeutiger fassbar wurden die Nachfolgebauten der oben geschilderten Hütten.

Frühmittelalterliches Haus (IIa)

Einen einprägsamen Hausgrundriss zeichneten die in sicherer Beziehung zueinander stehenden Pfostengruben 56, 70, 98, 30a, 1: offensichtlich ein Quadrat mit 7.70 m Seitenlänge, dessen Mitte das Pfostenloch 2 bildet. Dergestalt ergab sich ein Grundrissquadrat, das in vier Einheiten mit 3.85 m Seitenlänge unterteilt werden konnte, jeweils von Mitte zu Mitte Pfostenloch gemessen[25]. Die Südseite dieses Grundrissquadrates ist um 35 cm, vermutlich in einer zweiten Bauphase, gegen Norden zurückversetzt worden, so dass man die Linie von Grube 30 auf 44 erhielt. Auf diese Weise wird die Beifügung einer weiteren 3.85 m messenden Rastereinheit an der Südseite des aufgezeigten grossen Quadrates (33/47) auf der Höhe der späteren Südmauer eines Kirchenschiffes (6/84) erklärbar: die fehlenden 35 cm zum dreifachen Raster resultieren aus der Nordverschiebung der Linie von Grube 30 zu 44. Eine ähnliche Entwicklung bemerkten wir an der Westseite des Grundrissquadrates, wo die Linie 70/98 zurückgenommen wurde auf die Flucht 70/3/44. Ob die jeweilige Differenz von 35 cm an der Süd- und

---

[24] Die Datierung verdanke ich Frau Prof. Dr. Elisabeth Ettlinger, Zürich.
[25] 1. Quadrat gebildet von den Stellungen 56, 58, 2, 1; 2. Quadrat 58, 70, 3, 2; 3. Quadrat 1, 2 (adäquate Stellung bei 80 und 37 fehlt), 30a; 4. Quadrat 2, 3, 98 (44), (80, 37).

Westseite des grossen Quadrates Wanddicken eines Fachwerkbaues bedeuten, kann nicht einfach in Abrede gestellt werden. Aufgrund genauer Beobachtungen an den Linien der Grubenränder muss man eher an zwei Bauphasen denken.

Mit einiger Gewissheit ist anzunehmen, dass dem geschilderten vierteiligen, leicht variierten Grundriss auf der Südseite zur halben Länge und an der Ostseite in ganzer Breite eine Art Portikus oder Umgang beigefügt worden ist (Linie 76, 5, 66, 26, 4, 36), der an der Südseite anfänglich 1.60 m breit gewesen ist, dann aber auf 2.00 m ausgeweitet wurde, während er an der Ostwand 2.20 m Breite aufgewiesen hat. Man darf die begründete Ansicht vertreten, dass die beiden Häuser in einer Art Fachwerkbau errichtet worden sind: eine tragende, behauene Holzkonstruktion stützte Wände aus Rutengeflecht, das mit Kalkmörtel verputzt war. Die Mörtelbrocken, welche allenthalben auf dem erwähnten Hüttenhorizont herumlagen, gerieten beim Abbruch der Fachwerkhäuser unter anderem auch in die Pfostengruben. Wir fanden bräunliche, indischgelbe und hellere handtellergrosse Mörtelstücke. Gewisse Färbungen müssen wohl durch Feuer verursacht worden sein.

Bedeutsam ist die Feststellung, dass die vorgestellten Fachwerkbauten (IIa, IIb) zeitlich sicher vor den nachfolgenden Steinbauten standen. Die Fundationssteine der Nachfolgebauten lagen auf der Planierschicht zerstörter Holz- und Fachwerkbauten. Eine zeitliche Parallelität von gewissen, noch zu umschreibenden Teilen der Fachwerkhäuser mit ersten gemauerten Kirchen muss allerdings angenommen werden.

Vergleichbare Situationen zu den frühesten Grabungsergebnissen in Eschen kann man im weiteren Sinn in den Befunden auf dem Hügelplateau von Castiel/Carschlingg (GR) sehen, vor allem soweit dies die jüngeren frühmittelalterlichen zehn Häuser innerhalb der Befestigung betrifft. Auch das Fundmaterial, wenn auch in Eschen spärlich vorhanden, weist verwandte Züge auf: hier wie dort barg man Sigillata, Reibschalen und Lavez[26].

Abschliessend ist eine Bemerkung anzubringen: Alle kirchlichen Nachfolgebauten beachteten in ihrer grundrisslichen Disposition bis in die spätgotische Zeit die Pfostenstellungen des grossen Grundrissgeviertes mit dem portikusartigen Umgang sehr genau. Aus dieser Tatsache müssen wohl Schlüsse gezogen werden.

---

[26] Christian ZINDEL, Vorbemerkungen zur spätrömischen – frühmittelalterlichen Anlage von Castiel/Carschlingg, Archäologie der Schweiz 2, 1979, S. 109ff.; JbSGUF 61, 1978, S. 197ff.

Die frühesten Bauten von St. Martin in Eschen

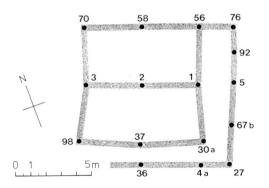

Abb. 3 Herrenhaus Ende 5./Anfang 6. Jh.

Haus IIb mit «Hauskirche»

Eine weitere Entwicklungsstufe des grossen Fachwerkhauses soll kurz skizziert werden. Die Tatsache, dass zumindest eine Grundrissfläche von 12.70 m (O–W) auf 11.10 m (N–S) im Frühmittelalter nicht für Bestattungen zur Verfügung stand, mochte ihren Grund darin haben, dass schon sehr früh die genannte Fläche überbaut war und wahrscheinlich (wenigstens teilweise) kirchlichen Zwecken gedient hat. Demnach erscheint es nicht abwegig, eine Ausweitung des Portikus auf die östlichsten Pfostenstellungen mit den Nummern 103, 101, 100 anzunehmen, sowie die Südreihung auf die Linie 6, 84 in Erwägung zu ziehen. Der östliche Umgang oder die östlichen Kompartimente hätten dann eine Breite von 6.00 m aufgewiesen (vgl. Skizze Bauetappe IIb); im Südbereich aber ist die bekannte Breite von 3.85 m zur Verfügung gestanden.

Mit grosser Wahrscheinlichkeit aber wurde das oft erwähnte grosse Grundrissquadrat bei diesen Bauvorgängen gegen Osten mit einem Raumkompartiment von 2.20 m Tiefe gestreckt (76, 5, 26), und die verbleibenden 3.80 m bis zur äussersten östlichen Grundrisslinie wurden zum neuen Umgang verwendet, getreu den alten Masseinheiten. Auf diese Weise erhielten die alten nördlichen zwei Raumteile mit den klassischen Masseinheiten von je 3.85 × 3.85 m einen ebenso breiten Chorraum, der 2.20 m tief war. Diese erste, offensichtlich in ein Haus eingeplante Fachwerkkirche (76, 56, 58, 70 N-Wand; 70, 3 W-Wand; 3, 2, 1, 5 S-Wand; 5, 92, 70 O-Wand) hätte also eine Gesamtlänge von 9.80 m und 3.85 m Breite aufgewiesen. Dass dabei das nordwestliche Raumkompartiment (58, 70, 3, 2) als eine Art Vorzeichen gedient hat, kann wohl angenommen werden.

Die entsprechenden südlichen Raumeinheiten müsste man als Haus der hier wirkenden Kleriker betrachten: In der Gesamtkonzeption also eine Art Hauskirche, erstellt in Fachwerkbauweise.

Für die Interpretation des geschilderten Grundrisses als Fachwerkkirche sprechen unter anderem folgende Gründe: die relativ sicher nachweisbare merowingische, gemauerte Kirche respektierte in geradezu verpflichtender Weise die als Fachwerkkirche gedeuteten Pfostenstellungen. Zweitens kennen wir die Entwicklung eines profanen Gebäudes zur Kirche schon seit einigen Jahren im ca. anderthalb Kilometer westlich der Eschner Grabungsstelle gelegenen Bendern. Hier erhielt der beinahe spätantik anmutende Hofbau aus dem Ende des 5. oder frühen 6. Jahrhundert in der Ostecke einen Anbau, der eindeutig kirchlichen Diensten gewidmet war[27]. Die Erstellung des ersten Kirchleins im Benderer Hof-

---

[27] Innenmasse des Chorgrundrisses in Bendern: Länge 4.10 m, Breite 2.50 m. Ob dieser kleine Anbau an den Hof von Bendern selbst schon eine kleine Kirche darstellt oder von Anfang an als Chor zu einem sicher nachgewiesenen Schiff von 5.20 m Länge und 4.10 m Breite diente, sollte

gebäude und der Einbau einer Fachwerkkirche in Eschen ins grosse Grundrissquadrat könnten beinahe synchron erfolgt sein. Drittens besitzen wir einen allerdings bescheidenen Hinweis für die gleichzeitige Existenz der nachfolgenden merowingischen Steinkirche mit Fachwerkbauten in Eschen: die Bauleute der karolingischen Kirche mussten bei den Fundationsarbeiten zur südlichen Apsis die Pfostenstellung 59 gekannt haben, weil sie diese Grube sorgfältig mit Mörtel überstrichen haben[28]. Wenn also in merowingischer Zeit noch ältere Fachwerkbauten im Grabungsbereich gestanden haben, ist im Sinne der Kontinuität der Einbau einer Kirche in frühere Häuser nicht unwahrscheinlich.

Im Bemühen, den beobachteten Pfostenstellungen eine sinnvolle Funktion in einem Bausystem zukommen zu lassen, stiessen wir bei den Stellungen 24, 9, 11 auf Schwierigkeiten. Die in gerader Flucht stehenden Gruben, ziemlich die ostwestliche Mitte der Holzbauten zeichnend, dürften eine frühere Pfostenreihung anzeigen, sei es, dass sie als erster Portikus einer aus zwei Quadraten bestehenden Pfostenkirche diente oder als Tragkonstruktion eines Firstes konzipiert war, der die weite Bedachung des ganzen Baukomplexes krönte. Bemerkenswert ist das Ergebnis der C-14-Datierung an der Holzkohle aus dem Pfostenloch 24, die auf die Mitte des 6. Jahrhunderts hinweist[29]. Die Zeit um 550 aber kann nur als Terminus ante quem interpretiert werden, als Indiz also, dass vor ca. 550 die Pfostenstellung 24 nicht aufgegeben worden ist[30].

Frühmittelalterliche Pfostenkirchen sind in den letzten Jahren, allerdings nicht im churrätischen Gebiet, sondern im schweizerischen Mittelland, der Forschung bekanntgeworden[31]. Sie werden meistens dem 7. oder 8. Jahrhundert zugeordnet. Die Fachwerkbauten in Eschen müssen älter sein, weil die nachfolgende merowingische Kirche sie überdeckt.

---

    als Fragestellung offen bleiben. Mündliche Mitteilung Prof. Dr. Hans Rudolf Sennhauser, Oktober 1985. – Georg MALIN, Zur Ur- und Frühgeschichte (wie Anm. 4) S. 26ff.; DERS., Ausgrabungen auf dem Kirchhügel von Bendern, Helvetia Archaeologica (Archäologie im Fürstentum Liechtenstein) 9, 1978, 34–36, S. 223ff.

[28] Notiz im Tagebuch der Grabung, 19.9.1979.

[29] Schreiben von Frau T. Riesen, Physikalisches Institut der Universität Bern, vom 9.6.1980: «B-3600, Holzkohle 1430 ± 50 Jahre BP.»

[30] Die abgeschöpfte Kohle entstand nicht durch Brand im Pfostenloch. Sie lag nur oberflächlich als Einfüllmaterial im Pfostenloch von 25 cm Tiefe und 40 cm Durchmesser. Notiz im Tagebuch der Grabung vom 9.9.1979.

[31] Nachstehend einige Hinweise zu Pfostenkirchen: Peter EGGENBERGER, Eine Holzkirche in Bleienbach BE, Archäologie der Schweiz 5, 1982, S. 24ff. Die Kirche wird ins 8. oder 9. Jh. datiert; DERS., Oberwil b/Büren a.A. BE, Pfarrkirche, Archäologie der Schweiz 2, 1979, 4, S. 192; JbSGUF 64, 1981, S. 254f.; DERS., Kirchlindach BE, Kirche, Grabung und Untersuchung, Archäologie der Schweiz 1, 1978, 4, S. 157f.; Alexander TANNER, Aus der Frühgeschichte der Kirche von Winterthur-Wülflingen, Helvetia Archaeologica 5, 1974, 17, S. 10ff.; Neue Zürcher Zeitung, 15.7.1981, Nr. 161, S. 38.; ferner: 31.3.1981, Nr. 75, S. 53. (Wülflingen wird ins 7. Jh. datiert).

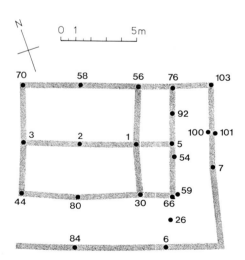

Abb. 4   Herrenhaus, eventuell mit Pfostenkirche Anfang 6. Jh.

Demnach kann man Alemannen als Erbauer der Holzbauten in Eschen mit grosser Wahrscheinlichkeit ausschliessen. Vielmehr dürften christianisierte Romanen hier gebaut haben. Die Alemannen liessen sich 300 m westlich der Kirche am Hang in der Dona beisetzen. Dort wurden 1953/54 und 1962 insgesamt 14 SW–NO orientierte Gräber aufgedeckt, welche aufgrund der Beigaben ins 7. Jahrhundert datiert werden, wobei ein abschliessendes Urteil über den Beginn der Belegung noch offen bleiben muss[32]. Ferner werden die 25 alemannischen Gräber in Schaan ins 7. Jahrhundert datiert. Die neuesten Grabungen auf dem «Runden Büchel» in Balzers (der weiteste nach Süden vorgeschobene Siedlungsraum grösserer alemannischer Gruppen[33]) belegen als Einwanderungsjahre der Alemannen die Zeit um 700. Somit ist im churrätischen Diözesangebiet die etwas einfache Formel «Holzkirche = alemannischer Bau» mit Zurückhaltung zu gebrauchen.

Auch die folgende Überlegung schliesst die Alemannen als Bauleute der Fachwerkbauten in Eschen aus: Der Benderer Hofbau, in römischer Bautradition errichtet, weist die gleiche Breite der Innenräume (3.85 m) auf wie jene des grossen Fachwerkbaues in Eschen. Im weiteren sind rötliche, feingeschliffene Putzreste, die in beiden Grabungen gefunden worden sind, beinahe identisch. Es liegen demnach Hinweise vor, die auf annähernde Gleichzeitigkeit der Fachwerkbauten von Eschen mit jenem spätrömisch wirkenden Hofbau von Bendern deuten. Abschliessend können wir annehmen, dass der markante Fachwerkbau mit dem portikusartigen Umgang mindestens zwei Bauphasen erkennen lässt und vermutlich während des ganzen 6. Jahrhunderts das Grabungs-

---

[32] Gudrun SCHNEIDER-SCHNEKENBURGER, Raetia I (wie Anm. 6) S. 189: «Unter den Gürtelbeschlägen ist der älteste ein pilzzellentauschierter Rückenbeschlag der Zeit um 600. Ferner fanden sich tauschierte Gürtelbeschläge aus dem 7. Jahrhundert.» - Vgl. Otto P. CLAVADETSCHER, Churrätien im Uebergang von der Spätantike zum Mittelalter nach den Schriftenquellen, in: Von der Spätantike zum frühen Mittelalter, hg. Joachim WERNER und Eugen EWIG, Sigmaringen 1979, S. 161 Anm. 14 (Literaturangaben); zur gleichen Fragestellung vgl. Benedikt BILGERI, Geschichte Vorarlbergs 1, Graz 1971, S. 40; Rudolf DEGEN, Liechtenstein zwischen Spätantike und Mittelalter (wie Anm. 6) S. 215. Degen schliesst die Benutzung dieses Gräberfeldes schon in der Mitte des 6. Jh. nicht aus.

[33] Gudrun SCHNEIDER-SCHNEKENBURGER, Raetia I (wie Anm. 6) S. 179f., 188f. Frau Schneider datiert ein Frauengrab in Schaan in die 2. Hälfte des 7.Jh., Waffen und Garnituren aber: «alles Anfang und 1. Hälfte 7. Jahrhundert».; Rudolf DEGEN, Liechtenstein zwischen Spätantike und Mittelalter (wie Anm. 6) S. 214ff.; Benedikt BILGERI, Geschichte Vorarlbergs 1, Graz 1971, S. 42 Anm. 39, S. 236. Mit Berufung auf ältere Literatur nach der «Wende vom 6. zum 7. Jahrhundert». Zu den neuesten Forschungsergebnissen in Balzers: Jakob BILL, Der Runde Büchel in Balzers - bevor er Friedhof wurde, JbHVFL 83, 1983, S. 7ff.; Jakob BILL/Hansruedi ETTER, Das frühmittelalterliche Gräberfeld vom «Runden Büchel» in Balzers, JbHVFL 81, 1981, S. 13ff.; Jakob BILL, Balzers «Runder Büchel», Ergrabene Geschichte, Die archäologischen Ausgrabungen im Fürstentum Liechtenstein 1977–1979, Vaduz 1985, S. 34ff.

areal überdeckt hatte. Die nördlichen Raumteile sind, wie eben dargelegt, wohl schon sehr früh kirchlichen Diensten zugeführt worden.

Merowingische Steinkirche

Über den zentralen Pfostenstellungen 1, 2, (3) lag ein 6.15 m langes und 60 cm breites Mäuerchen, dessen Ostende leicht gegen Norden abschwenkte. Das Westende konnte als eine südwestliche Fundamentecke erkannt werden. Mauerart und der helle, harte und körnige Mörtel sowie die schichtigen Steinlagen erinnerten an römisches Mauerwerk. Zu weiteren vorhandenen Mauerzügen auf dem Grabungsplatz konnten keine Bezüge hergestellt werden. Als man aber das leicht gegen Norden abbiegende Ostende der Mauer ergänzend weiterführte und die bereits bekannten Pfostenstellungen 56, 58, 70 in die Rekonstruktion miteinbezog, ergab sich ein eindeutiger Kirchengrundriss mit leicht gestelzter Apsis, die ohne Einzug an die Mauern des Schiffes zur Rundung ansetzte. Die Westwand einer derartigen Kirche könnte über den Pfostenstellungen 70 und 3 gelegen haben; das Gebäude wäre dann ziemlich gestreckt und 9.20 m lang gewesen. Jedoch deuteten am Westende des Mauerfundamentes Steinstellungen, wie erwähnt, auf eine Mauerecke, so dass der Innenraum vom Apsisscheitel bis zur Westmauer 6.60 m lang war und eine Breite von 3.20 m aufwies. Die Apsistiefe betrug etwa 1.90 m. Die gleiche Tiefe dürfte der kleine Nartex an der Westmauer der Kirche aufgewiesen haben.

Zu dieser ersten Steinkirche werden wohl Quadrateinheiten des Fachwerkbaues in Bezug gestanden haben, wie das bestattungsfreie südliche Vorgelände beweist.

Nun sind im churrätischen Raum eine Reihe merowingischer Grundrisse mit St. Martin in Eschen vergleichbar, so etwa Grepault[34], St. Stephan in Chur[35], die nördliche Friedhofkirche in Schiers[36] und Gretschins bei Wart-

---

[34] Hans Rudolf SENNHAUSER, Kirchen und Klöster, in: Archäologie der Schweiz, Das Frühmittelalter 6, Basel 1979, S. 138, Abb. 10, S. 141, Abb. 11; DERS., Der Profanbau, im gleichen Band S. 156f., Abb. 11.

[35] Hans Rudolf SENNHAUSER, Mausoleen, Krypten, Klosterkirchen und St. Peter I–III in Salzburg, in: Frühes Mönchtum in Salzburg, hg. Eberhard ZWINK, Salzburg 1983, S. 68, Abb. 7; DERS., Spätantike und frühmittelalterliche Kirchen Churrätiens, in: Von der Spätantike zum frühen Mittelalter, hg. Joachim WERNER und Eugen EWIG, Sigmaringen 1979, 201; DERS., Kirchen und Klöster (wie Anm. 34) S. 134f., Abb. 2,2; DERS., VK, S. 53f.

[36] Hans Rudolf SENNHAUSER, Spätantike und frühmittelalterliche Kirchen Churrätiens (wie Anm. 35) S. 204; DERS., VK, S. 304; Hans ERB, Bau- und Grabfunde aus christlicher Frühzeit in Schiers, BM 1962, S. 79ff., S. 87, Abb. 8.

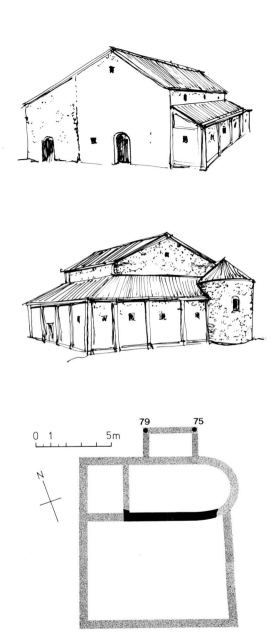

Abb. 5   Merowingische Steinkirche Ende 6./Anfang 7. Jh.

au[37]. Im Zusammenhang mit St. Martin in Eschen kommt der Kirche St. Pankratius in Ragaz[38] ein besonderer Stellenwert zu. Die bisher wenig beachtete, in einem Grundriss beim Thermalbad nachgewiesene ehemalige Kirche von Ragaz bestand vor der Klostergründung von Pfäfers, so dass sich hier eine baugeschichtliche Parallele zur merowingischen Kirche von Eschen abzuzeichnen scheint[39]. Seit 1982 sind aufgrund von Grabungen in der Pfarrkirche St. Mauritius in Nenzing, Vorarlberg, im alten nördlichen churrätischen Diözesangebiet, sehr frühe Kirchenchorgrundrisse bekannt. Der erste Bau wies als Apsis ein sehr flaches Kreissegment auf, das ohne Einzug an das 4.50 m breite Schiff von (noch) unbekannter Länge anschloss, während die zweite Kirche von Nenzing in ihrem Grundriss sich an die oben genannten Bauten angleicht und ins Ende des 6. Jahrhunderts datiert wird[40].

Zweifellos steht St. Martin in Eschen mit den erwähnten Kirchen in enger formaler und damit auch zeitlicher Verbindung. Unter Berücksichtigung der konkreten Fundsituation in Eschen und bei gleichzeitiger Beachtung des gegenwärtigen Forschungsstandes würde ich als Bauzeit der ersten gemauerten Kirche von Eschen das Ende des 6. Jahrhunderts vorschlagen.

Karolingische Kirche

Der Nachfolgebau des merowingischen Gotteshauses in Eschen ist nur in wenigen, aber für Churrätien typischen Grundrissresten nachgewiesen worden. Wir fanden einen gemauerten, südlichen Apsisast von 1.60 m Länge, dessen äussere Verblendungssteine in relativ gerader Richtung lagen, während die innere Mauerkante der Apsisrundung leicht anpassbare kleinere Steine aufwies, die beinahe in radialer Stellung in bräunlichen Mörtel gebettet waren. Diese Apsismauer knickte am Westende, wo sie nur mehr 42 cm breit war, rechtwinklig gegen Süden ab. Hier fand das Fragment einer Chorwand seine Fortsetzung in einer 1.70 m langen und 65 cm breiten, ebenfalls braungemörtelten Mauer. Den

---

[37] Hans Rudolf SENNHAUSER, Spätantike und frühmittelalterliche Kirchen Churrätiens (wie Anm. 35) S. 202, Abb. 6. Sennhauser datiert die Kirche von Gretschins am ehesten in die karolingische Zeit.

[38] Zum Patroziniumswechsel der Kirche in Ragaz vgl. die sehr einleuchtendenThesen von Iso MÜLLER, Vom Baptisterium zum Taufstein (wie Anm. 9) S. 24f.

[39] BUB 2, S. 36f.; UBSSG 1, S. 201; Hans Rudolf SENNHAUSER, Spätantike und frühmittelalterliche Kirchen Churrätiens (wie Anm. 35) S. 202, Abb. 6; Erwin ROTHENHÄUSLER, Kdm SG 1, 1951, S. 302. Innenmasse der Kirche: Länge 13.45 m, Breite 4.75 m, erhaltene Mauerhöhe 0.75 m; das sich verjüngende Schiff schloss mit einer halbrunden Apsis ohne Einzug.

[40] Freundliche briefliche Mitteilung von Herrn Dr. W. Sydow, Bundesdenkmalamt, Abt. für Bodendenkmale, Aussenstelle Tirol, Innsbruck, vom 25.6.1985, sowie vom 11.11.1985.

Die frühesten Bauten von St. Martin in Eschen 121

Abb. 6   Karolingische Kirche Ende 8. Jh.

weiteren südlichen Verlauf hatte die spätmittelalterliche südliche Chorschulter von 1448 zerstört. Die restlichen Fundamente der Chorostwand und den nördlichen Apsisast haben die Erbauer der romanischen Choranlage aus dem 11. Jahrhundert demontiert, desgleichen die restlichen Zeugnisse der nördlichen Chorschultern, die in Verbindung zum merowingischen Grundriss standen.

Der einheitliche, uns noch verbliebene Mauerrest dieser frühmittelalterlichen Bauperiode lag auf einer ca. 15 cm starken Erdschicht, die von vorgängigen Besiedlungen stammte. Zudem fasste der leicht gegen Norden gekrümmte Apsisrest eine kleine Bodenfläche: auf zwei Rollierungen war körniger und geglätteter Mörtel gestrichen. So verblieben uns nur ein winkliges Gemäuer mit einigen formalen Besonderheiten, die Logik räumlicher Systeme in der frühmittelalterlichen Architektur und die Rückschlüsse vom archäologisch gut dokumentierten Kirchenbau aus dem 11. Jahrhundert, um den beinahe abhanden gekommenen Vorgängerbau zu interpretieren.

Die kargen Baureste genügten, um einen baugeschichtlich sehr spezifischen Chorgrundriss nachzuweisen: die geschwungene, hufeisenförmige Grundrissform des Innenraumes mit Mörtelboden war in der Aussenansicht durch viereckige Hintermauerung total verfremdet. Die Innenmasse des Chörleins betrugen in der Tiefe ca. 2.80 m; in der Breite lag die grösste Ausweitung ebenfalls bei 2.80 m. Mit der äusseren Vermauerung erreichte der Baukörper die von den alten Pfostenbauten stammenden Masseinheiten. Die Tiefe von der magischen Zahl 3.85 m war nur unter Einbezug der Mauerbreite der Chorschultern zu erreichen. Die verhältnismässig dünnen Seitenwände des blockartig hintermauerten Chores im Anschluss an das zentrale Schiff lassen im Blick auf die Treue zum alten Raster vermuten, dass der Chor im Norden und im Süden von entsprechenden Raumeinheiten flankiert war.

An den Chor und die beiden vermuteten flankierenden Nebenräume mochte ein gemauertes Schiff gestossen haben, das über den Pfostenstellungen 5, 1, 2, 3 im Norden lag und im Süden über den Stellungen 59, 30, 44 stand. Damit hätte das Schiff eine Länge von 6.50 m und eine Breite von 3.20 m aufgewiesen, entsprechend der nördlich anschliessenden merowingischen Kirche. Auch ein Vorzeichen an der Westseite kann man sich ohne weiteres vorstellen. Allerdings lassen Fundamente im Westbereich, die über den Pfostenstellungen 3 und 44 lagen, die Annahme zu, dass schon zu dieser Kirche Fundationsreste gehörten, die eine einfache lisenenartige Gliederung der Westfassade andeuten könnten. Das Mittelschiff hätte in diesem Falle, flankiert von zwei Vorzeichen, eine Länge von 9.00 m aufgewiesen (vgl. Grundriss Bauetappe IV). Die merowingische Kirche kann mittels arkadesierter Südseite in den neuen Baukomplex miteinbezogen worden sein, während im Süden eine Art Seitenschiff gestanden haben mag, das, auf Symmetrie achtend, wiederum die ehemalige Südflucht der Pfostenstel-

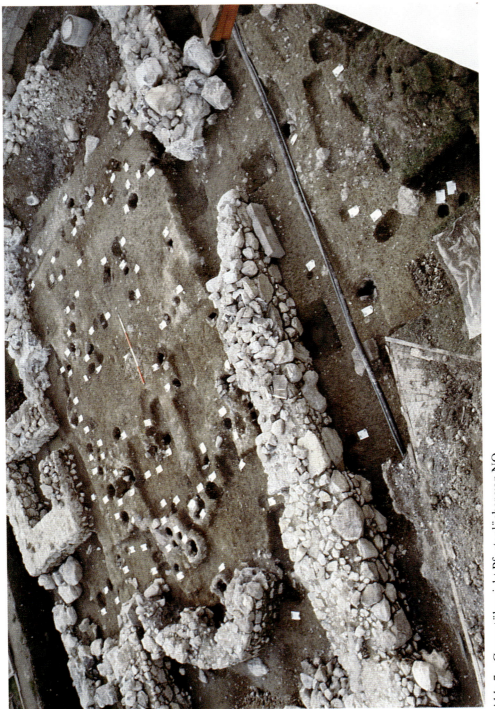

Abb. 7   Gesamtübersicht Pfostenlöcher von NO

lungen 6 und 84 eingenommen hat. Der romanische Nachfolgebau zerstörte hier den Befund völlig. Doch das Fehlen von Gräbern im Grundrissbereich muss auch für diese Zeit als Hinweis auf bauliche Belegung gedeutet werden.

Kirchen mit halbrundem oder hufeisenförmigem Chor, der aussen viereckig hintermauert ist und als Apsisblock in Erscheinung tritt, sind im Gebiet der Diözese Chur keine Seltenheit mehr: Ein typisches Beispiel hiefür ist St. Peter in Domat/Ems[41] oder St. Regula in Chur[42]. Etwas ungeklärt, wenn auch in Richtung kubischer Hintermauerung der Choranlage weisend, sind die Befunde in Malans[43]. Diesem Typus eindeutiger verpflichtet scheint der entsprechende Chor der Kirche von Jenins[44] zu sein, während für St. Georg in Rhäzüns, in einer zweiten Bauphase, allerdings gestört durch Nachfolgebauten, der in Eschen behandelte Chortypus nachgewiesen ist[45]. Dem diskutierten Chorschema ganz deutlich verpflichtet sind Sogn Gieri in Ruschein[46] und der zweite Bau in Mistail[47]. Als bisher älteste Kirche mit kubisch hintermauerter Choranlage gilt St. Donatus in Vaz/Obervaz, aufgrund von Gräbern in die Zeit um 700 oder früher eingestuft[48]. In der St.-Mauritius-Kirche in Nenzing (Vorarlberg) wurde der merowingische Chor in einer 4. Bauphase quadratisch hintermauert[49]. Aber auch in der Ostschweiz und im schweizerischen Mittelland sind derartige Grundrisse bekannt geworden, so in Romanshorn (TG)[50], in Zürich-Höngg[51], in Rohrbach (BE)[52] und andernorts.

[41] Augustin CARIGIET, Die Ausgrabung der karolingischen Kirche St. Peter in Domat/Ems, Archäologie der Schweiz 2, 1979, 2, S. 113 ff.; Hans Rudolf SENNHAUSER, Kirchen und Klöster (wie Anm. 34) S. 138, Abb. 6, 12.
[42] Hans Rudolf SENNHAUSER, Kirchen und Klöster (wie Anm. 34) S. 135, Abb. 2, 6; S. 139, Abb. 8.
[43] Augustin CARIGIET, Malans 1979/80, Evang. Kirche, Archäologische Untersuchung im Chor, Archäologischer Dienst Graubünden. Freundlicher Hinweis von Architekt Fortunat Held, Malans.
[44] Hans Rudolf SENNHAUSER, Kirchen und Klöster (wie Anm. 34) S. 141, Abb. 11, 7; JbSGUF 49, 1962, S. 91 f., Abb. 49.
[45] JbSGUF 56, 1971, 252 f., Abb. 59; Hans Rudolf SENNHAUSER, VK, S. 269.
[46] JbSGUF 57, 1972/73, S. 389 ff.; Bauphase 2 wird vom Ausgräber Hans Erb ins 8. oder 9. Jh. datiert, vgl. S. 391, Abb. 141.
[47] Hans Rudolf SENNHAUSER, Mausoleen, Krypten, Klosterkirchen und St. Peter I–III in Salzburg (wie Anm. 35) S. 62, Abb. 3, 4; DERS., VR, S. 221.
[48] Hans Rudolf SENNHAUSER, Spätantike und frühmittelalterliche Kirchen Churrätiens (wie Anm. 35) S. 206 f., Abb. 9. Weitere Hinweise auf Apsiden im Mauerblock; JbSGUF 59, 1976, S. 283 f., Abb. 36.
[49] Noch nicht veröffentlicht. Ausgrabungen 1982 durchgeführt von Dr. W. Sydow, Innsbruck.
[50] Hans Rudolf SENNHAUSER, Kirchen und Klöster (wie Anm. 34) S. 138, Abb. 6, 16; DERS., Spätantike und frühmittelalterliche Kirchen Churrätiens (wie Anm. 35) S. 204 f., Abb. 8. Sennhauser datiert die Kirche in Romanshorn in die Zeit um 740.
[51] JbSGUF 57, 1972/73, S. 400 f., Abb. 147. Bekannt seit 1968.
[52] JbSGUF 66, 1983, 313 ff., Abb. 84. Peter EGGENBERGER datiert die ehemalige St.-Martins-Kirche in Rohrbach ins 8. Jh.

Allgemein werden kubisch ummauerte Choranlagen in die Zeit zwischen dem späten 7. Jahrhundert und dem Ende des 9. Jahrhunderts datiert. Ausgerichtet auf die örtliche Situation und unterstützt von datierbaren Kleinfunden kann dann eine Feindatierung erfolgen. Kleinfunde wie Grabbeigaben, die uns in dieser Fragestellung weitergebracht hätten, fanden wir in Eschen nicht. Am ehesten scheint mir die Datierung von St. Martin IV in Eschen (Bauphase IV mit hintermauertem Chor) ins frühe 8. Jahrhundert zuzutreffen. Die Kirche dürfte bis zum Ende des 10. oder beginnenden 11. Jahrhunderts bestanden haben.

Welche Kirche erhielt das Kloster Pfäfers im Frühmittelalter?

Die junge Benediktinerabtei in Pfäfers erhielt aus Eschen, wie eingangs erwähnt, die *ecclesia cum Decima de ipsa uilla. De terra dimidium mansum*[53]. Zum Zeitpunkt der Niederschrift obiger Notiz im Jahre 842/43 muss mit «ecclesia» am ehesten die Kirche mit der blockartig hintermauerten Choranlage gemeint sein. Die Gründung des Klosters dürfte um 730/740 erfolgt sein[54]. Ein Teil der 842/43 genannten Güter wird sehr wohl vor der Divisio zwischen Fiskalgut und Bischofsbesitz in Rätien (806) dem Kloster zugefallen sein[55]. Man wird kaum neben der historischen Realität liegen, wenn man die Eschner Besitzungen zum Dotationsgut im weitesten Sinn des Wortes zählt[56], also auch Güterzuwachs nach einiger Zeit der Klostergründung als Dotationsgut betrachtet. Vermutlich kam der Güterbesitz im nahen Vorarlberg und im Gebiet des heutigen Fürstentums Liechtenstein frühzeitig in Klosterbesitz[57]. Wir können demnach die St. Martins-Kirche mit der blockartigen, hintermauerten Apsis als Vergabungsobjekt an die junge Benediktinerabtei in Pfäfers betrachten. Den genauen Zeitpunkt der Übergabe an das Kloster kennen wir nicht.

Für die frühromanischen und hochmittelalterlichen Kirchen in Eschen sind die archäologischen Hinweise, was Grösse und Baugestalt betrifft, weit klarer

---

[53] BUB 1, S. 386 f.; LUB I/1, S. 41 f.
[54] Iso Müller, Zur Gründung von Pfäfers (Katalog, Die Abtei Pfäfers, Geschichte und Kultur, Eine Ausstellung des Stiftsarchivs St. Gallen), St. Gallen ²1985, S. 23 ff.; Hans Schnyder, Das Gründungsdatum des Klosters Pfäfers (wie oben), S. 26 ff. Hans Schnyder plädiert, solange keine besseren Beweise zur Gründungszeit vorliegen, für das Jahr 731 als Gründungsdatum des Klosters Pfäfers.
[55] Heinrich Büttner, Zur frühen Geschichte der Abtei Pfäfers, ZSKG 53, 1, 1959, S. 7 ff., 12 ff.
[56] Erwin Poeschel, Kunstdenkmäler (wie Anm. 1) S. 228; Iso Müller, Die Patrozinien des Fürstentums Liechtenstein (wie Anm. 14) S. 313.
[57] Vgl. die Karte zum Stamm- und Streubesitz der Abtei Pfäfers bis 1200 (Katalog, Die Abtei Pfäfers, wie Anm. 54) S. 166. Es sind dies Besitzungen in Eschen, Gamprin, Feldkirch, Übersaxen, Rankweil und Sulz.

als für die beiden vorgestellten Steinkirchen aus dem Frühmittelalter. Die Bauvorgänge um 1448 und 1449 sind urkundlich belegt. Die Erweiterung des Schiffes gegen Westen in der Mitte des 17. Jahrhunderts ist nachgewiesen. Um 1900 verliess die Gemeinde beim Bau der neugotischen Kirche das traditionsreiche Terrain und stellte in N-S-Richtung an die Westgrenze des archäologischen Grabungsfeldes – zum Vorteil für die Archäologie – die neugotische Kirche.

Die Pfarrei St. Martin in Eschen war bis zur Aufhebung des Benediktinerklosters Pfäfers im Jahre 1838 mit der Abtei verbunden[58].

Dank

Prof. Dr. Hans Rudolf Sennhauser und H.R. Courvoisier haben in vier Besprechungen den Verlauf der Grabung begutachtet und in Protokollen wertvolle Hinweise gegeben, wofür ich sehr herzlich danke.

Peter Albertin, Winterthur, leistete die Vermessungsarbeit und fertigte die Zeichnungen und das Planmaterial an. Werner Stöckli, Archäologe in Moudon, bearbeitete die mittelalterliche und neuere Keramik. Frau Prof. Dr. Elisabeth Ettlinger, Zürich, bestimmte die römerzeitlichen Funde. Die Photographien stammen von Walter Wachter, Schaan.

---

[58] Johann Bapt. BÜCHEL, Geschichte der Pfarrei Eschen (wie Anm. 1) S. 21 ff., 82 ff.

Die Pfarrkirchen Walenstadt und Mels im Früh- und Hochmittelalter

Erkenntnisse auf Grund der Grabungen von 1973 und 1978

von Irmgard Grüninger

Die Restaurierung der Kirchen St. Luzius und Florinus in Walenstadt (1973/74) und St. Peter und Paul in Mels (1978/79) gab die Möglichkeit zu ausgedehnten Grabungen, die neues Licht auf das Alter und die Bedeutung dieser Pfarreien werfen sollten. Es seien im folgenden die beiden Grabungen kurz vorgestellt und anschliessend ein Versuch unternommen, die archäologischen Erkenntnisse in den historischen Rahmen einzubauen.

Schon seit eh und je galten die bis 1823/36 im Bistum Chur gelegenen Kirchen von Walenstadt und Mels als sehr alte Gotteshäuser, sind doch beide im churrätischen Reichsgutsurbar[1] aus der Mitte des 9. Jahrhunderts genannt. Die Kirche in Mels wird sogar schon im Testament des Bischofs Tello 765[2] erwähnt. Nicht allein diese frühen Nennungen machten es wünschenswert, bei der Restaurierung auch eine Grabung einzuplanen; ausschlaggebend war, dass in beiden Fällen eine Bodenheizung eingebaut und mit dieser Massnahme der Boden geöffnet und ein Teil der älteren Erdschichten abgetragen werden sollte. In Walenstadt war es zudem noch der Wunsch der Bevölkerung, dass im Zusammenhang mit der Restaurierung alles unternommen werde, die Baugeschichte der Kirche zu erforschen.

Historischer Überblick

Über das Auftreten des Christentums in Rätien[3] und über die Gründung des Bistums Chur ist nichts bekannt. Es wird vermutet, dass das Bistum vielleicht schon im Zusammenhang mit der Teilung Rätiens in die Raetia prima mit Chur und in die Raetia secunda mit Augsburg als Verwaltungssitz in der Zeit um 297/98 oder erst nach dem Edikt von Mailand durch Konstantin den Grossen

---

[1] Das Urbar des Reichsgutes in Churrätien, BUB 1, S. 387.
[2] BUB 1, Nr. 17.
[3] Dazu: Heinrich BÜTTNER und Iso MÜLLER, Frühes Christentum im schweizerischen Alpenraum, Einsiedeln 1967; Iso MÜLLER, Die rätischen Pfarreien des Frühmittelalters, SZG 12, 1962, S. 449 ff.

313 entstanden sei. Als weitere Möglichkeit käme dann noch das Ende des 4. Jahrhunderts in Frage, als nämlich Kaiser Theodosius das Christentum zur alleinigen Staatsreligion erklärte[4]. In der Hauptstadt dürfte das Christentum schon bald Fuss gefasst haben, während, wie aus der Vita sancti Lucii[5] hervorgeht, in den kaum besiedelten Bergtälern noch über Jahrhunderte hinweg heidnische Kulte blühten. Im Zuge der Eroberung Venetiens unter König Theutebert (534–48) kam Churrätien unter fränkische Oberhoheit. Die Könige liessen jedoch das weltliche und das kirchliche Verwaltungssystem nach der alten römischen Tradition bestehen. Der Dux Raetiarum und auch der Churer Bischof wurden vom einheimischen Volk aus dem Geschlecht der Victoriden gewählt und von den Frankenkönigen bestätigt[6].

In die Zeit um 731[7] fällt die Gründung des Klosters Pfäfers durch Präses Victor. Sein Sohn Tello, vermutlich der letzte aus dem Geschlecht der Victoriden, hatte als Bischof und Präses die Herrschaft über Churrätien inne. Nach seinem Tode (vor 772) wurde diese Verwaltungsart in Personalunion weiterhin beibehalten. Karl der Grosse bestätigte sie für Constantius (772/774) und dessen Nachfolger Remedius[8]. Diese Regelung galt bis 806, als der Kaiser die fränkische Gauverfassung auch in Rätien einführte. Er nahm die Gewaltentrennung vor und legte die weltliche Herrschaft Ober- und Unterrätiens in die Hände des Grafen Hunfrid. Diese Divisio schloss entgegen kirchlichem Recht die Aufteilung der Kirchen mit ihren Gütern nach der Art ihrer Stiftung (Bischofs- und Eigenkirchen) ein. Somit fiel der grösste Teil der Gotteshäuser ins kaiserliche Eigentum zurück. Dem Bischof blieben nur noch wenige Kirchen zu eigen. Dieser bischöfliche Besitz wurde dann erneut zur Zeit Victors III. (um 822/23) von Graf Roderich und seinem Genossen Herloin geschmälert[9]. Sicher nicht grundlos beklagt sich daher Bischof Victor III. mehrere Male bei Kaiser Ludwig dem Frommen über den Verfall seiner Diözese. In seiner Klageschrift ist die Rede von 230 Kirchen[10], die in karolingischer Zeit im Bistum Chur bestanden haben. Obwohl der Kaiser dem Bischof einige der entfremdeten Kirchen samt den zu-

---

[4] Franz PERRET, 1100 Jahre Pfarrei Sargans 850–1950, Mels 1950, S. 24.
[5] Iso MÜLLER, Der hl. Luzius, BM 1938, S. 289 ff.; DERS., Die Verehrung des hl. Lucius im 9.–12. Jh., ZSKG 1954, S. 96 ff.; DERS., Die karolingische Luciusvita, JHGG 85, 1965, S. 3 ff.
[6] Richard HEUBERGER, Rätien im Altertum und Frühmittelalter. Forschungen und Darstellung, Schlern-Schriften 20, Neudruck der Ausgabe Innsbruck 1932, Aalen 1971, S. 138.
[7] Hans SCHNYDER, Das Gründungsdatum des Klosters Pfäfers, in: Die Abtei Pfäfers. Katalog, hg. von W. VOGLER, St. Gallen 1983, S. 26 ff.
[8] Otto P. CLAVADETSCHER und Werner KUNDERT, Das Bistum Chur, in: Helvetia sacra I/1, hg. von A. BRUCKNER, Bern 1972, S. 470.
[9] Otto P. CLAVADETSCHER, Die Einführung der Grafschaftsverfassung in Rätien und die Klageschriften Bischof Viktors III. von Chur, ZRG Kan. 39, 1953, S. 46 ff. BUB 1, Nr. 46, 47, 49.
[10] BUB 1, Nr. 46.

gehörigen Gütern wieder zurückerstattet[11], wird im wesentlichen an der karolingischen Divisio von 806 festgehalten.

Erstmals werden dann in grösserem Ausmasse die churrätischen Kirchen im Reichsgutsurbar aufgezählt[12]. Dieses nicht mehr vollständig erhaltene Inventar der kaiserlichen Güter aus der Zeit um 842 nennt 74 Gotteshäuser als Eigenkirchen des Reiches, wovon 26 direkt dem Kloster Pfäfers, dem freien Reichskloster, unterstellt sind. Auch die dazugehörigen Zehntenhöfe und weiteres Reichsgut werden genannt. Von Interesse sind auch die königlichen Gasthäuser und Unterkünfte, die neben den erwähnten Fähren und Schiffen, Aufschluss über die Bedeutung der Reichsstrassen vom Bodensee nach Italien und von Zürich nach Chur geben[13].

Durch den Vertrag von Verdun im Jahre 843 wurde Rätien dem Ostreich zugeteilt, das unter der Regentschaft Ludwigs des Deutschen stand. Dies brachte es mit sich, dass das Bistum Chur aus dem Erzbistum Mailand gelöst und dem Erzbistum Mainz einverleibt wurde. Eine Folge davon war, dass nun auch Deutsche[14] den Bischofssitz von Chur einnahmen. Die weltliche Verwaltung lag immer noch in den Händen der Grafen aus dem Geschlecht der Hunfridinger, denen es unter Burkhard (II.), der die Schwäche des Karolingerreiches auszunützen verstand, gelang, zu Beginn des 10. Jahrhunderts das Herzogtum Schwaben zu errichten, zu dem auch Rätien ab 916 gehörte. Die Unabhängigkeit konnte nicht lange beibehalten werden. Bald musste die Oberhoheit der deutschen Könige wieder anerkannt werden[15].

In dieser Zeit wurde das Land zu wiederholten Malen von den räuberischen Horden der Ungarn im Norden überflutet, und von Süden her drangen die Sarazenen über die Alpenpässe auch in Churrätien ein. Mit dem Sieg Ottos I. auf dem Lechfeld bei Augsburg im Jahre 955 wurde die Ungarngefahr endgültig gebannt, und im Laufe des 10. Jahrhunderts gelang es, auch die Sarazenen mehr und mehr nach Süden zu verdrängen. Im Rahmen der ottonischen Reichs- und Kirchenpolitik begünstigte der Kaiser die ihm nahestehenden Churer Bischöfe und verschiedene Klöster[16], indem er sie gleichsam zu den Hütern der Bündner Pässe einsetzte und ihnen Zollfreiheit für die Schiffahrt auf dem Walensee und die Fischenzen daselbst und für die Seez gewährte. Auch Rätien wurde im 11.

---

[11] BUB 1, Nr. 53.
[12] Otto P. CLAVADETSCHER, Zum churrätischen Reichsgutsurbar aus der Karolingerzeit, ZSG 30, 1950, S. 161 ff. BUB 1, S. 375 ff.
[13] Otto P. CLAVADETSCHER, Verkehrsorganisation in Rätien zur Karolingerzeit, SZG 5, 1955, S. 1 ff.
[14] CLAVADETSCHER – KUNDERT, Helvetia sacra I/1, S. 471 ff.
[15] HEUBERGER, Rätien im Altertum und Frühmittelalter, S. 139.
[16] BUB 1, Nr. 108, 109. CLAVADETSCHER – KUNDERT, Helvetia sacra I/1, S. 450 f.

Jahrhundert in den Kampf zwischen Papst und Kaiser, respektive Welfen und Ghibellinen, hineingezogen. In der Folge vermochten einzelne Adelsfamilien ihre Herrschaft auszubauen. Zur Bestätigung ihrer Macht erbauten sie sich Burgen und gründeten Städte. Ihr persönlicher Reichtum war oft so gross, dass sie den Kaiser bei seinen Unternehmungen auch finanziell unterstützen konnten und von ihm dann Ländereien als Pfand erhielten[17].

Die Pfarrkirche von Walenstadt

Die Pfarrkirche von Walenstadt nennt Luzius und Florinus, die Schutzheiligen des alten Churer Bistums, als ihre Kirchenpatrone[18]. Das Gotteshaus steht bezeichnenderweise ausserhalb des mittelalterlichen Städtchens auf einer Flur, die in früherer Zeit «im Dorf» hiess. Sie liegt etwas erhöht über dem Seetal am Rande des Schwemmkegels des Nissibachs. Aufsteigende Feuchtigkeit in den Mauern hatte die schon im churrätischen Reichsgutsurbar 842 erwähnte Kirche[19] unansehnlich werden lassen, so dass dann zu Anfang der 70er Jahre eine Renovation dringend nötig wurde. Nach jahrelangen Vorarbeiten wurde sie 1972 in Angriff genommen, wobei zu Beginn der Boden nach älteren Kulturrelikten untersucht wurde. Durch die Ausgrabung konnten im Schiff und Chor die Fundamente dreier Vorgängerkirchen freigelegt werden.

Die Mauern des ältesten Gotteshauses, einer Saalkirche mit eingezogener halbrunder Apsis (Länge des Schiffes innen 9,3 m, Breite 6,3 m, Apsisradius 1,3 m), fanden sich im Schiff der heutigen Kirche in einer Tiefe von 80 cm in einem sandig-kiesigen gewachsenen Boden. Diese wenig mächtigen Mauern waren aus gleichmässig grossen Lesesteinen errichtet. Das Schiff selbst war durch eine Schranke unterteilt. Spuren von Bänken liessen sich längs der Schiffswände und beim südlichen Teil der Schranke feststellen. Die Kirche hatte einen Mörtelboden, der im östlichen Teil des Schiffes und in der Apsis sehr gut erhalten war. Vom freistehenden Choraltar waren noch einige Fundamentreste vorhanden, aus denen die Grundfläche des Altares mit 110 cm × 75 cm errechnet werden kann. Der Haupteingang zur Kirche befand sich im Westen, Spuren sowohl

---

[17] Otto P. CLAVADETSCHER, Das Schicksal von Reichsgut und Reichsrechten in Rätien, Vierteljahrschrift für Sozial- und Wirtschaftsgeschichte 54, 1967, S. 46ff.; Heinrich BÜTTNER, Churrätien im 12. Jahrhundert. Schwaben und Schweiz im frühen und hohen Mittelalter, hg. vom Konstanzer Arbeitskreis für mittelalterliche Geschichte, Bd. XV, Sigmaringen 1972, S. 241ff.

[18] Pius MANNHART, Die Patrozinien des Sarganserlandes. Ein Beitrag zur sarganserländischen Kirchen- und Kulturgeschichte, Mels 1980, S. 34f.

[19] BUB 1, S. 387.

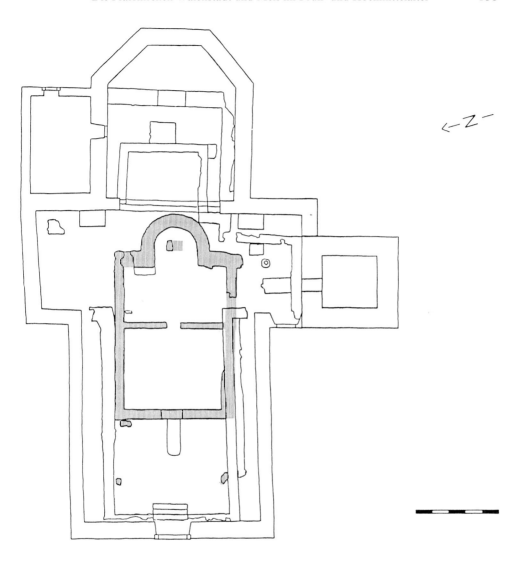

Abb. 1   Walenstadt. St. Luzius und Florinus, 8. Jahrhundert

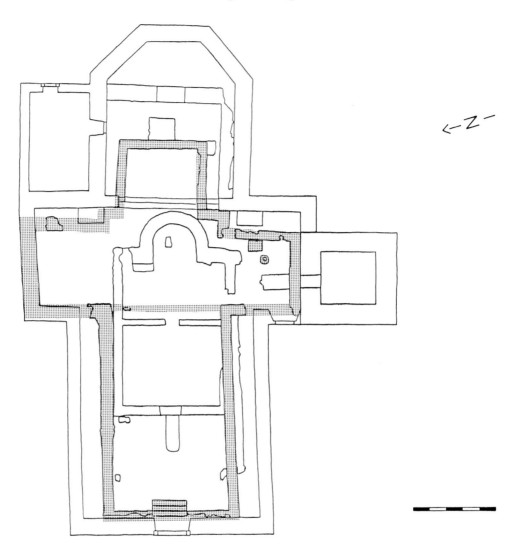

Abb. 2 Walenstadt. St. Luzius und Florinus, 10. Jahrhundert

an der Süd- wie auch an der Nordschiffwand machen es wahrscheinlich, dass auch hier je ein Eingang war. Wie aus den zahlreichen Gräbern, vor allem Kinderbestattungen, geschlossen werden kann, lag der Friedhof unmittelbar um die Kirche herum. Da es sich hier um die erste Kirche handelt, darf sie wohl zu Recht ins 8. Jahrhundert datiert werden.

Gleichzeitig oder etwas später wurde im Westen an das Schiff ein vermutlich hölzernes Vorzeichen angebaut, das auf einem Trockensteinfundament abgestützt war. In dieser Vorhalle fand sich, auf der Achse der Kirche, ein beigabenloses Männergrab. Brandspuren an den Mauern und auf dem Mörtelboden deuten darauf hin, dass dieses Gotteshaus einem Feuer zum Opfer fiel. Wie Flickspuren im Mörtelboden zeigen, scheint es anschliessend, zum mindesten noch vorübergehend, gebraucht worden zu sein.

Die folgende Kirche entsprach im Grundriss der Kreuzform mit verlängertem Schaft. An das rechteckige Schiff von 19 m × 7 m (Innenmass) waren im östlichen Teil kreuzförmig drei im Innern quadratische Annexe von 4,5 m Seitenlänge angebaut. Während der Anbau im Norden nur noch als Fundamentgrube mit wenigen Mauerresten erhalten war, war der Südannex mit Ausnahme der Westmauer recht gut erhalten. An seiner Ostwand fanden sich das Fundament eines Altares und daneben die Reste des Taufsteins.

Vom Ostaltarraum hatten sich sämtliche Mauern im Umriss erhalten. Reste des Mörtelbodens und der Übergang vom Fundament zum aufgehenden Mauerwerk machten es deutlich, dass der Boden in diesem Bereich höher lag als im Schiff und in den beiden Seitenkapellen. Da der ganze Innenraum durch jüngere Gräber gestört war, liess sich die Lage des Hochaltars nicht mehr feststellen.

Abdrücke im Mörtelboden des Schiffes zeigten, dass dasselbe durch eine nord-süd-verlaufende Schranke unterteilt war. Parallel zu den Schiffmauern konnten Reste von gemauerten Bänken gefunden werden. Eingänge bestanden in der Westmauer der Taufkapelle, an der Schiffsüdseite und in der Westfassade, wo von aussen vier gemauerte Stufen ins tiefergelegene Schiff hinunterführten. Diese Kreuzkirche darf wohl noch ins 10. Jahrhundert datiert werden. Eine steinerne Bank aussen an der Schiffsüdmauer scheint in einer späteren Bauphase errichtet worden zu sein. Im 12. Jahrhundert wurde an der Südseite der Taufkapelle der Turm angebaut. Dieser hatte über eine Aussentreppe einen Zugang in ein Untergeschoss. Der eigentliche Aufgang aber führte von der Kirche aus über eine gemauerte Treppe in die erste Etage. Zu diesem Zweck musste die Taufkapelle notgedrungen verkleinert werden. Sie erhielt einen neuen Mörtelboden, und um den Taufstein, der an der gleichen Stelle verblieb, wurde an drei Seiten eine Bank angebracht.

Das dritte Gotteshaus, 1306 vom Churer Bischof Siegfried von Gelnhausen geweiht[20], entspricht in den Ausmassen weitgehend der heutigen Kirche. Der Tradition folgend, wurde der kreuzförmige Grundriss beibehalten. Als letzte Neuerung wurde im 15. Jahrhundert der polygonale Chor angebaut. Spätere Umbauten betrafen lediglich die Innenausstattung der Kirche und Veränderungen am Turm.

Die Pfarrkirche von Mels

Die den Apostelfürsten Peter und Paul[21] geweihte Melser Pfarrkirche auf Büel steht auf einem flachen Moränezug nur wenige Meter über der Talaue des Rheins und der Seez. Schon in der Bronzezeit war dieser Hügel besiedelt. Ob sich hier auch die Römer niedergelassen haben, ist nicht einwandfrei zu belegen. Die ersten Nennungen des Gotteshauses Mels gehen auf das Testament des Churer Bischofs Tello 765[22] und auf das churrätische Reichsgutsurbar 842[23] zurück. Aus letzterem geht hervor, dass das um 731 gegründete Kloster Pfäfers die Oberhoheit über diese Kirche innehatte.

Als sich in den 70er Jahren eine Restaurierung dieses Gotteshauses aufdrängte, konnte eine Ausgrabung im Sommer 1978 durchgeführt werden. Diese erwies sich als überaus kompliziert, zeigte es sich doch, dass beim Bau der barocken Kirche (1723–32), als das Gotteshaus um 12 Meter verlängert wurde, tiefgreifende Veränderungen ausgeführt worden waren. Um das natürliche Gefälle des Bodens auszugleichen, wurde der östliche Teil des Schiffes bis zu einem halben Meter tiefer gelegt, dabei wurde ein Grossteil der ältesten Mauern und Fundschichten abgetragen, so dass vielfach die Zusammenhänge verlorengingen. Ein weiterer Eingriff geschah 1948, als auf der linken Seite des Chores ein Heizungsschacht gelegt wurde. Bei diesem Einbau wurden einige archäologische Beobachtungen gemacht und teilweise auch dokumentarisch festgehalten. Doch sind sie sehr lückenhaft und lassen sich nicht sehr leicht mit den neuen Resultaten in Zusammenhang bringen.

Zu den ältesten datierten frühmittelalterlichen Funden gehören 33 Gräber mit Toten jeglichen Alters und beiderlei Geschlechts. Jedoch nur 14 dieser Bestattungen wiesen ein mehr oder weniger vollständig erhaltenes Skelett auf. Alle übrigen waren durch jüngere Einbauten zum Teil erheblich gestört. Bei vier Gräbern waren die Steinkisten mit den dazugehörenden Deckplatten noch voll-

---

[20] UBSSG 2, Nr. 984.
[21] MANNHART, Patrozinien, S. 22ff.
[22] BUB 1, Nr. 17.
[23] BUB 1, S. 387.

ständig vorhanden. Ein anderes, nicht gemauertes Grab war ebenfalls durch eine Schieferplatte gekennzeichnet. Zwei weitere Gräber scheinen ursprünglich auch als Steinkiste angelegt worden zu sein, waren aber nur noch fragmentarisch erhalten. Die Mehrzahl dieser Bestattungen waren mit Lesesteinen eingefasst[24]. In den drei nachweislich ältesten Gräbern waren Kinder beigesetzt, wovon zwei durch Beigaben, nämlich durch einen zweiseitigen Beinkamm und durch ein Lederbeutelchen mit einer römischen Münze und zwei Glasscherben, datiert sind. Diese Gräber zusammen mit einem wohl fast gleichaltrigen vierten nehmen bereits dieselbe Richtung wie die Achse der späteren Kirchenbauten ein.

Die nächst jüngere Bestattungsperiode mit 25 Gräbern fällt durch die recht ungewöhnliche Lage der Toten auf. Entgegen der sonst üblichen West-Ost-Orientierung nehmen diese Bestattungen die Süd-Nord-Richtung ein und liegen genau rechtwinklig zur Kirchenachse. Die vier jüngsten Grablegen, die ebenfalls noch in diese frühmittelalterliche Zeit gehören, weisen wieder die West-Ost-Richtung auf.

Ein anderes auffälliges Merkmal dieses Friedhofs ist die Anordnung der Gräber in drei Gruppen, die durch nord-süd-verlaufende Mauern voneinander getrennt sind, wobei die Gräber Rücksicht auf dieses Mauersystem nehmen, d.h. die Trennmauern müssen vor der Belegung des entsprechenden Abschnittes dieses Friedhofs errichtet worden sein. Berücksichtigt man die Grabtiefen, so zeigt sich, dass die im Osten gelegenen Gräber nicht nur relativ (bezüglich auf die Schwellenhöhe des heutigen Hauptportales), sondern auch absolut tiefer als die westlicheren ausgehoben worden sind, wobei noch zu berücksichtigen ist, dass das Terrain gleichfalls nach Westen absinkt.

Die durch Beigaben gekennzeichneten Gräber liegen vor allem in einer schmalen mittleren Zone, in der im nördlichen Teil Mehrfachbelegung unabhängig von älteren Gräbern nachweisbar ist. Ein gleiches lässt sich für die unmittelbar nordöstliche Grablege feststellen. Sonst sind die Gräber weitgehend voneinander getrennt. Es ist daher anzunehmen, dass sie oberflächlich gekennzeichnet waren.

Neben dem bereits erwähnten Kindergrab lassen sich fünf weitere Gräber durch Grabbeigaben als frühmittelalterlich datieren. Eines, das Mädchengrab mit einem fragmentarischen doppelreihigen, aus drei Knochenplatten mit vier Eisennieten fixierten 9 cm langen Kamm, liegt in der östlichen Zone und weist wie das Kindergrab mit der Münze und den Glasscherben im Lederbeutelchen ebenso die übliche West-Ost-Richtung auf. Dass dieses Grab älter als die süd-

---

[24] Rudolf MOOSBRUGGER – LEU, Die Schweiz zur Merowingerzeit. Handbuch der Schweiz zur Römer- und Merowingerzeit, hg. von A. ALFÖLDI, Bd. A, Bern 1971, S. 35 ff.

nord-orientierten ist, beweist die Tatsache, dass es durch ein solches darüberliegendes gestört wird.

Die anderen vier Gräber mit Beigaben befinden sich wie schon erwähnt im mittleren Teil. Es sind dies eine Frauenbestattung und drei Männergräber. Die Frau trug eine Perlenkette mit 27 dunkelroten, natürlich zugeschliffenen, 7–20 mm grossen Bernstein- und 13 3–12 mm langen Glasperlen von mehr oder weniger zylindrischer Form. Neben den Varianten von türkisfarbenen findet sich darunter eine polyedrische dunkelblaue, die eindeutig römischen Ursprungs ist. Auf Grund von postmortalen Korrosionsspuren auf den Stirnbeinen der Toten darf angenommen werden, dass sie ein farbiges Stirnband trug, das mit zwei Messingnadeln hinter dem linken Ohr zusammengehalten wurde. Auf dem Hinterkopf, wahrscheinlich an diesem Band befestigt, waren sechs silberne Dreipass-Ringe, an denen vermutlich ein Haarnetz befestigt war.

Ein Mann war mit seinem Silberring an der linken Hand beigesetzt worden. Dieser Ring besteht aus einem Draht, der mit einem runden Silberplättchen zusammengehalten ist. Auf dieser Zierfläche ist in einem gestichelten Rand das Monogramm N eingepunzt. In einem weiteren Männergrab lag neben dem linken Fuss des Toten ein sehr fragmentarischer, einseitiger, 21 cm langer Knochenkamm. Mit 16 auf zwei Reihen verteilten Eisennieten waren die Knochenleisten zusammengehalten. Dieser Kamm hatte lediglich symbolischen Wert; denn er wies keine Zähne auf und hatte vermutlich auch nie solche. Im dritten Männergrab lag ebenfalls ein einreihiger, 21 cm langer Kamm[25], der auf der Griffseite bogenförmige und runde Gravierungen aufwies. Auch dieser Kamm lag neben dem linken Schienbein des Toten, der als weitere Besonderheit am linken Fuss einen Sporen trug. Die silberne Riemenzunge und das Beschläg sind teilweise feuervergoldet. Die Riemenzunge ist zudem auf dem Mittelstreifen in Niellotechnik verziert. Der ursprünglich auf einem Lederband befestigte Sporn in Form einer kleinen Eisenspitze zeichnete sich nur noch als Rostklümpchen unter der Ferse ab. Im Gegensatz zu den Alamannen war es bei den Rätern nicht üblich, den Toten mit seinen Waffen beizusetzen, so wurde dem Reiter lediglich der Sporen am linken Fuss belassen. Diese eher seltenen Grabfunde gehören in die Zeit zwischen 600 und 700[26], womit wohl auf eine Belegung dieses «Friedhofes» ab spätestens 600 geschlossen werden kann. Gegen die verlockende Annahme, mit diesen keineswegs alemannisch anmutenden Befunden, wie dem Fehlen von Waffen und der unüblichen Süd-Nord-Lage der Toten,

---

[25] Max MARTIN, Das fränkische Gräberfeld von Basel-Bernerring. Basler Beiträge zur Ur- und Frühgeschichte 1, Basel 1976, S. 102f.

[26] MOOSBRUGGER – LEU, Merowingerzeit, S. 114ff.

eine rätische Sippe erfassen zu wollen, spricht der anthropologische Befund[27], der die Toten der nordischen Rasse mit den für die germanische Population des 6./7. Jahrhunderts typisch vorhandenen, seltenen mediterranen Einsprenglingen zuschreibt. Der Räter vom Disentiser Typ findet sich nicht darunter.

Versucht man, die Ausdehnung dieses Gräberfeldes und die wenigen Mauerreste, die sich sonst in keinen Zusammenhang bringen lassen, in Beziehung zu setzen, so könnte man einen rechteckigen Saal von rund 14,5 m × 8,75 m Innenmass rekonstruieren, wobei im Osten jene Mauer als Abschluss gedacht ist, die nach Norden über das Gebäude hinausgeht und auf der Südseite durch jüngere Einbauten gestört ist. Problematisch aber bleibt dabei der Fundamentrest in der Südostecke des Saales, der auf Grund von Farbe und Zusammensetzung des Mörtels einzig mit dem Mauerfragment unmittelbar westlich des Triumphbogens in Beziehung gebracht werden kann. Er liegt in jener 2 m breiten Zone, die seit der Bronzezeit bis ins 18. Jahrhundert durch keine baulichen Eingriffe verändert worden war. Glaubt man in diesem Gebäude eine Eigenkirche einer wohlhabenden Familie zu erkennen, so könnte man annehmen, dass in diesem östlichen Bereich ein Altar gestanden hat und daher der Boden weiterhin unangetastet blieb.

Der erste eindeutig als Kirche fassbare Bau nimmt in seiner Ausdehnung noch Rücksicht auf die alte Begräbnisstätte, hat aber insofern keine Beziehung mehr zu ihr, als der Mörtelboden und die Chorschranke dieses Neubaus über diese Gräber hinweggehen, als ob sie nicht vorhanden wären, woraus wohl geschlossen werden kann, die hier bestattete Sippe habe demnach in Mels nicht mehr existiert.

Zu dieser Kirche gehört auch eine nord-süd-verlaufende Mauer im Schiff. Sie geht ebenfalls über die älteren Gräber hinweg und darf sowohl auf Grund des gleichartigen Mörtels als vielleicht auch des in der nördlichen Längsmauer feststellbaren Mauerwinkels, auf den dieser Rest hinzielt, als gleichaltrig angesehen werden. Wahrscheinlich zur gleichen Bauphase muss auch der massive Fundamentklotz in der Südwestecke des Chores gerechnet werden, dessen Bedeutung bis anhin ebenfalls nicht geklärt werden konnte.

Versucht man, aus diesen Mauerelementen eine Kirche herauszulesen, so ergibt sich wohl am ehesten eine querrechteckige kleine Saalkirche (7,2 m × 8,8 m Innenmass) mit eingezogenem quadratischem Chor (3,4 m), der durch eine Chorschranke vom Schiff abgetrennt ist. Als Erbauungszeit käme das 8. Jahrhundert in Frage.

Das nun folgende Gotteshaus aus dem 9. Jahrhundert entspricht dem vertrauten Typ in Churrätien, der Saalkirche mit eingezogener halbrunder Apsis.

---

[27] Bruno KAUFMANN, Die Skelettreste aus der Pfarrkirche Peter und Paul Mels, Manuskript 1985.

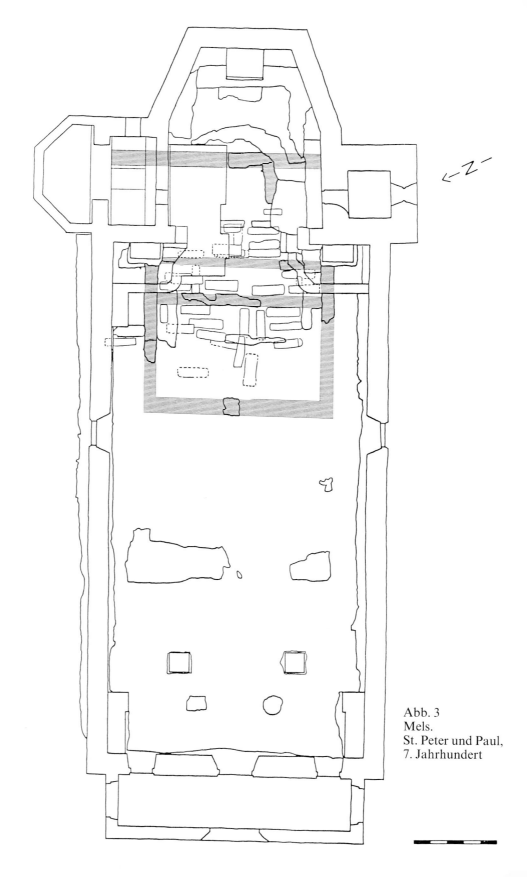

Abb. 3
Mels.
St. Peter und Paul,
7. Jahrhundert

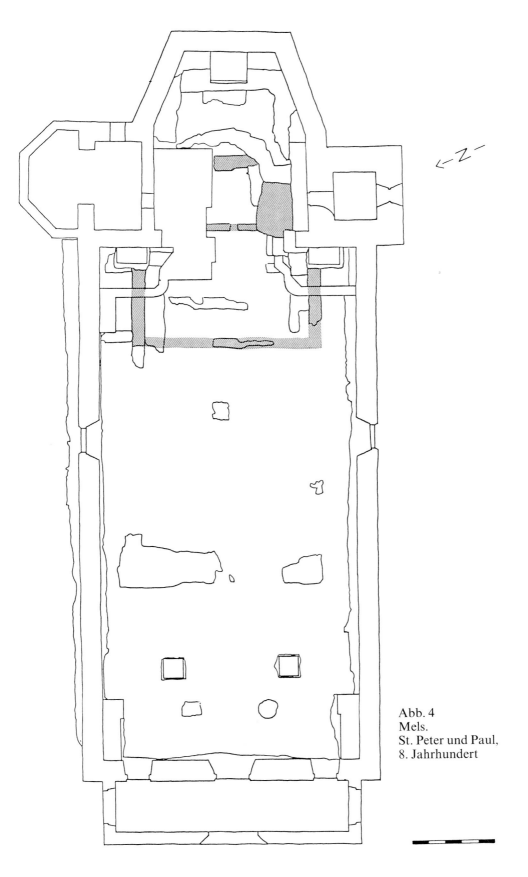

Abb. 4
Mels.
St. Peter und Paul,
8. Jahrhundert

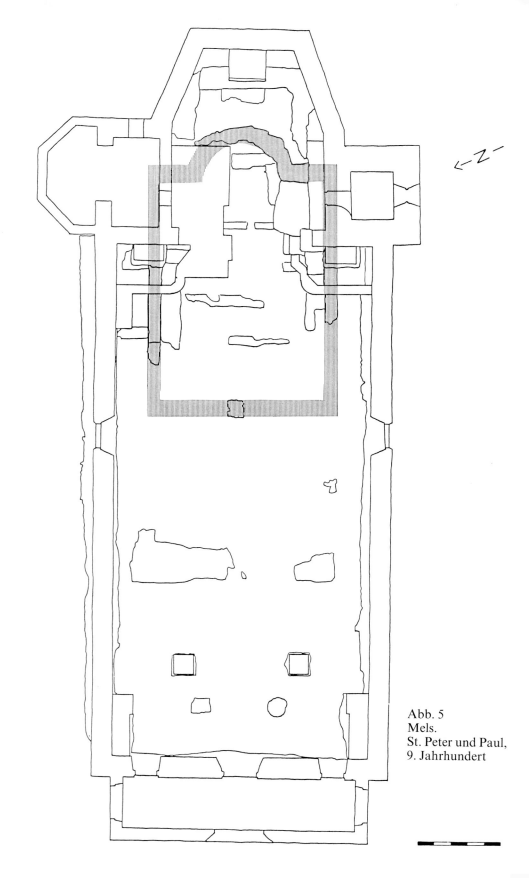

Abb. 5
Mels.
St. Peter und Paul,
9. Jahrhundert

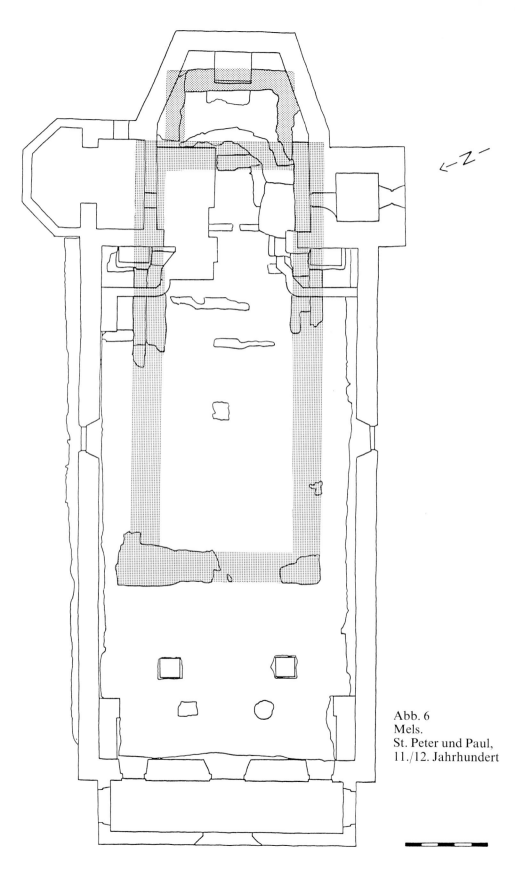

Abb. 6
Mels.
St. Peter und Paul,
11./12. Jahrhundert

Während im Schiff (13,8 m × 8,8 m) lediglich ein Fundamentfragment der Westabschlussmauer diesem Bau zugeordnet werden kann, hat sich im Chor das Fundament der nördlichen Ostwand und der anschliessenden halbrunden Apsis (Radius 2,4 m) erhalten. Die beiden Schiffslängsmauern dürften an derselben Stelle gestanden haben wie zuvor. Ob die Chorschranke an derselben Stelle blieb, kann nicht mit Sicherheit gesagt werden.

Während bis anhin die Kirchenbauten sich alle mehr oder weniger in denselben Dimensionen hielten, zeichnet sich der anschliessende Neubau durch eine Verlängerung von rund 10 m in westlicher Richtung bei bleibender Breite aus. Auffallend sind dabei die enorm mächtigen Fundamente vor allem im Westen, wo sie sich mit einer Dicke von über 2 m noch ziemlich gut erhalten haben. Da sich weder der Rest eines Bodens noch irgendein aufgehender Teil des Mauerwerks feststellen liessen, ist es schwer zu beurteilen, wie diese wohl aus dem 11. Jahrhundert stammende Kirche tatsächlich ausgesehen haben mag. Einzig lässt sich sagen, dass später einmal, vielleicht im 12. Jahrhundert, an diese langrechteckige Saalkirche (23,75 m × 8,2 m) ein rechteckiger Chor mit Altar (2,6 m breit) an die Ostwand angebaut wurde, was den schlauchartigen Charakter dieses Gebäudes nur noch verstärkte.

So war es denn aus architektonischer Sicht nur von Vorteil, als im Spätmittelalter ein gotischer Neubau mit besseren Proportionen diese Kirche ersetzen konnte.

Ergebnisse

Walenstadts Bedeutung ist in der Antike und im Mittelalter in erster Linie durch die verkehrsgeographisch günstige Lage am Ostende des Walensees gegeben. Diese Tatsache äussert sich auch in verschiedenen Urkunden[28], die Schifffahrt und Fischerei auf dem See als königliche Rechte ausweisen. Die Kirche, die verhältnismässig nahe bei der Pfarrkirche Flums und dem dazugehörenden bischöflichen Hof steht, ist mit grosser Wahrscheinlichkeit als Eigenkirche, möglicherweise eines Beamten, gegründet worden. Dieser erhielt sein Begräbnis im Vorzeichen seines Gotteshauses.

Aus welchem Anlass die Kirche später unter das freie Reichskloster Pfäfers gelangte, ist nicht bekannt. Auf jeden Fall wird sie im Pfäferschen Rodel des churrätischen Reichsgutsurbars von 842 als *Ecclesia in Riva*[29] aufgeführt. Das erste Gotteshaus, eine Saalkirche mit eingezogener halbrunder Apsis, fiel

---

[28] UBSSG 1, Nr. 40, 73, 78, 93.
[29] BUB 1, S. 387.

einem Brand zum Opfer, ob in Folge eines räuberischen Überfalls, vielleicht durch die Sarazenen oder sonst durch ein Missgeschick, ist nicht überliefert. Anschliessend wurde sie nochmals provisorisch restauriert.

Der folgende Neubau wurde unter der Ägide des Klosters Pfäfers als Pfarrkirche mit Tauf- und Begräbnisrecht[30] errichtet. Auffallend daran ist der kreuzförmige Grundriss. Die Idee dazu könnte auf den Einfluss Abtbischofs Salomo (III.) von St. Gallen[31], des Erbauers der dortigen St.-Mangen-Kirche, zurückzuführen sein, war er doch 905–919 auch Abt von Pfäfers, und sein Neffe Waldo hatte anschliessend (920–949) den Churer Bischofssitz[32] inne.

Die Pfarrei Walenstadt blieb das ganze Mittelalter über und auch später in Abhängigkeit vom Kloster Pfäfers. Daher kann auch ihr späteres Schicksal nie frei von diesem Kloster gesehen werden.

Der Ursprung der Pfarrkirche von Mels[33] geht auf die Gründung durch eine reichbegüterte Sippe zurück, die nicht der einheimischen Bevölkerung entstammt. Da 536 Rätien unter fränkische Oberhoheit gelangte, ist man versucht, Franken in ihnen zu sehen. Sie benutzten ihre Eigenkirche als Begräbnisplatz bis zum Aussterben der Familie.

Ob gerade dieses ursprüngliche Eigenkirchenrecht Ursache war, dass der Churer Bischof und Präses Tello in seinem Testament aus dem Jahre 765 diese Kirche von den Schenkungen an das Kloster Disentis ausklammerte[34], ist ungewiss. Auf jeden Fall wird sie 842 im churrätischen Reichsgutsurbar[35] als Besitz des Klosters Pfäfers aufgeführt. Diese Tatsache unterstreicht die Gründung als Eigenkirche, die bei der Divisio von 806 indirekt ins königliche Eigentum zurückgeführt wurde.

Wohl eher noch ins 9. als ins 10. Jahrhundert ist der Bau der Saalkirche mit eingezogener halbrunder Apsis, die typische Kirchenform der romanischen Gegenden, zu setzen. Die doch respektable Grösse dieses Gotteshauses deutet darauf hin, dass es sich dabei um die Pfarrkirche handelte, neben der noch drei weitere Kirchen[36] in Mels existierten.

---

[30] Iso MÜLLER, Vom Baptisterium zum Taufstein. Zur Missionierung Churrätiens, in: Churrätisches und st. gallisches Mittelalter. Festschrift für Otto P. Clavadetscher, hg. von H. MAURER, Sigmaringen 1984, S. 23 ff.

[31] Michael BORGOLTE, Salomo III. und St. Mangen, in: Festschrift für Otto P. Clavadetscher (wie Anm. 30) S. 195 ff.

[32] CLAVADETSCHER – KUNDERT, Helvetia sacra I/1, S. 472.

[33] Dazu auch: Franz PERRET, Grundzüge der Geschichte von Mels. Geschichte der Gemeinde Mels, hg. von P. GOOD, Mels 1973, S. 143 ff.

[34] BUB 1, Nr. 17.

[35] BUB 1, S. 387.

[36] BUB 1, S. 387.

Umso mehr erstaunt es, dass der nächste Kirchenbau ein langgezogenes unproportioniertes Rechteck im Grundriss darstellt, von dem man bedauerlicherweise den inneren Ausbau nicht kennt. Die schlichte Form weist auf fremden, vielleicht alemannischen Einfluss hin. Da im 11. Jahrhundert sowohl der Churer Bischofssitz wie auch die Abtswürde von Pfäfers mehrheitlich von Deutschen[37] eingenommen wird, liesse sich dieser Baustil durchaus erklären, ebenso der Anbau des rechteckigen Chores, der wohl ins 12. Jahrhundert datiert werden kann.

Zusammenfassend sei festgehalten: Die Höfe Mels und Walenstadt sind aus römischen Siedlungen herausgewachsen, deren Bedeutung durch die ideale Verkehrslage am Nordrand der Alpen bestimmt ist. Die Gründung der Kirchen geht auf einen Stiftungsakt einer begüterten, nicht einheimischen, aber in Mels niedergelassenen Familie respektive eines Grundherrn zurück. In Mels war dann auch diese erste Kirche die Begräbniskirche dieser Sippe. In Walenstadt fand der Donator seine letzte Ruhestätte im Vorzeichen der Kirche. Durch Schenkung gelangten beide Gotteshäuser, in Mels war es bereits der zweite Bau, an das noch junge Kloster Pfäfers. Das Schenkungsjahr und auch die Stifter sind unbekannt. Sicher ist lediglich, dass beide Kirchen im churrätischen Reichsgutsurbar von 842 als Eigentum des freien Reichsklosters Pfäfers aufgeführt sind. Um diese Zeit dürften beide Kirchen zu Pfarrkirchen erhoben worden sein. Auffallend ist, dass dann keine Toten mehr in der Kirche beigesetzt worden sind. Die Patrozinien «Peter und Paul» und auch «Luzius» und evtl. schon «Florinus» stammen möglicherweise aus dieser Epoche. Typisch ist ferner für diese frühe Zeit die Saalkirche mit eingezogener halbrunder Apsis. Die jüngeren Kirchenbauten halten sich nicht mehr an diese rätische Grundform. Erst in der Gotik setzt sich wieder ein einheitlicher Stil durch, nämlich die Kirche mit dem polygonalen Chor. Das Los der Pfarreien Mels und Walenstadt ist aufs engste mit dem des Klosters Pfäfers bis zu dessen Auflösung im Jahre 1838 verbunden. Als selbständige Pfarrei werden sie dem 1836 gegründeten Bistum von St. Gallen einverleibt.

---

[37] BUB 1, S. 498–500.

Die Ausgrabungen in der Pfarrkirche St. Maria Magdalena in Stierva

von Urs Clavadetscher

Einleitung

Auf einer Sonnenterrasse hoch über dem verkehrsgeographisch wichtigen Tiefencastel liegt die kleine Bergbauerngemeinde Stierva. Dominiert wird das Dorfbild durch den Wohnturm La Tor und die Pfarrkirche St. Maria Magdalena. Betritt man den äusserlich eher schlichten Bau, wird der Blick sofort von dem überaus qualitätsvollen Netzgewölbe im Chor und dem sich darin befindlichen reich geschnitzten Hochaltar gefangen genommen.

In den Jahren 1922–24 wurde die Pfarrkirche das letztemal renoviert. Über ein halbes Jahrhundert später, im Herbst 1979, beschloss die Kirchgemeinde die notwendig gewordene Restaurierung ihres Gotteshauses. Auf Grund der historischen Quellen musste mit älteren Bauresten gerechnet werden. Der Archäologische Dienst Graubünden untersuchte vom 16. April bis zum 14. Juli 1980 das Innere der Kirche, da im Zuge der Restaurierung der Boden und somit auch die archäologischen Schichten tangiert werden mussten[1]. Inzwischen konnte auch die Restaurierung abgeschlossen werden (Abb. 1)[2].

Danken möchte ich der Präsidentin der Baukommission, Frau M. Brenn, und Herrn Gemeindepräsident E. Candreia, die den Untersuchungen wohlwollend gegenüberstanden. Weiter gilt mein Dank Herrn Prof. Dr. H.R. Sennhauser, der mir mit seinem wissenschaftlichen Rat zur Seite stand, und den Herren Archivar Dr. B. Hübscher und Pfarrer Dr. A. Wihler für ihre Unterstützung bei der Beschaffung der Archivalien. Den Einwohnern von Stierva gebührt für das grosse Interesse an der Geschichte ihrer Pfarrkirche ein besonderes Lob.

---

[1] Vorberichte in der Bündner Zeitung Nr. 238 vom 9. Oktober 1980, S. 7 und im Bündner Tagblatt Nr. 238 vom 10. Oktober 1980.
[2] Vgl. Bündner Tagblatt Nr. 248 vom 23. Oktober 1981.

Geschichtliche Notizen

Die früheste Erwähnung einer Kirche in Stierva, die zum königlichen Lehen Obervaz gehörte, findet sich im rätischen Reichsgutsurbar, das um 840 angelegt wurde. Aus dieser Quelle geht auch hervor, dass sie die Zehnten von zwei Dörfern mit insgesamt 13 Jucharten Boden besass[3].

Im Einkünfterodel der Kirche Chur (zwischen 1290 und 1298) ist ebenfalls eine Kirche in Stierva aufgeführt[4]. Leider fehlen bei beiden Textstellen die Angaben eines Patroziniums.

Am 2. August 1357 fand eine Wiedereinweihung (Rekonziliation) der Kirche durch Bischof Peter I. Gelyto von Chur statt[5]. Daraus darf man wohl schliessen, dass ein Neu- oder Umbau voranging, es sei denn, die Kirche wäre durch eine uns nicht bekannte Handlung entweiht worden. Aus dieser Weihe- und Ablassurkunde ist zu erfahren, dass die Kirche zu Ehren Marias, Martins, Cassians, Placidus, Sigisberts und Maria Magdalenas geweiht wurde. Dieses Dokument ist für die Interpretation und Datierung der Ausgrabung von einer gewissen Bedeutung, wie wir später noch sehen werden.

1519 erhielten die Gläubigen von Stierva die Erlaubnis, Geld für einen Neubau zu sammeln. Ein Jahr später wird mit diesem begonnen[6]. Am 12. Oktober 1522 fand die Weihe des Hochaltares zu Ehren der heiligen Maria Magdalena und der Heiligen Dreifaltigkeit statt. Unter den Reliquien vieler anderer Heiligen werden jene von St. Florinus besonders erwähnt[7].

Die Kirche in ihrer heutigen spätgotischen Ausformung wurde durch den Innsbrucker Steinmetzen Lorenz Hötzli geschaffen. Aus dem Visitationsbericht von 1623 weiss man, dass die gotische Kirche mit vier Altären ausgestattet war[8].

Die Erhöhung des Turmes, die bei der jüngsten Restaurierung wieder rückgängig gemacht wurde, geschah nach Poeschel im letzten Drittel des 17. Jahrhunderts. 1813/14 fand eine Gesamtrenovation statt, bei der eine neue Empore und eine Orgel eingebaut wurden[9].

---

[3] BUB I, S. 395: *ecclesia in Seturuio cum decima de duabus villis. De terra iugera XIII.*
[4] Mohr CD II, Nr. 76, S. 99: *. . . Item de Stüruis V. sol merc.*
[5] Pfarrarchiv Stierva Nr. 17, Text siehe Anhang 1, S. 157.
[6] Kdm GR II, S. 311f.
[7] Pfarrarchiv Stierva beigelegt zu Nr. 17. Text siehe Anhang 2, S. 157.
[8] BAC 262.8. Visitation im Oberhalbstein und Domleschg, Abschnitt *De ecclesia S. Mariae Magdalene loci Stirvy*. Text siehe Anhang 3, S. 158f.
[9] Kdm GR II, S. 312.

Der Ausgrabungsbefund

1. Vorbemerkungen

Das Innere der gotischen Pfarrkirche wurde nicht überall bis auf den gewachsenen Boden ergraben. Im heutigen Chor blieb der Grossteil des Friedhofes der Vorgängerkirchen ununtersucht. Das gilt auch für die Zone westlich und südlich der älteren Kirchenmauern im aktuellen Schiff. An diesen Stellen wurde die Friedhoferde nur soweit abgetieft, wie es für den Einbau der Bodenheizung unerlässlich war. Die Kirchenrestaurierung sollte nicht über Gebühr hinaus verzögert werden. Einer künftigen Generation ist es somit überlassen, einst diesen Friedhof in seinem ganzen Umfang zu untersuchen. Entlang der Südmauer der Vorgängerbauten wurde im Friedhofbereich ein Graben gezogen, um die Unterkante und allfällige Baufugen der Mauer zu fassen. Die dabei betroffenen Gräber (Grab 6 und 7) wurden gehoben. Das Areal innerhalb der beiden älteren Kirchen wurde bis auf den anstehenden Felsen abgetieft.

2. Der Bauplatz

Der Baugrund besteht vorwiegend aus anstehendem Felsen, der von Nordwesten nach Südosten abfällt. Die Felsoberfläche besitzt eine Neigung von 20 bis 30° und bricht schieferig. Teilweise liegt in den Felsritzen Lehm. Dieser ist an einigen Stellen rötlich brandverfärbt. Es konnte nicht eindeutig festgestellt werden, ob dies auf eine Brandrodung zurückzuführen ist, oder von einzelnen Feuerstellen während der Dauer des Baues herrührt. Um den Bauplatz zu planieren, wurde der Fels an den Stellen, wo er aufstand, abgeschrotet, und die so entstandenen Felssplitter wurden in die Felsmulden und -ritzen eingefüllt und teilweise mit Gips gebunden. Im südlichen Chorbereich der ältesten Kirche lag das Felsniveau so tief, dass es notwendig wurde, grössere Steinplatten zu verlegen und die Ritzen mit Gips auszustreichen (Abb. 2)[10].

So entstand ein relativ ebenes Baugelände, auf dem mit dem Bau der ältesten Kirche begonnen werden konnte.

---

[10] An dieser Stelle sei Herrn Dr. A. Arnold vom Institut für Denkmalpflege der ETH Zürich für die Untersuchung der Mörtelproben gedankt.

3. *Reste des ältesten Kirchenbaues (Bau I)* (Plan 1)

Die ältesten Mauerreste, die gefasst werden konnten, stammen von einer kleinen Saalkirche mit einer nicht eingezogenen, wohl aber durch einen Triumphbogen abgetrennten Apsis.

Die Fundamente der Chorpartie haben sich am besten erhalten, obwohl sie durch den Unterbau des nördlichen Seitenaltares und durch das Grab 1 gestört waren (Abb. 3 und Plan 4). Der Verlauf des Apsisbogens kann in mehreren Segmenten nachvollzogen werden. Nur auf der Südseite fehlt er. Aber auch hier ist der innere Bogen dank einem Grat im anstehenden Lehm und der abgeschroteten Felsoberfläche rekonstruierbar, so dass sich das Halbrund fast vollständig ergänzen lässt. Das Fundament besitzt eine Stärke von ca. 60 cm und ist aus plattigen, parallel verlegten Steinen mit wenig Mörtel gemauert. Die Apsissteine im Norden sind ein wenig aus ihrer ursprünglichen Lage gerutscht.

Die Schiffsmauern der ältesten Kirche fehlen bis auf einige Steine in der Südwestecke (Abb. 4). Diese Ecke stand weiter nach Süden vor als jene von Bau II (Plan 4). Der Mörtel aus diesem Mauerstück entspricht dem aus dem Apsisbogen. Zwischen der noch erhaltenen Steinlage der Südwestecke und der Aufmauerung von Bau II lag eine dünne Erdschicht, die ebenfalls darauf hinweist, dass es sich bei dieser Ecke nicht nur um ein Vorfundament, sondern tatsächlich um eine ältere Bauphase handelt.

Die Süd- und die Westmauer müssen an gleicher Stelle gestanden haben wie die entsprechenden Mauern der beiden Nachfolgerbauten (Plan 4). Die Nordmauer hat sich bei keiner der drei Vorgängerkirchen in Resten erhalten. Eine Abschrotung im anstehenden Felsen zeigt aber, dass sie an ungefähr gleicher Stelle gestanden haben muss wie die heutige Nordmauer. Diese Linie im Fels stimmt ziemlich gut mit dem Apsisbogen überein, der ebenfalls mindestens auf der Nordseite in einer solchen Abschrotung lag.

Der Triumphbogen lässt sich nicht mit letzter Sicherheit nachweisen, doch deuten einige Befunde auf sein Vorhandensein hin. Im Süden liegen zwischen m 13,40–14,00 drei scharfkantige Steine, die quer zur Richtung der Südmauer gegen das Kircheninnere vorstehen (Abb. 5). Sie befinden sich im gleichen Erdmaterial, wie die unterste Steinschicht der Südmauer. Auf der gegenüberliegenden Seite fehlen die entsprechenden Steine. Die Felsabarbeitung bei m 13,50 könnte uns aber die Stelle angeben, wo die nördliche Triumphbogenmauer stand (Abb. 6).

Zwischen diesen beiden möglichen Triumphbogenüberresten befand sich auf Höhe des Steinbettes ein vermoderter Balken. Es konnte nicht mehr festgestellt werden, ob dieser nur als optische Trennung der Mörtelböden in Schiff und Chor diente, oder ob er die Verankerung für eine Chorschranke bildete.

Von der Oberfläche des Mörtelbodens, der im Schiff und Chor gleiche Höhe aufweist, hat sich nur in der Südwestecke des Chores ein Rest erhalten (Abb. 7). Der Mörtelguss ist fein gemagert und von hellbraun-grauer Farbe mit kleinen Kalkeinschlüssen. Die Subkonstruktion des Mörtelbodens, ein Steinbett, war hingegen noch im ganzen Chorbereich vorhanden. Das solide Steinbett aus schuppig verlegten, scharfkantig-plattigen Steinen verlieh dem Mörtelboden Halt (Abb. 8). Zwischen den einzelnen Steinen fand sich ein brauner harter Mörtel. Nach den Untersuchungen von Dr. A. Arnold enthält der Kalkmörtel auch Nester von Gipsmörtel. Die Lage der Steine weist darauf hin, dass mit dem Verlegen im Osten begonnen wurde und zwar wohl im südlichen Teil der Apsis, von wo aus gegen Nordwesten gearbeitet wurde (Abb. 3).

Im Schiff hingegen weisen nur einige Steine auf das ehemals vorhandene Steinbett hin, nämlich in der Südwestecke, wo die ältere Mauerecke weiter nach Süden vorstand als jene von Bau II (Abb. 4). Die Steine stimmen in ihrem Charakter (scharfkantig, plattig) und auch in ihrer Verlegungsweise (schuppig) genau mit dem Befund in der Apsis überein.

In der Steinsetzung des Chores, unmittelbar vor dem Apsisscheitel, konnte eine Aussparung beobachtet werden, die mit liegenden Platten ausgelegt war (Abb. 9). An dieser Stelle darf der älteste Altar angenommen werden. Bei der Erhöhung des Chores in der zweiten Bauphase wurde der Altar mit dem Fundament entfernt und die so entstandene Grube mit flachverlegten, plattigen Steinen gefüllt bevor das Steinbett für die Chorerneuerung eingebracht wurde. Aus diesem Befund lässt sich noch schliessen, dass zuerst der Altar des ältesten Baues errichtet wurde, bevor das Steinbett an diesen verlegt wurde. Über die Masse des Altares können keine genaueren Angaben gemacht werden. Mit grosser Wahrscheinlichkeit war er quadratisch (ca. 90–100 cm) und lehnte sich an die Apsiswand an.

Für die Datierung des ältesten Baues sind wir auf typologische Merkmale und geschichtliche Hinweise angewiesen, da uns jegliche datierende Funde fehlen.

Vom Typ her sähe man diese Kirche am liebsten gegen Ende des 9. Jahrhunderts. Aus dem rätischen Reichsgutsurbar wissen wir jedoch, dass schon um 840 eine Kirche in Stierva gestanden haben muss. Da kein noch älterer Bau nachgewiesen werden konnte und eine Kontinuität des Ortes wahrscheinlich ist, muss unsere Kirche damit gemeint sein. So dürfte die älteste Kirche von Stierva kurz vor 840 entstanden sein.

4. Der Umbau der ältesten Kirche (Bau II) (Plan 2)

Beim zweiten Bau handelt es sich nicht um eine Neuschöpfung, sondern um einen grösseren Umbau. Die Schiffsmauern wurden ersetzt, ohne jedoch gleichzeitig eine Vergrösserung des Kirchenraumes vorzunehmen, da sie ja wieder an der gleichen Stelle errichtet wurden. Sicher die Fundamente des Chores, wahrscheinlich aber der ganze Chor, blieben stehen; nur sein Bodenniveau wurde erhöht. Bis auf einen kleinen Rest an der Südwestecke wurden alle Schiffsmauern der ältesten Kirche mit dem Fundament entfernt. Die neuen ca. 70 cm starken Mauern bestehen aus gerundeten klotzigen Steinen mit plattigem, eher scharfkantigem Füllmaterial. Dem Charakter und Format nach ist es sehr wohl möglich, dass diese Füllsteine aus dem Bett des ältesten Schiffsbodens stammen.

Die Oberfläche des Bodens im Schiff liess sich nicht mehr fassen, jedoch – vor allem im westlichen Teil – grössere Teile des Gusses (Abb. 10). Dieser besteht aus einer Kies-Lehmmischung mit Mörtelzusatz. Das gleiche Gemisch fand sich in und über der Steinpackung im Chor. Die Oberfläche dieses Füllmaterials ist sowohl im Chor, wie auch im Schiff, teilweise rötlich brandverfärbt.

Optisch sind die Böden von Schiff und Chor durch eine Steinplattenreihe getrennt, die wegen Grab 3 und einer grösseren Störung im Norden nur noch fragmentarisch erhalten ist. Östlich von dieser Steinplattenreihe, die auf gleicher Höhe wie der Schiffsboden liegt, ist der Chor um eine Stufe erhöht. Der Chorraum ist durch eine Chorschranke unterteilt. Ein Teil der verkohlten Unterlagebalken hat sich erhalten (Abb. 10). Der eigentliche Altarraum hinter dieser Schranke ist nochmals um eine Stufe erhöht. Die Steinpackung des Chorbodens besteht aus Flussteinen. Im Schiff ist das flachverlegte Steinmaterial kleiner dimensioniert als im Chor und fehlt überall dort, wo der anstehende Felsen Gewähr für eine gute Unterlage bot. Im Chorbereich sind die Steine bis kopfgross (Abb. 11). Das Kofferungsmaterial ist in Lehm verlegt, um eine möglichst grosse Kompaktheit zu gewinnen.

Die Altarstelle des zweiten Kirchenbaues lässt sich nicht mit Sicherheit fassen. Ein Einschnitt in die Lehmpackung des Mörtelbodenunterbaues könnte den Standort des Altares angeben (Abb. 12). Die Brandverfärbung auf der Lehmpackung und die verbrannten Balken im Chor weisen darauf hin, dass dieser Erneuerungsbau durch einen Brand zerstört wurde. Drei beigabenlose Gräber lassen sich mit grosser Wahrscheinlichkeit dieser Bauphase zuordnen, nämlich die Gräber 6 und 7 längs der Südmauer des Schiffes und Grab 4 östlich des Rundbogenchores.

Bei Grab 4 handelt es sich um die letzte Ruhestätte eines ca. 14jährigen Knaben, der etwa 1,55 m gross war. Vom Skelett fehlt der Schädel, da das Grab teilweise durch jüngere Eingriffe gestört war[11].

In Grab 6 lag eine 18–20jährige Frau von 1,55–1,60 m Grösse. Ihr Skelett hat sich relativ vollständig erhalten.

Das Skelett in Grab 7 gehört wahrscheinlich zu einem 16–18jährigen Jüngling von rund 1,70 m Körpergrösse.

Erstaunlich bei diesen drei Bestattungen ist das jugendliche Alter der drei Toten.

Die Datierung dieses Umbaues ist mit erheblichen Schwierigkeiten verbunden, fehlen doch eindeutig datierende Funde. Sicher fand er in der Zeitspanne zwischen dem 9. und 14. Jahrhundert, am wahrscheinlichsten im 13. Jahrhundert statt. Es stellt sich abschliessend die Frage, warum dieser 'Neubau' überhaupt notwendig wurde, da ja offenbar kein Bedürfnis nach Vergrösserung des Platzangebotes bestand. Eine Anpassung an den Zeitgeschmack kann auch nur bedingt in Betracht gezogen werden, weil die Übernahme der Grundrissstruktur keine grossen Änderungen im aufgehenden Mauerwerk zuliess. So bleibt eigentlich nur noch die Hypothese, dass die alte Kirche so baufällig war, dass sie – mindestens was das Schiff anbelangt – von Grund auf erneuert werden musste.

5. Die Chorerweiterung (Bau III) (Plan 3)

Beim jüngsten Vorgängerbau wurde die Innenfläche vergrössert, indem die Apsis niedergelegt und das Schiff bis über den alten Apsisscheitel hinaus verlängert wurde. Daran schloss sich ein um Mauerbreite eingezogener Querrechteckchor an (Abb. 13). Die Verlängerung an das alte Schiff setzt unschön an und ist nicht etwa abgerutscht, wie es auf den ersten Blick erscheint (Abb. 14). Dieser Eindruck wird dadurch verstärkt, dass die Mauer durch ein jüngeres Grab gestört wird (Plan 4). Die Verbindung zwischen den Schiffsmauern und dem Rechteckchor fehlt, doch vom Mauerwerk her besteht kein Zweifel, dass sie zusammengehören. Die Aussenseite des Chores war mit einem feinkörnigen Verputz versehen. Reste davon haben sich vor allem an der Südseite erhalten (Abb. 15).

Der Boden im Chor war mindestens um eine Stufe erhöht, da sich weder Ansätze des Chorbodens noch Reste des Altares fanden. Diese fielen sicherlich dem heutigen Bau zum Opfer.

Der Boden im Schiff hat sich zu einem grossen Teil erhalten. Am Befund lassen sich der Bauvorgang und die Erneuerungen gut ablesen. Zuerst brachte man über dem alten Mörtelboden eine 10–15 cm starke, aus fast reinem Humus be-

---

[11] Das Skelettmaterial wurde von Dr. B. Kaufmann, Anthropologie IAG, Basel untersucht und bestimmt.

stehende Einfüllschicht ein. In diese wurden die Steine der Rollierung verlegt, wie die Negativabdrücke zeigen (Abb. 16). Die Rollierung selbst besteht aus faustgrossen Flusskieseln, die dicht verlegt sind (Abb. 17). Auf diese Rollierung kam ein erster Guss. Als dieser ausgetreten war und schadhaft wurde, kam ein neuer Guss darüber. In einer dritten Phase wurde eine schadhafte Stelle mit einem helleren Mörtel geflickt (Plan 3).

Entlang der Südmauer des Schiffes war in den Mörtelguss ein Holzbalken eingelassen, der wohl als Lager für die Kirchenbänke diente. Ein Gegenstück entlang der Nordmauer ist sicherlich der Fundamentgrube zur heutigen Kirche zum Opfer gefallen.

Der Turm lässt sich vor allem an Hand stilistischer Merkmale dieser Bauphase zuordnen. Der Durchgang vom Schiff in den Turm befand sich ursprünglich weiter östlich, wie die zugemauerte Türe zeigt (Abb. 18). Diese Zumauerung muss zu einem Zeitpunkt erfolgt sein, als die beiden Seitenaltäre in der Kirche Aufnahme fanden, d.h. beim Neubau von 1521.

Ein Grab lässt sich mit Sicherheit dieser Bauphase zuordnen. Es handelt sich dabei um Grab 5, das parallel zur Schiffserweiterung auf der Südseite lag. Es war mit einer grossen Steinplatte abgedeckt. Das Skelet (Abb. 19) lässt sich einem etwa 55jährigen Mann zuordnen, der ca. 1,71 m gross war. Nach den Angaben des Anthropologen wies er einen robusten Körperbau auf. Im Bereich seiner Hände befanden sich über 30 Knochenringlein, möglicherweise von einem Rosenkranz.

Zur Datierung: Nach dem Mauercharakter und der Ausformung des Turmes zu schliessen, möchte man diesen Kirchenbau am ehesten in das 14. Jahrhundert datieren. Die Weiheurkunde vom 2. August 1357 bestätigt uns, dass eine Datierung in die Mitte des 14. Jahrhunderts durchaus vertretbar ist, gingen doch dieser Neuweihe sicherlich grössere Bauarbeiten voraus[12]. Dieser Datierung widersprechen auch nicht die Malereifragmente, die sich im Schutt fanden und sich diesem Bau zuordnen lassen (Abb. 20). Leider sind die Fragmente sehr klein, so dass Aussagen über die Bildinhalte erst nach aufwendigen Zusammensetzarbeiten gemacht werden können.

6. Die spätgotische Kirche von 1521 (Bau IV)

1520/21 wurde die Kirche in ihrer heutigen Form durch den Tiroler Steinmetzen Lorenz Hötzli erstellt[13].

---

[12] Text siehe Anhang 1, S. 157.
[13] Beschreibung des Baues und der Ausstattung durch Erwin POESCHEL in KdM GR II, S. 312–18.

Die Untersuchungen zeigen, dass schon der ursprüngliche Bau von 1521 zwei Seitenaltäre aufwies. Leider wurden die beiden Seitenaltäre bei der jüngsten Restaurierung von ihrer ursprünglichen Stelle entfernt und an die Schiffswände gestellt. Nach dem Abbruch der schräggestellten aktuellen Seitenaltarsockel kamen zwei in die Ecken gestellte kleinere Stipides zum Vorschein. Schon diese gehören zu einer jüngeren Umbauphase, wie der originale Verputz zeigt, der hinter die Sockel läuft. Der Verputz bördelt in einer geraden Linie auf und gibt dadurch das Ausmass der originalen Altarsockel an (Abb. 21). Nach dem Visitationsbericht von 1623 standen sogar vier Altäre in der Kirche[14]. Wo der vierte stand, konnten wir im Verlaufe unserer Untersuchungen nicht feststellen.

In der heutigen Kirche wurden drei Priester beigesetzt (Plan 4). Auf der Achse des Chores lag das Grab von Dekan Nicolaus Gianiel (Grab 2), der am 3. März 1787 im Alter von 80 Jahren starb[15]. Er war Dekan des Kapitels Oberhalbstein und wirkte 51 Jahre als Pfarrer in Stierva. Der Tote wurde in einem rechteckigen Sarg mit trigonalem Deckel beigesetzt. Das waagrechte Brett war mit einem girlandenverzierten Kreuz bemalt (Abb. 22). Der Oberkörper und vor allem das Haupt wurde mit Kalk überdeckt. Für seine Beerdigung trug der Tote das Messgewand. Das Grab wurde als ganzes gehoben und im Rätischen Museum durch Regula Hahn und Josmar Lengler untersucht. Von ihnen stammen auch die Einzelheiten über die Bekleidung (Abb. 23). Gianiel war ca. 177 cm gross, besass buschige Augenbrauen und trug einen Vollbart.

Von Pfarrer Anton Maria Hosang (Grab 1) weiss man, dass er den Wunsch äusserte, vor dem Maria Magdalena-Altar begraben zu werden. Er vermachte dafür eine Wiese, Colmiasch genannt, und zwei Bilder für die beiden Seitenaltäre[16]. Dieser Wunsch wurde ihm auch erfüllt, wie unsere Ausgrabungen gezeigt haben.

Anton Maria Hosang, gebürtig von Stierva, war nie Seelsorger an dieser Pfarrkirche. 1750–51 findet man ihn als Pfarrer in Vigens, 1751–60 in Cazis, darauf als Spitalgeistlichen in Rom. Von 1790 bis 1795 wirkte er als Pfarrer in Cunter[17]. Anschliessend privatisierte er in Stierva. Am 14. Oktober 1806 starb er ungefähr 86jährig und wurde in der Kirche begraben[18]. Pfarrer Hosang wurde ebenfalls in einem Sarg bestattet und sein Körper mit Kalk überdeckt (Abb. 24).

---

[14] Text siehe Anhang 3, S. 158f.
[15] J. Jacob SIMONET, Die katholischen Weltgeistlichen Graubündens, JHGG 50, 1920, S. 168 – Pfarrarchiv Stierva Bd. 5, Liber Defunctorum 1725ff., Nr. 338 vom 3.3.1787 – Zum Stammbaum der Gianiel vgl. Theo HAAS, Ein paar genealogische Anmerkungen zu Fra Giatgen Gianiel (Schaniel) von Tinizong 1714–1750, BM 1984, S. 176.
[16] Pfarrarchiv Stierva Nr. 31 vom 18.10.1804.
[17] SIMONET (wie Anm. 15) S. 210.
[18] Pfarrarchiv Stierva Bd. 5, Liber Defunctorum 1725ff., Nr. 405 vom 14.10.1806.

Seine Kleider waren in einem derart schlechten Erhaltungszustand, dass über sie keine genaueren Angaben gemacht werden können. Auf alle Fälle wurde auch er im Messgewand beigesetzt.

Beim dritten Priester handelt es sich um **Pfarrer Johann Anton Lenz** (Grab 3). Von 1792 bis 1842 war er Seelsorger in Stierva und starb hier am 15. Januar 1842 im 81. Altersjahr[19]. Seine Leiche wurde ohne Sarg in den Boden gelegt (Abb. 25).

7. Schlussbemerkungen

Die Ausgrabungen haben gezeigt, dass zwischen der im Reichsgutsurbar erwähnten Kirche (Bau I) und dem aus der Weiheurkunde von 1357 erschlossenen Bau (III) ein weiteres Gotteshaus (Bau II) in Stierva errichtet wurde. Weshalb man den Grundriss der ältesten Kirche übernahm, ohne eine Vergrösserung vorzunehmen oder den Baustil der Zeit anzupassen, bleibt auch nach den Ausgrabungen ein Geheimnis.

Haben die Ausgrabungen in der Pfarrkirche St. Maria Magdalena für die Kirchengeschichte auch keine umwälzenden neuen Aspekte ergeben, so können doch nun gewisse Aussagen über den Typ und die Grösse der einzelnen Vorgängerbauten gemacht werden.

---

[19] Pfarrarchiv Stierva Bd. 5, Liber Defunctorum 1725ff., Nr. 525 vom 15.1.1842 – SIMONET (wie Anm. 15) S. 168.

Anhang[20]

1. *Stierva, 1357, August 2.*
Bischof Peter I. Gelyto von Chur verleiht bei der Rekonziliation der Pfarrkirche Stierva den Besuchern am Weihefest Ablass.

  Or. (A) Perg., Pfarrarchiv Stierva Nr. 17.

Petrus dei et apostolice sedis gratia episcopus Curiensis universis Christi fidelibus salutem in Domino sempiternam. Splendor paterne glorie, qui sua mundum illuminat ineffabili claritate, tunc pia vota fidelium de clementia sua pietatis sperantium benigno precipue favore prosequitur cum ipsorum humilitas et devotio sanctorum precibus et meritis adiuvatur. Cum igitur ecclesiam parrochialem in Stůruis in honore beate et gloriose virginis Marie, beati Martini, beati Cassiani, Placidi, Sigberti et beati Marie Magdalene, quorum reliquie in eadem continentur, duxerimus reconciliandam, omnibus vere pnitentibus, qui ad dictam ecclesiam in Stůruis in die anniversarii, quem in dominica proxima post festum beatorum Philippi et Iacobi apostolorum decrevimus celebrandum, quadragita dies criminalium et unum annum venialium de iniuncta ipsis penitentia misericorditer in domino relaxamus harum testimonio literarum. Datum in Stůruis anno domini M°CCC^mo LVII° in crastino beati Petri apostoli ad vincula.

2. *1522, Oktober 12.*
Predigerbruder Stephan, Bischof von Bellina, Weihbischof von Chur, weiht den Altar der hl. Maria Magdalena (in Stierva).

  Or. (A) Perg., Pfarrarchiv Stierva, beigelegt zu Nr. 17.

Nos frater Steffanus ordinis Predicatorum episcopus Bellinensis suffraganius Curiensis consecravimus illud altare anno millesimo quingen[te]simo vicesimo secundo die duodecima mensis octobris in honore sancte Marie Magdaleni [!] sancte individue trinitatis et omnium sanctorum et inclusimus in eo reliquias sancti Florini cum aliis sanctorum reliquiis.

---

[20] Meinen Eltern danke ich herzlich für die grosse Hilfe bei der Transkription der zum Teil schwer lesbaren Urkundentexte.

3. *1623*
Protokoll der bischöflichen Visitation der Kirche St. Maria Magdalena in Stierva.

Bischöfliches Archiv Chur 262.8, S. 13

De ecclesia S. Mariae Magdalene loci Stirvy

Ista ecclesia pulcherrima est cum pulchra fornice pulcherrimorum lapidum incisorum ductu distincta, cui reliqui parietes respondent cum campanili referto tribus sonoris campanis.

Quattuor altaribus est distincta, quorum maius in capella haud dissimili a reliquo ecclesiae corpore extructum est cum pulchra icona cum imaginibus B.V. [= Beatae Virginis] et SS. Lucii et Florini. Eleganti structura ac sculptura lapidea eminet fenestella a parte Evangelij, in qua in tabernaculo satis decenti et in theca interius ex holoserico [= ganz aus Seide] circumvestita asservatur sanctissimum Eucharistiae sacramentum de more regionis. Cui semper lampas praelucet sumptibus vicinorum qui contribuunt id totum ad quod eleemosine [= Almosen] piorum supplere non queant.

Altare maius vestitum pallio coriaceo [= aus Leder] inaurato decenter et requisitis tobaleis [= Tuch] similiter et reliqua altaria quae inter se nimis sunt vicina et fere copulatae, quorum tamen pallia sunt ex stragula lanea germanica satis decentia, et altare insuper in sinistra parte ecclesiae illustratur parvula iconula cum statua Sanctae Annae cui adiectae sunt aliquae aliae imagines omnino indecentes et removendae.

Baptisterium portabile est in vase aeneo stanno superinducto et in quodam ligneo vase collocatu[m] et in sacristia asservatur. Sacra olea in vase indecenti aeneo conservantur.

In sacristia, quae correspondet ecclesiae fabricae asservantur infra videlicet calices tres cum suis patenis argentei, sed duorum fulcimenta ex aere constant, alia insuper patena, sed fracta. Corporalia duo cum suis pallis, vela calicum quattuor. Casulae quattuor ex holoserico velutato rubri coloris cum aliquibus imaginibus acupictis in illarum cruce, sed antiquis. Albae octo et totidem amictus. Cingulum unum ad formam, missalia tria Curiensis ritus, quorum unum ex pergameno. Tobaleae pro altaribus 24. Stragula pro altaribus decem, vexilla duo, alterum novum cum imagine B.V., alterum vetustum, crux inaurata sed aenea cum aliquibus ornamentis distincta, candelabra ex auricalcho tria. Vasa duo pro aqua lustrali, aeneum alterum, alterum ex auricalcho. Urceoli stannei tres, campanulae quinque pro missae sacrificio.

Antiquitus sustentabant parochum una cum hominibus loci Moti [= Mutten], quibus in haeresim prolapsis aegre possunt alere parochum propriis expensis, maxime cum eorum redditus ascendant tantum ad summam triginta florenorum, et homines prefati loci Moti multam partem redditus deputati pro manutentione butiri sibi applicuerint. Redditus parochialis est fundus quidam quantitatis sufficientis ad arandum per dimidietatem diei, ac insuper ad alendam vaccam. Isti modo redditus assignantur parocho Saluchi, qui modo illis inservit et insuper aliquid aliud supererogant homines.

In isto opido, ubi sunt duo haeretici, contrahuntur matrimonia etiam clandestina, et etiam inter catholicos et haereticos, et duo sunt coniuncti in gradu 3° cognationis, et multi dies festi de ecclesiae precepto non observantur, licet alioquin multi ex devotione observentur.

Abb. 1 Zustand nach der Restaurierung 1981 von Osten
Abb. 2 Baugrund der ältesten Kirche

Abb. 3   Chorpartie der ältesten Kirche (Bau I)
Abb. 4   Südwestecke der ältesten Kirche (Bau I)

Abb. 5 Südliches Triumphbogenfundament von Bau I
Abb. 6 Felseinschnitt für das nördliche Triumphbogenfundament von Bau I

Abb. 7 Letzter Rest der Oberfläche des Mörtelbodens zu Bau I
Abb. 8 Steinbett für den Mörtelboden im Chor von Bau I

Abb. 9 Wahrscheinliche Altarstelle von Bau I
Abb. 10 Schiff von Bau II mit Resten des Mörtelbodengusses

Abb. 11 Chorbereich von Bau II mit Rollierung
Abb. 12 Mögliche Altarstelle von Bau II

Abb. 13   Übersicht Bau III von Osten
Abb. 14   Verlängerung des Schiffes von Bau III

Abb. 15 Südostecke des Chores von Bau III mit Aussenverputz
Abb. 16 Humose Einfüllschicht unter der Rollierung des Mörtelbodens von Bau III

Abb. 17   Rollierung zum Mörtelboden im Schiff von Bau III
Abb. 18   Aktuelle und zugemauerte Türe zum Turm

Abb. 19 Grab 5 von Osten
Abb. 20 Malereifragmente, die sich Bau III zuordnen lassen

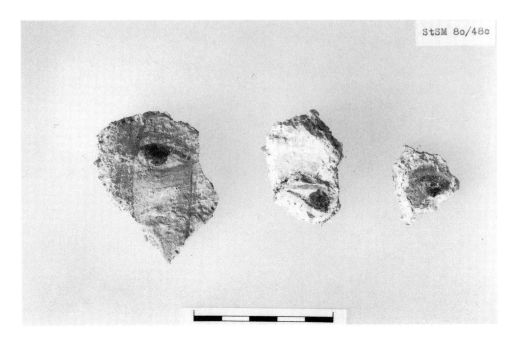

Abb. 21 Verputzkante an den ursprünglichen südlichen Seitenaltar von Bau IV
Abb. 22 Deckel des Sarges von Dekan Nicolaus Gianiel (Grab 2)

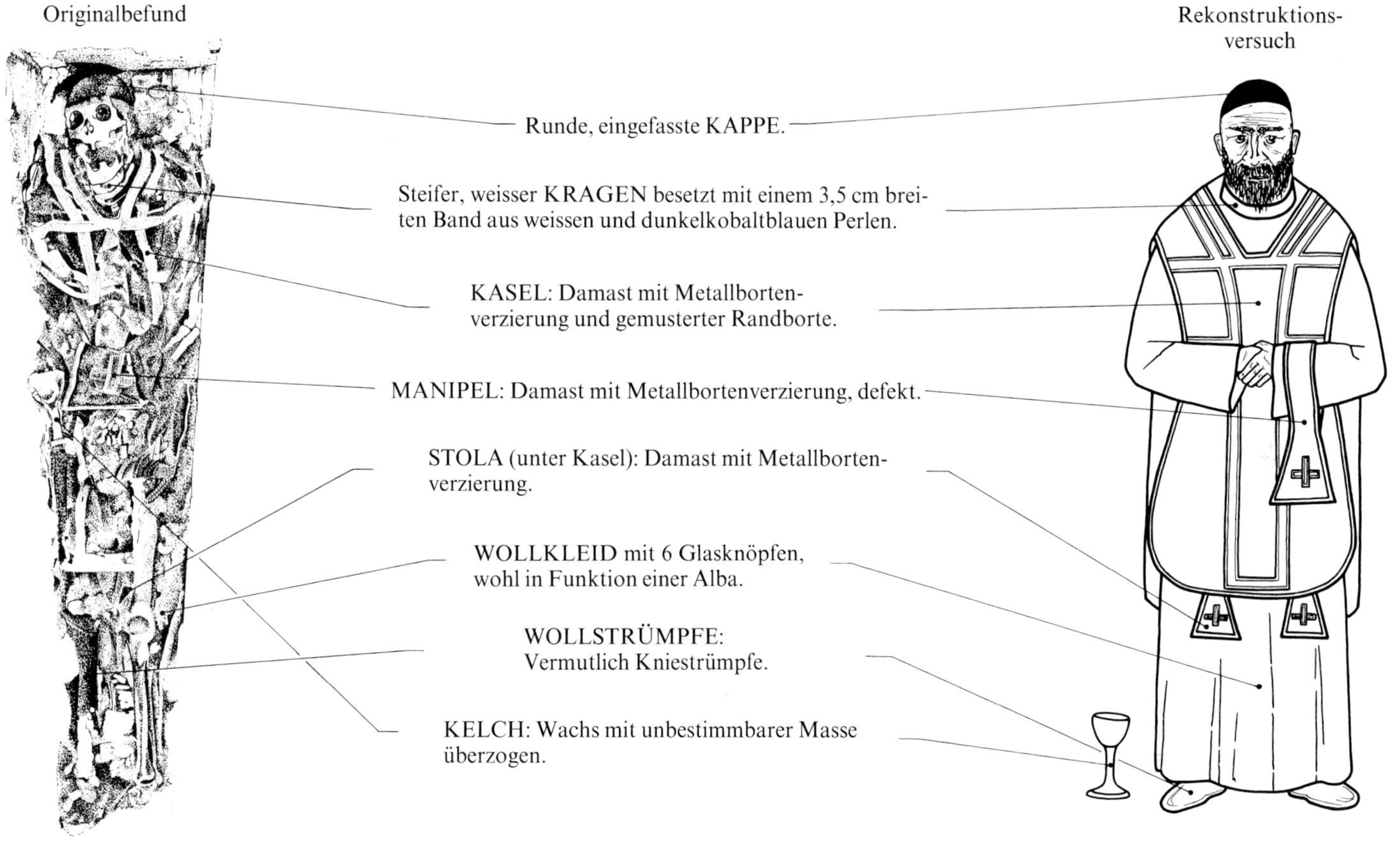

Rekonstruktions-
versuch

Originalbefund

— Runde, eingefasste KAPPE.

Steifer, weisser KRAGEN besetzt mit einem 3,5 cm breiten Band aus weissen und dunkelkobaltblauen Perlen.

KASEL: Damast mit Metallbortenverzierung und gemusterter Randborte.

MANIPEL: Damast mit Metallbortenverzierung, defekt.

STOLA (unter Kasel): Damast mit Metallbortenverzierung.

WOLLKLEID mit 6 Glasknöpfen,
wohl in Funktion einer Alba.

WOLLSTRÜMPFE:
Vermutlich Kniestrümpfe.

KELCH: Wachs mit unbestimmbarer Masse
überzogen.

Abb. 23   Rekonstruktion der Bekleidung von Dekan Nicolaus Gianiel (Grab 2)

Abb. 24 Geöffneter Sarg von Pfarrer Anton Maria Hosang (Grab 1)
Abb. 25 Skelett von Pfarrer Johann Anton Lenz (Grab 3)

Von Hunfrid zu Burkard

Bemerkungen zur rätischen Geschichte aus der Sicht von Gedenkbucheinträgen

von Karl Schmid

Der 85. Geburtstag des hochverdienten Schweizer Mittelalterhistorikers P. Iso Müller OSB, dem dieser Beitrag gewidmet ist, gibt willkommenen Anlass, einen Blick auf die rätische Geschichte der Karolingerzeit zu werfen. Die Sicht, aus der dies geschieht, vermitteln mittelalterliche Gedenkbücher mit ihren Einträgen. Die rätischen Mönchslisten in den Verbrüderungsbüchern der Bodenseeklöster, zu denen der Liber viventium des Klosters Pfäfers zu rechnen ist, hat P. Iso schon 1931 in seiner bahnbrechenden Arbeit über Disentis untersucht[1]. Hier sollen nun 'Gedenkeinträge' im Blick auf Rätien zu Wort kommen.

Die rätische Geschichte der Karolingerzeit ist mit den im Titel des Beitrags genannten Namen Hunfrid und Burkard in besonderer Weise verknüpft, weil diese beiden Magnaten als *comes Curiensis* bzw. als *marchio Curiensis Raetiae* bezeugt sind[2]. Indessen ist zu fragen, was es mit der Forschungsmeinung von der «Kontinuität» im «Besitz Rätiens» (Elisabeth Meyer-Marthaler[3]) auf sich hat. Die «bemerkenswerte Konstanz», mit der «Rätien stets wieder einem Familienmitgliede» (der Hunfridinger) «zugefallen» sei, könnte einem Missverständnis Vorschub leisten, wenn der Wandel und der Wechsel in der Herrschaft über Rätien bis zum 10. Jahrhundert zu wenig Berücksichtigung fände, wenn – mit anderen Worten – die Kontinuität von Hunfrid bis Burkard überbetont oder gar falsch interpretiert werden würde. Gewiss gibt es Bande der Verwandtschaft, die Hunfrid und Burkard miteinander verbunden haben. Das wird von der For-

---

[1] P. Iso MÜLLER OSB, Die Anfänge des Klosters Disentis. Quellenkritische Studien, Chur 1931, und seither immer wieder, dazu GEUENICH (wie Anm. 40). Zum neueren Schrifttum über das Verbrüderungswesen vgl. u.a.: Otto Gerhard OEXLE, Memoria und Memorialüberlieferung im frühen Mittelalter, Frühmittelalterliche Studien 10/1976, S. 70–95; DERS., Die Gegenwart der Toten, in: Hermann BRAET/Werner VERBEKE (Hrsg.), Death in the Middle Ages (Mediaevalia Lovaniensia, Series I, Studia IX), Leuven 1983, S. 19–77; Karl SCHMID und Joachim WOLLASCH (Hrsg.), Memoria. Der geschichtliche Zeugniswert des liturgischen Gedenkens im Mittelalter (Münstersche Mittelalterschriften 48), München 1984.

[2] Annales regni Francorum, ed. Friedrich KURZE (MGH SS rer. Germ.), Hannover 1895, S. 161 a. 823 *(Hunfridus comes Curiensis)*; Urkundenbuch der Abtei St. Gallen, ed. Hermann WARTMANN, Teil II (840–920), Zürich 1866, (zit. UBSG), Nr. 726, S. 328 *(Purchart, marchio Curiensis Raetiae)*.

[3] Elisabeth MEYER-MARTHALER, Rätien im frühen Mittelalter. Eine verfassungsgeschichtliche Studie (Beiheft 7 zur Zeitschrift für Schweizerische Geschichte), Zürich 1948, S. 79.

schung nicht in Zweifel gezogen. Ob diese Bande jedoch so stark gewesen sind, dass es berechtigt ist, von einer Kontinuität in der Herrschaft über Rätien zu sprechen, ist ein Problem, zu dem schon Otto P. Clavadetscher einen Beitrag geleistet hat. Mit der Feststellung, dass Roderich unter Ludwig dem Frommen Graf in Rätien gewesen sei[4], hat er die These von der Kontinuität bereits in Abrede gestellt.

Im vorliegenden, skizzenhaften Festschrift-Beitrag geht es um die Diskussion bisher kaum beachteter und schon gar nicht in diesem Zusammenhang gesehener Quellenzeugnisse. Sie sollen ganz bewusst den längst bekannten und für die rätische Geschichte ausgewerteten Zeugnissen gegenübergestellt werden. Nur so nämlich kann ihr Quellenwert für das aufgeworfene Problem abgeschätzt werden.

a) *Rudolfus dux Raetianorum*

Wer jener in einer St. Galler Urkunde des Jahres 890 bezeugte *dux Raetianorum* namens *Ruadolf*[5] gewesen ist, lässt sich mit den urkundlichen Zeugnissen allein nicht ausmachen. Dass ein Graf Rudolf in der Zeit von 870 bis 885 als Graf im Zürichgau auftaucht, für den vorher und gleichzeitig auch Grafen mit Namen Hunfrid und Adalbert belegt sind[6], gab Anlass zu der Annahme, der Zürichgau sei in der zweiten Hälfte des 9. Jahrhunderts in der Hand von Grafen gewesen, die mit Rätien in Zusammenhang gebracht und als 'Hunfridinger' in der Forschung bezeichnet wurden[7]. Der Übergang von den Hunfridingern zu den Burkardingern erfolgte dann mit dem schon erwähnten Markgrafen Burkard, dem

---

[4] Vgl. Otto P. Clavadetscher, Die Einführung der Grafschaftsverfassung in Rätien und die Klageschriften Bischof Viktors III. von Chur, Zeitschrift der Savignystiftung für Rechtsgeschichte 70, Kan. Abt. 39/1953, S. 46–111, bes. S. 101.

[5] UBSG II, Nr. 681, S. 284 (*sub Ruadolfo duce Raetianorum*).

[6] Rudolf ist für den Zürichgau belegt für die Jahre 870 (vgl. UBSG II, Nr. 548, S. 163; Nr. 549, S. 164), 876 (Urkundenbuch der Stadt und Landschaft Zürich, bearb. von Jakob Escher und Paul Schweitzer, Bd. 1, Zürich 1888, Nr. 130, S. 153), 877 (UBSG II, Nr. 603, S. 215), 878 (UBSG II, Nr. 606, S. 217), 885 (UBSG II, Nr. 641, S. 247).
Sicher für den Zürichgau belegt ist ein Adalbert comes durch eine Urkunde vom 14. Mai 893, vgl. UBSG II, Nr. 689, S. 290 f.; ob die beiden, vermutlich im Juni und im Juli 869 ausgestellten St. Galler Urkunden, in denen ein Adalbert genannt wird (vgl. UBSG II, Nr. 546, S. 160 f.; Nr. 547, S. 161 f.), dem Comitat im Zürichgau zuzuordnen sind, konnte bisher nicht endgültig geklärt werden; vgl. Michael Borgolte, Die Grafen Alemanniens in merowingischer und karolingischer Zeit. Eine Prosopographie (Archäologie und Geschichte 2), Sigmaringen 1986, Artikel Adalbert (II.), S. 25.
Hunfrid ist für den Zürichgau für die Jahre 872, 873, 874 und 876 belegt, vgl. UBSG II, Nr. 556, S. 170 f.; Nr. 576, S. 188 f.; Nr. 582, S. 195; Nr. 596, S. 207 f.

[7] Vgl. Meyer-Marthaler, Rätien, S. 79 f.

Stammvater der schwäbischen Herzogsfamilie. Im Kampf um die Vorherrschaft im alemannisch/schwäbischen Stammesgebiet im Jahre 911 ist er ums Leben gekommen[8].

In der Stammtafel der Hunfridinger werden von E. Meyer-Marthaler für über 110 Jahre, die Zeit von Karl dem Grossen bis König Konrad, nur vier Generationen aufgeführt. Das verdeutlicht der folgende Auszug[9]:

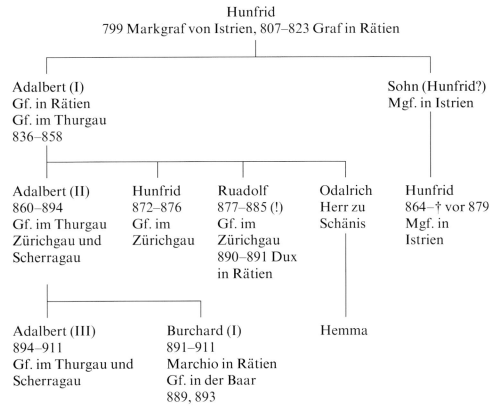

[8] Herimanni Augiensis Chronicon, ed. Georg Heinrich PERTZ (MGH SS V), Hannover 1844, S. 112, a. 911: *Burchardus dux Alamanniae in conventu suo, orto tumultu, occisus est; pro quo Erchanger ducatum invasit.*
Zum Schrifttum über den Markgrafen Burkard vgl. Helmut MAURER, Bodman, Wahlwies, der Hohentwiel und die Begründung der Herzogsherrschaft in Schwaben, in: Herbert BERNER (Hrsg.), Bodman. Dorf – Kaiserpfalz – Adel, Bd. 1 (Bodensee-Bibliothek 13), Sigmaringen 1977, S. 290 f.; überarbeitet wieder abgedruckt in: Helmut MAURER, Der Herzog von Schwaben. Grundfragen, Wirkungen und Wesen seiner Herrschaft in ottonischer, salischer und staufischer Zeit, Sigmaringen 1978, S. 36–57, bes. S. 38; zuletzt BORGOLTE, Die Grafen Alemanniens, Artikel Burchard, S. 85–87 (bes. S. 86); dort auch weiterführende Literatur.
[9] Vgl. MEYER-MARTHALER, Rätien, S. 76.

Dass der Grossvater des 890/91 nachweisbaren *dux Raetianorum* Rudolf ein schon im Dienste Karls des Grossen 799 in Italien tätiger Hunfrid, Markgraf in Istrien und im Jahre 807 *comes Curiensis,* gewesen sein soll[10], ist wohl mehr als unwahrscheinlich. Nicht nur, weil dazwischen wohl wenigstens eine Generation fehlen dürfte, sondern weil, was entscheidend ist, der *dux Raetianorum* Rudolf gar kein Hunfridinger gewesen ist. Zeigen doch sich ergänzende Gedenkbucheinträge der Klöster Reichenau, Pfäfers und St. Gallen schlüssig, dass der rätische *dux* Rudolf einem welfischen Sippenverband angehörte.

Zwei Einträge aus dem Reichenauer Verbrüderungsbuch und dazu ein Eintrag aus dem Liber viventium von Pfäfers weisen das Namenpaar 'Rudolf – Roduna'[11] auf. Dabei handelt es sich, worauf Joachim Wollasch aufmerksam wurde, um den Bruder der Kaiserin Judith, Rudolf, und dessen Gemahlin Roduna, die aus der Gedenküberlieferung von St. Riquier bekannt sind[12]. Gerd Tellenbach hat angenommen, dass der rätische *dux* Rudolf als Sohn von Roduna und Neffe der Kaiserin Judith zu betrachten sei[13]. Wahrscheinlich hatte der rätische *dux* Rudolf seinerseits eine Tochter Roduna, die im aufschlussreichen St. Galler Eintrag Liutpolds, Erchangers, Bertolds und Arnolfs und nochmals Bertolds vor einem Rudolf und nach Chunigund und Liutgard namhaft gemacht wird[14]. Von den Genannten dürfte Chunigund wohl die Tochter Er-

[10] Diese These vertritt u.a. Hans K. SCHULZE, Die Grafschaftsverfassung der Karolingerzeit in den Gebieten östlich des Rheins (Schriften zur Verfassungsgeschichte 19), Berlin 1973, S. 123. Zu Hunfrids Tätigkeit in Istrien vgl. u.a.: Adolf HOFMEISTER, Markgrafen und Markgrafschaften im italienischen Königreich in der Zeit von Karl dem Grossen bis auf Otto den Grossen, MIÖG-Erg. Bd. 7/1904, S. 279f.; Eduard HLAWITSCHKA, Franken, Alemannen, Bayern und Burgunder in Oberitalien (774–962). Zum Verständnis der fränkischen Königsherrschaft in Italien (Forschungen zur oberrheinischen Landesgeschichte 8), Freiburg 1960, S. 206.

[11] Vgl. Libri confraternitatum Sancti Galli, Augiensis, Fabariensis, ed. Paul PIPER (MGH LC), Berlin 1884 (zit. PIPER), S. 224, col. 238; S. 244, col. 309; Das Verbrüderungsbuch der Abtei Reichenau (Zentralbibliothek Zürich, Ms. Rh. hist. 27), hrsg. von Johanne AUTENRIETH, Dieter GEUENICH und Karl SCHMID (MGH Libri memoriales et necrologia, Nova Series 1), Hannover 1979, pag. 59$^{C/D1}$; pag. 80^{D3} (zit.: RVB) und PIPER, S. 393, col. 154; Liber viventium Fabariensis, hrsg. von Albert BRUCKNER, Hans Rudolf SENNHAUSER, Franz PERRET (Stiftsarchiv St. Gallen Fonds Pfäfers Codex I), Faksimile-Edition, Basel 1973, Bd. 1, pag. 165 (zit.: Lib. viv. Fab.).

[12] Vgl. Gerd TELLENBACH, Exkurs über die ältesten Welfen im West- und Ostfrankenreich, in: DERS. (Hrsg.), Studien und Vorarbeiten zur Geschichte des grossfränkischen und frühdeutschen Adels (Forschungen zur oberrheinischen Landesgeschichte 4), Freiburg 1957, S. 335.

[13] Ebd., S. 338f.

[14] Vgl. PIPER, S. 94, col. 306. Im folgenden wird in Klammern die sich nach der von Karl Schmid durchgeführten Rekonstruktion des älteren (= A) und des jüngeren St. Galler Verbrüderungsbuches (= B) ergebende neue Zählung aufgeführt werden (vgl. Subsidia Sangallensia 1, Materialien und Untersuchungen zu den Verbrüderungsbüchern und zu den älteren Urkunden des Stiftsarchivs St. Gallen, hrsg. von Michael BORGOLTE, Dieter GEUENICH und Karl SCHMID [St. Galler Kultur und Geschichte 16, 1986]). Für pag. 94 ergibt sich nach der Rekonstruktion die Zählung B fol. 37^v.

changers, die Gemahlin Liutpolds und spätere Gemahlin König Konrads I. gewesen sein. Vielleicht war die hier vorkommende Roduna die Gattin Bertolds, des im Vintschgau und Engadin als Graf bezeugten Bruders und Nachfolgers des Bayernherzogs Arnolf[15].

Jedenfalls zeigen schon diese Bemerkungen, dass es nicht damit getan ist, den *dux* Rudolf lediglich aus der Stammtafel der Hunfridinger zu streichen. Denn seine Bezeichnung als *dux Raetianorum* ist ein Hinweis darauf, dass die Hunfridinger/Burkardinger in Rätien Konkurrenten, ja möglicherweise Gegner hatten.

Nachdem Bernhard, der unglückliche Friedelsohn Kaiser Karls III., im Jahre 890 aus Rätien vertrieben worden war, ist er den Annales Alamannici zufolge im Jahre 891 von einem Rudolf, offenbar dem rätischen *dux,* getötet worden[16]. Auch wenn über Rudolfs Ende und Burkards Anfänge in Rätien zu jener Zeit so gut wie nichts bekannt ist: Über die starke welfische Position in Rätien kann kein Zweifel bestehen. Die Welfen hatten dort nämlich nicht nur Besitz[17], sondern müssen mit angesehenen und einflussreichen rätischen Familien versippt gewesen sein, wie die Namen der Gedenkeinträge *Pro Rodulfo comite* und *Pro Reginwarto* im Pfäferser Gedenkbuch erkennen lassen.

Liber viventium Fabariensis pag. 165[18]:
Pro Rodulfo comite
Rodulf Roduna Hemma
Heiluuic Velf Chuanrat
Liutfred Varrat Uto Mesi
Etic Gubo Adalpret Zeizolf
Friderat Hupret Egiluart
Ruadlind Reginuart
Odalpret Reginfrit Petto
Otolf Beregund Fridehere
Balderat

Nicht nur in dem 27 Namen zählenden Rudolf-Eintrag, sondern auch in dem über 110 Namen umfassenden Reginwart-Eintrag kommen charakteristische Namen wie *Warrat, Mesi* und *Gubo* vor und dazu an erster Stelle *Reginwart*

---

[15] Vgl. Diplomata Heinrici I., ed. Theodor SICKEL (MGH Dipl. I), Hannover 1879–1884, Nr. 29, S. 115; Nr. 30, S. 116.
[16] Annales Alamannici, ed. Carl HENKING, MVG 19, NF 9/1884, S. 250: *Et Perenhart filius Karoli a Ruodolfo occisus*; vgl. zuletzt: Walter LENDI, Untersuchungen zur frühalemannischen Annalistik. Die Murbacher Annalen. Mit Edition (Scrinivm Fribvrgense 1), Freiburg/Schweiz 1971, S. 182.
[17] Vgl. Josef FLECKENSTEIN, Über die Herkunft der Welfen und ihre Anfänge in Deutschland, in: TELLENBACH (Hrsg.), Studien (wie Anm. 12), S. 78.
[18] PIPER, S. 393, col. 154; Lib. viv. Fab., pag. 155.

und andere, die auch im Reichenauer Welfen-Eintrag auf pag. 59 wiederkehren[19]. Sie deuten untrüglich auf einen Zusammenhang hin. Zwar sprechen die Indizien dagegen, dass alle Namen der erwähnten Einträge, vor allem des grossen Eintrags mit Reginwart, einen Sippenverband darstellen, weshalb man wenigstens in diesem Falle mit einer genossenschaftlich organisierten Personengruppierung rechnen muss. Im Reginwart-Eintrag werden nämlich nachweislich auch Dienstleute, eine *filia maioris* und eine *uxor cellenari,* genannt[20]. Doch lassen diese mit *Reginwart* im Gebetsgedenken verbundenen Personengruppen darauf schliessen, dass die welfische Präsenz in Rätien nicht nur eine vorübergehende gewesen sein dürfte. Eine Mitteilung Folcwins in seinen Gesta abbatum Lobiensium, Hucbert von S. Maurice d'Agaune habe *in acie cum Conrado Raeticarum vel Jurensium partium duce* gekämpft[21], spricht ebenso dafür wie in anderer Weise die materiellen und personellen Beziehungen und Verflechtungen der rätischen Kirche und des rätischen Adels zum jurensischen und elsässischen Gebiet[22]. Daher nimmt es auch nicht wunder, wenn im Zürichgau in den 870er und 880er Jahren ein Graf Rudolf bezeugt ist[23] und wenn König Rudolf II. von Hochburgund um das Jahr 918 in Zürich Münzen schlagen liess[24]. Andererseits wird in einer Urkunde König Heinrichs I. vom Jahr 930, mit der er dem Priester Hartbert, dem späteren Churer Bischof, zwei Kirchen im Engadin bestätigte, erklärt, die an die Florin-Kirche zu Remüs geschenkte königliche Kirche zu Sins, die vordem der Priester Reginwart auf Grund königlicher Verfügung innehatte, habe dieser seinem Neffen Hartbert hinterlassen[25]. Man ist hier unmittelbar an den im Umkreis des Welfen Rudolf in Rätien auftauchenden *Reginwart* erinnert. Ja, in einem Reichenauer Eintrag des Makgrafen Gero von Sachsen tauchen ein *Mesi* und eine *Judith* auf[26], so dass zu vermuten ist, die Gattin des sächsischen Markgrafen mit Namen Judith habe ihren Namen über Verwandt-

---

[19] Reginwart – Eintrag: Vgl. PIPER, S. 367, col. 43/44; Lib. viv. Fab., pag. 46. Welfen-Eintrag: Vgl. PIPER, S.224, col. 238; RVB, pag. 59[D1/2].

[20] PIPER, S. 367, col. 44; Lib. viv. Fab., pag. 46; dazu künftig: Gerd ALTHOFF und Karl SCHMID, Amicitiae. Dokumentation einer Bündnisbewegung durch Verbrüderungen und Freundschaften im beginnenden 10. Jahrhundert (in Vorbereitung).

[21] Folcuini gesta abbatum Lobiensium, ed. Georg WAITZ (MGH SS IV), Hannover 1841 (ND 1968), S. 60.

[22] Vgl. die diesbezüglichen Urkunden im Bündner Urkundenbuch, ed. Elisabeth MEYER-MARTHALER und Franz PERRET, Bd. 1 (390–1199), Chur 1955. Eine Untersuchung dieser Beziehungen wäre sehr zu wünschen.

[23] Wie Anm. 6.

[24] Vgl. MAURER, Herzog von Schwaben (wie Anm. 8), S. 57f.

[25] Vgl. DHI., Nr. 22, S. 57f.; dazu künftig: ALTHOFF – SCHMID, Amicitiae (wie Anm. 20). Vgl. Heinrich BÜTTNER und Iso MÜLLER, Das Kloster Müstair im Früh- und Hochmittelalter, ZSKG 50/1956, S. 65.

[26] Vgl. PIPER, S. 187, col. 109; RVB, pag. 26; dazu künftig: ALTHOFF – SCHMID, Amicitiae (wie Anm. 20).

schaftsbeziehungen zu den rätischen Welfen und somit letztendlich von der Kaiserin Judith erhalten.

Es ist hier nicht der Ort, die Geschichte der Welfen in ihrem oberschwäbischen, ihrem burgundischen und in ihrem westfränkischen Zweig, der sich in Rätien festsetzen konnte, zu erörtern. Doch kann man wohl nach den kurzen Bemerkungen über den rätischen *dux* Rudolf ermessen, welche Bedeutung die Fehde zwischen dem König Rudolf II. von Hochburgund und dem Schwabenherzog Burkard hatte, die zur Besetzung des schwäbischen Vororts Zürich führte. Gelang es doch, sie im Einvernehmen mit dem Sachsenkönig Heinrich beizulegen und dies durch ein Heiratsbündnis zu besiegeln: Berta, die Tochter Herzog Burkards, wurde als Gemahlin des Welfen Rudolf II. von Hochburgund, Königin[27].

b) *Conradus dux Raeticarum vel Jurensium partium?*

Die Erkenntnis von der Zugehörigkeit des rätischen *dux* Rudolf zum Geschlecht der Welfen führt in ein Dilemma, das nicht verschwiegen werden darf. Denn die Frage, wer in Rätien seit der Eingliederung dieser Provinz in das Reich Ludwigs des Deutschen im Jahre 843 die Grafengewalt ausgeübt hat, wird noch offener, als sie im Grunde genommen bisher schon gewesen ist. Und der Blick auf die Stammtafel der Hunfridinger mit ihren vier Generationen von Hunfrid bis Burkard vermag weniger einen Rat zu geben, als vielmehr die Unsicherheit darüber zu vergrössern, dass über die Verwaltung Rätiens um die Mitte des 9. Jahrhunderts so gut wie nichts gesagt werden kann. Gewiss weisen Namen wie der des Zürichgaugrafen Hunfrid oder der des Grafen Adalbert, der nach Michael Borgolte von 854 bis 894 in zahlreichen Gauen Alemanniens waltete und als *illustrissimus comes* wie als *dux Alamannorum* nachzuweisen ist[28], auf eine überaus starke Einflussnahme der sog. Hunfridinger im Alemannien des 9. Jahrhunderts hin. Und die Tatsache, dass Adalberts Verwandte in den Gedenkbüchern der Frauenklöster Remiremont und Santa Giulia in Brescia bezeugt[29] und weiterhin auch in Istrien nachzuweisen sind[30], spricht viel eher dafür als dagegen, dass diese Grafen sich auch in Rätien durchzusetzen suchten, was ja spätestens dem Markgrafen Burkard wiederum gelungen ist.

---

27 Vgl. Heinrich BÜTTNER, Heinrichs I. Südwest- und Westpolitik (Vorträge und Forschungen, Sonderband 2), Konstanz/Stuttgart 1964, S. 21 f.
28 Vgl. BORGOLTE, Grafen Alemanniens (wie Anm. 6), Artikel Adalbert (II.), S. 21–28.
29 Vgl. Hagen KELLER, Kloster Einsiedeln im ottonischen Schwaben (Forschungen zur oberrheinischen Landesgeschichte 13), Freiburg 1964, S. 22.
30 Vgl. HOFMEISTER (wie Anm. 10), S. 279; HLAWITSCHKA (wie Anm. 10), S. 207.

Man könnte in diesem Zusammenhang einen Eintrag des Pfäferser Gedenkbuchs zu Rate ziehen, der gewiss als solcher von Angehörigen des Geschlechts der Hunfringer zu gelten hat.

Liber viventium Fabariensis pag. 66[31]:

Adalbertus comes
Bærtrada
Humfredus
Dúta
Odolricus
Humfredus

Indessen ist es bis jetzt nicht gelungen, den Grafen Adalbert dieses Eintrags sicher auszumachen. Der Vergleich der Namengruppe mit den um Adalbert den Erlauchten, wie man den *illustrissimus* zuweilen nennt, in den Gedenkbüchern von Remiremont und Brescia gruppierten Namen gibt eher Anlass, an einen älteren Adalbert zu denken[32]. Dafür spricht auch, dass in der benachbarten Kolumne des Pfäferser Codex *Heberardus dux* und darunter von anderer Hand und mit anderer Tinte *Ghisela, Unrohc* geschrieben wurde: Es handelt sich bei den dort Eingetragenen um Eberhard von Friaul, der 864 verstarb und die Kaisertochter Gisela zur Frau und einen Sohn Unroch hatte[33].

Es bleibt, so merkwürdig dies anmuten mag, da es dazu kein Pendant in rätischen Quellen zu geben scheint, die Mitteilung Folcwins für die Zeit Ludwigs des Deutschen zu bedenken: Konrad, der Vater des Königs Rudolf von Hochburgund, sei *dux Raeticarum vel Jurensium partium* gewesen[34]. Auch wenn diese Mitteilung nicht in das bisherige Bild der Forschung über die Geschichte Rätiens in der Karolingerzeit zu passen scheint, so muss Folcwins Äusserung künftig doch ernst genommen und zumindest überprüft werden, nachdem sich eine welfische Position im rätischen Bereich tatsächlich abzeichnet.

Im übrigen soll hier nicht unerwähnt bleiben, dass sich von der zweiten Hälfte des 9. Jahrhunderts an Einträge von Mitgliedern der karolingischen Kö-

---

[31] PIPER, S. 370, col. 56; Lib. viv. Fab., pag. 66.
[32] Liber memorialis von Remiremont, hrsg. von Eduard HLAWITSCHKA, Karl SCHMID und Gerd TELLENBACH (MGH Libri memoriales, 1), Zürich 1970 (ND München 1981), fol. 4ʳ: *VI id. ian. ob. Adalberti, IIII id. ian. ob. Hildigarde, II non. mart. ob. Managoldi. II non. mai. ob. Rumhilde, VII kal. iun. ob. Odelrici, Kal. sept. ob. Ruodhlinde sororis, III non. sept. ob. Rōotlinde matris.*
Codice necrologico-liturgico del monasterio di S. Salvatore o S. Giulia in Brescia, ed. Andrea VALENTINI, Brescia 1887, fol. 34ᵛ: *Adelbertus comes, Odelricus, Manegoldus, Adelbertus, Ropertus, Albericus, Burchardus, Adelinda, Rodlinda, Rumilda, Rodlinda.*
[33] Vgl. Paul HIRSCH, Die Erhebung Berengars I. von Friaul zum König von Italien, phil. Diss. Strassburg 1910, bes. S. 43–74; HLAWITSCHKA (wie Anm. 10), S. 169ff. und S. 276.
[34] Wie Anm. 21.

nigsfamilie, insbesondere solche der Familie Karls III., im Pfäferser Gedenkbuch wie auch in den übrigen Büchern dieser Art finden[35]. Da dieser Befund für das 10. Jahrhundert auf die schwäbische Herzogsfamilie auszudehnen ist und auch die Grafenfamilien umfasst, die rätische Grafenrechte innehatten[36], fragt es sich, welchen Einfluss die Karolinger selbst auf die Herrschaft und/oder die Grafschaft in der Provinz oder im Dukat Rätien ausgeübt hatten.

c) *Liuthfredus dux?*

Merkwürdigerweise gänzlich unbeachtet[37] blieb der Eintrag eines *Liuthfredus dux* im Anschluss an das Königsdiptychon des Pfäferser Liber viventium, das bekanntlich mit einem nicht weniger interessanten, von gleicher Hand mit gleicher Tinte geschriebenen Bischofsdiptychon korrespondiert[38]:

Liber viventium Fabariensis

pag. 24:

Pipinus rex
Karolus imperator
Ludouuicus imperator
Pipinus rex
Rothardus laicus
Vuarinus laicus
Isimbardus laicus
Humfredus laicus
Adalbertus laicus
Luto laicus
(Liuthfredus dux)
(Huuc)

Hildigarda regina
Liutcarda regina
Judeth regina
Itta
(Liuthcarda)
(Aba)

pag. 25:

Victor pre(ses)
Tello episcopus
Constantius pre(ses)
Remedius episcopus

---

[35] Eintrag im Verbrüderungsbuch von Pfäfers: Vgl. PIPER, S. 361, col. 14 und S. 365, col. 35; Lib. viv. Fab., pag. 27 und pag. 41. Eintrag im Verbrüderungsbuch von St. Gallen: Vgl. PIPER, S. 11, col. 12 (= A fol. 11ʳ). Eintrag im VB von Remiremont: Liber memorialis von Remiremont, pag. 9r B 2–3.
Dazu vgl.: Karl SCHMID, Brüderschaften mit den Mönchen aus der Sicht des Kaiserbesuchs im Galluskloster vom Jahre 883, in: Helmut MAURER (Hrsg.), Churrätisches und st. gallisches Mittelalter. Festschrift für Otto P. Clavadetscher zu seinem fünfundsechzigsten Geburtstag, Sigmaringen 1984, S. 193f.; Gerd TELLENBACH, Liturgische Gedenkbücher als historische Quellen, in: Mélanges Tisserant 5, deuxième partie (Studi e Testi 235), Vatikan 1964, S. 396ff.

[36] Dazu vgl. KELLER (wie Anm. 29), S. 41f. zum Eintrag Liudolfs im Lib. viv. Fab., und Benedikt BILGERI, Geschichte Vorarlbergs 1: Vom freien Rätien zum Staat der Montforter, Wien/Köln/Graz 1971, S. 73, zu den Einträgen Ulrichs.

[37] Nicht erwähnt etwa bei HLAWITSCHKA (wie Anm. 10).

[38] PIPER, S. 359f., col. 7–9; Lib. viv. Fab., pag 24/25.

Vom Zeitpunkt der Entstehung dieses zweiteiligen Eintrags hängt ganz wesentlich die Datierung der Anlage des Pfäferser Liber viventium ab, worauf noch zurückzukommen sein wird[39]. Hier stellt sich die Frage, ob der Eintrag Liutfrids im Anschluss an das Herrscherverzeichnis mit diesem etwas zu tun hat, wie dies bei der Laiengruppe doch wohl der Fall ist.

Zunächst ist darauf hinzuweisen, dass zu den Kaisernamen Karl und Ludwig drei Frauennamen gehören, nämlich die Namen der Königinnen Hildegard und Liutkart zu Karl dem Grossen und der Name der Königin Judith zu Ludwig dem Frommen, und dass in Entsprechung dazu zu dem *laicus* Humfred der Frauenname *Itta/Hitta* gehören dürfte, was eine Reihe von Gedenkbucheinträgen zu verbürgen scheint[40]. In der gleichen Anordnung sind augenscheinlich links die Namen *Liuthfredus dux* und *Huuc* und rechts die dazu gehörenden Frauennamen *Liuthcarda* und *Aba* eingetragen worden. Hiessen doch die Gattin Hugos von Tours Ava/Aba und ein Sohn des Etichonenherzogs Liutfrid. Dieser war Laienabt des Juraklosters Münster-Granfelden. Ihm wie seinem Vater wurde in italienischen Quellen der Titel *dux* beigegeben[41].

Hier drängt sich folgende Frage auf: Weshalb erscheint der Eintrag Liutfrids als Fortsetzung des Herrscherdiptychons? An einen Zufall zu glauben, ist deshalb nicht naheliegend, weil es im königlichen Kloster Pfäfers wohl nicht vorgekommen wäre, dass bald nach der Anlage des Gedenkbuchs ohne Grund an so prominenter Stelle ein *dux* Platz gefunden hätte. Gewiss: Der Eintrag Liutfrids setzt das Herrscherdiptychon mit den Frauennamen und den Laien nicht einfach fort, insofern mit Liufrid dessen (wohl schon verstorbener) Vater Hugo und – von den Frauennamen ganz abgesehen – zwei andere (bisher nicht zugeordnete) Männernamen eingetragen wurden. Während man von den Herrschern und den nach ihnen genannten prominenten Laien annehmen möchte, sie hätten mit der Herrschaft über Pfäfers oder doch über Rätien etwas zu tun gehabt, ist das für die folgenden Namen ganz fraglich. Gleichwohl kann nicht in Abrede gestellt werden, dass der Ort des Eintrags diesen selbst – wie immer man

---

[39] Siehe unten S. 202 ff.
[40] Vgl. Hitta-Eintrag im VB von St. Gallen: PIPER, S. 15, col. 23 (= A fol. 16r); im VB der Reichenau: PIPER, S. 264, col. 388; S. 272, col. 408; RVB, pag. 99^{B2*}, pag. 103^{A1}; im VB von Pfäfers: PIPER, S. 359, col. 8; Lib. viv. Fab., pag. 24 (= Itta); auch Dieter GEUENICH, Die ältere Geschichte von Pfäfers im Spiegel der Mönchslisten des Liber Viventium Fabariensis, Frühmittelalterliche Studien 9/1975, S. 226–252, bes. S. 231 f., nimmt an, dass es sich bei *Itta* um die Frau Hunfrids handeln könnte.
[41] Vgl. HLAWITSCHKA (wie Anm. 10), S. 225 f.; zum Etichonen-Eintrag vgl. auch: Christian WILSDORF, Les Etichonides aux temps carolingiens et ottoniens, Bulletin philologique et historique 1964, Paris 1967, S. 1–33, bes. S. 7–24; zuletzt: Karl SCHMID, Unerforschte Quellen aus quellenarmer Zeit (I): Zur amicitia zwischen Heinrich I. und dem westfränkischen König Robert im Jahre 923, Francia 13/1985, S. 126 f.

ihn interpretieren mag – ganz erheblich akzentuiert. Er gibt jedenfalls zu der Frage Anlass, warum ein *dux* mit seinen Angehörigen ins Herrscherdiptychon eingefügt und damit – in Fortsetzung der Königsnamen – auch auf königliche Weise hervorgehoben worden ist.

Man möchte den Eintrag in die Zeit vor den Vertrag von Verdun 843 setzen und ihn als Zeugnis für das Ringen einer Gruppe von Grossen um Einfluss im Reich Ludwigs des Frommen betrachten, ein Ringen, das aufs engste mit dem karolingischen Bruderkrieg zusammenhing. Welche Rolle dabei für Lothar I. das rätische Passland spielte, scheint schon aus den wenigen erhaltenen Urkunden hervorzugehen[42]. Und die Zäsur, die das Jahr des Reichsteilungsvertrags von Verdun für Rätien brachte, kann in ihrer Bedeutung kaum überschätzt werden. Vielleicht darf der bisher übersehene Etichoneneintrag Liutfrids im Gedenkbuch von Pfäfers als Ausdruck des Einflusses auf das Land von Süden, von Italien, her und zwar als Zeugnis eines herrschaftlichen Eingriffs in Rätien von seiten Kaiser Lothars I. gewertet werden, wenn er nicht einen Hinweis auf den schon erwähnten Zusammenhang zwischen Rätien und dem jurensischen bzw. elsässischen Raum darstellt.

d) *Karolus, filius Ludowici imperatoris ... dux in Alsacia, Alemannia et Rixcia*

Als auch Karl, der nachgeborene Sohn Kaiser Ludwigs des Frommen von der Welfin Judith, auf dem Wormser Reichstag des Jahres 829 im Beisein Kaiser Lothars und Ludwigs von Bayern mit Alemannien, einem Teil Burgunds und Rätiens einen Reichsteil erhielt[43], war die Reichsteilungsordnung (Ordinatio imperii) von 817 gebrochen und die unselige Auseinandersetzung im karolingischen Herrscherhaus nicht mehr zu verhindern. Im Hinblick auf Rätien ist bisher zu wenig bedacht worden, was es mit Karls Dukat dort auf sich hatte. Zunächst fallen gewisse Parallelen auf: Zweimal nämlich sollte Rätien zu Italien gehören: Auf Grund der Reichsteilungsordnung (Divisio regnorum) von 806 zum Königreich Pippins von Italien und nach der Aussöhnung der Kaiser Ludwig und Lothar 839 zum Reich des in Italien herrschenden Kaisers Lothar[44].

---

[42] Vgl. BUB I, Nr. 44, S. 37; Nr. 48, S. 41; Nr. 60, S. 51f.; Nr. 61, S. 53f.; Nr. 63, S. 55f.; Nr. 64, S. 56; Nr. 65, S. 56.

[43] Vgl. Johann Friedrich BÖHMER, Regesta Imperii I, Die Regesten des Kaiserreichs unter den Karolingern 751–918, neubearbeitet von Engelbert MÜHLBACHER, vollendet von Johann LECHNER, Innsbruck ²1908, mit Ergänzungen von Carlrichard BRÜHL und Hans K. KAMINSKY, Hildesheim 1966 (zit. BÖHMER-MÜHLBACHER, Reg. Imp.²), Nr. 868a.

[44] 806 sollte der *ducatus Curiensis* mit dem südlichen Teil Alemanniens zu Italien kommen, 839 sollte Lothar zu Italien *ducatum Alemaniae, Curiam* erhalten; s. BÖHMER-MÜHLBACHER, Reg. Imp.² Nr. 416 und Nr. 993c (MGH Capit. 1, S. 127 und 2, S. 58).

Zweimal hinwiederum sollte Rätien zusammen mit Alemannien ein Teilreich bilden: Denn ähnlich wie die Verfügung von 829 zugunsten Karls des Kahlen sah die Teilungsordnung Ludwigs des Deutschen von 865 vor, dass Karl III. Rektor Alemanniens und Rätiens mit Chur sein sollte (*Alemanniae, Rhaetiae maiori et etiam Curiensi rector*[45]). Und dementsprechend scheint Konrad *dux Raeticarum et Jurensium partium* genannt worden zu sein[46].

Wie immer man die Stellung der Provinz und des Dukats Rätien im Vergleich zum Comitat in Rätien beurteilen mag[47]: Dass Judiths Sohn Karl u.a. als *dux in Rixcia* in Erscheinung tritt, gibt Anlass zur Frage, ob der seit der Divisio regnorum 806 über die Grafschaft vorgesehenen und gar schon eingerichteten Teilreichsherrschaft – sei es als Unterkönigtum oder als Dukat – bisher womöglich zu wenig Aufmerksamkeit geschenkt worden ist.

Jedenfalls bleibt zu bedenken, dass St. Galler Urkunden in den auf 806 folgenden Jahren nach Regierungsjahren Pippins in Alemannien und in den auf 829 folgenden Jahren nach den Regierungsjahren Karls datiert worden sind[48]. In beiden Fällen sind demnach die Verfügungen der Teilungsordnungen bezüglich der Herrschaft in Alemannien augenscheinlich nicht nur als zukünftige, sondern auch als tatsächliche genommen worden. Dazu passt sowohl die Präsenz König Pippins von Italien in Alemannien als auch der von Walahfrid verfasste Adventus für Judiths Sohn Karl[49]. Auch wenn in beiden Fällen für Rätien nichts Ähnliches zu registrieren ist, so kann doch die Formulierung der Divisio regnorum von 806, Pippin solle Italien erhalten *et de Alamannia partem, quae in australi ripa Danubii fluminis est . . . usque ad Alpes: quicquid intra hos terminos fuerit . . . una cum ducatu Curiensi et pago Durgowe*, dahingehend verstanden werden, als hätten sich in diesem ganzen Bereich die Herrschaftsverhältnisse nicht grundsätzlich unterschieden[50]. Dabei ist weder im Hinblick auf die Situation von 806 noch auf die von 829 zu verkennen, dass in Rätien Magnaten auf-

---

[45] Wie Anm. 43 und BÖHMER-MÜHLBACHER, Reg. Imp.², Nr. 1459a und Nr. 1490c.
[46] Wie Anm. 34.
[47] Zu dieser Problematik vgl. MEYER-MARTHALER, Rätien (wie Anm. 3), S. 71–75.
[48] Vgl. Urkundenbuch der Abtei St. Gallen, ed. Hermann WARTMANN, Teil I, 700–840, Zürich 1863, Nr. 191, S. 182 (806, Juli 31); Nr. 197, S. 187 (807, Oktober 1); Nr. 199, S. 189f. (809, Januar 5); Nr. 201, S. 191f. (809, April 21); Nr. 202, S. 192f. (809, September 14); Nr. 330, S. 304 (830, April 4); Nr. 337, S. 311 (831, Juni 10); Nr. 343, S. 317f. (833, März 27).
[49] Vgl. Walahfridi Strabi Carmina, rec. Ernst DÜMMLER (MGH Poetae Latini Aevi Carolini, 2), Berlin 1884, S. 406, Nr. LXIV: *In adventu Caroli filii augustorum;* dazu vgl. Karl SCHMID, Zur historischen Bestimmung des ältesten Eintrags im St. Galler Verbrüderungsbuch, in: Alemannica. Landeskundliche Beiträge. Festschrift für Bruno BOESCH (Alemannisches Jahrbuch 1973/75), Bühl 1976, S. 507.
[50] Werden doch nebeneinander der *ducatus Curiensis* und der *pagus Durgowe* genannt, vgl. BÖHMER-MÜHLBACHER, Reg. Imp.², Nr. 416 (MGH Capit. 1, S. 127).

tauchen, die im *regnum Italiae* bereits grossen Einfluss hatten: Hunfrid in Istrien und Liutfrid als *dux* in der Mark Trient[51]. Angesichts dieser Bemerkung ist es nicht erstaunlich, dass Kaiser Lothar im ersten Jahr seiner Regierung in Italien, am 4. Juni 823, in Rankweil, der *villa Unfredi comitis*, eine Urkunde für den Bischof von Como erliess[52]. Offenbar wollte Lothar an die Herrschaftstradition Pippins in Rätien anknüpfen, wofür auch spricht, dass Hunfrid, der *comes Curiensis*, noch im gleichen Jahr mit dem Abt Adalung von St. Vaast als Gesandter zum Papst abgeordnet wurde[53]. Erstaunlich allerdings ist es, dass aus dieser Urkunde und auch aus der vierten Klageschrift des Churer Bischofs Viktor, in der Lothar von der Churer Geistlichkeit als Intervenient beim Kaiser angefleht wird, nicht mit Sicherheit hervorgeht, dass er die Herrschaft über Rätien damals tatsächlich innehatte oder ausübte. Davor ist offenbar das eingetreten, was die Klageschriften des Bischofs Viktor nach sich zog und danach die Einsetzung Karls als *dux* im Elsass, in Alemannien und Rätien überhaupt erst möglich machte: die *divisio inter episcopatum et comitatum*.

e) *Distructio ... a Roderico et suo pravo socio Herloino post acceptum comitatem facta est*

Die Zerstörung der Bischofskirche schreibt der Churer Bischof Viktor dem Grafen Roderich und seinem Genossen Herloin zu. Leider erschwert die schlechte Überlieferungslage der sog. Klageschriften ihre Erforschung. Der fragmentarisch als Briefkompilation mit Zwischenüberschriften erhaltene Text spricht wohl am ehesten dafür, dass er zwecks Vorlage bei König Ludwig dem Deutschen zusammengestellt worden ist[54]. Jedenfalls ist die Tendenz dieser Briefe unverkennbar: Otto P. Clavadetscher, der das Verständnis der Divisio inter episcopatum et comitatum als Teilung des Gutes zwischen dem Bistum und der Grafschaft (nicht als Trennung von geistlicher und weltlicher Gewalt) begrün-

---

[51] Vgl. HLAWITSCHKA (wie Anm. 10), Kap. Prosopographie der Amtsträger Oberitaliens in der Zeit von 774–962, S. 206f., Artikel XCV: Hunfrid (I.) und S. 221 ff., Artikel CVIII: Liutfrid I.
[52] Vgl. Die Urkunden Lothars I., hrsg. von Theodor SCHIEFFER (Die Urkunden der Karolinger 3), Berlin/Zürich 1966 (ND München 1979), Nr. 2, S. 52 ff.
[53] Vgl. BÖHMER-MÜHLBACHER, Reg. Imp.², Nr. 778a.
[54] Dazu Elisabeth MEYER-MARTHALER in der Vorbemerkung zum sog. zweiten Klagebrief: BUB I, Nr. 46, S. 38.

det hat, betrachtet die Proklamation⁵⁵ als diplomatisches Kunststück⁵⁶: Die ganze Misere der Bischofskirche, die der Bischof auf den gewaltsamen Übergriff des Roderich schiebt, erscheint in der Nennung des Verlustes von 230 Kirchen und 3 Klöstern tatsächlich als fatal. Insofern wird mit der Klage über Roderich, dessen Übergriffe vor allem in der totalen Beeinträchtigung des Gottesdienstes am Bischofssitz selbst bestanden haben sollen, zumindest indirekt auch die Divisio kritisiert. Diese geschickte Verknüpfung von aktueller Bedrängnis und weit zurückliegender, offenbar regulärer Divisio gibt Anlass zur Vorsicht gegenüber den Äusserungen der Klageschriften, zumal diese in der überlieferten Form aus Vorlagen zusammengesetzt sind und in sprachlicher Hinsicht nicht einheitlich erscheinen: Der Bischof spricht etwa in der vierten Klageschrift den Kaiser zunächst in der ersten Person Singular, dann in der ersten Person Plural und zum Schluss wieder wie zu Anfang⁵⁷ an.

Solange die dringend erforderliche textkritische Untersuchung des Briefrodels im Zusammenhang mit den Zeugnissen über die allerdings geringfügige Restitution durch Ludwig den Frommen samt ihrer Bestätigung durch Ludwig den Deutschen nicht geleistet ist⁵⁸, können – streng genommen – nur Fragen gestellt werden.

Was die Person des Roderich selbst angeht, so gibt es in der bisherigen Forschung sich widersprechende Vermutungen. Das Identifizierungsproblem ist, mit anderen Worten, noch nicht ernsthaft als solches aufgeworfen worden. Zumeist wird auf den Grafen Ruadrih in einem Akrostichon der Versfassung der Visio Wettini von Walahfrid Strabo hingewiesen, ohne dass dabei die Frage der zeitlichen Bezüge angesprochen worden wäre⁵⁹. Elisabeth Meyer-Marthaler hat in Roderich den Linzgaugrafen gleichen Namens (!) vermutet, obschon dieser Ruachar hiess und, nach der urkundlichen Überlieferung zu schliessen, sogar

---

⁵⁵ So wird die Klage mehrfach genannt, dazu u.a.: Ulrich STUTZ, Karls des Grossen divisio von Bistum und Grafschaft Chur. Ein Beitrag zur Geschichte der Reichs- und Kirchenverfassung der fränkischen Zeit im allgemeinen und zur Geschichte Churrätiens sowie des Eigenkirchenrechts im besonderen, in: Festgabe Karl ZEUMER, Weimar 1909, S. 101–152, S. 104, Anm. 1; Elisabeth MEYER-MARTHALER, Zur Frühgeschichte der Frauenklöster im Bistum Chur, in: Festgabe Hans NABHOLZ zum 70. Geburtstag, Aarau 1944, S. 4 mit Anm. 15; DIES., Rätien (wie Anm. 3), S. 78 mit Anm. 196.
⁵⁶ Vgl. CLAVADETSCHER, Grafschaftsverfassung (wie Anm. 4), S. 108.
⁵⁷ Vgl. BUB I, Nr. 49, S. 42.
⁵⁸ Eine Seminarübung dazu wird von mir geplant.
⁵⁹ Walahfridi Strabi Carmina (wie Anm. 49), S. 317f., Z. 421–427; dazu STUTZ (wie Anm. 55), S. 104f., Anm. 3; MEYER-MARTHALER, Rätien (wie Anm. 3), S. 77f., Anm. 196; CLAVADETSCHER, Grafschaftsverfassung (wie Anm. 4), S. 61; David A. TRAILL, Walahfrid Strabo's Visio Wettini: text, translation, and commentary (Lateinische Sprache und Literatur des Mittelalters 2), Frankfurt/M. 1974, S. 16 und S. 142.

als Missus in der Churer Angelegenheit genannt wird[60]. Otto P. Clavadetscher hat für möglich gehalten, dass «wegen der Ähnlichkeit der Namen Ruopert und Roderich» die in der Translatio sanguinis Domini geschilderte Geschichte vom Kampf zwischen Ruodpert und Adalbert über den Besitz Rätiens und vom Tod des Ruodpert bei Zizers in Roderichs Intervention in Chur ihren historischen Kern gehabt haben könnte. Damit wäre auch ein Hinweis auf das Ende Roderichs gegeben, über das ansonsten nichts verlautet[61].

Indessen bleibt noch eine weitere Möglichkeit, den Übeltäter Roderich zu identifizieren. Dies wäre allerdings nur unter der Annahme möglich, hinter den Namen Roderich und Ruadroh verberge sich die gleiche Person. Im Reichenauer Verbrüderungsbuch findet sich nämlich an prominenter Stelle, unter den Namen der lebenden Mitglieder der karolingischen Herrscherfamilie, der Eintrag einer Namengruppe, die augenscheinlich eine solche der Welfen im Anschluss an *Judith regina* darstellt[62]:

Heiluuig
Chuonrat
Ruadolf
Ruadroh
Hemma
Morentio

Da Hrodrohs Todestag wie die Todestage anderer Welfen im Martyrologium Wandalberts von Prüm als Marginalnotizen enthalten sind, worauf Gerd Tellenbach aufmerksam gemacht hat[63], ist die Nennung Ruadrohs im Eintrag einer Reihe von bekannten Welfen ein Hinweis auf seine Zugehörigkeit zu diesen. Ja, es bietet sich auf den ersten Blick die frappierende Möglichkeit der Identifizierung Ruadrichs mit Roderich an. Denn unter der Voraussetzung, dass die Namen Roderich und Ruadroh die gleiche Person bezeichnet haben und die Tätigkeit Roderichs in Chur in die Zeit nach 824/25 gehört, wie Otto P. Clavadet-

---

[60] Vgl. MEYER-MARTHALER, Rätien, S. 78, Anm. 196. Ruachar als kgl. Missus erscheint 824/31 in einer verunechtet überlieferten Urkunde Ludwigs des Frommen, in dieser der Kirche von Chur den ihr durch den Grafen Roderich entzogenen Besitz restituiert und dem Bischof die ihm zustehenden geistlichen Rechte bestätigt, vgl. BUB I, Nr. 53, S. 43 ff. Dazu neuerdings Michael BORGOLTE, Geschichte der Grafschaften Alemanniens in fränkischer Zeit (Vorträge und Forschungen, Sonderband 31), Sigmaringen 1984, S. 219–229, Exkurs: Zur Einführung der Grafschaftsverfassung in Rätien.
[61] Vgl. CLAVADETSCHER, Grafschaftsverfassung (wie Anm. 4), S. 100; dazu neuerdings BORGOLTE, Exkurs (wie Anm. 60), S. 223 f.
[62] PIPER, S. 262, col. 383; RVB, pag. 98$^{A2/3}$.
[63] Vgl. TELLENBACH, Exkurs (wie Anm. 12), S. 337 f. – Zu *Morentio* neuerdings Patrick J. GEARY, Aristocracy in Provence. The Rhône Basin at the dawn of the Carolingian Age (Monographien zur Geschichte des Mittelalters 31), Stuttgart 1985, S. 142 f. mit Anm. 71 und S. 123 ff. und S. 172 ff.

scher postuliert, hätten wir eine in die politische Situation hervorragend passende Erklärung der offenbar vom Gemahl der Welfin Judith initiierten Tätigkeit des Grafen Roderich/Ruadroh in Chur und der zögerlichen und kümmerlichen Bereinigung derselben aus der Sicht des Churer Bischofs. Im Vorfeld der Einsetzung Karls, des nachgeborenen Sohnes Kaiser Ludwigs des Frommen von der Welfin Judith, als *dux* in Rätien wäre bereits eine konkrete, Chur betreffende Angelegenheit eines Angehörigen der Welfenpartei zu fassen, mit der sich der Kaiserhof zu beschäftigen hatte. So würde die in den Jahren 829/30 ihrem Höhepunkt zutreibende Krise mit der Einsetzung Karls, des Sohnes der Judith, als *dux in Alsacia, Alamannia et Rixcia* noch besser verständlich: Jene Krise, in der bekanntlich die Welfin Judith und ihre noch lebenden Brüder Konrad und Rudolf eine wichtige Rolle spielten.

So plausibel und erkenntnisträchtig der Vorschlag, in Roderich den Welfen Ruadroh zu sehen, sein mag: Es gibt eine Reihe von Bedenken, die von der Forschung zunächst auszuräumen wären, wollte man die Identifizierung Roderichs mit Ruadroh annehmen[64].

Das fraglos schwerste Problem ist ein chronologisches, verursacht durch das Akrostichon *RUADRIH* in Walahfrids Fassung der Visio Wettini. Erscheint es doch so gut wie ausgeschlossen, mit stichhaltigen Gründen einen historischen Bezug der sowohl Wetti als auch dem Kleriker *ADAM*, wohl gleichfalls einem Reichenauer Mönch, zugeschriebenen Vision bezüglich des Abtes Waldo und des Bischofs Adalhelm in den Wind zu schlagen und als blosse Fiktion abzutun. Dabei aber spielt der unerträgliche Gestank des Bades zweier Grafen eine Rolle, deren Namen: *ODALRIH* und *RUADRIH* in der Form des Akrostichon von Walahfrid mitgeteilt werden. Angesichts der visionären Enthüllungen über Kaiser Karl, Abt Waldo und Bischof Adalhelm, in deren Zusammenhang – wie angedeutet – auch *RUADRIH* als Büsser begangener Missetaten auftritt, müsste wohl angesichts der Überlieferungslage derjenige die Beweislast tragen, der die Identifizierung Ruadrihs mit dem Churer Übeltäter Roderich ablehnt. Ist es doch ganz unwahrscheinlich, dass es im Umfeld der Visionen Wettis und Adams neben der Missetat des Grafen Roderich noch die eines gleichnamigen Grafen Ruadrih gegeben hat. Wenn sich aber die Visionen Wettis und Adams tatsächlich auf den Grafen Roderich bezogen haben, dann ergeben sich daraus chronologische Konsequenzen. Denn es wird ausdrücklich gesagt, der Bischof (*ADALHELM*) sei,

---

[64] Frau Susanne Lesaar, die eine Magisterarbeit über die Anfänge des Klosters Schänis abgeschlossen hat, wies mich nach Abschluss meiner Arbeit auf den Beitrag von Gertrud SANDBERGER, Bistum Chur in Südtirol. Untersuchungen zur Ostausdehnung ursprünglicher Hochstiftsrechte im Vintschgau, Zeitschrift für bayrische Landesgeschichte 40/1977, S. 705–828, bes. S. 743ff. hin. Ich danke Frau Lesaar für die tatkräftige Hilfe bei der Erstellung des Apparats zu meinem Beitrag.

bevor er starb, von Verstorbenen um Hilfe angegangen worden, der Bruder (*ADAM*) aber, der die Vision hatte, habe davon (offenbar ist die Nachlässigkeit des Bischofs gemeint) nichts gewusst. Daraus ist zu folgern, dass Ruadrih, der mit einem Grafen Udalrich in der Waldo-Adalhelm-Vision vorkommt, spätestens zur Zeit der Visio Wettini, d.h. vor dem 4. November 824, verstorben war[65]. Es bleibt zu prüfen, ob die Ruadrih-Nennung in der Visio Wettini zeitlich noch genauer zu erschliessen ist. Jedenfalls aber ist der Übergriff auf die Churer Kirchen durch den Grafen Roderich unter Bischof Viktor erfolgt und nicht, wie Christian Wilsdorf meint, unter Karl dem Grossen[66].

f) Hunfrid, *comes Curiensis* und *dux super Redicam*

Auf dem Frankfurter Hoftag im Juni 823 erschien der in Rom vom Papst zum Kaiser gekrönte Lothar zur Berichterstattung. Er hob dort seinen Stiefbruder Karl, den Sohn seiner Stiefmutter Judith, aus der Taufe, nachdem er noch am 4. Juni dieses Jahres in Rankweil, der *villa Unfredi comitis*, für die Kirche in Como geurkundet hatte[67]. Hunfrid selbst nahm am Frankfurter Hoftag teil. Nach dem Eintreffen der vom Bischof von Silvacandida geleiteten päpstlichen Gesandtschaft wurde er nämlich mit dem Abt Adalung von St. Vaast zur Untersuchung der Mordtat an zwei Lothar ergebenen Amtsträgern der römischen Kirche in die ewige Stadt gesandt. Diese kaiserliche Gesandtschaft ist den Reichsannalen zufolge in Begleitung einer päpstlichen Abordnung unter Führung des gleichen Bischofs von Silvacandida zur Berichterstattung an den Kaiserhof frühestens zum Hoftag in Compiègne im November 823 zurückgekehrt.

Hunfrids Gesandtschaft nach Rom ist mehrfach bezeugt, wobei er als kaiserlicher Legat *comes Curiensis, dux super Redicam* und *comes Curiae* genannt wird[68].

---

[65] Wie Anm. 59. Vgl. Karl SCHMID, Bemerkungen zur Anlage des Reichenauer Verbrüderungsbuches. Zugleich ein Beitrag zum Verständnis der 'Visio Wettini', in: Landesgeschichte und Geistesgeschichte. Festschrift für Otto HERDING zum 65. Geburtstag, Stuttgart 1977, S. 24–41, bes. S. 30. ND in: DERS., Gebetsgedenken und adliges Selbstverständnis im Mittelalter, Sigmaringen 1983, S. 514–531, bes. S. 520.
[66] Vgl. Christian WILSDORF, Le comte Roderic a-t-il gouverné la Rhétie sous Charlemagne ou sous Louis le Pieux?, Schweizerische Zeitschrift für Geschichte 8/1958, S. 473; dazu: BORGOLTE, Exkurs (wie Anm. 60), S. 220f.
[67] Vgl. BÖHMER-MÜHLBACHER, Reg. Imp.[2], Nr. 773a.
[68] Annales regni Francorum, ed. Friedrich KURZE (MGH SS. rer. Germ.), Hannover 1895, S. 161, a. 823 *(Hunfridus comes Curiensis)*; Thegani Vita Hludowici imperatoris, ed. Georg Heinrich PERTZ (MGH SS II), Hannover 1829, S. 597, c. 30 *(Hunfridum qui erat dux super Redicam)*; Wolfgang TENBERKEN, Die Vita Hludowici Pii auctore Astronomo. Einleitung und Edition, phil. Diss. Freiburg 1971, Rottweil 1982, S. 117, c. 37 *(Hunfridum comitem mitteret Curiae)*.

Für die rätische Geschichte stellt sich angesichts der Quellenlage die wichtige Frage, ob auf dem Frankfurter Hoftag auch die Klage des Bischofs von Chur behandelt worden ist, wie die ältere Forschung angenommen hat[69]. Otto P. Clavadetscher begründete bekanntlich dagegen die These, die Aktion Roderichs in Chur könne erst nach dem Tode Hunfrids stattgefunden haben[70]. Indessen hat diese Annahme ihre Schwierigkeit darin, dass der im Akrostichon der Visio Wettini genannte Ruadrih, der ohne Namensnennung schon in der Prosafassung Heitos angesprochen wird, bereits verstorben gewesen sein muss, während er nach Clavadetscher noch gelebt haben soll[71]. Zum anderen möchte man nicht glauben, der neue Graf Roderich habe sich in Chur eingenistet, weil er das gräfliche Amtsgut des verstorbenen Hunfrids nicht in seine Gewalt gebracht haben soll. Man kann sich nicht vorstellen, dass der Kaiser unterlassen hat, für den Nachfolger Hunfrids im Grafenamt entsprechende Verfügungen zu treffen und für deren Durchsetzung zu sorgen. Was es mit den persönlichen Lehen auf sich hatte, steht dahin.

Gewiss könnte man mit Otto P. Clavadetscher annehmen, der im Bericht der Reichenauer Translatio sanguinis Domini aus dem 10. Jahrhundert geschilderte Kampf zwischen dem aus Rätien vertriebenen Sohn Hunfrids mit Namen Adalbert und einem gewissen Ruopert bei Zizers, bei dem dieser umkam, sei gleichsam der zweite Akt und zugleich das Ende des Versuchs Roderichs gewesen, die Grafengewalt in Rätien zu behaupten[72]. Doch scheint dies nicht zu der Annahme Clavadetschers zu passen, Roderich habe das Bischofsgut in Chur beeinträchtigt, weil er das Amtsgut und die persönlichen Lehen Hunfrids nicht habe erlangen können. Denn dass der neue Graf in Rätien gleich zwei Gegner, den Bischof und dazu noch den Sohn des angeblich verstorbenen Grafen Hunfrid, auf sich gezogen haben soll, möchte man nicht für wahrscheinlich halten. Darüber hinaus bedürfte es einer Erklärung, wie es zur Namenverwechslung Ruoperts mit Roderich kam.

Unter den mit der rätischen Geschichte der 820er Jahre in Zusammenhang stehenden Namen Roderich (in den Klageschriften), Ruadrih (in der Visio Wettini), Ruadroh (in den Welfen-Einträgen) und Ruopert (in der Translatio sanguinis Domini) passen wohl die beiden ersten zusammen, während die bei-

---

[69] So etwa BÖHMER-MÜHLBACHER, Reg. Imp.², Nr. 773a, STUTZ (wie Anm. 55), S. 10; MEYER-MARTHALER, Frühgeschichte (wie Anm. 55), S. 4, Anm. 15.
[70] Vgl. CLAVADETSCHER, Grafschaftsverfassung (wie Anm. 4), S. 59.
[71] Ebd., S. 61 und bes. S. 103.
[72] Ex translatione Sanguinis Domini, miraculis S. Marci, Vita S. Wiboradae et miraculis S. Verenae, ed. Georg WAITZ, (MGH SS IV, 1841, ND 1968), S. 445–449. Korrigiert abgedruckt zuletzt bei Theodor KLÜPPEL, Reichenauer Hagiographie zwischen Walahfrid und Berno, Sigmaringen 1980, S. 143–164.; vgl. dazu CLAVADETSCHER, Grafschaftsverfassung (wie Anm. 4), S. 99ff.; BORGOLTE, Geschichte der Grafschaften (wie Anm. 60), S. 262.

den letzten weder untereinander noch mit den beiden ersten gleichgesetzt werden können[73]. Damit soll natürlich nicht in Abrede gestellt werden, dass eine Namenverwechslung grundsätzlich ausgeschlossen ist. Und dies um so weniger, als an der Beilegung des Streites auch der Graf Rohcharius beteiligt war, wie interpolierte Königsurkunden für Chur nahelegen[74].

Es kommt hinzu, dass die Gedenkbucheinträge Hunfrids im Kloster Reichenau keinen Anhaltspunkt dafür geben, dass Hunfrid zur Zeit der Anlage des Verbrüderungsbuches, um 824/25, verstorben war. Jedenfalls findet sich sein Name nicht unter den um 824/25 eingetragenen *NOMINA DEFUNCTORUM*, unter denen zahlreiche Grafen genannt werden. Und dem entspricht es, dass der rätische Graf in zwei Einträgen des den lebenden Wohltätern vorbehaltenen Teiles erscheint, die bald nach der Anlage vorgenommen worden sein dürften[75]. Auf pag. 99^{B2} sind eingetragen:

Hunfridus com(es) Hitta,

und über Hitta steht in etwas kleinerer Schrift wohl der gleichen Hand: *It(em) Hitta*. Dann findet sich auf pag. 103^{A1} der elf Namen umfassende Eintrag:

Hunfridus Hitta
Adalpreht Odalrih
Hunfrid Liutsind
Hitta Imma Aba
Dancharat Benedictus

Dieser Eintrag, der zwei Personen mit dem Namen *Hunfrid* und mit dem Namen *Hitta* nachweist und mit den Namen *Odalrih* und *Imma* auf eine frühe Verwandtschaft zu den Angehörigen der Königin Hildegard hinweist, wird bestätigt durch einen wohl der gleichen Zeit angehörenden, wenngleich vielleicht noch etwas älteren Eintrag im St. Galler Verbrüderungsbuch[76]:

Hunfridus com(es)
Adalbertus
Oadalrih
Hunfrid
Hitta
Folcuuinus
Heimila

---

[73] Roderich: Vgl. BUB I, Nr. 46, S. 39; Ruadrih: Vgl. Walahfridi Strabi Carmina (wie Anm. 49), S. 317f., Z. 421–427; Ruadroh: wie Anm. 62 und Anm. 63; Ruopert: Vgl. KLÜPPEL (wie Anm. 72), S. 158.

[74] Vgl. BUB I, Nr. 53, S. 43ff.; Nr. 55, S. 47ff., Nr. 67, S. 57ff., dazu MEYER-MARTHALER, Frühgeschichte (wie Anm. 55), S. 4, Anm. 15.

[75] PIPER, S. 264, col. 388; S. 272, col. 408; RVB, pag. 99^{B2}, pag. 103^{A1}.

[76] PIPER, S. 15, col. 23 (= A fol. 12^v).

Ohne die zitierten Einträge in ihrer Aussage zu überfordern, darf bemerkt werden, dass Hunfrid nicht nur im Gedenkbuch von Pfäfers, sondern auch in den Verbrüderungsbüchern von St. Gallen und Reichenau an hervorragender Stelle erscheint. Dabei ist nicht zu verkennen, dass zweimal, in Urkunden von 807 und von 823, als sein Tätigkeitsort ausdrücklich Rankweil genannt wird, ein Ort, der die auffallende und bemerkenswerte Bezeichnung *villa Unfredi comitis* aufweist[77]. Angesichts der überaus spärlichen rätischen Zeugnisse aus dieser Zeit muss es wohl seine besondere Bewandtnis gehabt haben und daher erklärt werden, weshalb Hunfrid nicht am Sitz des Bischofs in Chur sein «Hauptquartier» aufgeschlagen hat, um einmal diesen Ausdruck zu gebrauchen.

g) Bischof Remedius von Chur und die Einführung der Grafschaftsverfassung in Rätien

Überaus merkwürdig wäre es, wenn 806, im Jahr der Divisio regnorum, ganz zufällig auch die Divisio inter episcopatum et comitatum vorgenommen worden wäre. Im Jahr 806 soll die Divisio inter episcopatum et comitatum vorgenommen worden sein, weil Hunfrid in einer Urkunde vom 7. Februar 807 erstmals als *Reciarum comes* erscheint[78]. Obwohl betont worden ist, die Divisio inter episcopatum et comitatum habe nichts mit der Divisio regnorum zu tun gehabt[79], muss endlich gefragt werden, wie es denn zu verstehen sei, dass ausgerechnet der offenbar schon früher in Italien auftretende Graf Hunfrid zum Grafen in Rätien avancierte. Passt nicht die Bestimmung der Divisio regnorum von 806, Rätien und Alemannien bis zur Donau solle dem Herrschaftsbereich König Pippins von Italien zugehören, genau zur Einsetzung des schon vorher in Italien tätigen Hunfrid im rätischen Passland? Haben also die beiden *divisiones* doch etwas miteinander zu tun? Indessen wird Hunfrids Grafenamt in Rätien nicht damit, sondern mit dem Tod des Bischofs Remedius von Chur in Zusammenhang gebracht. Und obschon es kein Zeugnis für das Todesjahr des Churer Bischofs gibt, wird der Schluss für zwingend gehalten, Remedius müsse vor dem Auftreten Hunfrids als Graf von Rätien, also vor 807, gestorben sein[80]. Und dies,

---

[77] Vgl. BUB I, Nr. 35, S. 34 ff.: *in curte ad Campos in mallo publico;* DLoI (wie Anm. 52), Nr. 2, S. 52: *Venomnia in villa Unfredi comitis*.
[78] UBSG I (wie Anm. 48), Nr. 187, S. 177 f.
[79] Vgl. CLAVADETSCHER, Grafschaftsverfassung (wie Anm. 4), S. 89.
[80] Diese Meinung vertreten u.a. Johann Meinrad GUBSER, Geschichte der Landschaft Gaster bis zum Ausgang des Mittelalters. Mit einem Exkurs: Gilg Tschudi und die geschichtliche Überlieferung des Klosters Schännis (Mitteilungen zur vaterländischen Geschichte 27), S. 326; Johann Georg MAYER, Geschichte des Bistums Chur I, Stans 1907, S. 92; MEYER-MARTHALER, Rätien

weil der am Karolingerhof angesehene Bischof von Chur als *dominus* in Rätien in einer Sedisvakanz durch einen Grafen abgelöst worden sein wird. Den Gepflogenheiten entsprechend seien nämlich *divisiones* – wie bemerkt wurde[81] – in Sedisvakanzen vorgenommen worden.

Man muss nach den wichtigen Feststellungen Otto P. Clavadetschers über die Stellung des rätischen Rektors und Präses[82] fragen, welcher Massnahme es bedurfte, um das Rektorat Rätien in eine Reichsteilungsordnung einbeziehen zu können. Da dieses – folgt man der Auffassung Clavadetschers – die Herrschaft des Königs von Italien beeinträchtigt hätte, erwies sich eine Neuordnung der Herrschaft, d.h. der weltlichen und geistlichen Gewalt durch eine *divisio* des Besitztums als unausweichlich. Und die Einsetzung des istrischen Markgrafen Hunfrid in Rätien scheint diese Folgerung nur zu bestätigen. Aus der Sicht der Divisio regnorum ist somit das zeitliche Zusammentreffen mit der Einführung der Grafschaftsverfassung in Rätien nicht als Zufall zu werten, sondern geradezu als Notwendigkeit beim Erlass einer Reichsteilungsordnung zu erachten. Als Zufall könnte das Zusammentreffen der beiden *divisiones* nur aus der Sicht der rätischen Geschichte selbst erscheinen.

Indessen fragt es sich, ob nicht bei der Klärung des Sachverhalts zu berücksichtigen ist, dass Hunfrid vor allem in Unterrätien und im Gasterland tätig geworden ist, wie Clavadetscher festgestellt hat[83], während Roderich offenbar sein Unwesen insbesondere in Chur selbst getrieben hat[84]. Ausserdem deuten die vorhandenen Hinweise auf den Zeitpunkt des Todes von Remedius von Chur nicht auf die Jahre vor 807, wenn man davon absieht, dass in der Alkuinkorrespondenz Remedius als älterer Mann erscheinen möchte[85]. Die Karfreitagsbitte *pro imperatoribus* im Remedius-Sakramentar scheint vielmehr auf die Zeit nach 813, dem Jahr der Kaiserkrönung Ludwigs des Frommen, zu weisen, so dass der

---

(wie Anm. 3), S. 67; Friedrich PIETH, Bündnergeschichte, Chur 1945, S. 32; CLAVADETSCHER, Grafschaftsverfassung (wie Anm. 4), S. 89.

[81] Vgl. CLAVADETSCHER, Grafschaftsverfassung, S. 77 und S. 89.
[82] Vgl. Otto P. CLAVADETSCHER, Zur Verfassungsgeschichte des merowingischen Rätien, Frühmittelalterliche Studien 8/1974, S. 60–70 und DERS., Churrätien im Übergang von der Spätantike zum Mittelalter nach den Schriftquellen, in: Joachim WERNER und Eugen EWIG (Hrsg.), Von der Spätantike zum frühen Mittelalter (Vorträge und Forschungen 25), Sigmaringen 1979, S. 159–178, bes. S. 171–174.
[83] Vgl. CLAVADETSCHER, Grafschaftsverfassung, S. 101.
[84] Das geht aus der zweiten Klageschrift sehr deutlich hervor, vgl. BUB I, Nr. 46, S. 38ff.
[85] Alcuini Epistolae, ed. Ernst DÜMMLER (MGH Epist. IV, Karolini Aevi 2) Berlin 1895, S. 479, Nr. 310: *Properat enim dies ultimus, et tacito pede fessa senectus ingreditur cubile nostrum ...*; vgl. ebd. S. 369, Nr. 225. Zu den Alkuin-Briefen vgl. allgemein: Adele FRISKE, Alcuin and mystical friendship, Studi Medievali, Serie Terza II/1961, S. 551–575; Wolfgang EDELSTEIN, Eruditio et sapientia. Weltbild und Erziehung in der Karolingerzeit. Untersuchungen zu Alcuins Briefen (Freiburger Studien zu Politik und Soziologie), Freiburg 1965.

Eintrag des Bischofs Remedius mit Bezug auf das 'Memento vivorum' in der Zeit Ludwigs des Frommen vorgenommen worden sein dürfte[86]. Dem entspricht es, dass das Bischofsdiptychon im älteren St. Galler Gedenkbuch, das wohl in der Zeit um 815 entstanden ist, den Bischof Remedius offensichtlich als Lebenden nennt[87]:

St. Galler Verbrüderungsbuch pag. 18:

Hiltiboldus episcopus	von Köln, um 787–818
Uuolfleoz episcopus	von Konstanz, 811–39
Heistolf episcopus	von Mainz, 813–25
Remedius episcopus	von Chur, um 800–? (vor 822)
Heito episcopus	von Basel, 805–23
Bernheri episcopus	von Worms, 799–825
Adalhelm episcopus	von ? – (vor 4.11.824)
Theotbert episcopus	von Marseille? vor 822–34
Milo episcopus	von ?

Da die St. Galler Bischofsliste Bestandteil der Anlage des älteren St. Galler Verbrüderungsbuches ist, die in der Zeit zwischen 810 und 815 angesetzt werden kann[88], dürften angesichts der für die genannten Bischöfe festzustellenden Re-

---

[86] Vgl. Kunibert MOHLBERG, Das fränkische Sacramentarium Gelasianum in alamannischer Überlieferung (Codex Sangall. Nr. 348) (St. Galler Sakramentar-Forschungen 1, Liturgiegeschichtliche Quellen, Heft 1/2), Münster ²1939, bes. S. XCVIII. Dazu Abb. 1, S. 203.

[87] PIPER (wie Anm. 11) S. 35, col. 75 (= A fol. 10v). Vgl. dazu auch: Johanne AUTENRIETH, Das St. Galler Verbrüderungsbuch. Möglichkeiten und Grenzen paläographischer Bestimmung, Frühmittelalterliche Studien 9/1975, S. 220 mit Anm. 25. – Zur Datierung der einzelnen Bischöfe: Zu *Hildebald von Köln* vgl. Die Regesten der Erzbischöfe von Köln im Mittelalter, Bd. 1 (313–1099), bearbeitet von Friedrich W. OEDIGER, Bonn 1954–1961, S. 35; Das Bistum Köln von den Anfängen bis zum Ende des 12. Jahrhunderts, bearbeitet von Wilhelm NEUSS und Friedrich W. OEDIGER, Köln 1964 (Geschichte des Erzbistums Köln), S. 151; zu *Wolfleoz von Konstanz* vgl. zuletzt: Karl SCHMID, Bemerkungen zum Konstanzer Klerus der Karolingerzeit. Mit einem Hinweis auf religiöse Bruderschaften in seinem Umkreis, Freiburger Diözesan-Archiv 100/1980, S. 28; zu *Haistulf von Mainz* vgl. Karl SCHMID (Hg.), Die Klostergemeinschaft von Fulda im früheren Mittelalter 2.1 (Münstersche Mittelalter-Schriften 8, München 1978), S. 323 (B18); zu *Remedius von Chur* «um 800» als Beginn der Episkopatszeit des Remedius, s. Helvetia Sacra, hg. von Albert BRUCKNER, Abteilung I, Bd. 1: Schweizerische Kardinäle. Das apostolische Gesandtschaftswesen in der Schweiz. Erzbistümer und Bistümer I, Bern 1972, S. 470; zu *Heito von Basel* vgl. Helvetia Sacra, Abteilung I, Bd. 1, S. 165; zu *Bernhar von Worms* vgl. Meinrad SCHAAB, Die Diözese Worms im Mittelalter, Freiburger Diözesan-Archiv 86/1966, S. 111; zu *Adalhelm* vgl. SCHMID (wie Anm. 65) S. 33 bzw. S. 523 mit Anm. 41; zu *Theodbert von Marseille* vgl. L. DUCHESNE, Fastes Episcopaux de l'Ancienne Gaule, Bd. 1: Les Provinces du Sud-Est, 2., durchgesehene und korrigierte Auflage, Paris 1907, S. 276.

[88] Vgl. SCHMID, Zur historischen Bestimmung (wie Anm. 49) S. 500–532; DERS., Auf dem Weg zur Wiederentdeckung der alten Ordnung des St. Galler Verbrüderungsbuches. Über eine Strassburger Namengruppe, in: Otto P. CLAVADETSCHER, Helmut MAURER, Stefan SONDEREGGER (Hrsg.), Florilegium Sangallense. Festschrift für Johannes DUFT zum 65. Geburtstag, St. Gallen/Sigmaringen 1980, S. 213–241; zuletzt: Karl SCHMID, Zum Quellenwert der Verbrüderungsbücher von St. Gallen und Reichenau, Deutsches Archiv 41/1985, S. 345–389, bes. S. 360.

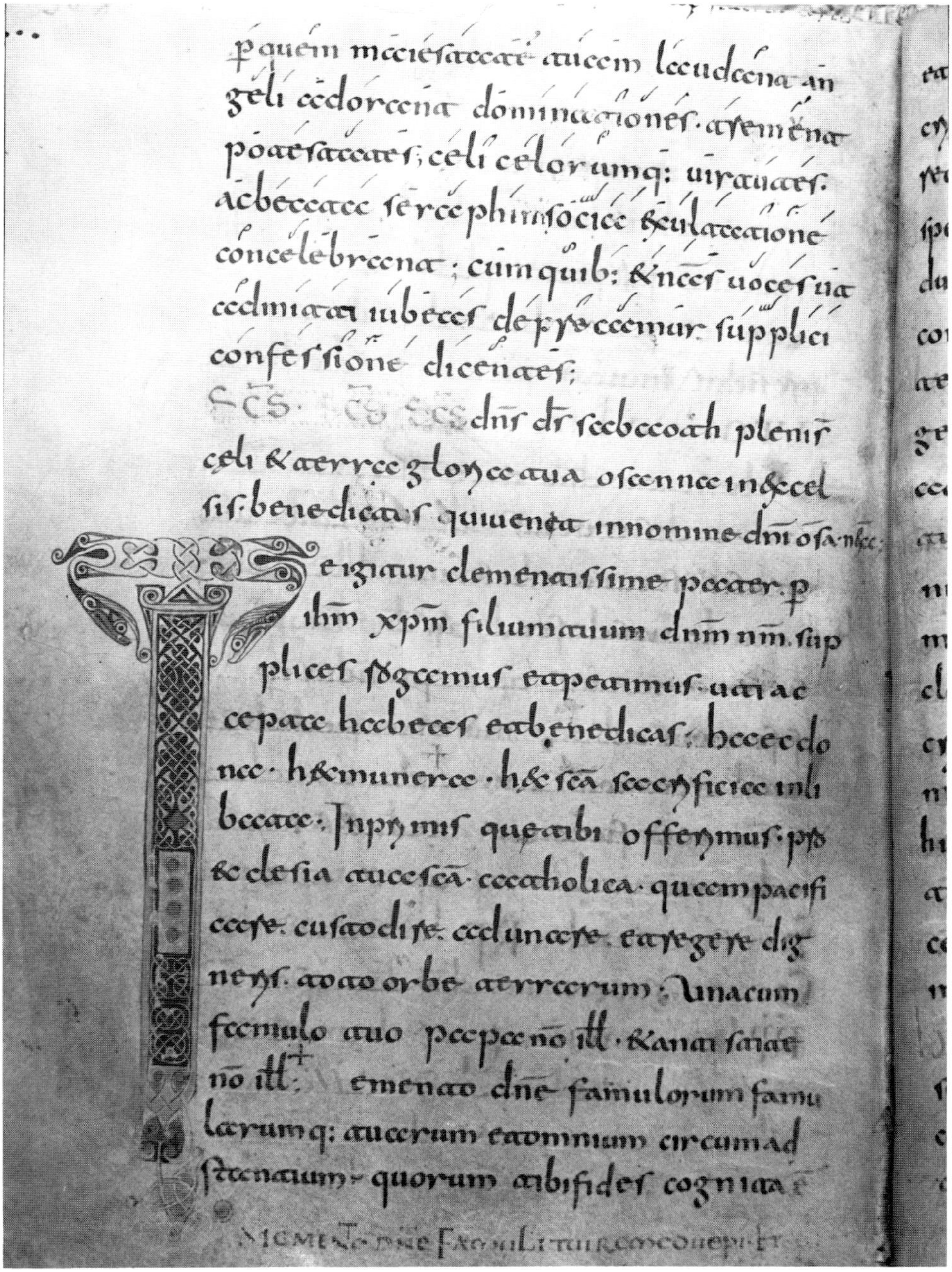
p quem maiestatem tuam laudant an
geli adorant dominationes. tremunt
potestates, celi celorumq: uirtutes.
ac beata seraphim socia exultatione
concelebrant; cum quib: & nostras uoces ut
admitti iubeas deprecamur supplici
confessione dicentes;
SCS. SCS. SCS. dns ds sabaoth plenis
celi & terrae gloria tua osanna in excel
sis. benedictus qui uenit in nomine dni osa in exc.
Te igitur clementissime pater p
ihm xpm filium tuum dnm nm. sup
plices rogamus et petimus. uti ac
cepta habeas et benedicas. haec do
na. haec munera. haec sca sacrificia inli
bata. In primis quae tibi offerimus pro
ecclesia tua sca catholica. quam pacifi
care. custodire. adunare. et regere dig
neris. toto orbe terrarum. Una cum
famulo tuo papa nro ill. et antistite
nro ill. Memento dne famulorum famu
larumq: tuarum et omnium circumad
stantium quorum tibi fides cognita
MEMENTO DNE FAMULI TUI REMEDII EPI ET

Abb. 1 Remedius-Sakramentar, Chur. Stiftsbibl. St. Gallen, Cod. Sangall. 348, p. 368.

gierungszeiten keine ins Gewicht fallenden Bedenken bestehen, dass zu den zum Zeitpunkt der Listenentstehung lebenden Bischöfen auch Bischof Remedius von Chur gehört. Da nicht Viktor von Chur, wohl aber Wolfleoz von Konstanz und Heito von Basel vorkommen, ist der Schluss gerechtfertigt, Viktor sei zum Zeitpunkt der Niederschrift der Liste noch nicht Bischof von Chur gewesen.

Ist aber Bischof Remedius von Chur nicht um 806, sondern um 820 gestorben[89], dann scheint nicht der von der Forschung zwar angenommene, aber unbezeugte und den Gedenkbuch-Einträgen zufolge unwahrscheinliche Tod Hunfrids bald nach seiner letzten sicheren Bezeugung im Spätjahr 823, sondern der Tod des Bischofs Remedius von Chur der Anlass für einen weiteren Anlauf bei der Einführung der Grafschaftsverfassung in Rätien geboten zu haben: Der Eingriff nämlich in Chur selbst, das Hunfrid möglicherweise zunächst noch nicht offen stand. Ohne den Beweiswert der Gedenkbucheinträge überbewerten oder gar verabsolutieren zu wollen, scheinen sie dennoch Informationen zu vermitteln und Anhaltspunkte zu geben, mit denen sich vielleicht ein deutlicheres Bild vom Geschehen in Rätien zur Zeit der Einführung der Grafschaftsverfassung gewinnen lässt: Ein Bild, das ohne Widersprüche und erhebliche Schwierigkeiten und etwas zwangsloser den Weg zum Verständnis der rätischen Geschichte öffnet, die sich seit 843 im Rahmen des ostfränkischen Reiches vollzog, während sie davor stark vom Geschehen in Italien bestimmt gewesen ist.

Ganz der Einsicht von Otto P. Clavadetscher verpflichtet, der Weg von der Praesidiats- zur Grafschaftsverfassung sei schrittweise zurückgelegt worden[90], bleibt – mit anderen Worten – zu prüfen, ob nicht unter Bischof Remedius ein weiterer, wichtiger Schritt auf diesem Wege erfolgte: Möglicherweise ist mit dem Erlass der Divisio regnorum im Jahre 806 die Herrschaft des Bischofs durch eine *divisio* eingeschränkt worden, wobei die Grafschaft Hunfrids in Rätien den engeren Bereich von Chur ausgespart haben könnte. Man wird vielleicht weniger an eine dem Bischof verbliebene Grafschaft Oberrätien denken[91], als vielmehr eine anders geartete Form der Herrschaft für möglich halten, wie sie etwa durch die in den St. Galler Urkunden bezeugte Formel: *sub Eginone episcopo* angedeutet wird[92]. Aber das ist von untergeordneter Bedeutung. Träfe es nämlich zu, dass Hunfrid schon unter Bischof Remedius Grafenrechte in Rätien ausübte, so könnte nach dessen Tod mit dem Regierungsantritt des Bischofs

---

[89] So die ältere Annahme in Chur selbst, vgl.: Ambrosius EICHHORN, Episcopatus Curiensis in Rhaetia sub metropoli Moguntina, chronologice ac diplomatice illustratus, St. Blasien 1798, S. 28 ff., bes. S. 30, der sich bezieht auf Johann FLUGI VON ASPERMONT, Catalogus oder ordenliche series der Bischoffen zu Chur (1645), gedruckt in: JHGG 1901, S. 5 ff.
[90] Vgl. CLAVADETSCHER, Grafschaftsverfassung (wie Anm. 4), S. 88.
[91] Ablehnend zu dieser älteren Meinung: CLAVADETSCHER, S. 52.
[92] Vgl. UBSG I, Nr. 135, S. 127; dazu: BORGOLTE, Geschichte der Grafschaften (wie Anm. 60) bes. S. 156 und S. 251.

Viktor ein weiterer, letzter Schritt vorgenommen worden sein. Er könnte sich in der Tätigkeit des mit der Grafengewalt ausgestatteten Roderich manifestiert haben, die sich den Klageschriften zufolge offenbar auf die Bischofsstadt selbst konzentrierte.

Wie Otto P. Clavadetscher gezeigt hat, ist die Divisio inter episcopatum et comitatum als Trennung des Churer Kirchengutes und nicht als «Trennung der geistlichen und weltlichen Gewalt» aufzufassen[93]. Ganz in diesem Sinne hat sich der Churer Bischof in seiner zweiten Klageschrift nicht gegen die Rechtmässigkeit der Grafengewalt zur Wehr gesetzt, sondern die Zerstörung seiner Kirche durch die *divisio* festgestellt und beklagt, dass das kirchliche Leben und der Gottesdienst nach der Wegnahme des Kirchenvermögens und dem Raub sogar der Reliquien des hl. Lucius völlig darniederlägen[94]. Der Bischof griff somit nicht etwa die Grafschaftsverfassung an oder die Betrauung Roderichs mit dem Comitat, wie Clavadetscher mit Recht betonte[95]. Vielmehr klagte er über die fatalen Folgen der *divisio* für seine Kirche und über den aktuellen Kirchenraub des Grafen. Daher versteht es sich, dass seine Äusserungen über die Entstehung und den Werdegang der für ihn so misslichen Lage recht dunkel und sprachlich unkorrekt, um nicht zu sagen unverständlich, sicher aber missverständlich sind. Es geht um den zentralen Satz: *Quae distructio vel preda post illam divisionem, quam bonae memoriae genitor vester inter episcopatum et comitatum fieri praecepit, et nos longo tempore ab ipso fuimus vestiti, subito a Roderico et suo pravo socio Herloino post acceptum comitatum facta est et adhuc ita permanet*[96], einen Satz, den Ulrich Stutz wie folgt übersetzte: «Diese Verwüstung und Beraubung aber ist im Gefolge jener Auseinandersetzung, die Euer Vater seligen Angedenkens vornehmen liess zwischen dem Bistum und der Grafschaft – und wir hatten doch lange Zeit durch Verleihung von ihm die Gewere – alsbald von Roderich, nachdem er die Grafschaft erhalten hatte, und von seinem Unheilgesellen Herloin angerichtet worden und dauert noch heute so fort[97].»

Die bestehenden Meinungsverschiedenheiten über das Verständnis dieser vagen Aussagen lassen sich wohl nur aus der Tendenz der zweiten Klageschrift Viktors verstehen. Die Klagen Viktors können daher nicht einfach wortwörtlich genommen werden, sondern müssen von ihren Absichten her verstanden werden. Und diese enthüllen sich sehr deutlich, wenn die zweite mit der sich stark von ihr unterscheidenden dritten Klageschrift verglichen wird, was bisher noch

---

[93] CLAVADETSCHER, Grafschaftsverfassung, S. 65.
[94] Vgl. BUB I, Nr. 46, S. 39, dazu Iso MÜLLER, Zum Churer Bistum im Frühmittelalter, SZG 31/1981, S. 277–307, bes. S. 284ff.
[95] Vgl. CLAVADETSCHER, Grafschaftsverfassung, S. 106.
[96] Wie Anm. 94.
[97] STUTZ (wie Anm. 55), S. 106.

nicht geschehen ist. Zwar hat Otto P. Clavadetscher bereits auf die geschickte Verknüpfung alter Verluste und neuer Bedrängnis des Churer Bischofs hingewiesen und die Klageschriften insofern als diplomatische Meisterleistungen apostrophiert[98]. Dass jedoch nach den heftigen und drastischen, bisweilen bis ins einzelne gehenden Beschwerden der zweiten Klageschrift in der dritten – und das gilt auch für die vierte – nicht mehr von Roderich und seinen Räubereien in Chur und Umgebung die Rede ist, die den Gottesdienst zum Erliegen gebracht hätten, sondern ganz im Gegenteil dem Herrscher tausend Messen und tausend Psalter mit der Bitte angeboten werden, er möge *ob amorem omnipotentis dei vestraeque mercedis augmentum* die Churer Kirche retten und die beschlossene Abordnung einer Untersuchungskommission bald verwirklichen[99], ist nicht zu verkennen. Offenbar hat sich zwischen der zweiten und dritten Klageschrift etwas ereignet, was bisher unerkannt und unerörtert geblieben ist. Die akute Bedrohung des Gottesdienstes in der Bischofsstadt ist augenscheinlich beseitigt worden: Der Bischof konnte nun tausend Messen und tausend Psalter anbieten, während er vorher behauptete, der Gottesdienst und damit auch die *elemosina* für die Könige seien gänzlich zum Erliegen gekommen.

Was war geschehen? Zumindest sind offenbar die Bedrohungen in der Zwischenzeit abgestellt, d.h. wohl die Missetäter abberufen worden.

Und wenn nicht alles trügt, dürfte dies auf dem Frankfurter Hoftag im Juni 823 geschehen sein. Sind doch die Indizien dafür so zahlreich, dass man die Augen verschliessen müsste, um dies nicht zu sehen. In der vierten Klageschrift heisst es nämlich, zuletzt habe Lothar, als er durch das Land zog, die Klagen des Churer Klerus angehört und sich zu seinem Fürsprecher (*intercessor*) am Kaiserhof in Frankfurt gemacht, wohin ihn der Bischof begleitet habe. Dass Lothar tatsächlich am 4. Juni 823 in Rankweil bezeugt ist und in Frankfurt überdies die späteren *missi,* der Strassburger Bischof Bernold und Gottfried, der Abt von Münster im Gregoriental, zugegen waren[100], kann nicht einfach mit dem Hinweis übergangen werden, in Frankfurt könne im Juni 823 die Churer Bistumsangelegenheit deshalb nicht zur Sprache gekommen sein, weil dort auch Graf Hunfrid zugegen war, der Churer Zwischenfall jedoch seinen Tod voraussetzte[101].

Es geht hier – kurz gesagt – darum, ob dieser Schluss wirklich zwingend ist. Wenn vorgeschlagen wird, diese Frage nochmals zu diskutieren, d.h. offen zu halten, so ist dies nicht nur darin begründet, dass die Churer Angelegenheit zwi-

---

[98] Vgl. CLAVADETSCHER, Grafschaftsverfassung, S. 109.
[99] Vgl. dritte Klageschrift: BUB I, Nr. 47, S. 40f.
[100] Wie Anm. 69.
[101] So CLAVADETSCHER, Grafschaftsverfassung, S. 54.

schen der zweiten und dritten Klageschrift eine offensichtliche Wendung erfahren hat, insofern Ludwig der Fromme die akute Bedrohung des Bischofs abgestellt und eine Untersuchung der Angelegenheit angeordnet hat, sondern weil die Intervention Lothars für die Churer Kirche und ihren Bischof Viktor und der Aufenthalt des aus Rom kommenden jungen Kaisers in der *villa Unfredi comitis* genau zu dem Termin im Juni 823 in Frankfurt passen, wo nämlich der *comes Curiensis, comes Curiae* und *dux super Redicam* genannte Hunfrid in wichtiger Angelegenheit sowohl Ludwigs des Frommen als auch Lothars nach Rom entsandt worden ist und wo Lothar dazu bewogen werden konnte, den nachgeborenen Kaisersohn, den Judith Ludwig dem Frommen geschenkt hatte, mit dem Namen Karl aus der Taufe zu heben[102].

Gewiss handelt es sich bei der Annahme, im Juni 823 sei in Frankfurt Roderich das Handwerk gelegt worden und infolgedessen Hunfrid als *comes Curiensis,* ja als *dux super Redicam,* herausgestellt worden, vorläufig um eine Arbeitshypothese. Vielleicht war er damals schon nicht mehr am Leben. Wenigstens spricht das, was sich danach ereignete, nicht dagegen. Erklärt sich doch so der minimale Erfolg, den die Churer Klage für den Bischof zeitigte, wie ja längst – zu Unrecht: mit Erstaunen – festgestellt worden ist[103]. Und dies, obwohl es Viktor erreicht hatte, dass die eingesetzte Untersuchungskommission tatsächlich tätig geworden ist[104]. Was erstattet wurde, war spärlich angesichts der Erregung und Empörung des Bischofs. Und jedenfalls war kein Besitztitel in Chur selbst dabei, so dass geschlossen werden muss, der Bischof habe entweder dort nichts verloren oder das Entfremdete sei ihm schon vorher (in Frankfurt 823?) zurückerstattet worden. Anderseits taucht Hunfrid nun als *comes Curiensis* und *dux super Redicam* auf, was darauf hinzudeuten scheint, dass ihm nunmehr – nach dem Zwischenfall mit Roderich – die Grafengewalt in ganz Churrätien übertragen worden war.

Die vorgeschlagene Sicht der Dinge aber weist auch darauf hin, dass sich offenbar schon sehr früh eine Politik am Hof Ludwigs des Frommen abzeichnete, die eine starke Italienbindung Rätiens[105] in Frage stellte und über den Plan eines Dukats Karl des Kahlen im Jahre 829 schliesslich zur Eingliederung des Churer Bistums in den Mainzer Metropolitanverband führte.

---

[102] Vgl. BÖHMER-MÜHLEBACHER, Reg. Imp.², Nr. 773a.
[103] CLAVADETSCHER, Grafschaftsverfassung, S. 103, hat dies genauso betont, wie schon vor ihm STUTZ (wie Anm. 55), S. 139 und MEYER-MARTHALER, Rätien (wie Anm. 3), S. 78 Anm. 196.
[104] Dies geht aus der Restitutionsurkunde Ludwigs des Frommen für die Kirche von Chur hervor (wie Anm. 60).
[105] Dies gilt auch für den südlichen Teil Alemanniens, vgl. SCHMID, Zur historischen Bestimmung (wie Anm. 49) bes. S. 503–510.

h) Ungelöste Probleme

Der Versuch, für die Geschichte Rätiens einschlägige Einträge in den Gedenkbüchern der Bodenseeklöster in die Diskussion zu bringen, bedarf der Fortsetzung. Soviel indessen dürfte schon deutlich geworden sein, dass es sich um Zeugnisse handelt, die tatsächlich etwas mit der rätischen Geschichte zu tun haben. Auch wenn sich ihr Quellencharakter von den herkömmlich ausgewerteten, historischen Zeugnissen unterscheidet und ihr Quellenwert zuweilen gering geschätzt wird, so ist wohl nicht zweifelhaft, dass sie aufs Ganze gesehen ein Bild ergeben, das nicht länger unbeachtet bleiben darf. Gewiss sind die Einzelbefunde für denjenigen, der nicht gewohnt ist, mit Memorialzeugnissen umzugehen, nicht ganz leicht zu verifizieren. Eine quellenkritische Methodik, wie sie die Urkundenlehre darstellt, ist vonnöten. In Ansätzen wenigstens ist sie in der Ausbildung begriffen[106]. Gleichwohl erscheint Vorsicht bei der Auswertung und Interpretation von Gedenkbucheinträgen angebracht. Aus diesem Grunde wurde im vorliegenden Beitrag darauf verzichtet, den erhebliche Probleme aufwerfenden Anlage-Einträgen im Pfäferser Liber viventium, die im Zusammenhang des als Nachtrag zu wertenden Eintrags eines *Liuthfredus dux* angesprochen worden sind, eine Deutung abzugewinnen[107]. Doch sollen wenigstens die wichtigsten Fragen genannt werden, auch wenn sie vorerst noch als ungelöst zu bezeichnen sind.

Beginnen wir mit der Bischofsreihe pag. 25, so stellt sich sogleich die Frage, wer der an der Spitze stehende *Victor pre(ses)* gewesen ist. Sieht man in ihm den Vater des Bischofs Tello von Chur[108], dann müsste erklärt werden, weshalb der Anlage-Eintrag mit Bischof Remedius endet. Hält man Viktor für den Nachfolger des Remedius, den Verfasser der Klageschriften, dann wäre seine Bezeichnung als praeses – man wird *pre* mit Kürzungsstrich kaum in *pre(sul)* auflösen wollen – das Problem. Nicht anders verhält es sich mit dem Herrscher-Eintrag pag. 24, an dem die Namen von Magnaten, hier Laien genannt, angeschlossen sind. Folgt nach *Hunfridus laicus*, zu dem wohl aus der Reihe der Frauennamen *Itta* gehört, ein *Adalbertus laicus* und nach diesen ein bis jetzt nicht identifizierter *Luto lai(cus)*, so ist mit der gewiss richtigen Aussage, dass vor ihnen Rut-

---

[106] Dazu SCHMID, Zum Quellenwert (wie Anm. 88), bes. S. 347–372, Kap. 1: Bemerkungen zur Quellenkritik an Beispielen aus den Verbrüderungsbüchern der Bodenseeklöster.

[107] Siehe oben, S. 189ff.; zuletzt: Dieter GEUENICH, Der Liber Viventium von Pfäfers als geschichtliches Dokument, in: Werner VOGLER (Hrsg.), Die Abtei Pfäfers. Geschichte und Kultur. Katalog der Ausstellung des Stiftsarchivs St. Gallen (14. April bis 8. Mai 1983), St. Gallen 1983, S. 32–37.

[108] Vgl. Iso MÜLLER, Rätien im 8. Jahrhundert, ZSG 19, 1939, S. 337–395; CLAVADETSCHER (wie Anm. 82) und neuerdings Hans LIEB, Die Gründer von Cazis, in: Churrätisches und st. gallisches Mittelalter, Festschrift für Otto P. Clavadetscher, hg. von Helmut MAURER, Sigmaringen 1984, S. 37–52.

hard und Warin, die Verwalter Alemanniens unter König Pippin, sowie Warins Sohn Isanbard stehen[109], wenig gesagt. Vielmehr ist nach dem Grund der Nennung der fränkischen Sachwalter in Alemannien im Gedenkbuch der rätischen Abtei Pfäfers zu fragen. Diese Angelegenheit ist jedoch keineswegs damit erledigt, dass man feststellt, Warin und Ruthard hätten mit Rätien nichts zu tun gehabt oder dass man gar aus ihrem Eintrag in der Herrscherliste des rätischen Klosters den Schluss zieht, diese Nennung beweise, dass das Zeugnis unzuverlässig oder gar irrig sei! Wer in diesem Falle irrt, wäre zu fragen. Jedenfalls erscheint es richtiger, die Frage nach dem Grund der Nennung Warins, Ruthards und Isanbards im Anlage-Eintrag von Pfäfers offenzuhalten, was nichts anderes heisst, als die Möglichkeit des Nachdenkens nicht zu verschütten und zu fragen, weshalb Warin und Ruthard im Pfäferser Gedenkbuch zusammen mit den Karolingern genannt sind.

Ganz in diesem Sinne wollen die dem Jubilar gewidmeten Bemerkungen dazu beitragen, ein Stück rätischer Geschichte von europäischem Rang neu in die Diskussion zu bringen. Dass im Rätien des 9. Jahrhunderts nicht nur die sogenannten «Hunfridinger» Grafengewalt ausgeübt haben, sondern auch Angehörige anderer Adelsgeschlechter, insbesondere die Welfen, dort tätig geworden sind, spricht dafür, wie sehr das Passland in den Alpen zur Zeit der Karolinger umkämpft gewesen ist. Die interessante Frage seiner Eigenständigkeit im Rahmen der grösseren politischen Einheiten, dem italienischen oder ostfränkischen Reich oder dem späteren Herzogtum Schwaben, ist damit noch gar nicht angeschnitten. Ganz merkwürdig und in ihrer Bedeutung noch kaum erkannt, erscheinen Bindungen und Verbindungen zwischen Rätien und dem Elsass[110], die genauer untersucht werden sollten.

---

[109] So bei BORGOLTE, Grafen Alemanniens (wie Anm. 6), Artikel Isanbard, S. 155.
[110] Wie Anm. 22. Korrekturnachtrag zu Anm. 1: Zuletzt Iso MÜLLER. Das Reichenauer Verbrüderungsbuch und der Klosterkonvent von Disentis, SZG 35, 1985, S. 369–388.

Aus den Anfängen der Fraumünsterabtei in Zürich*

von Dieter Geuenich

Über den weit zurück reichenden Kult der Verehrung der beiden Märtyrer Felix und Regula in Zürich sowie über ihre aus der zweiten Hälfte des 8. Jahrhunderts stammende Passio hat P. Iso Müller einen verdienstvollen Beitrag «mit kristallklarer Analyse[1]» vorgelegt[2]. Die über dem Grab dieser beiden heiligen Geschwister errichtete Coemiterial-Kirche rechts der Limmat war im Frühmittelalter Mittelpunkt einer weitreichenden Verehrung und Ziel zahlreicher Wallfahrten[3]. Sie war aber zugleich Pfarrkirche für den Sprengel zwischen Limmat und Glatt und beherbergte seit dem Beginn des 9. Jahrhunderts eine Klerikergemeinschaft, die nach der Aachener Institutio zusammenlebte[4]. An Bedeutung übertraf dieses Gotteshaus schon bald die auf dem gegenüberliegenden Ufer erbaute, ältere Peterskirche[5]. Am 21. Juli des Jahres 853 stattete König Ludwig der Deutsche im Gedenken an seinen Grossvater, Karl den Grossen, und seinen Vater, Ludwig den Frommen, sowie in der Hoffnung auf ewigen Lohn für seine Gemahlin und deren Kinder ein Frauenkloster über dem Grab der Heiligen mit umfangreichem Fiskalbesitz aus und verlieh ihm Immunität[6]. Dies entnehmen wir einer in Regensburg ausgestellten Urkunde, die als Original erhalten ist. Die königliche Schenkung umfasste den gesamten Königshof (*curtis Turegum*) mit dem Albisforst und dem kleinen Gau (*pagellum*) Uri. Zur Äbtissin des Klosters bestimmte Ludwig seine älteste Tochter Hildegard, die er verpflichtete, die ihr

---

* Mit Anmerkungen versehener Vortrag vor dem Konstanzer Arbeitskreis für mittelalterliche Geschichte am 25.10.1986.
[1] Daniel GUTSCHER, Das Grossmünster in Zürich (Beiträge zur Kunstgeschichte der Schweiz 5), Bern 1983, S. 24.
[2] Iso MÜLLER, Die frühkarolingische Passio der Zürcher Heiligen, ZSKG 65, 1971, S. 132–187.
[3] MÜLLER, Passio, S. 175 ff.; Helmut MAURER, Der Herzog von Schwaben. Grundlagen, Wirkungen und Wesen seiner Herrschaft in ottonischer, salischer und staufischer Zeit, Sigmaringen 1978, S. 58–61.
[4] Dietrich W.H. SCHWARZ, Die Statutenbücher der Propstei St. Felix und Regula zu Zürich, 1952, S. XXVIII; Ulrich HELFENSTEIN – Cécile SOMMER-RAMER, SS. Felix und Regula (Grossmünster) in Zürich, in: Helvetia Sacra 2/2: Die weltlichen Kollegiatstifte der deutsch- und französischsprachigen Schweiz, hg. von Guy P. MARCHAL, Bern 1977, S. 565. – Zu Klerikergemeinschaften zuletzt: Karl SCHMID, Bemerkungen zum Konstanzer Klerus der Karolingerzeit. Mit einem Hinweis auf religiöse Bruderschaften in seinem Umkreis, Freiburger Diözesan-Archiv 100, 1980, S. 26–78, bes. S. 26 mit Anmerkung 1.
[5] Heinrich BÜTTNER – Iso MÜLLER, Frühes Christentum im schweizerischen Alpenraum, Einsiedeln – Zürich – Köln 1967, S. 169 (zu Tafel 32). Zur Peterskirche: Hedwig WICKER, Sankt Peter in Zürich, Zürich 1955.
[6] MGH DD Ludwig d. Deutsche, hg. von Paul KEHR, 1932–1934, Nr. 67, S. 92–94; UB der Stadt und Landschaft Zürich 1, hg. von J. ESCHER und P. SCHWEIZER, Zürich 1888, Nr. 68, S. 22–24.

anvertrauten Schwestern zur Übung der Regel und Befolgung klösterlicher Zucht anzuhalten, sie zu nähren und den ihr überlassenen Besitz nach Kräften zu fördern, zu bessern und zu mehren[7].

Man hat diese Gründung – oder zumindest Neudotierung[8] – eines Klosters in Zürich und die Übertragung als Eigentum[9] der Königstochter, die zu diesem Zeitpunkt bereits mit der Leitung eines Frauenklosters in Schwarzach am Main betraut war[10], zu Recht im Zusammenhang einer verstärkten Zuwendung des Königs zum südlichen Grenzbereich des *ducatus Alamanniae* gesehen, den er stärker in seinen Herrschaftsbereich einzubeziehen trachtete[11]. Privilegien und Schenkungen an die Klöster in Rheinau und St. Gallen[12] bestätigen dieses Bild ebenso wie die Tatsache, dass einer der Kleriker der Zürcher Chorherrenge-

---

[7] MGH DD Ludwig. d. D. Nr. 67, S. 94; UB Zürich, Nr. 68, S. 23: *... ut, quantum domino permittente valeat, familiam in eodem monasterio domino militantem suoque dominatui subiectam disciplinis regularibus et observantiae monasterialis institutione corrigat et nutriat locaque ipsa sibimet concessa, quantum vires suppeditent, profectibus et emendationibus augmentando provehat et emendet.* Vgl. auch a.a.O.: *... ut deinceps in posterum ibidem omni tempore sanctimonialium feminarum sub regulari norma degentium vita conversatioque monasterialis monachicho cultu instituta caelebretur...*

[8] Während Georg VON WYSS, Geschichte der Abtei Zürich (Mittheilungen der Antiquarischen Gesellschaft in Zürich 8), Zürich 1851–1858, S. 15 davon ausging, dass dort bereits «ein kleines Frauenkloster unbekannten Ursprungs» bestand, geht die neuere Forschung allgemein von einer Neugründung aus; vgl. zuletzt Judith STEINMANN, Die Benediktinerinnenabtei zum Fraumünster und ihr Verhältnis zur Stadt Zürich 853–1524 (StMGBO Ergänzungsband 23), St. Ottilien 1980, S. 11f. (mit weiterer Literatur).

[9] Der Text der Urkunde (MGH DD Ludwig d. Dt. Nr. 67, S. 94; UB Zürich 1, Nr. 68, S. 23) lautet zwar: *... monasterium cum omni integritate una cum nostra traditione in locis praefatis dilectissimae filiae nostrae Hildigardae in proprietatem concessimus...*, doch steht *in proprietatem* auf Rasur. Während Paul KEHR (a.a.O. S. 93) einen ursprünglichen Wortlaut *usque ad obitum* vermutet, nimmt Eugen FISCHER, Das Monasterium der heiligen Märtyrer Felix und Regula in Zürich, ZSKG 53, 1959, S. 165 an, es habe ursprünglich *in beneficium* geheissen; vgl. auch Josef SIEGWART, Die Chorherren- und Chorfrauengemeinschaften in der deutschsprachigen Schweiz vom 6. Jahrhundert bis 1160 (Studia Friburgensia NF 30), Freiburg (Schweiz) 1962, S. 184 mit Anmerkung 2. STEINMANN, Benediktinerinnenabtei, S. 17, geht davon aus, dass diese Änderung des Wortlautes «in einer Zeit, wo sich die Eigentumsverhältnisse des Klosters de facto geändert hatten», erfolgt ist.

[10] MGH DD Ludwig d. Dt. Nr. 79, S. 115f.; UB Zürich 1, Nr. 76, S. 26. Vgl. Karl Ferdinand WERNER, Die Nachkommen Karls des Grossen bis um das Jahr 1000, in: Karl der Grosse. Lebenswerk und Nachleben 4: Das Nachleben, hg. von Wolfgang BRAUNFELS und Percy Ernst SCHRAMM, Düsseldorf 1967, S. 445 (zu II, 12); K. VOIGT, Die karolingische Klosterpolitik und der Niedergang des westfränkischen Königtums. Laienäbte und Klosterinhaber, Stuttgart 1917, S. 42 mit Anmerkung 42.

[11] MAURER, Herzog, S. 61f.; STEINMANN, Benediktinerinnenabtei, S. 11. – Zur Bedeutung der Pfalz oberhalb des linken Ufers der Limmat vgl. Emil VOGT, Der Lindenhof in Zürich, Zürich 1948; Marcel BECK, Die mittelalterliche Pfalz auf dem Lindenhof in Zürich, ZSG 29, 1949, S. 70–76; Eugen EGLOFF, Ein grosses Jubiläum: Zürich vor 1100 Jahren, Diaspora-Kalender 54, 1954, S. 73ff.

[12] Vgl. UB Zürich 1, Nr. 64, 84, 111 und 112, S. 18f., 30–32, 42f. und 43f. (für Rheinau); UBSG 1, Nr. 344, S. 318; UBSG 2, Nr. 433, 434, 435, 554, 477, 479, S. 50–54, 71, 92, 95.

meinschaft namens Berold als königlicher Kapellan bezeugt ist[13]. Hildegard konnte ihre neue Aufgabe am Ufer der Limmat nur dreieinhalb Jahre wahrnehmen, da sie bereits am 23. Dezember des Jahres 856 im Alter von nur 28 Jahren starb[14]. Ihre Nachfolgerin als Äbtissin des Zürcher Frauenklosters wurde, wie allgemein angenommen wird[15], ihre jüngere Schwester Berta, die ihr zuvor auch schon in der Leitung der Abtei Schwarzach gefolgt war[16]. Allerdings ist Berta erst zum 29. Oktober 863 als Leiterin des Zürcher Nonnenkonvents bezeugt, als diesem in einem nach dem Vorbild und unter Benutzung der Urkunde von 853 ausgestellten Königsdiplom erneut Immunität und Schutz verliehen wurde[17]. Diese jüngere Tochter Ludwigs des Deutschen stand der Abtei bis zu ihrem Tode am 26. März 877 vor. Während ihres Abbatiats erfolgten weitere Schenkungen, unter anderem von elsässischen Besitzungen durch König Lothar II[18].

878 übereignet Bertas Bruder, König Karl III., die Abtei seiner Gemahlin Richgard zu lebenslänglicher Nutzniessung[19]. Gleichwohl steht bereits 889, nach dem Sturz Karls III., aber noch vor dem Tode Richgards, nicht mehr die Kaiserin, sondern mit *Eberhart comes* ein Mann den Nonnen vor[20]. Nach neuen Forschungsergebnissen von Michael Borgolte handelt es sich dabei um den als

---

[13] MGH DD Ludwig d. Dt. Nr. 82, S. 119f.; UB Zürich 1, Nr. 77, S. 27. Zur Person vgl. Josef FLECKENSTEIN, Die Hofkapelle der deutschen Könige 1: Grundlegung. Die karolingische Hofkapelle (Schriften der MGH 16, 1), Stuttgart 1959, S. 195; MAURER, Herzog, S. 62; WICKER, Sankt Peter, S. 48–52; STEINMANN, Benediktinerinnenabtei, S. 14 mit Anmerkung 14.

[14] Zum Todesjahr Hildegards, das VON WYSS, Geschichte der Abtei Zürich, S. 17 mit Anmerkung 42, 859 ansetzte, Johann Friedrich BÖHMER – Engelbert MÜHLBACHER, Die Regesten des Kaiserreiches unter den Karolingern 751–918 (Regesta Imperii 1), Innsbruck ²1908, Nr. 14251; vgl. auch die Vorbemerkung zur Urkunde Ludwigs des Deutschen von 857 Mai 13 (MGH DD Ludwig d. Dt. Nr. 82, S. 119) und WERNER, Die Nachkommen (Faltblatt).

[15] Vgl. dazu unten S. 220f.

[16] Ernst DÜMMLER, Geschichte des Ostfränkischen Reiches 2 (Jahrbücher der Deutschen Geschichte 7), Leipzig ²1887, S. 426, sowie WERNER und VOIGT (wie Anmerkung 10).

[17] MGH DD Ludwig d. Dt. Nr. 110, S. 158f.; UB Zürich 1, Nr. 96, S. 37f. – In der Urkunde über die Schenkung des Herrenhofes Cham an St. Felix und Regula von 858 April 16. ist Berta noch nicht erwähnt; die Übertragung erfolgte *postulatione dilectissimae filiae nostrae Hildigardae*, die zu diesem Zeitpunkt bereits mehr als ein Jahr verstorben war. Eine (lebende) Äbtissin ist nicht genannt.

[18] UB Zürich 1, Nr. 105, S. 50f., Nr. 130, S. 52f. und Nr. 131, S. 53f. Mit der zuletzt genannten Urkunde schenkt Berta die von Lothar II. erhaltenen Besitzungen *in pago Elisazon* dem von ihr geleiteten Kloster; diese Besitzübertragung wird 879 von Karl III. nochmals bestätigt: UB Zürich 1, Nr. 137, S. 57f.

[19] MGH DD Karl III. Nr. 7, S. 11; UB Zürich I, Nr. 134, S. 56: ... *omnibus diebus vitae suae sub usu fructuario ... concessimus securiter possidenda ..., sicuti hoc item quondam beatae memoriae soror nostra Berta per precariam regia auctoritate possederat.* Berta war also das Kloster in der gleichen Weise zugesprochen worden. Vgl. STEINMANN, Benediktinerinnenabtei, S. 17 mit Anmerkung 38.

[20] UB Zürich 1, Nr. 153, S. 66, überträgt ein *Perehtelo ... ad monasterium, ..., ubi moniales deo famulantur et modo Eberhart comes cum advocato suo Adalberto preesse videntur* Güter in Wiedikon.

Graf im Unterelsass, in der Ortenau und im oberen Aargau bezeugten Eberhard «den Erlauchtesten», der sich der besonderen Gunst des Königs Arnulf von Kärnten erfreute[21]. Vier Jahre später, 893, wird eine *domna Chunigunda abbatissa* als «sonst nicht bezeugte vierte Äbtissin» genannt, die Hedwig Wicker mit der gleichnamigen Schwester der Brüder Erchanger und Berthold gleichsetzte, der später in zweiter Ehe mit König Konrad I. (913) vermählten Witwe des Markgrafen Liutpold[22]. Dies ist durchaus nicht unglaubwürdig; denn im Jahre 924 verfügt der Schwabenherzog Burkhard I. über das Kloster[23], dessen Interessen von 929 bis 955 durch Reginlind, die Witwe des Herzogs und Gemahlin seines Nachfolgers Hermann I., vertreten werden[24]. Die Leitung der Frauengemeinschaft scheint die Herzogin nicht selbst ausgeübt, sondern einer *preposita Cotist(h)iu* übertragen zu haben, die zu den Jahren 929 und 946 bezeugt ist[25].

Soweit die wichtigsten bekannten Daten und Personen, durch die das erste Jahrhundert der Geschichte der Frauengemeinschaft am Grabe der heiligen Märtyrer Felix und Regula bestimmt ist. Noch im 9. Jahrhundert hatte sich der Nonnenkonvent offensichtlich auch räumlich stärker von den Chorherren getrennt, indem er auf das andere Limmatufer übersiedelte. Die Ratpert von St. Gallen zugewiesenen, inzwischen aber als spätmittelalterliches Machwerk erkannten Verse über die Errichtung der Fraumünsterkirche unter Berta und die Kirchweihe durch den Konstanzer Bischof Gebhart berichten darüber ausführlich[26]. Die oben referierten Fakten über die Ausstattung, Leiterinnen und Lage des Zürcher Frauenklosters sind seit Georg von Wyss, der vor nunmehr 130 Jahren seine 'Geschichte der Abtei Zürich' vorgelegt hat, bekannt und in der Folgezeit durch zahlreiche Studien und Beiträge korrigiert, modifiziert und

---

[21] Michael BORGOLTE, Die Geschichte der Grafengewalt im Elsass von Dagobert I. bis Otto dem Grossen, ZGORh. 131 N.F. 92, 1983, S. 37–41; DERS., Geschichte der Grafschaften Alemanniens in fränkischer Zeit (Vorträge und Forschungen, Sonderband 31), Sigmaringen 1984, S. 215–217; DERS., Die Grafen Alemanniens in merowingischer und karolingischer Zeit. Eine Prosopographie, Sigmaringen 1986, S. 98f.: Artikel: EBERHART (I).

[22] UB Zürich 1, Nr. 159, S. 70 mit Anmerkung 1. (Zitat); WICKER, St. Peter, S. 56f. – Vgl. dazu auch unten S. 225f. mit Anm. 72.

[23] UB Zürich, Nr. 188, S. 79f. Zur Stellung des Schwabenherzogs in der Zeit nach der Schlacht bei Winterthur im Gebiet von Zürich MAURER, Herzog, S. 47, 63f. u.ö.; zur Besitzgeschichte: Georg CARO, Zur Gütergeschichte des Fraumünsterstifts Zürich, Anzeiger für Schweizerische Geschichte N.F. 9, 1902–1905, S. 13–19; zur wirtschaftlichen Bedeutung Zürichs zu dieser Zeit Heinrich BÜTTNER, Die Anfänge der Stadt Zürich, SZG 1, 1951, S. 534f., wiederabgedruckt in: DERS., Schwaben und Schweiz im frühen und hohen Mittelalter (Vorträge und Forschungen 15), Sigmaringen 1972, S. 319f.

[24] UB Zürich 1, Nr. 192, S. 83–85, Nr. 202, S. 94f., Nr. 203, S. 95f. Vgl. VON WYSS, Geschichte, S. 31f.

[25] UB Zürich 1, Nr. 192, S. 84: *preposita Cotisthiu;* Nr. 197, S. 88: *preposita nomine Cotistiu.*

[26] Peter STOTZ, Ardua spes mundi. Studien zu lateinischen Gedichten aus Sankt Gallen (Geist und Werk der Zeiten 32), Bern – Frankfurt 1972, S. 217ff.

ergänzt worden²⁷. Dennoch scheint eine erneute Beschäftigung mit der Anfangszeit des Klosters nicht überflüssig zu sein, da den Nonnen selbst, die den Konvent in dieser Frühzeit bildeten, bislang kaum Aufmerksamkeit geschenkt worden ist. Und dies, obwohl wir die *Nomina sororum de Turego* aus einem Gedenkeintrag auf pag. 8 des Verbrüderungsbuches der Abtei Reichenau kennen. Aber mehr als ein Hinweis auf die Existenz dieser Namenüberlieferung und allenfalls schwankende Angaben über die Anzahl der dort verzeichneten Nonnen sind der bisherigen Literatur über die Fraumünsterabtei nicht zu entnehmen²⁸. Bezeichnend für den diesbezüglichen Forschungsstand ist die wohl jüngste Studie über 'Die Benediktinerinnenabtei zum Fraumünster' von Judith Steinmann, die sogar im Tafelteil mit einem ganzseitigen Faksimile der Namenliste ausgestattet ist; die abgebildete Seite des Verbrüderungsbuches wird aber weder in der Bildunterschrift noch im Text des Buches näher erläutert, kommentiert oder hinsichtlich der bezeichneten Personen interpretiert²⁹. Dies soll deshalb im folgenden versucht werden.

---

27 Salomon VÖGELIN, Das alte Zürich, 2. Auflage hg. von Arnold NÜSCHELER und F. Salomon VÖGELIN, 2 Bände, Zürich 1878/1890; Johann Rudolf RAHN, Das Fraumünster in Zürich 1: Aus der Geschichte des Stiftes (Mitteilungen der Antiquarischen Gesellschaft in Zürich 25/1), Zürich 1900; CARO (wie Anm. 23); Eugen EGLOFF, Der Standort des Monasteriums Ludwigs des Deutschen in Zürich. Kritik der bisher geltenden Auffassung, Zürich 1949; DERS. (wie Anm. 11); SCHWARZ (wie Anm. 4); Paul KLÄUI, Zur Frage des Zürcher Monasteriums, SZG 2, 1952, S. 396–405; FISCHER (wie Anm. 9); WICKER (wie Anm. 5); Emil VOGT, Zur Baugeschichte des Fraumünsters in Zürich, Zeitschrift für Schweizerische Archäologie und Kunstgeschichte 19, 1959, S. 133–163; SIEGWART (wie Anm. 9); Hans Conrad PEYER, Zürich im Früh- und Hochmittelalter, in: Emil VOGT – Ernst MEYER – Hans Conrad PEYER, Zürich von der Urzeit zum Mittelalter, Zürich 1971, S. 172–181; HELFENSTEIN-SOMMER-RAMER (wie Anm. 4); MAURER (wie Anm. 3), S. 57 ff.; STEINMANN (wie Anm. 8).

28 Bis heute wird meist die Wiedergabe bei VON WYSS, Geschichte der Abtei Zürich, S. 22 (Nr. 22) zitiert, wo unter der Überschrift «Verzeichnisse von Klosterfrauen in Zürich aus dem Liber societatum Augiensium, nach der wahrscheinlichen Zeitfolge der Eintragung in dieses Buch geordnet» acht Eintragungsgruppen mit insgesamt 63 Namen aufgeführt sind sowie weitere 16 «zerstreute Namen auf demselben Blatte». Die Lesungen sind fehlerhaft und die Namengruppen willkürlich zusammengestellt; diese völlig wertlose Wiedergabe hat Erkenntnisse über die aufgeführten Personen mehr behindert als gefördert. Dies gilt umso mehr, als auch unter den Nachträgen und Ergänzungen im UB Zürich 12, hg. von Paul KLÄUI, Zürich 1939, S. 4, Nr. 172a keine Kritik oder Korrektur dieser Wiedergabe erfolgte, sondern zusätzlich die irrige Datierung «um 900» vermerkt wurde. Auch die Wiedergabe bei Paul PIPER, MGH Libri confraternitatum Sancti Galli, Augiensis, Fabariensis, Berlin 1884, S. 164 f. erwies sich als wenig hilfreich, zumal auch dort lediglich der Äbtissin Hildegard eine Anmerkung gewidmet ist. Auf diesem Stand steht die Forschung bis heute: vgl. RAHN, Das Fraumünster, S. 6 mit Anm. 2 («mehr als zwanzig Religiosinnen»); CARO, Zur Gütergeschichte, S. 14 («Die Zahl der Nonnen war sicher gering»); K. Heinrich SCHÄFER, Die Kanonissenstifter im deutschen Mittelalter (Kirchenrechtliche Abhandlungen 43/44), Stuttgart 1907, S. 130 mit Anm. 19 («22 *sorores*»); SIEGWART, Die Chorherren- und Chorfrauengemeinschaften, S. 180 mit Anm. 2; Rudolf PFISTER, Kirchengeschichte der Schweiz 1, Zürich 1964, S. 92 («siebzehn Mitglieder»).

29 STEINMANN, Benediktinerinnenabtei, Tafel 1 und dazu S. 14 Anm. 13.

I.

Unter der Überschrift *NOMINA SORORUM DE TUREGO* in roten Versalien sind von derselben Hand, die nicht mehr der Anlagezeit des Verbrüderungsbuches angehört[30], in einer Kolumne 18 Frauennamen eingetragen worden, von denen nur der erste, durch eine grosse Initiale hervorgehobene Name, *Hildigart abbatissa,* einen Zusatz aufweist, der die Trägerin als Äbtissin kennzeichnet. Hinter den weiteren Namen wird man am ehesten Nonnen vermuten dürfen, die unter dieser Leiterin dem Zürcher Frauenkonvent angehörten. Demnach müsste die Liste zwischen dem 21. Juli 853, dem Zeitpunkt der Übertragung des *monasterium* an Hildegard, und dem 23. Dezember 856, dem Todestag der Königstochter, zusammengestellt worden sein. Bevor wir uns diesen Namen und den durch sie bezeichneten Personen eingehender zuwenden, gilt es zu prüfen, ob die Namenreihe von anderen Händen fortgesetzt worden ist; denn grundsätzlich kann bei Gedenkeinträgen verbrüderter Klöster damit gerechnet werden, dass der betreffenden Überschrift im Liber vitae in der Folgezeit noch weitere Namen subsumiert wurden. Dies ist aber keineswegs so sicher, wie Georg von Wyss und die seiner Wiedergabe der *Nomina sororum* vertrauenden Autoren annahmen, die davon ausgingen, dass alle 79 Frauennamen auf pag. 8 des Verbrüderungsbuches «Klosterfrauen in Zürich» des Zeitraumes «853–1100» bezeichnen[31]. Nach allem, was wir vom Umgang der Schreiber mit dem Gedenkbuch wissen, kann diese Annahme als äusserst unwahrscheinlich gelten; denn sie würde voraussetzen, dass die Namenübermittlung von Zürich nach Reichenau über Jahrhunderte fortgesetzt wurde und die betreffende Seite des Verbrüderungsbuches allein den Zürcher Nonnen offenstand. Dass dies nicht der Fall ist, macht schon ein Blick auf die weiteren Überschriften und Namengruppen auf pag. 8 deutlich[32].

Der erste Nachtrag zur Nonnenliste besteht aus zwei Männernamen, *Liuto* und *Harprhet,* die zeitlich noch vor der Kolumne unmittelbar neben dem Hilde-

---

[30] Vgl. Johanne AUTENRIETH, Beschreibung des Codex, in: Das Verbrüderungsbuch der Abtei Reichenau, hg. von Johanne AUTENRIETH, Dieter GEUENICH und Karl SCHMID (MGH Libri memoriales et necrologia N.S. 1), Hannover 1979, S. XV–XLI, wo S. XXII darauf hingewiesen ist, dass bei der Anlage des Codex pag. 8 und 9 «als Reserve» für Nachträge zur Reichenauer Totenliste freigehalten wurden.

[31] VON WYSS, Geschichte der Abtei Zürich, S. 480 (zur Beilage Nr. 22). Vgl. dazu RAHN, Das Fraumünster, S. 6 Anm. 2: «Ob alle derselben Hildegards Zeit angehören, ist doch fraglich» und danach SCHÄFER, Die Kanonissenstifter, S. 130f. Anm. 19 und andere (wie oben Anm. 28).

[32] Das Verbrüderungsbuch der Abtei Reichenau, pag. 8^{X1-a1}: *Nomina fratrum de Mainga* (= Mengen); pag. 8^{B1-C1}: *Nomina fratrum de sancto Maximo* (= Speyer?). Zum Vorgang der Füllung des Codex nach der Anlagezeit vgl. Karl SCHMID, Wege zur Erschliessung des Verbrüderungsbuches, a.a.O., S. LXXVIII ff.

gard-Konvent mit 32 Frauennamen, auf die noch ausführlich einzugehen sein wird, eingeschrieben worden sein müssen. Denn der Schreiber der zweiten Namenkolumne musste bereits auf die beiden Männernamen Rücksicht nehmen und ihnen ausweichen[33]. Es liegt also durchaus nahe, hinter diesen Namen Personen der zweiten Hälfte des 9. Jahrhunderts zu vermuten, die den Zürcher Nonnen als geistliche Seelsorger oder weltliche Wohltäter oder Schutzherren nahestanden[34]. In der Tat ist Liuto als Name eines Schenkers[35], eines Vogtes[36] und sogar eines Grafen[37] im Zürichgau bezeugt, während der Name Hartpert für einen Schenker[38], einen Zeugen[39] und – allerdings erst zum Jahre 929 – für einen Dekan des Zürcher Grossmünsters[40] überliefert ist. Diese Beispiele machen deutlich, dass beide Namen zu dieser Zeit in dieser Region allzu häufig vorkommen, als dass eine Identifizierung gewagt werden könnte[41].

Anders verhält es sich mit dem bereits angesprochenen Namenverzeichnis rechts neben der Liste, die als Konventsverzeichnis aus der Zeit der Äbtissin Hildegard bestimmt wurde. Denn unter den dort von ein und derselben Schrei-

---

[33] Das Verbrüderungsbuch der Abtei Reichenau, pag. 8^B3: Der 19. Name des (unten als 'Liste 2' bezeichneten) Verzeichnisses nimmt Rücksicht auf den davor stehenden Namen *Harprhet*.

[34] So sind etwa den *Nomina ancillarum de caenobio Sancti Stephani* aus Strassburg auf pag. 134^CD des Reichenauer Verbrüderungsbuches fünf *presbiteri*, zwei *diaconi* und ein *cantor* vorangestellt, bevor die Frauennamen mit *Richkart* beginnen. Vgl. auch die Liste derselben Frauengemeinschaft im älteren St. Galler Verbrüderungsbuch (PIPER, Libri confraternitatum, S. 43), wo ebenfalls unter der Überschrift *Inprimis clericorum nomina* drei Priester und ein Diakon aufgeführt sind, bevor die *nomina monialium* mit *Adalheid abbatissa* beginnen. Zu den St. Galler Verbrüderungsbüchern jetzt Michael BORGOLTE, Dieter GEUENICH und Karl SCHMID, Materialien und Untersuchungen zu den Verbrüderungsbüchern und den älteren Urkunden des Stiftsarchivs St. Gallen (St. Galler Kultur und Geschichte 16), St. Gallen 1986, bes. S. 15 ff. Zur Frauengemeinschaft von St. Stephan/Strassburg demnächst Dieter GEUENICH, Otto Gerhard OEXLE und Karl SCHMID, Die Listen geistlicher und monastischer Kommunitäten aus dem früheren Mittelalter (Münstersche Mittelalter-Schriften 49), im Druck.

[35] UB Zürich 1, Nr. 133, S. 55: Die Brüder Mekinhere und Liuto übertragen 877–880 Besitzungen am Zürichsee an St. Gallen.

[36] UB Zürich 1, Nr. 132, S. 54 f.: Der Abt von Rheinau bestätigt 877 einen Gütertausch mit einem Grafen Gozpert *presente advocato Liutone*.

[37] UB Zürich 1, Nr. 191, S. 82: Tauschvertrag zwischen den Chorherren von Zürich und dem Abt von St. Gallen 925 *sub Burchardo et comite Liutone*. Aber auch bereits 858 trägt eine Urkunde des Rheinauer Wolvene u.a. das *Signum Liutonis comitis*.

[38] UB Zürich 1, Nr. 108, S. 41: Der Abt von St. Gallen verleiht 869 einem Hartpert Besitz bei Zürich, den dieser dem Kloster übertragen hat.

[39] UB Zürich 1, Nr. 157, S. 68 f.: Eine Urkunde des Abtes von Rheinau von 892 weist unter den Zeugen zwei Personen namens *Hartpret* (neben einem *Liutolt*) auf.

[40] UB Zürich 1, Nr. 192, S. 83 f.: Verzeichnis von Hörigen des Grossmünster- und Fraumünsterstiftes aus dem Jahre 929, das auf der einen Seite von *Cotisthiu cum suis familiis*, auf der anderen von *Harpert cum fratribus et familiis fratrum* unterzeichnet ist.

[41] Im Reichenauer Verbrüderungsbuch kommt *Liuto* in dieser Schreibung 33mal vor; *Hartpert* begegnet in unterschiedlichen Graphien 74mal: Das Verbrüderungsbuch der Abtei Reichenau, S. 98 (h141) und S. 12 (1139).

berhand eingetragenen 30 Frauennamen, denen zwei weitere nachgetragen worden sind, begegnen genügend seltenere Namenformen, so dass die Chance für eine genauere Eingrenzung des Personenkreises erheblich grösser ist. Da zudem nicht wenige Namen in beiden Kolumnen vorkommen, ist zur Verdeutlichung der folgenden Ausführungen eine Wiedergabe des handschriftlichen Befundes notwendig. Die zusätzlich eingezeichneten Verbindungslinien sollen auf Namenüberschneidungen hinweisen, wobei die Frage, ob es sich jeweils im einzelnen um identische Personen handelt, zunächst offen bleiben kann[42].

Haben wir die Liste 1 zu Recht als Konventsliste unter der von Ludwig dem Deutschen eingesetzten Äbtissin Hildegard (853–856) bezeichnet, so kann die nachträglich hinzugefügte Liste 2 nicht als eine spätere Fortsetzung dieses Verzeichnisses um zwischenzeitlich neu eingetretene Nonnen angesehen werden. Dagegen sprechen die auffallend dichten Namenüberschneidungen zwischen beiden Listen, die sich wohl in ihrer Gesamtheit kaum anders erklären lassen als durch die Annahme identischer Personen in beiden Verzeichnissen. Dieser Befund wird auch dem Schreiber der Liste 2 nicht verborgen geblieben sein, zumal er übereinstimmende Namen zum Teil direkt nebeneinander notierte (1/4–7 = 2/3–6). Es liegt deshalb nahe, die Liste 2 als ein neues, zu einem späteren Zeitpunkt zusammengestelltes Verzeichnis derselben Frauengemeinschaft zu interpretieren.

Dass Liste 2 mit 32 Namen fast doppelt soviele Personen aufführt, lässt sich mit einem – allerdings kräftigen – Anwachsen des Konvents erklären. Wenn die neu eingetretenen Nonnen nicht ausschliesslich am Ende der zweiten Liste stehen, so lässt sich daraus vielleicht schliessen, dass nicht das Professalter, sondern das Lebensalter oder die soziale Stellung der betreffenden Personen für die Abfolge der Namen massgeblich war. Die an 2., 8., 9. und 10. Stelle der Liste 2 eingefügten Namen könnten demnach Frauen bezeichnen, die einen besonderen sozialen Rang einnahmen oder bereits in fortgeschrittenem Alter dem Zürcher Konvent beigetreten und deshalb weiter oben notiert sind, während die an 8., 9., 10., 11., 13., 14., 16. und 17. Position der Liste 1 notierten Nonnen wegen ihres vermutlich geringeren Alters in der zweiten Liste entsprechend höhere Eintragungsnummern aufweisen[43].

---

[42] Vgl. die nebenstehende Wiedergabe. Auf einen Nachweis der Abweichungen bei der Abgrenzung der Listen und der Namenwiedergabe von den bisherigen Editionen wird verzichtet. Vgl. die Faksimile-Wiedergaben in der mehrfach zitierten MGH-Ausgabe und bei STEINMANN, Das Benediktinerinnenkloster, Tafel 1 (Ausschnitt).

[43] Vgl. zur Abfolge unten das Verzeichnis der «Nonnen der Zürcher Fraumünsterabtei (ca. 853–863)». – Zur Unterscheidung von Konventslisten, Professlisten, Eintrittslisten usw. Karl SCHMID, Mönchslisten und Klosterkonvent von Fulda zur Zeit der Karolinger, in: Die Klostergemeinschaft von Fulda im früheren Mittelalter, hg. von Karl SCHMID, Band 2.2 (Münstersche Mittelalter-Schriften 8), München 1978, S. 577ff. und demnächst das in Anm. 34 genannte Werk über 'Die Listen geistlicher und monastischer Kommunitäten'.

Aus den Anfängen der Fraumünsterabtei in Zürich

Reichenauer Verbrüderungsbuch pag. 8, Kolumne B:

NOMINA SO / RORUM DE TU / REGO

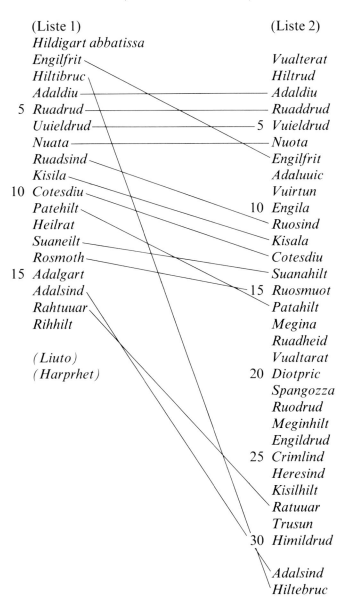

Von diesen Spekulationen um die Listen-Struktur, die für die Niederschrift der beiden Namenreihen massgeblich gewesen sein könnte, ist die relativ gesicherte Erkenntnis zu trennen, dass es sich um zwei Erfassungen derselben Zürcher Frauengemeinschaft zu unterschiedlichen Zeitpunkten handelt. Ist dieser Zeitpunkt für die Liste 1 durch die Jahreszahlen 853–856 festgelegt, so kann er für die Liste 2 nicht mehr als 5–10 Jahre später liegen. Denn im zweiten Verzeichnis vermissen wir ausser der 856 verstorbenen Äbtissin nur *Heilrat, Adalgart* und *Rihhilt* (1/12, 15, 18), die, wenn sie zwischenzeitlich ebenfalls verstorben sind, eine «Ausfallquote» von etwa 22% ausmachen[44].

Sollte es sich bei der Liste 2 in der Tat um eine Erfassung der zwischenzeitlich angewachsenen Frauengemeinschaft von St. Felix und Regula bald nach dem Tode der Äbtissin Hildegard handeln, so wäre zu erwarten, dass an der Spitze der Name der neuen Leiterin aufgeführt ist. Dem ersten Namen des Verzeichnisses, *Vualterat*, fehlt zwar ein entsprechender Zusatz; doch kennen wir aus den Verbrüderungsbüchern zahlreiche Beispiele von Gedenklisten, an deren Spitze Klostervorsteher ohne Abtstitel verzeichnet sind[45]. Diese *Vualterat* dürfte, ebenso wie die Listenzweite *Hiltrud*, erst nach dem Zeitpunkt der Abfassung des Hildegard-Verzeichnisses der Gemeinschaft beigetreten sein, da beide Namen in der Liste 1 noch fehlen. Dass sie in der Liste 2 an die Spitze gerückt sind, muss nicht, wie für die weiteren Namen vermutet wurde, durch das höhere Lebensalter dieser Frauen, sondern kann auch durch ihre Stellung im Konvent begründet sein.

II.

Wenn wir nun nach einer Person namens *Vualterat* Ausschau halten, die als Leiterin der Frauengemeinschaft nach dem Tode der Königstochter in Betracht käme, darf nicht übersehen werden, dass Hildegards jüngere Schwester Berta in der Forschung bislang als zweite Äbtissin von St. Felix und Regula gilt. Allerdings gibt es dafür, wie gesagt, kein schriftliches Zeugnis. Erst im Jahre 863 verleiht Ludwig der Deutsche auf Bitten seiner Gemahlin Hemma dem Kloster am

---

[44] Vgl. die Berechnungen von Siegfried ZÖRKENDÖRFER, Statistische Untersuchungen über die Mönchslisten und Totenannalen des Klosters Fulda, in: Die Klostergemeinschaft von Fulda, Band 2.2, S. 988–1002, bes. S. 989 Anm. 6, wo davon ausgegangen wird, «dass die jährliche Sterberate in etwa ein Dreissigstel der Konventsstärke beträgt».

[45] Vgl. etwa *Richkart* an der Spitze der *Nomina ancillarum de caenobio Sancti Stephani* (Strassburg), auf die oben (Anm. 34) hingewiesen wurde. Auch der Fuldaer Abt Hraban steht an der Spitze seines Konvents auf pag. 36[A1] des Reichenauer Verbrüderungsbuches ohne Zusatz: vgl. SCHMID, Mönchslisten, S. 588–592. – Zur grundsätzlich nicht auszuschliessenden Möglichkeit, dass *Vualterat* der *Hildigart abbatissa* untergeordnet ist, vgl. unten Anm. 79.

Grabe der heiligen Felix und Regula, dem die geliebte Tochter Berta vorsteht, die Immunität[46]. Die vor diesem Zeitpunkt für das Kloster ausgestellten Urkunden erwähnen entweder – auch nach ihrem Tode 856 – Hildegard, oder sie nennen überhaupt keine Äbtissin: Im erwähnten Diplom Ludwigs des Deutschen vom 13. Mai 857 für den Priester Berold ist *bone memoriae et karissime filię nostrę Hiltigardę* gedacht, die *temporibus vitę suę* das Kloster als *beneficium* innehatte, ohne dass eine neue Leiterin genannt wird[47]. Fast zur gleichen Zeit, am 27. März 857, erfolgt die königliche Bestätigung der Übertragung des Klosters Schwarzach am Main von Hildegard an die jüngere Schwester Berta mit Zustimmung der Würzburger Kirche, an die das Kloster nach deren Ableben fallen soll[48]. Ein Jahr später schenkt wiederum Ludwig der Deutsche der Zürcher Frauengemeinschaft einen Hof in Cham am Zugersee auf Bitten seiner Tochter Hildegard, die zu diesem Zeitpunkt längst verstorben ist; auch in dieser Urkunde, die jene von 853 zur Vorlage hat, ist keine Äbtissin erwähnt[49].

Besondere Bedeutung kommt vor diesem Hintergrund einem Diplom Lothars II. aus dem Jahre 869 zu, in dem der König des lothringischen Mittelreiches Berta, der Tochter seines königlichen Oheims, Besitz im Elsass zu freiem Eigentum überträgt[50]. In zweierlei Hinsicht erweckt diese Urkunde, die Lothar II. unmittelbar vor seinem Romzug ausstellte, von dem er nicht mehr zurückkehrte, unsere Aufmerksamkeit: Zum einen, weil die Schenkung aus Dank für Bertas Fürsprache bei ihren Eltern *ad confirmandam amicitiam* erfolgt[51], und zum anderen, weil sie auf die Bitte nicht allein Bertas, sondern noch einer weiteren Dame zurückgeführt wird, die im Text des Dokuments *dilectissim(a) Ruadrud(a)* genannt ist. Dieser Name steht teilweise auf Rasur und ist, wie sich eindeutig erkennen lässt[52], aus *Uualdrad(a)* korrigiert worden. «Zeitpunkt und Anlass dieser Verunechtung lassen sich aber nicht bestimmen, da wir über die

---

[46] 863 Oktober 29: UB Zürich 1, Nr. 96, S. 37f.; MGH DD Ludwig d. Dt. Nr. 110, S. 158f.; BÖHMER-MÜHLBACHER, Nr. 1452.

[47] UB Zürich 1, Nr. 77, S. 27; MGH DD Ludwig d. Dt. Nr. 82, S. 119f.; BÖHMER-MÜHLBACHER, Nr. 1425.

[48] UB Zürich 1, Nr. 76, S. 26; MGH DD Ludwig d. Dt. Nr. 79, S. 115f.; BÖHMER-MÜHLBACHER, Nr. 1422.

[49] UB Zürich 1, Nr. 85, S. 33; MGH DD Ludwig d. Dt. Nr. 91, S. 131f.; BÖHMER-MÜHLBACHER, Nr. 1433.

[50] UB Zürich 1, Nr. 105, S. 40; MGH DD Lothar II., Nr. 34, S. 440–442; BÖHMER-MÜHLBACHER, Nr. 1323.

[51] *Quam ob rem pro amore ipsius dilectissimae sororis atque ad confirmandam cum dilectissimo patruo nostro, patre suo, suaeque nobis dilectissimae matris amicitiam sedula cooreratrix (!) existat, hos regiae dignitatis imperavimus apices fieri, ...*

[52] Durch Rasur der ersten vier Buchstaben und Korrektur des zweiten *a* zu *u* wurde aus *(Uual)dr(a)dę* der Name *(Rua)dr(u)dę;* vgl. MGH DD Lothar II. Nr. 34, S. 441, Vorbemerkung und Anm. i) und oben Anm. 50.

Trägerin des Ersatznamens Rotrud» nicht «unterrichtet sind», bemerkt Theodor Schieffer[53].

In unserer Liste 2 begegnen beide Frauennamen, der ursprüngliche und der nachträglich eingefügte, je zweimal (2/1, 4, 19, 22). Sie sind aber auch unmittelbar hintereinander nochmals rechts neben den beiden Namenlisten in einer Viererchyppe nachgetragen worden[54]:

Ruadrud
Uualtirat
Heilrat
Himildrud

Da alle vier Namen in den Verzeichnissen unter der Überschrift *Nomina sororum de Turego* vorkommen (1/12, 2/1, 4, 19, 22, 30), liegt es nahe, sie den Zürcher Nonnen zuzuordnen, wobei Anlass und Zeitpunkt dieses Nachtrags nicht mehr zu ermitteln sind. Vielleicht begegnen die beiden Namen der Königsurkunde von 869 auch in einer möglicherweise verfälschten Tauschurkunde des Frauenklosters, die das Datum 883 Februar 4 trägt und vom Vogt *una cum Waldrada et cum Ruodruda atque Suanahilda ceterisque monialibus* unterzeichnet ist[55]; wieder stehen beide stellvertretend für den Konvent, diesmal gemeinsam mit einer *Suanahilda*, deren Name in beiden Gedenklisten vorkommt (1/13 = 2/14).

Wollen wir einen Zusammenhang zwischen *Uualdrada* und *Ruadruda* im Diplom Lothars II. von 869 und den auf pag. 8 des Reichenauer Verbrüderungsbuches genannten Personen gleichen Namens herstellen, die offensichtlich der Frauengemeinschaft von St. Felix und Regula angehörten, so bedeutet dies nicht weniger, als dass wir Waldrada, die Friedelfrau Lothars, mit dem Kloster an der Limmat in Verbindung bringen. Denn darüber, dass die Rivalin der Königin Theutberga in der ursprünglichen Fassung der Urkunde als *dilectissima nobis Uualdrada* bezeichnet war, besteht in der Forschung kein Zweifel[56]. Die Person namens Rotrud, die dann – aus welchen Gründen auch immer[57] – nachträglich an die Stelle Waldradas gesetzt wurde, wird man schon wegen des Karolingernamens, aber auch wegen der Bezeichnung *dilectissima nobis,* im Kreis der Verwandten des Königs suchen wollen, wo zwei Damen dieses Namens in Betracht gezogen werden können: Eine Schwester Ludwigs des Deutschen, also

---

[53] In der Vorbemerkung zur Edition: MGH DD Lothar II., Nr. 34, S. 441.
[54] Das Verbrüderungsbuch der Abtei Reichenau, pag. 8^{C2}.
[55] UB Zürich 1, Nr. 145, S. 62f.
[56] Zuletzt SCHIEFFER in der Vorbemerkung zu MGH DD Lothar II., Nr. 34, S. 441.
[57] Die erfolglose Romfahrt und der Tod Lothars II. sowie der wohl daraufhin erfolgte Eintritt Waldradas in das Kloster Remiremont dürften bald nach 869 die Änderung des Namens bewirkt haben.

eine Tante Lothars, die um 800 aus der Ehe Ludwigs des Frommen mit Ermengard hervorgegangen war[58], kommt wohl aus Altersgründen weniger in Frage als Lothars II. jüngere Schwester dieses Namens, die zur Zeit der Urkundenausstellung etwa 30 Jahre alt gewesen sein dürfte[59]. Diese Rotrud, von der wir nichts weiter wissen als ihre Taufe durch den Erzbischof Georg von Ravenna (835 bis ca. 846), mag mit Waldrada etwa gleichaltrig gewesen sein. Sie könnte durchaus in jungen Jahren, ähnlich wie ihre ältere Schwester Gisla, die um 848 in das Kloster Brescia eintrat[60], der Zürcher Frauengemeinschaft unter ihrer Cousine Hildegard beigetreten sein.

Es ist hier nicht möglich und erforderlich, den wechselvollen Verlauf und die politischen Auswirkungen des Ehehandels zu referieren, der die gesamte Regierungszeit Lothars II. bestimmte[61]. Es erscheint jedoch nicht ausgeschlossen, dass Waldrada, als sie in den Jahren 855 bis 857 aufgrund der Eheschliessung des Königs mit Theutberga von der politischen Bühne verschwinden musste, in ein Kloster eingetreten ist. Dies ist, auch wenn wir über ihren Verbleib in diesen und den weiteren Jahren bis zu ihrer Vermählung und Krönung im Jahre 862 nichts wissen[62], entsprechend den Gepflogenheiten dieser Zeit sogar mehr als naheliegend. Dass dieses Klosters allerdings St. Felix und Regula in Zürich gewesen sein soll, das Alemannien und damit dem ostfränkischen Reiche Ludwigs des

---

[58] WERNER, Die Nachkommen, S. 447 (zu III, 12).

[59] WERNER, Die Nachkommen, S. 450 (zu IV, 11). Diese Schwester Lothars II. könnte durchaus mit der späteren Äbtissin von Andlau dieses Namens zu Beginn des 10. Jahrhunderts identisch sein, die in einer Urkunde Ludwigs des Kindes (D 68) und Karls des Einfältigen (D 125) bezeugt ist; vgl. SCHIEFFER, Vorbemerkung zu MGH DD Lothar II., Nr. 34, S. 441.

[60] Zuletzt Hartmut BECHER, Das königliche Frauenkloster San Salvatore/Santa Giulia in Brescia im Spiegel seiner Memorialüberlieferung, Frühmittelalterliche Studien 17, 1983, S. 308f.

[61] Vgl. DÜMMLER, Geschichte des Ostfränkischen Reiches 2, S. 3ff. u.ö.; Engelbert MÜHLBACHER, Deutsche Geschichte unter den Karolingern, Darmstadt ²1960, S. 504–537; Robert PARISOT, Le royaume de Lorraine sous les Carolingiens 843–923, Paris 1899, S. 87ff. und 143ff.; Siegmund HELLMANN, Die Heiraten der Karolinger, in: Festgabe Karl Theodor Heigel, 1903, wiederabgedruckt in: Ausgewählte Abhandlungen zur Historiographie und Geistesgeschichte des Mittelalters, Darmstadt 1961, S. 352ff.; Josef PRINZ, Ein unbekanntes Aktenstück zum Ehestreit König Lothars II., DA 21, 1965, S. 249ff.; SCHMID, Ein karolingischer Königseintrag, S. 113ff.; Silvia KONECNY, Die Frauen des karolingischen Königshauses. Die politische Bedeutung der Ehe und die Stellung der Frau in der fränkischen Herrscherfamilie vom 7. bis 10. Jahrhundert (Dissertationen der Universität Wien 132), Wien 1976, S. 103–111.

[62] Die einzige Nachricht über Walradas Verbleib, allerdings in der Zeit nach ihrer Exkommunikation im Jahre 866, vermitteln Folcwins Gesta abbatum Lobbiensium (MGH SS 4, 1841), cap. 13, S. 61, wo berichtet wird, sie habe mit Zustimmung des Königs auf einem *fiscus Hum* (Anm. 26: fortasse *Ham*) gelebt: *Erant autem ibi aedificia quamplura, ob quae ibi illa plurimum morabatur, visitante se rege copula illicita ...* – Vgl. auch BÖHMER-MÜHLBACHER, Nr. 1309a. Eine *curtis, quae vocatur Chama*, allerdings am Zugersee gelegen, schenkte Ludwig der Deutsche 858. April 16. dem Zürcher Frauenkloster zum Unterhalt der Nonnen: UB Zürich 1, Nr. 858, S. 33; MGH DD Ludwig, d. Dt., Nr. 91, S. 131f.; BÖHMER-MÜHLBACHER, Nr. 1433.

Deutschen angehörte, erscheint nicht ohne weiteres schlüssig. Immerhing gab es Phasen, in denen Lothar II. mit seinem ostfränkischen Oheim in gutem Einvernehmen stand, so etwa 858, als Ludwig der Deutsche ins Westfrankenreich seines Bruders Karl eingefallen war und Lothars Billigung im Vertrag von Attigny erreichen konnte[63], oder 860, als die verstossene Königin Theutberga und ihr Bruder Hukbert bei Karl dem Kahlen Zuflucht und Unterstützung im Kampf gegen Lothar II. fanden, der daraufhin – *metuens avunculum suum Karolum* – das Elsass Ludwig dem Deutschen – *ob eandem amicitiam* – übertrug[64]. Nicht zuletzt ist auch das Treffen Ludwigs und Lothars im Dezember des Jahres 861 im Nonnenkloster Remiremont zu erwähnen, das Karl Schmid aufgrund eines Gedenkeintrages im Liber vitae dieser Abtei, in die Waldrada nach dem Tode Lothars eintrat, zu rekonstruieren vermochte[65].

Die pag. 8 des Reichenauer Verbrüderungsbuches bietet aber noch ein weiteres Indiz dafür, dass der Name *Vualterat* an der Spitze der Zürcher Nonnenliste vielleicht tatsächlich mit Lothars Friedelfrau in Verbindung gebracht werden kann. Unmittelbar links von den beiden Frauenlisten sind nämlich, etwa in der Mitte der Seite, folgende fünf Namen in einem Zuge eingetragen worden:

Ratoldus ep(iscopu)s
Hlotharius rex
Uualdrada
Hug
Ingrammus

Auf den Gedenkeintrag als solchen und die Identität der genannten Personen ist bereits mehrfach, zuletzt von Karl Schmid unter Hinweis auf zahlreiche, sich teilweise im Namenbestand überschneidende Einträge, aufmerksam gemacht worden, ohne dass allerdings bisher der durch die Plazierung naheliegende Zusammenhang mit St. Felix und Regula in den Blick kam[66]. Es handelt sich demnach um den Strassburger Bischof Ratold (840–874), König Lothar II. mit seiner Friedelfrau Waldrada, die hier ohne näheren Zusatz erscheint, und Hugo, den Sohn der beiden zuletzt Genannten. *Ingrammus,* den letzten Namen dieser Eintragsgruppe, brachte Schmid mit dem gleichnamigen Vater Irmingards, der ersten Gemahlin Ludwigs des Frommen, in Verbindung, einem Nef-

---

[63] BÖHMER-MÜHLBACHER, Nr. 1435n und 1287a. Vgl. DÜMMLER, Geschichte des Ostfränkischen Reiches 1, S. 426ff.
[64] BÖHMER-MÜHLBACHER, Nr. 1291a und 1293a. Ludwig d. Dt. scheint damit jedoch nicht endgültig in den Besitz des Elsass gelangt zu sein: vgl. Heinrich BÜTTNER, Geschichte des Elsass 1, S. 148ff.
[65] SCHMID, Ein karolingischer Königseintrag, S. 98–134.
[66] PIPER, Libri confraternitatum, S. 164, Kol. 35 mit Anm. (dort ist *Ratoldus eps.* nicht zum Eintrag gerechnet); DÜMMLER, Geschichte des Ostfränkischen Reiches 2, S. 8 Anm. 2; BÖHMER-MÜHLBACHER, Nr. 1297a; SCHMID, Ein karolingischer Königseintrag, S. 130 mit Anm. 178.

fen des Bischofs Chrodegang von Metz⁶⁷. Da Waldrada ohne den Titel einer *regina* aufgeführt ist, wird man den Gedenkeintrag am ehesten vor 862 datieren wollen, wobei allerdings zu berücksichtigen ist, dass Hugo erstmals in einer Schenkung seines Vaters für das Petersklosters in Lyon am 18. Mai des Jahres 863 erwähnt ist⁶⁸.

Will man nicht an einen blinden Zufall glauben, der den Schreiber des Gedenkeintrages gerade diese Seite des Verbrüderungsbuches aufschlagen liess, als er die genannten Personen eintrug, so spricht nun doch einiges dafür, dass wir bei der an der Spitze der Zürcher Namenliste 2 genannten *Uualterat* an Lothars Friedelfrau denken dürfen⁶⁹. Dafür spricht auch die Tatsache, dass der oben erwähnte (Nord-)Elsass-, Ortenau- und Aargaugraf Eberhard später eine Zeit lang der Zürcher Frauengemeinschaft vorstand, nachdem die Kaiserin Richgard, wohl im Zusammenhang des Sturzes Karls III., als Leiterin ausgeschieden war. Denn bei diesem im Jahr 889 für St. Felix und Regula bezeugten *Eberhart comes* handelt es sich zweifellos um denselben Grafen, der nach Lothars II. Tod im Jahre 869 von Waldrada *consanguinitatis occasione* die burgundische Abtei Lure (Lüders) erhalten hat und 898 auch die Klosterherrschaft über das elsässische Kloster Münster im Gregoriental innehatte⁷⁰. Auf die immer wieder erörterte Frage der Verwandtschaft zwischen Eberhard und Waldrada und die damit verbundenen Frage nach der Herkunft der Friedelfrau Lothars kann im vorliegenden Zusammenhang nicht eingegangen werden, wenngleich die voranstehenden Beobachtungen dazu möglicherweise neue Ansatzpunkte bieten⁷¹. Immerhin ist nun nicht auszuschliessen, dass Graf Eberhart (III.) ausser in Lure auch in Zürich Waldradas Nachfolge angetreten hat, wenn auch dort erst nach

---

67 SCHMID, Ein karolingischer Königseintrag, S. 130 f. mit Quellen und Literatur.
68 BÖHMER-MÜHLBACHER, Nr. 1300. Dazu MÜHLBACHER, Deutsche Geschichte, S. 516.
69 Gewissermassen einen Parallelfall bietet pag. 134 des Reichenauer Verbrüderungsbuches, wo neben Angelberga, der späteren Gemahlin Ludwigs II., die Namen ihrer Tochter Irmingard und ihres Enkels Ludwig (von Vienne) nachgetragen sind. Vgl. dazu Dieter GEUENICH, Zurzach – ein frühmittelalterliches Doppelkloster, in: Festschrift für Berent Schwineköper zu seinem siebzigsten Geburtstag, hg. von Helmut MAURER und Hans PATZE, Sigmaringen 1982, S. 42 f.
70 BORGOLTE, Geschichte der Grafschaften, S. 216; DERS., Die Grafen Alemanniens (wie Anm. 21).
71 Vgl. Léon LEVILLAIN, L'Alsace et les origines lointaines de la Maison de France, Revue d'Alsace 87, 1947, S. 189 f.; Franz VOLLMER, Die Etichonen, in: Studien und Vorarbeiten zur Geschichte des grossfränkischen und frühdeutschen Adels, hg. von Gerd TELLENBACH (Forschungen zur oberrheinischen Landesgeschichte 4), Freiburg 1957, S. 137–184, bes. S. 176 f. mit Anm. 291 (dort weitere Literatur); Christian WILSDORF, Les Étichonides aux temps carolingiens et ottoniens, Bulletin philologique et historique jusqu'à 1610 du Comité des travaux historiques et scientifiques, Année 1964, Paris 1967, S. 1–33, bes. S. 31 f.; SCHMID, Ein karolingischer Königseintrag, S. 128–134 (Exkurs: Waldradas Verwandtschaft in neuen Quellen); zuletzt BORGOLTE (wie Anm. 21).

der Kaiserin Richgard, über deren Verwandtschaft mit Waldrada einerseits und mit Eberhart andererseits ebenfalls nur Vermutungen möglich sind[72].

Für Waldrada aber ist, falls unsere Interpretation der Gedenkeinträge nicht in die Irre geht, festzuhalten, dass sie nicht nur mit der burgundischen Abtei Lure und dem elsässischen Frauenkloster Remiremont, in das sie nach Lothars II. Tod eintrat[73], sondern offensichtlich ebenfalls mit der von Ludwig dem Deutschen ausgestatteten Abtei St. Felix und Regula verbunden war. Dadurch fällt möglicherweise neues Licht auf die engen Beziehungen zwischen den südalemannischen Gebieten und dem Elsass, die Ludwig der Deutsche zu dieser Zeit nachdrücklich förderte. Heinrich Büttner hat den deutlich erkennbaren Zusammenhang der einzelnen Massnahmen dieser politischen Bemühungen des Ostfrankenkönigs bis zum Teilungsvertrag von Meersen (870) aufgezeigt, der die angestrebte Vereinigung beider Gebiete und damit den «Lohn für seine beharrlichen Bemühungen» brachte[74]. Dabei kam den Klöstern Reichenau, St. Gallen, Rheinau und Zürich zweifellos grosse Bedeutung zu, aber auch etwa dem Strassburger Bischof Ratold, dem Ludwig am 30. März 856 die Immunität bestätigte[75]. Bezeichnenderweise ist er gemeinsam mit Lothar II., Waldrada und deren Sohn Hugo, der im Jahre 867 den *ducatus Elisatium* erhielt[76], im erwähnten Gedenkeintrag der alemannischen Abtei Reichenau berücksichtigt. Den militärischen Einmarschweg in das Westfrankenreich wählte Ludwig 858 sicher nicht von ungefähr durch das Elsass, das ihm dann zwei Jahre später von Lothar übertragen wurde, ohne dass diese Übertragung in der Folgezeit realisiert worden wäre. Die Eheschliessung seines Sohnes Karl (III.) mit Richgard der

---

[72] Vgl. Heinrich BÜTTNER, Geschichte des Elsass I: Politische Geschichte des Landes von der Landnahmezeit bis zum Tode Ottos III. (Neue Deutsche Forschungen, Abteilung Mittelalterliche Geschichte 8), Berlin 1939, S. 149; DERS., Kaiserin Richgard und die Abtei Andlau, Archives de l'église d'Alsace 7, 1956, S. 83–91; VOLLMER, Die Etichonen, S. 176 ff.; Michael BORGOLTE, Karl III. und Neudingen. Zum Problem der Nachfolgeregelung Ludwigs des Deutschen, ZGORh 125, NF 86, 1977, S. 36–39; DERS., Geschichte der Grafschaften, S. 216 ff. – Unter den 4 Zeugnissen des Namens Eberhart auf pag. 8 des Reichenauer Verbrüderungsbuches (X^2, A^1, B^4, D^1) fällt der Namenszug EBERHART in Versalien (A^1) unmittelbar unterhalb einer *comitissa Ghunigunt* auf, die mit jener *domna Chunigunda abbatissa* von 893 identisch sein könnte, die WICKER, St. Peter, S. 56 f. mit der Witwe des Markgrafen Liutpold und Gemahlin König Konrads I. gleichsetzt (vgl. oben mit Anm. 22).

[73] Ex vita S. Deicoli (MGH SS 15/2, 1888, S. 674–682) S. 679, Zeile 25–31. Waldradas Tod ist im Necrolog des Vogesenklosters vermerkt: vgl. SCHMID, Ein karolingischer Königseintrag, S. 115 Anm. 100.

[74] BÜTTNER, Geschichte des Elsass, S. 151.

[75] MGH DD Ludwig d. Dt. Nr. 75, S. 109; dazu BÜTTNER, Geschichte des Elsass, S. 145 f.

[76] Annales Bertiniani, ed. Georg Waitz (MGH SS rer. Germ. in us. schol., 1883, S. 87) ad. a. 867: *Hlotharius ... filioque suo de Waldrada Hugoni ducatum Elisatium donat eumque Hludowico commendat ac ceterum regnum suum ... committit*. Hugo und Lothars Reich werden also dem Schutz Ludwigs d. Dt. anvertraut.

Tochter des elsässischen Grafen Erchanger, im Jahre 862 ist ebenfalls zu Recht als Indiz dieser zielgerichteten Politik Ludwigs gesehen worden[77]. Und schliesslich wurde bereits auf die Schenkung hingewiesen, die Berta, die Tochter des ostfränkischen Königs und Äbtissin von Zürich, von Lothar II. zur «Festigung der Freundschaft zwischen ihm und ihren Eltern» erhielt: Es handelte sich um Königsgut in den Orten Ammerschweier und Schlettstadt im Elsass, das ein *puer Ercengarius* (!) von ihm als Lehen hatte[78].

III.

Die Beschäftigung mit den *Nomina sororum de Turego* im Reichenauer Verbrüderungsbuch hat bereits zu Erkenntnissen über die frühe Geschichte der Zürcher Fraumünsterabtei geführt, die zugleich ein Licht auf die offensichtlich engen Beziehungen zwischen Südalemannien und dem Elsass zu dieser Zeit und auf das Verhältnis zwischen Ludwig dem Deutschen und Lothar II. werfen. Die Untersuchung der Namenlisten ist damit aber keineswegs schon erschöpft; denn sie war bislang nahezu ausschliesslich auf die jeweiligen Listenersten, *Hildigart abbatissa* und *Vualterat*, beschränkt[79]. Es gilt nun, auch die weiteren Namen der beiden Konventsverzeichnisse in den Blick zu nehmen, die, wenn die vorgeschlagene Datierung zutrifft, Zürcher Nonnen bezeichnen, die in dem Jahrzehnt nach 853 der Frauengemeinschaft von St. Felix und Regula angehörten. Dabei ist angesichts des Wenigen, was wir über die weiblichen Angehörigen des Adels im 9. Jahrhundert im allgemeinen und über die personelle Zusammensetzung des Frauenkonvents in Zürich im besonderen wissen, nicht zu erwarten, dass wir zu konkreten prosopographischen Angaben über die namentlich genannten Personen gelangen können. Denn weitere Zeugnisse über die Klosterfrauen am Ufer der Limmat sind nicht bekannt und können allenfalls anderen Gedenkeinträgen, etwa in den Verbrüderungsbüchern von St. Gallen oder Pfäfers, entnommen werden.

---

[77] Zur Person und Familie Erchangers zuletzt BORGOLTE, Karl III., S. 36–39. Zum Ehebündnis und zur Morgengabe BÜTTNER, Kaiserin Richgard, S. 83–91; DERS., Geschichte des Elsass, S. 148f.

[78] MGH DD Ludwig d. Dt. Nr. 34, S. 440–442; UB Zürich 1, Nr. 105, S. 40.

[79] Man könnte einwenden, *Vualterat* sei nicht aus Platzgründen, sondern absichtlich unterhalb der *Hildigart abbatissa* eingetragen und damit dieser bewusst untergeordnet worden. Abgesehen davon, dass man dann mit der Übersendung von zwei Konventslisten innerhalb des dreieinhalbjährigen Abbatiats Hildegards rechnen müsste, würden durch eine solche Annahme die voranstehenden Ausführungen um die Listenerste *Vualterat* kaum entkräftet, da sie dann als erste unter der Äbtissin, als *preposita*, anzusehen wäre. Zur Präpositur-Verfassung in Zürich zuletzt SIEGWART, Die Chorherren- und Chorfrauengemeinschaften, S. 179–181.

Tatsächlich weist ein Verzeichnis der Klöster, die mit St. Gallen verbrüdert waren, im Codex Sangallensis 453 den Hinweis *Sororibus in Turego manentibus* auf[80]. Entsprechend hat Paul Kläui einen aus 56 Namen bestehenden Eintrag auf fol. 11ʳ des älteren St. Galler Verbrüderungsbuches den Zürcher Nonnen zugeordnet und zwischen 881 und 887 datiert[81]. Es handelt sich jedoch, obwohl *Hildigart* und *Perhta,* die Töchter Ludwigs des Deutschen, und auch *Uualdrada* vorkommen, nicht um eine Zürcher Namenliste, sondern um einen Karolinger-Eintrag aus der Zeit Karls III.[82]; vergleichbare, zahlenmässig allerdings weniger umfangreiche Gedenkaufzeichnungen der Königsfamilie sind auch in Pfäfers und Remiremont überliefert[83]. Da die St. Galler Verbrüderungsbücher keine den Zürcher Nonnen gewidmete Überschrift enthalten, obwohl das Verzeichnis im Codex 453 auf eine Verbrüderung mit ihnen hinweist, müssen die entsprechenden Namen unter die zahlreichen Verluste gerechnet werden, die seit der Anlagezeit in beiden Gedenkbüchern eingetreten sind[84], oder sie müssen ohne Überschrift eingetragen worden sein. Im letzteren Falle müsste eine gezielte Suche unter den fast 15 000 Namen der St. Galler Verbrüderungsbücher zum Erfolg führen.

Eine solche Suche ist trotz der grossen Namenmenge verhältnismässig leicht realisierbar, da die Namen der Verbrüderungsbücher in der Freiburger Datenbank mittelalterlicher Personennamen gespeichert sind und automatisch vergli-

---

[80] PIPER, Libri confraternitatum, S. 144.
[81] UB Zürich 4, Nr. 142a, S. 4. Vgl. auch SIEGWART, Die Chorherren- und Chorfrauengemeinschaften, S. 180 Anm. 2. – Nach der von Karl SCHMID (Materialien und Untersuchungen zu den Verbrüderungsbüchern und zu den älteren Urkunden des Stiftsarchivs St. Gallen. Subsidia Sangallensia 1, hg. von Michael BORGOLTE, Dieter GEUENICH und Karl SCHMID [St. Galler Kultur und Geschichte 16]. St. Gallen 1986, S. 79ff.) vorgelegten Rekonstruktion der St. Galler Verbrüderungsbücher ist im Gegensatz zur bisherigen Auffassung zwischen einem «älteren» (pag. 1–26) und einem «jüngeren» Verbrüderungsbuch (pag. 27ff.) zu unterscheiden. Vgl. auch bereits Karl SCHMID, Auf dem Weg zur Wiederentdeckung der alten Ordnung des Sankt Galler Verbrüderungsbuches, in: Florilegium Sangallense. Festschrift für Johannes Duft zum 65. Geburtstag, St. Gallen – Sigmaringen 1980, S. 213–241.
[82] Zu diesem Eintrag zuletzt ausführlich Karl SCHMID, Brüderschaften mit den Mönchen aus der Sicht des Kaiserbesuchs im Galluskloster vom Jahre 883, in: Churrätisches und st. gallisches Mittelalter. Festschrift für Otto P. Clavadetscher zu seinem fünfundsechzigsten Geburtstag, hg. von Helmut MAURER, Sigmaringen 1984, S. 189–193. Der 31. Name des Eintrags (a.a.O. S. 192: «*Uualdrad(us)?*» mit Anm. 93: «*Uualdrad?*») ist wohl *Uualdrada* zu lesen.
[83] Liber Viventium Fabariensis (Stiftsarchiv St. Gallen, Fonds Pfäfers Codex 1). Faksimile-Edition, Basel 1973, pag. 27 (= 30 Namen) und pag. 41 (= 16 Namen). Vgl. PIPER, Libri confraternitatum, S. 361, Kol. 14 und S. 365, Kol. 35. – Liber memorialis von Remiremont, hg. von Eduard HLAWITSCHKA, Karl SCHMID und Gerd TELLENBACH (MGH Libri memoriales 1, 1970) fol. 9ʳ (= 18 Namen). – Wiedergabe aller drei Gruppen bei SCHMID, Brüderschaften, S. 193 Anm. 93 und 94.
[84] Vgl. Karl SCHMID, Das ältere und das neuentdeckte jüngere St. Galler Verbrüderungsbuch, in: Materialien und Untersuchungen (wie Anm. 81) S. 26f.

chen werden können[85]. Ausgangspunkt und Basis des Vergleichs waren die oben vorgestellten Listen mit insgesamt 50 Namen Zürcher Nonnen, die vermutlich 36 verschiedene Personen der Frauengemeinschaft kurz nach der Mitte des 9. Jahrhunderts bezeichnen[86]. Die höchste Zahl übereinstimmender Namen ergab sich auf fol. 55^r des jüngeren St. Galler Verbrüderungsbuches (= pag. 42 der alten Zählung), ein Befund, dem deshalb besondere Aussagekraft zukommt, weil einige selten bezeugte Frauennamen darunter sind[87]. Die so ermittelte Seite weist keine eigene Überschrift auf, sondern gehört zu dem Teil des in der zweiten Hälfte des 9. Jahrhunderts angelegten Codex, der für die Aufnahme von *NOMINA FEMINARUM LAICARUM* vorgesehen war (fol. 52^r–55^v). Die zunächst fortlaufend von einer Hand geschriebenen Namenkolumnen, die sich als exzerpierende Abschrift aus dem älteren Verbrüderungsbuch erkennen lassen[88], sind auf dieser Seite bereits ad hoc fortgeführt worden: 234 Namen meist weiblicher Personen sind hier in rund 75 paläographisch abgrenzbaren Gruppen, die selten mehr als 10 Namen umfassen, eingetragen, so dass nicht mit einer Konventsliste, wohl aber mit einzelnen Gruppen von Klosterfrauen gerechnet werden kann. Zürcher Nonnen könnten sich am ehesten in den Eintragsgruppen

Vueldrud (vgl. 1/6 = 2/5) ...
Trusun (vgl. 2/29) *Vuanburc*[89]
Herisind (vgl. 2/26) *Iltikart* (vgl. 1/1)
  Nuota (vgl. 1/7 = 2/6)
Vuirtun (vgl. 2/9) ...

zu erkennen geben, wobei für diese Annahme die (durch Fettdruck hervorgehobenen) selteneren Frauennamen ausschlaggebend sind. Beweisen lässt sich die Herkunft dieser und weiterer Namen[90] und Namengruppen aus Zürich trotz signifikanter Überschneidungen allerdings nicht.

---

[85] Dieter GEUENICH, Eine Datenbank zur Erforschung mittelalterlicher Personen und Personengruppen, in: Medieval Lives and the Historian. Studies in Medieval Prosopography, Kalamazoo/Michigan (USA) 1986, im Druck.

[86] Vorausgesetzt, die (oben in der Listenwiedergabe) durch Verbindungslinien verbundenen Namen bezeichnen identische Personen. Vgl. auch (unten) das Verzeichnis der «Nonnen der Zürcher Fraumünsterabtei ca. 853–863».

[87] Mehr als die Hälfte der Namen, die aus den beiden Listen bekannt sind, kehrt auf dieser Seite – teilweise mehrfach – wieder (seltenere Namen durch Fettdruck hervorgehoben): *Vualterat* (2mal), *Himildrud* (2mal), *Vuialdrud* (3mal), *Engilfrit*, **Trusun**, *Herisind* (3mal), *Hiltigart* (2mal), **Nuota** (2mal), *Hiltiburc*, **Vuirtun**, *Richilt*, *Adalsind*, *Hildruth*, *Heilrat* (2mal), *Cotesdiu* (2mal), *Suuanihilt*, *Gisila*, *Engila*, *Ruothruth*.

[88] SCHMID, Auf dem Weg, S. 225 ff.; DERS. (wie Anm. 84) S. 26f. und (a.a.O.) S. 81 ff.

[89] Vgl. zu diesem «in den Gedenkbüchern der Bodenseeklöster nicht häufig vorkommenden Namen», der zwar nicht in unseren Listen, dafür aber in den oben (bei Anm. 82) erwähnten Karolingereinträgen um Karl III. um so häufiger begegnet, SCHMID, Brüderschaften, S. 191 f.

[90] Hingewiesen sei auf die – zum Teil in signifikanten Zusammenhängen – ebenfalls auf dieser Seite bezeugten Namen der Äbtissinnen *Perhta* (2mal) und *Chunigund* (4mal).

Um abschliessend eine gesicherte Basis für zukünftig vielleicht erzielbare Erkenntnisse zu legen, soll im folgenden nochmals eine Auflistung der Namen des Zürcher Nonnenkonvents der Fraumünsterabtei gegeben werden, die mit dem Nachweis ihres Vorkommens in den beiden Listen auf pag. 8 des Reichenauer Verbrüderungsbuches (in Klammern) und Hinweisen auf weitere Bezeugungen[91] versehen sind.

Nonnen der Zürcher Fraumünsterabtei (ca. 853–863)

1 *Hildigart abbatissa* (1/1): *Iltikart-Nuota* (STG), *Hiltigart* (STG); Tochter Ludwigs d. Dt.
2 *Engilfrit* (1/2 = 2/7): *Engilfrit* (STG)
3 *Hiltibruc* (1/3 = 2/32): in Liste 2 (zunächst vergessen und deshalb?) nachgetragen; *Hiltiburc* (STG); diesen Namen trug vermutlich die Mutter des Wolvene von Rheinau[92]
4 *Adaldiu* (1/4 = 2/3)
5 *Ruadrud* (1/5 = 2/4): *Ruothruth* (STG); *Ruadrud-Uualtirat-Heilrat-Himildrud* (AUG); Schwester Lothars II. und später Äbtissin von Andlau?
6 *Uuieldrud* (1/6 = 2/5): *Vuialdrud* (STG), *Vueldrud-Trusun-Herisind* (STG), *Vuieldrud-Himildruth-Hildruth* (STG)
7 *Nuata* (1/7 = 2/6): *Iltikart-Nuota* (STG), *Nota* (STG)
8 *Ruadsind* (1/8 = 2/11)
9 *Kisila* (1/9 = 2/12): *Gisila* (STG); eine weitere Tochter Ludwigs d.Dt. und Schwester Hildegards[93]?
10 *Cotesdiu* (1/10 = 2/13): *Gotesdiu* (STG); *Chunigund-Guota*[94]*-Cotesthiu* (STG); eine *praeposita* des Klosters mit diesem Namen ist 929 und 946 bezeugt
11 *Patehilt* (1/11 = 2/16)
12 *Heilrat* (1/12): *Heilrat* (STG), *Heilrat-Hilterat-Engila* (STG); *Ruadrud-Uualtirat-Heilrat-Himildrud* (AUG)
13 *Suaneilt* (1/13 = 2/14): *Suuanihilt* (STG)

---

[91] STG = Jüngeres St. Galler Verbrüderungsbuch fol. 55ʳ (pag. 42 der bisherigen Paginierung); AUG = Verbrüderungsbuch der Abtei Reichenau pag. 8. – Signifikante Namensüberschneidungen begegnen auch pag. 19[C3], 48[D4-5], 107[C3] und 132[X1] des Reichenauer sowie pag. 47, Kol. 1, des Pfäferser Verbrüderungsbuches.
[92] Vgl. Karl SCHMID, Königtum, Adel und Klöster zwischen Bodensee und Schwarzwald, in: Studien und Vorarbeiten, S. 252ff., bes. S. 267 Anm. 71.
[93] Vgl. WERNER, Die Nachkommen, S. 451 (zu IV, 20).
[94] Möglicherweise dieselbe *Guota*, die im Verbrüderungsbuch der Abtei Reichenau, pag. 8[B4], unmittelbar vor dem Namen (des Grafen und Klostervorstehers 889) Eberhart steht.

14 *Rosmoth* (1/14 = 2/15)
15 *Adalgart* (1/15)
16 *Adalsind* (1/16 = 2/31): in Liste 2 (zunächst vergessen und deshalb?) nachgetragen; *Adalsind-Chunigund* (STG)
17 *Rahtuuar* (1/17 = 2/28)
18 *Rihhilt* (1/18): *Richilt* (STG)
19 *Vualterat* (2/1): *Vualterat* (STG 2mal). *Ruadrud-Uualtirat-Heilrat-Himildrud* (AUG); vermutlich die Friedelfrau Lothars II.; stand nach 856 (als Äbtissin?) der Frauengemeinschaft vor
20 *Hiltrud* (2/2): *Hildruth* (STG); eine weitere Schwester Lothars II. und Rotruds (s.o.) dieses Namens, die um 826 geboren wurde, könnte nach dem Tode ihres Gemahls, des Grafen Berengar[95], der Klostergemeinschaft beigetreten sein; ihr Rang als Karolingerin würde ihre Position in der Liste nach Waldrada erklären!
21 *Adaluuic* (2/8)
22 *Uuirtun* (2/9): *Vuirtun* (STG)
23 *Engila* (2/10): *Heilrat-Hilterat-Engila* (STG)
24 *Megina* (2/17): Kurzform zu *Meginburch* (STG) o.ä.?
25 *Ruadheid* (2/18): bei den Karolingern beliebter Name
26 *Vualtarat* (2/19): offensichtlich eine zweite Trägerin dieses Namens (s.o.)
27 *Diotpric* (2/20)
28 *Spangozza* (2/21): diesen äusserst seltenen Namen trug im 8. Jh. die Mutter des Florentiner Grafen Scrot, der an der Gründung des Hegauklosters Schienen beteiligt war[96]
29 *Ruodrud* (2/22): offensichtlich eine zweite Trägerin dieses bei den Karolingern beliebten Namens (s.o.)
30 *Meginhilt* (2/23)
31 *Engildrud* (2/24)
32 *Crimlind* (2/25)
33 *Heresind* (2/26): *Vueldrud-Trusun-Herisind* (STG), *Herisind* (STG 2mal)
34 *Kisilhilt* (2/27)
35 *Trusun* (2/29): *Vueldrud-Trusun-Herisind* (STG)
36 *Himildrud* (2/30): *Vuieldrud-Himildruth-Hildruth* (STG), *Himildrud* (STG); der Name kommt in der Familie des Wolvene von Rheinau vor[97].

---

[95] Vgl. WERNER, Die Nachkommen, S. 449 (zu IV, 6).
[96] Karl SCHMID, Kloster Schienen und seine adligen Besitzer, in: Studien und Vorarbeiten, S. 282 ff., hier S. 304 f. Anm. 88.
[97] SCHMID, Königtum, S. 266 f. mit Anm. 70 und 71.

Die Bilderdecke von St. Martin in Zillis

von Christoph Eggenberger

Sich erneut Gedanken zu machen über eines der bedeutendsten Denkmäler der mittelalterlichen Malerei in der Schweiz, mutet als Anmassung an. Doch sind die bekanntesten und beliebtesten Denkmäler diejenigen, die oft nur einseitig befragt werden. Zudem war die Gelegenheit auf Zillis zurückzukommen noch nie so ideal, denn jetzt liegt die Dissertation von Susanne Brugger-Koch gedruckt vor: Die Autorin skizziert den heutigen Forschungsstand und vermag neue Vorschläge für die Anordnung der Bildtafeln und die stilistische Einordnung zu geben[1]. Das letzte Wort über Zillis ist noch nicht gesprochen; hier seien dem Jubilar Pater Iso Müller einige Gedanken vorgelegt, die es später einmal zu vertiefen gilt. Der Schreibende ist Pater Iso für ganz entscheidende Anregungen und Einsichten in die faszinierende Welt der alpenländischen Kunst zu grossem Dank verpflichtet.

Der Jubilar hatte sich selbst in die Diskussion um die Bilderdecke eingeschaltet, als er vor zwanzig Jahren den Finger auf die Zahlensymbolik legte. Sie ist auch uns zentraler Ausgangspunkt, selbst dann, wenn wir die Möglichkeit bedenken müssen, die Decke sei ursprünglich nicht für St. Martin geschaffen worden; diese Annahme wäre eine Erklärung für den abrupten Abbruch der christologischen Szenen mit der Dornenkrönung, der die Bilder der Martinsvita folgen – wir kommen darauf zurück[2].

In diesen Zeilen sei von einer Bildgruppe in Zillis ausgegangen, welche die Kunsthistoriker bisher vernachlässigt haben: die drei musizierenden Nereiden (Felder 4 bis 6: siehe Schema S. 252, Abb. 1–3). Susanne Brugger nennt zu Recht lombardische Vorbilder in San Michele und San Pietro in Ciel d'Oro zu Pavia, in Lucca, Mailand, Modena und Muralto, doch die Autorin schliesst ratlos: «Diese Darstellungen in Zillis ... gehen jedoch über alle genannten Beispiele hinaus, indem sie den Meerweibchen Musikinstrumente in die Hand geben[3].»

Es war der Musikwissenschaftler Reinhold Hammerstein, der 1974 erstmals auf die besondere Bedeutung der Dreiergruppe hinwies; im Kapitel «Die Musik

---

[1] Susanne BRUGGER-KOCH, Die romanische Bilderdecke von Sankt Martin, Zillis (Graubünden), Stil und Ikonographie, Muttenz 1981.
[2] P. Iso MÜLLER, Beiträge zum byzantinischen Einfluss in der früh- und hochmittelalterlichen Kunst Rätiens, ZAK 24, 1965/66, S. 157f. – Zur Wiederverwendung siehe: Florens DEUCHLER, Schweiz und Liechtenstein (Reclams Kunstführer), Stuttgart 1966, S. 750.
[3] BRUGGER, wie Anm. 1, S. 32–34.

der Sirenen» seines Buches «Diabolus in musica. Studien zur Ikonographie der Musik im Mittelalter» schreibt er: «Auch die Anordnung der Sirenen in Zillis unmittelbar über dem Beginn des Altarraums, dem Ort also, an dem die gesungene Liturgie stattfindet, ist kaum zufällig[4].» Hammerstein geht davon aus, dass die «böse» Sirenenmusik in bewusster Kontrastbeziehung zum liturgischen Gesang steht.

Damit sind wir allerdings noch nicht sehr weit: Die Sirenen sind in halb Frauen- halb Vogelgestalt überliefert; Isidor von Sevilla übernimmt die seit dem 3. Jahrhundert herausgebildete, in unserem Zusammenhang wichtige Dreizahl der Sirenen, wenn er sagt: *Sirenas tres fingunt fuisse, ex parte virgines, ex parte volucres, habentes alas et ungulas: quarum una voce, altera tibiis, tertia lyra canebant*[5]. Unsere drei Meerwesen zeigen sich in halber Frauengestalt mit doppeltem Fischschwanz, und sie spielen den Rebec (Feld 4), das Psalterium (Feld 5) und das Horn (Feld 6); alle spielen sie also ein Instrument, der Gesang – *una voce* – gelangt nicht zur Darstellung. Die Meerweibchen finden wir im 12. und 13. Jahrhundert oft, so auch im nahen Chur in der Kathedrale[6]: meist greifen die Wesen mit ihren Händen nach den hochgestellten Fischschwänzen. Die hornspielende Sirene in Vogelgestalt treffen wir auf einem Weihrauchgefäss in Venedig an, das – ungefähr gleichzeitig wie Zillis – in Süditalien (?) entstanden ist[7]. Wir haben es in Zillis mit einer jener eigenartigen Mischformen zu tun, wie sie uns im Alpengebiet da und dort begegnen.

Die Forschungen von Hammerstein und Tilman Seebass haben uns gelehrt, Vorsicht walten zu lassen bei der Bestimmung des Gehalts einer Musikdarstellung. Viele Instrumente können sowohl im teuflischen wie im göttlichen Bereich Anwendung finden[8]. Das Trio von Zillis aber lässt einen harmonischen Wohlklang ertönen, den als teuflisch zu erklären schwerfallen dürfte – und dies vor allem wegen des liturgischen Ortes innerhalb der Kirche. Hammerstein hat auf die örtliche Beziehung zum Altar hingewiesen, wobei der Vorbehalt in Erinnerung gerufen werden muss, dass die Anordnung der Bildtafeln nicht über alle Zweifel erhaben ist, ja dass in der freien Verschiebbarkeit der Tafeln auch ein spielerisches Element gesehen werden kann. Die drei Nereiden haben in allen

---

[4] Reinhold HAMMERSTEIN, Diabolus in musica. Studien zur Ikonographie der Musik im Mittelalter, Bern/München 1974, S. 89.
[5] HAMMERSTEIN, wie Anm. 4, S. 85. – Etymologiae 1.11, c. 3,30.
[6] Franz TOMAMICHEL, Herbert GRÖGER, Kathedrale Chur, Zürich 1972, Abb. 109, 124. – Siehe auch Tramin, St. Jakob am Kastellaz: Otto DEMUS, Romanische Wandmalerei, München 1968, S. 132f.
[7] Le Trésor de Saint-Marc de Venise (Ausstellungskatalog), Mailand 1984, Nr. 32, S. 238.
[8] HAMMERSTEIN, wie Anm. 4. – DERS., Die Musik der Engel. Untersuchungen zur Musikanschauung des Mittelalters, Bern/München 1962. – Tilman SEEBASS, Musikdarstellung und Psalterillustration im frühen Mittelalter, Bern 1973.

Rekonstruktionsversuchen ihren Platz in der Mitte der ersten Bilderreihe im Osten der Decke beibehalten – ihre Wiederholung im Westen, in der letzten Reihe geht auf die Restaurierung durch Henri Boissonnas zurück: er hat die Felder 28 bis 30 kopiert nach den originalen Feldern 4 bis 6[9].

Der Ort einer bildlichen Darstellung in der Kirche bringt eine ganz bestimmte Aussage mit sich; das ist keine neue Einsicht und ist um 1200 in Zillis auch kein neues Element. In Ravenna und in Rom können wir im 5. Jahrhundert erstmals fassen, wie die Künstler die Bilder verändern je nach deren Stellung innerhalb der Kirche; vor allem Friedrich Wilhelm Deichmann hat in der Forschung darauf hingewiesen und den Begriff des Genos-Stils eingeführt[10]. Wie wir in der Folge erkennen werden, kommt der Bezug auf diese Pionierzeit der christlichen Monumentalkunst im 5. Jahrhundert nicht von ungefähr: weitere Details führen uns in die gleiche Zeit zurück. So gesehen bietet sich die Decke von Zillis im heutigen Zustand in einem absurden Erscheinungsbild dar: Es ist undenkbar, dass die Dreiergruppe der Nereiden gleichzeitig eine zentrale und liturgisch bedeutsame Stellung über dem Chorbogen einnimmt und im Westen über dem Eingang wiederholt wird. Zwei vorläufige Folgerungen lassen sich daraus ziehen:

Dem Trio der Meerweibchen kommt innerhalb des ganzen Bilderzyklus eine besondere Bedeutung zu, und die Rekonstruktion der letzten, der 17. Bilderreihe, bleibt offen und unklar (denn auch die seitlichen Wind- bzw. Gerichtsengel sind Kopien, dazu weiter unten), ja wir müssen uns fragen, ob der mit den Mischwesen bevölkerte Wasserfries rund um die Decke geführt oder ob er im Westen unterbrochen war.

Die Randzone, die Felder 1 bis 48 also, wurden in der bisherigen Literatur zu einseitig und ausschliesslich als Abbild des Bösen, der dämonischen Welt des Teufels interpretiert. Die Meerungeheuer – sie sind so drollig, dass ich sie nur ungern als Ungeheuer bezeichne! – stehen genauso innerhalb des Schöpfungsplanes Gottes wie die Figuren der Innenfelder in den Christus- und Martinsszenen[11]. Der Psalm 148 sagt dies deutlich: *Laudate Dominum de caelis ... laudate Dominum de terra dracones et omnes abyssi;* «Lobet den Herrn vom Himmel her ... Lobet den Herrn von der Erde her, ihr Ungetüme und Fluten alle ... ihr wilden Tiere und ihr zahmen, du Gewürm und ihr, beschwingte Vögel ...»[12]. Auch die Drachen stimmen in den Lobgesang Gottes ein; in seinen Reden an

---

[9] Henri BOISSONNAS, La restauration du plafond de l'église de Zillis, ZAK 4, 1942, S. 1–6.
[10] Friedrich Wilhelm DEICHMANN, Frühchristliche Kirchen in Rom, Basel 1948, S. 62–72.
[11] Entgegen BRUGGER, wie Anm. 1, S. 32.
[12] Psalm 148, Verse 1, 7, 10.

Hiob weist Gott auf die Ungeheuer Behemoth und Leviathan als seine Schöpfung hin: *ecce Behemoth quem feci tecum*[13]. Als Illustration zu den Gottesreden erscheint die grässliche Gestalt des Meerungeheuers Leviathan in den Hiob-Handschriften; in der griechischen, im 9. Jahrhundert in Rom entstandenen Handschrift Vat. gr. 749 ist Leviathan auf fol. 238r. das einzige Bildmotiv (Abb. 4), das eine der Reden inhaltlich untermalt, da die übrigen Miniaturen lediglich als Dialogbilder konzipiert sind[14].

Die Ungeheuer stehen als Glieder der Schöpfung, als Zeichen dafür, dass Gottes Macht unbegrenzt ist. Die Mischwesen der Randzone können wir aber nicht in absoluter Weise dem Bösen zuordnen; der Maler hat sie mit viel Liebe und Phantasie gestaltet, Jacques Le Goff spricht von «l'irruption du merveilleux» im 12. und 13. Jahrhundert[15]. Auch Kämpfe zwischen Mischwesen sind dargestellt (Felder 15, 16, 20, 40, 41, 48), auf zwei Feldern sind nackte Menschen als Reiter zu sehen (13 und 18). Eindeutig der Randzone zuzuordnen bleiben die drei Schiffsszenen (Felder 10 bis 12), wovon die letzte für eine ikonographische Bestimmung zu stark zerstört ist: Der Meerfries gehört nicht zur Sphäre des Menschen, es ist eine Zwischenzone; da, wo der Mensch sich auf das Wasser wagt, lässt er sich auf etwas Ungewisses ein, er verlässt die ihm angestammte Erde. So müssen wir die drei Schiffsszenen verstehen, ohne dass wir sie mit Sicherheit zu deuten vermögen: mit Jonas und dem Fischzug Petri kommen wir dem von Auftraggeber und Maler angestrebten Gehalt sicher am nächsten (Abb. 5). Der Fischzug Petri würde mit aller Deutlichkeit auf die Zahl 153 hinweisen – so viele Fische zählte Petrus nach Johannes 21, 11 in seinem Netz, und so viele Felder umfasst die Bilderdecke. Es wird deutlich, dass die Frage der ursprünglichen Bestimmung der Decke für Zillis sekundär wird angesichts dieser Zahlensymbolik. Iso Müller verweist auf den pythagoräischen Ursprung der Zahl: 153 entsteht durch stufenweise Addition aller Zahlen zwischen 1 und 17 ($1 + 2 = 3 + 3 = 6 + 4 = 10 \ldots$), 17 Reihen zählt die Bilderdecke von Osten bis Westen, je neun Felder von Nord nach Süd: 9×17 ergibt wieder 153. Die Zahl 9 hat ihren symbolischen Wert – die neun Engelschöre –, abgesehen von der Entstehung der 9 durch die Multiplikation 3×3. Die Zahl 17 ist unteilbar; Augustinus legt grossen Wert auf diese Zahl, sie bestehe aus Gesetz und Gnade, sagt er in seinem Psalmenkommentar[16]. Es ist der 17. (18.) Psalm, den David als

---

[13] Hiob 40, 10 und 20.
[14] Christoph EGGENBERGER, Mittelalterliche Miniaturen aus Rom zum Buch Hiob, Sandoz Bulletin 51, Basel 1979, S. 29f. Siehe neuerdings: Paul HUBER, Hiob. Dulder oder Rebell?, Düsseldorf 1986.
[15] Jacques LE GOFF, L'imaginaire médiéval. Essais, Paris 1985, S. 17–28.
[16] Sancti AURELII AUGUSTINI, Enarrationes in psalmos C–CL, Corpus Christianorum, Series latina 40, Turnholt 1956, S. 2192.

Lobgesang anstimmte, als Gott ihn aus der Hand seiner Feinde befreit hatte. Cassiodorus fügt bei: *Ad cuius similitudinem resurrectio Domini, et membrorum eius absolutio de potestate diabolica declaratur*[17], «vergleichbar der Auferstehung des Herrn und der Befreiung von der Gewalt Satans...». Der 17. (18.) Psalm erweist sich als ein zentraler biblischer Text der Heilsgeschichte, als alttestamentliche Präfiguration der wichtigsten christlichen Heilswahrheiten (dazu mehr an einem anderen Ort!). Der Psalm schildert die Macht Gottes in ihrer schrecklichen Grösse und in ihrer allumfassenden Liebe, in der Vernichtung der Feinde. Nicht von ungefähr zählen wir deshalb siebzehn Reihen an der Bilderdecke: wie die Kirchenväter schon die Bedeutung des Psalmes und seiner Zahl erfasst haben, entdecken wir auch im nahen St. Gallen die besondere Hervorhebung dieses Psalmes in der Zeit um 900[18] (Abb. 6).

Soviel zur Einbettung der Fischzugszene in das ganze Bildsystem und -programm – die Deutung als Illustration zu Johannes 21,11 muss aber, das sei betont, Hypothese bleiben. Auch die Jonas-Geschichte kann aus den Feldern 11 und 12 nicht eindeutig herausgelesen werden, auch sie würde auf die Auferstehung Christi hinweisen, wie es die Anspielung auf den 17. Psalm tut, und wichtiger noch auf den Abstieg in die Vorhölle – Illustrationen von Heilswahrheiten, die an der Bilderdecke fehlen. Wäre es denkbar, dass diese Felder der Randzone als Ersatz für die fehlenden Felder nach der Dornenkrönung (146) gemalt wurden? Doch wohl eher nein, aber die Schiffsszenen machen deutlich, dass die Randzone der Bilderdecke keineswegs ausschliesslich als die finstere und unheimliche Welt des Bösen interpretiert werden darf.

Das lässt auch eine andere Überlegung nicht zu: Der Meerfries erinnert an die Weltkarten, wie Erwin Poeschel schon treffend beobachtet hat, und an die Apsismosaiken des 13. Jahrhunderts in San Giovanni in Laterano und von Iacopo Torriti in Santa Maria Maggiore in Rom (Abb. 7) – beide basierend auf den Wasseridyllen des verlorenen Kuppelmosaiks von Santa Constanza aus dem 4. Jahrhundert[19]. Wieder sehen wir uns zurückversetzt zu den ersten Zeugnissen der christlichen Monumentalkunst! Diese Mosaikstreifen in Rom stellen friedliche Idyllen dar, bevölkert von Wassergottheiten und Putten in märchenhaften Szenen, denen jegliches bedrohliche Element abgeht.

Damit haben wir die Grundlagen geschaffen, uns erneut den musizierenden Nereiden zuzuwenden.

---

[17] CASSIODORUS, Corpus Christianorum, Series latina 97, S. 151.
[18] Stiftsbibliothek St. Gallen, Codex 22, Psalterium aureum Sancti Galli, pag. 39. – Siehe die im Druck befindliche Monographie des Verfassers.
[19] Henri STERN, Les mosaiques de l'église de Sainte-Constance à Rome, Dumbarton Oaks Papers 12, 1958, S. 157–218. – Heinrich KARPP, Die frühchristlichen und mittelalterlichen Mosaiken in Santa Maria Maggiore zu Rom, Baden-Baden 1966, Tf. 171.

Das Trio erscheint genausowenig furchteinflössend wie die Idyllen in Rom, aber verführerisch vielleicht, wie die Sirenen, die die Schiffer mit ihrem Gesang betört haben. Doch wir haben gesehen, dass wir die drei Meerweibchen nicht ohne weiteres mit den Sirenen der antiken Tradition gleichsetzen können, jener Tradition, die nicht lange vor der Entstehung der Bilderdecke im *Hortus deliciarum* der Herrad von Landsberg ihren Niederschlag gefunden hat[20]. Und der Gesang ist in Zillis ersetzt durch Instrumentalmusik, die als *mimesis* der *musica coelestis* anzusehen ist, sie imitiert die Sphärenmusik, die das menschliche Ohr gar nicht wahrnehmen kann, und die deshalb umgesetzt werden muss[21]. Die positiven, die göttlichen Elemente, die wir in der Randzone gesehen haben, berechtigen zu dieser Sicht auf die musizierenden Nereiden; Susanne Brugger vergleicht sie treffend mit den Musikanten des Königs David, denen sich die Forschung intensiv zugewandt hat[22]. Es sei da noch die schöne Initiale B des 1. Psalmes im Psalter der Shaftesbury Abbey von 1130/40 in die Diskussion gebracht (Abb. 8): Hugo Steger interpretiert den Musiker in der Wolfsmaske, der eine Trommel schlägt, als die Verkörperung des *consilium impiorum,* des «Rates der Gottlosen» vom ersten Vers des ersten Psalmes, wo es heisst: «Wohl dem Manne, der nicht wandelt im Rate der Gottlosen...[23].» Er steht in der englischen Initiale neben den Musikanten Davids, als dessen Gegenspieler, eingebunden mit David und den Musikanten in der von Christus und den Evangelistensymbolen bekrönten Arkade.

Diese Antithese finden wir in Zillis wieder, in anderen Formen: der musikalische Klang des Nereiden-Trios ist der harmonische Klang der Musikanten Davids, ohne den Misston der Trommel; das Liebliche und Harmonische dieser Musik wird von Mischwesen, von Ungeheuern erzeugt, die nicht von dieser Welt sind. Sie stimmen mit ihren Instrumenten den Lobgesang Gottes an gemäss Psalm 148,7. Die Antithese kommt in der Dreiergruppe selbst zum Ausdruck, verstärkt durch die sie umgebenden Meerungeheuer und gleichzeitig relativiert durch die heilsgeschichtlich zu interpretierenden Schiffsszenen. Dieses komplexe Netz der Bezüge spricht ganz dafür, dass es als Bildprogramm theologischen Köpfen der Zeit um 1200 entsprungen sein kann!

[20] Herrad of HOHENBURG, Hortus Deliciarum, Studies of the Warburg Institute 36, Leiden 1979.
[21] Stefan KUNZE, Harmonie der Sphären – Harmonie der Musik, in: Mensch und Kosmos. Vom Verständnis der Zusammenhänge, Bern 1980, S. 153–171.
[22] BRUGGER, wie Anm. 1, S. 34. – Hugo STEGER, David Rex et Propheta. König David als vorbildliche Verkörperung des Herrschers und Dichters im Mittelalter, Nürnberg 1961.
[23] London, British Library, Ms. Landsowne 383, fol. 15 v. – STEGER, wie Anm. 22, S. 139–146. – C.M. KAUFFMANN, Romanesque Manuscripts 1066–1190 (A Survey of Manuscripts Illuminated in the British Isles 3, London 1975, Nr. 48.

Die Dreiergruppe ist heraldisch gestaltet, die zwei äusseren Musikanten wenden sich mit ihren Instrumenten zur mittleren Nereide, die – David nachahmend – das Psalterium schlägt. In dieser Gruppierung sehen wir eine hohe Repräsentationsform, die auf ihre Weise den positiven, heiligen Aspekt gegenüber der Mischgestalt der Meerwesen betonen hilft. Im Shaftesbury-Psalter ist die Dreiergruppe in einer dreifachen Arkade im unteren Kreis des Buchstabens B ebenfalls gegeben, mit dem Rebec-Spieler links, dem Psalter-Spieler in der Mitte – aber mit dem trommelnden Musikanten in der Wolfsmaske rechts; er verkörpert Satan und stört mit seinem Instrument die Harmonie – in Zillis bleibt sie klanglich ungestört. Die Musik der Nereiden erfüllt den Kirchenraum und ganz besonders den Chorraum, an dessen Eingang sie plaziert sind. Ja, ihre Instrumente sind mit ihren Schallöchern zum Altar hingewendet; der eucharistische Bezug der Musik wird fassbar, wie in der Initiale des Shaftesbury-Psalters mit der Darstellung eines Altars vor David im oberen Kreis der B-Initiale. Musik bedarf des Raumes; den Feststellungen Hammersteins und Victor Ravizzas für spätere Epochen folgend gehört die Architektur des ursprünglichen romanischen Chors wesentlich mit zur Musikdarstellung der Nereiden[24].

Zwei Beobachtungen lassen sich daran anschliessen. Zum einen nimmt das Trio Bezug auf die Architektur, was heute und seit dem spätgotischen Neubau des Chores um 1509 nicht mehr nachvollziehbar ist; damals wurde der Chor wesentlich verbreitert, während der Einzug des romanischen Chores die Breite der drei Bildfelder mit den Nereiden nur wenig übertraf[25]. Die romanische Choröffnung diente dem Trio als architektonischen Rahmen und der Chor kam gleichzeitig dem Raumbedürfnis der Musikdarstellung entgegen. Damit ist die Position der drei Bildfelder in der Mitte der ersten Reihe vorgegeben und – zum anderen – die Verdoppelung des Trios im Westen ausgeschlossen, da dort an der Westwand des Kirchenschiffes kein Schallraum zur Verfügung stand.

Ein Detail in der Gestaltung der Nereiden verdient unsere Aufmerksamkeit: «Die schürzenähnlich von der Taille ausgehende Mittelflosse» der Rebec-Spielerin (Feld 6) ist auch Susanne Brugger aufgefallen[26]; ihre Vergleiche mit lombardischen Beispielen bieten nicht die frappante Parallele, die im Berner Prudentius nachgewiesen werden kann: pag. 76 und 78 zeigen die Darstellung der *ira,* des Lasters des Zornes, in einem rostroten Gewand, das die Oberschenkel mit zwei

---

[24] Reinhold HAMMERSTEIN, Musik und bildende Kunst. Zur Theorie und Geschichte ihrer Beziehungen, Imago musicae (Internationales Jahrbuch für Musikikonographie, hrsg. von Tilman SEEBASS) 1, 1984, S. 21. – Victor RAVIZZA, Musik auf Altarbildern der Renaissance, NZZ Nr. 297 vom 21./22. Dezember 1985, S. 53f.

[25] Siehe Grundriss in: Ernst MURBACH, Peter HEMAN, Zillis. Die romanische Bilderdecke der Kirche St. Martin, Zürich/Freiburg i.Br. 1967, S. 18.

[26] BRUGGER, wie Anm. 1, S. 32f.

Fellzipfeln bedeckt (Abb. 9), zwischen den gespreizten Beinen hängt ein dritter Fellzipfel nach unten, genau wie die Mittelflosse der Nereide zwischen den beiden Fischschwänzen. Das Gewandmotiv der Ira im Berner Prudentius lässt sich auf die Monatsdarstellungen März und April im Kalender von 354 zurückführen (Abb. 10): Wie Ellen J. Beer jüngst wieder erhärtet hat, ist der Berner Prudentius um 900 auf der Reichenau entstanden, wo damals auch das Original oder eine karolingische Kopie des Kalenders gelegen hat[27]. Die Parallele geht sehr weit, indem die Ansatzpartie der Fellzipfel am langärmligen Gewand der Ira in gleichen Formen gebauscht erscheint wie die Schürzchen um die Lenden der Nereiden. Wieder haben wir damit ein Element vor uns, das sich aus der stadtrömischen Kunst des 4. Jahrhunderts ableiten lässt und das über das Bodenseegebiet an die Maler von Zillis überliefert worden war.

Eine noch viel tiefgreifendere Kontrastbeziehung als diejenige zwischen der Gestalt der Nereiden und dem Klang ihrer Musik tritt uns mit den die Tuba blasenden Engeln entgegen, welche die erste Reihe zu den beiden Seiten abschliessen (Felder 1 und 9, Abb. 11, 12). Der Klang der Tuba, die hier deutlich als ein Holzinstrument dargestellt ist[28], verträgt sich schlecht mit dem harmonischen Dreiklang der Nereiden; der Nimbus zeichnet die Figuren als heilige Gestalten aus; die eine Tuba halten die Engel an den Mund, aus dem Schalloch ertönt der durchdringende Ton – kurze schwarze Strahlen verbildlichen dies –, die andere halten sie mit dem Mundstück nach unten in der anderen Hand. Die Engel sind inschriftlich als AQUILO und AUSTER bezeichnet, sie personifizieren also die Winde, gleichzeitig aber sind sie die Engel des Jüngsten Gerichts – ist die zweite Tuba für den Gebrauch am Jüngsten Tag bestimmt? Die Einengung der Deutung der beiden Tafeln auf die Windengel und die daraus zwingend gefolgerte Ergänzung von zwei weiteren Engeln als Abschluss der letzten, der 17. Bilderreihe im Westen, führt in eine Sackgasse: Die herangezogene Textstelle Apokalypse 7, 1 überzeugt nicht als Grundlage für die Engelbilder. Es heisst dort: «Darnach sah ich vier Engel an den vier Ecken der Erde stehen und die vier Winde der Erde festhalten, damit kein Wind wehe über die Erde noch über das Meer noch irgend einen Baum.» In Zillis hat der Maler aber das Wehen des Windes darstellen wollen, wie die schwarzen Strahlen zeigen! Das im Text geschilderte Festhalten der Winde kommt in keiner Weise zum Ausdruck[29].

[27] Ellen J. Beer, Überlegungen zu Stil und Herkunft des Berner Prudentius – Codex 264, in: Florilegium Sangallense, Festschrift für Johannes Duft zum 65. Geburtstag, St. Gallen/Sigmaringen 1980, S. 50. – Henri Stern, Le Calendrier de 354, Paris 1953.
[28] Seebass, wie Anm. 8, Bd. 1, S. 39.
[29] Brugger, wie Anm. 1, S. 41–44. – Die Argumentation, dass die Engel die Tuba nicht blasen, da sie das Mundstück nicht im Mund haben, verfängt nicht. Auch die Nereide auf Feld 4 hält ihr Horn in gleicher Haltung.

Thomas Raff hat in seiner Studie über die Ikonographie der mittelalterlichen Windpersonifikationen dargelegt, dass die Beschränkung auf AQUILO und AUSTER in Zillis nicht allein steht[30] – und die Engel, welche die Posaune mit dem Mundstück nach unten in den Händen halten, müssten wir in der Siebenzahl ergänzen im Hinblick auf Apokalypse 8, 2–6 und entsprechende spanische Illustrationen[31] (Abb. 13). Auch da haben wir es in Zillis mit einer Mischform zu tun, die sich der Maler auf Grund des ihm zur Verfügung stehenden Vorlagematerials zurechtgelegt hat.

Es ist davon auszugehen, dass die tubablasenden Engel lediglich in der Zweizahl gedacht waren, als Verkünder der Wiederkunft Christi am Jüngsten Tag und gleichzeitig als Personifikationen der Winde – aber nicht im Sinne von Apokalypse 7,1, sondern der Sturmwinde, die Gott begleiten und aus denen er zu den Menschen spricht; *respondens autem Dominus Iob de turbine*..., heisst es im Buch Hiob: «Da antwortete der Herr dem Hiob aus dem Wetter...», was in der Hiob-Illustration auch zu entsprechenden Darstellungen geführt hat[32] (Abb. 14). Die Engel haben so ihren natürlichen Platz in der ersten Bilderreihe, vergleichbar der Stellung der Viktorien an den römischen Triumphbogen, der beiden Engel zu beiden Seiten Christi am Triumphbogen von San Paolo fuori le mura oder auch der Engel in St. Proculus zu Naturns[33]. Sie gehören wie die musizierenden Nereiden in die nächste Nähe des Altars; wie jene lassen sich die Engel im Westen nicht wiederholen.

Diese Sicht wirft auch Licht auf die im ursprünglichen romanischen Chor zu ergänzenden Malereien; wir würden dort eine monumentale Maiestas Christi erwarten. Im Westen wird die letzte Bilderreihe frei für einen neuen Rekonstruktionsversuch, da wir weder die Engel noch die Nereiden dort als Wiederholung annehmen dürfen. Ja, wir möchten soweit gehen, die letzte Reihe nicht mehr als Bestandteil des Meerfrieses anzusehen, sondern sie der Martinsvita zuzuschlagen – oder die Martinsszenen der 16. Reihe in die 17. zu verlegen, um die zweitletzte Reihe zur Fortsetzung und zum Abschluss der Vita Christi mit Kreuzigung, Abstieg in die Vorhölle und Auferstehung freizuhalten, Bildtafeln, die

---

[30] Thomas RAFF, Die Ikonographie der mittelalterlichen Windpersonifikationen, Aachener Kunstblätter 48, 1978/79, S. 71–218. – Siehe neuerdings: Peter K. KLEIN, Zum Weltgerichtsbild der Reichenau, in: Studien zur mittelalterlichen Kunst 800–1250. Festschrift für Florentine Mütherich zum 70. Geburtstag, München 1985, S. 107.
[31] Henri STIERLIN, Die Visionen der Apokalypse. Mozarabische Kunst in Spanien, Zürich/Freiburg i.Br. 1978, S. 122f.: Beatus-Apokalypse Madrid, Nationalbibliothek, Vitr. 14–2, fol. 162v.
[32] So in der in Rom entstandenen griechischen Hiob-Handschrift des 9. Jahrhunderts: Vat. gr. 749, fol. 226r. – EGGENBERGER, wie Anm. 14, S. 29.
[33] Oder auch Aussenwand der Westapsis in St. Georg, Reichenau-Oberzell, Jüngstes Gericht. Siehe zuletzt KLEIN, wie Anm. 30, passim und S. 119, Abb. 21.

offenbar so beschädigt waren, dass sie schon in früher Zeit eliminiert werden mussten.

Dies legt auch der Vergleich mit den genannten musivischen Meerfriesen in Rom nahe: Diese Friese bilden den unteren Abschluss der Apsiskalotte, auch sie sind nicht vollständig um die christologischen Darstellungen der Apsis gelegt. Ein offenes Ende im Westen der Bilderdecke von Zillis würde die Martinsvita unmittelbar an die – nicht erhaltenen – Malereien der Westwand anschliessen lassen.

Der Mäander bildet den Übergang von den Schiffswänden zur Bilderdecke; er ist das einzige Fragment der romanischen Ausmalung, das in St. Martin erhalten geblieben ist. Der Mäander als Ornamentform fügt sich als ein antikes Motiv mit den anderen Elementen aus dem 4. bis 6. Jahrhundert in das hier entworfene Bild der Decke von Zillis. Im Mäanderband sind freie Bildfelder ausgespart, die Weihekronen und Figurenbüsten zeigen (Abb. 15, 16). Als Sibyllen wurden diese Figuren oft bezeichnet, als jene prophetischen Frauen, die schon in der Antike die Geburt Christi, die Inkarnation des Einen Gottes vorausgesagt haben – die Sibyllen, deren eine, jene von Cumae, Aeneas bei seiner Ankunft in Italien begrüsst hat, die also mit zur Gründung Roms beigetragen hat. Diese Deutung hat manches für sich, sie würde vor allem auch ein typologisches Element in das Bildprogramm hineinbringen – die Sibyllen als Prophetinnen der Geburt Christi –, ein Element, das innerhalb des erhaltenen Bestandes von Zillis fehlt (und wohl in Form alttestamentlicher Szenen an den Wänden von Schiff und Chor zu ergänzen ist)[34].

Doch die Deutung als Sibyllen entspringt im wesentlichen einem kunstgeschichtlichen Denken, das an den grossen Leistungen der Renaissance geschult ist, an den grossen Namen der Kunst wie Michelangelo. Steht hinter dieser Interpretation nicht die Sixtinische Kapelle? Ist es nicht diese humanistische Sicht der Heilsgeschichte, welche die Forscher da auf eine bescheidene Kirche in den Alpen übertragen haben? Sicher, antike Bildung und humanistische Züge dürfen wir um 1200 durchaus erwarten, die Sibyllen aber gleichsam als die Atlanten der Bilderdecke anzusehen, geht mir doch zu weit.

Was ich vorschlagen möchte, wächst aus der Interpretation der Innenfelder der Decke heraus. Wir werden dort die Verbildlichung von theologischen Begriffen finden, die das ganze Bildprogramm tragen: *humilitas* – **Demut**, *caritas* – **Liebe zu Gott** und **Busse**, **Fürbitte**. Erwin Poeschel rekonstruiert sieben dieser Figurenbüsten – es liegt nahe, an die **Tugenden** zu denken, an die Personifikationen der vier Kardinaltugenden und der drei theologischen Tugenden,

---

[34] Siehe LThK; LCI; RDK. – AUGUSTINUS, De civitate Dei, XVIII 23 mit der Überschrift *De Sibylla Erythraea, quae inter alias Sibyllas cognoscitur de Christo evidentia multa cecinisse*.

die das heilsgeschichtliche Bildprogramm der Bilderdecke aufs schönste abschliessen und abrunden, ja ergänzen. Sie erscheinen im Mäander in Abwechslung mit den Weihekronen: wir können Märtyrerkronen in ihnen erkennen, als weitere *exempla* neben der Martinsvita (s. unten), wichtiger aber ist es, auch sie als einen Rückgriff auf Traditionen des 4. bis 6. Jahrhunderts zu sehen; der Hinweis auf Ravenna spricht dafür wie die Übernahme des Motivs im Alpenraum schon um 800[35]. Die Tugenden lassen sich zudem in eine erneute Kontrastbeziehung zu den Lastern setzen, die in der Gestaltung der Nereiden aufscheinen.

Wie Deichmann und Beat Brenk an den Mosaiken am Triumphbogen und an den Langhauswänden von Santa Maria Maggiore in Rom beobachten konnten, gliedert sich auch das Bildprogramm von Zillis in verschiedene, klar umgrenzte Sinneinheiten[36]. Der Wasserfries, die Darstellung der *musica perennis* der Nereiden und die Tubaengel des Jüngsten Gerichts bilden bereits drei solche Einheiten. Der Bildgehalt des Mäanders verbindet die Einheiten miteinander. Wir haben von den Kronen als Märtyrerkronen gesprochen und auf die Bildfelder der Martinslegende (Felder 147 bis 153) verwiesen (Abb. 17–21). Sie hat als *exemplum* ihren wohldefinierten Platz an der Decke, auch als Fortsetzung der Heilsgeschichte bis in die Gegenwart – Gegenwart hier aus der Sicht des Heilsplans gesehen: Der heilige Martin ist als Patron der Kirche real präsent, auch wenn er zur Zeit der Entstehung der Malereien schon achthundert Jahre tot war und – nach den Märtyrern – als erster Confessor in der römischen Liturgie Aufnahme gefunden hatte. Als Kirchenpatron vertritt er die Gemeinde und steht so als gegenwärtiges Glied innerhalb der Heilsgeschichte den Gläubigen vor Augen, dies auch in der Rolle des Heiligen als Fürbitter. Mit dem Begriff der Fürbitte gelangen wir zu den Kernfragen um das Bildprogramm der Decke.

Doch wollen wir zunächst diese Rolle des Heiligen näher untersuchen. Poeschel, Murbach und zuletzt auch Susanne Brugger sehen im dritten Feld der Martinsvita (149) die Weihe des Heiligen zum Akolyten durch Bischof Hilarius von Poitiers[37]. Nichts spricht gegen diese Deutung, genausowenig aber dafür, und doch wird dieser Bildinhalt in der Forschung als erwiesen betrachtet. In der Vita des Martin folgt auf die Szene der Mantelteilung vor den Toren von Amiens (Felder 147 und 148) die Erscheinung Christi: Im Traum erscheint Christus dem noch nicht getauften Martin; Christus trägt die Hälfte des Mantels, die

---

[35] So im Codex Millenarius in Kremsmünster, siehe zuletzt: Willibrord NEUMÜLLER, Kurt HOLTER, Markus und der Löwe. Die Evangelisten und ihre Symbole im Codex Millenarius, Graz 1977, mit Farbtafeln.

[36] Beat BRENK, Die frühchristlichen Mosaiken in S. Maria Maggiore zu Rom, Wiesbaden 1975, S. 125ff.

[37] BRUGGER, wie Anm. 1, S. 81.

Martin dem Bettler gelassen hat. Dieses Zeichen führt Martin dazu, sich taufen zu lassen[38]. Verschiedene Gründe sprechen dafür, dass in Feld 149 die Taufe Martins dargestellt ist:

Martin ist in derselben Haltung dargestellt wie Christus in der Taufszene (Feld 98, Abb. 27); der Priester, der die Taufe spendet, trägt einen Mantel in der gleichen Farbe wie jener, den Martin in Feld 148 zerschneidet: Ich sehe darin eine Anspielung auf die Christus-Vision Martins. Damit erstreckt sich diese entscheidende Episode im Leben Martins über drei Felder, wie auch im christologischen Teil bei wichtigen Szenen mehrere Felder zusammengenommen werden. «Wie ihr es einem dieser meiner geringsten Brüder getan habt, habt ihr es mir getan», heisst es in Matthäus 25, 40. Indem sich Martin erniedrigt, vom Pferd steigt, seinen Mantel preisgibt, handelt er in Liebe zu Gott. *Humilitas* und *caritas* stehen so als die Voraussetzungen da für die Taufe und für die Heiligkeit Martins, die in der folgenden Auferweckungsszene (Feld 150) zum Ausdruck kommt.

Die Szene von Feld 150 steht ihrerseits in Parallele zum christologischen Vorbild, das in den Feldern 113 bis 115 dargestellt ist, der Auferweckung des Lazarus. Vollends stellt Martin seine Heiligkeit unter Beweis, wenn er in den Feldern 151 bis 153 Satan selbst in der Gestalt eines Königs zu entlarven und so dessen Versuchungen zu widerstehen vermag. Wir könnten uns das *exemplum* nicht schöner und anschaulicher ins Bild gesetzt wünschen, sehen wir doch die Präfigurationen dieser Szene in den drei Versuchungen Christi (Felder 99 bis 101, Abb. 22–24). Die Hybris, die *superbia* des Teufels wird zunichte gemacht – *humilitas occidit superbiam*, sagt Augustinus in seinem Kommentar zum 33. Psalm[39]. Christus ist das absolute Vorbild, das in der Person des heiligen Martin – eben im *exemplum* – dem Gläubigen nähergebracht wird. Der Heilige war beliebt, wie auch Christophorus, dessen Bild ungefähr hundert Jahre später aussen an der Westwand der Kirche von Zillis angebracht wurde, überlebensgross, das Tal beherrschend. Beide Heilige sind als Mittler, als Fürbitter dargestellt, als solche werden sie angerufen – und was wir hier sehen, ist ja nichts anderes als Bild gewordene Anrufung, als Mahnung auch.

Die Bilderdecke erscheint uns wie dem damaligen Betrachter als eine Vision der Heilsgeschichte, formuliert in originellen, eigenwilligen Bildern – als

---

[38] Die Legenda aurea des Jacobus de Voragine, aus dem Lateinischen übersetzt von Richard BENZ, Heidelberg ⁸1975, S. 861. – LE GOFF, wie Anm. 15, S. 303. – Herbert L. KESSLER, Pictorial Narrative and Church Mission in Sixth-Century Gaul, in: Pictorial Narrative in Antiquity and the Middle Ages, Studies in the History of Art 16, Washington 1985, S. 78f.

[39] Sancti AURELII AUGUSTINI Enarrationes in Psalmos, Corpus Christianorum, Series latina 38, Turnholt 1956, S. 276.

eine Vision, wie Christus dem Ritter Martin im Traum erschienen ist, so wie der Engel der Maria und dem Joseph erscheint – wie auf der anderen Seite Satan Christus und Martin in Versuchung führt. Der Widerstreit von Gut und Böse, von Gott und Satan ist denn auch das Hauptthema dieses umfassenden Bildprogramms, ein Thema, das wir nicht nur in Zillis zu fassen vermögen, das wir aber hier in einer unverwechselbaren und eindringlichen Art ausgeprägt finden, die sich in der Kraft des Ausdrucks durchaus mit anderen Werken der romanischen Kunst vergleichen lässt – ich denke an Moissac, an Beaulieu-sur-Dordogne[40].

Satan stellt in seiner grässlichen schwarzen Gestalt, mit seinen Flügeln, seinen Greifenklauen die Personifikation des Bösen dar. Es ist der gleiche schwarze Teufel, der auch Hiob auf die Probe stellt, wie so schön in einer Miniatur in Douai zu beobachten ist (Abb. 25): das 12. und 13. Jahrhundert hatte Sinn für die literarische und die bildliche Darstellung des Übernatürlichen, für Visionen im Guten wie im Bösen[41]. In den Versuchungsszenen von Zillis fällt ein reizvolles Detail auf: Satan öffnet leicht den Mund, der Maler wollte so die Reden Satans einfangen – es sind recht eigentliche Dialogbilder. Sie führen uns – wieder – in die Anfänge der christlichen Ikonographie: der Mosaikzyklus von Santa Maria Maggiore in Rom ist gekennzeichnet durch die vielen Dialogbilder; das Geschehen des Alten Testamentes wird vornehmlich dadurch verbildlicht, dass Personen im Gespräch dargestellt sind[42].

Die Gegenstände der Versuchungen Satans sind in Zillis ins Bild gesetzt, die Steine im ersten Feld, der Tempel im zweiten, die Reichtümer der Welt in Form einer schwarzen Scheibe mit weissen Zeichen im dritten Feld. Es gehören diese Versuchungsszenen in der neunten Reihe offensichtlich zu den zentralen Bildern der Decke; auch in der von Susanne Brugger überzeugend vorgeschlagenen neuen Anordnung der Tafeln bildet die dritte Versuchung das Zentrum der ganzen Decke. Dies mag erstaunen, sicher war von Auftraggeber und Maler nicht beabsichtigt, die grässliche Gestalt Satans ins Zentrum zu rücken; auch die Versuchung an sich kann es nicht sein, die zur Auszeichnung dieses Bildes führte. Es ist ein anderes Element: die schwarze Scheibe mit den weissen Zeichen, die Darstellung der Reichtümer dieser Welt, wie wir sie so woanders nicht finden, ist es, die in den absoluten Mittelpunkt der Bilderdecke gelegt wird. «Wiederum nimmt ihn der Teufel mit auf einen sehr hohen Berg und zeigt ihm alle Reiche der Welt und ihre Herrlichkeit», heisst es in Matthäus 4, 8. Die schwarze Scheibe versinnbildlicht also die diesseitige Welt, sie ist eine *imago mundi*; gleichzeitig verstehen wir den Kreis als Symbol des Kosmos, nicht nur der Erde

---

[40] Bernhard RUPPRECHT, Romanische Skulptur in Frankreich, München 1975, Abb. 40, 42, 50.
[41] Douai, Bibliothèque municipale, Ms. 301, fol. 107v.; Marchiennes, 12. Jahrhundert.
[42] BRENK, wie Anm. 36, S. 126.

– so gesehen wird die schwarze Scheibe zugehörig zu Christus, nicht zu Satan. Diese Feststellung ist bedeutsam, wenn wir uns nach textlich-gedanklichen Analogien zu dieser Evangelienstelle umsehen; wir werden dabei ohne Umwege auf Apokalypse 21, 10 geleitet, zu jenem 21. Kapitel der Offenbarung, in dem das Neue Jerusalem geschildert wird. «Und er entrückte mich im Geist auf einen grossen und hohen Berg und zeigte mir die heilige Stadt Jerusalem, wie sie von Gott her aus dem Himmel herabkam im Besitz der Herrlichkeit Gottes.» Wieder werden wir versetzt in das weite Feld der Antithese, die hier – im Kirchenraum – ganz selbstverständlich auf die gute Seite, zu Christus hin ausschlägt, zu eschatologischen Visionen.

Gleichzeitig wird diese allgemeingültige Bildaussage in Zillis spezifiziert, wenn wir die Beobachtung von Christoph Simonett aufnehmen und im Berg des Hintergrundes ein Abbild der Schamser Landschaft sehen[43]. Im Bild hat der Berg die Funktion, die Schilderung der dritten Versuchung zu veranschaulichen: Satan führte Christus auf einen hohen Berg; dieser wird hier gleichsam als Anmerkung in die Hintergrundskulisse versetzt – und er transponiert die Szene in die Umgebung von Zillis, wenn wir Simonett folgen wollen. Die Beobachtung dünkt mich wertvoll, doch kaum haltbar: zum einen spricht der allgemeingültige Gehalt anderer Bildchiffren wie der Scheibe, der Steine und des Tempelbaus (s. unten) gegen eine so lokale Deutung des Bergmotivs; zum anderen gehören diese Bergkulissen zum Repertoire des Malers, das er seinem Vorlagematerial entnehmen konnte. Wir haben nun mehrfach schon auf die Mosaiken von Santa Maria Maggiore hingewiesen: die Hintergrundsgestaltung vieler Mosaikfelder in derselben römischen Marienkirche (Abb. 26), einem der Zentren der abendländischen Christenheit seit dem 4. Jahrhundert, lässt sich bis in Einzelheiten vergleichen mit dem Berg auf Feld 101 in Zillis, bis hin zu den merkwürdigen Felsvorsprüngen an der Bergflanke[44]. Ohne dass dies im Detail zu belegen wäre, da die Zwischenglieder weitgehend fehlen, bin ich davon überzeugt, dass diese Parallelen keine Zufälle sind; die übrigen Vergleiche mit Werken aus dem frühen 5. Jahrhundert verstärken die Argumentation, die ein naives, unbefangenes Umgehen mit den Vorlagen belegt, Vorlagen, die ihres ehrwürdigen Alters wegen wie Ikonen gepflegt und verehrt wurden, Vorlagen, mit denen Auftraggeber und Maler hohe Ansprüche formulierten.

Wir bleiben noch für eine Weile in dieser mittleren, der neunten Zeile der Bilderdecke. In der ersten Versuchungsszene fordert Satan Christus auf, Steine in

---

[43] Christoph SIMONETT, Einige Bemerkungen zur Kirche von Zillis, in: Unsere Kunstdenkmäler, hrsg. von der Gesellschaft für Schweizerische Kunstgeschichte 15, 1964, S. 178f. – DERS., Eine Schamserlandschaft in den Deckengemälden der Zilliser Kirche, Bündner Monatsblatt 1957, S. 116–119.

[44] KARPP, wie Anm. 19, Tf. 71, 113, 125, 133, 153.

Brot zu verwandeln (Matthäus 4, 3). Auch da sind in Feld 99 die Steine nicht von ungefähr kreuzförmig ausgelegt, vergleichbar der Anordnung von Edelsteinen in der Goldschmiedekunst! Wieder hat der Maler die Antithese ins Bild gesetzt, das verwerfliche Ansinnen Satans wird zunichte gemacht, die Kreuzform der Anordnung der Steine macht dies sinn- und augenfällig. Man könnte einwenden, das sei eine spitzfindige Interpretation, ich glaube nicht: der mittelalterliche Betrachter hat derartige Anspielungen wohl verstanden, sonst würden wir ihnen nicht auf Schritt und Tritt begegnen.

Auch die zweite Versuchungsszene hat eine exemplarische Ausgestaltung erhalten: wieder ist nicht dargestellt, wie Satan Christus auf die Zinnen des Tempels führt, sondern der Tempel steht als Staffage zwischen den beiden; aber es ist keine Bildchiffre für den Tempel, wie er sonst abgebildet wird. Wir sehen vielmehr einen Zentralbau, der an Grabbauten erinnert, an Darstellungen des Grabes Christi – wie wir sie eben auch aus der gleichen Frühzeit um 400 kennen, so auf der Reider'schen Elfenbeintafel in München[45]: eine Anspielung also auch da auf die letzten Dinge, auf Höllenfahrt und Auferstehung? Ins Genrehafte gleitet es ab, wenn der Maler bei dieser Tafel die Rahmenornamentik gegenüber den übrigen Feldern abändert und ein Treppengiebelmuster einsetzt: Der Rahmen wird ins Bildgeschehen integriert, die «Zinne des Tempels» (Matthäus 4, 5) kommt so ins Bild. Das Ornament wiederholt der Maler nur gerade in vier weiteren Feldern, in Symmetrie zu Feld 100 im Feld 102, das den Abschluss der Versuchungsserie bildet sowie in den Feldern 106, 124 und 132.

Die 9. Reihe der Bilderdecke wird eingeleitet durch die Taufe Christi und abgeschlossen mit der Hochzeit zu Kana (Abb. 27, 28); die letztere Szene ist stark verkürzt gegeben, indem nur gerade das Weinwunder dargestellt ist. Die Reihe fügt somit in einer sonst an der Decke nicht zu beobachtenden Dichte eine heilsgeschichtlich bedeutende Szene neben die andere, von der Taufe über die Versuchungen zum Wunder von Kana: Taufe und Kana stehen in engem liturgischem Bezug, die Taufe durch Johannes als Präfiguration der trinitarischen Taufe und das Weinwunder als Vorstufe zum Abendmahl, zur Eucharistie, im Zentrum die *imago mundi* und die Szenen der Versuchung, die als *exemplum* in den Martinsbildern wieder auftaucht.

Ein Element, das nicht überbewertet sei, unterstreicht den liturgischen Bezug: Die Liturgie des ersten Fastensonntages Invocavit verbindet den 90. (91.) Psalm – mit der heilsgeschichtlichen herausragenden Stelle *super aspidem et basiliscum ambulabis et conculcabis leonem et draconem* (Vers 13), «auf Schlangen und Nattern schreitest du, zertrittst den Löwen und den Drachen», einer Stelle,

---

[45] Wolfgang Fritz VOLBACH, Frühchristliche Kunst. Die Kunst der Spätantike in West- und Ostrom, München 1958, Tf. 93.

die als Präfiguration von Christus Victor verstanden worden ist – mit der Lesung aus Matthäus 4, 1–11 zur Versuchung Christi[46]. Diese Verbindung finden wir in Zillis wieder: Die Randzone ist ja nichts anderes als eine Verbildlichung der Ungeheuer, über die der Psalmenchristus schreitet und die von ihm unterdrückt werden; die Kraft Christi wird in den Versuchungsszenen und im Wunder von Kana anschaulich.

Die inhaltliche Dichte dieser Szenenfolge steht in krassem Gegensatz zur epischen Breite in der Bilderzählung der Geburt und Kindheit Christi, die sich über sieben Reihen oder 49 Felder hinzieht – oder gegenüber der Darstellung des Palmsonntags, wo sich der Einzug Christi in Jerusalem über sechs Felder erstreckt (s. unten).

Auch dies – selbstverständlich – keine Zufälle: die Inkarnation steht im Mittelpunkt des Interesses. Die Breite der Erzählung kann dabei auf theatralische Grundlagen zurückzuführen sein, auf Traditionen des geistlichen Spiels. Darauf und mit dem Hinweis auf die Arbeiten von Johann Drumbl sei nur in dieser pauschalen Art hingewiesen; die Kunsthistoriker haben sich bisher schon oft oberflächlich und zu schnellen Schlüssen bereit mit diesem Thema befasst. Hier möchte ich auf Lambach hinweisen, wo die Geburt und die Drei Könige breiten Raum einnehmen und den drei Versuchungen zur Seite gestellt werden. Die theatralische Grundlage ist in Lambach unmittelbar fassbar, indem der *Ordo stellae* in einer frühen Abschrift im Kloster vorlag[47]. Für Zillis seien die folgenden Beobachtungen mitgeteilt:

Ich gehe dabei von der Umstellung der Tafeln durch Susanne Brugger aus (s. Schema), in der die zweite Reihe mit der Verkündigung an Maria einsetzt, gefolgt von der Visitatio – eingerahmt von zwei Dienerinnen – und vom Traum Josephs. Die Anordnung ist allein schon aus formalen Gründen zwingend: Die beiden Frauen in der Mitte der Zeile (Visitatio) werden heraldisch flankiert von den beiden Dienerinnen und in entsprechender Symmetrie von den beiden Paaren der Verkündigung und des Traumes Josephs. Die Engel der Verkündigung und des Traumes beschliessen die Reihe an beiden Enden, sie schreiten aufeinander zu, beide mit erhobener Rechten, die ihre Botschaft unterstreicht; von der Rechten des Verkündigungsengels gehen gar fünf weisse – nicht schwarze wie

---

[46] Vergleiche dazu jüngst: Reiner HAUSSHERR, Überlegungen zu spätgotischen Bildzyklen mit Szenen aus der öffentlichen Wirksamkeit Christi, in: «Nobile claret opus». Festgabe für Ellen Judith Beer, ZAK 43, 1986, S. 130.

[47] Karl Maria SWOBODA, Der romanische Epiphaniezyklus in Lambach und das lateinische Magierspiel, in: Festschrift für Julius Schlosser, Wien 1927, S. 82–87. – Hans-Joachim GENGE, Die liturgiegeschichtlichen Voraussetzungen des Lambacher Freskenzyklus, Münsterschwarzach 1972. – Johann DRUMBL, Quem quaeritis. Teatro sacro dell'alto medioevo, Rom 1981.

bei den Gerichts- und Windengeln! – Strahlen aus. Entscheidend ist aber, dass die beiden Engel (Abb. 29, 30) um eine Tafel nach innen versetzt die Gerichtsengel der ersten Reihe verdoppelnd ergänzen. Die Körper der Gerichtsengel der Randzone sind frontal gegeben, ihre Köpfe wenden sich nach aussen, während die Engel der zweiten Reihe sich nach innen, zu den Geschehnissen hinwenden. Das ergibt eine Kraft und einen packenden Rhythmus in der Darstellungsweise, die das monumentale Sehen des Künstlers eindrücklich unter Beweis stellt. Nichts davon, dass «eine akzentuierte Komposition» fehle, nichts davon, dass «die Bildthemen in spannungsloser Folge aneinandergereiht» sind, wie Ernst Murbach im Kunstführer schreibt[48]! Ganz im Gegenteil: diese monumentale Spannung, die der Maler erreicht, spricht in meinen Augen dagegen, dass er als Buchmaler ausgebildet war; dabei muss auch bedacht werden, dass die einzelnen Tafeln mit dem Format 90 × 90 cm die Dimensionen der Buchseite um ein Vielfaches überschreiten. Aber wichtiger noch ist, dass der Maler die Bilderdecke als Ganzes vor Augen hatte und entsprechend gestaltete; der Buchmaler fügt höchstens zwei Bilder zu einem Diptychon auf einer aufgeschlagenen Doppelseite zusammen. Von dieser kurzatmigen Kompositionsweise scheint die heute in St. Martin zu besichtigende Anordnung der Bildtafeln wesentlich geprägt, während die neuen Vorschläge von Susanne Brugger zu einem spannungsvolleren Rhythmus der Bildabfolge führen – ein deutlicher Hinweis darauf, dass sie in die richtige Richtung zielen.

Auch in der neuen Anordnung steht das Bild der Verkündigung an die Hirten in der Mitte der dritten Reihe (Feld 59, Abb. 31). Es ist ein Einzelbild, ein Zitat nach der antiken Bukolik, «antik» auch hier im Sinne eines Vorbildes aus dem 5. Jahrhundert. Das Feld trennt die Geburtsbilder von der Folge von 18 Tafeln, die den Drei Königen gewidmet sind. Die früher als Vorfahren Christi bezeichneten Könige hat Susanne Brugger überzeugend als die Drei Könige interpretiert; mit dem astronomischen Instrument sind sie deutlich als Könige des Orients gekennzeichnet[49]. Wie jeder König im geistlichen Spiel seine Rolle spielt, widmet der Maler jedem ein eigenes Bildfeld – zuerst vor der Abreise, thronend, dann auf der Reise zu Pferd vor einem wüstenähnlichen Hintergrund mit Palmen (Abb. 32); gemeinsam treten die Drei Könige dann vor Herodes und anbetend vor dem Christuskind auf, einzeln wieder zu Pferd auf der Heimreise (Abb. 33). Die Heimreise zurück in den Orient ist nun deutlich unterschieden von der Hinreise! Gegenüber der Wüstenlandschaft dort sind es nun Architekturkulissen, welche die Könige auf der Heimreise begleiten: *delusus es, Domine, magi*

---

[48] Ernst MURBACH, St. Martin in Zillis, Schweizerische Kunstführer, hrsg. von der Gesellschaft für Schweizerische Kunstgeschichte, 16. erweiterte Auflage, Bern 1984, S. 5, 12.
[49] BRUGGER, wie Anm. 1, S. 49f.

viam redierunt aliam, heisst es tröstlich zum Abschluss des *Ordo stellae,* sie nahmen einen anderen Weg und kehrten nicht zu Herodes zurück, sie haben das Christuskind nicht verraten[50].

Die *humilitas Christi* kommt da zum Ausdruck, in seiner Erniedrigung durch die Geburt in der Krippe, die *humilitas* auch der Drei Könige, die sich vor Christus erniedrigen – in Kontrast zur *superbia,* der Überhebung des Herodes, die besonders grässlich in den sechs Tafeln des Kindermords zu Bethlehem (Felder 85–90) veranschaulicht wird.

Vor der Taufe Christi sehen wir auf den Feldern 94 und 96 Johannes den Täufer predigen (Abb. 34), einmal mit einem Medaillon mit dem Lamm Gottes in der Hand; er predigt von der Umkehr zu Gott, von der Busse, der μετάνοια, der *paenitentia* (Matthäus 3, 8). Sie tritt als gewichtiges Motiv neben *humilitas* und *superbia,* aber auch neben die Fürbitte des heiligen Martin. Diese Begriffe umspannen mit den liturgischen und eucharistischen Elementen das ganze Bildprogramm, geben ihm Halt und Sinn.

Beachtenswert ist die Darstellung der Schilfhütte neben Johannes: auch sie steht als deutliches Zeichen für die Herkunft und Datierung des dem Maler von Zillis zur Verfügung stehenden Vorlagematerials. Ähnliche Schilfhütten finden wir in der Sarkophagplastik, auf die auch die Bukolik in Feld 59 (Abb. 31) mit der Verkündigung an die Hirten zurückzuführen ist und von der die Schilfhütten im Vergilius Romanus, einer um 500 in Ravenna entstandenen Handschrift, abgeleitet sind[51] (Abb. 35)!

Eine besondere Betonung erfährt in der Folge noch die Darstellung des Einzugs Christi in Jerusalem. Die Zerdehnung der Szene auf sechs Feldern, mag den Brauch der Palmsonntagsprozessionen widerspiegeln; die beiden Diakone auf Feld 130 (Abb. 37) – der eine schwenkt das Weihrauchfass, der andere schwingt den Weihwasserwedel – geben der Bildfolge eine liturgische Note; und greifbarer noch: Feld 126 isoliert die Gestalt Christi auf dem Esel (Abb. 36), wie Christus sonst nur noch in der Gethsemane-Szene allein dargestellt wird. Dort ist die Isolation Christi ohne Mühe verständlich, sein Alleinsein soll ja veranschaulicht werden, wie er sich von seinem Vater verlassen fühlt und wie die Jünger gleichzeitig schlafen, statt zu wachen (Felder 138 und 139). Am Palmsonntag aber war Christus nicht allein, er mischte sich unter das Volk, er hielt Einzug in Jerusalem. Die Isolation seiner Figur sagt hier also etwas Bestimmtes aus:

---

[50] SWOBODA, wie Anm. 47, S. 86. – DRUMBL, S. 304.
[51] Carlo BERTELLI, Traccia allo studio delle fondazioni medievali dell'arte italiana, in: Storia dell'arte italiana, Parte seconda, vol. 1, Turin 1983, S. 42. – Für Farbabbildungen: Christoph EGGENBERGER, Eine spätantike Vergil-Handschrift. Die Miniaturen des Vergilius Romanus Codex Vat. Lat. 3867, Sandoz Bulletin 29, Basel 1973, S. 25f. – BRUGGER, wie Anm. 1, S. 67, verweist auf den Volvinius-Altar in Sant'Ambrogio, Mailand.

Der Hinweis auf den Palmesel von Steinen (Kanton Schwyz, Abb. 38) liegt auf der Hand, er ist zudem gleichzeitig entstanden wie die Decke von Zillis[52]. Auch damit nimmt also der Maler von Zillis Bezug auf die Prozession am Palmsonntag.

Die letzten Reihen der Bilderdecke lassen in der künstlerischen Dichte nach; man hat von einem Gesellen des Hauptmeisters gesprochen, der die Passionsbilder ausgeführt hat.

Die vielfältigen Zitate aus den Anfängen der christlichen Monumentalkunst wie die liturgischen Elemente lassen den Bilderzyklus von Zillis in einem erstaunlichen Masse auf altehrwürdigen Grundlagen basieren. Die intuitiv geäusserte Einschätzung durch Otto Demus bestätigt sich so auf unerwartet klare Art und Weise: «Der Stil dieser einprägsamen Bilderschrift ist nicht leicht zu definieren. Bei aller rustikalen Primitivität handelt es sich doch um sehr ausgeschriebene Formen, die aus alten Traditionen hervorgewachsen zu sein scheinen[53].»

---

[52] Schweizerisches Landesmuseum, Zürich, LM 362, um 1200.
[53] DEMUS, wie Anm. 6, S. 179.

Osten (Chorseite)

	a								
I	1	2	3	4	5	6	7	8	9	I
II	48	b 54	55	52	58	53	56	57	10	II
III	47	61	60	62	59	c 49	51	50	11	III
IV	46	63	65	64	66	67	68	69	12	IV
V	45	70	71	72	73	74	77	75	13	V
VI	44	76	d 78	79	e 80	81	82	83	14	VI
VII	43	84	85	86	87	88	89	90	15	VII
VIII	42	f 91	92	93	g 94	95	96	97	16	VIII
IX	41	98	h 99	100	101	102	i 103	104	17	IX
X	40	105	106	107	108	109	110	111	18	X
XI	39	131	112	113	114	115	k 117	118	19	XI
XII	38	119	116	121	122	l 123	124	125	20	XII
XIII	37	m 120	126	127	128	129	130	132	21	XIII
XIV	(36)	n 133	134	135	137	136	138	139	22	XIV
XV	(35)	140	141	142	143	144	145	146	23	XV
XVI	(34)	o 147	148	149	150	151	152	153	24	XVI
XVII	(33)	32	(31)	(30)	(29)	(28)	(27)	26	25	XVII

Westen (Eingang)

Bilderdecke von St. Martin, Zillis. Schema. (Anordnung nach Susanne Brugger-Koch mit Ergänzungen des Verfassers).
Die Zahlen entsprechen der Numerierung durch Erwin POESCHEL, Die romanischen Deckengemälde von Zillis, Erlenbach/Zürich 1941.

a Einteilung in Sinneinheiten.

Legende zum nebenstehenden Schema der Sinneinheiten:
a) Randzone, speziell: die drei Nereiden (*musica perennis*)
b) Verkündigung an Maria, Visitatio, Traum Josephs, Geburt Christi, Verkündigung an die Hirten.
c) Die Drei Könige: Hinreise, Anbetung, Heimreise
d) Purificatio, Praesentatio
e) Traum Josephs, Flucht nach Ägypten, Ruhe auf der Flucht (?), Kindermord von Bethlehem
f) Christus als Knabe: Belebung der tönernen Vögel, der zwölfjährige Jesus im Tempel
g) Johannes der Täufer: Predigt in der Wüste, Taufe Christi
h) Die Versuchung Christi
i) Wunder Christi
k) Christus lehrt in der Synagoge, Christus und zwei Kinder, Christus und die Samariterin, Christus und Apostel
l) Verklärung Christi
m) Einzug in Jerusalem, Tempelreinigung
n) Passion: von der Bestechung des Judas bis zur Dornenkrönung
o) Die Vita des heiligen Martin

Abbildungsnachweis

1, 2, 3, 11, 12: Peter Heman, Basel.
4, 10, 14, 35: Biblioteca Apostolica Vaticana.
5, 15–24, 27–34, 36, 37: Eidg. Archiv für Denkmalpflege, Bern.
6, 25: Aufnahmen des Verfassers mit freundlicher Erlaubnis der Stiftsbibliothek St. Gallen und der Bibliothèque municipale, Douai.
8: British Library, London.
9: Berner Burgerbibliothek, Bern.
26: Musei Vaticani.
38: Schweizerisches Landesmuseum, Zürich.
7: aus G. Matthiae.
13: aus Henri Stierlin (siehe Anm. 31).

Abb. 1 St. Martin Zillis. Nereide (Feld 4)

Abb. 2   St. Martin, Zillis. Nereide (Feld 5)

Abb. 3   St. Martin, Zillis. Nereide (Feld 6)

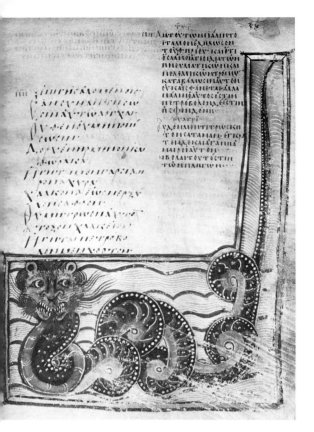

Abb. 4 Biblioteca Apostolica Vaticana, Cod. Vat. gr. 749, Hiob, fol. 238 r. Leviathan.
Abb. 5 St. Martin, Zillis. Fischzug Petri (?) (Feld 10)
Abb. 6 Stiftsbibliothek St. Gallen, Codex 22, Goldener Psalter, pag. 39 (Psalm 17)
Abb. 7 S. Maria Maggiore, Rom. Apsismosaik von Iacopo Torriti, Detail.

Abb. 8 British Library, London. Ms. Landsdowne 383, Shaftesbury Psalter, fol. 15 v.
Abb. 9 Berner Burgerbibliothek, Bern. Cod. 264, Prudentius, pag. 76.
Abb. 10 Biblioteca Apostolica Vaticana, Cod. Barb. lat. 2154, Kalender von 354, Monat März, fol. 18 r.

Abb. 11 St. Martin, Zillis. Gerichts- und Windengel (Feld 1)

Abb. 12   St. Martin, Zillis. Gerichts- und Windengel (Feld 9)

Abb. 13   Madrid, Nationalbibliothek, Vitr. 14–2, Beatus-Apokalypse, fol. 162v.

Abb. 14   Biblioteca Apostolica Vaticana, Cod. Vat. gr. 749, Hiob, fol. 26r.

Abb. 15   St. Martin, Zillis. Mäander mit Weihekrone

Abb. 16   St. Martin, Zillis. Mäander mit Figurenbüste
Abb. 17   St. Martin, Zillis. Martinslegende (Feld 148)
Abb. 18   St. Martin, Zillis. Martinslegende (Feld 149)

Abb. 19   St. Martin, Zillis. Martinslegende (Feld 151)
Abb. 20   St. Martin, Zillis. Martinslegende (Feld 152)
Abb. 21   St. Martin, Zillis. Martinslegende (Feld 153)
Abb. 22   St. Martin, Zillis. Versuchung Christi (Feld 99)

Abb. 23 St. Martin, Zillis. Versuchung Christi (Feld 100)
Abb. 24 St. Martin, Zillis. Versuchung Christi (Feld 101)
Abb. 25 Bibliothèque municipale, Douai. Ms. 301, Hiob, fol. 107 v.

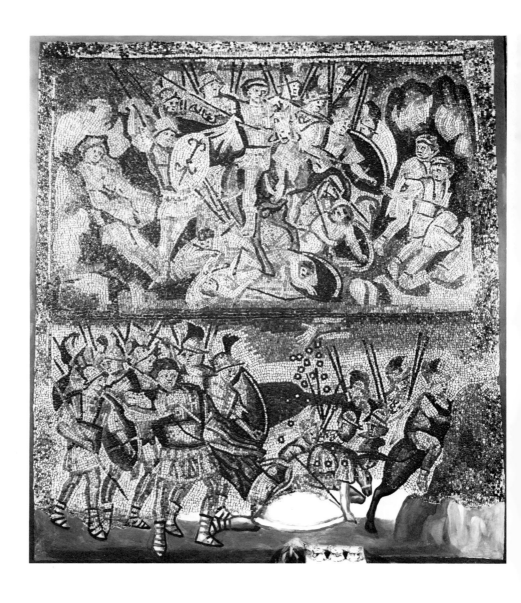

Abb. 26   S. Maria Maggiore, Rom.

Abb. 27 St. Martin, Zillis. Taufe Christi (Feld 98)
Abb. 28 St. Martin, Zillis. Hochzeit zu Kanaa (Feld 104)
Abb. 29 St. Martin, Zillis. Verkündigung an Maria, Engel (Feld 54)
Abb. 30 St. Martin, Zillis. Traum Josephs, Engel (Feld 57)

Abb. 31 St. Martin, Zillis. Verkündigung an die Hirten (Feld 59)
Abb. 32 St. Martin, Zillis. Reise der Drei Könige nach Jerusalem (Feld 66)
Abb. 33 St. Martin, Zillis. Heimreise der Drei Könige (Feld 75)
Abb. 34 St. Martin, Zillis. Johannes der Täufer (Feld 94)

Abb. 35 Biblioteca Apostolica Vaticana, Cod. Vat. lat. 3867, Vergilius Romanus, fol. 16v.
Abb. 36 St. Martin, Zillis. Einzug Christi in Jerusalem (Feld 126)
Abb. 37 St. Martin, Zillis. Einzug Christi in Jerusalem (Feld 130)

Abb. 38   Schweizerisches Landesmuseum, Zürich. Palmesel von Steinen SZ

Die Freiherren von Belmont

von Jürg L. Muraro

Die Freiherren von Belmont gehören zur Gruppe der oberrätischen Nobiles, jener Adelsschicht also, der es gelungen ist, im Verlauf des Mittelalters nach dem Erlöschen der Grafschaft Oberrätien in grafengleiche Stellung aufzusteigen[1]. Von grundsätzlicher Bedeutung für richtige Forschungsergebnisse ist in diesem Zusammenhang die Erkenntnis, dass das durch Aegidius Tschudi in der Handschrift 609 der Stiftsbibliothek St. Gallen überlieferte Urbar nicht ein Einkünfteverzeichnis des Churer Bischofs aus dem 11. (oder 10.) Jahrhundert ist, sondern ein Reichsgutsurbar aus der 1. Hälfte des 9. Jahrhunderts[2], ein Umstand, auf den ganz besonders hingewiesen werden muss, da ein grosser Teil der älteren Literatur in dieser Hinsicht von falschen Voraussetzungen bezüglich der bischöflichen Rechte in Oberrätien ausgeht[3]. Die bekannterweise recht magere Quellenlage gestattet freilich nicht, jede spätmittelalterliche Nobilis-Herrschaft vollumfänglich mit einem bestimmten Beneficium des Reichsgutsurbars zu verknüpfen, wie dies in nahezu idealer Weise im Falle der Freiherren von Vaz für den Raum Vaz/Obervaz möglich ist[4]. Im Bereich der Foppa (Gruob)/Lumnezia (Lugnez) war das Reichsgut schon im 9. Jahrhundert unter eine grosse Zahl von Lehensträgern aufgesplittert, und die entsprechenden Benefizien waren auch räumlich keineswegs geschlossen.

Als charakteristisch für die Zustände der nachfolgenden Zeit darf das aus einer Urkunde von 960 sich ergebende Bild betrachtet werden. Die Kirche St. Nazarius in Riein findet sich im Reichsgutsurbar verzeichnet mit *In Rahene ecclesia cum decima de ipsa villa*[5]. Kaiser Otto I. nun schenkt sie 960 der Kirche Chur: *et in Raine et Pictaso* (= Pitasch) *eacclesiam cum decimis*[6], der sie dann bis zur Abtretung an das Kloster St. Luzi/Chur 1282 verblieb[7]. Gleichzeitig mit

---

[1] Vgl. dazu Otto P. CLAVADETSCHER, Nobilis, Edel, Fry, in: Historische Forschungen für Walter Schlesinger, hg. v. H. BEUMANN, Köln/Wien 1974, S. 242–251.
[2] Vgl. dazu die Einleitung in BUB 1, S. 375, und die dort zitierte Literatur.
[3] Besonders zu beachten bei der Benützung von Arnold NÜSCHELER, Die Gotteshäuser der Schweiz, Heft 1: Bisthum Chur, Zürich 1864, Peter Conradin VON PLANTA, Die currätischen Herrschaften in der Feudalzeit, Bern 1881, und Jacob Caspar MUOTH, Zwei sogenannte Ämterbücher des Bistums Chur aus dem Anfang des XV. Jahrhunderts, JHGG 27 (1897), S. 1–255.
[4] Vgl. Jürg L. MURARO, Untersuchungen zur Geschichte der Freiherren von Vaz, JHGG 100 (1970), S. 43 f.
[5] BUB 1, S. 393.
[6] BUB 1, Nr. 119 (vgl. Nr. 142).
[7] MOHR CD 2, Nr. 12 (nun als Filiale von Sagogn).

der Kirche von Riein – die gleichsam nur eine Dreingabe darstellt – schenkt der Herrscher dem Bischof den Königshof in Chur, der Reichslehen des oberrätischen Grafen Adalbert ist: *in vico Curia curtem nostram regalem nominatam, quam comes noster ipsius loci, Adalbertus, in beneficium hactenus a nobis obtinuit.* Und nun die «Dreingabe»: *Eidem* (dem Bischof von Chur) *condonavimus ... in ipso comitatu in locis montanis* (= Muntogna) *totum beneficium Berenhardi, praefati comitis vasalli, et in Raine et Pictaso eacclesiam cum decimis.* Es steht fest, dass der Kaiser hier über Reichsgut bestimmt, das der oberrätische Graf seinerseits an seinen Vasallen Bernhard weiterverliehen hat. Damit gehört Bernhard genau jener Schicht an, aus welcher nach dem Untergang der Grafschaft Oberrätien die Klasse der Nobiles hervorgegangen ist.

Frühe Genealogie

Gemeinhin wird von der Annahme ausgegangen, dass die Herren von Belmont in Castrisch (Krs. Ilanz) ein früheres Herrengeschlecht beerbt hätten. Tatsächlich gehören die Herren von Castrisch (= Kästris) zu den ältesten namentlich beglaubigten oberrätischen Adelsgeschlechtern der Nobiles-Klasse überhaupt und sind fassbar von 1137/39 bis 1160[8]. Von diesen scharf zu trennen sind die im 13. Jahrhundert erstmals 1227 mit *A. de Castris*[9] auftretenden Ritter von Castrisch, welche keine Nobiles sind. Man könnte also annehmen, dass in der Zeit nach 1160 die Herren von Belmont sich in den Besitz dieser Herrschaft zu setzen vermochten, die für die Belmont ganz offensichtlich das Zentrum ihrer Besitzungen darstellte: hier wurde geurkundet, stiftete man Altäre und liess sich allenfalls auch bestatten[10]. Die Burg Belmont bei Fidaz (Gde. Flims, Krs. Trin) hat dagegen – auch nach bauanalytischen Untersuchungen – spätestens seit 1200 keine bedeutende Rolle mehr gespielt und scheint schon um 1380 verlassen gewesen zu sein[11].

---

[8] BUB 1, Nr. 297–299, 316 und 341.
[9] BUB 2, Nr. 663. Man findet sie oft zusammen mit den Rittern (nicht Nobiles!) von Sagogn (z.B. BUB 2, Nr. 932, 933, 958, 962; vgl. ferner BUB 2, Nr. 88a, 902, 947). – 1261 im Gefolge der Freiherren von Wildenberg: BUB 2, Nr. 248. Gleichnamige Nobiles und Ritter sind nicht selten: vgl. auch Vaz, Sax, Sagogn.
[10] Adelheid von Belmont (verh. v. Montalt) urkundet 1371 *vff der vesti ze Cǎstris* und bestätigt dem Rektor den von Ulrich Walter, ihrem Bruder, aus Dankbarkeit für den Sieg von 1352 («Schlacht am Mundaun») in der Kirche Castrisch gestifteten Altar *v̌nser lieben fröwen sant Gǒriien vnd aller gottes hailgen* (zwei Urkunden von 1371 Juli 14., Or. Haupt-Staatsarchiv München, Montfort 25 und Montfort 26; frdl. Hinweis von Prof. Dr. Otto P. Clavadetscher, Trogen, der mir erneut alle seine Unterlagen zugänglich gemacht hat). Grablege für die Eltern der obigen Geschwister, Johannes und Adelheid von Belmont: NC 23. Febr. und 15. Dez.
[11] Otto P. CLAVADETSCHER/Werner MEYER, Das Burgenbuch von Graubünden, Zürich/Schwä-

Da die Bezeichnungen der Adelsfamilien im 12. Jahrhundert jedoch sehr schwankend sind[12], wird man sich fragen müssen, ob zwischen den «Belmont» und «Castrisch» nicht engere Beziehungen vorhanden sind und vielleicht mit Namenswechsel zu rechnen ist. Zu diesem Zweck sollen drei Urkunden untersucht werden, welche – aus der Zeit von 1137/39 bis 1160 stammend – in charakteristischer Weise den Adel der Surselva mitbetreffen[13]. (Vgl. Tf. I, S. 274)

Bezüglich des Hauses Sagens (Sagogn) sind die Zusammenhänge nach jüngeren Untersuchungen recht gut durchschaubar, d.h. die späteren Freiherren von Frauenberg, von Greifenstein, von Wildenberg und von Fryberg sind offenbar Linien des Gesamthauses Sagens[14].

Es folgt in unserer Aufstellung die Gruppe Pitasch/Montalt. Der Raum Riein/Pitasch/Sevgein (Krs. Ilanz) war für die Freiherren von Montalt – auch sie als Nobiles ausgewiesen – von nicht unerheblicher Bedeutung[15]; hier befand sich auch die namengebende Burg[16]. Im Gegensatz zu Sagogn und Castrisch verschwindet der Name *de Pitase* nach 1137/39 sogleich, obschon die damals genannten Personen zur höchsten Schicht gehört haben müssen. Dagegen stossen wir 1149 auf *Rainardus* (!) *de Castrisis* und 1160 auf *Waltherus de Lowenberc*. Der Namenwechsel Löwenberg – Montalt nun ist völlig gesichert, sogar bei derselben Person[17]. Die Burg Löwenberg ist das Zentrum der montaltischen Besitzungen im Raum Schluein (Krs. Ilanz), welche sich zusammen mit den Rechten in Sevgein/Pitasch/Riein um die historisch so bedeutsame Rheinbrücke von Castrisch gruppieren, wo sich die Gerichtsstätte der Grafschaft Laax, Sessafret[18], befand. Man wird sicher nicht ganz unberechtigterweise den

---

bisch Hall 1984, S. 184f., wo auch festgehalten wird, dass sich von einer angeblichen Zerstörung in der Fehde von 1352 archäologisch nichts feststellen liess.

[12] Man denke an Beispiele wie Seefelden-Vaz, Burgeis-Wangen, Tarasp-Matsch, Löwenberg-Montalt usw.

[13] BUB 1, Nr. 297–299: Gamertinger-Urkunden von 1137/39; Nr. 316: Entscheid vor dem Vogtgericht in Chur; Nr. 341: Tarasper Schenkungen. Es handelt sich nicht um eine willkürliche Auswahl – man beachte das tatsächlich zur Verfügung stehende Quellenmaterial!

[14] Vgl. dazu Jürg L. MURARO, Untersuchungen zur Genealogie der Freiherren von Wildenberg und von Frauenberg, in: Fschr. für Otto P. Clavadetscher, hg. v. H. MAURER, Sigmaringen 1984, S. 67–89.

[15] Vgl. MOHR CD 2, Nr. 330!

[16] Der Standort der urkundlich nachweisbaren Burg ist unsicher: vgl. Burgenbuch Graubünden (wie Anm. 11) S. 88 (bzw. MOHR CD 2, Nr. 330, und BUB 2, Nr. 868), S. 87 (Saalhaus in Pitasch) und S. 93 (Burgstelle Casti/Sevgein). Ähnlich wie die Belmont auf Castrisch sitzen die Montalt auf Löwenberg bei Schluein.

[17] Vgl. BUB 2, Nr. 923, 932, 933, sowie Burgenbuch Graubünden (wie Anm. 11) S. 93, Art. Löwenberg, Anm. 8.

[18] Jürg L. MURARO, Vaz (wie Anm. 4) S. 32, und Lorenz JOOS, Zwei kleine Beiträge zur Geschichte der Freien von Laax, Bündner Monatsblatt 1930, S. 225–237.

274

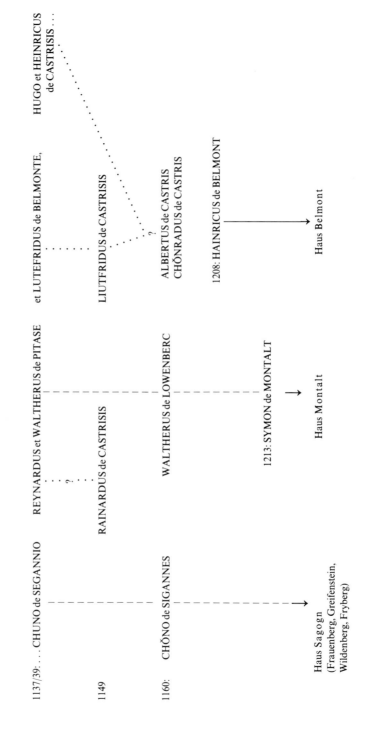

Tafel 1

Besitz des *Victor in valle Falerune* im Reichsgutsurbar des 9. Jahrhunderts[19] zum *maigerhof ze Falleruns der da gelegen ist zu Slöwis* (= Schluein) stellen, der 1350 als Eigen der Freiherren von Montalt erscheint[20]. Damit wäre eine Brücke von den Montalt zu altem Reichsgut geschlagen.

Wenden wir uns den Belmont zu. Es muss auffallen, dass die Bezeichnung *de Belmonte* 1139 verschwindet und erst wieder 1208 in Erscheinung tritt[21]. Auffällig ist weiter der in der Nobiles-Schicht ganz unübliche Name Lütfried des ersten Belmonters[22]. Ist er identisch mit dem 1149 genannten *Liutfridus de Castrisis*[23]? Sind die 1160 erwähnten Albert und Konrad von Castrisch Söhne oder Erben[24]? Eine solche Annahme würde in befriedigender Weise das vorübergehende Verschwinden des Namens «von Belmont» für über 60 Jahre erklären und in etwa auch der Stagnation der Bautätigkeit auf der Burg Belmont ab Mitte des 12. Jahrhunderts entsprechen[25]. Ferner sind die Castrischer Namen Heinrich, Albert und Konrad ebenfalls im Hause Belmont geläufig. Der erneute Namenswechsel zu Beginn des 13. Jahrhunderts könnte möglicherweise mit dem Auftreten der Ritter von Castrisch[26] erklärt werden. Die quantitativ schlechte Quellenlage erlaubt freilich keine zwingende Beweisführung für die obigen Annahmen, auch wenn engere Verwandtschaft auf alle Fälle angenommen werden muss. Dies gilt analog bezüglich des Zusammenhangs aller in der Tabelle zu 1137/39 genannten Nobiles aus dem Gebiet des Vorderrheins. Es fällt auf, dass sich in zentral wie dezentral gelegenen Gebieten stets wieder Gemengelagen von Rechten der Freiherren von Belmont, Montalt, Frauenberg, Wildenberg und Fryberg feststellen lassen. Bezüglich der Herren von Belmont lassen sich solche

---

[19] BUB 1, S. 392 (für das Reichsgut in Pitasch S. 393; unsicher, ob Tschudis Vorlage hier vollständig).

[20] MOHR CD 2, Nr. 330.

[21] Heinrich von Belmont (BUB 2, Nr. 520).

[22] Vgl. die Register von BUB, NC und der Urbarien des Domcapitels (hg. v. C. v. MOOR, Cur 1869). – Bestehen Zusammenhänge mit dem an erster bzw. zweiter Stelle unter den Zeugen auftretenden Lütfried von 1141 (BUB 1, Nr. 219, 220: Graf Burkhard III. v. Nellenburg überträgt Besitzungen in Maienfeld und Malans an das Kloster Allerheiligen in Schaffhausen) und jenem *Lutifridus de Segannio*, der die Kirche Chur mit Gütern in Tamins, Felsberg, *Sulvanine* und der *piscina in aqua Reni ad Farsum* (= Versam) begabt (NC 17. Febr. und Urbarien des Domcapitels, S. 4)? Vgl. MURARO, Wildenberg/Frauenberg (wie Anm. 14) S. 74, und Tafel S. 72.

[23] Zeuge in einer Urkunde betreffend Streitigkeiten zwischen Chur und einem *dominus Rainardus de Castrisis* (BUB 1, Nr. 316), der zum früheren *Reynardus de Pitase* gestellt werden könnte. Auch der Name Reinhard ist sehr selten!

[24] BUB 1, Nr. 341.

[25] Vgl. oben, S. 272f., Anm. 11.

[26] Vgl. oben, S. 272.

nachweisen in Domat/Ems[27], Flims[28], Sagogn[29], Castrisch[30], Schluein[31], Rueun[32], Waltensburg/Vuorz[33], Cumbel[34] und Vella[35]; in Degen (Igels) und Vignogn besitzen auch die Montalt Rechte[36]. Das würde nach den Regeln gütergeschichtlicher Untersuchungen an und für sich mit grosser Wahrscheinlichkeit auf Stammesverwandtschaft schliessen lassen, doch dürfte in diesem Fall eine gewisse Zurückhaltung geboten sein; denn wenn das Reichsgut in diesem Gebiet schon in der Mitte des 9. Jahrhunderts fast heillos zersplittert war, warum sollten es die darauf aufbauenden Rechte der Nobiles des 10. bis 13. Jahrhunderts nicht auch sein?

Das belmontische Herrschaftszentrum: Flims und Castrisch

Da wir keine Urbarien der Freiherren von Belmont besitzen, müssen wir uns mit dem bekannten Negativbild zufriedengeben, wie es aus der Auflistung von Verkäufen, Schenkungen, Erbgang usw. entsteht, einem Bild also, das seinem Charakter nach nie ein vollständiges sein kann.

Das Folgende stützt sich vorerst auf zwei Aufzeichnungen über Tauschgeschäfte unter den Belmonter Erben: Elisabeth von Sax-Misox, geborenen von

---

[27] Belmont: MOHR CD 2, Nr. 137, 4, Nr. 29, 152; NC 19. Mai; Urbar BAC von 1476, S. 1. Wildenberg: BUB 1, Nr. 421, 2, Nr. 958.
[28] Belmont: MOHR CD 3, Nr. 183, 4, Nr. 29, Rätische Urkunden aus dem Centralarchiv des fürstlichen Hauses Thurn und Taxis in Regensburg, hg. v. H. WARTMANN, in: QSG 10, Basel 1891, Nr. 65. Wildenberg: BUB 2, Nr. 958.
[29] Stammsitz der Sagogn. – Belmont: MOHR CD 4, Nr. 240.
[30] Sitz der Belmont. – Frauenberg: MOHR CD 2, S. 102 (Kathedraticum!), NC 17. Dez.
[31] Sitz der Montalt (Löwenberg). – Belmont: MOHR CD 4, Nr. 29.
[32] Belmont: Rätische Urkunden (wie Anm. 28) Nr. 68 (einst frauenbergisch?); Werdenberg-Heiligenberg (einst wildenbergisch oder frauenbergisch): Urbarien des Domcapitels (wie Anm. 22) S. 76.
[33] Herrschaft Fryberg. – Belmont und Wildenberg (zusammen mit Andest und Schauenstein): MOHR CD 2, S. 102 (Kathedraticum!).
[34] Belmont: NC 25. Sept. – Wildenberg: Urk. 1302 Nov. 12., Or. Haupt-Staatsarchiv Stuttgart B 486, PU 778.
[35] Belmont: NC 25. Sept. – Wildenberg: Urk. 1302 (wie Anm. 34).
[36] Urk. 1351 Juli 2.: Rätische Urkunden (wie Anm. 28) Nr. 35 (u.a. Meierhof zu Fraissen!) und Urk. 1379 Febr. 3.: Or. GdeA Surcasti, Nr. 3. Man beachte auch die gegenüber St. Vinzenz in Pleif exemte Stellung von St. Maria in Degen. – Die Lumnezia war wohl nicht einfach ein Reservat der Freiherren von Belmont!

Abb. 1　Wappen der Freiherren von Belmont auf dem Kästchen von Scheid, heute im Rätischen Museum in Chur. (Photo: Rätisches Museum, Chur)

Rhäzüns, und Ulrich II. Brun von Rhäzüns[37]. Die von den Vertragspartnern ausgestellten Urkunden betreffen zwar dieselbe Sache, stimmen aber nicht wörtlich miteinander überein[38]. In der Fertigung der Elisabeth von Sax hören wir erstmals von der Burg Belmont: die Saxerin behielt sich diese samt dazugehörigen Gerichtsrechten zum ersten vor (*den búhel und daz burgstal ze Belmunt und daz gericht ze Flyms* sowie alle Eigenleute, die *zů der selben burg ze Belmunt wilend gehorten oder noch von recht gehóren sullend*). Die Burg gelangte mit allen Rechten an die Sax-Misox, war damals aber vielleicht gar nicht mehr richtig bewohnt (*burgstal!*)[39]. Wichtig war deren Besitz, weil die Gerichtsbarkeit zu Flims offenbar Pertinenz dieser Feste war.

Hingegen übergab Elisabeth von Sax dem Rhäzünser ihre Burg Ems (Domat/Ems) mit *allen den ligenden gúter ze Flyms gelegen, die vormals ir lieben Muoter die egenannten Adelheiten von Muntalt* (geborenen von Belmont) *angehorten*. Wahrscheinlich gehörten sie schon in belmontischer Zeit zur Feste Ems, auf der ja Adelheid auch 1372 urkundete[40]. Für diesen in Flims liegenden Besitz lassen sich grobe Annäherungswerte bezüglich Wert und Umfang errechnen; dass er nicht besonders gross gewesen sein kann, erhellt schon daraus, dass das Reichsgut sich bereits in der Mitte des 9. Jahrhunderts mitsamt den beiden Kirchen zu Flims und Fidaz in der Hand des königlichen Klosters Pfäfers befand[41], welches im Laufe der Jahrhunderte allerdings einiges an Rechten verloren zu

---

[37] Adelheid war nicht nur Universalerbin des Hauses Belmont, sondern auch Miterbin der 1378 ausgestorbenen Freiherren von Montalt. Zur Sichtung der Erbansprüche siehe

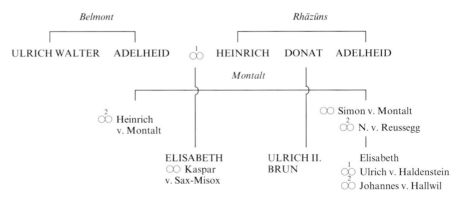

[38] Fertigung des Rhäzünsers: MOHR CD 4, Nr. 29; Fertigung der Elisabeth von Sax: Rätische Urkunden (wie Anm. 28) Nr. 83. Beide in Castrisch ausgestellt.
[39] Vgl. Burgenbuch Graubünden (wie Anm. 11) S. 184f.
[40] MOHR CD 3, Nr. 166.
[41] BUB 1, S. 386.

haben scheint⁴². Die Vogtei nun über die Pfäferser Güter lag aber nicht etwa bei den Belmont, sondern bei den Sagogn-Wildenberg, von deren Erben, den Grafen von Werdenberg-Heiligenberg, sie erst 1420 veräussert wurde⁴³. Im genannten Tausch von 1380⁴⁴ stehen der Burg Castrisch und Werten in der Höhe von etwa 420 (Land-)Gulden⁴⁵ die etwa gleichwertige Feste Ems, die liegenden Güter in Flims und *ain phundament ligenden gutes ze Schlŏwis* (= Schluein) *gelegen* gegenüber. Unter Abzug der Rechte in Schluein könnte der Betrag von rund 210 Mark den Wert von etwa 5–6 Hofstätten verkörpern, womit eine Vorstellung von der Grössenordnung dieser Besitzungen möglich ist⁴⁶. Inwiefern der *mayerhof ze Vidatz*⁴⁷ – ein bischöfliches Lehen – und der Hof *Canúgúna* (= Cangina) *genant, ze Flyms gelegen*⁴⁸, einen Bezug zum genannten Wert haben, ist unklar.

Wichtiger müssen die Rechte in Castrisch gewesen sein. Hier befand sich ein zur Feudalburg umgewandeltes frühmittelalterliches Kirchenkastell⁴⁹. Die Pfarrkirche St. Georg erscheint im Reichsgutsurbar mit Zehnten in Castrisch und Sevgein ausgestattet⁵⁰. An dieser Kirche scheinen allerdings auch die Freiherren von Frauenberg Rechte gehabt zu haben, bezahlen sie doch Ende des 13. Jahrhunderts das Kathedraticum⁵¹, was zumindest auf engere Verwandtschaft mit den Belmont hindeuten möchte. Die Ansprüche der Grafen von Werden-

---

42 Zum Besitz um 1300 vgl. UBSSG 2, Nr. 1426, und die Berechnungen von Hermann ANLIKER, Flims (Schweizer Heimatbücher 106), Bern ²1982, S. 165 (hier auch viele Lokalisierungen und eine Flurnamenkarte im Massstab 1:25 000).
43 WEGELIN, Pfäfers, Reg. 1412.
44 MOHR CD 4, Nr. 29.
45 Vgl. Urk. Anm. 44: 30 Schilling jährlichen Zinses entsprechen 300 Gulden, die restlichen genannten 12 Schilling also etwa 120 Gulden. Da nicht von rheinischen Gulden die Rede ist (wird im allgemeinen angegeben), dürfte es sich um Landgulden gehandelt haben, welche etwa 210 Mark entsprechen.
46 Einige Preisbeispiele aus dieser Zeit: 2 Güter in Valendas kosten 1372 49 Mark (MOHR CD 3, Nr. 164), ein Weinberg in Malans 1394 30 Mark (MOHR CD 4, Nr. 182), 1395 eine Hofstatt in Ems 30 Mark (MOHR CD 4, Nr. 204); im selben Jahr wurden für 7½ Juchart Ackerland und 7 Mannmad Wiesen in der Umgebung von Chur 120 Mark gelöst (Fläche von etwa 520 Aren), ein freilich recht stolzer Preis. Allgemein fällt auf, dass die Preise für Ackerland sehr hoch sind, 1 Juchart 10–20 Mark kostet. Das Kriegspferd, welches Freiherr Johannes von Belmont dem Domkapitel in der Zeit nach 1311 schenkte, hatte einen Wert von 32 Mark (NC 27. Mai). Zur Grösse des Besitzes des Klosters Pfäfers vgl. ANLIKER (wie Anm. 42), bezüglich der Kirche Chur MUOTH, Ämterbücher (wie Anm. 3) S. 160–164; zu beachten auf S. 161 der Flurname *Schzintenayr!*
47 MOHR CD 4, Nr. 11, 10 (wohl älteres Lehen), 27, 152.
48 Rätische Urkunden (wie Anm. 28) Nr. 65; vgl. MOHR CD 3, Nr. 183.
49 Vgl. Burgenbuch Graubünden (wie Anm. 11) S. 81.
50 BUB 1, S. 393. Vgl. den Flurnamen *Tschentaneras* (RN 1, S. 78!).
51 MOHR CD 2, S. 102.

berg-Heiligenberg auf den Kirchensatz zu Castrisch stammen zweifellos von frauenbergischer Seite her[52].

Seit der Zeit des Bischofs Ulrich V. Ribi (1331–1355) – eines äusserst energischen Politikers – sind auch bischöfliche Ansprüche auf Castrisch bekannt. Es scheint, dass Johannes von Belmont zu Beginn der dreissiger Jahre des 14. Jahrhunderts seinen gesamten oberländischen Besitz dem Bischof aufgegeben und von diesem zu Lehen genommen hat[53], möglicherweise um gegen vazische, später auch werdenbergische Ansprüche besser geschützt zu sein. Diese bischöflichen Ansprüche sind in ihrer pauschalierenden Form von den Erben aber nie akzeptiert worden[54]; sie konnten auch nicht durchgesetzt werden[55], dürften also verhältnismässig jung gewesen sein. Erst 1390 übergaben Elisabeth von Sax-

[52] Urk. 1345 April 19. Haupt-Staatsarchiv München, Montfort Nr. 13. – Zum Übergang des frauenbergischen (nicht des wildenbergischen!) Erbes an die Werdenberg-Heiligenberg vgl. Emil KRÜGER, Die Grafen von Werdenberg-Heiligenberg und von Werdenberg-Sargans, Mitteilungen zur vaterländischen Geschichte, hg. vom Historischen Verein in St. Gallen 22 (1887), S. 157f., und MURARO, Vaz (wie Anm. 4) S. 83f. Ferner beachte man den – als österreichisches Eigen – zur Herrschaft Laax im Habsburgischen Urbar verzeichneten Buchenwald zu Castrisch (Das Habsburgische Urbar, hg. v. R. MAAG, 1, S. 522–529, in: QSG 14, Basel 1894). – Unbegründet die Annahme von Erwin POESCHEL in Kdm GR 4, S. 96, Castrisch sei Filiale von Sagogn gewesen, die auf rein geographischen Überlegungen beruht.

[53] Vgl. Urk. 1333 März 12. Or. BAC Cart. P, S. 98, und BAC Urbar von 1467, S. 1: *Item ist kuntlich vnd beuindet sich mit kuntschafft das der von Belmunt sålig* (= Johannes von Belmont) *von Byschoff Vlrich såligen ze lechen emphieng als das gůt das er ze denen zitten hatt hie disent Cawur. Es wår ze Flims, ze Belmunt ze Vidatz oder anderstwa.* (Cawur könnte Cavurcs unterhalb Sogn Parcazi sein; vielleicht aber auch die Rheinschlucht selber.)

[54] Vgl. dazu die entschiedene Haltung der Schwester des letzten Belmonters, Adelheids (verh. v. Montalt), im Jahre 1372 (MOHR CD 3, Nr. 166) gegenüber dem Bischof von Chur: *von der vestinan lut vnd gůter wegen dů Vlrichs Walthers såligen von belmunt min der vorgenant adelheiten wilont bruders waren vnd ir sprechend es wår alles von üwerem gotzhus lehen vnd si an das selb üwer gotzhus geuallen des wir logent vnd nit vergichtig sint.*

[55] Vgl. MOHR CD 4, Nr. 10 und 11. Die Erben akzeptieren als bischöfliche Lehen Ort und Schiflans in Vella (Krs. Lumnezia), den Zehnten zu Vrin (ebd.) und den Meierhof zu Fidaz (Gde. Flims). – Aus dem Vertrag von 1390 mit dem Bischof von Chur geht klar hervor, dass Castrisch als Kompensation für andere Rechte an den Bischof übergeht (MOHR CD 4, Nr. 152). Entsprechend findet sich die Burg Castrisch im Buoch der Vestinen von 1410, dagegen werden Ems und Wartau nicht aufgeführt (MUOTH, Ämterbücher [wie Anm. 3] S. 17). Man vgl. dazu aber auch Urk. Chur, 1379 Jan. 3. (Or. BAC), in welcher das Gotteshaus, Graf Johann von Werdenberg-Sargans und Ulrich Brun von Rhäzüns einen Vertrag schliessen, des Inhalts, falls Adelheid von Montalt (geb. v. Belmont) gegen Entschädigung (!) auf ihre Rechte verzichte, man deren Güter und Ansprüche (ohne Feste, Leute und Gut Wartau) zu je einem Drittel übernehmen wolle. Die beiden Weltlichen würden in diesem Fall ihren Teil vom Bischof zu Lehen nehmen. Das Ganze ist wohl ein Versuch, die Sax-Misox zu überspielen; er gelang bekanntlich nicht, und dies könnte auch erklären, warum das für Rhäzüns (ohne Rhäzünser Siegel!) bestimmte Vertragsexemplar noch immer im bischöflichen Archiv liegt. Immerhin ging ab 1390 Castrisch als bischöfliches Lehen an den jeweiligen Herrschaftsinhaber, und man kann sich auch fragen, ob der Übergang der Herrschaft Löwenberg an die Grafen von Werdenberg-Sargans (vgl. MURARO, Vaz [wie Anm. 4] S. 80f.) nicht mit den hier ins Auge gefassten Änderungen in Zusammenhang steht.

Misox und ihr Gemahl Kaspar dem Bischof die Burg Castrisch mit Dorf und Kirchensatz (aber ohne die Gerichtsbarkeit!), der dafür auf das Obereigentum an den Burgen Ems und Wartau (Kt. St. Gallen) verzichtete[56]. Castrisch blieb – als Kunkellehen[57] – weiterhin saxisch; hier befand sich auch die Grabstätte des Grafen Johann von Sax-Misox[58].

In der Nähe der Burg Castrisch lag der grosse Meierhof, genannt von Frauenberg[59]; ebenso gehörte ein Gut in Schluein zur Feste[60].

Es unterliegt keinem Zweifel, dass Castrisch/Flims die eigentliche Machtbasis der seit 1252[61] den «nobilis»-Titel führenden Freiherren von Belmont darstellte.

Besitz östlich des Herrschaftszentrums

Von nicht unerheblicher Bedeutung dürfte der Besitz der Burg Ems (Gde. Domat/Ems) gewesen sein, die im 14. Jahrhundert zeitweise Ersatzsitz für das den Rhäzünsern übergebene Castrisch gewesen sein könnte[62]. Die Feste scheint um 1250 *mit ander herren hilff* gebaut worden zu sein[63], wohl im Vorfeld der Schlacht bei Ems im Jahre 1255, in welcher Heinrich von Rhäzüns, Heinrich von Belmont, Friedrich von Fryberg, Konrad von Rialt und der bekannte Haudegen Simon Orelli von Locarno vom Bischof von Chur gänzlich besiegt wurden[64]. Wohl infolge dieser Niederlage mussten die Belmont die Burg vom Bischof zu Lehen nehmen, der 1390 tauschweise auf seine Ansprüche verzichtete[65].

---

[56] Vgl. Anm. 55.
[57] MOHR CD 4, Nr. 152: Castrisch wird verliehen *den tochtren als den knaben/ob knaben nit enwärend, nach lehens recht.*
[58] Vgl. dazu Kdm GR 4, S. 68.
[59] Urk. 1371 Juli 14. Or. Haupt-Staatsarchiv München, Montfort 25 (und 26), MOHR CD 4, Nr. 29.
[60] MOHR CD 4, Nr. 29.
[61] BUB 2, Nr. 884.
[62] Ulrich Brun von Rhäzüns sagt 1380, er habe Elisabeth von Sax die Burg Castrisch samt weiteren Rechten *ledig* gelassen und *geantwurt,* andrerseits scheinen Adelheid von Belmont und Heinrich von Montalt 1372 auf Ems zu sitzen (vgl. MOHR CD 3, Nr. 166). – Ems ging anschliessend an die Rhäzüns über.
[63] BAC Urbar von 1467, S. 1: *Item das Emptz die burg mit ir zugehörd lehen sy von Chur beuindet sich kuntschafft/das her hainrich sälig von . . . . . . der vatter was Bischoffs Cunratz von Belmunt Byschoffs ze Cur den selben sinen sun gen schůl schickt vnd die wil er . . . . . . was da buwet der vorgenant sin vatter mit ander herren hilff die burg Emptz vnd emphieng sy do ze lechen von de . . . . . . Byschoff von Cur.*
[64] NC 26. August.
[65] Vgl. Anm. 55.

Auch die ziemlich grosse Burg Wartau[66] im Kanton St. Gallen war bischöfliches Lehen[67]. 1361 besitzt Ulrich Walter von Belmont als solches auch den *zehenden ze Malans bi Wartowe* gelegen[68]. Der Bischof verzichtete 1390 auf seine Ansprüche[69], doch muss die Burg schon früher – wohl pfandweise, da sich der letzte Belmonter in argen Finanznöten befunden zu haben scheint – an die Grafen von Werdenberg-Heiligenberg übergegangen sein, denn 1382 findet sie sich bereits in deren Händen bezeugt[70].

Als nicht ganz unbedeutend muss auch die Stellung der Freiherren von Belmont als Vögte des bereits im Reichsgutsurbar verzeichneten Grosshofs des Klosters Pfäfers in Chur (mit der alten Pfarrkirche St. Salvator)[71] angesehen werden[72]. Vielleicht stehen damit auch weitere Rechte in Domat/Ems in Zusammenhang[73].

Eher zufälliger Natur dürften die Besitzungen in Malix (Krs. Churwalden) und Trimmis[74] (Krs. V Dörfer) sein, währenddem Rechte in Ftan[75] (Krs. Suot Tasna) am ehesten mit verwandtschaftlichen Verbindungen zu den Matsch zu erklären sind.

Güter und Rechte in der Foppa und Lumnezia

Auch wenn wir über etliche Einzelangaben verfügen, ist die Abschätzung des gesamten belmontischen Besitzes in diesem Raum schwierig. Betrachtet man den Kaufpreis, den Bischof Ortlieb von Chur 1483 – rund hundert Jahre nach dem Erlöschen des Hauses Belmont – Johann Peter von Sax-Misox für die Herr-

---

[66] Vgl. Gottlieb FELDER, Die Burgen der Kantone St. Gallen und Appenzell, 3. Teil, 82. Neujahrsblatt, hg. vom Historischen Verein des Kantons St. Gallen (1942), S. 38–43.
[67] BAC Urbar von 1467, S. 1: *Item das Wartów von Chur lehen sy beuindet sich kuntschafft das her Johanns sáligen von Belmunt des von Belmunt sáligen vatter sin Ee frowen sáligen von Klingen vmb wyderlegung ir haimstúr vnd morgengab die burg zů wartów vnd ir zůgehord mit Byschoff Vlrichen sáligen ze Cur hant willen vnd gunsst darzů ist v . . . . . . mess gewesen ze wartow vnd ze Seuelen das och dem Gotzhus ze Cur von alter zůgehórt.*
[68] Urk. 1361 Nov. 30. (Rätische Urkunden [wie Anm. 28] Nr. 48).
[69] Vgl. Anm. 55.
[70] KRÜGER, Werdenberg (wie Anm. 52) Reg. Nr. 464. – Die bisweilen in der Literatur anzutreffende Behauptung, Wartau sei 1261 wildenbergisch gewesen, beruht auf einer Verwechslung mit Wartenstein.
[71] BUB 1, S. 385: *Curtis in Curia habet ecclesiam I quae respicit ad supradictam cellam Fauares.*
[72] Vgl. dazu insbesondere MOHR CD 2, Nr. 137, nebst UBSSG 2, Nr. 1424 (Bestand um 1300), und Kdm GR 7, S. 256.
[73] NC 19. Mai, MOHR CD 2, Nr. 137, 4, Nr. 29, 152.
[74] MOHR CD 2, Nr. 122 (in Nr. 135 ist von belmontischen Ansprüchen nicht mehr die Rede; *Schuppine* in Churwalden?).
[75] BUB 2, Nr. 932.

schaften Castrisch und Belmont mit den Gerichten Ilanz, Lugnez, Flims und Vals bezahlte, so springt die geringe Summe von 4000 Gulden (rheinisch) sofort ins Auge[76], löste doch beispielsweise Rudolf Mötteli von Rappenstein 1496 allein schon für die Burg Neuburg bei Untervaz mit Zubehör 2150 Gulden[77], und die Brandis und Sulz kassierten 1509 für Maienfeld 20 000 Gulden[78]. Neben den Gerichtsrechten (*die herrschaften bellmund und Cestris . . . mit sampt den vier gerichten Inlantz, Lugnitz, Vlimss und Valls, aller nutzung, obrickaitt, ehehafftinen und herlichkaiten*) kann kaum noch umfangreicher Grundbesitz vorhanden gewesen sein. Allerdings müssen wir damit rechnen, dass die Sax-Misox als Herrschaftsinhaber das eine und andere Recht veräussert haben.

Im Valsertal gehörte den Belmontern der mehrfach erwähnte Hof *Slavenasca*[79]. In Oberilanz lässt sich ein Meierhof, genannt *Mayria Martzscha* als belmontisch nachweisen[80]. Adelheid von Montalt (geb. von Belmont) verpfändet 1372 Zinsen aus dem *maigerhoff von Froenberg ze Valzúns gelegen* (= Valsins, Gde. und Krs. Rueun)[81]. Gütergeschichtlich interessant sind Rechte an Kirchen: in Sagogn verfügen die Belmont über die Kollatur der Kapellen St. Maximin und St. Peter zu Tuora, beide Filialen von Sagogn[82]. In Waltensburg/Vuorz bezahlt Walter von Belmont zusammen mit den Herren von Frauenberg u.a. das Kathedraticum[83].

In der Lumnezia lassen sich vor allem bischöfliche Lehen nachweisen, so die Höfe Ort und Schiflans in Vella, ferner die Zehnten zu Vrin[84]. Der später in saxischem Besitz befindliche Kirchensatz der alten Talkirche St. Vinzenz zu Pleif gehörte dem Konstanzer Domkapitel, das seinerseits – es handelt sich um altes Reichsgut – über den Welfen Konrad, Bischof von Konstanz (934–975), zu diesem Recht gekommen ist[85]. Allem Anschein nach stand er schon in vorsaxischer Zeit den Freiherren von Belmont zu, vermutlich als Vogtlehen. Belmonti-

---

[76] Vgl. den Anhang zu «Der Katalog des Bischofs Flugi vom Jahre 1645», hg. v. J.G. MAYER und F. JECKLIN, JHGG 31 (1901), S. 110–114.
[77] Ebd. S. 116–119.
[78] Ebd. S. 120–124.
[79] Urbarien des Domcapitels (wie Anm. 22) S. 76, NC 23. Febr., 24. März, 11. Juli und 15. Dez.
[80] MOHR CD 3, Nr. 183.
[81] Rätische Urkunden (wie Anm. 28) Nr. 68.
[82] MOHR CD 2, Nr. 240 (. . . *in capellis videlicet Maximini in Sygens et Petri in Tauwurr* . . .). Zur Lage vgl. Kdm GR 4, S. 103f.
[83] MOHR CD 2, S. 102: *Item de Waltramspurg tenentur soluere kathedr. dominus de Wildenberg, Waltherus de Belmont, Albertus de Schovenstain et Albertus de Andest, videlicet X. sol. m.*
[84] MOHR CD 4, Nr. 10, 11, 27, 152.
[85] Vgl. dazu die ausführlichen Darlegungen und Belege von Helmut MAURER, Die Kirche St. Vincentius in Pleif und das Schicksal karolingischen Reichsgutes im Lugnez und am Vorderrhein, in: Churrätisches und st. gallisches Mittelalter – Festschr. f. Otto P. Clavadetscher, hg. v. H. MAURER, Sigmaringen 1984, S. 53–66; dazu unten, S. 287–291.

sches Eigen könnte dagegen der Hof in Cumbel[86] gewesen sein. Nicht sicher lokalisierbar ist ein Gut zu *Padenaus*[87].

Probleme der hohen Gerichtsbarkeit

Oberrätien nimmt insofern eine Sonderstellung ein, als ja die Grafen von Oberrätien mit dem Tode von Otto von Buchhorn 1089 verschwinden und die gräflichen Kompetenzen teils an den Bischof von Chur, teils an die Nobiles übergehen[88]. Letzteres ist charakteristisch auch für das von uns näher ins Auge zu fassende Gebiet. Der Zersplitterung folgt im Laufe des 14. Jahrhunderts ein zunehmender Konzentrationsprozess, welcher insbesondere in den Territorialisierungsbestrebungen der Grafen von Werdenberg-Heiligenberg als Rechtsnachfolger der Freiherren von Wildenberg und Frauenberg seinen Ausdruck findet; diese scheiterten wesentlich an der Abwehr Ulrich Walters von Belmont (1352 Schlacht «am Mundaun»), der auf die Hilfe der mit ihm eng verwandten Freiherren von Montalt, von Rhäzüns und der immer besser sich organisierenden Talleute aus der Lumnezia rechnen konnte[89]. Das Aussterben der Häuser Belmont und Montalt erlaubt zwar noch die erneute Zusammenfassung von Rechten durch die Grafen von Sax-Misox, doch konnten sich die Freien von Laax als Rechtsnachfolger der Grafschaft Laax und die früher montaltische Herrschaft Löwenberg zu Schluein noch lange als selbständige Gerichte behaupten.

Was die Gerichtsrechte in Flims anbetrifft, die 1380 als Pertinenz der Burg Belmont erscheinen[90], so dürfte der Sachverhalt – Eigentum der Belmont, dann der Sax – klar sein.

Dagegen findet sich in der Literatur bisweilen die Behauptung, die hohe Gerichtsbarkeit in der Gruob (Foppa) habe im Rahmen eines «Gesamtgerichts zu Ilanz und in der Gruob» dem Bischof von Chur zugestanden und sei erst um 1400 durch Usurpation an die Sax übergegangen[91]. Diese Auffassung entbehrt jeder Grundlage. Der Bischof von Chur konnte die hohen Gerichte nicht be-

---

[86] NC 25. Sept.: *coloniam suam in villa Cumbils dictam de Camadringes in valle Lugenitze solventem annuatim XXIV sol. merc.*
[87] Urk. 1375 Febr. 1.: Or. GdeA Cumbel, Nr. 1. (Paternaus in Falera?). Hier wäre auch noch hinzuweisen auf ein Gut *Bargaira,* welches 1377 mit Zustimmung der Sieglerin, Adelheid von Montalt, von *Bernhard von Montsch* dem Ulrich Gallus von Cafraniga von Sevgein verkauft wird (Kopie: Abschriftenband im StaatsA Graubünden, B 510, Bd. 5, S. 29).
[88] Vgl. MURARO, Vaz (wie Anm. 4) S. 34–38.
[89] Vgl. die nüchterne, aber korrekte Darstellung der Umstände bei KRÜGER, Werdenberg (wie Anm. 52) S. 182–185.
[90] Vgl. oben, S. 278.
[91] So etwa Friedrich PURTSCHER, Der Obere oder Graue Bund, BM 1924, S. 154f.

anspruchen, bevor ihm dieselben 1483 von den Grafen von Sax käuflich abgetreten worden sind[92]. Es wird niemanden verwundern, dass die Kompetenzen des bischöflichen Vogtes zu Sagogn bezüglich der Gerichtsbarkeit explizit nur bis zu den *fråflinen* reichen[93] – dies ist normal –, ebenso, dass sie sich nur auf die *homines ecclesie Curiensis* erstrecken. Von hoher Gerichtsbarkeit ist in den Ämterbüchern bezüglich der Foppa – im Gegensatz etwa zu Oberhalbstein, Fürstenau, Bergell usw. – nie die Rede[94]. Sicher wären entsprechende Ansprüche bei den Streitigkeiten mit den belmontischen Erben zur Sprache gekommen, aber es findet sich nicht der geringste Hinweis. Analoges gilt aber auch für die Vögte im Lugnez und in Ilanz; schon die Bezeichnung «Vogt» verbietet – immer unter Berücksichtigung der damals im bischöflichen Lehensstaat üblichen Terminologie – die Annahme hochgerichtlicher Kompetenzen desselben. Dem widerspricht in keiner Weise der Umstand, dass die Vögte in der Lumnezia sich im Laufe des Territorialisierungsprozesses immer mehr zu eigentlichen Talammännern entwickelten und die herrschaftliche Hochgerichtsbarkeit sich nur noch als dünne Hülle über einer faktisch kaum noch beherrschbaren, politisch immer besser organisierten Talgemeinde darbot. Die einheimischen Herren von Lumarins haben als Vögte und Repräsentanten der lokalen Aristokratie diese Entwicklung planmässig vorangetrieben; weder die Grafen von Sax noch der Bischof von Chur waren machtmässig in der Lage, diesen Prozess aufzuhalten, der in logischer Konsequenz zur Entmachtung des Bischofs im Jahre 1538 führte.

Da bis zum Erwerb der Herrschaften Castrisch und Belmont im Jahre 1483 für den Bischof von Chur keine Hinweise auf hochgerichtliche Kompetenzen vorliegen, dürfen solche nicht einfach angenommen werden, umso weniger, als es dem Churer Bischof nirgendwo gelungen ist, ohne zusätzliche Rechtstitel –

---

[92] Wie Anm. 76.
[93] MUOTH, Ämterbücher (wie Anm. 3) S. 45: *... daz ain byschof ze Chur ainen vogt sol haben ze Sugåns ... und sol alle die Gotzhus lût uff Mûntinen schirmen und besorgen, und sol och richten zwischant dienstlûten und och den hûbern und den maygern; und ain vitzdum ze Chur sol nebent dem vogt ze gericht sitzen, und was fråflinen da ze mal vervallend, die sind des vogts, und was gemeiner schulda vervallent, die sind ains vitztums.* S. 158: *... racione cuius idem advocatus pro tribunali sedere debet in Sigåns pro justicia reddenda hominibus ecclesie curiensis.*
[94] Vgl. dazu die Formulierungen für jene Gebiete, in welchen der Bischof die hohe Gerichtsbarkeit tatsächlich innehatte: MUOTH, Ämterbücher (wie Anm. 3) S. 37–48 (im Falle des Domleschg freilich nur auf kaiserliche Privilegien abgestützt, welche – sehr jung – nicht durchgesetzt werden konnten, da die Grafen von Werdenberg-Sargans, gestützt auf Gewohnheitsrecht und kaiserliche Gegenprivilegien, sich in der besseren Position befanden). – Bei der Übergabe von Burg und Dorf Castrisch an den Bischof von Chur im Jahre 1390 (Mohr CD 4, Nr. 152) behalten sich die Sax die Gerichtsrechte daselbst ausdrücklich vor (*usgenomen das gericht ze Cästris, won das gen Inlantz gehört*); wenn MUOTH (Ämterbücher, S. 171, Anm. 4) schliesst, die Sax hätten die Gerichte beim genannten Verkauf an den Bischof vorbehalten, weil diese dem Bischof bereits gehört hätten, stellt er die Dinge nun wirklich völlig unnötigerweise auf den Kopf!

handle es sich um Käufe oder kaiserliche Privilegien – die hohe Gerichtsbarkeit auf seine niederen Immunitäten zu treiben.

Nach dem Wortlaut der Urkunde von 1390 erhob der Bischof von Chur auch Ansprüche auf die *Vogty in Lugnitz*[95]; dass er sie nicht durchsetzen konnte, erhellt aus späteren Dokumenten zur Genüge[96]. Immerhin scheint es ihm gelungen zu sein, Grundbesitz, der bei der Entstehung dieser Vogtei vielleicht eine nicht unwichtige Rolle gespielt hat, wieder an sich zu ziehen[97].

In analoger Weise müssen sich die Dinge im *oppidum* Ilanz entwickelt haben, hier mit stärkerer Ausrichtung auf die städtischen Bedürfnisse[98]. Auch Ilanz gelangte – etwa im Gegensatz zur Stadt Fürstenau im Domleschg – nie zu hoher Immunität, sondern blieb eine mit Sonderrechten ausgestattete Gemeinde innerhalb der belmontischen Gerichtsherrschaft in der Foppa (Gruob)[99]. Die Anfänge der Stadtentwicklung sind schwer durchschaubar; jedenfalls gestatten die Quellen nicht, sie allein auf belmontische Initiative zurückzuführen.

Besondere Wege ging Vals, welches wohl um 1375 von Simon von Montalt kaufweise an die Grafen von Werdenberg-Sargans übergegangen war. Diese verkauften die dortigen Rechte ihrerseits 1383 den Freiherren von Rhäzüns[100], von welchen sie durch Erbteilung an die Sax gelangten. Die Valser besassen nur niedere Gerichtsbarkeit und unterstanden dem Gericht in der Lumnezia; spätere Verselbständigungsversuche blieben erfolglos[101].

Überblickt man das Ganze, so fällt die Entwicklung des belmontischen Herrschaftsgebiets im Raum Foppa/Lumnezia kaum aus dem Rahmen des in Oberrätien üblicherweise Anzutreffenden. Gestützt auf Reichsgut – vornehmlich im Raum Castrisch – erfolgt der Aufbau einer nicht ganz unansehnlichen Herrschaft, konkurrenziert durch andere Feudalherren, nicht aber durch den Bischof von Chur, dem der Erwerb hochgerichtlicher Rechte erst im Verlauf des 15. Jahrhunderts gelingt. Der spätmittelalterliche Territorialisierungsprozess verläuft in der Folge aber nicht zugunsten der Herrschaftsinhaber, sondern kommt den kommunalen Bewegungen zugute, die ihn auch wesentlich bestimmt und mitgetragen haben.

---

[95] MOHR CD 4, Nr. 152.
[96] Vgl. WAGNER/SALIS, S. 177 (der Vogt wird – zu diesem Zeitpunkt – von den Sax aus einem Dreiervorschlag ausgewählt).
[97] Vgl. dazu MOHR CD 4, Nr. 11, 12, 27, 152. Einst belmontische Lehen gehen faktisch an die de Mont über.
[98] Vgl. WAGNER/SALIS, S. 29; dazu die Dokumente von 1529 und 1534 (S. 170–176). Selbstverständlich darf das Stadtgericht in Ilanz nicht mit einem allenfalls in Ilanz tagenden Gericht der Gruob (Foppa) verwechselt werden.
[99] Vgl. dazu die Formulierungen in MOHR CD 4, Nr. 152, S. 189 oben.
[100] Rätische Urkunden (wie Anm. 28) Nr. 91.
[101] Vgl. dazu WAGNER/SALIS, S. 25–28.

Belmont und die Welfen

Es ist immer wieder versucht worden, die Herren von Belmont mit dem Welfengut in Oberrätien in Verbindung zu bringen. Ausgangspunkt ist die Schenkung von welfischem Gut durch den hl. Bischof Konrad von Konstanz (934–975) – er ist selber ein Welfe – an die Kirche Konstanz. Die Historia Welforum (um 1170) spricht von *infra Retiam Curiensem Amidis, Flumines, Lugenitz*[102], ein Privileg Friedrich Barbarossas (1155) von *in Retia Curiensi curtim in Flumenes, curtim in Amedes, curtim in Montanis Burch cum ecclesia*[103]. Am vollständigsten ist die Aufzeichnung im Chronicon episcopatus Constantiensis von Jakob Mennel – sie stammt allerdings erst aus dem Jahre 1519[104]: *Donavit autem idem episcopus de suo patrimonio fratribus ecclesiae Constantiensis ad usus communes subscriptas possessiones. Item apud Curwalhen Burg cum iure patronatus*[105] *et decimas in Ubersachsen et 13 mansus feuda attinentia. Item curiam in Burg et officium villicationis cum aliis pertinentiis in nemoribus. Item curiam in Flums*[106] *cum quatuor mansibus; ibidem piscinam in ripa et alpes duas dedit et Flaz et apud Trums*[107] *et Malanz*[108] *vineas adiacentes. Item apud Emps curiam cum tribus mansibus et tres mansus apud Tumblaz. Valuerunt autem haec bona annis singulis novem marcas.* Fleckenstein hat angenommen, dass es sich um Reichsgut handle, da durch das Reichsgutsurbar an den betreffenden Orten solches ausgewiesen sei[109], eine Annahme, welche sich zumindest bezüglich *Burch cum ecclesia* beweisen lässt, da diese Kirche identisch ist mit der alten Talkirche St. Vinzenz in Pleif/Vella,

---

[102] UBSSG 1, Nr. 66.
[103] MGH DF I 128.
[104] Wiedergabe nach der kritischen Edition von Helmut MAURER, in: Churrätisches und st. gallisches Mittelalter, Festschr. für Otto P. Clavadetscher, hg. v. H. MAURER, Sigmaringen 1984, S. 65. – Vgl. zum ganzen Problemkreis DENS., Die Kirche St. Vincentius in Pleif und das Schicksal karolingischen Reichsgutes im Lugnez und am Vorderrhein, ebd., S. 53–66.
[105] Dass Burg identisch ist mit Pleif/Vella ergibt sich mit Sicherheit aus einer Urkunde von 1322 im Pfarr-Archiv Pleif/Vella (Nr. 1), wo von *ecclesia sancti Vincentii in Burge, Curiensis dyocesis* die Rede ist.
[106] Zu Flums vgl. unten, S. 288 f.
[107] Wenn die bei MENNEL vorkommenden Namensformen denjenigen des 13. Jahrhunderts entsprechen (vgl. MAURER, S. 59), muss Trums zu Trins gestellt werden (1325: *ze Trünsse*, 1350 *ze Trüns* [MOHR CD 2, Nr. 202, 331], dazu selbstverständlich – zwischen Sagogn und Bonaduz – um 1300 *Trunnes* [MOHR CD 2, S. 99] aus *Turunnio* des 12. Jh. (Urbarien des Domcapitels [wie Anm. 22] S. 4); passt auch besser zu den *vineas adiacentes*.
[108] *Malanz* kann gut Malans in der Bündner Herrschaft sein, möglich wäre aber auch Malans, Gde. Wartau SG.
[109] Josef FLECKENSTEIN, Über die Herkunft der Welfen und ihre Anfänge in Süddeutschland, in: Studien und Vorarbeiten zur Geschichte des grossfränkischen und frühdeutschen Adels, hg. v. G. TELLENBACH (Forschungen zur oberrheinischen Landesgeschichte, 4, 1957), S. 90–93. – Es gilt in diesem Zusammenhang zu beachten, dass sich durch den Übergang von St. Vinzenz in Pleif ein terminus post quem für den Besitzerwechsel (Reich – Welfen) ergibt.

deren Ius patronatus sich im 13. Jahrhundert nachweislich im Besitz der Kirche Konstanz befindet.

Könnte es sein, dass der Übergang dieser einst welfischen, dann konstanzischen Güter an die Freiherren von Belmont zum Ausgangspunkt für deren Herrschaftsbildung geworden ist, wie man dies in ähnlicher Weise für den Welfenbesitz im Vinschgau und die Herren von Montalban[110] feststellen kann?

Ob die Freiherren von Belmont biologisch mit jenen Personen zusammenhängen, welche besagte oberrätische Welfengüter um 930 verwaltet haben mögen, muss angesichts der zeitlichen Lücke von über 200 Jahren bis zum Auftreten des ersten Belmonters (1137/39) natürlich völlig offenbleiben[111]. Nun ist dies allerdings unwichtig; entscheidend ist die Frage, ob sie in irgendeiner Form – zum Beispiel als konstanzische Vögte – deren faktische Nachfolger waren und – wenn ja – ob dies für die belmontische Herrschaftsbildung von Bedeutung gewesen ist.

Zum ersten ist zu bemerken, dass dies in gewissen Regionen, besonders in der Lumnezia (Beziehungen der Belmont zur Talkirche St. Vinzenz in Pleif/Vella) durchaus möglich, vom Falle Pleif abgesehen aber im einzelnen kaum nachweisbar ist[112]. Für die Herrschaftsbildung können diese Rechte aber höchstens subsidiäre Bedeutung gehabt, etwa im Sinne von «je mehr Besitz, desto mehr Machteinfluss», nie aber als generelle Basis gedient haben. Es können für diese Beurteilung der Dinge folgende Gründe namhaft gemacht werden:

Erstens lehrt ein Blick ins Reichsgutsurbar[113], dass der welfische Besitz in der Lumnezia nur einen Bruchteil des dort verzeichneten Reichsguts ausmacht, selbst wenn man – unter Berücksichtigung der von Mennel genannten 13 Mansen – annimmt, der Welfenbesitz habe mehr als nur das Beneficium des Heriger[114] umfasst.

Zweitens ist Welfenbesitz in Flims nicht nachweisbar. Die Umformung des durchgehend bezeugten *Flumines* zu «Flims» durch die moderne Forschung bedeutet ein bewusstes Vorbeiblicken an sämtlichen seit dem 9. Jahrhundert für

---

[110] Vgl. dazu Franz Huter, Die Herren von Montalban, Zeitschr. f. bayr. Landesgeschichte 13 (1938), S. 341–360.

[111] Man könnte am ehesten vielleicht noch über die Herren von Sagogn auf solche Beziehungen stossen, wenn man an deren Verbindungen zu den Wolfertschwenden denkt (vgl. Muraro, Wildenberg/Frauenberg [wie Anm. 14] S. 73, und die dort genannte Arbeit von W. Nuber, Studien zur Besitz- und Rechtsgeschichte des Klosters Rot von seinen Anfängen bis 1618, masch. Diss. Tübingen 1960). Zur Frage, ob die Sagogn mit den Belmont zusammenhängen, vgl. oben, S. 273–276.

[112] Der Kirchensatz scheint Bestandteil der Herrschaft zu sein; vgl. Mohr CD 4, Nr. 152.

[113] BUB 1, S. 389–393.

[114] BUB 1, S. 389f.

«Flums» und «Flims» bezeugten Namensformen[115]. Sie beruht ursprünglich einzig auf dem Wunsch, dieses Welfengut mit den Belmont in Verbindung zu bringen, und kann als Zirkelschluss nie Beweiskraft haben. Sie ist zudem auch sachlich in keiner Weise zu rechtfertigen, denn das Reichsgut in «Flemes» befand sich samt den beiden Kirchen (zu Flims und Fidaz) schon zur Zeit der Erstellung des Reichsgutsurbars in der Hand des Klosters Pfäfers[116] und ist es im wesentlichen bis ins Spätmittelalter auch geblieben.

Drittens spielte Castrisch für die belmontische Herrschaftsbildung eine zentrale Rolle; von diesem mit einer vorgeschichtlichen Fluchtburg und einem Kirchenkastell versehenen Ort[117] ist in der welfischen Tradition nie die Rede.

Viertens: Wie hätten die Belmont auf konstanzischen Immunitäten hochgerichtliche Kompetenzen aufbauen sollen, wenn dies dem Bischof von Chur nicht einmal in seiner eigenen Diözese ohne Sonderrechte auf seinen Immunitäten möglich war?

Die Annahme, Welfenbesitz sei für die Entstehung der belmontischen Herrschaft massgeblich gewesen, lässt sich offensichtlich nicht halten. Ja, wir können nicht einmal behaupten, dass die Stellung des faktisch zum Talammann aufsteigenden Vogtes in der Lumnezia sich wesentlich auf konstanzische Rechte stützte, und es ist vielleicht kein reiner Zufall, wenn das Gericht Lumnezia nicht den heiligen Vinzenz, sondern den heiligen Mauritius im Siegel führt[118], den Titelheiligen der Heimat der Herren von Lumbrein, welche als Vögte eine ganz entscheidende Rolle gespielt haben. Indessen kann nicht bezweifelt werden, dass das Ius patronatus der Konstanzer Kirche für St. Vinzenz in Pleif/Vella diese mit den Belmont in Berührung gebracht hat.

Die Frage, ob der Konstanzer Besitz für die Bildung der belmontischen Herrschaften von grundlegender Bedeutung gewesen ist, muss jedoch klar getrennt werden von der Frage, ob die Freiherren von Belmont konstanzischen Besitz – genauso wie churbischöflichen – zu Lehen getragen haben. Man möchte dies – schon wegen der Verbindung über Pleif – eigentlich als gegeben annehmen, doch scheinen sich die Quellen darüber völlig auszuschweigen.

---

[115] Flims: *curtis Flemes* (Reichsgutsurbar, BUB 1, S. 386), im 12. Jh.: *ad Flemme, ad Flem* (Urbarien des Domcapitels [wie Anm. 22], S. 4, 13), Ende des 13. Jh. s.: *Flimes* (Mohr CD 2, S. 110, 113f.) usw. – Flums: *curtis ad Flumina* (Reichsgutsurbar, BUB 1, S. 382, mit *piscina!*), 1155: *in Flumenes* (BUB 1, Nr. 333), 1271: *Flvmes* (UBSSG, Nr. 581) usw. (vgl. Register in UBSSG 1, S. 27).

[116] BUB 1, S. 386 (zu den Kirchen vgl. Kdm GR 4, S. 9–14). Es verbleiben als nicht zu Pfäfers gehörig 1 Mansus in Zusammenhang mit Sargans (BUB 1, S. 383) und 1/2 Mansus als Bestandteil des Benefiziums des Adalgisius in Degen (BUB 1, S. 391).

[117] Burgenbuch Graubünden (wie Anm. 11) S. 81f.

[118] Vgl. Kdm GR 4, S. 6.

Genauso schwierig ist die Beantwortung der Frage, ob die in den Jahren von etwa 1280 bis 1320 feststellbare unterschwellige Sympathie der Belmont für Konstanz einer echten Renaissance alter Bindungen entspricht oder ob sie in rein persönlichen Motiven begründet liegt. Heinrich III. von Belmont lässt sich nämlich 1267 als Kommilitone des später so bedeutenden Konstanzer Domherrn und Generalvikars Konrad Pfefferhard an der Universität Bologna nachweisen[119], woraus durchaus eine engere Bindung entstanden sein mag. Jedenfalls stiftete Heinrich von Belmont nach dem Tode seines Bruders, Bischof Konrads von Chur (1272–1282), in der Churer Domkirche nebst einem Altar der heiligen Maria Magdalena auch einen solchen des heiligen Bischofs Konrad von Konstanz und dotierte diese mit Einkünften aus Domat/Ems und der Lumnezia[120]. An dieser Stelle müsste auch die von Johannes von Belmont, einem Sohn des genannten Heinrich, gestiftete farbige Glasscheibe für St. Vinzenz in Pleif genannt werden[121]; er selber war – schon vor dem unerwarteten Tod Rudolfs, seines einzigen Bruders, in Brescia – Rektor in Pleif gewesen[122].

Andrerseits fällt dann doch auch wieder die mindere Rolle der Lugnezer Talkirche in all diesen Zusammenhängen auf: so scheint St. Vinzenz zu keinem Zeitpunkt belmontische Begräbnisstätte gewesen zu sein. Ursprünglich war dies offenbar das sehr alte St. Luzi in Chur[123]; später befand sich eine Familiengruft

[119] Vgl. Sven et Suzanne STELLING-MICHAUD, Les juristes suisses à Bologne (1255–1330), Genève 1960, S. 196: *Dom. Henricus de Belmonte can. Curiensis, dom. Guarnerius de Luçeria qui morantur in hospitio dom. . . . dom. Rodulphus de Columbaria de cap. S. Damiani, dom. Henrigus can. Curiensis qui moratur in domo dom. Johannis prope S. Barbatianum, dom. Bertholdus de Constantia, dom. Coradus de Constantia, dom. Rodecherius de Agusta.* Zu Konrad und Berthold Pfefferhard – verwandt mit dem Churer Bischof Johannes I. Pfefferhard (1325–1331) – vgl. STELLING-MICHAUD, S. 78–82.

[120] NC 19. Mai: *Nobilis vir Heinricus de Belmont ob. qui post mortem fratris sui Conradi quondam Cur. epi. construxit in monasterio S. Marie duo altaria uidelicet S. Conradi et S. Marie Magdalene, dotando dicta altaria prout in libro missali pertinente ad predictum S. Conradi altare continetur. Anno MCCCVII* (Codex D). – *Anno dom. MCCCVII nobilis vir Hainricus de Bellmont miles, qui construxit in monast. S. Marie Curiensis duo altaria, videlicet altare S. Cunradi episcopi Constant. et altare S. Marie Magdalene dotando dicta altaria cum certis redditibus sitis in villa Empz et in valle Lugnitz . . .* (Früher konstanzische Lehen?) . . . *Requiescit ante altare S. Marie Magdalene* (Codex G). – Der St. Konrads-Altar befand sich im Mitteljoch des südlichen Seitenschiffs, der Altar St. Maria Magdalena im nördlichen Seitenschiff nahe der Ostwand (Kdm GR 7, S. 100). Zur Präzisierung des Dotalgutes vgl. NC 25. Sept.: *reddendo predicto altare* (= St. Maria Magdalena) *nomine dotis coloniam suam in villa Cumbils dictam de Camadringes in valle Lugenitze.*

[121] Vgl. Kdm GR 4, S. 261 f. Abb. 2, unten S. 301.

[122] Rudolf, am 23. April 1311 noch in Chur (MOHR CD 2, Nr. 137), ist am 1. Sept. desselben Jahres gefallen (NC 27. Mai: *. . . R. fratris ejusdem Johannis . . . qui apud Prisciam* (= Brescia) *in seruitio serenissimi H. imperatoris . . . ob. anno dom. MCCCXI Kal. Sept.*

[123] Vgl. MOHR CD 2, Nr. 137: Jahrzeitstiftung für St. Luzi: *. . . in remedium anime patris mei H. de Belmunt qui in fine mortis sue idem ordinavit et statuit, et in remedium anime mee ac omnium antecessorum nostrorum ibidem sepultorum . . .*

vor dem von Heinrich III. gestifteten Altar St. Maria Magdalena in der Churer Kathedrale[124]. Selbst Johannes von Belmont, dem man als einstigem *rector ecclesie S. Vincentii in Lugnitze*[125] besonders starke Bindungen zu Pleif unterstellen möchte, liess sich nicht in Vella, sondern in Castrisch beisetzen[126]. Sein Sohn, Ulrich Walter, der Letzte des Geschlechts, stiftete aus Dankbarkeit für den Sieg über die Grafen von Werdenberg-Heiligenberg (Schlacht am Mundaun 1352) einen sehr gut dotierten Altar – in Castrisch[127]. So wird es letztlich niemanden wundern, im Anniversar von St. Vinzenz zu Pleif aus dem Jahre 1444 von den Freiherren von Belmont nur siebzig Jahre nach deren Erlöschen auch nicht mehr die geringste Spur zu finden[128]. Diese Beobachtungen scheinen zu bestätigen, dass Konstanz und Pleif für die Belmont nur eines unter anderen bestimmenden Elementen gewesen sind.

Genealogie des Hauses Belmont nach 1200

1. *Lütfried, vgl. oben S. 275.*

Das Aufstellen einer korrekten Tafel ist nicht eben einfach; dies gilt besonders bezüglich der Trennung der Träger des Namens Heinrich, welche von 1208 bis 1307 auftreten. Auffallen müssen zeitliche Lücken in deren Auftreten von 1213 bis 1228, 1232 bis 1252 und 1262–1272. Kann diejenige von 1213 bis 1228 noch mit der allgemein schlechten Quellenlage erklärt wer-

---

[124] Vor dem Altar St. Maria Magdalena waren begraben: Heinrich III. (gest. 1307) (NC 19. Mai), Bischof Konrad III. (v. Belmont) (gest. 1282) (NC 25. Sept.: dass es sich um diesen Altar handelt, geht hervor aus der Umschreibung ... *altare in dextero latere eiusdem ecclesie* ...; 1652 exhumiert), Ulrich Walter (gest. 1371) zusammen mit seiner Gemahlin Anna (NC 11. Juli und 24. Mai).

[125] MOHR CD 2, Nr. 137. – Die von MAURER (wie Anm. 85) S. 63 vorgeschlagene Gleichsetzung dieses Johannes von Belmont mit dem zu 1322 erwähnten *Johannes de Constancia ... huius ecclesie rector et canonicus Constanciensis et Thuricensis* ist schwerlich möglich, da der genannte Belmont am 29. Juli 1322 als weltlicher Zeuge auftritt (Rätische Urkunden [wie Anm. 28] Nr. 12) und erst zwischen 1345 und 1357 gestorben ist. Die Ablassurkunde aus Avignon vom 20. Mai 1322 (Or. PfarrA Pleif/Vella, Nr. A1) sagt aber: *Istas indulgencias impetravit Joh. es de Constancia hujus ecclesie* (= St. Vinzenz in Pleif) *rector et can. Const. et Thuricen. cuius anima requiescat in pace* (!). Man müsste sonst diesen Eintrag auf die Zeit nach 1345 datieren, was auch nicht ganz problemlos zu sein scheint.

[126] NC 15. Dez. (seine Gemahlin, Adelheid von Klingen, ist ebenfalls in Castrisch begraben: NC 23. Febr.).

[127] 2 Urk. dat. Ilanz, bzw. Castrisch, vom 14. Juli 1371: Or. Haupt-Staatsarchiv München, Montfort 25, bzw. Montfort 26.

[128] PfarrA Pleif/Vella.

den[129], so fällt dies für die zweite, zwanzigjährige Vakanz schon wesentlich schwerer[130]; sie muss doch wohl als Generationenwechsel interpretiert werden. Einen solchen müssen wir auch für 1262–1272 annehmen, da der ab 1272 in den Urkunden genannte Heinrich 1267 als *canonicus Curiensis* und Student in den Akten der Universität Bologna auftaucht[131] und wohl nur ein Sohn jenes Heinrich sein kann, der bis 1262 fassbar ist. Es dürften also drei Träger des Namens Heinrich existiert haben, was auch durchschnittlichen Zeitwerten für eine Generationenabfolge entsprechen würde[132]. Völlige Sicherheit – wie etwa bei den Freiherren von Vaz bezüglich Walter III. bis hin zu Walter VI. – ist aber nicht zu gewinnen.

2. *Albert*

Tritt im Herbst 1213 als Vermittler zwischen dem Edlen Rudolf von Locarno und den Leuten des oberen Bleniotales in Taverne (TI) auf[133]; an zweiter Stelle wird sein **Bruder** Heinrich (Nr. 3) genannt[134]. – 1213 als Zeuge in vazischen Angelegenheiten in Chur[135], ebenso 1216 in Lindau/Bodensee[136]. – 1266 spricht Walter V. von Vaz[137] von Gütern in Dal (Gde. Vaz/Obervaz), *que conparavimus a nepotibus nostris, filiis quondam Alberti nobilis de Belmunt* (diese noch lebend?)[138]. Da es sich um Tauschobjekte mitten im vazischen Kerngebiet handelt, dürften sie Ausstattungsgut der Mutter der genannten Söhne gewesen sein; Albert wäre demnach mit einer Vazerin verheiratet gewesen. Zeitlich ist in erster Linie an die 1216 auftretende Tochter Walters III. von Vaz zu denken, da Albert nach 1216 nicht mehr genannt wird[139]. – Die 1266 (in der Vergangenheitsform) erwähnten *filii*[140] sind namentlich nicht bekannt (vgl. aber Nr. 5).

[129] Man vergegenwärtige sich, wie rudimentär z.B. unsere Kenntnisse über die Freiherren von Vaz bis in die Zeit um 1250 wären, wenn uns nicht zufälligerweise das (ausserrätische!) Archiv des Klosters Salem erhalten geblieben wäre.

[130] Man würde den Belmonter insbesondere in einer Urkunde von 1242 (BUB 2, Nr. 797) erwarten.

[131] Sven et Suzanne STELLING-MICHAUD (wie Anm. 119) S. 64f., 196.

[132] Anders trennt Anton VON CASTELMUR im Artikel «Freie von Belmont» (Genealogisches Handbuch zur Schweizer Geschichte 2, Zürich 1935–45, S. 3–7), dem aber noch nicht das heute bekannte Quellenmaterial zur Verfügung stand.

[133] 1213 Nov. 1. (BUB 2, Nr. 568, 569). Zur Sache vgl. Karl MEYER, Blenio und Leventina, Luzern 1911, S. 184–186.

[134] *dominus Albertus et dominus Anricus fratres de Belmonte de Crualla* (BUB 2, Nr. 568) – Albert scheinbar der Ältere.

[135] 1213 Dez. 3 (BUB 2, Nr. 570).

[136] 1216 – (BUB 2, Nr. 593).

[137] Zu den Freiherren von Vaz vgl. Genealogisches Handbuch zur Schweizer Geschichte 4, Chur 1980, S. 255–277.

[138] 1266 April 6. (BUB 2, Nr. 984).

[139] BUB 2, Nr. 593. Eine Ehe mit einer Tochter des um 1200 geborenen Walters IV. von Vaz ist

3. *Heinrich I.*
1208 als Zeuge in Geschäften Bischof Walters von Gurk (Kärnten) zusammen mit Walter von Klingen, Walter von Rialt und Friedrich von Juvalt genannt[141]. – 1213 zusammen mit seinem Bruder Albert (Nr. 2) schlichtend zwischen Rudolf von Locarno und den Leuten des oberen Bleniotales[142]. – 1228 in Glurns im Vinschgau als Zeuge in Vereinbarungen zwischen Bischof Berthold I. von Chur und Graf Albert von Tirol, nach Walter III. von Vaz, aber vor Hartwig II. von Matsch[143]. – Überträgt 1231 dem Kloster St. Luzi in Chur den Viertteil der Alp Ramoz[144]. – 1231 Zeuge in Geschäften St. Luzi/Walter III. von Vaz[145]. – Zuletzt 1232 (Juni 10.) zusammen mit Albero II. von Rhäzüns und Walter III. von Vaz Zeuge in einer Schenkung an Churwalden[146].
Kinder: namentlich nicht bekannt; vermutlich Heinrich II. (Nr. 6).
Gemahlin: unbekannt. Möglicherweise eine Tochter Eginos I. von Matsch. Begründung: 1. Die Herren von Belmont besitzen 1258 Rechte in Ftan (Krs. Suot Tasna)[147], die als Mitgift von matschischer Seite stammen könnten. – 2. Es liesse sich die ominöse «Burg Matsch» in Pitasch unter Umständen als Teil einer Morgengabe deuten[148]. – 3. Es liesse sich erklären, warum Bischof Konrad III. von Chur (= Nr. 8, Konrad von Belmont) Graf

---

wohl nicht völlig auszuschliessen, denn damit könnte *nepotes* in der Urkunde von 1266 im engsten Sinne ausgelegt werden; andrerseits darf *nepos* nie dieser strikte Sinn allein unterlegt werden. Vgl. dazu als Beispiel die Bezeichnung Bischof Walters von Gurk (1200–1213) durch Erzbischof Eberhard II. von Salzburg (1200–1246): 1201 nennt er jenen – genau! – *avunculus* (= Muttersbruder), 1202 einfach *nepos* (Salzburger Urkundenbuch 3, Salzburg 1918, Nr. 539 bzw. 559).

140 Siehe Anm. 138.
141 1208 Mai 30. (BUB 2, Nr. 520). – P. Iso MÜLLER (Disentiser Klostergeschichte 1, Einsiedeln/Köln 1942, S. 101–105) vermutet in Abt Walter von Gurk – vorher Abt von Disentis – einen Freiherren von Vaz, MAURER (Genealogisches Handbuch zur Schweizer Geschichte 4, Chur 1980, S. 271 bzw. 165–167) einen Herrn von Krenkingen.
142 Siehe Anm. 133 und 134.
143 1228 Nov. 11. (BUB 2, Nr. 679).
144 1231 Aug. 21. (BUB 2, Nr. 694).
145 1231 Dez. 27. (BUB 2, Nr. 696).
146 BUB 2, Nr. 701.
147 BUB 2, Nr. 932: *exceptis quibusdam bonis et hominibus in villa Uetans, in quibus nobilis de Belmunt ius asserit se habere.* – Zu Ftan und den Herren von Tarasp und Matsch vgl. Iso MÜLLER, Die Herren von Tarasp, Disentis 1980, S. 41f., bzw. Justinian LADURNER, Die Vögte von Matsch, Zschr. d. Ferdinandeums für Tirol und Vorarlberg, 3. Folge, 16.–18. Heft (1871–73).
148 Vgl. Ulrich CAMPELL, Raetiae alpestris topographica descriptio, in: QSG 7, Basel 1884, S. 22: *Metsch ad Pitaschium, quorundam olim comitum castrum in eodem monte a dextera Glenneri fluvii parte, sed interius paulo Leguntiam vallem versus situm.* Nach Otto P. CLAVADETSCHER, Burgenbuch Graubünden (wie Anm. 11) S. 357, freie Interpretation Campells wegen eines Flurnamens «Matsch», der nach RN 2, Register S. 966, aber singulär wäre.

Meinhard II. von Görz-Tirol 1278 als *consanguineus* bezeichnet[149]. – Diese Verbindung kann aber nicht als gesichert gelten.

4. *Rudolf I.*
Bekannt ist nur sein Todesjahr: 1204. Domherr zu Chur und Würzburg[150]. Könnte nach der Zeitstellung auch eine Generation früher eingereiht werden.

5. *Walter*
Findet ein einziges Mal – um 1295 im Antiquum registrum ecclesie Curiensis – Erwähnung; schuldet hier – zusammen mit (Heinrich) von Wildenberg, Albert von Schauenstein und Albert von Andest – das Kathedraticum der Kirche Waltensburg/Vuorz (Krs. Rueun)[151]. – Wird wegen des bei den Vaz üblichen Leitnamens Walter als Sohn Alberts (Nr. 2) und einer Vazerin betrachtet und zu den 1266 genannten *filii* Alberts gerechnet[152], die namentlich aber nicht bekannt sind. Vielleicht identisch mit dem 1283 im Gefolge Walters V. von Vaz (als Podestà von Como) auftretenden *dominus Rubeus de Belmonte*[153].

6. *Heinrich II.*
Wohl Sohn Heinrichs I. (Nr. 3), mit dem er theoretisch identisch sein könnte, doch scheint die zeitliche Lücke im Auftreten von 1232 bis 1252 eine solche Annahme zu verbieten[154]. – Trägt konsequent den Titel «Nobilis». – 1252 Bürge für Egino III. von Matsch gegenüber Bischof Heinrich III. von

---

[149] BUB 3, Nr. 1078: . . . *consanguinei nostri illustris comitis Meinhardi de Tirol.* Anzunehmen wäre gemeinsame Abstammung von den Tarasp über die alten Grafen von Tirol und Agnes von Wangen-Burgeis. (Zur Verwandtschaft Tarasp-Wangen vgl. die Argumentation von Gertrud SANDBERGER, Bistum Chur in Südtirol, Zschr. f. bayerische Landesgeschichte 40 (1977), Heft 2/3, S. 793 f.)

[150] NC 31. Dez.: *Obitus dom. Rudolfi de Belmont can. Cur. et Herbipolensis anno dom. incar. MCCIIII.*

[151] Mohr CD 2, S. 102.

[152] BUB 2, Nr. 984. – Von den bekannten Lebensdaten Alberts her, müsste man eher an einen Enkel denken.

[153] Vgl. BUB 3, Nr. 1124. *Rubeus* (= der Rote) ist wohl eher ein Übername, wie wir ihn gleichzeitig beim Potestas partis Ruscanorum, Albert de Interligna, in Como antreffen: 1282: *Albertus Rubeus de Interligna,* 1284 und 1285/86: *Albertus de Interligna* (vgl. das comaskische Behördenverzeichnis bei Claude CAMPICHE, Die Communalverfassung von Como im 12. und 13. Jahrhundert, Zürich 1929, S. 263 f.). – Sachlich könnte es sich auch um einen Übernamen von Heinrich III. (Nr. 7) handeln, der eng mit Walter V. von Vaz zusammenarbeitete.

[154] Vgl. oben S. 291 f.; er passt so auch altersmässig gut zur Gruppe jener Adligen, die in der Schlacht bei Ems 1255 als Gegner des Bischofs von Chur auftreten (NC 26. Aug.).

Chur (Graf von Montfort)[155]. – 1255 hält er zusammen mit Heinrich von Rhäzüns, Simon von Montalt, Heinrich von Wildenberg, Heinrich von Brinegg und Ritter Ulrich von Castrisch Burgen des Bischofs von Chur besetzt[156]. Völlige Niederlage der genannten Adligen in der Schlacht bei Ems am 26. August 1255[157]. Scheint bei dieser Gelegenheit die mit Hilfe der Verbündeten erbaute Burg Ems verloren zu haben, die er aber als Lehen des Hochstifts wieder zurückerhielt[158]. – 1257 Zeuge beim Verkauf der Vogtei Pfäfers-Valens durch Albert (III.) von Sax[159]. – 1258 werden seine Rechte zu Ftan (Krs. Suot Tasna) in einem Vergleich zwischen Bischof Heinrich III. von Chur und Gräfin Adelheid von Tirol genannt[160]. – Zuletzt 1262 in einem Tausch der Kirche Chur mit Heinrich von Wildenberg als Zeuge in Chur[161].
Kinder: Heinrich III. (Nr. 7) und Konrad, Bischof von Chur (Nr. 8). Nachweis unter diesen Nummern.
Gemahlin: unbekannt. Möglicherweise eine Tochter Walters IV. von Vaz, da sein Sohn Heinrich III. (Nr. 7) denselben als *nepos* bezeichnet[162].

7. *Heinrich III.*

Erscheint 1267 als Student mit dem Titel eines Domherren von Chur in Bologna[163], dürfte also um 1250 geboren sein. Leiht zusammen mit Kommilitonen von Gerhard von Cremona (*professor artis gramatice*) juristische Schriften aus. Bekanntschaft mit später bedeutenden Konstanzer Kanonikern

---

[155] 1252 Okt. 5. (BUB 2, Nr. 884) (zusammen mit Berall II. von Wangen, Heinrich v. Wildenberg, Heinrich v. Greifensee und Heinrich v. Rhäzüns).

[156] 1255 Apr. 13. (BUB 2, Nr. 902; Eingreifen des Kardinallegaten Petrus von San Giorgio in Velabro).

[157] NC 26. Aug.: *Facte apud Emides per venerabilem Hanricum electum Cur. et fratrem ejus Hugonem comitem Montisfortis contra inimicos sancte matris matrone Curiensis videlicet Henricum de Ruzines, Hainricum de Bellmunt, Friedericum de Friberc nobiles et Conradum de Rialt, in cujus conflictu victorie captivati sunt Simon de Lucarno nobilis* (der berühmte Simon de Orelli!), *Matheus et Wido nobilis patrueles sui, et aliorum quorum numerus ignoratur, qui partim vulnerati et centum ultra captivati. Et hoc nobis b. Marie virginis auxilio peractum est, anno dom. MCCLV, XIII Indict.*

[158] Vgl. dazu Bündner Burgenbuch (wie Anm. 11) S. 178, mit abweichender Interpretation der Stelle im Urbar von 1467 (BAC), S. 1.

[159] BUB 2, Nr. 923; zusammen mit Heinrich III. v. Clanx, dessen Bruder Ulrich III. v. Sax-Hohensax, Simon von Montalt und dessen Sohn Walter, Heinrich von Rhäzüns, Simon von Locarno (= Orelli), Heinrich v. Frauenberg und dessen Bruder Friedrich (v. Fryberg), Conrad v. Grünenfels u.a. Zur Sache vgl. Anna-Maria DEPLAZES-HAEFLIGER, Die Freiherren von Sax und die Herren von Sax-Hohensax bis 1450, Langenthal 1976, S. 68f.

[160] 1258 Sept. 12. (BUB 2, Nr. 932); vgl. oben, S. 282 u. 293.

[161] 1262 Jul. 7. (BUB 2, Nr. 962), zusammen mit Simon von Montalt und Heinrich von Frauenberg.

[162] BUB 2, Nr. 1026.

[163] Vgl. STELLING-MICHAUD (wie Anm. 119) S. 64f. und 196 (dat. 1267 Jan. 10.).

(vor allem aus der Familie Pfefferhard)[164]. – Aufgabe der geistlichen Laufbahn[165] und enge Zusammenarbeit mit Walter V. von Vaz, der auch zu seinem Bruder[166] Konrad (Nr. 8), 1281–1290 Bischof von Chur, sehr gute Kontakte pflegt. Durch diesen als Sohn Heinrichs II. (Nr. 6) ausgewiesen[167]. Nennt 1272 Walter V. von Vaz *nepos*[168], d.h. es ist die Möglichkeit einer Ehe Heinrichs II. mit einer Schwester des genannten Vazers in Erwägung zu ziehen[169]. – Sichert 1272 zusammen mit Walter V. von Vaz den aus dem Inntal durch das Gebiet des Bischofs von Chur ziehenden (Kauf-)Leuten sein Geleit (*ducatum*) zu[170]. – Steht 1275 in Chur an der Spitze des Gefolges Walters V. von Vaz anlässlich der Neuregelung von dessen Verhältnis zum Bischof von Chur (= Konrad III. von Belmont, Nr. 8)[171]. – Besiegelt 1281 eine Schenkung Konrads von Juvalt an die Kirche Chur[172] und vertritt 1284 zusammen mit Graf Hugo II. von Werdenberg-Heiligenberg, Heinrich von Rhäzüns und Heinrich von Frauenberg die Interessen der minderjährigen Waisen Walters V. von Vaz gegenüber Bischof Friedrich I. von Chur[173]. – Beschwört 1293 u.a. zusammen mit Heinrich von Frauenberg das Bündnis Bischof Bertholds II. von Chur mit Matteo Visconti von Mailand[174]. – 1294 u.a. zusammen mit Johannes von Vaz Bürge für Ulrich von Flums gegenüber Bischof Berthold II. von Chur[175]. – 1295 Zeuge bei der Teilung von Ministerialen zwischen Bischof Berthold II. und Johann, Donat und Walter VI. von Vaz[176]. – Ebenfalls Zeuge im Vergleich zwischen der Kirche Chur

---

[164] Zu den Pfefferhard vgl. STELLING-MICHAUD (wie Anm. 119) S. 78–82 und NC 20. Juli.

[165] Nicht ganz klar ist, warum beide Söhne Heinrichs II. für die geistliche Laufbahn vorgesehen waren, existierte noch ein älterer, früh verstorbener Bruder?

[166] NC 19. Mai (1307): *Nobilis vir Hainricus de Belmont ob. qui post mortem fratris sui Conradi quondam Cur. epi. . .*

[167] BAC, Urbar von 1467, S. 1.

[168] BUB 2, Nr. 1026. Zur schwankenden Bedeutung von «nepos» vgl. Albert BODMER, Abstammung und nächste Verwandtschaft des Erzbischofs Eberhard II. von Salzburg (1246), Schweizerischer Familienforscher 26 (1959), S. 88.

[169] Eine Allianz zwischen Walter V. von Vaz und einer Belmonterin kommt kaum in Frage. Für den Vazer muss – neben der bekannten Ehe mit Liukarda, Gräfin von Kirchberg – noch immer mit einer Verbindung zum Hause Matsch gerechnet werden (vgl. MURARO, Vaz [wie Anm. 4] S. 15). U.U. genügt aber auch die Verbindung Vaz–Belmont über Albert von Belmont (Nr. 2), um die Bezeichnung «nepos» zu rechtfertigen.

[170] 1272 Jan. 29. (BUB 2, Nr. 1026).

[171] 1275 Juli 6. (BUB 3, Nr. 1058–1060).

[172] 1281 Dez. 10. (BUB 3, Nr. 1101).

[173] 1284 Nov. 11. (BUB 3, Nr. 1135).

[174] Vicosoprano 1293 Okt. 8. (BUB 3, Nr. 1233). Eine flankierende Massnahme gegen den Vogt-Rektor von Blenio, Guido von Orelli (vgl. Karl MEYER, Blenio und Leventina, Luzern 1911, S. 227f.; dazu BUB 3, Nr. 1243 [wohl eher zum Jahr 1294])?

[175] 1294 Dez. 8. (BUB 3, Nr. 1238a).

[176] Maienfeld 1295 Dez. 21. (!) (BUB 3, Nr. 1257).

und Egilolf von Aspermont 1296 in Chur[177]. – 1303 Zeuge in bischöflichen Angelegenheiten[178] und in Geschäften der Kirche Chur mit den Rittern von Ramosch tätig[179]. – Kurz vor seinem Tode tauscht er mit Ulrich von Strassberg das Obereigentum an zwei Geldzinsen von je 3. sol. merc. in Malix und Trimmis gegen dasjenige an 6 sol. merc. Zinsen aus dem strassbergischen Hof *Schuppine*[180].

Für seinen verstorbenen Bruder Konrad, Bischof von Chur (1273–1282), liess er nach dessen Tod in der Churer Domkirche zwei Altäre errichten und mit Einkünften aus Domat/Ems und Cumbel (Krs. Lumnezia) dotieren[181]. War der eine Altar der hl. Maria Magdalena geweiht, so der andere dem hl. Konrad, dem 975 verstorbenen Bischof von Konstanz aus dem Hause der Welfen[182].

Heinrich III. starb am 19. Mai 1307 und wurde in der belmontischen Gruft vor dem Altar der hl. Maria Magdalena im nördlichen Seitenschiff der Churer Kathedrale beigesetzt[183]. Jahrzeitstiftungen sind sowohl hier als auch in St. Luzi nachweisbar[184].

Kinder: Rudolf II. (Nr. 9) und Johannes (Nr. 10). Nachweis unter diesen Nummern.

Gemahlin: unbekannt.

Siegel: 1281 Dez. 10.[185] ○ 45 mm.

+SIGILLVM.HEINRICI.DE.BELMONT.

Siegelabbildung Nr. 4 nach Gipsabguss im Bischöflichen Archiv Chur (Or. verschollen)

---

[177] 1296 Mai 27. (BUB 3, Nr. 1268).
[178] 1303 März 20. (UBSSG 2, Nr. 945).
[179] Urk. 1303 April 9. (Or. und Abschr. BAC, Mappe 14e).
[180] Mohr CD 2, Nr. 122; vgl. ebd. Nr. 135, wo von belmontischen Rechten nicht (mehr) die Rede ist.
[181] NC 25. Sept., 19. Mai. Zu den Altären und ihrer Lage in der Kathedrale von Chur vgl. Kdm GR 7, S. 100, ferner Anm. 120.
[182] Maria Magdalena ist auch Patronin der Kapelle des Klosters Pfäfers in Domat/Ems, Filiale des Pfäferser Grosshofes St. Salvator zu Chur, dessen Vögte die Freiherren von Belmont waren. Vor diesem Altar befand sich die Gruft der Belmonter (vgl. NC 7. Aug. nebst 19. Mai, 24. Mai, 11. Juli und 25. Sept.). – Die Errichtung des St. Konrads-Altars deutet auf die Beziehungen der Belmont zu Konstanz hin, die sich einerseits wohl durch belmontische Rechte an St. Vinzenz in Pleif/Vella erklären, andrerseits auf der persönlichen Bekanntschaft Heinrichs III. mit den Konstanzer Domherren aus der Familie Pfefferhard gründen (vgl. oben, S. 290, und Anm. 163 und 164). – Man beachte aber auch unbedingt, dass Graf Berthold III. von Heiligenberg, der Letzte aus dem Geschlecht der Linzgaugrafen – welche Vögte des Hochstifts Konstanz waren! –, seit 1280 als Domherr zu Chur bezeugt ist und als Berthold II. 1291 den Churer Bischofsstuhl bestieg).
[183] NC 19. Mai, 27. Mai.
[184] Wie Anm. 183 und Mohr CD 2, Nr. 137 (St. Luzi).
[185] BUB 3, Nr. 1101. = Or. BAC Domkapitel, verschollen.

8. *Konrad (Bischof von Chur 1273–1282)*
Als Sohn Heinrichs II. (Nr. 6)[186] und Bruder Heinrichs III. (Nr. 7) nachweisbar[187]. Ging nach Ausweis des Urbars von 1467 auf die *schůl*, als sein Vater *Emptz die burg mit ander herren hilff* baute[188], was mit der Vorgeschichte der Schlacht bei Ems (1255) zusammenhängen dürfte[189]; demnach um 1240/45 geboren. – 1270 Domherr zu Chur, 1273–78 Elekt; ab 1281 als (geweihter) Bischof bezeugt[190]. – Bestätigt 1273 einen von Propst Berthold von Churwalden geleisteten Eid[191]. – Setzt unter dem Datum vom 17. Mai 1273 neue Kapitelsstatuten auf[192]. – 1272/73 zusammen mit Walter V. von Vaz wechselseitig Bürge für Graf Meinhard II. von (Görz-)Tirol[193]. – 1275 bereinigt er mit Walter V. von Vaz Probleme bezüglich bischöflicher Lehen und Pfandrechte[194]. – Bemüht sich 1277 erfolgreich um die Berufung von Dominikanern nach Chur: in der Folge Gründung des Klosters St. Nicolai[195]. – Belehnt 1278 in Lichtenberg Graf Meinhard II. von Tirol mit dem Hof Latsch im Vinschgau[196]. – Sichert 1278 zusammen mit Graf Hugo II. von Werdenberg-Heiligenberg, dem Landgrafen in Schwaben und Churwalchen, und Walter V. von Vaz *allen den die die straze ze Kvrwal varent*, besonders den Luzernern, das Geleit zu[197]. – Bestätigt 1281 Ablässe der Kirche Prad im Vinschgau[198], kauft im selben Jahr von Konrad von Juvalt Leibeigene[199] und weiht den Hochaltar der Klosterkirche Müstair[200]. – Bezeugt 1282, dass die Grafschaft Meinhards II. von Tirol Lehen der Kirche Trient sei[201]. – In diesem Jahr erbaute er auch die Burg Fürstenburg bei Burgeis im Vinschgau[202]. – Ebenfalls 1282 Belehnung des Andreas Planta von Zuoz mit Rechten am

---

[186] BAC Urbar von 1467, S. 1.
[187] NC 19. Mai.
[188] Wie Anm. 186.
[189] Vgl. oben, S. 295.
[190] Vgl. Otto P. CLAVADETSCHER/Werner KUNDERT, Das Bistum Chur, in: Helvetia Sacra, Abt. I, Band 1, Bern 1972, S. 480, bzw. BUB 2, Nr. 1008, 3, Nr. 1043, 1078, 1097.
[191] 1273 April 17. (BUB 3, Nr. 1043).
[192] BUB 3, Nr. 1044.
[193] BUB 3, Nr. 1046.
[194] BUB 3, Nr. 1058–1060. Zur Sache vgl. MURARO, Vaz (wie Anm. 4) S. 122.
[195] BUB 3, Nr. 1077. Zur Geschichte von St. Nicolai vgl. Kdm GR 7, S. 275–282, und Oskar VASELLA, Geschichte des Predigerklosters St. Nicolai in Chur, Paris 1931.
[196] BUB 3, Nr. 1078 (in Begleitung Walters V. von Vaz).
[197] BUB 3, Nr. 1084.
[198] Bub 3, Nr. 1097; nun als *episcopus* bezeichnet! Vielleicht ist hier zeitlich auch die Angelegenheit betr. Algund bei Meran einzuordnen: BUB 3, Nr. 1229.
[199] BUB 3, Nr. 1101.
[200] BUB 3, Nr. 1102.
[201] BUB 3, Nr. 1104. Zu dieser sehr wichtigen Sache vgl. die im BUB zitierte Literatur.
[202] So im Buoch der Vestinen von 1410 (MUOTH, Ämterbücher [wie Anm. 3] S. 16).

Silsersee²⁰³ und Tausch der Kirche von Sagogn gegen die Kirche von Prada und die Höfe in Savognin und Prada mit dem Kloster St. Luzi²⁰⁴. Bischof Konrad starb gegen Ende August/Anfang September 1282 auf dem Weg zu der auf den 9. September festgesetzten Mainzer Provinzialsynode in Dieburg (in Hessen zwischen Darmstadt und Aschaffenburg)²⁰⁵. Die Eingeweide wurden in Dieburg beigesetzt, der Körper im übrigen nach Chur gebracht und in der Gruft der Freiherren von Belmont bestattet. Bischof Johannes VI. Flugi von Aspermont (1636–1661) liess dieselbe am 17. Juni 1652 öffnen und die Überreste des Bischofs in den Marmorsarkophag überführen, welchen Bischof Ortlieb von Brandis (1458–1491) als Ossarium hatte anfertigen lassen²⁰⁶.

Siegel:
1. 1273 Mai 17.²⁰⁷: () 40/62 mm . . . CONRADI . . .
2. (1277)²⁰⁸: () 34/54 mm . . . CONRADI ELECTI CVRIENSIS.
3. 1282 Mai 31., 1282 Aug. 16.²⁰⁹: () 37/50 mm: . . . NRA . . .
Siegelabbildungen Nr. 1–3 (alle nach Or. im Bischöflichen Archiv Chur, Zustand 1986)

9. *Rudolf II.*
Als Sohn Heinrichs III. (Nr. 7) und Bruder Johannes' (Nr. 10) nachweisbar²¹⁰. Schenkt 1311 zusammen mit seinem Bruder dem Kloster St. Luzi seine Wiese *dictum de Lazana* (unterhalb der Strasse von Chur nach Domat/Ems)²¹¹ als Jahrzeitstiftung für seinen Vater und alle Vorfahren, die in St. Luzi begraben liegen²¹². Tritt in derselben Urkunde als Vogt der Leute des bereits im Reichsgutsurbar genannten Pfäferserhofes mit der Pfarrkirche St. Salvator in Chur auf²¹³. – Rudolf schloss sich dem Romzug König Hein-

---

²⁰³ BUB 3, Nr. 1107.
²⁰⁴ BUB 3, Nr. 1111a/b; dazu auch BUB 3, Nr. 1112.
²⁰⁵ NC 25. Sept.: *. . . evocatus ad provinciale concilium per archiepiscopum tunc Moguntinum in oppido Diepurch viam universae carnis est ingressus et intestinis ejus ibidem sepultis corpus ipsius per suam comitivam reductum fuit ad ecclesiam Curiensem.*
²⁰⁶ Vgl. Erwin POESCHEL, Die Grabdenkmäler in der Kathedrale zu Chur, Chur 1945, S. 16f.
²⁰⁷ BUB 3, Nr. 1044, Or. BAC.
²⁰⁸ BUB 3, Nr. 1077, Or. BAC, St. Nicolai.
²⁰⁹ BUB 3, Nr. 1107, Or. Kreisarchiv Oberengadin, Zuoz, 2. BUB 3, Nr. 1111a/b. Or. BAC, St. Luzi.
²¹⁰ NC 27. Mai.
²¹¹ MOHR CD 2, Nr. 137: *pratum de Lazana et sunt sechs seccaretze, situm sub via inter ciuitatem Curiensem et villam Amides.*
²¹² MOHR CD 2, Nr. 137: *ac omnium antecessorum nostrorum ibidem sepultorum.*
²¹³ BUB 1, S. 385: *Curtis Curia habet ecclesiam I quae respicit ad supradictam cellam Fauares.* Vgl. oben, S. 282.

richs VII. an und starb am 1. September 1311 in dessen Diensten zu Brescia[214].
Kinder: keine bekannt.
Gemahlin: keine bekannt.

10. *Johannes*

Sohn Heinrichs III. (Nr. 7) und Bruder Rudolfs II. (Nr. 9)[215]. Zunächst für die geistliche Laufbahn bestimmt; tritt 1311 als Rektor der Kirche St. Vinzenz in Pleif/Vella auf[216]. Nach dem unerwarteten Tod seines Bruders (Nr. 9) 1311 in Brescia wieder weltlich geworden (?)[217], finden wir Johannes 1322 als Zeugen eines Verzichts des Abtes von Disentis gegenüber Graf Hugo III. von Werdenberg-Heiligenberg[218]. – Auf Johannes und seine Gattin Adelheid von Klingen müssen die mehrfachen Nennungen eines *dominus* und einer *domina* von Belmont im sog. Rätischen Schuldenverzeichnis aus der Zeit um 1325 bezogen werden[219]. – Wird im März 1333 von Bischof Ulrich V. Ribi (1331–1355) mit allen bisherigen Lehen belehnt[220], dies wohl in der Vorbereitungsphase des Entscheidungskampfes gegen Donat von Vaz[221]. – Schenkt am 1. April desselben Jahres dem Kloster St. Luzi die Kollatur zweier Filialkapellen von Sagogn, nämlich von St. Maximin und von St. Peter zu Tuora[222]. – Beteiligt sich 1333 an der grossen antivazischen Koalition und verpflichtet sich zur Zahlung der Summe von 100 Mark an die Freiherren von Rhäzüns[223]. – 1334 Bürge der Kirche Chur gegenüber den Grafen von Werdenberg-Heiligenberg[224]. – Schliesst 1339 zusammen mit Abt Thüring von Disentis, den Montalt und Matteo Orelli mit den Innerschweizern Frieden[225]. – Besiegelt 1340 einen Schiedsspruch zwischen dem Kirchherrn von Castrisch und den Kirchgenossen von Sevgein[226]. – Verschreibt mit Willen

---

[214] NC 27. Mai: ... *fratris ejusdem Johannis qui apud Prisciam in seruitio serenissimi H. imperatoris ... ob. anno dom. MCCCXI Kal. Sept. Indictione IX.*
[215] NC 27. Mai.
[216] MOHR CD 2, Nr. 137: ... *Johannis fratris mei reverendi rectoris ecclesie S. Vicentii in Lugnitze.*
[217] Vgl. Anm. 125! An und für sich muss ein *rector* nicht geistlichen Standes sein.
[218] Rätische Urkunden (wie Anm. 28) Nr. 12.
[219] Rätische Urkunden (wie Anm. 28) S. 451, 453, 457, 460f., 465.
[220] 1333 März 12. BAC Cart. P., S. 98 (leider nur ganz allgemein formuliert).
[221] Vgl. dazu MURARO, Vaz (wie Anm. 4) S. 150–154 und oben S. 280.
[222] 1333 April 1. (MOHR CD 2, Nr. 240). Zur Lage der Kapellen vgl. Kdm GR 4, S. 103f.
[223] Rätische Urkunden (wie Anm. 28) Nr. 14 (1333 April 22.) u. Urk. 1333 Nov. 7.: Or. Gesamtarchiv Schloss Zeil, ZA Ki 3.
[224] MOHR CD 2, Nr. 315 (1333 Okt. 11.).
[225] Quellenwerk zur Entstehung der Schweizerischen Eidgenossenschaft, Abt. I, Urkunden Bd. 3 1. Hälfte, Aarau 1964, Nr. 292, 293 (*her Johans von Belmont, ritter*).
[226] 1340 Nov. 17.: GdeA Sevgein, Nr. 1.

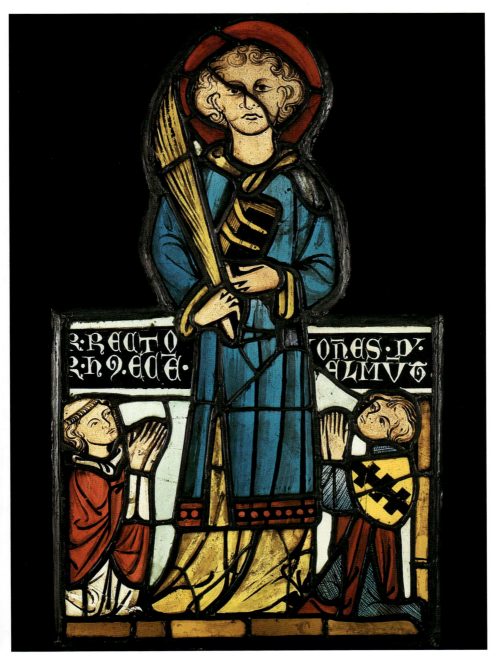

Abb. 2   Scheibe aus der Kirche St. Vinzenz in Pleif (Gde. Vella), heute im Schweizerischen Landesmuseum, Inv. Nr. IN 6796.
(Photo: Schweizerisches Landesmuseum)

des Bischofs von Chur seiner Gemahlin Adelheid von Klingen die Burg Wartau (SG) als Widerlage für die Heimsteuer[227]. – 1343 Zeuge beim Verzicht Graf Rudolfs IV. von Werdenberg-Sargans auf die Herrschaft Fryberg[228]. – 1345 Streit mit Graf Hugo III. von Werdenberg-Heiligenberg wegen des Kirchensatzes zu Castrisch[229], der sich wohl zugunsten von Belmont entschieden hat, da später nie mehr von werdenbergischen Ansprüchen die Rede ist[230]. – Gestorben an einem 15. Dezember[231]. Zum 22. September 1357 als tot erwähnt[232], aber wohl noch vor 1350 abgeschieden. Begraben in Castrisch[233].

Kinder: Ulrich Walter (Nr. 11) und Adelheid (Nr. 12), verheiratet (1) mit Heinrich von Rhäzüns und (2) mit Heinrich von Montalt. Nachweise unter obigen Nummern.

Gemahlin: Adelheid von Klingen[234].

Siegel: 1333 April 22.[235]: ○ 45 mm. + S. 'IOHIS.NOBIL.DE.BELMVNT. Siegelabbildung Nr. 5 (Photo: Zentralarchiv Fürst von Thurn und Taxis, Regensburg)

Johannes von Belmont ist abgebildet (mit Belmonter Schild) auf einer farbigen Glasscheibe, welche er in die Kirche St. Vinzenz zu Pleif/Vella stiftete[236].

---

[227] 1342 April 19.: Or. Haupt-Staatsarchiv München, Montfort Nr. 12.
[228] 1342 Aug. 2. (Rätische Urkunden [wie Anm. 28] Nr. 22).
[229] Urk. 1345 April 19. Haupt-Staatsarchiv München, Montfort 13. Vgl. auch BAC Urbar von 1467, S. 1. – Die werdenberg-heiligenbergischen Ansprüche stammen von frauenbergischer Seite.
[230] Nach 1390 ist der Kirchensatz Lehen von Chur: MOHR CD 4, Nr. 152.
[231] NC 15. Dez.: *Dns. Johannes de Belmont miles obiit. In cuius anniversario dantur sex libr. mez. de curte dicta Schlavenasca, sita in Valls . . . Requiescit in Caestris.* Der im 14. Jahrhundert auftauchende Titel «miles» bzw. «Ritter» bedeutet nicht etwa einen ständischen Abstieg, sondern hat gegenüber dem «Ritter» des 13. Jahrhunderts eine neue Qualität (frdl. Mitteilung von Prof. O.P. Clavadetscher, Trogen).
[232] Rätische Urkunden (wie Anm. 28) Nr. 40 (*frow Adelhaiten, hern Johans seligen von Belmont tochter . . .*)
[233] Siehe Anm. 231.
[234] NC 23. Febr.: *Adelheidis relicta quondam dom. Johannis de Belmont ob. In cuius anniversario VI libr. mez. de curte dicta Schlauenasca sita in Valls . . . Requiescit in Caestris.* (Zeitstellung des undatierten Eintrags nach von Juvalt: 1340–1360; da von «relicta» die Rede ist, wohl in den 50erJahren des 14. Jahrhdts. gestorben). Dass sie eine von Klingen war, geht aus BAC Urbar von 1467, S. 1, hervor, doch sind natürlich auch die Namen der Kinder (Ulrich Walter und Adelheid) typische Klingener Namen.
[235] Rätische Urkunden (wie Anm. 28) Nr. 14. Or. im Zentralarchiv des fürstlichen Hauses Thurn und Taxis in Regensburg.
[236] Abb. 2, S. 301. Zur Datierung vgl. Kdm GR 4, S. 261f. (Anm. 1 auf S. 262 völlig richtig!). Nun im Schweizerischen Landesmuseum, Inv. Nr. IN 6796. Die Inschrift lautet: «R.RECTOR. H'ECĒ / IOÑES.D'.BELMŪT.»

11. *Ulrich Walter*
Sohn Johannes' (Nr. 10)[237]. – Am 12. Mai 1352 besiegt er, zusammen mit den Montalt und Rhäzüns, ein angreifendes Heer der Grafen von Werdenberg-Heiligenberg, Herren von Hohentrins (Schlacht am Mundaun)[238]. Deswegen auch 1353 in Konflikt mit Graf Rudolf IV. von Montfort-Feldkirch[239]. – Verleiht 1355 einen Weinberg in Trimmis und eine Alp in Malix an die Marmels[240]. – Rudolf IV. von Montfort-Feldkirch verspricht Albrecht II. von Werdenberg-Heiligenberg Hilfe gegen den Belmonter und Unterstüzung bei der Eroberung der belmontischen Burg Ems (1357)[241]. – Lässt sich 1357 von seinem Schwager Heinrich von Montalt dessen gesamten Besitz auf Müntinen und im Lugnez mit den Burgen Grünenfels und Schlans abtreten, welch letztere er im Frühjahr 1358 dem Montalter gegen einen Zins (!) von einem Pfund Pfeffer und zwei Handschuhen jährlich wieder als Leibgeding zurückstellt[242]; das Vorgehen gegenüber Heinrich von Montalt wirkt eher gewalttätig. – Der Aussöhnung mit den Grafen von Montfort-Feldkirch[243] folgt eine neue Bedrohung durch ein Bündnis der Grafen von Werdenberg-Heiligenberg mit den Vögten von Matsch gegen Disentis, Rhäzüns, Belmont und Montfort-Feldkirch[244]. – Tritt 1360 als Schiedsrichter zwischen Chur und

---

[237] Heinrich von Montalt verschreibt *frow Adelhaiten, hern Johans seligen von Belmont tochter, miner elichen wirtinen* 200 Mark auf Güter in Andiast (Rätische Urkunden [wie Anm. 28] Nr. 40). Andererseits nennt Ulrich Walter Heinrich von Montalt *siner swester man* (Rätische Urkunden, Nr. 42), also muss Johannes auch Vater Ulrich Walters sein. Vgl. ferner MOHR CD 3, Nr. 166, wo Adelheid und Ulrich Walter als Geschwister bezeugt sind.

[238] Vgl. dazu den Originalbericht des zuverlässigen Chronisten HEINRICH VON DIESSENHOFEN (1325 doctor decretorum), in: Fontes rerum Germanicarum, tom. 4, Stuttgart 1868, S. 85. Dazu auch Urk. 1371 Juli 14. (Haupt-Staatsarchiv München, Montfort 26): *... so min lieber bru̇der Ůlrich Walther von Belmunt in grosser manschlacht not dar in im och gelang vnd er sin lůt vnd sin land in eren behůb ...* – Mit sehr viel Schwung Lorenz JOOS, Die Belmontsche Fehde, Bündner Monatsblatt 1958, Nr. 1/2, S. 1–15 (viele Einzelheiten von eher sagenhaftem Charakter). – Der Sache nach stossen die Belmont und die Werdenberg-Heiligenberg wegen ihrer Territorialisierungsversuche zusammen.

[239] Urk. 1353 Juli 15. (Rudolf THOMMEN, Urkunden zur Schweizer Geschichte aus österreichischen Archiven 1, Basel 1899, Nr. 496).

[240] Urk. 1355 Jan. 8.: Abschr. Stiftsbibl. St. Gallen, Cod. 1223, S. 1770.

[241] Wolfgang VON JUVALT, Forschungen über die Feudalzeit im Curischen Raetien, Zürich 1871, S. 200: *Ain Bericht von Graf Albrechten dem Eltern und Jüngern von Werdennberg zum Hailigenberg und Iren Vettren Graf Ruodolfen und seinen Sünen Ulrichen Ruodolffen Thuomprobst zu Cur Haugen und Berchtolden von Montfort zu Veltkirch, lenndt sich auf ein Compromiss und sy sollen einander helffen Ems ob Chur zu belegern und den von Belmont zu überziehen (ad annum 1357).*

[242] 1357 Dez. 16. (Rätische Urkunden [wie Anm. 28] Nr. 42): *... burg und vestinu, die haissent Grünenvels und Sylans ... und alles, das er hätt uf Muntennen, in Lugnitz und anderswa gůlegen.* Offenbar handelt es sich im wesentlichen um die grünenfelsische Erbschaft (vgl. dazu MURARO, Vaz [wie Anm. 4] S. 85). – 1358 Apr. 25. (Rätische Urkunden, Nr. 43).

[243] 1359 Febr. 5. (Rätische Urkunden [wie Anm. 28] Nr. 44).

[244] Urk. 1360 Febr. 26.: Or. SchlossA Churburg, Nr. 59. Regest bei Rudolf THOMMEN, Urkunden zur Schweizer Geschichte aus österreichischen Archiven 1, Basel 1899, Nr. 644.

Disentis auf[245]. – Am Weihnachtstag 1360 Beitritt zum Bündnis Rheinwald/ Safien[246]. – Verleiht 1361 dem Heinz mit der Hauen von Buchhorn den *zehenden ze Malans bi Wartowe gelegen*, den er seinerseits vom Bischof zu Lehen trägt[247]. – 1362 Versöhnung mit Ursula von Werdenberg-Sargans, geborenen von Vaz, und deren Sohn, Graf Johannes[248]. – Verzichtet 1363 zugunsten des Klosters St. Luzi gegen 9 Mark auf seine Rechte am Hause Gretschins, zu Salas in Chur gelegen[249]. – Gestattet wenig später Konrad von Peiden den Verkauf von Gütern an die Kirche Duvin[250]. – Siegelt 1365 ein Abkommen zwischen Hermann Jud, früher Schaffner und Pfleger der Abtei Pfäfers, und deren Abt Johannes und nennt sich *vogt ze Kur*[251]. – Im selben Jahr bittet seine Gemahlin, Tochter Gottfrieds von Tübingen-Lichteneck, den Papst um Scheidung wegen Impotenz Ulrich Walters[252]. – Letztes Auftreten am 11. November 1370: der Belmonter lässt sich das Rückkaufsrecht auf den Hof *Canúgúna* (Cangina) in Flims bestätigen[253].

Ulrich Walter starb als der Letzte seines Hauses am 11. Juli 1371 und wurde in der Domkirche Chur vor dem Altar der hl. Maria Magdalena in der Belmonter Gruft beigesetzt[254].

Kinder: keine.

Gemahlinnen: Die untenstehende Reihenfolge ist nicht gesichert.
1. Floribella von Sax, Tochter des Albert von Sax (zu Fiorenzana?)[255].

---

[245] 1360 Juni 6. (MOHR, Disentis, Nr. 124).
[246] Urk. 1360 Dez. 24.: Or. Haupt-Staatsarchiv München, Montfort, Nr. 21. Druck: Otto P. CLAVADETSCHER, Das Bündnis der Rheinwaldner und Safier mit den rätischen Freiherren vom Jahre 1360, SZG 17 (1967), Heft 2, S. 164f.
[247] 1361 Nov. 30. (Rätische Urkunden [wie Anm. 28] Nr. 48). – Vgl. dazu Rätische Urkunden Nr. 69 (1372), wo ein Konrad als Sohn des *Heinrici dicti mit der Howen, civis Curiensis* und Subdiakon und Rektor der Kirche in Breil (*in Brigels*) genannt wird.
[248] 1362 Aug. 31. (Rätische Urkunden [wie Anm. 28] Nr. 49).
[249] 1363 April 7. (MOHR CD 3, Nr. 109).
[250] Urk. 1365 Aug. 1.: GdeA Duvin, Nr. 1.
[251] WEGELIN, Pfäfers, Reg. 242.
[252] Karl RIEDER, Römische Quellen zur Konstanzer Bistumsgeschichte zur Zeit der Päpste in Avignon 1305–1378, Innsbruck 1908, Reg. Nr. 1549.
[253] Rätische Urkunden (wie Anm. 28) Nr. 65; vgl. dazu MOHR CD 3, Nr. 183.
[254] NC 11. Juli: *Anno dni MCCCLXXI ob. dns. Ulr. Waltherus nobilis de Belmont in cuius anniversario dantur VI libr. mez. de curte dicta Slavenasca sita in Valls . . . Requiescit ante altare S. Marie Magdalene.* Vgl. dazu: Die Urbarien des Domcapitels zu Cur, hg. v. Conradin VON MOOR Cur 1869, S. 76. – Zur Gruft vgl. auch NC 7. Aug.: *Requiescit* (Johannes de Ponstrils) *in monasterio prope sepulchrum dom. et sepulturam de Belmont*.
[255] Vgl. Rätische Urkunden (wie Anm. 28) Nr. 73 (1375 Juli 17.) und MOHR CD 4, Nr. 29 (1380 Mai 22.); zu beiden Daten tot.

2. N., Tochter des Gottfried von Tübingen und der Clara von Freiburg (1365)[256].
3. Anna[257].
Siegel: 1358 April 23.[258], 1365 Aug. 1.[259]: ○ 38 mm.
+ S. VLRICI.WALTh'I.NOBIL.DE.BELMVUNT.
Siegelabbildung Nr. 6 (Siegel von 1365) nach dem Or. im Gemeindearchiv Duvin.

12. *Adelheid*

1357 als Tochter Johannes' (Nr. 10) und Gemahlin Heinrichs von Montalt genannt[260]. – In erster Ehe aber verheiratet mit Heinrich von Rhäzüns, aus welcher Ehe eine Tochter, Elisabeth, später verheiratet mit Kaspar von Sax-Misox, hervorging[261]. – Bestätigt 1371 *vff der vesti ze Cåstris* drei Tage nach dem Ableben ihres Bruders (Ulrich Walter, Nr. 11) Heinrich von Maladers den von jenem in der Kirche Castrisch gestifteten Altar (*vnser lieben frowen sant Gŏriien vnd aller gottes hailgen*), der mit einem jährlichen Zins von zwei Pfund aus *dem grossen maiierhof ze Cåstris gelegen genant von Frŏwenberg* dotiert ist[262]. – 1372 zusammen mit Heinrich von Montalt – auf Ems sitzend – gebannt, weil sie die pauschalierenden Ansprüche des Bischofs von Chur auf den belmontischen Nachlass zu anerkennen nicht bereit waren[263]. – Verpfändet 1372 dem Kunz Schumacher von Rueun Zinsen aus dem *mindern maigerhoff von Frŏenberg, ze Valzúns* (= Valsins, Gde. Rueun) *gelegen*[264]. – Überschreibt 1374 der Jutzina von Cangina[265] einen Zins aus dem Meierhof

---

[256] Siehe Anm. 252.
[257] NC 11. Juli: *Anna uxor dom. Ulrici Waltheri de Belmont ob. in cuius anniversario dantur VI libr. mez. de curte dicta Schlauenasca sita in Valls . . . Requiescit ante altare b. Marie Magdalene.* – Unbekannter Herkunft; oder sollte die Scheidung von «N. von Tübingen» (vgl. Anm. 252) nicht durchgeführt worden sein und diese «Anna» geheissen haben? – Es ist merkwürdig, dass von seiten der Familie dieser Frau, der Pfalzgrafen von Tübingen-Lichteneck, keine Erbansprüche auf den belmontischen Nachlass erhoben worden sind (evtl. abgetreten?).
[258] Rätische Urkunden (wie Anm. 28) Nr. 43. Or. im Zentralarchiv des fürstlichen Hauses Thurn und Taxis in Regensburg.
[259] Or. im GdeA Duvin, Nr. 1.
[260] Siehe Anm. 237. Vgl. auch Rätische Urkunden (wie Anm. 28) Nr. 42, 43, und MOHR CD 3, Nr. 166.
[261] Ergibt sich aus dem Textzusammenhang bei MOHR CD 4, Nr. 29.
[262] Urk. 1371 Juli 14. (zwei Stücke): Or. Haupt-Staatsarchiv München, Montfort 26 und Montfort 25.
[263] MOHR CD 3, Nr. 166: *von der vestinan lut vnd gŭter wegen dü Vlrichs Walthers såligen von belmunt min der vorgenant adelheiten wilont bruders waren vnd ir sprechend es wär alles von üwerem gotzhus lehen vnd si an das selb üwer gotzhus gevallen des wir logent vnd nit vergichtig sint*.
[264] 1372 Nov. 15. (Rätische Urkunden [wie Anm. 28] Nr. 68).
[265] *Canegŭna* = Cangina, Gde. Flims.

Mayria Martzscha ze obren Inlanz (= Oberilanz/St. Martin), den man nennt *Sún pleids zura*[266]. – Gibt 1375 dem Hans Vaneschen das Gut *Padenaus* zu Erblehen[267]. – 1375 unter den Erben Ulrich Walters von Belmont (ihres Bruders) genannt[268]. – Ihr Gatte, Heinrich von Montalt, vermacht ihr 1376 zu Sessafret (Gerichtsstätte der Grafschaft Laax in Castrisch am Rhein) auf sein Ableben hin seinen gesamten Besitz[269]. – Stimmt 1377 in Ilanz dem Verkauf des Gutes *Bargaira* zu[270] und empfängt noch am 2. März 1379 zusammen mit ihrer Tochter, Elisabeth von Sax-Misox, vom Bischof von Chur Ort und Schiflans (Gde. Vella) samt dem Zehnten zu Vrin und dem Meierhof in Fidaz (Gde. Flims) als Leibgeding[271]. Doch verhandeln schon am 3. Januar 1379 der Bischof von Chur, die Grafen von Werdenberg-Sargans und die Rhäzünser über die Aufteilung des belmontischen Erbes[272]. Allem Anschein nach am 22. Mai 1380 tot[273]. – Ihr zweiter Gatte, Heinrich von Montalt, muss ihr im Tode vorausgegangen und zwischen 1376 März 24. und 1378 Nov. 29. gestorben sein[274].

Siegel: 1371 Juli 14., 1372 Nov. 15., 1374 Juni 22[275]: ○ 30 mm.

+ S'.ADELHAIT.LIBERE.DE.MONTALT.

Siegelabbildung Nr. 7 (Siegel von 1372) (Photo: Zentralarchiv Fürst von Thurn und Taxis, Regensburg)

---

[266] Urk. 1374 Juni 22. (MOHR CD 3, Nr. 183).
[267] Urk. 1375 Febr. 1.: Or. GdeA Cumbel, Nr. 1. – Etwas später wird auch ein Gut in Domat/Ems als belmontisch bezeichnet: Urk. 1374 März 14. (Rätische Urkunden [wie Anm. 28] Nr. 70).
[268] 1375 Febr. 1. (Rätische Urkunden [wie Anm. 28] Nr. 73).
[269] Rätische Urkunden (wie Anm. 28) Nr. 74. – Von seiner Nichte, Elisabeth von Haldenstein, Tochter seines Bruders (Simons II.), offenbar erfolgreich bestritten, denn sie verzichtet erst 1378 gegen Abfindung durch Ulrich Brun von Rhäzüns auf ihre Rechte an den Festen Schlans und Grünenfels *und namlich mit aller zügehört, als ichs von minem vettern hern Hainrichen säligen von Montalt geerbt hab* (Rätische Urkunden [wie Anm. 28] Nr. 78).
[270] Abschriftenband im StaatsA Graubünden, B 510, Bd. 5, S. 29.
[271] MOHR CD 4, Nr. 10, 11.
[272] Urk. 1379 Jan. 3. Or. BAC. Vgl. Anm. 55.
[273] MOHR CD 4, Nr. 29 (vgl. Nr. 27, dat. 1380 Mai 8. – Vielleicht schon zu diesem Zeitpunkt verstorben).
[274] Vgl. Rätische Urkunden (wie Anm. 28) Nr. 73 bzw. Nr. 74.
[275] 1371 Juli 14.: Or. Haupt-Staatsarchiv München, Montfort, Nr. 25 und Nr. 26.
1372 Nov. 15.: Rätische Urkunden (wie Anm. 28) Nr. 68. – Zentralarchiv des fürstlichen Hauses Thurn und Taxis in Regensburg.
1374 Juni 22.: MOHR CD 3, Nr. 183. – Stadtarchiv Ilanz.

Freiherren von Belmont

Tafel 2

1. LÜTFRIED
1137/39
?
vgl. Tafel 1

2. ALBERT
1213–1216, 1266 tot
∞ N. v. Vaz?

1266 filii (lebend?)
(= Nr. 5?)
?

5. WALTER
(= RUBEUS [1283]?)
ca. 1295, † um 1300

3. HEINRICH I.
1208–1232
∞ N. v. Matsch?

6. HEINRICH II.
1252–1262

7. HEINRICH III.
1267–1307

9. RUDOLF II.
† 1.IX.1311

10. JOHANNES
1311–1345
1357 tot
∞ Adelheid v. Klingen

11. ULRICH WALTER
1352 – † 11.VII.1371
ultimus
∞ (Reihenfolge unsicher)
I. Floribella von Sax
II. N. v. Tübingen (1365), Ehe gesch.?
III. Anna

4. RUDOLF I.
can. Cur.
† 1204

8. KONRAD
eps. Cur.
1270 – † IX.1282

12. ADELHEID
1357–1379, 22.V.1380 tot
∞ I. Heinrich v. Rhäzüns
II. Heinrich v. Montalt

Abb. 3 Zürcher Wappenrolle: Wappen der Freiherren von Belmont
(Photo: Schweiz. Landesmuseum)

Typ A 1273

Typ B [1277]

Typ C 1282

Konrad v. Belmont, Bischof v. Chur

Heinrich III. v. Belmont 1281

Johannes v. Belmont 1333

Ulrich Walter v. Belmont 1365

Adelheid v. Montalt 1372

Die Urkunde Bischof Adelgotts von Chur vom Jahre 1154 für das Prämonstratenserkloster St. Luzi in Chur

von Otto P. Clavadetscher

Die umfassende, kritische Würdigung des Zisterziensers Adelgott als Schüler des hl. Bernhard, Bischof von Chur, Förderer der Prämonstratenser, Reformator der Frauenklöster und Freund der Männerklöster im Bistum Chur, verdanken wir Iso Müller[1]. Er hat auch die Gestalt des Einsiedler Mönchs Adelgott aus dem barocken Gestrüpp herausgelöst, ihn eindeutig als Disentiser Abt des 11. Jahrhunderts erwiesen und klar vom Churer Bischof Adelgott abgehoben[2]. Eine wieder aufgefundene Originalurkunde Bischof Adelgotts dürfte sich daher als «Geburtstagsgeschenk» für den Kirchenhistoriker Rätiens gut eignen.

Im Jahre 1977 kaufte das Stadtarchiv Augsburg von Frau Deininger aus dem Nachlass ihres Mannes, Archivdirektor Dr. Heinz Friedrich Deininger, verschiedene Urkunden. Nach den Umschlägen stammen sie aus dem Nachlass des 1853 in Augsburg verstorbenen Regierungsdirektors Johann Nepomuk Ritters von Raiser, der in österreichischen, dann in bayerischen Diensten stand und 1834 den Historischen Verein für Schwaben gegründet hatte.

Das wichtigste Stück dieses Urkundenbestandes ist zweifellos die Urkunde Bischof Adelgotts für St. Luzi vom Jahre 1154[3]. Wohl ist der Text durch ein Vidimus des geistlichen Gerichts Chur vom 23. Juli 1396 bekannt[4], auch ist die Urkunde in der «Registratura archivi monasterii S. Lucii» von 1724[5] als «A N° 2» aufgeführt: *Donatio Hospitalis in Vrbe, curtis in Prades etc. Item decimarum in Rancqueil facta Monasterio S. Lucij per Algottum Episcopum Curiensem. Sub Aimo Priore S. Lucij. A°. 1154. in pergam.* Das Original aber galt als verloren.

Die Originalurkunde[6] misst (durchschnittlich) 46 cm in der Breite und (inklusive Plica von 3 cm) 43,5 cm in der Höhe. Das Pergament ist bis zuunterst

---

[1] Iso Müller, St. Adalgott († 1160), ein Schüler des hl. Bernhard und Reformbischof von Chur, Analecta sacri ordinis Cisterciensis 16, 1960, S. 92–119.
[2] Iso Müller, Das Grab des Abtes Adalgott, BM 1960, S. 226–252.
[3] Es ist hier nicht der Ort, das Schicksal dieser Urkunde weiter zurückzuverfolgen. Sie dürfte am ehesten durch die Machenschaften des bischöflichen Verwalters Paul Foffa dem BAC entfremdet worden sein; vgl. BUB I, S. XIV; Bruno Hübscher, Das bischöfliche Archiv Chur, in: Archivalia et Historica, Zürich 1958, S. 44; Oskar Vasella, Über das bischöfliche Archiv in Chur, Archivalische Zs. 63, 1967, S. 64 f.
[4] BUB 330.
[5] BAC, Hs. 32'724.
[6] Stadtarchiv Augsburg, US Nachlass Deininger.

liniert, also auch auf der Innenseite der Plica, dürfte somit nach Fertigstellung des Textes unten abgeschnitten worden sein. Geschrieben ist das Diplom von der gleichen Hand wie dasjenige Bischof Adelgotts für das Frauenkloster Cazis von 1156[7], also sicher von Churer Hand. In diesem Sinn darf die vorsichtige Bemerkung der Herausgeber des BUB[8], welche nur die Urkunde für Cazis in der originalen Form kannten, präzisiert werden. Die Charakteristica des Schreibers sind in beiden Originalen[9] leicht festzustellen: Die erste Zeile ist in verlängerter Schrift geschrieben, ebenso sind wichtige Namen (Adelgott, Papst Eugen, S. Lucius) und das Amen durch verlängerte Schrift ausgezeichnet. Weiter sei auf das s-förmige Kürzungszeichen und die doppelte Schleife durch die Schäfte von s und f hingewiesen, ebenso auf die etwas kleinere Schrift der Datierungsformel, wobei aber in der neuentdeckten Urkunde nur der letzte Teil (*anno regni Friderici regis secundo*) in kleinerer Schrift gehalten ist. In der linken oberen Hälfte ist der Text durch Wasserflecken etwas verblasst, doch im allgemeinen gut lesbar, wenn auch zum Teil mit moderner Tinte nachgezogen. An der Urkunde hängt an hellen Seidenfäden das bisher unbekannte Siegel Bischof Adelgotts aus braunem Wachs mit einem Durchmesser von 6 cm (inklusive Wulst). Die Legende ist stark abgeschliffen, mit einiger Sicherheit ist noch ... *IGIL* ... lesbar. Der Rückvermerk von der Hand des Registrators von 1724 ist fast identisch mit dessen Eintrag in der «Registratura», nur steht *Algotum* statt *Algottum* und folgt *Sub Aimone Priore* in kleinerer, senkrechter Schrift unter dem übrigen Text. Selbstverständlich fehlt auf der Urkunde *in pergam(eno)*. Die Signatur A N°. 2 entspricht in Grösse und Schrift den auf den 1724 registrierten Urkunden angebrachten Signaturen.

Die Textdifferenzen zwischen dem Original (A) und dem Vidimus vom 23. Juli 1396(B) sind von unterschiedlicher Bedeutung. Zum Teil beruhen sie auf der normalen sprachlichen Entwicklung, wenn etwa das in A gelegentlich, aber nicht konsequent noch verwendete ę in B durch einfaches e wiedergegeben ist oder in B häufig *c* anstelle von *t* steht (*providencia, sustentacio* etc.), zum Teil handelt es sich um kleine «orthographische» Unterschiede wie etwa *tocius*(A) – *totius*(B), *Algotvs*(A) – *Algotus*(B), *extinguit*(A) – *extingwit*(B), *Cůno*(A) – *Cůno*(B), *cyrographo*(A) – *cirographo*(B), *his*(A) – *hiis*(B), *quinquagesimo*(A) – *L*(B), *Friderici*(A) – *Fridrici*(B).

Zweimal hat der Schreiber von B Textteile ausgelassen, nämlich *sua* im Passus *sua iura servantibus* und *indictione secunda*. Als eigentliche Falschlesungen

---

[7] BUB 334.
[8] BUB I, S. 244, Z. 9f.: ... geschrieben von einer unbekannten, wohl Churer Hand.
[9] Vgl. die Abbildung unten S. 315 mit der etwas klein geratenen, aber für den Vergleich genügenden Abbildung von BUB 334 auf Tafel III am Schluss von BUB I.

haben zu gelten *aquiescens*(B) statt *ac quiescens*(A), *ipsorum*(B) statt *eorum*(A), *dare*(B) statt *dari*(A). Zwei Textunterschiede sind auch inhaltlich von Bedeutung, einmal *curiam*(A) – *curias*(B), worauf am Ende dieses Aufsatzes kurz eingegangen wird, und *situm*(A) – *statum*(B).

Bischof Adelgott berichtet, dass die Nonnen aus dem Kloster Mistail, das zum Hof Prada gehörte, vertrieben worden seien, worauf seine drei Vorgänger den Hof teils an sich gezogen, teils an ihre Ritter verliehen hätten. Nun überträgt er den Hof mit der Kirche den Brüdern von St. Luzi, da hier – im Gegensatz zu Cazis[10] – eine Reform des Klosters nicht möglich sei. Der Ort sei für ein Kloster nicht geeignet, sowohl wegen seiner Lage als auch wegen der durch die Verleihungen erlittenen Einbussen[11]. Aufgrund des Textes im Vidimus (*statum*) wurde in der Literatur bisher angenommen, dass sich dieser Passus auf die unhaltbaren Zustände im Frauenkloster bezögen, und begreiflicherweise wurde er mit den Reformbemühungen des Bischofs in Verbindung gebracht. Das Wort *situm* zwingt nun aber zu einer andern Deutung. *situs* bezieht sich auf *locus,* ist also rein topographisch zu verstehen. Der Ort war demnach für eine religiöse Gemeinschaft ungeeignet, nicht wegen der schlechten Zustände im Kloster, die ja durch eine Reform auch hier hätten behoben werden können, sondern wegen der geographischen Lage. Nun mag man einwenden, diese hätte sich gegenüber der Zeit der Klostergründung nicht geändert. Hier sind jedoch die Ergebnisse der Ausgrabungen in den Jahren 1968 und 1969[12] zu berücksichtigen. Westlich der Kirche wurden Mauern gefunden, die am ehesten zu einem Atrium (?) gehören, das an die Kirche angebaut war, die gleiche Breite wie die Kirche und einen fast quadratischen Grundriss aufweist. Ein Drittel davon aber ist ins Albulatobel abgestürzt. Wenig weiter nordwestlich befanden sich die Konventsgebäude, heute unmittelbar am Rand des Plateaus, wobei aber weitere westlich anschliessende Bauten ebenfalls abgerutscht sein könnten. Diese gefährliche Lage, welche vielleicht schon für den Niedergang des Klosters bestimmend gewesen ist, und die durch Verleihungen verschlechterte materielle Situation bewogen wohl den Bischof, von einer Wiederherstellung des Frauenklosters abzusehen, den Hof mit der Kirche aber St. Luzi zu übertragen, wodurch die ehemalige Klosterkirche wenigstens ihre seelsorgerische Funktion wieder erfüllen konnte.

Beachtung verdient die Schreibung der Ortsnamen. A enthält die älteste Form für das heutige Savognin, nämlich *Sueningin,* während in B die im Spätmittelalter gebräuchlichere Form *Swainingen* erscheint. Beim heutigen For-

---

[10] Vgl. BUB 334, 335.
[11] *cum idem locus religioni minus esset ideoneus, tum propter situm ipsius, tum propter substantiam per manus militum ex magna parte distractam . . .*
[12] Grabungsbericht von W. Stöckli vom 8. Februar 1969, im Archiv des ADG.

Abb. 1   Siegel Bischof Adelgotts

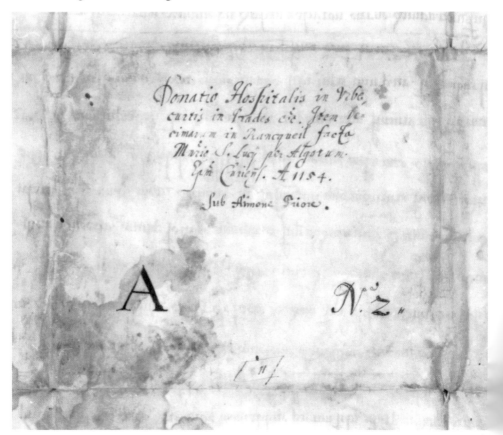

Abb. 2   Rückseite der Originalurkunde

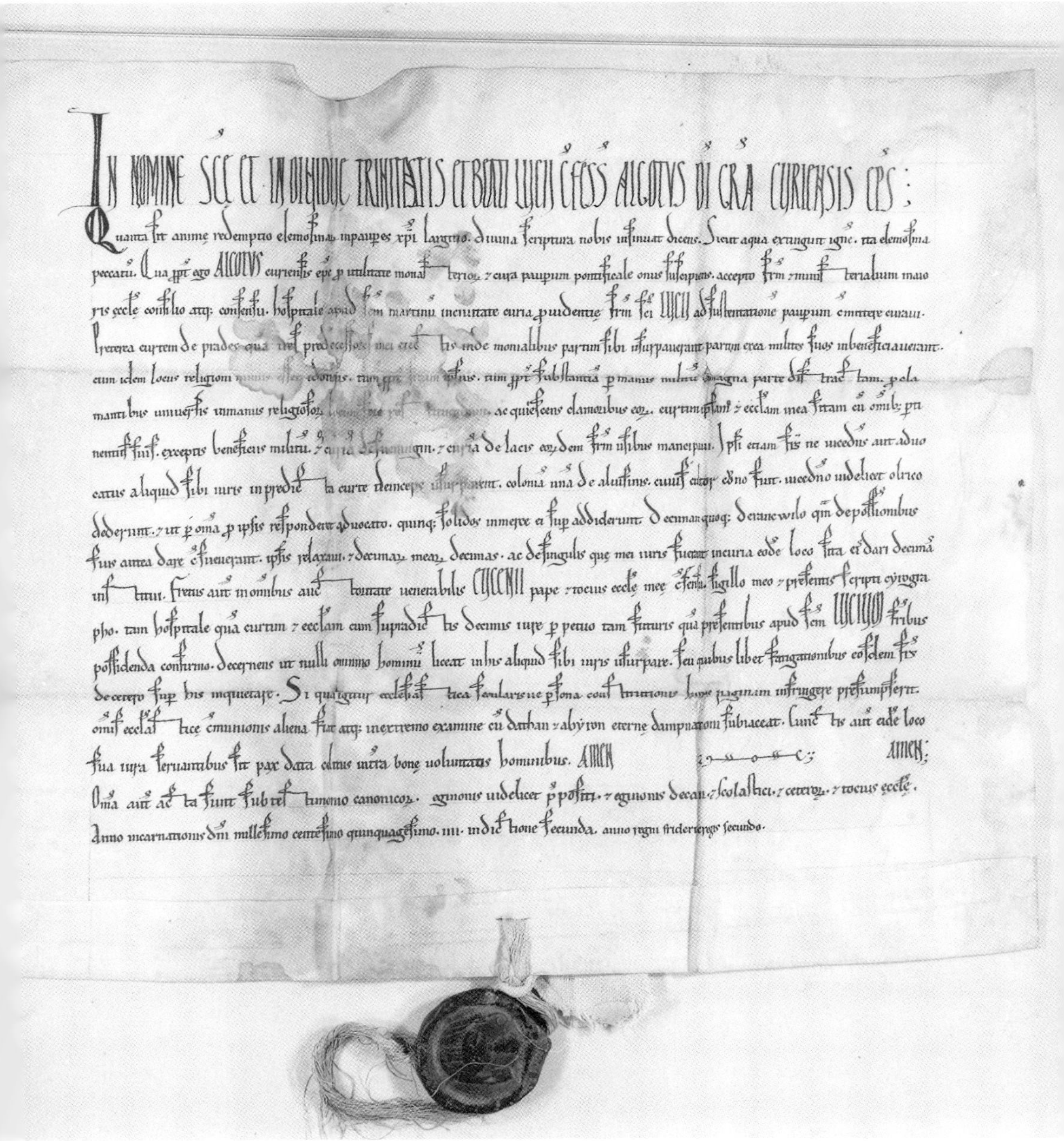

Abb. 3 Originalurkunde

schungsstand hilft diese Form dem Linguisten allerdings kaum weiter[13], aber für künftige, auf breiterer Grundlage betriebene Forschung über die Ortsnamen Graubündens könnte die neue Namensform doch einmal eine wichtige Rolle spielen. Ebenso wie für Savognin bringt die Originalurkunde auch für Rankweil, das ehemalige romanische Vinomna, den ältesten Originalbeleg (*Rancwilo*). Wohl erscheint *Ranguila, Ranguilis* neben *Vinomna* bereits im rätischen Reichsgutsurbar um 842[14], doch ist dieses bekanntlich nur durch Aegidius Tschudi überliefert. Dessen Namenformen gelten im allgemeinen jedoch als zuverlässig[15]. Gerade die Form *Rankwilo* von 1154 stützt *Ranguila* des 9. Jahrhunderts, während *Ranguilis* eher Bedenken erweckt.

Die in A vollständigen Datierungselemente stimmen zusammen. Die zweite Indiktion – in B irrtümlich ausgelassen – und das zweite Königsjahr entsprechen dem Inkarnationsjahr 1154, allerdings nur bis zum 9. März 1154, an welchem Tage das dritte Königsjahr begann. Widersprüchlich ist dagegen die Datierung der zweiten erhaltenen Originalurkunde Bischof Adelgotts von 1156[16]. Da Papst Hadrian IV. durch eine Originalurkunde vom 27. November 1156 die Anordnungen Bischof Adelgotts bestätigte[17], steht das Inkarnationsjahr 1156 fest. Die Urkunde gehört daher ins fünfte (nicht sechste) Königsjahr, und auch die Indiktion müsste richtig wohl 4 (statt 5) lauten, wenn auch für die zwei Monate vom 24. September bis 27. November die Indiktion 5 möglich wäre. Sachlich scheint es aber als fast ausgeschlossen, dass in dieser kurzen Zeit eine Kopie nach Rom gesandt, dort geprüft und das Original geschrieben worden ist. Viel eher hat sich der Schreiber der Bischofsurkunde sowohl im Königsjahr als auch in der Indiktion geirrt. Dann könnte die Datierung im BUB «vor November» etwas genauer mit «zwischen 9. März und 23. September» 1156 angegeben werden.

Das runde Siegel Bischof Adelgotts zeigt das Brustbild des Bischofs im Pontifikalgewand, ohne Mitra, in der Rechten den Stab, in der Linken ein Buch. Von der Legende sind nur noch Spuren vorhanden, auch ... *IGIL* ... ist nicht mit Sicherheit lesbar. Das Siegel nimmt unter den Churer Bischofssiegeln eine wichtige Stelle ein, ist doch nur dasjenige Bischof Heinrichs I. noch älter.

Bischöfliche Siegel sind seit dem letzten Viertel des 9. Jahrhunderts nachweisbar, im alemannischen Raum[18] jedoch wesentlich später, nämlich in Strass-

---

[13] Für linguistische Auskünfte bin ich Hans Stricker, Buchs SG/Zürich zu Dank verpflichtet.
[14] BUB I, S. 376, Z. 9, 10; S. 377, Z. 27; S. 387, Z. 20.
[15] Vgl. Paul AEBISCHER, ZSG 25, 1945, S. 199 ff.
[16] BUB 334.
[17] BUB 335.
[18] Vgl. Jeannette u. Otto P. CLAVADETSCHER, 124. Neujahrsblatt, hg. v. Histor. Verein d. Kt. St. Gallen, Gossau 1984, S. 17.

burg 961, in Augsburg 969, in Basel 1010, in Chur 1075, während Konstanz erst 1114 folgt, wobei allerdings die sehr ungünstige, bruchstückhafte Konstanzer Überlieferung in Rechnung gestellt werden muss.

Das älteste Churer Bischofssiegel ist an einer undatierten Urkunde Bischof Heinrichs I. (1070–1078) eingehängt (durchgedrückt)[19]. Das Brustbild ohne Mitra ist klar erkennbar, undeutlich dagegen ist das Gewand, ebenso, was die beiden Hände halten oder ob die Rechte vielleicht zum Segen erhoben ist. Auch ist nicht zu erkennen, ob das Siegel je eine Legende trug. Mit 4,5 cm Durchmesser (ohne Wulst) entspricht es etwa demjenigen Bischof Adelgotts. Über ein Siegel muss auch Bischof Norbert (1079–1088) verfügt haben, denn auf der Urkunde vom Jahre 1085[20], durch welche er das Kloster Habach dem Marienaltar in Augsburg übertrug, sind Spuren eines abgefallenen (aufgedrückten) Siegels sichtbar[21]. Eine Siegelankündigung fehlt zwar, doch kann es nur das Siegel des Urkundenausstellers sein. Besiegelt war auch eine objektiv gefasste Urkunde für das Kloster S. Maria in Scuol (später nach Marienberg verlegt) von 1131[22] über die Weihe und Schenkung durch Bischof Konrad I. (1123–1145). Das Siegel fehlt, war aber abhangend. Es ist nicht angekündigt, doch kann es sich auch hier aus inhaltlichen und zeitlichen Gründen nur um das Bischofssiegel handeln. Dann folgt das Siegel Bischof Adelgotts von 1154, welches auch an seiner Originalurkunde von 1156[23] hing, dort auch angekündigt ist, aber heute fehlt. An beiden Pergamenten ist (resp. war) das Siegel mit Seidenfäden (oder vielleicht mit einer Schnur) befestigt. Von Adelgotts Nachfolger Egino (1163–1170) sind zwei Siegel bekannt. Das ältere[24] zeigt das Brustbild des Bischofs mit Pontifikalgewand und Mitra, den Stab in der Rechten, ein Buch in der Linken, im jüngeren[25] erscheint der thronende Bischof, aber mit der gleichen Bekleidung und den gleichen Attributen. Das Siegel Adelgotts steht also entwicklungsgeschichtlich genau zwischen demjenigen Bischof Heinrichs und dem ersten Siegel Bischof Eginos. Wie bei Heinrich fehlt noch die Mitra[26], das reiche Pontifikalgewand und

---

[19] BUB 202; Siegelabb. JHGG 74, 1944, nach S. 32, Abb. 1.
[20] BUB 207.
[21] Wilhelm ERBEN, Die Gründungsurkunde des Chorherrnstiftes Habach, ZRG Kan. 11, 1921, S. 30.
[22] BUB 288.
[23] BUB 334.
[24] Hängt an BUB 349, Abb. JHGG 1944, nach S. 32, Abb. 2a (in der Beschreibung, ib. S. 28 heisst es irrt. mit erhobener Rechten statt mit Stab in der Rechten).
[25] Hängt an BUB 375, nachträglich auch an die Fälschung BUB 441* angehängt, diese stammt aus dem 13./14. Jh. Zusätzliches Argument für diese Datierung sind die römischrechtlichen Termini, welche erst in der 2. Hälfte des 13. Jhs. möglich sind. Abb. JHGG 1944, nach S. 32, Abb. 2b (auf S. 28 die gleiche irrt. Bemerkung).
[26] Sie findet sich zuerst 1129 in Trier, 1151 in Köln, vgl. Erich KITTEL, Siegel, Braunschweig 1970, S. 394.

die symmetrische Anordnung von Stab und Buch hingegen weisen nach vorn. Übrigens hat das Siegel Adelgotts bis in kleine Einzelheiten hinein dem Nachfolger als Vorbild für sein erstes Siegel gedient.

In den hundert Jahren von 1070 bis 1170 residierten acht Bischöfe in Chur. Von Heinrich I., Adelgott und Egino sind Siegel erhalten geblieben, für Norbert und Konrad I. ist der Siegelgebrauch nachgewiesen, für die übrigen drei, Ulrich II., Wido und Konrad II., ebenfalls anzunehmen. Lediglich sieben Bischofsurkunden sind bekannt, an denen heute noch das Siegel hängt oder deren Besiegelung nachgewiesen ist, bei weiteren fünf nur kopial überlieferten Diplomen[27] wäre eine Besiegelung wenigstens möglich, wenn auch jeder Hinweis fehlt. Nimmt man dazu noch die neun Weihenotizen[28], denen wenigstens theoretisch besiegelte Bischofsurkunden als Vorlage gedient haben könnten, ferner die vier Briefe Bischof Widos an den Papst[29], die ebenfalls besiegelt gewesen sein könnten, so ergäbe die heutige Überlieferung die Existenz von zwei Dutzend besiegelten Bischofsurkunden, die in den genannten hundert Jahren durch acht Bischöfe ausgestellt worden wären. Es darf doch wohl angenommen werden, dass sich ein Bischof nicht einen kostspieligen Siegelstempel beschaffte, um zwei oder drei Urkunden zu besiegeln. Der Siegelgebrauch allein beweist also, dass eine grosse Zahl von Bischofsurkunden verlorengegangen ist. Eine gewisse Vorstellung von den Dokumenten, welche die Bischöfe besiegelt haben, vermag der «Briefwechsel» zwischen Papst Paschal II. und Bischof Wido zu vermitteln. So dürfte etwa der päpstliche Auftrag, das Kloster Alpirsbach zu schützen und den Abt wieder einzusetzen[30], die Ausstellung von Urkunden und Briefen erfordert haben, ebenso das Mandat zur Entscheidung eines Streites zwischen Konstanzer Domherren[31], das Mandat, einem Priester Busse aufzuerlegen[32]. Päpstliche Mandate verpflichteten den Bischof weiter zur Untersuchung der Augsburger Bischofsangelegenheit[33] und zur Zitation des Abts der Reichenau[34] nach Rom. Auch die Erledigung dieser Aufträge geschah mindestens teilweise durch schriftliche Intervention.

Die Urkunden vieler Klosterarchive wurden im 18. Jahrhundert geordnet, neu signiert und registriert. Fast gleichzeitig wie in St. Gallen[35] geschah dies

---

[27] BUB 205, 214, 344, 363, 376.
[28] BUB 209, 228, 290, 303, 342; Hermann TÜCHLE, Dedicationes Constantienses, Freiburg i. Br. 1949, S. 32, Nr. 71; S. 41, Nr. 99; S. 45, Nr. 113; S. 47, Nr. 117.
[29] BUB 226, 236, 239, 264.
[30] BUB 244, 246.
[31] BUB 252.
[32] BUB 253.
[33] BUB 261, 262, 264, 265.
[34] BUB 267.
[35] Das grosse, fünfbändige Urkundenrepertorium (Stiftsarchiv St. Gallen, Rep. A 1, 1–5) wurde 1739 angefertigt, das dreibändige des äbtischen Archivs in Wil (ebd., Rep. A 2, 1–3) schon 1725.

auch in St. Luzi. Ergebnis ist die «Registratura archivi monasterii S. Lucii» vom Jahre 1724. Die noch vorhandenen Urkunden wurden nach sachlichen Gesichtspunkten den Abteilungen A–O zugeordnet, und zwar innerhalb der Abteilungen in chronologischer Reihenfolge. Die erste eingeklammerte Ziffer gibt den Gesamtbestand der betreffenden Abteilung an, die zweite die Zahl der Urkunden bis zum Jahre 1200.

A Bullae Pontificiae (10, 10)
B Diplomata caesarea et regia (10, 7)
C Monasterium s. Lucii (148, 12)
D Civitas Curiensis (181, 5)
E Extra Civitatem Curiensem (102, 6)
F Sagens (34, 3)
G Comitatus Vaduzensis (81, –)
H Domus Benedurana (129, 3)
I Ecclesia Benedurana (25, –)
K Dominatus Saxensis (18, –)
L Dominatus Schellenbergensis (205, –)
M Dominatus Austriacus (36, –)
N Rancovilla (69, –)
O Processus et Miscellanea (38, –)

Die Buchstaben der auf der Rückseite der Urkunden angebrachten Signatur sind 2 cm hoch, sie stammen, wie auch die Zahlen, alle von der gleichen Hand. Dieser systematischen Registrierung scheint etwas früher eine unvollständige Numerierung einzelner Urkunden vorangegangen zu sein. Viel kleiner als die Signaturen von 1724 und in ganz dünner Schrift finden sich noch auf zwei Urkunden N.1 und N.10[36].

Da auch die neuentdeckte Originalurkunde die der Registratur entsprechende Signatur A N° 2 trägt, mögen hier – als kleiner Beitrag zu einer Archivgeschichte des Klosters – einige Bemerkungen über die älteren Urkunden St. Luzis und über die Registratur folgen.

Bis zum Jahre 1200 sind die Texte von 53 Urkunden des Klosters St. Luzi bekannt, 42 sind als Originale erhalten, 11 nur kopial überliefert. Bei der Aufhe-

---

[36] N. 1 auf BUB 693 (Or. im Stadtarchiv Chur); N. 10 auf BUB 977 (Or. im BAC). Es handelt sich also nicht um die Signatur N N°.1 und 10 der Registratur von 1724 (die älteste Urkunde von Abteilung N datiert von 1395). Beide Urkunden lagen einmal im Klosterarchiv St. Luzi, wie der Inhalt und die beiden Signaturen von der gleichen Hand beweisen, registriert aber wurden sie 1724 nicht.

bung des Klosters gelangte das Archiv 1806 in das Bischöfliche Archiv, und 1883 wurden die Urkunden chronologisch in dessen Bestand eingegliedert. Dort befindet sich bis heute der überwiegende Teil (34) der Originalurkunden. 1538 mussten die Klosterherren die Stadt Chur verlassen und dislozierten nach Bendern, wo sie neben der Kirche erheblichen weitern Besitz hatten. Erst 1636 konnten sie nach langwierigen Schwierigkeiten und Verhandlungen wieder nach Chur zurückkehren. Lag es also nahe anzunehmen, dass die 6 heute im Tiroler Landesarchiv in Innsbruck liegenden Originalurkunden[37] im 16./17. Jahrhundert von Bendern aus dorthin gelangt seien[38], so beweisen nun die der Registratur von 1724 entsprechenden Signaturen mit den 2 cm hohen Buchstaben auf der Rückseite dieser sechs Urkunden, dass sie erst nach 1724, also wohl nach der Aufhebung im 19. Jahrhundert, nach Innsbruck gelangt sind. Vor 1724 aus dem Klosterbestand ausgeschieden dürfte hingegen die Urkunde von 1231 sein, durch welche das Kloster einen Viertel der Alp Ramoz erwarb[39], denn sie trägt nur die ältere Signatur N.1 in dünner Schrift. Sie wird wohl beim Erwerb der Alp durch die Stadt Chur in deren Archiv übergegangen sein. Und endlich ist die oben besprochene Urkunde mit der Signatur A N° 2 nach undurchsichtiger Irrfahrt im 19. und 20. Jahrhundert im Stadtarchiv Augsburg gelandet. Mit Ausnahme derjenigen im Stadtarchiv Chur sind also alle heute in fremden Archiven liegenden Originalurkunden erst im 19. Jahrhundert dorthin gelangt.

Von den 11 nur kopial überlieferten Urkunden finden sich 8 in dem aus dem Klosterarchiv St. Luzi stammenden Cartular B des Bischöflichen Archivs Chur[40], 2 sind im 18. und 19. Jahrhundert nach dem Original gedruckt worden[41] und deshalb in der Registratura verzeichnet[42], eine liegt als Papierkopie des 17. Jahrhunderts im Bischöflichen Archiv Chur[43].

43 der 53 bekannten Urkunden sind in der Registratur von 1724 verzeichnet, 10 sind also dort nicht registriert. Zwei betreffen das durch die Reform Bischof Adelgotts dem Kloster St. Luzi unterstellte Frauenkloster Cazis[44], wobei nicht ersichtlich ist, warum sie nicht registriert wurden, während die ebenfalls aus dem Archiv von St. Luzi stammende, das Kloster Cazis betreffende Papsturkunde von 1156[45] unter A 4 registriert ist und die entsprechende Signatur auf-

---

[37] BUB 486, 573, 580, 623 und 646 (2 Exemplare).
[38] So BUB I, S. XIV.
[39] BUB 693.
[40] BUB 680, 730, 885, 1009, 1011, 1015, 1098, 1308.
[41] C. L. HUGO, Annales sacri et canonici ordinis Praemonstratensis II, Nancy 1736, S. 69 (BUB 453); MOHR CD I, 238 (BUB 954).
[42] B 1, A 10.
[43] BUB 581.
[44] BUB 334, 1296.
[45] BUB 335.

weist. Fünf Texte sind nur durch das Cartular B überliefert[46], woraus wohl geschlossen werden muss, dass die Originale bei der Registrierung im Jahre 1724 im Klosterarchiv nicht mehr vorhanden waren. Dies gilt auch für die bereits erwähnte, heute im Stadtarchiv Chur liegende Urkunde[39], welche keine Signatur von 1724, sondern nur die etwas ältere trägt. Zwei Originale ohne Signatur von 1724 liegen im Bischöflichen Archiv Chur[47], müssen also auch 1724 im Klosterarchiv vorhanden gewesen sein, sind dem Registrator aber offensichtlich entgangen.

Vier heute nur noch durch das Cartular B oder eine neuzeitliche Abschrift bekannte Urkunden sind in der Registratur verzeichnet[48], die Originale müssen also 1724 noch vorhanden gewesen sein.

Im BUB sind die Signaturen der im Bischöflichen Archiv Chur liegenden Originalurkunden ausdrücklich erwähnt, zum Beispiel bei BUB 318: «Signatur (St. Luzi): A Nr. 1.» Warum sie bei den heute in Innsbruck liegenden 6 Urkunden unerwähnt bleiben, obschon diese Urkunden angeblich auch nach den Originalen abgedruckt sind, bleibt unerfindlich. Die im BUB fehlenden, auf den Originalen aber vorhandenen Signaturen lauten: *B N° 6* (BUB 486), *B N° 4* (BUB 573), *H N° 1* (BUB 580), *A N° 8* (BUB, 623), *H N° 2* und *H N° 3* (auf den beiden Originalen von BUB 646). Zwei im BUB zitierte Signaturen sind zudem zu korrigieren. Die richtigen, mit der Registratur übereinstimmenden und auf den Originalen auch vorhandenen lauten für BUB 665 *B N° 2* (statt N° 12) und für BUB 1273 *F N° 3* (statt P N° 3).

Das Original von BUB 580 legt die Vermutung nahe, dass während des Registrierens noch Änderungen vorgenommen worden sind. Wohl trägt das Pergament deutlich die Signatur H N° 1, aber sichtbar ist noch *N. 3* und darunter radiert nochmals *3,* beide aus dem 18. Jahrhundert. Zudem führt die Registratur diese Urkunde als Originalurkunde (*in perga.*) unter C 1 auf, dann aber nochmals unter H 1. Es scheint also, dass nachträglich für Bendern eine eigene Abteilung (H) geschaffen worden ist und man vergass, die Nummer 1 und die damit zusammenhängende Nummer 2 in der Abteilung C zu streichen. Die Bedeutung Benderns für St. Luzi im 16. und 17. Jahrhundert und die damit zusammenhängende grosse Zahl der Urkunden in der Abteilung H (129 Stück) machen diese Änderung ohne weiteres verständlich.

Die Urkunde vom 15. Oktober 1295[49] über die Weihe der Klosterkirche St. Luzi und einen Ablass ist in der Registratur unter C 9 eingetragen, sichtbar

---

[46] BUB 680, 730, 1015, 1098, 1308.
[47] BUB 977, 1053.
[48] BUB 581 (C 2), 885 (C 5), 1009 (E 5), 1011 (D 3).
[49] BUB 1258.

ist auf dem stark beschädigten Pergament nur noch die Zahl 9. In der Registratur folgen C 10 mit der Inhaltsangabe: *Litterae consecrationis ecclesiae monasterii s. Lucii A° 1295. Adnotantur hic etiam patroni ecclesiae Beneduranae,* und C 11 des Inhalts: *Copiae litterarum consecrationis ecclesiae monasterii s. Lucii A° 1295 sub Bonifacio VIII. summo pontifice et Adolpho imperatore ac Berchtoldo episcopo Curiensi.* Beide Male fehlt die Angabe «in pergameno», es scheint sich somit um Abschriften der Weiheurkunde von 1295 zu handeln. Was Vorlage einer im BUB erwähnten Abschrift aus dem 17. Jahrhundert bildete, kann nicht mehr festgestellt werden, die Einträge C 10 und C 11 stehen aber inhaltlich im Einklang mit den Rückvermerken auf dieser Kopie: *Patroni ecclesiae Beneduranae . . .* (es folgt eine Notiz über die Kirchweihe von 1481 und dann die Aufzählung der Patrone der vier Altäre); *sub Bonifacio VIII pontifice et Adolpho imperatore ac Berchtoldo episcop. Curien.* Vielleicht existierten 1724 noch zwei ältere Abschriften mit je verschiedenem Rückvermerk.

Eine heute verlorene Originalurkunde ist unter C 3 registriert: *Vdalricus episcopus Curiensis concedit canonicis Sanct-Lucensibus immissionem in parochiam Benedurensem, tam in spiritualibus quam in temporalibus. Sub Henrico praeposito s.L. A° 1235 in pergam.* Das Regest ist unverdächtig, zum Jahr 1235 passt sowohl Bischof Ulrich (1233–1237) als auch Propst Heinrich von St. Luzi, der für 1231[50] bezeugt ist, mit dem aber auch der nur kopial überlieferte Propst Hermann von 1235[51] identisch sein könnte, da die Kopisten nicht selten im Original gekürzte Namen auflösten, und zwar nicht immer richtig, hier vielleicht also H. in Hermannus statt in Heinricus. Vor allem aber beseitigt die Angabe «in pergam» jeden Zweifel, dass dem Registrator eine Originalurkunde vorlag.

Auch inhaltlich lässt sich diese Bischofsurkunde gut einordnen. Die Frühgeschichte der Kirche Bendern im Fürstentum Liechtenstein ist nur teilweise fassbar. 1045 gehört die Hälfte dem Frauenkloster Schänis[52], und auch die päpstliche Bestätigungsurkunde von 1178[53] erwähnt noch Rechte des Klosters an der Kirche. Nachdem Rüedger von Limpach seine Rechte an der Kirche dem Kaiser aufgegeben hatte, übertrug Kaiser Heinrich VI. die Kirche auf seine Bitte im Jahre 1194 ans Kloster St. Luzi[54]. Besitzbestätigungen liegen vor von König Philipp 1200[55], von König Friedrich II. 1214[56], ebenso von Papst Inno-

---

[50] BUB 696.
[51] BUB 730.
[52] BUB 185.
[53] BUB 400.
[54] BUB 467.
[55] BUB 486.
[56] BUB 573.

zenz III. 1208[57] und 1214[58]. Im Jahre 1215 inkorporierte Bischof Arnold von Chur die Kirche dem Kloster St. Luzi[59], und das Domkapitel bestätigte dieses Rechtsgeschäft[60]. Die Einkünfte sollten dem bedürftigen Kloster St. Luzi und dem von ihm abhängigen Frauenkonvent St. Hilarien bei Chur zugute kommen. Es handelte sich jedoch offensichtlich nicht um eine incorporatio pleno iure, denn trotz päpstlicher Bestätigung[61] entstand bald Streit zwischen dem Kloster und dem Leutpriester Burkhard, der durch einen 1224/25 durch den Bischof beurkundeten Schiedsspruch beigelegt wurde[62]. Während der Leutpriester alle Einnahmen beansprucht hatte, machte St. Luzi geltend, dass diesem nur ein Viertel der Zehnten zustehe. Das Kloster gab damit aber zu, dass es selber die Inkorporation nicht als eine solche pleno iure betrachtete, denn dann hätte es frei über alle Einkünfte verfügen können und wäre nur zu einer congrua portio für den Leutpriester verpflichtet gewesen. Der Schiedsspruch ist eine aussergewöhnlich ergiebige Quelle für den Umfang der Zehntpflicht. Der Leutpriester erhält auf Lebenszeit einen Viertel der Zehnten von Flachs, Korn, Hirse, Gemüse und Jungtieren (Lämmern, Ziegen, Kälbern, Kücken, Füllen), doch soll der Lämmerzehnt in erster Linie der Kirchenbeleuchtung dienen und nur ein eventueller Rest zwischen Kloster und Leutpriester geteilt werden. Weiter fällt die Hälfte der Zehnten von Gartenfrüchten, Hanf, Baumfrüchten, Honig und Rüben an den Leutpriester, während ihm die Zehnten von Schweinen, Gänsen und Hühnern ganz zufallen. Auch über das Widumsgut (*dos*) kann er vollständig verfügen, doch werden die Zehnten davon nach obigem Modus geteilt. Bei Verletzung des Spruchs droht dem Kloster der Verlust der ihm zustehenden Einnahmen, der Leutpriester aber verliert alle seine Rechte an der Kirche. Gesamthaft gesehen handelt es sich um einen typischen Vergleich zwischen einem kirchlichen Institut und einem einzelnen, dem auf Lebenszeit gewisse Rechte zugestanden werden, während das Kloster seine Ansprüche – nach einer gewissen, aber durchaus absehbaren Wartefrist – voll durchsetzt. Mehr noch, nach dem Tod des jetzigen Leutpriesters fällt auch dessen anerkannter Anspruch auf einen Viertel der Zehnten ans Kloster. Das nächste, die Kirche Bendern betreffende Dokument nach diesem Schiedsspruch von 1224/25 ist nun die in der Registratur unter C 3 erwähnte Urkunde Bischof Ulrichs vom Jahr 1235. Sie ist am ehesten als Bestätigung der Inkorporation nach dem Tode des Leutpriesters Burkhard zu verstehen. 1251 erfolgte dann durch Bischof Heinrich die incorporatio

---

[57] BUB 518.
[58] BUB 574.
[59] BUB 580.
[60] BUB 581.
[61] BUB 623 vom Jahre 1221.
[62] BUB 646.

pleno iure. Nun wurden dem Kloster, das im Besitz des Patronatsrechtes sei, die gesamten Einkünfte – mit Ausnahme der portio congrua – zugesprochen[63]. Des unangefochtenen Besitzes konnte sich das Klosters allerdings immer noch nicht erfreuen, erst 1265[64] verzichtete Marquard von Schellenberg auf Zehntrechte der Kirche Bendern. Aus der Urkunde geht nicht hervor, worauf er seine Ansprüche gestützt hatte, es dürfte sich aber am ehesten um einen der im 13. Jahrhundert noch recht verbreiteten Laienzehnten gehandelt haben.

Zum Abschluss noch einige Bemerkungen zu den in der Originalurkunde von 1154 genannten Höfen. Der Passus *etiam curiam de Sueningin et curiam de Lacis eorundem fratrum usibus mancipavi* ist im Vidimus von 1396 nicht korrekt übernommen worden, nämlich *et curias de Swainingen et curiam de Lacis* ... Die zwei Höfe Savognin und Latsch werden also ebenfalls dem Kloster St. Luzi übertragen und nicht etwa von der Schenkung ausgenommen[65], wie dies für die an Ritter verliehenen Teile des Hofes Prada ausdrücklich festgelegt wird. *Lacis* ist das heutige Latsch in der Gemeinde Bergün. Da es sich 1154 (*etiam curiam de Sueningin et curiam de Lacis*) zweifellos um die gleichen Objekte handelt wie in der päpstlichen Besitzbestätigung von 1208 (*de curiis Prades, Sweinig et Lasc*)[66], ist auch *Lasc* (nicht *Lasa*)[67] mit Latsch gleichzusetzen, was durch die Form *Lasch* in einem Vidimus von 1334[68] noch gestützt wird. Damit entfällt die im BUB angedeutete Möglichkeit, den Namen mit dem Flurnamen Lass in der Gemeinde Savognin zu identifizieren. Dagegen sprechen übrigens auch topographische Gründe, denn Lass ist ein Maiensäss und eine Magerwiese[69] auf dem linken, ziemlich steilen, wenig fruchtbaren Talhang bei Savognin, wo für eine curtis im frühmittelalterlichen Sinn kein Platz ist. Auch im Hochmittelalter sind mit curtes eigentliche Gross- oder Meierhöfe bezeichnet, wie in der besprochenen Originalurkunde der Hof Prada mit der Kirche Mistail, der Hof Savognin und eben der Hof Latsch auf der Südterrasse nördlich von Bergün.

Es handelt sich also um Grosshöfe, wie sie schon zur Karolingerzeit aus dem rätischen Reichsgutsurbar[70] bekannt sind. Das Frauenkloster Mistail (Wapitines), auf dem Gebiet des Hofes Prada errichtet, erscheint nicht im Urbar. Es wird zusammen mit dem Hof bei der Güterausscheidung zwischen Bistum und

[63] BUB 878.
[64] BUB 977.
[65] So irrtümlich Johann Georg MAYER, St. Luzi bei Chur, 2.A., Einsiedeln 1907, S. 42, und JHGG 27, 1897 (1898), S. 100.
[66] BUB 518.
[67] Lasa in BUB II, S. 31, Z.28 ist eine Fehllesung.
[68] BAC, Urkunde v. 9. August 1334; MOHR CD II, 243 ist nur ein Regest ohne den inserierten Text von 1208.
[69] RN II, S. 726.
[70] BUB I, S. 375–396.

Grafschaft an den Bischof gefallen sein, der deshalb auch 1154 – nach dem Untergang des Klosters – zugunsten des Klosters St. Luzi über den Hof Prada verfügen konnte. Der von Aegidius Tschudi überlieferte Text des Urbars bricht leider gerade dort ab, wo Aufschluss über Savognin zu erwarten wäre. Zuletzt ist noch ein königliches Lehen verzeichnet, welches das Dorf Riom umfasste. Den Namen des Inhabers konnte Tschudi nicht mehr lesen. Als Zubehör nennt er noch 150 Juchart Königsgut, Wiesen (Umfang nicht mehr lesbar), 3½ Alpen, 12 Mansen, 1 Mühle, die Kirche mit dem Zehnten von Riom und Tinizong[71]. Dann folgt in der Handschrift Tschudis eine durch zehn Punkte angedeutete Textlücke, nachher konnte Tschudi nur noch lesen:

De Terra iugera XIII.
Habet de hac curte Honorius . . . . uns I.
. . . . mlio[72].
Curtis Dominica, habet[73].

Tschudi hat die einzelnen Benefizien und andere Abschnitte immer deutlich gekennzeichnet, einmal durch grösseren Zeilenabstand und dann durch Einrücken des Textes von der zweiten Zeile an, zum Beispiel bei Riom:

Beneficium . . . . nis, villa Riamio, habet
  De terra Dominica iugera CL.
  De pratis . . . . .
  Alpes III et dimidiam
  Mansos XII
  Molinum I
  Est ibi ecclesia, cum decima de ipsa villa
  Et de Tinnazune[71].

Anstelle der nächsten Zeile stehen dann zehn Punkte, da der Text offenbar nicht mehr lesbar war, dann aber bringt er mit dem gleichen Einzug die vier letzten Zeilen seiner Vorlage, betrachtet diese also auch als Teil des Benefiziums in Riom. Dies aber ist ausgeschlossen. Die villa Riom bildet nämlich das Objekt dieses Lehens, von einem Hof ist nicht die Rede. Wenn es nun in der drittletzten Zeile heisst: *Habet de hac curte . . .*, so bezieht sich das nicht auf die villa Riom, sondern auf einen Hof, der in der nicht mehr lesbaren, von Tschudi durch Punkte gekennzeichneten Zeile genannt war. Betrachtet man nun die Reihenfolge im Urbar:[74] Benefizium des Azzo in Tiefencastel, Benefizium des . . . nis in

---

[71] BUB I, S. 396, Z. 10–17.
[72] Ebd. Z.21; sicher lesbar . . . *lio*, davor ein m-ähnliches Gebilde, mit dem Tschudi aber wohl nur drei Schäfte wiedergeben wollte, die von i, u, n, m oder einer Verbindung dieser Buchstaben stammen können.
[73] Ebd. Z. 19–22.
[74] BUB I, S. 395f.

Riom, so darf man den Schlusspassus fast mit Sicherheit auf das talaufwärts folgende Savognin beziehen. Die Ausgrabungen in der Michaelskirche in Savognin vom Jahre 1963[75] haben ergeben, dass der älteste Vorgängerbau ins Frühmittelalter zurückreicht. St. Michael darf deshalb als Kirche der curtis Savognin angesprochen werden. Sind diese Überlegungen richtig, so wäre Savognin einer der dem König zugeteilten Höfe gewesen, der dann im Hochmittelalter ans Bistum übergegangen wäre, ein Vorgang, wie wir ihn für Riom urkundlich fassen können. Im Jahre 1258 verkaufte nämlich Berall von Wangen dem Bischof und der Kirche Chur Burg und Hof Riom[76], also den Hof, der im Reichsgutsurbar als königliches Lehen verzeichnet ist. Das königliche Interesse an der Julierroute hat sich im Urbar sehr deutlich niedergeschlagen. Der königliche Vasall Constantius in Sargans ist auch für das *castellum ad Bergalliam* (Castelmur) verantwortlich[77], königliche Vasallen sitzen in Tiefencastel und Riom, zum Lehen in Marmorera gehört auch die *taberna,* königlich sind weiter die Pferdewechselstationen Bivio und Sils[78]. Dabei ist nicht zu vergessen, dass der Text des Urbars bei Riom – oder eben Savognin – abbricht. Im Oberhalbstein bestanden zweifellos weitere königliche Lehen oder Königshöfe, das in der Zusammenstellung des Königszinses erwähnte Lehen in Marmorera mit der *taberna* ist zwingender Beweis dafür. Alles spricht also dafür, dass auch der Hof Savognin dem Reichsgut zugeteilt wurde und dass er im Hochmittelalter in bischöflichen Besitz überging. Erinnert sei hier an die beherrschende Stellung des Bischofs im Oberengadin und im Bergell[79], welche nur behauptet werden konnte, wenn auch das Oberhalbstein als Verbindung zu diesen Tälern dem Bischof unterstand.

Wie die Zisterzienser kümmerten sich auch die Prämonstratenser in besonderem Masse um die Armen und Pilger. Da in den engen Alpentälern mit ihren Passstrassen das zisterziensische Ideal der Weltabgeschiedenheit gar nicht verwirklicht werden konnte, suchte der Zisterzienser Bischof Adelgott diese karitativen Aufgaben mit Hilfe des Prämonstratenserklosters St. Luzi zu erfüllen und übertrug ihm 1154 das Spital in Chur und die Höfe Prada und Savognin an der Julier/Septimerroute und den Hof Latsch am Albulapass. Das Kloster hat dann aber die bischöflichen Hoffnungen offensichtlich nicht erfüllt, denn 1282 tauschte Bischof Konrad die seinem Herrschaftsbereich entferntere Kirche Sagogn gegen die Kirche in Prada und die Höfe Prada und Savognin[80], machte

---

[75] Walther Sulser, Die frühere Sankt Michaelskirche in Savognin, BM 1967, S. 233–248.
[76] BUB 926, 927.
[77] BUB I, S. 383: *Providet castellum ad Bergalliam.*
[78] BUB I, S. 395 f., 394.
[79] Vgl. O.P. Clavadetscher, in: Festschrift 600 Jahre Gotteshausbund, Chur 1967, S. 13 ff., 29 ff.
[80] BUB 1111a, b. – 1283 durch Bischof Friedrich bestätigt, BUB 1127, 1297 durch Bischof Berthold, BUB 1273.

also die Übertragung von 1154 weitgehend wieder rückgängig. Ob in diesem Rechtsgeschäft auch der nicht ausdrücklich erwähnte Hof Latsch inbegriffen war oder ob er bei anderer Gelegenheit wieder an den Bischof kam, muss offenbleiben, jedenfalls ist dort im Spätmittelalter der Bischof als Zehntherr und Lehensherr nachweisbar[81]. Die Höfe Savognin und Prada aber bildeten fortan einen wichtigen Bestandteil der bischöflichen Grundherrschaft, wie aus den Einkünfteverzeichnissen und Ämterbüchern klar hervorgeht[82].

In der Originalurkunde von 1154 steht deutlich, dass der Hof Savognin und der Hof Latsch (*etiam curiam de Sueningin et curiam de Lacis*) an St. Luzi übertragen wurden, während das Vidimus von 1396 irrtümlich von den Höfen Savognin und dem Hof Latsch (*et curias de Swaningen et curiam de Lacis*) spricht. Im Original ist *curia* beidemal mit dem gleichen, einem s ähnelnden Kürzungszeichen abgekürzt, der Kopist hat es unbegreiflicherweise einmal irrtümlich in *curias* (Savognin), einmal richtig in *curiam* (Latsch) aufgelöst. Mohr[83] gibt nach dem Druck von Hugo[84] die Form *curia* wieder, das BUB jedoch *curias*, weil ihm das Vidimus von 1396 als Vorlage diente. In den spätmittelalterlichen Quellen ist immer von dem Hof Savognin die Rede[85], es bestand also dort nur der alte Grosshof. Für die Siedlungsgeschichte der Alpentäler aber ist die Erkenntnis, dass die karolingischen Grosshöfe – wenn auch zu Dörfern oder Weilern erweitert – bis ins Spätmittelalter weiterbestanden, von erheblicher Bedeutung. Das kann doch nur heissen, dass in diesen engen rätischen Tälern bis zum Erscheinen der Walser von einer Ausdehnung des Siedlungsraumes kaum gesprochen werden kann. Auch siedlungsgeschichtlich zeichnet sich also eine ausgesprochene Kontinuität von der Römerzeit bis weit ins Mittelalter hinein ab.

---

[81] JHGG 27, 1897 (1898), S. 120, 122.
[82] BUB 1266b, 1272; Mohr CD II, S. 110, 118–120; JHGG 27, 1897 (1898), S. 105f., 109f., 112ff.
[83] Mohr CD I, 128: *exceptis beneficiis militum, et curia de Fucingen (?), et curia de Lacis*, statt wie im Original: *exceptis beneficiis militum, etiam curiam de Sueningin et curiam de Lacis*. Richtig ist demnach bei Mohr der Singular *curia*, falsch hingegen der Casus, da Mohr die beiden *curia* auf *exceptis* bezieht, was dann in der Literatur zur Behauptung geführt hat, die beiden Höfe seien von der Übertragung ausgenommen gewesen, vgl. Anm. 65.
[84] Wie Anm. 41.
[85] Zum Beispiel BUB 1266b: *in curti de Swainigen*; Mohr CD II, S. 110: *Item curtis de Swainigen*; S. 119: *curtis in Swainingen*.

Text der Originalurkunde

‡ In nomine sanctę et individuę trinitatis et beati Lucii confessoris Algotvs dei gratia Curiensis episcopus ‡ᵃ. Quanta sit animę redemptio elemosinarum in pauperes Christi largitio, divina scriptura nobis insinuat dicens: Sicut aqua extinguit ignem, ita elemosina peccatum. Qua propter ego Algotvsᵇ Curiensis episcopus pro utilitate monasteriorum et cura pauperum pontificale onus suscipiens accepto fratrum et ministerialium maioris ęcclesię consilio atque consensu hospitale apud sanctum Martinumᶜ in civitate Curia providentię fratrum sancti Luciiᵇ ad sustentationem pauperum committere curavi. Preterea curtem de Prades, quam tres predecessores mei eiectisᵈ inde monialibus partim sibi usurpaverant, partim ex ea milites suos inbeneficiaverant, cum idem locus religioni minus esset idoneus, tum propter situm ipsius, tum propter substantiam per manus militum ex magna parte distractam, proclamantibus universis in manus religiosorum locum fore restituendum, ac quiescens clamoribus eorum, curtim ipsam et ecclesiam in ea sitam cum omnibus pertinentiis suis, exceptis beneficiis militum, etiam curiam de Sueningin et curiam de Lacis eorundem fratrum usibus mancipavi. Ipsi etiam fratres, ne vicedominus aut advocatus aliquid sibi iuris in predicta curte deincepsᵉ usurparent, coloniam unam de Aluisinis, cuius cultor Cŏno fuit, vicedomino videlicet Olrico dederunt, et ut per omnia pro ipsis responderet advocato, quinque solidos in merce ei super addiderunt. Decimam quoque de Rancwilo, quam de possessionibus suis antea dare consueverant, ipsis relaxavi et decimarum mearum decimas ac de singulis, quę mei iuris fuerant in curia eodem loco sita, eisᶠ dari decimasᶠ institui. Fretus autem in omnibus auctoritate venerabilis Eugeniiᵇ pape et tocius ecclesię meę consensu sigillo meo et presentis scripti cyrographo tam hospitale quam curtim et ecclesiam cum supradictis decimis iure perpetuo tam futuris quam presentibus apud sanctum Luciumᵇ fratribus possidenda confirmo, decernens, ut nulli omnino hominum liceat in his aliquid sibi iuris usurpare seu quibuslibet fatigationibus eosdem fratres decetero super his inquietare. Si qua igitur ecclesiastica secularisve persona constitutionis huius paginam infringere presumpserit, omnis ecclesiastice communionis aliena fiat atque in extremo examine cum Dathan et Abyron eternę dampnationi subiaceat. Cunctis autem eidem loco sua iura servantibus sit pax data celitus in terra bonę voluntatis hominibus. Amen amen amen. Omnia autem acta sunt sub testimonio canonicorum Eginonis videlicet prepositi et Eginonis decani et scolastici et ceterorum et tocius ęcclesię, anno incarnationis domini millesimo centesimo quinquagesimo IIII. indictione secunda, anno regni Friderici regis secundoᵍ.

a *In – episcopus* verlängerte Schrift, die erste Zeile füllend.
b In verlängerter Schrift.
c Wasserfleckig, stark verblasst, *apud scm* und *ar* mit moderner Tinte nachgezogen.
d *ecessores mei eiect* nachgezogen.
e *d* korr. aus *u*.
f *s* über der Zeile nachgetragen.
g *anno regni Friderici regis secundo* in kleinerer Schrift.

Die Churer Dompropstwahl
nach einem unbekannten Protokoll von 1237/38

von Ursus Brunold

Im Jahre 1982 gelangten auf einer Auktion in London 20 mittelalterliche, teils illuminierte Handschriften aus der Fürstlich-Fürstenbergischen Hofbibliothek Donaueschingen zur Versteigerung. Darunter befand sich auch Ms. 203[1], das im Handschriftenkatalog von K.A. Barack[2] als Evangeliar identifiziert wurde. Genauer genommen handelt es sich um ein Perikopenbuch oder Evangelistar, das die bei der Messe zu verlesenden Abschnitte der Evangelien (Perikopen) in der Reihenfolge des Kirchenjahres enthält[3].

Das Buch mit mehreren drei Zeilen hohen Initialen in Rot entstammt einer sorgfältigen, regelmässigen Hand des 12. Jahrhunderts. Es enthält 104 Pergamentblätter vom Format 198 × 134 mm, wovon Folio 103v und Folio 104r leer sind. Der einspaltige Schriftspiegel misst 120 × 82–95 mm und weist durchschnittlich je 20 blind gezogene Zeilen auf. Der gut erhaltene Kalbsledereinband mit blindgeprägten Rollverzierungen datiert aus dem 16. Jahrhundert; die beiden Schliessen fehlen.

Keinerlei Beachtung in der bisherigen Forschung hat die letzte Seite gefunden, welche über die Herkunft des Manuskripts aufschlussreiche Hinweise vermittelt. Auf ihren Inhalt wurden wir erstmals durch Sotheby's Auktionskatalog von 1982 aufmerksam. Folio 104v bringt nämlich ein Verzeichnis von Churer Domherren, welches, wie nachstehend zu zeigen sein wird, das Abstimmungsprotokoll einer Dompropstwahl von 1237/38 darstellt. Damit steht fest, dass dieser Codex spätestens seit dem 13. Jahrhundert in Chur benützt worden ist.

Einen Anhaltspunkt für den wahrscheinlichen Gebrauch dieser Handschrift in der dortigen Kathedrale gibt auf Folio 85v die Rubrik *in ordinatione episcopi* mit der Perikope aus Markus 8, 27ff. Wann das Buch aus der Churer Dombibliothek, wo es wohl während Jahrhunderten lag, entfernt wurde, wissen wir nicht. Aus dem bekannten Bibliothekskatalog von 1457 lässt sich das Manu-

---

[1] [C.F.R. DE HAMEL], Catalogue of twenty western illuminated manuscripts from the fifth to the fifteenth century from the library at Donaueschingen... which will be sold... by Sotheby Parke Bernet & Co, London 1982, S. 53–55. Für Hinweise danke ich P. Dr. Iso Müller und Dr. Otto P. Clavadetscher.

[2] Karl August BARACK, Die Handschriften der Fürstlich-Fürstenbergischen Hofbibliothek zu Donaueschingen, Tübingen 1865, S. 184.

[3] Cf. Renate KLAUSER/Otto MEYER, Clavis mediaevalis, Wiesbaden 1962, S. 191. – Temporale und Sanktorale sind nicht getrennt, sondern ineinandergeschoben.

skript nicht direkt eruieren. Von den über 300 dort registrierten Bänden haben sich nur wenige bis heute erhalten[4]. Zeitlich unbestimmbar bleibt auch die Erwerbung durch die Fürstlich-Fürstenbergische Hofbibliothek in Donaueschingen.

Wenn diese liturgische Handschrift einmal ihren Weg durch die Antiquariate zurückgelegt haben und der Forschung wieder ganz zugänglich sein wird, wird man ihren Inhalt genauer untersuchen und sich auch eingehender der Frage des Skriptoriums widmen können.

Im folgenden befassen wir uns nicht mit dem Evangelistar als solchem, sondern nur mit der letzten Codexseite (Folio 104v), die dank dem Entgegenkommen des ehemaligen Besitzers hier erstmals zur Publikation gelangt[5].

Das nähere Studium dieses Dokuments brachte bald einmal die Erkenntnis, dass es sich um ein Abstimmungsprotokoll handelt, das anlässlich der Wahl des Nachfolgers des Churer Dompropsts Wilhelm von Montfort[6], der am 20. September 1237 verstarb, abgefasst wurde. In der von einer geübten Hand eilig hingeschriebenen Liste wird festgehalten, für welchen Kandidaten die einzelnen Mitglieder des Domkapitels, welches das Wahlkollegium bildet, gestimmt haben. Auf die besagte Propstwahl weist die Tatsache hin, dass unter den Wählern der Dompropst fehlt und auf der Seite der Kandidaten der unmittelbare Nachfolger Wilhelms von Montfort, Burkhard von Wittinbrunn, mit der Mehrheit der Stimmen figuriert.

Der Dompropst verkörpert die höchste Dignität im Domkapitel und figuriert rangmässig nach dem Bischof. Gleich wie der Bischof und nach Auskunft der Ämterbücher des beginnenden 15. Jahrhunderts der Domdekan und der Domscholastikus, wurde auch der Propst durch das Domkapitel[7], das erstmals 940 mit den *fratres episcopi Curiensis* eindeutig bezeugt ist[8], gewählt. Der Bischof hingegen setzte den Kantor ein (die Kantorei wurde 1235 durch Ulrich IV. von Kiburg geschaffen) und verlieh das Amt des Kustos.

Quellen, die Einblick in den Verlauf von kirchlichen Wahlen vermitteln, bilden allgemein bis zum Ausgang des 12. Jahrhunderts eine Ausnahme[9]. Für das

---

[4] Paul LEHMANN, Ein Bücherverzeichnis der Dombibliothek von Chur aus dem Jahre 1457, in: Erforschung des Mittelalters 2, Stuttgart 1959, S. 171–185.
[5] H.P. Kraus Rare Books and Manuscripts, New York, stellte freundlicherweise Photos und Xerokopien zur Verfügung, für deren Vermittlung ich Herrn Generalvikar und Dompropst Giusep Pelican, Chur, danke.
[6] Otto P. CLAVADETSCHER in: O.P.C./Werner KUNDERT, Das Bistum Chur, in: Helvetia sacra I/1, Bern 1972, S. 537.
[7] J[akob] C[aspar] MUOTH, Zwei sogenannte Ämterbücher des Bistums Chur aus dem Anfang des XV. Jahrhunderts, JHGG 27, 1897, S. 18–20.
[8] BUB 1, Nr. 103.
[9] Alfred v. WRETSCHKO, Die electio communis bei den kirchlichen Wahlen im Mittelalter, Deutsche Zeitschrift für Kirchenrecht, 3. Folge, 11. Bd., 1902, S. 321–392, hier S. 325–326.

Bistum Chur liefert das mittelalterliche Urkundenmaterial in den meisten Fällen ausschliesslich Einzelheiten[10]. Über eine Dompropstwahl erhält man hier erstmals näheren Aufschluss. Bedeutsam in unserem Zusammenhang sind zwei Urkunden von 1238 und 1240, welche in die zwiespältige Bischofswahl von Ende Oktober/Anfang November 1237, die unserer Dompropstwahl unmittelbar voranging, Einblick gewähren[11]. Sie stellten bisher die ältesten bekannten Zeugnisse einer Wahl durch das Churer Domkapitel dar. Das neuentdeckte Abstimmungsprotokoll ist zeitlich älter und wirft zudem erstmals Licht auf das damalige parteiliche Kräfteverhältnis innerhalb des Domkapitels. Dieses war infolge des herrschenden Kampfes zwischen Kaiser Friedrich II. und Papst Gregor IX. in zwei sich streitende Parteien gespalten. Das Ringen zwischen geistlicher und weltlicher Macht hatte mit der Exkommunikation des Kaisers im Jahre 1227 eingesetzt und dauerte bis zu seiner eigentlichen Niederlage im Jahre 1245[12]. Ob nur die Parteinahme für Kaiser und Papst oder auch lokale Faktoren, wie etwa Beziehungen zwischen adeligen Familien, die Wahl entschieden, wäre näher zu untersuchen.

Obwohl vor 1237 keine eindeutigen Zeugnisse über eine Wahl durch das Churer Domkapitel vorliegen, muss sich schon seit dem ausgehenden 12. und beginnenden 13. Jahrhundert im Zusammenhang mit dem Aufkommen neuer kanonistischer Lehrmeinungen auch in Chur das alleinige Recht des Domkapitels auf die Wahl des Bischofs, des Propsts und weiterer Kapitelsämter durchgesetzt haben, was dann durch das Vierte Laterankonzil von 1215 zum allgemein geltenden Kirchenrecht erhoben wurde. Dieses Konzil legte ebenfalls zum ersten Male gesetzlich fest, dass im kirchlichen Wahlwesen drei Formen voneinander zu unterscheiden sind, nämlich die Wahl per scrutinium, per compromissum und quasi per inspirationem. Das klassische Zeitalter des Wahlrechts des Domkapitels neigte sich jedoch schon in der 2. Hälfte des 13. Jahrhunderts seinem Niedergang zu. Von da an häuften sich auch im Bistum Chur die direkten

---

[10] So wissen wir z.B., dass Graf Hugo von Montfort 1298 in einer zwiespältigen Wahl ²/₃ der Stimmen auf sich vereinigte, in Rom aber zusammen mit seinem Rivalen Wolfhard von Veringen auf die Bischofswürde verzichtete, woraufhin der Papst mit Zustimmung des Domkapitels Siegfried von Gelnhausen zum Bischof ernannte (cf. den Beitrag von K.H. BURMEISTER S. 389ff.). – Für das frühe 15. Jh. indessen erhalten wir diesbezüglich, dank dem ausführlichen Protokoll der Wahl Johannes Ambundis zum Bischof von Chur im Jahre 1416, detaillierte Informationen. Cf.: Oskar VASELLA, Die Wahl von Dr. Johannes Ambundii zum Bischof von Chur 1416, in: Speculum Historiale, Festschrift für Joh. Spörl, hg. von C. BAUER, L. BOEHM und M. MÜLLER, Freiburg i.Br. und München 1965, S. 607–621. – Alois GERLICH, Die Wahl und Bestätigung des Churer Bischofs Johannes A[m]bundi, in: Festschrift Karl Pivec, Innsbruck 1966, S. 81–90.
[11] BUB 2, Nr. 752, 776.
[12] Iso MÜLLER, Geschichte des Abendlandes 1, Einsiedeln – Zürich – Köln ⁷1964, S. 171–176.

Ernennungen von Bischöfen durch den Papst, die dann im 14. Jahrhundert eindeutig überwiegen[13].

Am 17. Juni 1237 verstarb der Churer Bischof Ulrich IV. von Kiburg[14]. Zwei Monate später verschied Dompropst Wilhelm von Montfort[15]. Nun waren gleichzeitig die beiden höchsten geistlichen Ämter, die das Domkapitel zu besetzen hatte, vakant. Nach den kanonischen Vorschriften wäre die Wahl eines Bischofs innerhalb von drei Monaten durchzuführen gewesen[16]. Sie fand jedoch, wohl infolge von Spannungen, erst Ende Oktober/Anfang November 1237 statt, wobei das genaue Datum nicht bekannt ist[17]. Das Domkapitel einigte sich zunächst auf die nach Kirchenrecht zulässige Form des Skrutiniums[17a]. Demnach mussten die Kanoniker in Gegenwart des zu diesem Zweck bestellten Notars mündlich ihre Stimmen abgeben, die dieser sodann schriftlich festhielt. Die Anwesenheit eines Notars entsprach den Forderungen, die zu jener Zeit für Bischofs- und andere geistliche Wahlen gestellt wurden[18].

Als Kandidaten für das Bischofsamt standen der kaiserfreundliche Domherr Volkard von Neuburg und der papsttreue Konrad, Propst von Embrach, einander gegenüber. Ein Wahlprotokoll ist uns nicht überliefert. Aus einer päpstlichen Urkunde von 1240 geht jedoch hervor, dass die Mehrheit der Wähler sich auf Volkard von Neuburg geeinigt hatte, indem sie geltend machte, nicht nur die «maior pars», sondern zugleich die «sanior pars», den besser beratenen Teil, zu verkörpern[19]. Daraus wird ersichtlich, dass nicht die bloss numerische Mehrheit des Kollegiums den Ausschlag gab, vielmehr kam es darauf an, dass eine Partei den Nachweis der besseren Qualität (sanior pars) erbringen konnte. Dieses Abwägen entschied über das Resultat der Abstimmung[20]. Nach Möglichkeit wurde eine einmütige Wahl angestrebt. Diese sollte dadurch erreicht werden, dass man die abweichende Minderheit aufforderte, den Wahlort zu verlassen oder den Kandidaten der Majorität (maior et sanior pars) auch als den ihrigen zu akzeptieren[21].

[13] Willibald M. PLÖCHL, Geschichte des Kirchenrechts 2, Wien und München ²1962, S. 215.
[14] NC, S. 59.
[15] NC, S. 95.
[16] Vgl. dazu Johann Baptist SÄGMÜLLER, Lehrbuch des katholischen Kirchenrechts 1, Freiburg i.Br. 1904, S. 258.
[17] CLAVADETSCHER (wie Anm. 6) S. 479.
[17a] BUB 2, Nr. 752 . . . *et die ad eligendum prefixa ipsi et alii quorum intererat in capitulo convenissent, tandem post diversos tractatus ad electionem per viam scrutinii procedentes* . . .
[18] Léon MOULIN, Sanior et maior pars. Note sur l'évolution des techniques électorales dans les Ordres religieux du VIe au XIIIe siècle, Revue historique de droit français et étranger 36, 1958, S. 502.
[19] BUB 2, Nr. 776. . . . *a maiori et saniori parte capituli Curiensis canonice fuit electus* . . .
[20] Ferdinand ELSENER, Zur Geschichte des Majoritätsprinzips, ZRG Kan. 73, 1956, S. 104.
[21] WRETSCHKO (wie Anm. 9) S. 336ff.

Die Minderheit mit dem Domdekan und dem Kustos an der Spitze, die für Konrad, Propst von Embrach, gestimmt hatte, schloss sich indessen nicht der Mehrheit an und anerkannte damit Volkard von Neuburg nicht als Gewählten. Vielmehr appellierte sie, nachdem Volkard durch den kaiserfreundlichen Erzbischof von Mainz bestätigt worden war, an Papst Gregor IX., der den Fall entscheiden sollte. Die Appellanten machten geltend, dass Volkard zur Zeit seiner Wahl mehrere Benefizien mit Seelsorge ohne Dispens von Rom besessen habe und aus diesem Grund der Exkommunikation verfallen sei[22]. Am 28. März 1238 wurde Volkard durch den Erzbischof von Mainz geweiht[23]. Darauf beauftragte am 8. Juni 1238 der Papst den Konstanzer Bischof Heinrich von Tanne, Abt Marcellinus von St. Urban und Dompropst Konrad von Speyer mit der Untersuchung des Wahlstreits[24]. Der Zwist wurde jedoch nicht beigelegt, obwohl Papst Gregor IX. am 13. Juni 1240 erneut einen Versuch unternahm, indem er Bischof Ubertus von Como die Angelegenheit zur Prüfung übergab. Dabei behielt sich der Papst die Entscheidung vor[25]. Wir kennen sein Urteil nicht. Volkard konnte sich jedenfalls durchsetzen und ist bis zu seinem Tod im Jahre 1251 als Bischof von Chur bezeugt.

Unter dem Eindruck dieser zwiespältigen Bischofswahl fand sich das Kapitel erneut zusammen, um den Propst zu wählen. Das Datum müssen wir zwischen der Wahl Ende Oktober/Anfang November 1237 und der Weihe Volkards von Neuburg (am 28. März 1238) ansetzen. Volkard erscheint nämlich im Abstimmungsprotokoll als Elekt, was bezeugt, dass er die Bischofsweihe noch nicht empfangen hatte.

Für die Propstwürde kandidierten der kaiserfreundliche Archidiakon Burkhard von Wittinbrunn einerseits und Ulrich von Juvalt andererseits, der von der papsttreuen Partei im Domkapitel unterstützt wurde. Als Schreiber wirkte mit grosser Wahrscheinlichkeit der Notar Eberhard[26], dessen Teilnahme an der Wahl belegt ist. Das Ergebnis der Abstimmung lautet folgendermassen:

---

[22] BUB 2, Nr. 752.
[23] MGH SS 16, S. 32 (Annales Erphordenses).
[24] BUB 2, Nr. 752.
[25] BUB 2, Nr. 776.
[26] Vgl. BUB 2, Nr. 807 (1244, Mai 19), Nr. 832 (1246, Juli 19), Nr. 847 (1247, Nov. 22), Nr. 878 (1251, Dez. 13), Nr. 898 (1254, Febr. 2).

Stimmen für Burkhard von Wittinbrunn:

Kantor Otto
Elekt Volkard von Neuburg
Heinrich Mel
Albert
Hermann von Schanfigg
Notar Eberhard

Cuno
Jakob Behaim von Neuburg
Pleban Konrad von Bregenz
Ulrich von Sattelberg
Ulrich von Montfort
Konrad

Stimmen für Ulrich von Juvalt:

Dekan Heinrich
Walter von Schlans
Siegfried von Juvalt
Dietmar
Swiker von Aspermont

Hermann von Sax
Propst Konrad von Embrach
Kustos Burkhard
Heinrich von Klingenberg
Scholastikus Walter von Reutlingen

Stimme für Ulrich von Montfort:

Burkhard von Wittinbrunn

Stimme für Dietmar:

Ulrich von Juvalt

Demnach erhielt Archidiakon Burkhard von Wittinbrunn 12 Stimmen, während 10 Domherren für Ulrich von Juvalt votierten. Die Stimmen Burkhards für Ulrich von Montfort und Ulrichs für Dietmar müssen so interpretiert werden, dass ein Kandidat sich selbst nicht wählen konnte. Dieses Stimmenverhältnis des Skrutiniums dürfte der Parteienstärke der vorangegangenen Bischofswahl entsprechen.

Wir möchten annehmen, dass sich nur ein Teil des Domkapitels zur Wahl versammelte. Im Abstimmungsprotokoll nämlich erscheinen die ersten 16 Namen in kleinerer, zierlicherer Schrift, die restlichen acht Linien hingegen sind von derselben Hand grösser und kräftiger aufgesetzt worden. Dies zeigt eindeutig, dass die Liste in zwei Folgen geschrieben worden ist. Was die Reihenfolge der Stimmenabgabe anbetrifft, so stellen wir im ersten Teil eine genaue Ordnung fest: Auf die anwesenden Dignitäre, Dekan und Kantor, folgen die Domherren nach der Dauer der Zugehörigkeit zum Domkapitel, wie der Vergleich mit den biographischen Daten (siehe S. 340–348) deutlich macht. Im zweiten Teil (Nr. 17–24) geraten sowohl das Dignitäts- als auch das Ancienitätsprinzip durcheinander, denn Würdenträger wie der Kustos und der Scholastikus figurieren erst an 20. und 22. Stelle. Vermutlich konnten diese Stimmen erst zu einem späteren Zeitpunkt eingeholt werden. Zumindest handelt es sich bei Konrad, Pfarrer von Bregenz, und bei Propst Konrad von Embrach um auswärtige, nicht in Chur residierende Kanoniker.

Wir kennen den weiteren Verlauf der Wahl nicht, glauben aber kaum, dass eine einmütige Wahl zustande kam. Burkhard von Wittinbrunn scheint jedenfalls auch kein unumstrittener Kandidat gewesen zu sein. Wohl ist er im September 1239 als Propst bezeugt. In einer Urkunde vom 29. Oktober 1241 jedoch erscheint er wiederum nur als Kanoniker von Chur, und im Oktober 1242 bekleidet sogar sein Rivale Ulrich von Juvalt vorübergehend die Würde des Dompropstes. Vom 31. August 1243 bis zum 17. Februar 1270 hat er indessen die Propstei unbestritten inne[27].

Das vorliegende Dokument gibt nicht nur Aufschluss über den Modus der Wahl und das Spiel der Kräfte innerhalb des Domkapitels. Es vermittelt uns weiter erstmals die zahlenmässige und persönliche Zusammensetzung des Domkapitels. Zum Zeitpunkt der Propstwahl bestand es aus dem Dekan, dem Scholastikus, dem Kantor, dem Kustos und 20 Kanonikern, wobei Volkard als Elekt ebenfalls noch diesem Gremium angehörte. Die Zahl 24 deckt sich mit der für das Jahr 1283 errechneten[28]; im Jahre 1416 zählte das Domkapitel 17 Mitglieder[29], 1472 betrug die Summe der präbendierten Kanoniker 23. Nach der Zäsur der Reformation setzten sich die residierenden Domherren nur noch aus Inhabern von Dignitäten und Offizien zusammen, dazu gesellte sich noch ein sechster, der Domsextar. Die übrigen 18 Kanoniker verfügen seither als nichtresidierende Domherren über gleiches Stimmrecht bei der Bischofswahl[30].

---

[27] Siehe unten S. 340 f.
[28] Vgl. Zeugenliste BUB 3, Nr. 1126.
[29] VASELLA (wie Anm. 10) S. 612.
[30] CLAVADETSCHER (wie Anm. 6) S. 534.

Es folgt die Edition. Das Abstimmungsprotokoll ist in zwei Kolonnen (links Nr. 1–20, rechts Nr. 21–24) gegliedert. Die durchlaufende Numerierung stammt vom Bearbeiter. Eindeutige Abkürzungen werden nach den allgemein gültigen Regeln aufgelöst. Um den Text lesbarer zu gestalten, werden auch abgekürzte Eigen- und Familiennamen in runder Klammer aufgelöst, wobei die Schreibweise nicht absolut sicher ist; so steht etwa Bur(chardus), wenn auch Bur(cardus) möglich wäre. Das Pergamentblatt ist am äusseren Rand leicht beschnitten, wodurch einzelne Buchstaben verlorengegangen sind. Fehlende oder verwischte Buchstaben und Textteile werden in eckige Klammern gesetzt.

1. Decanus convenit[a] in V̊l(ricum) de Jovalt
2. O(tto) cantor convenit in Bur(chardum) archidiaconum[b]
3. Bur(chardus) convenit in V̊l(ricum) de Mvntfort
4. Vol(cardus) electus Curiensis[c] convenit in Bur(chardum) archidiaconum
5. Wal(terus) de Slavnnis[d] convenit in V̊l(ricum) de Ju(valt)
6. H(einricus) Mel convenit in Bur(chardum) archidiaconum
7. Sig(efridus)[e] convenit in V̊l(ricum) de Ju(valt)[f]
8. Dietmarus convenit in V̊l(ricum) de Ju(valt)
9. [S]wicherus[g] convenit in V̊l(ricum) de Ju(valt)
10. [V̊]l(ricus)[h] de Ju(valt) convenit in Dietmarvm
11. [A]lbertus[i] convenit in Bur(chardum) archidiaconum
12. [H](ermannus)[k] de Scaniuicche convenit in B(urchardum) archidiaconum
13. [E]birhardus[l] convenit in B(urchardum) archiadiaconum
14. [C]hv̊no[m] convenit in B(urchardum) archiadiaconum
15. [H](ermannus)[n] de Sacchis convenit in V̊l(ricum) de Ju(valt)
16. [Ja]cobus[o] convenit in B(urchardum) archiadiaconum
17. [C](onradus)[p] [ple]banus[q] de Pregantia convenit in B(urchardum) archidiaconum
18. [C](onradus)[r] praepositus[s] Imbriacensis Curiensis[t] convenit in V̊l(ricum) de Ju(valt)
19. V̊l(ricus)[u] de Satilberch convenit in B(urchardum) archidiaconum
20. B(urchardus) custos convenit in V̊l(ricum) de Ju(valt)
21. Heinricus de Kling(enberg) convenit in V̊l(ricum) de Ju(valt)
22. Wal(terus) scolasticus convenit in V̊l(ricum)[v]
23. V̊l(ricus) de Mont(fort) convenit in[w] Bur(chardum)[x]
24. ac Chonradus convenit in Bur(chardum) archidiaconum

a *Abkürzung* con- *als* convenit *in der Bedeutung von «Stimmabgabe durch den einzelnen Wähler» gedeutet. Gleichbedeutend mit* convenire *wird im Gegensatz zu* eligere *vereinzelt das Wort* consentire *gebraucht. Im gleichen Sinn wurde auch* concordare *verwendet. Vgl. dazu Alfred von* WRETSCHKO, *Die electio communis bei den kirchlichen Wahlen im Mittelalter, Deutsche Zeitschrift für Kirchenrecht 33 (= 3. Folge, Bd. 11), 1902, S. 345 Anm. 1.*
b *Durchgehend* ar. *abgekürzt.*
c Cur. *mit Kürzungsstrich über der Zeile nachgetragen.*
d Slavnis *mit Kürzungsstrich.*
e *Anfangsbuchstabe* S *leicht beschnitten.*
f *Es folgt ein überflüssiges, s-förmiges Zeichen.*
g *Anfangsbuchstabe* S *beschnitten.*
h V *ganz minimal beschnitten, darüberliegendes* o *verwischt.*
i *Buchstabe* A *weggeschnitten.*
k H *grösstenteils weggeschnitten.*
l E *teilweise beschnitten und stark verwischt.*
m *Anfangsbuchstabe* C *beschnitten und verwischt.*
n H *verwischt und beschnitten.*
o J *abgeschnitten,* -ac- *teilweise verwischt.*
p C. *für* Conradus *gesichert.*
q ple- *verwischt.*
r C. *für* Conradus *gesichert.*
s *Kürzungsstrich von* prae- *verwischt, nach links ausgreifende Unterlänge des ersten* p *beschnitten.*
t *Zu ergänzen ist hier* canonicus.
u V̊l *teilweise verwischt.*
v *Zu ergänzen ist hier* de Juvalt.
w *Folgt* V̊l. de *gestrichen.*
x J *korrigiert in* B, *zu ergänzen ist* archidiaconum.

Es folgen Kurzbiographien der wählenden Domherren:

1. Domdekan Heinrich
Als Domdekan ist vom 22. Februar 1227 bis zum 22. November 1247 Heinrich bezeugt[1]. Er gilt als Hauptexponent der päpstlichen Partei im Domkapitel und setzt sich anlässlich der zwiespältigen Bischofswahl von Ende Oktober/Anfang November 1237 für Propst Konrad von Embrach ein, der jedoch gegen Volkard von Neuburg unterliegt. Nach der Bestätigung Volkards durch den kaiserfreundlichen Erzbischof von Mainz appellieren Domdekan Heinrich, der Kustos und ihre Anhänger an den Papst, worauf dieser den Wahlstreit am 8. Juni 1238 und wiederum am 13. Juni 1240 einer Delegation zur Untersuchung übergibt[2]. In der 1237/38 erfolgten Dompropstwahl stimmt Heinrich für Ulrich von Juvalt. Heinrich stirbt am 22. Januar 1248[3].

2. Domkantor Otto
Die Domkantorei wird 1235 durch Bischof Ulrich IV. von Kiburg geschaffen und dotiert[4]. Otto ist als Kantor erstmals am 8. März 1237[5] und dann am 29. Oktober 1241[6] bezeugt. Anlässlich der Dompropstwahl von 1237/38 votiert er für Burkhard von Wittinbrunn.

3. Burkhard von Wittinbrunn
Erscheint erstmals schon am 3. Dezember 1213[7] als Kanoniker von Chur, am 8. März 1237[8] ist er auch als Archidiakon belegt. Burkhard erhält im Skrutinium der Propstwahl von 1237/38 die Hälfte der abgegebenen Stimmen. Er selbst stimmt für Ulrich von Montfort. Im September 1239[9] ist Burkhard zwar als *summus prepositus* nachweisbar, aber bereits am 29. Oktober 1241[10] tritt er

---

[1] BUB 2, Nr. 663, 674, 677, 693, 694, 732, 740, 788, 820 (Nachtrag S. 597), 831, 832, 847; Christian Modest Tuor, Reihenfolge der residierenden Domherren in Chur, JHGG 34, 1904, S. 28; Otto P. Clavadetscher, in: O.P.C. – Werner Kundert, Das Bistum Chur, in: Helvetia sacra, I/1, Bern 1972, S. 547; Urban Affentranger, Die Bischöfe von Chur in der Zeit von 1122 bis 1250, phil. Diss. Salzburg, Chur 1975, S. 168–169.
[2] BUB 2, Nr. 752, 776.
[3] NC, S. 7 nennt den Todestag; das Todesjahr 1248 ergibt sich aus BUB 2, Nr. 847 vom 22. November 1247 und dem für November 1248 (BUB 2, Nr. 859) bezeugten Dekan Hartlieb von Wil, cf. Clavadetscher (wie Anm. 1) S. 547.
[4] NC, S. 59; Clavadetscher (wie Anm. 1) S. 534, 563.
[5] BUB 2, Nr. 740; Tuor (wie Anm. 1) S. 52.
[6] BUB 2, Nr. 783.
[7] BUB 2, Nr. 570; Clavadetscher (wie Anm. 1) S. 537.
[8] BUB 2, Nr. 740.
[9] BUB 2, Nr. 771.
[10] BUB 2, Nr. 783.

wieder nur als Kanoniker auf. Vom 21. Oktober 1242 bis zum 29. April 1243[11] erscheint in den Urkunden Ulrich von Juvalt als Churer Dompropst. Vom 31. August 1243[12] bis zum 17. Februar 1270[13] hat Burkhard die Propstwürde unbestritten inne und amtet vorübergehend auch gleichzeitig als Kantor[14]. Als Todesdatum nennt das Necrologium Curiense den 9. August 1280[15], jedoch wurde diese Jahreszahl wahrscheinlich mit 1270 verwechselt, da Burkhard nachher nicht mehr bezeugt ist[16].

4. Elekt Volkard von Neuburg

Volkard von Neuburg[17] ist zwischen August 1219 und dem Jahr 1237 als Domherr von Chur nachweisbar[18]. Ende Oktober/Anfang November 1237 wird er in einer umstrittenen Wahl zum Bischof von Chur gewählt und durch den Erzbischof von Mainz bestätigt, worauf die Anhänger des Gegenkandidaten Konrad von Embrach an den Papst in Rom appellieren[19]. Am 28. März 1238 erhält Volkard durch den Erzbischof von Mainz die Bischofsweihe[20]. In der Dompropstwahl von 1237/38 votiert er für Burkhard von Wittinbrunn. Volkard ist von 1239 bis 1251 ununterbrochen als Bischof von Chur belegt[21]. Sein Tod erfolgt am 16. Oktober 1251[22].

5. Walter von Schlans

Walter von Schlans[23] ist als Domherr von Chur zwischen 1220 und dem 6. Juli 1275 mehrmals urkundlich bezeugt[24]. Er stimmt in der Dompropstwahl von 1237/38 für den papsttreuen Ulrich von Juvalt. Walter von Schlans ist Diakon und stirbt an einem 14. März[25].

---

[11] BUB 2, Nr. 787, 788 und Nachtrag BUB 2, S. 594–596.
[12] BUB 2, Nr. 797.
[13] BUB 2, Nr. 1008.
[14] BUB 2, Nr. 878 (1251, Dezember 13).
[15] NC, S. 79.
[16] CLAVADETSCHER (wie Anm. 1) S. 537.
[17] Zu Volkard von Neuburg: Johann Georg MAYER, Geschichte des Bistums Chur 1, Stans 1907, S. 237–241; CLAVADETSCHER (wie Anm. 1, S. 340) S. 479–480; AFFENTRANGER (wie Anm. 1, S. 340) S. 168–185; zu den Herren von Neuburg: Otto P. CLAVADETSCHER – Werner MEYER, Das Burgenbuch von Graubünden, Zürich-Schwäbisch Hall 1984, S. 314.
[18] BUB 2, Nr. 607, 617, 646, 679, 740.
[19] BUB 2, Nr. 752.
[20] MGH SS 16, S. 32 (Annales Erphordenses).
[21] CLAVADETSCHER (wie Anm. 1, S. 340) S. 479.
[22] NC, S. 103.
[23] Über die Herren von Schlans: CLAVADETSCHER-MEYER (wie Anm. 17, S. 341) S. 348.
[24] BUB 2, Nr. 616, 740, 831, 878, 898, 926, 928, 942, 982, 1008, 1058, 1059.
[25] NC, S. 25: *Walterus de Sillaunnes diaconus et can. Cur. ob., dedit unum sol. merc. ad fabricam eccl. beate Marie.*

6. Heinrich Mel

Heinrich Mel[26] ist als Churer Kanoniker zwischen 1220 und dem 22. November 1247 bezeugt[27]. Am 8. August 1227 überträgt Papst Gregor IX. den beiden Churer Kanonikern Heinrich Mel und Dietmar sowie dem *sacrista Curiensis* ein Mandat zur Untersuchung und Urteilsfällung im Streit zwischen den beiden Chorherren C. und Albo wegen der Seelsorgerechte an der Kirche St. Maria in Lindau, da letzterer gegen die in dieser Angelegenheit gefällte Entscheidung des Propstes von Waldsee Berufung eingelegt hatte[28]. H. Mel votiert 1237/38 für den kaiserfreundlichen Dompropsteianwärter Burkhard von Wittinbrunn. Er ist Priester und stirbt am 3. April 1251[29].

7. Siegfried III. von Juvalt

Er ist Neffe des Kanonikers Ulrich von Juvalt[30], der 1237/38 gegen Burkhard von Wittinbrunn für die Dompropstwürde kandidiert. Als Kanoniker von Chur erscheint Siegfried zuerst 1229, alsdann 1236, 1237, 1244, 1247, 1251 und 1253[31]. Er stirbt am 18. Oktober 1258[32].

8. Dietmar

Dietmar erhält in der behandelten Dompropstwahl von 1237/38 die Stimme Ulrichs von Juvalt, für den er seinerseits stimmt. Dietmar wird am 6. August 1227 als päpstlicher Delegat zusammen mit H. Mel und dem sacrista Curiensis mit der Untersuchung des Streits zwischen den beiden Lindauer Chorherren C. und Albo beauftragt[33]. Er ist als Kanoniker von Chur ausserdem 1231 und 1244 bezeugt[34]. Stiftet der Churer Domkirche zwei Gradualien und stirbt am 13. Mai 1245[35].

---

[26] Zur Familie Mel: HBLS 5, S. 72–73.
[27] BUB 2, Nr. 616, 617, 663, 693, 847: Die Urbarien des Domcapitels zu Cur. Aus dem XII., XIII. und XIV. Saec., herausgegeben von Conradin von Moor, Chur 1869, Nr. 12, S. 24 (Edition nach BAC, NC, D 56, Eintrag von 1246). Dagegen erfolgte die Edition in BUB 2, Nr. 831, nach einer Abschrift des 14. Jhs., wo H. Mel ausgelassen wurde.
[28] Edition der Urkunde bei Joetze, Urkunden zur Geschichte der Stadt Lindau im Mittelalter, Schriften des Vereins für Geschichte des Bodensees und seiner Umgebung 38, 1909, S. 67–68.
[29] NC, S. 33.
[30] BUB 2, Nr. 895 (1253, Dezember 27).
[31] BUB 2, Nr. 680, 734, 740, 820 (Nachtrag S. 597), Nr. 847, 878, 895.
[32] NC, S. 104.
[33] Joetze (wie Anm. 28, S. 342) S. 67–68.
[34] BUB 2, Nr. 693, 820 (Nachtrag S. 597).
[35] NC, S. 48.

9. Swiker von Aspermont

Er gilt als päpstlicher Parteigänger, denn er stimmt in der Dompropstwahl von 1237/38 für Ulrich von Juvalt. Swiker von Aspermont[36] ist sonst urkundlich nirgends bezeugt. Er stirbt an einem 21. April als Kustos und Kanoniker der Kathedrale Chur[37]. Möglicherweise folgt er in der Würde des Domkustos dem Ulrich von Juvalt, der am 26. November 1255 stirbt[38].

10. Ulrich II. von Juvalt

Ulrich II. von Juvalt ist erstmals als Kanoniker von Chur am 8. März 1237 bezeugt[39]. In der Dompropstwahl von 1237/38 unterliegt er dem Gegenkandidaten Burkhard von Wittinbrunn. Er verdrängt aber Burkhard spätestens 1242 vorübergehend als Dompropst, denn am 21. Oktober desselben Jahres erhalten er in seiner Eigenschaft als Dompropst von Chur und Swiker, der Propst von Churwalden, ein Mandat des erzbischöflichen Gerichts Mainz zur Ungültigkeitserklärung der vom Boten des Klosters Oberriet erschlichenen Urkunden[40]. Als Gegner Volkards kann Ulrich sich jedoch nicht halten, denn schon in einer Urkunde vom 27. März 1243 erscheint er als *olim in prepositum Curiensem electus*[41]; bis 1247 tritt er wiederum nur als Kanoniker[42], 1253 und 1254 als Domkustos auf[43]. Er stirbt in dieser Funktion am 26. November 1255. Als Seelgerät übergibt er der Kathedrale Chur sein Gut Mala veschiga in Domat/Ems[44].

11. Albert

Auf Grund des Abstimmungsprotokolls von 1237/38 muss man ihn den Kaisertreuen im Domkapitel zurechnen, da er für Burkhard von Wittinbrunn votiert. Albert ist wohl nicht identisch mit dem am 3. Dezember 1213 genannten Kanoniker Albert von Igis[45], der der Kathedrale von Chur einen jährlichen Zins von *10 sol. merc.* in Igis zur Nutzniessung schenkt und an einem 7. November stirbt[46].

---

[36] Zu den Herren von Aspermont: CLAVADETSCHER-MEYER (wie Anm. 17, S. 341) S. 308.
[37] NC, S. 40.
[38] Genaue Einreihung nicht möglich, CLAVADETSCHER (wie Anm. 1, S. 340) S. 568.
[39] BUB 2, Nr. 740.
[40] BUB 2, Nr. 787, 788, und Nachtrag S. 594; Edition: Chart. Sang. 3, Nr. 1305, 1308, 1310, 1312, 1313; CLAVADETSCHER (wie Anm. 1, S. 340) S. 537.
[41] BUB 2, Nachtrag S. 595; Edition: Chart. Sang. 3, Nr. 1313.
[42] BUB 2, Nachtrag S. 595–596; Edition: Chart. Sang. 3, Nr. 1316, 1317, 1318, 1319, 1320, 1321, 1322, 1324.
[43] BUB 2, Nr. 895, 898.
[44] NC, S. 116.
[45] BUB 2, Nr. 570.
[46] NC, S. 110.

12. Hermann von Schanfigg

Hermann von Schanfigg wird als Domherr zuerst am 8. März 1237[47] und dann am 29. Oktober 1241[48] genannt. Er ist wohl identisch mit jenem Hermann, der vom 31. August 1243 bis zum 22. November 1247 als Domkantor in den Urkunden erscheint[49]. Bei der Dompropstwahl von 1237/38 steht er auf der Seite Burkhards von Wittinbrunn.

13. Eberhard

Er ist identisch mit Eberhardus notarius (scriba), der im vorliegenden Abstimmungsprotokoll erstmals genannt wird und als Parteigänger Burkhards von Wittinbrunn erscheint. Eberhard ist als Kanoniker wiederum vom 19. Mai 1244 bis zum 2. Februar 1254 bezeugt[50].

14. Cuno

Cuno ist nur hier bezeugt. Er stimmt für Archidiakon Burkhard von Wittinbrunn.

15. Hermann von Sax

Hermann von Sax[51] ist am 31. Juli 1236 als Churer Domherr und Pfarrer in Sax (Kanton St. Gallen) belegt[52]. Als Kanoniker kommt er in den Urkunden mehrmals vor, zuletzt 1253[53]. Er stimmt 1237/38 für den Dompropsteianwärter Ulrich von Juvalt. Hermann von Sax ist nicht identisch mit Kantor Hermann, da beide in einer Urkunde vom 22. November 1247 nebeneinander auftreten[54]. Fraglich bleibt, ob der am 3. Juni 1234[55] bezeugte *Hermannus clericus Curiensis diocesis,* der das Churer Kanonikat gewaltsam erhalten haben soll, mit ihm übereinstimmt.

---

[47] BUB 2, Nr. 740. Zum Adelsgeschlecht von Schanfigg: HBLS 6, S. 148.
[48] BUB 2, Nr. 783.
[49] BUB 2, Nr. 797, 831, 832, 847.
[50] BUB 2, Nr. 807, 831, 847, 866, 878, 898.
[51] Zu den Herren von Sax: Gertrud HOFER-WILD, Herrschaft und Hoheitsrechte der Sax im Misox, Poschiavo 1949; Anna-Maria DEPLAZES-HAEFLIGER, Die Freiherren von Sax und die Herren von Sax-Hohensax bis 1450, phil. Diss. Zürich, Langenthal 1976.
[52] BUB 2, Nr. 735.
[53] BUB 2, Nr. 740, 847, 878, 888a (Nachtrag S. 591).
[54] BUB 2, Nr. 847.
[55] BUB 2, Nr. 720.

16. Jakob Behaim von Neuburg

Jacobus ist identisch mit Jakob Behaim von Neuburg[56] und wird hier erstmals erwähnt. Er gibt Burkhard von Wittinbrunn die Stimme. Als Kanoniker ist er erst wieder am 19. Mai 1244 und anschliessend mehrmals bezeugt[57]. Er stiftet den St. Johannes- und Jakobsaltar in der Churer Kathedrale, der am 8. Februar 1259 geweiht wird[58]. Am 17. Februar 1270 und dann bis zu seinem Tode am 25. Juni 1273 ist er als Kustos bezeugt[59].

17. Konrad, Pfarrer von Bregenz

Konrad, Pfarrer von Bregenz, ist schon vor 1226 bezeugt. Damals flammt zwischen ihm und Cuno, Präbendar der Kirche Bregenz, ein Streit über Recht und Ordnung auf[60]. Am 29. Januar 1231 trifft er mit dem Abt und Konvent von Bregenz eine Vereinbarung über Zehnten[61]. Er ist auch für das Jahr 1234 bezeugt[62]. Er ist der kaiserfreundlichen Partei des Domkapitels zuzuzählen, denn er stimmt bei der Dompropstwahl von 1237/38 für Burkhard von Wittinbrunn. Conradus Curiensis canonicus et plebanus de Prigant stirbt am 1. April 1239[63].

18. Konrad, Propst von Embrach

Konrad ist gleichzeitig Propst von Embrach und Kanoniker von Chur. Er ist erstmals 1225 (vor September 24) urkundlich bezeugt[64]. In der Ende Oktober/Anfang November 1237 erfolgten Bischofswahl wird er von der papsttreuen Partei im Domkapitel unterstützt. Obwohl seine Anhänger mit dem Domdekan an der Spitze an den Papst appellieren, setzt sich sein Gegenspieler, Volkard von Neuburg, durch[65]. Als Kanoniker von Chur erscheint er am 29. Oktober 1241[66] und auch 1243[67]. Ferner tritt er am 19. Juni 1244 als Domherr von Konstanz[68]

---

[56] Zu Behaim von Neuburg: HBLS 2, S. 288.
[57] BUB 2, Nr. 807, 820 (Nachtrag S. 597), Nr. 847, 878, 898, 917, 926, 927, 928, 942, 964, 974, 985.
[58] NC, S. 13–14.
[59] BUB 2, Nr. 1008, 1034, 1044; NC, S. 62.
[60] Regesten von Vorarlberg und Liechtenstein bis zum Jahre 1260, bearb. von Adolf HELBOK, Innsbruck 1920–1925, Nr. 362, S. 176.
[61] Helbok (wie Anm. 60) Nr. 385, S. 186.
[62] Helbok (wie Anm. 60) Nr. 393, S. 189.
[63] NC, S. 32.
[64] UB der Stadt und Landschaft Zürich 12, bearb. von Paul KLÄUI, Zürich 1939, Nr. 430a–b; Ulrich HELFENSTEIN, St. Peter in Embrach, in: Helvetia sacra II/2, Bern 1977, S. 249.
[65] AFFENTRANGER (wie Anm. 1, S. 340) S. 168–185.
[66] BUB 2, Nr. 783.
[67] BUB 2, Nr. 797.
[68] UB der Stadt und Landschaft Zürich 2, bearb. von J. ESCHER und P. SCHWEIZER, Zürich 1890, Nr. 604; HELFENSTEIN (wie Anm. 64) S. 249.

und am 4. Juli 1252 als Chorherr von Zürich[69] auf. Er stirbt am 27. oder 28. März 1259[70].

19. Ulrich von Sattelberg
Ulrich von Sattelberg ist hier erstmals bezeugt; er stimmt für Burkhard von Wittinbrunn. Kanoniker Ulrich stirbt am 8. März 1245[71].

20. Domkustos Burkhard
Magister Burkhard erscheint als Kustos vom 8. März 1237 bis zum 31. März 1254[72]. Er appelliert zusammen mit den übrigen päpstlichen Parteigängern im Domkapitel in Rom gegen die Wahl Volkards von Neuburg zum Bischof von Chur[73]. Am 23. September 1238 ermächtigt Papst Gregor IX. den Abt von St. Urban, Burkhard für die Vereinigung mehrerer Pfründen, die er als Kustos bis auf eine einzige zu resignieren hat, Dispens zu erteilen[74]. Am 19. Juni 1239 erneuert Papst Gregor IX. einen früheren Befehl an Propst und Kapitel von Zürich, den Magister Burkhard, Domkustos von Chur, als Chorherrn und Mitbruder anzunehmen, und erteilt den Äbten von St. Urban und Frienisberg sowie dem Prior von St. Urban Auftrag, Propst und Kapitel nötigenfalls mit kirchlicher Zensur dazu anzuhalten[75]. 1242 ist er als *thesaurarius Curiensis* und Kanoniker von Beromünster erwähnt[76]. Am 18. Mai 1247 beauftragt Papst Innozenz IV. den Bischof von Konstanz, die von Burkhard freigegebenen Pfründen in den Diözesen Chur und Basel anderen geeigneten Personen zu verleihen und Burkhard dafür eine kirchliche Pfründe im Bistum Konstanz zu verschaffen[77]. Am 17. November 1250 und am 27. Februar 1253 ist er als Kustos von Chur und zugleich als Kanoniker von Konstanz bezeugt[78]; am 5. Juni 1254 wiederum nur als Magister bezeichnet[79].

---

[69] UB der Stadt und Landschaft Zürich 2 (wie Anm. 68) Nr. 840.
[70] MGH Necrol. 1, S. 286, 560; HELFENSTEIN (wie Anm. 64) S. 249; CLAVADETSCHER (wie Anm. 1, S. 340) S. 479 Anm. 4.
[71] NC, S. 22.
[72] BUB 2, Nr. 740, 757; QW I/1, bearb. von Traugott SCHIESS, Aarau 1933, Nr. 403; BUB 2, Nr. 797, 806 a/b, 839, 890; Chart. Sang. 3, Nr. 1506.
[73] BUB 2, Nr. 752.
[74] BUB 2, Nr. 757.
[75] QW I/1 (wie Anm. 72) Nr. 403.
[76] BUB 2, Nr. 789.
[77] BUB 2, Nr. 839.
[78] UB des Stifts Beromünster 1, bearb. von Theodor VON LIEBENAU, Stans 1906, Nr. 75; REC 1, Nr. 1812; CLAVADETSCHER (wie Anm. 1, S. 340) S. 569.
[79] BUB 2, Nr. 900.

21. Heinrich von Klingenberg

Heinrich von Klingenberg ist im Abstimmungsprotokoll der Churer Propstwahl von 1237/38 erstmals bezeugt; er stimmt für Ulrich von Juvalt. Erscheint als Kanoniker von Chur auch in Urkunden von 1241, 1243, 1244 und 1248[80]. Am 9. Februar 1248 erhält er von Papst Innozenz IV. Dispens, als Rat der Grafen von Kiburg im Dienste der Kirche mit dem Grafen Rudolf von Rapperswil zu verkehren, ohne deswegen dem Banne zu verfallen[81]. Zwischen 1248 und 1256 wird er Kanoniker am Grossmünster in Zürich[82], 1251 finden wir ihn auch am Domstift Konstanz[83]. 1248 ist er als Pfarrer von Maur[84], 1260–1263 auch als Rektor der Kirche Homburg[85] und 1262 als Archidiakon im Thurgau nachweisbar[86]. Im Jahre 1266 erhält er die Propstei von St. Stephan in Konstanz[87], 1268 ebenfalls die Propstei des neugegründeten Stifts St. Johann[88]. 1271 rückt er in die Propstei am Grossmünster in Zürich auf[89]. Um 1275 ist er als Propst des Chorherrenstifts Bischofszell bezeugt[90]. Nach der Beförderung zum Dompropst von Konstanz im Jahre 1276 resigniert er bald darauf als Propst von St. Stephan, Bischofszell und Zürich. Hingegen hat er die Leitung des Stifts St. Johann in Konstanz bis zu seinem Tode am 1. Mai 1279 inne[91].

22. Domscholastikus Walter von Reutlingen

Walter von Reutlingen erscheint erstmals als Domscholastikus im Abstimmungsprotokoll von 1237/38; er votiert für Ulrich von Juvalt. Er ist Magister und deshalb wohl identisch mit Magister W., der 1228 als Kanoniker von Chur zusammen mit dem Propst von St. Gallen als äbtischer Delegat in der Propstei Fraundau waltet[92]. Wahrscheinlich stimmt er auch mit Waltherus magister

---

[80] BUB 2, Nr. 783, 793, 806a/b; UB der Stadt und Landschaft Zürich 2 (wie Anm. 68) Nr. 756. Vielleicht identisch mit Henricus in einer Urkunde von 1238 (BUB 2, Nr. 757).
[81] BUB 2, Nr. 849.
[82] UB der Stadt und Landschaft Zürich 2 (wie Anm. 68) Nr. 731 und 3, Nr. 958; Ulrich HELFENSTEIN und Cécile SOMMER-RAMER, SS. Felix und Regula (Grossmünster) in Zürich, in: Helvetia sacra II/2, Bern 1977, S. 574.
[83] REC 1, Nr. 1773.
[84] REC 1, Nr. 1700.
[85] REC 1, Nr. 2030, 2046, 2087.
[86] REC 1, Nr. 2051.
[87] REC 1, Nr. 2132; Gerhard BARISCH, St. Stephan in Konstanz, in: Helvetia sacra II/2, Bern 1977, S. 331.
[88] Robert J. BOCK, St. Johann in Konstanz, in: Helvetia sacra II/2, Bern 1977, S. 315.
[89] UB der Stadt und Landschaft Zürich 12 (wie Anm. 64) Nr. 1465a.
[90] Thurgauisches UB 3, bearb. von Friedrich SCHALTEGGER, Frauenfeld 1919, Nr. 620; Werner KUNDERT, St. Pelagius in Bischofszell, in: Helvetia sacra II/2, Bern 1977, S. 227.
[91] HELFENSTEIN-SOMMER (wie Anm. 82) S. 575; MGH Necrol. 1, S. 288.
[92] BUB 2, Nr. 671.

überein, der 1235 in einer Vazer Urkunde als Zeuge auftritt[93]. Walter von Reutlingen wird vor dem 7. Oktober 1247 die Scholasterie vom Bischof entzogen und Eberhard Thumb von Neuburg übertragen; gleichzeitig wird ihm die Kirche Rankweil abgesprochen und an Walter von Neuburg verliehen[94].

23. Ulrich von Montfort
Ulrich von Montfort entstammt dem Dienstmannengeschlecht von Montfort. Er votiert anlässlich der Propstwahl von 1237/38 für Burkhard von Wittinbrunn, der seinerseits ihm die Stimme gibt. Als Churer Domherr ist er erstmals hier genannt, dann erst wieder am 13. Dezember 1251[95] und am 2. Februar 1254[96]. Er ist Magister[97] und Priester[98] und vom 18. Dezember 1257[99] bis 1265[100] als Domdekan von Chur bezeugt. Er stirbt am 7. Juli (um 1270)[101].

24. Konrad
Konrad ist im Abstimmungsprotokoll von 1237/38 erstmals belegt und sonst nirgends nachweisbar. Er stimmt für Burkhard von Wittinbrunn.

---

[93] BUB 2, Nr. 726.
[94] BUB 2, Nr. 845; CLAVADETSCHER (wie Anm. 1, S. 340) S. 557.
[95] BUB 2, Nr. 878; CLAVADETSCHER (wie Anm. 1, S. 340) S. 547.
[96] BUB 2, Nr. 898.
[97] BUB 2, Nr. 878.
[98] BUB 2, Nr. 923.
[99] BUB 2, Nr. 920.
[100] BUB 2, Nr. 982.
[101] NC, S. 67.

349

Die Herren von Löwenstein

von René Projer

1959 erschien die umfangreiche Arbeit von Erwin Poeschel über die Familie von Castelberg. Der verdiente Verfasser des «Burgenbuchs» und der «Kunstdenkmäler des Kantons Graubünden» kam darin zum Schluss, dass nicht nur die Castelberg, sondern auch die Löwenstein als ein Zweig der Herren von Überkastel zu betrachten seien[1]. Das gleiche Wappen, der übereinstimmende Gebrauch des Namens Hartwig und der Umstand, dass die Löwenstein um 1330 plötzlich aus den Quellen verschwinden, während die Überkastel um diese Zeit ebenso unvermittelt in gleicher Stellung und mit ähnlichem Besitzstand wieder auftreten, lässt keinen Zweifel an ihrer Identität offen und braucht hier nicht erörtert zu werden. Wenn nun diese Überkastel mit den Herren von Löwenstein identisch sind, ist damit jedoch noch nicht erwiesen, dass letztere ihrerseits mit jenen Überkastel stammesgleich sind, die bis um die Mitte des 13. Jh. erscheinen. Hinter dem gleichen Namen muss also zu verschiedenen Zeiten nicht unbedingt das gleiche Geschlecht stehen.

Im folgenden Beitrag wird versucht, die Herkunft der Herren von Löwenstein zu erhellen. Die Quellenlage lässt in vielen Fällen keine zwingenden Schlüsse zu. Manches wird somit nur einen mehr oder weniger grossen Wahrscheinlichkeitsgrad beanspruchen können.

a) Die Überkastel bis 1300

Zunächst sollen die Belege angeführt werden, die für die Herren von Überkastel für die Zeit vor 1300 geltend gemacht werden können:

1. *Konrad*
   Die Inschrift der Muttergottes-Statue von Surcasti aus dem Ende des 12. Jh. nennt als Stifter der Skulptur (C)ONRADVS ꝯ HIZIGA[2]. Der Name des Geschlechts fehlt. Auch der ursprüngliche Standort der im Beinhaus der Kirche St. Laurentius gefundenen Statue ist nicht bekannt. Die Identifizie-

---

[1] Erwin POESCHEL, Die Familie von Castelberg, Aarau und Frankfurt am Main 1959, S. 16–18 u. 55–59.
[2] Ebd. S. 48 f.

rung des Stifters Konrad mit dem frühesten bekannten Vertreter der Überkastel beruht auf einer Vermutung[3].

2. *Hiziga*

Sie wird mit Konrad in der Inschrift der Muttergottes-Figur genannt[4]. Es handelt sich wohl um seine Gattin. Der in Churrätien nur hier überlieferte Name weist auf ostschweizerische oder süddeutsche Herkunft[5].

3. *Ulrich*

1253 ist *Vl. de Vbercastel* im Raum Rheintal, Bündner Herrschaft und Umgebung Zeuge einer Güterteilung zwischen den Brüdern Albert und Ulrich von Sax[6]. Seine Nennung unter den nichtadeligen Zeugen erlaubt keine zweifelsfreie Zuordnung zu den Herren von Überkastel. Ist *de Vbercastel* blosser Herkunftsname, oder müsste dann die romanische Form *de sur Kastiel* o.ä. stehen? Dass Ulrich einem gleichnamigen Geschlecht aus dem Gebiet der Bündner Herrschaft angehört[7], ist eher abzulehnen. Hingegen könnten verwandtschaftliche Beziehungen zu einer dort ansässigen Familie in Frage kommen. Auf diese Möglichkeit deutet ein Eintrag im 1443 angelegten Anniversar von Pleif, wonach *Wilhelmus de Malantz* und seine Frau aus dem Ertrag ihrer Güter in Surcasti einst eine Jahrzeit gestiftet haben. Den Zins schuldet *Margaretha filia Vincentij de sur Kastiel*[8]. Der Zeitpunkt der Stiftung ist nicht ersichtlich. Er kann durchaus noch im 14. Jh. liegen[9]. Im Anniversar findet sich sowohl für den Ortsnamen Surcasti als auch für die Herren von Überkastel neben dem seltenen lateinischsprachigen *super Castellum* nur die verdeutschte Form *vber Castel/Vberkastel*. Dies zeigt sich auch in der Formulierung *Margaretha filia Vincentij de sur Kastiel dat ze vber Castell*[10]. Letztere sind somit Angehörige einer in Surcasti ansässigen nichtadeligen Familie «de sur Kastiel» mit nicht näher geklärten Beziehungen zu einem Geschlecht «de Malantz». Ob Ulrich ihnen zugerechnet wer-

---

[3] Otto P. CLAVADETSCHER/Werner MEYER, Das Burgenbuch von Graubünden, Zürich und Schwäbisch Hall 1984, S. 99.
[4] Wie Anm. 2.
[5] Iso MÜLLER, Glanz des rätischen Mittelalters (Kristallreihe 6), Chur 1971, S. 87.
[6] BUB 2, Nr. 896.
[7] So CLAVADETSCHER/MEYER, Burgenbuch, S. 99 Anm. 7.
[8] Pfarrarchiv Pleif/Vella, Nr. C 1, f. 22r.
[9] Die älteste Stiftung, die zeitlich in etwa fixiert werden kann, betrifft jene der Wilhelma, der Gemahlin Peters von Riein, Pfarrarchiv Pleif/Vella, Nr. C 1, f. 21 v. Sie muss vor 1368 erfolgt sein, da Wilhelma in diesem Jahr als verstorben bezeichnet wird, GA Surcasti, Nr. 1, Urk. vom 23. Mai 1368.
[10] Pfarrarchiv Pleif/Vella, Nr. C 1, f. 22r.

den muss, ist aufgrund des zeitlichen Abstandes von mindestens 150 Jahren und des Umstandes, dass er sich nur einmal «von Überkastel»[11] nennt, nicht zu entscheiden.

4. *Wibirgis*
Unter den Gütern des Churer Domkapitels in Malans erscheint in der Mitte des 13. Jh. ein Weingut *quae fuit domine Wibirgis de Uebercastel*[12]. Die zeitliche und örtliche Übereinstimmung in den Ulrich und Wibirgis betreffenden Nachrichten spricht für einen verwandtschaftlichen Zusammenhang. Das Prädikat «domina» ist wenig aussagekräftig, da es auch Mitgliedern nichtadeliger Familien beigelegt wird[13]. In einer rätischen Urkunde von 1280 wird sogar eine Unfreie als «domina» bezeichnet[14]!

Die Aufstellung zeigt deutlich, dass die Überkastel vor dem 14. Jh. schlecht fassbar sind[15]. Kein einziges der spärlichen schriftlichen Zeugnisse bezieht sich mit Sicherheit auf sie! In Anbetracht der in Churrätien im 13. Jh. wieder reichlicher fliessenden Quellen ist dies auffällig. Nur der Burgturm aus der ersten Hälfte des 12. Jh. auf dem Gelände eines vermuteten frühmittelalterlichen Kirchenkastells belegt ihre Anwesenheit in Surcasti[16]. Die Überkastel sind zu jener Gruppe kleinerer Familien zu rechnen, die seit dem 12. Jh. nachweisbar sind und sich meist durch das Fehlen eigener Herrschaftsrechte, z.T. auch durch ihre ursprüngliche Unfreiheit deutlich von den «nobiles» unterscheiden[17]. Ob mit dem Bau des Turms – und vielleicht weiterer Gebäude – für einen bereits bestehenden allodialen Güterkomplex und vereinzelte Lehen ein neues befestigtes Zentrum errichtet werden sollte, oder ob der Anstoss zum Bau von einem eingewanderten Geschlecht ausging, ist nicht zu entscheiden. In ersterem Fall könnte als Vorläufer der Burg ein herrschaftlicher Hof vermutet werden[18]. Die Erinne-

---

[11] Aus den urkundlichen Belegen scheint hervorzugehen, dass nur die verdeutschte Form von den Angehörigen des adeligen Geschlechts als Familienname benutzt wurde.
[12] Die Urbarien des Domcapitels zu Cur. Aus dem XII., XIII. u. XIV. Saec., hg. von Conradin von MOOR, Chur 1869, Nr. 14.
[13] BUB 3, Nr. 1055 u. 1117.
[14] BUB 3, Nr. 1094.
[15] Nicht berücksichtigt wurden Minicus super Castello und sein Sohn Johannes, BUB 3, Nr. 1075, die vielleicht zu den sur Kastiel gehören. Vgl. oben Anm. 11 und CLAVADETSCHER/MEYER, Burgenbuch, S. 99 Anm. 7.
[16] CLAVADETSCHER/MEYER, Burgenbuch, S. 98 f.
[17] Otto P. CLAVADETSCHER, Die Burgen im mittelalterlichen Rätien, in: Die Burgen im deutschen Sprachraum 2, hg. von Hans PATZE (Vorträge und Forschungen 19/2), Sigmaringen 1976, S. 279 f.
[18] Erwin POESCHEL, Das Burgenbuch von Graubünden, Zürich/Leipzig 1930, S. 41. – CLAVADETSCHER, Burgen im mittelalterlichen Rätien, S. 278.

rung daran hat sich vielleicht in dem Flurnamen *Salas* < ahd./mhd. «sal» Wohnung, Herrenhaus erhalten, den die kleine Ebene unterhalb von Surcasti trägt[19] und wo die Überkastel nach einem spätmittelalterlichen Zeugnis begütert waren[20]. Jedenfalls scheint die Familie im Lauf des 13. Jh. an Bedeutung verloren zu haben. Möglicherweise ist sie auch ständisch abgestiegen, was die unbedeutende Stellung Ulrichs 1253 in der Reihe der Zeugen erklären würde.

Dies steht im Widerspruch zur bisherigen Annahme, wonach sich um die Mitte des 13. Jh. ein Zweig von der Hauptlinie getrennt und den Namen Löwenstein angenommen hätte, um nach der Aufgabe des neuen Sitzes wieder unter dem alten Namen weiterzuleben[21]. Für eine Zweigbildung ist ein bestimmter Personenbestand nötig, wie er für die Überkastel um 1250 nicht nachweisbar und aufgrund des Gesagten auch wenig wahrscheinlich ist. Zudem müsste man erwarten, dass Angehörige der verschiedenen Linien gleichzeitig in den Quellen erscheinen, wie dies etwa bei den Freiherren von Sagens, Wildenberg, Frauenberg und Fryberg der Fall ist[22]. Mit der Zufälligkeit der urkundlichen Überlieferung ist nicht zu erklären, weshalb in der zeitlichen Abfolge jeweils nur Mitglieder der einen «Linie» auftauchen. Der Umstand, dass der Name «Überkastel» von der Mitte des 13. Jh. bis um 1330 aus den Quellen verschwindet, legt eine andere Deutung nahe. Danach sind die Überkastel kurz vor oder um 1300 in männlicher Linie erloschen. In der Folge muss es den Löwenstein gelungen sein, Namen und Erbe des Geschlechts zu übernehmen. Da sie das gleiche Wappen führen und auch die Namen Ulrich und Konrad bei ihnen wiederauftauchen, wird man am ehesten an ein auf Heirat gründendes Erbe denken. Woher stammen aber die Löwenstein? Mehrere Momente sprechen für die Annahme, dass sie sich erst um 1280 im Gebiet des Vorderrheintals niedergelassen haben.

b) Die Herren von Löwenstein bis zur Mitte des 14. Jahrhunderts

Urkundlich erscheinen folgende Mitglieder:

1. *Hartwig I.*
Hartwig fungiert am 6. Juli 1275 als Zeuge in einem Vergleich zwischen Walter V. von Vaz und Bischof Konrad von Chur, der in drei Urkunden festge-

---

[19] RN 1, S. 68; RN 2, S. 297f.
[20] GA Surcasti, Nachtrag Nr. 3, Urk. v. 3. Juli 1480.
[21] POESCHEL, Familie von Castelberg, S. 17f. u. 58f.
[22] Jürg L. MURARO, Untersuchungen zur Genealogie der Freiherren von Wildenberg und von Frauenberg, in: Churrätisches und st. gallisches Mittelalter. Festschrift für Otto P. Clavadetscher, hg. von Helmut MAURER, Sigmaringen 1984, S. 76–78.

Die Herren von Löwenstein 353

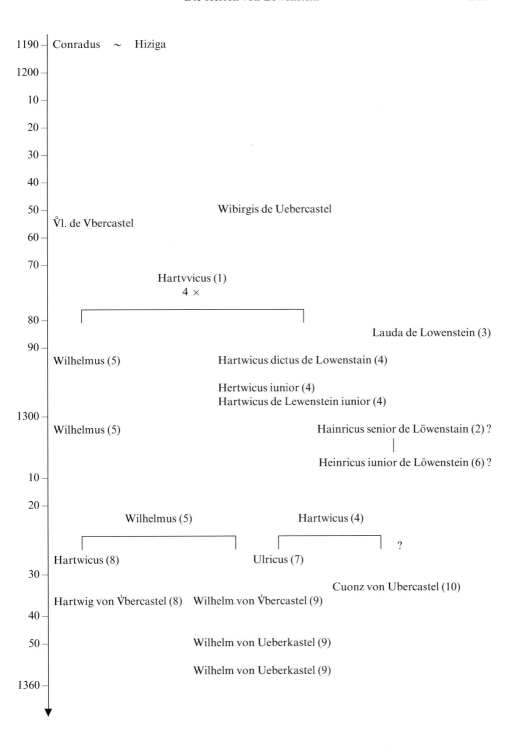

halten worden ist[23]. Hartwigs Familienname ist zwar nicht genannt. Der Vorname ist aber sehr selten und in der zweiten Hälfte des 13. Jh. in rätischen Adelsfamilien nur noch bei denen von Flums nachzuweisen[24]. 1283 ist er oder sein Sohn Zeuge anlässlich des Verkaufs von Rechten in Falera durch die Abtei Disentis an Heinrich von Wildenberg: *Albertus et Henricus fratres de Grünenfels, Hartwicus de Löwenstein*[25]. Später tritt er mit der Bezeichnung «der Ältere» auf, so 1294 zusammen mit seinem Sohn Hartwig als Bürge für Ulrich von Flums[26]. Zuletzt wird er 1303 als Vater Wilhelms I. erwähnt[27]. Er ist wohl vor 1310 gestorben.

2. *Heinrich I.*

Er erscheint nur im bischöflichen Einkünfteverzeichnis aus dem Ende des 13. Jh. Danach erwarb Bischof Berthold (1290–1298) von Heinrich dem Älteren von Löwenstein den Anteil am Churer Zoll, den dieser als Lehen innehatte[28]. Aufgrund der Bezeichnung «senior» ist Heinrich altersmässig in die Generation Hartwigs I. zu rücken[29].

3. *Lauda*

Von Lauda ist nur der Todestag bekannt. Laut einem Eintrag in einem Kalendar churrätischer Provenienz aus dem 13. Jh. (ev. aus dem Frauenkonvent, der dem Prämonstratenserpriorat Churwalden angegliedert war) starb sie an einem 23. Juni: *dña lauda d(e) lowenstein o(biit)*[30]. Die übrigen Einträge betreffen Eglolf von Altstätten, Albert Caramamma (mit Angabe des Todesjahres 1271), seine Frau Hiltrud (1275) und Walter Caramamma (1287)[31]. Mit Ausnahme der den Ritter von Altstätten betreffenden Nach-

---

[23] BUB 3, Nr. 1058–1060.
[24] BUB 3, Nr. 1126. Vorher noch bei den Matsch.
[25] BUB 3, Nr. 1122.
[26] BUB 3, Nr. 1238a: *Hertwicum seniorem*.
[27] UBSSG 2, Nr. 945: *Wilhelmum filium Hertwigi militis senioris*.
[28] Mohr CD 2, Nr. 76, S. 118: *Sciendum quod dominus episcopus B. emit partem domini Hainrici senioris de Löwenstain, quam habebat in feodum in pedagio Curiensi*.
[29] Oder ist *Hainrici* in dieser stark kürzenden Notiz Verschrieb für *Hartwici*? An diese Möglichkeit ist zumindest zu denken, da Heinrich der Ältere nur hier auftritt und ein Heinrich der Jüngere sonst nicht nachzuweisen ist, wohl aber, mit den gleichen Prädikaten und im gleichen Zeitraum, die beiden Hartwige, vgl. unten Nr. 4 u. 6.
[30] Zitiert nach POESCHEL, Familie von Castelberg, S. 511. – Zur Provenienz Leo Cunibert MOHLBERG, Katalog der Handschriften der Zentralbibliothek Zürich 1: Mittelalterliche Handschriften, Zürich 1952, S. 65.
[31] L.C. MOHLBERG, Katalog der Handschriften der Zentralbibliothek Zürich 1, S. 364f. – Walter Caramamma wurde 1287 in der Burg Belfort getötet, NC, S. 6.

richt stammen sie von der gleichen Hand, wodurch das Todesjahr Laudas in das letzte Drittel des 13. Jh. fallen dürfte[32].

4. *Hartwig II.*
Sohn Hartwigs I. 1289 zwingt Heinrich III. Brun von Rhäzüns *dominum Hartwicum militem dictum de Lowenstain* zum Friedensschluss[33]. Bei *Hartwicus miles* handelt es sich höchstwahrscheinlich um Hartwig II. Sein gleichnamiger Vater muss aufgrund der urkundlichen Erwähnungen zu diesem Zeitpunkt schon älter gewesen sein, während die im Vertrag erwähnten «infantes» auf den jüngeren Löwensteiner schliessen lassen. Das zeitlich parallele Auftreten der Brüder Hartwig II. und Wilhelm I. zwischen 1289 – ca. 1325 weist beide um 1290 als relativ jung aus und bestätigt diese Annahme. 1294 tritt Hartwig zusammen mit seinem Vater als Bürge und Zeuge in einem Geschäft zwischen Ulrich II. von Flums und Bischof Berthold von Chur auf[34]. 1295 ist *Hartwicus de Lewenstein iunior* Zeuge in einem Vergleich zwischen Ulrich von Rietberg und Bischof Berthold von Chur[35]. Wohl identisch mit dem im rätischen Schuldenverzeichnis von ca. 1325 erwähnten *dominus Hartwicus*[36].

5. *Wilhelm I.*
Bruder Hartwigs II. 1289 erscheinen *dominus Wilhelmus ... ac infantes eius* im Friedensvertrag zwischen Hartwig II. und Heinrich III. Brun von Rhäzüns[37]. 1303 bürgt Wilhelm für Bischof Sifrid von Chur in einem Vergleich mit Ulrich von Flums: *Wilhelmum filium Hertwigi militis senioris*[38]. Höchstwahrscheinlich ist er identisch mit jenem *dominus Wilhelmus*, der im rätischen Schuldenverzeichnis von ca. 1325 als Vater Hartwigs III. und als Geisel für Ulrich von Haldenstein erscheint[39]. Bei dem 1335 erwähnten Wilhelm von V̊bercastel handelt es sich wohl um seinen Sohn (vgl. Nr. 9).

6. *Heinrich II.*
Da Heinrich I. Ende des 13. Jh. als «der Ältere» bezeichnet wird, ist ein Heinricus iunior zu erschliessen. Urkundlich ist er nicht belegt.

---

[32] Anders POESCHEL, Familie von Castelberg, S. 41 u. 56: um 1270.
[33] BUB 3, Nr. 1204.
[34] BUB 3, Nr. 1238a.
[35] BUB 3, Nr. 1256.
[36] Rätische Urkunden aus dem Centralarchiv des fürstlichen Hauses Thurn und Taxis in Regensburg, hg. von H. WARTMANN (QSG I/10), Basel 1891, S. 453.
[37] Wie Anm. 33.
[38] UBSSG 2, Nr. 945.
[39] Rätische Urkunden, S. 457 u. 460.

7. *Ulrich*
Sohn Hartwigs II. Er bürgt im rätischen Schuldenverzeichnis zusammen mit Heinrich von Vaz für Simon von Bärenburg: *Ulricus filius domini Hartwici*[40]. Auch er ist nicht weiter belegt.

8. *Hartwig III.*
Sohn Wilhelms I. Er erscheint im rätischen Schuldenverzeichnis: *Item Hartwikus filius domini Wilhelmi*[41]. Er ist wohl identisch mit jenem Hartwig von Überkastel, der 1335 zusammen mit seinem Bruder Wilhelm eine Bürgschaftserklärung der Streif gegenüber den Freiherren von Rhäzüns garantiert: *Hartwig und Wilhelm von V̇bercastel gebru̇der*[42].

9. *Wilhelm II.*
Er wird 1335 mit seinem Bruder Hartwig Bürge in einem Vertrag zwischen den Straiff und den Freiherren von Rhäzüns erwähnt[43]. 1349 trifft Wilhelm mit Bischof Ulrich V. von Chur eine Übereinkunft um *burgstal und den bûwe ze Baldenstein*[44]. Danach fällt Wilhelm und seinen Erben das freie Verfügungsrecht über Baldenstein zu, wogegen sie sich verpflichten müssen, die Feste nicht gegen das Hochstift zu verwenden. 1354 ist er Bürge für Gaudenz von Rodels und Ulrich von Sils in einem Vergleich mit dem Bischof von Chur[45]. Unter den bischöflichen Lehen, die Hartwig IV. von Überkastel um 1390 innehat, befindet sich in Sagogn *ain hof und ain hu̇b ... die man nempt herr Wilhelms hu̇b von über Castel*, womit Wilhelm II. gemeint sein dürfte[46].

Die Nachricht von 1335 könnte sich auch auf Hartwig II. und Wilhelm I. beziehen, die mehrfach als Brüder bezeugt sind. Für 1349 und 1354 kommt letzterer hingegen nicht mehr in Frage. Es muss somit einen jüngeren Wilhelm gegeben haben, der durchaus ein Bruder Hartwigs III. gewesen sein könnte. Da sich das ältere Brüderpaar sonst nie «von Überkastel» nennt, ist man deshalb geneigt, die Erwähnung von 1335 auf Hartwig III. und Wilhelm II. zu beziehen.

---

[40] Wie Anm. 36.
[41] Rätische Urkunden, S. 457.
[42] Ebd. Nr. 15. – UBSSG 2, Nr. 1347 (Auszug).
[43] Wie Anm. 42.
[44] Zwei sogenannte Ämterbücher des Bistums Chur aus dem Anfang des XV. Jahrhunderts, hg. von J.C. MUOTH, JHGG 27, 1897, 85f.
[45] MOHR CD 2, Nr. 334.
[46] Ämterbücher des Bistums Chur, S. 159.

10. *Konrad*
Erscheint nur 1334 unter jenen 30 Bürgen, welche Bischof und Domkapitel von Chur in einem Vertrag mit Graf Albrecht von Werdenberg um die Feste Greifenstein zu stellen haben: *Cuonz von Ubercastel*[47].

Die Löwenstein erscheinen in einem Zeitraum von 50 Jahren, zwischen 1275–1325. Diese Periode ist geprägt von den wachsenden Spannungen zwischen dem mächtigsten rätischen Adelsgeschlecht, den Freiherren von Vaz, und dem Bistum Chur. Dies führt nach wiederholtem Ausbruch von Feindseligkeiten zur grossen Fehde von 1333 und endet mit der Niederlage des letzten Vazers[48]. Stellt man auf die wenigen Fälle ab, in denen der Name Löwenstein genannt wird, engt sich der Zeitraum auf die Jahre 1283–1298 ein. In den übrigen Erwähnungen erfolgt die Identifizierung aufgrund des seltenen Namens Hartwig, insbesondere wegen der Angabe der verwandtschaftlichen Beziehungen zu Hartwig I., die gleichsam als Ersatz für den fehlenden Familiennamen erfolgt. Diese Art der Namengebung dürfte für das Eigenverständnis der Familie wichtig sein. Auffallen muss, dass sich Hartwig I., von einer unsicheren Ausnahme abgesehen[49], nie «von Löwenstein» zu nennen scheint. Die einleuchtendste Erklärung dürfte darin liegen, dass die namengebende Burg in der Nähe von Ilanz erst von seinen Söhnen erbaut oder sonstwie erworben wurde[50]. Dass das Geschlecht ursprünglich aus der Umgebung von Ilanz stammte, ist nicht anzunehmen. Ebenso fehlen überzeugende Gründe, welche die Annahme rechtfertigen, es handle sich um einen Zweig der Überkastel. Der Name Hartwig, der dafür als «Beweis» diente, taucht ja zuerst bei den Löwenstein auf. Und warum führt Hartwig I. nicht den Namen «von Überkastel», da er sich ja offenbar nicht als Löwensteiner bezeichnen will? Der früheste Hinweis auf die Herkunft der Löwenstein findet sich bereits in der ersten urkundlichen Erwähnung Hartwigs I. vom 6. Juli 1275, an welchem Tag er dreimal als Zeuge in einem Vergleich zwischen Walter V. von Vaz und Bischof Konrad von Chur auftritt[51]. Die Liste der Zeugen weltlichen Standes in den beiden ersten Urkunden ist offenbar zweigeteilt. Sie wird von jenen sieben Anwesenden eröffnet, die ausdrücklich als Ministerialen des Bistums Chur bezeichnet werden. Die übrigen, ebenfalls sieben, dürfen deshalb wohl der Partei Walters V. von Vaz zugeordnet werden, an ihrer

---

[47] UBSSG 2, Nr. 1343.
[48] MURARO, Freiherren von Vaz, S. 132–157.
[49] Es handelt sich um die Erwähnung von 1283, BUB 3, Nr. 1122, die sich auch auf Hartwig II. beziehen kann.
[50] Zur Identifizierung der Burgstelle bei Ilanz mit Löwenstein vgl. CLAVADETSCHER/MEYER, Burgenbuch, S. 85. – POESCHEL, Familie von Castelberg, S. 19.
[51] BUB 3, Nr. 1058–1060.

Spitze Heinrich von Belmont, der mit den Freiherren von Vaz verschwägert war, gefolgt von den Dienstleuten der letzteren: *Fridrico de Rvishenberch, Ottone et Rẙdolfo de Muldins, Hartvvico, Bartolomeo de Berenbvrch, Conrado de Pacens militibus*[52]. Die gleichentags ausgestellte dritte Urkunde enthält eine veränderte Zeugenreihe, die nur fünf Zeugen weltlichen Standes umfasst. Neben den schon erwähnten Heinrich von Belmont, Friedrich von Ruschenberg und Hartwig sind dies noch Bernhard von Haldenstein und Albero von Strassberg[53]. Die beiden letztgenannten Geschlechter erscheinen 1295 eindeutig in vazischen Diensten[54]. Für die Herren von Muldain, deren Sitz im Raum von Obervaz, der Stammherrschaft der Freiherren, zu suchen ist, dürfte vazische Ministerialität nicht bestritten werden[55]. Dasselbe gilt für die Ritter von Bärenburg im Schams, einem weiteren Kerngebiet der Herrschaften der Vazer[56]. Sicher waren die Patzen Dienstleute der Freiherren[57]. Konrad von Patzen scheint eine besondere Stellung eingenommen zu haben. 1283 tritt er als Stellvertreter Walters V. von Vaz in dessen Funktion als Podestà von Como auf[58]. Ein Jahr später ist er *der kinde halp* Mitglied eines vierköpfigen Schiedsgerichts, welches über Ansprüche des Bischofs von Chur an die Vertreter der unmündigen Johann und Donat von Vaz befinden soll[59]. Es ist bestimmt kein Zufall, wenn derselbe Konrad von Patzen 1289 im Friedensvertrag zwischen Heinrich III. Brun von Rhäzüns und Hartwig II. als Schiedsrichter erscheint[60]. 1294 schliesslich gehört er mit Hartwig I. und Hartwig II. zu der von Heinrich von Belmont und Johann von Vaz angeführten Reihe von 12 Bürgen, die Ulrich von Flums dem Bischof von Chur stellt, und zwar wird er unmittelbar vor den Löwenstein genannt[61]. Einzig für die Ritter von Ruschenberg (bei Parsonz) ist die Zugehörigkeit zu den Dienstleuten der Vazer nicht sicher; sie wird aber für dieses Geschlecht angenommen[62]. Man darf folglich mit grosser Wahrscheinlichkeit auch die Löwenstein dem Kreis der Ministerialen der Freiherren von Vaz zuordnen. Noch um 1325 bestehen Verbindungen zwischen ihnen und einigen der genannten Familien: Im rätischen Schuldenverzeichnis erscheint Ulrich, der Sohn Hartwigs II., zusammen mit Heinrich von Vaz als Bürge für Simon von Bärenburg, während Wilhelm I.

---

[52] BUB 3, Nr. 1058 u. 1059.
[53] BUB 3, Nr. 1060.
[54] BUB 3, Nr. 1257. – CLAVADETSCHER/MEYER, Burgenbuch, S. 289f. u. 299.
[55] CLAVADETSCHER/MEYER, Burgenbuch, S. 50 Anm. 2
[56] MURARO, Freiherren von Vaz, S. 54, 57 und 65.
[57] CLAVADETSCHER/MEYER, Burgenbuch, S. 171 Anm. 2.
[58] Karl MEYER, Walter von Vaz als Podestà von Como, BM 1926, S. 75f.
[59] BUB 3, Nr. 1135.
[60] BUB 3, Nr. 1204.
[61] BUB 3, Nr. 1238a: *Conradum de Pazins, Hertwicum seniorem et iuniorem.*
[62] CLAVADETSCHER/MEYER, Burgenbuch, S. 71.

als Geisel für Ulrich von Haldenstein einsteht[63]. Anfangs April 1335 schliesslich befinden sich neben vazischen Dienstleuten wie den Straiff, Muldain, Haldenstein und Ortenstein auch Hartwig III. und Wilhelm von Überkastel zur Lösung des in rhäzünsische Gefangenschaft geratenen Hans Straiff in Rhäzüns[64].

Die Feststellung, dass die Löwenstein im Umkreis der Freiherren von Vaz auftreten und wahrscheinlich als deren Ministerialen zu betrachten sind, trägt wenig zu der Frage nach ihrer Herkunft bei, wenn man die umfangreichen Rechte und Besitzungen der Vazer in weiten Teilen Churrätiens in Betracht zieht. Auch aus den Besitzverhältnissen ist keine Klarheit zu gewinnen. Löwenstein scheint erst nach 1275 an die Familie übergegangen zu sein. 1289 erscheint auch die Burg Baldenstein im Domleschg in ihrem Besitz[65]. Urkundlich ist ein Geschlecht dieses Namens um die Mitte des 13. Jh. bezeugt[66]. Engere Bindungen zu den Löwenstein sind nicht ersichtlich, so dass die Feste auf anderem Wege an letztere gefallen sein muss[67]. Es ist möglich, dass die Burg den Freiherren von Vaz gehörte, die im Domleschg und am Heinzenberg umfangreiche Rechte und Güter, darunter auch mehrere Burgen, besassen[68]. Sie wäre dann nach den Baldenstein an die Löwenstein verliehen worden, in deren Besitz sie bis in die zweite Hälfte des 14. Jh. verblieb. Dies muss kurz vor 1289 erfolgt sein, da Löwenstein offenbar den älteren Sitz darstellt.

Ein weiterer Hinweis auf die Herkunft des Geschlechts ergibt sich vielleicht aus dem schon erwähnten Umstand, dass Hartwig I. ohne Familiennamen auftritt. Ist es den Löwenstein gelungen, aufgrund besonderer Verdienste – z.B. als Amtsinhaber auf dem Stammsitz der Vazer oder als Gutsverwalter – in den Stand des ritterlichen Ministerialadels aufzusteigen, ohne zunächst über einen eigenen Sitz zu verfügen? Dass viele ritteradelige Geschlechter Rätiens erstmals im 13. Jh. auftauchen, um manchmal rasch wieder zu verschwinden, ist nicht nur auf die bessere Quellenlage zurückzuführen, sondern auch auf den Umstand, dass sie teilweise erst in dieser Periode zu einer gewissen Bedeutung gelangten. Auf die Wichtigkeit von Landesausbau und Herrschaftserweiterung für

---

[63] Rätische Urkunden, S. 453, 457 u. 460.
[64] Wie Anm. 42. – Vgl. dazu MURARO, Freiherren von Vaz, S. 153 Anm. 70.
[65] BUB 3, Nr. 1204. – POESCHEL, Familie von Castelberg, S. 20.
[66] Ebo von Baldenstein erscheint 1246 und 1252, BUB 2, Nr. 832 u. 884.
[67] POESCHEL, Familie von Castelberg, S. 20.
[68] MURARO, Freiherren von Vaz, S. 53–60 u. 183–185.
Aus dem Vergleich zwischen Wilhelm von Überkastel und dem Bischof von Chur um Baldenstein von 1349, vgl. oben S. 356, scheint hervorzugehen, dass beiden Parteien eine klare Rechtsgrundlage fehlte. Anders POESCHEL, Familie von Castelberg, S. 45. Dies könnte für ehemaligen vazischen Besitz sprechen.

diesen Vorgang braucht hier nicht eingegangen zu werden[69]. Versuche, die Umstände im einzelnen zu erhellen, scheitern allerdings meist an einer Vielzahl von Schwierigkeiten. Der Dienst an grossen Herren wie den Vazern barg jedenfalls die Möglichkeit für einen sozialen Aufstieg.

Nach 1280 treten die Löwenstein erstmals im Gebiet des Vorderrheintals auf. Die Gründe hierfür sind nicht bekannt, doch könnte dies durchaus auf vazischen Einfluss erfolgt sein. An Bestrebungen der Freiherren, auch in dieser Gegend Fuss zu fassen, hat es jedenfalls nicht gefehlt. So stand ihnen die Hochgerichtsbarkeit in Safien als bischöfliches Lehen zu[70]. Ferner scheinen sie seit dem Ende des 13. Jh. österreichische Vögte in der Grafschaft Laax gewesen zu sein[71], einem Personalverband mit Zentrum in Laax und Sevgein, dem aber noch weitere Gruppen zwischen Flims und Somvix, besonders in der Umgebung von Ilanz, angehörten[72]. Zwischen 1310 / 1333–1338 war die Grafschaft dann als Pfand in den Händen der Vazer[73]. Die Bedeutung solcher Lehen und Ämter für die Erweiterung der eigenen Herrschaft ist gerade für die Freiherren von Vaz unbestritten. Der Erwerb oder die Gründung von Burgen bildete bei diesen Bestrebungen ein wichtiges Element[74].

Wenn diese Vermutung zutrifft, müsste der Bau oder die Übernahme der Burg Löwenstein kurz vor dem Erscheinen der gleichnamigen Herren im Vorderrheintal, etwa um 1280, angesetzt werden. 1289 folgte allerdings ein schwerer Rückschlag, nachdem sich Hartwig II. und Wilhelm I. offenbar auf eine Fehde mit den mächtigen Herren von Rhäzüns und von Sax eingelassen hatten. Die harten Bedingungen, die sie im Friedensvertrag akzeptieren mussten, lässt keinen Zweifel am Ausgang der Fehde offen[75]. Welche Umstände zu diesen Feindseligkeiten führten, ist nicht zu ermitteln. Die Freiherren von Vaz dürften direkt nichts damit zu tun gehabt haben, da Walter V. 1284 starb und seine Söhne Johann und Donat 1289 noch unmündig waren[76]. Ein Zusammenhang mit dem Streit zwischen Graf Hugo II. von Werdenberg-Heiligenberg, dem Vormund

---

[69] CLAVADETSCHER/MEYER, Burgenbuch, S. 21. – Heinrich BOXLER, Die Burgnamengebung in der Nordostschweiz und Graubünden (Studia Linguistica Alemannica 6), Frauenfeld/Stuttgart 1976, S. 54f.
[70] MURARO, Freiherren von Vaz, S. 75.
[71] Ebd. S. 33f.
[72] Ebd. S. 31f. – O.P. CLAVADETSCHER, Die Herrschaftsbildung in Rätien, in: Die Alpen in der europäischen Geschichte des Mittelalters, hg. vom Konstanzer Arbeitskreis für mittelalterliche Geschichte (Vorträge und Forschungen 10), Konstanz/Stuttgart 1965, S. 155.
[73] MURARO, Freiherren von Vaz, S. 33.
[74] CLAVADETSCHER, Burgen im mittelalterlichen Rätien, S. 289. – Vgl. auch BUB 3, Nr. 1135 u. 1286.
[75] Vgl. dazu POESCHEL, Familie von Castelberg, S. 57f.
[76] BUB 3, 1135 u. 1200.

der Vazer, und dem Bischof von Chur von 1288/1289[77] ist nicht ersichtlich, kann aber nicht ausgeschlossen werden. Möglich ist auch, dass die Löwenstein die Zeit der Vormundschaft für eine eigenmächtige Erweiterung ihrer Besitzungen und Rechte nutzen wollten, wofür die rhäzünsischen Güter auf Obersaxen ein lohnendes Ziel bildeten. Dabei könnten sie die Unterstützung jener Geschlechter erhalten haben, denen der Einfluss der Rhäzünser im Vorderrheintal zu gross zu werden drohte. Man denke an die 12 Bürgen, welche die Löwenstein zu stellen hatten und die mit Ausnahme der letzten drei aus der weiteren Umgebung von Ilanz stammten[78].

Löwenstein selbst muss im Verlauf der Fehde oder kurz darauf aufgegeben worden sein. 1295 bezeichnet sich mit Hartwig II. letztmals ein Mitglied des Geschlechts nach dieser Burg[79]. Zunächst erscheint die Familie weiterhin im Umkreis der Vazer. Ihren Sitz dürfte sie mindestens zeitweise auf Baldenstein gehabt haben, ohne jedoch aus dem Gebiet des Vorderrheintals zu verschwinden. Dafür sind verwandtschaftliche Bindungen geltend zu machen. Das geht aus dem Siegel Hartwigs II. von 1289 hervor, welches das Wappen der Herren von Überkastel zeigt[80]. Wenn man annimmt, dass der Aufstieg der Löwenstein in den ritterlichen Stand zeitlich noch nicht weit zurücklag, dann wird es nicht überraschen, wenn sie noch kein eigenes Wappen besassen. Bei der Heirat mit der Angehörigen einer Familie, die in männlicher Linie am Aussterben war, lag es nahe, neben dem Besitz an Gütern und Rechten auch das Wappen und später den Namen zu übernehmen. Man darf also annehmen, Hartwig II. habe eine Überkastel geheiratet. Dass die nach 1330 wieder auftauchenden Überkastel, die die Namen Hartwig und Wilhelm, aber auch (wieder) Ulrich und Konrad tragen, mit den Löwenstein identisch sind, ist schon gesagt worden. Hingegen spricht vieles dafür, dass es sich bei den Löwenstein ihrerseits um ein Ministerialengeschlecht der Freiherren von Vaz handelt, dem es gelungen ist, erbweise in den Besitz der Güter und des Namens der wohl um 1300 ausgestorbenen älteren Herren von Überkastel zu gelangen.

---

[77] Zu dieser Fehde vgl. MURARO, Freiherren von Vaz, S. 133f.
[78] BUB 3, Nr. 1204.
[79] BUB 3, Nr. 1256.
[80] Wie Anm. 78. – Zum Wappen POESCHEL, Familie von Castelberg, S. 26ff. u. Abb. Tafel IX. Dass es sich um das Wappen der älteren Herren von Überkastel handelt, geht daraus hervor, dass es auch die Castelberg führen, welche ihrerseits mit den Überkastel stammesgleich sind. Vgl. einschränkend Roger SABLONIER, Adel im Wandel. Eine Untersuchung zur sozialen Situation des ostschweizerischen Adels um 1300 (Veröffentlichungen des Max-Planck-Instituts für Geschichte 66), Göttingen 1979, S. 56.

Die Ausbreitung der Bettelorden im spätmittelalterlichen Churrätien

von Urban Affentranger

Dieser Aufsatz, ein Beitrag zur mittelalterlichen Kirchengeschichte Churrätiens, vermittelt eine Gesamtübersicht über klösterliche Niederlassungen, die im späten Mittelalter in Churrätien im Zeichen der Bettelordensbewegung gegründet wurden. Selbstverständlich kann im Rahmen dieses Beitrages die Geschichte der Entstehung und Ausbreitung der Mendikantenorden im churrätischen Gebiet nur angerissen werden. Dazu kommt, dass die Quellen für eine Darstellung sowohl des religiös-geistigen wie des politisch-wirtschaftlichen Aspekts eher spärlich fliessen. Die klösterlichen Gemeinschaften, unter denen die Frauenkonvente überwiegen, waren Stiftungen von Bischöfen, Grafen oder reichen Bürgern, oder sie bildeten sich nach und nach aus sogenannten Samnungen, in denen Brüder oder Schwestern ein gemeinsames Leben führten, um sich dann später auf Geheiss der Kirche unter die geistliche Führung der Dominikaner oder Franziskaner zu stellen. Die Mendikantenbewegung erreichte in Churrätien allerdings nie die enorme Stosskraft wie in der Nachbardiözese Konstanz. So klein und unbedeutend einige Gründungen im Bistum Chur auch waren, so bekunden sie doch den neu erwachten Geist des späten Mittelalters, die rege Teilnahme des Volkes und das Wohlwollen von seiten der geistlichen und der weltlichen Obrigkeit. Sie waren pulsierende Elemente im spirituellen, aber durchaus auch im wirtschaftlichen und politischen Leben. Ihre Lebensnähe, ihre weite geistige Dimension, ihre Aufgeschlossenheit für Kunst und Kultur und vor allem ihr Verständnis für die unmittelbaren Sorgen der Menschen liessen auch in Churrätien eine besondere Anhänglichkeit im Volk entstehen. Als Stätten des Lobes Gottes, der Seelsorge und der Caritas, aber auch der Bildung des Geistes und des Herzens wirkten diese Mendikantenklöster für das ganze Bistum sehr segensreich. Alle diese Gemeinschaften erlebten im Laufe der Zeit Höhen und Tiefen, Zeiten der Blüte, aber auch Zeiten harter Not.

In diesem Beitrag werden zuerst die Klöster behandelt, die sich dem Dominikanerorden anschlossen, dann jene Gemeinschaften, die nach der Regel des heiligen Franziskus lebten.

Die Entstehung der Bettelorden[1]

Zu Beginn des 11. Jahrhunderts wuchs in der abendländischen Kirche allmählich eine kritische Haltung gegenüber den wohlhabenden, in das feudale Wirtschafts- und Herrschaftssystem verstrickten Klöstern. Der Ruf, zur ursprünglichen «vita evangelica et apostolica» zurückzukehren, ertönte in der Kirche immer lauter. Der treibende Impuls beruhte vor allem auf der Armutsidee, die den neuen Orden, vorab den Zisterziensern und Prämonstratensern, eine grossartige Entwicklung sicherte. Als aber ihr Schwung gegen Ende des 12. Jahrhunderts nachliess, wurde die «vita monastica» für die Kirche erneut zum Problem. In der Folge wurden die beiden grossen Bettelorden ins Leben gerufen. Die Mendikanten prägten entscheidend das kirchliche und religiöse Leben des Mittelalters und stellten dank ihren breiten seelsorgerlichen Kontakten zu allen Schichten der mittelalterlichen Gesellschaft dem Papsttum unvergleichliche Kräfte für die Leitung der Kirche, für die Erneuerung der Volksfrömmigkeit und für die Entfaltung der theologischen Wissenschaft zur Verfügung.

Dominikus, der Gründer des Predigerordens, wollte «verbo et exemplo» das Evangelium verkünden, um so eine Erneuerung des Glaubens in Kirche und Welt zu erwirken. Die Satzungen betonten die Armut des Einzelnen wie auch der Gemeinschaft und das Sammeln von Almosen. Konvente entstanden vor allem in den Universitätsstädten, aber auch in Bischofs- und Handelsstädten liessen sich die Dominikaner nieder und fanden so auch die erhofften Felder für den Nachwuchs, für die Seelsorge, für das Studium und den Lebensunterhalt. Die strenge Unterordnung unter Papsttum und Episkopat diente dem Verkündigungswerk und garantierte so den Gründungsgenerationen grosszügige Unterstützung durch die Ortsbischöfe und gab der Predigt den gesicherten Rahmen des kirchlichen Raumes. Die strenge Lebensführung der Predigermönche erweckte beim Kirchenvolk grossen Eindruck und bewirkte eine stetig zunehmende Zahl von Berufen. Am Ende des 13. Jahrhunderts zählte man 557 Konvente in 18 Provinzen mit einer Zahl von über 1500 Mitgliedern. Der Zweite Orden des heiligen Dominikus, von Prouille und San Sisto ausgehend, diente für die weitere Bildung von Frauengemeinschaften als Vorbild. Grosse Beachtung fand auch der Dritte Orden für Brüder und Schwestern von der Busse des heiligen Dominikus, der sich aus der Laienbruderschaft der «militia Christi» entwickelte.

Aus ähnlichen Quellgründen gespeist und vor dem gleichen zeitgeschichtlichen Hintergrund entstand die Armutsbewegung der Minoriten des heiligen Franz von Assisi. Innere und äussere Mission wurden zum Hauptziel des neuen

---

[1] Hubert JEDIN, Handbuch der Kirchengeschichte III/2, Freiburg i. Br. 1968, S. 14–30, 168–229.

Die Ausbreitung der Bettelorden im spätmittelalterlichen Churrätien

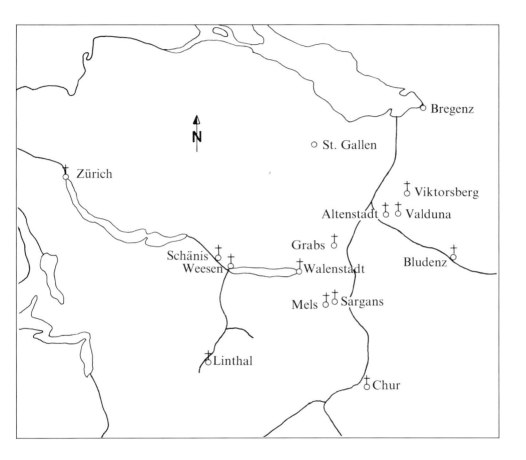

Abb. 1 Bettelordensniederlassungen im spätmittelalterlichen Churrätien

Ordens, und Armut des Einzelnen wie der Gemeinschaft galt als strenge Forderung. Die Gestalt des heiligen Franziskus hat Mitwelt und Nachwelt viel intensiver beschäftigt als die des heiligen Dominikus. Ihre Hauptwirksamkeit entfalteten die Minoriten im Dienst am Wort und Sakrament, wie auch in der Pflege der Volksfrömmigkeit. Dem Papst und den Bischöfen bedeuteten sie wie die Dominikaner eine wichtige Stütze beim kirchlichen Reformwerk. Der Orden breitete sich sehr schnell in Italien aus, drang nach der Provence, nach Spanien und dann nach Deutschland vor und nahm neben der anfänglichen Busspredigt und karitativen Tätigkeit auch die Mission ins Programm auf. Zusammen mit Klara von Assisi gründete Franziskus 1212 den Zweiten Orden, Klarissenorden genannt, und 1221 schuf er eine Lebensform für die Laienbewegung des Dritten Ordens.

Weesen – von der Samnung zum regulierten Dominikanerinnenkonvent

Das heute noch bestehende Dominikanerinnenkloster Weesen am Walensee entstand nicht durch einen Stiftungsakt wie viele mittelalterliche Klöster, sondern war das Ergebnis einer langen historischen Entwicklung. Das Frauenkloster ging aus einer Klause hervor, die eingebettet zwischen dem Walensee und dem Felshang lag, von dem der Lauibach tosend niederstürzt. Seit Jahrhunderten hatte dieser Bach durch seine Geschiebe-Ablagerungen am Fusse des Berges den sogenannten «Sandhof», den Standort der Klause, gebildet, der, von vielen Weidenbäumen umgeben, den Namen «Wyden» trug[2], wo, wie wir aus dem churrätischen Reichsgutsurbar erfahren, in der ersten Hälfte des 9. Jahrhunderts bereits eine Kirche stand[3]. Als Umschlagplatz vom Wasser- zum Landweg war Weesen im mittelalterlichen Churrätien ein bedeutendes Handelszentrum, wo sich Kaufleute und Reisende aus allen Himmelsrichtungen trafen.

Wie im 18. Jahrhundert verlorengegangene Aktenstücke berichten, sollen in den «Wyden» im 13. Jahrhundert Klausnerinnen gelebt haben, die ein religiösasketisches Leben führten, ohne sich aber an eine der von der Kirche anerkannten Ordensregeln zu halten[4]. Unter der Leitung einer Meisterin widmeten sie sich neben ihren Frömmigkeitsübungen sozial-karitativer Tätigkeit.

---

[2] Emil HERBERT, Das Dominikanerinnenkloster Maria Zuflucht in Weesen, Uznach 1956, S. 5.
[3] BUB 1, S. 387. *In Salicis est basilica.*
[4] Anton FRAEFEL, Die Gründung des Klosters Weesen, Linth-Blätter 16, 1931, S. 123 Anm. 3. Fraefel datiert das Alter der Samnung ins 10. Jahrhundert zurück.

Mehr und mehr bemühten sich kirchliche Stellen um die Formung der «vita religiosa» der vielen Frauengemeinschaften[5]. So verbot das Vierte Laterankonzil 1215 die Gründung neuer Orden, beziehungsweise das Einführen neuer Regeln. Die sogenannten Samnungen sahen sich daher gezwungen, sich an eine der kirchlich bestätigten Ordensregeln zu halten. Zu denen gehörten damals die Regel des heiligen Augustinus, welche die Augustinerchorherren, die Prämonstratenser und die Dominikaner befolgten, wie auch die Regel des heiligen Benedikt, nach der die Benediktiner und Zisterzienser lebten; später kam noch die Franziskus-Regel dazu, der die Franziskaner und Klarissen folgten. Nun konnten sich die Samnungen, die im Zeichen der Armutsbewegung entstanden, frei entscheiden, welche Regel sie befolgen wollten. Die Frauen der Samnung in den «Wyden» nahmen mit den Dominikanern von Zürich, die 1229 in der Limmatstadt eine klösterliche Niederlassung gegründet hatten[6], Kontakt auf[7]. 1259 finden wir nämlich in der Zeugenliste zweier Urkunden, in denen den Schwestern von Weesen Güter geschenkt werden, Mönche von Zürich[8].

Die älteste uns erhaltene Urkunde der Dominikanerbeginen von Weesen trägt das Jahr 1256[9]. Der Churer Fürstbischof, Graf Heinrich III. von Montfort (1251–1272)[10], ein Mönch des heiligen Dominikus, nahm am 7. Oktober 1256 die *sorores de congregatione in Weesen* in seinen Schutz, gewährte ihnen das Recht der freien Aufnahme von Novizinnen und verlieh den Wohltätern der Klostergemeinschaft einen Ablass[11]. Die Schwestern, die die «cura monialium» den Predigern von Zürich übergeben hatten, stellten sich unter die Jurisdiktion ihres Diözesanbischofs[12]. Wir dürfen darin einen weiteren Schritt zur Dominikanisierung der Weesener Predigerbeginen sehen, und man darf wohl mit grosser Sicherheit behaupten, dass Bischof Heinrich III. von Chur der Frauengemeinschaft in den «Wyden» die Regel des heiligen Augustinus übertrug und die Prediger von Zürich beauftragte, die Frauen in die Gewohnheiten und Satzungen des heiligen Dominikus einzuführen.

---

[5] Näheres bei Herbert GRUNDMANN, Religiöse Bewegungen im Mittelalter, Darmstadt 1961, S. 199–354.
[6] Rudolf PFISTER, Kirchengeschichte der Schweiz 1, Zürich 1964, S. 263ff.
[7] UBSSG 1, Nr. 482 und 488.
[8] Die Urkunde vom 1. Februar 1259 nennt als Zeugen zwei Prediger aus dem Zürcher Konvent: Prior Hugo und Heinrich von Galgenen, vgl. UBSSG 1, Nr. 482. In der Urkunde vom 30. Mai 1259 werden in der Zeugenliste zwei Prediger von Zürich angeführt, vgl. UBSSG 1, Nr. 488.
[9] BUB 2, Nr. 913a.
[10] Über Bischof Heinrich siehe Urban AFFENTRANGER, Heinrich III. von Montfort, Bischof von Chur 1251–1272, BM 1977, S. 209–240.
[11] BUB 2, Nr. 913a.
[12] Weesen wurde nicht in den Orden der Dominikaner inkorporiert, vgl. Bernhard ANDERES, Die Kunstdenkmäler des Kantons St. Gallen 5 (Die Kunstdenkmäler der Schweiz 59), Basel 1970, S. 323–326.

Die klösterliche Gemeinschaft erlebte bald eine erste Blüte und wünschte ein eigenes Gotteshaus zu erbauen, um nicht auf die Dorfkirche angewiesen zu sein. Mit diesem Gesuch gelangten die Schwestern an den Churer Diözesanbischof, der 1272 ihrer Bitte nachkam. Er erlaubte den Schwestern den Bau einer eigenen Kirche, die Weihe derselben durch einen beliebigen vorbeiziehenden Bischof und die Feier der heiligen Eucharistie durch die Dominikanermönche, auch in Zeiten des Interdikts[13]. Auf Wunsch der Predigermönche von Zürich, die die Weesener Schwestern geistlich betreuten, gewährte der Churer Oberhirte Heinrich III. dem Konvent auch das Begräbnisrecht in der eigenen Kirche[14]. 1278 weihte der Churer Weihbischof, Johannes von Litauen, der dem Predigerorden angehörte[15], die neu errichtete Kapelle[16]. Einige Jahre später traten die Dominikaner von Zürich die «cura monialium» dem neugegründeten Predigerkonvent von Chur ab[17], der in der Folgezeit die Frauengemeinschaft von Weesen religiös und wirtschaftlich stark prägte. Weihbischof Johannes von Litauen, der am Fest des heiligen Nikolaus 1288 in der neu erbauten Predigerkirche Sankt Nicolai von Chur zwei Altäre weihte, begab sich anschliessend zu den Dominikanerinnen nach Weesen und gewährte für die Festtage der Patrone Jungfrau Maria, Dominikus und Petrus von Verona[18] einen Ablass[19].

Als 1350 infolge eines schrecklichen Gewitters der wilde Lauibach das Kloster arg verwüstete, stellte der Churer Oberhirte, Ulrich V. Ribi (1331–1355), Augustiner-Eremit[20], zugunsten des geschädigten Klosters einen auf drei Jahre befristeten Ablassbrief aus[21]. So konnte bereits im September des nächsten Jahres dank grosszügiger Spenden die neuerbaute Kirche zu Ehren der heiligen Dreifaltigkeit eingeweiht werden[22].

---

[13] BUB 2, Nr. 1038a.
[14] BUB 2, Nr. 1036a.
[15] Otto P. CLAVADETSCHER – Werner KUNDERT, Das Bistum Chur, in: Helvetia sacra I/1, Bern 1972, S. 506.
[16] ANDERES, Kunstdenkmäler des Kantons St. Gallen 5, S. 323, besonders Anm. 11.
[17] Oskar VASELLA, Geschichte des Predigerklosters in Chur. Von seinen Anfängen bis zu seiner ersten Aufhebung, Paris 1931, S. 18.
[18] Petrus Martyr, geboren 1205, trat mit 16 Jahren in Bologna dem Dominikanerorden bei. Er wurde Prior und päpstlicher Gesandter und wirkte erfolgreich als berühmter Prediger. 1252 wurde er auf einer Missionsreise in der Nähe von Mailand überfallen und erstochen, vgl. Vera SCHAUBER – Hans Michael SCHINDLER, Die Heiligen im Jahreslauf, Hamburg 1985, S. 167ff.
[19] UBSSG 2, Nr. 790.
[20] CLAVADETSCHER-KUNDERT, Das Bistum Chur, in: Helvetia sacra I/1, S. 483f.
[21] ANDERES, Kunstdenkmäler des Kantons St. Gallen 5, S. 326; Urkunde vom 14. August 1350 im Klosterarchiv Weesen: ... *cum igitur area, coemeterium et ecclesia sanctissimae Mariae conventus sororum monialium collegii in Wyden extra muros oppidi in Weesen ... nuper pro dolor per aquarum inundantiam et diluviorum voraginem adeo sint devastata et destituata* ...
[22] Laut Angabe der Weiheurkunde von 1533 im Klosterarchiv Weesen; ANDERES, Kunstdenkmäler des Kantons St. Gallen 5, S. 326.

Die junge Schwesterngemeinschaft von Weesen erfuhr nicht nur von der geistlichen Seite her das Wohlwollen, sondern durfte sich auch der Wertschätzung und Gebefreudigkeit weltlicher Könige und Grafen erfreuen. Gilt Bischof Heinrich III. von Montfort in der Weesener Klostertradition als geistlicher Stifter, so wird der Rapperswiler Graf Rudolf IV. zusammen mit seiner Gemahlin Mechthild als materieller Stifter des Konvents hoch in Ehren gehalten. Graf Rudolf IV.[23], der das Zisterzienserinnenkloster Wurmsbach gestiftet hatte[24], besass auch in Weesen grossen Grundbesitz. Am 1. Februar 1259 schenkte er den armen, gottdienenden Schwestern in Wyden das Feld am See und den Hang mit dem Lauibach samt Zins zu vollem Eigentum und gewährte dem jungen Klösterlein seinen Schutz[25]. Diesen rechtlichen Akt, vorgenommen im Schultheissenhaus zu Rapperswil, beurkundeten unter anderem zwei Prediger von Zürich, Prior Hugo und Heinrich von Galgenen[26]. Im gleichen Jahr vergab Graf Rudolf der Schwesterngemeinschaft ein westlich des Klosters gelegenes Grundstück zu seinem und seiner Eltern Seelenheil[27], und seine Gemahlin Mechthild von Neifen erweiterte 1261 den klösterlichen Besitz mit weiteren Vergabungen[28]. Die wirtschaftliche Sicherung verdankte der Konvent in erster Linie dem Rapperswiler Grafenhaus.

Pfarrgeistliche, welche durch die zahlreichen Klostergründungen im 13. Jahrhundert mit ihren Exemtionen und Privilegien sich in ihren Rechten beeinträchtigt fühlten, suchten diese gegenüber den schwachen Schwesternhäusern umso energischer zu behaupten. Das geschah auch in Weesen, denn wiederholt mussten Streitigkeiten zwischen Kloster, Klerus und Bürgerschaft durch bischöfliche Entscheide geschlichtet werden[29]. Trotz heftiger Anfechtung konnte der Schwesternkonvent die von Rudolf von Habsburg geschenkten Privilegien[30] und die von König Albrecht im Jahre 1300 erteilte Steuerfreiheit sichern[31]. Das Kloster Weesen, das vor allem den Töchtern des Bauern- und Bürgerstandes offenstand, konnte wegen Fehlens eines begüterten Landadels nie zu grossem Wohlstand kommen[32].

---

[23] Beatrix OERTIG, Die Gründung des Klosters, in: Zisterzienserinnen-Abtei Mariazell Wurmsbach, Wurmsbach 1984, S. 20.
[24] OERTIG, Die Gründung des Klosters, S. 19. *ANNO DMI MCCLXII VI. KAL. AUGUSTI OBIIT RUDOLFUS FUND.*, heisst es auf der Gedenkplatte im Kapitelsaal von Wurmsbach.
[25] UBSSG 1, Nr. 482; vgl. Anm. 8.
[26] UBSSG 1, Nr. 482.
[27] UBSSG 1, Nr. 488.
[28] UBSSG 1, Nr. 504.
[29] UBSSG 2, Nr. 1161.
[30] UBSSG 1, Nr. 528.
[31] UBSSG 2, Nr. 904.
[32] ANDERES, Kunstdenkmäler des Kantons St. Gallen 5, S. 324.

Im Zeichen der spätmittelalterlichen religiösen Frauenbewegung baute 1333 Schwester Elsbet Wissin, die zur Gemeinschaft von Weesen gehörte, in Linthal eine Klause[33], die aber bereits 1340 in die Verfügungsgewalt der Franziskaner in Zürich überging[34].

Die Frage der Zugehörigkeit des Weesener Konventes zum Dominikanerorden, beziehungsweise des Übergangs von den Predigerbeginen zu einem regulierten Dominikanerinnenkloster, kann nicht mit Sicherheit bejaht werden. Mit grosser Wahrscheinlichkeit gab der Dominikanermönch Bischof Heinrich III. von Chur den Schwestern der Beginensamnung die Regel des heiligen Augustinus. Aus einer Urkunde vom 7. Januar 1319 erfahren wir nämlich, dass die Schwestern von Weesen auf Anordnung des Churer Generalvikars die Augustinerregel weiterhin befolgen sollten[35]. Im 1288 von Weihbischof Johannes von Litauen ausgestellten Ablassbrief werden der Ordensgründer Dominikus und der Dominikanerheilige Petrus von Verona[36] angeführt[37], was für eine Dominikanisierung spricht. Vermutlich gehörten die Weesener Schwestern dem Zweiten Orden des heiligen Dominikus an. Warum das Kloster im späten Mittelalter nicht dem Orden inkorporiert wurde, wie viele andere Klöster, entzieht sich unserer Kenntnis. Auch besitzen wir keine Dokumente, dass Weesen sich um diese Ordenseingliederung bemüht hätte, wissen aber, dass Bischöfe sie oft ungern zuliessen oder sie sogar verhinderten[38].

1429 nannte sich das Kloster erstmals «Sankt Verena in den Wyden»[39]. Das Dominikanerinnenkloster blieb in all den Jahrhunderten, von wenigen Ausnahmen abgesehen, nach aussen immer nur von örtlicher Bedeutung. Wie zur Zeit der Gründung, so sind auch heute noch die Schwestern von Weesen im Sinne des heiligen Dominikus ganz auf Gott und den Dienst an den Mitmenschen ausgerichtet.

---

[33] Urkundensammlung zur Geschichte des Kantons Glarus, hrsg. von Johann Jakob BLUMER, Band 1, Glarus o.J., Nr. 56.
[34] UB Glarus 1, Nr. 59.
[35] UBSSG 2, Nr. 1161; Anton FRAEFEL, Kreuz und Löwe, Geschichte des Stiftes Schennis und der Landschaft Gaster, Uznach 1903, S. 71.
[36] vgl. Anm. 18.
[37] UBSSG 2, Nr. 790.
[38] Otmar DECKER, Die Stellung des Predigerordens zu den Dominikanerinnen (1207–1267) (Quellen und Forschungen zur Geschichte des Dominikanerordens 31), Leipzig 1935, S. 85–100.
[39] ANDERES, Kunstdenkmäler des Kantons St. Gallen 5, S. 323.

Das Dominikanerinnenkloster St. Peter bei Bludenz

Die Gründungsgeschichte des vorarlbergischen Dominikanerinnenklosters St. Peter verläuft in ähnlichen Bahnen wie die des Konvents von Weesen. Es ist der langsame Übergang von einer Gemeinschaft von Predigerbeginen zu einem regulierten Kloster des heiligen Dominikus.

Als im Jahre 1258 sich das Haus Montfort in eine werdenbergische und montfortische Linie aufteilte, erkannten die Brüder Hartmann und Hugo die Schwäche ihres Gebietes, nämlich das Fehlen städtischer Mittelpunkte. Durch die Gründungen von Bludenz und Sargans wurde der Rückstand aber bald aufgeholt. Bludenz, an einer günstigen Stelle, am Schnittpunkt der Wege zum Arlberg und ins Montafon angelegt, entstand als Stadt auf dem Boden des ehemaligen Dorfes in der Mitte des 13. Jahrhunderts[40].

Bald nach der Gründung von Bludenz gedachte Graf Hugo II., die neue Stadt mit einem Kloster auszustatten, wie es in Feldkirch durch seinen Grossvater geschehen war, der dort eine Johanniterkommende gestiftet hatte[41]. Den ersten Schritt zu einer Klostergründung tat Hugo II. am 25. Mai 1278. Damals schenkte er das Patronatsrecht der Kirche St. Peter bei Bludenz dem Dominikanerinnenkloster Oetenbach bei Zürich[42], wo seine Tochter Sofie den Schleier genommen hatte[43]. Die Vergabung des Kirchensatzes von St. Peter hatte wohl einen doppelten Sinn, nämlich die Ausstattung seiner Tochter Sofie und die Gründung eines Dominikanerinnenklosters in Bludenz mit Schwestern aus dem Oetenbacher Konvent. Nach einer historisch schlecht belegten Tradition lebten zu dieser Zeit bei der Kirche St. Peter Beginen, die sich zu persönlicher Armut und Keuschheit verpflichteten[44]. Ob tatsächlich Schwestern von Oetenbach nach St. Peter kamen, erfahren wir aus den Quellen nicht[45]. Vollends eingerichtet wurde das Bludenzer Kloster erst 1286, als Bischof Friedrich von Chur, der

---

[40] Benedikt BILGERI, Geschichte Vorarlbergs 1, Wien – Köln – Graz ²1976, S. 185ff.
[41] BILGERI, Geschichte Vorarlbergs 1, S. 187.
[42] UBSSG 1, Nr. 687.
[43] Annemarie HALTER, Geschichte des Dominikanerinnenklosters Oetenbach in Zürich 1234–1525, Winterthur 1956, S. 51.
[44] Andreas ULMER, Die Klöster und Ordensniederlassungen in Vorarlberg einst und jetzt. Veröffentlichungen des Vereins für christliche Kunst und Wissenschaft in Vorarlberg und im Westallgäu 14/15, 1926, S. 74.
[45] Die Rechte der Kirche von St. Peter gingen stillschweigend von Oetenbach auf das neue Kloster St. Peter über. Die Beziehungen Oetenbachs zu seinem Tochterkloster wurden in der Folgezeit nicht mehr gepflegt. Zur gleichen Zeit wie die Konstituierung des Konvents von St. Peter vollzog sich ja auch die Übersiedlung des Oetenbacher Klosters nach dem Sihlbühl in Zürich. Genügend beschäftigt mit eigenen Sorgen, konnten die Oetenbacherinnen nicht mehr weiteren Anteil an der Entwicklung des Bludenzer Konventes nehmen. Dazu HALTER, Oetenbach, S. 52.

Sohn des Montforter Grafen Hugo II.[46], den geistlichen Frauen von St. Peter die Regel des heiligen Augustinus gab und die «cura monialium» den Predigern von Chur anvertraute und der Priorin die Vollmacht übertrug, Schwestern zur feierlichen Profess zu führen[47]. Mit einer zweiten Urkunde vom 28. Oktober 1286 schenkte Bischof Friedrich von Chur im Einverständnis mit dem ganzen Domkapitel den Schwestern von St. Peter in Anbetracht ihrer Armut und Frömmigkeit die Kirche von St. Peter[48]. Die beiden Grafen aus dem Geschlecht der Montforter, Hugo II. und Bischof Friedrich von Chur, gelten somit als Stifter des Klosters St. Peter von Bludenz.

Seit 1295 dürfen wir wohl von einem Dominikanerinnenkloster sprechen. In diesem Jahr erhielten nämlich die Schwestern einen grossen Ablassbrief, welchen die Erzbischöfe Peter von Oristano auf Sardinien und Roger von Santa Severina in Unteritalien und die Bischöfe von Amelia, Fano, Cagli, Terracina, Larino, Trivento, Lucerna, Oppido und Croja für die Klosterkirche gewährten, und zwar an den Festen Weihnachten, Ostern, Himmelfahrt, Pfingsten, der glorreichen Jungfrau Maria, des Erzengels Michael, der heiligen Johannes Baptista und Evangelista, der Apostel, des heiligen Dominikus, der seligen Märtyrer Laurentius und Petrus, der heiligen Päpste Nikolaus und Martin, der seligen Jungfrauen Katharina, Margareta und Cäcilia, der seligen Magdalena, Allerheiligen, des Tages der Weihe der Klosterkirche, der Oktaven aller genannten Feste und endlich aller Sonn- und Feiertage[49]. In diesem Ablassbrief steht der heilige Dominikus nach den biblischen Heiligen an erster Stelle, und an den ersten Blutzeugen Laurentius schliesst sich gleich und allein der Predigermönch Petrus von Verona an, den Papst Innozenz IV. (1243–1254) in die Zahl der Heiligen aufgenommen hatte. Daraus ist wohl zu schliessen, dass die Schwestern, die seit 1286 die Augustinerregel befolgten, dem Zweiten Orden der Dominikaner angehörten[50]. 1340 erscheint das Kloster St. Peter erstmals mit der Bezeichnung der Zugehörigkeit zum Predigerorden, und zwar in der Chronik des Minoriten Johannes von Winterthur[51], und eine Urkunde vom 7. November 1348 beweist den eindeutigen Schritt zu einer festen Klosterordnung. Es handelt sich um einen Verzichtbrief, in dem die 14 Schwestern des Konventes für sich und ihre Nachfolgerinnen beschliessen, dass jede Schwester, welche ohne Erlaubnis

---

[46] CLAVADETSCHER-KUNDERT, Das Bistum Chur, in: Helvetia sacra I/1, S. 480.
[47] Die Urkunde ist abgedruckt bei Hermann SANDER, Beiträge zur Geschichte des Frauenklosters St. Peter bei Bludenz, Innsbruck 1901, S. 107f.
[48] Urkunde bei SANDER, Beiträge, S. 108f.; vgl. Anm. 45.
[49] SANDER, Beiträge S. 12f.
[50] SANDER, Beiträge S. 12f. Die Nonnen werden allerdings nur Schwestern von St. Peter genannt.
[51] Hieronymus WILMS, Das älteste Verzeichnis der deutschen Dominikanerinnenklöster (Quellen und Forschungen zur Geschichte des Dominikanerordens 24), 1928, S. 80.

das Kloster verlässt, den Anteil an geistlichen und zeitlichen Gütern verliert. Die 14 Konventualinnen, geleitet von einer Priorin, legten den Verzichtseid in die Hände des Churer Predigerpriors Konrad ab[52].

Während wir über die geistliche Entwicklung des Klosters im späten Mittelalter wenig erfahren, wissen wir mehr über die wirtschaftlichen Verhältnisse. Der anfänglich bescheidene Besitz des Konventes vermehrte sich dank zahlreicher Schenkungen und Ankäufe[53].

Wie das Kloster Weesen wurde auch St. Peter im späten Mittelalter nicht in den Orden der Dominikaner inkorporiert[54], sondern unterstellte sich dem Bischof von Chur. Das Dominikanerinnenkloster durfte von seiten der Churer Bischöfe viele Hulderweise empfangen. Ablässe erteilten Berthold II. von Heiligenberg (1291–1298), Ulrich V. von Lenzburg (1331–1355), Hartmann II. von Werdenberg-Sargans (1388–1416) und Ortlieb von Brandis (1458–1491)[55].

Als im Jahre 1781 wie so vielen anderen Klöstern auch dem stillen, weltabgewandten Klösterlein St. Peter die Aufhebung durch die josephinische Regierung drohte, wurde diese Gefahr noch rechtzeitig abgewandt durch das Angebot der Schwestern, die Mädchen der Stadt unentgeltlich zu unterrichten[56]. Das Kloster, während des Dritten Reiches aufgehoben, wurde 1945 wiedererrichtet.

Das Predigerkloster St. Nicolai in Chur

Das Ringen zwischen Regnum und Sacerdotium, zwischen dem Stauferkaiser Friedrich II. (1194–1250) und den Päpsten Gregor IX. (1227–1241) und Innozenz IV. (1243–1254) stiftete auch in Churrätien Unruhe und Unsicherheit. Die Absetzung des Kaisers durch Papst Innozenz IV. 1245 auf dem Lyoner Konzil löste in den beiden Bistümern Chur und Konstanz heftige Streitigkeiten aus. Der stauferfreundliche Churer Oberhirte, Volkard von Neuburg (1237–1251), warb trotz päpstlicher Exkommunikation für die Sache des Staufers. Auch seine Absetzung als Bischof von Chur, die der Dominikanermönch und päpstliche Bussrichter Heinrich III. von Montfort im Namen des Papstes vorgenommen hatte, vermochte Volkard nicht umzustimmen. Der Kampf um seine eigene Behauptung in Churrätien nahm ihn so in Anspruch, dass die Hirtensorge völlig vernachlässigt wurde und so nach seinem Tod am 16. Oktober 1251 der Churer

---

[52] Urkunde bei SANDER, Beiträge, S. 108f.
[53] ULMER, Die Klöster, S. 75; SANDER, Beiträge, S. 17ff.
[54] WILMS, Verzeichnis, S. 80.
[55] SANDER, Beiträge, S. 14.
[56] SANDER, Beiträge, S. 54ff.

Sprengel in einem bedenklichen Zustand arg darniederlag. Dem Nachfolger Volkards, dem Predigermönch Graf Heinrich III. von Montfort, gelang es in seiner Amtszeit von 1251–1272, das zerrüttete und zerstrittene Bistum wieder zu Frieden und Einheit zu führen[57]. Eine kluge Kirchenpolitik und eine wohlwollende Haltung den Klöstern gegenüber liessen das Bistum zu neuem Leben erstarken, und Bischof Heinrich lag viel daran, durch eine umfassende Seelsorge eine sittliche und religiöse Hebung des Volkes zu erreichen. Weil die Weltgeistlichen dieser Aufgabe allerdings nicht gewachsen waren und es mit den Klöstern im Bistum auch nicht gut stand, mussten die neuen Kräfte ausserhalb des Bistums gesucht werden. Man fand sie in den Mendikanten, die damals ganz Europa zu einem neuen Aufbruch verhalfen.

Die Dominikanerprovinz Teutonia wurde im Jahre 1221 auf dem zweiten Generalkapitel in Bologna vom Ordensstifter Dominikus selber gegründet. Das älteste Kloster im Gebiet der Teutonia war dasjenige zu Friesach in Kärnten. In kurzer Zeit folgten viele Gründungen in Städten und an bedeutenden Verkehrs- und Handelsstrassen. Der erste Konvent auf Schweizer Boden entstand 1229 in Zürich, vier Jahre später erhielt Basel und 1234 Lausanne ein Predigerkloster. Der Konstanzer Konvent, der sich zum Mittelpunkt der süddeutschen Dominikanerkultur und Mystik entwickelte, bildete sich 1230 aus dem Predigerkloster Zürich. Um 1262 liessen sich die weissen Mönche in Genf nieder, Bern erhielt 1269 sein erstes Dominikanerkloster, und in Chur zogen die Predigermönche 1277 ein. Geographisch stand das rätische Kloster den Konventen in Zürich, Konstanz und Basel am nächsten, jenen Konventen also, die an alten Verkehrsstrassen lagen, die über Chur zu den Bündner Pässen führten[58]. An Bedeutung innerhalb des Ordens stand das Dominikanerkloster in Chur allerdings hinter allen Schweizer Konventen zurück, spielte aber als einziges männliches Predigerkloster im Bistum Chur vor allem in der Seelsorge eine nicht geringe Rolle[59].

Mendikanten in die Bischofsstadt Chur zu holen, war wohl die Idee des Bischofs Heinrich III. von Montfort, der dem Dominikanerorden angehörte. Die Ausführung gelang aber erst seinem Nachfolger Konrad III. von Belmont, der die Alpendiözese von 1273 bis 1283 regierte[60]. Im Jahre 1277, als in Regensburg das Provinzialkapitel der Dominikaner stattfand, wandten sich Bischof Konrad und sein Domkapitel an den Provinzial mit der Bitte um eine Dominikanerniederlassung in Chur. Ulrich von Wädenswil, ein Prediger aus dem Zürcher Kon-

---

[57] Urban AFFENTRANGER, Die Bischöfe von Chur in der Zeit von 1122–1250, phil. Diss. Salzburg, Chur 1975, S. 168–185; DERS., Bischof Heinrich III., BM 1977, S. 209–240.
[58] Ludwig SUTTER, Die Dominikaner-Klöster auf dem Gebiet der heutigen Schweiz im 13. Jahrhundert, Luzern 1893, S. 28–100.
[59] VASELLA, St. Nicolai, S. XI.
[60] CLAVADETSCHER-KUNDERT, Das Bistum Chur, in: Helvetia sacra I/1, S. 480.

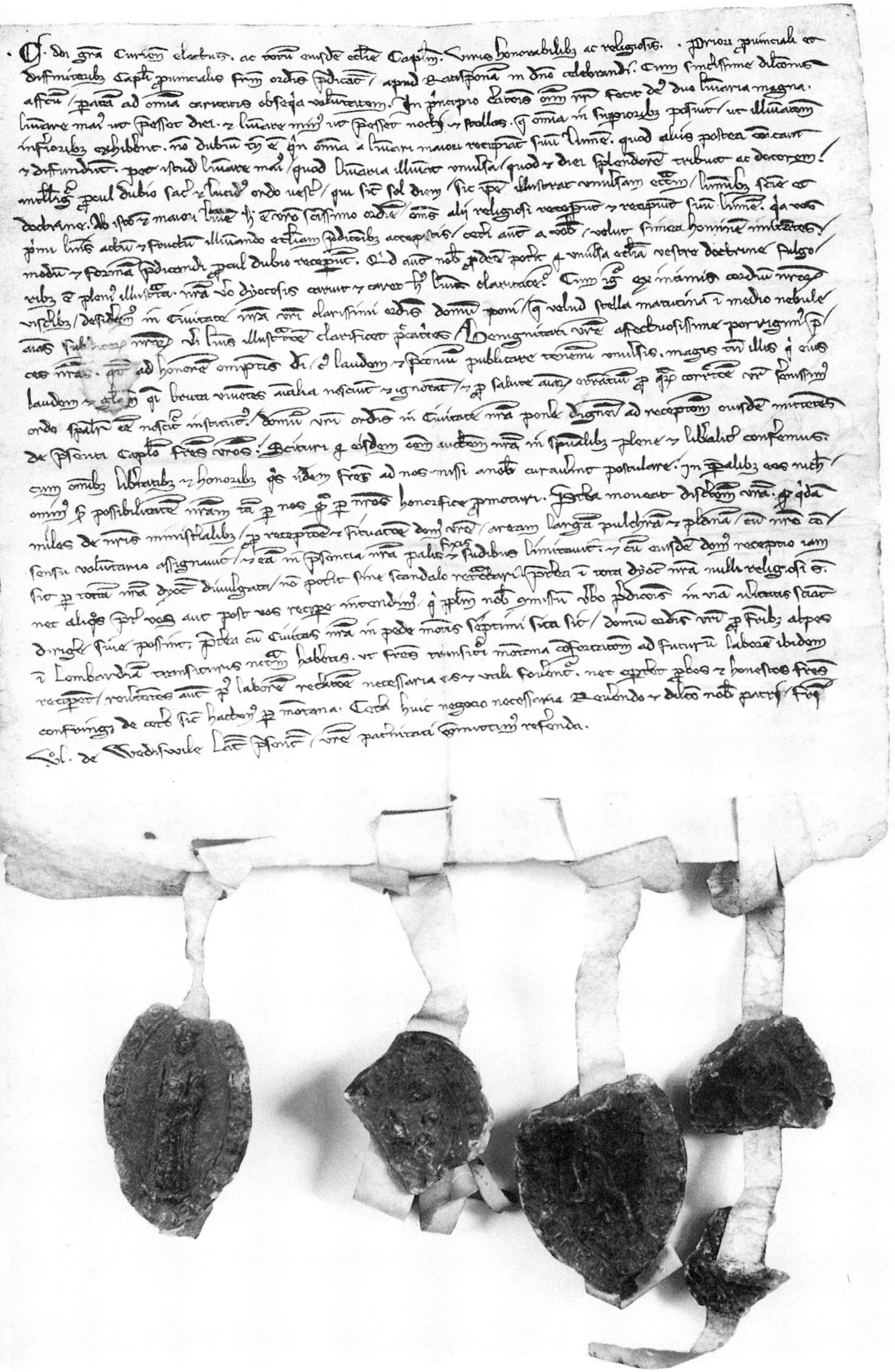

Abb. 2 Gesuch Bischof Konrads von Chur an das Provinzialkapitel der Dominikaner in Regensburg um Errichtung eines Klosters in Chur (1277). Original im Bischöflichen Archiv Chur.

vent, überbrachte das bischöfliche Gesuch⁶¹. Die Notwendigkeit einer Niederlassung in Chur suchten Bischof und Domkapitel mit zahlreichen Gründen zu rechtfertigen. Alles sei bestens vorbereitet. Auch die Frage des Platzes sei durch eine grosszügige Schenkung gelöst, betonte Bischof Konrad nachdrücklich⁶². Der Churer Oberhirte wies auch auf die Lage der Stadt Chur am Wege zum Septimerpass hin. Allen diesen Gründen voran und in den Mittelpunkt seiner Bitte stellte der Oberhirte die religiöse Not seines Volkes⁶³.

Nach Annahme des Bittgesuches⁶⁴ wurde der Churer Konvent der Provinz Teutonia zugerechnet, die schon 1277 über 50 Männer- und 40 Frauenkonvente umfasste⁶⁵. Woher die ersten Mönche nach Chur kamen, erfahren wir aus den Quellen nicht, doch ist wohl anzunehmen, dass die Klöster Zürich und Konstanz bei der Gründung in Chur mithalfen⁶⁶.

Die Art der Berufung, nämlich auf Bitten des Diözesanbischofs, verhiess dem neuen Konvent in Chur einen günstigen Anfang. Bischof und Kapitel waren gehalten, die neue Stiftung gegen Übergriffe besonders von seiten des Weltklerus in Schutz zu nehmen⁶⁷. Die Bedeutung des Churer Mendikantenklosters lag in erster Linie in der Entfaltung seiner seelsorglichen Kräfte für das Bistum; deswegen erhielt es auch während der ganzen Dauer stete Unterstützung von den Churer Oberhirten⁶⁸.

Wie in Zürich und Basel baute man das Kloster zuerst ausserhalb der Stadtmauern. In Chur muss 1280 bereits ein einfacher Holzbau bestanden haben, und zwar auf dem Grundstück, das der Ministeriale Ulrich von Flums dem Bischof zur Gründung geschenkt hatte⁶⁹. 1288 verlegte man das Kloster in die Stadt. Am 6. Dezember 1288 weihte der Dominikaner-Bischof Johannes von Litauen zwei Altäre der neuen Klosterkirche⁷⁰, und im gleichen Jahr erhielten die Prediger die Exemtion von der bischöflichen Gerichtsbarkeit⁷¹. 1299 war der Kirchenbau vollendet, der besonders durch grosszügige Unterstützung des Kirchenvolkes zustande gekommen war⁷². Bischof Siegfried weihte am 26. April

---

[61] BUB 3, Nr. 1077; Vasella, St. Nicolai, S. 89f.
[62] BUB 3, Nr. 1077.
[63] BUB 3, Nr. 1077.
[64] Vasella, St. Nicolai, S. 6 Anm. 1.
[65] Sutter, Die Dominikaner-Klöster, S. 18.
[66] Vasella, St. Nicolai, S. 5 Anm. 7.
[67] Vasella, St. Nicolai, S. 7.
[68] Vasella, St. Nicolai, S. 7ff. Der Churer Konvent erhielt eine weitgehend privilegierte Stellung.
[69] BUB 3, Nr. 1077; Vasella, St. Nicolai, S. 8.
[70] BUB 3, Nr. 1194.
[71] Papst Nikolaus IV. nahm am 28. Juli 1288 die Exemtion vor und unterstellte den Predigerorden mit seinen Kirchen direkt dem päpstlichen Stuhle. BUB 3, Nr. 1189.
[72] BUB 3, Nr. 1291.

1299 fünf Altäre, den Hauptaltar zu Ehren der heiligen Nikolaus, Dominikus und Augustinus[73].

Über das innerklösterliche Leben geben uns die Quellen wenig Auskunft. Die Mönche nahmen in der ganzen Diözese die Predigt- und Seelsorgetätigkeit auf und wurden von den Bischöfen sehr gefördert, was ihnen aber den Unmut der Weltgeistlichen einbrachte. Die Bischöfe munterten die Gläubigen von Chur des öfteren auf, bei den Dominikanern die Gottesdienste zu besuchen[74]. Mit dem Umfang ihrer Seelsorge wuchsen Einfluss und Ansehen des Klosters, das um die Mitte des 14. Jahrhunderts die höchste Blüte erreichte[75]. Die Beliebtheit der Churer Dominikaner im Volk beweisen die zahlreichen Jahrzeitstiftungen, besassen die Prediger doch schon sehr früh das Begräbnisrecht[76]. Bischof Siegfried von Chur (1298–1321) war es, der den Predigern von Chur die «cura monialium» jener Schwesterngemeinschaften im Bistum anvertraute, die nach der Regel des heiligen Augustinus lebten[77]. Mit der Übernahme der Schwesternseelsorge verpflichteten sich die Mönche von St. Nicolai, die gottesdienstlichen Funktionen vorzunehmen, über die Beobachtung der Regel zu wachen und durch Lehrvorträge und Predigten die Frauen zu einem theologisch gut fundierten klösterlich-asketischen Leben zu erziehen. So gewannen die Prediger einen bedeutenden Einfluss auf das geistliche und wirtschaftliche Leben der ihnen unterstellten Frauenklöster[78].

Im 15. Jahrhundert wichen die Churer Dominikaner immer mehr vom Armutsideal ihres Gründers ab, und in Verbindung mit weiteren Umständen begann die klösterliche Zucht zu zerfallen. 1538 wurde das Kloster, das im Bereich der Bistumsseelsorge und der religiösen Erziehung Grosses geleistet hatte, in den Wirren der Glaubensspaltung aufgehoben[79]. Mit Chur fiel der letzte Konvent der Dominikaner auf dem Gebiete der Schweiz.

An dieser Stelle sei noch erwähnt, dass in der zweiten Hälfte des 13. Jahrhunderts im Engadin, bei der Kirche St. Nikolaus in Chapella bei S-chanf, ein Hospiz[80] entstand, das, wie aus einem originalen Testament von 1259 indirekt zu erfahren ist, von einem Prediger aus dem Dominikanerkonvent St. Johannes in Como geführt wurde[81]. Urkunden aus der ersten Hälfte des 14. Jahrhunderts

---

[73] BUB 3, Nr. 1291.
[74] VASELLA, St. Nicolai, S. 12.
[75] VASELLA, St. Nicolai, S. 17ff.
[76] BUB 3, Nr. 1291.
[77] VASELLA, St. Nicolai, S. 112, Nr. 29.
[78] VASELLA, St. Nicolai, S. 21.
[79] VASELLA, St. Nicolai, S. 67–82.
[80] Christoph SIMONETT, Ein Urkundenfund zum Hospiz in Capella bei S-chanf. BM 11/12, 1965, S. 292–316.
[81] SIMONETT, Ein Urkundenfund, S. 310.

sprechen sogar von *dicta capella et eius confratres*[82]. Es müssen also mehrere Dominikaner aus Como im Hospiz tätig gewesen sein. Oberhalb der Vallemberbrücke gelegen, über die sowohl die Hauptstrasse ins Unterengadin und zum Ofenpass als auch der Weg ins Sulsanatal und zum Scalettapass führten, wurde das Hospiz von vielen Kaufleuten, Pilgern und Wanderern als willkommene Herberge wohl sehr geschätzt.

Predigerbeginen von Schänis, Sargans, Walenstadt und Altenstadt

Die Geschichte des Beginenwesens[83] im späten 13. Jahrhundert ist vor allem bestimmt durch sein Verhältnis zu den Bettelorden. Die neu entstandenen Mendikantenorden, die aus der gleichen religiösen Bewegung hervorgegangen waren wie die Beginen, eigneten sich von der Spiritualität her sehr, die Frauenbewegung des späten Mittelalters aufzufangen und in die richtigen Bahnen zu lenken[84]. Nach anfänglichem Sträuben nahmen sich schliesslich beide Bettelorden willig der Frauenseelsorge an, so dass sich zahlreiche einstige Beginengemeinschaften in Dominikanerinnen- oder Klarissenklöster umwandelten. Die Predigerbeginen folgten der Regel, die der Ordensgeneral Munio von Zamora 1285 verfasst hatte für die Brüder und Schwestern von der Busse, die sich dem Dominikanerorden anschliessen wollten[85]. Gemeinschaften von Predigerbeginen finden wir auch in Churrätien, so in Schänis, Sargans, Walenstadt und im vorarlbergischen Altenstadt.

Um die Mitte des 13. Jahrhunderts entstand in Schänis eine Samnung von Schwestern, die unter einer Priorin ein gemeinsames asketisches Leben führten und wahrscheinlich von den Dominikanern aus Zürich geistlich betreut wurden[86], wie die Beginen von Weesen. Die Existenz zweier Samnungen, Weesen und Schänis, mag wohl einer der Gründe gewesen sein, die Schäniser Beginen in eine Gegend umzusiedeln, wo es noch keine gab, nämlich nach Aarau. Diese Verlegung geschah offenbar nicht ohne Zutun der Dominikaner von Zürich und namentlich auch des kyburgischen Grafenhauses und seiner Erben, die ihre Herrschaftsrechte in Schänis wie in Aarau ausübten, dort als Kastvögte des Frauenstiftes, hier als Stadtherren[87].

[82] SIMONETT, Ein Urkundenfund, S. 310.
[83] GRUNDMANN, Religiöse Bewegungen, S. 199–354.
[84] Brigitte DEGLER-SPENGLER, Die Beginen in Basel. Basler Zeitschrift für Geschichte und Altertumskunde 69, 1969, S. 5ff.
[85] DEGLER-SPENGLER, Die Beginen in Basel, S. 31.
[86] UBSSG 1, Nr. 509. Für Hinweise und Quellenmaterial danke ich Herrn lic. phil. Ursus Brunold vom Staatsarchiv Graubünden in Chur recht herzlich.
[87] Georg BONER, Vom einstigen Frauenkloster in der Halde. Aarauer Mappe, o.O., 1958.

Die Übersiedlung vollzog sich im Jahre 1270, denn am 26. Februar dieses Jahres übergaben der Schultheiss und die Ratsherren von Aarau den Schwestern von Schänis eine Hofstatt an der Halde der Stadt[88]. Die Stadtherrin, Gräfin Elisabeth von Kyburg, sprach am 15. Juli 1270 ihre Zustimmung zum Klosterbau und den Verzicht auf ihre Rechte an der geschenkten Hofstatt aus[89]. Graf Hugo von Werdenberg billigte die Übersiedlung der Schwestern von Schänis nach Aarau und verlieh als Vormund der Erbtochter Anna von Kyburg der neuen Stiftung Steuerfreiheit[90]. Auch die Einwilligung der kirchlichen Behörden liess nicht lange auf sich warten. Bischof Eberhard von Konstanz nahm zu Beginn des Jahres 1271 Priorin und Konvent in seinen Schutz, während im folgenden Frühjahr ihr bisheriger Oberhirte, Bischof Heinrich von Chur, auf Bitten des Priors und der Predigerbrüder von Zürich, die die «cura monialium» übernahmen, zugunsten der Schwestern einen Ablass gewährte[91].

Die Ansicht einiger Historiker[92], die Schwestern der neugegründeten Aarauer Siedlung seien aus dem Damenstift Schänis gekommen, lässt sich wohl kaum halten. Die Zahl der dort lebenden adligen Frauen war ja sehr klein, und der Konvent in Aarau trägt von der Gründung an durchaus bürgerlichen Charakter.

Auch in Sargans fanden sich fromme Frauen, sogenannte Klausnerinnen, zu einer Gemeinschaft zusammen. Das erste uns überlieferte urkundliche Zeugnis stammt aus dem Jahre 1342[93]. Damals verkaufte der Ammann von Maienfeld den geistlichen Frauen und Klausnerinnen zu Sargans Güter in Maienfeld[94]. Aus einem 1357 vom Prior von Chur unterzeichneten Kaufvertrag erfahren wir indirekt, dass die «cura monialium» bei den Predigern von Chur lag[95]. In dieser Urkunde wird nicht nur der Name des Churer Priors angeführt, sondern auch der des Grafen Rudolf von Werdenberg, der wohl als materieller Förderer der Sarganser Predigerbeginen anzusehen ist[96]. Die Gemeinschaft, der eine Prio-

---

[88] UBSSG 1, Nr. 565.
[89] UBSSG 1, Nr. 571.
[90] UBSSG 1, Nr. 561.
[91] UBSSG 1, Nr. 579; BUB 2, Nr. 1022a; Ludwig BAUR, Die Ausbreitung der Bettelorden in der Diözese Konstanz. Freiburger Diözesanarchiv, Neue Folge 29, 1901, S. 67; PFISTER, Kirchengeschichte 1, S. 297.
[92] ANDERES, Die Kunstdenkmäler des Kantons St. Gallen 5, S. 160. Nach Anderes soll es zwischen den freiweltlichen und reformfreudigen Damen eine Spannung gegeben haben. Die reformfreudigen Frauen zogen nach Aarau, um dort der strengeren Regel zu folgen.
[93] Karl WEGELIN, Die Regesten der Benedictiner-Abtei Pfävers und der Landschaft Sargans, Chur 1850, Nr. 156; Arnold NÜSCHELER, Die Gotteshäuser der Schweiz, Bistum Chur, Zürich 1864, S. 17; Franz PERRET, 1100 Jahre Pfarrei Sargans, Mels 1950, S. 59f.
[94] WEGELIN, Regesten, Nr. 156.
[95] WEGELIN, Regesten, Nr. 215.
[96] WEGELIN, Regesten, Nr. 215. Weiteres über Rudolf von Werdenberg bei Benedikt BILGERI, Geschichte Vorarlbergs 2, Wien – Köln – Graz 1974, S. 50ff.

rin vorstand, blieb immer klein. 1347 waren es sieben Schwestern, 1357 eine Priorin mit drei Schwestern[97]. Am Ende des 14. Jahrhunderts löste sich die Gemeinschaft auf, denn am 29. April 1394 wurde die Klause der Kaplanei Allerheiligen in Sargans als Dotation angewiesen[98]. Vermutlich lebten die Klausnerinnen nach der Dritten Regel des heiligen Dominikus.

Ebenfalls im Zeichen der religiösen Frauen- und Armutsbewegung des späten Mittelalters kam es in Walenstadt zu Beginn des 14. Jahrhunderts zur Gründung einer kleinen Gemeinschaft von Beginen, die erstmals am 2. Mai 1319 urkundlich bezeugt sind[99]. Damals ratifizierte der Richter der Kirche von Chur eine Vereinbarung zwischen der Abtei Pfäfers und den Klausnerinnen von Walenstadt[100]. Weil die Synode von Vienne 1311/12 unter Papst Clemens V. sich in zwei Canones gegen das Beginenwesen wandte und ihren Weiterbestand verbot, wenn sie sich nicht einer approbierten Regel zuwendeten, schlossen sich die Schwestern von Walenstadt dem Predigerorden an und übergaben die Seelsorge den Mönchen von St. Nicolai[101]. Über die Weiterentwicklung der Predigerbeginen von Walenstadt wissen wir nichts. Um die Mitte des 15. Jahrhunderts starb das Klösterlein aus, denn die Gebäulichkeiten verkaufte der Prior von Chur am 9. November 1451 dem Schultheissen und Rat von Walenstadt[102], die sich in dieser Urkunde verpflichteten, für die verstorbenen Schwestern eine ewige Messe zu stiften[103]. Am Ende des 15. Jahrhunderts wurde die ehemalige Beginensiedlung wieder mit klösterlichem Leben gefüllt, und zwar mit Frauen des Dritten Ordens des heiligen Dominikus. Am 23. Februar 1492 übergab der Generalmeister des Dominikanerordens, Joachim Turriani, die Bussschwestern des heiligen Dominikus von Walenstadt der Leitung des Dominikanerklosters von Chur[104]. Das Frauenklösterlein, das nie eine wirtschaftliche und geistliche Blüte erreichte, löste sich im 16. Jahrhundert auf[105].

Das heute noch existierende Dominikanerinnenkloster Altenstadt in Vorarlberg ging ebenfalls aus einer Beginengemeinschaft hervor. In der ersten Hälfte des 15. Jahrhunderts wohnten in einem Hause in Altenstadt unter einer Meisterin einige Reklusinnen. Sie bauten eine eigene Kapelle, welche sie 1442

---

[97] NÜSCHELER, Die Gotteshäuser, S. 17f.
[98] NÜSCHELER, Die Gotteshäuser, S. 18; PERRET, Pfarrei Sargans, S. 60.
[99] UBSSG 2, Nr. 1167.
[100] UBSSG 2, Nr. 1167.
[101] VASELLA, St. Nicolai, S. 125, Nr. 49.
[102] Urkunde abgedruckt bei VASELLA, St. Nicolai, S. 125, Nr. 49.
[103] VASELLA, St. Nicolai, S. 125, Nr. 49.
[104] VASELLA, St. Nicolai, S. 140, Nr. 68.
[105] Ildefons v. ARX, Geschichten des Kantons St. Gallen 3, St. Gallen 1813, S. 303; NÜSCHELER, Gotteshäuser, S. 18.

vom Churer Weihbischof Johannes Nell[106] einweihen liessen[107]. Am 22. Dezember 1474 erhielt die Gemeinschaft auf Ansuchen ihrer Vorsteherin Anna Robenberger von drei römischen Kardinälen mehrere Ablässe[108]. 1552 nahmen die Schwestern die Regel des Dritten Ordens des heiligen Dominikus an, und im Jahre 1640 gab der Churer Fürstbischof, Johannes VI. Flugi von Aspermont, dem die Gemeinschaft unterstand, ihr die Regel des Zweiten Ordens[109].

Vom Eusebiusgrab zum Minoritenkloster St. Viktorsberg

Über Weiler im vorarlbergischen Vorderland, hoch auf einer Berglehne mit prachtvoller Aussicht über das Rheintal und die Schweizer Berge, steht das ehemalige Minoritenkloster St. Viktorsberg[110]. Der Name leitet sich vom Kirchenpatron, dem heiligen Papst und Märtyrer Viktor her, dessen Haupt dort in einem Reliquiar verehrt wird[111]. Man vermutet, dass die Reliquien vom Churer Dynastengeschlecht der Viktoriden von Rom auf den Viktorsberg gebracht wurden[112]. In Verbindung zu dieser Kirche hielt sich auf diesem Berg ein irischer Rekluse namens Eusebius[113] auf sowie eine irische Mönchsgemeinschaft, wie wir aus einer Urkunde von 882 erfahren[114]. Auf Wunsch des Einsiedlers, der zum Kloster St. Gallen enge Kontakte pflegte[115], schenkte Kaiser Karl III. am 23. September 882 den Viktorsberg samt Besitzungen dem Kloster St. Gallen[116], um den kleinen Irenkonvent dadurch unter den unmittelbaren Schutz der Abtei zu stellen und den Bestand für längere Zeit zu sichern[117]. Nach dem Tode des heiligen Eusebius am 31. Januar 884 löste sich aber der Konvent langsam auf, ist doch in einer Urkunde vom 23. Juli 896[118] das Bestehen des Irenkonventes mit

---

[106] CLAVADETSCHER-KUNDERT, Das Bistum Chur, in: Helvetia sacra I/1, S. 509.
[107] ULMER, Die Klöster, S. 89. Weiteres über Altenstadt siehe Ludwig RAPP, Topographisch-historische Beschreibung des Generalvikariates Vorarlberg 1, Brixen 1894, S. 326–343.
[108] ULMER, Die Klöster, S. 89.
[109] ULMER, Die Klöster, S. 90; Dagobert FREY, Die Kunstdenkmäler des politischen Bezirkes Feldkirch, Wien 1958, S. 281.
[110] FREY, Kunstdenkmäler Feldkirch, S. 544; Alemania Franciscana Antiqua 3, Landshut 1957, S. 91–101.
[111] Viktor WRATZFELD, Eusebius am Viktorsberg (Schriften zur vorarlbergischen Landeskunde 11), Dornbirn 1975, S. 35 und 37.
[112] WRATZFELD, Eusebius, S. 37.
[113] Näheres über Eusebius bei Johannes DUFT, Der Ire Eusebius auf dem Viktorsberg, Montfort 8, 1956, S. 3–12; WRATZFELD, Eusebius, S. 15–60.
[114] UBSG 2, Nr. 623.
[115] WRATZFELD, Eusebius, S. 25f.
[116] UBSG 2, Nr. 623.
[117] WRATZFELD, Eusebius, S. 47.
[118] UBSG 2, Nr. 705.

keinem Wort mehr erwähnt, und auch in der Folgezeit sind keinerlei Nachrichten nachzuweisen[119].

Zum Grab des heiligen Eusebius, der eines gewaltsamen Todes starb[120], pilgerten bald viele Gläubige und Hilfesuchende[121]. Der grosse Zudrang zur Grabstätte auf dem Viktorsberg dürfte Graf Rudolf IV. von Montfort, dessen Vorfahren die Güter und die Kirche von St. Viktor erworben hatten[122], bewogen haben, an dieser heiligen Stätte wieder ein Kloster erstehen zu lassen[123]. Durch die Stiftungsurkunde vom 13. September 1388[124] vergabte Rudolf IV. von Montfort ein von ihm erbautes Kloster auf dem St. Viktorsberg dem Orden der Minderbrüder der oberdeutschen Provinz[125], versah es mit stattlichen Gütern[126] und bestimmte den Ammann der gräflichen Stadt Feldkirch zum Pfleger und Kastvogt[127], weil den Franziskanern verfassungsgemäss nicht das Eigentumsrecht, sondern nur das Nutzungsrecht zustand. Durch Käufe und Schenkungen gewann das Kloster im Lauf der Zeit zur ursprünglich gestifteten Ausstattung noch manche Güter hinzu[128]. 1390, nach dem Tode des Stifters, nahm sich das Haus Österreich, das die Herrschaft über Feldkirch antrat, der Minoritenniederlassung tatkräftig an[129]. Leider wissen wir über das spätmittelalterliche Kloster sehr wenig. Denn zweimal wurde es ein Opfer der Flammen, die den Archivbestand grösstenteils vernichteten[130]. Als das Konzil von Trient den Ordenszweig der Konventualen, dem Viktorsberg immer zugehörte, als besitzfähig «in communi» erklärt hatte, gab endlich 100 Jahre später, 1650, der Magistrat von Feldkirch nach langen Streitigkeiten die Güterverwaltung an den Guardian ab[131]. Durch kaiserlichen Beschluss vom 22. Januar 1785 erfolgte die Aufhebung des Barfüsserklosters[132], das natürlich nie die Bedeutung der Minoritenniederlassungen in den Städten erreichte.

[119] WRATZFELD, Eusebius, S. 48.
[120] Eusebius sei, so berichtet die Legende, in Brederis bei Rankweil mit einer Sense ermordet worden, und zwar von Bauern, die er wegen Sonntagsarbeit tadelte. Er habe dann sein abgeschlagenes Haupt selbst auf den Viktorsberg getragen, siehe WRATZFELD, Eusebius, S. 89–106.
[121] WRATZFELD, Eusebius, S. 89 ff.
[122] ULMER, Die Klöster, S. 44.
[123] Alemania Franciscana Antiqua 3, S. 92.
[124] Abdruck der Urkunde in: Jahresbericht des Vorarlberger Museums-Vereines 20, Bregenz 1895, S. 58 f.; BILGERI, Geschichte Vorarlbergs 2, S. 410 Anm. 2.
[125] St. Viktorsberg gehörte mit Lindau, Konstanz, Zürich, Luzern und anderen zum Bereich der Custodie Bodensee, vgl. EUBEL, S. 11.
[126] Vgl. Urkunde Anm. 124.
[127] Vgl. Urkunde Anm. 124.
[128] ULMER, Die Klöster, S. 45.
[129] ULMER, Die Klöster, S. 45. Die Kastvogtei blieb weiterhin der Stadt Feldkirch.
[130] Alemania Franciscana Antiqua 3, S. 94.
[131] Alemania Franciscana Antiqua 3, S. 93.
[132] Alemania Franciscana Antiqua 3, S. 96 f. Weiteres über St. Viktorsberg siehe FREY, Kunstdenkmäler Feldkirch, S. 544–552.

Valduna – von der Einsiedelei zum Klarissenkloster

Im abgeschiedenen Tal zwischen Rankweil, Göfis und Satteins blühte durch vier Jahrhunderte ein Klarissenkloster, das, wenn auch mit äusseren Glücksgütern nicht gesegnet, sich während der ganzen Zeit seines Bestandes durch eine musterhafte Ordenszucht auszeichnete und in Churrätien einen segensreichen Einfluss ausübte. Leider musste dieses Klarissenkloster Valduna, wie viele andere Ordensniederlassungen, dem josephinischen Klostersturm weichen[133].

«Das Gotteshaus und Kloster Valduna, genannt zu den güldenen Mühlen S. Claren Ordens[134]... hat seinen Anfang und Ursprung von anno 1388. Sein Stifter und Grundherr war der hochwohlgeborene Graf Rudolf von Montfort, ein Herr dieses Landes[135].» So lesen wir in der Vorrede des Jahrzeitbuches von Valduna aus dem 17. Jahrhundert. Für ihren Stifter, Graf Rudolf IV. von Montfort, feierten die Klarissen von Valduna jeweils in der zweiten Maiwoche den Jahrestag mit Amt und Offizium bis zur Klosteraufhebung im 18. Jahrhundert[136].

Über den Ursprung dieses Klosters existiert eine liebliche Wundererzählung. In Valduna soll nämlich ein Einsiedler gelebt haben, der eines Tages Choralgesang hörte und eine Schar von Schwestern sah, die siebenmal am Tag[137] Gott mit schönen Melodien lobten und priesen[138]. Die schriftliche, historisch gesicherte Überlieferung der Gründungsgeschichte setzt erst im 14. Jahrhundert ein[139]. Ein reicher Kaufmann aus Brixen, Marquard von Tegernsee, ging um 1380 durch den Wald von Valduna und wurde von einem Blitzschlag überrascht. Weil er mit dem Schrecken davonkam, entschloss er sich an dieser Stelle zu einem Einsiedlerleben[140]. Graf Rudolf IV. von Montfort, der Herr des Landes, erlaubte dem Reklusen den Bau einer Zelle und einer Kapelle. Als sich dem Einsiedler weitere Gefährten anschlossen, stellte der Montforter der Einsiedelei zwei Stif-

---

[133] Eine umfassende Klostergeschichte verfasste Anton LUDEWIG, Das ehemalige Klarissenkloster in Valduna, Valduna 1922. Eine kurze, illustrierte Beschreibung finden wir in Alemania Franciscana Antiqua 18, Landshut 1973, S. 46–73.

[134] Im Wald von Valduna sprudelte eine frische Quelle, die den Namen *güldene Quelle* erhielt. Alemania Franciscana Antiqua 18, S. 48 Anm. 4.

[135] LUDEWIG, Valduna, S. 9.

[136] Alemania Franciscana Antiqua 18, S. 48. Graf Rudolf IV., der im Pestjahr 1383 das Minoritenkloster St. Viktorsberg gestiftet hatte, war auch in den letzten Jahren seines Lebens in glänzender Weise ein *fürdrer göttlicher uebung und sach und siner armen lüt.*, vgl. BILGERI, Geschichte Vorarlbergs 2, S. 128.

[137] Gemeint sind die sieben Gebetszeiten des monastischen Stundengebetes.

[138] ULMER, Die Klöster, S. 78 f.

[139] Vgl. die Urkunden bei Josef BERGMANN, Archiv für Kunde österreichischer Geschichtsquellen, Wien 1859, Nr. 45 f.

[140] LUDEWIG, Valduna, S. 7 f.; Alemania Franciscana Antiqua 18, S. 48 Anm. 4.

terbriefe aus, datiert vom 23. Juni 1388 und vom 6. September 1389, worin er der Klause ein eigenes Besitztum anwies und Bruder Marquard und seinen Nachfolgern für alle Zukunft weitgehende Rechte zusicherte und bestimmte, falls sich einmal keine Einsiedler mehr für diesen Ort finden sollten, dass auch Schwestern die Nachfolge antreten könnten[141]. Wohnung und Kapelle waren aufgebaut und alles schien einen guten Verlauf zu nehmen, da verliess Bruder Marquard mit seinen Gefährten heimlich wieder diesen Ort[142]. Da sich keine Einsiedler mehr fanden, dachte Rudolf IV. selbst an eine Besiedlung dieser Stätte. Als besonderer Verehrer des heiligen Franziskus und Gründer des Minoritenklosters St. Viktorsberg[143] nahm Graf Rudolf 1390 mit dem Provinzial der Minoriten der Strassburger Provinz, P. Marquard von Lindau, Kontakt auf[144]. Der Provinzial konnte bald eine bindende Zusage machen und holte die ersten Schwestern für die Valduna-Gründung aus dem appenzellischen Grimmenstein[145], wo Terziarinnen nach der Regel des heiligen Franziskus lebten[146]. Als mitten in den Planungsgesprächen Graf Rudolf IV. am 17. November 1390 in Fussach starb, konnte der Provinzial die Schwestern von Grimmenstein dennoch bewegen, die Pläne der Neugründung im festen Vertrauen auf göttliche und menschliche Hilfe aufzunehmen. Am 14. August 1391 trafen drei Klosterschwestern in Valduna ein und begannen dort im Geiste des heiligen Franziskus ein klösterliches Leben[147]. Trotz grosser Notlage hielten die Schwestern durch und bauten mit Hilfe grosszügiger Spenden das neue Kloster auf[148]. Während man den Bau des Klosters vorantrieb, unterliess man es nicht, bei Herzog Leopold IV. von Österreich, an den die montfortischen Besitzungen grösstenteils übergegangen waren, eine Bestätigung der von Rudolf IV. von Montfort erhaltenen Begünstigungen zu erlangen. In diesem sogenannten dritten Stiftungsbrief bekamen die Schwestern am 7. April 1393 alle Rechte und Freiheiten, deren sich die Gotteshäuser in den österreichischen Landen erfreuten. Auch ein eigener Friedhof mit dem freien Begräbnisrecht wurde bewilligt[149].

[141] Vgl. Anm. 139.
[142] Alemania Franciscana Antiqua 18, S. 50f. Weder über den Grund der Abreise noch von einem neuen Aufenthaltsort ist etwas Näheres bekannt.
[143] Vgl. Anm. 136.
[144] P. Marquard war Lektor der Theologie in Würzburg, dann Kustos; am 19. November 1389 wurde er zum Provinzial gewählt. Alemania Franciscana Antiqua 18, S. 51.
[145] 1378 errichteten die drei Beginen Anna und Adelheid Meyer aus Berneck sowie Anna Hug aus Feldkirch auf der Hofstatt Aeschbach eine Klause zu gemeinschaftlichem Leben unter der Leitung der oberdeutschen Franziskaner ein, vgl. Rainald FISCHER, Die Kunstdenkmäler des Kantons Appenzell Innerrhoden (Die Kunstdenkmäler der Schweiz 74), Basel 1984, S. 522.
[146] Alemania Franciscana Antiqua 18, S. 99ff.
[147] ULMER, Die Klöster, S. 79.
[148] Alemania Franciscana Antiqua 18, S. 52f.
[149] Die Urkunde ist abgedruckt bei LUDEWIG, Valduna, S. 19f.

1394 bezogen sechs Schwestern das neuerbaute Kloster und versprachen am 8. Dezember die Einhaltung der Klausur und die Beobachtung der Regel des Dritten Ordens des heiligen Franziskus[150]. Der äusserst starke Andrang zum Kloster hatte zur Folge, dass man an eine Erweiterung der Gebäulichkeiten denken musste. Dank grosszügiger Almosen konnte 1398 der Churer Weihbischof Dietrich aus dem Minoritenorden[151] die feierliche Einweihung der Klosterkirche zu Ehren der Apostelfürsten Petrus und Paulus vornehmen[152]. Die Klosterfrauen, an Zahl gegen 50, oblagen mit Eifer dem Chorgebet[153].

Im Jahre 1402 konnte der Valduner Konvent dem päpstlichen Stuhl endlich ein Schreiben überbringen mit der Bitte zur Annahme der Klarissenregel und der Befolgung der Ordenssatzungen. Papst Bonifaz IX. (1389–1404) betraute mit dieser Angelegenheit den Konstanzer Bischof Marquard und bestellte ihn durch ein Breve vom 31. August 1402 zu seinem Stellvertreter mit dem Auftrag, in einer eingehenden Visitation die Sache zu prüfen und bei positivem Ergebnis die Aufnahme in den Klarissenorden auszusprechen[154]. Am 10. April 1403 bestätigte der Konstanzer Bischof die Einführung der Klarissenregel[155], und am 6. Mai fand im Kloster Valduna die öffentliche Feier der Aufnahme der Gemeinschaft in den Orden der heiligen Klara und der Eingliederung in die oberdeutsche Minoritenprovinz statt[156]. Zur ersten Äbtissin wählten die Klosterfrauen ihre bisherige Priorin Anna Meyer[157]. Mit dem Eintritt in den Zweiten Orden des heiligen Franziskus erhielten die Schwestern den schwarzen Schleier[158]. Die Klostergemeinschaft blieb aber zu allen Zeiten angewiesen auf Almosen und Mildtätigkeit der Leute aus der Umgebung und des Bischofs von Chur, dem das Kloster unterstand[159]. Die «cura monialium» besorgte die Minoritengemeinschaft von St. Viktorsberg[160]. Nach erfolgreichen Bettelgängen

---

[150] Alemania Franciscana Antiqua 18, S. 54.
[151] CLAVADETSCHER-KUNDERT, Das Bistum Chur, in: Helvetia sacra I/1, S. 508.
[152] Alemania Franciscana Antiqua 18, S. 55.
[153] Es dauerte keine 10 Jahre, da zählte Valduna bereits 50 Chorfrauen innerhalb der Klausur und 12 Laienschwestern ausserhalb derselben: Valduna Chronik 1, S. 18. Die Chronik stammt aus dem 17. Jahrhundert und wird heute im Archiv der Ursulinen zu Villingen aufbewahrt.
[154] Urkunde bei LUDEWIG, Valduna, S. 237, Nr. 10.
[155] Urkunde bei LUDEWIG, Valduna, S. 239, Nr. 12.
[156] Lukas WADDING, Annales Minorum 10, Rom 1731, S. 127f. Zur Feierlichkeit der Aufnahme wurde vom Provinzial der Strassburger Provinz, P. Johannes Leonis, der Bodenseekustos, P. Johannes Schönbenz und zwei Konventualen aus Konstanz abgeordnet, vgl. Alemania Franciscana Antiqua 18, S. 58.
[157] Alemania Franciscana Antiqua 18, S. 58. Sie bekleidete dieses Amt bis zu ihrem Tode im Jahre 1408.
[158] Alemania Franciscana Antiqua 18, S. 58.
[159] Alemania Franciscana Antiqua 18, S. 68ff.
[160] Vollständiges Verzeichnis der Beichtväter in Valduna siehe Alemania Franciscana Antiqua 18, S. 98.

konnten 1462 An- und Umbauten der Klosterkirche samt dem Friedhof durch den Weihbischof von Chur, den Franziskaner Johannes Nell[161], neu geweiht werden[162]. Zum weiteren Umbau des Klosters verlieh Fürstbischof Ortlieb von Brandis[163] für Spenden einen Ablass von 40 Tagen[164].

In all den Jahren des Bestandes war das Valduner Frauenkloster eine echte Zierde Churrätiens.

Franziskaner-Terziarinnen

Der Franziskanerorden hatte nach einem grossartigen und weitsichtigen Plane seines Gründers eine breite und äusserst solide Grundlage erhalten im sogenannten Dritten Orden, der zunächst lediglich für Weltleute gedacht war, dessen Bestimmungen aber schon ziemlich bald eigentlichen klösterlichen Niederlassungen als Lebensregel dienten. Viele Beginensamnungen nahmen die Dritte Regel des heiligen Franziskus an. Finden wir in der Nachbardiözese Konstanz eine ganze Menge von Terziarinnenklöstern, bleibt es im churrätischen Gebiet hingegen bei wenigen Niederlassungen[165].

In Mels entstand nördlich der Pfarrkirche ein Schwesternhaus, in dem Frauen die Regel des Dritten Ordens des heiligen Franziskus befolgten[166]. Die ersten urkundlichen Nachweise stammen aus der zweiten Hälfte des 15. Jahrhunderts. In einem Jahrzeitbuch aus dem 15. Jahrhundert ist von einer Mutter Klara und ihren Mitschwestern aus der Klos die Rede[167]. Über die Entwicklung des Klösterleins ist wenig zu erfahren. 1504 beteiligten sich die Klosterfrauen, die nicht gerade einen guten Lebenswandel aufzuweisen hatten, am Glückshafen des Freischiessens in Zürich, wie aus dem Glückshafenrodel von 1504 zu entnehmen ist[168]. Das Schwesternhaus, das die Wirren der Reformation überstand, brannte wegen Unvorsichtigkeit der Nonnen 1556 vollständig nieder[169]. Bald nach dem Tode der letzten Melser Terziarin wurde der Churer Bischof Peter Raschèr (1581–1608) im Jahre 1592 bei der katholischen Tagsatzung vorstel-

---

[161] CLAVADETSCHER-KUNDERT, Das Bistum Chur, in: Helvetia sacra I/1, S. 509.
[162] Urkunde bei LUDEWIG, Valduna, S. 275, Nr. 59.
[163] CLAVADETSCHER-KUNDERT, Das Bistum Chur, in: Helvetia sacra I/1, S. 492.
[164] Johann Georg MAYER, Geschichte des Bistums Chur 1, Stans 1907, S. 488.
[165] BAUR, Die Ausbreitung der Bettelorden, S. 71–84.
[166] Alemania Franciscana Antiqua 18, S. 376. Brigitte DEGLER-SPENGLER, Die regulierten Terziarinnen in der Schweiz, in: Helvetia sacra V/1, Bern 1978, S. 650 Anm. 8.
[167] Pfarrarchiv Mels, Anniversarienbuch II, S. 14.
[168] Friedrich HEGI, Der Glückshafenrodel des Freischiessens zu Zürich 1504, 1. Band, Zürich 1942 S. 25 und 148.
[169] Beda MAYER, Kloster Mels, in: Helvetia sacra V/2, Bern 1974, S. 382, S. 384 Anm. 5.

lig, um das ausgestorbene Kloster zu Mels, dessen Vermögen in fremde Hände geraten war, wiederherzustellen[170]. Seine Bemühungen führten allerdings zu keinem Erfolg, weil die Einkünfte des Klosters einer Schulpfründe einverleibt werden sollten[171]. 1613 beschlossen die fünf katholischen Orte auf der Tagsatzung, das Einkommen des ehemaligen Terziarinnenklosters für den geplanten Bau eines Kapuzinerklosters in Mels zu verwenden[172]. Mit der Errichtung des Kapuzinerkonvents im Jahre 1650, wozu auch der päpstliche Nuntius und die bischöfliche Kurie von Chur ihr Einverständnis gaben, wurden die so lang anstehenden Rechtsfragen um das Vermögen des Frauenklosters Mels endlich bereinigt[173].

Auch in Grabs existierte im späten Mittelalter eine Terziarinnengemeinschaft[174]. Der erste urkundliche Beweis stammt aus dem Jahre 1498. Damals schenkte Klara Buschin den Schwestern des Dritten Ordens des heiligen Franziskus Güter, weil sie mehrere Jahre in der Schwesterngemeinschaft gelebt hatte und verköstigt worden war[175]. Das reich begüterte Klösterlein wurde wie viele andere Konvente ein Opfer der Reformationswirren[176].

Am Schluss dieses kirchenhistorischen Aufsatzes darf festgestellt werden, dass die churrätischen Mendikantenniederlassungen, geformt durch die Nöte und Bedürfnisse der vorreformatorischen Kirche, als Stätten des Lobes Gottes, der Seelsorge und der Caritas vor allem in ihrer Anfangszeit den ungebrochenen Elan der apostolischen Armutsbewegung und das Streben nach einer echten Verwirklichung der «vita monastica» bezeugten. Und nicht unerwähnt bleiben darf, dass über zehn Mönche aus dem Dominikaner- und Franziskanerorden im spätmittelalterlichen Churrätien als Weihbischöfe[177] dem Bistum wertvolle Dienste geleistet haben.

---

[170] Die eidgenössischen Abschiede aus dem Zeitraume von 1587 bis 1617. Der amtlichen Abschiedesammlung 5/1, Bern 1872, S. 1434, Art. 111 und 112.
[171] DEGLER-SPENGLER, Die regulierten Terziarinnen in der Schweiz, in: Helvetia sacra V/1, S. 650 Anm. 8.
[172] MAYER, Kloster Mels, in: Helvetia sacra V/2, S. 382.
[173] MAYER, Kloster Mels, in: Helvetia sacra V/2, S. 382f.
[174] Jakob WINTELER, Die Grafschaft Werdenberg und Herrschaft Wartau unter Glarus 1517–1798, phil. Diss. Zürich, Weida 1923, S. 172.
[175] Huldreich Gustav SULZBERGER, Geschichte der rheintalischen Pfarreien, Manuskript, S. 101f., im Staatsarchiv St. Gallen.
[176] WINTELER, Die Grafschaft Werdenberg, S. 173.
[177] CLAVADETSCHER-KUNDERT, Das Bistum Chur, in: Helvetia sacra I/1, S. 506ff.

Hugo VI. von Montfort (1269–1298), Propst von Isen, erwählter Bischof von Chur

von Karl Heinz Burmeister

Die Churer Bischofslisten von Flugi[1] (1645), Eichhorn[2] (1797) und Gams[3] (1873) zählen einen Bischof Hugo von Montfort auf, der in anderen Listen, etwa im Bischofskatalog von 1388[4], bei Guler[5], Eubel[6], Clavadetscher/Kundert[7], fehlt; er hatte als Kandidat einer Doppelwahl sein Amt vor der Bestätigung resigniert. Dennoch bleibt die Frage nach der Persönlichkeit des Grafen, den das Domkapitel gewählt hat, von Interesse, und das um so mehr, als die einschlägigen familiengeschichtlichen[8] und genealogischen[9] Arbeiten über das Geschlecht von Montfort so gut wie nichts über ihn zu berichten wissen. Das Bündner Urkundenbuch[10] widmet ihm nur eine kurze, mit Fragezeichen versehene Notiz[11], und Benedikt Bilgeri[12] bezeichnet ihn als einen «sonst kaum bekannten Bruder» des Grafen Wilhelm II. von Montfort-Tettnang.

Der Elekt fügt sich nahtlos ein (vgl. dazu die Stammtafel) in die traditionelle Rolle, die dieses Adelsgeschlecht im 13. Jahrhundert in Churrätien gespielt hat, nicht zuletzt auch im Domkapitel und auf dem Bischofsthron. Heinrich von

---

[1] Johann Georg MAYER und Fritz JECKLIN, Der Katalog des Bischofs Flugi vom Jahre 1645, JHGG 30, 1900, S. 1–143 (hier S. 9).
[2] P. Ambrosius EICHHORN, Episcopatus Curiensis in Rhaetia, St. Blasien 1797, S. 100.
[3] P. Pius Bonifacius GAMS, Series episcoporum ecclesiae catholicae, Regensburg 1873, S. 269.
[4] Elisabeth MEYER-MARTHALER, Der Liber de feodis des bischöflichen Archives Chur und der Churer Bischofskatalog von 1388, ZSKG 45, 1951, S. 38–67 (hier S. 60).
[5] Johannes GULER, Raetia oder Beschreybung der dreyen Loblichen Grawen Bündten und anderer Raetischen Völcker. Zürich 1616.
[6] Konrad EUBEL, Hierarchia catholica medii aevi Bd. 1, Münster ²1913, S. 219.
[7] Otto P. CLAVADETSCHER und Werner KUNDERT, Die Bischöfe von Chur, in: Helvetia sacra, Abt. 1 Bd. 1, Bern 1972, S. 466; vgl. auch S. 481 mit Erwähnung des Wahlstreites.
[8] Johann Nepomuk VANOTTI, Geschichte der Grafen von Montfort und von Werdenberg, Belle-Vue bei Konstanz 1845, S. 475, Regest Nr. 14. Fehlt in der Stammtafel bei Vanotti überhaupt.
[9] Otto Konrad ROLLER, Grafen von Montfort und Werdenberg, 1. Montfort, in: Genealogisches Handbuch zur Schweizer Geschichte Bd. 1, Zürich 1900–1908, S. 145–187, 233–234, 409, 414–415 (hier besonders S. 159, Nr. 25 und Tafel XX).
[10] BUB Bd. 3, S. 232, Nr. 1283 Anm. 4.
[11] Chart. Sang. Bd. 4 enthält keine neuen Hinweise auf Hugo von Montfort; aufgenommen wurden jedoch die erstmals von Stelling-Michaud (siehe unten Anm. 31) bearbeiteten Urkunden aus dem Staatsarchiv Bologna.
[12] Benedikt BILGERI, Geschichte Vorarlbergs Bd. 1–2, Wien/Köln/Graz 1971–1974 (hier Bd. 2, S. 333 Anm. 1).

Montfort¹³, ein Grossonkel des Elekten, war 1251–1272 Bischof von Chur; Friedrich von Montfort¹⁴, ein Onkel Hugos VI., hatte das Amt von 1282–1290 inne. Später – 1322–1325 – wurde Graf Rudolf III. von Montfort-Feldkirch¹⁵, der der gleichen Generation wie Hugo VI. angehörte, Bischof von Chur. Die Wahl Hugos VI. aus dem Geschlecht der Grafen von Montfort stellt somit keine Besonderheit dar; sie war durch die Tradition vorgegeben.

Hugo VI. ist der Enkel des Grafen Hugo II. von Montfort, der ein Bruder des Churer Bischofs Heinrich von Montfort gewesen ist. Die sechs Söhne Hugos II. gehörten teils dem geistlichen, teils dem weltlichen Stand an. Zu den Geistlichen zählen der Churer Bischof Friedrich I. († 1290), der Churer Dompropst Heinrich von Montfort († 1307)¹⁶ und der Abt von St. Gallen, Wilhelm von Montfort († 1301)¹⁷. Die dem weltlichen Stand angehörigen Söhne teilen um 1270 das Erbe ihres Vaters und begründen die drei Montforter Linien Feldkirch, Bregenz und Tettnang: Rudolf II. († 1302) erhält Feldkirch, Ulrich I. († 1287) Bregenz und Hugo III. († 1309) Tettnang. Hugo VI. ist der Sohn des Grafen Hugo III.¹⁸. Er ist demnach in der vierten (wenn man die Tübinger mitzählt, sogar in der zehnten)¹⁹ Generation in unmittelbarer Folge Träger des Leitnamens Hugo. Das ist nicht nur als genealogisches Faktum zu erwähnen; vielmehr liegt darin auch eine Verpflichtung, es den Vorfahren gleichzutun. Durch die Wahl zum Bischof von Chur tritt der erst 30jährige Hugo von Montfort nicht nur an die Spitze des geistlichen Adels in Churrätien, sondern er ist auch auf dem Wege, ein Reichsfürst zu werden. Graf Hugo ist ein typischer Reprä-

---

[13] Über ihn vgl. Urban AFFENTRANGER, Heinrich III. von Montfort, Bischof von Chur (1251–1272), BM 1977, S. 209–240.
[14] CLAVADETSCHER, Helvetia sacra I/1, S. 480.
[15] Karl Heinz BURMEISTER, Graf Rudolf III. von Montfort und die Anfänge der Vorarlberger Freiheitsrechte, Montfort 34, 1982, S. 311–321; Meinrad PICHLER, Rudolf von Montfort – ein Kirchenfürst zwischen Kaiser und Kurie, Montfort 34, 1982, S. 289–306; Werner VOGLER, Rudolf von Montfort, Administrator der Abtei St. Gallen 1330–1333, Montfort 34, 1982, S. 307–310.
[16] CLAVADETSCHER, Helvetia sacra I/1, S. 538.
[17] Paul DIEBOLDER, Wilhelm von Montfort-Feldkirch, Abt von St. Gallen (1281–1301), eine Charaktergestalt des ausklingenden 13. Jahrhunderts, 83. Neujahrsblatt, hg. v. Historischen Verein des Kantons St. Gallen, 1943.
[18] Die Vaterschaft Hugos III. folgt aus der in Anm. 5 genannten Urkunde von 1290, im Wortlaut abgedruckt in Wirtembergisches Urkundenbuch Bd. 11, Stuttgart 1913, S. 71, Nr. 5724: ... *mit willen unserer söhne Haugens und Wilhelms*... Weitere Belege bei STELLING-MICHAUD, Les juristes suisses (wie Anm. 31) S. 254, Nr. 10 vom 5. Oktober 1285: ... *Dominus Ugo comes de Monteforti..., filius domini comitis Ugonis*. Vgl. auch ebenda S. 230, Regest 212 vom 29. Juli 1287, *Ugo de Monteforti fil. dom. Ugonis comitis de Monteforti*; S. 231, Regest 215 vom 11. März 1288, *Ugo fil dom. Ugonis comitis de Monteforti*. Weitere Belege vgl. unten Anm. 87 und 88 sowie Hinweis in Anm. 85.
[19] Vgl. die bis zum Jahr 1000 zurückreichende Stammtafel I im Anhang zu L. SCHMID, Geschichte der Pfalzgrafen von Tübingen, Tübingen 1953.

sentant des Feudalismus, dessen historisches Wirken für unseren Raum Iso Müller in seinem «Glanz des rätischen Mittelalters» ins rechte Licht gerückt hat[20].

Sein Vater, Graf Hugo III. († 1309)[21], ist der Begründer der Tettnanger Linie. Das bedeutet jedoch nicht, dass Hugo VI. in Tettnang geboren wurde. Denn Hugo III. hatte zwar Besitz in Tettnang, sass jedoch seit 1267 auf der Burg Scheer (Landkreis Sigmaringen). Er heisst auch nach dieser Burg *grave Huc von Montfort, den man sprichet von der Schaer*[22]. Erst nach dem Verkauf von Scheer (1289), also 20 Jahre nach der Geburt Hugos VI., baut Hugo III. Tettnang zu seinem Herrschaftszentrum aus[23] und lässt Tettnang 1297 zur Stadt erheben[24].

Die Ehefrau[25] Hugos III. und Mutter Hugo VI. ist M. von Gundelfingen, die Witwe des Marschalls Heinrich von Pappenheim, die Hugo III. um 1268 geheiratet hat[26]. Sie brachte zwei unmündige Kinder mit in die Ehe, nämlich Heinrich und Hildebrand von Pappenheim. Da sich die Stammburg der Marschälle von Pappenheim in Biberbach (Landkreis Wertingen) 1269 im Besitz Hugos III. befand[27], könnte Hugo VI. auch auf dieser Burg geboren worden sein. Seine ersten Lebensjahre mag er auf den Burgen von Biberbach, Scheer und Tettnang verbracht haben.

Der gefälschte Stiftungsbrief[28] Hugos III. für das Kloster Mariaberg bei Gammertingen (Landkreis Sigmaringen), angeblich vom 7. April 1265, ist für die Lebensgeschichte Hugos VI. ohne Belang. Gleichwohl wirft die in dieser Urkunde enthaltene Legende, derzufolge die zwei kleinen Söhne Hugos III. ohne Begleitung von der Burg zum Baden an den Fluss hinabgestiegen seien, wonach

---

[20] Iso MÜLLER, Glanz des rätischen Mittelalters (Kristall-Reihe 6), Chur 1971, S. 33 ff.
[21] Über ihn vgl. ROLLER, Grafen von Montfort (wie Anm. 9) S. 154, Nr. 11, VANOTTI, Grafen von Montfort (wie Anm. 8) S. 58–65.
[22] Z.B. Wirtembergisches Urkundenbuch Bd. 9, S. 161 f., Nr. 3672.
[23] Albert SCHILLING, Langenargen. Seine Geschichte und die seiner Beherrscher, insbesondere der Grafen von Montfort, Ursendorf 1870, S. 48.
[24] Wirtembergisches Urkundenbuch Bd. 11, S. 97, Nr. 5071.
[25] Mit Recht hat ROLLER, Grafen von Montfort (wie Anm. 9) S. 154f., die von der älteren Literatur in Betracht gezogene Eleonore bzw. Veronika von Rappoltstein als Ehefrau Hugos III. in Zweifel gezogen.
[26] Dazu und zu den folgenden Ausführungen vgl. BILGERI, Geschichte (wie Anm. 12) Bd. 1 S. 352f. sowie Haupt Graf ZU PAPPENHEIM, Versuch einer Geschichte der früheren Pappenheimer Marschälle, Würzburg 1927, passim.
[27] BILGERI, Geschichte (wie Anm. 12) Bd. 1, S. 353 mit weiteren Hinweisen auf die Quellen.
[28] Wirtembergisches Urkundenbuch Bd. 6, S. 198f. Deutsche Übersetzung bei SCHILLING, Langenargen (wie Anm. 23) S. 46. Vgl. auch J.A. KRAUS, Das Klösterlein Mariaberg, wie es entstand u. wuchs, Hohenzollerische Jahreshefte 16, 1956, S. 110–124. Ein Bildnis des Grafen und seiner Gemahlin findet sich auf einer Votivtafel aus dem Jahre 1619; abgebildet bei Herbert BURKARTH, Geschichte der Herrschaft Gammertingen-Hettingen, Sigmaringen 1983, nach S. 64, Abb. 20.

sie sich anschliessend zum Schlafen ins Heu niederlegten und durch einen unglücklichen Zufall erstickt seien, etwas Licht auf den Alltag, den der Knabe auf den väterlichen Burgen erlebt haben mag.

Gehen wir davon aus, dass Hugo III. sich 1268 verheiratet hat, so könnte Hugo VI. als der ältere Sohn 1269 geboren sein. Für dieses Geburtsjahr sprechen folgende Anhaltspunkte:
1. Hugo III. wird um 1267 volljährig[29].
2. Hugo III. erscheint erstmals am 29. Mai 1268 als verheiratet[30].
3. Hugo VI. schliesst 1285 als Student Verträge, steht aber noch unter der Aufsicht eines Präzeptors[31]. Er könnte etwa 17 Jahre alt sein.
4. Hugo VI. tritt erstmals 1286 als Siegler auf (etwa 18 Jahre alt).
5. Hugo VI. und sein jüngerer Bruder Wilhelm II. sind 1290 volljährig[32].
6. Hugo VI. gehört der gleichen Generation wie Rudolf III. und Ulrich II. von Montfort-Feldkirch an; beide sind nachweislich in den 1260er Jahren geboren[33].

Die Jugendzeit Hugos VI. auf den schwäbischen Burgen seines Vaters währte nicht allzulange; er wurde als der älteste Sohn gemäss 4. Mose 3, 45 früh für den geistlichen Stand ausersehen. Es boten sich hier dank der Beziehungen seiner geistlichen Verwandten mehrere Möglichkeiten an. Dabei kam der St. Galler Konventuale Wilhelm von Montfort, der im Dezember 1281 Abt wurde[34], ebenso in Frage wie seine in Chur tätigen Brüder, Friedrich II. von Montfort, 1273–1282 Dompropst zu Chur und nachmaliger Bischof[35], und Heinrich III. von Montfort, seit 1282 Domherr in Chur und seit 1288 Dompropst[36]. Heinrich III. war zudem Propst von St. Verena in Zurzach und Kirchherr in Scheer, Herbertingen, Bingen und Heudorf (alle Orte im Landkreis Sigmaringen)[37].

---

[29] BILGERI, Geschichte (wie Anm. 12) Bd. 1, S. 187f.
[30] Ebd. S. 353.
[31] Sven und Suzanne STELLING-MICHAUD, Les juristes suisses à Bologne (1255–1330), Notices biographiques et regestes des actes bolonais (Travaux d'Humanisme et Renaissance 38), Genf 1960, S. 254, Nr. 10 und passim.
[32] Wirtembergisches Urkundenbuch Bd. 11, S. 571f., Nr. 5724. Beide Söhne stimmen einer Veräusserung ihres Vaters zu.
[33] Karl Heinz BURMEISTER, Graf Ulrich II. von Montfort-Feldkirch (1266–1350), Der Herold, Vierteljahresschrift für Heraldik, Genealogie und verwandte Wissenschaften 11, 1985, S. 121–130 (hier S. 121).
[34] Rudolf HENGGELER, Professbuch der fürstl. Benediktinerabtei der Heiligen Gallus und Otmar zu St. Gallen. Zug o.J. (1929), S. 113.
[35] CLAVADETSCHER, Helvetia sacra I/1, S. 480.
[36] Ebd. S. 538.
[37] Guy P. MARCHAL, in: Helvetia sacra II/2: Die weltlichen Kollegiatstifte der deutsch- und französischsprachigen Schweiz, Bern 1977, S. 604f., Wendelin HAID, Liber decimationis cleri Constanciensis pro Papa de anno 1275, Freiburger Diözesanarchiv 1, 1865, S. 1–303 (hier S. 160 Anm. 4).

Friedrich II. war überdies auch Kirchherr in Lustenau (Vorarlberg), Egg (Bregenzerwald), Gestratz (Landkreis Lindau) und Röthenbach (Landkreis Lindau) sowie in Mais bei Meran[38]. Zu erwähnen bleibt aber auch noch ein Bruder Hugos II., nämlich Friedrich I. von Montfort, der 1285 als Domherr zu Chur und Konstanz und Pfarrer zu Bregenz gestorben ist[39].

Der junge Hugo von Montfort dürfte zuerst Heinrich III. von Montfort anvertraut worden sein, der ihm als Pfarrer von Scheer am nächsten stand. Das muss nicht unbedingt heissen, dass Heinrich tatsächlich auch in Scheer residiert hat. Aber schon die Tatsache allein, dass der Patronatsherr ihm die Pfründe in seiner Residenz übermittelt hat, lässt auf ein besonderes Nahverhältnis Heinrichs zu seinem Bruder Hugo III. schliessen.

Später hat sich Wilhelm von Montfort, der im Dezember 1281 zum Abt von St. Gallen gewählt worden war, seines Neffen angenommen. *Hugo iunior de Monteforti* ist am 26. April 1282 in St. Gallen Zeuge in einer Urkunde des Abtes[40]. Wie Paul Staerkle betont, war gerade Abt Wilhelm von St. Gallen darum bemüht, den Bildungsstand des Klosters zu heben; Vorsteher der Klosterschule war von 1262 bis 1309 Magister Johannes Blarer[41]. Hugo von Montfort reist 1285 in Begleitung von zwei St. Gallern nach Bologna, wo er drei Jahre lang gemeinsam mit Heinrich von St. Gallen studiert[42]; dieser Heinrich von St. Gallen war ein Bruder des Rektors der Klosterschule, des genannten Magisters Johannes Blarer[43]. Der ebenfalls in der Begleitung Hugos reisende Walter von St. Gallen wirkte 1272 als Prokurator des umstrittenen Abtes Ulrich von Güttingen[44], zu dessen Partei auch Wilhelm I. von Montfort[45] gehörte.

---

[38] HAID, Liber decimationis (wie Anm. 37) S. 160 Anm. 4; Friedrich SCHNELLER, Beiträge zur Geschichte des Bisthums Trient aus dem späteren Mittelalter, Zeitschrift des Ferdinandeums für Tirol und Vorarlberg, 3. Folge, 40, 1896, S. 59.
[39] Vorarlberger Landesarchiv, Diplomatar unter dem Datum 1286 August 26.
[40] Chart. Sang. Bd. 4, S. 239, möchte Hugo IV. von Montfort-Feldkirch den Vorzug geben. Dagegen ist einzuwenden, dass Hugo iunior einen Hugo senior als Vater voraussetzt, also Hugo III., während Hugo IV. ein Sohn Rudolfs II. ist. Auch Hugo V. kommt als Sohn Ulrichs I. nicht in Betracht. Aus verschiedenen Gründen kommen auch die Grafen von Werdenberg hier nicht in Frage. Für die Identifizierung mit Hugo VI. spricht auch die Tatsache, dass er 1285 in der Begleitung eines Bruders des Rektors der St. Galler Klosterschule nach Bologna geht.
[41] Paul STAERKLE, Beiträge zur spätmittelalterlichen Bildungsgeschichte St. Gallens, MVG 40, 1939, S. 14; vgl. auch S. 16.
[42] STELLING-MICHAUD, Les juristes (wie Anm. 31) S. 143ff., Nr. 158.
[43] Ebd. S. 144.
[44] UBSG Bd. 3, S. 838.
[45] DIEBOLDER, Wilhelm von Montfort-Feldkirch (wie Anm. 17) S. 4.

Die Karriere der Begleiter Hugos VI. lässt die hohen Ziele erkennen, die man sich von dem Studium in Bologna erwartet hat. 1320–1332 finden wir Heinrich von St. Gallen als geistlichen Richter von Konstanz[46].

Das gelehrte kanonische und römische Recht ist in den Bistümern Konstanz und Chur gerade in diesen Jahren zu einer hervorragenden Bedeutung gelangt. Hugo VI. ist der erste aus dem gräflichen Hause Montfort, der eine Hochschule besucht und diesen neuen Weg gewählt hat, nämlich Auseinandersetzungen nicht mehr mit dem Schwert, sondern mit der geistigen Waffe des Rechtes zur Entscheidung zu bringen. Seine Vettern Rudolf III. und Ulrich II. von Montfort-Feldkirch sind ihm bald darauf gefolgt, als sie sich 1303 an der Rechtsschule von Bologna eingeschrieben haben[47]. Hugo VI. wurde damit zu einem Wegbereiter dieser neuen Geisteshaltung, die mit den herkömmlichen Adelsidealen nur wenig übereinstimmte. Das Bildungsstreben der Montforter hebt sich deutlich ab von der «Geisteskultur des deutschen Adels, der es zu jener Zeit verschmähte, gesunde, kräftige Söhne den Klosterschulen zur Bildung anzuvertrauen, aus lauter Furcht, es möchten Griffel und Schreibtafel dieselben zum Ritterberufe untauglich machen»[48].

Bereits vor 1285, möglicherweise schon 1282 oder wenig später, kam Hugo von Montfort in den Genuss einer ersten geistlichen Pfründe. In einer Bologneser Urkunde wird er nämlich 1285 als *rector ecclesiae in Guangen* bezeichnet[49]. Hugo VI. ist demzufolge vor 1285 Pfarrer zu Wangen im Allgäu geworden.

In der Literatur wird über die in Frage stehende Ortschaft gerätselt. Zuerst haben Stelling-Michaud Wangen im Allgäu in Betracht gezogen[50]. Bilgeri hat das aufgegriffen; er macht sich aber eines Anachronismus schuldig, wenn er auf die enge Verbindung zwischen Wangen und den Grafen von Montfort-Tettnang hinweist[51]. Denn Meieramt und Kellhof zu Wangen und die Reichsvogtei gelangten erst 1315 bzw. 1330 in die Hände der Montforter[52]; die Tettnanger Linie kommt gar erst 1338 in diesen Besitz[53]. Abt Wilhelm von St. Gallen setzte als Patronatsherr seinen Neffen in die Pfarrpfründe in Wangen ein. Aus den Jahrzehnten zuvor ist dazu ein Parallelfall überliefert. Heinrich von Wartenberg[54],

---

[46] Wolfgang BURGER, Zeittafel zur Geschichte der Offiziale der Bischöfe von Konstanz, von den Anfängen bis zum Jahre 1382, Freiburger Diözesanarchiv 68, 1941, S. 346–355 (hier S. 349).
[47] BURMEISTER, Rudolf III. (wie Anm. 15) S. 313f.
[48] STAERKLE, Beiträge (wie Anm. 41) S. 13.
[49] STELLING-MICHAUD, Les juristes (wie Anm. 31) S. 254.
[50] Ebd. S. 129.
[51] BILGERI, Geschichte (wie Anm. 12) Bd. 2, S. 333 Anm. 1.
[52] REINWALD, Chronologische Übersicht über die Geschichte der Städte Lindau i.B. und Bregenz, hg. v. K. Fr. JOETZE und Chr. KITTLER, Lindau ²1900, S. 19.
[53] Adalbert SCHEURLE, Wangen im Allgäu, Das Werden und Wachsen der Stadt, Wangen 1966, S. 24.
[54] Über ihn vgl. HENGGELER, Professbuch St. Gallen (wie Anm. 34) S. 111.

der St. Galler Abt der Jahre 1272/74, übertrug die Pfarrei Wangen seinem Bruder Konrad von Wartenberg, seit 1273 Domherr von Strassburg; er ist 1277 als Pfarrer in Wangen, Wollmatingen (Landkreis Konstanz), Mariazell und Bochingen belegt[55]. Eine weitere Parallele ist Heinrich von St. Gallen, der drei Jahre gemeinsam mit Hugo von Montfort in Bologna studiert hat. Ihm wurde, in jedem Fall vor 1286, die st. gallische Pfarrei Schwarzenberg (Bregenzerwald) übertragen[56].

Möglicherweise waren für Abt Wilhelm von Montfort bei der Übertragung der Pfarrei Wangen an seinen Neffen auch politische Gründe massgeblich. Denn König Rudolf von Habsburg hatte 1281 der Stadt Wangen ein Privileg erteilt[57], die Vogtei für immer in den Händen des Reiches zu behalten, nachdem sie bis dahin an den Abt von St. Gallen verpfändet gewesen war. Die Stellung des Abtes als Grundherr in der Stadt wurde dadurch stark eingeschränkt, wie nicht zuletzt auch der 1286 erfolgte Angriff des Königs auf das st. gallische Todfallrecht in Wangen zeigt. In den folgenden Jahrzehnten führte St. Gallen gemeinsam mit den Grafen von Montfort einen heftigen Kampf um die Stadtherrschaft in Wangen[58]. Es mochte Wilhelm von Montfort deswegen nützlich erscheinen, die Pfarrei eng an seine Familie zu binden. Über eine allfällige Tätigkeit von Hugo VI. in Wangen selbst schweigen freilich die Quellen. Sie dürfte sich im wesentlichen auf den Bezug der Einkünfte beschränkt haben.

Spätestens im Herbst 1285 trifft Hugo von Montfort in Bologna ein[59], und zwar in Begleitung des Walter und des Heinrich von St. Gallen, des Magisters Wilhelm von Schaffhausen sowie des Magisters Heinrich von Frienburg[60] und des Heghebertus de Herginlingnen (Herblingen); dieser ist wohl als Pfarrer der Kirche des hl. Florin von Ramosch im Engadin anzusprechen[61], in der sich das Grab des Bischofs Heinrich von Montfort († 1272) befand[62]. Das Geschlecht der Herren von Ramosch ist mit dem Bistum Chur eng verbunden. 1292 bezeichnet Hans von Ramosch eine Agnes von Montfort als seine Ahnfrau[63]. Die genannte Agnes, die in den montfortischen Genealogien fehlt, ist der Generation Hugos II. zuzuordnen; sie wäre demnach eine Schwester des Bischofs Hein-

---

[55] HAID, Liber decimationis (wie Anm. 37) S. 37f., 41f., 116 und 121.
[56] STELLING-MICHAUD, Les juristes (wie Anm. 31) S. 229, Nr. 208.
[57] SCHEURLE, Wangen (wie Anm. 53) S. 18f.
[58] Ebd. S. 20–25.
[59] STELLING-MICHAUD, Les juristes, S. 227, Nr. 198.
[60] Ebd. S. 227, Nr. 198. Er wird als Kirchherr von Bössingen (Baden) genannt.
[61] J. Jacob SIMONET, Die katholischen Weltgeistlichen Graubündens, JHGG 51, 1921, S. 122f. enthält keine Angaben für das 13. Jahrhundert.
[62] Erwin POESCHEL, Die Kunstdenkmäler des Kantons Graubünden Bd. 3, S. 450 Anm. 3.
[63] Franz HAMMERL, Die Rechts- und Herrschaftsverhältnisse im Unterengadin, vornehmlich im 13. und 14. Jahrhundert, JHGG 52, 1922, S. 63–146 (hier besonders S. 82ff.).

rich von Chur. In ihre Ehe mit Schwicker von Ramosch[64] bringt sie die Burg und Herrschaft Wiesberg. Ein Kirchherr von Ramosch würde sich gut in die Begleitung des Hugo von Montfort einordnen. Für diese Deutung lässt sich auch anführen, dass ein Onkel Egberts, nämlich Konrad von Herblingen, Domherr zu Chur gewesen ist[65].

Dem Magister Wilhelm von Schaffhausen kam die Rolle eines Erziehers zu. Eine Quelle bezeichnet ihn als *socius dicti domini comitis*[66]. Über die Funktionen eines solchen «socius» gibt das Formelbuch[67] des Heinrich von St. Gallen, der zur Begleitung des Hugo von Montfort gehörte, genaue Auskunft: ein Bologneser Student bittet seine Eltern, da sein Magister gestorben sei, um Bestellung eines andern *socius;* sonst werde er in die Heimat zurückkehren. Der *socius* hat somit eine sehr weitreichende Betreuerrolle zu spielen, so dass ohne ihn an die Fortsetzung des Studiums nicht gedacht werden kann. Wilhelm von Schaffhausen wirkte später als Rechtsberater des Churer Bischofs Friedrich von Montfort und seit 1294 in der Kanzlei des den Montfortern eng verbundenen Königs Adolf von Nassau[68].

Die obengenannte Studentengruppe um Hugo VI. nimmt am 5. Oktober 1285 einen Kredit von 150 Pfund auf acht Monate Laufzeit auf[69]. Dieser Betrag entspricht dem Jahresgehalt eines der bekanntesten Rechtslehrer in Bologna zu dieser Zeit[70]. Als Pfand setzen sie zwei Handschriften der Dekretalen ein, von denen die eine auf 110 Pfund, die andere auf 80 Pfund geschätzt wird. Der Kreditgeber überlässt diese Handschriften jedoch den Studenten sowie dem Bischof Heinrich von Trient. Hugo von Montfort verspricht seinen Mitschuldnern und dem Bischof von Trient, sie von jeder Verpflichtung frei zu halten. Unter den italienischen Zeugen dieses Vertrages, den der Notar Ugo Borghexani aufgesetzt hat, erscheint auch der berühmte Kanonist Guido de Baisio. Es ist daraus zu folgern, dass Hugo von Montfort im Hause dieses Gelehrten, der dem Klerikerstand angehörte, gewohnt hat[71].

---

[64] Ebd. S. 146.
[65] STELLING-MICHAUD, Les juristes (wie Anm. 31) S. 98f., Nr. 100.
[66] Ebd. S. 227, Nr. 198.
[67] Oswald REDLICH, Ein oberrheinisches Formelbuch aus der Zeit der ersten Habsburger, ZGORh 50, 1896, S. 1–35 (hier S. 34, Nr. 57). Über die Rolle des Wilhelm von Schaffhausen als Betreuer des Hugo von Montfort vgl. Stelling-Michaud, Les juristes, S. 227, Nr. 198; S. 229, Nr. 203, 205, 207, 208.
[68] STELLING-MICHAUD, Les juristes, S. 147, Nr. 165.
[69] Ebd. S. 227, Nr. 198.
[70] Sven STELLING-MICHAUD, L'Université de Bologne et la pénétration des droits romains et canoniques en Suisse aux XIIIe et XIVe siècles (Travaux d'Humanisme et Renaissance 17), Genf 1955, S. 44.
[71] Ebd. S. 80.

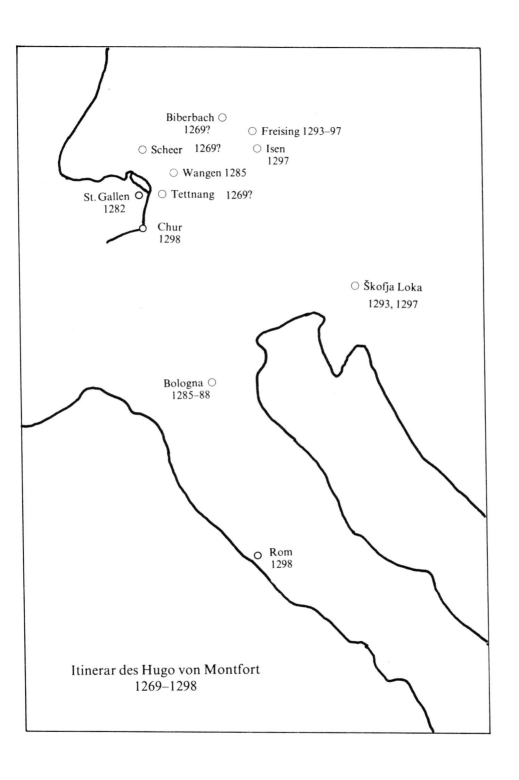

Diesem Kreditvertrag folgen in der Zeit bis zum 23. Juli 1288 einige weitere[72], meist mit einer Laufzeit von drei Monaten. Insgesamt wurden 538 Pfund und weitere 70 Goldgulden aufgenommen. Selbst wenn man bedenkt, dass sich diese Summe auf mehrere Scholaren verteilt, ist doch daraus ablesbar, dass Hugo von Montfort und seine Begleiter ein recht aufwendiges Leben geführt haben.

Das Studium der Rechte war auch sehr kostspielig. Schon in ihrem ersten Kreditvertrag können die Studenten recht teure Handschriften als Pfand einsetzen, die sie zuvor erworben haben müssen. Da nach den Statuten die Texte zur Vorlesung mitgebracht werden mussten, war deren Anschaffung unerlässlich. Die Mittel der Scholaren wurden – wenn man den Preis von 110 bzw. 80 Pfund pro Handschrift bedenkt – stark in Anspruch genommen. Ihre Anschaffung machte sich aber bezahlt, weil man die Bücherschätze mit nach Hause nahm, wo diese Texte meist fehlten, die Nachfrage aber seit der Einführung des Offizialates immer dringender wurde[73]. Es sei hier an zeitgenössische Schenkungen solcher Bücher erinnert, z.B. an das Churer Domstift[74] oder an die Pfarrei Feldkirch[75].

Es war nicht üblich, dass sich die Scholaren aus dem Hochadel den akademischen Prüfungen unterzogen. Ihnen bedeutet der Titel eines Magisters oder Doktors nichts. Dennoch ist das Studium eines Hugo von Montfort nicht mit den adeligen Kavalierstouren des 16. oder 17. Jahrhunderts vergleichbar. Hugo betreibt ein ernsthaftes Studium, er bleibt drei Jahre in Bologna, er investiert beachtliche Beträge in den Kauf wissenschaftlicher Handschriften, er steht unter der Leitung eines Präzeptors, er wohnt bei einem berühmten Kanonisten und ist wohl auch dessen Tischgenosse. Die enge Verbindung mit Heinrich von St. Gallen legt es nahe, dessen Karriere zum Vergleich seines Ausbildungsstandes heranzuziehen: Heinrich von St. Gallen promoviert 1294 zum Magister, er wird Syndicus des Abtes von St. Gallen, Advokat an der Konstanzer Kurie und schliesslich geistlicher Richter von Konstanz[76], ja er tritt durch sein Formelbuch auch literarisch in Erscheinung. Heinrich von St. Gallen, für den 1312 – vielleicht erstmals in der deutschen Sprache – der Begriff *ain jurist* verwendet wird[77],

---

[72] STELLING-MICHAUD, Les juristes (wie Anm. 31) S. 227ff., Regesten Nr. 198, 199, 205, 208, 212, 214, 215, 218 und 219.

[73] Vgl. dazu Otto P. CLAVADETSCHER, Die geistlichen Richter des Bistums Chur (Ius Romanum in Helvetia 1), Basel/Stuttgart 1964.

[74] Franz Ludwig BAUMANN, MGH Necr. Bd. 1, Berlin 1888, S. 631 zum 3. Juni.

[75] Karl Heinz BURMEISTER, Kulturgeschichte der Stadt Feldkirch bis zum Beginn des 19. Jahrhunderts (Geschichte der Stadt Feldkirch 2), Sigmaringen 1985, S. 46.

[76] STELLING-MICHAUD, Les juristes (wie Anm. 31) S. 143–145.

[77] Ebd. S. 144. Nach Friedrich KLUGE, Etymologisches Wörterbuch der deutschen Sprache, Berlin [17]1957, S. 335, taucht die Form Jurist erst um 1400 auf.

hat freilich seinen Studienfreund um Jahrzehnte überlebt, so dass Hugo VI. hinter dessen Meisterschaft zurückbleibt. Aber es ist nicht unwahrscheinlich, dass bei der Wahl Hugos zum Bischof seine Kenntnisse im kanonischen Recht in dieser Zeit eine Empfehlung gewesen sind. Es ist schliesslich kennzeichnend für ihn, dass er seine umstrittene Wahl an der römischen Kurie auf dem Prozesswege zu klären versucht. Auch Hugo von Montfort ist *ain jurist*. Welche Bedeutung die gelehrten Juristen dieser Zeit für die Kirche gehabt haben, mag man daraus ersehen, dass Ivo Helory († 1303), ein Zeitgenosse des Hugo von Montfort, dessen Karriere als Advokat und Offizial sich mit derjenigen eines Heinrich von St. Gallen deckt, zum Heiligen der Juristen werden konnte[78].

Beiläufig sei hier noch die Frage gestellt, inwieweit auch die Erlernung der italienischen Volkssprache zu den Bildungszielen eines solchen langjährigen Italienaufenthaltes gehört hat. Im Spätmittelalter ist das zweifellos der Fall[79]. Die Kenntnis des Italienischen war bei den Kaufleuten durchaus verbreitet. Bologna war in dieser Zeit ein Zentrum des «Dolce stil nuovo», einer neuen Form des Minnesangs, und es bleibt festzuhalten, dass Dante 1286/87, also zur Zeit des Studienaufenthaltes Hugos VI., Student der Rechte an der Universität von Bologna war[80]. Konnte ein gebildeter Student aus einer Familie, die später immerhin den Minnesänger Hugo XII. von Montfort-Bregenz hervorgebracht hat, an diesen neuen Regungen der italienischen Literatur vorübergehen? Wenn wir uns zudem vergegenwärtigen, dass Hugo von Montfort im Hause eines der bekanntesten Rechtslehrer dieser Zeit lebte, wird man ihm eine gewisse Kenntnis der italienischen Sprache unterstellen. Es erscheint in diesem Zusammenhang sogar auffallend, dass sein Name in den überlieferten neun lateinischen Urkunden aus Bologna nur einmal als Hugo, dagegen achtmal in der volkssprachlichen Form als *Ugo* aufscheint. Man könnte dafür wohl die italienischen Notare verantwortlich machen, muss dagegen aber festhalten, dass in den vier Urkunden, die uns von Heinrich von St. Gallen überliefert sind, der Name konsequent *Henricus de S. Gallo* geschrieben wird. Das könnte darauf hinweisen, dass Hugo von Montfort bewusst die italienische Namensform *Ugo* bevorzugt hat, vielleicht auch, weil er im Hause des Guido de Baisio so gerufen wurde.

Ein weiteres Bildungsziel dürfte es auch gewesen sein, Rom kennenzulernen, nicht nur die heiligen Stätten, die das Ziel der alltäglichen Pilgerreisen waren, sondern auch die Kurie als solche, den Aufbau ihrer Behörden, die Wege, die man einzuschlagen hatte, um irgendein Anliegen erfolgreich durchzusetzen.

---

[78] Karl Heinz BURMEISTER, Der hl. Ivo und seine Verehrung an den deutschen Rechtsfakultäten, ZRG Germ. 92, 1975, S. 60–88.
[79] Karl Heinz BURMEISTER, Das Studium der Rechte im Zeitalter des Humanismus im deutschen Rechtsbereich, Wiesbaden 1974, S. 59f.
[80] STELLING-MICHAUD, L'université de Bologne (wie Anm. 70) S. 11.

Man kann es als den praktischen Teil eines Kirchenrechtsstudiums ansehen. Niemand studiert drei Jahre in Bologna, ohne auch Rom kennenzulernen. Man wird also kaum fehlgehen, auch für Hugo von Montfort einen (oder gar mehrere) Aufenthalte in Rom anzunehmen. Gerade auch die Entschlossenheit, mit der er 1298 nach seiner umstrittenen Bischofswahl nach Rom aufbricht, kennzeichnet ihn als Kenner der Verhältnisse in Rom.

Am 7. Juli 1286 begegnet uns in Ulm bei einer Rechtshandlung ein Graf *Hugo iunior* in Begleitung Hugos III., Rudolfs II. und Ulrichs I. als Bürge und Siegler[81]. In diesem Falle ist jedoch *Hugo iunior* nicht mit Hugo VI. zu identifizieren, der ja um diese Zeit in Bologna weilt, sondern mit Hugo V., dem Sohn Ulrichs I., wie sich nicht zuletzt auch aus dem Siegel ergibt. Denn Ulrich I. und Hugo V. führen im Gegensatz zu den übrigen Verwandten einen Löwen im Schild anstelle der gewohnten Montforter Fahne.

Am 23. Juli 1288 ist Hugo von Montfort ein letztes Mal in Bologna belegt[82]. Bald darauf hat er sein Studium abgebrochen, wohl mit Rücksicht auf die bedrängte Lage, in die seine Familie durch ihren Gegensatz zu König Rudolf von Habsburg geraten war. Abt Wilhelm von St. Gallen wurde im Sommer 1288 in den Kirchenbann getan; der König belagerte ihn in Wil und Neuravensburg. Am 5. Januar 1289 geriet auch der Churer Bischof Friedrich von Montfort in die Gefangenschaft der habsburgischen Partei[83]. Die Montforter mussten 1289 grosse Teile ihres Besitzes an die Habsburger verkaufen; so verlor auch Hugo III. vor dem 20. Juni 1289 seinen Besitz in Scheer[84].

Die Interessen Hugos III. wandten sich jetzt in eine andere Richtung. So versetzte er auch am 20. Juli 1290 seinen Besitz in Langenargen dem Kloster Löwental[85]; bei diesem Rechtsakt treffen wir Hugo VI. in der Umgebung seines Vaters, in dessen Nähe er nun auch in den folgenden Jahren auftritt. Seit 1293 gehörte Hugo VI. von Montfort zum Hofstaat des Bischofs Emicho von Freising (1283–1311). *Her Hougen, des edelen Grauen*[86] *Hougen sun von Montfort*, steht am 3. April 1293 als Zeuge in einer Reihe mit *anderm unsern Herren Hofgesin-*

---

[81] Bayerisches Hauptstaatsarchiv München, Urkunde Kurbayern 4651; abgedruckt bei Franz Michael WITTMANN, Monumenta Wittelsbacensia – Urkundenbuch zur Geschichte des Hauses Wittelsbach (Quellen und Erörterungen zur bayerischen und deutschen Geschichte 5), München 1857, S. 398–400, Nr. 162.
[82] STELLING-MICHAUD, Les juristes (wie Anm. 31) S. 231, Nr. 219.
[83] BILGERI, Geschichte (wie Anm. 12) Bd. 1, S. 202f.
[84] Ebd. S. 205.
[85] Wirtembergisches Urkundenbuch Bd. 11, S. 571, Nr. 5724.
[86] In der fraglichen Zeit kommt ausser dem Vater-Sohn-Verhältnis Hugo III./Hugo VI. auch noch Hugo IV. von Montfort-Feldkirch in Betracht, dessen Sohn Hugo VII. ist. Da Hugo IV. zudem auch in einer Urkunde von 1301 in Bischofslack aufscheint (vgl. unten Anm. 89), erscheint diese Alternative durchaus diskussionswürdig. Alles spricht jedoch für die erstgenannte Paarung, da

Hugo VI. von Montfort (1269–1298), Propst von Isen, erwählter Bischof von Chur 401

nes[87]. In einer ähnlichen Gesellschaft treffen wir ihn am 10. September 1297[88]. Beide Urkunden sind in freisingischem Besitz Bischofslack, heute Škofja Loka in Slowenien (nordwestlich von Laibach), entstanden, was auf einen längeren oder häufigeren Aufenthalt dort schliessen lässt. Noch 1301 begegnen uns dort Rudolf III. von Montfort-Feldkirch und sein Bruder Hugo IV., was auf anhaltende montfortische Interessen schliessen lässt[89].

Zufolge einer Überlieferung soll Hugo VI. bereits 1283 Domherr von Freising und Mainz gewesen sein[90]. In der Tat ist 1283 von einem *Comite Hugone canonico Moguntino* die Rede[91], der auch 1286 u.ö. genannt wird und zugleich auch Domherr in Freising war[92]. Dieser Graf Hugo ist aber mit Hugo von Montfort nicht identisch, wohl aber leicht zu verwechseln[93], zumal dieser Graf Hugo auch – ebenso wie später Hugo von Montfort – Propst von Isen war[94]. Gegen die Identität spricht, dass Hugo von Montfort zu der Zeit, als der Domherr am 24. Juli 1286 *in villa Draesik* nachweisbar ist, noch beim Studium in Bologna[95] weilte. Weiter sind in der Urkunde von 1293 beide genannt, nämlich der Domherr Hugo als Siegler und Hugo von Montfort als Zeuge[96]; das eine schliesst das andere aus, so dass wir von zwei Personen ausgehen müssen. Vollends wird das aus der Urkunde vom 10. September 1297 klar, wo beide nebeneinander siegeln[97].

Dennoch hat auch Graf Hugo von Montfort kurze Zeit dem Freisinger Domkapitel angehört. Denn in der genannten Urkunde vom 10. September 1297 erscheint er als Propst des Kollegiatstiftes St. Zeno in Isen (Landkreis Wasserburg). Der Propst dieses Augustinerchorherrenstiftes wurde immer aus dem Freisinger Domkapitel genommen[98], so dass man aus dieser von ihm ausgeübten Funktion auf die Zugehörigkeit Hugos von Montfort zum Domkapitel in

---

Hugo IV. († 1310) der Generation Hugos VI. angehört. Auch ist Hugo VII. 1310 noch minderjährig, so dass er kaum in die Urkunden von 1293 und 1297 (vgl. die folgenden Anm. 87 und 88) passt.

[87] Karl MEICHELBECK, Historia Frisingensis Bd. 2, 2. Teil, Augsburg 1729, S. 127 f.
[88] Joseph von ZAHN, Codex Diplomaticus Austriaco-Frisingensis (Fontes Rerum Austriacarum, 2. Abt., 31), Wien 1870, Bd. 1, S. 459 f., Nr. 419.
[89] Ebd. S. 13 ff., Nr. 444.
[90] Hermann Joseph BUSLEY, Die Geschichte des Freisinger Domkapitels von den Anfängen bis zur Wende des 14./15. Jahrhunderts, Phil. Diss. München 1956, S. 43.
[91] MEICHELBECK (wie Anm. 87) Bd. 2, 2. Teil, S. 108.
[92] Ebd. S. 124.
[93] Ebd. S. 128.
[94] ZAHN, Codex (wie Anm. 88) Bd. 1, S. 457 (1296 Oktober 8 und 1296 November 29).
[95] STELLING-MICHAUD, Les juristes (wie Anm. 31) S. 229 (1286 Juni 8 und 1286 August 28).
[96] ZAHN, Codex (wie Anm. 88) Bd. 1, S. 440 ff., Nr. 403.
[97] Ebd. S. 459 f., Nr. 419.
[98] Handbuch der historischen Stätten Deutschlands Bd. 7, Bayern, hg. v. Karl BOSL, Stuttgart ²1965, S. 332.

Freising rückschliessen darf. Die überlieferten Domherrenlisten[99] sind demnach, auch wenn sie nicht zutreffende Urkundenbelege anführen, im Ergebnis doch richtig. Nicht nachweisbar ist aber die in den genannten Quellen überlieferte Behauptung, Hugo von Montfort sei auch Domherr zu Mainz gewesen[100]; hier dürfte abermals eine Verwechslung mit dem Wildgrafen Hugo vorliegen.

Allerdings hat Hugo von Montfort auch dem Domkapitel Freising nur kurze Zeit angehört, vermutlich erst seit 1297. 1293 war er noch nicht Domherr[101]. Ebenso war seine Funktion als Propst von Isen nur kurzfristig. Noch am 29. November 1296 ist der Wildgraf Hugo Propst von Isen[102], so dass die Amtszeit des Hugo von Montfort kaum vor 1297 anzusetzen ist. In seiner Funktion als Propst von Isen ist er nur in der Urkunde vom 10. September 1297 nachweisbar[103]. Es ist bei der kurzen Dauer der Amtszeit Hugos, der ja bereits am 3. August 1298 gestorben ist, nicht verwunderlich, dass er weder als Domherr zu Freising noch als Propst von Isen in Urkunden in Erscheinung tritt, nicht zuletzt auch deshalb, weil er sich offenbar fern von Freising und von Isen aufgehalten hat. Es ist nicht unwahrscheinlich, dass die Erhebung des Hugo von Montfort zum Propst von Isen als Sprungbrett für eine künftige Wahl zum Bischof von Freising gedacht war. 1258 war der Wildgraf Konrad als Propst von Isen Bischof von Freising geworden.

An der Urkunde vom 10. September 1297 hat sich das einzige bisher bekannte Siegel Hugos VI. erhalten[104]. Das für geistliche Personen übliche spitzovale Siegel, 53 mm hoch und 35 mm breit, zeigt eine Darstellung des hl. Martin zu Pferd, mit dem Schwert den Mantel teilend und dem knienden Bettler; ganz unten befindet sich die dreilätzige Montforter Fahne (mit drei Ringen). Die Siegelumschrift lautet: S. HVGOIS. COMIT. CAN. ECCLIE. FRISIN-

---

[99] Bayerische Staatsbibliothek München, cgm. 1717, Bl. 483; Hauptstaatsarchiv München, sogen. «Rottes Biechl», Bl. 64ᵛ; Johann Michael Wilhelm von PREY, Historia frisingensis, Bayerische Staatsbibliothek München, cgm. 1724; auch cgm. 1718, SEDELMAYER, Verzeichnis der Domherren von 1762. Für diese Hinweise danke ich Herrn Diözesanarchivar Prälat Dr. Sigmund Benker in München.

[100] Nach Mitteilung des Archivs des Bischöflichen Ordinariats in Mainz wird Hugo von Montfort in der Kartei der Mainzer Stiftsgeistlichen nicht geführt.

[101] ZAHN, Codex (wie Anm. 88) Bd. 1, S. 440 ff., Nr. 403. Es wird dort *her Hougen des edelen grauen Hougen sun von Montfort* ohne jeden Hinweis auf eine Funktion genannt.

[102] Ebd. S. 457, Nr. 417: *Hugo comes siluester prepositus Isnensis.*

[103] Ebd. S. 459f., Nr. 419: *Hůgonis prepositi Isenensis* zusammen mit der Tatsache, dass der Propst Hugo von Isen in der gleichen Urkunde als Sohn des Grafen Hugo von Montfort ausgewiesen ist. Einer Korrektur bedürfen Die Kärntner Geschichtsquellen, hg. von Hermann WIESSNER Bd. 6, Klagenfurt 1958, S. 256f., Nr. 380. Hier ist *praepositus Isenensis* falsch übersetzt mit «Propst von Seeon»; im Register aber fehlt «Seeon», während ebenda unter *Hugo prepositus Isinensis* auf Innichen (S. 336) hingewiesen wird, das aber ebenfalls im Register fehlt.

[104] Haus-, Hof- und Staatsarchiv Wien, Urkunde 1297 September 10. 2. Siegel von rechts. Abguss im Vorarlberger Landesarchiv in Bregenz.

GEN (Siegel des Grafen Hugo, Domherrn der Freisinger Kirche). Der Name Montfort scheint nicht auf; durch das Siegelbild und durch den Urkundentext ist aber die Identifizierung gesichert.

Eine Diskrepanz zwischen Siegelumschrift und Urkundentext besteht darin, dass Hugo als Propst von Isen angekündigt wird. Da der Propst von Isen stets Domherr zu Freising war, bestätigt das jedoch nur unsere Annahme. Dabei ist auch zu berücksichtigen, dass noch am 29. November 1296 der Wildgraf Hugo Propst von Isen war, Hugo VI. also erst so kurze Zeit in seinem neuen Amt war, dass ein Propstsiegel für ihn noch nicht existierte; möglicherweise wurde es auch nie angefertigt, da schon wenige Monate später die Wahl Hugos VI. zum Bischof von Chur erfolgte. Was das Siegelbild des hl. Martin betrifft, so könnte das in einem Zusammenhang damit stehen, dass Hugo VI. Pfarrer der Kirche des hl. Martin in Wangen gewesen ist.

In Zusammenhang mit diesem Siegel ist es bemerkenswert, dass Graf Hugo III. von Montfort sich durch seinen Sohn Hugo VI. beim Siegeln der Urkunde vom 10. September 1297 vertreten lässt: ... *Hůgonis comitis de Monteforto, qui carens proprio sigillo, consensit et consentit in sigillum filii sui Hůgonis Isenensis prepositi antedicti*[105]. Das ist freilich nicht so zu verstehen, dass Graf Hugo III. überhaupt kein Siegel geführt hätte. Es sind sogar zwei Siegel von ihm überliefert: ein Dreiecks-Wappensiegel (in freiem Siegelfeld Montfortwappen mit fünf Ringen und Fransen an den Latzenden; Lätze gleich lang; Tuch und Lätze fünfmal waagrecht gestreift)[106], das er 1288–1291 verwendet, sowie ein Vollwappensiegel (schräger Schild mit Montfortwappen mit drei Ringen und Fransen; Kübelhelm; Helmzier: Schirmbrett mit Pfauenfedern besteckt und mit Montfortwappen geschmückt, Siegelfeld gerautet, auf den Schnitten Blümchen)[107], das 1309 in Gebrauch war. Sowohl die Zugehörigkeit zum Freisinger Hofstaat wie auch die Anwesenheit in Bischofslack steht in engem Zusammenhang mit dem Vater Hugo III. Dieser wird in den Jahren 1293–1297 insgesamt in fünf Urkunden als Zeuge genannt[108], und zwar immer in Bischofslack. Noch einmal begeg-

---

[105] ZAHN, Codex (wie Anm. 88) Bd. 1, S. 460.
[106] Walther P. LIESCHING, Die Siegel der Grafen von Montfort-Feldkirch und von Montfort-Bregenz, in: Die Montforter (Ausstellungskatalog des Vorarlberger Landesmuseums 103), Bregenz 1982, S. 34–62 (hier S. 37, Nr. 47a und 47b). Das Siegel ist abgebildet bei Walther P. LIESCHING, Die Siegel, in: Die Grafen von Montfort, Geschichte und Kultur (Kunst am See 8), Friedrichshafen 1982, S. 96.
[107] LIESCHING, Siegel der Grafen von Montfort-Feldkirch, S. 38, Nr. 48 mit Abbildung im unpaginierten Bildanhang.
[108] 1293 April 3, ZAHN, Codex (wie Anm. 88) Bd. 1, S. 440ff., Nr. 403.
1294 März 12, MEICHELBECK, Historia (wie Anm. 87) Bd. 2/1, S. 99f.
1295 März 11, ZAHN, Codex (wie Anm. 88) Bd. 1, S. 449f., Nr. 409.
1295 August 14, ebd. S. 454f., Nr. 413.
1295 September 10, ebd. S. 459f., Nr. 419.

net er uns am 29. Mai 1302 in der freisingischen Aussenbesitzung Waidhofen an der Ybbs[109]. In allen diesen Urkunden ist die Identität Hugos III. aus dem Zusammenhang und der Position in der Zeugenliste gesichert; 1297 siegeln Hugo III. und sein Sohn gemeinsam.

Es darf angenommen werden, dass Hugo III. in Krain Verwaltungsaufgaben des Bischofs wahrgenommen hat, vielleicht aber auch selbst hier Investitionen (Pfandschaft, Lehen?) getätigt hat, zumal er nach dem Verkauf von Scheer 1289 die erhaltene Kaufsumme anlegen musste. Die freisingische Aussenbesitzung in Bischofslack umfasste nebst Stadt und Schloss an die 200 Dörfer.

Die Verbindung Hugos III. zu Freising beruht letztlich auch auf verwandtschaftlichen Beziehungen. Elisabeth, eine Schwester Hugos II., Tante Hugos III. und Grosstante Hugos VI., war in dritter Ehe verheiratet mit dem rheinischen Wildgrafen Emicho[110]. Nicht nur der Bischof Emicho von Freising und der Dompropst Gerhard von Freising, sondern auch der genannte Mainzer und Freisinger Domherr Hugo scheinen diesem Wildgrafengeschlecht anzugehören. In der Gesellschaft der beiden Montforter Hugo III. und Hugo VI. in Bischofslack stossen wir auch mehrfach auf den Hochmeister des Templerordens Friedrich Wildgraf[111]. Alles das deutet auf enge Beziehungen der beiden Montforter zu den Wildgrafen hin.

Die Zugehörigkeit Hugos VI. zum freisingischen Hofstaat gab ihm die Möglichkeit, die geistliche und weltliche Verwaltungstätigkeit des Bischofs kennenzulernen und entsprechende Erfahrungen zu sammeln. Hugo konnte sich seinerseits mit seinen Rechtskenntnissen nützlich machen. Es ist nicht ausgeschlossen, dass der Aufenthalt in der Umgebung des Emicho von Freising bereits im Hinblick auf eine künftige Bischofswahl geplant war. Auf jeden Fall mochte sich Hugo dadurch 1298 dem Churer Domkapitel empfohlen haben: er konnte auf einschlägige Verwaltungserfahrung hinweisen.

Am 17. Januar 1298 starb der Churer Bischof Berthold von Heiligenberg[112]. Da der Bischof nach dem 3. August 1297 nicht mehr urkundet[113], könnte man an eine längere Krankheit denken, während der bereits die Nachfolge diskutiert wurde. Abermals fiel dabei einem Onkel Hugos, nämlich dem Dompropst Heinrich III. von Montfort, der seit frühester Jugend sein Betreuer war, eine führende Rolle zu. Sowohl die erst in dieser Zeit erfolgte Aufnahme Hugos in

---

[109] Ebd. Bd. 2, S. 19, Nr. 449. Hier käme vielleicht auch eine Identifizierung mit Hugo IV. in Betracht.
[110] ROLLER, Grafen von Montfort (wie Anm. 9) S. 153, Nr. 8.
[111] ZAHN, Codex (wie Anm. 88) Bd. 1, S. 454f. und S. 459f.
[112] CLAVADETSCHER, Helvetia sacra I/1 (wie Anm. 7) S. 481.
[113] Ebd. S. 481.

Abb. 1 Siegel des Grafen Hugo VI. von Montfort, 1297 September 10.
(Original im Haus-, Hof- und Staatsarchiv Wien)

das Churer Domkapitel[114] als auch dessen Wahl mit Zweidrittelsmehrheit der Domherren dürften das Werk des Heinrich von Montfort gewesen sein. Eine Minderheit wählte Wolfrad von Veringen[115].

Beide gelangten bald darauf an die römische Kurie, um ihre Bestätigung zu erreichen. Papst Bonifaz VIII. verlangte jedoch von beiden den Verzicht, den sie auch in die Hände des Papstes geleistet haben[116].

Der Papst ernannte später den Kanoniker von Aschaffenburg, Siegfried von Gelnhausen[117], zum Bischof von Chur. Der möglicherweise entstehende Eindruck, dieser sei als «Tertius gaudens» aus dem Wahlstreit hervorgegangen, bedarf einer Modifikation. Denn infolge des Todes von Hugo von Montfort am 3. August 1298 gab es für den Papst keine Wahlmöglichkeit mehr unter den

---

[114] Als Domherr zu Chur erscheint Hugo von Montfort nur in der unten in Anm. 116 genannten Urkunde vom 20. November 1298.

[115] Zu dieser Doppelwahl vgl. Johann Georg MAYER, Geschichte des Bistums Chur Bd. 1, Stans 1907, S. 263 und S. 325f.

[116] Johann Georg MAYER, Vaticano-Curiensia, Ungedruckte päpstliche Urkunden, die Diözese Chur betreffend, aus dem 13., 14. und 15. Jahrhundert, JHGG 17, 1887, S. 27–39 (hier S. 30–32, Nr. 5).

[117] Über ihn CLAVADETSCHER, Helvetia sacra I/1 (wie Anm. 7) S. 481f.

vom Domkapitel gewählten Kandidaten. Es wäre also durchaus möglich gewesen, dass er nach der Resignation der beiden Kandidaten Hugo von Montfort dennoch zum Bischof ernannt hätte, so wie es sich 1322 nach dem Tod des Siegfried von Gelnhausen auch bei der Ernennung Rudolfs von Montfort zum Bischof von Chur abgespielt hat[118]. Gerade die Wahl des Siegfried von Gelnhausen scheint zu bestätigen, dass der Papst in dem überlebenden Wolfrad von Veringen keinen geeigneten Bischof gesehen hat. Dagegen bleibt die Frage offen, ob er sich nicht doch für Hugo von Montfort entschieden hätte, dessen vorzeitiger Tod jedoch eine andere Lösung erfordert hat.

Hugo von Montfort war am 3. August 1298 in Rom unerwartet gestorben, und zwar am päpstlichen Hof selbst (*in curia Romana*). Er dürfte auch in Rom, vermutlich in einer Kirche, seine letzte Ruhestätte gefunden haben; die zahlreichen Berichte über die montfortischen Begräbnisse erwähnen sein Grab nicht. Die Todesursache ist unbekannt. Der Tod muss jedoch überraschend gekommen sein; denn keines der einschlägigen Anniversarien feiert seine Jahrzeit. Hugo hat nicht mehr die Zeit gefunden, für sein eigenes Seelenheil entsprechende Vorsorge zu treffen.

Eine Ausnahme bildet allein das Churer Jahrzeitbuch[119]. Doch auch hier fehlt jeder Hinweis auf eine Stiftung, so dass man wohl davon ausgehen muss, dass der Dompropst Heinrich von Montfort seinem Neffen mit dieser Eintragung einen letzten Liebesdienst erweisen wollte. Er versäumte es auch nicht, auf die erreichte qualifizierte Mehrheit hinzuweisen, um das Andenken an diesen dritten Montforter auf dem Churer Bischofsthron ins rechte Licht zu rücken. Auch die Bemerkung *in lite discessit,* die nach der erfolgten Resignation keinesfalls den Tatsachen entspricht, mag in Übereinstimmung mit den kämpferischen Tugenden des Adels gewählt worden sein, wobei jedoch an die Stelle des Kampfes mit dem Schwert gemäss dem Werdegang Hugos von Montfort der Kampf mittels des Rechtes tritt. So gesehen, erscheint diese Eintragung im Jahrzeitbuch als ein den Tatsachen gerecht werdender Nachruf auf den jugendlichen Hugo von Montfort, der auf der Schwelle seiner Karriere zum Kirchenfürsten aus dem Leben gerufen wurde.

Das Andenken an Hugo von Montfort ist rasch verblasst. Selbst der neueren Geschichtsschreibung blieb er als Student der Rechte[120], als Pfarrer von Wan-

---

[118] Ebd. S. 482.
[119] NC, S. 76, 3. August. Vgl. auch R. STAUBLI, Beiträge zur Geschichte und Kulturgeschichte aus den Churer Totenbüchern, JHGG 74, 1944, S. 39–134 (hier S. 61).
[120] Fehlt bei Oskar VASELLA, Untersuchungen über die Bildungsverhältnisse im Bistum Chur, JHGG 62, 1932, S. 1–212.

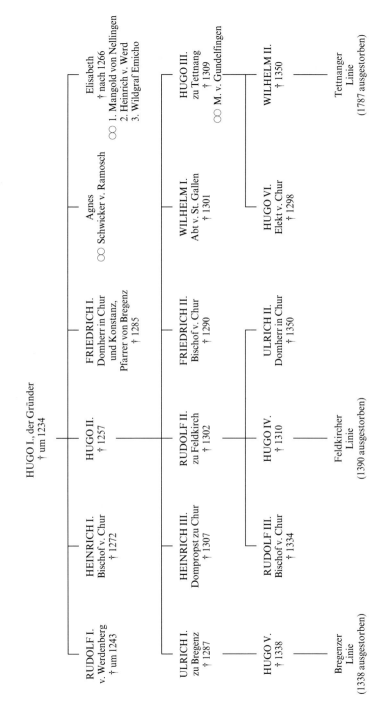

Stammtafel der Grafen von Montfort (Auszug)

gen[121], als Domherr von Freising[122], als Propst von Isen[123], als Domherr von Chur[124], unbekannt. Von allen diesen Funktionen wissen wir jeweils nur etwas auf Grund einer zufällig überlieferten einzelnen Urkunde. Erst Sven und Suzanne Stelling-Michaud haben etwas Licht auf seine Persönlichkeit geworfen, so dass Hugo von Montfort heute keine ganz unbekannte Ziffer mehr in der breiten Genealogie der Grafen von Montfort ist.

---

[121] Fehlt bei SCHEURLE, Wangen (wie Anm. 53).
[122] Wird bei BUSLEY, Freisinger Domkapitel (wie Anm. 90) S. 43, nur auf der Grundlage einer unrichtigen Quelle zitiert.
[123] Fehlt in der bei P. Norbert BACKMUND, Die Kollegiat- und Kanonissenstifte in Bayern, Kloster Windberg 1973, S. 72f. angegebenen Literatur über Isen.
[124] Fehlt in BUB Bd. 3. Die Erwähnung in Bd. 3, S. 232, begegnet einigen Zweifeln.

Zum regionalen Handel und Verkehr an der Lukmanier- und Oberalproute im Spätmittelalter

von Lothar Deplazes

Es scheint vielleicht vermessen, in einer Festschrift für Pater Iso Müller ausgerechnet die Geschichte jener beiden Passstrassen zu behandeln, die in unmittelbarer Nähe des Klosters Disentis nach Süden und nach Westen abzweigen und über die unser Jubilar in den 1930er und 1940er Jahren grundlegende Arbeiten schrieb, die er beharrlich erweiterte bis zu den jüngsten Beiträgen über das Hochtal Ursern als Drehscheibe des Nah- und Fernverkehrs im Gotthardraum[1]. Diese Kontinuität und Offenheit der Forschung laden uns aber ein, erkundete Wege dankbar zu begehen, von erreichten Zielen aufzubrechen und zu verweilen, wo sich neue Perspektiven eröffnen.

Der mittelalterliche Handel und Verkehr zwischen Bergtälern sowie zwischen den Alpen und den grossen Märkten der nächstliegenden Städte ist gewiss kein neues, aber doch ein selten grundsätzlich behandeltes Thema[2]. Dieser regionale und interregionale Handel und Verkehr gilt vor allem als Nebenaspekt der zwei grossen Themen der Verkehrsgeschichte der Alpen: des Transitverkehrs und der Entstehung von Passstaaten. Die Gründe sind in der schwierigen Quellenlage und in der Forschungstradition zu suchen.

---

[1] Einige hier öfters zitierte Arbeiten: P. Iso Müller, Der Lukmanier als Disentiser Klosterpass im 12./13. Jahrhundert, BM 1934, S. 1–17, 33–54, 65–92. Ders., Die Disentiser Klostervogtei der Grafen von Werdenberg-Heiligenberg 13./14. Jh., BM 1941, S. 39–56. Ders., Die Entstehung des Grauen Bundes 1367–1424, ZSG 21, 1941, S. 137–199. Ders., Ein Beitrag der Abtei Disentis zur Gotthardpolitik der Eidgenossen unter Abt Petrus von Pontaningen, BM 1942, S. 33–57. Ders., Die Ritter von Pontaningen, BM 1943, S. 21–27. Ders., Eine bedeutsame tessinisch-bündnerische Urkunde von 1371, BM 1954, S. 409–424. Ders., Die Pässe von Glarus nach Graubünden, BM 1962, S. 57–79. Ders., Ursern im Früh- und Hochmittelalter, in: Festschrift für Gottfried Boesch, Schwyz 1980, S. 205–229. Ders., Ursern im frühen Spätmittelalter 1300–1433, Der Geschichtsfreund 135, 1982, S. 171–241. Ders., Ursern im ausgehenden Spätmittelalter, Der Geschichtsfreund 136, 1983, S. 71–157. Ders., Zum mittelalterlichen Lukmanierweg, BM 1984, S. 155–161.
Ders., Disentiser Klostergeschichte 1 (700–1512), Einsiedeln/Köln 1942. Ders., Geschichte der Abtei Disentis von den Anfängen bis zur Gegenwart, Zürich/Köln 1971. Ders., Geschichte von Ursern, Disentis 1984.

[2] Einen wertvollen Überblick gibt: Jean François Bergier, Le trafic à travers les Alpes et les liaisons transalpines du haut Moyen âge au XVII siècle, in: Le Alpi e l'Europa 3, Bari 1975, S. 1–72. Siehe besonders die Beiträge von Klaus Aerni, Pio Caroni, Robert Kruker, Arnold Niederer und Werner Meyer im Sammelband «Geschichte der Alpen in neuer Sicht», SZG 29, 1979.

Die 1900 publizierte Verkehrsgeschichte der Alpen von Aloys Schulte behält dank imponierendem Überblick und solider Quellenarbeit klassische Geltung. Aber Schulte prägte die städtische Sicht der Alpen als eines Durchgangsgebietes zwischen den grossen europäischen Produktions- und Marktzentren und behandelte den Regionalverkehr bloss nebenbei[3]. Die Studien von Pio Caroni über divergierende bürgerliche und bäuerliche Interessen am Transitverkehr zeigen, dass die Erforschung der Wirtschaftsgeschichte der Alpen aus der Sicht ihrer Bewohner bis in jüngster Zeit nicht selbstverständlich war[4]. Werner Schnyder publizierte 1973/74 die erschlossenen rätischen Verkehrsquellen vorwiegend in Regestenform und bietet damit eine nützliche Ausgangslage auch für die Erforschung der regionalen Verkehrswirtschaft, obwohl sein Hauptinteresse noch im Sinne Schultes den grossen Durchgangsstrassen galt[5].

Einseitig ist es auch, Handel und Verkehr nur landesgeschichtlich zu behandeln, denn herrschaftliche und wirtschaftliche Räume und Strukturen decken sich nur teilweise.

Sinnvoller wäre der Versuch, die spärlichen und recht zufälligen Indizien für den spätmittelalterlichen Handel einer Alpenregion möglichst vollständig zu sammeln und repräsentativ auszuwerten[6]. Zunächst aber gilt es – und darin liegt das Hauptziel dieser Arbeit –, den verkehrspolitischen Rahmen für die Deutung weniger überlieferter Handelsgeschäfte abzustecken. Im weiteren ist nach den Trägern der Verkehrspolitik und deren sozialer Schichtung zu fragen. Friedensverträge, Bündnisse und Prozessquellen sind dafür die wichtigsten, noch keineswegs ausgeschöpften Quellen. Ein bisher unbekannter Vertrag von 1401 zur Sicherung des Handelsverkehrs über den Lukmanier und drei Urkunden von 1373, 1393 und 1396, die allgemein Beziehungen der Surselva mit Blenio und Leventina erhellen, sind im Anhang erstmals ediert.

---

[3] Aloys SCHULTE, Geschichte des mittelalterlichen Handels und Verkehrs zwischen Westdeutschland und Italien mit Ausschluss von Venedig, 2 Bde., Berlin 1900 (Neudruck, Berlin 1966).

[4] Pio CARONI, Über innere Verfassung und Haftungspraxis der Liviner Säumergenossenschaften zu Beginn des XV. Jahrhunderts, in: Gesellschaft und Gesellschaften. Festschrift für Ulrich Im Hof, hg. v. Nicolai BERNARD u. Quirinus REICHEN, Bern 1982, S. 61–79. Vgl. auch Anm. 2.

[5] Werner SCHNYDER, Handel und Verkehr über die Bündner Pässe im Mittelalter zwischen Deutschland, der Schweiz und Oberitalien, 2 Bde., Zürich 1973/75. Vgl. unten, S. 420.

[6] Vgl. ebd. die Zusammenfassung S. 35–42, 97f. Giovanni BASERGA, Relazioni commerciali di Como e Milano coi Cantoni Svizzeri durante l'epoca viscontea e sforzesca, Periodico della Società Storica della Provincia e antica Diocesi di Como 26, 1926. Lothar DEPLAZES, Alpen, Grenzen, Pässe im Gebiet Lukmanier-Piora (13.–16. Jahrh.). Mit Anhang: Akten und Urteile des Val Termine-Prozesses unter Gilg Tschudi als Obmann (1560) sowie eine Quellenauswahl 1435–1899 (Quellen und Forschungen zur Bündner Geschichte 1, hg. vom Staatsarchiv Graubünden), Disentis 1986, Kap. 1 und 5. Leider enthalten diese Sammlungen wenige Belege für konkrete Handelsgeschäfte vor 1430. Vgl. Anm. 15.

Der Begriff «Region» wird hier pragmatisch verwendet. Je nach Gesichtspunkt lassen sich verschiedene Wirtschafts- und Verkehrsräume rekonstruieren. Im Zentrum steht die Kleinregion Vorderrheintal-Blenio-Biasca als Teil einer umfassenden Lukmanierregion, zu der im Norden auch Glarus gehört, im Süden das Gebiet bis zu den Märkten von Lugano, Chiasso und Varese. In der Ost-West-Verbindung ist die Kleinregion Vorderrheintal-Urseren Teil der grossen Gotthardregion, welche die Urschweiz und das Oberwallis, die Leventina und das Tocetal miteinschliesst.

1. Regionale Handels- und Verkehrsverträge

Die Kleinregion Vorderrheintal-Blenio-Biasca

Ein die Nord- und Südtäler des Lukmaniers umfassendes Staatsgebilde ist im Mittelalter nie entstanden, eine gezielte Expansion wurde kaum versucht. Gelegentliche Konflikte fanden in den Quellen einen deutlicheren Niederschlag als die vorwiegend friedlichen Beziehungen zwischen Alpinlombarden, Rätoromanen und Walsern. Die Friedensverträge von 1261, 1376, 1401 und 1406 lassen die regionale Verkehrspolitik am Lukmanier weit über die jeweiligen Einzelereignisse hinaus erkennen.

Am 30. Mai 1261 schloss Abt Heinrich von Disentis mit Simon von Orello, dem bekannten Söldnerführer, der wohl auch Podestà von Biasca war, und mit dessen Vetter Matteo von Orello, Vogtrektor von Blenio, einen Vertrag, der kriegerische Konflikte beenden und die Sicherheit der Disentiser in Blenio sowie der Bleniesen in der Cadi garantieren sollte. Der Schutz galt offenbar allen Reisenden und Zuzügern, aber auch, wie man vermuten darf, den marktbesuchenden Bauern, Händlern und Kaufleuten mit ihren Gütern aus beiden Distrikten[7].

Der nächste grössere bekannte Konflikt zwischen Cadi und Blenio wurde am 29. Juni 1333 vertraglich oder schiedsrichterlich beigelegt. Die überlieferte

---

[7] Druck: Karl MEYER, Blenio und Leventina von Barbarossa bis Heinrich VII., Luzern 1911, S. 44*f., Nr. 22. Die Textvarianten im BUB 2, S. 383f., Nr. 953 sind unbegründet. Vgl. insbesondere für die Identifizierung der Personen und Orte die Neuedition: Materiali e documenti ticinesi, a cura di Vittorio F. RASCHÈR, Lothar DEPLAZES, Giuseppe CHIESI, Consuelo JOHNER-PAGNANI, Serie III: Blenio, Nr. 165* (im folgenden mit MDT I, II, III abgekürzt; * = in Vorbereitung).
Der hier entscheidende Passus *concordia . . . quod custodient suas res et personas quelibet pars in suis pertinentis* ist undeutlich, fehlt doch *vicissim inter se* oder eine ähnliche Formel, wie sie für die militärischen Bestimmungen (Nichtangriffspakt, freier Durchzug für Hilfstruppen) verwendet wird. Zum militärischen Aspekt des Vertrages vgl. Karl MEYER, Die Capitanei von Locarno im Mittelalter, Zürich 1916, S. 173–177.

chronikalische Notiz spricht von Gewalttaten und Unrecht und der hohen Strafsumme von 1500 Pfund[8]. Zweifellos belasteten solche Zusammenstösse immer den Nah- und Fernverkehr mit dem gesamten Warentransport über den Lukmanier; weitere Spekulationen sind ohne Anhaltspunkte in den Quellen unfruchtbar.

Den bedeutendsten regionalen Handels- und Verkehrsvertrag, den wir aus dem hier untersuchten Raum kennen, schlossen Cadi und Blenio mit Zustimmung ihrer Herrschaften und des Freiherrn Ulrich II. Brun von Rhäzüns am 13. Juli 1376. Die Urkunde ist nur in einer Zusammenfassung aus der Mitte des 17. Jahrhunderts überliefert[9], aber die Hauptbestimmungen wurden bei der Vertragserneuerung am 13. Juli 1406[10] offenbar wörtlich angenommen, wie ein Textvergleich zeigt. So dürfen wir die 9 Hauptpunkte von 1376 aufgrund beider Texte wiedergeben:

1. Der Vertrag ist alle 10 Jahre zu erneuern, nach gegenseitiger Mahnung ein halbes Jahr vor Ablauf der Frist.
2. Die beiden Täler garantieren einander den ungehinderten Durchzug mit ihren Handelswaren und mit anderen Gütern[11].
3. Der Durchzug mit geraubten oder gestohlenen Waren oder mit gefangenen Leuten aus dem Distrikt des Vertragspartners wird nicht gewährt. Die Parteien melden einander Raub und Diebstahl, seien sie geplant oder vollzogen.

---

[8] MOHR CD 2, S. 316, Nr. 241.

[9] «Litterae monasterii Disertinensis» (Regesten des Abtes PLACIDUS VON EINSIEDELN, ca. 1650), Nr. 52. Pater Daniel Schönbächler stellte mir freundlicherweise einen Abzug der betreffenden Seiten des im Stiftsarchiv Disentis aufbewahrten Mikrofilms der Handschrift des Klosters Einsiedeln zur Verfügung. Die Edition von MOHR CD 2, S. 294f., Nr. 197 enthält nur zwei sachlich relevante Abweichungen. In der ersten Bestimmung ist *quolibet dicennio* (statt *anno*) *renovetur* zu lesen. In der 7. Bestimmung fehlen die zwei im folgenden gesperrt gedruckten Wörter: *7. Nulla etiam persona harum vallium tenere debet in suo territorio aliquam personam et proclamatam in banno ab una valle ad alteram.* Zum Vertragsinhalt vgl. auch MÜLLER, Grauer Bund (wie Anm. 1) S. 152f.

[10] Das Original ist verloren. Die älteste Abschrift, in der Urkundensammlung von Mistral Gion Ant. Schmid aus dem 18. Jh. (einst im Besitz v. Dr. G. Willi Chur/Bern), ist zur Zeit nicht auffindbar. Deshalb kam eine Edition im Anhang dieser Arbeit nicht in Frage. Anton von Castelmur kopierte die Abschrift der Urkundensammlung Schmid vollständig und wie es scheint völlig zuverlässig. Herr Dr. Bruno Hübscher besorgte mir freundlicherweise eine Photokopie dieser zweiten, im BAC aufbewahrten Abschrift, nach der hier zitiert wird. Vgl. dazu MÜLLER, Petrus von Pontaningen (wie Anm. 1) S. 36f.

[11] Diese für unser Thema wichtige Bestimmung sei nach beiden Texten zitiert: Regest der Urkunde von 1376 (s. Anm. 9): *2. Dent liberum transitum sibi invicem pro eius mercantiis et aliis rebus.* – Vertragserneuerung von 1406 (s. Anm. 10): *Item statuerunt ipse partes quod aliqua pars ipsarum partium non debeat tenere clasum inter* (so für *iter*?) *alteri parti, sed permittant ire et conducere merchandantias et res ab una parte ad alteram sine aliquo impedimento aliqua occasione non obstante.*

4. Im Streitfall ist das Gericht des Distriktes, in dem die Straftat ausgeführt wurde, zuständig, und der *rector* (Podestà von Blenio, Mistral der Cadi) soll die nach geltendem Talrecht verhängte Strafe vollziehen.
5. Beklagt ein Gläubiger einen Schuldner aus dem Distrikt des Vertragspartners, um Geld oder Waren zu fordern, und bezweifelt er, dass ihm Recht widerfahre, so soll der Rektor des Beklagten zwei Männer mit der Prüfung des Verfahrens beauftragen, und stellen sie Unrechtmässigkeiten fest, so darf der Friede nicht gebrochen werden, sondern die beiden Rektoren müssen den Fall an einem freigewählten Ort auf Kosten des Verlierers entscheiden.
6. Für gegenseitige Forderungen an Schuldner dürfen weder Personen verhaftet noch Güter beschlagnahmt werden, vielmehr suche jeder Recht beim zuständigen Gericht.
7. Verbannte dürfen auch im Tal des Vertragspartners nicht geduldet werden[12].
8. Beide Seiten beschwören den Vertrag nach eigener Landesgewohnheit, und wer ihn verletzt, zahlt dem Vertragspartner 1000 Goldflorin, ohne den Frieden zu brechen.

Die Bleniesen behielten die Rechte Gian Galeazzo Viscontis vor, der Pfandinhaber der Landeshoheit über ihre Talkommune war, und die Disentiser die Rechte des Bischofs von Chur, der in der Cadi Verkehrs- und nicht Herrschaftsinteressen vertrat.

Mit Recht betont P. Iso Müller, es handle sich um mehr als einen «gewöhnlichen lokalen Handelsvertrag», weil auch Ulrich II. Brun von Rhäzüns mitwirkte, «der den Ausgang des Vorderrheintales, die Herrschaft Rhäzüns mit Ems und Felsberg, innehatte. Der Lukmanier war Verbindungsroute zwischen Chur und Mailand[13].» Doch hier sei dieser Text einmal stärker aus der Sicht der eigentlichen Vertragspartner, der Talleute von Blenio und Cadi, gedeutet. Ist es nicht bezeichnend, dass eine so ausführliche Regelung die alten Susten von Sogn Gagl (Medel) und Casaccia (Olivone) und vor allem das zwei Jahre vorher eingerichtete Hospiz Santa Maria auf der Passhöhe mit keinem Wort erwähnt? Unbestritten nahm der Transitverkehr, der von Lagerräumen abhängiger war als der regionale Warentransport, in der zweiten Hälfte des 14. Jahrhunderts auch über den Lukmanier relativ zu. Indizien dafür sind etwa die Verzeichnisse der Transportabgaben von Konstanz nach Bellinzona von 1388 und die Reduktion

---

[12] Die Formulierung *tenere ... personam* im Regest des Vertrages von 1376 (s. Zitat in Anm. 9) dürfte dem Original entsprechen, während die Abschrift der Vertragserneuerung von 1406 hier undeutlich ist: *Item statuerunt quod nulla persona valium predictarum debeat* (statt *teneat* oder *tenere debeat*) *in eorum territorio aliquam personam banditam nec damnatam in banno ab una valle ad alteram.*

[13] MÜLLER, Grauer Bund (wie Anm. 1) S. 152f.

einer Transitgebühr durch Abt und Gemeinde Disentis 1391[14]. Es gilt, Transit- und Regionalverkehr auseinanderzuhalten, ohne sie im Gegensatz zu sehen. Die Säumertätigkeit dürfte Reiselust und Risikobereitschaft, überhaupt die kaufmännische Mentalität der Bergbauern gefördert haben, trotz aller landwirtschaftlichen Nachteile des Warentransports mit Saumtieren. Doch 1376 regelten die Bewohner der beiden obersten Passtäler eindeutig ihre eigenen Durchgangsrechte. Handelsware und Reiseziele sind leider nicht näher bestimmt. Man darf sowohl an gegenseitige Marktbesuche, wie an den Export und Import in beiden Richtungen mindestens bis Chur und Lugano denken[15]. Säumertätigkeit

[14] SCHULTE, Handel und Verkehr (wie Anm. 3) 2, S. 38–41, Nr. 33 u. S. 45f., Nr. 37.
[15] Wenn Kaufleute von Lugano zu Beginn des 14. Jh. den Gallusmarkt (16. Oktober) der Freien von Laax regelmässig besuchten (Habsburger Urbar, hg. v. Rudolf MAAG [QSG 14], S. 528f.), so dürfen wir annehmen, dass auch Bauern und Händler aus Mittelbünden, Glarus, Urseren, Blenio und der Leventina dort erschienen und dass umgekehrt die Bündner Oberländer die Märkte der Nachbartäler besuchten. Der St. Plazimarkt in Disentis (11. Juli) war schon im 13. Jahrhundert in Mailand und zweifellos auch in den Ambrosianischen Tälern bekannt (Liber Notitiae Sanctorum Mediolani, a cura di Marco MAGISTRETTI e Ugo MONNERET DE VILLARD, Milano 1917, col. 310 B, zitiert bei Iso MÜLLER, Die Abtei Disentis im Kampfe gegen die Cadi zu Anfang des 17. Jahrhunderts, JHGG 78, 1948, S. 103).
An wenigen Beispielen sei gezeigt, wie normative Quellen, Verträge und allgemeine Bestimmungen von Urteilssprüchen einerseits und Urkunden über einzelne Handelsgeschäfte andererseits einander als verschiedene Quellenarten ergänzen.
Die Verträge von 1376 und 1406 und analoge Texte enthalten nicht zufällig genaue Bestimmungen über Kreditgeschäfte. Es wäre zu einfach, die Gläubiger ausschliesslich in den Städten oder bei kirchlichen Institutionen ländlicher Gebiete und die Schuldner nur bei den Bergbauern zu suchen. Der Geldverkehr war in Blenio und Leventina seit Ende des 12. Jahrhunderts hochentwickelt (s. MDT I–III, wie Anm. 7), und vielleicht neigt man aus Quellenmangel dazu, die spätmittelalterliche Geldwirtschaft der nördlichen Alpentäler zu unterschätzen. Am 22. Juli 1400 verpflichtete sich die Nachbarschaft Aquila, dem Dr. iur. Oltemanus de Bestholmeno von Curaglia (Val Medel) einen Kredit von 22 Goldflorin zurückzuerstatten. Oltemanus erhielt diesen Schuldschein in Lavòrceno (Olivone) auch im Namen seines Neffen Hergetus, dessen verstorbener Vater Mitgläubiger gewesen war (Patriziatsarchiv Aquila, Perg. Nr. 36). Es handelt sich wohl um *Altemanus de Medel,* der 1406, bei der Erneuerung des Verkehrsvertrages von 1376, seine Gerichtsgemeinde Cadi vertrat (s. oben, S. 412, 430)!
Die zahlreichen Verpfändungen und Verleihungen von Alpen der Surselva an Nachbarschaften der Täler Blenio und Leventina seit der Mitte des 14. Jahrhunderts hatten auch den Charakter von Kreditgeschäften, und Schuldner waren das Kloster Disentis, die Gerichtsgemeinden Cadi und Lumnezia, die Dorfgemeinden Medel und Vrin sowie einzelne Alpbesitzer (vgl. DEPLAZES, Alpen, Grenzen, Pässe, wie Anm. 6, und für die Greinaalpen vor allem die Urkunden des Patriziatsarchivs Aquila).
Über die Handelsbeziehungen (Kreditgeschäfte, gelegentlicher Viehhandel) zwischen den Tre Valli und Lugano seit dem 13. Jahrhundert s. vorläufig MEYER, Blenio und Leventina (wie Anm. 7) S. 19f.; die Edition der betreffenden Blenieser Urkunden in den MDT III (wie Anm. 7) wird vorbereitet. Besitzinventare und Testamente lassen auf einen landwirtschaftlichen Produktionsüberschuss (besonders Vieh und Milchprodukte) im 14./15. Jahrhundert in den Tre Valli schliessen. Vgl. z.B. die Zusammensetzung der Viehhabe im Inventar der hinterlassenen Güter eines Bauern von Quinto in der oberen Leventina vom 3. Nov. 1400. Druck: Luigi BRENTANI, Codice diplomatico ticinese 3, Como 1943, S. 144f., Nr. 41. Reg.: MDT I (wie Anm. 7) S. 689, Nr. 440 und dazu ebd. S. 690–695 ein Glossar von Vittorio F. RASCHÈR.

für fremde Kaufleute nach dem Stracksystem, also durchgehend und nicht nur auf kleinen Strecken im eigenen Gebiet, sei nicht völlig ausgeschlossen, entscheidend aber war sie nicht. Der direkte Transport begann selten erst in den obersten Tälern, sondern mindestens in Chur und Bellinzona oder Biasca. Die Haftung für fremde Kaufmannsware war nicht Gegenstand dieses Vertrages. Geschützt wurden vielmehr die regionalen Kreditgeschäfte und eine korrekte Gerichtspraxis bei Anerkennung der Territorialhoheit. Der Vertrag von 1376 förderte somit die Handelsinteressen der Passanwohner am Nord- und Südhang des Lukmaniers, und nur indirekt profitierte auch der Fernverkehr von der grösseren Sicherheit der Strassen.

Der Vertrag vom 15. August 1401 sagt mehr über die verkehrspolitisch bestimmenden Kräfte als über den Handel aus. Die Freiherren Ulrich II. Brun von Rhäzüns und Albert V. von Sax-Misox sowie die Gerichtsgemeinden Cadi, Lugnez und Gruob im Norden und das Bleniotal im Süden garantieren sicheren Aufenthalt und freien Transit in dieser gegenüber 1261 und 1376 wesentlich erweiterten Region, die neben dem Lukmanier auch die Nord-Süd-Verbindung über den Greinapass (Lugnez–Blenio) umfasste. Der Gang durch die Siedlungen (*per eorum terras villas et loca*) ist erlaubt, und diese Formel mag andeuten, dass der Handelsverkehr gelegentlich den Friedensbereich der Dörfer und Weiler an den Strassen gefährdete, sodass unangenehme Umwege angeordnet wurden; auch die Versorgung der Reisenden war damit erleichtert. Dieser Vertrag förderte den Personenverkehr, erleichterte die geographische Mobilität, falls Niederlassungen Fremder erwünscht waren, und er kam selbstverständlich auch dem freien Handel zugute[16].

Inzwischen war der Zehnjahresvertrag von 1376 vielleicht 1386 und 1396 bestätigt worden. Bei der Vertragserneuerung von 1406 waren wieder die Cadi und der Abt die Hauptpartner der Bleniesen; die Rechte Alberts V. von Sax-Misox wurden nur vorbehalten[17]. Die Verträge von 1401 und 1406 ergänzten sich.

Auch innerhalb der Südalpentäler nahm die verkehrspolitische Aktivität im 14. Jahrhundert zu. Sobald die Gotthardroute mit im Spiel ist, werden die zweifellos vorhandenen regionalen Handelsinteressen – in den vorhandenen Quellen – vom Transitverkehr und von der politischen Beherrschung der Passtäler überlagert. So verpflichteten sich die Talgemeinde Blenio und ihr Vogtrektor Matteo von Orello am 11. Dezember 1333 gegenüber dem Signore Franchino Rusca und der Stadtkommune Como, für die Sicherheit der Gotthardstrecke von der Brücke von Cassero bis nach Giornico zu sorgen und militärische Hilfe bis ins

---

[16] Anhang Nr. 4.
[17] Wie Anm. 10.

Luganese zu leisten[18]. Für Como stand selbstredend der sichere Transitverkehr im Vordergrund. Den Bleniesen erleichterte ein gutes Einvernehmen mit dem Beherrscher der vereinigten Lukmanier- und Gotthardroute auch den eigenen Import und Export von Handelswaren.

Der Vertrag vom 11. Juli 1375 zwischen Kaspar *de Sacho* und Biasca ist ebenso differenziert zu betrachten. Sie garantierten gegenseitig den sicheren Warentransport durch ihre Gebiete und wollten für geraubtes Gut haften. Vermutlich wurden sowohl die eigene Handelsware wie die Transitware der Säumer aus beiden Gebieten geschützt. Jedenfalls ist ausdrücklich von den Gütern der Biascheses und des Saxers und seiner Untertanen die Rede und nicht etwa von deutscher und italienischer Kaufmannsware[19]. Die verkehrsgeographisch bedeutende Lage der Dorf- und Gerichtsgemeinde Biasca im Schnittpunkt der Gotthard- und der Lukmanierroute ist evident. Das *ter[r]itorium* Kaspars *de Sacho* lässt sich kaum eindeutig bestimmen. Handelt es sich um Kaspar von Sax-Misox, den Herrn der Mesolcina, der später bedeutende Rechte in der unteren Surselva und im Lugnez erwarb, wie noch gezeigt wird? Dann hätte dieser Vertrag auch zur Organisation des Binnenhandels zwischen Misox, Biasca und der nördlichen Lukmanierroute beigetragen, man könnte an den Besuch der regionalen Märkte denken. Der Name Kaspar spricht für ein Mitglied der Dynastie der Sax-Misoxer, aber die genealogische Einreihung ist nach den zur Zeit erschlossenen Quellen nicht möglich. Vielleicht handelt es sich bei Kaspar *de Sacho* nicht um den bekannten Freiherrn der Mesolcina, sondern um einen Herrn der Burg Gnosca in der nördlichen Grafschaft Bellinzona. Er könnte die Burg und dazu gehörige Rechte auch über Untertanen des Domkapitels von Mailand durch Heirat oder Kauf von den Capitanei von Orello oder als Beamter der Visconti erworben haben. Stimmt diese Hypothese, so wären vor allem die Gebiete der Nachbarschaften Gnosca und Gorduno als *ter[r]itorium* Kaspars *de Sacho* bezeichnet worden. Es ist auch möglich, dass Kaspar von Sax-

---

[18] Giuseppe ROVELLI, Storia di Como 2, Milano 1794, Anhang S. 15f. Dazu MEYER, Blenio und Leventina (wie Anm. 7) S. 244f., Anm. 3.

[19] MDT II (wie Anm. 7) S. 226f., Nr. 133: *Hec sunt pacta, promissiones et conventiones . . .: quod predictus dominus Gasspar promixit et convenit predictis Zonffredollo et supra nominatis quod per teritorium eius predictii domini Gassparii nullam robariam facere nec dimittere facere, nec conducere nec conducii facere de bonis et rebus aliquibus hominum tere et vicina[n]tie de Habiasscha . . . Et e converso predictii Zonffredollus et supra nominati de Habiasscha, eorum nomine et nomine ut supra, promixerunt predicto domino Gassparo omnes robariias que fierent de bonis et rebus predictii domini Gassparii et subditorum eius et conducerentur per teritorium de Habiasscha eidem domino Gassparo similiter restituere et indempn[e]m consservare ipsum et quamlibet (!) eius subditum, cum obligatione ut supra.*

Misox seine Verwandten (der Linie Sacco de Fiorenzana?) auf der Burg Gnosca vertrat[20].

Die Verkehrspolitik im rätischen Teil der Lukmanierregion spiegelt sich bekanntlich im Geflecht der Verträge, die zur Entstehung des Grauen Bundes und seiner Verbindung mit dem Gotteshausbund und mit Glarus führten. Die Gründungsurkunde des Oberen Bundes von 1395[21] enthält zwar noch keine Verkehrsbestimmungen, was ihren militärischen Charakter unterstreicht, und hier lag wohl mit ein Grund für den erwähnten Vertrag von 1401, der die Freiherren von Sax-Misox an Disentis und Rhäzüns band. Aber der Bundesbrief vom 16. März 1424, der die partikularistischen, herrschaftlich und kommunal geprägten Staatsgebilde fast des ganzen Vorder- und Hinterrheingebietes locker verband, bestimmt im ersten Kapitel, man wolle für immer Eidgenossen bleiben, sich mit allen verfügbaren Mitteln helfen und *landen und lûten und die strausan schiermen und in fryd haltten und sond ain ander kof geben und kof lausen zů gǎn*[22]. Gewiss, ähnliche Klauseln über den freien Handel und Verkehr sind in Bündnissen wie in anderen Verträgen und Satzungen bis ins 18. Jahrhundert anzutreffen. Rein formalistisch sind sie deswegen nicht. Es gibt interessante Varianten. So verpflichten sich der Obere Bund, die Stadt Chur und die IV Dörfer am 5. Mai 1440 nicht nur, den regionalen, sondern auch den Transitverkehr mit oder ohne Waren zu fördern: *das koufflut und ander erberlüt da sicher mugint gewandlen*[23].

---

[20] Um 1370 residierte ein Albertonus de Sacco im Schloss von Gnosca (MDT II, wie Anm. 7, Nr. 286*, 1416. VIII. 29-IX.2, mit Zeugenaussagen über die zweite Hälfte des 14. Jahrhunderts). Kaspar könnte ein Sohn dieses Albertonus und ein Bruder des Pizinus de Sacco sein.
Für Pizinus vgl. die bei MEYER, Capitanei (wie Anm. 7) S. 19, Anm. 3 erwähnte Imbreviatur des mailändischen Notars Giovanolo Villa vom 19. Nov. 1370, die hier ergänzend zitiert sei: *Actum in castro Nioshe sito supra Tecinum prope locum de Crario ... presentibus ... domino Pizino de Sacho nato condam domini Albertoni, habitante in dicto castro*. Ungeklärt bleibt die Beziehung zwischen den *de Sacho* von Gnosca und *Ubertinus dictus Clericus de Gnioscha* (aus einem Zweig der Capitanei de Magoria von Locarno), der 1370 und 1373 die Gastaldie von Claro und 1374 das Podestat über Leute des Domkapitels von Mailand in Gnosca und Gorduno innehatte. Er wohnte jedenfalls 1375 in Claro und nicht auf der Burg seiner Vorfahren in Gnosca (MEYER, Capitanei, S. 18–20). – Den Hinweis auf die Sacco von Gnosca verdanke ich meinem Freund Giuseppe Chiesi, Bellinzona.
[21] MOHR CD 4, S. 259–262, Nr. 194.
[22] Ed. v. Fritz JECKLIN, in: P[eter] A[nton] VINCENZ, Der Graue Bund. Festschrift zur fünfhundertjährigen Erinnerungsfeier, Chur 1924, S. 251.
[23] Urkunden zur Verfassungsgeschichte Graubündens 1–3, hg. v. Constanz JECKLIN, JHGG 12–13, 15, 1883–1884, 1886 (Als Fortsetzung von MOHR's Codex diplomaticus, 5. Bd.), S. 35, Nr. 24 (1440), S. 83f., Nr. 38 (1524), S. 125, Nr. 49 (1603), S. 154, Nr. 57 (1697). Erst eine umfassende vergleichende Untersuchung solcher Klauseln mindestens im eidgenössisch-rätischen Raum könnte ihre Aussagekraft genauer beurteilen lassen.

Die Glarner Pässe

Der Verkehr zwischen Glarus und der Surselva über den Panixerpass (Elm-Panix), den Segnespass (Elm-Flims) und den Kistenpass (Linthal-Brigels) in Mittelalter und Neuzeit ist von P. Iso Müller erschöpfend dargestellt worden. Ortsnamen, militärische Züge, Vermittlungsaktionen und Verträge im Mittelalter und ernsthafte vom tessinischen Gebiet her angeregte Pläne für einen Ausbau der Panixerstrasse als Anschluss an den Lukmanier im 16. Jahrhundert sind die wichtigsten Quellen[24]. Uns beschäftigt nur die Frage, wie weit Glarus schon im 14. und zu Beginn des 15. Jahrhunderts zur Klein- und Grossregion Lukmanier gehörte. Die bisherigen Annahmen eines regen Handelsverkehrs beruhen auf zwei recht unbestimmten urkundlichen Belegen.

Im Frieden vom 3. Juni 1343 werden die Glarner verpflichtet, Abt und Konvent von Disentis *durch ihr landmarkh zue Glarus* nicht *schädigen* zu lassen, *weder mit ross noch mit pfändung, noch in kein weg*[25]. Daraus folgerte als erster Johann Jakob Blumer, dass der Panixerpass schon im 14. Jahrhundert als Saumweg «ziemlich stark benutzt wurde»[26]. Dagegen ist nichts einzuwenden, aber eigentlich ist nur von den Klosterinsassen und ihren Gütern auf der Reise durchs Glarnerland (etwa nach Einsiedeln und Zürich?) die Rede und nicht etwa von den Gotteshausleuten der Cadi und ihrer Handelsware. Warum galt der Schutz nicht wechselseitig? Übergriffe in Glarus hätte die Cadi leicht rächen können, falls die Glarner regelmässig über den Panixer und den Lukmanier nach Italien zogen! Gegenseitige Marktbesuche waren unabhängig von dieser Vereinbarung geschützt[27].

Das Bündnis vom 24. Mai 1400 zwischen Glarus und dem Grauen Bund regelt die militärische Unterstützung und Anwerbung von Söldnern sehr ausführlich und bestimmt lakonisch: *Es sol ouch ietwedra teil dem andern kouff geben an geverd bi guoten trüwen*[28]. Kleinregionaler Handel, Recht der Reisenden, auch der Söldner, Lebensmittel für sich und Futter für die Tiere zu kaufen sowie Öffnung der regionalen Märkte, daran ist wohl in erster Linie zu denken. Diese Klausel gilt jedoch als Beweis für den Viehexport der Glarner über den Panixer

---

[24] MÜLLER, Pässe von Glarus nach Graubünden (wie Anm. 1) S. 61–68.
[25] Urkunden zur Staatsgeschichte Graubündens 1, hg. v. Constanz JECKLIN, JHGG 20, 1891, S. 9, Nr. 3.
[26] Urkundensammlung zur Geschichte des Kantons Glarus 1, hg. v. Johann Jakob BLUMER, Glarus [1865], S. 187, Nr. 60.
[27] So nahm die Herrschaft Österreich alle Besucher des Laaxer Marktes für 9 Tage unter ihren Schirm, vgl. Anm. 15.
[28] Urkunden zur Staatsgeschichte 1 (wie Anm. 25) S. 12, Nr. 4.

und den Lukmanier nach Italien. Blumer formuliert noch vorsichtig[29], und auch P. Iso Müller betrachtet den Welschlandhandel dieser Zeit als Hypothese[30], für Jakob Winteler ist ein bedeutender Viehexport der Glarner nach Zürich und Italien schon im 14. Jahrhundert Tatsache: «Wiederholt haben die Glarner, so 1400, sich vertraglich den freien Durchgang durch das Oberland und über den Lukmanier bis vor die Tore Mailands gesichert.» Damit werden die beiden Urkunden arg gepresst. Durchzugsrechte und Viehexport sind nicht erwähnt. Erst im Vertrag vom 12. Juli 1426 erhielt Glarus, zusammen mit Zürich, Schwyz und Zug, Zollfreiheiten bis vor die Tore Mailands. Der freie Transit wurde durch die Leventina und das Bleniotal, also auf der Gotthard- und der Lukmanierroute garantiert[31].

Eine neue Reiseroute der Glarner entdeckte Werner Schnyder: «Die Tatsache, dass die Urkunde (vom 24.5.1400) von den Talleuten des Rheinwalds mitbesiegelt wurde, erbringt sogar den bisher nicht erkannten Beweis dafür, dass die Glarner nicht bloss den Lukmanierpass für den Besuch der Märkte in Bellinzona, Chiasso und Varese benützten. Sie zogen auch über den Valserberg nach Hinterrhein im Rheinwald und über den San Bernardino auf den bisher fast unbekannt gebliebenen Gallusmarkt in Roveredo im Misox[32].» Da stützen sich zu viele Hypothesen gegenseitig. Die Walsergemeinde Rheinwald ist seit 1360[33] in den staatsbildenden Prozess einbezogen, der mit den beiden Hauptverträgen von 1395 und 1424 zur Entstehung des Grauen Bundes führte, so dass die Verbindung mit Glarus nicht überrascht. Das Bündnis von 1400 war, wie gesagt, hauptsächlich ein militärischer und nicht ein verkehrspolitischer Vertrag. Ein Wegnetz lässt sich daraus nicht rekonstruieren. Übrigens tauchen Glarner erst

---

[29] Wie Anm. 27, S. 403: «... wahrscheinlich waren es die Glarner, die darauf Werth setzten, für ihr Vieh, welches schon damals durch das graubündner Oberland nach Italien gehen mochte, freien Handel und Wandel zugesichert zu erhalten.»

[30] MÜLLER, Pässe von Glarus nach Graubünden (wie Anm. 1) S. 62f.: «Die ... Urkunden von 1343 und 1400 zeigen wohl auch an, wie sehr man in dieser Zeit unter Zurücksetzung des Ackerbaues der Milchwirtschaft und Viehzucht den Vorzug gab.»

[31] Jakob WINTELER, Geschichte des Landes Glarus 1, Glarus 1952, S. 423. Eidgenössische Abschiede (wie Anm. 47) Nr. 7, bes. S. 743. Vgl. auch Jost HÖSLI, Glarner Land- und Alpwirtschaft, Diss. Zürich, Glarus 1948, S. 35f.

[32] SCHNYDER, Handel und Verkehr 1 (wie Anm. 5) S. 17 und 38f.

[33] Otto P. CLAVADETSCHER, Das Bündnis der Rheinwaldner und Safier mit den rätischen Freiherren vom Jahre 1360, SZG 17, 1967, S. 153–165.
Vom Welschlandhandel abgesehen ist die Bedeutung der Passwege von der Surselva nach Glarus und nach Rheinwald im Mittelalter und bis ins 19. Jahrhundert in der Forschung eher unterschätzt worden. Wo schriftliche Quellen fehlen, führen neue Methoden der Geländeanalyse weiter. Siehe das vom Geographischen Institut der Universität Bern herausgegebene «Inventar historischer Verkehrswege der Schweiz. Bibliographie IVS 1982: Kanton Graubünden, Bern 1983». Vgl. etwa den schönen Aufsatz von Cristian CADUFF, Das vergessene «Strässli». Rätselhafte «Alpentransversale» von der Gruob nach Chiavenna, Bündner Kalender 1984, S. 49–57.

1467 in Roveredo auf, und ihr Reiseweg bleibt völlig offen. Nach der Übersteigung des Panixerpasses konnten die Glarner auch die gut ausgebaute Lukmanierstrasse wählen, um ins unterste Misox zu gelangen. Die Benützung der Transversale vom Panixerpass über den Valserberg und den San Bernardino ist also nicht bewiesen, aber natürlich denkbar, vor allem wenn die südliche Lukmanier- und die Gotthardroute im Spannungsfeld zwischen Mailand und der Eidgenossenschaft gesperrt waren.

Man kann vermuten, dass die Pässe zwischen Glarus und der Surselva seit der Besiedlung beider Räume begangen waren. Die Urkunden von 1343 und 1400 deuten die Verkehrszunahme im Rahmen der allgemeinen wirtschaftlichen Entwicklung des Alpenraumes im Spätmittelalter an. Glarus wurde in dieser Zeit stärker in die Lukmanierregion integriert. Es wäre aber mit anderen Quellen zu beweisen, dass die Glarner ihr Vieh schon vor dem 15. Jahrhundert regelmässig über die Bündner Pässe auf die oberitalienischen Märkte brachten.

Die Grossregion der Ost-West-Transversale

Der Oberalppass von Disentis ins Urserental ist die bedeutendste Verbindung zwischen der Lukmanier- und der Gotthardroute. Das Kloster Disentis hat wohl die Urbarisierung und Besiedlung von Urseren im Hochmittelalter gefördert. Trotz der intensiven Einwanderung aus dem Wallis und aus Uri, trotz des steigenden Gotthardverkehrs und des faktischen Anschlusses an Uri zu Beginn des 15. Jahrhunderts blieb das Tal auch im Spätmittelalter unter der Hoheit der Abtei Disentis[34]. Herrschaftliche und später sehr formale staatliche Bande begünstigten den Passverkehr von Rätien her über den Oberalppass, durch die Schöllenen nach Uri, über die Furka ins Wallis, über den Gotthard in die Leventina und durch das Bedrettotal und über den San Giacomopass ins Formazza- und Ossolatal mit den Märkten der südlichen Simplonroute. Eine wichtige Fernstrasse war der Oberalppass nie, aber Werner Schnyder urteilt zu einseitig mit Rücksicht auf den grossen Transitverkehr, wenn er behauptet: «Der Oberalppass diente weniger dem Handelsverkehr als den unaufhörlichen Walserwanderungen[35].» So wird der Oberalppass im Gegensatz zu den Glarner Pässen unterschätzt.

Im Jahre 1319 schlossen der Landammann und die Landleute von Uri mit dem Abt und den Gotteshausleuten von Disentis einen Frieden, der den gegen-

---

[34] MÜLLER, Ursern 1300–1433 (wie Anm. 1) S. 220–224. DERS., Geschichte von Ursern, Disentis 1984, S. 25–27.
[35] SCHNYDER, Handel und Verkehr (wie Anm. 5) S. 17.

seitigen Schutz der Talnachbarn, die ein- und ausreisen oder sich in der Landmarkt aufhalten, garantierte. Das Rechtsverfahren gegen Vertragspartner wurde insbesondere bei Schuldeintreibungen festgelegt[36].

Die Verträge vom 11. November 1339 erfassen eine weit grössere Region. Die Landleute von Uri, Schwyz und Unterwalden versöhnen sich mit dem Abt von Disentis, dem Grafen Albrecht von Werdenberg, dem Ritter Johannes von Belmont, mit Heinrich und Simon von Montalt samt ihren Leuten *des land von Kůrwalchen* sowie mit Matteo von Orello und der Talgemeinde Blenio[37]. Graf Albrecht der Alte von Werdenberg schloss einen selbständigen Vertrag mit den drei Ländern[38]. Gewaltverzicht und freier Handel und Verkehr sind die Hauptbestimmungen. Die Parteien wollen *kauff in unnserm land gěben*, alle sollen *gůten frid, stǎg unnd weg haben*. Die inneralpinen Handelsinteressen wurden trotz aller Konkurrenz um den Durchgangsverkehr gewahrt.

Im Jahre 1346 sehen wir die Furkaroute in zunächst belastender Weise in die grosse Verkehrsregion der Zentralalpen einbezogen. Sechs Oberwalliser hatten in Urseren Kaufleute auf der Reichsstrasse beraubt und waren gefangen genommen worden. Die Vorsteher mehrerer Gemeinden des Oberwallis verpflichteten sich, als Ordnungsmacht aufzutreten und eine Reihe von Landfriedensbestimmungen zu beachten. Sie stellten einen Urfehdebrief für das Tal Urseren und seinen Vogt Johannes von Moos aus, weiter auch für die drei Waldstätten, Luzern, die Leventina, die von Churrätien, *und darnach allen dien, die die vorgenante strǎsse durch das selbe tal ze Urserren mit kǒfmanschaft* oder anderer Ware durchziehen[39]. Wohin zogen die Churrätier? Das Gebiet südlich von Biasca erreichten sie direkter auf der Lukmanierroute. Nicht nur die Eidgenossenschaft war ihr Ziel, auch die Lokalmärkte der Leventina und Domodossola kommen in Frage.

In diesen Zusammenhang gehört wohl auch der Brief, den Ulrich II. Brun von Rhäzüns Ende Oktober 1373 den Leventinesen schickte: Er schliesst sich allen «Verträgen, Versprechungen und Vereinbarungen» zwischen Abt Johannes von Disentis und der Leventina an. Der Abt hatte den Frieden auch im Namen des Freiherrn und dessen Anhänger in Churrätien abgeschlossen. Leider erfahren wir nichts über den Konflikt und den Vertragsinhalt[40]. Für den Rhäzünser und seine Leute stand wohl die Sicherheit der Wegstrecke durch die Leventina zum San Giacomopass im Vordergrund.

---

[36] Quellenwerk zur Entstehung der Schweizerischen Eidgenossenschaft, Abt. I, Urkunden I/2, hg. v. Traugott SCHIESS, Bruno MEYER, Aarau 1937, S. 514f., Nr. 995. (= QW)
[37] QW I/3, hg. v. Elisabeth SCHUDEL, Bruno MEYER, Emil USTERI, Aarau 1964, S. 196–198, Nr. 293. Vgl. dazu MÜLLER, Urseren 1300–1433 (wie Anm. 1) S. 191f.
[38] Ebd. S. 196, Nr. 292b.
[39] Ebd. S. 417, Nr. 657. Zum Schiedsurteil, das bisher irrtümlich ins Jahr 1344 statt 1404 datiert und mit dem Konflikt von 1346 in Zusammenhang gebracht wurde, vgl. Anm. 41.
[40] Anhang Nr. 1.

Ein Konflikt hinterliess auch die ersten sicheren Spuren vom Handelsverkehr zwischen der Surselva und dem Tocetal. Leute der Täler Ossola und Formazza sowie der Cadi hatten 1404 oder kurz vorher Waren geraubt oder gestohlen und von einem Hoheitsgebiet ins andere geführt. Der Leventinese Martinus de Roberto und der Disentiser Ugallinus von Pontaningen schlichteten den Streit am 8. Oktober 1404 in Hospental. Als «Ratgeber» wirkte Nikolaus von Hospental. Es ist bei der unbestimmten Rechtsterminologie dieser Urkunde nicht klar, ob sie als Vermittler in Friedensverhandlungen oder als Parteischiedsrichter und Obmann in einem förmlichen Schiedsverfahren tätig waren; das letztere ist wahrscheinlicher. Zelinus de Christo vertrat das Eschental und den Pommat, Wilhelm *de Solle* die Cadi. Alle fünf Gerichtsbezirke an der Transversale von Disentis nach Domodossola waren an der Konfliktsregelung beteiligt: ein selten klarer Ausdruck gemeinsamer Handelsinteressen einer alpinen Grossregion. Die Vereinbarung oder der Schiedsspruch regelte den friedlichen Handelsverkehr weit über den Streitfall hinaus nach dem Muster der Verträge, die wir kennengelernt haben: Geraubtes und gestohlenes Gut ist innerhalb von 8 Tagen nach begründeter Anzeige auszuliefern, was auch rückwirkend auf 1½ Jahre gilt. Die Gerichte müssen Schuldabzahlungen innerhalb von 8 Tagen durchsetzen. Zuzüger aus dem Distrikt der Vertragspartner unterstehen der Gerichtsbarkeit ihres Wohnortes[41].

[41] Die Originalurkunde vom 8. Oktober 1404 ist verloren. Wir zitieren nach der Abschrift, die Anton von Castelmur aus dem Kopialband von Gion Ant. Schmid (18. Jh.) angefertigt hat (BAC, vgl. Anm. 10).
Der Auszug in den «Litterae monasterii Disertinensis» Nr. 59 hat, jedenfalls nach MOHR CD II, Nr. 299, das Datum 1344 statt 1404. Das gleiche Tagesdatum für 1344 und 1404 könnte noch Zufall sein, aber die inhaltlichen und formalen Übereinstimmungen schliessen zwei verschiedene Ereignisse aus. Die drei Hauptpunkte sind in den «Litterae» bestens zusammengefasst. Die Bearbeiter des Regests in QW I/3 (wie Anm. 37) Nr. 547 schlagen vor, de Domo Dei mit Goms zu identifizieren. In der Abschrift von Castelmur heisst aber der Vertreter der rätischen Partei im Schiedsprozess von Hospental *dominus Guilli[elm]us f.q. domini Heinrici de Solle de domo Dei et de Crualla,* und die Formel wiederholt sich mit kleinen Varianten. Goms ist sicher ausgeschlossen und höchst wahrscheinlich auch das Gotteshaus Chur, das üblicherweise mit *Curiensis* verdeutlicht wird. Zudem wären zwei rätische Parteien wohl ähnlich wie die beiden lombardischen Täler unterschieden worden: *Cum multae discordiae ortae essent et oriri possent inter commune et homines Ossolae ex una parte et commune et homines vallis Formatiae ex altera parte et comune et homines de Desertina in Crualla et domo dei ex altera parte occasione robariarum et furtorum quae conducebantur ab una iurisdictione in aliam et* [*e converso*]. Von diesen Änderungsvorschlägen abgesehen vgl. MÜLLER, Ursern 1300–1433 (wie Anm. 1) S. 192f., und DENS., Petrus von Pontaningen (wie Anm. 1) S. 35f.
Das Datum vom 8.X.1404 der Abschrift von Castelmur ist trotz unmöglicher Indiktion glaubwürdig: *sub anno millesimo quadragesimo quarto, XIX* (versehentlich für *XIII* oder *XIV?*) *ind. die octauo mensis octobris.* Ein inneres Kriterium für die Zeit um 1400 und nicht 1344: beim ratgebenden Vermittler *domino Nicolao de Ospedali de Vrsaria* handelt es sich wohl um *Claus vor Ospental,* der 1396 *Amman ze Vrseren* war (Urkunden aus Uri, hg. v. Anton DENIER, Der Geschichtsfreund 42, 1887, S. 40, Nr. 202).

Es gibt weitere Anzeichen für die steigende Bedeutung des San Giacomopasses um 1400. Die Talgemeinde Leventina und die Degagna von Tarnolgio der Nachbarschaft Faido erlaubten 1405 dem Petrus de Crevegnia aus der Val d'Ossola, ein Hospiz und eine Kirche in der Valdolgia im obersten Bedrettotal zu bauen. Petrus finanzierte das Unternehmen teils aus eigenen Mitteln, teils mit Almosen. Die Alpbesitzer von Faido gewährten ihm das Weiderecht für sechs Kühe auf den umliegenden Alpwiesen. Petrus wollte ein mönchisches Leben im Berghospiz führen und die Durchreisenden auch im Winter betreuen[42]. Im Herbst 1405 erhielten freiwillige Helfer an den begonnenen Bauten einen Ablass. Der soziale und religiöse Zweck lautete wie üblich: *pro hospitalitate Christi pauperum*[43]. Auf dem für den Handelsverkehr zwischen den Alpen und den westlombardischen Märkten so wichtigen Nebenpass profitierten zweifellos auch die weit hergereisten Bauern und Kaufleute aus Churrätien von dieser Stiftung, während die Lukmanierhospize eher dem Transitverkehr zwischen Konstanz und Como dienten[44].

Natürlich unterbrachen kriegerische Ereignisse wie die Schlacht bei Arbedo 1422 und die eidgenössischen Züge ins Eschental 1410–1425 den gesamten Handelsverkehr auf der Alpentransversale[45]. Aggressive Südexpansion der Eidgenossen, Ausbau des mailändischen Regionalstaates und Handel zwischen den Alpen und den lombardischen Städten beeinflussten sich gegenseitig. Sie schränkten die Wirkung kleinregionaler Verkehrsverträge zwischen Tälern südlich und nördlich der Alpen ein. Eine grosszügige Regelung drängte sich auf.

Keinem rätischen Bund gelang im 15. Jahrhundert eine geschlossene, auf Mailand gerichtete Handels- und Verkehrspolitik, «denn nach Pensionen streb-

---

[42] MDT I (wie Anm. 7) S. 732–734, Nr. 472, 1405.VI.25. Eine fundierte Geschichte des San Giacomopasses fehlt. Vgl. Maria Giovanna VIRGILI, Rapporti fra le valli Formazza e Bedretto attraverso il passo di S. Giacomo, Bollettino Storico per la Provincia di Novara 52, 1961.
Der Verkehr über den San Giacomopass stieg offenbar im Verlauf des 15. Jahrhunderts. In einem Vertrag vom 7. Juni 1451 regelten die Nachbarn von Formazza und von Bedretto den Etappentransport bis zur Sust des Hospizes Valdolgia, wo die Lasten getauscht wurden; vom regionalen Handelsverkehr zwischen der Leventina und der Val d'Ossola ist nicht die Rede (Pfarreiarchiv Bedretto, Perg. Nr. 2.1. Teildruck mit einigen Missverständnissen bei VIRGILI, S. 16–19; neue Textedition in den MDT I (wie Anm. 7) in Vorbereitung, was auch für zwei bisher unbekannte Urkunden vom 1. Juni 1457 gilt: Nicolaus und Bartolomeus übergeben das von ihrem verstorbenen Vater Peter *de Antigorio* (Valle Antigorio, Teil der Val d'Ossola) gegründete Hospiz Valdolgia mit allen Gebäuden und Rechten an die Pfarrei Bedretto, um sie als Erbleihe weiter zu verwalten (nach der Photographie einer zur Zeit nicht auffindbaren or. Pergamenturkunde). Abzuklären wäre u.a., wie weit der San Giacomopass auch als Ausweichroute für die gesperrte Gotthardstrasse und, was die Churrätier betrifft, die Lukmanierstrasse diente.
[43] MDT I (wie Anm. 7) S. 738f., Nr. 476, 1405.X.28.
[44] Vgl. oben, S. 413f.
[45] MÜLLER, Ursern 1300–1433 (wie Anm. 1) S. 237. Gotthard WIELICH, Das Locarnese im Altertum und Mittelalter, Bern 1970, S. 393–400.

ten die Herren, und Exemtionen wollte das Volk»[46]. Die Äbte von Disentis und die politische Führungsschicht der Cadi waren relativ erfolgreich, weil sie sich früh mit den Eidgenossen verbanden und erzwungene Zollbefreiungen mitgenossen. Im bekannten Friedensvertrag vom 21. Juli 1426 erlangten Luzern, Uri, Nidwalden und die Cadi Zollerleichterungen bis zum Stadtrand von Mailand. So mussten sie beispielsweise nur mehr einen Viertel des Zolls von Lugano entrichten. Dieser wohl bedeutendste Verkehrsvertrag zwischen einer grossen Alpenregion und der lombardischen Hauptmacht verpflichtete die Parteien zum Unterhalt und Schutz der Strassen durch ihre Gebiete und bestimmte das Verhalten in Konfliktfällen[47]. Er bildete eine wichtige Grundlage auch für spätere Friedensverhandlungen.

2. Die Träger der Verkehrspolitik

Das Netz von Verträgen und Bündnissen zur Förderung des regionalen Handels und Verkehrs in den Zentralalpen war enger geknüpft und weiter gespannt als dieser Beitrag erweisen kann, denn alle Bemühungen um den Landfrieden dienten mehr oder weniger auch der Sicherheit der Verkehrswege. Sucht man die Träger der Verkehrspolitik, so zeigen sich verfassungsrechtliche sowie – in unserem Zusammenhang relevanter – teils gemeinsame, teils unterschiedliche soziale Strukturen, die das wirtschaftliche Leben in den Alpen wesentlich bestimmten und die ihrerseits von wirtschaftlichen Bedingungen geprägt wurden. Einige Grundzüge sind auch an den hier behandelten Beispielen erkennbar. Für die eidgenössischen Orte handeln Landammänner und Landleute, öfters fehlen die Namen. An der Spitze der lombardischen Kommunen Blenio, Biasca, Leventina und Val d'Ossola stehen die obersten teilweise adeligen Beamten sowie Vertreter der bäuerlichen Führungsschicht, nicht etwa die Hoheitsträger (wie das Domkapitel Mailand) oder die Visconti als Beherrscher des mailändischen Staates. Walliser Gerichtsgemeinden sind durch eine teils kleinadlige, teils neue Führungsschicht mit Titeln wie *jungher, richter, grave, ritter, meiier* vertreten. Typisch für den rätischen Raum ist die Selbstbehauptung geistlicher und weltlicher Feudalherren neben den aufstrebenden politischen Führungsschichten der Gerichtsgemeinden. Die Sozialstrukturen scheinen weniger verschieden als

---

[46] Gilli SCHMID, Die Rätischen Bünde in der Politik Mailands zur Zeit der Sforza, Diss. Zürich, Chur 1965, S. 177.

[47] Die Eidgenössischen Abschiede 2, bearb. v. Anton Philipp SEGESSER, Luzern 1863, S. 745–757, Nr. 8, bes. S. 751: *Item quod reuerendus dominus Abbas Dessertinensis sit et esse debeat adherens dictarum communitatum et acceptus pro adherente quantum ad pacem presentem una cum omnibus suis subditis, adherentibus et coadjutoribus in hac pacta guerra.*

die verfassungsrechtlichen Formen. Wir müssen uns hauptsächlich auf die Träger der Verkehrspolitik in der Kleinregion Vorderrheintal – Blenio einschränken.

Die Feudalherren

Die Freiherren von Belmont waren die ersten rätischen Dynasten, die nachweisbar schon im Hochmittelalter enge Beziehungen zu den Capitanei von Orello als Podestà in Biasca und Blenio anknüpften. Sie urteilten 1213 als Schiedsrichter zugunsten ihrer lombardischen Standesgenossen gegen die aufständischen Bauern von Olivone und Aquila[48]. Vielleicht haben verkehrspolitische Erwägungen diese ungewöhnliche Intervention mitveranlasst. Dank ihrer Position in Flims, Ilanz und im Lugnez überwachten die Belmonter die Zugänge zum Lukmanier und zur Greina, während die Orelli bekanntlich die Strassen durchs Locarnese und als hohe Beamten auch durch Blenio und die Riviera kontrollierten. Die handeltreibenden Bauern profitierten vom Einvernehmen ihrer adligen Herren, selbst wenn diese eher die Zolleinnahmen aus dem Warentransport zwischen Deutschland und Italien im Auge hatten als den regionalen Handel und Verkehr. 1339 sehen wir Matteo von Orello, die Belmonter und weitere rätische Adlige in einem Friedens- und Handelsvertrag mit den Waldstätten geeinigt[49].

Die Herren von Sax-Misox haben diese Beziehungen zwischen Adligen am Süd- und am Nordhang der Lukmanierregion ausgebaut. Die Voraussetzung dafür schuf Freiherr Kaspar von Sax (1362–1390), als er Elisabeth von Rhäzüns heiratete, die Enkelin Walters, des letzten Freiherrn von Belmont. Der Saxer beanspruchte den Hauptteil des Belmonter Erbes in Flims, der Gruob und im Lugnez[50]. Er musste daran interessiert sein, dass der freie Handel und Verkehr, den er oder ein gleichnamiger Verwandter 1375 für die Riviera und die Mesolcina regelte[51], auch auf die anschliessende Lukmanierstrasse durch Blenio und das Vorderrheintal ausgedehnt wurde. Direkt fassbar sind die passüberschreitenden Verkehrsinteressen der Sax-Misoxer 1401, als Albert V., ein Sohn Kaspars, sich

---

[48] MDT III (wie Anm. 10) S. 139–149. Dazu MEYER, Blenio und Leventina, S. 185f.
[49] Vgl. Anm. 37.
[50] Gertrud HOFER-WILD, Herrschaft und Hoheitsrechte der Sax im Misox, Poschiavo 1949, S. 44–46. Vgl. nun auch den Beitrag von Jürg L. MURARO über die Freiherren von Belmont in dieser Festschrift. Theodor von LIEBENAU, Die Herren von Sax zu Misox. Eine genealogische Skizze, JHGG 19, 1890, S. 12–15.
[51] Vgl. Anm. 18–19.

dem Vertrag Ulrichs II. von Rhäzüns mit Blenio anschloss[52]. Ihr Interesse an einer sicheren Lukmanierroute stieg noch, als sie 1403, nach dem Tode Gian Galeazzo Viscontis, Bellinzona, Blenio und den Monte Dongo eroberten[53]. Bei der Erneuerung des Vertrages von 1376 im Jahre 1406 behielten die Bleniesen nicht mehr die Rechte der Visconti, sondern jene der Sax-Misoxer vor[54].

Warum setzte sich ausgerechnet Ulrich II. Brun von Rhäzüns, der südlich der Alpen keine Hoheitsrechte oder Ämter besass, so aktiv für den Handel und Verkehr in der Lukmanierregion ein? Er beteiligte sich, wie gesagt, an den Friedensverträgen des Abtes von Disentis mit der Leventina 1373 und mit Blenio 1376, er stand 1401 als einziger Dynast an der Spitze des Vertrages mit Blenio. Man kann einwenden, die wirtschaftliche Aktivität Ulrichs II. passe zur allgemeinen Dynamik und Weitsicht dieses aussergewöhnlichen rätischen Territorialherrn des Spätmittelalters. Er hat zusammen mit dem aus Ilanz stammenden Abt Johannes von Disentis die Entstehung des Grauen Bundes entscheidend geprägt. Mit Uri und Glarus knüpfte er beste Beziehungen an. Er baute seine kleine Stammherrschaft im Domleschg aus, erwarb Rechte am Heinzenberg, in Felsberg, Ems, Safien, in der Gruob und im Lugnez[55]. Bei dieser beherrschenden Stellung an der Drehscheibe des Verkehrs Richtung Bernhardin, Splügen und Lukmanier und ins Vorderrheintal hinauf bis zur Südgrenze der Cadi in der Herrschaft Jörgenberg wäre ein mangelndes Interesse an Zolleinnahmen und am Regionalhandel der Untertanen überraschend. Doch gibt es einen zusätzlichen Grund für diese Verbindung mit den südlichen Bergtälern der Lukmanier- und Gotthardroute: Ulrich II. Brun von Rhäzüns war der Sohn einer de Orello von Locarno. Der genealogische Zusammenhang ist längstens bekannt, blieb aber in der Bündner Forschung unbeachtet. Dazu ein kurzer Exkurs.

Donat I. von Rhäzüns heiratete, wohl um 1342, Margareta von Orello aus dem Adelsverband der Capitanei von Locarno. Ulrich II. war ihr Sohn und Haupterbe. Zur Mitgift Margaretas gehörten 68 neue Pfund, die ihre Brüder für

---

[52] Anhang Nr. 4.
[53] HOFER-WILD, Sax (wie Anm. 50) S. 48f.
[54] Vgl. Anm. 10.
[55] Die wichtigsten Quellen zu diesem komplexen territorialen Ausbau: MOHR CD 3–4; Rätische Urkunden aus dem Centralarchiv des fürstlichen Hauses Thurn und Taxis in Regensburg, hg. v. Hermann WARTMANN (QW I/10), Basel 1891. Die umfassendste, wenn auch teilweise überholte Darstellung bietet immer noch Balthasar VIELI, Geschichte der Herrschaft Räzüns bis zur Übernahme durch Österreich (1497), Chur 1889, S. 49ff. – Nützliche Hinweise verdanke ich meinem Freund Linus Bühler, der eine Lizentiatsarbeit über die Freiherren von Rhäzüns verfasst hat.

die Freilassung einer leibeigenen Familie von Lottigna erhalten hatten⁵⁶. Suchten die aus altem lombardischen (und vielleicht langobardischen) Adel stammenden Capitanei hauptsächlich eine standesgemässe Verbindung mit den rätischen Freiherren? Und die Heiratspolitik der Rhäzünser?

Donat I. und seine Brüder beteiligten sich um 1330 an den Auseinandersetzungen um die Herrschaften Friberg und Jörgenberg, die sie im Juni 1343 erwarben⁵⁷. Damit beherrschen sie die Einmündung der Panixerstrasse in die Lukmanierroute. Mit diesen gesteigerten herrschaftlichen und verkehrspolitischen Interessen in der Lukmanierregion könnte die Heiratsverbindung mit den Orelli zusammenhängen. Da wir den Zeitpunkt der Eheschliessung nicht kennen, bleibt die Frage offen, ob schon Matteo von Orello, der Vater Margaretas, die Heirat vereinbarte oder erst seine Söhne, die nicht mehr Rektoren von Blenio und Podestà der Leventina waren. Die Capitanei verloren in der zweiten

---

⁵⁶ Originalurkunde vom 3.I.1343, Biblioteca Ambrosiana, Mailand, Nr. 2671. Auszüge: MEYER, Blenio und Leventina (wie Anm. 7) S. 99f. Anm. 5; DERS., Capitanei (wie Anm. 7) S. 368f.; Lothar DEPLAZES, Die Freilassungsurkunden des Bleniotals. Ein Beitrag zur Geschichte des Notariats und der ständischen Nivellierung in einer südalpinen Talkommune des 13. und 14. Jahrhunderts, in: Churrätisches und st. gallisches Mittelalter. Festschrift für Otto P. Clavadetscher, hg. v. Helmut MAURER, Sigmaringen 1984, S. 115–125.
Zur Verwandtschaft der Freiherren von Rhäzüns mit den Capitanei von Orello und den Freiherren von Belmont und Sax-Misox (Stammtafeln: LIEBENAU, Sax zu Misox, wie Anm. 50, bei S. 4; Linus BÜHLER, Die Freiherren von Rhäzüns. Lizentiatsarbeit, Universität Zürich 1977; MEYER, Capitanei, wie Anm. 7, Orello A):

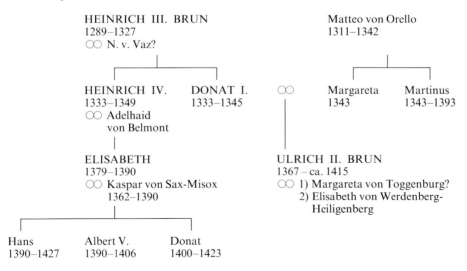

⁵⁷ Otto P. CLAVADETSCHER/Werner MEYER, Das Burgenbuch von Graubünden, Zürich und Schwäbisch Hall 1984, S. 105, 110f.

Hälfte des 14. Jahrhunderts an politischer Macht, konnten aber einen wesentlichen Teil ihrer wirtschaftlichen Privilegien gegenüber der mailändischen Zentralmacht und den lombardischen Dorf- und Talkommunen behaupten. Diese Erfahrung mag die politische Mentalität Ulrichs II. mitgeprägt haben. Er war Halblombarde und mit der italienischen Kommunalbewegung vertraut, was sein geschicktes Paktieren mit den Gerichtsgemeinden in der bündischen Bewegung wohl erleichterte.

Auch seine Sorge um Grundbesitz und Rechte südlich der Alpen ist zu beachten. Sicher beerbte er einen Bruder seiner Mutter, Martinus von Orello, der am 21. März 1393 sein Testament errichtete und vor dem 8. Juli 1396 starb. Ohne einen Blick auf den ganzen Nachlass ist der Erbteil des Rhäzünsers kaum zu ermessen. Martinus vermachte: dem Franziskanerkloster Locarno 16 und der Plebankirche San Vittore 5 neue Pfund für Jahrzeitmessen; für arme Mädchen oder andere Bedürftige 50 Pfund; seinem Neffen Simonollus von Orello alle Güter und Rechte in der Stadt- und in der Gerichtsgemeinde Locarno; seinem Neffen Brun von Rhäzüns die Hälfte, seinem Neffen Simonollus von Locarno zwei Sechstel und dem ebenfalls blutsverwandten Betollo Della Torre von Mendrisio einen Sechstel aller Güter und Rechte in Blenio und anderswo ausserhalb der Plebangemeinde Locarno[58]. Unbedeutend kann diese Erbschaft nicht gewesen sein, war sie doch 1396 Gegenstand eines Schiedsprozesses zwischen Ulrich II. und der Talgemeinde Blenio. Taddeo Pepoli, oberster Beamter der Visconti in Blenio und Biasca, sowie Betollo Della Torre von Mendrisio wurden zu Schiedsrichtern gewählt. Überliefert sind nur die beiden von einem Blenieser Notar entworfenen und ausgestellten Kompromissbriefe. Ulrich II. Brun willigte am 8. Juli 1396 in Rhäzüns vor Zeugen ein, vielleicht nicht zufällig wenige Tage bevor der Friedens- und Handelsvertrag von 1376 zu erneuern war. Das Generalkonzil der Talgemeinde Blenio stimmte am 20. August zu[59].

So haben wohl viele Gründe die Rhäzünser und besonders Ulrich II. Brun zu einer aktiven Lukmanierpolitik bewogen: Zolleinnahmen, Transport- und besonders regionale Handelsinteressen der Untertanen, verwandtschaftliche Beziehungen zu den Capitanei von Orello und mit grösster Wahrscheinlichkeit auch die Sicherung von Abgaben, man darf in erster Linie an Wein und Korn denken, wie sie das Kloster Disentis aus der Riviera und dem Bleniotal und Johann von Hospental aus der Leventina bezogen[60]. Auch für den Lebensmittelimport ohne Handel waren sichere Strassen und gute Beziehungen zu den Nachbartälern nötig.

[58] Anhang Nr. 2.
[59] Anhang Nr. 3.
[60] MEYER, Blenio und Leventina (wie Anm. 7) S. 81, 91*. MÜLLER, Ursern 1300–1433 (wie Anm. 1) S. 176f.

Die Führungsschichten der Gerichtsgemeinden

Die steigende verkehrspolitische Rolle der führenden Familien der Gerichtsgemeinden lässt sich recht deutlich verfolgen, während die Initiativen, die von Bergbauern, Händlern und Kaufleuten ausgingen, urkundlich nicht fassbar sind.

1261 beherrschten noch die Herren, der Abt von Disentis und die Capitanei von Orello, die Friedensverhandlungen. Ihre Anhänger mussten den Vertrag beschwören und sich für dessen Beachtung verbürgen. Der Anhang des Abtes bestand, soweit die einzelnen Personen identifizierbar sind, aus Ministerialen. In der Begleitung der Orelli fallen die fünf Herren von Torre auf. Diese kleinadlige Schicht der altfeudalen *domini loci* war zur Zeit Barbarossas von den höheren Talämtern ausgeschlossen und damit politisch weitgehend entmachtet worden. Die de Torre hatten seither durch die Freilassung der Leibeigenen und Hörigen und den Verkauf von Alprechten auch die wirtschaftlichen Privilegien in den Dorfgemeinden verloren. Im Anhang (und im Dienst?) des Söldnerführers Simon von Orello mochten sie am ehesten etwas von ihrem ritterlichen Lebensstil bewahren und ihre unaufhaltsame Verbauerung wenigstens hinauszögern; sie hatten wohl an der Fehde mit den Ministerialen der Cadi teilgenommen. Vertreter bäuerlicher Interessen waren eher Guilielmus Dode und Digantianus de Plata, die wir zur neuen Führungsschicht rechnen dürfen. Dies trifft auch für den Zeugen Albertus Cerrus von Airolo zu, der später mit alemannischer, vielleicht auch rätischer Hilfe einen Aufstand gegen das Domkapitel Mailand anführte[61].

Ein gutes Jahrhundert später, 1376, schlossen die Kommunen Blenio und Cadi den erwähnten Vertrag über Handel und Verkehr in der Kleinregion des Lukmaniers. Abt und Mistral der Cadi und der Rektor von Blenio bestätigten den Vertrag im Auftrag der Gemeinden. Ulrich II. Brun von Rhäzüns schloss sich dem Vertrag an, vielleicht hatte er eine Vermittlerrolle gespielt. Die Verhandlungen fanden nach dem Regest des 17. Jahrhunderts *in colloquio publico* statt, was glaubwürdig erscheint, wenn man die Zurückhaltung der Feudalherren bedenkt[62].

Bei der Vertragserneuerung von 1406 einigten sich die Parteien mit Zustimmung des Franz von Sax, der – wie Ulrich II. Brun von Rhäzüns 1376 –, vielleicht als Vermittler wirkte; ihre Rolle ist mit der gleichen Formel ausgedrückt:

---

[61] Lothar DEPLAZES, Il patto di Torre del 1182. Mito storiografico, struttura formale dell'atto e significato politico-sociale dell'avvenimento, in: MDT III (wie Anm. 7) S. 38–48. Über Alberto Cerro s. MEYER, Blenio und Leventina (wie Anm. 7) S. 260–262 u. QW I/1, bearb. v. Traugott SCHIESS, S. 681, Nr. 1478.

[62] Vgl. Anm. 9.

de consensu voluntate et auctoritate nobilis viri. Für die Cadi verhandeln Abt Petrus von Pontaningen zusammen mit dem Mistral Martin de Rivaira, alt Mistral Heinrich Barlotta und Henrigett Maissen und mit den Gemeindevertretern *Jacobus Vergilis, Vinzentius de Cantuzono et Altemanus de Medel et Jacobus de Plaunca.* Für die Bleniesen verhandeln Prokuratoren und Abgesandte mehrerer Nachbarschaften ohne den Rektor. Die Talgemeinde hat sie wie 1396 im Schiedsprozess gegen Ulrich II. Brun bevollmächtigt: *habentes plenum et liberum mandatum ab hominibus totius Vallis Bellegnii ad hoc fienda et confirmanda*[63].

Typisch für gemeinsame Interessen der alten Dynasten und der Führungsschicht der Gemeinden ist der Vertrag von 1401. Ulrich II. Brun führt, wie gesagt, die rätische Vertragspartei an, auch im Namen Alberts von Sax-Misox; der Abt von Disentis fehlt wahrscheinlich wegen Sedisvakanz[64]. Die Cadi ist durch zwei Männer aus den beiden wichtigsten Führungsschichten vertreten. Heinrich vom alten Ministerialengeschlecht der Pontaningen im Tavetsch hatte den Schritt vom feudalen Klostervogt zum Mistral der Disentiser Kommune geschafft. An seiner Seite delegierte die Cadi Henrigett Maissen, der ja auch in der Vertragsurkunde von 1406 figuriert. Die Maissen gehörten zusammen mit den Cavorgia und Barlotta, die 1371 und 1390 das Mistralamt innehatten[65], zu den Familien der neuen Führungsschicht, die offenbar in der zweiten Hälfte des 14. Jahrhunderts aus dem Bauerntum aufstiegen und im 15. Jahrhundert eine eher unterschätzte soziale Stellung einnahmen. Die Talschaft Lumnezia vertraten Männer aus den alten Ministerialenfamilien von Lumerins, Surcasti und Mont, die zur führenden Aristokratie des Grauen Bundes im 15. und 16. Jahrhundert aufstiegen[66]. Für die Foppa wirkten Albrecht *de Maretia* und ein Mann, dessen Name auf der beschädigten Urkunde nicht mehr lesbar ist.

Noch selbständiger sichern Gerichtsgemeinden und ihre politisch führenden Familien 1404 Handel und Verkehr zwischen der Lukmanier- und der Simplonroute. Cadi und Ossola/Formazza entsenden Bevollmächtigte zu den Friedensverhandlungen und verpflichten sich, die Rektoren (Mistral und Podestà) mit der Durchsetzung des Urteils zu beauftragen und insbesondere für die Rück-

---

[63] Vgl. Anm. 10.
[64] Zur Frage, ob Konrad Sigler 1401 Abt von Disentis war, s. MÜLLER, Klostergeschichte (wie Anm. 1) S. 270.
[65] MÜLLER, Urkunde von 1371 (wie Anm. 1) S. 411.
[66] Vgl. die Anmerkungen zu Anhang Nr. 4. Über die von Lumbrins/Lumbrein vgl. Paul Eugen GRIMM, Die Anfänge der Bündner Aristokratie im 15. und 16. Jahrhundert, Diss. Zürich, Zürich 1981, S. 200–202. Zum Niedergang des Ministerialadels und dem Aufstieg neuer Geschlechter in der Eidgenossenschaft des 14./15. Jh. vgl. Hans Conrad PEYER, Die Anfänge der schweizerischen Aristokratien, in: H.C.P., Könige, Stadt und Kapital. Aufsätze zur Wirtschafts- und Sozialgeschichte des Mittelalters, Zürich 1982, S. 195–218.

gabe geraubter Transportwaren zu sorgen. Die drei *communitates* besiegeln den Vergleich oder Schiedsspruch. Keine übergeordneten Rechte sind vorbehalten, auch der Abt von Disentis bleibt ungenannt[67].

Hier ist nicht zu erörtern, wie weit die verkehrspolitische Entwicklung, die bei diesem flüchtigen Vergleich zwischen 1261 und 1376–1406 sichtbar wird, auch einer «demokratischen Bewegung» zu verdanken war. Sicher wurden im Verlauf des Spätmittelalters mehr gesellschaftliche Kräfte in den politischen Entscheidungsprozess einbezogen, und dabei waren neben der Ausbildung einer Aristokratie auch mittelalterliche Formen der Demokratie im Spiel, etwa Mehrheitsentscheide der Herd- oder Familienvorsteher in Dorf- und Gerichtsgemeinden. Formeln wie «vom Feudalismus zur Demokratie» oder «vom Feudalismus zur Aristokratie» kennzeichnen Teilaspekte einer komplexen Entwicklung, bei der im Alpenraum lombardische, eidgenössische und rätische kommunale Bewegungen ineinander griffen. Die kommunalen Führungsschichten strebten nicht nur nach politischer Freiheit und Macht innerhalb der neuentstehenden Staatsgebilde, sondern auch nach wirtschaftlicher Entfaltung durch sicheren Handelsverkehr in Klein- und Grossregionen.

[67] Vgl. Anm. 41.

Anhang

1. *Rhäzüns, 1373 Oktober 29.*

Ulrich II. Brun von Rhäzüns anerkennt alle Friedensverträge, die Abt Johannes von Disentis auch in seinem Namen mit der Talschaft Leventina geschlossen hat.

Or. (A) Archiv Prato, Perg. Nr. 69, 22.5/22.5 cm. – Siegel fehlt, Pergamentstreifen eingehängt. Links, 3 cm unter der letzten Zeile: sigilli.
Reg.: MDT (wie Anm. 7) I, Nr. 313, Reproduktion bei S. 417.

Universis et singulis vicariis et officialibus et omnibus hominibus Valis Leventine[1] pateat et sit maniffestum, quod[a] nos Brunus[2] de[b] Rozuno[3] de Crualla[4] omnia pacta et promissiones et conventiones facte et facta per reverendum virum dominum Johannem Malladram[c5], abattem monasterii de la Cadeo[6] Dissertinensis[7], cum hominibus predicte Valis Leventine[1] seu cum aliquibus eorum, eorum nomine et nomine aliorum de Leventina[1] et per ipsum dominum abatem et qui cum eo fuerunt suo et[d] nostro nomine Bruni[2] predictii et nomine omnium de Crualla[4] ipsius[e] domini abatis sequatium et hac[f] nostrorum Bruni[2] totius Crualle[4] in quolibet capittulo et in omnibus capitullis et in quolibet predictorum prout promissa sunt et scripta et facta affirmamus rettifficamus et aprobamus[g] et pro rato et firmo habemus et habere volumus omni tempore et attendere et obsservare volumus et promittimus occaxione pacis inter ipsum dominum abatem et omnes eius subditos et me Brunum[2] et meos sequaces et subditos de Crualla[4] ex una parte et homines de Leventina[1] ex altera omnia ut supra gessta et promissa colaudantes et affirmantes et in testimonium premissorum hax literas fierii iussimus et[h] nostro sigillo roborarii. Datum in castro de Rozumo[3] in Crualla[4] MCCCLXXIII, indictione XI, die III° ex[eunte][i] mensse octubris.

[a] *folgt durchgestrichen* et. – [b] *wiederholt.* – [c] *Flecken über einem Buchstaben zwischen* a *und* d (Malladdram?). – [d] *folgt durchgestrichen* meo. – [e] *folgt* d, *Oberlänge von einem Flecken bedeckt.* – [f] *statt* ac. – [g] m *aus* b *korrigiert.* – [h] *über der Zeile nachgetragen.* – [i] *verwischt.*

[1] Leventina, Bez. TI; über die Zugehörigkeit von Iragna und Lodrino (Bez. Riviera) und Prugiasco (Bez. Blenio) zur ma. Talgemeinde Livinen vgl. MEYER, Blenio und Leventina (wie Anm. 7) S. 7–11. – [2] Ulrich II. Brun von Rhäzüns (1367– ca. 1415). – [3] Rhäzüns/Razen, Gem. u. Kreis GR. – [4] Churwalchen. – [5] Johannes Mallader von Ilanz, Abt von Disentis (1367–1401). – [6] Cadi, Herrschaftsgebiet der Abtei Disentis; Kreis GR. – [7] Disentis, Gem. (= Mustér) u. Kreis (= Cadi) GR.

2. *Locarno, 1393 März 21.*

Martin, Sohn des verstorbenen Maffeo von Orello von Locarno, errichtet ein Testament, u.a. zugunsten seines Neffen Ulrich II. Brun von Rhäzüns.

Or. (A) Familienarchiv von Muralt und von Orelli, Stadtarchiv Zürich, Perg. Nr. 46, 17.5/18 cm. – Beide Notariatssignete haben ein Vierblatt mit Fuss als Grundform. – Rückvermerke: 1. Von der Hand des ausfertigenden Notars Johannolus: Testamentum conditum per quondam dominum Martinum de O[r]ello et partim factum domino Symoni de Orello de Locarno de introscriptis rebus et bonis. *2. 15./16. Jh.:* Pro d[omino] Martino.
Erwähnt: MEYER, *Capitanei (wie Anm. 7) S. 369.*

In nomine Do[mini][a], amen. Anno a nativitate ipsius millessimo trecentessimo nonagesimo tercio, indictione prima, die veneris vigessimo primo mensis marzii. Dominus Martinus[1] f.q. domini Maffey[2] de Orello de Locarno[3] advocati de Blegnio[4], sanus mente bone memorie et dispositionis licet eger corpore languens per gratiam domini nostri Yesu Christi, nollens res suas inordinatas relinquere, ne post eius decessum occaxione bonorum suorum inter eius posteriores contentio aliqua ventilletur nec oriatur, hoc suum presens testamentum nuncupativum in hunc modum, ut infra condidit, ordinavit et fecit.

Imprimis namque cassavit et iratavit et cassat et iritat omnia testamenta omnesque codicillos et ultimas volluntates per eum hinc retro factos factas et facta et ex nunc eos eas et ea et si quos si quas et si qua hinc retro fecit, nullius valloris et momenti esse voluit et decrevit.

Item statuit volluit ordinavit et iussit, quod omnes ussure rampine et omnia malle ablata per eum hinc retro acceptos et acepta seu retentos et retenta restituantur de bonis suis illis quibus restitui debent, secundum Deum et secundum sanctam matrem Romanam eccllesiam.

Item statuit ordinavit volluit et iussit ac iudicavit, quod in remedio animarum ipsius testatoris et suorum predecessorum dentur et dari debeant per infrascriptos eius heredes dominis fratribus mynoribus eccllesie sancti Francischi[5] de Locarno, qui pro temporibus erunt, libras[b] sedicim denariorum novorum, pro [quibus de]nariis[c] ipsi fratres m[ino]res[d] teneantur et debeant facere anuallia seu universaria sidicim in remedio animarum ipsius testatoris et suorum predecessorum.

Item statuit voluit ordinavit iudicavit et iussit, quod in remedio animarum ipsius testatoris et suorum predecessorum dentur et dari debeant per infrascriptos eius heredes dominis canonicis eccllesie sancti Victoris[6] de Locarno[3] libras quinque novorum, pro quibus denariis dicti domini canonicii teneantur et debeant facere anuallia seu universaria quinque in remedio animarum ipsius testatoris et suorum predecessorum.

Item statuit voluit ordinavit iudicavit et iussit, quod per infrascriptos eius heredes teneantur et distribuantur pauperibus purixellis seu alliis misserabillibus personis libras quinqueginta novorum, et hoc pro animabus ipsius testatoris et suorum predecessorum.

In omnibus autem suis bonis et rebus mobillibus et inmobillibus seseque moventibus iuribus et actionibus et nominibus debitorum existentium et iacentium et qui et que reperirentur fore et ipsum testatorem habere in terra de Locarno[3] et plebe et spectare et pertinere, ipse dominus Martinus[1] testator instituit sibi heredem universallem dominum Symonollum[7] de Orello de Locarno[3] nepotem suum f.q. domini Franzolli[8] olim domini Petri[9] de Orello de Locarno[3].

In alliis vero suis bonis mobillibus et inmobillibus iuribus et actionibus et nominibus debitorum existentium et iacentium et eidem domino Martino[1] testatore[e] spectantibus et pertinentibus in Valle Blegnii[4] et alibi extra burgum Locarni[3] et plebem ipse dominus Martinus[1] testator instituit sibi heredes pro portionibus infrascriptis dominos Brunum de Ruzuno[10] de Cruala[11] nepotem suum, Betollum f.q. domini[f] dela Ture de Mendrixio[12] suem[g] consanguineum germanum et suprascriptum dominum Symonollum[7] f.q. suprascripti domini Franzoli[8] de Orello; videlicet suprascriptum dominum Brunum[10] pro medietate dictorum bonorum iacentium et que spectarent et pertinerent seu spectent et pertineant suprascripto domino Martino[1] testatori ut supra prox[ime] suprascriptum dominum Symonollum[7] pro duabus partibus allie medietatis, et pro relinqua tertia parte suprasciptum dominum Betollum.

Hanc autem suam ultimam voluntatem ipse dominus Martinus[1] testator voluit valere debere iure testamenti nuncupativi sine scriptis, et si iure testamenti nuncupativi sine scriptis vallere non posset, voluit valere debere iure codi[ci]llorum[h] et cuiuslibet sue ultime voluntatis quo seu qua mellius valere posset et tenere.

Actum Locarni ubi dicitur in [·]arca[h] [13] condam domine [. . .]l[. . .]i, ubi sita est camera cubicularis in qua nunc iacet ipse dominus Martinus[1] testator, unde plures. Interfuerunt ibi testes noti vocati et rogati dominus Barnabas[14] f.q. domini Redulfini[15] de Orello de Locarno[3], Johanollus[16] fillius domini Euxebii[17] de Magoria de Locarno[3], Coradollus Bergianus f.q. domini Johannis Bergiani de Porlezia[18] habitans Locarni[3], Jacobus f.q. Baldizioli de Fossato de Locarno[3], Antonius fillius Petrazii Merzanorii habi[tans][d] Locarni[3], Steffanus[19] f.q. domini Andrioli[20] de Orello, Iacobus f.q. Zanini de [C]astrorupto[k] [21] de Locarno[3] et Antonius [. . . P]etri[l] de Varena habitans Locarni[3] et pro notariis se[cun]dis[m] Minollus[22] et Lantermus[23] fratres fillii domini Albertolli[24] domini Bor[ri][25] de O]rello[l] de Locarno[3], Antonius fillius domini Albertolli Sozii de Luyno[26], Jacobus[27] fillius domini Antonii[28] dicti Barbe de Orell[o. . . Ja]cobus[l] f.q. Antonii dicti Repetini de Locarno et Antonius[29] f.q. domini Filipi[30] de Orello.

(ST.) Ego Steffanus notarius filius condam Moneti de Britio de Locarno hoc instrumentum testamenti rogatus tradidi et infrascripto Johanollo notario ad scribendum dedi et me subscripsii.

(ST.) Ego Johanollus notarius fillius condam Nicholle condam Moneti de Britio de Locarno[3] hoc instrumentum testamenti rogatu suprascripti Steffani notarii scripssii et me subscripsii.

[a] *verblasst.* – [b] *überflüssiger Kürzungsstrich über* bras, *ev.* liberas. – [c] *Loch im Perg. 1.5 cm.* – [d] *Loch im Perg. 0.5 cm.* – [e] *statt* testatori. – [f] *folgt Lücke von 1.5 cm, freigelassen für den Vornamen.* – [g] *statt* suum. – [h] *kleines Loch im Perg.* – [i] *Löcher im Perg. 0.8 u. 0.3 cm.* – [k] *Perg. am linken Rand abgerissen.* – [l] *Loch im Perg. 1 cm.* – [m] sedis *mit Abkürzungsstrich über* is, *vgl. z.B. Martino* SIGNORELLI, *Storia della Valmaggia, Locarno 1972, S. 388:* pro secundis notariis *(1428)*.

[1] *vgl.* MEYER, *Capitanei (wie Anm. 7) S. 369 Nr. 48.* – [2] *ebd. S. 363, Nr. 32.* – [3] *Locarno, Stadt, Kreis u. Bez. TI.* – [4] *Val Blenio TI, vgl. oben Nr. 1, Anm. 1.* – [5] *Über die Kirche San Francesco des Franziskanerklosters in Locarno vgl. Virgilio* GILARDONI, *I monumenti d'arte e di storia del Canton Ticino 1, Basel 1972, S. 199 ff.* – [6] *Über die Kollegiats- und Plebankirche San Vittore von Locarno in Muralto vgl. Pierluigi* BORELLA, *Locarno-Muralto, in: Helvetia Sacra II/1, S. 105 ff.* – [7] *vgl.* MEYER, *Capitanei (wie Anm. 7) S. 369, Nr. 51, S. 420, Nr. 27.* – [8] *ebd. u. S. 416, Nr. 13.* – [9] *ebd. S. 413, Nr. 6.* – [10] *Ulrich II. Brun von Rhäzüns (1367–ca. 1415), vgl. oben Nr. 1, Anm. 3.* [11] *Churwalchen.* – [12] *Mendrisio, Gem., Kreis u. Bez. TI; über die Della Torre oder Torriani vgl. HBLS VII, S. 25–27.* – [13] *nicht identifiziert.* – [14] *vgl.* MEYER, *Capitanei (wie Anm. 7) S. 370f., Nr. 53.* – [15] *ebd. S. 365f., Nr. 40.* – [16] *ebd. S. 459, Nr. 22.* – [17] *ebd. S. 458, Nr. 17.* – [18] *Porlezza, Prov. Como, Italien.* – [19] *Vgl.* MEYER, *Capitanei (wie Anm. 7) S. 421, Nr. 29.* – [20] *ebd. S. 417, Nr. 14.* – [21] *Der Name ist für Locarno von 1213 bis 1382 mehrfach bezeugt, und heute erinnert eine Via Castelrotto (früher: Via alle Stalle) an die nicht sicher lokalisierbare Burgruine. Vgl.* GILARDONI, *Monumenti 1, S. 30, 66, 96.* – [22] *ebd. S. 422, Nr. 34.* – [23] *ebd. S. 423, Nr. 35.* – [24] *ebd. S. 418f., Nr. 21.* – [25] *ebd. S. 414, Nr. 8.* – [26] *Luino, Prov. Varese, Italien.* – [27] MEYER, *Capitanei (wie Anm. 7) S. 372f., Nr. 58.* – [28] *ebd. S. 367f., Nr. 44.* – [29] *ebd. S. 373f., Nr. 61.* – [30] *ebd. S. 370, Nr. 52.*

3. *Rhäzüns, 1396 Juli 8.*

Ulrich II. Brun von Rhäzüns anerkennt Taddeo Pepoli und Betollo Della Torre von Mendrisio als Schiedsrichter in einem Streit mit der Talgemeinde Blenio um Güter, die er aus der Erbschaft des Martinollo von Orello beansprucht.

Or. (A) Biblioteca Ambrosiana, Mailand, Pergamene Nr. 3041. Die beiden Notariatssignete haben je ein Quadrat mit ähnlichen Verzierungen als Grundform und unterscheiden sich hauptsächlich durch die Initialen A *(Antoniolus) und* Joh. *(Johanolus). Transkribiert nach einer Photographie der Originalurkunde.*
Reg.: Emilio MOTTA, *Gli ospizi di Camperio e di Casaccia sul Lucomagno, Bollettino storico della Svizzera Italiana 1906, S. 88 (irrig 1394 statt 1396).*
Der entsprechende Kompromissbrief der Talgemeinde Blenio vom 20. August 1396 ist vom gleichen Notar nach ähnlichem Formular ausgefertigt worden: Biblioteca Ambrosiana, Mailand, Pergamene Nr. 3043. Reg.: MOTTA *(wie oben) S. 88.*

In nomine Domini. Anno a nativitate eiusdem millessimo trecentessimo nonagessimo sexto, indictione quarta, die sabati octavo mensis iulii. Egregius et nobillis vir dominus Brunus de Rozuno[1] filius condam egregii et nobillis viri domini Donati de Rozuno[2] de Crualla[3], habitans in castro de Rozuno[4] de Crualla[3], voluntarie et ex certa scientia et non per erorem iuris vel facti sese compromisit et compromitit arbitrio et arbitramentis preceptis et amicabilli compositioni et dispositioni laudo et sentente egregiorum virorum dominorum Thadey de Pepolis[5] militis advocati Vallis Bellegnii[6] et terre Habiasche[7] gubernatoris et cetera, et Betolli de Lature de Mendrixio[8] tamquam in eius et comunitatis Vallis Bellegnii[6] ac singularum personarum ipsius vallis arbitros et arbitratores et amicabilles compoxitores per eum ellectos sub talli pacto et intentione et conditione, quod predicti comune et homines et singulares persone Vallis Bellegnii[6] debeant et teneantur in termino infrasscripto infrasscripti compromissi facere simile compromissum in suprascriptos dominos arbitros et arbitratores et amicabilles compositores similiter per eos eligendos ut supra et infra plenius continetur. Nominative et generaliter de omnibus et super omnibus et singullis litibus questionibus et discordiis ac controversiis vertentibus seu que verti et esse possent et sperarentur inter eum dominum Brunum[1] ex una parte et dictum comune et homines et singulares personas totius Vallis Bellegnii[6] ex altera, occaxione hereditatis sucessionis et bonorum relictorum seu que fuerunt condam domini Martinoli de Orello[9] de Locarno[10] quovismodo et iure actione et ratione qui vel que dici vel excogitari posset modo aliquo iure vel ingenio. Quare predictus dominus Brunus[1] compromitens promixit et se et omnia sua bona pignori presentia et futura obligavit michi notario infrasscripto persone publice stipulanti et recipienti nomine et vice et ad partem et utillitatem totius comunitatis et hominum et singularum personarum Vallis Bellegnii[6], quod atendet adimplebit et observabit omne preceptum et arbitramentum et omnia precepta et arbitramenta lauda et sentensias unum et plura quod et que dicti domini arbitri et arbitratores et amicabilles compositores per eum ellectos ut supra et similiter eligendos per suprascriptos comune et homines et singulares personas Vallis Bellegnii[a, 6] predicte ut supra dicent facient precipient et arbitrati seu arbitramentati fuerint inter ipsum dominum Brunum[1] ex parte una et dictum comune et homines et singulares personas dicte Vallis Bellegnii[6] ex altera, quolibet die feriato et non feriato et quolibet loco partibus presentibus vel absentibus seu una parte presente et alia absente, citatis ipsis partibus et requisitis vel non seu una parte citata et requixita et alia non de iure vel[b-] de pacto[-c] vel de amicabilli compoxitione vel eorum proprio motu, prout ipsis dominis arbitris melius placuerit et videbitur hinc ad carnis privium proxime futurum, impenna et sub penna florenorum mille auri bonorum et iusti ponderis danda et solvenda et quam dare et solvere promixit ipse dominus Brunus[1], si non atenderet et non observaret precepta et arbitramenta que fient seu facta fuerint per dictos dominos arbitros et arbitratores inter dictas partes predictorum occaxione suprascripto comuni et hominibus et singularibus personis vallis predicte Bellegnii⁶.

Quam pennam ipse dominus Brunus¹ dare et solvere promixit solempniter ut supra cum omnibus expensis dampnis et interesse que fierent et paterentur per suprascriptos comune et homines et singulares personas vallis predicte Bellegnii⁶, quotienscumque ipse dominus Brunus¹ non atenderet et non observaret ipsa precepta et arbitramenta pro predicta penna petenda et exigenda et pro eo quod preceptum et arbitratum fuerit per dictos dominos arbitros et arbitratores inter partes predictas petendis exigendis consequendis et habendis tam pro expensis dampnis et interesse quam pro sorte, obligando se et omnia sua bona mobillia et immobillia presentia et futura pignori. Que penna soluta et exacta vel non nichilominus illa precepta arbitramenta lauda et sentensias que fient seu facta fuerint per suprascriptos dominos arbitros et arbitratores inter dictas partes rata et firma sint et debeant heficaciter observari. Renuntiando ipse dominus Brunus¹, quod non possit aliquo tempore dicere oponere nec alegare illa precepta et arbitramenta que fient seu facta fuerint per prefatos dominos arbitros et arbitratores esse vel fuisse iniusta vel iniqua vel contra ius facta vel recuperanda esse aut recuri debere arbitrio boni viri pro illis preceptis et arbitramentis moderandis recurendis vel retractandis et pacto non potu[i]ss[e]ᵈ nec posse proh[ib]i nec pactum posse ei preiudicare, de quo et super quo cogitatum esse non docetur, sed ipsa precepta et arbitramenta sic atendere et observare teneatur et debeat ac si de ipsis facta esset spetiallis mentio de verbo ad verbum in hoc compromisso. Renuntiando omnibus statutis privilegiis et omni aliiᵉ iuri exceptioni et deffensioni in contrarium. Ratificando semper hunc contractum in laude prudentis viri. Actum in platea de Rozuno⁴ iuxta portam de Rozuno⁴, presentibus Henrico filio condam Henzii de Rigazio¹¹, ser Alberto filio condam ser Gufredi de Pestra¹¹ et Zanino filio Henrici de Sancto Julio¹¹ et Zane de Chagodino filio condam Gaudenzii de Trogino¹¹, omnibus de Crualla³ testibus notis ad premissa vocatis atque rogatis.

(ST.) Ego Antoniolus de Silvaplana¹² filius condam Johanis Vallis Bellegnii⁶ publicus imperiali auctoritate notarius presens instrumentum compromissi rogatus tradidi et subscripsii ad scribendumque dedi notario infrasscripto.

(ST.) Ego Johanolus fillius Guarischi de Folzeriis de loco Vendrognio de Mugiascha¹³ imperialli auctoritate notarius publicus hanc cartam compromissi rogatu suprasscripti Anthonioli notarii scripsi et me subscripsii et gloxavi supra ubi dicitur «vel de pacto» signumque mey tabelionatus aposui consuetum.

a *wiederholt.* – b-c *über der Zeile.* – d *von einem Flecken bedeckt.* – e *statt* alio.

[1] *Ulrich II. Brun von Rhäzüns (1367–ca. 1415).* – [2] *Donat von Rhäzüns (1333–1345).* – [3] *Churwalchen.* – [4] *Rhäzüns/Razen, Gem. u. Kreis GR.* – [5] *Taddeo Pepoli von Bologna, Vogtrektor von Blenio.* – [6] *Blenio, Bez. TI.* – [7] *Biasca, Bez. Riviera TI.* – [8] *Mendrisio, vgl. Nr. 2 Anm. 12.* – [9] MEYER, *Capitanei (wie Anm. 7) S. 369, Nr. 48.* – [10] *Locarno, Stadt, Kreis u. Bezirk TI.* – [11] *nicht identifiziert.* – [12] *Sülapièna, verlassener Weiler von Ludiano, Bez. Blenio TI.* – [13] *Muggiasca, Gem. Vendrogno in der Valsàssina, Prov. Como, Italien.*

4.   Ilanz, 1401 August 15.

Ulrich II. Brun von Rhäzüns, auch im Namen von Albert V. von Sax-Misox und zusammen mit Vertretern von Cadi, Lugnez und Gruob einerseits und die Talgemeinde Blenio andererseits garantieren die Sicherheit der Strassen durch ihre Gebiete.

Or. (A) Staatsarchiv Mailand, Fondo di Religione, Capitolo Maggiore del Duomo, Cass. 209, Perg. 21/31 cm. – Siegel fehlt, Pergamentstreifen eingehängt. Die Urkunde ist am linken Rand von Mäusen zerfressen.

[Notum sit omnibus prese]ntes[a] literas inspecturis, quod egregius nobilisque vir dominus Brunus de Ruzuno[1] suo nomine, item nomine et [vi]ce[b] egregii nobilisque viri domini Alberti de Sacho[2], pro quo domino Alberto[2] prenominatus dominus Brunus[1] promissit de rato[c] habendo et rati habituri, videlicet quod ipse dominus[d] Albertus[2] stabit contentus in presente pace. Cum quo domino Bruno[1] ade[rant][e] et presentes erant etiam[e] ser Henricus de Pontelenga[3] advocatus de Lachadeo[4] ministralis antiqus de Lachadeo[4], Heregetus Mais[5] de La[chadeo[4], Johannes][f] dela Mareno[6] advocatus Luganecie[7], ser Heregetus et ser Martinus fratres dela Mareno[8], ser Artvicus[g] de Sorcastelo[9], ser Bru[cardus Montis][h] [10], Heregetus Mont[is][i] [11], omnes de Luganecia[7], ser Albertus de Masetia advocatus in loco et terra de Glannt[12] [. . . . . .]xio[k], anbo de la Fopa[13] pro una parte seu pl[ur]ibus, Johannotus Caldararius de Butino[14], Zanes Ma[. . .][l] [. . .][k] Zanes Saline, Guilielmus d[ictu]s[m] Gle[minus][e] cum fratribus suis de Canpatigna[15], omnes Vallis Belegni[16] sindici et sin[dicatorio nomin]e[k] pro alia parte. Qui suprascriptus dominus Brunus[1] in presentia suprascriptorum et cuiuslibet eorum ibi consenciencium et emologancium [et . . . c]oroborancium[n] fecit et facit bonam firmam iustam ratam et gratam pacem et concordium cum suprascriptis de Belegno[16] supra[nom]inatis[o] et cum tota comunitate seu hominibus totius comunitatis dicte vallis ipso domino Bruno[1] tangente manum et dante[p] fidem suam suprascriptis de [Be]legno[q] [16] recipientibus eorum nomine et totius comunitatis Vallis Belegni[16] seu pro hominibus totius comunitatis dicte vallis. Et econverso suprascripti de Belegno[16] pro ipsis [hominibus . . .][q] comunitatis Belegni[16] tangentes manum et bona fidem[s] prenominato domino Bruno[1] insimul ad bene esse et pro comuni bono [. . . pre]nominatus[n] dominus Brunus[1] una cum suprascriptis de Lachadeo[4] de Luganecia[7] et dela Fopa[13] et cum omnibus eorum coadiu[toribus . . .]ctoribus[s] coligatis ac eciam totius eius lige et cum tota eius parte pro una parte, et prenominati de Belegno[16] [. . . comunita]tis[h] Belegni[16] pro alia parte possint stare venire ire et redire salvi securi per eorum et cuiuslibet eorum pas[sus][i] [. . . in quol]ibet[f] eorum territorio et per eorum terras villas et loca et per totam Crualiam[17] et per totam Vallem Belegni[16] et ubicumque locorum [ubi voluer]int[f] iniungentes ex nunc, quod prenominatus dominus Brunus[1] et eius liga[18] et p[re]dicti[t] de Belegno[16] possint et debeant ac teneantur facere fieri cridam et cridas in eorum terris et locis et territoriis de pace et bono concordio facto inter prenominatum dominum Brunum[1] et eius coligatos parte una et predictos homines Belegni[16] ex alia, in quorum testimonium prenominatus dominus Brunus[1] presentes fieri iussit su[o][u] sigillo munimine roborati[v]. Datum in burgo de Glannt[12], die lune quintodecimo mensis agusti millesimo quatuorcentesimo prim[o][u].

[a] *am l. Rand abgerissen, Lücke ca. 4 cm, vielleicht auch* Pateat universis *oder eine ähnlich kurze Promulgationsformel.* – [b] *verblasst.* – [c] *folgt ein durchgestrichenes* i. – [d] *überflüssiger Kürzungsstrich über* nu. – [e] *Lesart unsicher.* – [f] *am l. Rand abgerissen, Lücke ca. 3.5 cm.* – [g] Artuicus *und das erste* u *als Konsonant bewertet.* – [h] *am l. Rand abgerissen, Lücke ca. 4.5 cm.* – [i] mont *mit (überflüssigem?) Kürzungsstrich über* ont *und Kürzungsschleife nach* t. – [k] *am l. Rand abgerissen, Lücke ca. 5 cm.* – [l] *verblasst.* – [m] *durch Falten zerrieben.* – [n] *am l. Rand abgerissen, Lücke ca. 4 cm.* – [o] *am l. Rand abgerissen, Lücke ca. 0.5 cm.* – [p] *überflüssiger Kürzungsstrich über* ant. – [q] *teils am l. Rand abgerissen, teils verblasst.* – [r] *statt* fide. – [s] *am l. Rand abgerissen, Lücke ca. 4.5 cm, vielleicht irrtümlich wiederholt.* – [t] *ohne Kürzungsstrich über* p. – [u] *am r. Rand abgerissen.* – [v] *statt* roborari.

[1] *Ulrich II. Brun von Rhäzüns (1367–ca. 1415), vgl. oben Nr. 1, Anm. 3.* – [2] *Albert V. von Sax-Misox (1390–1406).* – [3] *Heinrich von Pontaningen ist 1391 als Disentiser Klostervogt (Untervogt der Werdenberger) erwähnt. Am 10. März 1401 haben Kloster und Cadi die Vogteirechte losgekauft (*MÜLLER, *Abtei, wie Anm. 1, S. 52f.;* DERS., *Klostervogtei, wie Anm. 1, S. 49–52;* DERS., *Ritter von Pontaningen, wie Anm. 1, S. 25). Heinrich behielt offenbar den Vogttitel. Als (alt) Mistral der Cadi ist er nur hier bezeugt. Dass ein Dienstmann des Klosters nacheinander die Ämter des Vogtes und des Mistrals bekleiden konnte, ist bemerkenswert.* – [4] *Cadi, Kreis GR, vgl. Nr. 1 Anm. 6, 7.* – [5] *Henrigett Maissen, der auch 1377 und 1390 als Zeuge erwähnt ist (Rätische Urkunden, wie Anm. 55, S. 147, Nr. 76);* MÜLLER, *Grauer Bund, wie Anm. 1, S. 146).* – [6] *wohl Johann II. der Jüngere von Lumerins, erwähnt 1388–1401 (*CLAVADETSCHER/MEYER, *Burgenbuch, wie Anm. 57, S. 97), vielleicht der erste Landrichter des Grauen Bundes 1424 (HBLS 4, S. 733;* VINCENZ, *Der Graue Bund, wie Anm. 22, S. 279).* – [7] *Lumnezia/Lugnez, Kr. GR.* – [8] *Heregett von Lumerins ist auch 1406 und 1410 bezeugt (*CLAVADETSCHER/MEYER, *Burgenbuch, wie Anm. 57, S. 97). Ein Martin von Lumerins aus dieser Generation scheint nur hier erwähnt.* – [9] *Hartwig von Surcasti/Übercastel, erwähnt 1383–1419, † vor d. 21.XII.1433 (Erwin* POESCHEL, *Die Familie von Castelberg, Aarau und Frankfurt am Main 1959, S. 51–55 und Stammtafel I).* – [10] *vielleicht Burkhard von Mont (1410–1425) (HBLS 5, S. 137).* – [11] *wohl Henrigett/Heinrich von Mont, der 1380 vom Bischof von Chur mit Gütern im Lugnez belehnt wird (* MOHR *CD 4, Nr. 27).* – [12] *Ilanz/Glion, Gem. u. Kreis GR.* – [13] *Foppa/Gruob, Gerichtsgemeinde mit Hauptort Ilanz, umfasste einen grossen Teil der heutigen gleichnamigen Landschaft.* – [14] *Buttino, Wüstung, Gem. Ghirone TI.* – [15] *nicht identifiziert.* [16] *Val Blenio, Bez. TI, vgl. oben Nr. 1, Anm. 1.* – [17] *Churwalchen.* – [18] Liga *kann die rhäzünsischen Herrschaften allein oder auch die weiter unten genannten* coligatos, *also die Mitglieder vor allem des Grauen Bundes, bedeuten.*

Das Toggenburger Erbe und die Anfänge des Zehngerichtenbundes

von Elisabeth Meyer-Marthaler

Hundert Jahre hatten den Grafen von Toggenburg genügt, in Churrätien aus dem Vazer Erbe eine Gebietsherrschaft eigener Prägung aufzubauen[1]: ein räumlich zusammenhängendes Gebilde mit jenen Rechten, die sich in der Hand eines Herrn vereinigen mussten, sollte von Landeshoheit im Sinne des späteren Mittelalters gesprochen werden können[2]. Ihr Werden und Bestand bildet ein Problem für sich, das Aussterben des Geschlechtes und ein Jahr Herrenlosigkeit ein weiteres. Sie bewirkten keineswegs das Ende feudaler Herrschaft, jedoch ihre prinzipielle Beschränkung durch Vereinbarung mit Land und Leuten. Und da sie gleichzeitig und im selben Raume das Entstehen des rechtlich unabhängigen Gemeinwesens der zehn toggenburgischen Gerichte ermöglichten, brachten sie für die Region eine entscheidende Veränderung der politischen Verhältnisse.

«Grafschaft und Herrschaft im Prättigau und auf Davos» der Toggenburger beruhte weitgehend auf der Verlassenschaft Donats von Vaz[3]. Kunigunde (1336–1364), dessen Tochter, vermittelte sie an Friedrich V. von Toggenburg

---

[1] Die folgenden Ausführungen gelten ausschliesslich dem churrätischen Herrschaftsbereich der Grafen von Toggenburg, nicht den Stammlanden und den Pfandbesitzungen. Hiezu vgl. Placid Bütler, Friedrich VII., der letzte Graf von Toggenburg I, MVG 22 (1887) und II, MVG 25 (1894); Otto P. Clavadetscher, Aufstieg, Machtbereich und Bedeutung der Grafen von Toggenburg, in: Die Stadt Uznach und die Grafen von Toggenburg, historische Beiträge zum Uznacher Stadtjubiläum 1228–1978, Uznach 1978, S. 9ff. Zur Bildung der churrätischen Feudalherrschaften vgl. Peter Conradin Planta, Die currätischen Herrschaften in der Feudalzeit, Bern 1881, sodann Peter Liver, Der Kampf um die Landeshoheit im Domleschg, in: Abh. zur schweizerischen und bündnerischen Rechtsgeschichte, Chur 1970, S. 528ff. (erstmals 61. JHGG 1931); Ders., Beiträge zur rätischen Verfassungsgeschichte vom 12.–15. Jh., ebd., S. 459ff. (erstmals BM 1947); Otto P. Clavadetscher, Die Herrschaftsbildung in Rätien, Vorträge und Forschungen, hg. vom Konstanzer Arbeitskreis für mittelalterliche Geschichte X (1961/62), S. 141ff.; Ders., Die Täler des Gotteshausbundes im Früh- und Hochmittelalter, in: Festschrift 600 Jahre Gotteshausbund, Chur 1967, S. 1ff.

[2] Die Feudalherrschaften, die im Spätma. als Träger der Hoheitsrechte unentbehrlich sind, sind nicht nur von ihren Verfallserscheinungen aus zu betrachten. Zum Problem vgl. Karl Siegfried Bader, Territorialbildung und Landeshoheit, Blätter für deutsche LG 90 (1953), S. 109ff.; Ders., Herrschaft und Staat im Mittelalter, in: Wege der Forschung II (1956); Walter Schlesinger, Die Entstehung der Landesherrschaft, Darmstadt ²1964; Otto Brunner, Land und Herrschaft. Grundfragen der territorialen Verfassungsgeschichte Österreichs im Ma., Wien ⁵1965.

[3] Vgl. Jürg L. Muraro, Untersuchungen zur Geschichte der Freiherren von Vaz, phil. Diss. Zürich, JHGG 1970. Er macht eine ursprüngliche Hoheit der Vazer auch im vorderen Prättigau und in der Herrschaft Maienfeld wahrscheinlich, vgl. S. 95, 101.

(1315–1364), zweifellos in unbestrittener Erbfolge und mit direktem Gewereeintritt, wofür sie und ihr Gemahl alle rechtlichen Voraussetzungen erfüllten. Und als Erbtochter war sie Mitbesitzerin, an allen Geschäften, die ihr Erbgut betrafen, beteiligt, brachte alte vazische Ansprüche mit und bestimmte so den Rahmen der künftigen Herrschaft Toggenburg in Churrätien. In ihr Erbe fiel Randgebiet der einstigen oberrätischen Grafschaft mit den Regionen Belfort und Strassberg, Davos, Klosters mit Land und Leuten, Herrschaftsgut und daraus fliessenden Rechten, vor allem hoher Gerichtsbarkeit zu Eigen, als bischöfliches Lehen die Burg Wynegg[4]. Mit dem Tal Schanfigg dagegen wurden Kunigundes Schwester Ursula und deren Gemahl Rudolf IV. von Werdenberg-Sargans belehnt. Das vordere Prättigau mit den Burgen Solavers und Castels gehörte noch den aspermontischen Erben, Maienfeld den Meiern von Windegg.

Den vazischen Tochtermännern oblag zunächst die Beendigung der aus der Zeit Donats anstehenden Fehden[5] und die Sicherung der bischöflich-churischen Lehen[6]. Gleichzeitig setzte der offensichtlich vorbedachte und dann systematisch betriebene Ausbau des toggenburgischen Teils durch die Rückgewinnung von Gütern, Lehen und Hoheitsrechten ein, die einer Ablösung älterer Ansprüche gleichgekommen sein dürfte. Schon am 6. Dezember 1338 erfolgte als erstes die Übertragung aspermontischer Rechte im vorderen Prättigau an Kunigunde, Friedrich V. von Toggenburg und Ulrich III. von Matsch gemeinsam durch die Brüder Eberhart und Ulrich von Aspermont[7]. Es handelte sich um das ihnen

---

[4] Als vazisches Lehen erwähnt in BUB III, Nr. 1286, 19. März 1299, vgl. dazu Otto P. CLAVADETSCHER/Werner MEYER, Das Burgenbuch von Graubünden, Zürich – Schwäbisch Hall 1984, S. 328, 329.

[5] Es handelt sich um die *von des von Fats seligen wegen* Fehden mit den Freiherren von Rhäzüns und den Grafen Ulrich I. und Hugo II. von Montfort, vgl. Hermann WARTMANN, Rätische Urkunden aus dem Centralarchiv des fürstlichen Hauses Thurn und Taxis in Regensburg, QSG X, Basel 1891, Nr. 19, 20 zum 8. März 1338, 6. Dez. 1338; vgl. Paul KRÜGER, Die Grafen von Werdenberg – Heiligenberg und von Werdenberg-Sargans, MVG 22 (1887), Nr. 271, 272; BÜTLER, Friedrich VII., I, S. 25; dazu und zum Folgenden Paul GILLARDON, Geschichte des Zehngerichtenbundes, Davos 1936, S. 19 ff.

[6] Sie erfolgte unmittelbar nach Erbantritt durch Verzicht auf die vazischen Pfandschaften, des Höfli und des Spinölturms zu Chur, vgl. RQGR, Langwies, bearb. Elisabeth MEYER-MARTHALER, Aarau 1985, Nr. 58, 59 mit weiteren Angaben. Für die Toggenburger kam nur Wynegg in Frage, das durch die Fehdegegner besetzt worden war und nun herausgegeben werden musste, vgl. WARTMANN, Rätische Urkunden, Nr. 20. Sie wurden am 27. Nov. 1338 damit belehnt, vgl. MOHR CD II, Nr. 253. Wynegg ist am 4. Sept. 1344 als Residenz Friedrichs V. von Toggenburg nachgewiesen, vgl. MOHR CD II, Nr. 298. Davos und die Burg Falkenstein wurden ebenfalls vom Bischof von Chur beansprucht, vgl. MOHR CD II, Nr. 259 zum 11. Dez. 1338; BÜTLER, Friedrich VII., I, S. 22. Um die Rechtslage abzuklären hätte der Toggenburger Kundschaft einholen oder den Spruch eines Schiedsgerichtes unter Johann von Hallwil, Pfleger im Sundgau, anerkennen müssen. Darüber fehlen Quellen; vermutlich liess der Bischof den Anspruch fallen.

[7] Rudolf THOMMEN, Urkunden zur Schweizer Geschichte aus österreichischen Archiven I, Basel 1899, Nr. 409; KRÜGER, Die Grafen von Werdenberg, Nr. 276; Justinian LADURNER, Die Vögte von Matsch, Zs. des Ferdinandeum für Tirol und Vorarlberg (zit. Z Ferd.) III/17 (1871), S. 26.

beim Tode Ulrichs VI. von Aspermont 1333 zugefallene Erbe *livt vnd gut, zwing vnd ban, aigen, lehen mit aler ehafti* . . ., ausgenommen die Alp Sainfaz (Stürfis) und Wernher, den Ammann zu Maienfeld[8]. Die aspermontische Herrschaft hatte indes auch die gräflichen Rechte im Tal umfasst. Diese gelangten über Hartmann III. von Werdenberg-Sargans am 17. März 1348 kaufsweise an die Toggenburger allein . . . *grafschaft vnd ellú dú lehen vnd rechtunge vnd gerechtú, twinge vnd bånne, lúte vnd gút, gesúchtes vnd vngesúchtes, wie dazu genemmet ist*[9]. Die hohe Gerichtsbarkeit von Fracstein bis Dalvazza lag seither in einer einzigen Hand. Dies erklärt, weshalb die Vögte von Matsch später keinen Rechtstitel für das von ihnen beanspruchte Blutgericht zu Castels vorzulegen hatten. Der mit Toggenburg zusammen erworbene Besitz aber war mit Kunigundes Einverständnis bereits am 4. September 1344 geteilt worden, so dass die ausserhalb Val Surda (Schraubach) bis zur Trimmiserweide liegenden Güter und Rechte Friedrich V. unterstellt und zur Burg Solavers geschlagen, diejenigen innerhalb des Tobels mit dem Zehnten von Schiers als zur Burg Castels gehörig den Matsch zugesprochen wurden[10]. Als Stichtag für die Einweisung der Untertanen nach ihrem Wohnsitz war der Tag der Beurkundung vorgesehen. Gemeinsam blieb die Burg Fracstein am Eingang zum Prättigau. Diese Teilung bildete die Voraussetzung für die Rechtsverhältnisse im vorderen Tale, da die Niedergerichte um beide Burgen ihrerseits die Gerichte Schiers und Castels begründeten. Castels ging um 1390 zur Versicherung der Mitgift Elisabeths von Matsch ebenfalls in toggenburgischen Besitz und Verwaltung über[11].

An der Übergabe des Schanfiggs an das Haus Toggenburg sind beide Vazer Schwestern beteiligt. Das Tal war Ursula zugefallen, ihr Gemahl und dessen Bruder Hartmann III. waren vom Bischof von Chur damit belehnt worden. Bemerkenswert ist in diesem Falle die Form der Auflassung, die sich in eine gerichtliche Weisung vom 6. Februar 1353[12] zur Vornahme einer Verzichtleistung durch

---

[8] Zur aspermontischen Verlassenschaft vgl. KRÜGER, Die Grafen von Werdenberg, S. 387; Anton MOOSER, Neu-Aspermont, BM 1935, S. 200f. An Ulrich von Matsch gehen weitere aspermontische, ehem. vazische Güter über Walter von Stadion, Urk. 28. Juni 1343 (THOMMEN, Urk. aus österr. Archiven I, Nr. 424).

[9] MOHR CD II, Nr. 323 = Franz PERRET, Liechtensteinisches UB I/1, Nr. 110; KRÜGER, Die Grafen von Werdenberg, Nr. 326; Urkundensammlungen im Staatsarchiv Graubünden, bearb. Rudolf JENNY/Elisabeth MEYER-MARTHALER, I, Chur 1975 (zit. Urk. Slg. STAGR) Nr. 16 mit weiteren Angaben. Zu Hartmann III. von Werdenberg-Sargans vgl. Paul DIEBOLDER, Graf Hartmann III. von Werdenberg-Sargans, der erste Graf von Vaduz, in: Jb. des Hist. Vereins für das Fürstentum Liechtenstein 1939, S. 33 ff.

[10] MOHR CD II, Nr. 298; KRÜGER, Die Grafen von Werdenberg, Nr. 304. Zur Bedeutung von Solavers und Castels vgl. CLAVADETSCHER/MEYER, Burgenbuch, S. 338, 277, 278. Fracstein bleibt gemeinsames Eigentum solange sich verschiedene Herrschaften in das Prättigau teilen, vgl. CLAVADETSCHER/MEYER, ebd., S. 330, 337.

[11] Vgl. S. 452.

[12] RQGR, Langwies, Nr. 61 mit weiteren Angaben.

Ursula und die doppelt verurkundete Abtretung vom 22. und 24. März 1363 gliedert[13]. Diese, die erst den Gewereeintritt der Toggenburgerin vermittelte, erfolgte durch die Verkäuferin Ursula mit Vogt und Stab vor Gericht, zusammen mit ihrem Sohne Johann I. von Werdenberg in die Hand Friedrichs V. und Kunigundes sowie aller ihrer Söhne. Doch erst durch den zu Maienfeld am 24. März gefertigten Vertrag erfährt man auch die Bedingungen des Verkaufs: er umfasst das Tal Schanfigg, alle Gerichtsbarkeit, Twing und Bann, Stock und Galgen, Wildbann, Fischenz usf., ausgenommen alle Unterwegen, Johann Schanfigg, Anna dessen Schwester und Bellina, sesshaft zu Ems. Zudem war am 22. März ein Wiederkaufsrecht zu gleichem Preis durch die Werdenberger ausgemacht worden. Nach dem Tode seiner Mutter (am 4. April 1367) muss nun Johann I. diesen Rückkauf betrieben oder die weitere Geltung des Vorbehaltes für sich allein in Anspruch genommen haben. Davon handelt die von Wilhelm von End nach Ursulas Ableben ausgestellte Rechtsweisung. Danach sollten die Grafen von Toggenburg den Rückkauf gestatten, und zwar um eine um 100 pf. herabgesetzte Summe, wofür Johann auf die Walser in Churwalden zu verzichten hätte[14]. Der Handel kam nicht zustande, zudem wird weder am 6. Februar 1353 noch am 22. März 1363 des Umstandes gedacht, dass das Schanfigg bischöfliches Lehen ist. Der Vertrag vom 24. März enthält bloss ein allgemein auf bestehende Lehen zielendes Fertigungsversprechen des Verkäufers. Nachweise für eine Lehennahme durch Kunigundes Söhne sind keine vorhanden, doch schützt der direkte Erbgang und das Gesamthandverhältnis die toggenburgische Gewere gegen die formelle Weiterverleihung an die Grafen von Werdenberg[15]. Urkundlich gesichert ist eine Belehnung erst für Friedrich VII. als alleinigen Träger nach 1394. Das Lehen wurde ihm jedoch durch Bischof Hartmann II. 1413 abgesprochen und durch Bischof Johann IV. ein weiteres Mal in Frage gestellt[16].

Vielleicht ebenfalls in den Kreis zurückliegender vazischer Ansprüche, der damit geschlossen worden wäre, gehörten Maienfeld, Burg und Stadt, das Dorf Fläsch und die zur «Herrschaft» zählenden Rechte. Auch sie gelangten nicht unmittelbar nach Donats Tode in toggenburgische Hand, sondern durch Kauf, und zwar aus dem Besitz Johanns von Bodman, des Ehemanns der Anna, Toch-

---

[13] RQGR, Langwies, Nr. 62 und 63, mit weiteren Angaben. Der Vorbehalt der Unterwegen bedeutet, dass diese nicht unter die Hoheit oder in Anspruch der Käufer fallen, ähnlich der Vorbehalt des Ammanns Wernher von Maienfeld.
[14] RQGR, Langwies, Nr. 64.
[15] Vgl. RQGR, Langwies, Nr. 60, 65. Auf Grund des Schanfiger- und Wyneggerlehens kommt den Toggenburgern das bischöfliche Marschallamt zu, vgl. Katalog Flugi (Anm. 48) S. 37.
[16] Belege dazu Elisabeth MEYER-MARTHALER, Langwies und die Anfänge seines Gerichtes, BM 1977, S. 346 Anm. 5., sowie DIES., Der Toggenburger Erbfall von 1436 als Frage von Erb- und Lehenrecht, St. Galler Kultur und Geschichte 11 (1981), S. 222.

ter Hartmanns II. Meier von Windegg (1355) und der Grafen von Werdenberg-Sargans (1359)[17]. Im ersten Falle handelte es sich um Maienfeld *samt aller obrigkeit* vom Brunnen (St. Katharina-Brunnen) Balzers bis zur Landquart, das um 5 600 Fl. verkauft wurde, im zweiten um die Burg *cum pertinentiis* innerhalb der gleichen Grenzen. Die werdenbergischen wie die Bodmanschen Rechte scheinen aspermontischer Herkunft gewesen zu sein[18], die der Bodman, im besonderen Mitgift Annas, deren Vater, bereits Herr auf Nidberg, 1342–1353 als Inhaber der Gerichtshoheit zu Maienfeld erscheint. In die Käufe fielen demnach Burg und Städtchen Maienfeld, das erstmals 1346 genannt wird[19], das Dorf Fläsch bis zur Grenze von Balzers, die hohe Gerichtsbarkeit bis an die Landquart. Die «Herrschaft» wurde damit endgültig dem oberrätischen Raume einverleibt. Aspermont mit Jenins, Klingenhorn mit Malans bestanden als selbständige niedere Gerichte weiter[20]. Das Städtchen Maienfeld, herrschaftlich, ohne rechtlichen Sonderstatus, erhielt mit der Zollstätte und ab 1360 mit der Burg als zeitweiliger Residenz der Grafen und Sitz eines Vogtes gewisse Bedeutung[21].

---

[17] Beide Geschäfte sind nur durch Regesten des 18. Jh. bekannt, vgl. Georg MALIN, Liechtensteinisches UB I/4, Nr. 10, 11, dazu CLAVADETSCHER/MEYER, Burgenbuch, S. 322, 324f.

[18] Darauf kann bloss kurz eingegangen werden. Hartmann II. Meier von Windegg dürfte über eine erste Ehe mit einer Aspermonterin Maienfeld aus der Hinterlassenschaft Ulrichs VI. von Aspermont erhalten haben und zwar als Gerichtsherr. Ammann Wernher (von Sansch), erwähnt bereits 2. April 1335 (WARTMANN, Rätische Urkunden, Nr. 15) und ausgenommen aus dem Verkauf 1338 (vgl. Anm. 7), bezeichnet ihn ausdrücklich als seinen Herrn (21. Jan. 1342, WEGELIN, Pfäfers, Nr. 156 = MOHR CD II, Nr. 276 = Werner SCHNYDER, Quellen zur Zürcher Wirtschaftsgeschichte II, S. 1097). Die Maienfelder Vögte Haintz von Fontnas und Ulrich von Haldenstein amtieren in seinem Auftrag (17. Nov. 1346, 1. Mai 1349, 28. Juli 1353, WEGELIN, Pfäfers, Nr. 192, 207, MOHR CD II, Nr. 306; III, Nr. 36). 1353/54 muss Maienfeld an Bodman und dessen Ehefrau gelangt sein und wurde im folgenden Jahre, zu Lebzeiten Hartmanns II. – seine Zustimmung muss also vorausgesetzt werden –, an Friedrich V. von Toggenburg verkauft. Der Übergang an die Bodman dürfte damit zu erklären sein, dass die Mitgift Annas Meier von Windegg auf Maienfeld versichert wurde. Die werdenbergischen Rechte stammen wie die Prättigauer aus dem aspermontischen Erbe. An Hartmann III. kamen sie infolge der Teilung vom 3. Mai 1342, wo ihm alle Besitzungen rechts des Rheins bis zur Landquart zugewiesen wurden, vgl. KRÜGER, Die Grafen von Werdenberg, Nr. 288. Verkäufer sind seine Erben. Als vazische Pfandschaft der Windegger betrachtet PLANTA, Currätische Herrschaften, S. 398 Maienfeld. Anschliessend an den Erwerb von Maienfeld erfolgt die Pfandnahme von Friedau, der Meierhöfe Igis und Zizers sowie der Burg Marschlins an der den Toggenburgern wichtigen Route Maienfeld-Chur in den Jahren 1354, 1360 und 1362, vgl. MOHR CD II, Nr. 252; III, Nr. 19, THOMMEN, Urk. aus österr. Archiven I, Nr. 513.

[19] Den Rang einer Stadt nimmt Maienfeld spätestens seit 1346/1349 ein (vgl. Anm. 18). Als Ort von Giselschaften erwähnt wird sie 3. Feb. 1351 (WEGELIN, Pfävers, Nr. 199) und 31. Dez. 1354 (MOHR CD III, Nr. 62). Die Schaffung eines Vogteiamtes ist mit der Stadtwerdung in Zusammenhang zu bringen, vgl. dazu Johannes FULDA, Zur Entstehung der Stadtverfassung von Maienfeld, iur. Diss. Zürich 1972, S. 43ff.

[20] Vgl. CLAVADETSCHER/MEYER, Burgenbuch, S. 39ff.

[21] Vgl. FULDA, Maienfeld, S. 39ff.

Neben dem territorialen fand ein nicht minder wichtiger innerer Ausbau durch Zurücknahme von Lehen statt, durch Ausschaltung einst von Donat von Vaz abhängig gewesener Dienst- und Lehenleuten und deren Ersatz durch Amtleute. Der kleine Adel fügte sich dabei der Landesherrschaft ein[22]. Als Beispiel seien die Straiff erwähnt, freie, ritterliche Herren mit Eigen im Gebiet von Davos, im Prättigau, der Herrschaft, Lehensträger der Vazer und auch an der Niederlassung von Walsern beteiligt[23]. Doch Symon Straiffs Nachfahren geben alle irgendwie mit Vaz verbundenen Rechte auf. Am 1. April 1351 verzichten Andreas von Marmels und Ulrich Manus für ihre Ehefrauen Anna und Nesa Straiff mit deren minderjährigen Geschwistern und ihrem Bruder Johann um 40 Mark auf das wohl zuvor aufgekündigte Lehen, die Burg Kapfenstein (Ober-Sansch), die damit zu unmittelbarem Herrschaftsgut wird[24]. Die Verzichtleistung wurde am 18. Oktober 1352 wiederholt, nachdem die Grafen von Toggenburg eine Entschädigung für die Melioration des Lehens durch Vater und Söhne Straiff nachgeleistet hatten[25]. Gleichentags verkauft Johann Straiff mit den Brüdern Ott und Albrecht und Geschwistern ihr bei Seewis gelegenes Gut Stürfis mit den Wallisern, Valtana und das Gut auf Davos *ze dem Kembre* beim See gelegen[26]. Als Eigen verblieben ihnen noch die Davoser Besitzung *ze dem Steg*, die Alp Duranna und der Hof Matlasina[27]. Zuletzt, am 22. Mai 1403, wird noch über das Schicksal der einst an Ursula Straiff übergegangenen Burg Strahlegg entschieden. Unter Umständen, auf die noch zurückzukommen ist, verfällt ihre Verlassenschaft dem Inhaber der Landeshoheit.

Der räumliche Ausbau der rätischen Herrschaft ist bereits beim Tode Kunigundes, d.h. durch die erste Generation abgeschlossen[28]. Sie geht unangefochten

---

[22] Das zeigt sich gerade am Beispiel von Maienfeld, dem Sammelpunkt kleinen Beamtenadels, der unter den Toggenburgern als Vögte und Mannschaftsführer tätig wird.

[23] In diesen Zusammenhang gehört der Übergang der Neu-Aspermont an die Straiff, vgl. CLAVADETSCHER/MEYER, Burgenbuch, S. 319.

[24] MOHR CD III, Nr. 47; dazu BÜTLER, Friedrich VII., II, S. 42. Die Feste war von Heinrich von Kapfenstein durch Tausch an die Vaz gekommen (BUB III, Nr. 1060), dann den Straiff verliehen worden, vgl. CLAVADETSCHER/MEYER, Burgenbuch, S. 275.

[25] THOMMEN, Urk. aus österr. Archiven I, Nr. 483.

[26] MOHR CD III, Nr. 51; dazu BÜTLER, Friedrich VII., I, S. 24.

[27] Das restliche Straiffsche Gut *ze dem Steg*, zu Davos zwischen Sinwelenmatten und Islen und Mettia gelegen, fällt in die Stiftung an das Kloster St. Luzi. Zur Alp Duranna vgl. Urk. 21. Juni 1371 (GA Conters i.P., Nr. 1) und zu Matlasina Urk. 18. Okt. 1352 (Anm. 26). Die Verleihung dieses Hofes geschieht nach Walserrecht unter der Bedingung der Dienstleistung mit Schild und Speer, ausgenommen gegen die Herrschaft zu Maienfeld. Die Walser der Straiff bilden nirgends eine eigene Gemeinde. Noch vor dem 14. Mai 1345 erwarb Simon Straiff Alpen, Güter und Leute im Prättigau vom Bischof von Chur, dem er ein befristetes Rückkaufsrecht gewährte, vgl. MOHR CD II, Nr. 303; Reg. Urk. Slg. STAGR I, Nr. 15.

[28] Vereinzelte Erwerbungen, vor allem von Eigenleuten, sind noch später zu notieren, so 30. Nov. 1353; 8. Dez. 1388; 14. Mai 1407; 4. März 1411; 22. Juni 1424, vgl MOHR CD II, Nr. 333; IV,

und zwar zu gesamter Hand an ihre fünf Söhne, von denen indes nur Donat († 1400) und Diethelm VI. († 1385) zur Regierung gelangten. Diethelms einziger Sohn Friedrich VII., um 1370 geboren, ab 1385 unter Vormundschaft des Onkels, übernimmt 1394 die churrätischen Täler. Die Zeit seiner Alleinherrschaft bis 1436 ist für deren Entwicklung entscheidend[29].

Die Komponenten der Landeshoheit kristallisieren sich bereits 1338 mit den Kaufverträgen um das vordere Prättigau heraus. Sie bestätigen sich für das Schanfigg und für Maienfeld und sind dann insgesamt aufgeführt nach Burgen, Landschaften, Hoheitsrechten, Regalien im Teilungsvertrag vom 2. Januar 1394[30]. Sie fügen sich zu einem Komplex von Hoheitsrechten, Lehenrechten, Vogteirechten[31], Zehnten, Kirchensätzen sowie, vor allem im Prättigau und im Schanfigg, von Grundeigentum grösseren Umfanges, zahlreichen Eigenleuten, und in den andern Gerichten von Erblehen. Für diesen churrätischen Bereich tragen die Toggenburger als Inhaber gräflicher Rechte (Graf oder Herr im Prät-

---

Nr. 133, Urk. Bibliothek von Sprecher, Maienfeld, Fideriser Slg. (Roffler), Nr. 21, 22, 23. Herrschaftliches Eigengut, dessen Umfang sich aus späteren Quellen ermessen lässt, ist in der Regel zu Lehen gegeben, vgl. Fritz JECKLIN/Giachen C. MUOTH, Aufzeichnungen über Verwaltung der VIII Gerichte aus der Zeit der Grafen von Montfort, JHGG 1905, mit Hinweisen auf Davos, Langwies, Prättigau usf. An Herrengut sind aus Toggenburger Zeit u.a. noch zu erwähnen: Capfeders 23. Juni 1361 (MOHR CD III, Nr. 98; vgl. Conradin von MOOR, Die Urbarien des Domkapitels zu Chur aus dem XII., XIII. u. XIV. saec., Chur 1869, S. 69); Prätsch 18. Oktober 1404 (Fritz JECKLIN, Zinsbuch des Praemonstratenserklosters Churwalden vom Jahre 1513, JHGG 1908, S. 56 Nr. 54); Tarnutz 11. Juni 1389 (GA Fideris, Nr. 1); Ramoz 1. Feb. 1395 (MOHR CD IV, Nr. 191); 13. Jan. 1407 (GA Alvaschein, Nr. 1a), 22. Mai 1448 (GA Alvaschein, Nr. 2).

[29] Nach der Auseinandersetzung mit den Erben Donats von Toggenburg tritt Friedrich VII. um 1400/1402 auch in die Gewaltsame und den Alleinbesitz der Stammlande ein, vgl. BÜTLER, Friedrich VII., I, S. 54ff., bes. S. 62.

[30] Aegidius TSCHUDI, Chronicon Helveticum I, hg. Joh. R. ISELIN, Basel 1734, S. 580.

[31] Im churrätischen Bereich handelt es sich um die Vogtei des Klosters Churwalden, die aus dem vazischen Erbe stammt. Das Stift selbst besitzt keine Immunität, die ihm eigene Hoheitsrechte vermittelt hätte, sondern nur vom König gewährte Freiheit von öffentlichen Abgaben, vgl. BUB III, Nr. 1056 (9. Aug. 1274): *Libertates et exemptiones secularium exactionum a regibus et principibus ... indultas ...* Namentlich oder in Funktionen des Vogtes BUB II, Nr. 694 (21. Aug. 1231); BUB II, Nr. 996 (28. Dez. 1268); BUB III, Nr. 1091 (8. März 1280); BUB III, Nr. 1119 (3. Dez. 1282). Für Friedrich VII. von Toggenburg ist die Rechtsweisung vom 23. Juni 1420 (BAC, Cart. Curw., f. 20) von Interesse. Er entscheidet auf Anrufen der Parteien zwischen den Gotteshausleuten von Churwalden einerseits, Propst Conrad und dem Kloster anderseits um die Leistungen des Todfalls. Er führt Verhör, ihm wird *clage, red vnd widerred* vorgetragen, und er fällt sogleich mit gutem Willen beider Teile seinen Spruch. Dabei bestimmt er über die Abgabe des Besthauptes bei Todfall und trifft Anordnungen über die Wiederbesetzung der Höfe bei Herrenfall, Tod oder Absetzung des Propstes. Dieser hat zwei oder drei von den toggenburgischen Dienern zu nehmen und etliche von den Gotteshausleuten, die den Hofzins festsetzen, mindern oder mehren gemäss Ertrag. Die Klosterleute mögen *gnad vnd besserung* finden beim künftigen Propst ... *das mugend sy suchen vnd jagen, wann jnen das vorbehalten ist;* vgl. PLANTA, Currätische Herrschaften, S. 392. – Zur später umstrittenen Vogtei vgl. S. 457.

tigau, zu Davos, wie für ihre Stammlande) den Grafentitel. Ihre Landeshoheit ist reichsrechtlich durch die Lehennahme vom Kaiser (1. September 1413) für die *grafschaft zů Tockenburg vnd alle andere grafschaften vnd herrschafften, die sind vordern vnd er bissher gehebt vnd herbracht haben vnd die von vns vnd dem heiligen reiche zů lehen rüren . . . mit allen vnd ieglichen jren fryheiten, eren, nutzen, rechten, gerichten, zwingen, bennen vnd zůgehörungen* gesichert[32]. Umfang und Inhalt dieses Lehens werden bestätigt anlässlich seiner Übertragung an den Reichskanzler Kaspar Schlick am 24. August 1437, *nemlich Takenburg, Belfort, Tafas, Bretengaw vnd alle ander gůter, die der egenant graf Fridrich von vns vnd dem reich zu lehen gehabt oder gangen sind . . .*[33] Kraft kaiserlicher Belehnung kommt dem Grafen Stock und Galgen, d.h. der Blutbann, ohne weitere Bestallung zu, so wie er bereits im vazischen Eigen mitenthalten war und in den toggenburgischen Kaufurkunden verbrieft wurde. Blutbann und übrige Gerichtsgewalt aber stehen an erster Stelle aller landeshoheitlichen Rechte. Aus diesem Grunde tragen das kaiserliche Gerichtsstandsprivileg und die Belehnung Friedrichs VII. mit dem freien Landgericht Rankweil wesentlich zur Intensivierung der Gerichtshoheit bei. Das Gerichtsstandsprivileg vom 23. März 1415 verschafft dem Grafen jedenfalls die Möglichkeit einheitlicher Gerichtsgewalt und ausdrücklich das eigene Forum vor dem Kaiser[34]. Dabei handelt es sich um ein privilegium de non evocando *daz nyemand, wer der sy, in, sin hofgesinde, burgere und undersessen in stetten oder uff dem lande, gemeinlich oder sunderlich vmb dheinerley sachen willen fur frömde gerichte, lantgerichte oder unser und des richs hofgerichte laden, heischen oder uftreiben sölle noch möge.* Klagen und Forderungen gegen das Hofgesinde sind also beim Grafen anzubringen, gegen Bürger und Hintersässen am Gericht ihres Wohnortes. Das entspricht den üblichen Gerichtsständen; indes obliegt dem Grafen generell die Sorge für das Rechtgeben und Rechtnehmen. Als entscheidende landeshoheitliche Aufgabe hat er den Klägern unverzüglich ein Recht zu verschaffen: . . . *und derselbe graff Fridrich sol öch sölichen kleger und klegerin unverzogenlich recht lassen und helfen schaf-*

---

[32] UBSG V, Nr. 2573; Reg. Joh. F. Böhmer, Regesta Imperii XI. Die Urkunden Kaiser Sigmunds (1410–1437), hg. von Wilhelm Altmann, Innsbruck 1896; 1897–1900 (zit. Altmann, RI) 1, Nr. 672a, 679; dazu Bütler, Friedrich VII., I, S. 104.

[33] Or. Bibliothek von Sprecher, Maienfeld, Fideriser Slg. (Roffler) Nr. 24; Altmann, RI 2, Nr. 12059, vgl. dazu Meyer-Marthaler, Der Toggenburger Erbfall, S. 226 mit weiteren Angaben.

[34] Hermann Wartmann, Das Lütisburger Copialbuch, MVG 25 (1894), S. 148 Nr. 38; Altmann, RI 2, Nr. 1517; Friedrich Battenberg, Die Gerichtsstandsprivilegien der deutschen Kaiser und Könige bis zum Jahre 1451 (Quellen und Forschungen zur höchsten Gerichtsbarkeit im alten Reich, 12/2), Wien/Köln 1983, S. 618 Nr. 1168 nach RR E, f. 122ᵛ im Haus-Hof- und Staatsarchiv Wien. Solche Privilegien sind nicht Einzelerscheinungen. Sie werden den Reichsständen für die Untertanen verliehen. Auch das Burgrecht Friedrichs VII. mit Zürich enthält den Passus, dass die Untertanen nicht vor fremden Gerichten belangt werden dürfen.

fen. Wie die meisten Gerichtsstandsprivilegien schliesst auch das vorliegende mit einem Ächterpassus, der von den Auswirkungen der Achtsprüche befreit, so dass die Strafe für Gemeinschaft mit offenen Ächtern, die ins Land kommen und gehen, entfällt. Er verhindert jedoch nicht ein Soforturteil bei handhafter Tat.

Das freie Landgericht Rankweil, das Friedrich VII. am 28. Januar 1418 verliehen wurde – Urteile sind bis 1436 mehrfach nachgewiesen –, ergänzt die ordentliche Rechtsprechung, zumal seine Zuständigkeit sich über das rätische Gebiet hin bis zum Septimer erstreckt und Klägern offen steht, denen ihr lokales Gericht in Sachen Erb, Eigen und Geldschuld nicht Recht zu schaffen imstande ist[35]. Es ist ausserdem ermächtigt, Achten auszusprechen.

Nicht nur formaler Besitz, sondern auch die Nutzung der als Herrschaftsrecht betrachteten Regalien (Wildbann, Fischenz, Wasserrechte, Erze, das Steuerrecht) ist unter den Toggenburgern belegt[36]. Ebenso werden Zölle zur Grafschaft gezählt, wenigstens die althergebrachten. Ein solcher ist derjenige zu Maienfeld, unbestritten auf Waren aus dem Fährenverkehr und der Kaufmannschaft der Strasse über die St. Luzisteig. Fuhrleite, Schirm und Friede, Zollordnungen fallen in den Kompetenzbereich der Grafen[37]. 1394 ist er in der Teilungsurkunde aufgeführt, und am 23. März 1415 erhält Friedrich VII. dafür die kaiserliche Bestätigung[38]. Der Lenzer Zoll, erwähnt 1349 und 1394, gehört gleicherweise zu den überkommenen Rechten, nicht aber der neue bei Strassberg. Seine Errichtung war an kaiserliche Bewilligung geknüpft und führte ausserdem zu erheblichen Auseinandersetzungen mit dem Bischof von Chur. Dass hier vor 1348 keine Zollstätte bestand, ergibt sich aus dem Wortlaut des kaiserlichen Briefes vom 30. April 1348[39]. Danach wird an Friedrich V. von Toggen-

---

[35] Zur Erneuerung des Landgerichtes Rankweil durch König Sigmund vgl. Benedikt BILGERI, Geschichte Vorarlbergs II, Wien/Köln/Graz 1974, S. 183; dazu BÜTLER, Friedrich VII., II, S. 337.

[36] Herrschaftlich sind die Seen Davos, Arosa, Prätsch mit Fischenz, ebenso die fliessenden Gewässer mit den Mühlenrechten, die Geleitesteuern zu Langwies, Tschiertschen/Malix, Belfort, die von den Montfortern abgelöst werden, die Prättigauer Gemeinde- und Einzelsteuern.

[37] Dazu das Beispiel Maienfeld. Am 11. Juli 1388 gibt Donat von Toggenburg den Kaufleuten von Mailand und Como, die er in Fried, Schirm und Geleite aufgenommen hat, Zusicherungen über die Höhe der Zölle, Fuhrleiten und Sustgelder auf der Strecke Balzers-Chur, vgl. Alois SCHULTE, Geschichte des ma. Handels und Verkehrs zwischen Westdeutschland und Italien, Leipzig 1910, II, S. 34 Nr. 26; Reg. Werner SCHNYDER, Handel und Verkehr über die Bündner Pässe im Ma., I, Zürich 1973, Nr. 147b; ausserdem SCHULTE, ebd. Nr. 33/34 zu 1390 mit Angaben über Zoll, Sust und Fuhrleite zu Maienfeld. Voraussetzung des Geleites ist die Ausübung von Hoheitsrechten. Das gilt nicht nur für Maienfeld, sondern auch für Churwalden und Belfort im Hinblick auf den Zollstreit mit dem Bischof von Chur.

[38] Vgl. Anm. 34. Gerichtstandsprivilegien sind meistens mit weiteren Privilegien verbunden, in unserm Falle mit der Bestätigung des Maienfelder Zolles.

[39] WARTMANN, Das Lütisburger Copialbuch, S. 137 Nr. 26 (inseriert im Diplom vom 31. Aug. 1413, vgl. Anm. 41).

burg um 500 pf. Silbers ein dort künftig zu errichtender Zoll versetzt, der bis zur Rückerstattung der Pfandsumme erhoben werden darf. Auf Intervention des Bischofs von Chur, der Gebietshoheit geltend macht, zieht ihn Kaiser Karl IV. zwar zurück[40], sein Brief wird jedoch am 31. August 1413 durch Sigmund bestätigt[41] und der Zoll in Kraft gesetzt. Er ist mit andern Streitpunkten Gegenstand eines Schiedsurteils von Bürgermeister und Rat von Zürich, das 1421 zwischen dem Bischof und dem Grafen gefällt wurde[42]: Der Zoll wird stillgelegt und der Streit, da beide Parteien königliche Diplome vorlegen, an das Hofgericht gewiesen. Er bleibt unentschieden. Die toggenburgischen Erben müssen auf den Anspruch verzichtet haben, sie verfügen nur mehr über den alten Lenzer Zoll.

Eines Hinweises bedarf noch das Mannschaftsrecht, und zwar im Hinblick auf die Entwicklung nach 1436. Für die Walsergerichte besteht seit 1289 eine durch den Davoser Lehenbrief bestimmte Verpflichtung zum Waffendienst[43]. Für die Eigenleute liegt das Aufgebot ganz im Belieben des Herrn. Als landesherrlicher Anspruch wird es in der Schlickschen Verleihung urkundlich bestätigt; in der Praxis ist churrätischer Zuzug für die Toggenburger früher, vielleicht schon bei Näfels 1388, dann im Appenzellerkrieg und vor Chur 1413 anzunehmen. Nahegerückt wird es auch durch die Hilfsverpflichtung im Bündnis von 1429 mit dem Oberengadin und Obtasna. Zudem ist an den Reichsdienst des Grafen Friedrich VII. zu erinnern, der einen Rückgriff auf die Untertanen erlaubt[44]. Unter seinen Erben erfährt das Mannschaftsrecht jedoch eine bemerkenswerte vertragliche Einschränkung.

Entscheidend ist nun, gerade hinsichtlich der Toggenburger, wie Landeshoheit wahrgenommen wird, was sie praktisch für den Herrn und die Untertanen bedeutet. Die Quellen darüber fliessen seit dem 14. Jahrhundert reicher als früher, für den letzten Vertreter des Hauses sind sie bereits recht aufschlussreich. Generell ist Schutz und Schirm durchzusetzen, soweit die Gewaltsame reicht,

---

[40] MOHR CD III, Nr. 39; BÖHMER, Regesta Imperii VIII, Nr. 811; dazu Landesakten der Drei Bünde I, hg. Rudolf JENNY, Chur 1974, Nr. 12 (zit. LA STAGR).

[41] WARTMANN, Das Lütisburger Copialbuch, S. 137 Nr. 26; fehlt ALTMANN, RI. Damit greift Sigmund in die offene Fehde zwischen Bischof und Graf ein. Er bestellt am 31. Aug. 1413 ein Schiedsgericht, vgl. Paul FOFFA, Das Bündnerische Münstertal, Chur 1864, Anhang Nr. 37; ALTMANN, RI, Nr. 666 nach Urk. BAC. Noch am 18. Mai 1414 verpflichtet sich der Bischof darauf, Or. BAC. Zur Sache vgl. BÜTLER, Friedrich VII., II, S. 39ff. sowie Lothar DEPLAZES, Reichsdienste und Kaiserprivilegien der Churer Bischöfe von Ludwig dem Bayern bis Sigmund, phil. Diss. Zürich, JHGG 1971, 1973, S. 284ff.

[42] Vgl. Anm. 48.

[43] BUB III, Nr. 1200.

[44] Vgl. BÜTLER, Friedrich VII., II, S. 81. Zu den Reichsdiensten Friedrichs VII. vgl. Heidi SCHULER-ALDER, Reichsprivilegien und reichsdienste der eidgenössischen orte unter könig Sigmund, 1410–1437, phil. Diss. Zürich (Geist und Werk der Zeiten 69, 1985), S. 31ff. mehrfach.

Aufgabe des Landesherrn. In dieser Richtung gelingt es ihm, die churrätischen Gebiete aus grösseren Konflikten herauszuhalten, die Churer Fehde vielleicht ausgenommen. Sieht man von den Land- und Burgrechten ab, die in einen weiteren politischen Rahmen gehören, so betrifft nur das Bündnis vom 7. September 1429 zwischen Friedrich VII. für seine Herrschaften oberhalb des Walensees mit den Tälern Obtasna und Oberengadin unmittelbar die Region. Es sieht Hilfs- und Durchpassverpflichtungen vor und lässt auf längere Sicht den Beitritt weiterer Gotteshaustäler zu, eine Verbindung, die zwanzig Jahre später unter andern Voraussetzungen verwirklicht wurde[45].

Als Schirmherren ihrer Untertanen, was zugleich Durchsetzen der Landeshoheit bedeutet, treten die Toggenburger an den Grenzen ihres Herrschaftsbereiches auf, als Vertreter in Rechtsfällen mit fremden Herrschaften. Die Gewinnung des Friedens geschieht dabei durch das übliche Mittel der Veranlassung der Parteien auf ein Schiedsgericht. Belegt ist so die Vereinbarung zwischen dem Land Davos und dem Tal Bergell vom 8. Mai 1375[46], welche zu Stalla mit Wissen, Willen und Rat der Herrschaft abgeschlossen und von Donat von Toggenburg besiegelt wurde. Sie beendete eine aus dem Handelsverkehr entstandene Fehde durch Vergleich über Pfandnahme und Gerichtsstand bei Geldforderungen. Am 22. August 1389 vertrat Donat seine Leute von Fläsch im Streit um Weiderechte auf der Steig mit denen von Balzers, als deren Fürstand gleichfalls ihr eigener Landesherr, Heinrich von Werdenberg-Sargans, zeichnete[47]. Solcher landesherrlicher Einsatz gilt Anlässen, durch die dem Kläger zu einem Rechte, einem Schiedsgericht, verholfen wird. Er gilt den Gemeinden seines Landes wie dem einzelnen Untertanen, der ihn anruft. Heranzuziehen wäre da das Beispiel Uli Segers und Heini Bürsers Kinder. Ihre Klagen gegen den Bischof von Chur vertritt Friedrich VII. von Toggenburg im Rahmen eigener Auseinandersetzungen bis vor Bürgermeister und Rat von Zürich. Da sie lehen-

---

[45] Ulrich CAMPELL, Historia Raetica II, QSG VIII, S. 104; Constanz JECKLIN, Urkunden zur Verfassungsgeschichte Graubündens I, JHGG 1883, Nr. 17 nach dem Or. im Besitz von Juvalt, dazu MEYER-MARTHALER, Der Toggenburger Erbfall, S. 209, sowie DEPLAZES, Reichsdienste, S. 319.

[46] MOHR CD III, Nr. 188 nach Or. im GA Soglio, Nr. 5; Regesti degli Archivi del Grigioni Italiano IV, Regesti degli Archivi della Valle Bregaglia, Poschiavo 1961, S. 55 Nr. 5 (Rinaldo Boldini). Am 18. Mai 1365 war eine Fehde zwischen Davos und Bormio anscheinend ohne Vermittlung des Landesherrn durch Ammann und Zugesetzte der Gemeinde Susch geschlichtet worden, vgl. MOHR CD III, Nr. 123; LA STAGR I, Nr. 17.

[47] Vidimus 19. Juli 1779 im GA Maienfeld, Nr. 5; gedr. MOHR CD IV, Nr. 140; Reg. KRÜGER, Die Grafen von Werdenberg, Nr. 502; Johann N. VANOTTI, Die Grafen von Montfort und von Werdenberg, Belle-Vue bei Konstanz 1845, S. 307.

rechtlicher Natur sind, werden sie in den Spruch von 1421 einbezogen und den gräflichen Lehen entsprechend behandelt[48].

Nicht nur Rechtsprechung in eigener Person führt zur Beendigung des Streites. Ein solcher Fall liegt beim Streit zwischen den Gemeinden Jenaz und den Leuten von Danusa um Weiderechte am 24. April 1394 vor[49]. Dass unter Umständen Einfluss auf Einzelheiten der Rechtsverhältnisse genommen werden kann, zeigt eine Weisung zuhanden von Stift und Gotteshausleuten von Churwalden vom 23. Juni 1420, wo sogar die Mitwirkung gräflicher Diener bei der Festsetzung der Hofzinse vorgesehen wird[50]. Gräfliche Amtleute sind es auch, die rechtsuchende Untertanen an die zuständigen Gerichte zu bringen haben[51]. Gefordert ist jedenfalls, dass vor dem Inhaber der Landeshoheit bzw. seinen Vögten und Gerichten Recht gesucht wird. Ein Beispiel dafür bildet das Urteil Ott Valärs vom 22. Mai 1403 auf Klage des Vogtes von Maienfeld an des Grafen Statt, welche die Entwerung der Feste Strahlegg durch Gilli von Stürfis und Hans Schanfigg betrifft *on dz sy rechtz nit begerdent noch vordrotennt an vnsern vorgenanten herrn graff Fridrichen von Toggenburg nôch an sin vogt*[52]. Erscheinen die Beklagten nicht vor Gericht, verfällt das umstrittene Gut dem Grafen.

Weitere Verfahren sind für die Art der Wahrnehmung oder Erzwingung von Recht aufschlussreich. Gegen Heinrich von Sigberg richten sich drei verschiedene Klagen. In einem Forderungstreit des toggenburgischen Untertanen Heinrich von Bichwil aus Lichtensteig mit Heinrich von Sigberg hatte Vogt Konrad Brunman in des Grafen Auftrag den Sigberger vor das Landgericht Rankweil geladen, wo sich dieser am 6. September 1435 durch Eid löste. Dann hatte Sigberg zwei Maienfelder Bürger beim Mordversuch am Vogte durch das Versprechen unterstützt, sie nach der Tat auf Aspermont aufzunehmen. Dies bedeutete Mitwissenschaft, Angebot des Hausens und Hofens von Übeltätern und führte zu dem, was in den Quellen selbst als Ungnade der Toggenburger bezeichnet wurde, zur Belagerung der sigbergischen Feste Aspermont und deren Übergabe

---

[48] Der Spruch vom 26. Juli 1421 ist gedr. WARTMANN, Das Lütisburger Copialbuch, S. 160 Nr. 50 nach Or. im BAC; ebs. Johann Georg MAYER/Fritz JECKLIN, Der Katalog des Bischofs Flugi vom Jahre 1645, JHGG 1900, Nr. 13; Teildruck RQGR, Langwies, Nr. 67 nach Or. im GA Langwies, Nr. 7; SCHULTE, Geschichte des ma. Handels II, S. 179 Nr. 282.

[49] GA Jenaz, Nr. 1, Vidimus 26. Feb. 1515, gedr. Nikolaus SENN, Archiv Jenatz, Schaffhausen 1869, Nr. 9.

[50] Vgl. Anm. 31.

[51] So 15. Sept. 1414 durch den Vogt auf Strassberg. Er weist mit andern Leuten aus dem Malixertal den Meier auf Grida und die Walliser von Runcalier im Streit um ein Wegrecht an das Proveidgericht von Chur, Abschr. BAC, Cart. B, f. 164.

[52] Or. Bibliothek von Sprecher, Maienfeld, Fideriser Slg. (Roffler) Nr. 20, gedr. Joh. U. VON SALIS, Der Geschichtsforscher I (1812), S. 106 (= Ges. Schriften II, S. 210), dazu BÜTLER, Friedrich VII., I, S. 66.

nach drei Tagen⁵³. Die Überlieferung spricht auch noch von einem schiedsgerichtlichen Verfahren, das durch die Parteien Friedrich VII. und Heinrich von Sigberg gemäss Burgrecht gemeinsam auf die Stadt Zürich veranlasst worden war. Es kann sich nicht auf die erwähnte Exekution beziehen, sondern muss auf alte Forderungen aus den Appenzellerkriegen zurückgehen, in denen Heinrich von Sigberg die toggenburgische Mannschaft angeführt hatte. Bekannt ist indes nur noch, dass die Austragung auf den 21. November 1435 anberaumt, aber auf Ersuchen des Boten Rudolf Kilchmatter, Vogt zu Windegg, für den erkrankten Grafen ein neuer Tag angesetzt wurde⁵⁴. Ein fast gleichzeitiger Fall beleuchtet das «Rechtverschaffen» von anderer Seite aus. Es handelt sich um eine an Friedrich VII. herangetragene Klage gegen toggenburgische Amtleute, die in der Sache des Gräther, der Jörg von Wemlingen die Feste Neuburg entrissen hatte, dem Geschädigten nicht zu einem Recht verholfen hatten. Auch diese Angelegenheit sollte in Zürich zum Entscheid gelangen (7. Dezember 1435). Über sie ist nur noch eine schriftliche Eingabe des Grafen erhalten. Für seine Auffassung ist sie allerdings charakteristisch⁵⁵. . . *daruff jm gräf Fridrich antwurt, vff sölich meinung, der von Wemlingen oder sin swecher möchten hinuff jn sine gräfschaft vnd gericht keren, da die gult gelegen were, das mit recht verlegen vnd was jm da mit recht bekent würde, des wölt er jm wol gunnen, getrüwete ouch, das semlichs billich were, dann er wölte jm ain gelich billich recht lässen gann, das by gelimpff bestünd . . . daruff gräf Fridrich antwurt, er were jn sölichen eren herkomen, das nie keiner jn sinem land noch vor jm were rechtlos gelässen, getrüwete ouch nit, das sin vogt das gelann hett. Doch hette sich sin vogt darjnn übersehen, so wölt er jm vmb semlichs zum rechten stellen vnd halten, ob er des begerte, meinte, das er jm damit den vellen täte . . .* Es ist der Maienfelder Vogt Brunman, der hier seinen Amtspflichten nicht nachgekommen ist, sie andernorts sogar verletzt hat.

---

53 Vorwegzunehmen ist ein Fall von Rechtshilfe des Grafen. In seinem Auftrag bringt der Maienfelder Vogt Brunman am 6. Sept. 1435 die Forderungsklage des Heinrich von Bichwil aus Lichtensteig gegen Heinrich von Sigberg an das Landgericht Rankweil, wo sich der Beklagte durch Eid löst, vgl. BÜTLER, Friedrich VII., II, S. 94 und Anm. 4. – Zur Belagerung des Aspermont vgl. BILGERI, Geschichte Vorarlbergs II, S. 193 mit Quellenangabe. Um eine Zerstörung der Feste kann es sich nicht handeln, sondern vielmehr um eine Übergabe nach den Regeln des Rechts, da der Sigberger weiterhin in ihrem Besitz bleibt. Dass er damals in landesherrliche Ungnade fiel, bezeugt die Kundschaft vom 1. Okt. 1446 in Streitigkeiten um Weiden, Urk. GA Jenins, Nr. 9b: . . . *vntz das graff Friederich von Togkenburg selig sin vngnad laiti an Hainrich von Sigberg,* ähnl. Urk. GA Jenins, Nr. 12 zum 26. Okt. 1446.
54 Konzept STA Zürich, A 339.1 (Toggenburg) Nr. 5.
55 Urk. STA Zürich, C I, Nr. 1023, dazu Emil USTERI, Das öffentlich-rechtliche Schiedsgericht in der schweizerischen Eidgenossenschaft des 13.–15. Jh., phil. Diss. Zürich 1925, S. 87, sowie BÜTLER, Friedrich VII., II, S. 95 und Anm. 1. Die von Bütler erwähnten Akten sind im STA Zürich nicht aufzufinden. Über die Konsequenzen der hier in Frage kommenden Burgrechtsbestimmungen vgl. USTERI, ebd., S. 151.

Dafür sprechen der Mordplan und die 1438 von den Bürgern von Maienfeld vorgebrachten Beschwerden. Er scheint deshalb zu Beginn des Jahres 1436, möglicherweise noch vom Grafen selbst, seines Postens enthoben und durch den einheimischen Wilhelm Scherer ersetzt worden zu sein[56].

Was zur Wahrnehmung der landesherrlichen Rechte im Jahrhundert der Toggenburger nicht unerheblich beiträgt, ist ein Wandel in den Institutionen. Die vazischen Dienst- und Lehenleute werden durch Amtleute, von denen Gehorsam und Gewertigkeit zu erwarten ist[57], ersetzt, Burgen aufgegeben, solche, wie Kapfenstein und Solavers, vielleicht noch von Kastellanen versorgt; Maienfeld, Strassberg und Belfort erfüllen als Sitze von Vögten Funktionen im Rechtswesen[58]. Die Besetzung mit Vögten ist am frühesten unter Hartmann II. Meier von Windegg in Maienfeld, wohl im Zusammenhang mit der Stadtwerdung, nachweisbar; hier ist der Vogt zugleich Richter und Stadtvogt[59]. Die Strassberger Vogtei ist 1406 durch Hartwig von Sansch aus Maienfeld versehen[60], Belfort am Ende der Toggenburger Zeit mit Hensli Zucz[61]. Die Vogtsreihen zeigen, dass Leute aus der Umgebung des Grafen für diese Ämter herangezogen werden, zum Teil sind sie in Maienfeld angesiedelt[62]. Sie haben den Landesherrn zu vertreten und in der Rechtspflege, in der Sicherung von Rechtsgeschäften durch Fertigung und Besiegelung, in der Verwaltung dessen Aufgaben

---

[56] Nach den Geschehnissen um den Vogt von Maienfeld 1435 wurde im Freiheitsbrief vom 4. Sept. 1438 die Absetzbarkeit eines Vogtes auf Beschwerde der Bürger ins Auge gefasst.

[57] Im Bündnis Friedrichs VII. mit Glarus vom 19. Juni 1419 werden die ebenfalls darauf verpflichteten Statthalter (im Falle von Landesabwesenheit des Grafen), Vögte und Amtleute erwähnt, vgl. Johann J. BLUMER, Urkundensammlung zur Geschichte des Kantons Glarus I, Glarus 1880, Nr. 161. Die zeitweiligen Residenzen haben einen Hofstaat mit Kaplan, Räten, Schreiber und unterem Personal. Friedrich VII. beschäftigt ausserdem Juristen, so Rudolf Spitzli, decretorum doctor, als Unterhändler und Vertreter, vgl. WARTMANN, Das Lütisburger Copialbuch, Nr. 15 zum 28. Feb. 1402.

[58] Zum Schicksal dieser Burgen vgl. CLAVADETSCHER/MEYER, Burgenbuch, S. 338 (Solavers, wo 1353 Friedrich V. von Toggenburg residiert), S. 275 (Kapfenstein), S. 289 (Strassberg), S. 56 (Belfort), S. 322 (Maienfeld); Castels, ebd., S. 277 erhielt keinen Amtsvogt, das Gericht unterstand einem Ammann.

[59] Nachzuweisen sind 1346, 1349 Haintz von Fontnas, 1353 Ulrich von Haldenstein, 1397–1403 Hans Seger, 1407 Heinz Buwix, 1428, 1431 Johann Seger, 1435 Konrad Brunman, 1436 Wilhelm Scherer, vgl. dazu FULDA, Maienfeld, S. 254.

[60] Für Strassberg sind zu verzeichnen 1406, 1411 Hartwig von Sansch, 1416, 1421, 1428 Philipp Rebstain, 1431 Burkart von Unterwegen, 1436 Härtli Valär. Hier löst die Vogtei die Ministerialen von Strassberg ab.

[61] Erwähnt 7. Feb. 1441, vgl. JECKLIN/MUOTH, Aufzeichnungen, S. 31 Nr. 3. Er stammt aus einer Davoser Familie (BUB III, Nr. 1276) und ist zu identifizieren mit dem Toggenburger Mann *Schütz von Belfort*, der beim Marchen an der Alp Tein erscheint (22. Mai 1448, GA Alvaschein, Nr. 2). In Toggenburger Zeit wurde Belfort nicht aufgegeben, sondern um 1400 noch ausgebaut.

[62] Zu Maienfeld nachweisbar als Bürger oder Hintersässen die Fontnas, Seger, Scherer, Brunman, von dort stammen auch Hartwig von Sansch und Philipp Rebstein.

zu übernehmen[63]. Vorrangig mit besonderen Aufträgen in der Wahrung landesherrlicher Ansprüche werden, kaum zufällig, Maienfelder Vögte betraut, doch weist nichts darauf hin, dass für das rätische Gebiet eine Obervogtei als dauernde Institution bestanden hätte, wie sie später von den Montfortern von Werdenberg aus eingerichtet wurde.

Auch das Ammannamt ist zunächst herrschaftliche Institution, jedoch eng verbunden mit «Land und Gericht», an dem die lokale Gerichtsbarkeit mit Geschworen, die gerichtliche Fertigung und die örtliche Verwaltung des Herrschaftsgutes hängen. Aus der Zeit der Freiherren von Vaz besitzen die Walsergemeinden Davos und Langwies freie Ammannwahl, die übrigen Gerichte kennen nur die Besetzung durch die Herrschaft, Herrn oder Vogt, doch sind die Ammänner regelmässig einheimischer Herkunft[64]. Bereits in feudaler Zeit gewinnen sie über die Gerichtsverwaltung hinaus politische Bedeutung. Sie vertreten ihr «Land und Gericht» nach aussen (Davos 18. Mai 1365, Schanfigg 1437, Schiers 1440)[65]. Ohne diese Möglichkeit wäre ihr selbständiges Handeln 1436 undenkbar. Wie die Listen der Vögte sind diejenigen der Ammänner in älterer Zeit unvollständig, für das Jahr 1436 aber sind alle Ämter besetzt und die Träger namentlich bekannt.

«Land und Gericht» – dieser Begriff haftet am Gerichtskreis – erhalten ihre letzte lokale und institutionelle Verfestigung in der Toggenburger Zeit. Das «Land» wird 1394 als einzelne Besitzung aufgeführt. Darin sind die Landleute verbunden, ungeachtet ihres Standes, Freie, Walser, Gotteshaus- und Eigenleute, die ihrem eigenen Herrn gehören[66]. Die Entwicklung dazu ist in einzelnen Fällen stufenweise zu verfolgen, so im Tale Davos, wo es darum geht, durch den Erwerb nichtherrschaftlichen Grundeigentums eine einheitliche Trägerschaft von Erblehen zu schaffen[67], dann im Prättigau, wo die zu den Burgen Solavers und Castels pflichtigen Unfreien mit Freien in den Gerichten Schiers und Ca-

---

[63] Vgl. die S. 452–454 genannten Belege.
[64] Für Davos 1289 Wilhelm; 1365 *Jacobus ministrall de Thauate homine omnium hominum, personarum et totius communitatis valli Thauate et in ea habitantibus;* 1375 N.N. *amman vnd die gesworn des dalls vnd des comûn gemeinlich vf Tafâs;* 8. Juni 1436 Ulrich Beeli. – Für Langwies: Thöni Winkler; 1391 Haintz Winkler; 8. Juni 1436 Hans Held. – Für Alvaneu: 8. Juni 1436 Jos Malet. – Für Klosters: 1428 Hans in der Gruob, 8. Juni 1436 Janett Jan Heinz. – Für Churwalden bzw. Tschiertschen/Malix: 1404 Jakob, Ammann von Tschiertschen, 1409 Disch von Tschiertschen, 8. Juni 1436 Dusch von Tschiertschen. – Für das vordere Schanfigg: 1434 Hans Conrad, 8. Juni 1436 Hans Cresta. – Für Schiers: 1432 Eberhard Casätsch, 8. Juni 1436 Bartholome Ruck. – Für Castels: 1396, 1403, 1411 Ott Valär, 8. Juni 1436 Jos Cresta.
[65] Vgl. Anm. 46. Zur Rolle des Ammanns Hans Conrad vor dem bischöflichen Pfalzgericht am 19. März 1437 vgl. MEYER-MARTHALER, Der Toggenburger Erbfall, S. 224.
[66] Diese Situation wird deutlich in den Montforter Freiheitsbriefen, vgl. S. 460f.
[67] Vgl. S. 446.

stels vereinigt werden[68]. Langwies wird samt Praden auf Grund des Walserrechtes vom vorderen Schanfigg abgetrennt und als eigenes Gericht eingerichtet[69]. Ins Gericht Churwalden werden die aus Praden wegwandernden Walser eingegliedert; ausserdem geht es hier darum, Strassberg und die Gotteshausleute des Stiftes Churwalden mit der Ammannschaft Tschiertschen und Malix zum «Land» Churwalden zusammenzufassen, als das es uns seit 1436 entgegentritt[70]. Nicht durchzusetzen war hier dagegen ein altes Herkommen, wonach Eidschwörer aus Malix und Maladers ab Sassaler Grenze das Landgericht zu Chur zu erfüllen hatten[71]. Vermutlich um diese fremde Gerichtspflicht zu vermeiden, hatte sie Friedrich VII. aus landesherrlicher Gewalt heraus verboten. Dies wurde zu einem der bischöflichen Klagepunkte vor dem Zürcher Schiedsgericht von 1421, das den durch Kundschaft erwiesenen Brauch bestätigte[72].

«Land und Gericht» bilden mit Ammann und Geschwornen samt Landleuten[73] den Boden für die Entwicklung eines Landrechtes, mündlich überlieferten Gewohnheitsrechtes in lokaler Rechtsprechung, an die auch der Landesherr gebunden ist. Neue Satzungen allerdings sind, von den Walsergerichten abgesehen, von seiner Bewilligung und Besiegelung abhängig, Blutgericht, Frevel und Frevelbussen kommen der Herrschaft zu. Dabei fällt auf, dass weder aus der Zeit der Freiherren von Vaz noch des Hauses Toggenburg Aufzeichnungen dieser Landrechte überliefert sind. Es hängt dies in erster Linie mit den rechtlichen und politischen Umständen der Erbfolge zusammen, dem jeweiligen unbestrittenen Eintritt in die Gewere und dem Gesamthandverhältnis. Ein Zwang zur Fixierung von Freiheiten, eine Möglichkeit für die Gerichte, aus einem Versagen der Landesherrschaft in dieser Richtung Nutzen zu ziehen, bestand bis zum Tode Friedrichs VII. nicht.

Fasst man die Ergebnisse des toggenburgischen Jahrhunderts zusammen, dann zeigt sich, dass es bereits der ersten Generation gelungen ist, das vazische Erbe in eine zusammenhängende Gebietsherrschaft überzuführen. Die vierzig Jahre der Alleinherrschaft Friedrichs VII. sind wichtig für den institutionellen

---

[68] Die Ammänner sind an Stelle der Burgsässen getreten. Nur Castels hat dem Gericht auch seinen Namen vermittelt.
[69] Vgl. MEYER-MARTHALER, Langwies und die Anfänge seines Gerichtes, S. 338 ff.
[70] Noch 1404 und 1409 vertritt der Ammann nur die Gemeinden Tschiertschen und Malix, die auch die Herrschaftssteuer tragen; diese wird abgelöst am 6. Dez. 1441, Urk. KA Churwalden, Nr. 2. Die Churwaldner Klosterleute sind nicht steuerpflichtig, die Gerichtsbarkeit wird von Strassberg aus gehandhabt. Als einheitliches Gericht tritt Churwalden am 8. Juni 1436 auf. Vgl. PLANTA, Currätische Herrschaften, S. 390 ff.
[71] Vgl. die Churer Stadtordnung vom 1368–76, gedr. MOHR CD III, Nr. 138.
[72] Vgl. Anm. 74.
[73] Die lokale Gerichtsorganisation mit Ammann und Geschworenen und das Verfahren entsprechen altem Herkommen, an das auch der Inhaber der Landeshoheit gebunden ist. Vor dem lokalen Gericht hat er eigene Klagen anzubringen.

Ausbau, der für den späteren Zusammenschluss der Gerichte zu einem Gemeinwesen erst die Basis schafft: Die Einheit, die auf dem gemeinsamen Herrn beruht, ermöglicht ihnen Gemeinsamkeiten, wie Rechtshilfe, Rechtsprechung, ständischen Ausgleich.

Die grosse Politik des letzten Toggenburgers spielte sich weitgehend ausserhalb Churrätiens ab. Der einzige feudale Gegner in diesem Raum war der Bischof von Chur. Das Durchziehen der Auseinandersetzungen mit ihm von 1413 bis zum Endurteil von 1421 war indes von entscheidender Bedeutung, da der Bischof weit über sein Immunitätsgebiet hinaus Hoheitsansprüche anmeldete und damit das toggenburgische Churrätien überhaupt in Frage stellte[74]. Die Wahrung des Besitzstandes ohne Einbusse an Landeshoheit ist Friedrichs VII. Tat. Quellenmässig belegt ist die Erfüllung landesherrlicher Aufgaben, nicht zu übersehen eine mannigfache schiedsrichterliche Tätigkeit. Die Überlieferung vermerkt jedoch auch seine Härte in der Durchführung, im Festhalten an Ansprüchen und im besonderen im Durchsetzen der von den Untertanen geschuldeten Dienste und Abgaben sowie Sonderleistungen, etwa Zahlungen an landesherrliche Schulden[75]. Die Freiheitsbriefe seiner Nachfolger geben dafür etliche Hinweise.

Die politischen Folgen, die der Tod Friedrichs VII. auslöste, sind bekannt. Zwar hatte die Witwe, Elisabeth von Matsch, die Gewaltsame in einer Art von Treuhandschaft übernommen, aber als Dauerlösung war sie nicht zu betrachten[76]. So fielen die Burg- und Landrechte dahin, da niemand sie in des Grafen unmittelbarer Nachfolge hätte ausdienen können[77]. Im churrätischen Gebiete

---

[74] Vgl. Anm. 48; dazu DEPLAZES, Reichsdienste, S. 314. Für die Wahl von Zürichs Rat und Bürgermeister als Schiedsgericht sind die Burgrechte des Bischofs von Chur und des Grafen mit der Stadt verpflichtet. Hier geschah 1421 die Ausmarchung aller zwischen den Parteien streitigen Punkte, um die Lehen Schanfigg und Wynegg, die Zölle zu Strassberg und Lenz, die Erfüllung des Churer Landgerichts mit Eidschwörern von Malix und Maladers, gegenseitige Entwerungen, vor allem aber um die Ansprüche des Bischofs auf Hoheitsrechte, die das toggenburgische Gebiet einschlossen. Die Berufung auf Kaiserbriefe schützte ihn dabei jedoch nicht, Erbrecht und lange Gewere sprachen für den Grafen. Die Auseinandersetzung um die Vogtei Churwaldens wird am 10. Aug. 1423 (Urk. BAC) durch Schiedsspruch ebenfalls zu Gunsten Friedrichs VII. entschieden.

[75] Über Abbruch von Rechten klagen besonders die toggenburgischen Pfandländer, vgl. BÜTLER, Friedrich VII., S. 98 nach Klingenberger Chronik, hg. Anton HENNE, Gotha 1861, S. 231 für das Sarganserland; BILGERI, Geschichte Vorarlbergs II, S. 189 für Feldkirch. Die Härte des toggenburgischen Regimentes heben allgemein die Klingenberger Chronik, S. 227, und TSCHUDI, Chronicon Helveticum II, S. 215 hervor, doch anerkennen sie, wie Urk. von 4. Dez. 1452 (GA Lenz, Nr. 5, vgl. Anm. 80) Friedrichs VII. *frid und schirm vor andren lüten*.

[76] Vgl. MEYER-MARTHALER, Der Toggenburger Erbfall, S. 188, 189.

[77] Das Burgrechtsgelöbnis der Gräfin Elisabeth von Toggenburg gegenüber Zürich wurde von den Untertanen nicht beschworen, das Landrecht mit Schwyz und das Bündnis mit Glarus erst 1437 durch die Erben der Stammlande, teils auch durch die dortigen Gemeinden, erneuert. Es dienen weder die Montfort noch die Brandis aus, vgl. MEYER-MARTHALER, Der Toggenburger Erbfall, S. 181 ff.

machte sich der Verlust landesherrlichen Schutzes geltend, wo das Schanfigg der Herrschaft und damit auch dem Zehngerichtenbund durch Heimfall und Nichterneuerung des bischöflichen Lehens hätte entzogen werden sollen. Ohne den Spruch des bischöflichen Lehensgerichtes wäre das Tal dem Gotteshause eingegliedert worden[78]. Der Wegfall des Bündnisses von 1429 ist wohl Grund dafür, dass Davos zu seinem Schirme in ein befristetes Hilfsbündnis mit den sarganserländischen Gemeinden und Chur trat[79]. Entscheidend aber war, dass unter Davoser Führung und dem zuvorderst siegelnden Landammann Ulrich Beeli der Bund der zehn bzw. elf Gerichte zeitig vorbereitet und schon am 8. Juni 1436 besiegelt wurde, und zwar mit Zustimmung der Gräfin. Ihr Einverständnis erwies sich in der Folge als Faktor, der die neuen Erbherren fest verpflichtete[80].

Was aber die Herrenlosigkeit für den einzelnen Untertanen bedeutete, zeigen jene Bestimmungen des Bündnisses von 1436, die auf das Fehlen eines Gerichtsherrn und Schirmers der Gerichtsbarkeit ausgerichtet sind. An erster Stelle stehen Rechtshilfeartikel, die die Anwendung des herkömmlichen Rechtes und die Weiterführung eines geordneten Gerichtswesens zu sichern hatten[81]. Es handelt sich dabei um die Garantie der lokalen Gerichtsbarkeit durch Verbürgung, *warzu iemant recht hat,* zu verstehen als Hilfe gegen Schmälerung an Rechten (Art. 1) und zur Erfüllung des Rechtes, Besetzung eines Gerichtes mit Geschworenen des nächsten Gerichtes auf Mahnung des Ammanns, wobei *gemeines recht* gesprochen werden soll (Art. 7, 8, 12). Ein Artikel über den Gerichtsstand knüpft an das ius de non evocando an, das Friedrich VII. für sich und seine Untertanen gewonnen hatte, und das nun ohne Landesherrn weiterverfolgt wird. Auch die Tagleistung, wenn *etwas zu schaffen ist* (Art. 6), dürfte ursprünglich mit der Herrenlosigkeit zusammenhängen, doch liegt hier auch der Ansatz zu ei-

---

[78] Ebd. S. 190, 191.
[79] Dieses Bündnis wird erwähnt im Davoser Brief von 5. Feb. 1438 (Druckorte vgl. Anm. 87), dazu Franz PERRET, Der IV. rätische oder sarganserländische Bund 1436–1446, ²Mels 1965, sowie Hans BERGER, Der alte Zürichkrieg im Rahmen der europäischen Politik, phil. Diss. Zürich 1978, S. 66 nach Klingenberger Chronik, S. 228. Vielleicht war der Bund wie derjenige mit dem Grafen von Tierstein auf 12 Jahre befristet (WEGELIN, Pfäfers, Nr. 496); über seine effektive Dauer vgl. Elisabeth MEYER-MARTHALER, Studien über die Anfänge Gemeiner drei Bünde, Chur 1973, S. 38. Hinzuweisen ist auf die wesentliche Beteiligung des Oberen Bundes am Geschehen.
[80] Auf ihre Bewilligung beruft man sich im Davoser Brief vom 5. Feb. 1438 und im Maienfelder Brief vom 4. Sept. 1438. Im gleichen Zusammenhang wird sie erwähnt im Schiedsspruch von Lenz vom 4. Dez. 1452, Urk. GA Lenz, Nr. 5, gedr. JECKLIN, Urkunden zur Verfassungsgeschichte I, S. 32 Anm., erw. JECKLIN/MUOTH, Aufzeichnungen, S. 63. Ulrich Beeli ist der Pfandnehmer von Belfort am 7. Feb. 1441 (JECKLIN/MUOTH, ebd. S. 31 Nr. 3), und spätere Gläubiger der Grafen von Montfort, ebd., S. 68.
[81] Druckorte Anm. 87.

ner dauernden Institution des Bundes. Über die Blutgerichtsbarkeit sagt der Bundesbrief nichts aus. Sie ist Sache des Landesherrn und liegt in der Hand der Vögte der Jahre 1436/37. Auch die Ammannämter sind 1436 besetzt. Was die Fortführung der Verwaltung betrifft, so findet zwar am 11. Mai 1437 zu Maienfeld eine erste Abrechnung zuhanden der toggenburgischen Erbengemeinschaft statt[82], doch ergibt sich aus den montfortischen Freiheitsbriefen, in denen auf Nachleistungen aus Toggenburger Zeit verzichtet wird, und ganz besonders aus Schanfigger Verhältnissen, dass man die Abgaben stillegte, um sie dem neuen Erbherrn vorzubehalten.

Mit der Erbteilung vom 4. November 1437 und der Präsentation der Erbherren beginnt sowohl für die Landesherrschaft als solche, wie für die ehemals toggenburgischen zehn Gerichte eine neue Zeit[83]. Von den drei Nachfolgern Friedrichs VII. nehmen die Matsch eine Sonderstellung ein. Das Gericht Castels konnte nach Landrecht aus dem toggenburgischen Nachlass herausgezogen werden und war weder Gegenstand des Spruches vom 4. September 1437 noch der Teilung vom 4. November 1437 und einer Vereinbarung mit den Gerichtsleuten. Für dieses Gericht liegt das Problem vielmehr darin, dass die Grafschaft bis Dalvazza toggenburgisch gewesen, Castels jedoch 1437 nicht mit dem Montforter Erbe vereinigt wurde und damit nicht zum Reichslehen gehörte[84]. Die hohe Gerichtsbarkeit musste deshalb auf anderm Wege gesichert werden. Es geschah dies durch ein privilegium de non evocando, das am 22. Januar 1443 Kaiser Friedrich III. den Vögten von Matsch für ihre Leute in Churwalchen erteilte und das den Gerichtsstand regelte, sowie durch eine befristete Verleihung des Blutbannes am 15. Mai 1452 nach dem Erwerb des montfortischen Gerichts Schiers[85].

Anders ist die Situation der Grafen von Montfort und Sax-Misox für die ihnen zugeteilten Gerichte Davos, Belfort, Klosters, Schiers, St. Peter und Langwies. Hier wirkt sich der mehr als einjährige Ausfall der Herrschaft aus. Der Eintritt in die Gewere, der zu Beginn des Jahres 1438 erfolgte, gab zwar als Hauptargument in der Auseinandersetzung mit dem seit 1437 mit dem Toggen-

---

[82] JECKLIN/MUOTH, Aufzeichnungen, S. 29 Nr. 1. Sie erfolgt im Beisein von Wolfhart von Brandis, dessen Diener Albrecht Vaistli, dem Schulmeister von Maienfeld und dem Schreiber Rudi.
[83] Vgl. MEYER-MARTHALER, Der Toggenburger Erbfall, S. 216f.
[84] Vgl. S. 443.
[85] Urk. 22. Jan. 1443 bei THOMMEN, Urk. aus österr. Archiven IV, Nr. 17; BATTENBERG, Gerichtsprivilegien 12/2, Nr. 1488. Am 13. Mai 1452 erlaubt Kaiser Friedrich III. Vogt Ulrich VIII. von Matsch, seinem Unterrichter zu Schiers, Seewis und Castels, den Blutbann auf ein Jahr zu empfehlen, THOMMEN, ebd. IV, Nr. 140, dazu LADURNER, Die Vögte von Matsch, ZFerd. III/17, S. 193, 201, 202; GILLARDON, Zehngerichtenbund, S. 39.

burger Erbe belehnten Kanzler Schlick Anspruch auf kaiserliche Belehnung[86], setzte aber Vereinbarungen mit den Untertanen um die Huldigung und damit Gewährung besonderer Freiheiten voraus. Solche mussten für alle Gerichte einzeln verbrieft werden.

Davos ist das erste Gericht, wo die Montforter ihre Gewere begründeten; der Brief vom 4. Februar 1438[87] muss deshalb als eigentliche Einstandsurkunde für ihr rätisches Gebiet betrachtet werden und besitzt staatsrechtliche Bedeutung für alle sechs Gerichte. Die Huldigung wurde indes nur bedingt vorgenommen; die Davoser sollen des Eides ledig sein, wenn jemand besseres Recht an sie beweisen kann, sei es Kaiser, König, Herr oder Frau (Art. 6). Denn lehenrechtlich ist die Auseinandersetzung um das Erbe zu diesem Zeitpunkt noch nicht beendet, und im Hause Montfort stehen Teilungen bevor (Art. 14, 16). Mit dieser Einschränkung erwiesen sich der Ausstellerliste gemäss als rechte Erben: Küngolt von Montfort, geb. Werdenberg, mit Ehemann Wilhelm V. von Montfort und ihrem ältesten Sohne Rudolf, Katharina von Sax-Misox, geb. Werdenberg, mit ihrem Sohne Heinrich samt Vogt Heinrich von Lumerins[88]. Vorbedingung ihrer Anerkennung ist die Zustimmung zum Bund der zehn Gerichte auf Grund des Bündnistextes, *als es fernotlet ist* (Art. 1)[89], und zum Bündnis der Davoser mit den Sarganserländern und Chur (Art. 2). Es folgen die Artikel über die Pflicht der Herrschaft zu Schutz und Schirm (Art. 6) und umfassender Fürstandschaft (Art. 6, 18). Ihr Anspruch auf das Mannschaftsrecht ist gewahrt (Art. 4), jedoch gegenüber dem Lehenbrief von 1289 eingeschränkt, die Davoser sind nur mehr innerhalb der Marchen der acht Gerichte zum Waffendienst ver-

---

[86] Vgl. MEYER-MARTHALER, Der Toggenburger Erbfall, S. 225ff. Die kaiserliche Belehnung erhielten die Montforter am 25. Sept. 1441 und 22. Sept. 1447, vgl. THOMMEN, Urk. aus österr. Archiven IV, Nr. 13/III; VANOTTI, Die Grafen von Montfort und Werdenberg, Nr. 225 und 243, dazu GILLARDON, Zehngerichtenbund, S. 35. Die bischöflichen Belehnungen mit dem Schanfigg erfolgten am 25. Okt. 1439 und 26. Jan. 1447, RQGR, Langwies, Nr. 72, 75.

[87] Urk. GA Davos, Nr. 2, gedr. Johann GULER, Deduction pündtnerischer Handlungen, hg. Conradin von MOHR, Chur 1877, Beil. II; Erhard BRANGER, RG der freien Walser, iur. Diss. Bern 1905, S. 165 Beil. IV; THOMMEN, Urk. aus Österr. Archiven III, Nr. 294; Reg. RQGR, Langwies, Nr. 70 mit weiteren Angaben. – Über die Zeit der Montforter vgl. Fritz MOOSER, Die VIII Gerichte unter Montfort-Tettnang und Matsch 1438–1477, BM 1926. – Der österreichischen Herrschaft wurden von den Freiheitsbriefen Kopien übergeben, vgl. Bericht Ulrichs von Schlandersberg vom 21. März 1515, TLA Innsbruck, Alte Bekennen tertia pars, f. 130', erwähnt auch im Rep. Schatzarchiv.

[88] Wie den Grafen von Toggenburg wird auch hier das Erbe durch die Frauen vermittelt, die Gewaltsame üben deren Ehemänner oder Söhne aus, vgl. MEYER-MARTHALER, Der Toggenburger Erbfall, S. 219ff.

[89] Der Bündnistext lag der Herrschaft kopial vor und gelangte mit deren Archiv an Österreich, vgl. JECKLIN/MUOTH, Aufzeichnungen, S. 35 Nr. 6 sowie Tiroler Landesarchiv (zit. TLA) Innsbruck, Rep. Schatzarchiv VI, S. 237. – Die Zustimmung zu den Bündnissen hatte eine Annäherung der Montforter auch an die Sarganserländer zur Folge, vgl. MEYER-MARTHALER, Der Toggenburger Erbfall, S. 221 Anm. 136.

pflichtet, hatten also bloss noch einer erweiterten Landwehr zu genügen. Die Burg Belfort, Vogteisitz, hat der Landschaft Davos offenes Haus zu sein, der Vogt mit Wissen und Willen des Landes gesetzt zu werden und ihm zu schwören (Art. 7). Es ist dies ein entscheidender Einbruch in die Gewaltsame der Herrschaft. Ähnliches gilt für die Gerichtsstandsbestimmungen im Falle von Streit zwischen der Herrschaft und der Gemeinde (Art. 5)[90]. Hiefür wird ein Recht – Schiedsgericht – in den acht Gerichten, *dz dann gelegen vnd glich ist* und von Freien besetzt sein soll, in Aussicht genommen. Für Streit zwischen der Herrschaft und Einzelnen ist, wie vordem, der Stab Davos zuständig. Hohes Gericht, Dieb und Mannschlacht, das Blutgericht also, für das der kaiserliche Bann unentbehrlich ist, verbleiben dem Herrn, der es selbst oder durch seinen Vertreter im Lande auszuüben hat. Es entspricht dies, wie die lokale Gerichtsbarkeit des Ammanns um grosse und kleine Frevel, altem Herkommen (Art. 8). Auch die Zollfreiheit im Gebiet der zehn Gerichte (Art. 11) stammt noch aus toggenburgischer Zeit. Wichtig erscheint sodann die Feststellung, dass die Davoser freie Leute sind, solange sie gemäss Brief von 1289 und dem gegenwärtigen handeln (Art. 17). Standesrecht kehrt in den übrigen Freiheitsbriefen wieder, vor allem in dem Sinne, dass die Walser ihrer Herkunft gemäss nicht mit alten gemeinen Freien identifiziert werden. Dies zeigt sich im gleichzeitigen Brief für die Belforter Walser[91]. Sie sind mit den Davosern insofern verbunden, als für Streitigkeiten mit der Herrschaft Rechtstage zu Davos vorgesehen werden, wo nach Minne oder Recht zu urteilen ist. Unter sich dagegen stehen sie nach Herkommen im eigenen Gericht zu Recht. Das bedeutet, dass sie, im Gegensatz zu Davos oder Langwies, kein eigenes «Land» bilden, jedoch persönlich frei nach Walserrecht sind. Dem Gericht Belfort als solchem wird dabei ein eigener Brief ausgestellt[92]. Anders bei den Langwiesern, die ihr Recht aus Davos mitgebracht

---

[90] Bereits unter Friedrich VII. von Toggenburg galten auf Grund der Burgrechte Rat und Bürgermeister von Zürich als Forum, vgl. die Texte von 20. Sept. 1400, 1. Juni 1405 und 26. März 1416, ASG 10 (1855), Nr. 1, 2, 3. Der Graf hatte ein auf die Stadt gebotenes Recht anzunehmen. Beispiele sind nicht nur der Austrag mit dem Bischof von Chur, sondern auch die Fälle Sigberg und Gräther. Zur politischen Bedeutung des Burgrechtes vgl. SCHULER-ALDER, Reichsprivilegien, S. 101.

[91] Urk. GA Alvaneu, Nr. 2, gedr. GULER, Deduction, Beil. XIV; Auszug MOHR, CD II, Nr. 48. An der Echtheit des Belforter Briefes ist nicht zu zweifeln, vgl. dagegen JECKLIN/MUOTH, Aufzeichnungen, S. 50 Nr. 2 und die darauf beruhende Literatur. Das Stück ist durch die Söhne Rudolf von Montfort und Heinrich von Sax ausgestellt. Landesherrliche Gewere und Verpflichtung zum Schutz ergeben sich aus einem Schreiben von Ammann und Gemeinde von Belfort vom 16. April 1438 mit der Bitte an Rudolf von Montfort um Zusendung eines Kaufmanns mit Waffen, da sie sich von den Engadinern bedroht fühlen, Or. STAGR, B 1531, Nr. 34/2, dazu das Schreiben Heinrichs von Sax an den Oberen Bund vom gleichen Jahre TLA Innsbruck, Frid. 38/1.

[92] Erw. TLA Innsbruck, Rep. Schatzarchiv VI, S. 237.

haben. Der Entwurf eines Briefes aus dem Jahre 1438[93] zeigt, dass sie ausdrücklich am Begriff des Walsers gegenüber dem des Freien festhalten. Die freie Ammannwahl in ihrem Gericht hängt damit zusammen.

Unter veränderten Voraussetzungen, d.h. nach der Teilung im montfortischen Hause, kommen die Briefe der Jahre 1440 und 1441 zustande[94]. Sie erfolgen unter den Bedingungen des Davoserbriefes, was Anerkennung des Bundes der zehn Gerichte, Beschränkung der Reispflicht, Feststellung eines Gerichtsstandes zwischen Herrschaft und «Land», Zusage der Zollfreiheit betrifft[95], im einzelnen aber bietet jeder besondere Aspekte der Rechtsverhältnisse. So geht es im Falle der Prättigauer Gerichte, wo Freie zwar erwähnt sind, vorwiegend um die Pflichten der herrschaftlichen Eigenleute. Eine Einigung musste hier durch Vermittlung eines Schiedsgerichtes gesucht werden. Veranlasst durch Ammann, Geschworene und gemeine Landleute von Schiers und Klosters auf Bürgermeister und Rat von St. Gallen, zur Ansetzung eines «kurzen» Tages, kam es am 15. November 1440 in Maienfeld zu einer Vereinbarung mit Heinrich und Ulrich von Montfort. Erhalten ist nur der Wortlaut des Schierser Briefes[96]. Wie auf Davos haben die Montforter hier ihr Erbrecht an Schiers mit allen Leuten, Gerichten, Twing und Bann, Fällen, Steuern, Mühlen usf. zu erweisen. Doch im Zentrum steht nicht die Zustimmung zum Bund der Gerichte, die zwar nicht fehlt (Art. 15), sondern die Fixierung der Leistungen von Herrschaftsleuten und Hintersässen in den Gemeinden Fanas, Seewis, Grüsch und Schiers (genannt werden Tagwerke, Dienste, Steuern auf Gütern und Gemeinden Art. 2, 4, 5, 13) und die Gewährung von Freizügigkeiten, wie Abzugsrecht mit Leib und Gut sowie des Eherechtes (Art. 7) im Sinne einer Gnade. Im übrigen kommt der Herrschaft ein deutliches Mehr an Gewaltsame zu, als gegenüber den Walsergerichten. Sie besetzt hier Gericht und Ammannamt, wenn auch mit eingesessenen Leuten (Art. 8) und übt die volle Gerichtsbarkeit aus. Erstmals wird dabei das

---

[93] RQGR, Langwies, Nr. 15.
[94] Folge der ersten Teilung ist der Gehorsambrief Rudolfs und Hugos von Montfort an alle Gerichte vom 27. Feb. 1440, vgl. JECKLIN/MUOTH, Aufzeichnungen, S. 30 Nr. 2, wonach der rätische Besitz an Heinrich und Ulrich von Montfort gefallen ist.
[95] Zollfreiheit gilt bereits für Eigengüter an toggenburgischen Zollstätten, vgl. den Zollbrief vom 6. Juni 1478, gedr. GULER, Deduction, Beil. Nr. XI; THOMMEN, Urk. aus. österr. Archiven IV, Nr. 478.
[96] Urk. 31. Okt. 1440 und 9. Nov. 1440, UBSG V, Nr. 4264, 4266. Der Schiedsspruch vom 15. Nov. 1440 ist kopial überliefert STAGR, B. 1517, S. 72–75 und Bibliothek von Sprecher, Maienfeld, Fideriser Slg. (Engel) Bd. III, Nr. 98. Auszug JECKLIN/MUOTH, Aufzeichnungen, S. 53 Nr. 3. Ein gleichzeitiger Brief für Klosters ist aufgeführt TLA Innsbruck, Rep. Schatzarchiv VI, S. 236. 1542 wird überliefert, dass die Freiheitsbriefe von Schiers und Castels in Davos aufbewahrt wurden, jedoch verloren gingen, vgl. GILLARDON, Zehngerichtenbund, S. 386 Anm. 182. Für Castels ist wohl Klosters zu setzen. Zu beachten ist, dass seitens des Gerichtes Schiers vier Schiedleute aus Davos gestellt werden.

Fangen, Türmen und Pflöcken bei nicht vertröstetem Recht erwähnt (Art. 11). Gebüsst wird im Gericht, wo jeder sitzt.

Im Februar 1441 kamen auch die Huldigung der Gerichte im Schanfigg, St. Peter und Langwies und die Verbriefung ihrer Rechte zustande. Für das vordere Schanfigg fertigte man ähnlich wie für Belfort zwei Briefe aus, einen allgemeinen, dessen Wortlaut nicht überliefert ist, einen zweiten für die Walliser, die eingewandert waren, ohne ein eigenes Gericht bilden zu können[97]. Dieser Walserbrief lehnt in seiner Fassung offenkundig an den Davoser an, nimmt Bezug auf die Präsentation der Erbherren, Zusage alter Freiheiten, Anerkennung der vom Gericht abgeschlossenen Bünde (Art. 7), Festsetzung eines Rechtes in Streitigkeiten zwischen Herrschaft und «Land» (Art. 6), Beschränkung der Reispflicht auf das Gebiet der zehn Gerichte (Art. 9), Zollfreiheit im gleichen Raum (Art. 8), Vorbehalte bei künftiger Herrschaftsteilung (Art. 10). Der Landesherr besitzt die volle Gerichtsbarkeit, wobei Art. 11 des Schierser Briefes hier wiederholt wird (Art. 5). – Vom 10. Februar 1441 datiert die Langwieser Freiheit. In Kurzformel werden dem Gericht in vollem Umfang Freiheiten und Rechte der Davoser zugestanden[98]. Als letztes «Land» folgt am 2. April 1441 Churwalden[99]. Die Vereinbarung, die hier zur Huldigung führt, gilt für die im Gericht vereinigten Freien, Eigenleute, Hintersässen, Gotteshausleute und Walser, die in ihrem persönlichen Stand belassen werden (Art. 1). Soweit generell die Landesherrschaft in Frage kommt, gelten die Davoser Bestimmungen: *Jtem vnd als wir vormáls mit den erbern lůten vff Taffauw ainig worden sigen nach desselben briefs jnnhaltung, was ouch derselbe brieff jnnhalt, daby sőllen si vnd jr náchkomen von vns vnd vnsern erben ôn jntrag trůwlich vnd vesticlich ouch beliben vngeuerlich ...* Im gleichen Sinne ist die Zuständigkeit im Streit zwischen Herrn und «Land» geregelt (Art. 9), und ähnlich Belfort wird Strassberg zum offenen Haus der Churwaldner erklärt (Art. 11), doch fehlt ein Passus über die Vogtwahl. Das Gericht wird besetzt und entsetzt durch die Herrschaft (Art. 1). Diesem staatsrechtlichen Teil schliesst sich ein für Churwalden geltendes Frevelrecht an, das die Bussen fixiert.

Für Herrschaft und Stadt Maienfeld sowie das Dorf Fläsch ist der Ausgangspunkt derselbe wie bei den Grafen von Montfort im Gebiet der sechs Gerichte, doch zeigen die politischen Bindungen in andere Richtung; die lokalen Voraussetzungen sind zwar zum grösseren Teil, aber nicht ausschliesslich die der ländlichen Gerichte. Der Eintritt in das Toggenburger Erbe durch Wolfhart V. von

---

[97] Urk. 5. Feb. 1441, Abschrift STAGR (Familienarchiv Planta) Z/V Bi/18. – Der allgemeine Brief ist aufgeführt TLA Innsbruck, Rep. Schatzarchiv VI, S. 236.
[98] RQGR, Langwies, Nr. 16.
[99] Urk. Kreis-A. Churwalden, Nr. 1a.; gedr. WAGNER/SALIS, RQGR II, S. 251 Nr. 1; erw. JECKLIN/MUOTH, Aufzeichnungen, S. 58 Nr. 5.

Brandis und Thüring von Arburg geschieht wie bei den Montfortern über das Erbrecht ihrer Frauen Verena und Margarethe von Werdenberg und zu gesamter Hand, bis dieses Verhältnis 1446 durch Ausscheiden der Arburger aufgelöst wird[100]. Reichsrechtlich ist das Erbe bereits durch kaiserliche Gesamtbelehnung der Erben gesichert, eine Besitzbestätigung liegt auch für die Brandis allein vor, doch den Blutbann erwarben sie ausdrücklich erst mit der Verleihung vom 21. Mai 1463[101]. Der Freiheitsbrief vom 4. September 1438[102] gilt, soweit Landeshoheit dabei in Frage kommt, für die «Herrschaft», ist aber im besonderen auf Stadt und Bürgerschaft von Maienfeld ausgerichtet. Den Bürgern gegenüber erweisen sich die neuen Herren als Erben, nehmen sie in Schutz, Schirm und Gnade und verbriefen auf erfolgte Huldigung jene Freiheiten, die ihnen nach *beswartz vnd trang* der letzten Toggenburger Zeit erstmalig gewährt werden. Das Formular des Briefes geht demgemäss von den «Gnaden» und den wenigen Freiheiten aus, die einer herrschaftlichen Landstadt ohne Eigenrechte und mit zahlreichen Eigenleuten zustehen. Sie betreffen das Belassen alter Standesverhältnisse (Art.1), das Erbrecht der nächsten Linien (Art. 4), die Freiheit der Eheschliessung und das eheliche Güterrecht (Art. 5); es folgt die Fixierung von Steuern und Diensten (Art. 7), Bestimmung über Abzug (Art. 8), Fallfreiheit Zuziehender (Art. 9). Im Rahmen städtischen Rechtes wird der Anspruch auf die Allmende zu gemeinem Nutzen (Art. 10), ebenso Umgeld und Patrie (Art. 11), Anteil an Bussen (Art. 12), Hirtenlohn (Art. 13) zugesichert. Zu den Gnaden gehört ausserdem der Verzicht auf Gefangensetzung bei vertröstetem Frevel, ausgenommen verleumdeter Sache und todeswürdiger Vergehen (Art. 2). Um redliche Sache ist zu Maienfeld am Ort zu rechten und zu strafen (Art. 3). An zweiter Stelle steht der Katalog der Herrenrechte, das Verhältnis von Landesherr, Stadt und Bürgerschaft. Der Herrschaft ist vorbehalten, Gericht und Rat zu setzen mit Personen aus der Stadt (Art. 14), sie bestellt auch den Vogt, der bei kuntlichem Versagen seines Amtes zu entheben ist (Art. 14). Erst an dritter Stelle folgt die Anerkennung des Bündnisses mit den Gerichten, doch nur unter der Bedingung, in allfälligem Krieg mit den neun Gerichten stille zu sitzen und die Stadt zu versorgen. Im übrigen kann auf Kosten der Herrschaft die Bürgerschaft unbeschränkt anderswohin zur Reise gemahnt werden (Art. 15). Die Folgen dieses Mannschaftsrechtes zeigten sich alsobald im

---

[100] vgl. MEYER-MARTHALER, Der Toggenburger Erbfall, S. 221; Placid BÜTLER, Die Freiherren von Brandis, in JSG 36, 1911, S. 87ff.

[101] Urk. STA Schwyz, Nr. 543. – Reg. KRÜGER, Die Grafen von Werdenberg, Nr. 971; erw. BÜTLER, Die Freiherren von Brandis, S. 100; ebd. ff. sind die unter Anm. 103 aufgeführten Stücke erwähnt.

[102] GA Maienfeld, Nr. 16; gedr. (teilweise) JECKLIN, Urkunden zur Verfassungsgeschichte I, Nr. 21; THOMMEN, Urk. aus österr. Archiven III, Nr. 301 nach Abschrift im Haus-Hof- und Staatsarchiv Wien, Schweiz. Fasz. I; LA STAGR I, Nr. 29. Dazu und zum folgenden FULDA, Maienfeld, S. 52ff.

alten Zürichkrieg und im Schwabenkrieg. Ein dritter Passus von Artikeln gilt der Absicherung der Freiheiten. Je bei Herrenfall sind sie zu bestätigen (Art. 16) – die Reihe solcher Erneuerungen durch die Brandis liegt lückenlos vor[103]. Von besonderem Interesse in dieser Hinsicht ist das Verfahren, das bei Verletzung von Freiheiten bzw. Bürgerpflichten vorgesehen ist. Es beginnt mit der Darlegung der Klagepunkte durch die beeinträchtigte Partei vor dem Landesherrn oder den Bürgern. Sie können innert vier Wochen an Rat und Ammann von Feldkirch gebracht werden, deren Urteil in gleicher Frist zu vollziehen ist[104]. Bei Ungehorsam verliert die Bürgerschaft des Herrn Huld. Sie ist aber ihrer Gehorsamspflicht enthoben, wenn die Herrschaft versagt.

Auch Fläsch, das zwar in Maienfeld Recht zu nehmen hat, aber nicht zur Stadtgemeinde gehört, hat am 5. Dezember 1438 einen Freiheitsbrief erhalten[105]. Die Mehrzahl der Bestimmungen entspricht inhaltlich denjenigen des Maienfelder Briefes (F 1–4, 6, 8, 9, 11, 13, 15, 16 = M 1, 9, 4, 5, 2, 15, 16). Dem Dorf werden alte Rechte auf Alpen, Berg, in Tal und in der Ebene, bestätigt, ihr Schutz durch den Landesherrn gewährleistet (Art. 7). Die Fixierung von Steuern, Diensten und Bussen, Nutzung der Allmende (Art. 10, 11, 12) und die Festsetzung des Gerichtsstandes (Art. 14) gehören ebenfalls zum Dorfrecht, und hervorzuheben ist, dass die Anerkennung des Bundes von 1436, die Neutralität im Kriege der Herren mit den neun Gerichten und die unbeschränkte Reispflicht an andere Orte ausdrücklich auch im Rahmen des Fläscher Rechts verurkundet wurden (Art. 9, 13).

Betrachtet man die Stellung der Erbherren lediglich nach land-, erb- oder reichsrechtlichem Gesichtspunkt, ergibt sich formal gegenüber früher keine wesentliche Veränderung. Die landeshoheitliche Gewaltsame in den ererbten Landschaften kann nicht ausgeschaltet werden und ist unentbehrlich für das Blutgericht und den Empfang der Regalien. Sie umfasst wie zuvor Herrschaftsgut, Erblehen, Besetzung der Ämter, Anspruch auf die Leistungen der Untertanen und Pflichten, wie Schutz, Fürstand, Sorge für die Rechtspflege und deren Verwaltung. Äusserlich scheint der alte Rahmen fortzubestehen, doch führte

---

[103] Dasselbe gilt für Fläsch, vgl. Urk. 27. Juni 1469 (GA Maienfeld, Nr. 41), 30. Jan. 1472 (GA Maienfeld, Nr. 43), 30. Jan. 1472 (GA Fläsch, Nr. 10), 11. Nov. 1486 (GA Maienfeld, Nr. 62), 11. Nov. 1486 (GA Fläsch, Nr. 14), 4. Feb. 1500 (GA Fläsch, Nr. 23) 2. April, 1508 (GA Maienfeld, Nr. 109). Aus der Zeit der Brandis liegt auch eine ganze Reihe von gütlichen Entscheiden in Streitigkeiten vor, für die sie als vermittelnde Landesherren zeichnen (Urk. GA Maienfeld und Fläsch).

[104] Das einzige Urteil aus Feldkirch in einer Klage Maienfelds datiert vom 23. Sept. 1496 (GA Maienfeld, Nr. 84). Wie bei Davos und den andern Gerichten handelt es sich hier um eine der seltenen vertraglichen Regelungen zwischen Herrn und Untertanen zur Schlichtung von Streitigkeiten, vgl. dazu USTERI, Das öffentlich-rechtliche Schiedsgericht, S. 44.

[105] Abschr. Ende 15. Jh. GA Fläsch, Nr. 6.

das Jahr der Herrenlosigkeit zu einem neuen Verhältnis zwischen Herren und Untertanen, «Land und Gericht». Dadurch, dass der Eintritt in die Gewere und die Huldigung durch Verhandlungen mit ihnen erreicht werden mussten, dass künftig bei Herrenfall die Freiheiten zu bestätigen wären, ist den Gerichten die Möglichkeit zur Ausweitung ihrer Rechte gegeben. Es führt dies nachweisbar zu einer Schmälerung der landesherrlichen Befugnisse. Hinzu kommt die Festsetzung eines Gerichtsstandes, der für die Herrschaft und die Gerichte verbindlich ist. Verfahren und Ungehorsamsfolgen kommen bereits bei Davos zum Ausdruck, deutlicher noch bei Maienfeld. Politisch wichtigster Punkt ist die Anerkennung des Bundes der zehn Gerichte. Sie lässt die Landesherrschaft nicht unbeeinflusst. Zwar verpflichtet der Bund die Bundesleute dazu, dem Herrn zu geben, *wozu er recht* hat, die landesherrlichen Rechte bleiben aus dieser Sicht heraus bestehen. Doch richten sich einzelne Montforter Rechte und Institutionen nunmehr auf das Gebiet der neun oder zehn Gerichte aus, vor allem die Reispflicht. Für das Recht, das zwischen Herrschaft und Gericht oder Gemeinden gemein und gleich sein soll, gilt der Kreis der übrigen neun Gerichte, und auch die Zollfreiheit bezieht sich auf das alte Toggenburger Gebiet. Die entscheidende faktische Minderung landesherrlichen Einflusses liegt indes nicht hier, sondern darin, dass neben die Herrschaft, die nicht wie im Gotteshausbund und im Oberen Bund zum Hauptherren wird, ein unabhängiges Gemeinwesen tritt, das, ohne eigentlich landeshoheitliche Rechte zu besitzen, Funktionen in der Rechtswahrung übernimmt, ein Mannschaftsrecht für eigene bündische Verpflichtungen ausübt und das Ammannamt mit neuen, nur bündischen Kompetenzen ausstattet. Ebenso zählt im Bunde der Bundsmann, unabhängig von seinem Stande und seiner Herrschaftszugehörigkeit. Was die räumliche Ausdehnung anbetrifft, so tritt der Zehngerichtenbund tatsächlich in die Nachfolge der Toggenburger. Er fasst drei Landesherrschaften zur alten, damals auf den Herrn bezogenen Einheit zusammen.

Über diesen Bund der zehn Gerichte und sein Entstehen sprechen nur wenige Quellen: die Freiheitsbriefe von Davos und Maienfeld sowie der Schiedsspruch von Lenz vom 4. Dezember 1452 bezeugen, dass er mit Einwilligung der Gräfin Elisabeth als Treuhänderin des Toggenburger Erbes gefertigt und besiegelt wurde[106]. Die Freiheitsbriefe erwähnen die Zusage der Erbherren, im übrigen aber ist man auf den Text allein angewiesen[107]. Das Datum zeigt, dass die

---

[106] Vgl. Anm. 81.
[107] Vgl. Anm. 87; dazu GILLARDON, Zehngerichtenbund, S. 27ff., zusammenfassend Jürg L. MURARO, Die Entstehung des Zehngerichtenbundes, in Terra Grischuna 1977/2, S. 83. Zur Charakterisierung des Bundes vgl. WAGNER/SALIS, RQGR II, S. 1, 2; Wilhelm PLATTNER, Die Entstehung des Freistaates der drei Bünde und sein Verhältnis zur alten Eidgenossenschaft, Davos 1895, S. 162ff.

Gerichte bereits im Hinblick auf das Ableben des letzten Toggenburger Grafen zusammen schwuren. Einem vorbereiteten Wortlaut fehlte bei seinem Tode wohl nur die Besiegelung. Geschlossen wurde der Bund in Erwartung eines neuen Erbherrn, doch ist er auch bei Feststehen eines solchen nicht aufzulösen (Art. 3). Das ist umso wichtiger, als im Erbgang die Einherrschaft aufgegeben wurde. Der Beschluss zeigt überdies, dass der Bund von Anfang an als dauernde Institution angelegt wurde, auch wenn eine eigentliche Ewigkeitsklausel fehlt. Dafür sprechen noch weitere Elemente, unter anderm die Form des geschwornen Bundes und die Erneuerung des Eides der Gerichtsleute im zwölfjährigen Turnus (Art. 15); wer das Gebiet der zehn Gerichte verlässt, ist des Eides ledig (Art. 9). Zudem geht der Bund allen andern möglichen Verbindungen vor. Ohne Wissen und Willen der andern darf keines der Gerichte Tädinge oder Bündnisse abschliessen (Art. 4). Zuwiderhandlung, also Bündnisungehorsam, wird als Meineid nach Ermessen der Gerichte bestraft (Art. 5). Einem Auseinanderfallen wirkt zudem die Bestimmung, dass bei Abschluss eines Bündnisses der mindere Teil dem mehren zu folgen hat, entgegen (Art. 11). Dass Bündnisse unmittelbar im Spiele sind, zeigt 1436 dasjenige von Davos mit den sarganserländischen Gemeinden und Chur, und wie wichtig die Erfordernis des Mehrheitsbeschlusses einmal sein würde, erweist sich 1450 beim Abschluss des Bündnisses zwischen den Gerichten und dem gemeinen Gotteshause.

Strukturell beruht der Bund der Gerichte auf den von den Toggenburgern geschaffenen Voraussetzungen. Kontrahenten sind «Land und Gericht» auf Davos, «Land und Gericht» im Prättigau zum Kloster, «Land und Gericht» zu Castels, «Land und Gericht» zu Schiers und Seewis, das Chorherrengericht zu Schiers, die Gerichte zu Malans und Maienfeld, das vordere «Land und Gericht» im Schanfigg und das «Land und Gericht» im Schanfigg zu Langwies, «Land und Gericht» zu Churwalden, elf an der Zahl. Das Chorherrengericht und Malans sind Glieder des Bundes, gehören jedoch nicht unmittelbar der Landesherrschaft an[108]. Vertreter und Siegler sind die namentlich genannten Ammänner dieser Gerichte. Für Maienfeld siegelt der Vogt, für Malans der Castelser Ammann, für das Gericht Churwalden der Ammann von Tschiertschen/Malix. Von Anfang an kennt der Bund die Institution der Tagleistung, *wenn etwas zu schaffen ist,* somit Tage zu Rat und Hilfe. Ständiger Tagort ist Davos (Art. 6), Davos an erster Stelle auch hier, als freiestes der Gerichte und einziges, das mit dem Brief von 1289 sein Recht und Herkommen verurkundet hat. Als Tagort des Bundes trägt es das (Bundes)ammann- und Schreiberamt,

---

[08] Für das Chorherrengericht vgl. Constanz JECKLIN, Das Chorherrengericht in Schiers, JHGG 1919. Zu Malans vgl. GILLARDON, a.a.O., S. 41.

Geschäftsführung und Archiv. Dort beginnt auch der Umritt der neuen Erbherren.

Was die Gerichte mit so unterschiedlichen Rechtsverhältnissen, wie sie aus den Freiheitsbriefen hervorgehen, ausserdem verbindet, ist das alte, durch den Bund erstmals ausdrücklich formulierte Herkommen der Rechtshilfe. Sie ist für die herrenlose Zeit so wichtig wie als bleibendes Recht; Hilfe zur Erfüllung der Gerichte, um die der Ammann eines nicht vollständig besetzten Rechtes mahnt. Bereits ist Zahl und Taglohn der «fremden Geschwornen» bestimmt (Art. 7). In gleichem Zusammenhang gehören als Teil der Rechtsordnung die Gerichtsstandsbestimmungen für Erb, Eigen und Ehesachen sowie Frevel innerhalb der Gerichte (Art. 8, 12).

Die Möglichkeit des Mindems und Mehrens der Bundesartikel (Art. 13) verschaffte dem Bunde die Grundlage zur Fortentwicklung seines Rechtes, sehr früh eine eigene Form der Rechtswahrung durch Bestellung von Schiedsgerichten[109] und eigene Gesetzgebung[110]. Offensichtlich wurden damit den Landesherren Teile der Rechtsprechung und der Satzungskompetenz entzogen.

Von den zehn Gerichten als Gemeinwesen, dem Zehngerichtenbund, spricht zwischen 1436 und 1450, von den Freiheitsbriefen abgesehen, keine weitere Quelle. Erst das Bündnis mit dem gemeinen Gotteshaus lässt Schlüsse auf die bisherige Entwicklung zu[111]. Aus dem Bündnistext ergibt sich, dass die Jahre nach 1436 nicht ohne Konflikte verlaufen sind. An Hand der Bündnisgeschichte ist festzustellen, dass es dabei um das Durchsetzen von Art. 4 und 11 des Bundes von 1436 ging. Das Bündnis von 1450 erfüllte ein solches von nur sieben Gerichten, dem neu Davos, Langwies und Maienfeld, die sich bisher geweigert hatten, beitreten. Dieses ältere Bündnis, mit gleichem Text verurkundet, besiegelt und mit Ewigkeitsklausel versehen, dürfte um 1446 zustande gekommen sein[112]. Nicht leicht lässt sich das Abseitsstehen der drei genannten Gerichte erklären. Vielleicht spielte ein Streit um die Regeln der Verheftung eine Rolle, möglicherweise auch der Umstand, dass noch 1450 die Landesherren, die im Bündnis wohl vorbehalten aber nicht befragt worden waren, der Vereinbarung nicht zu-

---

[109] Vgl. überblicksweise RQGR, Langwies, S. XXVIII. Die Ratsboten der zehn Gerichte setzen Rechtstage mit Obmann und Zugesetzten. Besiegelt werden die Entscheide durch den Obmann namens des Bundes. Frühestes Beispiel 18. Juli 1452 (Urk. GA Fideris, Nr. 5) im Grenzstreit zwischen Fideris und dem Schanfigg.
[110] WAGNER/SALIS, RQGR II, S. 92ff.
[111] Text gedr. JECKLIN, Urkunden zur Verfassungsgeschichte II, S. 41 Nr. 25; Reg RQGR, Langwies, Nr. 192 mit Angaben über Überlieferung, Druckorte und Regesten.
[112] Vgl. MEYER-MARTHALER, Studien, S. 19ff. mit Literaturangaben. 1446 versuchen die sieben Gerichte und das gemeine Gotteshaus zwischen den Brandis und den Eidgenossen zu vermitteln, erst 1450 kommt ein allgemeiner Friede zustande.

gestimmt hatten[113]. Selbst nach 1450 ist Maienfeld nicht bereit, die Urkunde zu besiegeln und muss 1452 durch Schiedsspruch dazu verhalten werden[114].

Kontrahenten sind in diesem Bündnis wie 1436 jedes einzelne «Land und Gericht», Siegler deren namentlich genannte Ammänner. Über die politische Sicherung hinaus bedeutet dies eine Anerkennung der zehn Gerichte als gleichrangige Partner mit den Tälern des gemeinen Gotteshauses. Die neuen bündischen Verpflichtungen bringen den Gerichten ausserdem einen Zuwachs an Möglichkeiten unabhängig von den Landesherren, Tage zu Rat und Hilfe, der Rod nach in Chur und auf Davos, Waffen- und Rechtshilfe innerhalb umschriebener Landmarchen. Der Zusammenschluss bedeutet deshalb eine feste Verankerung auch der eigenen Institutionen[115].

---

[113] Für Verheftung spricht die durch den Spruch von 1452 (Anm. 114) erwiesene Viehpfändung durch die zehn Gerichte. – Zum andern vgl. das kaiserliche Mandat an die Gemeinden des Bundes vom 16. Juni 1454. THOMMEN, Urk. aus österr. Archiven IV, Nr. 173. Dennoch ist eine Kopie aus dem Montforter Archiv überliefert, vgl. JECKLIN/MUOTH, Aufzeichnungen, S. 35 Nr. 6 und TLA Innsbruck, Rep. Schatzarchiv VI, S. 237.

[114] Spruch von Bürgermeister und Rat von Zürich vom 15. April 1452, gedr. JECKLIN, Urkunden zur Verfassungsgeschichte II, Nr. 27; Reg. Urk. Slg. STAGR I, Nr. 114 nach Or. STAGR, A I/1, Nr. 7 mit weiteren Angaben, dazu das schiedsgerichtliche Urteil über die im Verfahren aufgelaufenen Kosten 28. Aug. 1452, Or. STAGR, A I/1, Nr. 8 und GA Maienfeld, Nr. 27; Reg. Urk. Slg. STAGR I, Nr. 116. Dazu MEYER-MARTHALER, Studien, S. 19; GILLARDON, Zehngerichtenbund, S. 36. In bezug auf die Rechtshilfe wurde das Bündnis von 1450 bereits 1459 wirksam. Am 1. August 1459 urteilt Hans Beeli, Ammann auf Davos, mit Zugesetzten in Streitigkeiten zwischen Maienfeld und Zizers um die Niederlage in Maienfeld, wobei als Schiedsleute seitens der Maienfelder der Vogt von Strassberg, This von Tschiertschen, sowie zwei Leute aus Seewis und ein Mann aus Klosters genannt werden, vgl. Urk. GA Maienfeld, Nr. 31; Reg. SCHNYDER, Handel und Verkehr I, Nr. 406. Im Streit zwischen den gleichen Parteien um die Kupferrod urteilt am 21. Juni 1462 Laurenz Bregenzer aus dem Schanfigg als Obmann mit Zugesetzten, darunter drei Mann aus Davos, Urk. GA Maienfeld, Nr. 35; Reg. SCHNYDER, ebd., I, Nr. 429.

[115] Bereits 1452 beteiligt sich der Zehngerichtenbund an der Beendigung der Schamserfehde, vgl. MEYER-MARTHALER, Studien, S. 18.

Eine hochgotische Wandmalerei der Bärenhatz am Schloss Rhäzüns, Graubünden

von Hans Rutishauser

Ausgangslage

Am Schloss Rhäzüns (Abb. 1) haben sich zwei Wandbilder des 14. Jahrhunderts erhalten[1].

In einem Saal des dritten Geschosses im Ostteil der Anlage weist die Ostwand Reste einer Malerei mit Szenen aus der Tristansage auf, welche von zwei Wappen der Herren von Rhäzüns flankiert werden. An der Südwand des Saales sind je zwei Jagdhunde und zwei Vögel dargestellt und an der Westwand zwei Wappen mit Bindenschild.

An der äusseren Westfront des Torturmes im oberen Drittel findet sich die Darstellung einer Bärenhatz[2] (Abb. 2). Eine Federzeichnung des Kunsthistorikers Rudolf Rahn, datiert vom 18.8.1892, zeigt den Torturm noch mit einheitlich verputzter und gekalkter Front, ohne jede Wandmalerei, auch ohne die heraldische Fensterzier von 1592 (Abb. 3).

Das Schloss Rhäzüns wurde in den Jahren 1927 und 1928 unter der Leitung von Architekt Eugen Probst, damals Obmann des Schweizerischen Burgenvereins, renoviert. Dabei entdeckte man innen und aussen diese mittelalterlichen Wandbilder, welche von der Restaurierungsfirma Christian Schmidt, Zürich, freigelegt und stark ergänzt wurden. Ausführender Restaurator war der Mitarbeiter Schmidts, E. Dilenna[3].

Bereits vor längerer Zeit (wohl in den 1950er Jahren) führte bei einem Rohrleitungsbruch austretendes Wasser, zusammen mit späteren Frost- und Salzsprengungen, zu einem empfindlichen Schaden in der linken Bildzone des Bärenhatzbildes (Abb. 4). Aber auch auf der übrigen Bildfläche waren Abnützungsschäden der Farbschicht zu erkennen.

---

[1] Alfons RAIMANN, Gotische Wandmalereien in Graubünden, Disentis/Mustér 1983, S. 358–363. – Erwin POESCHEL, Die Kunstdenkmäler des Kantons Graubünden Bd. III (Die Kunstdenkmäler der Schweiz Bd. 11), Basel 1940, S. 72–78.
[2] Abbildungen, stark retuschierte Fotos: Erwin POESCHEL, Das Burgenbuch von Graubünden, Zürich/Leipzig 1930, Tafel 25. – POESCHEL (wie Anm. 1) S. 78, Abb. 78.
[3] Brief E. Dilennas an Erwin Poeschel, 1.2.1930, Nachlass Erwin Poeschel, Staatsarchiv Graubünden XII, 23c 2c1, 114.

Im Jahre 1984 entschloss sich die Schlossbesitzerin, die EMS-Chemie AG, diesen Schäden Einhalt zu gebieten, d.h. die Putzflächen und Wandmalereien am Westturm und am Torbau zu konservieren und zu restaurieren[4]. Zu diesem Zweck wurden die gesamte Westfront des Torturmes sowie das barocke Torhaus eingerüstet.

Die Wandmalereien und Putzgründe untersuchten, dokumentierten, konservierten und restaurierten Professor Oskar Emmenegger, Restaurator, und seine Mitarbeiter, Zizers[5].

Seit 57 Jahren war es 1985 erstmals wieder möglich, die mittelalterliche Bärenhatzdarstellung aus der Nähe zu betrachten und diese Wandmalerei technologisch und stilkritisch zu prüfen.

Bildinhalt

Im folgenden ist die Malerei beschrieben, wie sie sich nach der Restaurierung und den Ergänzungsarbeiten von 1985 (wieder) zeigt. Das Wandbild der Bärenhatz nimmt die gesamte Westfront ein und ist insgesamt 9,04 Meter lang und rund 2,40 Meter hoch. Als Bildträger dient eine fein abgeglättete Putzfläche, die – wegen jüngerer Putzschichten – oberhalb und unterhalb des Bildfeldes heute gegenüber der Turmflucht leicht eingetieft ist.

Die Bärenjagd verläuft von links nach rechts. In einem lichten Wald wird der Bär von Jägern und Hunden verfolgt und gestellt. Anhand der Blattformen sind zwei Buchen (?), zwei Ahorne, eine Linde, zwei Eichen und ein Nussbaum (?) auszumachen. Die Jagdszene wird von einem vornehmen Reiter auf einem Schimmel eröffnet. Er trägt einen vorne zugespitzten Jagdhut mit rückwärts aufgeschlagener Krempe, zudem einen knielangen Rock mit ärmellosem Surcot (Übergewand), über den Rücken fällt ein Mantel. Bein und Fuss stecken in einem dunkelroten Beinling oder Strumpf. Auf der linken behandschuhten Faust hält der Berittene einen grossen behaubten Jagdfalken. Zu Füssen des Pferdes laufen vier Hunde, drei weisse Bracken und ein kleinerer roter Hühnerhund mit hellem Bauchfell. Vor dem Pferd schreitet ein Jagdknecht mit Jagdhut und gelbem Kapuzenumhang in weinrotem knielangem Rock. Am tiefsitzenden Gürtel

---

[4] Die Arbeiten beauftragte der Delegierte des Verwaltungsrates, Nationalrat Dr. Christoph Blocher; sie wurden von Direktor Werner Grob und seinen Mitarbeitern Architekt Ernst Müller und Ingenieur Hans Wey geleitet und überwacht und von der Kantonalen Denkmalpflege durch den Verfasser begleitet.

[5] Vgl. Restaurierungsbericht von Prof. Oskar Emmenegger im Archiv der Kantonalen Denkmalpflege Graubünden und bei der Ems-Chemie AG. Prof. Oskar Emmenegger verdanke ich viele technische Hinweise zu dieser Wandmalerei.

hängt ein Dolch. Den Jagdspiess, die Sau- oder Bärenfeder, hat er links geschultert. Vor ihm hat ein zweiter Jagdknecht in vorgeneigter Haltung mit Ausfallschritt den Jagdspiess mit beiden Händen umfassend gegen den Bären gesenkt und die Waffe dabei unter den rechten Oberarm geklemmt. Er ist mit einem kurzen, enganliegenden braunroten Rock, einem weissen Kapuzenumhang mit Zipfel und weissen Beinlingen bekleidet; auch dieser Knecht trägt am tiefsitzenden Gürtel einen Dolch. Vor dem zustossenden Jäger verfolgen drei weisse Bracken mit heraushängender Zunge und gesenkten Köpfen den Bären, vor den Füssen des Jägers springt ein kleiner brauner Hund. Im Zentrum der Darstellung trottet der mächtige braunschwarze Bär, mit seiner linken Vordertatze hat er einen hellen Bracken im Rücken tödlich getroffen. Von rechts her fallen den Bären drei weitere Hunde an, ein ockergelber, ein weisser mit kupierten Stehohren und ein braunroter. Der Bär wird also von zwölf Hunden verfolgt und ist bereits umstellt.

Am rechten Bildrand erscheint der mächtige, zur Bildmitte geneigte Schild der Herren von Rhäzüns samt frontalem Topfhelm mit rechteckigen Sehschlitzen und Atemlöchern, mit Helmdecke und mit Kämmen bestecktem Büffelhornzimier in den heraldischen Farben der Freiherren von Rhäzüns. Der braunrot gerandete helle Bildstreifen unter der rechten Bildhälfte ist heute leer, bis auf die neueren Renovations- bzw. Restaurierungsdaten 1927 und 1985 in der rechten Ecke. Der Bildhintergrund ist dunkelrot, der Waldboden erscheint als gelbbraune Zone. Bodenpflanzen sind keine dargestellt, weder Gräser noch Blumen.

Zur Maltechnik[6]

Bei der jüngsten Restaurierung von 1985 galt es – zunächst anhand von kleinen Probeschnitten – die Schichtabfolge zwischen der originalen hochgotischen Malerei des 14. Jahrhunderts, späteren Übermalungen des 16. Jahrhunderts und den Ergänzungen von Restaurator Dilenna (1927) zu unterscheiden.

Die mittelalterliche Malerei ist eine Kalkmalerei. Auf den kellengeglätteten und abgebundenen Bildträgerputz (Intonaco) hat der Maler eine Kalkschlämme aufgebracht und diese sofort, also noch in feuchtem Zustand, bemalt. Dabei durfte der Künstler jeweils nur soviel Kalkschlämme auftragen, wie er vor dem Abbinden des Kalkes fertigstellen konnte. Zunächst wurden die einzelnen Formen mit dem Pinsel in roten Umrisslinien entworfen; dann legte der Künstler den roten Hintergrund an, wobei die Bäume, Menschen und Tiere ausgespart, d.h. vorerst im hellen Kalkschlämmton erschienen. Zur Verdeutlichung

---

[6] Vgl. Restaurierungsbericht Emmenegger (wie Anm. 5).

der Einzelformen und um diese dadurch auch auf eine gewisse Entfernung lesbar zu machen, beliess der Maler um die Blätter, Stiele, Zweige und Baumstämme, aber auch um die Hunde mit dunklem Fell, eine etwa sechs Millimeter breite, helle Konturlinie des Kalkgrundes. Die Hunde mit hellem Fell erhielten später eine dunkelgraue Konturlinie, zudem wurden ihre Körper mit lasierend aufgetragenem gelbem Ocker und mit Dunkelgrau schattiert. Der rote Hintergrund ist zweischichtig aufgetragen, zuerst wurde die Fläche mit feurigem, hellrotem Ocker angelegt und dann in einem zweiten Arbeitsgang mit lasierend aufgetragenem Rot übermalt. Der Meister des 14. Jahrhunderts arbeitete mit einer einfachen Farbpalette, nämlich mit folgenden sieben Farben: weissem Kalk, rotem Ocker, dunkelrotem Eisenoxyd, gelbem Ocker, grüner Erde, Pflanzenschwarz und dunklem Blau.

Originalmalerei und Übermalungen

Die Probefreilegungen bestätigten die Vermutung, dass der Restaurator 1927 zwar die originale Malerei von Kalkschichten befreit, das Bild wegen seines fragmentarischen Zustandes aber anschliessend fast vollständig übergangen hatte. Diese Übermalung erfolgte mit wasserglasgebundener Purkristallat-Mineralfarbe (Keimfarbe). Im Sinne der damals üblichen und gewünschten «Wiedergewinnung der teilweise zerstörten Malerei» war diese Massnahme eine Renovation, die weder vor dem Zudecken des Originals noch vor Korrekturen von Einzelformen haltmachte. Der Kopf des Bären, vor allem sein Auge, die Blattformen, aber auch die Zungen der Hunde wurden abweichend vom Original neu gemalt. Massgebend war dabei die Vorstellung, dass Fernwirkung und Gesamteindruck wichtiger seien als Original und Detailtreue. Auch das originale mittelalterliche Farbprogramm wurde nur annähernd bei der Übermalung übernommen. Restaurator Dilenna verwendete andere Pigmente, nämlich Chromoxydgrün statt grüne Erde bei den Blättern, Caput mortuum statt zweischichtig Eisenoxydrot über hellrotem Ocker beim Hintergrund, beim Boden dunkelgelben Ocker statt hellem rötlichem Ocker[7].

Die beiden Bäume an den Schmalseiten des Bildes waren mit einer weiteren Kalkmalereischicht übergangen, sie zeigten ebenfalls Teile von Baumstämmen und Blättern, diese sind demnach jünger als die Malerei des 14. Jahrhunderts, aber sicher älter als die Ergänzungen von 1927. Dies wäre ein Hinweis dafür, dass die Bärenhatzmalerei im 16. und 17. Jahrhundert noch sichtbar war und dass das Bild schon damals erneuert worden wäre. Vielleicht erfolgte diese Auf-

---

[7] Massgebend für Restaurator Dilenna war mehr die Fernwirkung als die Echtheit der Malerei.

frischung um 1592, als unter Johann von Planta das Schloss umgebaut wurde und neben anderen Künstlern auch Hans Ardüser im Schloss Rhäzüns malte[8].

Baugeschichtliche Beobachtungen

Gleichzeitig sind wohl auch die sechs rechteckigen Balkenlöcher mit den Übermalungen im 16. Jahrhundert am oberen Bildrand zugemauert und verputzt worden. Diese ca. 20 × 25 cm messenden Löcher stossen waagrecht in die Turmwand und haben nach Grösse und Lage kaum ein Schutzdach über dem Bild gestützt, eher dürften diese Kragbalken am mittelalterlichen Turm eine Wehrlaube oder einen hölzernen Obergaden getragen haben[9]. Der Verputz der mittelalterlichen Wandmalereischicht zieht nämlich in die Balkenlöcher hinein, d.h. die Kragbalken und das unmittelbar darunterliegende Wandbild haben gleichzeitig bestanden. Diese vorkragenden hölzernen Bauteile über dem Wandbild haben dieses bis zum Ende des 16. Jahrhunderts vor Witterungseinflüssen geschützt, so dass man das Bild bei der Turmerhöhung um 1592 einer Auffrischung für wert befand. Erst spätere Abnützungen der Malfläche und ein gewandelter Geschmack hatten die Bärenhatz im 18. oder 19. Jahrhundert unter verhüllenden, aber auch schützenden Verputz- und Tüncheschichten verschwinden lassen.

Die Restaurierung von 1985

Wie jede Wiederholung bereits in unserem Jahrhundert erfolgter Restaurierungen war auch die Arbeit am Schloss Rhäzüns schwierig, und zahlreiche Fragen mussten zunächst gelöst werden:
– Wie war der Zustand der Bildträgerputze?
– Wieviel originale mittelalterliche Malerei hatte sich unter den Übermalungen von E. Dilenna noch erhalten?
– Wieviel von den späteren Übermalungen konnte und durfte entfernt werden?
– Was sollte mit der grossen Fehlstelle geschehen, war sie als Leerfläche zu belassen oder anhand alter Abbildungen zu ergänzen?

---

[8] POESCHEL (wie Anm. 1) S. 74 ff. – Paul ZINSLI, Hans Ardüser, Chur 1986, S. 186, 192 f., 213.
[9] Zeichnung durch Bauforscher Georg Jenny von der Kantonalen Denkmalpflege Graubünden, 1985.

Besonderer Berücksichtigung bei allen Überlegungen bedurfte stets die entrückte Lage des Wandbildes am Turm. Auch der mittelalterliche Maler hatte sich einer plakativen einfachen Darstellungsweise bedient, die vor allem auf Fernwirkung bedacht war. Bauherrschaft, Restaurator und Denkmalpflege suchten bei zahlreichen Augenscheinen und Gesprächen nach der bestmöglichen Lösung, die zwar das Original nicht verfälschen durfte, aber auch auf den Betrachter Rücksicht nehmen musste. Der Wasserschaden im linken Bildteil hatte den Berittenen und das Pferd nicht vollständig zerstört. Am oberen Rande der Schadenzone hatte sich der Kopf des Reiters erstaunlich gut erhalten. Dieser bestand zwar fast nur noch aus der originalen Untermalung, er war aber zugleich blankgewaschen von allen jüngeren Ergänzungen. Als wir diesen noch an romanische Buchmalerei des 13. Jahrhunderts gemahnenden Kopf mit dem roten Wangenfleck auf dem Gerüst erstmals erblickten, wurde schlagartig deutlich, welch feine Qualität dieses Wandbild einst auszeichnete (Abb. 5). Weitere Freilegungsproben an den übrigen Bildteilen zeigten, dass auf der etwa zu drei Vierteln erhaltenen Bildfläche noch rund zwei Fünftel der originalen Malerei vorhanden sind. Am meisten gelitten hatte die dunkelbraune Farbe des Bären; zwar waren die Konturen leidlich gut lesbar, aber die Originalfarben beschränkten sich auf verstreute Inseln. Der Erhaltungszustand des Originals nimmt im gesamten Bildstreifen von rechts (Süden) nach links (Norden) zunehmend ab.

Aufgrund der Freilegungsproben beschloss man, beim Bären und beim Zimier des Rhäzünser Wappens auf eine vollständige Freilegung der originalen Reste zu verzichten. Die übrige Bildfläche wurde sehr vorsichtig mit einem Hochdruck-Heisswasserdampfgerät und anschliessend mit Fiberglasbürstchen sowie mit weichen Bürsten und Wasser von den Übermalungen weitgehend befreit. Geringe Übermalungsreste beliess man zum Schutze des Originals und verwendete sie als Untermalung für neue Ergänzungen (Retuschen). Die Putzergänzungen, die sowohl farblich wie auch in ihrer Struktur störten, wurden entfernt und neu mit reinem Kalkmörtel angefertigt.

Grosse Fehlstellen retuschierte man in flächiger Malerei, innerhalb der Originalmalerei sowie an den Übergängen zwischen originalem und neuem Verputz wurde in Tratteggiotechnik (Strichelmanier) ergänzt. Verwendet wurden dabei (wie schon 1927) Purkristallat-Mineralfarben, die man zum Schluss zusätzlich mit Kieselsäureester fixierte[10].

---

[10] Nur beim Baum am rechten Bildrand, dessen jüngere Kalkschlämme (wohl von 1592) kein Fixativ aufnahm, wurde zusätzlich mit Kunstharz (Paraloid) fixiert. Mitteilung von Prof. Oskar Emmenegger.

Dank technologischer Untersuchungen aus jüngster Zeit sind wir heute besser im Bild über die Zerfallsvorgänge historischer Mörtel, Putze und Wandmalereien im besonderen[11].

Zunehmend werden wir uns der grossen Verantwortung bei der Freilegung von Wandbildern bewusst; bis auf die originale Malschicht freigelegte Wandbilder – besonders solche am Äusseren von Bauten – sind einem unaufhaltsamen, heute oft durch Umwelteinflüsse beschleunigten Zerfall preisgegeben. Restaurierungstechnische Massnahmen sollten daher – bei grösstmöglicher Schonung des unwiederbringlichen Originals – die Malerei und deren Träger soweit konservieren, dass der natürliche Abbau möglichst verlangsamt wird. Dabei müssen stofffremde Haftmittel, die sich bauphysikalisch anders verhalten – wie z.B. Kunststoffe – unbedingt vermieden werden. Zurückhaltende, heller getönte Retuschen (örtliche Einstimmungen) erfordern, wie auch die grösseren Ergänzungen, nicht nur eine genaue Dokumentation, sondern müssen auch am Original – aus der Nähe – ablesbar bleiben und dürfen doch die Gesamtwirkung nicht beeinträchtigen.

Die Rekonstruktion der fehlenden Bildteile

Eine kaum lösbare Frage bildete die Behandlung der rund 4,5 m^2 grossen Fehlstelle am linken Bildrand. Hier spielte die eigentliche Konservierung nur eine untergeordnete Rolle, nämlich im Bereich der Randzonen, wo es galt, beschädigte Reste der Originalmalerei zu erhalten.

Bei der Restaurierung mittelalterlicher Wandmalerei haben sich Restauratoren und Denkmalpfleger – auch im Kanton Graubünden – in den vergangenen 25 Jahren zunehmender Zurückhaltung befleissigt. Selbst wenn grosse Fehlstellen in einem Wandbild oft schmerzlich die Altersschäden betonen, kann und darf es nicht Ziel denkmalpflegerischer Tätigkeit sein, das Verlorene durch Kopie oder gar freie Ergänzung wiedergewinnen zu wollen. Was für alle Gebiete der bildenden Kunst zutrifft, gilt ebenso für die Wandmalerei: das künstlerische Original ist einmalig und niemals wiederholbar. Wir müssen mit der Würde des Geschichtlichen auch dessen Altersspuren annehmen. So hat zum Beispiel die zweite Restaurierung von 1970 bis 1977 der hochgotischen Wandbilder in der Kirche von Waltensburg die formalen Ergänzungen der Restaurierung der Jahre 1932/33 weitgehend ausgemerzt[12]. Noch konsequenter haben wir in der

---

[11] Projekt Nr. 16 des Schweizerischen Nationalfonds zur wissenschaftlichen Forschung, Erhaltung von Kulturgütern.
[12] RAIMANN (wie Anm. 1) S. 409 ff.

Kapelle St. Maria Magdalena in Dusch (Paspels) bei der zweiten Restaurierung 1969–1981 auf sämtliche Ergänzungen von 1940 verzichtet, was hier die zwar teilweise schadhafte Malerei desselben Waltensburger Meisters in kostbarer originaler Einheit jedem Betrachter noch wertvoller macht[13].

Diesen kritischen, ja selbstkritischen Gedanken zum Trotz haben wir bei der Bärenhatzmalerei am Schloss Rhäzüns die Rekonstruktion, also die formale und farbliche Ergänzung der grossen Fehlstelle, gewagt.

Hauptsächlich vier Gründe haben uns dazu bewogen:
1. Vom noch nicht zerstörten, wenn auch übermalten Vorzustand gab es Photographien.
2. Grösse und Lage der Darstellung liessen sich genau festlegen anhand der Fragmente: Kopf und Bein des Reiters, Haube des Falken, Kopf und Hals des Pferdes, zwei Hunde, Reste des Baumes am linken Bildrand.
3. Der Berittene bildet in dieser Szene eine wesentliche Aussage der höfischen Jagddarstellung, das Randfragment wäre allein nicht mehr verständlich gewesen.
4. Die Wandmalerei wird auf grosse Distanz betrachtet und ist in ihrer vereinfachten, aufreihenden Darstellungsweise auch auf Fernwirkung angelegt. Sie muss auch künftig als Ganzes wirken und lesbar bleiben.

Anhand der Originalreste und von Buchmalereien des 14. Jahrhunderts wurden Skizzen im Massstab 1:1 erstellt und auf die neu verputzte Fehlstelle übertragen[14]. Die Rekonstruktionsmalerei ist gegenüber der originalen einige Tonstufen heller gehalten; sie wurde wie die übrigen Retuschen in wasserglasgebundener Purkristallat-Mineralfarbe ausgeführt.

Das geübte Auge wird anhand der nicht völlig angepassten Formen im Fehlstellenbereich die grossflächige Ergänzung spätestens auf den zweiten Blick erkennen; dies darf und soll so sein, denn wir strebten mit der Rekonstruktion kein unversehrtes Bild an und wollten jede Fälschung vermeiden.

Wir hoffen, dass es dank der engen und von Vertrauen getragenen Zusammenarbeit zwischen Bauherrschaft, Restaurator, Bauforscher und Denkmalpfleger gelungen ist, ein bedeutendes Zeugnis höfischer Monumentalmalerei des 14. Jahrhunderts zu konservieren und zu restaurieren und dadurch für unsere und künftige Generationen erlebbar zu machen (Abb. 6).

---

[13] Ebd. S. 304 ff.
[14] Carl Arnold WILLEMSEN, Das Falkenbuch Kaiser Friedrichs II., Dortmund 1980.

Zur Bärenjagd im Mittelalter

Abbildungen der Bärenjagd sind in der Schweiz aus einer 16 Jahrhunderte umfassenden Zeitspanne bezeugt. Sie reichen von der gläsernen Jagdtrinkschale aus dem römischen 4. Jahrhundert aus Stein am Rhein[15] bis zu den Photographien der beiden Bärenjäger, die 1904 im Val Mingèr den letzten Bären erlegten[16]. Diese zwei Darstellungen belegen zudem die verschiedene soziale Herkunft der Bärenjäger. Der mit der Lanze zustossende Römer ist an seiner Tracht als vornehmer Herr zu erkennen, der – obwohl in der Arena kämpfend – vom adeligen Weidwerk und von der Tapferkeit des Vornehmen kündet[17]. Dagegen sind die beiden Unterengadiner Jäger Vertreter der Volksjagd. Seit dem Mittelalter durfte das Volk neben dem Adel ebenfalls den Bären nachstellen oder wurden sogar durch die Obrigkeit dazu aufgeboten[18]. Der Bär gehörte als Wild zwar zur Hohen Jagd, die dem Adel vorbehalten war, doch war Meister Petz wegen seiner Schädlichkeit für das Vieh zugleich auch Freiwild. Das bezeugen die germanischen Rechtsbücher, so der Sachsen- und der Schwabenspiegel, welche die Rechte und Pflichten der Bärenjagd beschreiben[19]. Den Bärenjägern stand meist nur eine Prämie oder ein Teil der Beute zu, oft mussten Haupt und Pranken, manchmal auch die ganze Beute dem Landesherrn abgegeben werden[20].

Der 1532 bei Steg als letzter Bär im Kanton Zürich erlegte, landete auf dem Zürcher Rathaus und wurde wohl von den Stadtvätern ebenso als Festmahl verspiesen wie jener Davoser Bär, den die Bündner 1538 den gnädigen Herren von Zürich verehrten[21]. Der französische Reisende Denys Lambin berichtet 1552, dass er auf seiner Bündnereise Bärenwürste genossen habe[22].

Seit dem Altertum bis zur Einführung der Feuerwaffen im 16. Jahrhundert ist belegt, dass man den Bären mit schweren Jagdhunden (Bracken, Doggen) hetzte und dass der eingekesselte Bär mit dem Spiess, der sogenannten Bären-

---

[15] Hildegard URNER-ASTHOLZ, Die römische Jagdschale und eine Kugelschliffschale von Stein am Rhein, Schaffhauser Beiträge zur Geschichte 51, 1974, S. 7ff. – Hildegard URNER-ASTHOLZ, Zu Werkstatt und Bildschmuck der römischen Jagdschale von Stein am Rhein, Schaffhauser Beiträge zur Geschichte 53, 1976, S. 108ff.
[16] Fotos im Rätischen Museum Chur, H 1975, 771 und H 1975, 772. – Stephan BRUNIES, Tiererlebnisse aus dem Engadin, Basel 1948, S. 47ff. – Christian METZ, Buch über Bündner Bären (in Vorbereitung). – Johann NIEDERER, Aus der Bündnerischen Bärenchronik, BM 1944, S. 165ff.
[17] Wie Anm. 15.
[18] Paul JÖRIMANN, Das Jagdrecht Gemeiner III Bünde. Ein Beitrag zur bündnerischen Rechtsgeschichte, Chur 1926, S. 13f. – Chronik der Deutschen Jagd, Ebenhausen 1937, S. 157ff. – Kurt LINDNER, Die Jagd im frühen Mittelalter, Berlin 1940, S. 86ff., 374f.
[19] Wilhelm WACKERNAGEL, Das Landrecht des Schwabenspiegels, Zürich 1840, S. 151f.
[20] Chronik (wie Anm. 18) S. 158.
[21] Staatsarchiv Zürich, F III 32, 1538/39. Ausgaben für allerlei, S. 39.
[22] Iso MÜLLER, Glanz des rätischen Mittelalters (Kristallreihe Bd. 6), Chur 1971, S. 44.

oder Saufeder, den Fangstoss erhielt. Die Thidrekssaga berichtet denn auch von der Ermordung Sigfrids durch Hagen: «Da stand Hagen auf und nahm seinen Spiess in beide Hände und schoss Sigfrid mitten zwischen die Schultern, so dass er durchs Herz hinausging.» Darauf sagt der Mörder Hagen: «Den ganzen Tag haben wir einen Eber gejagt und konnten ihn knapp alle Viere fangen. Doch jetzt habe ich alleine Bär und Wisent erjagt, welche die schlimmsten von allen Tieren sind![23]»

Zwar wird auch dem gestellten Hirsch mit dem Spiess der Fangstoss gegeben, aber am meisten Mut und Kraft erfordert es doch, Wildsau, Wisent und eben den Bären auf den Spiess anrennen zu lassen. Dies war nur möglich, wenn der Bär nach langer Hetzjagd durch Hunde gestellt und eingekesselt, oft bereits durch Fernwaffen, wie Armbrustbolzen, und Hundebisse verletzt, sich dem Jäger, in die Enge getrieben, stellte. Zu Beginn des 14. Jahrhunderts ist ein solch gefährlicher Zweikampf in der Manessischen Liederhandschrift dargestellt worden: Herr Hawart fängt den ihn aufrecht annehmenden Bären mit dem Jagdspiess ab (Abb. 7). Das Bärenhaupt, welches das Wappen dieses Minnesängers ziert, mag Anlass für diese Darstellung gewesen sein[24].

Die Form des Bärenspiesses ist aus der frühmittelalterlichen Kriegswaffe, der Flügellanze, hervorgegangen. Die metallenen Flügel, später ein quergebundener Knebel aus Horn, sollen das Durchrennen des Beutetieres verhindern. Ein kostbares Bäreneisen eines solchen Jagdspiesses aus der Zeit um 1430 ist aus Schloss Tirol in die Waffensammlung des Kunsthistorischen Museums in Wien gelangt (Abb. 8). Der Spiess gehörte Herzog Friedrich IV. von Oesterreich. Das Eisen ist graviert und beschriftet, zudem war es ursprünglich noch vergoldet[25]. Bärenspiesse sind auch im Haushaltsinventar des Südtiroler Minnesängers Oswald von Wolkenstein († 1445) erwähnt. Das Inventar wurde 1447 von der Witwe Margaretha und dem Sohn Michael auf Burg Hauenstein aufgenommen. In diesem original erhaltenen Dokument sind unter dem Jagdgerät auch «czwen peren spies», also zwei Bärenspiesse aufgezählt[26].

Nach dem Waffenkundler Wendelin von Boeheim verschwinden die Bärenspiesse im 15. Jahrhundert, während die Schweinsspiesse sich bis ins 18. Jahrhundert, also noch lange nach der Einführung der Feuerwaffen für die Jagd, erhalten haben. Die Beschreibung des Jagdspiesses bei Boeheim entspricht genau unserer Bärenhatzdarstellung am Schloss Rhäzüns: «Die Klinge war breit, blattförmig und sehr scharf und spitz. Spätere Exemplare haben einen Knebel

---

[23] Heinz Ritter SCHAUMBURG, Die Nibelungen zogen nordwärts, München-Berlin ⁴1981, S. 287f.
[24] Manessische Liederhandschrift, Folio 313r, Maler des Grundstocks.
[25] Bruno THOMAS/Ortwin GAMBER, Führer durch das Kunsthistorische Museum Wien Nr. 13. Katalog der Leibrüstkammer 1. Teil: Der Zeitraum von 500 bis 1530, Wien 1975, S. 72.
[26] Oswald TRAPP, Tiroler Burgenbuch Bd. IV: Eisacktal, Bozen 1977, S. 339ff.

an der Dille (Tülle), der mit starken Lederriemchen angeschnürt ist. Dieser Knebel bezweckte, ein tieferes Eindringen der Klinge als bis zur Dille zu verhindern. Der überaus starke Schaft von zwei Metern Länge war meistens mit schmalen Lederriemen umwickelt und mit Nieten besetzt, um das Abgleiten der Fäuste zu verhindern[27].» Nicht immer war der tapfere Angriff des Jägers erfolgreich. Jagdunfälle ereigneten sich im Mittelalter offenbar nicht selten. So zeigt ein Scheibenriss des Zürcher Glasmalers Lux Zainer (um 1480), wie der Bär den Jäger anfällt, nachdem dessen Fangstoss fehlgegangen ist (Abb. 9).

Verschiedene Gründungssagen künden von der Bärenjagd und betonen so deren Bedeutung im adeligen Leben des Mittelalters. Eine erfolgreiche Bärenjagd an der Aare durch Herzog Berchtold V. von Zähringen führte im Jahr 1191 zur Gründung und Wappenzier Berns (Abb. 10). Auf einen Jagdunfall gründet die Stiftung des Chorherrenstiftes St. Michael in Beromünster, Luzern. Nach der Überlieferung soll der Sohn des Aargaugrafen Bero auf der Bärenjagd vom verletzten Tier getötet worden sein, worauf der Vater, Graf Bero, an der Unfallstelle Stift und Kirche Beromünster erbaute[28].

In Bild und Text ist uns die Bärenjagd beim Altmeister der Jagdkunde, Gaston Phoebus, Comte de Foix (1331–1391), überliefert. Die schönste der drei Dutzend erhaltenen Bilderhandschriften, die alle aus dem 15. Jahrhundert stammen, hütet die Bibliothèque Nationale in Paris (Abb. 11). Zur Bärenjagd schreibt Phoebus: «Mit einem guten Spürhunde an der Leine muss man Felder, Weinberge, Eichen- und Buchenwälder aufsuchen, um auf die Fährte des Bären zu treffen. Sein strenger Geruch, sein spezifischer Gang und sein Kot hinterlassen der Witterung des Hundes unzählige Spuren, und der Knecht braucht nur dem breiten Fussabdruck der Hintertatzen zu folgen. Den Bären zu jagen, ist allerdings gefährlich. Nur Hofhunde und Doggen werden auf ihn losgelassen, denn sie scheuen seine Tatzenhiebe nicht und nehmen das Risiko auf sich, mit blutendem Maul und aufgerissenem Bauch zu Boden geschleudert zu werden. Die Männer verfolgen diesen Kampf zu Pferde und, ausgerüstet mit Pfeil und Bogen, Armbrust und Spiess, bemühen sie sich, dem Gemetzel baldmöglichst mit ein paar wohlgezielten Schüssen oder Degenstreichen ein Ende zu bereiten[29].»

Der Bär als Bewohner der Einsamkeit und grosser Wälder war dem mittelalterlichen Menschen durch seine Zähne und Krallen, aber vor allem durch

---

[27] Wendelin BOEHEIM, Handbuch der Waffenkunde, Leipzig 1890, Nachdruck Hildesheim 1984, S. 330.
[28] Adolf REINLE, Die Kunstdenkmäler des Kantons Luzern Bd. IV (Die Kunstdenkmäler der Schweiz Bd. 35), Basel 1956, S. 7f.
[29] Gaston PHOEBUS, Comte de Foix, Das Buch der Jagd, Text von Gabriel Bise, Übersetzung Angelika Lühmann, Fribourg/Genève 1978, S. 76.

seine Kraft (Bärenstärke) und List gefährlich. Ein norwegisches Sprichwort schreibt dem Bären die Kraft von zehn und die List von zwölf Männern zu[30]. Vor allem aber waren es das dunkle zottige Fell sowie der menschenähnliche aufrechte Gang, besonders beim Angriff, die den Bären geradezu mit dem Bösen schlechthin, ja dem Teufel gleichsetzten[31].

Nur heiligen Männern konnte es gelingen, dass der Bär ihnen die Höhle kampflos räumte oder gar zu Diensten war. Die beiden Eremiten, die Kolumbansschüler Ursicinus und Gallus, haben den Bären zum Attribut. Während der Bär im einsamen Tal des Doubs beim späteren St-Ursanne seine Höhle dem heiligen Ursicinus überliess, belohnte der heilige Gallus im wilden Steinachtal den Bären, der ihm Brennholz für seine Einsiedelei, die Urzelle St. Gallens, herbeitrug.

Beenden wir unsere Darstellung der Bärenjagd mit dem Hinweis auf die beinahe tragikomische Gestalt jenes letzten Mönchs des Prämonstratenserstiftes von Rüti. Dieser Konventuale namens Sebastian Hegner war ein eifriger Nimrod, dem es mit Hilfe von Bauern und zwei Mitbrüdern gelang, im Jahre 1532 den letzten Bären in Steg im Tösstal zu erlegen. Die Zürcher Synode nahm am Jagdeifer der Mönche von Rüti allerdings Anstoss und schrieb im Jahre 1533: *Die münchen ze Rüti jagend vil; ouch uf den frytag, und so das Evangelium prediget, zühend si etwan die puren mit inen uf das gejägt; darob aber die anderen ouch bewegt, ouch uf die frytag tuon, was inen notwendig*[32]. Sebastian Hegner floh schliesslich im Jahr 1557 nach dem katholischen Rapperswil. Dass der geistliche Bärentöter ein Fachmann war, belegt das Inventar seines zurückgelassenen Jagdgerätes[33].

Das Ende des Mittelalters, das mit der Reformation im Zürcher Stadtstaat auch die letzten Konventualen aus Rüti vertrieb, bedeutete auch das Ende des letzten Bären in diesem Gebiet und damit den Untergang einer adeligen Jagdweise, die den Bären noch in gefährlichem, tapferem Zweikampf als aufrechten, ebenbürtigen Partner anging.

Der Bär als Symbol des Bösen in der mittelalterlichen Vorstellungswelt musste mit christlicher Standhaftigkeit und Tapferkeit bekämpft und auch überwunden werden. In dieser Weise wird uns dieser ewige Kampf an einer Kapitellplastik im Chor des Basler Münsters aus dem frühen 13. Jahrhundert eindrücklich vor Augen geführt (Abb. 12).

---

[30] Diese Mitteilung verdanke ich meinem Mitarbeiter, Herrn Thomas Meyer, dipl. Arch. ETH *TI MANNS STYRKE OG TOLV MANNS VETT*.
[31] Handwörterbuch des Deutschen Aberglaubens Bd. I, Berlin und Leipzig 1927, Sp. 881 ff.
[32] Emil EGLI, Actensammlung zur Geschichte der Zürcher Reformation in den Jahren 1519–1553 Zürich 1879, Nr. 1941 S. 854 (1533 Mai 6).
[33] H. ZELLER-WERDMÜLLER: Die Gerätschaften eines geistlichen Nimrod im Jahr 1557, Zürich 1897.

Abb. 1   Schloss Rhäzüns. Gesamtanlage von Süden (Photo W. Roelli, Forch).

Abb. 2 Schloss Rhäzüns. Freigelegtes und ergänztes Wandbild, um 1928 (Poeschel, Kdm GR III).

Abb. 4 Schloss Rhäzüns. Wandbild mit Wasserschaden und Abwitterung, Zustand 1984 (Photo EMS-Chemie AG).

Abb. 3 Schloss Rhäzüns. Torturm von Westen, Federzeichnung von Johann Rudolf Rahn, 18.8.1892 (Graphische Sammlung der Zentralbibliothek Zürich).

Abb. 5   Schloss Rhäzüns. Kopf des Reiters, ohne Retuschen, 1985 (Photo Prof. O. Emmenegger, Zizers).

Abb. 6 Schloss Rhäzüns. Restauriertes und ergänztes Wandbild, 1985 (Photo Kantonale Denkmalpflege Graubünden, Chur).

Abb. 7 Manessische Liederhandschrift, Maler des Grundstocks, fol. 313r, Herr Hawart.

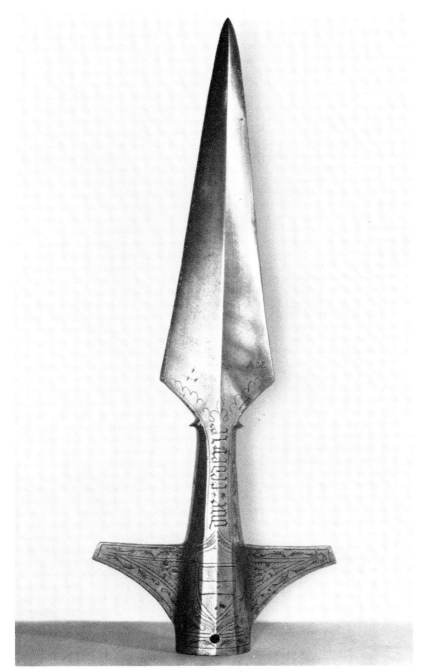

Abb. 8   Jagdspiess Herzog Friedrichs IV. von Österreich, um 1430 (Kunsthistorisches Museum Wien, Waffensammlung).

Abb. 9   Lux Zainer, Scheibenriss (Ausschnitt), um 1480 (Photo Graphische Sammlung ETH Zürich).

Abb. 10   Benedikt Tschachtlan, Berner Chronik, S. 2. Herzog Berchtold von Zähringen auf der Bärenjagd.

Abb. 11 Gaston Phoebus, Comte de Foix, Livre de la Chasse, fol. 93, Bärenjagd (Photo Zentralbibliothek Zürich).

Abb. 12 Basler Münster. Chorkapitell, um 1200 (Photo Hermann Ochs, Stadt- und Münstermuseum, Basel).

493

Über Rom nach Chur. Zur Geschichte des Domkapitels im Spätmittelalter (1378–1455)

von Ludwig Schmugge

1. Einleitung*

Der Ausbruch des grossen Schismas brachte nicht nur für die Christenheit allgemein, sondern auch für das Bistum Chur eine Spaltung: Bischof Johannes II. Ministri, seit 1365 österreichischer Vizekanzler und Kanzler, war auf Intervention Herzog Albrechts 1376 zum Bischof von Chur erhoben worden und hielt in Zukunft zur römischen Observanz, «während ein Teil des Domkapitels auf der Gegenseite stand»[1]. Auch eine gewisse Abstinenz des Bischofs von den Reichsdiensten ist in jener Zeit festzustellen[2]. Johannes II. starb 1388. Sein Nachfolger auf dem Bischofsstuhl, der Johanniter Hartmann von Werdenberg, schloss sich 1392 offenbar unter österreichischem Druck Bonifaz IX. an. Hartmann hatte sich – ursprünglich der Avignonesischen Observanz zuneigend – gegen den Kandidaten eines Teils des Domkapitels, den Kanoniker Bartholomäus, und den österreichischen Bewerber Anton von Stubay, Sekretär Herzog Albrechts, im Amte durchsetzen können[3]. Als Hartmann II. am 6.9.1416 auf dem Konstanzer Konzil starb, wählte dieses den gelehrten Juristen und einflussreichen Konzilsteilnehmer Johannes Ambundii zum Bischof von Chur[4]. Schon 1418

---

* In diesem Aufsatz werden die folgenden Werke abgekürzt zitiert: HS: Helvetia Sacra I, 1, Bern 1972, S. 449–577: Das Bistum Chur, bearbeitet von Otto P. CLAVADETSCHER und Werner KUNDERT. RG: Repertorium Germanicum, hrsg. vom Kgl. Preussischen (bzw. Deutschen) Historischen Institut in Rom, Band I: Clemens VII. von Avignon, bearbeitet von E. GÖLLER, 1916. Band II: Urban VI., Bonifaz IX., Innozenz VII. und Gregor XII., bearbeitet von G. TELLENBACH, 1933/1961. Band III: Alexander V., Johannes XXIII., Konstanzer Konzil, bearbeitet von U. KÜHNE, 1935. Band IV: Martin V., bearbeitet von K.A. FINK und S. WEISS, 1941/1979. Band VI: Nikolaus V., bearbeitet von J.F. ABERT und W. DEETERS, 1985. (Zitiert jeweils mit Band und Spalte bzw. Nr.). LA: Liber anniversariorum ecclesiae maioris Curiensis, ed. Franz Ludwig BAUMANN, MGH Necr. I, 1888, S. 619–646. Die Register des Vatikanischen Archivs werden wie folgt zitiert: S. Supplikenregister, mit Band und Folio. L: Lateranregister, mit Band und Folio. V: Vatikanregister, mit Band und Folio. Für consilium und auxilium danke ich H. Diener, Rom, A. Meyer, Bern, und S. Weiss, Innsbruck.
[1] CLAVADETSCHER HS S. 486.
[2] Vgl. L. DEPLAZES, Reichsdienste und Kaiserprivilegien der Churer Bischöfe von Ludwig dem Bayern bis Sigmund, JHGG 101, 1971, S. 7–367, hier S. 76.
[3] Vgl. dazu HS S. 486f. und DEPLAZES S. 263f. sowie RG II, 83–84.
[4] A. GERLICH, Die Wahl und Bestätigung des Churer Bischofs Johannes Abundi, in: Festschrift K. Pivec, Innsbruck 1966, S. 81–90.

nach Riga transferiert, folgte ihm – ebenfalls noch in Konstanz ernannt – Johannes Naso, hinter dessen Erhebung wohl der Kaiser stand, dem Naso besonders während der Zeit des Basler Konzils stets verbunden blieb[5]. Im Hochstift und gegenüber dem Domkapitel scheint er dagegen keinen besonders festen Stand gehabt zu haben. Auch unter den folgenden Amtsinhabern kam Chur nicht zur Ruhe: Konrad von Rechberg dankte 1440 ab. Heinrich von Hewen (1441–56) verwaltete als Bischof von Konstanz im permanenten Streit mit dem Kapitel, das am 5.3.1453 Leonhard Wismair wählte, auch das Bistum Chur. Der Papst hingegen erkannte diese Wahl nicht an und ernannte Antonius de Tosabeciis, der beim Einzug in seine Residenz 1456 vom Schlag getroffen wurde. Erst nach Wismairs Tod konnte der am 30.5.1458 vom Kapitel gewählte Churer Dekan Ortlieb von Brandis das Bistum aus der Krise der ersten Hälfte des 15. Jahrhunderts mit seinen Fehden und Verwüstungen heraus-[6] und zu neuer Konsolidierung führen.

2. Das spätmittelalterliche Reservations- und Pfründenwesen

In diesen Zeilen soll untersucht werden, inwieweit das Churer Domkapitel durch diese Turbulenzen in Mitleidenschaft geraten ist, wie der Besetzungsmechanismus funktionierte und ob sich in dieser Zeit vermehrt kuriale Kleriker um Domherrenpfründen des Hochstiftes bemüht haben. Das spätmittelalterliche, voll ausgebaute Reservations- und Pfründenwesen bot ja den mit den Techniken dieser Verfahren vertrauten Klerikern, insbesondere mit kanonistischer Ausbildung, die Möglichkeit, nicht nur über den ordentlichen Kollator (Bischof, Kapitel), sondern auch über die päpstliche Kurie, das heisst die ausserordentliche Kollatur, zu Pfründen an den Stiften ihrer Wahl zu kommen. Am Domstift Chur schwankte die Zahl der Pfründen im 14. und 15. Jahrhundert angeblich zwischen 17 und 23[7], sie wird jedoch wohl 24 betragen haben. Da seit Clemens IV. (Licet ecclesiarum, Liber sextus 3.4.2) der Papst alle vakanten Pfründen nach Kirchenrecht verleihen und auf die nicht vakanten Anwartschaften vergeben konnte, standen auch die Churer Kanonikate im «Pfründenpool» der Christenheit den Interessenten zur Disposition. Wie viele Kleriker bewarben sich durch päpstliche Provision auf eine Domherrenpfründe in Chur? Und wie viele gelangten tatsächlich in ihren Genuss? Wie viele Churer Pfründen (z.B. diejenigen, die von Kurialen gehalten wurden) unterstanden der päpstlichen Re-

---

[5] HS S. 489. DEPLAZES S. 138–167.
[6] HS S. 489–92.
[7] HS S. 534.

servation? Solche Pfründen wurden in der Regel wieder von Kurialen besetzt, weil sie durch ihre Nähe zur päpstlichen Kanzlei über die schnellsten Zugriffsmöglichkeiten verfügten. Kuriale haben auch in der Regel ein stärkeres Interesse am Beneficium, an dem – wenn auch bei Abwesenheit reduzierten – Einkommen aus der Pfründe, als am Officium gehabt. Erst mit dem Wiener Konkordat von 1448 wurde wieder eine Parität zwischen ordentlichem und ausserordentlichem Kollator hergestellt, indem nur in den ungeraden Monaten freiwerdende Pfründen durch den Papst besetzt werden sollten.

Während im nicht weit entfernten Zürich die Pfründen in der fraglichen Zeit zum überwiegenden Teil durch den ausserordentlichen Kollator vergeben wurden, wie Andreas Meyer in seiner im vatikanischen wie im zürcherischen Quellenmaterial bestens fundierten Arbeit gezeigt hat, ist dieser Frage für das Stift Chur bisher ebensowenig nachgegangen worden wie für die anderen Bistümer am nördlichen Alpenrand[8]. Hier liegt noch ein weites, für die Sozialgeschichte des mittelalterlichen Klerus eminent wichtiges Feld vor uns. Auch für Chur können hier bei weitem nicht alle Fragen beantwortet werden, weil sich diese Untersuchung nur auf das Material der vatikanischen Registerserien und nicht auf die lokalen Churer Quellen stützt. Zur Verifizierung der veritas precum, auf die es im Streitfall ankam, bedarf es stets auch der Kontrolle durch das örtliche Quellenmaterial. Immerhin kann so viel festgestellt werden, dass in dem rätischen Bistum auch in den Jahren des Schismas und der Konzilien von Konstanz und Basel der Andrang von Pfründenbewerbern, die über Rom nach Chur drängten, sich in Grenzen hielt. Die Zahl der durch den ordentlichen Kollator besetzten Chorherrenstellen überwog offenbar.

---

[8] A. MEYER, Zürich und Rom. Ordentliche Kollatur und päpstliche Provisionen am Beispiel Frau- und Grossmünster 1316–1523, Bibliothek des DHI Rom, Band 64, Tübingen 1986, bes. S. 25–114 und 151–157. Zur Einführung in die Eigenheiten der vatikanischen Registerserien und in die Bedeutung des Repertorium Germanicum vgl. W. DEETERS, Über das Repertorium Germanicum als Geschichtsquelle, Blätter für deutsche Landesgeschichte 105, 1969, S. 27–43 und H. DIENER, Die grossen Registerserien im Vatikanischen Archiv (1378–1523), Quellen und Forschungen aus italienischen Archiven und Bibliotheken 51, 1972, S. 305–368, auch separat gedruckt Tübingen 1972. Jetzt kommen ab der Mitte des 15. Jahrhunderts als weitere Quellengruppe die Register der Poenitentiarie hinzu, welche unter gewissen Einschränkungen dem Forscher zur Verfügung stehen. Die besten bisher verfügbaren Auskünfte bietet O. VASELLA, Untersuchungen über die Bildungsverhältnisse im Bistum Chur..., in: JHGG 62, 1932.

3. Päpstliche Reservationen in Chur zur Zeit des Schismas

Am Anfang des grossen Schismas hat die überwiegende Mehrheit der Kleriker, die sich im Bereich des Bistums Chur durch das System der päpstlichen Intervention eine Pfründe zu verschaffen suchte, den Weg über die avignonesische Kurie gewählt, zumindest in der Zeit Papst Clemens VII. Wir können diese Bewerber ihrer Herkunft nach in drei Gruppen einteilen, päpstlich-kuriale Bedienstete, österreichisch orientierte Kleriker und Kleriker aus den Bistümern Chur und Konstanz.

1. Päpstlich-kuriale Bedienstete, die in Chur ein Kanonikat erstrebten, sind nicht zahlreich. Zu ihnen zählte der Konstanzer Kleriker DIETHELM LEMAN aus Arbon, der im Jahre 1418 als päpstlicher Scriptor zurückgetreten ist und vorher wahrscheinlich seit den Tagen Clemens' VII. an der Kurie tätig war[9]. Am 13. Januar 1392 liess er sich von Clemens VII. für Kanonikat und Pfründe in Chur providieren mit der bezeichnenden Bemerkung *si contingat privari ULRICUM BURGOVER can. Curiensem adherens Bartholomei*, und am 14.1.1385 hat er diese Provision erneuert[10]. Was steckt hinter dieser Aktion? Während Bischof Johann II. (†1388) zu Urban VI. (mit bürgerlichem Namen Bartholomeo Prignano) gehalten hatte und mit ihm viele Mitglieder seines Domkapitels, verdankte Bischof Hartmann II. jedoch seine Durchsetzung auf dem Churer Stuhl Papst Clemens VII. Auf diese Konstellation setzte also Diethelm Leman und sucht den Obödienzwechsel im Bistum für seine Zwecke nutzbar zu machen.

Der von LEMAN erwähnte Konstanzer Kleriker ULRICH BURGOWER hatte allerdings 1385 ebenfalls bei Clemens VII. um das Kanonikat des verstorbenen Churer Domherren HEINRICH SECTELLI (so die Schreibweise des RG, zu lesen ist aber wohl SAETTLI) suppliziert und war am 2.5.1387 damit providiert worden[11]. Graf Rudolph von Montfort *vicarius in temporalibus ecclesie Curiensis* hatte 1387 nochmals für ULRICH BURGOWER *magistrum in artibus, periti in theologia Constantiensis diocesis* um Kanonikat und Dekansamt von Chur *vacantem per obitum HENRICI SETTELLI ultimi decani ipsius ecclesie extra Romanam curiam defunctum* suppliziert. Als Nonobstanzen wurden angegeben: Kanonikate in St. Michael Beromünster und St. Leonard bei St. Gallen. Aber, so heisst es in der Supplik weiter, *a parrochiali ecclesia Sti. Stephani in Lindow dicte Const. dioc. per virum illum pestiferum Bartholomeum in papatu intrusum expulsus et privatus fuit*. Die Supplik schliesst mit dem üblichen *Fiat G* und dann nochmals

---

[9] Vgl. MEYER Nr. 178 und W. VON HOFMANN, Forschungen zur Geschichte der kurialen Behörden vom Schisma bis zur Reformation, Bibliothek des Preussischen Hist. Instituts in Rom 12, 1, Rom 1914, S. 169 Anm. 9.
[10] RG I, 23 und unten Anm. 64.
[11] Vgl. RG I, 140–41.

Fiat sine alia lectione G[12]. Hatte Burgower die Obödienz gewechselt oder startete Leman nur einen Versuch, dessen Pfründe auf Grund der Bestimmungen von «Execrabilis» (Verbot der Pfründenhäufung ohne Dispens) an sich zu reissen? Nach der soeben zitierten Supplik wäre Burgower ja auch ein Opfer Urbans VI. und seiner Anhänger gewesen. Burgower war bereits 1366 Priester, magister artium in Paris, wo er auch einige Jahre Theologie studierte, und besass damals die Pfarrei in Gossau (Kanton St. Gallen)[13].

Noch zu Zeiten Papst Bonifaz' IX. bewarb sich in Rom auch der spätere Bischof von Gurk, ERNST AUER (1411–32), um ein Churer Kanonikat[14]. Ob er es jedoch innegehabt hat, ist trotz der Erwähnung unter den Nonobstanzen 1404 fraglich[15]. Auch Santifaller führt ihn nicht unter den Brixener Kanonikern auf, obwohl er als solcher bezeichnet wird. Vielleicht hat sich Auer damals an der Kurie aufgehalten und diese privilegierte Position wie viele seiner Konkurialen kräftig für den eigenen Pfründenerwerb ausgenutzt.

Zu den kurialen «Pfründenjägern» gehörte auch PETER LIEBINGER, der seit 1376 an der römischen Kurie als Sekretär, Abbreviator und Scriptor tätig war[16]. Unter seinen Nonobstanzen werden zwischen 1391 und 1403 auch Kanonikat und Präbende in Chur erwähnt[17]. Ob er sie innegehabt hat, ist unsicher, denn seine weiteren Pfründen hat er als Pfarrer von Rodeneck und Domherr in den Bistümern Brixen, Konstanz und Basel[18].

2. Mehrere Bewerber um eine Churer Kapitelspfründe kamen aus dem Umkreis der Herzöge von Österreich. Leopold III. (1365–1386) hielt anders als sein Bruder Albrecht zum avignonesischen Papst Clemens und musste ein Interesse daran haben, im Hochstift Chur Kleriker seines Vertrauens zu finden[19]. ALBERT PEKK (BEK) von STAINACH gehörte in diese Gruppe. Er war Kapellan Leopolds und Helfer HEINRICHS VON DIESSENHOFEN, der das päpstliche Amt eines Subkollektors für Stadt und Bistum Konstanz innehatte und ebenfalls in Chur bepfründet war[20]. Albert supplizierte 1379 in Avignon um das Amt des Churer Thesaurars, welches seiner Meinung nach vakant war, weil BERTHOLD RING es

---

[12] S 70 f 114v.
[13] Vgl. K. RIEDER (Hrsg.), Römische Quellen zur Konstanzer Bistumsgeschichte zur Zeit der Päpste in Avignon 1305–1378, Innsbruck 1908, Nr. 530 und 1473, sowie 1559 und 2119 für Burgowers Pfründen in Beromünster.
[14] RG II, 263 und 1211, III, 112. J. OBERSTEINER, Die Bischöfe von Gurk 1072–1822, Klagenfurt 1969, S. 195–210.
[15] RG II, 1211.
[16] Leo SANTIFALLER, Das Brixner Domkapitel in seiner persönlichen Zusammensetzung im Mittelalter (Schlern-Schriften 7), Innsbruck 1929, S. 368–69, und MEYER (wie Anm. 8) Nr. 867.
[17] RG II, 982–83. Laut Meyer hatte er jedoch bis 1393 nur eine Provision mit einer Anwartschaft.
[18] RG IV, 3165.
[19] Vgl. GÖLLER RG I, 102*ff.
[20] RG I, 46.

mehrere Jahre hindurch (auf Grund von «Execrabilis» unerlaubterweise) neben der Pfarrkirche von Tuggen innegehabt hätte. Ein Jahr später ersuchte er um Kanonikat und Präbende in Chur und erneut um das Thesaurarsamt, welches nun WALTHER KOTMAN ohne die nötige Dispens verwalte. Am 16.3.1381 war er dann im Besitz eines Churer Kanonikats und erhielt die Anwartschaft *personatus et officii in ecclesia Curiensi*[21]. Aus einer Supplik des Jahres 1381 geht hervor, dass ALBERTUS PEKK de STEYNACH, auch *rector altaris sci. Bartholomei in ecclesia Constantiensi* war, *qui per annum in iure canonico studuit et adhuc studet ac qui succollectori camere apostolice in civitate et diocesi Constantiensi per quatuor annos fideliter astitit*[22]. Er wurde in einem Rotulus *ambaxiatoris ducis Austrie* ausserdem *cappellanus Leopoldi ducis* genannt, der eine Anwartschaft auf ein Kanonikat auch in Chur erwarten dürfe[23]. Schon unter Urban V. hatte ein DIETRICH PEKK de STAINACH (ein Verwandter Alberts?) um eine Churer Domherrenpfründe suppliziert[24].

Ein weiteres Beispiel aus der Kategorie der «Österreicher» ist HEINRICH VON RANDEGG, *consiliarius* und *ambaxiator* Herzog Leopolds und Churer Domherr, der allerdings nicht das Amt des Churer Propstes verwaltete[25]. Schliesslich sind RUDOLPH TETIKOVER, Propst des Konstanzer Domkapitels und *capellanus ducis Austrie*, in Bologna studierter Jurist, der 1379 um Kanonikat und Präbende in Chur supplizierte, und HEINRICH DAPIFER VON DIESSENHOFEN, der bereits erwähnte päpstliche Subkollektor zu nennen, der 1378 ebenfalls mit einem Kanonikat der Churer Kirche providiert wurde[26].

3. Der weitaus grösste Teil der Bewerber um Churer Domherrenpfründen, die über den ausserordentlichen Kollator zu einer Pfründe zu gelangen versuchen und uns daher in den vatikanischen Quellen begegnen, stammte aus dem Bistum Chur selbst oder aus dem benachbarten Bistum Konstanz. Aber auch ein Teil dieser Kleriker stand in einer Beziehung zum Herzog von Österreich: In einem *Rotulus Leopoldi ducis Austrie* wird suppliziert *dilecto suo JOHANNI BRUN clerico Constantiensi de canonicatu sub exspectatione prebende ecclesie Curiensis*[27] und im gleichen Rotulus auch *dilecto suo NICHOLAO nato Nicholay de RINVELDEN clerico Constantiensi*, ebenfalls um ein Churer Kanoni-

[21] RG I,4. Ferner RIEDER Nr. 1690, 1914, 2144 und 2145.
[22] S. 62 f 89 r.
[23] S. 62 f 175 r. RG I,4.
[24] RG I, 23. Vgl. MEYER Nr. 957.
[25] RG I, 53. S 58 f 60. GÖLLER RG I, 103*. Gemäss S 62 f 175 v (*Rotulus ambaxiatoris ducis Austrie*) war Heinrich im Juli 1381 präbendierter Churer Kanoniker, jedoch nicht Propst, wie Göller schreibt, RG I, 53. MEYER Nr. 360.
[26] RG I, 131 und I, 46. MEYER Nr. 893.
[27] RG I, 72. S 56 f 175.

kat[28]. In dem bereits zitierten *Rotulus ambaxiatoris ducis Austrie* erscheint ein RUODOLPHUS de TROSTBERG als *canonicus prebendatus ecclesie Curiensis ex utraque parente de genere militari procreatus*. Es ist der von 1387 bis 1420 belegte Dekan des Churer Kapitels[29]. Für den sowohl in Chur wie in Brixen bepfründeten RUDOLPH STUKKI aus Winterthur ist eine nähere Beziehung zum Herzog von Österreich ebenfalls zu vermuten[30], ebenso für JOHANN ITELHANS DAPIFER VON DIESSENHOFEN, der am 2.6.1380 mit einem Churer Kanonikat providiert wurde[31]. In einem *Rotulus quorundam Constantiensium* supplizierte JOHANN dictus ANHUSER, der damals bereits Thesaurar von Embrach war, um eine Churer Dompfründe, ohne dass wir aus den vatikanischen Quellen etwas über seinen Erfolg aussagen können[32]. Das gleiche gilt für die Supliken der beiden Ritterbürtigen CONRADUS DE GACHNACH und EGLOLFUS DE ROSTACH, wobei letzterer wenigstens eine Provisionsbulle sich hat ausstellen lassen[33]. Von den anderen in den vatikanischen Registern auftauchenden Supplikanten um Churer Kanonikate lässt sich ausser dem Namen weiter nichts angeben, nur die Churer Quellen könnten hier weiterhelfen[34].

---

[28] RG I, 116. S 56 f 173 v.
[29] Vgl. HS S. 549. LA 635. MEYER Nr. 895.
[30] RG I, 131. LA 626. SANTIFALLER S. 480–82. Meyer Nr. 216 und 1014 zu den Stukki.
[31] RG I, 83.
[32] RG I, 69. S 56 f 16 Or.
[33] 22.2.1381: RG I, 26.
[34] 1. Antonius Leutfried (Lentfred), Pfarrer von Flums (?), providiert am 25.9.1388, wohl nicht identisch mit Anton Lentfried (HS S. 569/70; RG I, 7) 2. Albert Mosman, dessen Tod der Churer Nekrolog am 11.9.1398 verzeichnet (LA 639), war am 15.11.1378 mit einem Churer Kanonikat providiert worden, das er bis zu seinem Tode innehatte (RG I, 4). Um 1350 geboren gab er an, in Prag die artes studiert zu haben (RIEDER Nr. 1851). Über seine Pfründen in Augsburg lässt sich weiter nichts mitteilen. MEYER Nr. 10. 3. Alfons Johannes de Alcantara, cler. Cur. (RG I, 5) 4. Conrad Balling de Moringen, cler. Const. (RG I, 16) 5. Conrad Tricabas, presb. Cur. (RG I, 21) 6. Heinrich Krapf, cler. Cur. (RG I, 50) 7. Jodocus Goldsund, cler. Cur. (RG I, 67) 8. Johannes Bentz(en), cler. Cur. (RG I, 71) 9. Johannes von Emps, canon. von Beromünster, prov. für Chur am 7.3.1388 (RG I, 77) 10. Johannes Golckah, cler. Const. (RG I, 79) 11. Johannes Halonnei, Const. (RG I, 80) 12. Johannes Preconis de Meningen, subdiac. Const. war auch Offizial von Chur (HS S. 515. RG I, 93) 13. Johannes Sprinczen, cler. Cur.(RG I, 98) 14. Johannes Swellgruibel, cler. Const. prov. 26.5.1385, (RG I, 99) 15. Otto Gunderscher, presb. Const. (RG I, 119) 16. Rudolph Puontzh, cler. Curien. suppliziert um das Kanonikat des verstorbenen Johannes dictus Machelshoven (RG I, 130, 1380). Dessen Tod verzeichnet der Churer Nekrolog (LA 634): 13.7.1380 ob. *Iohannes de Machelmshofen can. ecclesie Curiensis*. Beide Daten stimmen also überein. 17. Stephan Echinger, cler. Const. (RG I, 132) 18. Werulinus Sparegg de Cloten, cler. Const. (RG I, 147, vgl. auch RIEDER Nr. 1867) 19. Johannes Luprecht, Churer Kanoniker und Scholaster, erscheint 1388 auch als Prokurator Bischof Hartmanns II. (RG I, 87; HS S. 558) 20. Rudolph Bellazun, der uns noch begegnen wird, wurde bereits am 7.3.1388 mit einer Churer Pfründe providiert (RG I, 126).

4. Zum Churer Domkapitel im 15. Jahrhundert

Wie bereits festgestellt hielten Bischof Hartmann II. und sein Domkapitel zur Avignoneser Observanz, bis sie unter Bonifaz IX. den Wechsel nach Rom vollzogen[35]. Durch die Konzilien von Konstanz und Basel wurden nun generell die am Alpenrand gelegenen Bistümer und Stifte stärker in das Bewusstsein der kurialen Kleriker gerückt, die dort verfügbare Pfründen in ihre Planung einbezogen. Ausgestattet mit den Vorteilen, welche die kuriale Position ihnen sicherte, bewarben sie sich vermehrt um Pfründen dieses Raumes. Dieser Vorgang lässt sich auch im Bistum Chur unter Papst Martin V. anhand der päpstlichen Register beobachten.

Bei dem mittelalterlichen Amtsverständnis ist es nicht verwunderlich, dass auch die auf dem Konzil in Konstanz neu ernannten Churer Bischöfe nicht nur ihre Anhänger in das Domkapitel zu bringen trachteten[36], sondern auch ihren Verwandten im Bistum zu Pfründen verhalfen. Von Bischof Johann IV. Naso (am 11.7. ernannt) ist bereits vom 3.11.1418 eine Supplik überliefert, mit der er für seinen Onkel NICOLAUS NASO, einen studierten Juristen, neben der Propstei von Embrach das Kanonikat des am 28.9.1418 verstorbenen Churer Domherren GUNTHELM SCHORANDI (sein Tod wird im Churer Nekrolog zu diesem Tag verzeichnet[37]) erbat. Nicolaus geriet aber über diese Pfründe in Konflikt mit CONRAD HOFLICH und hat das Kanonikat wohl nicht innegehabt[38].

4.1 Der Streit um das Churer Dekanat 1420–1425

Auf die in den 1420er Jahren freiwerdenden oder auf Grund von «Execrabilis» widerrechtlich gehaltenen Churer Pfründen setzte ein regelrechter Ansturm von zumeist juristisch ausgebildeten und kanonistisch-verfahrenstechnisch mit allen Wassern gewaschenen Klerikern der römischen Kurie ein. Ein prinzipiell positiver Vorgang, der sich aus dem Reformgeist von Konstanz erklärt. Derartige Prozesse sind dann an der Kurie hängig und werden dort unter den Kurialen zum Teil weitervererbt. Wir können dieses Phänomen hier an einigen Beispielen aus der Zeit Martins V. verfolgen.

Am 22.7.1420 starb der ehemalige Churer Dekan RUDOLPH VON TROSTBERG. Seit dem 21.7. ist RUDOLF BELLAZUN, aus einer bürgerlichen Churer Fa-

---

[35] Siehe oben S. 493 und J.G. MAYER, Geschichte des Bistums Chur, Band 1, Stans 1907, S. 399f.
[36] Siehe unten Kapitel 4.8.
[37] LA 640.
[38] RG IV, 2955–56. H. MAURER, Das Stift St. Stephan in Konstanz (Germania sacra NF 15, Btm. Konstanz 1), Berlin 1981 S. 333. Vgl. auch unten S. 501 sowie MEYER Nr. 128.

milie stammend und seit 1411 Domscholaster, als neuer Dekan urkundlich belegt, aber sein Dekanat blieb bis zu seinem Tode heiss umstritten[39]. Der Konstanzer Kleriker und päpstliche Subkollektor CONRAD HOFLICH, ein Gegner Bellazuns und Bischof Johanns, der ihn zeitweise einsperren liess, war damals schon Churer Domherr und Archidiakon unter der Landquart[40]. Hoflich versuchte nun, die von Bellazun neben dem Scholasteramt innegehabte Pfarrei von Rötis, welche dieser als Dekan offenbar ohne die nötige Dispens weiter beanspruchte[41], zu erhalten, was ihm offenbar auch gelang[42]. Um die Pfarrei von Rötis bemühte sich aber zur gleichen Zeit auch der Konstanzer Succentor JOHANNES BOSCH[43].

Bellazuns Dekanat wurde auch durch den kurialen Prokurator und Paderborner Kleriker JOHANNES HESSE gefährdet[44]. Hesse hatte schon 1418 das Kanonikat ULRICH LANGENHUSERS beansprucht, der während eines Interdiktes nach der Gefangennahme des Domherrn LUDWIG VON HORNSTEIN durch den Grafen von Toggenburg die Messe zelebriert hatte und deshalb als abgesetzt zu gelten hätte. Seit 1419 hatte es Hesse auch auf das Dekanat Rudolfs abgesehen, weswegen er gegen ihn prozessierte und nach dessen Tod in seine Rechte eintreten wollte[45]. Einen Versuch, hier ins Geschäft zu kommen, machte auch der Mainzer Kleriker HEINRICH VON STEINHEIM am 9.10.1420 ohne aktenkundigen Erfolg[46].

Ein weiterer Kurialer, der Kölner Kleriker FRIEDRICH SASSE, versuchte mit einer Supplik vom 21.11.1421 seinerseits in diesen verwickelten Rechtsstreit einzusteigen, indem er sowohl in die Rechte Trostbergs wie Hesses, der inzwischen verstorben war, auf das Churer Dekanat eintreten wollte und Rudolf Bellazun einen Intrusus nannte. Friedrich war sich seiner Sache relativ sicher, denn am 11.12.1422 verpflichtete er sich zur Annatenzahlung für Hesses Kanonikat[47]. Der Kanzler Bischof Johanns, HEINRICH EGGHARD[48] jedenfalls supplizierte erst am 24.11.1421 um Kanonikat und Präbende Rudolfs und Johann Hesses und hatte damit ein für den Pfründenprozess nachteiligeres Datum, deswegen verfolgte er wohl diese Angelegenheit vorerst nicht weiter.

---

[39] Vgl. HS S. 549–50.
[40] RG IV, 444 und 2178, ferner MAURER S. 331–32. MEYER (wie Anm. 8) Nr. 128.
[41] RG IV, 3298–99.
[42] RG IV, 445–46.
[43] RG IV, 1654.
[44] RG IV, 2019–20.
[45] RG IV, 2020.
[46] RG IV, 1299.
[47] RG IV, 751.
[48] Zu ihm vgl. HS S. 516. RG IV, 1074.

Aber RUDOLPH BELLAZUN wusste sich zur Wehr zu setzen, schliesslich war auch er im Kirchenrecht ausgebildet und konnte die juristischen Züge seiner Gegner mit gleicher Klinge parieren: Am 2.8.1419 hatte er um Genehmigung nachgesucht, neben Kanonikat und Scholastrie in Chur auch die Pfarrkirche in Rötis beizubehalten und ein Placet für 6 Monate erhalten. Nach dem Tode JOHANNES HESSES supplizierte er am gleichen Tag wie HEINRICH EGGHARD (24.11.1421) um den Eintritt in dessen Rechte auf das Churer Dekanat. Inzwischen hatte aber Friedrich Sasse die besseren Ansprüche auf das Dekanat: Am 14. Juli 1423 erbat Bellazun daher in Rom erneut die Verleihung dieses Amtes, welches nach dem Tode Trostbergs und Hesses und der offenbar inzwischen erfolgten Resignation Sasses als vakant bezeichnet wird. Am 30.3.1424 wird er als Canonicus Curiensis und Dekan tituliert. Für den Besitz der Pfarrei Rötis erklärt er sich bereit, 30 Gulden «Busse» an die apostolische Kammer zu zahlen. Rudolph hatte sich zur direkten Klärung seiner pendenten Prozesse persönlich an die Kurie begeben und seine Interessen nicht durch Prokuratoren vertreten lassen, die letzten drei für ihn ausgestellten Dokumente datieren vom 30. und 31.3.1424[49]. Kurz danach muss er die Heimreise angetreten haben, denn der Liber Anniversarum meldet: *Anno 1424 Ruodolfus Bellezun decanus ecclesie Curiensis exivit de curia Romana et prope civitatem Papie circa Padum gladiis impiorum occubuit, requiescit in Papia.* Er hinterliess seiner Kirche 40 Pfund Churer Münze[50].

In den Kampf um das Dekansamt des Churer Domkapitels hatte sich auch ANDREAS DALEN, ein «berüchtigter Pfründenjäger[51]» und päpstlicher Familiar wiederum von Rom aus eingeschaltet. Wenn er auch wohl nie das Amt verwaltet hat, so testierte er doch in zwei römischen Dokumenten als *decanus Churiensis*[52]. Dalens Rechtstitel auf das Dekanat müssen tragfähig gewesen sein, denn der nächste nachweisbare Dekan HERMANN BUERSER[53] erhielt dieses Amt auf Grund päpstlicher Verfügung, wobei er auf die Resignation durch Dalen in der Rechtsnachfolge Friedrich Sasses und Rudolphs von Bellazun im Text seiner Supplik ausdrücklich verwies[54]. Ausserdem verpflichtete sich Buerser zur Annatenzahlung durch eben diesen magister und Abbreviator der Kurie Andreas Dalen am 14.11.1425, die Zahlung von 18 Kammergulden ist für den 12.12.1425 bescheinigt[55]. Nicht oft lässt sich der mit den Waffen des kanonischen Rechts geführte Kampf um eine Pfründe so genau nachzeichnen.

[49] Alle vorhergehenden Angaben aus RG IV, 3299.
[50] LA 627.
[51] O. VASELLA in: ZSKG 59, 1965, S. 101.
[52] Vgl. HS S. 550. RG IV, 83 vom 20.10.1424 und RG IV, 2287 vom 13.11.1424. Präbendierter Chorherr in Chur war Dalen jedenfalls bereits am 8.2.1424: RG IV, 115.
[53] Dekan bis 1453, HS S. 551. Auch er war lic. in decretis.
[54] Supplik und Bulle vom 16.7.1425, RG IV, 1365.
[55] RG IV, 1365.

HEINRICH EGGHARD, der gemäss einer Churer Urkunde wohl auf Grund seiner Supplik vom 21.6.1424 nach dem Tode Bellazuns das Dekanat zu erlangen hoffte, kam nicht zum Zuge, denn an der Kurie hatte man von Bellazuns Hinscheiden früher Nachricht erhalten als in Chur oder Konstanz[56]. Er bemühte sich gleichwohl weiter um das Amt: Nachdem er sich über die Rechtslage besser informiert hatte, supplizierte er zweimal unter dem 24.6.1427 *de surrogatione ad iura Andree Dalen abbrev. fam. contra quem litigat super can. et preb. Curiensem vacantem per obitum Friderici Sasse et Rudolphi Traseberg* (besser: *Trostberg*[57]), ohne dass wir etwas über den Erfolg dieser Aktion aussagen können. Immerhin scheint Egghard durch den Verzicht ANDREAS DALENS auf seine Ansprüche bezüglich eines Churer Kanonikats (letztmals am 26.6.1427 belegt[58]) zu einer Domherrenpfründe gekommen zu sein: Am 14.7.1427 verpflichtete er sich zur Zahlung der Annaten für Kanonikat und Präbende in Chur *vacantem per resignationem Andree Dalen*.

4.2 Die Heirat des Propstes Rudolph von Werdenberg

Graf Rudolph von Werdenberg-Sargans, seit 1380 Churer Dompropst, hatte vor dem 15.3.1415 geheiratet und damit den geistlichen Stand aufgegeben, nicht jedoch seine Pfründe am Hochstift. Durch diesen Schritt galten seine Pfründen prinzipiell als vakant[59]. Einer der berüchtigten «Pfründenjäger» der damaligen Zeit, NICOLAUS VOLRAT[60], bewarb sich daraufhin am 9.2.1425 um die Churer Propstei, die durch diese Eheschliessung vakant sei. Volrat war an der Kurie tätig und starb 1449 als päpstlicher Abbreviator bei Perugia an der Pest[61]. Er scheint die Pfründe des Propstes auch erhalten zu haben, denn ein anderer kurialer Kleriker, JOHANNES LEDICHGANTS, supplizierte am gleichen Tag um den Eintritt in die Ansprüche auf Volrats Churer Kanonikat[62]. Die Daten der Suppliken lassen eine Absprache zwischen Nicolaus und Johannes vermuten. Am gleichen Tag hatte ein weiterer Kleriker um die Propstei von Zofingen suppliziert, welche Volrat bisher innehatte und von der der Betreffende wusste, Volrat

---

[56] RG IV, 1074. HS S. 516 und 550 sowie VASELLA (wie Anm. 51).
[57] RG IV, 1074.
[58] RG IV, 83.
[59] RG III, 331. Vgl. E. von OTTENTHAL, Regulae Cancellariae Apostolicae. Die päpstlichen Kanzleiregeln von Johannes XXII. bis Nikolaus V., Innsbruck 1888, S. 20 Nr. 28.
[60] RG IV, 2876–83 und MEYER (wie Anm. 8) Nr. 814.
[61] Vgl. VON HOFMANN (wie Anm. 9) I, 121.
[62] RG IV, 2081. Ein Propst darf in der Regel kein weiteres Kanonikat besitzen, Nicolaus musste also wohl aus Gründen der Statuten seinen Anspruch an der Kurie resignieren, worauf Ledichgants offenbar schon gewartet hatte.

werde sie (aufgrund von «Execrabilis») nach Erhalt der Churer Propstei abgeben müssen. Tatsächlich gab Volrat seine Ansprüche auf das Churer Kanonikat auf, und Johannes verpflichtete sich zur Annatenzahlung am 17.4.1425[63].

4.3 Die Kanonikate Lemans und Egghards: Weitergabe unter Kurialen

Von Magister DIETHELM LEMAN aus Arbon war bereits die Rede. Schon 1385 hatte er sich – damals offenbar noch ohne Erfolg – mit Kanonikat und Präbende in Chur providieren lassen[64], welche er noch am 13.8.1420 unter den Nonobstanten angibt[65]. Um 1420 scheint Leman diese Pfründe resigniert zu haben, weil DIETHELM BLARER, der 1417 noch in Heidelberg studierte, mit ihr zuletzt am 29.4.1421 providiert wurde und sie unter seinen Nonobstanten angab, bis er sich am 4.4.1422 zur Annatenzahlung verpflichtete. Als Leman sein kuriales Amt aufgab (möglicherweise um 1418, als Martin V. auf Grund der Konstanzer Konkordate die Zahl der Kurialen reduzieren musste), verlor er seine Prärogative als päpstlicher Abbreviator, besass allerdings noch genug Pfründen in der Heimat, auf welche er sich zurückziehen konnte. Im Alter von etwa 70 Jahren starb er am 2. März 1431 in Konstanz[66].

Blarer war nicht der einzige Kuriale, der sich um Lemans Pfründe bewarb: HEINRICH BECKEMAN suppliziert darum am 14.2.1420, zu spät um Blarers Ansprüche gefährden zu können. JOHANNES POLING tat das bereits am 6.12.1418, aber seine Supplik enthielt einen Fehler, gab er doch an, Diethelm Leman sei verstorben und seine Pfründen vakant[67], deshalb reüssierte er in diesem Fall nicht, aber dafür beim nächsten Versuch. CONRAD HOFLICH, von dessen Streit um die Pfarrei von Rötis wir bereits gesprochen haben, gab noch Ende November 1429 an, eine Domherrenpfründe in Chur zu besitzen[68]. Am 3.2.1430 wurde JOHANNES POLING damit providiert *vacantem per resignationem Conradi* HOFLICH, verpflichtete sich zur Annatenzahlung und quittierte dafür 20 Kammergulden am 18.9.1430, was bedeutet, dass er die Pfründe tatsächlich erhalten hat[69].

---

[63] RG IV, 465–66.
[64] RG I, 23 und III, 101. MAURER (wie Anm. 38) S. 260.
[65] RG IV, 571.
[66] RG IV, 569. Blarer folgte auch Leman als Propst von St. Stephan, MAURER S. 260–61. Zur Reduzierung: Th. FRENZ, Zum Problem der Reduzierung der Zahl der päpstlichen Kanzleischreiber nach dem Konzil von Konstanz, in: Festschrift Peter Acht, Kallmünz 1976, S. 256–73.
[67] RG IV, 2248. MEYER Nr. 498.
[68] RG IV, 446. HS S. 575 gibt als Datum Dezember 1428 an. Es handelt sich wohl um dieselbe Pfründe, um welche er mit Nicolaus Naso nach dem Tode Gunthelm Schorandis prozessierte, RG IV, 2956.
[69] RG IV, 2249.

Wenn ein Kanonikat also erst einmal in die Hände eines Klerikers der Kurie gelangt war, liessen es diese nicht so leicht wieder einem Nichtrömer zukommen. Das ist auch am Beispiel der Domherrenstelle zu beobachten, um die sich 1411 der Familiar des Kardinalpriesters Jordan von S. Lorenzo in Damaso, KONRAD EGGHARDI, bemühte und welche er dann als päpstlicher Scriptor spätestens 1416 auch besass[70]. Nach seinem Rückzug von der Kurie tauschte er das Churer Kanonikat mit CONRAD SCHMID, einem ehemaligen Familiaren Papst Martins V. aus der Zeit seines Kardinalats, gegen ein Kanonikat in Zürich[71]. Schmid durfte diese und andere Pfründen im Bistum Konstanz an der Kurie bis zu seinem Tode (6.8.1432) geniessen. Es nimmt nicht Wunder, dass sich Schmid nach dem Tode Bellazuns auch um dessen Dekanat bewarb, wegen des zu späten Supplikdatums vom 31.5.1424 aber ohne Erfolg[72].

4.4 Der Streit um die Nachfolge Peter Schuchlers

Am 4. Juli 1430 wurde früh am Morgen in Chur der Scholaster Peter Schuchler ermordet: *tempore matutinarum ante capellam s. Laurentii in curia Curiensi crudeliter interemptus*[73]. Er war nur wenige Monate scholasticus gewesen[74]. Um sich Hoffnungen auf die Nachfolge in seinem Kanonikat zu machen, galt es wegen der «reservatio octo mensium», möglichst rasch darum in Rom zu supplizieren, und diesmal waren die Kleriker vor Ort im Vorteil. Drei Suppliken um das Kanonikat des armen Peter sind überliefert: Der Konstanzer Kleriker JOHANNES CRAMER erlangte sie unter dem Datum vom 24. Juli, keine drei Wochen nach dem Mord[75]. Nur einen Tag später ausgestellt ist diejenige JOHANNES HAGENDORNS[76]. Beide haben sich also beeilt, an die Kurie zu gelangen. Erst vom 8. August datiert die Supplik für den Zurzacher Chorherren BARTHOLOMAEUS BURGAUER[77]. Wer von den dreien hat sich durchgesetzt?

Wir wissen es nicht, nach dem Datum der Supplik vermutlich Cramer. Hagendorn hatte sich bereits früher um eine Churer Domherrenstelle bemüht: 1420 gab er die Exspektanz auf eine Churer Pfründe als Nonobstanz an, am

---

[70] RG III, 89–90 und IV, 417. MEYER Nr. 117.
[71] RG IV, 418 vom 10.3.1422 bzw. 507 vom 27.5.1422. MEYER (wie Anm. 8) Nr. 156.
[72] Vgl. MAURER S. 333–34.
[73] LA 634.
[74] HS S. 559.
[75] RG IV, 1773. MAURER S. 340. MEYER S. 109 zur durchschnittlichen Dauer von 3 Wochen für das Eintreffen einer Supplik an der Kurie aus dem süddeutschen Bereich.
[76] RG IV, 1968.
[77] RG IV, 184. MEYER Nr. 34.

12.2.1424 war er im Besitz derselben[78]. Vor dem 24.4.1428 hat er das Kanonikat resigniert, denn JOHANNES TUGWASS supplizierte an diesem Tag darum, und Hagendorn gab die Bulle, die er sich am 1.6.1429 optimistischerweise hatte ausstellen lassen, zurück, um die Annaten nicht zahlen zu müssen[79]. Gleichwohl supplizierte Hagendorn um die Pfründe des verstorbenen Churer Chorherren JODOK FARSSLI (wohl VAISTLI oder VEYSTLI, providiert 1415[80]), am 24.11.1429 und am 25.7.1430 um die Peter Schuchlers[81]. Hagendorn war auch Pfarrherr von Wattwil (Kanton St. Gallen) und verstarb vor dem 14.9.1435[82].

4.5 Die Heirat des Heinrich Egghart

Der Mainzer Kleriker HEINRICH EGGHART war im Gefolge Bischof Johann Nasos als dessen Kanzler nach Chur gekommen. Seinen Kampf um das Dekanat Bellazuns haben wir bereits verfolgt. Heinrich beendete offenbar seine geistliche Karriere durch Heirat, die kurz vor 1430 erfolgt sein muss (oder vielleicht ihm auch nur unterstellt wurde). Auf jeden Fall supplizierte der ebenfalls aus Mainz stammende CONRADUS THEODERICI, welcher bereits in Prag bepfründet war und eine Pension aus der Pfarrei von Mels bezog, am 22.9.1430 *de canonicatu et prebenda Curiensi vacantes per matrimonium Henrici Eckardi et post obitum Radulphi Bellizon*[83]. Danach bemühte sich der Konstanzer Kanoniker HERMANN VON LANDENBERG um Egghart Pfründe, und zwar mehrfach mit der gleichen Begründung, sie sei durch Heirat vakant geworden[84]. Wie die Nachricht des Churer Nekrologs, dass Heinrich in seinem Testament am 2.8.1435 die Einkünfte seines Gnadenjahres der Churer Kirche hinterlassen habe, mit dem Inhalt der Suppliken in Einklang gebracht werden kann, ist unklar[85]. CONRAD THEODERICI jedenfalls liess in seinem Bemühen um die Pfründe Egghart nicht locker und supplizierte nach fünf Jahren am 15.9.1435 erneut darum[86]. Immerhin war die Nachricht (oder das Gerücht) von der Heirat des *Heinricus secretarius vel vicarius in spiritualibus generalis Johannis episcopi Curiensis* weit verbreitet, denn ein bekannter «Pfründenjäger» namens JOHANNES TANHEIM, decretorum doctor und Konstanzer Kleriker, suppliziert am 13.12.1436 *de can. et preb. eccl. Curien.*

---

[78] RG IV, 1967–68.
[79] RG IV, 2462. MEYER Nr. 548.
[80] RG III, 189 und IV, 1580.
[81] RG IV, 1968.
[82] S 311 f 217 r.
[83] RG IV, 531 und L 304 f 173.
[84] S 269 f 280 vom 17.2.1432. Gleiche Supplik vom 10.2., S 275 f 82 und 15.2., S 275 f 104 v.
[85] LA 636.
[86] S 312 f 75.

*vacantem per matrimonium Henrici*⁸⁷. Heinrich Egghart war in der Tat einige Zeit Sekretär und Generalvikar Bischof Johann Nasos gewesen⁸⁸. Neben Tanheim supplizierte auch der Konstanzer Kleriker HEINRICH WALDER aus dem gleichen Grund der Heirat um Eggharts Kanonikat⁸⁹. Insbesondere Theoderici liess nicht locker, sogar das Basler Konzil muss sich auf Antrag Heinrichs am 17.7.1438 mit dem Fall befassen⁹⁰. Ganz lässt sich sein Fall aus den päpstlichen Registern allein nicht klären.

4.6 Die Gebrüder Tyfer

Zwei Brüder aus dem Konstanzer Geschlecht der Tyfer tauchen um die Mitte des 15. Jhdts. über den «römischen Weg» im Bereich des Hochstifts auf: LEONHARD und FRIEDRICH TYFER. Der erstere brachte es zum päpstlichen Kollektor für Konstanz und Chur und supplizierte am 26.4.1449 um das erste freiwerdende Kanonikat in Chur⁹¹. Neben seinen anderen Pfründen behielt er die in Chur bis zu seinem Tode vor dem 17.7.1481 bei⁹². Sein älterer Bruder Friedrich, doctor decretorum, hatte seit 1437 die mit 22 Mark Silber zu Buche stehende Pfarrei von Rötis im Besitz, er starb am 15.6.1454⁹³. Nach dem Tode Friedrichs supplizierte der Kuriale BERNHARD ELLENBOG mit Unterstützung des Kardinals Nikolaus von Cues um die Pfarrei Rötis⁹⁴.

4.7 Zwei Kanoniker gegen den Bischof: Johannes Amseller und Ulrich Langenhuser

Der aus einem ritterlichen Geschlecht stammende JOHANNES AMSELLER gehörte dem Churer Domkapitel seit 1416 als Kantor und seit 1441 als Dompropst an. Er spielte als Gegner des Bischofs und einer der drei Hauptleute des Gotteshausbundes eine wichtige Rolle im Bistum um die Mitte des 15. Jahrhunderts⁹⁵. Am-

---

87 S 329 f 275 v. MEYER Nr. 534.
88 HS S. 516.
89 S 331 f 250 vom 6.2.1437.
90 Concilium Basiliense Band 6, hrsg. von G. BECKMANN, Basel 1926, S. 275.
91 RG VI, 3961.
92 MAURER (wie Anm. 38) S. 343. MEYER Nr. 765.
93 MAURER S. 342. RG IV, 2904. MEYER Nr. 226, das Todesdatum nach Meyer.
94 S 475 f 49 v. Vgl. dazu E. MEUTHEN, Die Pfründen des Nikolaus von Cues (Mitteilungen und Forschungsbeiträge der Cusanusgeschellschaft 2), 1962, S. 15–66 ohne Erwähnung dieses Falles.
95 HS S. 540.

seller besass auch die Pfarrei von St. Martin in Chur, offenbar ohne den dafür notwendigen päpstlichen Dispens. Auf Grund dieses Mankos versuchten einige Kleriker, ihm seine Pfründen streitig zu machen. Zuerst ist hier der im Pfründensammeln sehr erfolgreiche WIGAND PISTOR von Amelborg zu erwähnen. Er supplizierte am 20.2.1425 um das Churer Kanonikat, welches durch Resignation JOHANN VON SENGENS freigeworden sei. Er behauptete auch, die Art und Weise, mit der Amseller in den Besitz der Pfründe gekommen war, sei rechtswidrig: Nach der Resignation der Stelle durch HEINRICH VON GREIFENSEE in die Hände Bischof Hartmanns (also vor 1416) habe Propst RUDOLPH VON SARGANS ihm diese übertragen, ebenso die durch Tod des Inhabers ledig gewordene Pfarrei St. Martin. Wigand war sich seines Erfolges recht sicher, denn er verpflichtete sich am 15.10.1426 zur Annatenzahlung[96]. Inzwischen hatte auch der Churer Kleriker JOHANNES VATZEROL um Kantorei und Pfarrei St. Martin suppliziert, die Amseller ohne Dispens innehabe[97]. Die Prozesse aber schleppten sich hin: Wigand zog alle Register seines juristischen Könnens (so supplizierte er *quod littere ... non nisi auditori presentare teneatur* am 31.12.1426 und *De provisione si neutri ...* am 17.12.1427), bis sich offenbar das Gerücht verbreitete, Amseller sei gestorben: Sowohl WIGAND PISTOR (am 25.2.1429[98]) wie auch VATZEROL (schon am 11.2.1429[99]), dem es nur noch um die Pfarrei von St. Martin ging, supplizierten *de surrogatione ad iura quondam Johannis Ampsaler*. Ein dritter Kleriker erwähnte in seiner Supplik vom 22.2.1429 ebenfalls den Tod des Johannes[100]. Amseller ist jedoch über 70 Jahre alt geworden und erst nach 1460 verstorben[101].

Johannes Amseller seinerseits supplizierte am 6.12.1431 *de reformatione provisionis de dispensatione ad unionem cantorie Curiensis cum parrochiali ecclesie S. Martini Curiensis*[102]. Eine weitere Reformation seiner Supplik reichte er am 23.12.1431 ein. Hier führte er an, das Kanonikat sei durch die Resignation GREIFENSEES bzw. durch den Tod eines JOHANNES SCHMITZ frei geworden und nimmt auch Bezug auf den Streit mit WIGAND PISTOR bzw. JOHANNES VON SENGEN[103]. Auf eine erneute Supplik hin vom 10.2.1432 *cum expressione dispensationis ad unionem ad vitam* wird ihm Dispens nicht wie beantragt auf Lebenszeit, sondern nur für einen Zeitraum von zwei Jahren bewilligt[104]. Am 2.7.1432 konnte er

---

[96] Alle Daten aus RG IV, 3718. Vgl. auch MEYER (wie Anm. 8) Nr. 1048.
[97] RG IV, 2485.
[98] RG IV, 3719.
[99] RG IV, 2485.
[100] RG IV, 1482.
[101] HS S. 540.
[102] S 272 f 93 und 95.
[103] S 273 f 57.
[104] S 275 f 39 v: ... *concessum ad biennium* ...

schliesslich in einer jetzt den juristischen Sachverhalt seiner Ansprüche korrekt referierenden Form supplizieren *de perinde valere possessionis de cantoria ecclesie Curiensis vicariatum parrochialis ecclesie S. Martini Curiensis post obitum JOHANIS SCHMITZ auctoritate ordinaria assecutam sine dispensatione ad incompatibilitatem et de canonicatu et prebenda dicte ecclesie Curiensis vacantem per resignationem JOHANNIS de SENGEN, quos pro capella S. Laurentii in castro Curiensi in manibus episcopi Curiensis resignavit, permutavit*[105]. Am 31.3.1441 erbat JOHANNES AMSELLER, *de militari genere* und Churer Kanoniker, vom Papst die Propstei des Domstifes Chur, welche durch die Wahl des bisherigen Propstes KONRAD VON HOHENRECHBERG zum Bischof von Chur vakant geworden war[106]. Er erhielt die Propstei wohl auch sofort, denn seit dem 2.10.1441 ist er als Inhaber dieses Amtes bezeugt.

Zu den im Kampf gegen Bischof Heinrich von Konstanz aktiven Klerikern des Bistums Chur gehörte auch ULRICH LANGENHUSER, gen. TAESCHENMACHER. Er wird in der Bulle Nikolaus V. gegen die Feinde des Churer Bischofs zusammen mit JOHANN AMSELLER und den anderen Kanonikern FRIEDRICH PLANTA, HARTMANN VON CASTELMUR, RUDOLPH VON RORSCHACH, JOHANNES VON SCHOWENSTEIN und HEINRICH STEFANI namentlich aufgeführt[107].

JOHANNES VON SCHOWENSTAIN hatte sein Kanonikat durch Permutation von LUDWIG VON HORNSTAIN übernommen, am 28.4.1424 supplizierte er um Genehmigung dieser Aktion[108]. Wie aus dem Nekrolog hervorgeht, hatte LUDOVICUS DE HORNSTAIN *armiger, olim canonicus Curiensis* sein Kanonikat aufgegeben und war in den Ritterstand zurückgekehrt[109]. Den ehemaligen Mitbrüdern hinterliess er 100 Gulden, was im Nekrolog dankbar vermerkt wurde. ULRICH LANGENHUSER war mindestens seit 1415 Churer Kanoniker, am 2.4.1419 supplizierte er um die Pfarrkirche im Lugnez, weil der Pleban CASPAR VON SAX-MISOX nicht die Weihen empfangen hatte (Langenhuser war damals schon Priester)[110]. Die Kontroversen zwischen Bischof Johannes und dem Gotteshausbund scheinen sich auch in den Vatikanregistern niedergeschlagen zu haben: Die Gegner Nasos wurden von bischofsfreundlich gesonnenen Klerikern, die es auf ihre Pfründen abgesehen hatten, mit den rechtlichen Mitteln des Reservationswesens bekämpft. So liess sich der Mainzer Kleriker JOHANNES DE ECHTE *presens in curia* mit Kanonikat und Präbende in Chur providieren. Am 28.10.1438 suchte er

---

[105] S 278 f 125.
[106] S 372 f 183 v.
[107] RG VI, 1899 vom 28.2.1453. Vgl. auch RG VI, 93.
[108] RG IV, 2350.
[109] LA 642, er starb am 21.10.1429.
[110] RG II, 388 und IV, 3640.

um eine *reformatio provisionis et expressione derogationis statutorum et dignitatis ULRICI TASCHAMACHER dicte can. et preb. detentoris* nach[111].

Als Langenhuser – im Besitz des Churer Kanonikats und des Archidiakonats «von Ruschein» (= Surselva) – am 21.11.1452 starb, hinterliess er aus dem Einkommen seines Gnadenjahres 38 Pfund und 12 Schillinge[112]. Um den Archidiakonat supplizierte am 20.3.1453 Magister MARTIN SCHETTLER, Kaplan Bischof Heinrichs[113], der auch Langenhusers Kanonikat erhielt (um welches sich auch zwei Kardinals-Familiaren bemühten, PORPHIRIUS DE ECKINGEN und JOHANNES BECK[114]). Zu den Gegnern Langenhusers zählte auch BURKHARD LAESSER, zeitweise Generalvikar Bischof Heinrichs[115]. Gegen Laesser wiederum prozessierte um dessen Pfründen ein JOHANNES LANGENHUSER, wohl ein Verwandter Ulrichs, Pfarrer in Salux, der vor dem 26.9.1450 verstarb[116]. Die Verhältnisse im Bistum spiegeln sich – wenn auch verschwommen – im Kampf um die Pfründen wider.

4.8 Churer Pfründen von Kurialen unter Eugen IV. und Nikolaus V.

Im Kampf um das Bistum Chur hatte Bischof Johann natürlich ein besonderes Interesse, seine Anhänger in das Kapitel zu setzen. Zu diesem Zwecke liess er sich am 29.8.1433 vom Papst das Provisionsrecht für vier Kanonikate an seiner Kirche übertragen[117]. Dieses Mittel der «Personalpolitik» mit Hilfe der vom Papst erbetenen «facultas nominandi» haben die Churer Bischöfe auch schon früher angewandt. Bereits Bischof Ulrich V. hatte am 25. Juli 1331 kurz nach seiner Erhebung noch in Avignon von Papst Johannes XXIII. die Vollmacht erhalten, das nächste freiwerdende Churer Kanonikat selbst zu verleihen[118]. Bischof Hartmann (im RG steht *Hermannus electus Curiensis*) liess sich die Verleihung von vier Churer Kanonikaten durch Papst Johannes XXIII. im Jahre 1411 reservieren[119].

Natürlich griffen die römischen Kurialen von ihrer privilegierten Position weiterhin nach den Präbenden des Domstiftes. Als der Familiar Martins V. aus

---

[111] S 355 f 120.
[112] LA 644 und HS S. 576.
[113] RG VI, 4185 und HS S. 576. MEYER Nr. 787.
[114] RG VI, 4969 und 2571. MAURER (wie Anm. 38) S. 336 und 352.
[115] RG VI, 585 und HS S. 516 sowie 564.
[116] RG VI, 3142 und 2589.
[117] S 288 f 93.
[118] J.G. MAYER (Hrsg.), Vaticano-Curiensia, JHGG 17, 1887, S. 40 Nr. 21.
[119] RG III, 168. L 152 f 140 r–141 r: *Hermanno Electo Curiensi ... tibi gratiam libenter impendimus, per quam te possis aliis reddere gratiosam ... quatuor canonicatus tue ecclesie Curiensis ...*

seiner Kardinalszeit, CONRAD SCHMID, an der Kurie gestorben war, liess sich am 29.8.1432 HENRICUS MENGHER, doctor in decretis, mit Schmids Churer Kanonikat providieren[120]. Menger, Konstanzer Kleriker mit Pfründeninteressen im Luzernischen, führte aber unter Nikolaus V. kein Churer Kanonikat unter seinen Nonobstanten auf, offenbar war er dort nicht erfolgreich gewesen[121]. Ein weiterer Churer Kanoniker aus dem Kreis der Kardinalsfamiliaren begegnet uns im Jahre 1437. Damals supplizierte der Familiar des Kardinalpriesters Giuliano Cesarini JOHANNES ZUSELER zusammen mit Ludwig Nithart um Konstanzer Pfründen. Dabei gab Zuseler unter den Nonobstanzen an, präbendierter Kanoniker in Chur zu sein[122].

Der Konstanzer Kleriker BURKHARD FRY war mindestens seit 1442 Familiar des Kardinals Johannes von SS. Nereus et Achilleus und zu diesem Zeitpunkt bereits mehrere Jahre an der Kurie tätig[123]. Er supplizierte zunächst um Kanonikat und Präbende an St. Stephan in Konstanz seit dem 3.10.1442[124]. Im April 1443 wurde er mit einem Churer Kanonikat providiert. Dieses Kanonikat war vakant geworden durch den Tod WERNER KILCHMATTERS[125]. Kilchmatter war nach dem Churer Nekrolog am 3.11.1440 verstorben und mindestens seit 1420 im Besitz des Kanonikats[126]. Frys Blick ging also 1443 erstmals nach Chur. Dann suchte er wiederholt um Fristverlängerung nach[127].

Am 17.7.1444 diente er immer noch als Familiar des Kardinals Johannes, der jetzt Kardinalbischof von Praeneste war[128]. Mit HEINRICH SUR war er 1444 in Händel um die Churer Kanonikatspfründe verstrickt, die auf 8 Mark Silber eingeschätzt wurde[129]. Während SUR am 8.12.1447 als Churer Kanoniker und Scholaster starb[130], scheint Burkhard damals aber weder ein Kanonikat in Chur noch an St. Felix und Regula in Zürich, noch an St. Stephan in Konstanz erhalten zu haben[131]. Am 9.7.1446 ist er als *litterarum apostolicarum abbreviator* bezeugt und supplizierte erneut um ein Churer Kanonikat, *quod post obitum Jo-*

---

[120] S 279 f 155. MEYER Nr. 348.
[121] RG VI, 1945.
[122] S. 341 f 12v vom 2.11.1437, S. 342 f 187 vom 15.11.1437. MEYER Nr. 727.
[123] S 381 f 260. MEYER (wie Anm. 8) Nr. 77.
[124] MAURER S. 352.
[125] S 389 f 157v.
[126] LA 643 und RG IV, 3688.
[127] So am 4.4.1444 *de prorogatione expeditionis litterarum super can. et preb. eccl. Curiensis*, erneut am 3.6.1444 und am 17.7.1444: S 396 f 8, S 397 f 144, S 399 f 40v. Ferner am 8.7.1444: S 399 f 108v, am 4.9.1444: S 399 f 189, am 3.10.1444: S 400 f 75v.
[128] S 399 f 40v.
[129] S 401 f 201. MAURER (wie Anm. 38) S. 412.
[130] LA 645. HS S. 559.
[131] S 406 f 223 und f 280v. S 408 f 298v.

hannis infra tempus acceptavit[132]. Erst 1448 besass er dann ein Churer Kanonikat, lebte aber bis 1456 an der Kurie, wo er sich auch als Prokurator betätigte[133]. Er ging nach Zürich, wo er 1468 verstorben ist. Ob seine Churer Pfründe an einen anderen Kurialen überging, ist nicht sicher.

Auch der in Rom tätige GEORG WINTERSTETTER[134] hat bei der Anlage seiner exquisiten Kollektion von Pfründen den Versuch gemacht, ein Churer Kanonikat zu erwerben. Er supplizierte am 11.1.1449 um das von BURKHARD LAESSER gehaltene Kanonikat[135]. Vermutlich hatte er von Laessers Tod rasche Kenntnis erhalten, denn der hatte seine Annaten in Rom durch Winterstetter bezahlen lassen[136]. Mit einer Supplik motu proprio um die erste freiwerdende Churer Kanonikatspfründe vom 27.9.1449 war er nicht zufrieden, er suchte vielmehr um spezielle Provision mit dem nächsten freiwerdenden Kanonikat nach[137]. Wann er es erhalten hat, ist nicht auszumachen, jedenfalls verzichtete er am 2.6.1466 zuhanden des Papstes darauf[138].

Einen eleganten Rückzug aufs Altenteil unter gleichzeitiger Versorgung und Bestellung eines Nachfolgers für sein seit 1380 versehenes Amt des Churer Dompropstes unternahm mit Hilfe der Kurie Graf RUDOLPH VON WERDENBERG-SARGANS: Anfang 1432 war Rudolph von Werdenberg noch Propst und Kanonikus in Chur[139]. Jedoch versuchte er zu diesem Zeitpunkt, bereits hoch in den 70ern, mit KONRAD VON HOHENRECHBERG, der seit 1420 Churer Kanoniker war, aber auch die Pfarrei Donnersdorf besass, die Pfründen zu tauschen: KONRAD sollte die Churer Propstei erhalten, während sich Rudolph mit den Einkünften der Pfarrei begnügen wollte. In der Tat ist der Tausch geglückt, wenn auch die rechtlichen Umstände des Vorgangs dunkel bleiben: Auf den 6. Mai 1432 ist eine Bulle datiert, in welcher verfügt wird, KONRAD VON HOHENRECHBERG solle Dompropst in Chur werden[140]. Zu spät für Rudolph, der bereits am 19. Februar verstorben war. Konrad hingegen ist bis 1439 als Dompropst bezeugt[141].

---

[132] S 412 f 226.
[133] RG VI, 581 und 1652. MAURER S. 352.
[134] Zu ihm MAURER S. 349 ff und MEYER Nr. 255.
[135] RG VI, 1465.
[136] Nach HS 516 war Laesser um 1450 gestorben. Annaten: RG VI, 585.
[137] RG VI, 1465.
[138] C. WIRZ, Regesten zur Schweizergeschichte aus den päpstlichen Archiven, Heft 3, Bern 1912, Nr. 99.
[139] HS 539–40. S 276 f 155v und f 236v. S 285 f 86.
[140] L 318 f 201 f.
[141] HS 540 und 489–90.

5. Schluss

Unsere nur auf der Basis eines Teils der vatikanischen Register unternommene Untersuchung hat ergeben, dass zwischen 1378 und etwa 1455 zahlreiche Kleriker den Weg über Rom nach Chur gewählt haben. Doch trotz des gewachsenen Interesses kurialer Kleriker an Churer Domherrenpfründen in der ersten Hälfte des 15. Jahrhunderts dürfte der überwiegende Teil der 24 Churer Kanonikate in den Händen des ordentlichen Kollators und damit wohl des lokalen Adels und teilweise auch des Churer Patriziats geblieben sein[142]. Wir sollten uns auch angewöhnen, die Praxis des aus dem 13. und 14. Jahrhundert stammenden Benefizialrechts im 15. Jahrhundert nicht unter moralisierendem Gesichtspunkt zu betrachten[143]. «Pfründenjäger» waren nur ganz wenige der Kleriker, die sich um die Durchsetzung der Reformen von Konstanz bemühten und gemäss der Dekretale «Execrabilis» gegen Pfründenkumulationen vorgingen. Dass dabei aber auch die Lokalpolitik mitspielen konnte, hoffe ich angedeutet zu haben. Der Weg nach Chur über Rom jedenfalls war bis gegen 1450 durchaus erfolgreich, erst in der zweiten Hälfte des Jahrhunderts setzte dann eine auch anderswo zu beobachtende stärkere Abkapselung von der römischen Kirche ein.

Wie wir gesehen haben, waren häufig die Churer Kleriker den gewieften Kurialen juristisch durchaus gewachsen und wussten ihre Positionen geschickt zu verteidigen, denn kein Kapitel verteilte gern Präbenden an abwesende und gar noch fremde Konkanoniker. Auf eine mehr als gediegene kanonistische Bildung jedenfalls weist das von A. von Castelmur gefundene Bücherverzeichnis der Dombibliothek von Chur aus dem Jahre 1457 hin: Unter den insgesamt 300 Bänden sind dort 25 Volumina des kanonischen Rechts (ferner zwei Faszikel der Panormia Yvos), darunter alle einschlägigen Standardwerke, sowie 22 Bände *ius civile* verzeichnet[144]. Umso dringlicher erscheint eine eingehende Untersuchung des Churer Domkapitels im Mittelalter.

---

[142] Nach L 157 f 6 v gab es 23 Kanoniker am Churer Domstift.
[143] Vgl. zu diesem Aspekt jetzt MEYER (wie Anm. 8).
[144] P. LEHMANN, Ein Bücherverzeichnis der Dombibliothek von Chur aus dem Jahre 1457 (erschienen 1920), jetzt in: DERS., Erforschung des Mittelalters, Band 2, Stuttgart 1959, S. 171–185, hier S. 172–73 und 176.

Zur frühen Geschichte des Pfäferser Bades

von Werner Vogler

I.

In seiner Schrift «Die uralt warhaftig Alpisch Rhetia», erschienen zu Basel 1538, bemerkt der Geschichtsschreiber Aegidius Tschudi, 1530 bis 1532 Landvogt in Sargans und sehr verdient um das Weiterbestehen der Abtei Pfäfers während und nach der Reformation, dass das warme Bad zu Pfäfers 300 Jahre zuvor von einem Jäger aus dem Geschlecht der Vogler aufgefunden worden sei. Dieser sei auf der Jagd nach jungen Waldrappen («corvi silvestres») in das Taminatobel hinuntergestiegen. Es handelt sich bei dieser knappen Mitteilung um die erste historisch fassbare Nachricht über die Auffindung der Thermalquelle in der Taminaschlucht[1]. Es ist wohl kaum anzunehmen, dass die Nachricht vom doch sehr sorgfältig recherchierenden Tschudi aus heiterem Himmel in die Welt gesetzt wurde. Damit datiert Tschudi die Auffindung der Pfäferser Quelle in die Zeit um 1240, in die Epoche des Imperiums Friedrichs II.

Die Nachricht Tschudis ist in den folgenden Jahrhunderten von unzähligen Geschichtsschreibern und Chronisten immer wieder rezipiert und tradiert, aber auch variiert und angereichert worden. Eines ist all diesen Autoren gemeinsam, nämlich dass sie nicht imstande waren, eindeutige Beweise für die Richtigkeit ihrer Annahme beizubringen. Tatsächlich ist das Datum der Auffindung des Bades urkundlich nicht gesichert, obwohl barocke Chronisten vieles zu wissen vorgaben und sogar meinten, dass die erste Entdeckung der Quelle bis in das Jahr 1038[2] zurückgehe, dass die Therme dann aber während zwei Jahrhunderten vergessen gewesen sei. Diese Angaben lassen sich natürlich nicht überprüfen, im

---

[1] Gilg Tschudi, Die uralt warhaftig Alpisch Rhetia ..., Basel 1538, s.p. Manuskript mit Glossen Tschudis in Stiftsbibliothek St. Gallen, Cod. 641 (S. 88). Lateinische Ausgabe Aegidius Tschudi, De prisca et vera Alpina Rhaetia, Basel 1538, s.p. – Zur Geschichte des Bäderwesens allgemein vgl. Georg Zappert, Über das Badewesen mittelalterlicher und späterer Zeit, Archiv für Kunde österreichischer Geschichtsquellen 21, 1859, S. 3–166; Hugo Marggraff, Badewesen und Badetechnik der Vergangenheit, Berlin 1881; E. Bäumer, Die Geschichte des Badewesens, Breslau 1903; Alfred Martin, Deutsches Badewesen in vergangenen Tagen, Jena 1906 (materialreiches Standardwerk); Reallexikon für deutsche Kunstgeschichte Bd. 1, 1937, Sp. 1372–1381; Stichwort Bad, in: Lexikon des Mittelalters Bd. 1, Sp. 1331–1336. Eher populärwissenschaftlichen Charakter haben die folgenden Publikationen: Hans Peter Treichler, Wonnige Badenfahrt, Zürich 1980; sowie Gernot von Hahn/Hans-Kaspar von Schönfels, Wunderbares Wasser. Von der heilsamen Kraft der Brunnen und Bäder, Aarau-Stuttgart 1980.

[2] Vgl. Franz Perret, in: Bad Pfäfers-Bad Ragaz 1868–1968, St. Gallen o.J., S. 13; so bei P. Augustin Stöcklin, aber auch bereits bei Felix Hemmerli, siehe weiter unten, S. 519–522, 542.

Gegenteil, sie sind wohl kaum haltbar. Während Tschudi noch zurückhaltend und nüchtern bleibt, beginnen sich die Quellauffindungslegenden in der humanistischen und barocken Literatur auszuweiten und ins Kraut zu schiessen. Kann bei Tschudi noch mit einer gewissen Zuverlässigkeit der Angabe über den Zeitpunkt der Auffindung der Quelle gerechnet werden, ist sein Hinweis auf einen Jäger namens Vogler doch kaum begründbar.

Tschudis Mitteilung findet sich auch in Johann Stumpfs «Chronik», 1547 in Zürich erschienen[3]. Stumpf nennt seine Quelle ausdrücklich und zitiert die Nachricht als von Tschudi übernommen. Er bleibt indes nüchtern, schmückt die Tatsachen nicht weiter aus.

1547 weilte Sebastian Münster – der Aufenthalt ist durch eigene Worte und zudem durch die Forschung bezeugt – im Pfäferser Bad. Unter anderem nennt er in seiner Kosmographie[4] auch das Alter des Bades und beziffert es auf «etwa 300 Jahre».

Kaspar Bruschius legt 1551 die Quellauffindung in das Jahr 1241 und nennt als Jäger, der die Therme fand, auch wieder einen Mann namens Vogler[5].

Die gleiche Angabe und Darstellung über die Quellauffindung findet sich 1572 in Ulrich Campells «Raetiae alpestris topographica descriptio»[6]. Die Nachricht hat Campell ebenfalls, wie er ausdrücklich angibt, von Tschudi übernommen.

So ergibt sich aus der vorliegenden Übersicht, dass fast alle Texte, die von der Quellauffindung berichten, von Tschudis «Raetia» abhängig sind. Andere Quellen und Angaben hat offenbar keiner der genannten Autoren nachweislich benützt.

Zu Beginn des 17. Jahrhunderts, gegen 1630, hat sich der Pfäferser Administrator und Dekan, P. Augustin Stöcklin, Murenser Konventuale, seinerseits mit der Geschichte von Bad und Kloster Pfäfers befasst. Er wiederholt die bekannten Auffassungen, sagt darüber hinaus auch, dass es die Meinung des Volkes und der lokalen Bewohner sei, dass die Jäger des Abtes, welche die Quelle entdeckt hätten, den Familien Vils und Thuli aus Vilters entstammten[7].

---

[3] Gemeiner loblicher Eydgnosschaft Stetten, Landen und Voelckeren Chronick wirdiger thaaten beschreybung, Zürich 1547, fol. 322r.
[4] Basel 1550, S. 470f.
[5] Monasteriorum Germaniae praecipuorum ac maxime illustrium Centuria Prima, Ingolstadt 1551, S. 53.
[6] QSG Bd. 7, Basel 1884.
[7] Augustinus STÖCKLIN, Historia de Fabariensibus Thermis naturaliter calidis. 1630 (Cod. Fab. 106b im Stiftsarchiv St. Gallen), fol. 93v. In seiner «Raetia» berichtete Joh. GULER von Wyneck 1616, dass der Klosterjäger dem Geschlecht der Hohenbalken entstammte (fol. 81).

Zusammenfassend muss man sagen, dass die Auffindung der Quelle urkundlich nicht fassbar ist. Es sind alle Aussagen dazu, über Zeitpunkt und Umstände, mit Unsicherheit behaftet. Dieser Meinung war auch Franz Perret. Immerhin hat die Festsetzung in die Zeit um 1240 eine gewisse Wahrscheinlichkeit, die aber nicht urkundlich belegbar ist. Eine Annahme, dass gar die Carlett die Quelle entdeckt hätten, scheint mir auf einer Verwechslung mit einer Urkunde des Jahres 1479 zu beruhen[8].

II.

Auf urkundlich gesichertem Boden befinden wir uns erst mit einem Dokument des Pfäferser Stiftsarchivs vom 25. Januar 1382[9]. Es war die Zeit des Abtes Johannes von Mendelbüren, der, aus dem Württembergischen stammend, 1362 bis 1386 der Abtei Pfäfers vorstand. Durch seine hervorragenden Eigenschaften in geistiger und administrativer Hinsicht ist er in die Pfäferser Geschichte eingegangen. Aus der Urkunde ergibt sich, dass der Badebetrieb schon einen gewissen Aufschwung genommen hatte. Ihr Inhalt besagt, dass die Konzession des halben Teiles des Bades vom Abt den Gebrüdern Johann und Walter de Camauritzi aus Valens, Leibeigene der Abtei Pfäfers, auf zehn Jahre verliehen wurde. Damit haben wir die älteste Konzession des Bades vor uns. Es werden darin die Bedingungen festgehalten, die mit der Übernahme der Konzession verbunden waren. Interessant sind auch die Einzelheiten insofern, als daraus hervorgeht, dass in der Schlucht bereits differenzierte Gebäulichkeiten vorhanden waren. Gewiss wollte der Abt mit der Urkunde das Risiko besser verteilen und ausserdem mit dem geringen Zins den Konzessionären des Bades den finanziell aufwendigen Ausbau ermöglichen. Es werden nicht nur die Bauten und Gemächer genannt, auch Stuben, Kammern, Küchen und weitere nicht näher spezifizierte Räumlichkeiten. Die lateinisch abgefasste Urkunde verfügt, dass die Konzessionäre verpflichtet sind, diese Bauten fertigzustellen, und zwar auf eigene Kosten. Die Konzession war mit einer jährlichen Abgabe von 6 Gulden zu 10 Schillingen Pfennig Konstanzer oder anderer Währung zu entschädigen. Gleichzeitig wurde bestimmt, dass als Anerkennung der Investitionen und Leistungen der Konzessionsnehmer im zehnten Jahr die 6 Gulden Zins erlassen sein sollten. Ausserdem war festgehalten, dass der Abt, der Konvent und ihre Diener freien Aufenthalt in dem Bad, seinen Gemächern, Stuben, Kammern

---

[8] Vgl. Karl WEGELIN, Die Regesten der Benedictiner-Abtei Pfävers und der Landschaft Sargans, Chur 1850, Nr. 697, S. 85. Vgl. unten S. 518f.
[9] WEGELIN, Pfävers, Nr. 282, S. 40.

und Küchen nehmen konnten. Dies war damals offenbar bereits Tradition. Es verkehrten indes nicht nur die Äbte und Konventherren im Bad, sondern auch die für den Gottesdienst angestellten Kapläne des Klosters. Als Datum für die Ausrichtung des Zinses wurde Martini angesetzt. Es war ausbedungen, dass die geplanten Bauten ausgeführt werden mussten, andernfalls würde die Konzession wieder an Pfäfers zurückfallen. Zudem wurde in Aussicht gestellt, dass sie nach zehn Jahren verlängert werden konnte. Ob dies tatsächlich geschehen ist, wissen wir jedoch nicht; eine entsprechende Urkunde ist nicht erhalten.

Eine weitere urkundlich gesicherte Nachricht stammt vom 30. Mai 1396, als Graf Johann von Werdenberg-Sargans auf den halben Zins aus dem Badbetrieb, den er für seine Schirm- und Schutzverpflichtungen bezog, für sich und seine Nachkommen verzichtete. Das Bad wird im Dokument als «Wiltbad» bezeichnet. Dessen Lage wird als unter dem Dorf Valens «in dem Tobel» gelegen angegeben. Als Motiv dieses Verzichts nennt die Urkunde das Seelenheil des Grafen und seiner Familie. Ein weiteres Motiv dürfte nach Perret die finanzielle Situation des Werdenbergers gewesen sein, der dem Taminakloster gegenüber in Schulden steckte[10]. Schon mehrfach zuvor hatte der Graf dem Kloster Güter verkaufen müssen. Bereits am 8. Februar 1397[11] hatte Graf Johann für seine Söhne erneut auf seine Vogtei, gegen 1200 Pfund Heller, zu verzichten. 1438 konnte Graf Friedrich von Toggenburg dem Kloster Pfäfers über 350 churwelsche Mark für die Vogtei quittieren. Die Urkunde von 1396 bestätigte der letzte Graf von Werdenberg-Sargans, Georg, am 20. Dezember 1472[12]. Damit waren die Grafen von Sargans des halben Zinses vom Bad Pfäfers endgültig verlustig gegangen.

Wir hören in der Folge nichts mehr über die Konzession an die Gebrüder Camauritzi. Am 20. Mai 1429 hingegen beurkundete ein Johannes Andres von Ragaz, dass er das Bad Pfäfers mit Nutzungen und Zugehörden, schon zuvor ein Lehen seines verstorbenen Vaters, wieder an Abt Werner von Reitnau und den Pfäferser Konvent gegen 122 Pfund Heller Churer Währung zurückgegeben habe[13].

Im 15. Jahrhundert berichten zwar manche Urkunden über das Bad, geizen indes mit Einzelheiten, so dass ihre Aussagen über Einrichtung, Zustand und Verhältnisse im Bad wenig ergiebig sind. 1479 erhielt Karli Carlett von seinem Grossvater gleichen Namens dessen Haus auf der Brücke zu Pfäfers im Bad auf

---

[10] WEGELIN, Pfävers, Nr. 326, S. 46; F. PERRETS Meinung siehe in: Bad Pfäfers-Bad Ragaz 1868–1968, St. Gallen o.J., S. 18.
[11] WEGELIN, Pfävers, Nr. 331, S. 47.
[12] WEGELIN, Pfävers, Nr. 672, S. 82.
[13] WEGELIN, Pfävers, Nr. 444, S. 59.

sechs Jahre als Lehen um einen Zins von 10 rheinischen Gulden. Es handelt sich offenbar um ein Haus, das im Bereich des Pfäferser Bads lag[14]. Am 28. September 1482 verkaufte der jüngere Carlett, der Einwohner und auch Bürger zu Chur war, zusammen mit seiner Frau Greta Ruf(in) im Einverständnis mit dem Grossvater Karli dem Kloster Pfäfers Häuser im Badtobel, darunter eines auf der Brücke, das an jenes des alten Karli angebaut war[15]. Ob es sich bei diesen Häusern um Badgasthäuser handelte? Ein weiterer urkundlicher Beleg für das Bad stammt vom 3. Juni 1491[16], als Matthias Cardell, Kaplan und Pfleger von St. Leonhard bei Ragaz, zusammen mit Jost Probst zu Valens dem Frick Cardell von Ragaz die Bürgschaft für einen Jahreszins auf einem Haus im Badtobel leistete. Aus einer Urkunde vom 3. Juni 1497 schliesslich geht hervor, dass Hans Moser, alt Richter zu Ragaz, ebenfalls ein Haus im Badtobel besass, das um 180 rheinische Gulden Churer Währung ausgelöst wurde[17]. Diesen urkundlichen Rechtsdokumenten ist wenig über die tatsächlichen Zustände im Bad Pfäfers zu entnehmen. Das Bad wird im allgemeinen nur nebenbei genannt. Offenbar waren jedoch die Gegend um das Bad und das Badtobel mit verschiedenen Häusern überbaut. Wir wissen auch wenig über die wohl doch zahlreichen Badegäste, immerhin ist z.B. für den 14. oder 15. Juli 1430 der Tod der adligen Ursula von Schauenstein im Bad, die dort Genesung suchte, im Necrologium Curiense belegt[18].

III.

Die erste nicht urkundliche Überlieferung, die über das Bad Pfäfers berichtet, verdanken wir dem Solothurner Propst und Zürcher Kantor Felix Hemmerli, der latinisiert Malleolus genannt wurde[19]. Im weiten Spektrum seiner Schriften

---

[14] WEGELIN, Pfävers, Nr. 697, S. 85.
[15] WEGELIN, Pfävers, Nr. 720, S. 87.
[16] WEGELIN, Pfävers, Nr. 768, S. 93.
[17] WEGELIN, Pfävers, Nr. 800, S. 97.
[18] Vgl. MGH, Necrologia 1, S. 641. Ursula von Schauensteins Sohn war Kanonikus in Chur.
[19] Geboren 1388, aus einer alteingesessenen reichen Zürcher Familie stammend. Sein Studium absolvierte er in Erfurt und Bologna. Er war Parteigänger der Österreicher und nahm im Alten Zürichkrieg (1436–1450) eindeutig Partei gegen die Schwyzer. Er muss gemäss Verfasserlexikon spätestens 1459 gestorben sein (ADB Bd. 11, S. 721–24; NDB Bd. 8, S. 511f.). Für die Literatur zu Hemmerli vgl. Verfasserlexikon Bd. 3, Sp. 989–1001 (Katharina COLBERG). Vgl. Ernst FURRER, Polyhistorie im alten Zürich vom 12. bis 18. Jh., Vierteljahrsschrift der Naturforschenden Gesellschaft in Zürich 110, 1965, S. 372–375. Furrer schreibt (S. 374) über den Bädertraktat: «Das Werklein, das man sich eher als juristisches Gutachten vorgestellt hatte, entpuppte sich als ernstzunehmende Abhandlung über die Thermalbäder, in der sich eingestreut Stellen finden, die wissenschaftsgeschichtlich von Bedeutung sind.»

sind nicht nur Amtsschriften, juristische Arbeiten, kirchenpolitische, religiöse und historische Texte zu finden, sondern auch ein Traktat «De balneis naturalibus hic et alibi constitutis». Diese Arbeit ist nie im Druck erschienen, im Gegensatz zu vielen anderen Schriften Hemmerlis. Indes wissen wir, dass sie sehr verbreitet war und während langer Jahrhunderte immer wieder zitiert wurde, obwohl heute von ihr nur noch relativ wenige Handschriften vorhanden sind. Hemmerli befasste sich mit der Entstehung und der Beschaffenheit der Naturbäder. P. Augustin Stöcklin nennt in Band 106b des Pfäferser Archivs eine Handschrift in Muri als Vorlage für seinen Auszug, in dem er die Stelle über Pfäfers bringt[20]. Bisher sind Handschriften der Badeschrift Hemmerlis in der Bayerischen Staatsbibliothek in München[21], in der Klosterbibliothek Ottobeuren[22], in der Vatikanischen Bibliothek in Rom[23], in der Stiftsbibliothek St. Peter in Salzburg[24] sowie in der Zentralbibliothek Zürich[25] bekannt geworden. 1467 erfolgte durch den Baiern Johannes Hartlieb eine Übersetzung oder vielmehr eine Paraphrase, die den Inhalt der Handschrift mehr oder weniger genau auf Deutsch wiedergab. Die Übersetzung ist in der Bayerischen Staatsbibliothek unter Cgm. 732 (aus dem Jahre 1474) überliefert, von der im Jahre 1481 in Cgm. 733 ebenfalls wieder eine Abschrift erstellt wurde. Als Entstehungsdatum der Schrift wird im Verfasserlexikon[26] die Zeit um 1450 angegeben. In vielen Beschreibungen des Bades Pfäfers aus der frühen Neuzeit schimmert die Kenntnis dieses Textes durch. Die frühneuzeitlichen Autoren übernehmen dabei immer wieder Stellen aus Hemmerli, entweder sinngemäss oder teilweise gar wortwörtlich.

Hemmerli schildert eingangs die Lage des Bades: es sei, eine Tagreise vom Ursprung des Rheines, beim Benediktinerkloster Pfäfers gelegen. Er nennt das Bad eine hochedle Therme. Treffend schildert er ihren Zugang, der sehr wild und rauh sei; ihre Lage und Anordnung seien so wunderbar, dass sie geradezu fast unbeschreiblich seien. Er erwähnt als Erster, um 1450, dass das Wasser eine

---

[20] Stiftsarchiv St. Gallen, Abt. Pfäfers, Bd. 106b, fol. 12. Die Handschrift ist nicht mehr identifizierbar.
[21] Clm. 339, fol. 153r–177v; vom Jahre 1468.
[22] Cod. 0.22, fol. 187r–203r.
[23] Cod. Palat. vat. lat. 960, fol. 55r–69v und Cod. Palat. vat. lat. 1204, fol. 1r–29r.
[24] Hs. b. XII 9; von 1468.
[25] Cod. XI 310.
[26] Bd. 3, Sp. 998. Eine moderne Übersetzung der Stelle, die Pfäfers betrifft, hat m.W. als erster und einziger Franz PERRET (Bad Pfäfers-Bad Ragaz 1868–1968, St. Gallen o.J., S. 19f.) versucht; hier im Anhang, S. 543f., verändert abgedruckt. Auszugsweise und teilweise verändert findet sich Hemmerlis Text, vor allem was die Indikationen betrifft, gedruckt bei Konrad GESSNER, De Balneis, Venedig 1553, fol. 294. Zu Gessner vgl. auch Bernhard MILT, Conrad Gessner als Balneologe, Gesnerus 2, 1945, S. 1–16.

Zeitlang nicht mehr erschienen und dann zufällig in einem tiefen Tal, der Tamina nämlich, entdeckt worden sei. Vom Jäger namens Vogler steht hier noch nichts. Immer wieder zitiert wurde in den folgenden Jahrhunderten die Bemerkung, dass im Bade selbst zur Zeit der Sommersonnenwende nur gerade am Mittag die Sonne zu sehen sei. Das Interesse der Besucher fand im übrigen auch die Tatsache, dass die Quelle jeweils in der Sommerzeit besonders reichlich floss und in den andern Monaten zu versiegen schien. Heute kennen wir die naturwissenschaftliche Erklärung für diese Erscheinung. Hemmerli bemerkt ausserdem, dass das Wasser für den menschlichen Geschmack sehr angenehm sei. Es könne bereits von Jugendlichen ab dem zehnten Lebensjahr benützt werden. Er bringt dann auch die Rheingoldsage. Das Wasser berühre nämlich Goldadern, gleich wie zahlreiche Flüsse. Er bemerkt, dass man an den nahen Ufern des Rheines Gold finde. Der Goldsand werde von kunstfertigen Männern aus dem Sand gesammelt, also Goldwäscherei im Rhein! Daraus werde reines Gold gewonnen. Ähnlich wie später dann volkstümlich Sebastian Münster die Lage des Ortes mit dem St.-Patricks-Fegfeuer vergleicht, nennt Hemmerli die Quellschlucht einen dem Acheron ähnlichen Ort. Bereits von ihm vernehmen wir, dass viele, die an Schwindel litten, Mühe hatten, die Schlucht zu erreichen. Er vermerkt präzis, dass die im Wasser Befindlichen nicht ermüdeten oder schlaff würden. All diese genauen Beobachtungen weisen darauf hin, dass Hemmerli persönlich in Pfäfers war und die Einrichtungen sorgfältig studierte. Interessant die auch für später immer wieder belegte Tatsache, dass die Badegäste sechs oder sieben Tage ununterbrochen im Bade verweilten, mit Ausnahme einer einzigen Nacht, in der sie sich von den Strapazen des Badens erholten. Auch sämtliche Mahlzeiten würden im Wasser eingenommen, dies im Gegensatz zu den Gepflogenheiten in anderen Bädern. Als Grund nennt er, dass das Hinaufsteigen aus dem Schlund und das Hinuntergehen allzu beschwerlich seien, wegen des steilen Weges und der hängenden Leitern, die wir uns am Fels befestigt vorstellen müssen. Das Wasser fliesse so stark, dass, wenn es in die Ebene hinausgeleitet würde, gleichzeitig 2000 Menschen darin baden könnten und es die Kapazitäten der übrigen Bäder Deutschlands übertreffen würde.

Fast unerhört genau sind auch die Indikationen, die Hemmerli nennt und die in den späteren Jahrhunderten lange kaum präziser angegeben wurden. Das Wasser heilt nach seinem Zeugnis Fuss- und Handgicht sowie Arthritis. Es löst ausserdem verstrickte Kopfnerven, stärkt die Sehkraft und dämpft den Stachel des Fleisches. Das Wasser ist auch imstande, die Appetitlosigkeit zu beheben. Durst erzeugt es keineswegs. Ausschläge und Jucken von Fleisch und Haut verschwinden ebenfalls. Es fördert zudem das Ausheilen von Narben. Verkrümmungen der Glieder und verletzte Gelenke waren weitere Gebresten, derentwegen man sich nach Pfäfers begebe. Allgemein habe das Wasser eine erfrischende

Wirkung. Treffend beobachtet und bemerkt Hemmerli die vielen Indikationen, die vielleicht teilweise auch auf dem Glauben der Badenden beruhten.

Wie bereits betont, ist die Wirkungsgeschichte dieses Textes lange andauernd und sehr nachdrücklich gewesen. Immer wieder zehrten Autoren von den Beobachtungen Hemmerlis, variierten oder wiederholten sie. Substantiell sehr weniges wurde, was die Indikationen betrifft, während der folgenden Jahrhunderte anders, neu oder ergänzend formuliert. Nicht immer beriefen sich die späteren Chronisten ausdrücklich auf Hemmerli, wenn auch manche ihm expressis verbis die Reverenz erweisen.

Bereits im 15. Jahrhundert ist das Bad Pfäfers auch in die Dichtung eingegangen. Kein Geringerer als der Nürnberger Meistersänger Hans Folz, der von 1435–40 bis 1513 lebte, widmet ihm einige Knittelverse in seinem «Bäderbüchlein», das 1491 erstmals im Druck erschien. Es handelte sich bei der Dichtung wohl um eine Auftragsarbeit, wobei die darin verarbeiteten Informationen über Pfäfers vielleicht der Literatur entnommen wurden. Einen persönlichen Aufenthalt von Folz in Pfäfers setzen sie jedenfalls nicht unbedingt voraus. Die Schrift erfuhr eine grosse Verbreitung und wurde 1495 in Brünn und 1504 in Strassburg neu gedruckt. Pfäfers ist eines der am ausführlichsten behandelten Bäder, widmet Folz ihm doch ganze 26 Verse. Inhaltlich ist die Benutzung von Hemmerlis Traktat gut nachzuweisen. Folz beginnt mit der Lage, bei Chur, und der schweren Zugänglichkeit. Auch er befasst sich in den Knittelversen mit den Indikationen, wobei er besonders die Anwendung des Heilwassers bei Gicht hervorhebt[27].

Noch vor Paracelsus erschien 1519 vom Strassburger Arzt und Humanisten Laurentius Fries (Phries), Doktor der freien Künste und der Arznei, ein «Tractat der Wildbeder / natuer, wirckung und eigentschafft» (Abb. 1), in dem auch Pfäfers kurz berührt wurde[28]. Wichtig ist diese Erwähnung insofern, als es ein Arzt ist, der sich hier erstmals mit dem Bad Pfäfers befasst. Es ist gut möglich, dass Fries das Bad selber besucht hat, ja es weist sogar einiges darauf hin, dass er eine genaue Kenntnis der lokalen Verhältnisse besass. Unter den Bädern erscheint in der Schrift Pfäfers an erster Stelle; weitere Heilquellen sind aus dem churrätischen Raum nicht behandelt, aus der Eidgenossenschaft ist nur gerade Baden im Aargau berücksichtigt. Fries nennt das Bad Pfäfers «fürtrefflich» und

---

[27] Vgl. Verfasserlexikon Bd. 2, Sp. 769–793, bes. Sp. 790, Art. von Johannes JANOTA. Die Schrift erfuhr durch einen P.H. einen Neudruck mit kurzer Einleitung in Strassburg im Jahre 1896. Vgl. auch NDB Bd. 5, S. 288f.

[28] Lorenz Fries, gestorben 1530/32 in Metz, war nach 1519 eine Zeitlang Stadtarzt in Freiburg i.Ue. Er war bekannt mit Paracelsus. Der Traktat über die Bäder erschien bereits 1519. Vgl. zur Persönlichkeit: Ernest WICKERSHEIMER, in: NDB Bd. 5, S. 609f., sowie ADB Bd. 49, S. 770–775. Da Paracelsus sich nicht mit den Badeeinrichtungen beschäftigte, verzichte ich in dieser Arbeit auf die Auswertung und Würdigung seiner primär medizinisch orientierten Badeschrift von 1535.

Tractat der Wildbeder natuer

wirckung vnd eigentschafft mittsampt vnderweisung wie sich ein yeder bereiten sol ee er badet/auch wie man baden/ vnd ettliche zůfell der badenden wenden sol/Gemacht mit grossem fleiß. Durch Laurentium Phriesen der freien kunst vnnd artzny doctorem.　　　　　　Neptunus

Cum Privilegio

Abb. 1　*Tractat der Wildbeder natuer, wirckung und eigentschafft. Von Lorenz Fries.* Titelblatt (Strassburg 1519). Aufschlussreich ist dieses Blatt insofern, als es die mehrfachen Nachrichten, dass im Bad Pfäfers auch die Mahlzeiten teilweise im Wasser eingenommen würden, mindestens als allgemeine Gepflogenheit zu bestätigen scheint. Holzstich. 25 × 18,5 cm.

«edel». Inhaltlich bietet der nicht einmal eine Seite lange Abschnitt zwar nicht viel Neues, auch Fries hat wohl einiges von Hemmerli direkt oder indirekt übernommen. Mit diesem decken sich einigermassen auch die knappen Angaben über die Indikationen. Zum Schluss flicht er ein Zitat aus Avicenna ein.

Besondere Beachtung verdient sodann Johann Stumpfs «Chronik», 1547 in Zürich erschienen, die im 23. Kapitel des 10. Buches auf Folio 322v und 323r sich mit dem Pfäferser Bad beschäftigt[29]. Jedenfalls kennt sie bereits die Schrift des Theophrastus Paracelsus, die ausdrücklich erwähnt wird. Für die Gründungslegende und Geschichte beruft sie sich, wie wir bereits sahen, auf Tschudi: er schreibe, dass vor 300 Jahren die Quelle unter Friedrich II. von einem Jäger namens Vogler entdeckt und gefunden worden sei. Dieser habe versucht, im Tobel Waldrappennester auszunehmen. Die Gebäude in der Schlucht beschreibt er als klein und elend. Sie würden nur zu Sommerszeiten notdürftig von den Badenden bewohnt. Alles Lebensnotwendige, Wein, Brot, Fleisch, werde in das Bad hinuntergetragen. Der Zugang zum Bad mache jedoch einen so abschreckenden Eindruck, dass viele aus Furcht sich nicht hinunterwagten. Deshalb würden manche hinuntergetragen, andere hinuntergeführt. Er bemerkt, dass er selbst solche gesehen habe, die aus Furcht «ungebadet» wieder hinweggezogen seien. Zwar sei 1543 ein neuer Zugang erstellt worden; doch noch ein Jahr später sei ein junger Mönch über einen Felsen zu Tode gefallen. Bei Stumpf findet sich auch der Hinweis auf den vom Bregenzerwälder Baumeister Valentin Schmid – dieser baute in Feldkirch auch eine Brücke über die Ill – angelegten, in Fels gehauenen neuen Zugang, auf dem man ins Bad hinabreiten könne.

Die Badegewohnheiten beschreibt auch Stumpf in dem Sinne, dass man Tag und Nacht im Wasser verweile. Nur gerade eine Stunde lang dringe im Sommer zu Mittag die Sonne hinunter in die Badeschlucht. Man müsse sich so laut verständlich machen wie in einer Mühle, da das Rauschen der Tamina sonst jedes Wort ersticke. Im Winter zögen die Badewirte herauf und würden erst Anfang Mai wieder ins Bad hinuntergehen, gerade dann, wenn das Wasser plötzlich wieder reichlich zu strömen beginne. Für die Indikationen verweist Stumpf auf das detaillierte Badebüchlein von Theophrastus Paracelsus, macht sich die Sache also einfach.

1550 erschien auf Deutsch Sebastian Münsters «Kosmographie», die das Bad ebenfalls prägnant schildert. Münster selber weilte kurz zuvor, 1547, im Bad[30]. Es scheint mir, dass er sich teilweise auf Stumpf stützt. So fehlt bei ihm

---

[29] Vgl. Anm. 3.
[30] Vgl. Beat J. JENNY, Sebastian Münster und Graubünden, BM 1971, S. 41–77. – Zu Münster vgl. auch die grundlegende Monographie von Karl Heinz BURMEISTER, Sebastian Münster. Versuch eines biographischen Gesamtbildes, Basel 1963, sowie ADB Bd. 23, S. 30–33.

z.B. auch der Hinweis auf den stündigen Sonnenschein im Hochsommer nicht. Unten im Bad sei es ganz dunkel. Man bedürfe fast ständig eines Lichtes in den engen Gemächern. Es stünden da unten über dem Gletscherwasser der Tamina drei, vier Häuschen, in denen man koche und wo auch verschiedene Stübchen sich befänden. In den Felsen seien grosse Löcher gehauen für starke Holzstücke, die einen Steg trügen. Im Gegensatz zu andern Autoren meldet Münster, wie Stumpf übrigens, dass man jetzt auf dem neuen Steg mit Pferden hinabreiten könne bis zum Bad. Er übernimmt von Hemmerli die Vermutung, dass bis 2000 Menschen gleichzeitig baden könnten, würde das Wasser in die Ebene hinausgeleitet. Jetzt bestünde ein Kasten, wo die Leute badeten, der aber nicht viel mehr als 100 sitzende Menschen fassen könne, die sich ganz eng ducken müssten. Sie sässen in der Dunkelheit, prägnant formuliert es Münster, «wie die seelen in sant Patricius Fegfewr»[31]. Die Geschichte mit den von Schwindel befallenen Badegästen fehlt auch bei Münster nicht. Diese hätten, als sie sahen, wie tief die Schlucht sei, es mit der Angst zu tun bekommen. Überhaupt übernimmt Münster noch weitere Stellen fast wortwörtlich von Hemmerli, etwa, das Wasser enthalte Gold und Kupfer und habe keinen Geschmack. Es beginne im Frühling zu fliessen und versiege im Herbst. Als Kurdauer nennt er für gewisse Krankheiten neun, zehn, für andere fünfzehn Tage. Auch Münster befasst sich abschliessend mit den Indikationen. Das Bad nütze bei Kontrakturen und Krümmungen der Glieder und Lähmungen, bei Auswirkungen von Zorn und Wein, bei zitternden Beinen, «Gesücht» der Glieder bzw. Arthritis, gewissen Fiebern, Gelbsucht, Steinen, Nieren- und Blasenleiden und verschiedenen Hautkrankheiten. Auch für Geschwüre der Brust und Krebs soll es seine Wirksamkeit entfalten. Schlechtgeheilte Beinbrüche oder – makaber – Auswirkungen von Folterungen könnten im Bad kuriert werden. Ausserdem wirke es gegen Kopfschmerzen, stärke Gehör und Augenlicht, öffne die Verstopfungen des Hirns etc. Die Bemerkung Hemmerlis, die so modern anmutet, nämlich, dass der Glaube des Volkes viel vermöge, unterschlägt er.

---

[31] Zum «Sant Patricius Fegfewr»: In Irland wurde das Fegfeuer des hl. Patrick «in einer schauerlichen Höhle mit schmaler Brücke über schaurigen Strom lokalisiert»; Handwörterbuch des deutschen Aberglaubens Bd. 2, Berlin und Leipzig 1929/30, Sp. 1296f. Vgl. auch Jacques LE GOFF, La naissance du Purgatoire, Paris 1981, S. 259–73.

IV.

1551, also nur ein Jahr nach Münster, publizierte Kaspar Bruschius (Brusch) die wertvolle und fundierte Arbeit «Monasteriorum Germaniae praecipuorum ac maxime illustrium centuria prima»[32]. Der Humanist Brusch berichtet als Augenzeuge und Besucher über das Bad Pfäfers. Seine Angaben zur Geschichte des Klosters und Bades von Pfäfers sind sehr wertvoll. Noch wichtiger erscheint mir aber die Beschreibung der Einrichtungen im Bad Pfäfers, auch wenn sich manche Ungenauigkeiten in den Benennungen eingeschlichen haben. Der Taminabach etwa wird latinisiert als Camingius, deutsch als Tramingenbach bezeichnet. Dies als Beispiel. Bruschius erwähnt, dass die Tamina bei einem alten Gletscher entspringe. Er kennt die im Vorwort auf 1535 datierte Schrift des berühmten Paracelsus über das Bad. Auch er berichtet, dass von Oktober bis Mai das Wasser nicht erscheine, dass es aber im Mai dann wieder um so reichlicher fliesse. Zudem bemerkt er, dass der Abstieg in die Schlucht durch hängende, z.T. in den Berg eingeschnittene Treppen, die sehr schwierig zu begehen seien, möglich sei. Sogar tapferste und mutigste Leute bekämen es mit der Angst und mit dem Schrecken zu tun, wenn sie diesen Zugangsweg sähen. Selber hat er 1400 Schritte von der Badschlucht bis zur oberen Ebene des Taminatals gezählt. In der Quellhöhle seien drei Behausungen von den Äbten errichtet worden, die den Badenden als Hospize dienten. Trotzdem bezeichnet er diese Behausungen bloss als Schuppen («tuguria»). Die Lebensmittel würden im Sommer von den Dienern der Badegäste in das Bad gebracht, die häufig auch zitternde Badekandidaten auf ihren Schultern ins Bad hinunter- und auch wieder herauftrügen. Bruschius weist darauf hin, dass der Zugang zum Bad früher viel schwieriger gewesen sei, dass manche aus Angst ungebadet wieder weggegangen seien. Er erwähnt den doppelten Zugang, nämlich von Pfäfers und von Valens aus, der auf Umwegen, dem Berg entlang, das Bad zu erreichen ermögliche.

Als erster kommt er auch detailliert auf die Badeeinrichtungen, die dreifach in den Berg eingeschnitten und eingehauen seien, zu sprechen. Präzis schildert er, dass das grössere Becken vielleicht 60 Menschen fassen könne, das mittlere, in welches er einen Mann sich stürzen sah, eine zwei Spannen tiefe Quelle habe. Die Bäder wurden offenbar in guter Ordnung gehalten. Tagtäglich wurden sie entleert und gereinigt. Das Wasser leitete man durch einen Kanal in die Tamina ab. Diese Prozedur dauerte nur kurze Zeit, so dass die Behälter bald wieder zum

---

[32] Erschienen in Ingolstadt; vgl. fol. 50v–59v. Eine zweite Auflage erschien 1682 in Nürnberg. Der Humanist Brusch, der zwischen 1518 und 1559 lebte, wurde 1559 in jungem Alter ermordet. Er wurde in Schlackenwald im Egerland geboren. Seinen Besuch in Pfäfers muss er wohl als etwa Dreissigjähriger gemacht haben. Er führte ein unruhiges Wanderleben, kam in Kontakt mit der Reformation. Vgl. NDB Bd. 2, S. 690 (Richard NEWALD).

Nutzen der Badenden mit warmem Quellwasser gefüllt waren. Bruschius war mit dem in Augsburg lebenden Humanisten und Mediziner Achilles Pirmin Gasser, einem gebürtigen Lindauer, befreundet. Ihm widmete er am Ende seiner Ausführungen ein Gedicht in Rätselform über das Bad Pfäfers, das er im Anschluss an seine Beschreibung des Bades abdruckte[33].

Obwohl die Situation um 1550 im Pfäferser Kloster disziplinarisch und ökonomisch alles andere als günstig war und sich im Laufe der nächsten drei Jahrzehnte noch verschlechterte, scheint auch die Zeit nach der Jahrhundertmitte noch eine Periode des Aufschwungs und der Blüte des Bades gewesen zu sein; jedenfalls legen diesen Schluss die häufigen Besuche wichtiger Vertreter des Geisteslebens nahe. In diesen Zusammenhang kann man auch den Besuch des bedeutenden und nicht unbekannten Arztes Johann Winter (Günther) von Andernach stellen, der in seinem Wirken versuchte, die galenische und paracelsische Medizin zu versöhnen. Seine Arbeit «Commentarius de balneis et aquis medicatis in tres Dialogos distinctus» erschien 1565 in Strassburg[34]. Latinisiert wird Winter auch Guintherius genannt. In seiner Schrift behandelt Winter eine Reihe von Bädern und widmet ihnen kurze Texte. Unter den warmen Wassern nennt und charakterisiert er die «Aquae calidae Fabariae vulgo Pfeffers». Er ist der Meinung, dass die in Churrätien gelegenen Thermen nicht den letzten Platz einnähmen. Er beschreibt, ähnlich wie seine Vorgänger, ihre Lage. In die Quellschlucht würde die Sonne zwar scheinen, nicht aber in die Wohnungen der Gäste. Winter weilte im Jahr 1562, im Juli, mit dem Grafen Philipp dem Älteren von Hanau im Bad. Dieser suchte hier Heilung von seiner Krankheit. Zweifach entsprangen nach Winter die warmen Wasser, an einer oben und an einer weiter unten gelegenen Stelle. Die untere Quelle sei im Winter ziemlich trocken, die obere fliesse erst wieder Ende April oder gar erst im Mai. Bereits im September versiege sie. Winter gibt eine lange Liste der Indikationen. Pfäfers diene allen Komplexionen, d.h. Verfassungen, kalten und warmen. Im Bad selber sei es sogar zu Mittag nötig, dass man sich der Kerzen bediene. Es gäbe manche, die eine ganze Woche lang Tag und Nacht im Thermalwasser sässen und acht Tage lang badeten, und zwar nicht aufgrund ärztlicher Weisung. Er betrachtet dies als Missbrauch. Sie nähmen die Verpflegung im Bassin zu sich und schliefen gar dort, wie Winter ausdrücklich bemerkt, ein klares Zeugnis für die Pfäferser Badegewohnheiten im 16. Jahrhundert. Winter vermag als Arzt den Badeeinrichtungen kein gutes Zeugnis auszustellen. Die Aufenthaltsräume seien unbequem,

---

[33] Monasteriorum... centuria prima, fol. 53 r/v.
[34] Pfäfers: S. 77–80. Eine deutsche Übersetzung erschien bereits 1571 – sie ist wohl nicht vollständig – ebenfalls in Strassburg, herausgegeben vom dortigen Arzt Gallus Etschenreuter. Eine weitere Übersetzung verdanken wir Vegelius. Vgl. Biographisches Lexikon der hervorragenden Ärzte Bd. 2, Berlin 1930, S. 883–85 (HABERLING).

eng und schmutzig. Es lägen auch manchenorts häufig Exkremente herum, etwa auf dem Weg zum Badbassin oder ausserhalb des Hospizes. Gar nicht befriedigte ihn zudem die Qualität von Speise und Tranksame[35], die doch auch zur Gesundung der Gäste beitrügen[36].

V.

Die Behauptung der herrschaftlichen und hoheitlichen Rechte des Klosters Pfäfers über das Bad führte mehrfach zu Konflikten. Bereits 1456 hatten die Grafen von Sargans einen Bürger im Bad gefangengenommen, was zu verschiedenen Komplikationen führte. Dies bedeutete eine Verletzung der Oberhoheit des Klosters bzw. der abteilichen Territorialgewalt. Zu einem noch folgenschwereren Konflikt sollte es 1496 kommen[37]. Damals holte der eidgenössische Landvogt in Sargans einen Mann aus dem Bad heraus und führte ihn gefangen nach Sargans. Das konnte natürlich Abt Melchior von Hörnlingen, kein Freund der Eidgenossen (reg. 1489–1502 bzw. 1506), nicht dulden. Gleichzeitig kam das Bad damit in Misskredit; dessen Konjunktur erschien gefährdet. Abt Melchior war schwer enttäuscht, dass die Eidgenossen ihrer Geleitpflicht nicht nachgekommen waren. Noch schwerwiegender war der Versuch Graf Georgs von Sargans im Jahre 1498, einen Rat Maximilians, Georg Gossembrot aus Innsbruck,

---

[35] WINTER, Commentarius de balneis, S. 79 f.
[36] Gerade die zweite Hälfte des 16. Jahrhunderts bringt eine grosse Fülle von Publikationen über die Naturbäder. Darin werden sehr häufig auch in kurzen Sätzen das Bad Pfäfers und seine Bedeutung für die einzelnen Krankheiten erwähnt. An Information, die über die bisher genannten Autoren hinausgeht, bringen sie jedoch meist wenig und nur Dürftiges. Gewöhnlich ist Pfäfers das einzige Bad im churrätischen Raum, das behandelt bzw. gestreift wird. Genannt werden soll hier noch der Bündner Campell: Ulrici CAMPELLI Raetiae Alpestris Topographica Descriptio, hrsg. von C.J. KIND, Basel 1884 (QSG 7). Ulrich Campell befasst sich in seiner «Raetia» ebenfalls kurz mit dem Bad Pfäfers (S. 372–76). Er erwähnt in seiner 1572 abgeschlossenen Schrift, dass das Bad 300 Menschen fassen könne, dass der Kessel so genannt würde, weil er einem solchen gliche. – Campell lebte 1510–1582. Die Raetia entstand 1570–1572; Campell konnte sich somit auf viele bereits aufgeführte Autoren stützen, gleich wie auch der spätere Fabricius Hildanus. Sehr häufig schreibt Campell von früheren Chronisten ab. Er erwähnt, dass unter Friedrich II. die Quelle entdeckt worden sei und zwar, nach Tschudi, von einem Mann namens Vogler. Voller Hochachtung spricht er vom verehrenswerten Bad Pfäfers und dessen Berühmtheit und Alter. Dabei stützt er sich ausser auf Tschudi auch auf Stumpf. Zu Campell vgl. Richard FELLER/Edgar BONJOUR, Geschichtsschreibung der Schweiz vom Spätmittelalter zur Neuzeit, Bd. 1, Basel-Stuttgart 1962, S. 276–79.
[37] Vgl. Joseph Anton HARDEGGER, Beiträge zur spätmittelalterlichen Geschichte der Benediktinerabtei Pfävers, phil. Diss. Freiburg i.Ue. 1969, S. 139.

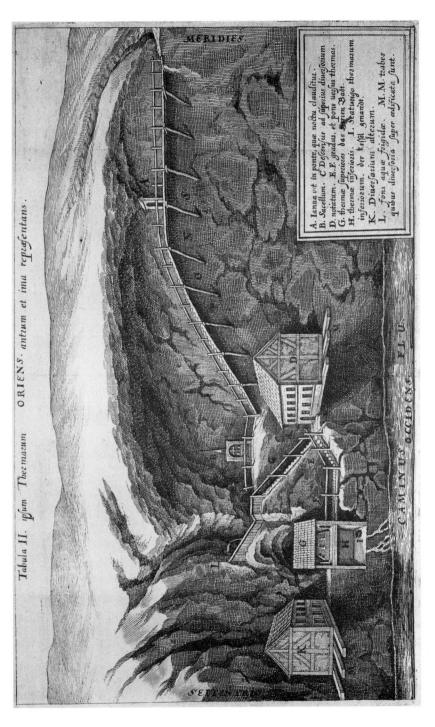

Abb. 2 *Thermarum Fabirinarum in Helvetijs, Vulgo Pfäffers Badt accurata delineatio: Bad Pfäfers und Umgebung*. Kupferstich nach Joseph Plepp (1595–1642) von Matthäus Merian. Die Wiedergabe ist recht ungenau, stellt aber die älteste Darstellung des Gebietes rund um das Bad Pfäfers dar. 26,5 × 15 cm.
Quelle: Guilhelmus Fabricius Hildanus, De conservanda valetudine, Frankfurt a. Main, bei Matthäus Merian, 1629, nach S. 56.

gefangenzunehmen³⁸. Mittelbar hat dieser Versuch, der zwar nicht gelang, zum Ausbruch des Schwabenkrieges beigetragen. Der Besuch Gossembrots in Pfäfers ist mit ein Beweis dafür, dass sich gerade bedeutende Persönlichkeiten der kirchlichen und auch gelehrten Welt im Bad trafen. Der Gossembrot-Handel führte zu einem Rückschlag im Besuch des Bades. Erst gegen 1520 nahm der Zustrom von Badegästen, nun vor allem auch aus der Eidgenossenschaft, wieder zu.

Dass im Bad auf Zucht und Ordnung geschaut wurde, beweisen mehrere Dokumente. So wurde 1479 ein Rudi Teller wegen Ehebruchs im Bad abgeurteilt. Nur das vorgerückte Alter seiner Ehefrau bewahrte ihn vor der Todesstrafe. Er hatte sich zu verpflichten, für 101 (!) Jahre aus den Gerichten des Gotteshauses wegzuziehen³⁹. Auch die Einhaltung der fleischlosen Fasttage musste von den Badewirten genau überwacht werden⁴⁰. Die Badegäste hatten ein geringes Badegeld im Wert von einem Kreuzer zu entrichten. Weitere Einnahmen bezog die Abtei natürlich aus der Gastwirtschaft und der Verpflegung der Gäste. Dabei hatte schon seit dem Mittelalter der Badebetrieb auch sozialen Charakter; die Gotteshausleute hatten lange freien Zutritt. Wenn man berücksichtigt, welche Persönlichkeiten – Geistliche, Kirchenfürsten, Humanisten – auf Anraten der Ärzte, um ihre Gesundheit wieder herzustellen, im 15. und frühen 16. Jahrhundert das Bad besuchten, wenn man ausserdem sieht, wie der reformeifrige, vorbildliche Bischof Friedrich von Zollern in seinem weiter unten ausgewerteten Tagebuch genau angibt, wie er das Bad verlässt, um im Kloster Pfäfers oben an den Feiertagen seine religiösen Pflichten zu erfüllen, die Messe zu lesen, wird man wohl kaum auf den Gedanken kommen, im Bad Pfäfers hätten nicht gute Sitten und Ordnung geherrscht. Man musste ja doch von Krankheit geplagt sein, wenn man sich in diese unwirtliche Schlucht verfügen wollte. Es gab ohne Zweifel bequemere Bäder, trotzdem rieten, wegen der Qualität des Wassers, manche Ärzte ihren Patienten immer wieder, sich gerade in das Pfäferser Bad und nicht etwa in das Wildbad bei Calw oder nach Baden im Aargau zu begeben. Im Pfäferser Bad suchte man Linderung bei seinen Gebrechen und

---

[38] Zu Gossembrot, einer Augsburger Familie entstammend, Sohn des Sigmund und der Ursula Artzt, vgl. NDB Bd. 6, S. 648 f. Der Vater war Bürgermeister von Augsburg und Frühhumanist (1417–1493). Der Sohn lebte bis 1502. Er wirkte u.a. als Pfleger von Ehrenberg in Tirol (vgl. Theodor MAYER, Die Verwaltungsorganisation Maximilians I. Ihr Ursprung und ihre Bedeutung; Forschungen zur inneren Geschichte Österreichs 14, 1920). Rat Georg wurde durch den Kaiser in den Adelsstand erhoben. Der Vater selber war von tiefer Religiosität, deshalb wohl ist er später ins Kloster eingetreten. Seine humanistischen Studien haben auch insofern Früchte getragen, als seine Büchersammlung noch erhalten ist (vgl. Joseph Anton HARDEGGER, wie Anm. 37, S. 71–73).

[39] Joseph Anton HARDEGGER, wie Anm. 37, S. 136 ff. WEGELIN, Pfävers, Nr. 700, S. 85.

[40] Vgl. Stiftsarchiv St. Gallen, Abt. Pfäfers, Bd. 127, X (III, 21, Nr. 18a).

Gebresten, von dort zog man nach einer Reihe von Tagen nach einer intensiven Kur wieder von dannen, habe sie nun 8, 9 oder 14 Tage gedauert.

VI.

Der Badebetrieb wurde vom Pfäferser Abt als Einnahmequelle angesehen. Diese Tatsache beleuchtet bereits die erste urkundliche Erwähnung der Therme, die Urkunde von 1382, bei der es sich ja um eine Konzession für den halben Teil handelte. Um 1500 wurde ein grosser Teil des Pfäferser Klosterbudgets durch die Einnahmen aus dem Bad bestritten. Diesbezüglich erhellende Einzelheiten werden weiter unten noch genannt werden. Der Ablauf eines geregelten Badebetriebs und die Garantie eines guten Rufes erforderten natürlich regelmässige Investitionen. Für die frühe Zeit sind solche allerdings nur schlecht fassbar. Erst um 1500 bewegen wir uns auf sichererem historischen Grund.

Über den Badebetrieb berichtet auch eine Urkunde vom 1. Juni 1463 im Ortsarchiv Valens. Darin beschwerten sich die Valenser, dass ihren Gütern durch den ständigen Verkehr mit Pferden schwerwiegende Nachteile entstünden. Auch beeinträchtige das Säumen die Fluren. Offenbar war es immer mehr üblich geworden, mit Pferden sich in das Bad, mindestens bis zum Abstieg in die Schlucht, zu begeben. Zuvor hätten die Badewirte den Wein an Stangen in das Bad tragen lassen, gab ein Valenser zu Protokoll[41].

Seit 1466 hatten die eidgenössischen Schirmvögte dafür zu sorgen – der Abt hatte sie darum gebeten –, dass ihr Untervogt in Ragaz den Badereisenden freies Geleit durch das Sarganserland gewährte[42].

Für das Jahr 1499, mitten in der Schwabenkriegszeit, war dem Kloster an Einnahmen ein Ertrag von 577 Gulden 4 Schilling 6 d aus Zehnten, Gülten etc. erwachsen, davon kamen 254 Gulden 3 Schilling 3 d aus dem Bad[43]. Im nächsten Jahr ergaben sich Gesamteinnahmen der Abtei von 1498 Gulden 10 Schillingen. Die Ausgaben waren allerdings etwas höher, beliefen sie sich doch auf über 1514 Gulden. Für das Jahr 1503 kam nicht weniger als die Hälfte der Klostereinnahmen aus dem Bad, nämlich von 1410 Gulden deren 714. Das Bad schien zu rentieren. Nun konnte man daran denken, den Überschuss wieder in die Verbesserung der Infrastruktur zu investieren. So wurden 1503 unter grossem Kostenaufwand «Bad und ein neues Haus» errichtet[44]. Für einen grossen

---

[41] Vgl. auch HARDEGGER, wie Anm. 37, S. 136 ff.
[42] Vgl. WEGELIN, Pfävers, Nr. 643, S. 79; EA II, S. 957.
[43] Vgl. EA III, 2, Nr. 5.
[44] Vgl. EA III, 2, Nr. 125.

Besucherandrang spricht auch die Tatsache, dass im Jahre 1504 nicht weniger als 60 Fuder Wein ins Bad verbracht und für den Konsum bereitgestellt wurden, und dies nur gerade für die Sommermonate. Als Vergleich dazu sei erwähnt, dass im Kloster selbst nur 23 Fuder Wein lagerten[45]. Es waren die Jahre, als nach der Vertreibung von Abt Melchior von Hörnlingen der Pfleger Wilhelm von Fulach, ein Schaffhauser, der Abtei als Administrator vorstand (seit 1502). Stolz konnte er vor seiner Abtwahl (1506) darauf hinweisen, er habe das Bad neu aufgebaut und dort neue Gebäude, ein neues Haus und das obere Haus, errichtet[46].

VII.

Die Praxis des spätmittelalterlichen Badebetriebes kann an zwei Beispielen des späten 15. bzw. frühen 16. Jahrhunderts schön illustriert werden, Beispiele, die ohne Zweifel repräsentativ sein können für eine Vielzahl von Badegästen, deren Badekuren ähnlich verlaufen sein mögen.

Am 8. Mai 1488 war der Augsburger Bischof Friedrich von Hohenzollern (1451–1505), wie uns das Tagebuch seines Hofkaplans berichtet, nach einem kurzen Aufenthalt in Weingarten, in Lindau eingetroffen, von woher kommend er am 9. Feldkirch und am 10. Maienfeld erreichte[47]. Dort hielt er am Sonntag auch das Amt. Darnach überquerte er den Rhein und gelangte nach Ragaz, wo er die Pferde stehen liess und bis Pfäfers Maultiere nahm. Noch am selben Tag begab sich der Bischof mit seinem Kaplan in das Bad. Er hielt sich vom Sonntag Jucunditatis (11. Mai) bis Freitag vor Pfingsten, dem 23. Mai, dort auf und badete tagtäglich zwischen acht und neun Stunden. Die Badekur unterbrach er nur gerade, um an Auffahrt im Pfäferser Kloster oben die Messe zu feiern. Nach der Kur übernachtete er am 23. Mai im Kloster, am nächsten Tag, einem Samstag, ritt man gen Chur, wo Pfingsten verbracht wurde. Den Heimweg begann er über Sargans und den Walensee am Pfingstmontag, dem 26. Mai. Bereits am nächsten Tag, am Dienstag, fuhr er über den Walensee und nahm das Abendbrot schliesslich in Rapperswil ein, von wo er sich mit Maultieren nach Einsiedeln begab, wo er am nächsten Morgen eintraf und die Messe in der Gnadenkapelle las. Am Abend war er bereits wieder zurück in Rapperswil.

---

[45] Vgl. EA III, 2, Nr. 162.
[46] Vgl. EA III, 2, Nr. 249.
[47] Vgl. auch Friedrich ZOEPFL, Das Bistum Augsburg und seine Bischöfe im Mittelalter, Augsburg 1955, S. 492; LThK² Bd. 5, Sp. 433; NDB Bd. 5, S. 490 (beide Artikel von Friedrich ZOEPFL). Edition des Tagebuchs: Theodor DREHER, Das Tagebuch über Friedrich von Hohenzollern, Bischof von Augsburg (1486–1505), Mittheilungen des Vereins für Geschichte und Alterthumskunde in Hohenzollern 19, 1885/86, S. 75–78.

Der Augsburger Bischof war ein eifriger Seelsorger, die Reise nach Pfäfers war keineswegs ein blosser Kur- oder Vergnügungsausflug, auf dem Rückweg weihte er in Hechingen die Kirche mit acht Altären, zudem sang er das Amt und firmte gleichentags noch 600 Menschen, ein Beweis für den religiösen, pastoralen Ernst des Bischofs. Das Sakrament der Firmung war nach der Reformation selbst in katholischen Gegenden kaum mehr bekannt.

Truchsess Hans von Waldburg, aus der jakobischen Linie, ebenfalls aus süddeutschem Adel, der vor 1504 starb, suchte 1490 das Bad Pfäfers auf, um seine angeschlagene Gesundheit wiederherzustellen. Die Eidgenossen sicherten ihm am 20. Juni, zu Beginn der Badesaison, für die Hin- und Rückreise freies Geleit zu und erteilten dem Landvogt in Sargans entsprechende Ordre[48].

Ein weiterer Augsburger, der bedeutende Handelsherr Lukas Rem, weilte 20 Jahre später ebenfalls einige Tage in Pfäfers[49]. Am 15. Mai 1511 ritt Rem, dem es gelungen war, von Augsburg aus ein fast weltweites Handelsnetz aufzubauen, das bis nach Süd- und Nordamerika reichte, ins Bad Pfäfers ab, wo er am 20. ankam. Im ganzen badete er hier 127 Stunden, wie es sein Tagebuch kaufmännisch exakt vermerkt, meistens bereits am Morgen nüchtern. Als er den Ausschlag bekam, den man damals bei einer Kur anstrebte und als nötig betrachtete, nämlich am 30. und 31. Mai, wohl dem 9. und 10. Tag der Kur, badete er auch dreimal nachts, im ganzen 5 Stunden. Sein Aufenthalt dauerte relativ lange, war er doch bis zum 9. Juni in Pfäfers, von wo zurückreitend er dann wieder am 13. in Memmingen ankam. Zu einem Badeaufenthalt in Pfäfers hatte ihm Dr. Matthäus aus Ravensburg geraten[50]. Während für Pfäfers nicht überliefert ist, wo er badete, heisst es, dass er im Wildbad bei Calw 1518 14 Tage im Herrenbad und dann im gemeinen grossen Bad badete. Die Institution des Herren- und des von diesem getrennten gemeinen Bades existierte auch in Pfäfers. Das Tagebuch Rems ist, im Gegensatz zu jenem des Bischofs Friedrich, von ihm selber verfasst. Rem kam weit herum. Dr. Matthäus war kein unbekannter Mann, er war der berühmteste Arzt der Gegend, wie der Augsburger Handels-

---

[48] Vgl. EA III, 1, S. 351. Vgl., auch besonders zum Genealogischen: Joseph VOCHEZER, Geschichte des fürstlichen Hauses Waldburg in Schwaben Bd. 2, Kempten 1900, S. 93, sowie die 1. Stammtafel im Anhang.
[49] Sein Tagebuch findet sich ediert von B. GREIFF, Tagebuch des Lucas Rem aus den Jahren 1494 bis 1541. Ein Beitrag zur Handelsgeschichte der Stadt Augsburg, Jahres-Bericht des Historischen Kreis-Vereins im Regierungsbezirke von Schwaben und Neuburg für das Jahr 1860 (Augsburg 1861), S. 1–110. Die Stellen über den Aufenthalt in Pfäfers auf S. 16.
[50] Der Badeaufenthalt Rems in Pfäfers findet sich auch erwähnt in der Literatur, so etwa im Ausstellungskatalog: Bäder, Duft und Seife. Kulturgeschichte der Hygiene, bearb. von Gisela REINEKING VON BOCK, Köln 1976, S. 22. Zum Aufenthalt im Wildbad: B. GREIFF, wie Anm. 49, S. 23. – Beim genannten Arzt handelt es sich wahrscheinlich um den Ravensburger Dr. Matthäus Ulin.

herr schreibt. Die Bilanz von Rems Badekur ist die folgende – die Stunden sind von ihm Tag für Tag genau angegeben –: 4, 6, 8, 7, 5, 7, 7, 8, 7, 7, 8, 9, 11, 8, 9, 5, 6, 4 Stunden, schliesslich 1 Stunde, d.h. für 19 Tage. Am 22. und 31. Mai, also etwa in einem Wochenrhythmus, wurde er geschröpft. Dies gehörte offenbar häufig auch zur Badekur in Pfäfers[51].

VIII.

1590 erschien von Kaspar Sermondi, latinisiert Sermundus, eine Beschreibung des Bades von Bormio im oberen Veltlin, in welcher seltenen Schrift auch gelegentlich am Rande Pfäfers und Masino im Veltlin, aber kein anderes Bad im Gebiet der Drei Bünde und ihrer Untertanenlande erwähnt werden[52]; im Vorwort ist die Schrift Erzherzog Ferdinand von Österreich gewidmet.

Zwei weitere Autoren, welche die Einrichtungen im Bad berühren, verdienen es, obwohl sie bereits dem 17. Jahrhundert angehören, hier noch berücksichtigt zu werden. Es handelt sich um Wilhelm Fabricius Hildanus und Johannes Guler von Wyneck. Beide kannten noch die Verhältnisse im Bade Pfäfers vor der Herausleitung des Wassers an den heutigen Ort des alten Bades (1630)[53]. Guler, der mit dem Pfäferser Abt Jodok Höslin (1627–36) persönlich

---

[51] Über Lukas Rem vgl. ADB Bd. 28, S. 187–90. Lukas Rem ist bekannt durch sein Tagebuch, das eine Menge von Informationen nicht nur zur Handelsgeschichte, sondern auch zur Kulturgeschichte des frühen 16. Jahrhunderts enthält. Rem gehörte zu den Aufsteigern. Erst 1538 wurde er in das Patriziat der Stadt Augsburg aufgenommen. Vertreter seiner Familie waren in Ulm, Lindau und Memmingen tätig. Er unternahm im Dienst der Handelsgesellschaft Anton Welser ausgedehnte Reisen, etwa in die Schweiz, aber auch nach Savoyen, Südfrankreich, Paris und in die Niederlande. Die iberische Halbinsel, darunter auch Lissabon, besuchte er 1503. In Lissabon blieb er bis 1508; von hier aus unternahm er auch einen Abstecher nach Funchal auf Madeira, ausserdem nach der Insel Palma im Kanarischen Archipel. Bereits damals besassen die Welser dort grosse Plantagen. Rems Tod fällt auf den 22. September 1543. Dabei gehörte sein Handelshaus nicht zu den ganz grossen Etablissements; es zeichnete sich jedoch durch sorgfältige Geschäftsführung aus. Im Zuge der Zeit liegt Rems Bestreben, das Vermögen in liegenden Gütern und Leibgedingen anzulegen. Damit suchte er die Kapitalien der Inflation zu entziehen.

[52] De Balneorum Burmensium Praestantia ad Sereniss(imum) Ferdinandum Austriae Archiducem, Mailand 1590 (S. 39f.). Vgl. jetzt Dante Sosio, I Bagni di Bormio nel corso dei secoli, Sondrio 1985.

[53] Über die Einrichtungen im alten Bad Pfäfers vgl. auch P. Augustin Stöcklin, Nymphaeum beatissimae Virg(inis) Mariae Fabariensis, Dillingen 1631, und Johann Kolweck, dessen Übersetzer, in seiner Schrift über das Bad Pfäfers, die 1631 ebenfalls in Dillingen erschien. Stöcklins Informationen sollen in einer besonderen Abhandlung vorgestellt werden. Vgl. auch den Briefwechsel Johannes Gulers mit seinem Freund Abt Jodok Höslin (1627–36), der in der Festschrift Iso Müller I herausgegeben wurde: Werner Vogler, Unbekannte Briefe Joh. Gulers von Wyneck an Abt Jodok Höslin von Pfävers aus den Jahren 1630 bis 1635, in: Der Geschichtsfreund 125, 1972, S. 62–81.

befreundet war, handelt vom Bad in seiner «Rätia», die 1616 in Zürich erschien. Ihm verdanken wir vor allem gute Beschreibungen der Badeeinrichtungen[54]. Das Badebecken nannte man den «Kessel». Es war nämlich in der Art einer Grube in den Felsen eingelassen und glich einem Kessel. Es besass eine Tiefe bzw. Breite, welche die Grösse eines Mannes übertraf. Unter dem Kessel lag der Kasten. Das war eine Stelle, an welcher der felsige Boden eingeebnet war. Er hatte eine viereckige Form. Drei Seitenabschrankungen waren aus Fels, die vierte, gegen die Tamina, war mit Holz gebildet. Hier wurde das Wasser gestaut, man konnte es aber auch, je nach Bedarf, wieder abfliessen lassen. In diesem Kasten badete die grosse Menge der Gäste. Ausserdem gab es aber auch ein kleineres Bassin für die vornehmen Gäste, wie man es auch von anderswoher kennt, das «Herrenbad». Abweichend von anderen Autoren des 16. Jahrhunderts beziffert Guler die Badekapazität auf 200 bis 300 gleichzeitig Badende. Guler erwähnt drei Häuser, die auf Brettern über die Tamina gebaut waren. Deren Tragbalken waren in die Felsen eingelassen. In der Quellschlucht zu Pfäfers sieht man teilweise heute noch die entsprechenden Löcher. Hier verpflegte man sich, kochte man, erholte man sich, ruhte man aus. Auch Guler bringt die Nachricht, dass manche Badende nicht einmal zum Essen aus dem Wasser stiegen und sogar im Wasser schliefen. Die Wasserbecken waren offenbar auch ein Ort der Konversation und gar des Gesanges. So erwähnt es Guler ausdrücklich. Auch er hat ohne Zweifel manches von früheren Autoren übernommen, etwa dass man so laut schreien müsse wie in einer Mühle, um sich verständlich zu machen. Guler bedauert, dass es im Bad wenig Kurzweil und Abwechslung gebe, man verfüge sich dazu jeweils hinauf nach Valens oder an einen andern Ort in der Nähe. Die Nachricht, dass eine Badekur zwischen 9 und 10 bzw. 12 und 15 Tage dauere, hat er sicher ebenfalls von Autoren des 16. Jahrhunderts, von Münster etwa, übernommen. Auch die Mitteilung, dass manche ohne zu baden – aus Furcht – wieder heimkehrten, findet sich schon bei Brusch und bei früheren Autoren[55].

Wilhelm Fabricius Hildanus, aus dem rheinischen Hilden gebürtig, war Stadtarzt in Bern[56]. Er gilt als der bedeutendste Chirurg Deutschlands im

---

[54] Fol. 81 v.
[55] Zu Guler siehe auch Richard FELLER/Edgar BONJOUR, Geschichtsschreibung der Schweiz vom Spätmittelalter zur Neuzeit Bd. 1, Basel-Stuttgart 1962, S. 387–90.
[56] Wilhelm Fabricius Hildanus (Fabry von Hilden) wurde 1516 in Hilden bei Düsseldorf geboren und starb 1634 in Bern (vgl. NDB Bd. 4, S. 738f.; Gernot RATH). Seine Werke, «Opera», erschienen 1646 in erster Auflage in Frankfurt. Sie beweisen, dass er wohl zu Recht als der bedeutendste deutsche Chirurg des 17. Jahrhunderts angesehen wurde. «An klassisch wissenschaftlicher Bildung wie an ärztlichem Können überragte er alle Standesgenossen. Gründliche Kenntnisse der Anatomie, scharfe Diagnostik und hohe ärztliche Ethik waren die für seinen Ruf und seinen Erfolg verantwortlichen Faktoren.» (NDB Bd. 4, S. 739).

17. Jahrhundert. Im Jahre 1610 besuchte er mit dem polnischen Fürsten Janusz Radziwill (1590–1637) das Bad Pfäfers. Seine Eindrücke hat er in einem genauen Bericht, der 1629 erstmals in Frankfurt unter dem Titel «De conservanda valetudine» bei Merian erschien, festgehalten. In zwei darin abgedruckten, in Bern geschriebenen Briefen vom 26. August 1623 und vom 25. Juni 1626 befasst er sich eingehend mit der Pfäferser Therme. Er wendet sich in diesen Schreiben an einen Hauptmann Paulus Croquerus, Leibarzt des Herzogs von Sbaraz in der Ukraine[57]. Diese Nachrichten und die Beschreibung des Pfäferser Bades sind auch mit zwei gut dokumentierten Kupferstichen Merians versehen. Der eine gibt einen allgemeinen Überblick über die Situation des vorderen Taminatals, der zweite öffnet in der Art eines Längsschnittes die Quellschlucht mit den heissen Quellen, Gasthäusern und der Kapelle, die mit genauen Legenden bezeichnet sind. Zusammen mit dem Merian-Stich aus der Topographie von 1642, der im selben Bild sowohl das Bad in der Schlucht als auch die neuen Gebäude am Ausgang der Schlucht wiedergibt, sind sie die wichtigsten Bilddokumente für die Einrichtungen des alten Pfäferser Bades in der Quellschlucht. Diese Bilder sind in der Folge mehrfach als Illustration in weiteren Schriften und Ausgaben verwendet worden. Hildanus nennt die Pfäferser Therme auf lateinisch «Thermae piperinae».

Des Hildanus medizinische Schrift ist dem Usus der Zeit entsprechend lateinisch abgefasst. Auch er hat einiges von früheren Autoren übernommen. Wichtig sind aber die eigenen genauen Angaben über Einrichtungen und Indikationen. Er erwähnt die Investitionen der Pfäferser Äbte – 1610 regierte der Sarganser Michael Saxer – zur Verbesserung der Infrastruktur im Bad. Ausdrücklich weist er darauf hin, dass er 1610, zusammen mit Fürst Radziwill, alles mit eigenen Augen gesehen habe. Zwar sei das Herrenbad den besseren Kreisen vorbehalten, von der Wirkkraft her entspreche es jedoch dem Haupt- und gewöhnlichen Bad. Jedes habe indes eine eigene Quelle. Hildanus stützt sich in seinem historischen Teil auf das 23. Kapitel des 10. Buches von Stumpfs «Chronik». Der 1543 errichtete Steg in das Bad hinunter habe 252 Schritte, sei aus Holz gemacht und mit Seilen am Fels befestigt. Zuvor hätte man nur an langen Seilen und hängenden Treppen und Leitern in das Bad gelangen können. Die einschlägige Literatur scheint er zu kennen, erwähnt er doch, dass viele vor Angst es nicht gewagt hätten, ins Bad hinunterzusteigen. Auch die neue Brücke schwanke, wenn man hinuntersteige. Deshalb steige – eine Angabe, die im Gegensatz steht zu andern Nachrichten – kein Pferd die Brücke hinunter. Auch fehlt der Hinweis nicht, dass viele sich Tag und Nacht im Wasser aufhielten,

---

[57] S. 64–78. – Zu Croquerus (Pavel Kroker, † 1642) vgl. den Artikel von Stanislav Tworek in: Polski slownik biograficzny, Bd. 15, Warschau – Breslau – Krakau 1970, S. 315f.

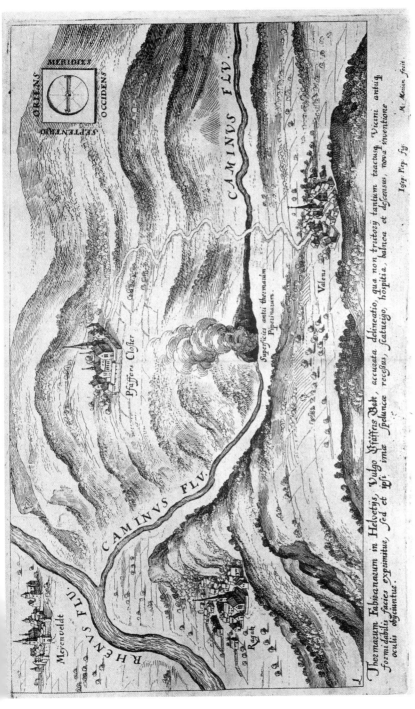

Abb. 3 *Querschnitt durch die Pfäferser Quellschlucht mit den Badegebäuden und -einrichtungen. Die Gebäulichkeiten und Einrichtungen sind in den Legenden genau bezeichnet. Es handelt sich bei diesem Kupferstich um die älteste zuverlässige Darstellung der Quellschlucht. Ihr Wert ist umso höher, als noch die Situation vor der Herausleitung der Quellen 1630 wiedergegeben ist. Sie entspricht in vielem gewiss den Beschreibungen des 15./16. Jahrhunderts. 26,5 × 15 cm.*
Quelle: Guilhelmus Fabricius Hildanus, De conservanda valetudine, Frankfurt a. Main, bei Matthäus Merian, 1629, nach S. 56.

darin nicht nur speisten und sich verpflegten, sondern auch den Schlaf genössen. Die Reichen machten dies wegen der Lust, im Wasser zu sein, die Ärmeren aber aus Mangel an Unterkunftsmöglichkeiten, wie Hildanus bemerkt. Er ist der Meinung, dass auch der Dampf zur Gesundheit und Rekonvaleszenz beitrage, weil er die inneren und äusseren Glieder befeuchte. Wenn nötig, werde man mit verbundenen Augen in einer Sänfte von Trägern in das Bad gebracht. Manches, was die vornehmeren Gäste zu essen begehrten, wie Wild, Fisch, Vögel etc., werde aus Chur herbeigeschafft. Hildanus bringt eine Fülle weiterer Nachrichten, die er teilweise ebenfalls von früheren Autoren übernommen hat. Zur Kur meint Hildanus, dass viele ihr 10 bis 12 Tage obliegen und sie in diesem Zeitraum absolvieren würden, andere benötigten bloss 7 Tage. Der Ausschlag erscheine nach ein bis drei Tagen. Manche reisten jedoch bereits nach acht Tagen ab.

IX.

Nicht erst im 16., sondern bereits im 15. Jahrhundert war Pfäfers, wie wir gesehen haben und wie es uns die eher ungünstige Quellenlage doch erahnen lässt, immer wieder das Ziel von bedeutenden Gästen, die sich im Bad kurieren lassen oder neue Kräfte holen wollten. Ein eigentliches «Begegnungszentrum» humanistischer Persönlichkeiten war Pfäfers dann aber zu Beginn des 16. Jahrhunderts, vor der Reformation. Für diese Tatsache sollen abschliessend einige Beispiele gegeben werden, die uns aus dem Briefwechsel von Ulrich Zwingli überliefert sind. Es weilte nämlich nicht nur Zwingli selber mehrfach im Pfäferser Bade; er vermittelte später auch einen Badeaufenthalt für Ulrich von Hutten[58]. Offenbar hat Zwingli ihn dort im Sommer 1517 getroffen, was der Briefwechsel nahelegt. Zwingli weilte ausserdem im August 1519 im Bad[59]. Da in Zürich damals die Pest ausbrach, musste der Zürcher Geistliche eilends abreisen. Mehrere Briefe an Zwingli nehmen Bezug auf seinen Pfäferser Aufenthalt im Jahre 1519, darunter einer von seiten seines Bruders Andreas[60]. Bei dieser Gelegenheit traf er auch Philipp Engelbrecht, den Humanisten aus Engen in Baden[61]. Im Jahre 1520 machte ausserdem Heinrich Loriti Glareanus, der aus Glarus stammende

---

[58] Vgl. zum ganzen: Huldreich ZWINGLIS Sämtliche Werke Bd. 7: Zwinglis Briefwechsel, bearb. von Emil EGLI, hrsg. von Georg FINSLER Bd. 1, Leipzig 1911, Nr. 28, S. 66f. und öfter.
[59] Wie Anm. 58, Nr. 92, S. 200.
[60] Wie Anm. 58, Nr. 97, S. 211.
[61] Wie Anm. 58, Nr. 123, S. 277f. Engelbrecht war 1517 Professor der Poetik an der Universität Freiburg im Breisgau geworden; er starb bereits 1528.

1. Das Alte Bad darin die quelle. 2. Wirtshaußer. 3. ein Capell. 4. Frischer brunen. 5. Die Brücke und weg zum Bad. 6. Das Newe Bad. 7. Di Waßerlaitung vom Alten Bad, und Brucken. 8. das Newe Wirtshauß. 9. Tamiña fluß. 10. Weg nach Ragatz.

Abb. 4 *Wahre Contrafactur des Wunderlichen Bads zu Pfäffers zu Ober Schweitz gelegen: Das Bad Pfäfers 1642.* Die Eigenart des sehr bekannten Kupferstiches von M. Merian besteht darin, dass in einer Art Vogelschauperspektive eine Übersicht über das Bad gegeben wird, wobei sowohl die Gebäulichkeiten in als auch am Ausgang der Taminaschlucht wiedergegeben sind. Aufschlussreich ist auch die Wiedergabe des sich oben gabelnden Zugangsstegs von 1543. 19 × 29 cm. Kupferstich.
Quelle: Matthäus Merian, Topographia Helvetiae, Rhaetiae et Valesiae, Frankfurt 1642, nach S. 63.

Humanist, eine Badekur in Pfäfers[62]. Bald darauf begab er sich wieder nach Paris. In Pfäfers traf Zwingli den Sittenprediger Petrus Wickgram, den Neffen Geilers von Kaisersberg, des berühmten Predigers des 15. Jahrhunderts, mit dem übrigens auch Bischof Friedrich von Hohenzollern in Beziehungen stand[63]. Wickgram, der in Strassburg seit 1510 als Domprediger gewirkt hatte, wurde 1523 Pfarrer in Ensisheim. Er war in späteren Jahren ein entschiedener Gegner der Reformation. Ein weiterer Pfäferser Badegast war der Marbacher Jakob Salzmann (Salandronius)[64].

Der Pfäferser Abt Johann Jakob Russinger (1517–49) stand seinerseits in engen Beziehungen zu Zwingli. Ihm war der Druck der ersten Zürcher Disputation von 1523 gewidmet[65]. Bereits zuvor hatte sich Russinger am 28. Oktober 1522[66] an Zwingli gewandt. Es sind noch weitere Briefe Russingers an den Reformator erhalten. Russinger setzte sich während dessen erfolglosen Badekur in den Jahren 1522/23 persönlich für Hutten ein. Es ist hier nicht der Ort, auf die Beziehungen Zwinglis zu Russinger einzugehen, die sicher auch durch den Aufenthalt im Bad mitvermittelt waren. Wer im Bade weilte, besuchte häufig auch das Kloster, besonders wenn er aus besserem Stande war. Bekanntlich ist Russinger dann zur Reformation übergetreten, kurz vor dem Zweiten Kappeler Krieg (1531). Er kehrte indes später, um Amt und Herrschaft zu behalten, wieder zum alten Glauben zurück. Hier müssen jedoch Russingers Verdienste um das Bad hervorgehoben werden. Ich nenne nur etwa die Förderung der Badeschrift des Paracelsus und die Errichtung der neuen Brücke in das Bad hinunter im Jahre 1543.

Ulrich von Hutten selber, so geht es aus einem Schreiben nach Mitte Juli 1523 hervor[67], genoss den Aufenthalt, bereits von schwerer Krankheit gezeichnet, im Bade Pfäfers nicht sehr. Ihm war das Bad zu kalt. Er war der Ansicht, dass der Kuraufenthalt ihm nichts gebracht habe. Trotzdem war er sehr angetan von der Menschlichkeit und Liberalität des Abtes. Russinger hat sich offenbar sehr um ihn bemüht. Das Wetter war gerade ungünstig, als Hutten dort weilte, es regnete meistens, eigentlich an allen Tagen. Von überall floss kaltes Wasser herab. Das schlechte Wetter bedrohte selbst die kleinen Badhäuser. So verliess

---

[62] Wie Anm. 58, Nr. 136, S. 307f.
[63] Wie Anm. 58, Nr. 191, S. 487f.
[64] Wie Anm. 58, Nr. 233, S. 575ff.; Nr. 28, S. 66f.
[65] Vgl. Huldreich ZWINGLIS Sämtliche Werke, hrsg. von Emil EGLI und Georg FINSLER Bd. 1, Berlin 1905, Nr. 18, S. 479.
[66] Wie Anm. 58, Nr. 245, S. 604f.
[67] Huldreich ZWINGLIS Sämtliche Werke Bd. 8: Zwinglis Briefwechsel, bearb. von Emil EGLI, hrsg. von Walther KÖHLER Bd. 2, Leipzig 1914, Nr. 308, S. 93f.

er die Taminaschlucht, ohne neue Kraft und neuen Mut geschöpft zu haben. Zwar hätte ihn Russinger noch gerne einige Wochen bei sich behalten. Immerhin nahm er eine Einladung des Abtes zu einem erneuten Aufenthalt mit sich, zu dem es umständehalber aber in der Folge nicht kam.

Anhang

I. Felix Hemmerli (Malleolus),
De balneis naturalibus hic et alibi constitutis *(ca. 1450):*

(Pfeffers)
Est in dyocesi Curiensi per unam dietam ab ortu fluminis famosissimi Reni aput monasterium Fabariense ordinis Sancti Benedicti nobilissima termarum aqua, in aggressu tamen rigidissima; cuius status disposicio tam mirabilis est, quod vix scripture creditur. Describenda que quidem aqua calida quondam secundum cronicas scaturizabat in synu montis ibidem altissimi, ex tunc defecerat et per annos ducentos vel ultra non conparuerat. Et demum casualiter sunt reperte ibidem prope in profundissima valle et cum ferocissimo torrente, ubi circa solsticium estivale sol vix videtur in meridie. Per maiorem ergo anni partem aque deficiunt et estivali tempore per duos vel tres menses conparent. Et tunc aqua copiosissima nimis per tres cavernas diffunditur et monstruose humanis usibus applicatur. Hec pre ceteris termis mundi auro iudicatur applicata cum sit aqua purissima et nitidissima et sive sit calida sive frigida humano gustui delectabilis et aptissima et ad cuiuslibet supervenientis animo balneandi seu balneantis complexioni compatibilis et omni etati post puericiam quam anno decimo vel quasi ponimus terminatam compatibilis atque delectabilis. Et licet de auri minera propter ipsius nobilitatem dixerimus, oportet tamen quod habuit ignem perpetuo naturaliter ardentem ad sustentacionem quam de alumis nitri in inferioribus terre putamus procedere.

Et nichilominus tamen auri venas tangat prout multa sunt flumina. Et videtur in Reni littoribus qui eciam ibidem est contiguus: ubi per artifices arena certis colligitur temporibus de qua subtili modificacione aurum finaliter purum conficitur.

Et licet hec termarum aqua sit in horroris loco profundissimo solitudinis, ac, sit Acharon infernalis et non omnibus presertim vertiginis terrorem pacientibus, sit inaccessibilis, est tamen propter aquarum calidarum superhabundantem quantitatem delectabilis et moram facientibus in ea non inducit teporem lassitudinis. Convenit autem ibidem morari continuo per sex vel septem dierum revoluciones, et in hoc medio per unam noctem ab extra solet fieri plena quies. Solent eciam ad placitum contra naturam aliorum balneorum in ipsa aqua fieri omnes refectiones. Et talis mansio fit ibidem presertim ex eo propter exitus in altum et descensus in profundum viarum discrimina et scalarum compendencium machinamenta.

Et si talis fons termarum in terra manaret plana, duobus milibus hominum simul balneantibus habundanciam aque daret et virtutes Germanie tocius termarum superaret.

Et nunc de eius profectu dicamus: Nam podegram et cyrogram et omnem arteticam passionem saltem calidam repellit. Capitis nervos obstructos resolvit. Visum mirabiliter reficit. Et in multis hominibus presertim frigidis stimulos carnis ad tempus extingwit, et alias potentes inpotenciores reddit. Et licet ibidem sit terre vinum sapore fortissimum, nisi homo nimium bibendo propter malam stomachi complexionem, violenter excedat, securus est, quod inordinata sitis eum non gravet. Et fastidium comedendi penitus repellit. Item scabiem et omnem carnis pruritum ac cutis radicitus sanat. Item cycatrices vulnerum tollit et de vulneribus contractas rugas et membrorum curvaturas ac lesas iuncturas reficit. Et membra passionata et laboribus multum conquassata, confracta seu fatigata et infirmitatibus debilitata restaurare conswevit. Et summarie cunctos sperantes in se fortassis propter fidem populi qualitercumque corporis angoribus pacientes sine refocillacionis consolacione non relinquit.

Transkription nach Cod. O.22 (fol. 196r/v) der Stiftsbibliothek Ottobeuren (15. Jh.). Fehlerhafte Abschrift von P. Augustin Stöcklin im Stiftsarchiv St. Gallen, Cod. Fab. 106b = Historia de Fabariensibus Thermis naturaliter calidis, 1630, fol. 12r/v.

Ia. Deutsche Übersetzung:

In der Diözese Chur, eine Tagreise abwärts vom Ursprung des berühmten Rheinflusses, beim Benediktinerkloster Pfäfers, findet sich eine hochedle Therme. Ihr Zutritt ist jedoch sehr wild und rauh, ihre Lage und Anordnung aber so wunderbar, dass man es kaum zu beschreiben vermag. Dieses warme Wasser entquoll einst, nach den Chroniken, dem Schosse eines sehr hohen Berges und erschien während 200 Jahren nicht mehr, und es wurde dann zufällig in der Nähe in einem sehr tiefen Tal entdeckt am wilden Bergbach [Tamina], wo selbst zur Sommersonnenwende am Mittag die Sonne kaum zu sehen ist. Während des grössten Teiles des Jahres versiegt das Wasser. Es erscheint zur Sommerszeit etwa zwei oder drei Monate lang. Dann aber ergiesst es sich sehr reichlich durch drei Höhlungen der Erde und wird in wunderlicher Weise zum menschlichen Gebrauche hingeleitet. Mehr als die anderen Thermen der Welt wird sie als mit Gold vermischt betrachtet, da das Wasser sehr rein, sehr glänzend, warm oder kalt dem menschlichen Geschmack sehr angenehm und bekömmlich sowie jeder beliebigen körperlichen Konstitution der herreisenden Badegäste zuträglich ist. Nach Abschluss der Kindheit, den wir etwa auf das zehnte Altersjahr ansetzen, ist es jedem Alter förderlich und angenehm. Man darf ihm vor allen andern Mineralien dieselben rühmlichen Vorzüge zusprechen wie dem Golde. Es muss sein, dass es vom brennenden Feuer seinen Unterhalt empfängt, der, wie wir glauben, vom Aluminium und Nitrium im Innern der Erde ausgeht. – Doch dessen ungeachtet berührt es dennoch Goldadern, die im Zusammenhang mit den vorhandenen zahlreichen Flüssen stehen. Man sieht Gold an den Ufern des Rheins, der hier ja in der Nähe durchfliesst. Zu gewissen Zeiten wird dort der Sand von kunstfertigen Männern gesammelt, und so wird aus dem Wasser durch gründliche Verarbeitung schliesslich das reine Gold gewonnen. Wenn auch dieses Thermalwasser an einem schrecklichen Ort tiefster Verlassenheit, dem Acheron oder stygischen Sumpfe gleich, sich findet und nicht allen, besonders denen nicht, die an Schwindel leiden, zugänglich ist, so ist es doch ob seiner Wärme und wegen seines reichen Überflusses ergötzlich und verursacht denen, die sich darin aufhalten, keinerlei Schlaffheit oder Müdigkeit. Wer hier weilt, muss sechs bis sieben Tage ununterbrochen im Bade bleiben, eine einzige Nacht dazwischen ausgenommen, wo er ausserhalb sich einmal der völligen Ruhe hingeben kann. Entgegen der natürlichen Ordnung anderer Bäder nimmt man hier sämtliche Mahlzeiten im Wasser selbst ein. Dies wird vor allem deshalb so gehalten, weil das Hinaufsteigen aus der Kluft sowie das Hinuntersteigen in die Tiefe wegen des steilen Weges und der hängenden Leitern äusserst schauderhaft und gefährlich ist. Wenn die Quelle in der Ebene flösse, so würde sie 2000 gleichzeitig badenden Menschen Wasser im Überfluss bieten und die Kapazitäten der Thermen ganz Deutschlands übertreffen.

Nun sprechen wir von ihrer Wirkung. Sie heilt Fuss- und Handgicht sowie Arthritis. Warm löst sie zum mindesten verstrickte Kopfnerven. Die Sehkraft stärkt sie auf wunderbare Weise. Bei vielen Menschen, besonders bei Frigiden, löscht sie den Stachel des Fleisches zeitweise, und sonst dämpft sie bei den Hitzigen das Verlangen. Auch wenn der einheimische Wein sehr stark ist, wird er einen ungeordneten Durst nicht belasten, es sei denn, dass jemand durch zu vieles Trinken bei schlechter Magenverfassung heftig reagiert. Ferner behebt das Wasser vollständig die Appetitlosigkeit. Auch Räudigkeit und Jucken von Fleisch und Haut heilt es vollständig. Dieses Wasser behebt auch Narben von Wunden. Es heilt ferner durch Wunden entstandene Falten, Verkrümmungen der Glieder und verletzte Gelenke. Gewöhnlich erquickt es auch schlaffe, durch die Arbeit zerquetschte oder ermüdete Glieder. Zusammenfassend gesagt lässt es keinen Hoffenden – vielleicht wegen des Glaubens des Volkes – zurück ohne tröstliche Aussicht auf Erholung.

II. Hans Folz, Von allen paden, die von natur heiss sind, *Strassburg 1504 (Bäderbüchlein von 1491):*

        Pey kur nit ferr ein wilpad ist
        leyt pey sant benedicten wist
        genant pfeffers diff in einr grufft
        do tages licht noch windes tufft
        gar fast wenig gemerckt wirt
        das pad wunderlich hilff gepirt
        und wirt fur vil ander gepreist
        grosser hilff halb die es beweist
        ist fein lauter wie ein cristal
        sie kochen und drincken sein all
        vor grossem wol gesmack und güt
        es krefftigt hertz sel und gemüt
        und hat nie nimant wee getan
        dint auch eins iden complexian
        es fleüst von lauter goldes ertz
        nymant hat do verdriss noch smertz
        veriagt allen unlust und grawen
        dint kalt und heissen man und frawen
        dewt wol all speis das sie nit schat
        wer den smertzen padagra hat
        mit allen den geschlechten sein
        dut es offenlich hillffe schein
        lüfft dem gehörd dint dem gesicht
        und wass man sunst von flüssen spricht
        treybt auch auss all unrainkeyt
        die sich im gantzen lieb auss breyt.

IIIa. Aegidius Tschudi, De prisca et vera Alpina Rhaetia, *Basel 1538:*

(Fabarium Rhucantiorum ambitum.)
Caput XX:
Fabarium vulgo Pfaevers, celebre est monasterium ordinis divi Benedicti, supra Ragatium in monte, atque intra Rhetiam, et in Rhucantiorum terra situm, sed modo Helvetijs annumeratur. Non procul ab eo intra montium fauces et veluti in horrendo barathro sunt naturales thermae, quae ut monasterium, Pfaevers vocantur. Monasterium illud prima initia sumpsit a sancto Pirminio, anno circiter 676 a Christo nato, eo scilicet tempore quando Theodericus rex fuit Galliae, posseditque Alemanniam, Helvetiam atque Rhaetiam. Hic locus hodie Pfaevers, a vetustis Rhaetis appellatus fuit Fabarium seu Favariae, habuitque olim privilegia ab Imperatoribus Gallicis, Ludovico, Lothario, Carolo, et alijs multis, qui fuerunt circa annum domini 820. Porro inscriptio privilegiorum talis fuit: Abbati monasterij divae virginis Dei genitricis apud Favarias, quod situm est in Rhaetia Curiensi, in pago Churwalacha. Ut autem mihi videtur, monasterium illud olim initium et incrementa sumpsit per notabiles contributiones maiorum et ditiorum Rhucantiorum, id quod indicant census, decimae, redditus, et iudicij minoris forum, quę habet monasterium per circuitum illius loci. Porro thermae Favarianae intra trecentos annos repertae sunt per venatorem quendam, qui ex familia sua Vogler vocatus fuit: hic insecutus pullos corvorum sylvestrium, pervenit in invium desertum, descendensque in profundum montium hiatum, invenit aquas calidas. Est autem dominium illarum thermarum abbatis Favariani.

IIIb. Gilg Tschudi, Die uralt warhaftig Alpisch Rhetia ..., *Basel 1538:*

(Fabarium Pfävers / im Rhucantier begriff.)
Pfävers ein vernampt closter sant Benedicten ordens / ob Ragatz uff dem berg in Rhetia gelegen / im Rhucantier begriff / aber den Helvetiern yetz underworffen. Davon nit wyt in einem tieffen ungehüren tobel / ein warm bad ouch des namens ligt. Diss closter ist anfangs uffkommen und gestifft von sant Pirminio / ungevarlich im sechshunderten sechsundsibentzigsten jar nach Christi geburt / zuo den zyten als Theodoricus, künig zů Franckrych / ouch innhaber Alemannier / Helvetier und Rhetier landen was. Diser fleck ist vorhin in Rhetijsch Fabarium / oder Favarias genampt worden. Diss closters alte privilegia vor zyten ussgangen von den Frantzösischen keysern Ludovico / Lothario / Carolo / und andern mehr / die ungevarlich zů den zyten nach Christi geburt achthundert und zweyntzig jar und darnach geben sind / lutend gmeinlich / Abbati monasterij dive virginis Dei genitricis apud Favarias situm / in Rhetia Curiensi in pago Churwalaha / das ist / Dem Abbt des closters der heyligen magt gottes gebererin Marie zů Favarien gelegen in Churer Rhetijschen landen in Churwalhen. Ich acht das diss Gotzhuss durch mercklich stür und zůthůn der oberherrn des Rhucantijschen anfangs / vor zyten uffkommen sig / dann die gült / zinss / zehenden / ouch der nidern gerichtsszwängen vil in disem begriff an diss Gotzhuss hörend. Das warm bad zuo Pfävers ist erst innert drühundert jaren / durch einen jäger erfunnden / hat vom geschlecht der Vogler geheyssen / der was iungen waldrappen in das ruch unwandelbar tobel nachgestigen. Die eygenschafft des bads zůgehört dem herrn Abbt zuo Pfävers.

Zur Frage einer Annäherung zwischen Churrätien und Brescia im frühen 15. Jahrhundert

von Martin Bundi

In der Biblioteca Queriniana in Brescia findet sich ein Manuskript – wahrscheinlich eine Abschrift aus dem 17. Jahrhundert – mit dem Titel *Oratione di Gulielmo Tengatino nel Conseglio di Brescia essortando li Bresciani à collegarsi con Suizzeri et con Grigioni. Anno 1411.* Die Anschrift des Dokuments im Register lautet: *Oratione de Gulielmo Tengatino per la lega con li Grigioni. Anno 1411*[1]. Die Frage, ob das Schriftstück auf einem echten Dokument aus der Entstehungszeit beruhe, wurde von mehreren italienischen Historikern erörtert. Während einige von ihnen die Frage verneinten, neigte der wohl kompetenteste brescianische Geschichtsforscher, Federico Odorici, der Auffassung zu, die Abschrift basiere auf einem echten Dokument aus dem frühen 15. Jahrhundert[2]. Dieser Auffassung möchten wir uns ebenfalls anschliessen. Der Kopist aus dem 17. Jahrhundert scheint den Text entweder aus dem Lateinischen übersetzt oder aus dem spätmittelalterlichen Italienisch angepasst zu haben.

Das Dokument ist ein Aktenstück, das die Rede wiedergibt, welche Guglielmo Tengatino 1411 im Stadtrat von Brescia hielt und worin er gegenüber seinen Mitbürgern begründete, warum es notwendig sei, mit den Bündnern eine Vereinigung einzugehen. Zur Person des einer prominenten Familie von Brescia angehörenden Tengatino konnten bis dahin keine näheren Angaben ermittelt werden. Aus dem Inhalt seiner Rede seien stichwortartig die folgenden Gedanken genannt:

– Italienische Fürsten haben sich widerrechtlich der Stadtrepublik Brescia bemächtigt. Sie entwickelten sich zu grausamen Tyrannen, vor allem die Visconti, und haben das ganze Faktionen- und Fehdewesen heraufbeschworen und die Bevölkerung in Not und Elend gestürzt.

– Das Heil der Bürger besteht im Bewahren der Freiheit. Solange Brescia frei war, waren auch die benachbarten Städte und Landschaften frei. Beim Niedergang dieser Freiheit sind die Konflikte und die zivile Uneinigkeit entstanden.

– Nun gilt es, die wahre Freiheit zu wählen. Diese wird von den Bündnern angeboten und besteht in einem Bündnis zur gegenseitigen Verteidigung und

---

[1] Biblioteca Queriniana, Brescia. Miscellanea Storia I. Ms C I 13 a. Indice 6.
[2] Vgl. Federico ODORICI, Storie Bresciane. Codice Diplomatico Bresciano, Bd. 7, Brescia 1857, S. 296–301. – Odorici veröffentlichte das Dokument auszugsweise.

Abwehr von Beleidigungen. Die Bündner sind bereit, die gemeinsamen Tagungen in Brescia einzuberufen, hieher die Kriminal- und Zivilappellationen zu delegieren, hier über die gemeinsamen Aktionen, Gesetze und Bedingungen zu befinden.

– Das Bündnis mit den Bündnern kann Brescia jenen Glanz wiederbringen, der das alte Rom kennzeichnete, das sich auf seine Bürgerschaft und den Senat abstützte. Jene starken Völker und lieben nördlichen Nachbarn bewahren Brescias Freiheit und Glück. Zusammen werden Brescia und Bünden eine Republik bilden, die eine unverrückbare Vormauer sowohl gegenüber anderen ennetbirgischen Völkern als auch gegenüber den begierigen italienischen Fürsten darstellt.

– Derart vereinigt, werden sie mit Gottes Hilfe und mit den Waffen die Religion und den italienischen Frieden erhalten; Brescia wird ein anderes Rom sein.

Soweit der Hauptinhalt des Bündnisprojektes. Die Frage, ob es sich bei den Bündnispartnern Brescias um Schweizer und Bündner handle oder nur um Bündner, möchten wir zugunsten der zweiten Version beantworten. Da im 15. Jahrhundert in Italien sowohl für Schweizer als auch für Bündner die Bezeichnung *Elvetici* gebraucht wurde, war der Kopist oder Übersetzer im 17. Jahrhundert möglicherweise im Ungewissen, wie er den Ausdruck interpretieren sollte, da die Bündner jetzt nicht mehr Helvetier genannt wurden. Aber die Nennung von *Grigioni* im Registerteil lässt doch auf die Bündner als alleinige Partner schliessen. Dazu kommt, dass die Eidgenossen ihre ennetbirgische Politik im Raume südlich des Gotthards wahrnahmen und kaum an weiter östlich gelegenen Landschaften und Passstrassen interessiert waren.

Wieweit war es denn überhaupt bündnerischerseits ein Anliegen, sich in eine Verbindung mit Brescia einzulassen? Dazu gilt es, einige Zeitereignisse näher zu betrachten. Seit dem frühen 14. Jahrhundert bildete das Veltlin samt Bormio und Chiavenna ein Durchgangs- und Interessengebiet für die Bündner Dynasten und Bauern. Um 1400 herum kam es zu konzentrierten Aktionen der Bündner in diesen Räumen. Dies hängt mit dem Fortschritt der bündischen Ideen zusammen. 1367 hatte sich der Gotteshausbund konstituiert, 1395 in einer ersten Phase zu Ilanz der Graue Bund, der 1406 durch den Einbezug der Hinterrheinlandschaften Schams und Rheinwald eine namhafte Erweiterung und Ausrichtung nach Süden erfuhr. Nachdem der Bischof von Chur, Hartmann von Werdenberg, 1394 das Tal von Poschiavo erobert und die Talbevölkerung 1408 dem Bistum Chur gehuldigt hatte, befand sich ein erstes Stück Veltlin definitiv in Bündner Hand. Das Herzogtum Mailand sah sich auch zu Konzessionen in Bormio gegenüber den Bündnern veranlasst. Ein entscheidendes Ereignis bildete die sog. Mastinische Schenkung von 1404. In diesem Jahr vermachte Mastino Visconti dem Bistum Chur das ganze Veltlin mit Bormio und Chiavenna. Diese in der Geschichtsschreibung häufig umstrittene Schenkung wird heute allgemein als authentischer Akt anerkannt. Die Meinungen gehen lediglich darüber auseinander, ob Mastino berechtigt gewesen sei, diese Gebiete bedingungslos zu schenken. Gemäss Besta wäre die Schenkung nur wirksam geworden, wenn es Mastino geschafft hätte, in seine Heimat zurückzukehren, aus der er unrechtmässig exiliert worden war[3]. In der Zukunft war das Geschick des Veltlins jedoch eine reine Machtfrage: Ob die Herzöge von Mailand, von vielen Seiten bedrängt, es halten konnten, oder ob die rätischen Dynasten und Bauern – sich stets wieder auf die Schenkung berufend – ihren Anspruch tatsächlich auch wahrnehmen, d.h. das Tal erobern und es auf die Dauer behaupten konnten. – Zu den Versuchen jener Jahre, sich einzelner Teile des Veltlins zu bemächtigen, gehört z.B. jene legendäre Expedition des Dietegen von Marmels nach Chiavenna, dessen Burg er 1404 mit einigen Getreuen einnahm, aber nach kurzer Zeit wieder aufgeben musste. In die gleiche Expansionspolitik rätischer Herren lässt sich das Vorstossen der Herren von Sax-Misox über den Joriopass ins Gebiet des Monte Dongo einreihen. Mit einem Bündnisprojekt 1406 gegenüber Gravedona standen sie im Begriffe, ein *Dominium Lacus Cumarum* aufzurichten[4].

Nun sind eben diese Jahre auch bei den Eidgenossen von einer bedeutenden aussenpolitischen Dynamik geprägt; es sei lediglich an die Appenzellerkriege oder an die Züge der Eidgenossen nach Süden erinnert. 1403 schlossen die Eidgenossen ein Landrecht mit dem Oberwallis ab; im gleichen Jahr bemächtigten sich Uri und Unterwalden der Leventina. 1407 schlossen Uri und Obwalden ein Landrecht mit den Herren von Sax-Misox wegen Bellinzona ab. Und 1410/11 erfolgte der Zug der Eidgenossen ins Eschental und der Abschluss eines Landrechtes mit Appenzell.

Auch die Bündner, angeregt durch ihre Bündnispolitik und aussenpolitischen Unternehmungen, waren selbstbewusst geworden. Die Leute des Gotteshausbundes begannen, die Macht des Bischofs von Chur zu beschneiden, indem sie 1409 einen Rat und einen Vogt zur Überwachung der gesamten bischöflichen Verwaltung einsetzten. Dies waren klare Anzeichen, dass die Bundesleute die Absicht bekundeten, das Diktat des Handelns in die eigenen Hände zu nehmen. Solches wird insbesondere vor dem Hintergrund des Friedensschlusses vom 4. Juni 1410 zwischen den Leuten des Veltlins einerseits und den Gotteshausleuten des Bistums Chur anderseits ersichtlich. Selbständig handelnd traten hier die Vertreter der Veltliner Gemeinden von Tovo bis Boffetto und Trevisio

---

[3] Alberto BESTA, Storia della Valtellina, Bd. 1, Milano 1953, S. 342.
[4] Mariuccia ZECCHINELLI, Un tentativo dei Sax per un «Dominium ... Lacus Cumarum», Periodico della Società Storica Comense 39, 1956–59, S. 172 ff.

und diejenigen der Bündner Gerichtsgemeinden Poschiavo, Brusio und Oberengadin auf. Sie verständigten sich zur Erhaltung des Friedens in der Region und über den Unterhalt des Berninaweges[5]. Den Bündnern gelang damit ein weiteres Vorstossen in ihr veltlinisches Interessengebiet, und sie rückten mittelbar näher an die Pässe Mortirolo und Aprica heran, die ihnen den Zugang ins Brescianische und indirekt auch in die Terra ferma Venedigs eröffneten. Im Zusammenhang mit dieser expansionistischen Politik der Bündner ist ein Bündnisangebot ihrerseits an Brescia nicht nur als möglich und verständlich, sondern durchaus auch als realistisch einzuschätzen.

Die andere Frage ist, ob denn auch von seiten Brescias tatsächlich ein Verlangen nach einer Verbindung mit Bünden bestanden habe. Dazu ist die besondere Lage Brescias zu dieser Zeit ins Auge zu fassen. Nachdem Brescia seit dem 11. Jahrhundert Stadtstaat und freie Republik gewesen, wurde es im 14. Jahrhundert zum Streitobjekt zwischen den Scaligern (Herren von Verona) und den Visconti (Herren von Mailand). Mailand obsiegte schliesslich über Bergamo und Brescia. Im Zeitraum 1410/12, vor dem Tode des verhassten Giovanni Maria Visconti, kam es für eine Reihe von oberitalienischen Städten zu einer Art Machtvakuum, in welchem auch Bergamo und Brescia keinen bestimmten Herrn besassen; der Familie Malatesta gelang es lediglich, halbautonom Fuss zu fassen. Nun wäre der Moment gewesen, die frühere republikanische Staatsverfassung wiederherzustellen.

Brescia unternahm offenbar diesen Versuch. Mindestens tat es ihr feuriger Patriot Guglielmo Tengatino 1411. Man muss davon ausgehen, dass die Initiative für ein Bündnisprojekt mit den Bündnern von ihm ausging, dem eifrigen Förderer des republikanischen Freiheitsgedankens. Er mag bündnerischen Persönlichkeiten einen Entwurf übergeben haben, den diese alsdann überarbeitet als eigene Offerte an Brescia überreichten. So vermutet auch Odorici, der Historiker Brescias, dass Tengatino das Bündnis vorgeschlagen habe; im übrigen sprächen die Zeitumstände – die *Elvetici* mischten sich immer wieder in die Angelegenheiten der Lombardei ein – durchaus für das Bündnis. Es habe wohl mehr Mut gebraucht, in einer öffentlichen Versammlung aufzustehen und für eine solche Verbindung sowie für die Freiheit der alten Stadtgemeinde einzustehen, als gegen einen Turm oder gegen eine Festung anzukämpfen[6].

---

[5] BESTA, Storia della Valtellina, Bd. 1, S. 348.
[6] ODORICI, Storie Bresciane, Bd. 7, S. 297–298. «Fu detto di una lega, d'una alleanza che i Grigioni proponevano al comune di Brescia, e nuovo certo non è lo immischiarsi in quel secolo degli Elvetici nelle cose lombarde. Narrasi ancora che Guglielmo dei Tengatini la proponesse: e il tempo che ci ha serbata la storia delle nostre fazioni, quasi a temperarne l'acerbità, serbo pur quella di un uomo che partito altro non ebbe fuor quello della nostra grandezza; e il levarsi di mezzo ad un consesso per farsi propugnatore del Comune antico fu ben altro coraggio che il

Von besonderer Bedeutung ist der Hinweis Tengatinos auf die Vormauernpolitik (*immutabile antemurale*). Der Gedanke scheint beinahe der schweizerischen Terminologie entlehnt zu sein, wo er vor allem in der eidgenössischen Burgrechtspolitik gegenüber den Städten am Rhein und nördlich davon auftritt. Aber auch im Burgrechtsvertrag, den Bischof, Domkapitel, Ammann, Rat und Bürger der Stadt Chur am 22. Juni 1419 mit der Stadt Zürich schlossen, sind ähnliche Elemente enthalten.

Ebenso interessant ist der Punkt, wonach die Bündner dem Tengatino Brescia als den Ort ihrer gemeinsamen Tagungen, Gerichtsverhandlungen und Beratungen vorgeschlagen hätten. Dieses Anliegen kann nur im Zeichen des andauernden bündnerischen Interesses an den mailändischen Pufferlandschaften zwischen Churrätien und Brescia, eben am Veltlin und seinen Randgebieten, verstanden werden. Möglicherweise wurde dabei an gemeinsame Eroberungen und damit an spätere gemeine Herrschaften daselbst gedacht. Jedenfalls konnten am Tagungsort Brescia lediglich politische und gerichtliche Entscheide im Hinblick auf gemeinsame Unternehmungen am Alpensüdfuss in Frage kommen.

Die Rede des Tengatino weist einen weiteren bemerkenswerten Grundzug auf. Sie zeugt von der Belesenheit und humanistischen Bildung des Autors, von seiner geistigen Auseinandersetzung mit den Staatsideen und -formen. Irgendwie steht er in der Tradition des Arnold von Brescia (1100–1155) und vielleicht noch in stärkerem Masse des Cola di Rienzo (1314–1354), die beide nach altrömischem Vorbild in Rom (erfolglos) den Versuch unternommen hatten, Aristokraten und Tyrannen zu stürzen und eine **republikanische Verfassung** und die **Volksherrschaft** einzuführen. Nur am Rande sei vermerkt, dass als Zeitgenosse Tengatinos in Bergamo Bernhardin von Siena, Franziskaner und asketischer Schriftsteller, von 1411 bis 1436 lehrte und für den Frieden und die Aussöhnung unter den Parteien predigte.

In Brescia scheinen seine Mitbürger dem Tengatino nicht genügend Gehör geschenkt zu haben. Das Bündnis mit den Bündnern kam nicht zustande. Zu

---

battere una torre od uno spaldo; e l'orazione del Tengantino che in quel solenne adunamento pronunciò, che a qualche scrittore cui non par vero ogni nobile ardimento, probabile non parve, ma cui ravvalorano le condizioni di quel tempo, dei popoli lombardi, e più del nostro, merita bene che almeno in parte vi rechi.»
Ganz im Sinne Odoricis äusserte sich in neuerer Zeit auch Zanetti. Vgl. Ginevra ZANETTI, Le signorie (1313–1426), in: Storia di Brescia, promossa e diretta da Giovanni Treccani degli Alfieri, Bd. 1, Brescia 1963, S. 871. Auf Odorici sich abstützend, schliesst sie die Echtheit des Dokuments ebenfalls nicht aus: «Proprio allora i Grigioni, non insoliti in quei tempi ad immischiarsi negli affari lombardi, proposero una lega al comune di Brescia; e nel consiglio cittadino si fece sostenitore di quell'alleanza Guglielmo dei Tengatini, generosa figura di patriota. Ma il trattato d'alleanza coi Grigioni non riuscì per il prevalere delle solite ambizioni e dei fieri antagonismi di parte.»

sehr waren die Aristokratie und auch das Bürgertum Brescias in einander befehdende Gruppen zersplittert. Mit der Eingliederung 1426 in den Herrschaftsbereich Venedigs war die Idee eines freien Stadtstaates definitiv ausgeträumt. Dabei trug das Bündnisprojekt von 1411 durchaus realistische Züge. Eine Verbindung zwischen Brescia und Churrätien hätte zur Entstehung einer starken Eidgenossenschaft im östlichen Alpenraum führen können, ebenso wie die Schweizerische Eidgenossenschaft eigentlich nur dank der glücklichen Verbindung der inneren und ländlichen mit den Städteorten ihre Stärke und den dauerhaften Bestand erhielt.

Anhang

Oratione di Gulielmo Tengatino nel Conseglio di Brescia essortando li Bresciani à collegarsi con Suizzeri et con Grigioni. Anno 1411.

L'esperienza, Magnifici Padri, è la bilanza di tutti li negotii del mondo, et quelli homini che con il mezzo di questa virtù politica non sanno determinar li luoro negotii, meritano il nome d'imprudenti et d'assolutamente ingrati alla natura, la quale solo con l'esperienza li rende cauti et sicuri. Noi habiamo sperimento che li Prencipi Italiani che si sono usurpati in diversi tempi il dominio della nostra Republica ci sono riusciti atrocissimi tiranni, et da noi et da nostri padri s'è sensibilmente conosciuto nel crudelissimo dominio de Visconti l'assoluto esterminio di questa infelice Patria che più è statta compagna di quasi tutte le gloriose grandezze di Roma. Con l'istessi colpi d'infelici disaventure riusciranno quei Re stranieri che chiamati dalle nostre impavite fationi ci levorno i tesori et ci lasciano nuvole di lacrime et di sangue. Ne disgratie inferiori sofferirono i nostri maggiori quando creorno Prencipi alcun nostro citadino, perchè questi appasionati ne solo proprii luoro interessi esercitarono come barbari una continua furia delle nostre miserie. Et di tutto ciò son così vivi l'essempi che con il mezzo delli occhi ne rimane tuttavia spaventata la nostra tante volte traffitta et commiserande memoria. Non habiamo adunque da desiderar ne da procurar per alcun modo di farsi sudditi d'alcuno con tutto che ci venghino fatte molte offerte, et pare che le nostre connaturali sventurate discordie non possano terminare se non sotto alli vetri et alle corone perchè l'offerte, l'immunità et i privilegi non son altro che un colorito ornamento di ceppi di gioghi et di catene et le discordie de sudditi servono per li contrapesi delle Monarchie. La nostra salute consiste nel conservarsi la libertà, perchè la libertà quando è ben conditionata non è altro che un Cielo che con perpetue proportioni si conserva immortalmente sicuro et beato. Sapiamo che mentre furono liberi i nostri antichi, Brescia fu sempre capo et metropoli sicurissima delle Città circonvicine, et quando per la furibonda incursion de barbari fu ristretta ad esser patrona solamente del nostro ampissimo territorio; qui presero le Città d'Italia i luoro giudici e i luoro governi il che non era poco avanti del nostro perduto impero. Cessata la libertà, nacquero tra le tenebre delle servitudine i conflitti delle discordie civili che tante volte diedero quasi l'ultimo esterminio alle geneologie Bresciane, o con annichilarle o con proscriverle o con discatiarle in maniera che bona parte del nostro popolo è de forastieri, che, essendo nati di vilissima gente, otteneranno, se si sottomettiamo ad alcun Prencipe, il seggio della nostra nobiltà. Non niego che bona parte di questi disturbi funesti et error civile non nascesse tal volta dal lutto de citadini mediante confusamente, ma tutta volta che consideraremo il vero, conosceremo che i disordini che nacquero mentre la Città era libera furono generati a sugestion de Prencipi alieni, come fu nel tempo di Barbarossa, d'Ezelino et delli Scaligeri; et perchè la libertà in quei tempi pativa monstruosa disugualianza, comportando la nostra Republica che i citadini diventassero famigliari de tiranni et da quelli ricevessero li honori et le pensioni. Così quella libertà era un'ombra che non dal ben del nostro publico ma dall'utile et d'ambition de favori stranieri riceveva il lume et li alimenti. Sciegliendosi noi uno stato di vera libertà che habia il suo solito fondamento et la sua debita armonia, ci renderemo sicuri di tutti li estremi delle passate sostenute rovine. Questa vera libertà ci viene hora sicurissimamente offerta dalla nobilissima Lega che con tanta prontezza et con tanta sollecitudine da Signori Suizzeri et Grigioni son parati di non voler altro da noi che una perpetua congiuntione delle nostre con le luoro forze a comune diffesa et offesa necessaria contro di chiunque tentasse di perturbar le nostre o le luoro raggioni dipendenze o confini. Qui vogliono convocar le diete di questa lega, qui delegar tutte l'appellationi de criminali et delle liti, qui terminar tutte le luoro operationi, qui stabilir tutte le leggi et conditioni che non inferiscono altro se non che la Curia di Brescia haverà. La Monarchia d'una gente invincibile, che già molti anni sono ha incomintiato a farsi terror dell'Europa non che di quei tiranni che hanno mortalmente smembrata la già confusa et vilissimamente incarcerata Italia. E chi sa, Magnifici Padri, che questa Lega non ci ritorni in quell'antico splendore che tanto fu riguardato dalla Republica di Roma che non tentò di debellarsi con l'arme ma di legarsi con benefitii et con la luoro citadinanza et col Senato? Qual forza potrà contro di noi se saremo uniti con questi Popoli fortissimi che ci son confinanti amorevoli et che bramano di conservar sin'alla morte i nostri proprii beni, la libertà et la fortuna? Noi et i nostri figli saremo li archivi di tutti li luoro pensieri et faremo tutti insieme una Republica che sarà un'immutabile antemurale contro li Popoli oltramontani et un freno alle presenti cupidiggie di tanti Prencipi Italiani che ambitiosamente bramano di posseder la fortezza de nostri monti, l'amenità de nostri colli, la comodità de nostri fiumi, la fertilità de nostri campi. Noi così collegati conservaremo, o con l'eletti o con l'armi la Religione et la pace d'Italia, sarà Brescia un'altra Roma, potremo a nostra voglia o farsi patroni, o farsi protettori de discorsi dell'Italiani che bramano di scrivere il nome della nostra patria sotto il sugillo de luoro diademi. Li Signori Suizzeri et Grigioni sarano le nostre mani et le nostre armi; noi la mente et il core d'essi genti s'offeriscono; abbratiamo questa occasione, la quale ci apporta il pretiosissimo titolo della vera libertà, della quiete et del dominio. Conosciamo con gratitudine verso dell'altri a noi necessaria la real soprabondanza de begnigni influssi di questa lega, la qual può chiudere sempiternamente il sepolcro delle nostre passate miserie, et solennemente aprirci li dui gran tempii della Virtù e dell'Honore.

Biblioteca Queriniana, Brescia. Miscellanea Storia I. Ms. C I 13 a. Indice 6. Oratione de Gulielmo Tengatino per la lega con li Grigioni. Anno 1411. – *Abschrift oder Übersetzung – vermutlich aus dem 17. Jahrhundert – des nicht mehr vorhandenen Originals.*

Wiederentdeckte Wappen im Disentiser Klosterhof zu Ilanz

von Bruno Hübscher

Das Entstehen dieser Arbeit verdanke ich einer Anfrage des Churer Restaurators Walter Hefti, der mir gemäss vorgängiger Abmachung am 22. November 1983 Lichtbilder von Wappen zustellte, die sich in Ilanz an der Nordwand des südwestlichen Raumes im Erdgeschoss des Hauses Städtli 150 befinden. Die Hausbesitzerfamilie Lutta hatte sich in jenem Jahr entschlossen, den Raum zu erneuern, die Wandmalerei jedoch durch Restaurator Hefti fachgerecht auffrischen zu lassen, wobei sie von ihm eine schriftliche Erläuterung der Wappenreihe wünschte. Da der Restaurator inmitten der Reihe das Wappen des Churer Bischofs Johannes Naso vermutete, gelangte er zur Abklärung an mich als Bischöflichen Archivar. Nachdem ich die Abbildungen erhalten hatte, fuhr ich nach Disentis, wo mir P. Dr. Iso Müller an seinem Wissen über den ehemaligen Disentiser Klosterhof in Ilanz Anteil gab und mich ermutigte, die Untersuchung dieses Gegenstandes durchzuführen. Später wurde ich vom Mitherausgeber dieser Festschrift, Lic. phil. Ursus Brunold, der von meinem Vorhaben erfahren hatte, eingeladen, die Ergebnisse hier zu veröffentlichen. Möge diese kurze Abhandlung als ein Zeichen der Dankbarkeit gegenüber meinem Geschichtslehrer der Klosterschuljahre 1931/33 und seitherigem Berater in vielen geschichtlichen Belangen gelten!

Im Werk von Alfons Raimann über die gotischen Wandmalereien hat heute jedermann die Gelegenheit, eine farbenprächtige Wiedergabe der Wappenreihe aus dem Jahre 1883 zu bestaunen[1]. Raimann verweist dabei auf Erwin Poeschel[2]. Beide fussen jedoch auf der Abschrift der ungedruckten Arbeit des geschichtskundigen Rudolf von Hess-von Castelberg über den Disentiserhof in

---

[1] Alfons RAIMANN, Gotische Wandmalereien in Graubünden. Die Werke des 14. Jahrhunderts im nördlichen Teil Graubündens und im Engadin. Mit Aufnahmen von Wolfgang ROELLI, Disentis 1983, S. 246f. – Dem Verlag sei gedankt, dass er die Wiedergabe in dieser Festschrift ermöglichte. Bitte die Seiten 581 f. aufschlagen!
[2] Kdm GR 3, S. 60f.

Ilanz, die sich im Klosterarchiv Disentis befindet[3]. Auch für meine Nachforschungen bildet diese erstmalige Beschreibung der Wappenreihe die Grundlage; sie sei deshalb jeweils mit dem Kennjahr 1883 den Darlegungen über die bei der Restaurierung wiederentdeckte Wappenreihe vorangestellt und mit Schrägschrift ausgezeichnet. Dabei lasse ich allerdings den Text über die bei von Hess ebenfalls angeführten Wappenträger des 14. Jahrhunderts für gewöhnlich aus, um die Darstellung einfacher gestalten zu können.

Mit dem Kennjahr 1983 schliessen sich die neuen Erkenntnisse an, wobei ich hauptsächlich Bildaufnahmen benütze, die nach der Reinigung der Malerei, aber vor deren gut sichtbaren Ergänzung gemacht wurden, mit der sie sich heute dem Beschauer bietet.

I. Die Beschreibung des Raumes

1883: [S. 6] *Fig. 5. Beilage. Unzweifelhaft die Hauskapelle des Abtes von Disentis. Zu ebener Erde an der südwestlichen Ecke des Hauses Casparis gelegen, unterhalb des Zimmers, in welchem sich der Thürfries fig. 4 befindet*[4].

Im Westen, Front nach Osten, die Stelle des Altars. Im Norden die theilweise jetzt noch mit Wappen bemalte Wand.

Im Osten die Eingangsthüre von Seiten des Hauses.

Im Süden vielleicht ursprüngliche Fensteröffnung.

Bis vor Kurzem wurde die ursprüngliche Kapelle als Taubenhaus verwendet, jetzt soll aus ihr ein Kaufladen erstellt werden.

Allgemeines: ... Die Jetztzeit hat es verstanden die ehemalige Kapelle nach den Ideen des barbarischen Materialismus gründlich zu zerstören. Die Bogen, Gewölbe sind weggerissen, jedoch so, daß ihre ursprüngliche Form noch erkannt werden kann. Die Wappen [S. 7] sind theilweise schon von Alters her mit Kalk über-

---

[3] Rudolf von Hess-von Castelberg, Fragmente aus dem einstigen Hofe der Abtei Disentis zu Ilanz, zusammengestellt von Oberst R. v'H'-C', Disentis, den 24. Juni 1883. – Der Verfasser (*1827 in Zürich) starb schon am 30. Juli 1885 in Disentis, vgl. HBLS 4, S. 209, e) 1.; Anzeiger für Schweizerische Geschichte 5, 1886–1889, S. 47 (1886!). – Das Abschriftheft (43,2 cm hoch × 39 cm breit) entstand erst 1894: die Bildseiten [13–16] wurden von Bruder Columban Buholzer OSB (*1868, † 1951) abgezeichnet, die Schriftseiten 1–12 sind nach frdl. Auskunft vom Disentiser Stiftsarchivar P. Dr. Urban Affentranger OSB von Pater Plazidus Müller OSB (* 1860, † 1925) abgeschrieben; über Buholzer vgl. Rudolf Henggeler, Professbücher der Benediktinerabteien St. Martin in Disentis, St. Vinzenz in Beinwil ... (Monasticon-Benedictinum Helvetiae 4), Zug 1955, S. 99f., Nr. 156, über Müller vgl. ebd. S. 90, Nr. 10. Das «J» der Abschrift wird gemäss heutigem Gebrauch als «I» oder «J» wiedergegeben. Die Unterstreichungen werden nicht erwähnt.

[4] Gemeint ist die «Türfassung des Disentiser Hofes in Ilanz von ca. 1483. Rätisches Museum in Chur». Vgl. Abb. bei Iso Müller, Disentiser Klostergeschichte 1, Einsiedeln 1942, S. 215.

strichen oder neuerdings mit Kalk beworfen, aber immerhin vom Heraldiker noch
leicht zu erkennen. Sie zeichnen sich durch die Einfachheit der Zeichnung und Malerei, besonders aber durch ihre strenge heraldische Correktheit aus. Sie stimmen
ganz mit der berühmten alten Zürcherwappenrolle[5] überein, blos daß hier die einfachen Helmdecken schon vorkommen, während in der Wappenrolle noch keine
sind.

1983: Hier liegen mündliche Auskünfte von Lic. phil. Urs Clavadetscher
vor, dem wissenschaftlichen Mitarbeiter des Archäologischen Dienstes in Chur:
der Fussboden wurde bis zu einer Tiefe von durchschnittlich 50 cm erforscht;
weder Bodenfunde noch Anzeichen eines Altarstandortes oder Spuren eines früheren Zimmerbrandes kamen zum Vorschein. Hingegen müsste allenfalls der
Raumboden in der Entstehungszeit der Wandmalerei eine höhere Lage gehabt
haben als der nach 1890 hergestellte Mörtelboden, der 1983 entfernt wurde. Soweit die verdankenswerten Mitteilungen des Archäologen, der mir auch eine
sehr nützliche Ablichtung der Planzeichnung des Raumes im Massstab 1:50
vom 26. Juli 1983 überliess, woraus ich für die erhaltene Wappenreihe eine
Breite von nahezu 3,40 m ablese.

Die Frage, ob sich hier eine Hauskapelle befand, bleibt deshalb offen, weil
im 14./15. Jahrhundert Wappen sowohl kirchliche wie weltliche Räume zieren[6].

Ein bisschen schlägt, um ein Bild zu gebrauchen, das Zünglein der Waage
zugunsten einer Hauskapelle aus, wenn wir die Art der gotischen Einrahmung
der Wappenmalerei betrachten; denn diese kommt, wie im Abschnitt IIIa) erwähnt wird, und soviel ich von Restaurator Hefti erfahren habe, in Graubünden bisher nur in kirchlichen Gebäuden vor.

Was Restaurator Hefti anlässlich seiner ersten Beobachtung am 25. Juli
1983 antraf, legt er mit eigenen Worten so dar[7]:

«Ganzer Raum beziehungsweise Zimmer ausgeräumt, Wandtäfel und Holzboden entfernt. Archäologen an der Arbeit: Sondierungen am Boden etc. [...]
zum Teil sichtbar ein aufgemaltes Wappenband zwischen zwei ebenfalls gemalten Ornamentbändern und zum Teil vorhandene Beschriftung. Ganze Wand be-

---

[5] Nach «Zürcherwappen» folgt ein gestrichenes «sammlung», dann das «rolle». – Sie war teilweise veröffentlicht worden durch Friedrich von Wyss, Über Ursprung und Bedeutung der Wappen, mit Bezug auf eine alte Wappenrolle der zürcherischen Stadtbibliothek, MAGZ 6, 1848.

[6] Für Graubünden s. Raimann (wie Anm. 1) S. 441 (Wappendarstellungen); kirchliche: Chur, Dom; Rhäzüns, St. Georg, St. Paul; Waltensburg; weltliche: Maienfeld; Rhäzüns, Schloss. Eine Übersicht altbekannter Wappenmalereien in der Schweiz bringt Konrad Escher, Untersuchungen zur Geschichte der Wand- und Deckenmalerei in der Schweiz, Strassburg 1906, S. 97f.

[7] In seinem «Restaurierungsbericht vom 24. März 1985 für die Kantonale Denkmalpflege, Loestr., Chur», S. 1.

schädigt. Rechts am Ende der Malerei befindet sich eine Durchgangstüre. Türlaibung mit Sgraffito[8] von Frau Vital im Jahre 1939 gemacht [...].

Zustand der Malerei: Ganze Wand inklusive Malerei stark beschädigt, links zur angrenzenden Wand ein breiter, tiefer statischer Riss, Mauerausbrüche und unzählige Schlaglöcher. Holzdübel und Anschlagleisten noch in der Wand. Mitten durch die Wappen ein ca. 15 cm breiter und ca. 5 cm tiefer Schlitz ausgespitzt, vermutlich um das spätere Wandtäfel zu befestigen.

Kalk- und Putzresten auf der ganzen Wand. Starke allgemeine Verschmutzung, zum Teil lose original bemalte Fragmente (stellenweise). Zwei Drittel der Malerei nicht mehr lesbar.

Auf der Wand heller erscheinbarer Bogen[9], vermutlich ehemaliger arkadeartiger Bogen oder eventuell Wand vorgemauert?»

In seinem «Restaurierungsbericht» hält Hefti fest[10]:

«18. August 1983: Beginn mit der Restauration der Wappen-Wand. Mitarbeiter Gaudenz Hartmann und Tonina Schneider [...]. Genauer Voruntersuch [...] der Wand, der Wappen und der Ornamente. Zugleich Sicherungen und Freilegeproben. Untersuch mit UV-Lampe, 500er-Lampe und Lupe. Keine chemischen Proben.

Es zeigte sich, dass 2/3 nach rechts relativ viel Kalk auf der Malerei liegt, und so doch noch einiges der Malerei durch exaktes Freilegen sichtbar gemacht werden kann. Der Putz besteht in Schichten nach oben mit sehr feinem abgekelltem, gelbrötlichem Kalkmörtel. Darüber eine sehr dünne Kalkschicht, worauf die Malerei gemalt wurde. Die Ornamentbänder wurden mit Gelbocker unterlegt und danach mit Schwarz schabloniert.

Eine Rötel-Vorzeichnung konnte festgestellt werden, wurde aber vermutlich nur mit ganz dünnen Linien vorgemacht und gezeichnet. Hauptfarben: Gelbocker, Rotocker und Schwarz.

Es ist mit Sicherheit anzunehmen, dass die Malerei auf den noch nicht ganz trockenen Putz aufgemalt wurde. Später wurde die Wand mit Kalk überstrichen. Die Kalkschichten sind unterschiedlich mit 2–4 Schichten vorhanden. Später wurde die Wand mit Kalkmörtel überzogen, darum diese vielen Schlaglöcher. Vermutlich wurde der ganze Raum verändert, z.B. Arkadebögen, Wände etc. In noch späteren Jahren wurde wieder umgebaut und mit einem Holztäfel eingekleidet. Ob dies verschiedene oder mehrere Täfel waren, kann nicht mehr festgestellt werden.»

---

[8] Vgl. ebd. S. 2: «Das Sgraffito wurde konserviert und mit Kalkmörtel überzogen [im Jahre 1983].»

[9] Walter Hefti versteht unter «erscheinbar»: Der Bogen ist so sichtbar, wie die Stelle in einer Tapete, wenn ein Bild länger dort aufgehängt war.

[10] Ebd. (wie Anm. 7) S. 1.

Wenn wir den Bericht über den Zustand 1983 mit jenem über den Zustand 1883 vergleichen, können wir annehmen, dass das Holzgetäfel nicht vor 1883 befestigt und damit die Wappenreihe durch den alle Schilde durchquerenden Schlitz beschädigt wurde.

II. Die Beschreibung der Wappen

1. Vorbemerkung: Den Schild hielt ursprünglich der Kämpfer in seiner linken Hand vor sich hin. Er nannte den seine rechte Körperhälfte schützenden Schildteil rechts, den seine linke Körperseite deckenden Schildteil links. Diese Bezeichnung blieb, als der Schild mit einem Wappen geschmückt wurde, obwohl für den Gegner (oder für den Beschauer des Wappens) der gegenteilige Sprachgebrauch richtig war. Um nun an diese «Umkehr der Werte» in der Wappenkunde zu erinnern, gebrauche ich die Ausdrücke «wappenrechts» und «wappenlinks» und hoffe, eine kleine Hilfe zum besseren Verständnis zu bieten.

2. Vorbemerkung: Die Wappen sind einander zugewandt, so dass diejenigen links von der Mitte sich nach rechts neigen und Schildinhalt, Helm, Helmzier sowie Helmdecke, wenn immer möglich, sich nach rechts ausrichten. Dadurch entsteht ein wappenlinksgewandtes Spiegelbild[11] des sonst gewohnten Wappens, nicht ehren-, sondern «höflichkeitshalber», welcher Ausdruck der französischen «Courtoisie» entsprechen dürfte.

3. Vorbemerkung: Die Farben Gelbocker und Weiss werden mit Gold und Silber beschrieben. Die Stechhelme der weltlichen Wappenträger dürften ursprünglich alle in Grau gemalt sein.

4. Vorbemerkung: Die Überschriften unter dem oberen Fries wurden, soweit sie vorhanden sind, in der gotischen Buchschrift, «Textura» genannt, in schwarzer Farbe gemalt, wobei «n» und «u» sich öfters sehr ähnlich sehen.

5. Vorbemerkung: Um sich die wiederentdeckte Wappenreihe vorstellen zu können, folgen noch einige Masse, die ich der frdl. Mitteilung von CKUS-Krankenkassenverwalter Alois Alig in Ilanz verdanke: Die beiden Friese je

---

[11] Vgl. Erich GRITZNER, Heraldik (Grundriss der Geschichtswissenschaft I/4), Leipzig & Berlin ²1912, S. 92: «Bei der Verwendung mehrerer Vollwappen auf Denkmälern, Grabsteinen, Bildnissen, die zu den in ihrer Mitte angebrachten Bildern (Heiligenbildern) oder Porträtfiguren in Beziehung gebracht sind, werden sämtlich die Wappenfiguren [...] dem Bilde zugekehrt dargestellt, so dass demnach die Wappen auf der rechten Seite der dargestellten Person im Spiegelbild mit Schild, Helm und Kleinod erscheinen, gleich wie auf den 'Stifterbildern' die Stifter und ihre Familien dem verehrten Bilde kniend zugewendet sind. Derselbe Fall tritt auch bei dem 'Alliancewappen' eines Ehepaares ein, bei dem dann das Wappen des Ehemannes auf der heraldisch rechten Seite im Spielgelbild dem der Ehefrau entgegenneigt erscheint. Da das Wappen die Person symbolisch vertritt, ist diese Höflichkeitsregel durchaus verständlich.»

11 cm hoch; Schrifthöhe von «F» und «s» in «Falladaus» 6,5 cm; Abstand der beiden Friese, in welchem Feld die Wappen hauptsächlich gemalt wurden, 62 cm; oberer Schildrand beim Wappen «Falladaus» 21 cm, Abstand von dieser Schildrandmitte zur Spitze 27 cm; die übrigen Wappen sind meistens ein bisschen grösser.

1. 1883: [S. 7] *a. Das Wappen «von Vallendas»*[.]

Ueberschrift «Falladans»[12] *ganz deutlich, ebenso der Fries und das Wappen selbst.*
    1983: Das Wappen derer von Valendas.
    Die Überschrift enthält den Namen vollständig, er wird jedoch durch die Helmzier so getrennt: «Fall [Helmzier] adaus». Die Trennung zeigt deutlich, dass der Maler die Beschriftung frühestens nach der Vorzeichnung der Wappen angebracht hat.
    Wappenschild: in Silber drei schwarze Kugeln.
    Helmzier: in höflichkeitshalber wappenlinksgewandter silberner Halbflug; diese Art Helmzier mit der Wiederholung des Wappenbildes wird auch Hilfskleinod genannt[13].
    Helmdecke: schwarz.

2. 1883: [S. 7] *b. Das Wappen von Rotels.*

Ueberschrift «Raudez»[14] *ganz deutlich, ebenso der Fries und das Wappen selbst.*
    Raudez, Rautels, Rodels im Domleschg. Das Wappen finde ich hier zum ersten Male.
    1983: Das Wappen derer von Randeck.
    Die Überschrift kann gelesen werden «raudegk» oder «randegk», weil das «u» unten nicht geschlossen ist! «gk» scheint ein Buchstabenverbund, eine Ligatur zu sein; das «g» ist vollständig, seiner oberen Rundung fügt sich mit einem Schulterstrich der (einzige) zweite Schaft des «k» an, nämlich eine nach rechts offene, verlängerte und abgerundete «eckige» Klammer. Die Überschrift schmiegt sich der Wölbung der Helmzierkugel an.
    Wappenschild: in Schwarz unter goldenem Schildhaupt ein silberner Schrägwappenlinksbalken; dieser wurde höflichkeitshalber gewandt wie der

---

[12] Ist «fallandas» in Kdm GR 4, S. 61, Zeile 2, ein Druckfehler?
[13] Vgl. Stichwort «Hilfskleinod» bei Donald L. GALBREATH, Léon JÉQUIER, Lehrbuch der Heraldik, Lausanne & München 1978, S. 327.
[14] Ist «randesz» in Kdm GR 4, S. 61, Zeile 3, ein Druckfehler?

Halbflug in der Helmzier beim Wappen derer von Valendas. Die Wappenbeschreibung lautet zwar: «Unter rotem Schildeshaupte in Blau ein goldener Schrägbalken[15].» Ich erkundigte mich deshalb beim Restaurator, ob vielleicht die schwarze Farbe einst blau gewesen sein könnte; er verneinte diese Möglichkeit mit der Begründung, der Wappenmaler sei sparsam in den Farben gewesen, da er nur Rot- und Gelbocker, Weiss, Schwarz und Grau gebraucht habe.

Helmzier: in dreiblättriger goldener Helmkrone eine schwarz-silbern geteilte Kugel. Die Wappenbeschreibung lautet weiter: «auf dem Helme eine wagrecht geteilte Kugel, unten schwarz, oben silbern...[oder]...rot-silbern[16].»

Helmdecke: schwarz-golden. Bei der Wappenbeschreibung und auf der Abbildung dazu: «rot-silbern[17].»

3. 1883: [S. 7] *c. Das Wappen von Lumbrins.*

[S. 8] *Ueberschrift «Lumrein[»] ganz deutlich, ebenso der Fries und das Wappen selbst*[18].

1983: Das Wappen derer von Lumerins.

Die Überschrift lautet «lumerin»; «m», «i» und «n» sind durch Schlaglöcher beschädigt.

Wappenschild: in Silber ein graugoldener (?) Wellenpfahl.

Helmzier: ein höflichkeitshalber wappenlinksgewandter Fischkopf.

Helmdecke, die nach der kleinen Rückenflosse und den Kiemen beginnt: golden-silbern.

4. 1883: [S. 8] *d. Das Wappen der Freiherren von Rätzüns.*

Von dem Fries ist nichts mehr vorhanden; von der Aufschrift blos: «rott» während «züns, fry» ausgelöscht ist; vom Wappen blos noch die Helmzierde, welche jedoch das Wappen genau kennzeichnet[19].

1983: Das Wappen derer von Rhäzüns.

Von der Überschrift ist links der Helmzier der erste Teil erhalten; da der erste Buchstabe vom Schlagloch leicht, der zweite schwer beschädigt ist, würde ich der Lesung «rott» statt «ratt» (wie ergänzt) den Vorzug geben. Dass «Rhäzüns»

---

[15] Julius KINDLER von KNOBLOCH, Oberbadisches Geschlechterbuch 3, Heidelberg 1919, S. 330.
[16] Ebd.
[17] Ebd.
[18] Vgl. Gieri CASURA, Bündner Wappenbuch des Vorderrheintals, Ilanz 1937, S. 40, wo er sich beim Familienwappen Lombriser auf die Farben bei von HESS beruft.
[19] Bei von HESS wappenlinks belegt mit 3 Balken.

im ersten Selbstlaut mit allen Möglichkeiten ausser «ö» vorkomme, hat schon der Bearbeiter des Necrologium Curiense vor 119 Jahren festgehalten[20]! Vom zweiten Namensteil ist nur die untere Rundung des «z» erkennbar.

Wappenschild: gespalten und fünfmal geteilt von Rot, Schwarz und Silber. Gewöhnlich werden die Farben mit Rot, Blau und Silber wiedergegeben[21].

Helmzier: zwei Steinbockshörner mit Kämmen, je in den gleichen Farben wie die Schildhälften.

Helmdecke: wappenrechts rot-schwarz, wappenlinks schwarz-silbern.

5. 1883: [S. 9] *e. Das Wappen des Bischofs von Chur.*

Kein Fries und keine Aufschrift; vom Wappen die Mitra und der Helm sowie die zwei obern Felder des gevierten Schildes noch vorhanden.

Feld 1: Wappen des Bisthum Chur.

*Feld 2: Wahrscheinlich das Familienwappen * (mir unbekannt) von Ulrich V. Schultheiss von Lenzburg Bischof zu Chur. [Anmerkung:] * Bei Stumpf ist das Wappen der «Schultheissen von Lenzburg [»] ganz anders angegeben.*

1983: Das Wappen des Bistums und des Bischofs von Chur.

Wappenschild: geviert und höflichkeitshalber wappenlinksgewandt, deshalb Feld 1 und 4: in Silber eine erhöhte Krücke (Bischof Johannes Naso); Feld 2 und 3: in Silber ein aufrechter Steinbock (Bistum Chur)[22].

Johannes Naso dürfte somit der erste Churer Bischof sein, von dem wir ein geviertes Wappen besitzen.

Oberwappen: halb nach wappenrechts gewandte Mitra mit rotem(?) Futter und goldenem Besatz am untern Rand wie auch in der Mitte des vorderen Hornes, das wappenlinks ein bisschen zu schmal geriet[23].

Mitrabehänge: silbern mit goldenen Fransen.

---

[20] NC S. 179.
[21] HBLS 5, S. 603.
[22] Sein Siegel bei Elisabeth MEYER-MARTHALER, Die Siegel der Bischöfe von Chur im Mittelalter, JHGG 74, Jg. 1944, S. 34, Nr. 20 (Abb.). Abb. auch bei Johann Georg MAYER, Geschichte des Bistums Chur 1, Stans 1907, S. 433.
[23] Über die Mitra im späten Mittelalter s. Joseph BRAUN, Die liturgische Gewandung im Occident und Orient nach Ursprung und Entwicklung, Verwendung und Symbolik, Freiburg i.Br. 1907, S. 474–482.

6. 1883: [Das Wappen fehlt!]

1983: Das Wappen des Abtes von Disentis.

Wappenschild: in Schwarz eine silberne Burg mit zwei (eher ungleich hohen) Türmen und offenem Tor (Abt Peter von Pontaningen)[24].

Nach mündlicher Auskunft des Restaurators Walter Hefti krönte eine Zinne die wappenlinke Seite; wahrscheinlich wäre es besser gewesen, auch auf der wappenrechten Seite, die wohl vor etwa hundert Jahren beim Ausspitzen des Mauerschlitzes verschwand, eine Burgzinne aufzusetzen statt bis zum Schildrand eine Wand hochzuführen, die eher einem Gotteshaus angehören könnte.

Oberwappen und Mitrabehänge: sie sind diejenigen des bereits beschriebenen Churer Bistums- und Bischofswappens; dabei überragt keck die wappenlinke Schildecke ein wenig den wappenlinken Mitrabehang, vielleicht nicht unabsichtlich, nämlich um eine gewisse Selbständigkeit des Wappeninhabers anzudeuten; die Wendung der Mitra selber verstärkt diesen Eindruck.

Die Tatsache, dass das gleiche Oberwappen für beide Schilde gilt, lässt deutlich erkennen, dass für die Deutung des Wappens nur ein mitratragender Geistlicher in Frage kommt. Und welch anderes Wappen sollten wir neben demjenigen des Churer Bischofs Johannes Naso im Disentiserhof zu Ilanz erwarten als dasjenige von Abt Peter von Pontaningen? Dabei wird allerdings vorausgesetzt, dass der Disentiserhof schon damals dem ersten Kloster am jungen Rhein gehörte[25].

---

[24] Abb. bei P.A. VINCENZ, Der Graue Bund, Festschrift zur fünfhundertjährigen Erinnerungsfeier, Druck: Chur 1924, Siegeltafel I, Nr. 1; VINCENZ erklärt das Wappen S. 263, 1. als redendes Wappen, weil er schreibt: «mit 2 Türmen befestigte Brücke (Pons).» RU S. 326, Nr. 154 zum 8. Februar 1425 erklärt beim runden Siegel des Abtes: «Spitzschild mit dem Familienwappen der Pultingen – doppeltürmige Burg»; das spitze ovale Siegel bringt RU S. 303, Nr. 145 zum 5. Juli 1419, und S. 357, Nr. 171 zum 2. Dezember 1438; der wappenrechte Turm ist ein bisschen höher. – «Redende Wappen» erklärt Maximilian GRITZNER, Handbuch der heraldischen Terminologie in zwölf (germanischen und romanischen) Zungen, enthaltend zugleich die Haupt-Grundsätze der Wappenkunst, Nürnberg 1890, S. 289, «heissen alle diejenigen, deren Schildfigur auf den Namen des Wappenherrn Bezug hat.»

[25] Von HESS ist jedenfalls fest überzeugt, dass der Disentiserhof von jeher der Abtei gehörte, da er auf S. 2 schreibt: *Der Hof der Abtei Disentis in Ilanz ist unstreitig das älteste Gebäude daselbst und war offenbar längere Zeit das einzige 'steinerne Gehäuse' des Ortes. Dessen ursprüngliche Anlage greift weit in das Mittelalter zurück ... Er greift in eine Zeit zurück, wo der Lukmanierpass der begangenste Militär- und Handelsweg alt Rhätiens war ...* Von einem Hauskauf eines Churer Bischofs in der ersten Stadt am Rhein erfahren wir erst spät; vgl. Otto P. CLAVADETSCHER, Werner MEYER, Das Burgenbuch von Graubünden, Zürich 1984, S. 84: Hans von Capaul verkauft am 30. Dezember 1486 seinen eigenen Turm mit Hofstatt und Stall, hinten an die Stadtmauer zu Ilanz anstossend, an Ortlieb von Brandis. – Bis heute kennt man den Standort dieses Besitzes nicht!

7. 1883: [S. 9] *f. Das Wappen des Abtes von Disentis.*

Kein Fries und Aufschrift. Vom Wappen der Helm. Die Helmzierde und die 2 obern Felder des gevierten Schildes.

Die Helmzierde ist der bekannte im Munde gebundene Brackenkopf des Dynastengeschlechtes von Sax.
  Feld I. Das Wappen des Klosters Disentis.
  Feld II. Das Wappen des Geschlechtes von Sax.
  1983: Das Wappen derer von Sax.

Wappenschild: geteilt von Gold und Rot mit je einem Sack in gewechselten Farben; die Säcke stehen übereinander[26].

Helmzier: aus dreiblättriger goldener Krone aufsteigend schwarze Reste, wohl des schwarzen Bärenrumpfes mit silberner Rachenbinde[27]; die Helmzier dringt in den oberen Fries ein wie jene von Valendas und Rhäzüns.

Helmdecken: schwarz-silbern.

8. 1883: [S. 10] *g. Das Wappen der Freiherren von Belmont.*

Von dem Fries und der Aufschrift ist nichts mehr vorhanden. Vom Wappen nur noch ein Theil des Kreuzes im Schilde.
  1983: Das Wappen von Claus Fraus.

Die Überschrift ist: «claus . .aws»; das «f» und das «r» sind oben und unten sichtbar; «a» und «w» sind lesbar. Lic. phil. Ursus Brunold glückten das Lesen des Namens und der Fund von fünf Urkunden, in denen Claus Fraus, genannt Claus Schriber von Ilanz, erscheint. Den Hinweis auf eine sechste Urkunde, nämlich von 1447, verdanke ich der Freundlichkeit von Prof. Dr. Otto P. Clavadetscher, Trogen.

Wappenschild: in Silber (?) auf rotem Vierberg ein (ehemals schwarzes?[28]) Krallentier mit roter Zunge. Hier wurde durch den mehrmals erwähnten Mau-

---

[26] Übereinander stehen die Säcke von 1390 bis 1492; so wenigstens nach den Abgüssen der Siegel-Sammlung Anton von Castelmur, die seine Erben 1938 dem BAC stifteten, einzig mit der Auflage: «Allfällige Benützer der Sammlung sollen in ihren bezüglichen Publikationen die v. Castelmur-Sammlung als Quelle erwähnen.» Auch die übrigen Angaben über Siegel konnte ich meistens anhand dieser Sammlung sichern, z.B. über die Verschiedenheit der Türme der von Pultingen- von Pontaningen. – Aber auch meinem Vorgänger, dem Bischöflichen Archivar Jakob Battaglia, muss ich danken: er hat ein Findbuch der Siegler maschinengeschrieben; die Zettel, die er dafür anfertigte, habe ich in ein rückläufiges Namensverzeichnis umgeordnet, vorläufig umsonst: Nr. 9 (Benz N.) liess sich doch nicht finden!

[27] HBLS 6, S. 106; die Farben umgekehrt: Rot-Gold!

[28] Restaurator Hefti hat mir einmal vom Sichloslösen der schwarzen Farbe (bei der schwarzen Kugelhälfte von Nr. 9) berichtet; vgl. auch seine Bemerkung auf S. 2 im Restaurierungsbericht (wie Anm. 7): «Die schwarze Farbe wischt!»

erschlitz der grösste Schaden angerichtet, so dass das Tier nicht erkennbar ist, weil Kopf und Schwanz fehlen. Das Tier, das die Helmzier darstellt, ist insofern hilfreich, als es die Form des Tieres im Schilde bestätigt; doch erscheint dieses Tier in einer gedrungeneren Gestalt. Leider ist das einzige Siegel, das von Claus Fraus erhalten blieb, nämlich dasjenige an der Urkunde vom 4. November 1428, auch nicht deutlich[29], aber die Umrisse der Darstellung auf Wappenschild und Siegel widersprechen sich nicht. Möchte man das Wappen mit seinem Bild zu einem «redenden Wappen» machen, wie es bei Bürgerwappen beliebt war[30] – aber auch Adelige gestalteten auf diese Weise ihr Wappen unverwechselbarer (siehe die von Sax mit ihren zwei Säcken!), – so könnte man versucht sein, im erwähnten Krallentier einen Wolf zu entdecken. Dazu führt folgender Gedankengang: Fraus nennt sich ja auch Schriber – vor allem wohl Schreiber von deutschen Urkunden –, und so könnte er gewusst haben, dass im Mittelhochdeutschen das ganz ähnlich ausgesprochene, aber «vrâz» geschriebene Wort soviel bedeutet wie «Vielfrass, Nimmersatt», als dessen Sinnbild vielleicht schon damals der Wolf galt[31].

Helmzier: Umrisse eines Tieres mit spitzen Ohren und langem gesenktem Schwanz.

Helmdecke: rot-silbern.

9.   1883: [S. 10] *h. Das Wappen von Reitnow.*

Von dem Fries und der Aufschrift ist nichts mehr vorhanden. Das Wappen dagegen ist noch ganz deutlich.

1983: Das Wappen von Benz N.

Die Überschrift lautet «bentz»; darauf folgen etwa sieben Buchstaben, die aber den dahinter verborgenen Familiennamen vorläufig nicht preisgeben, obwohl im Vergleich zu den übrigen Wappen unverhältnismässig viel Mühe aufgewendet wurde, dieses Rätsel zu lösen. Wie viele Wappen aus früherer Zeit gibt es, die wir nicht kennen oder die wir niemandem zuordnen können? Welch ein

---

[29] Stadtarchiv Ilanz, Urkunde Nr. 18.
[30] Vgl. GALBREATH (wie Anm. 13) S. 44: «Die Wappen der Bürger zeigen oft mehr oder weniger redende, in einen Schild und in Farben gesetzte Siegelbilder», und S. 275: «Dass ein Wappen redend ist, springt nicht immer ins Auge, wenn diese Eigenschaft auf veralteten oder Dialekt-Wörtern beruht.»
[31] Matthias LEXER, Mittelhochdeutsches Taschenwörterbuch, Stuttgart [34]1976, S. 297, und Ulrich PRETZEL, [beigebunden] Nachträge, ebd. 1976, S. 485; vgl. Schweizerisches Idiotikon 1, Sp. 1317 «Frass» 1.: «... Adam zum Wolf..», 1550. – Museumsleiter Dr. Jürg Paul Müller-Wegmann, Naturmuseum Chur, der dankenswert das Wappenbild begutachtete, ist auch der Ansicht, es sei ein Wolf dargestellt.

Glück, dass jenes von Claus Fraus sich finden liess! Gerne sähe man hinter Benz N. einen aus dem Bündner Oberland versteckt, doch ist für diese Gegend ein solcher Vorname in Schriftstücken der ersten Hälfte des 15. Jahrhunderts noch nicht aufgetaucht.

Wappenschild: in Silber (?) gelb (oder: rot?)-schwarz gespaltene Kugel, in deren wappenrechten Hälfte von der Vorzeichnung ein roter Teilungsstrich erhalten blieb.

Helmzier: in dreiblättriger goldener Krone eine (Farbe?)-schwarz gespaltene Kugel.

Helmdecke: schwarz-(silbern?).

10. 1883: [S. 10] *i. Das Wappen der Freiherren von Montalt.*

Von dem Fries und der Aufschrift ist nichts mehr vorhanden; vom Wappen dagegen die Helmzierde und das 1. und 2. Feld des gevierten Schildes noch zu erkennen.

[S. 11] . . . *Das vorstehende Wappen ist wohl dasjenige von Freiherr Heinrich von Montalt, dessen Sohn 1376 ohne männliche Nachkommen starb. Das spätere Geschlecht von Montalta führt ein anderes Wappen und ist kaum mit den Freiherren von Montalt stammverwandt.*

1983: Nicht mehr vorhandenes Wappen.

Restaurator Hefti berichtet[32]: «Es konnte festgestellt werden, dass die Durchgangstüre zur ehemaligen Soldatenstube in einer späteren Zeit grösser gemacht wurde und zugleich[33] das hintere Wappen abgeschlagen wurde. Ein kleiner Strich ist noch erkennbar. [. . .] Die Türlaibung habe ich ausgemessen und so festgestellt, dass das Wappen gerade Platz hatte. Es war keine schrägen Schiesschraubenlaibungen vorhanden, sondern gerade.»

Vorläufig hilft uns die Angabe eines «gevierten Schildes» nicht weiter, das Rätsel des verschwundenen Wappens zu lösen, denn gegen des Verfassers Ansicht sprechen mindestens zwei gute Gründe: den ersten bietet er selber mit dem Hinweis, dass die Freiherren von Montalt 1376 ausstarben; den zweiten zeigt uns die Ilanzer Wappenreihung, weil sie die Feudalordnung in der ersten Hälfte des 15. Jahrhunderts richtig wiedergibt. Demzufolge ist es zum vornherein unwahrscheinlich, dass ein Adeliger sein Wappen rangmässig nach jenem eines Bürgerlichen hätte hinmalen lassen, ebensowenig wie er mit einem ungehörigen Platz beim Ausstellen einer Urkunde zufrieden gewesen wäre.

---

[32] Restaurierungsbericht (wie Anm. 7) S. 2.
[33] Geschrieben steht: «sogleich».

11. *1883: [S. 11] k. Das Wappen von Überkastel oder von Kastelberg.*
Der Fries und die Aufschrift sind ausgelöscht. Vom Wappen ist der Hals des Pelikanadlers theilweise vorhanden und deutlich zu erkennen.
Dazu nochmals: [S. 6] *... Im Norden die theilweise noch mit Wappen bemalte Wand.*
Im Osten die Eingangsthüre von Seiten des Hauses ...
Liest man diese zwei letztgenannten Sätze unvoreingenommen, so ist man begreiflicherweise versucht, nur eine Türe im Osten des Raumes zu sehen. Dann wäre es allerdings vorstellbar, dass sich an der Nordwand noch ein weiteres (oder mehrere) Wappen befunden hätte(n). Vom Ebenmass her erwartet man jedoch zu Recht, dass links und rechts der Prälatenwappen gleichviel weltliche Wappen stehen.

1983: Wir dürfen Rudolf von Hess-von Castelberg dankbar sein, dass er mit seiner Schrift «Fragmente» auf die Wichtigkeit des Disentiserhofes zu Ilanz aufmerksam gemacht hat. Darin hat er nicht nur dessen Lage inmitten der Stadt, sondern auch die vom damaligen Gebäude erhalten gebliebenen Steinmetzarbeiten gezeichnet. Diese Zeichnungen stimmen im grossen und ganzen mit dem heutigen Befund überein[34]. Wenn wir aber die farbigen Wiedergaben der Wappenreihen von 1883 und 1983 vergleichen, so wachsen die Unterschiede, je mehr wir unsere Augen vom Wappen «Von Valendas» weg nach rechts bewegen. Auch die Abstände der Wappen zum oberen Fries und der Wappen zueinander sind nicht dieselben. Zudem fehlt bei von Hess jegliche Angabe über einen unteren Fries. Am ehesten könnte man sich vorstellen, er habe in einem schlecht beleuchteten Raume seine Aufzeichnungen über das, was er sah, gemacht und zu Hause mit allen Kenntnissen, die er als Heraldiker besass, die Wappen in voller Pracht aufgebaut[35]. Zudem hat er die heute gut erkennbaren Halbrundschilde dem wohl immer am besten sichtbaren «Von Valendas»-Dreieckschild angeglichen, ja sie zum Teil noch spitzer gemacht, so dass ihr Aussehen der im 14. Jahrhundert gebräuchlichen Schildform eher entsprach. Er wird sich als Verfasser der «Fragmente» gesagt haben: «Das wenige, das ich gesehen, habe ich deutlich niedergeschrieben; was ich geschaffen habe, ist mein Wunschbild, dessen Wirklichkeit sich vielleicht unter der Kalkschicht befindet.» Auf jeden Fall möchte ich gerne sein im Jahre 1883 geäussertes Vorhaben verwirklichen:

[S. 2] *Die hier aufgeführten historischen Denkmäler entstammen dem einstigen Hofe der Abtei Disentis in Ilanz. Der Verfasser dieses behält sich eine spätere Er-*

---

[34] Iso Müller, Bau- und kunstgeschichtliche Beiträge zur Disentiser Klostergeschichte des 13.–15. Jahrhunderts, ZAK 2, 1940, S. 192: «Die fleissige und umfassende Arbeit verdient Anerkennung, ist aber in gewissen Details noch genauer zu untersuchen.»
[35] Vgl. Kdm GR 4, S. 61: «Farbige Wiedergabe unter Rekonstruktion des Fehlenden.»

gänzung, beziehungsweise Rektifikation derselben vor, oder hofft, dass sie von kompetenter Seite ergänzt werden möchten.

III. Die Zeit der Entstehung

a) Aufgrund des Frieses

Restaurator Hefti machte mich schon bei der ersten Besprechung auf die Wichtigkeit der Zeitangabe aufmerksam, weil er einen ähnlichen Fries oder ein Ornamentband mit Schablone – von Raimann als eine Filigranborte bezeichnet[36] – bei der Erneuerung der berühmten ehemaligen Klosterkirche St. Peter in Mistail (Pfarrei Alvaschein) als Umrahmung des von ihm freigelegten Christophorusbildes entdeckte[37]. Zuerst war man auf Grund der Zeitangabe der Ilanzer Wappenmalerei versucht, auch diese gewaltige Fries-Umrahmung von etwa 6,20 Meter Höhe und 2,10 Meter Breite ins 14. Jahrhundert zu weisen. Indessen hat schon Raimann die Entstehungszeit «um 1400–1420» angesetzt, weil die Bilder, die der «Christophorusfries» in der Mittelapsis in drei grosse Darstellungsstreifen teilt, erst aus dieser Zeit stammen können[38].

In der St. Christophoruskirche in Rodels finden sich an der Chorbogenwand rechts – heute wieder durch den Altar verdeckt – drei Darstellungen, die durch Filigranbordüren vom gleichen Muster wie in Mistail getrennt werden. Bei Raimann findet sich die Zeitangabe «1. Viertel 15. Jahrhundert»[39].

Ein auf den ersten Anblick gleicher Fries wie in Ilanz schmückte ehemals die Ostwand der Kirche St. Lorenz in Paspels; von Poeschel wurde die Malerei auf «Mitte 15. Jahrhundert»[40] angesetzt; Raimann schreibt: «Faltenformen und Gesichtstypen lassen keinen Zweifel daran, dass die Bilder vom Meister von Mistail kurz nach 1400 geschaffen wurden[41].»

Der Ilanzer Fries findet sich ausgedehnt und prächtig erhalten in der erneuerten Kirche zu Tenna, wo an der Nordwand Malereien freigelegt wurden, die jenen in der Mittelapsis zu Mistail entsprechen[42].

---

[36] RAIMANN (wie Anm. 1) S. 180.
[37] Ebd. S. 177.
[38] Ebd. S. 180.
[39] Ebd. S. 365.
[40] Kdm GR 3, S. 106; POESCHEL nennt den Fries: «Vierpassborte»; Abb. 99 auf S. 107.
[41] RAIMANN (wie Anm. 1) S. 303.
[42] Ebd.; Abb. bei Luzi DOSCH, Die Wandmalereien des Weichen Stils in Mistail und Tenna, Terra Grischuna 1980, S. 356.

Die in einem Halbkreis von bloss 19 km Durchmesser liegenden vier Kirchenbauten von Tenna, Paspels, Rodels und Mistail besitzen Friese mit gotischen Kreuzlein, die dank den Malereien, die sie einrahmen, zur Annahme berechtigen, sie seien zwischen 1400 und 1450 gemalt worden. Da sich im rund 10 km (Luftlinie) westlich von Tenna entfernten Disentiserhof zu Ilanz der anscheinend gleiche Fries wiederholt, dürfen wir den gleichen Zeitabschnitt zur ersten Grundlage einer Festlegung der Entstehungszeit nehmen.

b) Aufgrund der Wappenschildformen

Dazu bemerkt der Restaurator[43]: «Es ist sicher schwierig, eine genaue Datierung festzustellen, da die Form der Wappen eher verschieden [ist], spitzig und doch leicht angerundet.» Wenn wir Neubeckers Übersicht der Schildformen, die er ausschliesslich «auf Originalquellen, vor allem Siegeln und anderen zeitlich eindeutig datierten Unterlagen» anfertigte und «[. . .] daher gerade für die Zwecke der kunsthistorischen Datierung von besonderem Wert» hält, als massgeblich betrachten, so können wir mit Fug und Recht sagen: unsere Schilde passen in die Zeit von 1400 bis 1450[44]. Bei den Siegeln ist es um diese Zeit wahrscheinlich dem Siegelschneider überlassen, wie er mit der Gestaltung des Schildes am wirkungsvollsten das Wappen sowie die allfällige Helmzier und Helmdecke unterbringt. So führt Konrad von Randeck am 1. Oktober 1410 als Vogt zu Chur in seinem Rundsiegel einen helmzierlosen Wappenschild mit einer schwachen Spitze, hingegen am 3. August 1433 als Vogt von Aspermont, 23 Jahre später, einen spitzeren Schild, der am Siegelrand liegt, weil Helm und Zubehör auch gezeigt werden[45]. Gerne wüsste man, auf welche Vorlagen und Angaben unser Maler sich stützen konnte, als er die Wappenreihe künstlerisch entwarf und ausführte.

c) Aufgrund der Wappenträger

Es sind ihrer vier, deren Namen und öffentliche Wirksamkeit uns bekannt sind.
 1. Johannes Naso: er wird am 11. Juli 1418 zum Bischof von Chur ernannt und stirbt am 24. Januar 1440[46].

---

[43] Restaurierungsbericht (wie Anm. 7) S. 2.
[44] Ottfried NEUBECKER, Wappenkunde, München 1980, S. 48, Übersicht (Deutschland) S. 50.
[45] Beide Siegel gemäss von CASTELMUR (wie Anm. 26).
[46] HS I/1, S. 489.

2. Peter von Pontaningen: er ist Abt zu Disentis von 1402–1438. In der Bündner Geschichte ist er besonders als machtvoller Förderer des Oberen oder Grauen Bundes bekannt[47]. Bei ihm wie bei Bischof Johannes Naso kann man annehmen, dass die Wappen zu beider Lebzeiten gemalt wurden, da kaum ein Mitraträger das Wappen eines Vorgängers verewigt hätte, ohne sein eigenes hinzuzufügen.

3. Konrad von Randeck: er scheint schon am 19. Juni 1398 im Dienste des Churer Bischofs Hartmann von Werdenberg-Sargans[48] gestanden zu haben, da er wohl in dessen Gefolge zusammen mit Peter von Unterwegen als Zeuge bei einer Beurkundung in Zürich auftritt[49]. Ein Treueverhältnis zu diesem Bischof und seinem Gotteshaus muss man voraussetzen, da er diese beiden ausdrücklich ausschliesst, wenn er sich am 30. September 1400 in Ensisheim als Söldner des Herzogs Leopold IV. von Österreich «gegen jedermann» für 100 rheinische Gulden auf ein Jahr anwerben lässt[50]. Am 1. Oktober 1410 siegelt er als Churer Stadtvogt[51]. Am 7. Juni 1414 siegelt er in Baden (Aargau) als Schiedsrichter zusammen mit Immer von Seengen, dem Schultheissen von Bremgarten (Aargau)[52]. Am 7. November 1414 siegelt Konrad von Randeck als erster die Bürgschaft für den neuen Domherrn Hermann Bürser[53], zusammen mit Heinrich von St. Viner, dem Landammann im Walgau, und Herdegen von Rüdberg, dem Vogt von Bludenz[54].

Wichtig ist vor allem die eindrucksvolle Pergamenturkunde vom 24. Juli 1421, die Bischof Johannes Naso mit neun andern besiegelt und womit er die Schulden seines Vorgängers Hartmann sowie seine eigenen an den von Randeck abtragen will[55].

Am 29. Februar 1428 bescheinigt von Randeck, die Feste Aspermont empfangen zu haben; er kann sie bis zum Lebensende des Bischofs Naso behalten[56]; als Vogt von Aspermont siegelt er am 3. August 1433[57].

---

[47] Iso MÜLLER, Geschichte der Abtei Disentis, Zürich 1971, S. 53–57.
[48] Über Bischof Hartmann HS I/1, S. 487f.
[49] Rudolf THOMMEN, Urkunden zur Schweizer Geschichte aus österreichischen Archiven 2, S. 347, Zeile 20f., Nr. 426.
[50] Ebd. S. 376, Nr. 490. – Laut frdl. Mitt. von Dr. Werner Köfler vom Amt der Tiroler Landesregierung, Tiroler Landesarchiv, Innsbruck, am 18. Februar 1986, weist das angehängte Siegel auf unseren Konrad von Randeck.
[51] Stadtarchiv Chur, Urk. 1410 Oktober 1.
[52] THOMMEN (wie Anm. 49) 3, S. 38, Nr. 46. – Frdl. Mitt. von Dr. Werner Köfler (wie Anm. 50).
[53] Über Bürser HS I/1, S. 551.
[54] BAC Pergament, 1414-11-07.
[55] BAC Pergament 1421-07-24.
[56] BAC Papier 1428-02-29.
[57] BAC Pergament 1433-08-03. – Vgl. CLAVADETSCHER (wie Anm. 25) S. 308f.

Am 2. April 1444 verkauft er seine Güter an Heinrich von Hewen, Bischof von Konstanz und Bistumsverweser von Chur, sowie an dessen Brüder Friedrich und Hans von Hewen[58]. Er stiftet bei den Churer Domherren eine Jahrzeit, stirbt am 12. Oktober 1444 und wird im Churer Dom in der Grablege der Tumb von Neuburg vor dem Allerheiligenaltar beigesetzt[59].

4. Claus Fraus, «den man nempt och Claus Schriber von Jnlantz yetz zů maul[60] burger ze Cur», kauft am 14. Februar 1420 Haus und Hofstatt am Obern Markt und einen Stadel mit Hofstatt in Chur um 275 Gulden Churer Währung, je 15 Plapphart für einen Gulden[61]. Am 4. November 1428 siegelt er aber in Ilanz, wo er wieder Bürger ist, eine Übereinkunft zwischen Heinz Graver und dessen Bruder Hans, Ammann zu Ilanz[62]. Durch eine Urkunde vom 21. Juli 1429 erfahren wir, dass Claus Schriber eine Tochter hat, die mit dem Ilanzer Bürger Matheus verheiratet ist[63]. Durch eine Churer Urkunde vom 11. November 1438 ist belegt, dass Haus und Hofraiti, 1420 von Jakob von Hoff erkauft, von Claus Fraus, wohl bei seiner Rückkehr nach Ilanz, an Wetzel von Laux, von diesem später an Burckli Burkhard von Untervaz, von diesem schliesslich am genannten Tag an Frick Haldner, Schuhmacher zu Chur, weiterverkauft werden[64]. Dabei sind Jakob von Hoff[65] und Wetzel von Laux als verstorben bezeichnet, nicht aber Claus Fraus, genannt Schriber. Frausens geachtete Stellung erweist sich aufs neue am 22. Januar 1444, wenn er als dritter in einem Schiedsgericht aufgezählt wird, zusammen mit dem Kirchherrn von Ilanz, Rudolf Huber, und dem Kirchherrn von Kästris, Hertwig Pardellen[66]. Als Fürsprech des Dorfmeisters[67] von Schnaus amtet Claus Schriber am 5. Juni 1447, wie Marquard von Kropfenstein im Namen des Grafen Heinrich von Sax-Misox in Ilanz zu Gericht sitzt[68].

Durch die Urkunden haben wir Konrad von Randeck – er schreibt sich meistens Cůnz von Randegg – und Claus Fraus als angesehene Leute kennenge-

[58] BAC Pergament 1444-04-02.
[59] NC S. 102, vgl. S. 35. – Die von Randeck stammen nicht, wie S. 178 gesagt wird, von Riedlingen in Schwaben, sondern aus der Gegend von Neidlingen (Randecker Maar). Heute ist Randeck eine Häusergruppe der Gemeinde Bissingen an der Teck, Kreis Esslingen, Baden-Württemberg.
[60] = jetzt[-zumal]; vgl. Idiotikon (wie Anm. 31) 4, Sp. 148, zb) α.
[61] Stadtarchiv Chur, Urk. Gruppe 27, 1420 Februar 14. – Wolfgang von JUVALT, Forschungen über die Feudalzeit im Curischen Raetien 1, Zürich 1871, S. 15, hat für 1399 den Gulden zu 20, für 1447–1490 zu 16 Plapphart; über den Plapphart S. 11 f.
[62] Stadtarchiv Ilanz, Urk. Nr. 18.
[63] Stadtarchiv Ilanz, Urk. Nr. 19.
[64] Stadtarchiv Chur, Urk. 1438 November 11.
[65] NC S. 43 meldet seine Jahrzeitstiftung am 6. Mai 1411, S. 28 seinen Tod am 19. März 1432.
[66] GA Surcasti, Urk. Nr. 6.
[67] «kam Guwig von Schnaus».
[68] GA Schnaus, Urk. Nr. 2.

lernt. Ihre Wirksamkeit lässt sich gut mit der Zeit der beiden Mitraträger Naso und von Pontaningen vereinbaren. Steht das Wappen des von Randeck verständlicherweise auf der bischöflichen Seite, so wissen wir nicht, warum Claus Fraus seines unmittelbar nach dem äbtlichen und gräflichen Wappen einordnet; verdankt er dies dem in der Stadt Ilanz und in ihrer Umgebung vielleicht ausgeübten Schreiberberuf?

d) Aufgrund von Wahrscheinlichkeiten

1. Wenn wir diese neun Wappenschilde auf einem Bilde vereint sehen, so steigt unwillkürlich folgender Gedanke auf: die Wappenträger müssen sich zu diesem Zeitpunkt gut vertragen haben, sonst hätten sie sich geweigert, als Stifter ihre Wappen in dieselbe Reihe malen zu lassen. Deswegen empfiehlt es sich, die Malerei nicht vor dem 8. Februar 1425 anzusetzen; denn erst an diesem Tag wird das Urteil der acht Schiedsrichter gefällt – Abt Peter ist der zweitgenannte Siegler[69] –, das über Streitigkeiten zwischen dem Grafen Hans von Sax, Herrn zu Misox, und den Freiherren Heinrich, Hans und Ulrich von Rhäzüns entscheidet[70]. Die Einigkeit dauert fort: Abt Peter, Heinrich von Rhäzüns und Graf Kaspar von Sax-Misox sind mit andern zusammen am 3. Oktober 1431 unter denen, die sich für die Einhaltung eines Abkommens zwischen Bischof Johannes Naso und den beiden von Werdenberg-Sargans, Graf Heinrich und Dompropst Graf Rudolf, einsetzen sollen[71].

2. Wir können einen weiteren Zeitraum ausscheiden, nämlich jenen vom Frühjahr 1432 bis 1438, dem Todesjahr des Abtes von Disentis, Peter von Pontaningen. Freilich zieht König Sigmund auf seinem Romzug wohl am 29. Oktober 1431 durch Chur, aber der Churer Bischof Naso reist ihm erst später über die Alpen nach[72], vermutlich im Frühling; sicher ist er am 6. Juni 1432 beim König in Italien[73]. Dort wird er 1432 zweimal zu Papst Eugen IV. gesandt, 1433 sehen wir ihn als Bevollmächtigten des Königs am Basler Konzil[74]. Als Belohnung für seine Dienste erhält Bischof Naso im Jahre 1434 zehn kaiserliche Urkun-

---

[69] Gemäss RU S. 326 verwendet Abt Peter in Chur das runde Siegel, gemäss Geschichtsfreund 43, S. 22, Nr. 254 siegelt er «in dem tal ze Vrseren» am gleichen Tag; laut frdl. Mitt. von Talarchivar Myran Meyer, Andermatt, siegelt er mit dem spitzovalen Siegel. Wie löst man das Rätsel?
[70] RU S. 323–326, Nr. 154.
[71] RU S. 384–387 in Nr. 190.
[72] Lothar DEPLAZES, Reichsdienste und Kaiserprivilegien der Churer Bischöfe von Ludwig dem Bayern bis Sigmund, JHGG 101, Jg. 1971, S. 137.
[73] Ebd. S. 141.
[74] Ebd. S. 142–163.

den⁷⁵, wovon ihn aber vier in grosse Schwierigkeiten mit der Stadt Chur bringen⁷⁶. Diese Schwierigkeiten werden beigelegt, aber dann erheben sich die Engadiner wider ihn⁷⁷.

3. Wir haben weder eine Rechnung des Künstlers, der den Auftrag erhielt, die Wappenreihe zu malen, noch einen Beschwerdebrief wegen ausstehender Bezahlung. So suchen wir nach einer Urkunde, die sowohl den Churer Bischof und sein Gotteshaus als auch den Disentiser Abt und sein Gotteshaus als alleinige Aussteller beziehungsweise Empfänger nennen. In der Zeit zwischen 1425 und 1432 finden wir die in Chur am 31. Dezember 1431 gefertigte Quittung des Disentiser Abtes Peter von Pontaningen. Darin erklärt er seine und des Klosters Ansprüche an Bischof Naso und sein Bistum wegen des Bischofs eigenen, noch mehr aber wegen der Schulden Bischofs Hartmann von Werdenberg-Sargans als erledigt, weil Bischof Johannes Naso dafür «hat ... gnůg getản»⁷⁸. Gerne möchten wir mehr über die Höhe der Schulden erfahren, die wohl durch Geldleihe und Solddienste entstanden waren, ebenso über die Art der Begleichung, die ja «frůntlich vnd lieplich»⁷⁹ geschah; doch darüber wird nichts gemeldet. Auffällig ist der späte Zeitpunkt der Erledigung der Schulden, besonders wenn wir uns an das Abkommen mit Konrad von Randeck mehr als zehn Jahre zuvor erinnern⁸⁰. Wollte vielleicht Bischof Naso vor seinem Ritt nach Rom noch reinen Tisch machen? Hat für ihn, seinen Landsmann und Schützling, vielleicht sogar König Sigmund beim Aufenthalt in Disentis am 30./31. Oktober 1431⁸¹ ein gutes Wort eingelegt? Wie dem auch sei: die Schuldenbereinigung könnte in Bischof Naso am ehesten den Wunsch wachgerufen haben, Abt Peter und seinem Disentiser Konvent auf eine eindrückliche und dauerhafte Weise seine Dankbarkeit zu bezeugen.

Ging nun der Bischof mit seinem Beispiel voran, so folgten ihm, die es ihm gleichtun wollten, nach: Grafen, Freiherren, Ritter und Bürger. In der standesgemässen Ordnung liessen sie ihre Wappen malen, ohne dass sich diese überschneiden, aber auch ohne dass sie sich trennen: ein beständiges Denk- und

---

⁷⁵ Ebd. S. 165.
⁷⁶ Ebd. S. 217–220.
⁷⁷ Vgl. MAYER (wie Anm. 22) S. 441 f.
⁷⁸ Anhang Zeile 10, 12.
⁷⁹ Ebd. Zeile 9.
⁸⁰ Vgl. Anm. 55 und DEPLAZES (wie Anm. 72) S. 130.
⁸¹ Iso MÜLLER, Ein Beitrag der Abtei Disentis zur Gotthardpolitik der Eidgenossen unter Abt Petrus von Pontaningen, BM 1942, S. 45; vgl. die Schuldentilgung S. 57. Ausser den in der Abhandlung Genannten möchte ich für Mithilfe und Hinweise namentlich danken: meinem lieben Bruder Pater Dr. Adalgott Hübscher OSB, Ramsen; Anton Engelhardt, Chur; Bischöflicher Offizial und Kanzler Lic. theol. Wolfgang Haas, Chur; Staatsarchivar Dr. Hans Lieb, Schaffhausen; Gertrud Streit, Rielasingen. Schliesslich möchte ich allen Ungenannten danksagen, die mir bei meiner Arbeit zudienten.

Mahnmal, in Eintracht das Gute zu fördern. Und wenn die vielen gotischen Kreuzlein des Frieses nicht nur Zierde sein sollten, sondern mehr als das, dann zeigten sie den Wappenstiftern die Quelle an, woraus sie als Christen die Kraft schöpfen konnten.

Anhang

Chur, 1431 Dezember 31.

Der Disentiser Abt Peter von Pontaningen erklärt die bis zum heutigen Tag aufgelaufenen Schulden der Churer Bischöfe Hartmann von Werdenberg-Sargans und Johannes Naso als vollständig getilgt.

Urschrift BAC, Mappe 39 (Kloster Disentis).
Papier 20,6 cm hoch × 21,9 cm breit, am linken Rand eingerissen, in der Querfalte am linken Rand 0,4 cm, rechts von der Mitte 2,1 cm, am rechten Rand 3,6 cm gerissen. – Wasserzeichen: 5,6 cm hoch, 2,7 cm breit: eine nach halblinks gewandte Frau mit Heiligenschein, ein Kreuz in ihrer rechten Hand haltend; vgl. Charles M. BRIQUET, Les Filigranes. Dictionnaire Historique des Marques du Papier 2, ND Hildesheim & New York 1977, S. 417 f.
Siegel: rote Spuren eines Rundsiegels 3,6 cm, wahrscheinlich wie RU, S. 326, Nr. 154, 8. Februar 1425. – Als «Ersatz» ist das ovale (3,4 × 2,7 cm) Papiersiegel des Einsiedler Abtes Adam Heer (1569–1585) mit weissem Faden und drei Stichen darüber genäht!
Auf der Vorderseite rechts oben steht von der Hand des Bischöflichen Archivars Christian Tuor (um 1877/87) 31. Dec. 1432; das jngend jar ist stets der 1. Januar, der abend aber der Vortag, also der 31. Dezember, nach Churer Bistums Brauch damals richtig 1432, weil die Kalenderzahl am 25. Dezember wechselte, nach heutiger Rechnung ist es hingegen 1431.
Rückvermerk: 1432 [17. Jh.?]. Tisentis; ist eine [«n» hat nur einen Schaft] quittung alt- und neüer schuld, und völlige ledigsprechung. [18. Jh.]; N° 6 [Bleistift 19./20. Jh.].

Wir[a] Peter von Punteningen, apt des gotzhus ze Tisentis, bekennent vnd$_2$ tůnd kůnt, mit dem offenn brief: als wir vnd vnser gotzhus ettwas$_3$ zůsprůch geheppt habent zů dem hochwirdigen herren herrn Johannsen bẏschoff$_4$ ze Chur von wegen sines vorvarenden bẏschoff Hartmans seliger gedächnůsz$_5$ von ettlicher geltschuld vnd soldner wegen, wie sich die vnd all ander$_6$ zůsprůch erheppt hand vnd zůgangen sind, so wir zů dem egenanten bẏschoff$_7$ Hartman vnd ouch ẏetz bẏschoff Johannsen ze Chur geheppt hand oder ge-$_8$ haben möchten wie die[b] genant sind, nichtz vszgesetztt vntz vff$_9$ den hůttigen tag als diser brief geben ist, sigint wir[c] frůntlich vnd lieplich jn ain$_{10}$ komen vnd verricht[d]. Vnd vmb die selbn zůsprůch hat vns der obgenant$_{11}$ vnser herr[e] bẏschoff Johanns von sines vorvarenden bẏschoff Hartmans seligen wegen$_{12}$ vnd ouch von sin selbs wegen gnůg getán. Vnd davon so sagen wir obgedachter$_{13}$ appt Peter jn[f], sin gotzhus vnd nachkomen, fůr vns, vnser gotzhus vnd nachkomen$_{14}$ gar vnd gentzlich quitt, ledig vnd los, mit vrkůnd diss briefs, dar vff$_{15}$ wir vnser jnsigel gedrukt hand, der geben ist ze Chur an dem jngend₁₆ jar abend anno domini m° cccc°xxxij°.

a   *Ausdehnung des Anfangsbuchstabens mit seinen Schleifen: 2,8 cm hoch × 4,3 cm breit.*
v   *Folgt gestrichen* zůsprůch.
c   sigint wir *über der Zeile.*
d   *Folgt gestrichen* sind.
e   v̇nser herr *auf dem linken Rand.*
f   jn = *ihn, nämlich Bischof Naso.*

Abbildungen auf der gegenüberliegenden Seite:

Abb. oben: 1883: Ilanz Klosterhof. Wappenreihe in der Kopie im Kloster Disentis; vgl. oben S. 559, Anm. 1 (RAIMANN, Gotische Wandmalereien, S. 246: Ausschnitt).

Abb. unten: 1983: Heutiger Zustand (Photo: Hans Rostetter, Ilanz).

Abbildung auf S. 582: Urkunde vom 31. Dez. 1431, wiedergegeben auf S. 579f.

Marias Fürbitte im Churer Weltgerichtsspiel von 1517

von Peter Ochsenbein

Das älteste monumentale Weltgerichtsbild im Abendland hat sich bekanntlich in der Klosterkirche St. Johann zu Müstair an der Innenseite der Westwand erhalten (Abb. 1). Wenn auch grössere Flächen davon nur fragmentarisch auf uns gekommen sind, der Eindruck bleibt bestimmend, dass dem unbekannten karolingischen Maler um 800 hier eine Darstellung gelungen ist, welche die verschiedenen Vorgänge am Tage des Jüngsten Gerichts in Szene setzt. In der Mitte thront im Glorienkreis Christus mit zwiefacher Gebärde: die Rechte nimmt die Seligen auf, die Linke weist die Verdammten von sich. Über ihm rollen zwei Engel den sternenbesäten Himmel ein (Apo 6, 14). Von den drei Bildfeldern wirkt nur das mittlere mit Christus, den Aposteln und den Engeln statisch. Im oberen Feld hingegen geht die Auferstehung der Toten sehr lebhaft vonstatten. Bewegung auch im untern Feld, wo einzelne Engel nach dem Gerichtsurteil die Scharen der Seligen nach rechts d.h. der Mitte zu treiben, andere wiederum diesen Schutz gewähren. «Das blosse 'Zur-Rechten-Stehen' der Seligen und das 'Zur-Linken-Stehen' der Verdammten genügt dem Empfinden des karolingischen Menschen nicht. Lohn und Strafe müssen deutlich und ausdrücklich als Aktionen veranschaulicht werden[1].» In diesem Bildprogramm sind Maria und Johannes der Täufer als Fürbitter für die richtende Menschheit noch nicht dargestellt.

Die Bildkomposition, welche die Gottesmutter und Johannes den Täufer bittend vor dem Weltherrscher oder dem Weltenrichter Christus zeigt, nennt man bekanntlich Deesis (von griech. δέησις = demütige Bitte, Gebet). Obgleich das Motiv der Deesis im Osten seit dem 6. Jahrhundert nachweisbar ist, erscheint es im Westen erst am Ende des 10. Jahrhunderts, erstmals im sogenannten Gebetbuch Ottos III. (Pommersfelden, Graf von Schönbornsche Schlossbibliothek, Cod. 347, fol. 2^r)[2]. Als Bestandteil des Weltgerichtsbildes wird die Deesis allerdings bis ins 13. Jahrhundert nur zögernd aufgenommen, bis sie dann im Spätmittelalter Gemeingut der westlichen Weltgerichtsikonographie wird[3].

---

[1] Beat BRENK, Tradition und Neuerung in der christlichen Kunst des ersten Jahrtausends. Studien zur Geschichte des Weltgerichtsbildes (Wiener Byzantinische Studien 3), Wien 1966, S. 115. Vgl. Iso MÜLLER, Müstair-Münster (Kleine Kunstführer Nr. 601), München ^{17}1981, S. 8.

[2] Percy Ernst SCHRAMM und Florentine MÜTHERICH, Denkmale der deutschen Könige und Kaiser (Veröffentlichungen des Zentralinstituts für Kunstgeschichte in München 2), München 1962, Nr. 80 und Tafel 295.

[3] Vgl. BRENK, Tradition (wie Anm. 1) S. 95–98 und Th. von BOGYAY, Deesis, in: Lexikon der christlichen Ikonographie 1, hg. von Engelbert KIRSCHBAUM, Rom 1968, Sp. 494–499.

Weltgerichtsdarstellungen mit der Deesis – in Stein, Holz oder in der Maltechnik ausgeführt und vielfach an der Westseite (aussen im Tympanon oder auf der Innenwand), aber auch auf Altären angebracht – gehören beinahe zum obligaten Programm einer geschmückten Kirche des Spätmittelalters[4]. Das gilt auch für Churrätien. Ohne hier Vollständigkeit erreichen zu wollen, lassen sich im Gebiet des heutigen Kantons Graubünden – trotz der unzähligen Verluste – noch gegen 20 Deesis-Darstellungen nachweisen[5]. Wandmalereien mit diesem Motiv beggnen wir in der Kirche St. Georg in Rhäzüns (innere Südwand, vom 'Meister von Rhäzüns', Ende 14. Jahrhundert)[6], in der Steigkirche in Maienfeld (innere Nordwand, 1457, Abb. 2)[7], in der ehemaligen Klosterkirche St. Maria und St. Michael in Churwalden (Reste an der Westseite des Lettners, 1481)[8], in der Begräbniskirche St. Maria in Pontresina (innere Südwand, 1495)[9], in der alten Pfarrkirche St. Maria in Lantsch/Lenz (lediglich Reste eines Weltgerichts an der inneren Westwand, jedoch noch Teile einer Überschrift [J]OHANNES, um 1500)[10], in der Pfarrkirche Mariä Krönung in Tumegl/Tomils (innere Nordwand, 1597)[11]. Noch romanisch geprägt ist das in zwei Bilder aufgeteilte Jüngste Gericht an der inneren Westwand der heute leider zerstörten Kapelle St. Benedikt in Somvix (gemalt um 1430–40, Abb. 3): auf dem rechten mit Christus und assistierenden Heiligen zu seinen Füssen hält Johannes der Täufer sein nimbiertes Haupt in den Händen. Maria zeigt dem richtenden Sohn ihre entblösste Brust[12]. Zahlreicher sind Weltgerichtsdarstellungen mit der Deesis auf Altartafeln des späten 15. und des früheren 16. Jahrhunderts. Meistens sind sie auf der Altarrückseite angebracht, so in der Kapelle Maria Hilf, früher St. Andreas in Lumbrein (um 1475), in der Kapelle St. Eusebius in Breil/Brigels (1489), in der Pfarrkirche St. Johann Baptist in Disentis/Mustér (1489, Abb. 4), in der Pfarrkirche St. Georg in Salouf (um 1500), in der Pfarrkirche St. Johann Baptist in Domat/Ems (1504), in der Pfarrkirche St. Maria Magdalena in Stierva

---

[4] Vgl. Beat BRENK, Weltgericht, in: Lexikon der christlichen Ikonographie 4 (wie Anm. 3) Sp. 513–523.
[5] Die nachfolgenden Belege verdanke ich zum grossen Teil Herrn Dr. Hans Rutishauser, Chur, und Herrn Dr. Bernhard Anderes, Rapperswil.
[6] Alfons RAIMANN, Gotische Wandmalereien in Graubünden. Die Werke des 14. Jahrhunderts im nördlichen Teil Graubündens und im Engadin, Disentis/Mustér 1983, S. 343 und Abb. S. 347. Vgl. Kdm GR III, S. 46 ff.
[7] Kdm GR VII, S. 429 f. und Abb. 458.
[8] Kunstführer durch die Schweiz 1, hg. von der Gesellschaft für Schweiz. Kunstgeschichte, Wabern⁶ 1975, S. 159.
[9] Ebda. S. 262.
[10] RAIMANN, Gotische Wandmalereien (wie Anm. 6) S. 253 f. und Kdm GR II, S. 354 f. und Abb. 347.
[11] Kdm GR III, S. 158 f. und Abb. 148.
[12] Kdm GR IV, S. 405 und Abb. 479.

(1504), in der Pfarrkirche St. Blasius in Tinizong (1512), ehemals in der Pfarrkirche S. Carlo Borromeo in Cunter, jetzt im Priesterseminar St. Luzi in Chur (um 1520), in der Pfarrkirche St. Gallus in Bivio (vor 1522), in der Kirche St. Georg in Rhäzüns (um 1522)[13]. In plastischer Form schliesslich erscheint eine Deesis-Darstellung ohne Weltgericht in der Kathedrale St. Mariä Himmelfahrt in Chur, und zwar im Gesprenge des von Jakob Russ 1492 vollendeten Hochaltars[14]. Ebenfalls in der Churer Kathedrale kann man als Wandgemälde in der Taufkapelle im Bogenfeld links einen richtenden Christus erkennen, der von Engeln mit Posaunen begleitet ist. Ob im nicht erhaltenen Teil dieses Freskos aus dem Ende des 14. Jahrhunderts auch Maria und Johannes als Fürbitter auftreten, lässt sich leider nicht mehr eruieren[15].

Wie haben mittelalterliche Betrachter solche Weltgerichtsdarstellungen aufgenommen? Wie haben sie das fürbittende Gebet der beiden rechts und links neben Christus meist knienden Heiligen Maria und Johannes verstanden? Gewiss zunächst in dem gläubigen Bewusstsein, dass diese durch ihre Heiligkeit besonders ausgezeichneten Gestalten die vornehmsten und wirkungsvollsten Fürbitter beim Menschensohn sind. Insofern verkörpern sie die Gewissheit eines universalen Glaubens an das Heil des Menschen. Ihre Bitte aber muss in jeder bildlichen Darstellung stumm bleiben. Erfolg oder Misserfolg ihrer Interzession für die zu richtende Menschheit lässt sich in der bildenden Kunst nirgends ablesen. So hat denn die kunstgeschichtliche Forschung, wenn ich recht sehe, nie danach gefragt, wann im protokollarischen Ablauf des Jüngsten Gerichts Maria und Johannes ihre Bitten vortragen und welche Wirkung sie am Tage des Schreckens und der endgültigen Trennung in Selige und Verdammte erreichen werden.

Eine mögliche Antwort darauf gaben und geben die dramatischen Darstellungen des Jüngsten Gerichts, welche – Schulweisheit seit Lessings 'Laokoon' – mit dem Mittel der Sprache des Nacheinander, die Zeitabfolge jeglichen Geschehens darzustellen vermögen.

Eschatologische Spiele sind im lateinischen Bereich seit dem 12. Jahrhundert, in deutscher Sprache erst nach 1400 nachweisbar. Drei Gruppen haben sich herausgebildet: Die Antichristspiele, gewissermassen als Vorspiele zum Jüngsten Gericht (wie z.B. der 'Tegernseer Ludus de Antichristo' um 1160), so-

---

[13] Lumbrein: Vgl. Thomas BRACHERT, Der Flügelaltar aus der Kapelle S. Nicolao in Grono. Ein Beitrag zum Oeuvre von Yvo Strigel, in: Schriftenreihe des Rätischen Museums Chur 11, Chur 1971, S. 21 u. Abb. 10. – Breil/Brigels: Kdm GR IV, S. 358ff. – Disentis/Mustér: Kdm GR V, S. 86ff. – Salouf: Kdm GR III, S. 267ff. – Domat/Ems: Kdm GR III, S. 20. – Stierva: Kdm GR II, S. 314ff. – Tinizong: Kdm GR III, S. 310. – Cunter: Kdm GR III, S. 242ff. – Bivio: Kdm GR III, S. 230ff. – Rhäzüns: Kdm GR III, S. 56ff.
[14] Kdm GR VII, S. 103ff., bes. S. 108 und Abb. 103.
[15] Kdm GR VII, S. 68 und Abb. 53 sowie RAIMANN, Gotische Wandmalereien (wie Anm. 6) S. 206 und 210.

dann die Zehnjungfrauen- oder Sponsus-Spiele nach dem Gleichnis der fünf klugen und der fünf törichten Jungfrauen (Mt 25, 1–13), schliesslich die eigentlichen Weltgerichtsspiele, die im unmittelbaren Anschluss an Christi Schilderung in Matthäus 25, 31–46 den Tag der endgültigen Entscheidung mit seinem genauen Ablauf vorführen, wie sich dieser seit der Karolingerzeit in der allgemeinen Vorstellung ausgeformt hatte[16].

Ein solches eigentliches Weltgerichtsspiel wurde mit grösster Wahrscheinlichkeit in der Churer Kathedrale auf der Chortreppe vor dem Hochaltar zu Ostern im Jahre 1517 aufgeführt[17]. Zwar fehlen uns chronikalische Berichte darüber. Erhalten ist lediglich eine Papierhandschrift im Hochformat (15,5 × 44 cm), vermutlich eine (vielleicht erst nach der genannten Aufführung von einer Hand geschriebene) Dirigierrolle, die im Staatsarchiv Graubünden in Chur aufbewahrt wird (Ms. B 1521)[18]. Am oberen Rand des ersten Blattes wird zwar nur das Aufführungsjahr genannt: *Anno millesimo quingentesimo decimo septimo hat man gehept das jungst gricht*, aber Ort und genaueres Datum können aus dem Spieltext erschlossen werden. Unter den Heiligen, die im abschliessenden 5. Akt Lobreden halten, tritt auch der heilige Florinus auf, zweiter Diözesanpatron des Bistums Chur und vielverehrter Heiliger am Bischofssitz (vs. 1212–1227)[19]. Nach der endgültigen Verurteilung der Bösen will eine verdammte Seele dem Teufel entwischen. Dieser jedoch stellt sie. Eine in die Rede des Teufels (vs. 1019–1030) eingefügte Regieanweisung hält dazu fest: (Bl. 12ʳ) *Yetz varend sy zweg unnd inen entrintß Thomali unnd erwuscht in baab.* Der Flüchtende heisst also *Thomali*, der Teufel, der «ihn erwischt», *baab*, eine rätoromanische Kurzbezeichnung für die längeren Namen *bab da las manzögnas* (Ladin) bzw. *bab dellas manzegnas* (Sursilvan) «Vater der Lügen» (Io 8, 44). Mit Thomali ist vermutlich der in Chur stadtbekannte Schelm Ulrich Thomali aus Malix gemeint, der am 16. September 1504 arrestiert wurde[20]. Dass das Churer

---

[16] Vgl. Rolf BERGMANN, Mittelalterliche geistliche Spiele, in: Reallexikon der deutschen Literaturgeschichte 4, Berlin 1984, S. 64–100, bes. S. 94–96 (mit wichtiger Lit.).

[17] Die Aufführung könnte auch in der Stadtpfarrkirche St. Martin stattgefunden haben. Ein gesichertes Zeugnis für die Kathedrale lässt sich jedenfalls nicht ermitteln.

[18] Rudolf JENNY, Handschriften aus Privatbesitz im Staatsarchiv Graubünden. Repertorium mit Regesten, Chur 1974, S. 393–409.

[19] Ebda. S. 395–398 mit Hinweis auf die Arbeiten von P. Otmar SCHEIWILLER, ZSKG 32, 1938, S. 241–256; 33, 1939, S. 71–90 und S. 155–167 sowie auf die editio critica der Florinusvita des 12. Jahrhunderts von P. Iso MÜLLER, JHGG 88, 1958, S. 1–58. – Die Lobverse Florins, veröffentlicht von Georg JENSCHKE, Untersuchungen zur Stoffgeschichte, Form und Funktion mittelalterlicher Antichristspiele, Diss. Münster 1971, S. 388, sind in ihrer Diktion zu allgemein gehalten, als dass sie für den Florinus-Kult eine besondere Aussage vermitteln könnten. Florinus stellt sich den Zuschauern vor: (vs. 1222f.) *Des ich Fluri jr fur sprech bin / Vnnd loben dich fur alle hin.*

[20] JENNY, Handschriften (wie Anm. 18) S. 399f. und 406 mit dem Hinweis: «Aus den Protokollen und Akten der städtischen Gerichte von Chur dürfte vermutlich über Thomali mehr zu erfahren

Spiel in den Ostertagen 1517 stattfand, geben neben dem bereits genannten Aufführungsjahr die Verse des *Prelocutor* am Beginn des ersten Aktes einen Hinweis (vs. 9–17):

Sid unnß die heylig zit nun ist,
Das bichten han sol ein yeder crist
Sin sind unnd sy mit ruwen biessen,
Daz er das sacramend mig niessen
Unnd das im nem die sünd dahin
Unnd sacrament empfangen hat,
Sol er meyden missetat.
Darum hand wir dise spil gedicht
Got zů lob das jüngst gricht.

Aufschlussreich ist schliesslich, dass das Churer Weltgerichtsspiel – im auffälligen Gegensatz zu den übrigen zehn ihm verwandten Spielen – in fünf Akte gegliedert ist und dass zu Beginn der Akte zwei bis fünf lateinische Responsorien bzw. Antiphonen und Psalmen vorgeschrieben sind, was eine feierliche Aufführung in der Kirche nahelegt.

Seit Karl Reuschels Untersuchungen über 'Die deutschen Weltgerichtsspiele des Mittelalters und der Reformationszeit'[21] wissen wir, dass der Churer Text nicht erst zur Aufführung 1517 selbständig geschaffen wurde, sondern dass er vielmehr auf ein uns verlorenes Weltgerichtsspiel zurückgeht, das ein alemannischer Dichter wohl um die Mitte des 14. Jahrhunderts verfasst hat und das in mindestens 10 weiteren Fassungen aus dem 15. und 16. Jahrhundert aufscheint[22].

---

sein, was in Verbindung mit einer wissenschaftlichen Edition des Churer Weltgerichtsspiels von 1517 in den Gerichtsdokumentationen des Churer Stadtarchivs zu überprüfen wäre, unter gleichzeitiger Beachtung der Archivalien zur geistlichen Gerichtsbarkeit im Bistum Chur» – eine Arbeit, die hier aus zeitlichen Gründen nicht mehr geleistet werden konnte.

[21] Karl REUSCHEL, Die deutschen Weltgerichtsspiele des Mittelalters und der Reformationszeit (Teutonia H. 4), Leipzig 1906.

[22] Es handelt sich um folgende Weltgerichtsspiele: 1. B = Berliner W. (geschrieben 1482), nicht ediert; vgl. Hellmut ROSENFELD, 'Berliner W.', in: Die deutsche Literatur des Mittelalters. Verfasserlexikon 1 (im folgenden: VL), Berlin ²1978, Sp. 735ff. – 2. 'Bern' = Berner W. (geschr. 1465), hg. von Wolfgang STAMMLER (Texte des späten MA H. 15), Berlin 1962; VL ²1, Sp. 748f. – 3. D = Donaueschinger W. (geschr. 1. Hälfte 15. Jh.), nicht ediert; vgl. VL ²2, Sp. 204f. – 4. G = St. Galler Weltgericht (erzählendes Reimpaargedicht mit 342 Versen, 15. Jh.), hg. von Hellmut ROSENFELD, Zs. für dt. Altertum und dt. Literatur 109, 1980, S. 116–128; VL ²2, Sp. 1061ff. – 5. K = Kopenhagener W. (15. Jh.), nicht ediert; VL ²5, Sp. 310f. – 6. L = Luzerner W. (geschr. 1549 [?]), nicht ediert; VL ²5, Sp. 1099ff. – 7. M = Münchener W. (geschr. 1510), in Auszügen hg. von August HARTMANN, Volksschauspiele in Österreich-Ungarn und in Bayern gesammelt, Leipzig 1880, S. 412–421. – 8. S (früher auch R) = Schaffhauser (früher Rheinauer) W. (geschr. 1467), hg. von Franz Josef MONE, Schauspiele des Mittelalters 1, Karlsruhe 1846, S. 265–304. – 9. T = In Ulrich Tenglers 'Der neu Layenspiegel' (Augsburg bei Hans Othmar 1511, fol. 223ʳ–234ᵛ) eingefügtes W. – 10. W = Walenstadter W. (geschr. 1653 [?]), hg. von Nikolaus SENN von Buchs-Werdenberg, Teufen 1869.

Bis auf kleine Ausnahmen stehen alle diese Bearbeitungen in einer zusammenhängenden Texttradition, die im westoberdeutschen Raum, der Heimat des uns unbekannten Dichters von 1350, ausgegangen sein muss. Das ostalemannische Churer Spiel bildet zusammen mit dem Münchener Weltgericht (M) und dem Augsburger Druck von Ulrich Tenglers 'Der neu Layenspiegel' (T) einen östlichen, textlich bereits stark veränderten Ableger[23]. Die Verwandtschaftsverhältnisse konnte zwar Reuschel im Ansatz klären. Eine einlässlichere stemmatologische Untersuchung dürfte allerdings mehr Klarheit schaffen über den Rezeptionsvorgang und die gegenseitige Abhängigkeit. Trotz der engen Verwandtschaft, die sich deutlich im Aufbau der einzelnen Spielelemente, ja sogar teilweise im identischen Wortlaut einzelner Verse kundtut, ist festzuhalten, dass jede Bearbeitung einen gewissen Eigenwert besitzt. Die Fassungen gehen jedenfalls so weit auseinander, dass eine Rekonstruktion des postulierten Urtextes von 1350 nicht möglich ist. Wegen der je besonderen Ausformung wäre eine Edition sämtlicher Spiele theoretisch gerechtfertigt. In neuerem Druck liegen bis jetzt nur vier Spieltexte vor: die Weltgerichtsspiele von Bern ('Bern'), Schaffhausen (S), Walenstadt (W) und das erzählende Reimpaargedicht 'St. Galler Weltgericht' (G), in längeren Auszügen zudem das Münchener Weltgerichtsspiel von 1510 (M)[24].

Obgleich eine Edition des Churer Weltgerichtsspiels (= C) schon mehrmals in Angriff genommen worden ist, fehlt bislang ein gedruckter Text[25]. Lediglich Georg Jenschke hat wegen des gegen Schluss eingefügten Antichristspiels den fünften Akt in einer «diplomatische(n) Umschrift mit einigen Korrekturen» als Anhang zu seiner Dissertation veröffentlicht[26]. Als kleine Vorstudie zu einer späteren Edition wird im folgenden der vierte Akt erstmals veröffentlicht. Unsere nachfolgende Publikation der 517 paarweise gereimten Verse (vs. 694–1110) hat im Rahmen dieser bescheidenen Studie deshalb Berechtigung, weil in der Mitte dieses 4. Aktes das Thema der Deesis in insgesamt 96 Versen (vs. 847–942) den Zuschauern breit vorgeführt wird, und dies in einer von den übrigen verwandten Spielen vielfach abweichenden, aber umso eindrücklicheren Weise[27].

[23] Vgl. REUSCHEL, Die deutschen Weltgerichtsspiele (wie Anm. 21) S. 120 ff.
[24] Vgl. Anm. 22.
[25] So nach JENNY, Handschriften (wie Anm. 18) S. 408 f. Prof. Dr. Paul Zinsli, Bern, und Frau Prof. Dr. Marie-Luise Dittrich, Münster.
[26] JENSCHKE, Untersuchungen (wie Anm. 19) S. 384–399. Zitat S. 384.
[27] Vgl. REUSCHEL, Die deutschen Weltgerichtsspiele (wie Anm. 21) S. 136: «In der Fürbitte Mariens (C 847–904) stammt kaum eine Zeile aus den älteren Texten, auch die Fürbitte des Johannes, die M ganz weggelassen hat, stimmt nur im Anfang zu dem sonst Überlieferten. Die nahen Beziehungen zwischen C, M und T lassen sich wieder deutlich aus dem Anfang von Christi Antwort auf seine Mutter erkennen [...]; der Schluß ist gegenüber M T verändert. Im übrigen sind große Abweichungen zu bemerken, und die Entgegnung auf die Bitte Johannis des Täufers steht nur in C.»

Für das Verständnis des vierten Aktes ist eine knappe Inhaltsangabe der vorausgehenden Teile unerlässlich[28]. Nach der Vorrede des Prälocutors (vs. 1–41) halten Joël, Sophonias, Hiob, Salomon sowie die Kirchenväter Gregor und Hieronymus Mahnreden (vs. 42–199), letzterer erklärt die 15 Vorzeichen des Jüngsten Gerichts (vs. 117–199). Der 2. Akt setzt nach einem kurzen Prolog (vs. 200–205) mit Weckrufen von vier Engeln ein (vs. 206–269). Die Toten erheben sich aus ihren Gräbern, Christus erscheint zum Gericht (vs. 270–281). Auf sein Geheiss hin scheiden die Engel die guten von den bösen Menschen. Der Richter wendet sich zunächst den Gerechten zu, erinnert sie an ihre Werke der Barmherzigkeit und gibt den Fragenden, wo er als armer Mensch ihre Wohltaten empfangen habe, im Anschluss an Matthäus 25, 35–40 die Antwort (vs. 282–367):

   353 Der arme mensch, der wase ich.
      Wen ir den ye hond gnommen in,
      So bin ich alweg by im gsin.

Christus lädt seine Mutter Maria und Petrus als Mitrichter ein (vs. 368–401). Ein Engel zeigt die Passionswerkzeuge (vs. 402–409). Im dritten Akt erheben fünf Engel (von der Erde, vom Wasser, von der Luft, vom Feuer sowie von Sonne und Mond) Anklage gegen die Ungerechten (vs. 423–479). Danach bezichtigen sich Judas, Herodes, Pilatus, der reiche Mann und die sieben Todsünden (*Hoffart, Gittikayt, Fressery, Unkunschhayt, Nid unnd Hass, Trackayt*) ihrer eigenen Schuld (vs. 480–547). Sathanas wendet sich zur Verdammung der Bösen an Christus; der erste Teufel (*primus*) zählt die Vergehen gegen die 10 Gebote auf (vs. 548–693). Damit schliesst der 3. Akt.

Die Edition des vierten Aktes folgt weitgehend der Churer Handschrift. Abkürzungen (u.a. auch die *dz*-Kürzel für *daz*) werden aufgelöst. Einheitlich steht 'i' für den Vokal |i|, 'j' für den Konsonaten |j|, der Vokal |u| wird mit 'u', der Reibelaut |v| mit 'v' wiedergegeben. Hingegen wird die Umlautbezeichnung bzw. -nichtbezeichnung (*üch* bzw. *uch* für nhd. *euch*, *wůchergůtz*) genau nach der Handschrift übernommen. Die Interpunktion, die im handschriftlichen Text weitgehend fehlt, folgt hier im Interesse der leichteren Lesbarkeit den heutigen Regeln. Emendationen erfolgen nur dann, wenn offensichtliche Verschreibungen vorliegen oder wenn Verbesserungen vom Textverständnis zu rechtfertigen sind. Ergänzungen sind in eckigen Klammern angeführt.

---

[28] Vgl. Hellmut ROSENFELD, 'Churer Weltgerichtsspiel', in: VL ²1, Sp. 1271–1274 und die Aufgliederung der einzelnen Handlungselemente bei REUSCHEL, Die deutschen Weltgerichtsspiele (wie Anm. 21) S. 94–96.

Actus quartus: postea intonatur antiphona [Bl. 8ʸ]
«Paratum» et canitur psalmus [CVIII] «Deus laudem meam».

Precursor:

Nün schwigend, losend aber für,
695 Ir hand ghort, wie grimm unnd thür
Der sünder ist verklagt vor gott.
Darumb wirt angst unnd grosse nodt,
Dan got wir[t] yetz sin urthayl gen,
Der tuffel wirt die bössen nen.
700 Maria wir[t] och thůn ein bitt,
Das wir[t] die sunder helffen nitt.
Der tuffel wirt sy füren hin
Unnd Gabriel sy bschlüssen in.
Darumb losend der urthayl eben
705 Unnd hüttend [üch] in üwerem leben!

Unser her spricht:

Owe ir sünder also gross,
Wie stond yetz üwer sünd so bloss
Ob üweren höptrenn unbedeckt,
Hat mich zů grossen zorn bewegt
710 Uff uch, an üch zů rechen mich.
Das hochzyttcklayd ich niennan sich.
Min antlitt yetz von zorne brindt,
Darmitt sich von uch kert unnd windt,
Das sond ir sehen niemer me,
715 Darfür sond sin ach unnd we.
Darumb so schayden von mir hin,
Verflůch[t] so sond ir yemer sin.
Uch sol sin trost unnd fröden thür,
Gond hin von mir ins ewig für,
720 Das ist den tuflen allen braytt
Unnd üch mit in in ewikayt,

Mit der Antiphon Paratum *ist wohl Psalmvers 107,2:* Paratum cor meum Deus *bezeichnet, der als Alleluia-Vers in der Messe vom 20. Sonntag nach Pfingsten verwendet wird. Vermutlich ist die musikalisch hervorragende Melodie hier als Kehrstrophe zum folgenden Psalm 108 übernommen worden.*

694   aber: *wieder;*
       für: *weiterhin.*
695   ghort] gar *Hs.;* thür: *sehr.*
698   gen: *geben.*
699   nen: *nehmen.*
711   niennan: *nirgends.*
713   windt: *abwendet.*
720   brayt: *bereitet.*

Unnd yemer on end sond ir bliben.
Min urthayl ich nitt anderst schiben.

    Die erst seel:

Von dinem antlitt hast unns gschayden,
725 Das macht uns, her, gross angst unnd layd[en].
Ach lieber her so milt unnd sůß,
Erlŏb unns hüt joch dine fůss.

    Unser her Cristus: [Bl. 9ʳ]

Üwer antlit hand ir kert zur weltt,
Des mident mins zů widergelt.
730 Ich gun üch mich nit ainen blick,
Das ir mich hond veracht so dick,
Versag uch och die fůsse min.
Des tüffels klawen sond ir sin.

    Die ander seel:

Von dinem antlit hast unns gschiben
735 Unnd unns von dinen fůssen triben.
Her, gib unns doch den segen din,
Das wir dest selger mügend sin.

    Unser her Cristus:

Min flůch sol uwer segen sin.
Ir hond mich geacht uff erden klin.
740 Nend hin min maledyg unnd flůch,
Kain andren segen ich üch sůch.
Min vatter och das urthail ratt,
Der üch das lang gesparet hat.

    Die seel:

Din segen hast unns verseyt
745 Unnd dinen flůch unns uffgeleit.
Nün thů unns, her, so miltenclich
An ein statt noch růbenklich.

723   schiben: *wende.*
727   dine] diene *Hs.;* joch: *doch wenigstens.*
729   Des midens min] *Hs.;* zů widergelt: *zur Strafe.*
731   dick: *oft, häufig.*
733   klawen: *Klauen (Ihr seid den Klauen des Teufels bestimmt).*
747   růbenklich: *ruhig.*

Cristus:

Ru̇b der sel üch si gar thür!
Ich han üch gen dem helschen für.
750 Ir machtend unru̇b alle zytt,
Ru̇b sol üch ewig werden witt
Dan süden, praten, brennen, rösten,
Mitt diser ru̇b ich üch yetz trösten.

Die sel:

Du hast unns gen dem helschen für,
755 Da sy unns trost unnd freüden thür.
Her, din milte zu̇ unns send,
Das es doch etwan nem ein ennd.

Cristus:

Unnd kem ain klaine spiegelmaiß
Unnd thet ein gantz jar nun ain rayß
760 Unnd wen sy also tru̇g da hin
Das gantze mer unnd och den Rin,
Noch sol die pitt nit hon ein end.
Uff erd ir üch nie bkeret hennd.
So ich unnd ir baid ewig sind,
765 So bin ich ewig üwer vind.

Die sel: [Bl. 9ᵛ]

Sond wir ewig verloren sin
Unnd on end ewig haben pin,
So gib unns, her, gu̇t gsellschafft,
Darvon wir habent macht unnd crafft.

Cristus:

770 Böss gsellschafft hon ich allweg gwertt,
Daran hand ir uch nie nütz kertt.
Der tu̇fell mit den englen sin
Sy uwer gsell inn helschen pin.

---

748 der] die *Hs.*; si] sin *Hs.*
749 gen: *gegeben;* helschen für: *höllischen Feuer.*
758 spiegelmaiß: *Kohlmeise.*
759 rayß: *Reise.*
761 *Lokalkolorit eines bekannten Motivs? Vgl. M (bei* HARTMANN *[wie Anm. 22], S. 415f., vs. 105–114).*

Et sine intervallo dicit ad omnes:

     Mins hymleschen vatters zehen pott,
775 Die hyeltent ir alß fur ain spott,
     Min evangelium unnd ler,
     Die hyeltent ir in kayner eer.
     Wan man üch das ve[r]kint unnd sang,
     So was üch zyt unnd wil zů lang.
780 Des pott der kilchen was kain acht,
     Ir sprachendt: das hond pfaffen gemacht.
     Die syben sind gend üch den todt,
     Die frömden sund machend uch nott.
     Die sechs werck der barmhertzikayt
785 Hand ir nie an mich gelayt:
     Von hunger unnd turst laid ich nott,
     Versagtend ir mir win unnd brott.
     Ich gieng nacket unnd wißlos,
     Uwers klaids noch herberg ich nitt gnoß.
790 Ich was siech unnd och etwan gfangen,
     Mich z'trosten komend ir nit gangen.
     Von uwer karghayt, mercken eben,
     Versag ich uch das ewig leben.

     Anima:

     Ja her, villicht dins vatters pott
795 Hielt unser kainer alß er sott.
     Wo littu aber hungers not,
     Da wir dir hond verzugen brott?
     Wan durstat dich zů menger stund,
     Da wir nit trancktent dinen münd?
800 Wo warstu plos unnd on gewand,
     Do wir dich nit beclaidet hand?
     Unnd wo ligt[u] von siechtag pin,
     Do wir nit woltendt wissen din?
     Wo warstu siech unnd och gefangen,
805 Dar wir nit kamend zů dir gangen?

---

783 *Die neun fremden Sünden, die geschehen durch Befehlen, Raten, Erlauben, Loben, Beschützen, Teilnehmen, Verschweigen, Nicht-Widerstehen, Nicht-Offenbaren.*
788 wißlos: *hilflos, verlassen.*
795 unsser *Hs.*
797 verzugen: *entzogen, verweigert.*
799 trancktent] tacktent *Hs.: trinken liessen.*

Cristus spricht:

Ir sond gar wol vermercken mich:
Ain yeder armer mensch was ich.
Was ir dem minsten hettend thon,
Das welt ich nit ungelonet hon,
810 Das ich mich gar hertlich clagen,
Ir tetten inen alß versagen.

Sine intervallo altiore voce: [Bl. 10ʳ]

Darumb, Lucifer, ich dir putt,
Das du yetz vahest dyse lüt,
Unnd für sy in der helly pin,
815 Da sond sy uwer gsellen sin
Unnd mit uch haben ach unnd we.
Ir sy martren yemer me!
Var hin, sum dich kain wil unnd stund
Unnd fur sy in der helle grund!

Lucifer:

820 Her, des soltu sin gewert,
Ich han sin lange zit begert.
Nit ich alain, och all min gsellen
Sy mit unns bringen in die hellen.
Da wen wir in das walkon geben,
825 Hertencklich sonns mit unns leben.
Gallen tranck, daz wirt ir win,
Ir spis sol gifft von schlangen sin.
Ich wil sy in der helle praten,
Das sy ye minen willen tatten.
830 Darumb sond sy enphahen lon,
Sy gsehent niemer sonn noch mon.
Da hin leg ich die diener min.
Sy sont in unser gsellschafft sin.
Din wunden hond sy dick verschworen,
835 Billich honds verdienet din zorn.
Trag, fressig sind sy gsin all tag
Unnd brachten mengon armen z'clag.

811 alß: *alles;* altiore] altiori *Hs.*
812 putt: *gebiete.*
817 Ir sy mar sy martren *Hs.*
824 walkon: *prügeln, durchbleuen.*
826 tranck] tanck *Hs.*
829 ye: *immer.*

Marias Fürbitte im Churer Weltgerichtsspiel von 1517   595

Ir sind hand wir in angeschriben,
Wie siß uff erden ye hand getriben.
840 Nun bin ich fro unnd ist min gwin,
Daz ich verflůcht nit einig bin.
Wol uff ir cristen, juden, hayden,
Zů der hell hin allesand!
Wolher all, dieß verdienet hand!
845 Die hell, die wil ich mit üch thailen.
Ir gsellen her, wir went sy saylen!

　　Maria surgens dicit cum Petro, Johanne et ceteris:

O ewiger gott unnd och min sun,
Min barmhertzikayt, die mag nit lon.
Syd Hester, die frömd frow, hat gstilt
850 Aschwerun, den künig, von zorn unmilt,
Trüw ich in din barmhertzikayt,
Du nemmest mir's nit an zů laid.
Dü weist unnd kenst die gůtte min,
Liest mich des sünders zůflůch[t] sin.
855 Pitt dich umb ghays, das ich dir thett,
Do ich dich erst empfangen hett.
Din dienerin, die wett ich sin,   [Bl. 10ᵛ]
Da bin ich gantz verharet in.
Ach son, des lauß den sunder gniessen
860 Din marter, liden, groß verdriessen.
Lauß ann im nitt verloren sin,
Min son, des groß mitliden min,
Das ich uff erd mit dir han kan,
Do ich dich trůg, min lieber sün,
865 In minem lib oüch hie uff erd.
Gern lid umb dich schmach unnd unwerd,
Bar dich alain in groß armůt.
Ach sun, das hab an mich vergůt,
Ach denck, wie mir im tempel gschach,

841　einig: *allein.*
842　*wohl Versausfall (Reimwort!).*
843　allesand: *allesamt.*
846　saylen: *anbinden.*
849f.　*Die Jüdin Ester, mit dem Perserkönig Ahaschwerosch (= Ataxerxes I.) verheiratet, konnte nach Est 7,3ff und 15,9ff. durch Fürbitte ihr Volk zweimal vor dem Untergang bewahren.*
851　Trüw: *vertraue.*
852　*Du wirst es mir nicht übel nehmen.*
855　ghays: *Zusage.*
858　*Da habe ich völlig ausgeharrt.*
859　lauß = lass.
867　Bar: *gebar.*
868　*Ach Sohn, lass mir das zugute kommen.*

870 Do mir ein schwert min hertz durchstach!
Was layd ich ellend, schmach und schand,
Do ich floch in Egipten land.
Sich an die brüst miß hertzen hie,
Die han ich dir versaget nie!
875 Mitt willen und mitt ga[n]ttzen flyß
Bott ich dirs hin zů einer spis.
Dennck an daz schwert, das mich durchschoß,
Da ich dich sůcht mit truwen groß.
Denck, was mir durch min hertz sy gangen,
880 Do ich vernam, dü werest gfangen.
Ach son, du weyst, wieß mir gieng,
Do ich dich an dem weg umbfieng,
Do du an din marter woltest gan.
Denck, wie du mir och bist enkon
885 Mit dem crutz an eine gasß,
Ich luff, das ich von angst wart naß.
Den[ck], wie mir min hertz sy erstickt,
Do ich dich zerst am crutz erplickt.
Mich wundret, das min hertz nitt brach,
890 Do dir der jüd din hertz durchstach.
O son, wie was min hertz so groß,
Do ich dich dot hat uff der schoß,
Ach son, was hatz mim hertzen thon,
Do ich dich han begraben lon.
895 Denck an die geng, die ich han gehept
An d'marter statt, so lang ich lebt.
Ach du min aller liebster son,
Das lauß dir hut zů hertzen gon,
Unnd er mich hut ein můtter din,
900 Dir bin ich allweg willig gsin.
Mir was umb dich nie nütt zů schwer,
Des [han] ich hut an dir ein bger
Unnd nim dem thyfel hüt sin gwalt,
Damit ich dise sunder bhalt.

876 einer] ener *Hs.*
884 enkon: *entgegengekommen.*
895 *Nach gängigen spättmittelalterlichen Vorstellungen besuchte Maria von Pfingsten an bis zu ihrem Tod täglich die Leidensstätten ihres Sohnes zur Vertiefung ihres Mitleidens. Vgl. etwa das* 'Marienleben' *des Heinrich von St. Gallen, hg. von Hardo* HILG *(Münchener Texte u. Untersuchungen zur dt. Lit. des MA 75), München 1981, S. 320, Z. 70ff.*
898 hut: *heute.*
899 *Und ehre mich heute.*
904 bhalt: *retten könne.*

Johannes:

905 Din grechtikait, her, kenn ich wol,
Sy ist doch miltikayt so voll.
Darumb hör hüt die mŭter din
Dur das, daß ich enthoptet bin
Durch grechtikait allain umb dich. [Bl. 11ʳ]
910 Darum bitt ich, gewer och mich.
Min hoüpt ward tragen fur den tisch
Recht alß es wer ain bratner visch.
Halff nitt, das ich dich zayget hatt,
Du werest mensch unnd warer gott,
915 Von hymmel werest gsend ein lam,
Das aller welt sund hin nam.
Das hat geert vil menger münd,
Das mach ich hut dir, herre, kundt.
Eer du din mŭtter und din zügen,
920 Din propheten, das sy [nitt] lugen,
Die von diner barmhertzikayt sagen,
Die b[e]wer noch, her, hüt by tagen.

Christus ad Mariam:

Maria, liebe mŭter min,
Du bist die hymelsch kayserin,
925 Du hast minen billich gwald
So ver, dan die vernünfft inhalt.
Aber du tŭst hüt ein bitt,
Das mag min grechtikayt doch nitt
Erliden, sy mŭß furgang han.
930 Johannes, du min lieber sun,
Verzüch, es hat furhin kain gstalt,
Das ich den sunder me behalt.
Min såligen mochtend klagpar sin,
Wen ich die bösen ließ mit in,
935 Die in uff erd vil böß hand thon,
Unnd sy es umb mich nach hand glan,
Sy gündtend mir die straff und rach.
Darumb land uwer bitten nach.
Unnd weyntendt ir yetz alle blŭt,

911 *Vgl. Mk 6,27 f. und Mt 14,10 f.*
915 *Vgl. Io 1,29 ff.*
922 bewer: *beweise.*
925 billich: *rechtmässig (Du hast, wie es sich gehört, Recht über mich).*
926 ver: *weit.*
929 furgang: *Vortritt.*
933 *hätten ein Recht zu klagen.*

940 Dennecht es nitt helffen thůt.
Die grechtikayt můß haben statt,
Die sy hüt gar verdamnet hatt.

    Ad demones altiore voce:

Ir tüfel, thůnd bald min gebott,
But ich, der starck und gwaltig gott.
945 Fůrt sy von dem antlyt min,
Wan ich ir ewig figent bin.
Da sin [si] in allen ewikayt
Unnd mit üch tufflen haben layd.
But uch by miner macht unnd gwaldt,
950 Das recht ich ewig yemer halt.

    Beltzebupp:

Her, wir sind gar balt beraidt,
Der urthail hend wir kum gebait.
In grossen vorchten sind wir gsin,
Wir bsorgtend, das die můtter din
955 Unns det alß och vor dick me,
Sy hat unns thon vil layd unnd we.
Wan wir den sunder wolten hon,   [Bl. 11ᵛ]
So hat sy unns mit gwalt genon.
Du gwertist sy och an der statt,
960 Was sy dich ye gebetten hat.
Darumb wir och vorchten hütt,
Das sy unns nemme dise lutt.

    Anima damnata:

Owe sind wir so gantz verflůcht,
Das hant wir unser tag gesůcht,
965 Syd unns ist s'liden Cristi verloren,
Sin blůt und fleysch hond wir ve[r]schworen
Mit falscher zung unnd falschen aiden,
Bőser den der Dürck unnd hayden.
Kain furtag hielt ich niemer recht,

942   altiore] altiori *Hs.*
944   But: *gebiete.*
946   figent: *Feind.*
951   wir] wie *Hs.*
952   gebait: *erwartet.*
955   *wie auch früher oft mehrmals.*
966   verschworen: *abgeschworen (von seinem Fleisch und Blut haben wir uns losgesagt).*
969   furtag: *Feiertag.*

970 Des bin ich hüt des tuffels knecht.
Min vatter, můtter fült ich wortt
So böß, ich hetti gseit ein mort.
Han bgert z'toden mengen stund,
Er abschniden was voll min mund.
975 Was ich zů mir mocht heimlich zappen,
Das stal ich alzyt wie die rappen.
Min hertz was vollen zanck unnd kib,
Zů schwecheren bgert ich yedes wib.
Ich dach[t], wie ich ein bschiß und trüg,
980 Umb gelt unnd gunst ain valscher zůg.
Mitt unkünscheit waß ich voll,
Schondt niemant, kompt mir hüt nitt wol.
Kain wöchergůtz ich mich nitt schampt,
Des mich min eigne gwiß verdampt.
985 Darumb mag es nit anderst sin,
Dann ich můß in die hell hinin.

    Tüfel:

Schwig still, din schrien hillff[t] dich nicht,
Die hell üch jetz ist zůgericht.
Da miessent ir yetz in gon baden
990 Mit grossem schmertzen, we unnd schaden.
Wo hond ir yetz me wib unnd kind,
Durch die ir hye verdampnet sind?
Wo hond ir yetz me uwer gůt?
Dafür nent yetz die helle glůt!
995 Wo hond ir yetz dan uweren gwalt,
Der uch da in die helle falt?
Wo ist yetz üwer stoltzer lib,
Darum ich yetz üch in die helle trib?
Wo hon ir uwer schöne zyer,
1000 Umb die ir miessent yetz mit mir?
Secht an, es [hat] uch alß verlon,
Ir můssent in die hell yetz gon.
Nit anderst ich es uch wunschen wett,

971 fült: *liess ich fühlen.*
974 Er abschniden: *Ehrabschneiden.*
975 zappen: *reissen.*
976 rappen: *Raben.*
977 kib: *Ärger.*
978 schwecheren: *schwächen, beschlafen.*
979 wie wie ich *Hs.;* bschiß unnd trüg: *hintergehe und betrüge.*
983 wöchergůtz: *Wuchergut.*
985 mages es *Hs.*
994 nent: *nehmt.*

Ir mussend yetz an unsre bett.
1005 Damit ich yetz bin [. . .] unnd fach,
Wolhår ir gsellen, mir ist gach!

[Anima damnata:] [Bl. 12ʳ]

Owe der grossen buberi,
Schafft mich, des ich verdampnet sy.
Da[s] han ich von miner gspilschafft,
1010 Das ich dem tuffel bin behafft.
Mit bulen kund ich sonder kunst,
Pfaffen hat ich sunderen gunst.
Eeman ich liebt in allen sachen,
Ledig[e] mich verdampt hie machen.
1015 Tantzen bracht mich och zům tayl,
Das mich der tuffel hat am sayl.
Heimlich winkel tund mir schaden,
Owe, ich můß in d'hell gon baden.

Tuffel:

Swig still, ich wurd dir's yetzen dan sågen,
1020 Dü bist so dick bin buben glegen.
Unnd wan man's dich nit glich hat zugen,
So hastu's in der bicht verschwigen.
Unnd wurd daruff sogar verblent
Unnd nempt daruff das sacrament.
1025 Darumb lauß yetz din schrien sin,
Du můst yetz in die helschen pin.

Yetz varend sy zweg unnd inen
entrintß Thomali unnd erwuscht in baab:

Mainstü unns yetz also entrinnen,
Dü must sin anderst werden innen.
Min andrer spinner tantz mit mir!

1004 bett: *Geheiss.*
1005 fach: *Fischfangvorrichtung.*
1006 mir ist gach: *ich habe es eilig. – Nach vs. 1006 fälschlich angebrachte Regieanweisung:* Yetz varend sy zweg unnd inen entrintß Thomali unnd erwuscht in baab. *Vgl. Anweisung nach vs. 1026*
1007 buberi: *Schandtat.*
1008 Schafft mich: *(die Schandtat) bewirkt für mich.*
1021 zugen: *bezichtigt.*
1024 *(mit Todsünden) das Sakrament der heiligen Eucharistie empfangen.*
1029 spinner: *vielleicht vom Drehen, also hier für den Tanzpartner (?).*

1030 Din hüt wil ich erberen dir.

[Anima damnata:]

    Owe das ich ye ward geboren,
    Ich han verdient gottes zorn.
    Das hat min beser mütwill thon,
    Den mir min vatter nach hat glan,
1035 Unnd weint umb mich all haylgen blůt,
    Noch dennocht es nit helffen thůt.
    Wem sol ich das yetz yemer clagen,
    Min můtter hat mir alß vertragen,
    So ich schwůr unnd fult mich foll,
1040 Sy lacht unnd gfiell ir all zyt wol.
    Des schry ich hüt hie mort unnd layd,
    Verflůcht sy si in ewikayt.
    Verflůcht si och der vatter min.
    Gott gib der hebam ewig pin,
1045 Das sy mich hat an d'weldt empfangen,
    Unnd alle, die mit mir umb sind gangen.
    Verflůcht sy die stund, die mich umpfieng,
    Och da Cristus für mich hieng
    Am crütz, da by ich dick hatt geschworen,
1050 Des můß ich ewig sin verloren.
    By gottes wunden, fleysch unnd blůt
    Schwůr ich unnd trib groß ubermůt.
    Ich log unnd trog unnd stal unnd gschant,
    Min uppig boßhayt niemant wandt.
1055 Man schonet mines vatters dran,
    Der was ein rich und gwaldick man.
    Des sy verflůcht das gůt unnd gwalt
    Unnd eer, die mich in d'helle falt.
    Verflůcht sy hut der thauff unnd grisem,
1060 Das helschen für den pfaffen nem,   [Bl. 12ᵛ]
    Der mir den thouff unnd grisem gab,
    Da ich yetz pin dist gresser hab.
    Verflůcht sy hut die sun unnd mon,
    Das ich darvon gesehen hon.
1065 Verflůcht sy's gstirn unnd firmament,
    Das sy sich mir ye zeyget hend.

1030 erberen: *schlagen (Deine Haut will ich dir heute verprügeln)*.
1038 vertragen: *gestattet*.
1055 dran: *Träne (Man nahm Rücksicht auf die Tränen meines Vaters)*.
1058 falt: *fallen lässt*.
1059 grisem: *Chrisam (bei der Firmung)*.
1060 *Das höllische Feuer*.
1062 pin: *Pein;* dist: *desto*.

Owe, owe der helschen pin,
Yetz můß ich in die hell hinin.
Da sich ich weder sun noch mon,
1070 Ir tuffel, fart mit mir darvon!

    Tuffel:

Schwig still, ich schlach dich in din mund,
Dann du můst in der helle grund.
Din schryen wirt dir nun ze spat,
Du thett alzyt nach unserem ratt.
1075 Die schleck, die dir din můtter gab,
Die bringend dich in d'helle hinab.
Die diechly, hůner unnd gůtter win,
Die bringend dich in d'hell hinin.
Woluff, wir wend es laussen sin,
1080 Wir wend mit in in ewig pin!

    Yetz fierend sy die tuffel in d'hell unnd
    der engel Michahel tribt sy mit dem
    schwert unnd bschlüst die hell:

Lucifer mit diner gsellschafft,
Dir butet gott mit siner crafft,
Das du unnd dine gsellen
Sond bliben in der hellen.
1085 Da sond ir haben grossen pin.
Die hell sol ewig bschlossen sin.
Groß marter důnd in allen an,
Die ich by dir bschlossen han!
Da sond ir manglen alles liecht,
1090 In ewikayt och sin verflůcht.
Och sind ainander grim unnd ghaß,
Yeder martry den anderen baß
Mit marter, angscht unnd grossen we,
Nun hand kain hoffnung nimmer me
1095 Das ir da dennen wellent sinnen,
In ewikayt sond ir brinen.
Uch sy oüch freud unnd trost gar thür,
By üch da sy groß ungehür,
Zitteren, zanclaffen unnd grysgrammen,

1075   schleck: *Schleckerei.*
1081   gsellschaschafft *Hs.*
1082   Dir] Die *Hs.*
1092   *Jeder martere den andern mehr.*
1097   thür: *selten.*
1099   zanclaffen: *Zähneklappern.*

1100 Verflůcht ist unwer seel unnd nammen.
       Groß nid unnd hass üch sy daby,
       Ain yedren des andren vigent sy!
       Hunger, frost, türst, kelt unnd hitz,
       Das hellest fur ist üwer sitz.
1105 Schlangen, kroͤtten und all unthier uweren gesten.
       Also ich uch hie innen bfestnen
       Mit dem gwalt, den ich och trůg,
       Do ich uch uß dem hymel schlůg.
       Also ich uch yetz bschlussen in
1100 In ewigkayt in grosser pin.

Der zu Beginn des vierten Aktes rezitierte Psalm 108 (109) nimmt den Inhalt der folgenden höchst dramatischen Szenen in hymnischer Form vorweg. Denn wie in diesem Psalm Davids wird nun das Schicksal der Feinde Gottes, der Verdammten, dem Zuschauer drastisch vor Augen geführt. Die erste Szene (vs. 706–773) lässt sich dabei wie eine mittelalterliche rhetorische explicatio von Vers 7 desselben Psalms verstehen: *Cum iudicatur, exeat condemnatus: et oratio eius fiat in peccatum.* Nachdem nämlich der Weltenrichter die Verdammten in brennendem Zorn verflucht *(condemnatus)* und sie von seinem Angesicht ins ewige Feuer verwiesen hat, fruchten sämtliche fünf von einzelnen Verdammten vorgetragene Bitten nichts, sie bewirken vielmehr gerade das Gegenteil *(et oratio eius fiat in peccatum)*: Christus vertreibt sie von seinen Füssen; er verweigert ihnen jeglichen Segen (vgl. Ps 108, 18 *Et dilexit maledictionem, et veniet ei: et noluit benedictionem et elongabitur ab eo*); er schickt sie nicht an einen ruhigen Ort, sondern wo sie die Martern des *süden, praten, brennen, roͤsten* (vs. 752) erwarten; diese höllische Strafe darf nie ein Ende nehmen, vielmehr wird sie ewig dauern; die gute Gemeinschaft schliesslich, welche eine verdammte Seele für diese ewige Pein wünscht, wird die *boͤss gesellschafft* des Teufels und seiner gefallenen Engel.

Die nächste Szene (vs. 774–811) ist unmittelbar Mt 25, 42–45 entnommen und findet im Churer Spiel ihr Korrelat in den Versen 282–367 des 2. Akts, wo Christus die Gerechten an ihre Werke der Barmherzigkeit erinnert. Den Verdammten freilich hält der Richter nicht nur die Vernachlässigung tätiger Nächstenliebe vor, sie haben ebenso die zehn Gebote des himmlischen Vaters, seine Lehre des neuen Bundes, aber auch die Satzungen der Kirche nicht beachten wollen, und sie sind gezeichnet mit den sieben Tod- und den neun fremden Sünden. Diese Verse, aber auch die folgenden (834–839) lesen sich wie eine verkürzte Katechismustafel in spätmittelalterlichen Gebet- und Erbauungsbü-

1102 vigent: *Feind.*

chern²⁹. Christus gebietet nun Lucifer, er solle die Verdammten einfangen und in die Hölle abführen (vs. 812–819). Genüsslich schildert der Teufel, was diese dort erwarten wird, und erteilt seinen Gesellen den Befehl, die Verurteilten zu fesseln (vs. 820–846). Da erhebt sich Maria *cum Petro, Johanne et ceteris* [*sc. apostolis*] und trägt – wohl kniend, wie die Deesis-Darstellungen nahelegen – ihre Fürbitte für die Verdammten ihrem Sohne vor. Damit erreicht der 4. Akt, ja vielleicht das gesamte Spiel, seinen Höhepunkt.

Wie in den meisten Fassungen bringt Maria auch im Churer Weltgerichtsspiel ihre Fürbitte ohne jegliche Aufforderung seitens der Verdammten vor³⁰. Ihre unerwartete Interzession wirkt um so eindringlicher. Die Bitte (vs. 847–904) baut – und das unterscheidet den Churer Text deutlich von den übrigen Spielfassungen – fast ausschliesslich auf Empfindungen und Erinnerungen auf. Maria argumentiert wenig sachlich, vielmehr geht sie grundlegend vom Gefühl und von ihrer mütterlichen Bindung aus. Zunächst appelliert sie an ihre und ihres Sohnes Barmherzigkeit, danach an ihre Güte, die sie zur Zuflucht der Sünder werden liess. Die Gottesmutter beruft sich – auf dem Hintergrund der alt-neutestamentlichen Typos-Allegorese – auf die mit dem Perserkönig Ahaschwerosch verheiratete Jüdin Ester. Deren zweimalige erfolgreiche Interzession soll nun im neuen Bund ihre typologische Entsprechung und gleichzeitige Überhöhung finden. Als Mutter wollte Maria Dienerin ihres Sohnes sein und als Dienerin fleht sie nun zum Erlöser, seine Passion möge auch den Verdammten zugute kommen. Eine theologisch stichfeste Begründung für ihre Bitte fehlt. Statt dessen erinnert sie ihren Sohn an ihr Mitleiden und führt insgesamt 12 Schmerzen aus ihrem Leben an: Schwangerschaft und Geburt in Armut und Schmach, Simeons Prophezeihung (Lk 2, 35), Flucht nach Ägypten, der zwölfjährige Jesu im Tempel, Christi Gefangennahme, erste Begegnung mit dem Leidenden, zweite Begegnung auf dem Kreuzweg, unter dem Kreuz, Durchbohrung der Seite (wobei diese hier nicht wie bei Io 19, 34 von einem römischen Soldaten [Longinus], sondern in antijudäischer Tradition von einem Juden vollzogen wird), der tote Sohn auf dem Schoss, Begräbnis, ihr täglicher Besuch der Leidensstätten in ihren letzten Lebensjahren. Die knappe Beschreibung ihrer Schmerzen, der Sprachduktus dieser insgesamt 39 Verse, vornehmlich die Repetitionsfigur *(Ach) denck (an)*... (vs. 869, 879, 884, 887, 895) sind

---

[29] Zu den fremden Sünden vgl. Worterklärung zu vs. 783. Zu den Katechismustafeln vgl. P. Egino WEIDENHILLER, Untersuchungen zur deutschsprachigen katechetischen Literatur des späten Mittelalters. Nach den Handschriften der Bayerischen Staatsbibliothek (= Münchener Texte und Untersuchungen zur dt. Lit. des MA 10), München 1965, S. 25ff.

[30] In den Fassungen M (vs. 1483 = HARTMANN [wie Anm. 22] S. 416, vs. 129–148), L und T rufen die Verdammten Maria an, wobei sie in M und L zusätzlich die marianische Antiphon 'Salve regina, mater misericordiae' anstimmen.

volkssprachlichen Privatgebeten zu den 5, 7, 12 oder 15 Schmerzen Mariens –
die Anzahl ist im 15. Jahrhundert noch nicht festgelegt, üblich ist freilich die Siebenzahl – verpflichtet. So ersetzt etwa die mit emotionalem Gehalt angereicherte Repetitionsfigur *(Ach) denck (an)...* das ältere und auf den Betenden
bezogene *ich ermanen dich*[31]. Liturgische Offizien (de compassione Virginis),
vornehmlich aber private Andachten und Gebete zu den Schmerzen und zum
Mitleiden Mariens – symbolisch, bildlich und hier auch sprachlich gefasst in den
Schwertern (vs. 870 und 877) – bilden im abendländischen Marienkult seit dem
späten 14. Jahrhundert einen wichtigen Bestandteil, zumal sie sich in die Passionsfrömmigkeit eingliedern lassen und Vorbild sind für die dem Gläubigen
abgeforderte Compassio[32].

Die lange und eindrückliche Beschreibung der zwölf Schmerzen unterbricht
Maria in den Versen 873–876 mit dem Hinweis als mater nutriens. Das Mutter-Sohn-Verhältnis, auf dem sie ihre Interzession aufbaut, erreicht hier seinen emotionalen Höhepunkt. Dabei erinnert sie lediglich an ihre nährende Brüste, zeigt
diese aber ihrem Kinde nicht. Konrad von Würzburg hatte noch im späteren 13.
Jahrhundert in einem Spruch über das Jüngste Gericht formuliert: *Wie mac ungenâde uns iemer von dîm edeln sun geschehen, / sô du in lâst dîn brüstel sehen / und er dich sîne wunden*[33]? Maria als dienende Mutter, die stets den Willen ihres
Sohnes erfüllt hat – die abschliessenden Verse (899 ff.) bringen ihre lange memorative Anrede auf die kürzeste Formel. Erst in den letzten beiden Versen (903 f.)
nennt die Gottesmutter konkret das Anliegen ihrer Fürbitte: *Unnd nim dem thyfel hüt sin gwalt, / Damit ich dise sunder bhalt.*

Ein Vergleich unseres Spiels mit den übrigen edierten Fassungen zeigt auf
den ersten Blick, wie völlig anders der Churer Bearbeiter die Fürbitte Mariens
gestaltet hat. Sie ist bei ihm nicht nur wesentlich länger (58 gegenüber 36 Versen
in 'Bern' und M bzw. 38 in S), sie ist auch – vornehmlich durch die Aufzählung
der 12 Schmerzen bedingt – viel gefühlvoller. In S, M und 'Bern' erinnert Maria
lediglich an ihren Schmerz unter dem Kreuz[34], dafür aber bringt sie zwei mehr

---

[31] Vgl. etwa Gebet Nr. 83 *(Frouwa sancta Maria)* bei Wilhelm WACKERNAGEL, Altdeutsche Predigten und Gebete aus Handschriften, Basel 1876 (Nachdruck Darmstadt 1964), S. 220f.; Gebet Nr. 79 bei Joseph KLAPPER, Schriften Johanns von Neumarkt 4 (= Vom MA zur Reformation 4, 6), Berlin 1935, S. 290ff.

[32] Vgl. Emile BERTAUD, Notre-Dame des sept douleurs, in: Dictionnaire de spiritualité ascétique et mystique, doctrine et histoire 3, Paris 1957, Sp. 1686–1701; Gregor Maria ZINKL, Zur Geschichte der Verehrung der Schmerzen Marias, Theologisch-praktische Quartalschrift 63, 1910, S. 14–35, bes. 27; Stephan BEISSEL, Geschichte der Verehrung Marias in Deutschland während des Mittelalters, Freiburg i. Br. 1909, S. 379–415.

[33] Nr. 32, Z. 39–41, hg. von Edward SCHRÖDER, Kleinere Dichtungen Konrads von Würzburg 3, Berlin ²1959, S. 56. Auch in: Mittelalter. Texte und Zeugnisse 1, hg. von Helmut DE BOOR (Die deutsche Literatur, Texte und Zeugnisse 1, 1), München 1965, S. 419.

[34] 'Bern': vs. 742–747; M: vs. 171–176; S. vs. 713–718.

sachliche Argumente: es gehöre zu ihrem angeborenen Wesen, Barmherzigkeit zu üben ('Bern' vs. 722f.: *Min art ist erbarmherczikeit, / Von geburt an mich geleit*), und – theologisch höchst bedeutungsvoll – sie müsse sich des Sünders annehmen, weil sie diesem ihre besondere Ehrenstellung verdanke (S vs. 96ff.: *umb den sunder můs ich ringen. / ich were nie worden die můter din, / were kein sunder gesin. / Von dem sunder han ich gross er.*) Der letzte Gedanke knüpft an die vieldiskutierte scholastische Streitfrage nach dem Motiv der Menschwerdung Christi an. Er führt in einer gewissen Weise auch jene im liturgischen Lobgesang der Karsamstagnacht formulierte Vorstellung fort von der «glückseligen Schuld, die uns einen so grossen Erlöser verdient hat» (*O felix culpa, quae talem ac tantum meruit habere redemptorem*).

Das verkappte theologische Argumentieren, wie es sich in S, M und 'Bern' kundtut, aber in C fehlt, nimmt nun Johannes der Täufer auch in C auf (vs. 905–922): Christi Gerechtigkeit sei voll der Milde; als vom Himmel herabgesandtes Lamm habe er die Sünden der ganzen Welt (und somit auch der Verdammten) getilgt (vgl. die präteritale Form *nam* in vs. 916 mit der präsentischen der Quelle Io 1, 29: *tollit*). Er müsse am heutigen Tag seine Barmherzigkeit, von der die Propheten gekündet, unter Beweis stellen, sonst hätten diese gelogen. Wiederum ist die Fürbitte des Johannes in C länger als in S und in 'Bern' (in M fehlt sie ganz), nun aber auch eindeutig argumentativer, indem sie etwa den Sachzwang suggeriert, das Prophetenwort von der Barmherzigkeit Gottes müsse sich am heutigen Tag auch an den Bösen erfüllen. In den zwei andern Fassungen bringt Johannes keine neuen Gründe zur Erlösung der Verdammten, vielmehr fleht er lediglich zum Richter, dieser möge die Fürbitte Mariens gnädig annehmen[35].

Christi Antwort an Maria und Johannes, wie er sie in C formuliert (vs. 923–942), ist in ihrer unmissverständlichen Ablehnung jeglicher Bitte niederschmetternd für die Verdammten. Sie war aber sicherlich auch für die Churer Zuschauer furchterregend und gleichzeitig schrecklich. Gerechtigkeit geht vor Gnade! Christus billigt Maria zwar Rechtsgewalt zu, aber nur soweit diese Gewalt von der Vernunft gelenkt ist und nicht göttliche Gerechtigkeit tangiert. Wie sehr der Weltrichter in unserer Fassung C ausschliesslich auf die rigorose Durchsetzung seiner Gerechtigkeit pocht, zeigen auch seine beiden andern Argumente: Wenn er die Verdammten retten wollte, hätten die Seligen ein Recht zu klagen. Und: Weinten hier alle Bittenden Bluttränen, es hülfe nichts: *Die grechtigkayt můß haben statt, / Die sy hüt gar verdammnet hatt*[36].

---

[35] In der Fassung 'Bern' (vs. 754–763) ist nicht Johannes der Täufer der zweite Fürbitter, sondern sein Namensvetter Johannes der Apostel.

[36] Vgl. 'Speculum humanae salvationis' cap. 40, vs. 47ff.: *Christus, qui nunc piissimus est tam distincte iudicabit, / Quod nec propter preces nec propter aliquorum lacrimas sententiam mutabit. / Sic enim Sancta Maria et omnes Sancti sanguinem flerent, / Unam animam dampnatam liberare non valerent* (hg. von J. LUTZ u. P. PERDRIZET, Bd. I, Mühlhausen 1907, S. 82).

In den Fassungen 'Bern', M und S lehnt zwar Christus die Fürbitte Mariens ebenso hart ab ('Bern' vs. 788: *Ich wil hüt nit erhören dich*), und für die Verdammten schwindet auch hier jegliches Hoffen auf Milderung ihrer Strafe (ebda. vs. 793: *Sy müssen in die helle gan!* und vs. 795: *Min hercz kein erbermde hatt*), aber für die Zuschauer bringt der Weltrichter einen tröstlichen Gedanken, der in der Churer Fassung nicht angesprochen wird, aber – durch Länge (11 von insgesamt 32 Versen in 'Bern') und Gehalt – eindeutig den Schwerpunkt in der Antwort Christi bildet und der vergeblichen Fürbitte Mariens und des Johannes eigentlich ihren Sinn und ihre Funktion innerhalb des Weltgerichtsspiels gibt ('Bern' 773–783):

Kein sünder sol werden verlorn,
Der zů dir fliet, e das er stirbet,
Er billich gnad an dir erwirbet.
Wer sich nit wil bekeren
Und mich noch dich, muter, wil eren,
Wann daz jn e begriffet der tod,
Der sol jemer liden pin und not!
Och umb den selben nieman bitten solte,
Wann er selben nit bitten wolte
Mich noch dich noch die heligen min,
Der sol billich des tüfels sin!

Christus gesteht also seiner Mutter durchaus erfolgreiche Interzessionsgewalt für die Sünder zu. Keiner dieser Sünder werde (dem Himmel) verloren gehen, wenn er vor seinem Tod zu Maria flehe und dank ihrer Fürbitte Gnade erwerbe. Wer sich aber – wie diese Verdammten – Zeit seines Lebens und selbst in der Sterbestunde nicht bekehren wolle, dem könne auch Maria nicht beistehen, er falle für immer der Hölle anheim. Belzebub, der mit den übrigen Teufeln auf Befehl Christi die Verdammten nach der vergeblichen Fürbitte Mariens wegschaffen muss, bestätigt alsbald ('Bern' vs. 804–815; auch in C vs. 915ff.) diesen Sachverhalt. Er und seine Gesellen wären besorgt gewesen, die Muttergottes könnte ihnen auch an diesem Jüngsten Tag übel mitspielen, wie so oft schon, wenn sie ihnen mit Gewalt einen Sünder – zu ergänzen ist wohl: unmittelbar vor seinem Tod – entrissen habe.

Sinn und Funktion der vergeblichen Fürbitte Mariens beim Jüngsten Gericht wird damit aus den Worten Christi, wie sie in den Fassungen 'Bern', M und S überliefert sind, aber in C fehlen, deutlich: Die himmlische Mutter kann dank ihrer besonderen Auszeichnung dem Sünder im Leben und vornehmlich noch in seiner Sterbestunde jene Heilsgnade bei ihrem Sohn erflehen und vermitteln, kraft derer er für die himmlische Ewigkeit gerettet wird. Wenn dieser aber vor seinem Tod Maria nicht anrufen und seine Sünden nicht bereuen will, vermag auch Marias Interzession bei ihrem Sohn nichts zu bewirken.

Für die Verdammten bleibt die Deesis wirkungslos, für die (noch lebenden) Zuschauer bekommt sie jedoch eine wichtige Funktion. Indem der Zuschauer in die Gerichtssituation hineingestellt ist und in dramatischer Vorwegnahme seine mögliche Verdammung miterlebt, aber zugleich auch durch die Worte Christi belehrt wird, dass er zu Lebzeiten das Gute zu tun und Maria rechtzeitig um ihre Fürbitte anzurufen hat, vermittelt diese Szene eine alles entscheidende christliche Wahrheit und Forderung. Marias Fürbittmacht sind im alemannischen Spiel klare Grenzen gesetzt. Die Theophilus-Legende und zahlreiche Marienmirakel berichten, wie die Gottesmutter schwere Sünder (die gar mit dem Teufel ein Bündnis eingegangen waren) vor ihrem Tod zur Reue und Busse bewegen konnte[37]. Sehr leicht konnte die undogmatische Auffassung entstehen, Maria vermöge jederzeit – auch nach dem Tode eines unbussfertigen Sünders – die rettende Gnade bei ihrem Sohn zu erwirken[38]. Diese offensichtlich beim Volk verbreitete Meinung spiegeln jedenfalls mittelhochdeutsche Spruchdichter, aber auch chronikalische Zeugnisse wieder. Rûmelant von Sachsen etwa veranschaulicht die machtvolle Hilfe Marias beim Gericht in einer kleinen dramatischen Szene. Maria wendet sich unter Berufung auf ihre Brüste, ihren Schoss, ihre Schmerzen an den Sohn. Dieser nimmt seine Mutter bei der Hand und tritt vor den Vater, um für den Sünder mit Hinweis auf seinen Erlösungstod Gnade und Heil zu erbitten. Anders als im Weltgerichtsspiel wird hier Christus und Gottvater von der Fürbitte Marias bezwungen[39]. Der Volksmeinung, Maria könne jederzeit helfen, gibt auch der Landgraf von Thüringen, Friedrich der Freidige, bei der Erstaufführung des Thüringischen Zehnjungfrauenspiels am 4. Mai 1321 unmittelbar Ausdruck. In diesem Drama kann Maria trotz zweifacher

---

[37] Vgl. Albert GIER, Der Sünder als Beispiel. Zu Gestalt und Funktion hagiographischer Gebrauchstexte anhand der Theophiluslegende (Bonner Romanistische Arbeiten 1), Frankfurt a. Main 1977 (mit wichtigster Lit.).

[38] Vgl. Paul HITZ, Maria und unser Heil. Ein pastoral-mariologischer Versuch, Gossau 1951, S. 238 und die dort angeführten apokryphen Texte über eine erfolgreiche Fürbitte Mariens zugunsten der Verdammten.

[39] Friedrich Heinrich VON DER HAGEN, Minnesinger 2, Leipzig 1838 (Nachdruck Aalen 1962f.), S. 357f. (Nr. 4 und 5) (auch in: Mittelalter [wie Anm. 33] S. 417f.). – Allerdings muss auch bei Rûmelant, wie die vorangehende Strophe 3 zeigt, derjenige, dem Maria nach dem Tode helfen soll, in ihrem Dienste gestanden haben: *Maria kan, si muoz, si mac, si sol, si wil / dem sünder helfen, si hat aller genaden vil, / swen si mit liebe in irme dienste vindet, / Dem hilfet Gottes barmekeit, diu grozer ist, danne aller menschen sünde.* – Vgl. dagegen die etwas einseitige Interpretation von Helmut DE BOOR, Die deutsche Literatur im späten Mittelalter. Zerfall und Neubeginn 1 (Geschichte der dt. Lit. von den Anfängen bis zur Gegenwart 3, 1), München 1964, S. 448.

Fürbitte die fünf törichten Jungfrauen ebenfalls nicht vor der Verdammnis retten. Nach der Aufführung soll der Landgraf den Spielplatz mit den zornigen Worten verlassen haben, was denn der Christenglaube wert sei, wenn den Sündern durch die Fürbitte Marias und der Heiligen keine Gnade zuteil werde[40].

Gegen eine solche theologisch nicht gerechtfertigte Allmacht Mariens wendet sich das alemannische Weltgerichtsspiel. Freilich hat der unbekannte Dichter um 1350 die vergebliche Fürbitte der Gottesmutter nicht selber erstmals dramatisch umgesetzt oder gar erfunden. Bereits im schon zitierten Thüringischen Zehnjungfrauenspiel von 1321 weist Christus die zweifache Fürbitte seiner Mutter unbarmherzig ab[41]. In deutscher Sprache wurde ihre vergebliche Interzession beim Jüngsten Gericht erstmals vom Wiener Arzt Heinrich von Neustadt um 1300 in seinem religiösen Epos 'Von Gottes Zukunft' ausführlich gestaltet[42]. Aber auch er dürfte dieses höchst dramatische Motiv aus einer Tradition übernommen haben, die wir bis jetzt leider nicht genauer ermitteln können[43].

Mit den wenigen Hinweisen zur theologischen Situation und Tradition der vergeblichen Fürbitte Mariens beginnen freilich erst die grundsätzlichen Fragen zur Hölle- und Verdammungsproblematik – Fragen, welche die christliche Theologie von ihren Anfängen durch alle Jahrhunderte bis in unsere Gegenwart beschäftigt hat, von der kirchlicherseits als häretisch verurteilten Apokatastasis-Lehre des Origines über die approbierte Darstellung des Thomas von Aquin zu den gefallenenen Engeln (Summa theologica 1 qu. 63), der Sünde (ebda. 1.2 qu. 71–89), den Letzten Dingen (ebda. Suppl. qu. 88–99, bes. qu. 87–90 und 99) bis hin zum heutigen, freilich umstrittenen, 'Abschied vom Teufel' eines Herbert Haag (1969). Wir können und wollen solche Fragen nicht erörtern, vielmehr versuchen wir einen hier letzten interpretatorischen Zugang zum Problem der vergeblichen Interzession Mariens dadurch zu gewinnen, dass wir die Deesis-Szene in den grösseren Zusammenhang des alemannischen Weltgerichtsspiels

---

[40] Der Ausspruch des Markgrafen ist überliefert in den 'Cronica S. Petri Erfordensis moderna', hg. von O. HOLDER-EGGER, in: MGH SS 30, 1, Hannover 1896, S. 448: *Ubi dum quinque virgines fatue precibus beate virginis Marie et omnium sanctorum non possent graciam invenire, marchio iratus recedebat, dicens: 'Que est fides christiana, si peccator precibus beate Marie Dei genitricis et omnium sanctorum non debet veniam obtinere?'*

[41] Das Eisenacher Zehnjungfrauenspiel, hg. von Karin SCHNEIDER (Texte des späten MA und der frühen Neuzeit 17), Berlin 1964. Auch in: Mittelalter 1 (wie Anm. 33) S. 182–202. Vgl. Theo MEIER, Die Gestalt Marias im geistlichen Schauspiel des deutschen Mittelalters (Philologische Studien und Quellen 4), Berlin 1959, S. 97–108.

[42] Vs. 7020–7303, hg. von Samuel SINGER, Heinrichs von Neustadt 'Apollonius von Tyrland' nach der Gothaer Hs., 'Gottes Zukunft' und 'Visio Philiberti' nach der Heidelberger Hs. (Deutsche Texte des MA 7), Berlin 1906, S. 436–440.

[43] Vgl. Marta MARTI, 'Gottes Zukunft' von Heinrich von Neustadt. Quellenforschung (Sprache u. Dichtung 7), Tübingen 1911 (Nachdruck, 1970), S. 105–111 u. Peter OCHSENBEIN, Heinrich von Neustadt, in: VL ²3 (wie Anm. 22) Sp. 844.

stellen. Zu Beginn des vierten Aktes wird den Zuschauern gezeigt, wie die fünf von einzelnen Verdammten vorgetragenen Bitten zum Misserfolg, ja zum Gegenteil des jeweils Erbetenen führen (C vs. 706–773). Die Fürbitte Mariens setzt – nach einem szenischen Unterbruch (vs. 774–846) – diese erfolglose Reihe fort, nun aber gesteigert, indem die höchste und Gott wohlgefälligste Heilige ihren Sohn vergeblich umzustimmen versucht. Überblickt man die Abfolge der einzelnen Szenen im gesamten Spiel, so fällt sogleich auf, wie sehr dieses Drama über den Jüngsten Tag ein Drama um die bösen, die verdammten Menschen ist. Von den insgesamt 35 Szenen, welche das eigentliche Gericht und deren Folgen betreffen, gelten nur 6 den Guten, aber 29 den Bösen. Die Gerechten kommen ein einziges Mal zu Wort (C vs. 334–345), während Verdammte sich mindestens in 10 Szenen melden[44]. Einzelne dieser Bösen berichten wortreich über ihre Verfehlungen. Katechetisch-moralische Unterweisung also für den Zuschauer auf der negativen, aber farbigen Folie der verschiedensten möglichen Sünden!

Der unbekannte alemannische Dichter ist ein begabter Prediger, der in szenischer Form seine Zuhörer erschüttern und auf den Weg des Guten lenken will. Dazu dient ihm – in einer Zeit übersteigerter Heiligenverehrung und teils falsch verstandener Marienfrömmigkeit – auch der wirkungsvolle Effekt der vergeblichen Interzession der Gottesmutter und des Johannes. Angesichts der furchtbaren Aussichtslosigkeit auf eine Rettung und im Blick auf die Ewigkeit der Höllenstrafe, welche die Verdammten selber bezeugen (vs. 1050), wird das im Mittelalter vielzitierte Wort aus dem 'Liber ecclesiasticus' 5,8 *Non tardes converti ad Dominum, et ne differas de die in diem* für die Zuschauer des Weltgerichtsspiels zur anschaulichen und bewegenden Botschaft einer geistigen Umkehr.

Wir besitzen leider keine historischen Berichte, wie das Weltgerichtsspiel an den Ostertagen 1517 von der Churer Bevölkerung aufgenommen worden ist. Die vergebliche Fürbitte Mariens muss auf sie vermutlich noch härter und unerbittlicher gewirkt haben als in den übrigen erhaltenen Fassungen, da, wie wir sahen, Christus in seiner Antwort ausschliesslich mit der Gerechtigkeit argumentiert und auf eine mögliche Interzessionsgewalt seiner Mutter nur in Andeutungen zu sprechen kommt (vs. 923–942). Von andern Aufführungen kennen wir jedoch zwei Zeugnisse über die unmittelbare Betroffenheit von Zuschauern. Matthias Jäger, der Herausgeber einer (freilich von unserem alemannischen Spiel offensichtlich unabhängigen) 'Comedy vom Jüngsten Gericht', schreibt in der Einleitung seiner in Salzburg im Jahre 1900 erschienenen Ausgabe: «Schon in meiner frühesten Jugend hörte ich wiederholt, dass in meiner Heimat Altenmarkt [bei Wien] in alter Zeit öfters das Leiden Christi und das jüngste Gericht

---

[44] Vgl. den Szenen-Überblick bei REUSCHEL, Die deutschen Weltgerichtsspiele (wie Anm. 21) S. 94–96.

so ergreifend dargestellt wurde, dass mehrere Personen dabei närrisch (wahnsinnig) geworden seien. Infolgedessen seien dann die Spiele verboten worden[45].»
Ob diese Geistesveränderung durch die vergebliche Fürbitte Mariens ausgelöst worden ist, entzieht sich unserer Kenntnis. Das zweite Zeugnis nimmt jedoch auf unser Thema direkt Bezug. Die Petrinische Erfurter Chronik aus dem 14. Jahrhundert, die den bereits zitierten zornigen Ausspruch Friedrichs des Freidigen über die machtlose Fürbitte Mariens wiedergibt, berichtet im Anschluss daran, der Thüringische Landgraf sei fünf Tage lang nach der Eisenacher Aufführung des Zehnjungfrauenspiels wütend *(furens)* gewesen. Am Morgen des 6. Tags, an einem Samstag [9.V.1321], habe er seiner Frau bestimmte Befehle erteilt mit dem Hinweis, er müsse jetzt etwas ausruhen und schlafen. Als die Gräfin ihn um die sechste Stunde zur Teilnahme an der heiligen Messe weckte, hätte er nicht mehr sprechen können[46]. *Nam morbo apoplexie percussus semivivus iacuit, eademque per tres annos et dimidium in infirmitate, quam maximum dolorem sue generose conthurali, quem gemitibus ac fletibus cottidianis explicuit, faciens, laboravit*[47].

---

[45] Zitiert nach REUSCHEL, Die deutschen Weltgerichtsspiele, S. 193.
[46] Cronica S. Petri Erfordensis moderna (wie Anm. 40), S. 448: *Et sic furens secum per quinque dies, quinto die, id est sabato, mane primo dicit marchionisse: 'Surge et fac escas preparare, ieiunantibus pisces, non ieiunantibus vero carnes, facque sacerdotem me expectare cum missa. Nam oportet me paulisper requiescere et dormire'. At illa surgens quod iussum fuerat adimplevit. Hora vero VI. rediens excitavit eum, dicens: 'Surgite velociter, iam enim hora preteriit, et populus vos expectat'. At ille oculos apperiens loqui non poterat.*
[47] Ebda. S. 448f.; zur genauen Datierung vgl. ebda. Anm. 3. – Vgl. Karl WENCK, Friedrich des Freidigen Erkrankung und Tod, in: Festschrift zum 75. Jubiläum des kgl. sächsischen Altertumvereins, Dresden 1900, S. 69ff.

Abb. 1   Müstair, Kloster St. Johann, um 800.

Marias Fürbitte im Churer Weltgerichtsspiel von 1517 613

Abb. 2 Maienfeld, Steigkirche, Malereien an der Nordwand von 1457.

Abb. 3   Somvix, Kapelle St. Benedikt, Wandbilder an der inneren Westwand, um 1430–1440 (1985 durch Lawine zerstört).

Abb. 4 Disentis/Mustér, Pfarrkirche St. Johann, Schreinrückseite des Schnitzaltars von 1489.

Der Kruzifixus von Lumbrein

Ein Andachtsbild mittelalterlicher und barocker Leidensmystik

von Adolf Reinle

Die Pfarrkirche von Lumbrein im Lugnez besitzt in ihrem monumentalen barocken Kruzifixus ein einzigartiges religiöses und künstlerisches Denkmal. Über seine Entstehung – Zeit, Künstler, Begründung der aussergewöhnlichen Form – liegen keine schriftlichen Quellen vor. Die heutige Kirche ist 1646 bis 1647 erbaut und 1649 mit drei Altären geweiht worden. Aus dieser Epoche haben sich die Retabel der beiden Nebenaltäre und die Kanzel erhalten. Den Hochaltar schuf 1741 Anton Sigristen von Brig im Wallis[1]. Stilistisch gehört der Chorbogenkruzifixus weder zur einen noch zur andern Etappe der Ausstattung, sondern am ehesten ins letzte Viertel des 17. Jahrhunderts. Das einzige schriftliche Zeugnis zu diesem uns beschäftigenden Werk ist ein Passus im Protokoll der bischöflichen Visitation von 1884, welches Punkt für Punkt die Wünsche und Rügen des Gnädigen Herrn zur Ausstattung von Kirche und Kapellen notiert: «2. Das schreckliche Kruzifix am Chorbogen sollte durch ein anständigeres ersetzt werden.» Wohl anlässlich der Innenrenovation von 1887 wurde der Kruzifixus entfernt, doch gibt es eine für den alten Zustand wichtige Innenaufnahme, welche ihn noch an Ort und Stelle zeigt[2]. Er wurde auf den Estrich verbracht wie überall so viele wertvolle Kultgegenstände, die aus religiösen oder ästhetischen Gründen ausser Gebrauch kamen und die man aus Pietät oder Scheu nicht zerstören wollte. Es ist sehr wohl zu begreifen, dass im Zeitalter der sanften nazarenischen Sakralkunst ein so aggressives Werk wie der Lumbreiner Christus Anstoss erregen musste, wohl nicht so sehr beim Volk als beim Klerus.

Erwin Poeschel hebt das Kultbild wieder ans Licht. Im 1942 erschienenen Band IV der Kunstdenkmäler des Kantons Graubünden bildet er ein Detail ab und schreibt dazu im Inventar: «Nun auf dem Dachboden; früher am Chorbogen: ein lebensgrosser Kruzifixus mit extrem realistischem Antlitz und einem –

---

[1] Erwin POESCHEL, Die Kunstdenkmäler des Kantons Graubünden Band IV: Die Täler am Vorderrhein, I. Teil: Das Gebiet von Tamins bis Somvix. (Die Kunstdenkmäler der Schweiz Bd. 13), Basel 1942, S. 180 ff., zum Kruzifixus speziell S. 184 und Abb. 220 S. 185.

[2] Den Auszug aus dem bischöflichen Visitationsprotokoll von 1884 im Pfarrarchiv von Pleif/Vella B 3 c 9 und die Notiz zur Renovation der Kirche von 1887 im «Diarium parochiae Lumbreinensis», Pfarrarchiv Lumbrein C 1.9, sowie die alten Photos verdanke ich Herrn lic. phil. Ursus Brunold, Adjunkt des Staatsarchivs Graubünden, weitere Angaben und Photos Herrn Dr. Hans Rutishauser, Denkmalpfleger des Kantons Graubünden.

ehemals grünlich bemalten – wundenübersäten Körper; Ende des 17. Jahrhunderts.» Bei der Gesamtrestaurierung der Kirche von 1970 bis 1972 wird das Kreuz in zurückhaltender Weise, ohne Rekonstruktionen, konserviert und an der Langhauswand der Epistelseite aufgehängt.

Eine kurze Beschreibung mag uns die Wesenszüge des Lumbreiner Kruzifixus einprägen. Der Korpus, in Holz geschnitzt und einst völlig farbig gefasst, misst vom Scheitel bis zu den Zehen 140 cm, wirkt aber wie annähernd lebensgross. Die Gestalt ist in ihrer Grundhaltung erstaunlich unbarock, streng frontal, ohne seitliche Knickungen von Leib und Gliedern. Nur die Knie liegen, wegen der Annagelung der Füsse, etwas ungleich hoch. Die Arme sind in flachem Winkel, gotisierend, ausgespannt. Das grosse Haupt ist gesenkt und leicht gegen die rechte Schulter gewendet. Das knittrige Lendentuch ist an der rechten Hüfte geknotet und flattert auf derselben Seite asymmetrisch aus. Die geschnitzte Dornenkrone erscheint wie aus dicken Ästen geflochten. Der formale Ausdruck des Leidens konzentriert sich, im Gegensatz zum völlig ruhigen Körper und seinen Gliedern, gänzlich auf das äusserst expressive Haupt. Das Gesicht ist wie durchgeknetet, zerschlagen und verquollen. Die Augenlider sind aufgeschwollen, der Nasenrücken ist eingedrückt, den wie im Schrei erstarrten Mund umschliessen die blutgetränkten Barthaare. Unter der Dornenkrone hervor und aus den zerpeitschten Wangen fliessen verdickte Blutgerinnsel. In wirren Strähnen hängen beidseits die Kopfhaare. Es dürfte schwer sein, unter Christusdarstellungen des 17. oder 18. Jahrhunderts seinesgleichen zu finden.

Dazu kommt die Verwundung der gesamten Oberfläche von Körper und Gliedern in zwei Gattungen von Wunden, die sicher andeuten sollen, dass sie auf zwei Marterinstrumente zurückgehen, wie sie schon die Frühgotik bei der Geisselung darstellte: Peitsche und Rute[3]. Stellen, an denen die Haut in grossen Fetzen weggerissen ist und Wunden, die aus Gruppen von drei und mehr kleinen Löchern bestehen. An einigen Stellen sind noch die geschnitzten Blutstropfen erhalten, sonst aber fehlen sie heute und schon auf Poeschels Photographien von ca. 1942. Die Seitenwunde, eine halbmondförmige Vertiefung, entbehrt schon jeglicher Blutdarstellung, desgleichen sind die Bluttrauben von Händen und Füssen verloren.

Ein Blick auf die vor rund hundert Jahren entstandene, obenerwähnte Innenaufnahme der Kirche zeigt uns den Chorbogenkruzifixus nur in schattenhaften Umrissen, genügt aber, um zu erkennen, dass von den Handwunden Bluttrauben herunterhingen und dass an den Armen – von der Hand bis unter die

---

[3] Ein nahegelegenes Beispiel bietet der um 1330 entstandene Passionszyklus in der Kirche von Waltensburg. Vgl. Alfons RAIMANN, Gotische Wandmalereien in Graubünden, Disentis 1983, Abb. S. 45.

Schulter – pendelartig Blutsträhnen sich dicht reihten. Auch dafür werden wir Parallelen finden. Kurz gesagt: Der Kruzifixus von Lumbrein, der uns schrecklich vorkommt, war in seinem ursprünglichen Zustand noch viel entsetzlicher, besonders auch, wenn wir uns die ungehemmte rote Blutfarbe hinzudenken.

Hier wäre nun der Moment für eine gattungsmässige, religions- und kunstgeschichtliche Einordnung und Definition dieses Kruzifixus. Dies wird aber erst möglich auf Grund eines knappen Überblicks zur historischen Entwicklung der Darstellung des Gekreuzigten von der Romanik bis ins 18. Jahrhundert an Hand prägnanter Beispiele[4].

In bezug auf den Lumbreiner Kruzifixus muss unsere Aufmerksamkeit den grossen Kruzifixen gelten, welche seit karolingischer Zeit und bis zum Ende des 19. Jahrhunderts in der Regel den Kreuzaltar oder den Bogen und Balken oder Lettner zwischen Schiff und Chor markierten. Am deutlichsten tritt uns dies auf dem karolingischen St. Galler Klosterplan um 830 entgegen, wo hinter dem Heiligkreuzaltar auf der Längsachse und zugleich in der Mitte zwischen Ost- und Westabschluss der Kirche ein grosses Kreuz eingezeichnet ist, das man sich schon wegen der Inschrift *altare sancti saluatoris ad crucem* mit einem Korpus vorstellen darf[5]. Das älteste erhaltene Werk dieser Gattung ist das zwischen 970 und 976 entstandene Gerokreuz im Kölner Dom, das ebenfalls einst in media ecclesia stand. Der 187 cm hohe Korpus ist in schmerzvoller Annagelung gezeigt, und man kann sich fragen, ob die ehemalige Fassung nicht in entsprechender Weise Wunden und Blut darstellte[6]. Wo romanische Kruzifixe noch oder wieder ihre ursprüngliche Bemalung zeigen, erscheinen an Haupt und fünf Wunden, an Leib und Gliedern Rinnsale von Blut, so in der Stiftskirche von Aschaffenburg, in der Pfarrkirche von Altenstadt bei Schongau in Bayern[7].

Mit dem Übergang zur Gotik im 13. Jahrhundert wird nicht nur der Korpus, nun meist mit drei Nägeln ans Kreuz geschlagen, in Drehungen und Knickungen gequälter dargestellt, sondern es häufen sich auch die grausamen, oft

---

[4] Einige für unsern Zusammenhang wichtige Publikationen: Als Überblick der Artikel Kruzifixus von Reiner HAUSSHERR, in: Lexikon der christlichen Ikonographie, hg. von Engelbert KIRSCHBAUM SJ, Bd. 2, Freiburg i.Br. 1970, Sp. 677–695. – Geza DE FRANCOVICH, L'origine e la diffusione del crocifisso gotico doloroso, Jahrbuch der Bibliotheca Hertziana Bd. 2, Leipzig-Wien 1938, S. 143–261. – Fried MÜHLBERG, Crucifixus dolorosus. Über Bedeutung und Herkunft des gotischen Gabelkruzifixes, Wallraf-Richartz-Jahrbuch Bd. 22, Köln 1960, S. 69–86.

[5] Zu karolingischen Beispielen vgl. Christian BEUTLER, Das Kreuz des heiligen Odo aus St. Martin vor Autun, Wallraf-Richartz-Jahrbuch Bd. 22, Köln 1960, S. 49–68.

[6] Christa SCHULZE-SENGER, Bernhard MATTHÄI, Ernst HOLLSTEIN, Rolf LAUER, Das Gero-Kreuz im Kölner Dom. Ergebnisse der restauratorischen und dendrochronologischen Untersuchungen im Jahre 1976, Kölner Domblatt 41, Köln 1976, S. 9–56. Hier S. 54 Abb. 26 eine Aufnahme der rechten Körperseite, welche die von vorn kaum erkennbare Seitenwunde sichtbar macht.

[7] Rainer BUDDE, Deutsche romanische Skulptur 1050–1250, München 1979. Farbtafeln 132 und 137.

plastisch geformten Wundmale. Das Kruzifix, auch das monumentale Triumphbogenkreuz, wird so zu einem erlebnisbetonten Andachtsbild in der Reihe anderer Andachtsbilder der Epoche, nämlich Christus an der Geisselsäule, Kreuzträger, Vesperbild, Grabchristus und Schmerzensmann. Ihre Erscheinung hängt aufs engste zusammen mit der klösterlichen Mystik vor allem der Zisterzienser und der Bettelorden. Die Aufzeichnungen von Visionen und Meditationen insbesondere von Nonnenkonventen zeigen die Wechselwirkung solcher Erlebnisse mit der bildlichen Darstellung[8]. Als eine ganze Gruppe sind die Kruzifixe des 14. Jahrhunderts in oder aus Kölner Kirchen bekannt, deren eindrücklichster um 1304 für St. Maria im Kapitol geschaffen wurde[9]: Ein ausgemergelter Körper an einem Gabelkreuz, mit einem herabhängenden Haupt, dessen Gesicht jenseits von aller Naturtreue tiefdurchfurcht zu einer Chiffre des Schmerzes geformt ist. Aber auch in Süddeutschland gibt es Verwandtes, so aus der Mitte des 14. Jahrhunderts Kruzifixe in der Augustinerkirche von Regensburg und in St. Lorenz in Kempten im Allgäu[10]. In der Peterskapelle zu Luzern zeigt ein 190 cm hoher Kruzifixus, vielleicht einst das Triumphkreuz der Hofkirche, noch unter der modernen Übermalung die plastischen hufeisenförmigen Geisselwunden, mit denen er übersät war[11].

Beim fast völligen Fehlen von Schriftquellen zur Gattung der behandelten Bildwerke ist die Dokumentation zum Kruzifix von Münster im Oberwallis hochwillkommen[12]. Hier bestand in der Pfarrkirche in den 1470er Jahren eine Jahrzeitstiftung zum Grossen Kruzifix (*anniversarium magni crucifixi*) mit einem Vermögen, aus welchem Darlehen gewährt werden konnten. Diesem Kultbild und Fonds galt offenbar schon eine testamentarische Vergabung von 1439, in welcher Hildebrand in den Bünden von Selkingen dem Wallfahrtsheiligtum Einsiedeln 5 Pfund und dem Bild Jesu Christi 10 Schillinge vermachte (*ad locum Heremitarum et ad imaginem D.D. Jesu Christi*). Laut bischöflicher Urkunde von 1500 kam es zu einem Streit zwischen dem Ortspfarrer Peter Zussen und

---

[8] Josef SAUER, Mystik und Kunst unter besonderer Berücksichtigung des Oberrheins, Kunstwissenschaftliches Jahrbuch der Görresgesellschaft Bd. 1, 1928, S. 3–28.
[9] Vgl. MÜHLBERG, wie Anm. 4.
[10] Ausstellungskatalog Bayerische Frömmigkeit, Münchner Stadtmuseum 1960, Taf. 39 Kruzifixus in Regensburg. – Hugo SCHNELL, Kempten St. Lorenz, Kunstführer, München 1971, Abb. S. 19.
[11] Detailaufnahmen bei Julius BAUM, Die Luzerner Skulpturen bis zum Jahre 1600, Luzern 1965, Taf. 35.
[12] Walter RUPPEN, Die Kunstdenkmäler des Kantons Wallis Band I: Das Obergoms (Die Kunstdenkmäler der Schweiz Bd. 64), Basel 1976, S. 88 mit Anm. 183 und 184. – Klaus ANDEREGG, Durch der Heiligen Gnad und Hilf. Wallfahrt, Wallfahrtskapellen und Exvotos in den Oberwalliser Bezirken Goms und Östlich-Raron, Basel 1979, S. 36–39. Beide Publikationen verarbeiten auch die Forschungen von P. O.F.M. Cap. Stanislaus Noti. Auskünfte und Photo verdanke ich Herrn Dr. Walter Ruppen, Brig.

Angehörigen der Pfarrei, weil der Pfarrer nicht verhindert hatte, dass 1494 ein fremder Mönch ein Kruzifix – ohne Zweifel das besonders verehrte – aus der Kirche entfernte. Die Laien hatten deswegen den Pfarrer gefangen, ihn im bischöflichen Schloss von Sitten einkerkern lassen und seine Güter an sich genommen. Nun wurde dieser über sechsjährige Handel geschlichtet. Unterdessen hatte sich der wieder freigelassene Zussen, als er 1496–1497 als Zeuge im Prozess gegen den Sittener Bischof Jost von Silenen in Rom weilte, bei der Kurie wegen dieses offensichtlich wieder restituierten Kultbildes beschwert. Ihm ging es nicht – wie wohl 1494 dem Mönch – um einen kultischen Aspekt, sondern um den kirchenrechtlich-finanziellen. Er wollte, dass die bei diesem Gnadenbild dargebrachten Opfergaben nicht wie bisher durch «hiezu verordnete Laien der Gemeinde eingesammelt und nach deren Gutbefinden verwendet werden». Statt dessen sei eine zugehörige Kaplanei zu gründen. Dem stimmte der Papst in einer Bulle am 4. Mai 1497 zu, aber offensichtlich wurde die Gründung nicht durchgeführt. Bis ins erste Viertel des 17. Jahrhunderts sind Laien als Prokuratoren des Grossen Kreuzes und Vergabungen an dieses bezeugt. Seit 1587 tritt als Bezeichnung dieses Kreuzes auch der Name «Marterbild» auf und wird häufig verwendet, erscheint noch 1695 in der Kirchenrechnung. Doch schon 1623 hatte eine Anordnung dem Kult ein abruptes Ende bereitet. Im Visitationsbericht von Bischof Hildebrand Jost steht zu lesen: «Wegen vielen und verschiedenen Missbräuchen und Aberglauben, welche bei der Verehrung dieses Bildes begangen werden, wollen wir, dass dieses Bild des Gekreuzigten entfernt werde.» (*Ob multos et varios abusus et superstitiones que commituntur in venerando hanc imaginem eandem crucifixi deponi volumus.*) Nun also ging es wieder um die kultische Seite, doch erfahren wir nichts über die hier verurteilten Bräuche, die uns natürlich religionsgeschichtlich und volkskundlich sehr interessieren würden.

In unserem Überblick kommt dem Kruzifixus von Münster eine Schlüsselrolle zu, weil wir hier ein Kultbild dieser Gattung haben, welches vom Mittelalter bis in den Barock hinein verehrt wurde und nicht das Heiligtum einer klösterlichen Gemeinschaft, sondern einer Pfarrgemeinde war. Nicht das Andachtsbild einer esoterischen Mystikergruppe, sondern von Laien, deren Kultformen offensichtlich immer wieder beim Klerus auf Ablehnung stiessen, wurde 1494 und 1623 entfernt.

Man ist daher auf den ikonographischen Aspekt dieses Kultbildes gespannt. Im Streit von 1494 bis 1500 scheint es zu einer Wiederaufhängung des Originalkreuzes gekommen zu sein, es sei denn, man nehme eine Zerstörung durch den Mönch und die Schaffung einer kultischen Kopie an. Was 1623 in dieser Hinsicht geschah, wird offenbar nirgends in Akten festgehalten. Das «Grosse Kreuz» oder «Marterbild», das wohl ein ansehnliches Format besass, kann sich kaum unerkannt in der Region erhalten haben. Allerdings wird man angesichts des sensationellen Fundes mittelalterlicher Kultbilder im Beinhaus von Leuk 1982 und schon 1924 im Beinhaus von Raron das Überleben romanischer und gotischer Holzplastiken vorsichtig beurteilen[13].

Freilich sehen wir im Pfarreimuseum von Münster einen Kruzifixus, in welchem wir offensichtlich eine kultische, verkleinerte Kopie des mittelalterlichen «Grossen Kreuzes» erblicken dürfen, ein Fund neuerer Zeit. Ein Bürger von Münster, Alois Lagger-Werlen (gest. 1958), machte den Erforscher der religiösen Kultur des Goms, Kapuzinerpater Stanislaus Noti, darauf aufmerksam, dass in der obern Sakristei etwas aufbewahrt werde, das man nicht herunterholen dürfe. Worauf P. Noti dort den Kruzifixus entdeckte, dem wir uns nun näher zuwenden möchten.

Der 1963 entdeckte und 1967 ins Pfarreimuseum verbrachte Kruzifixus, vom Scheitel bis zu den Füssen 80 cm hoch, hängt an einem Kreuz wohl des 17. Jahrhunderts mit konsolenförmigen oberen Enden, einer regionalen Barockform. Die ganze Gestalt ist ohne Drehung oder Knickung geradlinig und schlank gestreckt, nur das Haupt nach der rechten Schulter geneigt. Das kurze Lendentuch mit parallelen Falten ist unterhalb der rechten Hüfte geknotet.

Dazu in Gegensatz steht die Schilderung der Spuren der Passion: Die kantige Ausmergelung des Gesichtes ist volkskunsthaft stilisiert. Am Oberkörper ist in einzigartiger Weise nicht nur die eine Seitenwunde des Lanzenstichs dargestellt, sondern oben in der Mitte und auf der linken Thoraxseite je eine weitere, Blutbäche entlassende grosse Wunde. Alle drei sind spitzoval stilisiert. Der Hauptstrom aus der Lanzenwunde springt wie der Wasserstrahl aus einer Brunnenröhre. Eine Besonderheit, die wir an den barocken Kruzifixen von Hergiswald, Bichlbach und in Lumbrein – im ursprünglichen Zustand – finden, tritt auch hier in Münster auf, die pendelartig in der ganzen Armlänge herunterhängenden Blutschnüre. Dieses barock anmutende Motiv kommt aber schon im 14. Jahrhundert auf, so am Kruzifixus der 1330–1331 geschaffenen hervorragenden Tafelbilder, welche damals in Klosterneuburg bei Wien zusammen mit den Emailtafeln des Niclaus von Verdun aus der romanischen Kanzelbrüstung zu einem Altarretabel vereinigt wurden[14]. Dass sich gleichartige Blutschnüre an keinem der gotischen plastischen Kruzifixe erhalten haben, ist leicht begreiflich.

Offen ist die Frage, wann die Kopie des Marterbildes von Münster entstand und wann das Urbild geschaffen wurde. Für die Anfertigung einer – verkleinerten! – Kopie käme wohl am ehesten die Zeit der Aufhebung des offiziellen Kultes 1623 in Frage. Das in der Gestalt der Kopie durchschimmernde Urbild des

---

[13] Walter RUPPEN, Der Skulpturenfund von Leuk (1982), Zeitschrift für Schweizerische Archäologie und Kunstgeschichte Bd. 40, 1983, Heft 4, S. 241–268.
[14] Floridus RÖHRIG, Der Verduner Altar, Wien-München ⁵1979.

Kruzifixus könnte auf den im ersten Drittel des 15. Jahrhunderts dominierenden Typus feingliedriger, ungekrümmter Art hinweisen. Er ist in Malerei und Plastik vielfach überliefert, so im Tafelbild der Kreuzigung in Berlin, die oft mit den Anfängen von Konrad Witz zusammen genannt wird[15], aus den 1430er Jahren und in einer hölzernen Kreuzigungsgruppe, nürnbergisch um 1420, im Germanischen Nationalmuseum in Nürnberg[16]. Tatsächlich würde sich ein solcher zeitlicher Ansatz auch ungefähr mit der ersten – allerdings etwas unklaren – Erwähnung des Kultbildes von Münster treffen.

Wie sehr das Marterbild oder Grosse Kreuz von Münster populär war, äussert sich darin, dass die Kruzifixe des führenden Walliser Barockbildhauers Johann Ritz (geb. 1666, gest. 1729) von Selkingen nebst allgemein gotisierenden Zügen Elemente dieses Kultkreuzes übernehmen, den flachen Leib und den herausgebogenen Blutstrahl der Seitenwunde[16a].

Die Wallfahrt zum Marterkreuz von Münster war offensichtlich lokal und begrenzt regional, wie das vatikanische Protokoll der Aussagen von Pfarrer Zussen anlässlich seines Romaufenthaltes 1496–1497 zum Kultbild festhält, «bei dem sich täglich Gläubige der Pfarrei und aus der Umgebung mit besonderer Andacht einfinden».

Zur Methode der Entfernung von Sakralbildern aus liturgischen, stilistischen und geschmacklichen Gründen bietet das Wallis Beispiele von Bildbestattungen, sozusagen eine würdige Vernichtung im Gegensatz zur bilderstürmerischen Verbrennung. So verordnete der Bischof 1623 bei der Visitation von Visp die Beerdigung «der ebenso alten wie unschicklichen Ölbergfiguren und des Palmesels» (*Imagines horti oliuveti antiquae tamquam indecentes auferantur et sepeliantur vnacum et asino dominicae palmarum*)[17].

Ein aussergewöhnliches, stilistisch und typologisch einzigartiges Werk ist der überlebensgrosse Kruzifixus aus der zweiten Hälfte des 16. Jahrhunderts in der dörflichen barocken St. Wendelinskapelle von Nuglar im Dorneck, Kanton Solothurn[18]. Auf ihn bezieht Gottlieb Loertscher einen Ausgabenposten in den

---

[15] Joseph GANTNER, Konrad Witz, Wien 1942, Taf. 5.
[16] Germanisches Nationalmuseum Nürnberg, Führer durch die Sammlungen, München 1977, S. 49.
[16a] Vgl. als Beispiel den Kruzifixus von Täsch bei Othmar STEINMANN, Der Bildhauer Johann Ritz von Selkingen und seine Werkstatt, Vallesia Bd. 7, Sitten 1952, Taf. 27.
[17] W. RUPPEN, wie Anm. 13, S. 264 Anm. 10 mit noch zwei weiteren Beispielen von 1687.
[18] Gottlieb LOERTSCHER, Die Kunstdenkmäler des Kantons Solothurn Band III: Die Bezirke Thal, Thierstein und Dorneck (Die Kunstdenkmäler der Schweiz Bd. 38), Basel 1957, S. 305 f. und Abb. 327 S. 307. – Kunstmuseum Solothurn, Ausstellungskatalog Kunst im Kanton Solothurn vom Mittelalter bis Ende 19. Jahrhundert, Solothurn 1981, S. 100–101 konfrontiert mit dem barocken Chorbogenkruzifixus in Gänsbrunnen, Kt. Solothurn, dessen klassische Gestalt mit den ungewöhnlich vielen Wunden und dem «Segensgestus» beider Hände vom Kruzifixus von Nuglar abhängig sein könnte. K(arl) G(runder).

Dorneckakten von 1585, was stilgeschichtlich durchaus passen würde. Der 195 cm hohe Korpus mit erhobenem Haupt, mächtigem Brustkasten und langen, knorrigen Gliedern ist wie schwebend ans Kreuz geheftet. Die Arme sind nach unten geknickt, die Beine über den Füssen gekreuzt und diese einzeln angenagelt. Das Lendentuch ist mehrfach geschlungen und hängt beidseits schlaff herab. Seltsam ist der «Segensgestus» der beiden Hände. Von den fünf Wunden – an den Händen bei der Restaurierung von 1956 ergänzt – hängen Bluttrauben, der ganze Leichnam ist mit Wunden übersät. Dieses Werk steht für uns isoliert zwischen den gotischen und den barocken Crucifixi dolorosi. Formal ist es letztlich wohl von Grünewalds Kreuzigungen herzuleiten, die Annagelung mit gekreuzten Beinen jedoch, die auch auf einem Holzschnitt von Hans Burgkmair um 1515 vorkommt, geht auf einen Text der Mystikerin Birgitta von Schweden (geb. um 1303, gest. 1373), Revelationes I, 10, zurück[19]. Doch die geistigen und künstlerischen Urheber und die Umstände der Entstehung des Kruzifixus von Nuglar sind nicht bezeugt.

All das erfahren wir hingegen zum nächsten wichtigen Kruzifixus unserer Gattung. Er steht als Teil eines umfangreichen ikonographischen Programms auf dem Triumphbalken der marianischen Wallfahrtskirche im Hergiswald ob Kriens, Kanton Luzern[20]. Am untern Hang des Pilatus auf einer Waldwiese entstand 1489 eine Eremitenzelle. Aus ihrer 1503–1504 errichteten Kapelle wuchs ein kleines Wallfahrtsheiligtum, um dessen glanzvolle Vergrösserung sich der aus Luzern stammende Kapuziner P. Ludwig von Wil leidenschaftlich bemühte. Ab 1645 konzipierte er einen Sacro Monte mit Treppenanlagen und fünfzehn Kapellen nach dem Vorbild der oberitalienischen Heiligen Berge, doch schreckte man offensichtlich vor einem bei uns so ungewohnten grossartigen Werk zurück. Was P. von Wil dann realisierte, ist nicht weniger eindrücklich und dem Genius loci angemessener: Ein nach aussen scheunenhaft schlichtes Kirchengehäuse, innen aufs festlichste ausgerüstet mit Werken der führenden Luzerner Künstler des mittleren 17. Jahrhunderts. Über dem Raum mit einer

---

[19] Rolf BIEDERMANN, Heinrich GEISSLER und Tilman FALK, Hans Burgkmair, Das graphische Werk. Katalog, Augsburg u. Stuttgart 1973. Kat. Nr. 58 und Taf. 83. Dieser Holzschnitt gegen 1510 ist nicht die Vorlage für den Kruzifixus von Nuglar, mit dem er nur die Beinkreuzung gemeinsam hat.

[20] Franz Xaver VON MOOS, Die Kunstdenkmäler des Kantons Luzern Bd. I: Die Ämter Entlebuch und Luzern-Land (Die Kunstdenkmäler der Schweiz Bd. 18), Basel 1946, S. 349ff., speziell S. 385f. und Abb. 285, 286. – Adolf REINLE, Hans Ulrich Räber und Michael Hartmann. Die Hauptmeister der Luzerner Barockplastik, Innerschweizerisches Jahrbuch für Heimatkunde Bd. XIX/XX, Luzern 1959/60, S. 9–44, speziell S. 21 f. – Heinz HORAT, Hergiswald – Das Projekt eines «Sacro Monte», Der Geschichtsfreund. Mitteilungen des historischen Vereins der V Orte Luzern, Uri, Schwyz, Unterwalden und Zug Bd. 135, Stans 1982, S. 117–165.

kultischen Kopie der Casa santa von Loreto spannt sich zeltartig eine Holzdecke mit den von Meglinger gemalten Symbolen Mariä, ein Hauptwerk der Gattung Emblem. Der am Ende des Langhauses durchgezogene statisch notwendige Balken ist zum Triumphbalken genutzt worden. Der Schöpfer fast der ganzen plastischen Ausstattung, Hans Ulrich Räber, setzt um 1656 bis 1659 auf diesen Balken eine doppelte Kreuzigungsgruppe, nach dem Prinzip der zweiseitigen Kruzifixe und Marienstatuen des 15. und 16. Jahrhunderts. Der Kruzifixus auf der Langhausseite, eine massig lastende Gestalt, ist gänzlich von Blutsträhnen überrieselt, von den fünf Wunden und von den Armen hängen rote Blutschnüre herunter. Wie in Nuglar sind die Beine über den einzeln angenagelten Füssen gekreuzt, also entsprechend der Vision der hl. Birgitta. Zu Häupten erscheint Gottvater über dem Schriftband SIC DEVS DILEXIT MVNDVM VT FILIVM SVVM VNIGENITVM DARET. Joan. 3. Zu Füssen nährt in seinem Nest ein Pelikan drei Junge, worauf sich die Inschrift am Balken bezieht: SIMILIS FACTVS SVM PELICANO SOLITVDINIS. Beidseits erheben sich die pathetisch klagenden Standbilder Maria und Johannes mit Inschriften zu ihren Füssen, bei Maria ATTENDITE ET VIDETE SI EST DOLOR SICVT DOLOR MEVS. Thr. 1°., bei Johannes INSPICE ET FAC SC (secundum) EXEMPLAR QVOD TIBI IN MONTE MONSTRATVM. Exod. Cap. 25. Die gegen den Hochaltar gerichtete Kreuzseite zeigt den in Flügel gehüllten seraphischen Heiland als Teil einer szenographischen Darstellung der Stigmatisation des hl. Franziskus von Assisi. Dieser kniet schräg gegenüber im Obergeschoss des nördlichen Triumphbogens. Von den Wunden des Erlösers zu den seinigen sind rote Blutschnüre gespannt. Auf dieser Seite des Balkens erscheint an der Basis des Kreuzes das alte Christussymbol des Adlers, der seine Jungen fliegen lehrt, begleitet von der Inschrift SICVT AQVILA PROVOCANS AD VOLANDVM PVLLOS SVOS ET SVPER EOS VOLITANS. An der Untersicht des Balkens in der Mitte ist das Wappen der Franziskaner angebracht, ein Arm von Christus und St. Franziskus mit den Wundmalen kreuzweise übereinander gelegt. Dazu die Worte CHRISTVS CRVCIFIXVS – FRANCISCVS STIGMATIZATVS.

In dieser den Raum beherrschenden Kreuzigungsgruppe lebt das mittelalterliche Triumphkreuz weiter, das zugleich dogmatisches Kultbild und mystisches Andachtsbild ist. Zum marianischen Programm des lauretanischen Wallfahrtsheiligtums gesellt sich mit betont franziskanischem Charakter die Verehrung des Gekreuzigten nach dem bewussten Konzept des Spiritus rector, Kapuzinerpater Ludwig von Wil. Im nicht ausgeführten Sacro Monte hätte eine in die Hügellandschaft gestellte Kreuzigungsgruppe mehr wie die naturalistische Szene eines Passionsspiels gewirkt, hier im Kirchenraum ist sie bei aller Originalität doch ins liturgische Ensemble integriert.

Eine Generation später ist der Christus dolorosus von Kaltenbrunn im Tirol, welchen 1697 der führende Bildhauer des Landes, Andreas Thamasch (geb. 1639, gest. 1697) schuf[21]. Die Pfarr- und Wallfahrtskirche birgt als Pilgerziel, seit 1714 in einer ovalen, der Raummitte eingepflanzten Gnadenkapelle, eine Muttergottes um 1400. Das Kreuz mit dem 190 cm hohen Korpus hing ursprünglich im Chorbogen. Der Rechnungseintrag von 1695/97 bezeichnet es schlicht als «das grosse Kreuz».

Der erste Eindruck ist der eines völlig zerstörten Leibes mit zerfetzter Haut und Blutgerinnseln, deren Rot mit dem Blaugrün der Haut heftig kontrastiert. Besonders grausam ist der aus der Seitenwunde drängende gestockte Blutstrom. Doch bei näherem Zusehen zeigt sich, dass die Gesamtform der Gestalt und vor allem des Hauptes von edler Klassizität bleibt und sich als eine freie Wiederholung von Thamaschs Kruzifixus über der Fürstengruft, 1681–1684, in der Zisterzienserkirche zu Stams im Tirol erweist. Gemeinsam sind auch die schwerlastende, ausladende hohe Dornenkrone und das reichdrapierte, wild flatternde Lendentuch.

Thamasch hat um 1690–1695 im 115 cm hohen Kruzifixus von Wenns bei Imst im Tirol eine Vorstufe dieses Wundenheilands geschaffen. Andere wiederum gehören in die Nachfolge, so das Altarkreuz in der 1696 erbauten Kapelle von Quadratsch bei Landeck und das fast lebensgrosse Kruzifix vom Ende des 17. Jahrhunderts in der Alten Pfarrkirche Unsere Liebe Frau im Walde zu Serfaus, Landeck, einen Wallfahrtsheiligtum. Bezeichnend ist das Schicksal des Kruzifixus im 1656 auf Grund eines Gelöbnisses anlässlich der Pestzeit errichteten Pestheiligenkirchlein auf dem Burschl in Landeck im Tirol. Seine Patrone sind Sebastian, Pirmin und Rochus. Dieses einst Thamasch zugeschriebene Werk sei heute nicht mehr beurteilbar. Einst sei es von Wunden übersät gewesen, aber 1891 wurden «aus ästhetischen Gründen vom Kruzifix in der Burschlkirche die vielen Wülste geronnenen Blutes entfernt und die Wundöffnungen verkittet». Man darf also auch mit solchen Fällen rechnen, wenn nicht mit völliger Zerstörung.

Völlig erhalten hat sich anderseits der Chorbogenkruzifixus an seinem angestammten Ort in der Zunftkirche zum hl. Josef zu Bichlbach bei Reutte im Tirol[22]. Das 1710 bis 1726 nach Plänen Johann Jakob Herkommers von Füssen errichtete Bruderschaftsheiligtum liegt auf steilem Fels über dem Dorf. Im Chorbogen des zentralisierten Raumes mit festlichem Altar hängt ein offenbar

---

[21] Ulrike GAUSS, Andreas Thamasch 1639–1697, Stiftsbildhauer in Stams und Meister von Kaisheim, Weissenhorn 1973. Zu Kaltenbrunn S. 22f., 87 und Abb. 119, 121, zu Wenns S. 57f. und Abb. 106, zu Quadratsch S. 109 mit Abb., zu Serfaus S. 111 mit Abb., zu Landeck-Burschl S. 106 ohne Abb.

[22] Zu Bichlbach die Baudaten in Reclams Kunstführer Österreich Bd. II, Stuttgart 1961, S. 42.

gleichzeitiger Kruzifixus, der als der grausamste der Tiroler Beispiele bezeichnet wird. Die volkstümliche Benennung «Tropfheiland» trifft den besonderen Aspekt dieses Werkes. Aus allen Wunden fliesst in Fäden das Blut des Erlösers, vom Haupt, von den Armen, von der Seitenwunde besonders. In einer Art, die an die Darstellung verwilderter Bäume in der Kunst anfangs 16. Jahrhundert – besonders in der Donauschule – mit herunterhängenden Moosen und Flechten erinnert. Das Lendentuch ist auf spätgotische Weise geschlungen und flattert waagrecht beidseits S-förmig aus.

Unser Überblick könnte den Eindruck erwecken, die Bildgattung des Kruzifixus dolorosus beschränke sich auf Grossplastiken in Pfarrkirchen oder dem Volke zugänglichen Teilen von Klosterkirchen. Das erklärt sich aus der Tatsache, dass meist das Kultbild des Kreuzaltars, des Lettners und des Chorbogens in ein solches Andachtsbild verwandelt worden ist, natürlich ohne die primäre Funktion des zentralen Christusbildes zu verlieren. Daneben aber finden wir in Klöstern oder aus Klöstern stammende Kleinplastiken des Kruzifixus als Wundheiland. Solche waren beweglich, konnten auf Altäre gestellt, in Nebenkapellen, klösterlichen Gemeinschaftsräumen und Zellen verteilt werden. In jedem Kloster fand und findet sich oft noch heute ein solcher Bestand an Kleinplastiken von Kruzifixen, anderen Christusbildern, Marienfiguren und Figuren von Ordens- oder Regionalheiligen. Ihnen entsprachen auch gemalte oder graphisch vervielfältigte Andachtsbilder in Büchern oder auf Einzelblättern.

Den sinnvollsten Ansatzort im liturgischen Rahmen bot das Kanonbild im Sakramentar oder Missale[23]. Zur bildlichen Vergegenwärtigung des zentralen Geheimnisses verwandelte man seit dem 8. Jahrhundert den Anfangsbuchstaben T des Te igitur, mit welchem der Canon Missae nach dem Sanctus einsetzt, in ein Bild des Gekreuzigten. Dieses entwickelte sich sehr verschieden und löste sich auch von der Initiale. Gerade das erste Beispiel überhaupt, im Sakramentar von Gellone, zweite Hälfte 8. Jahrhundert, Paris, Bibliothèque Nationale Lat. 12048, fol. 143 v, zeigt den leidenden Erlöser, aus dessen Seitenwunde eine Blutfontaine weit herausspritzt[24]. Auf der Stilstufe der frühgotischen Andachtsbilder um 1300 steht die Darstellung des Kruzifixus, die nachträglich dem Te igitur eines Missale von Murbach im Elsass aus dem 11. Jahrhundert eingefügt wurde, Colmar, Bibliothèque Municipale Cod. 443[25]. Hier fliessen die Blutbäche aus allen fünf Wunden, und die ganze Gestalt ist mit kleinen Wunden getupft. Ein isoliertes Andachtsblatt des 14. Jahrhunderts, ohne Zweifel aus einem Zisterzianse-

---

[23] Vgl. den Artikel Kanonbild von Géza JÁSZAI, in: Lexikon der christlichen Ikonographie, wie Anm. 4, Bd. 2, Sp. 492–495.
[24] Wolfgang BRAUNFELS, Die Welt der Karolinger und ihre Kunst, München 1968, Abb. 31 S. 55.
[25] Ausstellungskatalog Mystik am Oberrhein und in benachbarten Gebieten, Augustinermuseum Freiburg im Breisgau 1978, Nr. 42 mit Abb. S. 135

rinnenkloster, besitzt das Schnütgen-Museum in Köln, Inv.-Nr. M 340[26]. Das wohl von einer Nonne als Laienmalerin auf ein Papierblatt von 25:18 cm mit der Feder spontan gezeichnete und mit Tusche und Farbe lavierte Bild zeigt zu Füssen des Gekreuzigten kniend einen heiligen Abt, St. Bernhard von Clairvaux, mit seinen Händen die Beine des Erlösers umfassend, ihm gegenüber eine Nonne – vielleicht die Malerin selbst –, den Kreuzesstamm umgreifend. Die ganze Gestalt Christi ist rot bemalt, und aus seinen Wunden fallen dichte, grosse Blutstrahlen auf die beiden Betenden. Dieses Blatt ist ein naives Meisterwerk mystischer Klosterkunst und führt uns direkt in die geistige Grundhaltung der Epoche ein. Das gleiche Museum besitzt ein hölzernes, 69,5 cm hohes Gabelkreuz aus der Zeit um 1370. Den V-förmig hochgerissenen Armen entlang fliesst das stockende Blut der Handwunden. Diese Kleinplastik gehört zu den klösterlichen intimen Andachtsbildern, wie sie neben den grossen Kruzifixi der Kirchenräume gebraucht wurden[27].

Aus dem Dominikanerinnenkloster Unterlinden in Colmar, dem berühmten oberrheinischen Zentrum der Mystik, hat sich bis heute im Dominikanerinnenkloster Logelbach bei Colmar ein hölzernes Andachtskreuz aus der Zeit gegen 1400 erhalten[28]. Das Blut der fünf Wunden fliesst den sehnigen Armen nach, über den Leib und das Lendentuch und die Beine. An Sockel und Querbalken sind – spätere? – Symbole befestigt: Engel, Pelikan, Taube und der die Jungen zum Leben erweckende Löwe.

Wie gerade in Frauenklöstern eine ungebrochene Tradition der Frömmigkeit wahre Schätze der Andachtskunst bewahrt hat, zeigt uns die Zisterzienserinnenabtei Eschenbach im luzernischen Amt Hochdorf[29]. Hier finden sich noch heute nicht weniger als vier wundenreiche Kruzifixi aus dem 17. bis 18. Jahrhundert, 31 cm bis 80 cm hoch, von unterschiedlicher Art der Wundendarstellung. Zwei Details rufen uns die Funktion dieser Bildwerke bei der Vertiefung in das Leiden des Erlösers in Erinnerung: Der grösste der Kruzifixi trägt über der Brustwunde, welche einst nach mündlicher Tradition die Schwestern zu küssen pflegten, die Inschrift: TIBI DO. Beim kleinsten der Kruzifixi ist die Wirbelsäule durch eine mächtige Wunde freigelegt und lässt sich durch eine hiefür in den Kreuzstamm geschnittene Öffnung betrachten. Es ist, als ob sich hier mystischer Wundenkult und zeitgenössische anatomische Wissenschaftskunst begegneten.

---

[26] Das Schnütgen-Museum. Eine Auswahl, Köln ⁴1968, Abb. 102, Inv.-Nr. M 340.
[27] Daselbst Abb. 107, Inv.-Nr. A 37.
[28] Irmingard GEISLER, Oberrheinische Plastik um 1400, Berlin 1957, S. 44 und Taf. 22, Abb. 34. – Ausstellungskatalog Chefs-d'œuvre d'art religieux en Alsace de l'époque romane à la Renaissance. Musée d'Unterlinden, Colmar 1966, Nr. 33 S. 61 und Taf. 15.
[29] Adolf REINLE, Die Kunstdenkmäler des Kantons Luzern Bd. VI: Das Amt Hochdorf (Die Kunstdenkmäler der Schweiz Bd. 47), Basel 1963, S. 45ff. und speziell S. 58f.

Ein zierliches Zeugnis der Christusminne im Eschenbacher Konvent noch um 1800 bietet das kleine von einer Nonne gemalte Andachtsbildchen in der Klostersammlung, 8,2:6,5 cm gross. Eine Zisterzienserin hat eine Leiter ans Kreuz gestellt, um den Leib des Erlösers liebevoll zu umarmen[30].

In der distanzierten Noblesse des barocken Kirchenraumes der Benediktinerabtei Weingarten wird man keinen mystischen und volkstümlich drastischen Wundenheiland erwarten. Und dennoch wird hier – freilich in der Abgeschiedenheit der Sommersakristei an der Südflanke des Chores – das Thema nochmals aufgegriffen[31]. Mit einem allgemeinen Grund; denn hier werden Hostien und Messwein, Geräte und Gewänder aufbewahrt und zum hl. Opfer bereitgemacht, so dass ein dem Schrank und Tisch integriertes Retabel mit einem Altarkreuz passend erscheint. Und aus einem lokalen Grund, weil Weingarten seit dem 11. Jahrhundert eine Heiligblutreliquie besass, Ziel der Wallfahrt bis in unsere Tage. Das Altarkreuz der Sommersakristei ist von ungewöhnlicher Qualität, dem führenden Rokokobildhauer Schwabens, Josef Anton Feuchtmayer (geb. 1696, gest. 1770), zugeschrieben, ein Frühwerk, entstanden wohl während der Arbeit an seinem 1720 hier begonnenen Chorgestühl. Als Reliquienträger übernimmt diese Holzarbeit die Gestalt eines metallenen Prozessions- und Altarkreuzes des Mittelalters. Den äusserst feinfühlend differenzierten Korpus prägen die Wunden der Passion überall zerstreut und so zurückhaltend dargestellt, dass man ihrer auf Distanz kaum gewahr wird. Nur die klaffende grosse Wunde auf der linken Wange ist ostentativ herausgehoben, als ob ihr – wie anderwärts der Schulterwunde – eine besondere Andacht gegolten hätte.

Als spätes Beispiel eines Wundheilandes, nun wieder dem grausamen und volkstümlichen Schema folgend, begegnet uns das Altarkreuz in der Kapelle der ehemaligen Einsiedelei St. Wendelin in Sarmenstorf, Kanton Aargau, um 1750–1760[32]. Der 35,5 cm hohe Korpus ist gegenüber zeitgenössischen Kruzifixen betont archaisch auch in der Grundhaltung, ruhig frontal mit nebeneinander angenagelten Füssen und mit schwerer Dornenkrone. Eine klaffende Wunde am Rücken ist besonders ausgeprägt und durch eine Aussparung am Kreuz zur Betrachtung sichtbar gemacht. Peter Felder schreibt in seiner Monographie über den Einsiedler Bildhauer Johann Baptist Babel (geb. 1716, gest.

---

[30] Kostbarkeiten alter Zeiten aus dem Kloster Eschenbach, Separatdruck der Cistercienser-Chronik N.F., Nr. 157/58, 89. Jg. 1982, Nr. 26 des Katalogs im Aufsatz «Die Andachtsbildchensammlung» von Werner Konrad JAGGI. Der Ehrwürdigen Äbtissin M. Hedwig Bühlmann, Sr. Maria Anna Egger, der Hüterin der Heiligtümer, und dem Konvent zu Eschenbach gebührt Dank für die stetige Förderung unserer Forschungen.
[31] Gebhard SPAHR, Die Basilika Weingarten, Sigmaringen 1974, S. 142–144 und Abb. 96–98.
[32] Peter FELDER, Johann Baptist Babel 1716–1799. Ein Meister der schweizerischen Barockplastik, Basel 1970, S. 91f. und Abb. 69 S. 184.

1799) das Kruzifix diesem Meister zu und vermutet, es sei ein Geschenk des Einsiedler Abtes Nikolaus Imfeld an den Waldbruder von Sarmenstorf, für dessen Eremitage er sich als Patronatsherr der dortigen Kirche besonders einsetzte. Ungefähr gleichzeitig ist ein Standkreuz im Kapuzinerkloster Appenzell, doch von ganz anderem Habitus, mit bewegter moderner Grundgestalt und Zurückdrängung der Wundenzahl zugunsten weniger grosser Schrammen und einer Blosslegung der Wirbelsäule[33].

Bei Kanzelkreuzen scheint der Typus des Wundheilandes eher selten angewandt zu sein. Ein souveränes Beispiel im persönlichen Stil findet sich an der Kanzel von St. Wolfgang am Abersee, 1706 geschaffen von dem führenden Hochbarockplastiker des Salzburgischen, Meinrad Guggenbichler (geb. 1649, gest. 1723)[34].

Kehren wir zum Kruzifixus von Lumbrein zurück. Wir sehen an ihm nun Funktionen und Formen, die ihn mit gotischen und barocken Werken der gleichen Gattung verbinden und Besonderheiten, die ihn von den andern abheben. Für seine Rolle in Lumbrein ist wohl nicht unwichtig zu wissen, dass in der vorangehenden Kirche, wie das Visitationsprotokoll von 1643 verzeichnet, neben dem linken Seitenaltar ein hölzernes Kruzifix mit vier Nägeln (*crucifixus ligneus cum quatuor clavis*) hing. Dieses gotische Kreuz aus der Mitte des 14. Jahrhunderts ist ins Klostermuseum von Disentis gelangt[35]. Der Korpus, 131,5 cm hoch, ist in der Grundhaltung romanisierend altertümlich, ohne jede Knickung streng frontal, mit fast knielangem Lendentuch und einzeln angenagelten Füssen. Die Kreuzesbalken sind gleichzeitig, auf dem Querbalken erscheinen auf rotem Grund beidseits des Hauptes Christi fliegende Engel. Reste der Wundenbemalung sind erhalten. Dass dieses Kreuz bis Mitte 17. Jahrhundert in der Kirche bewahrt wurde und offenbar nicht mehr als Triumphbogenkreuz, deutet auf eine besondere Verehrung hin. Vielleicht ist es in dieser speziellen Funktion dann gegen Ende des 17. Jahrhunderts durch das von uns behandelte Kreuz ersetzt worden, das ja seinerseits in der strengen frontalen Haltung unbarock gestaltet ist. Es ist offensichtlich in freier Weise um 1700 im Chorbogenkruzifixus der benachbarten Pfarrkirche von Vrin, erbaut 1689 bis 1694, reflektiert worden[36]. Der 129 cm hohe, langgestreckte und feingliedrige Korpus folgt dem Zeitideal, ist aber, in zurückhaltender gleichmässiger Weise, gänzlich mit zahllosen Wundmalen überstreut.

---

[33] Rainald FISCHER, Die Kunstdenkmäler des Kantons Appenzell Innerrhoden (Die Kunstdenkmäler der Schweiz Bd. 74), Basel 1984, S. 246 mit Abb. 273.
[34] Heinrich DECKER, Meinrad Guggenbichler, Wien 1949, S. 86 Werkverzeichnis 65 e und Taf. 70.
[35] Erwin POESCHEL, Kdm GR, wie Anm. 1, S. 188 f. mit Abb. 226.
[36] Erwin POESCHEL, Kdm GR, wie Anm. 1, S. 273.

Was nun die Gestaltung von Haupt und Wunden des barocken Kruzifixus von Lumbrein betrifft, so findet sich bei aller Verwandtschaft grundsätzlicher Art mit den vorgestellten andern Werken der Epoche keine direkte Vorlage, insbesondere für das grausam, aber nicht kunstlos deformierte Haupt. Barocke Veredelung und Heroisierung von Leiden, Schmerz und Hässlichkeit ist hier nicht zu verspüren. So wird man an hoch- oder spätgotische Anregungen oder gar direkte, verlorene Vorbilder zu denken haben, welche die Naturbeobachtungen in extremer, expressiver Weise steigernd und stilisierend umsetzten. Für die Hochgotik sei an den Kopf des Kruzifixus in St. Maria im Kapitol in Köln von 1304 erinnert, für die Spätgotik an den Kupferstich Christus als Schmerzensmann des Meisters H.L. um 1520[37]. Der Meister des Breisacher Altars, welcher um dieselbe Zeit wie das Blatt des Schmerzensmannes auch die lebenssatte Statuettengruppe von Adam und Eva, Augustinermuseum Freiburg im Breisgau, geschaffen hat, stellt Christus wie einen neuen Adam dar: Eine herkulische Urgestalt, mit orantenhaft ausgebreiteten Armen die Handwunden weisend, das schmerzverzerrte Gesicht mit rund zum Schrei geöffnetem Mund, wirr von Schnauz- und Haupthaaren umschlossen, die Dornenkrone weit ausladend von belaubten Ästen geflochten. Es könnte durchaus analoge Kruzifixe gegeben haben, die dann aus geschmacklichen Gründen vernichtet wurden. Nur Grünewalds Isenheimer Altar in Colmar von 1513 bis 1515, aus dem gleichen Geist geschaffen, überlebte.

Natürlich beschäftigt uns die Frage, wann genau und aus welchen Veranlassungen gerade in Lumbrein im letzten Viertel des 17. Jahrhunderts ein so ungewöhnlicher Kruzifixus errichtet wurde. Ein Dokument zu diesen konkreten Daten fehlt. Doch gibt es eine wichtige Quelle, die uns das religiöse Ambiente dieser engeren Landschaft für eben diese Zeitspanne erschliesst: Die regionale, autochthone Andachtsliteratur, welche schon vor 25 Jahren durch die Abhandlung von P. Iso Müller, «Zur surselvischen Barockliteratur im Lugnez und in der Cadi 1670–1720», zusammengestellt und analysiert worden ist[38]. Inhaltlich ist diese Literatur keine Eigenschöpfung, sie wiederholt oder variiert lateinische und deutsche mittelalterliche und neuzeitliche Texte. Aber indem sie für unser

---

[37] Die Graphik des geheimnisvollen Meisters H.L. ist – mit falscher Zuschreibung – gesammelt in: Hans Leinberger, Nachbildungen seiner Kupferstiche und Holzschnitte, herausgegeben von Max Lossnitzer, Berlin 1913. Das daselbst veröffentlichte 11,9:7,0 cm grosse Blatt ist nach dem Tod des Meisters mit der Jahrzahl 1533 neu gedruckt worden. Vgl. Ausstellungskatalog Spätgotik am Oberrhein. Meisterwerke der Plastik und des Kunsthandwerks 1450–1530. Badisches Landesmuseum Karlsruhe 1970, S. 201–205 und zur Graphik S. 321–322.

[38] P. Iso Müller, Zur surselvischen Barockliteratur im Lugnez und in der Cadi 1670–1720, 81. Jahresbericht der Historisch-Antiquarischen Gesellschaft von Graubünden 1951, Chur 1952, S. 3–65, für uns wichtig vor allem S. 12–19. Auf diese Abhandlung wies mich Herr lic. phil. Ursus Brunold hin.

enges, sprachlich romanisches Minderheitengebiet adaptiert, gedruckt und immer wieder gedruckt, folglich vom Volke gelesen wurden, haben wir in ihnen eine Schriftquelle, die mit den lokalen Werken der sakralen Kunst zusammen zu sehen ist.

Als für unsern Fall wichtig seien die Ausführungen Iso Müllers im Hinblick auf die Verehrung des Leidens Christi referierend zusammengefasst. Die Entwicklung zu einer surselvischen katholischen Literatur zeichnet sich um 1670 ab. In jenem Jahr veröffentlichte der Lugnezer Pfarrer Gieli Demont ein Messbuch mit sowohl deutschem wie romanischem Text, 1672 folgte eine romanische Übersetzung der Passion des Heilandes durch den Pfarrer von Vrin, Balzer Alig. Zu ihnen gesellt sich der aus Villa gebürtige, in Sagogn wirkende Pfarrer Augustin Wendenzen mit seiner «Vita de nies Signier», seinem «Memorial della Passiun de Nies Segner, quei ei igl offici della s. Messa», beides 1675. Das letztgenannte Buch und das Missale von Demont synchronisieren den Verlauf der hl. Messe mit der Passion Christi, wobei Wendenzen weniger Gebete als vielmehr Erklärungen der hl. Messe bietet. 1687 gab der Disentiser Pater Placidus Rüttimann in Vals ein deutschsprachiges Messbuch heraus, das wiederum in der Art von Demont mit dem Leiden Christi synchronisiert war. Er benützte dabei die von P. Eberhard Omlin 1674 lateinisch und 1680 deutsch in der Stiftsdruckerei Einsiedeln herausgegebenen Preces Gertrudinae: Die Litanei zum Leiden Christi, ein Gebet aus Gertruds Legatus, ein Gebet zum hl. Benedikt nach St. Gertrud und ein Gebet zur Schulterwunde Christi nach St. Bernhard. Damit sehen wir ein Beispiel der Übernahme mittelalterlichen Gedanken- und Gebetsgutes der Mystik – hier der grossen hl. Gertrud von Helfta (geb. 1256, gest. um 1302) – in die barocke Frömmigkeit nicht nur der Kleriker und Ordensleute, sondern auch des Volkes. Auf Rüttimanns Messbuch folgte schon gleich, wohl 1688, ein romanisches des Disentiser Paters Karl Decurtins, der seit 1679 bis zum Tode 1712 eifriger Wallfahrtspriester von Maria Licht in Trun war. 1689 druckte er mit Hilfe klösterlicher Mitbrüder die zweite Auflage in Maria Licht selbst, vermehrt um ein Gebet zu den Fünf Wunden. Dieser «Codesh della soingia Messa» betrachtet und beschreibt wiederum wie Demont das Leiden Christi mit Bezug zur hl. Messe, fügt aber auch tägliche Gebete und Beicht- mit Kommunionandacht hinzu. Die Formulierungen sind vielfach St. Gertruds «Legatus divinae pietatis» und St. Mechtilds von Hackeborn (geb. 1241, gest. 1299) «Liber specialis gratiae» entnommen, vermittelt durch Omlins eben genanntes Buch. Es ist wichtig festzuhalten, dass beide Zisterzienserinnen und wichtige Vertreter der Passionsmystik waren. Das Messbuch von Decurtins war aber keine esoterische Schrift, sondern populär und kam in dritter Auflage 1704 wieder heraus und vermehrt um zwei andere Werke desselben Verfassers, der «Mira de bein morir» und den «Soingias Letanias», noch fünfmal bis 1792. Von Decurtins' weitern

IN PREZIUS
SCAZI DELLA
OLMA
de portar con ins adinna.
Primeragada squicciaus a Trient A. 1648.
Sco era a Salsburg. A. 1654.
Suenter quei à Prag A. 1660.
Puspei a Kelln. A. 1669.

IHS
El ei vegnius plagaus per noss lasters,
& ei smacaus per amūr dels noss
gronds poccaus. Isaiæ c. 53.

Shentaus giu e squicciaus. a Thront,
Tier Nossa Donna della Glish:
Tras ils Religius degl Vorden de soing
BENEDEIG;
della Claustra de Mosler.

Enren igl Onn 1690.
Con Lubiencia dils Superiurs.

JNA BIALLA
REUELAZIUN
La quala Jesus Christus sez ha faig da
sauêr à treis Soingias, nōnàdāmeing
à S. Mechtilda, S. Elisabeth, à S. Bri-
gitta, che haueuen sauens rogau
con grond desideri de sauêr enten
particularsia pitra Passiun.

1. Per gl' amprim, ha Jesus dig: do-
veies Vus mias charas figlias sauêr:
Che iau haigi reciert, dels Giudius
cient è duas fridas sin la Vista.
2. Per l' autra, sun iau trenta gadas,
enten gl' Hiert da quels vegnius pic-
gia us con puing vid la bucca.
3. Antocca tier la Casa de gl' Annas
sun iau daus giu siat gadas.
4. S.l Chiau, sin la braccia, à sil pez
hai iau suruegniu trenta fridas.
5. Sameglionta meing hai iau piglau
trenta fridas sin la giuvialla, è vid
las coëissas.
6. Pils caueigls sun iau alzaus si ord

---

traitsh, trentā gadas.
7. Cōl cor hai iau suspirau cient è
vengia nof gadas.
8. Siattonta treis gadas sun i u traigs
via neu per la barba.
9. Jau hai pigliau in stausch mortal
che iau hai stoviu dar à tiarra con
quella shi greua Crush.
10. Dallas gaislas hai iau suruegniu
sis milli sis cient sistonta sis fridas.
11. Vid il chiau hai iau suruegniu dalla Cruna da spinas milli pun fridas.
12. Vid la Crush hai iau suruegniu
treis punshidas mortalas dallas spinas
che passauan tras il Chiau.
13. Sin la Vista mi ei vegniu spidau
siattonta treis gadas.
14. Vid tutta mia persunami han ei
faig ciunc milli, quater cient, siattonta ciunc plagas.
15. Sholdada dels Giudius, che mei
han pigliau, een stai ciunc cient oig,
Shergers tredish, à trenta de quels
che han mei portau entuorn
iau

---

16. Jau hai spons ord mia persuna
trenta milli, quater cient, tren a da-
guottas da saung.
A scadin, che ven minchia di à orar
siat Pater nos à siat Aues Marias &
ina Credicncia entochen quei diember viuōt nomnaus dellas d'guottas
de saung ei complenius, vi iau (ha
Jesus dig) per honur da mia pitra
Passiun, à dolorusa mort dar questas
ciunc grazias ü Priuilegis.
1. Complein Perdun è Remishinu
de tutts ses poccaus.
2. Quella tala persuna ven bucca sen-
tir negina peina dil Purgatieri.
3. She ella moriss giu ouncha ella
vess compleniu quei diember, she
vi iau quintar quei, gual sco la vess
compleniu.
4. Jau vi quella scheziar adina als
Marters, gual sco la vess spons siu sa
per mei, è per mia Credicncia.
5. Sin la hura della mort vi iau sta
Olma far manar ente ciel tras siu Gen
Aung

Andachtsbüchlein ist in unserm Zusammenhang besonders wichtig das 24seitige, 1690 zu Trun gedruckte «In prezius Scazi della Olma» (Ein kostbarer Schatz der Seele). Das Titelblatt nennt als deutschsprachige Grundlagen Ausgaben in Trient 1648, Salzburg 1654, Prag 1660 und Köln 1669. Wie schon Rüttimanns Messbüchlein von 1687 und das von ihm benützte «Geistlich Vhrwerck und Offenbarungen vom Leyden Christi», Kloster St. Gallen 1661, bringt Decurtins als Auftakt seines Büchleins S. 3–5 eine statistische Liste der Wunden Christi. Als Quelle nennt er göttliche Offenbarungen, welche den drei heiligen Zisterzienserinnen Mechtild von Hackeborn (gest. 1299), Elisabeth von Herkenrode (gest. 1316) und der hl. Birgitta von Schweden (gest. 1373) zuteil wurden, aber selbstverständlich kennt er sie nur indirekt. Es würde zu weit führen, der Zahlensymbolik nachzugehen, welche hinter dieser Aufzählung steht. Doch angesichts einer Lumbreiner Kruzifixusfigur, die mit Wunden übersät ist und einst mit Blutgerinnseln überdeckt war, erkennen wir die innere Verwandtschaft eines Textes, der von 5475 Wunden Christi und seinen 30 430 vergossenen Blutstropfen spricht[39].

So beobachten wir an einem konkreten Beispiel die Wiederbelebung oder das Weiterleben mittelalterlicher Frömmigkeitsformen in Bild und Wort. Damit stellt sich auch die Frage nach der richtigen gattungsmässigen Benennung des Kruzifixus von Lumbrein und verwandten von uns gesichteten Werken. Die meisten Grosskreuze dieser Art fungierten als Triumphkreuze und hatten deshalb keinen speziellen Namen. Vom dominierenden Format und Platz her ist die Bezeichnung «Grosses Kreuz» naheliegend, populär gefühlsbetont sind anschaulich «Wundheiland», «Tropfheiland» und «Marterbild». Die Bezeichnung «Pestkreuz», welche seit einigen Jahrzehnten immer häufiger für die wundenreichen Kruzifixi der Gotik und des Barock verwendet wird und sich heute in der Literatur etabliert hat, begegnete mir nie in zeitgenössischen Quellen[40].

---

[39] Birgittes Offenbarungen wirkten sich in Bildern der Geburt und Passion Jesu aus. Vgl. Ulrich MONTAG, Artikel Birgitta von Schweden, Lexikon des Mittelalters II, 1983, Sp. 215–218. – Zur Zahlensymbolik vgl. H. MEYER, Die Zahlenallegorese im Mittelalter, München 1975 (Münstersche Mittelalter-Schriften Bd. XXV).

[40] Lumbrein besitzt ein Pestheiligtum, die anlässlich der Seuche von 1628 erbaute, mit einem besondern Pestfriedhof – den man dann nicht mehr belegte – ausgestattete und 1630 geweihte St.-Rochus-Kapelle. Das gleichzeitige Altarbild stellt die Muttergottes zwischen den Pestheiligen Rochus und Sebastian dar. Vgl. Kdm GR IV, S. 189–190. – Ein paar Stichworte zum Gebrauch des Begriffs «Pestkreuz». Heinrich BERGNER, Handbuch der kirchlichen Kunstaltertümer in Deutschland, Leipzig 1905, verwendet ihn noch nicht, macht aber den Ansatz sichtbar. S. 511 sagt er, es gebe unter den Kruzifixen des 14. Jahrhunderts etwelche «von so abstossender Hässlichkeit, dass man die Bekenntnisse von Zeitgenossen des schwarzen Todes zu hören meint». – Ilse FUTTERER, Gotische Bildwerke der deutschen Schweiz 1220–1440, Augsburg 1930, erwähnt S. 51 «einen Schmerzensausdruck, wie ihn erst einige sog. Pestcrucifixe um die Jahrhundertmitte wieder erreichten», und bietet S. 54 die Erklärung: «Man weiss, dass unter

Hingegen ist es durchaus gerechtfertigt, den Kruzifixus von Lumbrein zu den sogenannten Andachtsbildern zu rechnen, die ja – man denke an den Christus mit der Geisselsäule oder das Vesperbild – im Barock eine neue Blüte erlebten. «Andachtsbild» ist zwar auch kein alter Terminus, aber er ist eingebürgert für alle jene Bildwerke, welche den Gläubigen auf dem Weg des gefühlvollen Miterlebens zu den Heilsereignissen hinführen[41].

Solcher Religiosität entsprangen auch die Passionsspiele. Und es wundert uns nicht, gerade für Lumbrein welche bezeugt zu finden. Freilich erst für das 18. und 19. Jahrhundert, so dass kein direkter Bezug zum Kruzifixus erkennbar ist[42].

Der vorliegende Aufsatz berührt nicht zuletzt das Problem des Nebeneinanders von mystischen Texten und Bildwerken. Wie man dabei bis ins Detail gehende Analogien aufdecken kann, mag ein Passus aus Heinrich Seuses (geb. um 1297 in Konstanz, gest. 1360 in Ulm) Prolog des Büchleins der Ewigen Weisheit, mit der Vision des gemarterten Christus zeigen: *Und nam war, daz alle sin lip reht durchwunt was, und die wunden waren vrisch und bluotig, und etlich waren sinwel* (rund) *und etlich eggent* (eckig), *etlich waren gar lang, als in die geislen gezerret hatten.* Eine Differenzierung also der Gestalt der Geisselungswunden, wie wir sie am barocken Kruzifixus von Lumbrein finden[43].

---

dem Eindruck der furchtbaren Pest der 1348/49er Jahre mancherorts Kreuzigungs- und Vesperbilder entstanden, die den toten Leib bewusst mit allen durchlittenen Martern zeichneten.» – Fried MÜHLBERG, Crucifixus dolorosus, Wallraf-Richartz-Jahrbuch XXII, 1960, konstatiert S. 77 zu den gotischen Gabelkruzifixen: «Auch die volkstümliche Benennung 'Pestkreuz' als Gattungsbegriff ist in der Neuzeit untergeschoben.» – Im Artikel «Pest, Pestbilder», Lexikon der christlichen Ikonographie Bd. 3, 1971, Sp. 407–409, hingegen: «Sonderstellung haben die Kruzifixe des Spätbarock, die Christus von Beulen-Pest angegriffen zeigen, vermutlich das Aufsich-Nehmen dieses schrecklichen Leidens und Sterbens bzw. die Gemeinschaft der Pestopfer mit Christus verdeutlichend, z.B. bei M. GUGGENBICHLER, A. 18. Jh. Schnütgen, Inv.-Nr. A 325.» Dazu Abb. 1 Sp. 407 mit der Legende Pestkruzifixus. Der Schnütgen-Katalog von 1968, vgl. Anm. 26, beschreibt S. 107 Nr. 190 diesen Zustand mit: «Die Geissel hat die Haut in Fetzen vom Leib gerissen.»

[41] Zum Begriff siehe Artikel «Andachtsbild» von Dorothea KLEIN, Reallexikon zur deutschen Kunstgeschichte I, 1937, Sp. 681–687.

[42] C. DECURTINS, Rätoromanische Chrestomathie, I. Ergänzungsband, Erlangen 1912, S. 116ff. La passiun da Lumbrein.

[43] Karl BIHLMEYER, Heinrich Seuse. Deutsche Schriften. Stuttgart 1907, 199, 3–6. – Diesen Hinweis verdanke ich Herrn lic. phil. Andreas Hösli, welcher mit seiner Zürcher Lizentiatsarbeit 'bild mit bilde ustriben', Visualität und Bildwelt in den deutschen Schriften von Heinrich Seuse, 1985, den neuesten Beitrag geleistet hat.

Abb. 1 Lumbrein, Kt. Graubünden. Kruzifix Ende 17. Jahrhundert. Zustand um 1940.
Abb. 2 Lumbrein, Kt. Graubünden. Kruzifix Ende 17. Jahrhundert, Detailansicht. Zustand um 1940.
Abb. 3 Köln, St. Maria im Kapitol. Kruzifix von 1304. Haupt.
Abb. 4 Meister H.L., Christus als Schmerzensmann, Kupferstich um 1520. Detail des Hauptes.
Abb. 5 Josef Anton Feuchtmayer zugeschrieben, um 1720. Weingarten, Württemberg-Baden, Benediktinerabtei. Sakristeikreuz, Haupt.

Abb. 6 Hergiswald bei Kriens, Kt. Luzern, Wallfahrtskirche Unserer Lieben Frau. Triumphkreuz von Hans Ulrich Räber um 1656–1659.

Abb. 7 Nuglar, Kt. Solothurn, St. Wendelins-Kapelle. Kruzifix von 1585.

Abb. 8 Vrin, Kt. Graubünden. Chorbogenkreuz um 1700.

Abb. 9   Münster, Kt. Wallis, Pfarreimuseum. Kopie des spätgotischen Marterkreuzes, 17. Jahrhundert.
Abb. 10   Kaltenbrunn, Tirol, Pfarr- und Wallfahrtskirche. Kruzifix von Andreas Thamasch 1697.
Abb. 11   Bichlbach, Tirol, Zunftkirche St. Josef. Chorbogenkreuz anfangs 18. Jahrhundert.

Abb. 12   Köln, Schnütgen-Museum. Andachtsblatt des Gekreuzigten, Klostermalerei des 14. Jahrhunderts.
Abb. 13   Eschenbach, Kt. Luzern, Zisterzienserinnenkloster. Kruzifix 17. bis 18. Jahrhundert.
Abb. 14   Eschenbach, Kt. Luzern, Zisterzienserinnenkloster. Andachtsblatt einer Nonne, den Gekreuzigten umarmend, Klostermalerei um 1800.
Abb. 15   Eschenbach, Kt. Luzern, Zisterzienserinnenkloster. Kruzifix des 17. bis 18. Jahrhunderts, Rückseite mit durchbrochenem Kreuz zur Betrachtung der grossen Rückenwunde.

Veröffentlichungen von P. Iso Müller

zusammengestellt von Ursus Brunold

In der Festschrift für Pater Iso Müller zum 70. Geburtstag «Uri – Gotthard – Klöster – Alpen», Bd. 1, Stans 1973 (zugleich Geschichtsfreund 124, Jg. 1971) erschien eine von G. Boesch und A. Collenberg nach Sachgebieten geordnete Bibliographie für die Zeitspanne von 1921–1973. Die vorliegende Bibliographie umfasst in chronologischer Reihenfolge das bisher erschienene Schrifttum des Jubilars, wobei die Buchbesprechungen nicht berücksichtigt wurden. Kursiv gesetzt sind Publikationen in Buchform.

Abkürzungen
Annalas	Annalas da la Società Retorumantscha
BM	Bündner(isches) Monatsblatt
Geschichtsfreund	Der Geschichtsfreund. Mitteilungen des Historischen Vereins der fünf Orte Luzern, Uri, Schwyz, Unterwalden ob und nid dem Wald und Zug
JHGG	Jahresbericht der Historisch-antiquarischen Gesellschaft von Graubünden
StMGBO	Studien und Mitteilungen zur Geschichte des Benediktinerordens und seiner Zweige
SZG	Schweizerische Zeitschrift für Geschichte 1950ff.
ZSG	Zeitschrift für schweizerische Geschichte 1920–1950
ZSKG	Zeitschrift für schweizerische Kirchengeschichte
ZAK	Zeitschrift für schweizerische Archäologie und Kunstgeschichte

1921

Frau Landammann Maria Josepha Müller-Brand. Ein Lebensbild aus der Franzosenzeit, Historisches Neujahrsblatt, hg. vom Verein für Geschichte und Altertümer von Uri 27, 1921, S. 11–32.

1925

Die urnerischen Mönche in der Abtei Disentis, Historisches Neujahrsblatt, hg. vom Verein für Geschichte und Altertümer von Uri 31, 1925, S. 39–48.

1927

Mein Bergkloster, Der Sonntag 1927, Nr. 22–23, 25–26.

1928

Nossa claustra. Maletgs ord nossa claustra. [Romontsch d'Antoni Schmid], Il Glogn 2, 1928, p. 60–78.

1931

Die Anfänge des Klosters Disentis. Quellenkritische Studien, JHGG 61, 1931, S. 1–182, und separat phil. Diss. Freiburg/Schweiz, Chur 1931.

1932

Die Klosterschule Disentis, Schweizer Schule 18, 1932, S. 307–308.
Disentis im 11. Jahrhundert, StMGBO 50, 1932, S. 194–224.
Disentis im 14. Jahrhundert. Historische Skizze von Robert Hoppeler (†) und Iso Müller, BM 1932, S. 129–153.

1933

Die Disentiser Klosterchronik (Synopsis) vom Jahre 1696, ZSG 13, 1933, S. 417–482.
Disentis als römisches Kloster, ZSKG 27, 1933, S. 35–55.
P. Placi Spescha sco historicher, Il Glogn 7, 1933, p. 68–71.

1934

Der Lukmanier als Disentiser Klosterpass im 12./13. Jahrhundert, BM 1934, S. 1–17, 33–54, 65–92.
Die Pest in Disentis 1348–1349, Disentis 2, 1934, S. 63–65.
Ord l'historia dil Lucmagn, Il Glogn 8, 1934, p. 79–86.

1935

Die Beginen von Somvix. Von Iso Müller und Notker Curti, ZSKG 29, 1935, S. 1–25, 81–100.
Die Hl. Placidus und Sigisbert, ihre Krypta und ihre Verehrung im Mittelalter, Bündner Tagblatt 1935, Nr. 154–157.
Die Pest in Disentis (1348–1349), BM 1935, S. 151–156.
La claustretta de S. Benedetg-Sumvitg. Translatau da Benedetg Giger, Il Pelegrin 36, 1935, p. 42–44, 57–59, 72–74, 111–112.
Zu den mittelalterlichen Handschriften von Disentis, BM 1935, S. 337–346.

1936

Die Wanderung der Walser über Furka-Oberalp und ihr Einfluss auf den Gotthardweg (ca. 11.–14. Jh.), ZSG 16, 1936, S. 353–428.
Disentis im 13. Jahrhundert, JHGG 66, 1936, S. 210–252.
Gotthard und Oberalp im Hochmittelalter, Innerschweizerisches Jahrbuch für Heimatkunde 1, 1936, S. 75–81.
Karolingische Pergament-Fragmente, BM 1936, S. 331–335.
Neue Ausgrabungen in der Krypta von Disentis, Anzeiger für schweizerische Altertumskunde 38, 1936, S. 117–132.

1937

Abtei Disentis, in: Die katholischen Orden und Kongregationen der Schweiz, hg. v. J. Hartmann, Immensee o.J. [1937], S. 91–104.

Jacob Bundis Jerusalemreise 1591, BM 1937, S. 1–22, 39–64.

1938

Abt Jacob Bundi (1593–1615 [i. e. 1614]), BM 1938, S. 1–19, 54–64, 96.

Der hl. Luzius, BM 1938, S. 289–296.

Die rätoromanische Sprache und das Kloster Disentis, Maria Einsiedeln 43, 1938, S. 197–201.

Geschichte des Abendlandes, 1. Bd., 1. Auflage, Einsiedeln 1938, 8. Auflage, Einsiedeln 1967; 2. Bd., 1. Auflage, Einsiedeln 1939, 9. Auflage, Einsiedeln 1972; dreibändige Ausgabe, 7. und 8. Auflage, Einsiedeln 1963–1967.

1939

Das abendländisch-schweizerische Geschichtsbild, Schweizer Rundschau 39, 1939/40, S. 57–62.

Das Grab des hl. Lucius in der Churer Stephanskirche, BM 1939, S. 370–379.

Die Schenkung des Bischofs Tello an das Kloster Disentis im Jahre 765, JHGG 69, 1939, S. 1–138.

Rätien im 8. Jahrhundert, ZSG 19, 1939, S. 337–395.

1940

Bau- und kunstgeschichtliche Beiträge zur Disentiser Klostergeschichte des 13.–15. Jahrhunderts, ZAK 2, 1940, S. 189–195.

Der Disentiser Abt Thüring von Attinghausen-Schweinsberg (1327–1353) als Finanzmann, BM 1940, S. 238–246.

Der hl. Placidus, BM 1940, S. 27–30, 48–55, 120–128.

Die Inkorporation der Disentiser Klosterpfarreien 1491, ZSKG 34, 1940, S. 241–257.

Die Mitra in den Schweizer Klöstern, ZSKG 34, 1940, S. 49–53.

Die Welt ist alt geworden, Alte und Neue Welt 74, 1940, S. 163–167.

1941

Abt Johannes Brugger (1497–1512), BM 1941, S. 244–255, 272–288.

Avat Pieder de Pultengia (1402–1438). Translatau da Balzer Pelican, Igl Ischi 28, 1941, p. 81–94.

Benzigers Illustrierte Weltgeschichte, 3 Bände, Bd. 1: Emil Spiess, Bd. 2 u. 3: Iso Müller, Einsiedeln 1941.

Die Abtei Disentis 1438–1464, ZSKG 35, 1941, S. 209–233.

Die Disentiser Klostervogtei der Grafen von Werdenberg-Heiligenberg [im] 13./14. Jahrhundert, BM 1941, S. 39–56.

Die Entstehung des Grauen Bundes, BM 1941, S. 129–149.

Die Entstehung des Grauen Bundes 1367–1424, ZSG 21, 1941, S. 137–199.

St. Agatha bei Disentis. Von Notker Curti und Iso Müller, ZAK 3, 1941, S. 41–49.
Studien zum spätfeudalen Disentis. Abt Johannes Schnagg 1464–1497, JHGG 71, 1941, S. 153–233.

1942

Disentiser Klostergeschichte. Erster Band: 700–1512, Einsiedeln-Köln 1942, 284 Seiten.
Ein Beitrag der Abtei Disentis zur Gotthardpolitik der Eidgenossen unter Abt Petrus von Pontaningen [1402–1438], BM 1942, S. 33–57.
P. Placidus a Spescha, Atlantis 14, 1942, S. 106–108.
Streifzüge in die frührätische Kirchengeschichte, BM 1942, S. 246–253, 276–284.

1943

Das Kloster Disentis, Appenzeller Kalender 1943, [6 Seiten].
Die benediktinische Tätigkeit. Ihre Weite und ihre Harmonie, Maria Einsiedeln 48, 1943, S. 453–459.
Die Ritter von Pontaningen, BM 1943, S. 21–27.
Disentiser Reliquienübertragungen in der Barockzeit, BM 1943, S. 206–223.
Ein Disentiser Barockmystiker (P. Sigisbert Tyron), Schweizerische Kirchenzeitung 1943, Nr. 26, S. 290–291.
Maria bei den Schweizer Benediktinern [Rosenkranz, Lauretanische Litanei und Skapulier], Maria Einsiedeln 48, 1943, S. 260–263, 311–314.
Zur Applikation der Konventmesse im 17. Jahrhundert, ZSKG 37, 1943, S. 399–403.

1944

Das Disentiser Mirakelbuch, BM 1944, S. 21–33.
Der Josefsaltar, Disentis 11, 1944, S. 36–39.
Der Mitternachtsgottesdienst in den schweizerischen Benediktinerklöstern des 17. Jahrhunderts, ZSKG 38, 1944, S. 47–67.
Die grosse Volksmission in der Cadi 1705, BM 1944, S. 178–194.
Die katholische Kantonsschule in Disentis 1833–1842, Schweizer Schule 30, 1944, S. 743–754.
Disentis im Spiegel der Reiseberichte des 18. Jahrhunderts, Disentis 11, 1944, S. 84–104.
Geistesgeschichtliche Studie über Peter Kaiser, Jahrbuch des Historischen Vereins für das Fürstentum Liechtenstein 44, 1944, S. 67–91.
[Mistrals dil cumin della Cadi 1390–1499], in: Mistrals ed auters ufficials dil cumin della Cadi. Rodel compilaus da Iso Müller, Baseli Berther (†) e Guglielm Gadola, Il Glogn 18, 1944, p. 85–125.
Neue Beiträge zur Kunstgeschichte des Klosters Disentis. Von Notker Curti und Iso Müller, ZAK 6, 1944, S. 100–116.
Uris Gotthardpolitik im Zeitalter Sebastian Peregrin Zwyers von Evibach, Gedenkblätter zum goldenen Priesterjubiläum des Msgr. Dr. Eduard Wymann, Altdorf 1944, S. 84–111.
Zum Ehrendoktorat von P. Notker Curti, Disentis 12, 1944, S. 8–15.

1945

Das Kloster Disentis in der Aufklärungsliteratur, ZSKG 39, 1945, S. 215–237.
Das Wirken des Bamberger Romantikers Ignaz Christian Schwarz in der Schweiz, ZSG 24, 1945, S. 66–99.
Die Cadi um die Mitte des 18. Jahrhunderts, BM 1945, S. 75–93, 97–119.
Die Disentiser Schulreform zu Beginn des 19. Jahrhunderts. Ein Beitrag zur Methode und Organisation der deutsch-romanischen Schule, in: Gedenkschrift zum 25jährigen Bestehen des Katholischen Schulvereins in Graubünden (1919–1944), Chur 1945, S. 140–182.
Theodor von Mohr (1794–1854), Schweizerische Kirchenzeitung 1945, Nr. 15, S. 169–170; Nr. 16, S. 179–181.
Zur Geschichte des klösterlichen Frühstücks, ZSKG 39, 1945, S. 137–144.

1946

Aus General [Joseph Laurent] Demonts Studienjahren, BM 1946, S. 289–299.
Barocke Hymnen auf die hll. Placidus und Sigisbert, ZSKG 40, 1946, S.235–240.
Davart zacontas «Sontgadads» della Claustra de Mustér. Per romontsch da G[uglielm] Gadola, Igl Ischi 32, 1946, p. 83–96.
Der Disentiser Barockbau, ZAK 8, 1946, S. 218–240.
Die Einführung der Bruderschaft der Mater Misericordiae in Disentis 1804–1824, ZSKG 40, 1946, S. 42–60.
Disentis im Lichte der Romantik (1800–1880), BM 1946, S. 54–87.
Eine staatskirchliche Urkunde der Cadi von 1477, ZSKG 40, 1946, S. 311–314.
Johannes Probst [Rektor der katholischen Kantonsschule zu Disentis 1833–1837], Schweizerische Kirchenzeitung 1946, Nr. 16, S. 160–161; Nr. 17, S. 173–175; Nr. 18, S. 185–187.
Kunstgeschichtliche Studien über Disentis im 17. bis 19. Jahrhundert, BM 1946, S. 353–380.
La missiun gronda ella Cadi 1705. Translatau da B.V., Il Pelegrin 1946, p. 41–44, 51–53, 68–70.
Mater Misericordiae, Maria Einsiedeln 51, 1946, S. 118–125.
Pater Placidus Spescha, Schweizer Rundschau 46, 1946/47, S. 771–782.
Über einige Sontgadads des Klosters Disentis, Disentis 13, 1946, S. 49–63.

1947

Abt Jakob Bundi († 1614), BM 1947, S. 362–370.
Bruder Peter Solèr [Kunstschreiner], BM 1947, S. 122–125.
Montserrat, Disentis 14, 1947, S. 59.

1948

Das spätmittelalterliche Jahrzeitbuch der Abtei Disentis, BM 1948, S. 195–207.
Der Kampf um die tridentinische Reform in Disentis von ca. 1600–1623, ZSKG 42, 1948, S. 23–65.

Die Abtei Disentis im Kampfe gegen die Cadi zu Anfang des 17. Jahrhunderts. Untersuchungen und Texte, JHGG 78, 1948, S. 51–120.
Die spätfeudale Wirtschaftsordnung der Cadi, BM 1948, S. 336–339.
Geschichte [der Lukmanierstrasse], in: Lukmanierstrasse, hg. von der Postverwaltung Bern, Bern 1948, S. 28–33.
Pater Dr. Notker Curti (1880–1948), Schweizer Volkskunde 38, 1948, S. 77–78.
Zur Entstehung des Alpinismus im Bündner Oberland, in: 50 Jahre Sektion Piz Terri SAC 1898–1948, Disentis 1948, S. 46–54.

1949

Der Kampf der Abtei Disentis gegen das Hochstift Chur in der 1. Hälfte des 17. Jahrhunderts, BM 1949, S. 201–262.
Der Kampf um die tridentinische Reform in Disentis von 1624–1634, ZSKG 43, 1949, S. 175–202, 259–313.
Eine Abtsfigur aus dem 16. Jahrhundert, Disentis 16, 1949, S. 2–7.
Klösterliches Brauchtum bei den Schweizer Benediktinern der Barockzeit, Maria Einsiedeln 54, 1949, S. 122–125, 170–173, 221–225.
Zur Askese der Barockzeit, Schweizerische Kirchenzeitung 1949, Nr. 10, S. 112–114; Nr. 11, S. 124–125.

1950

Augustin Stöcklin [† 1641]. Ein Beitrag zum Bündner Barockhumanismus, BM 1950, S. 161–220.
Augustin Stöcklin. Reformabt und Barockhumanist, Schweizer Rundschau 50, 1950/51, S. 47–63.
Claustra e Cadi entuorn 1630. Per romontsch da G[uglielm] Gadola, Igl Ischi 36, 1950, p. 99–124.
Der Passverkehr über Furka-Oberalp um 1200, Blätter aus der Walliser Geschichte, 10. Bd., 5. Jg., 1950, S. 401–437.
Eine spätmittelalterliche Sequenz [De sancto Sigiberto] aus Beromünster. Von Iso Müller und Ephrem Omlin, Geschichtsfreund 103, 1950, S. 203–214.
Georg Jenatsch und Augustin Stöcklin, ZSG 30, 1950, S. 271–277.
Lieder zu Unserer Lieben Frau vom Lichte [in Trun], Maria Einsiedeln 56, 1950/51, S. 122–128.
Zu den Anfängen der hagiographischen Kritik [Das Werk von Augustin Stöcklin], Schweizer Beiträge zur Allgemeinen Geschichte 8, 1950, S. 100–134.
Zur Nachwirkung Notker des Stammlers, ZSKG 44, 1950, S. 215–220.

1951

Die wirtschaftlichen Verhältnisse im obersten Vorderrheintal um 1630, BM 1951, S. 81–96.
Disentis im Lichte der Romantik, 1800–1880, Disentis 18, 1951, S. 80–89.
Geschichte [der Furkastrasse], in: Furkastrasse, hg. von der Postverwaltung Bern, Bern 1951, S. 38–44.

Geschichte [der Gotthardstrasse], in: Gotthardstrasse, hg. von der Postverwaltung Bern, Bern 1951, S. 14–21.
Las scartiras romontschas digl Avat Adalbert de Funs, 1696–1716. Per romontsch da Guglielm Gadola, Igl Ischi 37, 1951, p. 84–108.
Primus Parens. Ein sakraler Begriff in den mittelalterlichen Urkunden, SZG 1, 1951, S. 491–496.
Zur Musikgeschichte der Cadi, ca. 1580–1750, BM 1951, S. 207–231.
Zur surselvischen Barockliteratur im Lugnez und in der Cadi 1670–1720, JHGG 81, 1951, S. 3–65.

1952

Das Valser Liederbüchlein von 1685, BM 1952, S. 65–89.
Dekan P. Dr. Benedikt Malin 1896–1952, in: Jahresbericht [der] Klosterschule Disentis 71, 1951/52, S. 39–44.
Die Abtei Disentis 1634–1655, Freiburg/Schweiz 1952, 301 Seiten (ZSKG, Beiheft 11).
Die Passio S. Placidi (ca. 1200), ZSKG 46, 1952, S. 161–180, 257–278.
P. Placidus a Spescha [Mit dem Bericht seiner Erstbesteigung des Rheinwaldhorns], Disentis 19, 1952, S. 1–18.
Zur rätisch-alemannischen Kirchengeschichte des 8. Jahrhunderts, SZG 2, 1952, S. 1–40.

1953

Eine Allerheiligen-Litanei mit rätischen Heiligen aus dem 12. Jahrhundert, BM 1953, S. 168–184.
Santiagopilger aus der Innerschweiz, Innerschweizerisches Jahrbuch für Heimatkunde 17/18, 1953/54, S. 189–192.
Zum liturgischen Kalendar der Abtei Disentis im 8.–12. Jahrhundert, StMGBO 65, 1953/54, S. 81–89, 274–302.
Zur Disentiser Musikgeschichte in der 2. Hälfte des 18. Jahrhunderts, BM 1953, S. 73–91.

1954

Das Antlitz des Klosters, Disentis 21, 1954, S. 35–40.
Der marianische Triumphzug von Maria Licht in Truns von 1687, Disentis 21, 1954, S. 25–34.
Die Churer Stephanskirche im Frühmittelalter, SZG 4, 1954, S. 386–395.
Die Verehrung des hl. Lucius im 9.–12. Jahrhundert, ZSKG 48, 1954, S. 96–126.
Eine bedeutsame tessinisch-bündnerische Urkunde von 1371, BM 1954, S. 409–424.
Eine rätoromanische Sprachprobe aus dem 10./11. Jahrhundert. Von Bernhard Bischoff und Iso Müller, Vox Romanica 14, 1954, S. 137–146.
Pater Dr. Othmar Scheiwiller zum Gedenken, BM 1954, S. 396.
Zur Disentiser Frühgeschichte. Von Iso Müller und Othmar Steinmann, in: Frühmittelalterliche Kunst in den Alpenländern. Akten zum III. internationalen Kongress für Frühmittelalterforschung, Olten und Lausanne 1954, S. 133–149.

1955

Barocke Geistigkeit einer Benediktinerabtei, ZSKG 49, 1955, S. 257–287.
Die Abtei Disentis 1655–1696, Freiburg/Schweiz 1955, 556 Seiten (ZSKG, Beiheft 15).
Die karolingische Luciusvita, JHGG 85, 1955, S. 1–51.
Humanistische Fragmente, BM 1955, S. 336–342.
Theodor von Mohr [1794–1854]. Seine Persönlichkeit, sein Werk und dessen Fortsetzung, BM 1955, S. 377–392.
Zum bündnerischen Hexenwahn des 17. Jahrhunderts, BM 1955, S. 33–41.
Zum ersten Villmergerkrieg 1656, BM 1955, S. 306–311.

1956

Bündner Fern-Wallfahrten des 16.–18. Jahrhunderts, BM 1956, S. 15–27, 33–50; BM 1957, S. 24–31.
Das Kloster Müstair im Früh- und Hochmittelalter. Von Heinrich Büttner und Iso Müller, ZSKG 50, 1956, S. 12–84.
Der frühmittelalterliche Titulus S. Lucii, SZG 6, 1956, S. 492–498.
Die Anfänge des Disentiser Hospizes [in Postalesio] im Veltlin, BM 1956, S. 185–201.
Die Inschrift der romanischen Stifterfigur, in: Die Pfarrkirche St. Martin zu Platta im Medelsertal (Graubünden), ZAK 16, 1956, S. 202–206.
P. Fridolin Eggert [1655–1709]. Sein Leben, Disentis 23, 1956, S. 1–5, zugleich in: Ein Badener Malermönch in Disentis: P. Fridolin Eggert, Badener Neujahrsblätter 31, 1956, S. 41–44.
Prälat Dr. Eduard Wymann (1870–1956), SZKG 50, 1956, S. 197–200.
Zur karolingischen Hagiographie. Kritik der Luciusvita, Schweizer Beiträge zur Allgemeinen Geschichte 14, 1956, S. 5–28.

1957

Abtei Disentis, Kleine Kunstführer Nr. 655 = Schweizer Reihe Nr. 8, München-Zürich ¹1957, ⁹1984, 16 Seiten.
Concernent il s. Batten d'affons morts. Per romontsch da Guglielm Gadola, Igl Ischi 43, 1957, p. 17–28.
Der Gotthard-Raum in der Frühzeit (7.–13. Jh.), SZG 7, 1957, S. 433–479.
Die Cadi im abendländischen Geschichtskreis, Bündner Schulblatt 17, 1957/58, S. 5–22.
Uri im Frühmittelalter, Historisches Neujahrsblatt, hg. vom Verein für Geschichte und Altertümer von Uri, NF 12/13, 1957/58, S. 7–39.
Zum Disentiser Festkalender 1690–1762, BM 1957, S. 263–314.

1958

Der historiographische Einfluss Rheinaus auf Disentis am Ende des 18. Jahrhunderts, BM 1958, S. 102–136.
Die Cadi im Urteile eines Barocktheologen [= P. Adalbert Defuns], BM 1958, S. 54–69.
Die churrätischen Benediktinerklöster und die Reform von Konstanz-Petershausen 1417, BM 1958, S. 216–224.

Die Disentiser Barockscholastik, ZSKG 52, 1958, S. 1–26, 151–180.
Die Florinusvita des 12. Jahrhunderts, JHGG 88, 1958, S. 1–58.
Zur Besiedlung der Gotthard-Täler, Geschichtsfreund 111, 1958, S. 5–35.
Zur Taufe totgeborener Kinder im Bündnerland, Schweizerisches Archiv für Volkskunde 54, 1958, S. 15–27.

1959

Der Abt [Augustin Stöcklin], der Jürg Jenatsch gesprochen und durchschaut hat, Disentis 26, 1959, S. 49–58, 75–81.
Die Disentiser Klosterschüler von 1690–1742, BM 1959, S. 209–226.
Die Gestirne im Denken des frühmittelalterlichen Rätien, Schweizerisches Archiv für Volkskunde 55, 1959, S. 46–62.
Die Patrozinien des Fürstentums Liechtenstein, Jahrbuch des Historischen Vereins für das Fürstentum Liechtenstein 59, 1959, S. 301–327.
Die Urner Landrechtsbriefe der Müller von Ursern, Historisches Neujahrsblatt, hg. vom Verein für Geschichte und Altertümer von Uri, NF 14/15, 1959/60, S. 59–68.
Rätische Sequenzen aus der Notkerschule, BM 1959, S. 264–276.
Vom Rätolatein zum Rätoromanisch, Vox Romanica 18, 1959, S. 95–106.
Zu rätischen Handschriften des 9.–11. Jahrhunderts, BM 1959, S. 229–263.
Zur Geistigkeit des frühmittelalterlichen Churrätiens, Schweizer Beiträge zur Allgemeinen Geschichte 17, 1959, S. 31–50.

1960

Das Grab des Abtes Adalgott, BM 1960, S. 226–252.
Der rätische Vintschgau im Frühmittelalter, Der Schlern 34, 1960, S. 318–329.
Die Abtei Disentis 1696–1742, Freiburg/Schweiz 1960, 700 Seiten, (ZSKG, Beiheft 19).
Die sprachlichen Verhältnisse im Vorderrheintal im Zeitalter des Barocks, BM 1960, S. 273–316.
St. Adalgott († 1160), ein Schüler des hl. Bernhard und Reformbischof von Chur, Analecta Sacri Ordinis Cisterciensis 16, 1960, p. 92–119.
Zur Bedeutung des Lukmaniers im Mittelalter, SZG 10, 1960, S. 1–17.

1961

Das Bistum Brixen und die Abtei Disentis im 11. und 12. Jahrhundert, StMGBO 71, 1961, S. 13–27.
Das liturgische Kalendar von Pfäfers im 12. Jahrhundert, ZSKG 55, 1961, S. 21–34, 91–138.
Die Blut-Hostie von Münster. Die Entstehung eines vintschgauischen Wallfahrtsortes, Der Schlern 35, 1961, S. 177–189.
Frauen rechts, Männer links. Historische Platzverteilung in der Kirche, Schweizerisches Archiv für Volkskunde 57, 1961, S. 65–81.
St. Gaudentius von Casaccia, in: Mélanges offerts à Paul-E. Martin, Genève 1961, p. 143–160.

Von Divus Constantinus bis Divus Thomas. Zur Geschichte des Divus-Titels, Freiburger Zeitschrift für Philosophie und Theologie 8, 1961, S. 241–253.
Zum österreichischen Einfluss in Bünden 1726–1762, BM 1961, S. 45–98.
Zur Entstehung der Pfarreien des Vintschgaues, Der Schlern 35, 1961, S. 331–338.

1962

Bündnerische Parteihändel und Rechtsstreitigkeiten 1764–1785, JHGG 92, 1962, S. 1–45.
Das Projekt einer Strasse vom Walensee zum Langensee 1771/72, SZG 12, 1962, S. 214–228.
Das Siegel des Churer Domkapitels im Hochmittelalter, in: Miszellen zum romanischen Kunstgewerbe, ZAK 22, 1962, S. 219–224.
Die Altar-Tituli des Klosterplanes. Studien zum St. Galler Klosterplan, hg. von Johannes Duft, in: Mitteilungen zur vaterländischen Geschichte 42, St. Gallen 1962, S. 129–176.
Die christlichen Elemente des rätoromanischen Margaretha-Liedes, Schweizerisches Archiv für Volkskunde 58, 1962, S. 125–137.
Die Kapuziner im Misox und Veltlin ca. 1765–1780, BM 1962, S. 264–285.
Die Pässe von Glarus nach Graubünden, BM 1962, S. 57–79.
Die rätischen Pfarreien des Frühmittelalters, SZG 12, 1962, S. 449–497.
Disentis und Vorarlberg vom 14. bis 18. Jahrhundert, Jahrbuch des Vorarlberger Landesmuseumsvereins 104, 1962, S. 51–74.
Fürstabt Hieronymus Casanova 1763/64, BM 1962, S. 1–25.
Hispania et Raetoromania, in: Spanische Forschungen der Görresgesellschaft, Reihe 1, Bd. 20, Münster/Westf. 1962, S. 264–282.
Zum rätischen Pfarrei-System im Vorarlberger Gebiet, Montfort 14, 1962, S. 3–23.
Zum Stucco von Disentis, in: Stucchi e mosaici alto medioevali. Atti dell'ottavo Congresso di studi sull'arte dell'alto medioevo, Milano 1962, p. 111–127.
Zur Geschichte des Vorderrheintales im ausgehenden 18. Jahrhundert, BM 1962, S. 149–187.

1963

Das Disentiser Veltlinerhospiz 1764–1797, BM 1963, S. 22–37.
Die Abtei Disentis und der Volksaufstand von 1799, ZSKG 57, 1963, S. 37–54, 120–142.
Die Abtei Disentis und der Wiener Kaiserhof 1808–1826, BM 1963, S. 241–276.
Die Fürstabtei Disentis im ausgehenden 18. Jahrhundert, Beiträge zur Geschichte des alten Mönchtums und des Benediktinerordens, Bd. 25, Münster/Westf. 1963, 247 Seiten.
Napoleon I. und die Abtei Disentis, BM 1963, S. 113–136.
Rector Peter Kaiser. Charakteristik aus Dokumenten von 1838 bis 1842, Jahrbuch des Historischen Vereins für das Fürstentum Liechtenstein 63, 1963, S. 63–132.
So lebte man zur Zeit des Rokoko, BM 1963, S. 14–21.

1964

Abt Adalgott Waller, 1826–1846, JHGG 94, 1964, S. 1–68.
Die Abtei Disentis und die westeuropäischen Höfe im Zeitalter der Restauration, BM 1964, S. 1–30.

Die Agathakapelle bei Disentis, Unsere Kunstdenkmäler 15, 1964, S. 185–192.
Die bündnerische Wallfahrt nach Einsiedeln, in: Corolla Heremitana. Festschrift Linus Birchler zum 70. Geburtstag, hg. v. Alfred A. Schmid, Olten und Freiburg i.Br. 1964, S. 127–136.
Die churrätische Wallfahrt im Mittelalter, Schriften der Schweizerischen Gesellschaft für Volkskunde, Bd. 43, Basel 1964, 112 Seiten.
Die Disentiser Gnadenbilder, Das Münster 17, 1964, S. 414–416.
Die Disentiser Klosterschüler von 1742–1765, BM 1964, S. 171–203.
Die Disentiser Klosterschüler von 1765–1799, BM 1964, S. 209–251.
Die Entstehung der Pfarreien an den Ufern des Vierwaldstättersees, Geschichtsfreund 117, 1964, S. 5–59.
Die Restauration der Abtei Disentis 1799–1804, in: Festschrift Oskar Vasella zum 60. Geburtstag, Freiburg/Schweiz 1964, S. 501–522.
Famiglia e giuventetgna da P. Placi Spescha. Versiun romontscha da F[elici] M[aissen], Annalas 77, 1964, p. 130–144.
P. Carli Decurtins († 1712). Per romontsch da Guglielm Gadola, Il Pelegrin 65, 1964, p. 133–138, 154–158, 177–179, 205–208, 227–229.
Zur Entstehung der Churer Landdekanate im Hochmittelalter, SZG 14, 1964, S. 185–217.

1965

Anselm Huonder, Abt von Disentis 1804–1826, ZSKG 59, 1965, S. 113–162.
Beiträge zum byzantinischen Einfluss in der früh- und hochmittelalterlichen Kunst Rätiens, ZAK 24, 1965/66, S. 137–162.
Das Bündner Oberland und die Abtei Disentis zu Anfang des 19. Jahrhunderts, BM 1965, S. 187–226, 233–263.
Die Pfarrei-Präsentationen des Klosters Disentis, Zeitschrift der Savigny-Stiftung für Rechtsgeschichte, Kan. Abt. 51, 1965, S. 139–189.
Die Pfarrherren von Ursern, Historisches Neujahrsblatt, hg. vom Verein für Geschichte und Altertümer von Uri, NF 20/21, 1965/66, S. 33–49.
Erinnerung an Abt Beda Hophan, Jahresbericht [der] Klosterschule Disentis 84, 1965, S. 43–48.
P. Basil Veith († 1806). Die Beziehungen von Isny zu Disentis, StMGBO 76, 1965, S. 1–21.
Zum Churer Pilgerzeichen, ZAK 24, 1965/66, S. 245–247.
Zum geistigen Einfluss der kolumbanischen Bewegung im mittleren Europa, ZSKG 59, 1965, S. 265–284.
Zum Kampf um die Kantonsverfassung von 1814, BM 1965, S. 72–102.
Zur Disentiser Wirtschaftsgeschichte 1826–1846, BM 1965, S. 121–141.

1966

Barocke Volksliturgie, BM 1966, S. 281–299.
Bischof und Abt im Bündner Oberland um die Wende vom 18. zum 19. Jahrhundert, BM 1966, S. 233–277.
Das Eingreifen der Bündner Regierung in die Disentiser Sedisvakanz 1858–1860, JHGG 96, 1966, S. 1–72.

Der Brand der Abtei Disentis 1799 und die schweizerische Liebestätigkeit, BM 1966, S. 1–31.

Der Brand des Klosters Disentis im Jahre 1846 und seine Folgen, StMGBO 77, 1966, S. 102–137.

Die baulichen Restaurationen des Abtes Anselm Huonder (1804–1826), BM 1966, S. 117–134.

Eine helle Freude, Geschichtslehrer zu sein, Schweizer Schule 53, 1966, S. 302–306.

1967

Anselm Quinter, Abt von Disentis 1846–1858, ZSKG 61, 1967, S.33–112.

Avat Benedetg Prevost e la restauraziun della claustra de Mustér. Referat a caschun della festivitad commemorativa digl Avat Benedetg, 1888–1916, en claustra de Mustér, ils 10 de fenadur 1966. Translataus da Ben[edetg] Camartin, Calender Romontsch 108, 1967, p. 327–339.

Frühes Christentum im schweizerischen Alpenraum. Von Heinrich Büttner und Iso Müller, Einsiedeln-Zürich-Köln 1967, 197 Seiten.

Il giuven Placi Condrau. Versiun romontscha da F[elici] Maissen, Annalas 80, 1967, p. 22–50.

Zum mittelalterlichen Reliquienschatze von Beromünster, Geschichtsfreund 120, 1967, S. 5–40.

Zur Entstehung der Pfarreien im Wallis, Vallesia 22, 1967, S. 5–69.

1968

Abt Paul Birker (1814–1888), StMGBO 79, 1968, S. 271–355.

Die Disentiser Gnadenbilder, Disentis 35, 1968, S. 2–9.

Die Disentiser Klosterschule von 1877 bis 1880, BM 1968, S. 169–184.

Friedlieb Rausch ed il lungatg romontsch. Versiun romontscha da Felici Maissen, Annalas 81, 1968, p. 60–73.

Ils professers alla scola claustrala de Mustér 1856–1880, Igl Ischi 54, 1968, p. 55–75.

Plauderei [über das Kloster Disentis], Disentis 35, 1968, S. 73–77.

1969

Der alte Balbeler [Luzerner Volksschriftsteller und Pfarrer Xaver Herzog, 1810–1883] im Bündner Oberland, Disentis 36, 1969, S. 25–31.

Der Quasi-Abt Placidus Tenner von Disentis (April 1860 bis Oktober 1861), BM 1969, S. 57–113.

[Die Beziehungen] Disentis-Luzern, Disentis 36, 1969, S. 55–58.

Die Restauration des Klosters Disentis durch die Schweizerische Benediktinerkongregation 1880/81, ZSKG 63, 1969, S. 140–187.

Die Schweizerische Benediktinerkongregation und ihr geistesgeschichtlicher Standort, StMGBO 80, 1969, S. 205–214.

Ein elsässisch-westschweizerisches Kalendar im Cod. Sang. 403 aus dem 12. Jahrhundert, ZSKG 63, 1969, S. 332–352.

Lektionar und Homiliar im hochmittelalterlichen Brevier von Disentis (Cod. Sang. 403), Archiv für Liturgiewissenschaft 11, 1969, S. 77–164.

Nova contribuziun per la biografia da pader Placi Spescha. En romontsch da F[elici] Maissen, Annalas 82, 1969, p. 5–52.
Wertvolle Funde auf dem Lukmanier, Disentis 36, 1969, S. 1–5.
Zur churrätischen Kirchengeschichte im Frühmittelalter, JHGG 99, 1969, S. 1–107.
Zur Raetia Curiensis im Frühmittelalter, SZG 19, 1969, S. 281–325.

1970

Abt Benedikt Prevost (1848–1916), in: Bedeutende Bündner aus fünf Jahrhunderten, Bd. 2, Chur 1970, S. 223–227.
Das bischöfliche Gymnasium in Disentis 1850–1856, BM 1970, S. 1–63.
Das Pilgerzeichen der Churer Bischofskirche, in: Bündner Burgenarchäologie und Bündner Burgenkunde, Schriftenreihe des Rätischen Museums Chur, Heft 9, Chur 1970, S. 34–35.
Der Disentiser Abt Paul Birker als Politiker (1861–1877), BM 1970, S. 273–307.
Der Kampf um die Restauration des Klosters Disentis 1877–1880, StMGBO 81, 1970, S. 145–208.
Die Disentiser Klosterschule 1856–1877, BM 1970, S. 81–147.
Die grossen Disentiser Äbte der Barockzeit, in: Bedeutende Bündner aus fünf Jahrhunderten, Bd. 1, Chur 1970, S. 260–268.
Die Gründeräbte des Grauen Bundes. Johannes von Ilanz – Peter von Pontaningen, in: Bedeutende Bündner aus fünf Jahrhunderten, Bd. 1, Chur 1970, S. 1–8.
Die Kopien der Kaiserurkunden für Disentis aus St. Blasien und Brixen, Archivalische Zeitschrift 66, 1970, S. 33–49.
Die Mönche von Disentis im 15., 16. und 17. Jahrhundert, ZSKG 64, 1970, S. 282–309.
Heinrich Büttner (1908–1970), SZG 64, 1970, S. 640–642 und SZKG 64, 1970, S. 370–372.
Mittelalterliche Altargeräte der Lukmanierkapelle, ZAK 27, 1970, S. 174–184; zugleich in: Ausgewählte Altarwerke, Altargeräte und kirchliche Textilien im Rätischen Museum Chur, Schriftenreihe des Rätischen Museums Chur, Heft 11, Chur 1971, S. 24–36.
Placi Condrau (1819–1902), in: Bedeutende Bündner aus fünf Jahrhunderten, Bd. 2, Chur 1970, S. 87–91.

1971

Der heilige Victor von Tomils. Von Vigil Berther und Iso Müller, BM 1971, S. 238–252.
Die bündnerische Wallfahrt zwischen Aufklärung und Romantik, in: Beiträge zur schweizerischen Volkskunde im 19. Jahrhundert, Schweizerisches Archiv für Volkskunde 67, 1971, S. 115–129.
Die Disentiser Studenten 1848–1856, BM 1971, S. 173–202.
Die frühkarolingische Passio der Zürcher Heiligen, ZSKG 65, 1971, S. 132–187.
Die Klöster Graubündens, Bündner Jahrbuch 1971, S. 89–98.
Die Professoren an der katholischen Kantonsschule in Disentis von 1833 bis 1842, BM 1971, S. 1–19.
Ekkehard IV. und die Rätoromanen, StMGBO 82, 1971, S. 271–288.
Geschichte der Abtei Disentis. Von den Anfängen bis zur Gegenwart, Einsiedeln-Zürich-Köln 1971, 276 Seiten.

Glanz des rätischen Mittelalters, Kristall-Reihe, Bd. 6, Chur 1971, 111 Seiten.
Heinrich Büttner (†), Der Weg der Innerschweiz zur antiqua confoederatio. Auf Grund nachgelassener Notizen bearbeitet von Gottfried Boesch und Iso Müller, Geschichtsfreund 124, 1971, S. 27–96.
Ils students dalla scola cantunala catolica da Mustér da 1833–1842. Versiun romontscha da F[elici] M[aissen], Annalas 84, 1971, p. 15–35.
La scola claustrala 1804–1833. Versiun romontscha da Alfons Maissen, Igl Ischi 57/58, 1971/72, p. 121–138.
Pfäfers und Disentis, Terra plana 1971, Nr. 3, S. 73–76.
Rätisches Mittelalter und Altes Testament, BM 1971, S. 119–126.
Zu hochmittelalterlichen Hymnensammlungen süddeutscher Klöster, Ephemerides liturgicae 85, 1971, S. 121–149.
Zum frühmittelalterlichen Michaelskult in der Schweiz, Millénaire monastique du Mont Saint-Michel III, Paris 1971, S. 393–420.
Zum heidnischen Brauchtum im rätischen Mittelalter, Schweizer Volkskunde 61, 1971, S. 17–20.

1972

Das Disentiser Studententheater 1657–1879, StMGBO 83, 1972, S. 246–273.
Die älteste Gallus-Vita, ZSKG 66, 1972, S. 209–249.
Die Bündner Frau im Wandel der Zeiten, Bündner Jahrbuch 14, 1972, S. 39–46.
Ein romanischer Siegelstempel, Schweizer Archiv für Heraldik 86, 1972, S. 2–7.
Eine Titulaturen-Sammlung aus dem barocken St. Gallen, St. Galler Kultur und Geschichte 2, 1972, S. 144–148.
Ils students alla scola claustrala da Mustér 1804–1833. Romontsch da Felici Maissen, Annalas 85, 1972, p. 47–77.
Klosterschule Disentis. Geschichte und Gegenwart, Jahresbericht [der] Klosterschule Disentis 92, 1972/73, S. 3–10.
Ord l'istorgia ecclesiastica an Rezia digl taimp da mez. Transl. da G[ion] D[uno] S[imeon], Igl noss Sulom 51, 1972, p. 93–100; 52, 1973, p. 23–27; 53, 1974, p. 133–139.
Prof. Dr. Rudolf O. Tönjachen (1896–1971), BM 1972, S. 1–3.
Zum Disentiser Brevier des 12. Jahrhunderts [Cod. Sang. 403], BM 1972, S. 153–176.
Zum neu aufgefundenen Victoridenstein, BM 1972, S. 307–321.
Zwei Briefe des Erzabtes Maurus Wolter zur Frage der Disentiser Kloster-Restauration (1878), Erbe und Auftrag 48, 1972, S. 125–127.

1973

Adalgott von Disentis, in: Lexikon der christlichen Ikonographie, begründet von Engelbert Kirschbaum, hg. von Wolfgang Braunfels, Bd. 5, Freiburg i.Br. 1973, Sp. 30.
Das nennt sich Disentiser Kalligraphie, Disentis 40, 1973, S. 73–82.
Der victoridische Gedenkstein auf den Spitzenahnen, BM 1973, S. 204–216.
Disentiser Initialkunst des 9. Jahrhunderts, ZAK 30, 1973, S. 101–110.
Nachtrag zum Kalendar im Codex Sang. 403 aus dem 12. Jahrhundert, ZSKG 67, 1973, S. 155–158.
P. Placidus Spescha als Historiker, BM 1973, S. 97–137.
P. Placidus Spescha und die Aufklärung, StMGBO 84, 1973, S. 112–150.

P. Placidus Spescha und die Musik, Disentis 40, 1973, S. 1–4.
P. Placidus Spescha und Südtirol, Der Schlern 47, 1973, S. 470–479.
Pfarrer Mattli Conrad und Pater Placidus Spescha, BM 1973, S. 65–73.
Rätoromanische Literaturgeschichte. Aus den Handschriften von P. Placidus Spescha, JHGG 103, 1973, S. 1–64.
Zu den kirchlichen Anfängen von Altdorf, Historisches Neujahrsblatt, hg. vom Verein für Geschichte und Altertümer von Uri, NF 28/29, 1973/74, S. 130–142.
Zur Entstehung der Pfarreien im Gebiet von Aare, Reuss und Tessin, SZG 23, 1973, S. 1–28.

1974

Das Martinspatrozinium von Schwyz, Mitteilungen des Historischen Vereins des Kantons Schwyz 66, 1974, S. 1–2.
Die Sprachverhältnisse vom Val Müstair bis Ursern im ausgehenden 18. Jahrhundert, BM 1974, S. 282–300.
Disentiser Bibliotheksgeschichte, StMGBO 85, 1974, S. 548–558.
Ein exilierter Abtskaplan von Disentis zur Zeit Ludwigs des Bayern, ZSKG 68, 1974, S. 364–368.
Florinus von Remüs, in: Lexikon der christlichen Ikonographie, Bd. 6, Freiburg i.Br. 1974, Sp. 255.
Geschichte und Kunstgeschichte [der Cadi], in: Freizeit- und Wanderbuch Disentis, Disentis 1974, S. 114–132.
La scartira fonetica dil lungatg romontsch da Placi a Spescha. [Versiun romontscha da] Norbert Berther, Ischi semestril 59, 1974, p. 63–72.
Lucius von Chur, in: Lexikon der christlichen Ikonographie, Bd. 7, Freiburg i.Br. 1974, Sp. 421–422.
Musik im alten Disentis, Disentis 41, 1974, S. 50–58.
P. Placidus Spescha 1752–1833. Ein Forscherleben im Rahmen der Zeitgeschichte, Disentis 1974, 174 Seiten.
P. Placidus Spescha von Disentis als Chronist seiner Zeit, ZSKG 68, 1974, S. 152–171.
Rätische Namen bei P. Placidus Spescha, BM 1974, S. 228–256.
Sprachprobleme bei P. Placidus Spescha, BM 1974, S. 105–128.

1975

Cadi, in: Cumin Cadi, Dokumentation der Lawinenkatastrophe vom April 1975, o.O., o.J. [1975], S. 4–9.
Die Initialen des Evangelistars von Müstair (um 800), ZAK 32, 1975, S. 129–134.
Ein Zeuge spätmittelalterlicher Mystik aus dem Münstertal, Der Schlern 49, 1975, S. 186–192.
Liturgie und Mystik im Frauenkloster Müstair zur Zeit des Spätmittelalters, ZSKG 69, 1975, S. 237–264.
P. Placidus Spescha als Verteidiger und Erforscher des Rätoromanischen, StMGBO 86, 1975, S. 796–815.
Rätolatein und Altromanisch bei P. Placidus Spescha, BM 1975, S. 84–96.

1976

Die Frauenabtei Müstair in der Barockzeit, StMGBO 87, 1976, S. 384–415.
Ein Barockplan für das Kloster Müstair, BM 1976, S. 258–263.
Heraldik im Kloster Disentis, Disentis 43, 1976, S. 65–73.
Il lungatg litterar fusiunau da Pader Placi Spescha. Versiun romontscha da Norbert Berther, Ischi semestril 61, 1976, p. 61–78.
Karl der Grosse und Müstair, SZG 26, 1976, S. 273–287.
Maria Adelheidis von Zinkenberg, Äbtissin von Müstair im 11. Jahrhundert, Der Schlern 50, 1976, S. 321–325.
Placidus von Disentis, in: Lexikon der christlichen Ikonographie, Bd. 8, Freiburg i.Br. 1976, Sp. 215–216.
Sigisbert von Disentis, in: Lexikon der christlichen Ikonographie, Bd. 8, Freiburg i.Br. 1976, Sp. 349.
Urkunden zur Geschichte des Klosters Müstair. 1316–1513, BM 1976, S. 319–337.
Valentin von Rätien, in: Lexikon der christlichen Ikonographie, Bd. 8, Freiburg i. Br. 1976, Sp. 529–530.
Zum Passverkehr über die Furka im 14. Jahrhundert, Blätter aus der Walliser Geschichte, Bd. 16, Jg. 3/4, 1976/77, S. 493–510.

1977

Altarweihen in der Friedhofkapelle von Schlanders, Der Schlern 51, 1977, S. 497–498.
Die Cadi in Bildern der Biedermeierzeit, Disentis 44, 1977, S. 5–14.
Dr. Franz Müller (1805–1883). Ein Ärzteleben im Zeitalter der Romantik, Historisches Neujahrsblatt, hg. vom Verein für Geschichte und Altertümer von Uri, NF 32/33, 1977/78, S. 121–154.
Forscher und Freunde um P. Placidus Spescha, BM 1977, S. 265–300.
Zur Genealogie der Müller vom Urserntal, Jahrbuch der Schweizerischen Gesellschaft für Familienforschung 1977, S. 58–65.
Zur Geschichte der Freiherren von Tarasp, JHGG 107, 1977, S. 1–38.
Zwei hochmittelalterliche Inschriften aus Müstair, ZAK 34, 1977, S. 85–87.

1978

Auch Häuser haben ihr Schicksal, Disentis 45, 1978, S. 75–83.
Das Fragment eines Jahrzeitbuches der St. Johannes-Kirche zu Mals aus der zweiten Hälfte des 12. Jahrhunderts. Von Rainer Loose und Iso Müller, Tiroler Heimat 42, 1978, S. 95–108.
Die Abtei St. Johann in Müstair 1711–1779, ZSKG 72, 1978, S. 107–147.
Die Anfänge des Klosters in Schuls-Marienberg, StMGBO 89, 1978, S. 597–630.
Ein Reliquiensammler des 12. Jahrhunderts, Ulrich III. von Tarasp, BM 1978, S. 12–41.
Geschichte des Klosters Müstair. Von den Anfängen bis zur Gegenwart, Disentis 1978; ²1982, 288 Seiten, dritte, um einen Nachtrag erweiterte Auflage, Disentis 1986.
Poitiers – Säckingen – Glarus, StMGBO 89, 1978, S. 346–374.
Schematismus des Bistums Chur 1978, Chur 1980: S. 21 Bischofsliste, S. 24–25 Das Bistum Chur, S. 32 Das Domkapitel Chur, S. 185–279 Pfarreien in Graubünden und Liechtenstein, S. 306–310 Heilige des Bistums Chur.
Zur älteren Kultgeschichte des hl. Gotthard, SZG 28, 1978, S. 249–264.

1979

Das Stimmrecht der Toten, Disentis 46, 1979, S. 1–4.
Die Tarasper Freiherren als Förderer der Kunst, ZAK 36, 1979, S. 44–50.
Die Tarasper Inschriften in Marienberg, ZSKG 73, 1979, S. 235–242.
Müstair – Münster. Kleine Kunstführer Nr. 601 = Schweizer Reihe Nr. 9, 15.–19. Auflage, München-Zürich 1979–1984, 16 Seiten [1.–14. Auflage, München-Zürich 1954–1976 von Linus Birchler].
Wo stand das Kloster in Schuls?, BM 1979, S. 25–29.
Zur älteren Geschichte des Unterengadins, BM 1979, S. 1–24.

1980

Die Einführung der Benediktinerregel in Churrätien, BM 1980, S. 129–148.
Die Herren von Tarasp, Disentis 1980, 223 Seiten; zweite veränderte Auflage, Disentis 1986, 224 Seiten.
Ein Blick in die benediktinische Vergangenheit, Disentis 47, 1980, S. 9–22.
Ursern im Früh- und Hochmittelalter, in: Festschrift Gottfried Boesch zum 65. Geburtstag, Schwyz 1980, S. 205–229 (zugleich in: Geschichtsfreund 133, 1980, S. 109–142).

1981

Abt Beda Hophan und Bundesrat Philipp Etter, Disentis 48, 1981, S. 36–40.
Balther von Säckingen und seine Fridolinsvita, Freiburger Diözesan-Archiv 101, 1981, S. 20–65.
Zum Churer Bistum im Frühmittelalter, SZG 31, 1981, S. 277–307.

1982

Aber meine Lehrer waren gut, Disentis 49, 1982, S. 11–15.
Geschichte [des Schlosses Tarasp], in: Schloss Tarasp, Schnell-Kunstführer Nr. 888, 3. überarbeitete Auflage, München-Zürich 1982, S. 2–6 [1. und 2. Auflage von Christian Fanzun].
Gommer im mittelalterlichen Ursern, Blätter aus der Walliser Geschichte, Bd. 18, Jg. 1, 1982, S. 13–17.
Kulturelle Beziehungen zwischen Uri und dem Bündner Oberland vom 16. bis zum 20. Jahrhundert, Historisches Neujahrsblatt, hg. vom Verein für Geschichte und Altertümer von Uri, NF 37/38, 1982/83, S. 77–95.
Uri und Ursern im Frühmittelalter, Historisches Neujahrsblatt, hg. vom Verein für Geschichte und Altertümer von Uri, NF 37/38, 1982/83, S. 13–18.
Ursern im frühen Spätmittelalter, 1300–1433, Geschichtsfreund 135, 1982, S. 171–241.

1983

Die Ahnentafeln des Barockbaumeisters Bartholomäus Schmid von Ursern. Von Iso Müller und Daniel Schönbächler, ZAK 40, 1983, S. 181–190.
Die Alexiuslegende und der Meister von Alvaneu, in: Blick in eine Idylle. Schweizer Volkskunst und naive Malerei aus vier Jahrhunderten, hg. von Guy Filippa, Bern [1983], S. 20–23.

Ursern im ausgehenden Spätmittelalter, Geschichtsfreund 136, 1983, S. 71–157.
Zur Gründung von Pfäfers, in: Die Abtei Pfäfers. Geschichte und Kultur, Katalog zur Ausstellung des Stiftsarchivs St. Gallen vom 14. April bis 8. Mai 1983, hg. von Werner Vogler, St. Gallen 1983, S. 23–25.

1984

Anmerkungen zur Trenkwalder-Madonna, in: Die Marienkirche im Benediktinerkloster Disentis. Festschrift zur Neuweihe, hg. von P. Bernhard Bürke, Disentis 1984, S. 45–48.
Die Landschaftsnamen Desertina und Sursassiala, BM 1984, S. 162–167.
Die sieben Höllenstrafen im Tellotestament, BM 1984, S. 168–173.
Geschichte von Ursern. Von den Anfängen bis zur Helvetik, Disentis 1984, 311 Seiten.
St. Galler Klosterplan und monastisches Schweigen, ZSKG 78, 1984, S. 3–9.
Vom Baptisterium zum Taufstein, in: Churrätisches und st. gallisches Mittelalter, Festschrift Otto P. Clavadetscher zum 65. Geburtstag, hg. von Helmut Maurer, Sigmaringen 1984, S. 23–35.
Zum mittelalterlichen Lukmanierweg, BM 1984, S. 155–161.

1985

Das Album Desertinense von 1914, Disentis 52, 1985, S. 113–119.
Das Reichenauer Verbrüderungsbuch und der Klosterkonvent von Disentis, SZG 35, 1985, S. 369–388.
Das Reliquienverzeichnis, in: Iso Müller/Carl Pfaff, Thesaurus Fabariensis. Die Reliquien-, Schatz- und Bücherverzeichnisse im Liber Viventium von Pfäfers, Separatdruck aus: St. Galler Kultur und Geschichte 15, 1985, S. 13–55.
Die Sorge der Abtei Disentis um den Priesternachwuchs in der 2. Hälfte des 16. Jahrhunderts, StMGBO 96, 1985, S. 369–390.
Disentis, in: Lexikon des Mittelalters, Bd. 3, München-Zürich 1985, Sp. 1110–1112.
Neue Tarasper Studien, BM 1985, S. 145–163.
Pater Placidus Spescha und die Aufklärung. Zur Beurteilung einer Geistesbewegung, Geschichtsfreund 138, 1985, S. 189–194.

1986

Die Äbte des Klosters Disentis, in: Helvetia Sacra, Abt. III, Bd. 1, S. 491–512.
Die Frühzeit des Klosters Disentis. Forschungen und Grabungen, BM 1986, S. 1–45.
Notar Johannes von Waleschingen im Bündnerland (Ende 14. Jahrhundert), BM 1986, Nr. 9/10.

Noch nicht erschienen:

Das alte Ursern im Dienst der Kirche, Manuskript 40 S. und Anm.
Der Konvent von Müstair im St. Galler Verbrüderungsbuch (9. Jh.).

Verzeichnis der Abkürzungen und Sigel

A	Archiv
ADB	Allgemeine Deutsche Biographie, 56 Bde., München u. Leipzig 1875–1912
AD(G)	Archäologischer Dienst Graubünden
AS	Archäologie der Schweiz, 1978 ff.
ASA	Anzeiger für schweizerische Altertumskunde, 1868–1938 (Fortsetzung: ZAK)
BAC	Bischöfliches Archiv Chur
BM	Bündner (vor 1952: Bündnerisches) Monatsblatt, 1850 ff.
Böhmer-Mühlbacher	Böhmer-Mühlbacher-Lechner, Regesta Imperii 1 (751–918); 2. Auflage 1908, ergänzter Nachdruck 1966
BUB	Bündner Urkundenbuch, bearbeitet von Elisabeth Meyer-Marthaler und Franz Perret, Chur 1955 ff.
Chart. Sang.	Chartularium Sangallense, bearbeitet von Otto P. Clavadetscher, St. Gallen 1983 ff.
CIMAH	Corpus inscriptionum medii aevi Helvetiae, hg. von Carl Pfaff, Freiburg/Schweiz 1977 ff.
DACL	Dictionnaire d'archéologie chrétienne et de liturgie, éd. Fernand Cabrol/Henri Leclercq, 15 vol., Paris 1907–53
DRG	Dicziunari Rumantsch Grischun, 1939 ff.
Du Cange	Glossarium mediae et infimae Latinitatis conditum a Carolo du Fresne, Domino Du Cange... Digessit G.A.L. Henschel... Editio nova aucta... a Léopold Favre, 10 t., Niort 1883–87
EA	Die eidgenössischen Abschiede... 1478–1499. Der amtlichen Abschiedesammlung 3. Bd., 1. Abt., bearbeitet von Anton Philipp Segesser, Zürich 1858 Die eidgenössischen Abschiede... 1500–1520. Der amtlichen Abschiedesammlung 3. Bd., 2. Abt., bearbeitet von Anton Philipp Segesser, Luzern 1869
GA	Gemeindearchiv
Gde., Gem.	Gemeinde
Geschichtsfreund	Der Geschichtsfreund. Mitteilungen des Historischen Vereins der fünf Orte Luzern, Uri, Schwyz, Unterwalden ob und nid dem Wald und Zug, 1843 ff.
HA	Helvetia Archaeologica, 1976 ff.
HBLS	Historisch-biographisches Lexikon der Schweiz, 7 Bde. und 1 Suppl.-Bd., Neuenburg 1921–34
HS	Helvetia Sacra, Bern 1972 ff.
Jb	Jahrbuch
JbHVFL	Jahrbuch des Historischen Vereins für das Fürstentum Liechtenstein, 1901 ff.
JbSGUF	Jahrbuch der schweizerischen Gesellschaft für Ur- und Frühgeschichte, 1909 ff.
JbSLM	Jahresbericht des Schweizerischen Landesmuseums, 1892 ff.
JHGG	Jahresbericht der Historisch-antiquarischen Gesellschaft von Graubünden, 1871 ff.
JSG	Jahrbuch für schweizerische Geschichte, 1–20, 1843–1875; 1–45, 1876–1920
KA	Kreisarchiv
Kdm	Die Kunstdenkmäler der Schweiz, Basel 1927 ff.
Kdm GR	Erwin Poeschel, Die Kunstdenkmäler des Kantons Graubünden (Die Kunstdenkmäler der Schweiz), 7 Bde., Basel 1937–48
LCI	Lexikon der christlichen Ikonographie. Begründet von Engelbert Kirschbaum SJ, hg. von Wolfgang Braunfels, 8 Bde., Rom-Freiburg-Basel-Wien 1968–76
LG	Landesgeschichte
LThK	Lexikon für Theologie und Kirche. Begründet von Michael Buchberger, 2., völlig neu bearbeitete Auflage, hg. von J. Höfer und K. Rahner, 14 Bde., Freiburg i.Br. 1957–68

LUB	Liechtensteinisches Urkundenbuch, bearbeitet von Franz Perret, Benedikt Bilgeri und Georg Malin, 1948 ff.
MA	Mittelalter
MAGZ	Mitteilungen der antiquarischen Gesellschaft Zürich, 1841 ff.
MDT	Materiali e documenti ticinesi a cura di Vittorio F. Raschèr, Lothar Deplazes, Giuseppe Chiesi, Consuelo Johner-Pagnani, Bellinzona 1975 ff.
MGH	Monumenta Germaniae Historica inde ab a.C. 500 usque ad a. 1500, Hannover-Berlin 1826 ff.
Auct. ant.	Auctores antiquissimi
Capit.	Capitula
Conc.	Concilia
DD (Dipl.)	Diplomata
DF I	Die Diplome Friedrichs I.
DH I	Die Diplome Heinrichs I.
Epp., Epist.	Epistolae
LC	Libri confraternitatum
Necrol.	Necrologia
SS	Scriptores
SS rer. Germ.	Scriptores rerum Germanicarum
SS rer. Merov.	Scriptores rerum Merovingicarum
MIÖG	Mitteilungen des Instituts für Österreichische Geschichtsforschung (1923–42: MÖIG), 1880 ff.
Mohr CD	Theodor und Conradin von Mohr, Codex diplomaticus. Sammlung der Urkunden zur Geschichte Cur-Rätiens und der Republik Graubünden, Bd. 1–4, Chur 1848–1865
MVG	Mitteilungen zur vaterländischen Geschichte, hg. vom Historischen Verein in (1919 ff.: des Kantons) St. Gallen, St. Gallen 1862 ff.
NC	Necrologium Curiense, bearbeitet und hg. von Wolfgang von Juvalt, Chur 1867
ND	Neudruck
NDB	Neue Deutsche Biographie, Berlin 1953 ff.
NF	Neue Folge
NZZ	Neue Zürcher Zeitung
QSG	Quellen zur Schweizer Geschichte, 1877 ff.
QW	Quellenwerk zur Entstehung der Schweizerischen Eidgenossenschaft: I. Urkunden, 4 Bde.; II. Urbare und Rödel, 4 Bde; III. Chroniken und Dichtungen, 5 Teile in 4 Bden., Aarau 1953–75
RDK	Reallexikon zur deutschen Kunstgeschichte, Stuttgart 1937 ff.
REC	Regesta episcoporum Constantiensium. Regesten zur Geschichte der Bischöfe von Constanz 517–1496 . . . 6 Bde., Innsbruck 1895–1931
RG	Rechtsgeschichte
RIC	The Roman Imperial Coinage, ed. C.H.V. Sutherland + R.A.G. Carson, Bd. VIII: J.P.C. Kent, The Family of Constantine I, London 1981; Bd. IX: J.W.E. Pearce, Valentinian I – Theodosius I, London 1962
RM	Rätisches Museum Chur
RN(B)	Rätisches Namenbuch, 3 Bde., bearbeitet von Robert v. Planta, Andrea Schorta und Konrad Huber, 1939–86
RQGR	Rechtsquellen des Kantons Graubünden, . . . Sammlung Schweizerischer Rechtsquellen, XV. Abt., Aarau 1959 ff.
RU	Rätische Urkunden aus dem Centralarchiv des fürstlichen Hauses Thurn und Taxis in Regensburg, bearbeitet von Hermann Wartmann, QSG, 10 Bd., Basel 1891
SNR	Schweizerische Numismatische Rundschau, 1891 ff.
STA	Staatsarchiv

STAGR	Staatsarchiv Graubünden Chur
LA	Landesakten
StMGBO	Studien und Mitteilungen zur Geschichte des Benediktinerordens und seiner Zweige, 1911 ff.
SZG	Schweizerische Zeitschrift für Geschichte, 1951 ff.
TG	Terra Grischuna. Zeitschrift für Bündner Natur, Kultur, Tourismus, Verkehr, 1942 ff.
UB	Urkundenbuch
UBSG	Urkundenbuch der Abtei St. Gallen, bearbeitet von Hermann Wartmann, Placid Bütler u.a., 6 Bde. mit Ergänzungsheft, 1863–1970
UBSSG	Urkundenbuch der südlichen Teile des Kantons St. Gallen, bearbeitet von Franz Perret, Rorschach 1961 ff.
UFAS	Ur- und frühgeschichtliche Archäologie der Schweiz, 6 Bde., Basel 1968–1979
VB	Verbrüderungsbuch
VK	Vorromanische Kirchenbauten, Katalog der Denkmäler bis zum Ausgang der Ottonen, hg. vom Zentralinstitut für Kunstgeschichte, bearbeitet von Friedrich Oswald, Leo Schaefer, Hans Rudolf Sennhauser, München 1966
VL^2	Die deutsche Literatur des Mittelalters, Verfasserlexikon, 2., völlig neu bearbeitete Auflage, 1978 ff.
Wagner/Salis	Wagner R. und Salis L.R., Rechtsquellen des Cantons Graubünden, Zeitschrift für schweizerisches Recht, Bde. 25–28, Basel 1887–92
Wegelin, Pfävers	Wegelin Karl, Die Regesten der Benedictiner-Abtei Pfävers und der Landschaft Sargans, Chur 1850
ZAK	Zeitschrift für schweizerische Archäologie und Kunstgeschichte, 1939 ff.
Z Ferd.	Zeitschrift des Ferdinandeums für Tirol und Vorarlberg, 1853–1920
ZGORh	Zeitschrift für die Geschichte des Oberrheins, 1850 ff.
ZRG	Zeitschrift der Savigny-Stiftung für Rechtsgeschichte
Germ.	Germanistische Abteilung, 1880 ff.
Kan.	Kanonistische Abteilung, 1911 ff.
ZSG	Zeitschrift für schweizerische Geschichte, 1921–50 (Fortsetzung: SZG)
ZSKG	Zeitschrift für schweizerische Kirchengeschichte, 1907 ff.

Register der Personen- und Ortsnamen

von Ursus Brunold

Abkürzungen: A = Der Name kommt nur in einer Anmerkung der betreffenden Seite vor, FL = Fürstentum Liechtenstein, Gem. = Gemeinde, GR = Kt. Graubünden, Hl. = Helige(r), Kan. = Kanoniker, Kl. = Kloster, Kt. = Kanton, s. = siehe, SG = Kt. St. Gallen.

Aachen 211
Aarau, Kt. Aargau, Dominikanerinnenkl. 378 f.
Aarburg, von, Thüring 464
Aargau 80, 82, 214, 225
Aba/Ava 189 f.
Abens 96 A
Abyron 328
Adalbert der Erlauchte 188
– Graf 182, 187 f., 195, 198
Adalbertus laicus 189, 208
Adaldiu, Nonne der Fraumünsterabtei Zürich 219, 230
Adalgart, Nonne der Fraumünsterabtei Zürich 219 f., 231
Adalgisus, Benefizium des, in Degen 289 A
Adalgott s. Adelgott
Adalhelm, Bischof 196 f., 202
Adalsind, Nonne der Fraumünsterabtei Zürich 219, 231
Adalung s. St. Vaast
Adaluuic, Nonne der Fraumünsterabtei Zürich 219, 231
Adam, Kleriker 196
Adelgott s. Chur, Bischöfe – Disentis, Äbte
Adolf von Nassau, König 322, 396
Ahaschwerosch, Perserkönig 595, 604
Aimo s. Chur, St. Luzi, Pröpste
Airolo, Kt. Tessin 429
Albert, Kan. von Chur 336, 338, 343
– von Igis, Kan. von Chur 343
Albisforst, Kt. Zürich 211
Albo, Chorherr von Lindau 342
Albrecht, König 369
Albula, Fluss 313 – Pass 326
Alcantara, de, Alfons Johannes, Churer Kleriker 499 A
Alemanni (Alam-), Alemannen, alemannisch 92, 93 A, 106, 117, 138, 146, 183, 187, 316 – ducatus 212, dux 187 – Alemannien 187, 191 ff., 196, 200, 208 f., 223, 227 – Annales Alamannici 185
Alig, Balzer, Pfarrer von Vrin 632

Alkuin 201
Allůg, Gem. Valendas 57
Alpen (Alpes) 192
Alpirsbach, Kl. 318
Altemannus de Medel 414 A, 430
Altenstadt bei Schongau (Bayern) 619
Altenstadt (Vorarlberg), Beginen 380 f. – Dominikanerinnenkl. 380
Altheus-Reliquiar in Sitten 71, 80 A
Altstätten, von, Eglolf 354
Alvaneu GR 455 A
Alvaschein (Aluisinis) GR 328 s. auch Prada
Ambundii, Johannes s. Chur, Bischöfe
Amelia, Bischof von 372
Amico, Abt von Murbach 84 A
Ammerschweier (Elsass) 227
Amseller, Johannes, Kan. von Chur 507 ff.
Andeer GR 38, 42
Anderach 527
Andiast (Andest) GR 303 A – von, Albert 283 A, 294
Andlau, Kl. 223
Aeneas 242
Anhuser, Johannes s. Embrach, Thesaurar
Anna, Hl. 158
Antigorio, de, Bartolomeus 423 A, Nicolaus 423 A, Peter 423 A
Antiochia 28
Appenzell, Kapuzinerkl. 630
Appenzellerkriege 450, 453, 551
Apricapass 552
Aquila, Kt. Tessin 414 A, 425
Aradura, Gem. Degen 57
Aradyra, Gem. Uors/Peiden 57
Arbedo, Schlacht bei 423
Arbon, Kt. Thurgau 496, 504
Ardüser, Hans, Maler 475
Arnold, Kastvogt von Schänis 81
– von Brescia 553
Arnolf 184 – Bayernherzog 185
Arnulf von Kärnten, König 214
Arosa s. Ramoz

Aschaffenburg 619
Aspermont, Burg, Gem. Jenins 452 – Herrschaft 442f., 445, 573f. – von, Eberhard 442, Egilolf 297, Swiker, Kan. von Chur 336, 338, 343, Ulrich 442ff.
Attigny, Vertrag von 224
Attinghausen-Schweinsberg, von, Thüring s. Disentis, Äbte
Auer, Ernst s. Gurk, Bischöfe
Augsburg 527, 530A, 533 – Bistum 317f., 499A – Bischöfe: Friedrich von Hohenzollern 530, 532f., 540
Augustinus, Hl. 236, 244, 377 – Regel 367, 370, 372, 377
Augustus, Kaiser 9
Auxerre, Kl. Saint-Germain 79
Azmoos SG 55
Azzo, Benefizium des 94A, 325

Babel, Johann Baptist, Bildhauer, aus Einsiedeln 629
Bad Ragaz SG 34, 531f. – St. Leonhard 519 – St. Pankratius 120 – von, Johannes Andreas 518
Baden, Kt. Aargau 530, 574
Baldenstein, Burg, Gem. Sils i.D. 356, 359, 361
Balthilde, Königin 79
Balzers FL 25f., 36, 38, 445, 451 s. auch Gutenberg, Runder Büchel
Bärenburg, von, Bartholomäus 358, Simon 356, 358
Bargaira, Gut 306
Barlotta, Heinrich, Mistral der Cadi 430
Bartholomäus, Kan. von Chur 493, 496
Basel 55, 317 – Bistum 346 – Bischof: Heito 202, 204 – Domherren (einzelne) 497 – Dominikanerkl. 374, 376 – Konzil 494f., 500, 507, 576 – Münster 482
Baulmes, Kt. Waadt 71A, 76A
Beaulieu-sur-Dordogne 245
Beck, Johannes 510
Beckeman, Heinrich, päpstl. Kuriale 504
Bedrettotal 420, 423
Beeli, Hans, Ammann in Davos 469A, Ulrich, Ammann in Davos 455A, 458
Beginen 366f., 371, 378–381
Behemoth, Ungeheuer 236
Bek s. Pekk
Belfort, Burg, Gem. Brienz 442, 448, 449A, 454, 459, 461, 463
Bellazun, Rudolf s. Chur, Domdekane
Bellina, sesshaft zu Ems 444
Bellinzona, Kt. Tessin 413, 415f., 419, 426, 551

Belmont, Gem. Flims, Flurname 42 – Burg 108, 272, 275, 278, 280A, 284
– Freiherren von 271–309, 425, 568, Stammbaum 307
 Adelheid (verheiratet von Montalt) 272A, 278A, 281A, 302, 305f. s. auch Montalt, Albert 292ff., 296A, Anna 291A, 305, Heinrich I. 274, 275A, 292ff., Heinrich II. 281, 292f., 294ff., 298, Heinrich III. 290ff., 295–300, 309, 358, Johannes 272A, 279f., 282, 290f., 297, 299–303, 305, 309, 421, Konrad s. Chur, Bischöfe, Lütfried 274f., 291f., Rudolf I. 294, Rudolf II. 290, 297, 299f., Ulrich Walter 272A, 278A, 280A, 282, 284, 291A, 302–306, 309, Walter 283, 294, 358, 425
Bendern FL 114, 117, 319–324
Benedikt, Hl. 632 – Regel 367
– Sohn Walfreds 98
Bentz(en), Johannes, Churer Kleriker 499A
Benz N. 569f.
Bergamo 552f.
Bergell, Tal 326, 451
Bergün/Bravuogn GR 59, 61 s. auch Latsch
Bern 481, 535f. – Dominkanerkl. 374 – Berner Prudentius 239f.
Bernhard von Clairvaux, Hl, 311, 628, 632
– Friedelsohn Kaiser Karls III. 185
– vasallus comitis (Adalberti) 272
Bernhardin von Siena, Hl. 553
Bernheri s. Worms, Bischöfe
Berninapass 552
Bernold s. Strassburg, Bischöfe
Bero, Aargaugraf 481
Berold, Priester 213, 221
Beromünster, Chorherrenstift 69–82, 481, 496 – Chorherren (einzelne) 346
Berschis SG 14, 42, 94
Berta, Äbtissin der Fraumünsterabtei Zürich 213, 220f., 227f.
– von Hochburgund 187
Berthold s. Chur, Bischöfe
Bertold (2) 184, 214
– Graf im Vinschgau und Engadin 185
Bertram s. Le Mans, Bischöfe
Bestholomeno, de, Oltemannus, Dr. iur., von Curaglia 414A
Biasca, Kt. Tessin 411, 415f., 424f., 428, 436
Biberbach (Landkreis Wertingen), Burg 391
Biberegg, von, Konrad s. Chur, Bischöfe
Bichlbach bei Reutte im Tirol 622, 626
Bichwil, von, Heinrich, aus Lichtensteig 452, 453A
Biel, Kt. Bern 55

Bingen 392
Birgitta von Schweden, Hl. 624, 634
Bischofslack (heute Škofja Loka, Slowenien) 401, 403f.
Bischofszell, Kt. Thurgau, Chorherrenstift 347
Bivio GR 326, 451 – St. Gallus 585
Blarer, Diethelm, Kan. von Chur 504, Johannes, Magister 393
Bleniotal 292f., 296, 411–416, 419, 421, 424ff., 428ff., 433–439
Bludenz 574 – St. Peter 371ff.
Bochingen 395
Bodensee 23, 131
Bodman, von, Johann 444f.
Boffetto (Veltlin) 551
Bologna 290, 292, 295, 374, 393–396, 398–401, 498
Bonaduz GR s. Bot Bonadisch, Bot Valbeuna
Bonifaz VIII., Papst 322, 405
– IX., Papst 385, 493, 497, 500
Borghexani, Ugo, Notar 396
Bormio (Veltlin) 56, 451 A, 534, 550
Bosch, Johannes 501
Bot Bonadisch, Gem. Bonaduz 14, 31
Bot da Loz, Gem. Lantsch/Lenz 4, 14, 31, 34, 36
Bot Valbeuna, Gem. Bonaduz 14, 32, 34, 36, 42, 44
Brandis, Herren von 283, 464f., Ortlieb s. Chur, Bischöfe, Wolfhart V. 459 A, 463
Brederis bei Rankweil 382 A
Bregenz 23, 336, 338, 345, 393 – Kl. 345
Bregenzer, Laurent, aus dem Schanfigg 469
Breil/Brigels GR 63, 304 – St. Eusebius 584 – s. auch Dardin
Breisach, Altar 631
Bremgarten, Kt. Aargau 574
Brescia 290, 300, 549–557 – Kl. San Salvatore/Santa Giulia 187f., 223
Brienz GR s. Belfort
Brinegg, von, Heinrich 295
Britio, de, Johanollus, von Locarno, Notar 435, Monetus 435, Nicholle 435, Steffanus, von Locarno, Notar 435
Brixen, Domherren (einzelne) 497, 499
Brun, Johannes, Kleriker von Konstanz 498
Brunman, Konrad, Vogt zu Maienfeld 452ff.
Bruschius, Kaspar, Humanist 516, 526f., 535
Brusio GR 552
Bünden, in den, Hildebrand, von Selkingen 620
Burch, Burg, Burge s. Pleif
Burgauer (Burgower), Bartholomäus, Chorherr von Zurzach 505, Ulrich, Kan. von Chur 496f.

Burgkmair, Hans, Maler 624
Burgund 187, 191
Burkard (II.), Graf 131
– I., Herzog von Schwaben 187, 214
– Leutpriester 323
– Markgraf in Rätien 181–209
– s. Chur, Domkustoden
Burkardinger 182, 185
Burkhard, Burckli, von Untervaz 575
Burschl in Landeck 626
Bürser, Heini 451, Hermann s. Chur, Domdekane
Burvagn, Gem. Cunter 4
Buschin, Klara 387
Buttino, Wüstung, Gem. Ghirone 438
Buwix, Heinz, Vogt zu Maienfeld 454 A

C., Chorherr von Lindau 342
Cadi 411–415, 418, 422f., 429f., 432, 438f.
Cadra, Gem. Riom 14, 32, 36, 38, 42, 44
Cäcilia, Hl. 372
Cafraniga, von, Ulrich Gallus, von Sevgein 284 A
Cagli, Bischof von 372
Caldararius, Johannotus, von Buttino 438
Calfreisen GR 42
Camadringes, Gut, Gem. Cumbel 284 A, 290 A
Camauritzi, aus Valens, de, Johann 517f., Walter 517f.
Camguna s. Cangina
Campell, Ulrich, Chronist 50, 516, 528 A
Cangina, Gem. Flims 279, 304f.
– (Camguna), Gem. Sagogn 53f.
Canpatigna 438
Cantuzono, de, Vinzentius 430
Capaul, von, Hans 567 A
Caramamma, Albert 354, Hiltrud 354, Walter 354
Cardell, Frick, von Ragaz 519, Matthias, Kaplan und Pfleger von St. Leonhard bei Ragaz 519
Carlett, Familie 517, der jüngere, Bürger zu Chur 519, Karli 518f.
Carschlingg, Gem. Castiel 6, 13f., 30f., 40, 44, 112
Casaccia, Sust, Gem. Olivone 413
Casätsch, Eberhard, Ammann in Schiers 455 A
Cassero 415
Cassian, Hl. 148, 157
Cassiodorus 237
Castelberg, Familie 349, 571
Castelmur, Burg, Gem. Bondo 326, von, Hartmann, Kan. von Chur 509

Castels, Burg, Gem. Luzein – Gericht 442f., 455, 459, 462A, 467
– Gem. Mels 14, 32, 42
Castiel GR s. Carschlingg
Castrisch (Castris, Cåstris, Castrisis) GR 272f., 276, 279, 283, 286, 289, 291, 300, 302, 575 – Burg 272A, 279, 280A, 281, 305 – Meierhof gen. Frauenberg 281, 305 – St. Georg 279f., 305 s. auch Sessafret – Herren von 272, Ritter von 272, 275, A. (Ritter) 272, Albert 274f., Heinrich 274f., Hugo 274, Konrad 274f., Liutfridus 274f., Rainardus 273f., 275A, Ulrich (Ritter) 295
Castrorupto, de, Iacobus, von Locarno 434, Zaninus 434
Cazis GR 43 – Kl. 84A, 312f., 320 – St. Martin 106 – s. auch Cresta, Niederrealta
Cerrus, Albertus, von Airolo 429
Cesarini, Giuliano, Kardinalpriester 511
Chagodino, de, Zanes 437
Cham, Kt. Zug 221, 223A
Chapella bei S-chanf, Hospiz 377
Chiasso, Kt. Tessin 419
Chiavenna 550f.
Chlodwig II., König 79
Christo, de, Zelinus 422
Christophorus, Hl. 244
Chrodegang von Metz 225
Chunigund, Äbtissin der Fraumünsterabtei Zürich 184, 214, 226
Chur
– Bistum 96f., 106, 117, 129ff., 195–199, 205f.
– Kathedrale 44, 206f., 234, 275A, 279A, 290f., 295ff., 299f., 343, 398, 493–513, 585f., Altäre: Allerheiligen 575, Hl. Konrad 290, 297, Hl. Johannes und Jakob 345, Hl. Maria Magdalena 290, 297, 304, 305A, Kapelle: St. Laurentius 505, 509
– Bischof (der) 84A, 93A, 130f., 146, 196, 205, 272, 281, 284ff., 289, 295, 305f., 326, 357f., 360, 373, 413, 443, 449ff., 457
– Bischöfe: Adelgott 311–329, Antonius de Tosabeciis 494, Arnold im Matsch 323, Berthold I. 293, Berthold II. von Heiligenberg 296, 297A, 322, 326A, 354f., 373, 404, Constantius 130, 189, Egino 317f., Friedrich I. von Montfort 296, 326A, 372, 390, 392f., 396, 400, Hartbert 186, Hartmann I. 82, Hartmann II. von Werdenberg-Sargans 373, 444, 493, 496, 500, 510, 574, 577, 579, Heinrich I. 316ff., Heinrich III. von Montfort 294f., 323, 345, 367ff., 370, 373f., 379, 390, 395, Heinrich von Hewen, Administrator 494, 510, 550, 575, Johannes I. Pfefferhard 290A, Johannes II. Ministri 493, 496, Johannes III. Ambundii 333A, 493, Johannes IV. Naso 444, 494, 500f., 506f., 509f., 559, 566f., 573ff., 576f., 579, Johannes VI. Flugi von Aspermont 299, 381, Konrad I. von Biberegg 317f., Konrad II. 318, Konrad III. von Belmont 281A, 290f., 293, 295ff., 298f., 309, 326, 352, 357, 374ff., Konrad von Rechberg 494, Leonhard Wismair 494, Norbert 317f., Ortlieb von Brandis 282, 299, 373, 386, 494, 567A, Peter I. Gelyto 148, 157, Peter Raschèr 386, Remedius 130, 189, 200–204, 208, Rudolf III. von Montfort-Feldkirch 390, 392, 406, Siegfried von Gelnhausen 135, 333A, 355, 376f., 405f., Tello 53, 59, 61, 94, 108, 129f., 136, 145, 189, 208, Ulrich II. von Tarasp 318, Ulrich IV. von Kiburg 322f., 332, 334, 340, Ulrich V. Ribi 280, 282A, 300, 356, 368, 373, 510, 566, Viktor III., 86f., 95, 130, 193, 197f., 204f., 207, Volkard von Neuburg, 334–338, 340f, 345f., 373, Waldo 145, Wido 318
– Weihbischöfe: Dietrich, episc. Siginensis 385, Johannes Nell 381, 386, Johannes von Litauen 368, 370, 376, Stephan Tschuggli, Bischof von Bellina 157
– Richter der Kirche 380
– Generalvikare: Burkhard Lässer 510, 512, Heinrich Egghard 506f., Rudolf von Montfort 496
– Domkapitel 331–348, 351, 357 – Domherren (einzelne) 292, 294f., 297A, 334f., 336–338, 340–348, 393, 396, 408, 493–513
– Dombibliothek 331
– Dompröpste: Burkhard von Wittinbrunn 332, 335ff., 338, 340–346, 348 Egino 328, Heinrich von Montfort 390, 392, 404ff., Konrad von Hohenrechberg 509, 512, Rudolf von Werdenberg-Sargans 503f., 508, 512, 576, Wilhelm von Montfort 332, 334
– Domdekane: Rudolph Bellazun, 499A, 500–503, 505f., Hermann Bürser, 502, 574, Egino 328, Hartlieb von Wil 340A, Heinrich 336, 338, 340, Rudolf von Trostberg 499–503, Ulrich von Montfort 348
– Domkantore: Hermann 344, Otto 336, 338, 340
– Domscholaster: Eberhard Thumb von Neuburg 348, Egino 328, Johannes Luprecht 499A, Peter Schluchler 505f., Walter von Reutlingen 336, 338, 347f.

- Domkustoden: Berthold Ringg 497, Burkhard 336, 338, 346, Walter Kotmann 498
- Kirchen und Klöster: St. Hilarien, Kl. 323 – St. Luzi, Kl. 85A, 271, 290, 293, 297, 299, 304, 311–329, 446A, Pröpste: Aimo 311f., Heinrich I. 322, Hermann 322 – St. Luzi, Priesterseminar 585 – St. Martin 106, 508f., 586 – St. Nicolai (Predigerkl.) 298, 368, 372–380, Prior: Konrad 373 – St. Regula 124 – St. Salvator 282, 297A, 299 – St. Stephan 44, 118 – Spital St. Martin 311, 326, 328
- Churer Weltgerichtspiel 583–615
- Churer Fehde (1413) 450f.
- Stadt, 3, 6–15, 74A, 131, 200f., 204, 279, 282, 292, 319f., 415, 417, 458, 460, 467, 469, 532, 538, 553, 577 – Bürger (einzelne) 519, 575, Vogt 304, 573f., Zoll 354 – Haus Gretschins, zu Salas gelegen 304, Hof 8, 10f., 13f., 40, 42, 44, Königshof 272, Oberer Markt 575, Sennhof 6, Welschdörfli 5f, 8ff., 13f., 31, 34, 36, 38, 40, 42, 44

Churwalchen (Crualla, Curwalhen, Kůrwalchen) 287, 421, 422, 432, 434, 436f., 439, 459, 546f. – comes Curiensis 181, 184, 193, 197, ducatus Curiensis 191A, 192, dux in Rixcia 191f., 196, marchio Curiensis Raetiae 181, rector Curiensis 192

Churwalden 444, 455f., 463 – Kloster 293, 354, 447A, 449A, 452, 467, 584, Pröpste: Berthold II. 298, Konrad III. 447A, Swiker 343 s. auch Vallůla

Clanx, von, Heinrich III. 295A
Clara von Freiburg 305
Claro 417A
Clemens IV., Papst 494
- V., Papst 380
- VII., Papst 496
Clericus, Ubertinus dictus, von Gnosca 417A
Clugin GR 56
Clus, Gem. Zizers 57
Clůs Katzett, Gem. Ilanz 57
Cola di Rienzo 553
Colmar 631 – Dominikanerinnekl. Unterlinden 628
Comacchio 76A
Como, Bischöfe 193, 197, Ubertus 335 – Dominkanerkl. 377f.
- Podestà 294, 358 – Comersee 551
Compiègne, Reichstag von (823) 81, 197
Cŏno, Cůno 312, 328
Conrad, Hans, Ammann im Schanfigg 455A

Conradus, dux Raeticarum vel Jurensium 186f., 192
Constans, Kaiser 28
Constantius s. Chur, Bischöfe
- II., Kaiser 28
- Vasall, in Sargans 326
Cotesdiu, Nonne der Fraumünsterabtei Zürich 219, 230
Cotist(h)iu, praeposita der Fraumünsterabtei Zürich 214
Cramer, Johannes, Konstanzer Kleriker 505
Crap Sogn Parcazi, Gem. Trin 40
Crastuoglia, Gem. Scuol 42f.
Cresta, Gem. Cazis 14, 31, 34
Cresta, Hans, Ammann im Schanfigg 455A
- Jos, Amann in Castels 455A
Crevegnia, de, Petrus 423
Crimlind, Nonne der Fraumünsterabtei Zürich 219, 231
Croja, Bischof von 372
Croquerus, Paulus, Hauptmann, Arzt 536
Cultura, Gem. Maienfeld 57
- Gem. Morissen 57
- Gem. Zizers 57
Cumbel GR 60, 63, 276, 297 s. auch Camadringes, Liginas
Cuno, Kan. von Chur 336, 338, 344
Cunter, Kirche S. Carlo Borromeo 585 s. auch Burvagn, Gultüra
Curaglia, Gem. Medel (Lucmagn) 414A
Curwalhen s. Churwalchen
Cysoing (Flandern) 100A

Dal, Gem. Vaz/Obervaz 292
Dalen, Andreas 502f.
Dalin, Gem. Präz 56, 60
Dalvazza, Gem. Luzein 459
Dante Alighieri 399
Danter mûre 57
Danusa, Leute von 452
Dardin, Gem. Breil/Brigels 57, 63
Dathan 328
David, König 236, 238f, 603
Davos GR 442, 446, 448f., 451, 455, 458ff., 461, 463, 466ff., 479
Decurtins, Karl, Benediktinerpater von Disentis 632ff.
Degen GR 40, 60, 276, 289A s. auch Aradura, Valula, Wallülla
Della Torre, Familie 429, Betollo, von Mendrisio 428, 434ff.
Demont, Gieli, Pfarrer aus dem Lugnez 632
Dieburg (Hessen) 299

Diessenhofen, von, Heinrich Dapifer, Kan. von Chur 497f., Johann Itelhans Dapifer, Kan. von Chur 499
Dietmar, Kan. von Chur 336, 338, 342
Dietrich s. Chur, Weihbischöfe
Diotpric, Nonne der Fraumünsterabtei Zürich 219, 231
Disentis GR 139 s. auch Cadi – Kloster 84A, 94, 108, 145, 181, 303f., 354, 409, 414f., 417f., 420f., 424, 426, 428–431, 559f., 568, 577 – Äbte: Adalgott 311, Heinrich 411, Johannes Mallader 421, 426, 432, Petrus von Pontaningen 430, 567, 574, 576f., 579, Thüring von Attinghausen-Schweinsberg 300 – St. Johann Baptist 584, 615 – St. Plazimarkt 414A
Dode, Guilielmus 429
Domat/Ems (Amidis, Amedes) GR 276, 279A, 282, 287, 290, 297, 299, 306A, 426, 444 – Burg 278f., 280A, 281, 295, 298, 303, 305 – St. Johann Baptist 584 – St. Peter 124 – Schlacht bei 281, 295, 298 – s. auch Mala veschiga
Dominikus, Hl. 364, 368, 370, 372, 377, Dominikanerorden 363f. 366–381
Domleschg 285A, 359
Domodossola 421
Donau, Fluss 64, 192, 200
Donnersdorf 512
IV Dörfer 417
Douai 245
Drausius s. Soissons, Bischöfe
Duranna, Alp im Prättigau 446
Durgowe s. Thurgau
Dusch, Gem. Paspels 43, 478
Duvin GR 56, 60, 304

Eberhard
– der Erlauchteste, Graf 214, 225f.
– von Friaul 188
– Notar, Kan. von Chur 335f., 338, 344
– s. Salzburg, Bischöfe
Ebroin, Hausmeier 79
Echinger, Stephan, Konstanzer Kleriker 499A
Echte, de, Johannes, Mainzer Kleriker 509
Eckingen, de, Porphirius 510
Egg (Vorarlberg) 393
Egghard, Heinrich, Kanzler Bischof Joh. Nasos von Chur 501ff., 506f. s. auch Chur, Generalvikare
Egghardi, Konrad, Kan. von Chur 505
Egino, Bischof 204
– s. Chur, Bischöfe, Dompröpste, Domdekane, Domscholaster

Eidgenossenschaft, Eidgenossen 420, 423f., 528, 531, 551, 553
Einsiedeln 418, 532, 620, Kl., Äbte: Nikolaus Imfeld 630
Elisabeth von Herkenrode, Hl. 634
Ellenbog, Bernhard, päpstl. Kuriale 507
Elsass, elsässisch 55, 186, 191, 193, 196, 214, 221, 224–227
Embrach, Kt. Zürich, Propstei 500, Propst: Konrad 334–337, 340f., 345f., Thesaurar: Johannes Anhuser 499
Emicho s. Freising, Bischöfe
Emps, von, Johannes, Kan. von Beromünster 499A
Ems s. Domat/Ems
End, von, Wilhelm 444
Engadin 49, 60, 185f., 577
Engelbrecht, Philipp, Humanist 538
Engen in Baden 538
Engila, Nonne der Fraumünsterabtei Zürich 219, 231
Engildrud, Nonne der Fraumünsterabtei Zürich 219, 231
Engilfrit, Nonne der Fraumünsterabtei Zürich 219, 230
Ensisheim 540, 574
Erchanger 183f., 214, 227
Erfurter Chronik 611
Ermengard, Ehefrau Ludwigs des Frommen 223
Eschen FL 105–128 s. auch Malanser, Schneller
Eschenbach, Kt. Luzern, Kl. 628f.
Eschental 422f., 551
Eschnerberg FL 105
Ester, Jüdin 595, 604
Etruskisch (Sprache) 63
Eugen III., Papst 312, 328
– IV., Papst 510, 576
Eusebius, Rekluse 381f.

Faido, Kt. Tessin 423
Falera GR 284, 354
Falerune, Vallis 275
Falkenstein, Burg, Gem. Igis 442
Falleruns, Meierhof 275
Fanas GR 462
Fano, Bischof von 372
Fardün (Farden) GR 56
Farssli s. Vaistli
Feldis/Veulden GR 57
Feldkirch 125A, 382, 398, 524, 532 – Johanniterkommende 371
Felix und Regula, Hll. 211

Felsberg GR 32, 275 A, 426 s. auch Tgilväderlishöhle
Feuchtmayer, Josef Anton, Bildhauer 629
Fidaz (Vidatz), Gem. Flims 278 f., 280 A, 289, 306
Fideris GR s. Strahlegg
Fiemme im Etschtal 64
Filisur GR 61
Fläsch GR 444 f., 451, 463, 465 s. auch Luzisteig, Matluschkopf
Flavius Valila, kath. Gote 97 A
Flaz, nicht lokalisiert 287
Flims GR 49–68, 276, 278–281, 288 f., 425 s. auch Cangina, Fidaz
Flonheim (Rheinhessen) 91 f.
Florinus, Hl. 85 A, 132, 146, 148, 157 f., 186, 586
Flugi von Aspermont, Johannes s. Chur, Bischöfe
FLUMEN, Namentypus 51–53
Flummis, Gem. Untervaz 50, 53
Flums (Flumenes, Flumines) SG 14, 38, 53 f., 92–96, 100, 144, 287 ff., von, Familie 354, Ulrich 296, 354 f., 358, 376
Folcwin, Abt von Laubach (Lobbes) 186, 188, 223 A
Folz, Hans, Nürnberger Meistersänger 522, 545
Folzeriis, de, Guarischus, von Vendrogno 437, Johannolus, Notar 437
Fontnas, von Haintz, Vogt zu Maienfeld 445 A, 454 A
Foppa (Gruob) 271, 282 ff., 285 f., 415, 426, 430, 438 f.
Formazzatal 420, 422 f.
Fossato, de, Baldiziolus, von Locarno 434, Jacobus 434
Fracstein, Burg, Gem. Seewis 443
Franken, Frankenreich 83, 86, 130, 145
Frankfurter Hoftag (823) 197 f., 206 f.
Franziskus, Hl. 364, 366, 625 – Franziskaner(innen) 363 f., 366 f., 381–387
Frauenberg, Freiherren von 273 ff., 276 A, 279 ff., 283 f., 352, Heinrich 295 A, 296
Fraundau, Propstei 347
Fraus, Claus, genannt Claus Schriber von Ilanz 568 f., 575 f.
Freising 400–404, 408 – Bischöfe: Emicho 400, 404, Konrad Wildgraf 402 – Dompropst: Gerhard 404
Friedau, Burg, Gem. Zizers 445 A
Friedrich Barbarossa, Kaiser 287
– II., König 312, 322, 328 f., 333, 373, 524, 528 A

– III., Kaiser 459
– der Freidige, Landgraf von Thüringen 608, 611
Frienburg, von, Heinrich 395
Frienisberg, Kl. 346
Fries, Laurentius, Strassburger Arzt und Humanist 522, 524
Friesach (Kärnten) 374
Fry, Burkhard, Kan. von Chur 511
Fryberg, Herrschaft 302, 427 – Freiherren von 273 ff., 276 A, 352, Friedrich 281, 295 A
Ftan GR 282, 293, 295
Fürstenberg bei Burgeis 298
Furkapass 420 f.
Fussach (Vorarlberg) 384

Gabriel, Erzengel 590
Gachnach, de, Conradus 499
Galgenen, von, Heinrich, Prediger des Kl. Zürich 367 A, 369
Gallien 10, 101
Gallisch (Sprache) 54, 63
Gallus, Hl. 482
Gamprin FL 36, 43, 125 A
  s. auch Lutzengüetle, Malanser, Schneller
Gasser, Achilles Pirmin, Arzt und Humanist 527
Geiler von Kaisersberg, Prediger 540
Gellone, Sakramentar 627
Gelnhausen, von, Siegfried s. Chur, Bischöfe
Gelyto, Peter s. Chur, Bischöfe
Genf, Dominikanerkl. 374
Georg von Ravenna, Erzbischof 223
Gerhard von Cremona 295
– s. Freising, Dompröpste
Germanisch (Sprache) 63 ff.
Gero von Sachsen, Markgraf 186
Gerokreuz 619
Gertrud von Helfta, Hl. 632
Gestratz (Landkreis Lindau) 393
Ghibellinen 132
Gianiel, Nicolaus, Dekan 155, 170 f.
Giornico, Kt. Tessin 415
Gisela, Kaiserstochter († 864) 188, 223
Glareanus, Heinrich Loriti, Humanist 538
Glarus 414 A, 417–420, 426, 454 A
Gleminus, Guilielmus dictus 438
Glurns (Vinschgau) 293
Gnosca, Burg 416 f.
Golckah, Johannes, Konstanzer Kleriker 499 A
Goldsund, Jodocus, Churer Kleriker 499 A
Goms 62
Gonzen 26 f.
Görz-Tirol, von, Meinhard II. 294, 298

Gorduno 416, 417 A
Gossau SG 497
Gossembrot, Georg, aus Innsbruck 528 f.
Gotteshausbund 417, 550 f.
Gottfried s. Münster i. Gregoriental, Äbte
Gotthardpass 415 f., 419 f.
Gozpert, Graf 217 A
Grabs SG 387
Graifarius 77 A
Gräther 453
Grauer Bund 417–419, 426, 550, 574
Gravedona 551
Graver, Hans, Ammann zu Ilanz 575, Heinz 575
Gregor, Kirchenvater 589
– IX., Papst 333, 335, 342, 346, 373
– von Tours 101
Greifensee, von, Heinrich 295 A, Heinrich, Kan. von Chur 508
Greifenstein, Burg, Gem. Filisur 357, Freiherren von 273 f.
Greinapass 415, 425
Grepault, Gem. Trun 13 f., 31, 44, 118
Gretschins, Gem. Wartau 118
Grimmenstein, Kl. 384, Priorin: Anna Meyer 385
Grünenfels, Burg, Gem. Waltensburg/Vuorz 303, 306 A, von, Albert 354, Konrad 295 A, Heinrich 354
Grünewald, Matthias, Maler 624, 631
Gruob, in der, Hans Ammann von Klosters 455 A
Gruob s. Foppa
Grüsch GR 462
Guarda GR s. Patnal
Gubo 185
Guggenbichler, Meinrad, Bildhauer 630
Gugler 80
Guido de Baisio, Kanonist 396, 399
Guler von Wyneck, Johannes 534 f.
Gultüra, Gem. Cunter 57
Gumfred 98
Gundelfingen, von, M. 391
Gunderscher, Otto, Konstanzer Priester 499 A
Gurk, Bischöfe: Ernst Auer 497, Walter 293
Gutenberg, Gem. Balzers 14, 32, 43

Habach, Kl. 317
Hadrian IV., Papst 316
Hagendorn, Johannes 505 f.
Haldenstein 14, 31, 40, von, Familie 359, Bernhard 358, Elisabeth 306, Ulrich 278 A, 355, 359, 445 A, 454 A
Haldner, Frick, Schuhmacher in Chur 575

Hallwil, von, Johannes 278 A
Halonnei, Johannes, Konstanzer Kleriker(?) 499 A
Hanau, Grafen von, Philipp der Ältere 527
Harprhet (versch.) 216 f., 219
Hartbert s. Chur, Bischöfe
Hartlieb, Johannes, aus Bayern 520
– von Wil s. Chur, Domdekane
Hartmann s. Chur, Bischöfe
Hartwig 358
Hauen, Heinz mit der, von Buchhorn 304
Hauenstein, Burg 480
Hechingen 533
Hegner, Sebastian, Mönch des Kl. Rüti 482
Heidelberg 504
Heiligenberg, Grafen von, Berthold III. 297 A, Berthold s. Chur, Bischöfe
Heilrat, Nonne der Fraumünsterabtei Zürich 219–221, 230
Heinrich I., König 186 f.
– VI., Kaiser 322
– VII., König 299
– s. Chur, Bischöfe, Domdekane – Chur, St. Luzi, Pröpste – Disentis, Äbte
Heinz, Janett Jan, Ammann von Klosters 455 A
Heinzenberg 359, 426
Heistolf s. Mainz, Erzbischöfe
Heito 198 s. auch Basel, Bischöfe
Held, Hans, Ammann zu Langwies 455 A
Helory, Ivo 399
Helvetier 12
Hemma, Gemahlin Ludwigs des Deutschen 220
Hemmerli, Felix, Chronist 519–522, 525, 542 ff.
Herbertingen 392
Herblingen, von, Heghebertus 395 f., Konrad 396
Heresind, Nonne der Fraumünsterabtei Zürich 219, 229, 231
Hergiswald ob Kriens, Kt. Luzern 622, 624
Heriger 288
Herkommer, Johann Jakob, von Füssen, Architekt 626
Herloin 130, 193, 205
Hermann I., Herzog von Schwaben 214
– s. Chur, Domkantore – Chur, St. Luzi, Pröpste
Hermannus clericus 344
Herodes, König 239 f., 589
Herrad von Landsberg 238
Hesse, Johannes, Paderborner Kleriker 501 f.
Heudorf 392
Hewen, von, Friedrich 575, Hans 575, Heinrich s. Chur, Bischöfe

Hieronymus, Kirchenvater 589
Hilarius von Poitiers, Bischof 243
Hildanus, Wilhelm Fabricius 528A, 529, 535–538
Hildegard, Äbtissin der Fraumünsterabtei Zürich 211–213, 216, 218–221, 223, 227f., 230
– Königin 189f., 199
Hiltibold s. Köln, Bischöfe
Hiltibruc, Nonne der Fraumünsterabtei in Zürich 219, 230
Hiltrud, Nonne der Fraumünsterabtei Zürich 219f., 231
Himildrud, Nonne der Fraumünsterabtei Zürich 219, 221, 231
Hiob 236, 241, 245, 589
Hitta, Itta (2) 189f., 199, 208
Hoff, von, Jakob 575
Hoflich, Conrad 500f., 504
Hohenrechberg, von, Wilhelm s. Chur, Dompröpste
Hohenzollern, von, Friedrich s. Augsburg, Bischöfe
Homburg 347
Honorius 325
– Kaiser 28
Hornstein, von, Ludwig, Kan. von Chur 501, 509
Hosang, Anton Maria, Pfarrer 155, 172
Hospental 422, von, Johann 428, Nikolaus 422
Hötzli, Lorenz 148, 154
Huber, Rudolf, Kirchherr von Ilanz 575
Hucbert von Saint-Maurice d'Agaune 186
Hug, Anna, aus Feldkirch, Begine 384A
Hugo, Sohn Lothars II. 224ff.
– von Tours 190
Humfredus laicus 189f., 208
Hunfrid, Graf im Zürichgau 182, 187
– Markgraf von Istrien, Graf in Rätien, 81, 130, 181–209
Hunfridinger 131, 181–209
Hutten, von, Ulrich 538, 540
Huuc 189f.

Igels s. Degen
Igis GR 343, 445A, – von, Albert, Kan. von Chur 343, s. auch Falkenstein Marschlins
Ilanz (Glannt) GR 285f., 306, 357, 360f., 425, 439 – Gericht 283f. – Klosterhof 559–582 – St. Martin 108 – s. auch Clůs Katzett, Mayria Martzscha
Iltikart 229
Imboden, Gem. Tamins 40, 42

Imfeld, Nikolaus s. Einsiedeln, Äbte
Ingelram VII. von Coucy 80
Ingrammus 224
Innozenz III., Papst 322
– IV., Papst 346f., 372f.
Innsbruck 320, 528
Inntal 296
Interligna, de Albertus, Podestà von Como 294A
Iren 381
Irmingard, Gemahlin Ludwigs des Frommen 224
Isanbard, Sohn Warins 189, 208f.
Isen, Kollegiatstift 389, 401ff., 408
Isidor von Sevilla 234
Island 89
Istrien 81, 184, 187, 193, 201
Italien 10, 131, 184, 191–193, 200f., 204, 207, 242, 418f.

Jakob, Ammann von Tschiertschen 455A
– Ammann zu Davos 455A
Jenaz GR 452
Jenins GR 124, 445
Jerusalem 246, 250
Joël, Prophet 589
Johannes de Constancia 291
– Evangelist 236f., 372
– von Frankreich, König 80
– von Litauen s. Chur, Weihbischöfe
– von SS. Nereus et Achilleus 511
– XXIII., Papst 510
– der Täufer 247, 250, 372, 583, 585, 595, 597, 604, 606f., 610, 625
– von Winterthur 372
Jonas 236f.
Jordan von St. Lorenzo in Damaso, Kardinalpriester 505
Jörgenberg, Herrschaft 426f.
Joriopass 551
Jost, Hildebrand s. Sitten, Bischöfe
Jouarre 76A
Jud, Hermann 304
Judas 589
Judith, Kaiserin 184, 187, 189–192, 195ff.
Julierpass 8, 326
Jurensium dux 186ff., 192
Jutzina von Cangina 305
Juvalt, von, Friedrich 293, Konrad 296, 298, Siegfried III., Kan. von Chur 336, 338, 342, Ulrich II., Kan. von Chur 335ff., 338, 340ff., 343f., 347

Kaltenbrunn im Tirol 626
Kana 247 f.
Kapfenstein (Ober-Sansch), Burg, Gem. Küblis 446, 454, von, Heinrich 446 A
Karl III., Kaiser 185, 189, 192, 213, 225 f., 228 f., 381
– IV., Kaiser 450
– der Einfältige 223 A
– der Grosse, Kaiser 81, 83, 86, 130, 184, 189 f., 197, 211
– der Kahle 191 ff., 196 f., 207, 224
Kastell, Gem. Schaan 14, 26
Kästris s. Castrisch
Katharina, Hl. 372
Keltisch (Sprache) 54, 63 f.
Kempten im Allgäu 620
Kiburg, Grafen von 347, Anna 379, Elisabeth 379, Ulrich s. Chur, Bischöfe
Kilchmatter, Rudolf, Vogt zu Windegg 453, Werner, Kan. von Chur 511
Kisila, Nonne der Fraumünsterabtei Zürich 219, 230
Kisilhilt, Nonne der Fraumünsterabtei Zürich 219, 231
Kistenpass 418
Klara von Assisi 366 – Klarissenorden 366 f., 383–386
Klara, Begine der Samnung Mels 386
Klingen, von, Adelheid 291 A, 300, 302, Walter 293
Klingenberg, von, Heinrich, Kan. von Chur 336, 338, 347
Klingenhorn, Burg, Gem. Malans 445
Klosterneuburg bei Wien 622
Klosters GR 442, 455 A, 459, 462, 467, 469 A
Köln 317 A, 619 – Bistum 501, Bischof: Hiltibold 202 – St. Maria im Kapitol 620, 631
Konrad, Kan. von Chur 336, 338, 348
– I., König 185, 214, 226 A
– Pleban von Bregenz, Kan. von Chur 336, 338, 345
– Vater Rudolfs von Hochburgund 188
– Welfe, Bruder Kaiserin Judiths 196
– s. Chur, Bischöfe – St. Nicolai, Prior – Embrach, Pröpste – Konstanz, Bischöfe – Speyer, Dompröpste
Konstantin der Grosse, Kaiser 129
Konstanz 413, 504
– Bistum 396, 496, Kathedrale 498, Bischof 317, 346, einzelne Bischöfe: Eberhard II. von Waldburg 379, Gebhart 214, Heinrich von Hewen 509, Heinrich von Tanne 335, Konrad 283, 287, 290, 297, Marquard von Randeck 385, Wolfleoz 202, 204
– Geistliche Richter 394, 398
– Domkapitel 283, 287 ff., 290 f., 295, 318, 347, Dompröpste: Heinrich von Klingenberg 347, Rudolf Tetikover 498, Domherren (einzelne) 345 f., 393, 497 f., 506
– Konzil 494 f., 500
– Dominikanerkl. 374, 376
– St. Johann 347
– St. Stephan 347, 511
Kotmann, Walter s. Chur, Domkustoden
Krain 404
Krapf, Heinrich, Churer Kleriker 499 A
Kremsmünster 70
Krenkingen, Herren von 293 A
Kropfenstein, von, Marquard 575
Krüppel, Gem. Schaan 14, 23, 32, 40, 42
Küblis GR s. Kapfenstein
Kunibert, König 27
Kunkelspass 43

Laax GR 360 – Freie 284, 414 A – Grafschaft 273, 280 A, 284, 306
Ladir GR 55 f., 60
Lambach 248
Lambin, Denys, Reiseschriftsteller 479
Landenberg, von, Hermann, Kan. von Konstanz 506
Landoalda 71 A
Landquart, Fluss 445 – Archidiakonat unter der Landquart 501
Langenargen 400
Langenhuser, Ulrich, genannt Taeschenmacher, Kan. von Chur 501, 507 ff., 510
Langobarden 27, 30
Langwies GR 455 f., 459, 463, 467 f.
Lantsch/Lenz GR 61, 466 – St. Maria 584 – Zoll 449 f., 457 – s. auch Bot da Loz
Lapidaria (= Zillis?) 8
Larino, Bischof von 372
Lass, Gem. Savognin 324
Lässer, Burkhard s. Chur, Generalvikare
4. Laterankonzil (1215) 333, 367
Latsch (Lacis, Lase, Lasch), Gem. Bergün/Bravuogn 324, 327 f.
Latsch, Vinschgau 298
Laurentius, Hl. 372
Lausanne, Dominikanerkl. 374
Laux, von, Wetzel 575
Laveso, Personenname 53
Lavòrceno, Gem. Olivone 414 A

Lazana, Wiese zwischen Chur und Domat/Ems 299
Lazarus 244
Ledichgants, Johannes, päpstl. Kuriale 503 f.
Leman, Diethelm, aus Arbon, Konstanzer Kleriker 496 f., 504
Le Mans, Bischöfe: Bertram 101
Lentfried, Anton 499 A
Lenz, Johann Anton, Pfarrer von Stierva 155, 172
Lenzburg, Grafen von 81
Leo III., Papst 81
Lepontisch (Sprache) 63
Leuk, Kt. Wallis 622
Leutfried (Lentfried), Antonius 499 A
Leventina 414 A, 419 ff., 423 f., 426, 428, 432, 551
Leviathan, Ungeheuer 236
Lichtensteig SG 452
Liebinger, Peter 497
Liginas, Gem. Cumbel 57
Ligurisch (Sprache) 64
Lindau am Bodensee 70, 292, 532 – St. Maria 342 – St. Stephan 49
Linthal, Klause 370
Liudolf 189 A
Liutfried s. Münster-Granfelden
Liutgard 184
Liuthcarda 189 f.
Liuthfredus dux 189–191, 193, 208
Liutkart, Königin 189 f.
Liuto (versch.) 216 f., 219
Liutpold, Markgraf 184 f., 214, 226 A
Liutprand, König 27, 30
Locarno 428, 433 ff. – Franziskanerkl. 428, 433 – San Vittore 428, 433
Logelbach bei Colmar, Dominikanerinnenkl. 628
Longinus, Soldat 604
Loreto 625
Lothar I., Kaiser 81, 191, 193, 197, 206 f.
– II., König 213, 221–227
Lottinga, Familie 427
Löwenberg (Lowenberc), Burg, Gem. Schluein 273, 276 – Herrschaft 280, 284 – von, Walter 273 f.
Löwenstein, Burg, Gem. Ilanz 357, 360 – Herren von 349–369, Hartwig I. 352 ff., 357 ff., Hartwig II. 353–356, 358, 360 f., Heinrich I. 353 ff., Heinrich II. 352 f., 355 f., Lauda 352–355, Wilhelm I. 353 ff., 356, 358, 360 s. auch Überkastel
Löwental, Kl. 400
Lucca 233 – S. Frediano, Kl. 99

Lucerna, Bischof von 372
Lucius Caesar 9
Ludesch (Vorarlberg) 108
Ludwig der Bayer, Kaiser 191
– der Deutsche, König 131, 187 f., 191–194, 211, 218, 220–224, 226 ff.
– der Fromme, Kaiser 86, 95, 130, 182, 189 ff., 194, 196, 201 f., 207, 211, 223 f.
– das Kind, König 223 A
Lugano, Kt. Tessin 414 A, 424
Lugnez s. Lumnezia
Lukmanierpass 409–420, 423, 425 f., 428 f.
Lumbrein (Lumarins, de la Mareno) GR, Herren von 285, 289, 565, Heregettus 438, Heinrich 460, Johannes 438, Martin 438 – Kapelle St. Andreas 584 – Kruzifix 617–639
Lumnezia (Lugnez) 271, 276 A, 282 f., 286, 288, 290, 303, 414 A, 415 f., 425 f., 430, 438 f. – Gericht 283, 289 – Vogtei 285 f., 289
Luprecht, Johannes s. Chur, Domscholaster
Lure (Lüders), Kl. 225 f.
Lusigny 76
Lustenau (Vorarlberg) 393
Luto laicus 189, 208
Lutzengüetle, Gem. Gamprin 14, 32
Luzein GR s. Dalvazza, Strittiuras
Luzern 289, 421, 424 – St. Peterskapelle 620
Luzisteig, Gem. Fläsch 14, 25, 31, 43, 449
Luzius, Hl. 130, 132, 146, 158, 205, 328
Lyon 28 – Konzil 373 – St. Peter, Kl. 255

Machelshoven, Johannes dictus, Kan. von Chur 499 A
Madulain, Gem. Vaz/Obervaz 94 – Familie von 359, Otto 358, Rudolf 358
Magdalena, Selige 372
Magoria, de, von Locarno, Euxebius 434, Johanollus 434
Maienfeld 40, 275 A, 283, 379, 442, 444 f., 447, 449, 452 ff., 455, 459, 462 ff., 465 ff., 468 f., 532 – Steigkirche 584, 613 – s. auch Cultura
Mailand 78 A, 97, 129, 131, 233, 414 A, 419 f., 423 f. – Domkapitel 416, 417 A, 424, 429 – Herzogtum 550 ff.
Mainz 299 – Erzbistum 131, 207, 501, 506, 509, Erzbischof 335, 340 f., Heistolf 202, erzbischöfliches Gericht 343 – Domkapitulare (einzelne) 401 f., 404
Mais bei Meran 393
Maissen (Mais), Henriget 430, 438
Mala veschiga, Gut, Gem. Domat/Ems 343
Maladers GR 456 f. von, Heinrich 305 – s. auch Tummihügel

Malans GR 124, 275A, 279A, 287A, 351, 445, 467 s. auch Klingenhorn, Wynegg
- Gem. Wartau 282, 287A, 304
Malanser, Gem. Eschen 105
- Gem. Gamprin 32
Malantz, de, Wilhelmus 350
Malatesta, Familie 552
Malet, Jos, Ammann zu Alvaneu 455A
Malix GR 60f., 282, 297, 303, 456f., 467, 586 s. auch Pazonia, Strassberg
Mallader, Johannes s. Disentis, Äbte
Manching 12
Manessische Liederhandschrift 480
Manus, Ulrich 446
Marcellinus s. St. Urban, Kl.
Maretia (Masetia), de, Albrecht 430, 438
Margaretha, Hl. 372
Maria, Hl. 71, 79, 148, 157f., 368, 372, 583–615, 625
Maria Magdalena, Hl. 147f., 157f., 297A
Mariaberg bei Gammertingen, Kl. 391
Mariazell 395
Mario, Mönch 77A
Marius von Avenches, Bischof 74A
Marmels, Herren von 303, Andreas 446, Dietegen 551
Marmorera GR 326
Marquard von Lindau, Provinzial der Minoriten der Strassburger Provinz 384
Marschlins, Burg, Gem. Igis 445A
Marseille, Bischof: Theotbert 202
Martin, Hl. 106, 108, 148, 157, 233, 235, 241–245, 247, 372, 402
- V., Papst 500, 504f., 510
Masino (Veltlin) 534
Matheus, Bürger zu Ilanz 575
Matlasina, Hof im Prättigau (?) 446
Matluschkopf, Gem. Fläsch 31
Matsch, Vögte von 443, 459, 282, 296A, 303, Arnold s. Chur, Bischöfe, Egino I. 293, Egino III. 294, Elisabeth 443, 457, Hartwig II. 293, Ulrich III. 442, Ulrich VIII. 459A
Matthäus, Evangelist 245
- Dr., aus Ravensburg 533
Maur, Kt. Zürich 347
Mauritius, Hl. 289
Maurus, Abt 78
Maximilian, Kaiser 528
Mayria Martzscha, Meyerhof, Gem. Ilanz 283, 306
Mechtild von Hackeborn, Hl. 632, 634
Medel (Lucmagn) GR, de, Altemannus 414A, 430 – s. Curaglia, Santa Maria, Sogn Gagl

Meersen, Teilungsvertrag von (870) 226
Megina, Nonne der Fraumünsterabtei Zürich 219, 231
Meginhilt, Nonne der Fraumünsterabtei Zürich 219, 231
Meglinger, Maler 625
Mel, Heinrich, Kan. von Chur 336, 338, 342
Mels SG 40, 506 – Beginensamnung 386f. – Kapuzinerkl. 387
- St. Peter und Paul 129, 136–146 – s. auch Castels
Memmingen 533
Mendelbüren, von, Johannes s. Pfäfers Äbte
Mendrisio, Kt. Tessin 428, 434
Mengher, Henricus, doctor in decretis, Kan. von Chur 511
Meningen, von, Johannes Preconis, Konstanzer Subdiakon, Offizial von Chur 499A
Mennel, Jakob 287f.
Merian, M. 536, 539
Merzanorius, Antonius, in Locarno 434, Petrazius 434
Mesi 185f.
Mesolcina 56, 416, 420, 425
Messapisch (Sprache) 64
Meyer, Adelheid, aus Berneck, Begine 384A, Anna, aus Berneck, Begine 384A, Anna s. auch Grimmenstein, Kl.
Michael, Erzengel, 27, 80, 372, 602
Michelangelo, Maler/Bildhauer 242
Milo, Bischof 202
Ministri, Johannes s. Chur, Bischöfe
Misox s. Mesolcina
Mistail (Wapitines), Kl. St. Peter 84A, 124, 313, 324, 572f.
Modena 233
Moissac 245
Mon GR 13f., 32, 34, 36, 42
Mont, von, Burkhard 438, Heregettus 438
Montalban, Herren von 288
Montalt (Muntalt), Freiherren von 273, 275f., 284, 300, 303, 570, Adelheid, geb. von Belmont 278, 280A, 283f., 302A, 309, Heinrich 278A, 281A, 302f., 305f., 421, 570, Simon 274, 278A, 286, 295, 421
Monte Dongo 426, 551
Montfort, Grafen von 459f., 462–466, Stammbaum 407, von, Agnes 395, Elisabeth 404, Friedrich I. 393, Friedrich II. s. Chur, Bischöfe, Heinrich I. s. Chur, Bischöfe, Heinrich III. 393 s. auch Chur, Dompröpste, Heinrich (1440) 460, Hugo II. 390, 395, 404, 442A, Hugo VI. 333A, 389–408, Hugo

(1440) 462 A, Küngolt geb. Werdenberg 460, Rudolf s. Chur, Bischöfe, Generalvikare, Rudolf (1440) 460, 462 A, Ulrich s. Chur, Domdekane, Ulrich, Kan. von Chur 336, 338, 340, Ulrich (1440) 462, Wilhelm I. s. St. Gallen, Äbte, Wilhelm s. Chur, Dompröpste, Wilhelm V. 460
– Montfort-Bregenz, von, Hugo V. 400, Hugo XII. 399, Ulrich I. 390, 400, 442 A
– Montfort-Feldkirch, von, Hugo IV. 401, Rudolf II. 390, 400, Rudolf III. 394, 401 s. auch Chur, Bischöfe, Rudolf IV. 303, 382 ff., Ulrich II. 392, 394
– Montfort-Tettnang 394, Hugo III. 390–393, 400, 403 f., Hugo VI. 333 A, 389–408, Wilhelm II. 389
Montlingerberg, Gem. Oberriet SG 14–23, 32, 34, 36
Montsch, von, Bernhard 284 A
Monza 77 A
Moos, von, Johannes 421
Moos-Burgstall 30
Moringen, de, Conrad Balling, Konstanzer Kleriker 499 A
Morissen s. Cultura
Mortirolopass 552
Moser, Hans, Richter zu Ragaz 519
Mosman, Albert, Kan. von Chur 499 A
Motta Vallac, Gem. Salouf 31
Mottata, Gem. Ramosch 32
Mötteli von Rappenstein, Rudolf 283
Mumma, Hl. 71
Mundaun, Schlacht am (1352) 272 A, 284, 303
Munio von Zamora, Ordensgeneral der Dominikaner, Regel 378
Münster-Granfelden, Laienabt: Liutfried 190
Münster im Gregoriental, Kl. 225, Äbte: Gottfried 206
– Kt. Wallis 620 ff., 623
– Sebastian 516, 521, 524 f., 535
Munt Baselgia, Gem. Scuol 14, 38
Müntinen 303
Muntogna 272
Muralto 233
Murbach, Kl. 84 A, Missale 627
Müstair GR, Kl. 84 A, 298, 583, 612
Mutten GR 158 f.

Näfels, Schlacht bei (1388) 450
Naso, Johannes s. Chur, Bischöfe, Nicolaus 500
Naturns, St. Proculus 241
Neifen, von, Mechthild 369
Nell, Johannes s. Chur, Weihbischöfe

Nellenburg, von, Burkhard III. 275 A
Nendeln FL 14, 38 – Im Feld 106
Nenzing (Vorarlberg), St. Mauritius 120, 124
Neuburg, Burg, Gem. Untervaz 283, 453 – von, Eberhard Tumb s. Chur, Domscholaster, Jakob Behaim, Kan. von Chur 336, 338, 345, Tumb 575, Volkard s. Chur, Bischöfe, Walter 348
Neuravensburg 400
Neustadt, von, Heinrich, Arzt in Wien 609
Nidwalden 424
Niederrealta, Burg, Gem. Cazis 31, 34
Nikolaus, Hl. 372, 377
– von Cues, Kardinal 507
– IV., Papst 376 A
– V., Papst 509 ff.
– de Rheinfelden, Konstanzer Kleriker 498
– von Verdun 622
Nithart, Ludwig 511
Norbert s. Chur, Bischöfe
Nuata, Nonne der Fraumünsterabtei Zürich 219, 229 f.
Nuglar, Kt. Solothurn, St. Wendelinskapelle 623 f.
Nymwegen 69

Oberalppass 420 ff.
Oberengadin 326, 450 f., 552
Oberer Bund s. Grauer Bund
Oberhalbstein 326
Oberhasli 55
Oberilanz s. Ilanz
Oberitalien 60, 63, 97, 100 f.
Oberrätien, Grafschaft 130, 204, 271, 284, 286 f., 442
Oberriet, Kl. 343
– SG s. Montlingerberg
Obersaxen (Übersachsen) GR 55, 287, 361
Oberschan, Gem. Wartau 14, 25, 34
Oberschwaben 187
Obervaz s. Vaz/Obervaz
Oberwallis 55, 61 f., 421, 551
Obtasna 450 f.
Obwalden 551
Ochsenberg, Gem. Wartau 14, 25–30, 32, 36, 42
Olivone, Kt. Tessin 425 s. auch Casaccia (Sust), Lavòrceno
Omlin, Eberhard, Pater 632
Oppido, Bischof von 372
Orello, von, Capitanei 416, 425, 428 f., Albertollus 434, Andriolus 434, Antonius 434, Antonius dictus Barba 434, Barnabas von Locarno 434, Borrus 434, Filipus 434, Franzollus 434,

Guido 296 A, Jacobus 434, Lantermus 434, Maffeus 433, Margareta 426, Martinollus 435 f., Martinus 428, 433 f., Matteo 300, 411, 415, 421, 425, 427, Minolus 434, Petrus 434, Redulfinus von Locarno 434, Simon von Locarno 281, 295 A, 411, 429, Simonollus 428, 434, Steffanus 434
Origines 609
Oristano, Erzbischof: Peter 372
Ort, Gem. Vella 280 A, 283, 306
Ortenau 214, 225
Ortenstein, Familie von 359
Oskisch-Umbrisch (Sprache) 64
Ossolatal (Val d'Ossola) 420, 422 ff.
Oesterreich, Haus 319, 360, 382, Herzog Albrecht 493, 497, Erzherzog Ferdinand 534, Herzog Friedrich IV. 480, Herzog Leopold III. 497 f., Herzog Leopold IV. 384, 574
Oetenbach bei Zürich, Dominikanerinnenkl. 371
Otmar, Hl. 85 A
Otto von Buchhorn 284
– I., Kaiser, 131, 271
– III., Kaiser 583
– s. Chur, Domkantore

Padenaus, Gut 284, 306
Paderborn 501
Padua 74
Panixerpass 418, 420, 427
Pappenheim, von, Heinrich (2), 391, Hildebrand 391
Paracelsus, Theophrastus 524, 526, 540
Pardellen, Hertwig, Kirchherr von Castrisch 575
Paris 497, 540
Paschal II., Papst 318
Paspels, St. Lorenz 572 f. – s. auch Dusch
Patehilt, Nonne der Fraumünsterabtei Zürich 219, 230
Patnal, Gem. Guarda 43
Patzen, von, Konrad 358
Pavia (Papia) 76 A, 233, 502
Pazonia, Gem. Malix 61
Peiden 60, von, Konrad 304
Pekk (Bek) de Stainach, Albert 497 f., Dietrich 498
Pelagius I., Papst 100
Pepoli, Taddeo, Vogt in Blenio 428, 435 f.
Perugia 503
Pestra, de, Albertus 437, Gufredus 437
Petrus, Hl. 71, 79, 98, 589, 595, 604
– von Verona, Hl. 368, 370, 372

– von San Giorgio in Velabro 295 A
Peutingeriana, Tabula 8
Pfäfers SG, Kl. 84 A, 106, 108, 120, 125 f., 131, 136, 144 ff., 190, 278 f., 282, 289, 297 A, 299, 380
– Äbte: Augustin Stöcklin, Administrator 516, 520, Jodok Höslin 534, Johannes von Mendelbüren 304, 517, Johann Jakob Russinger 540, Melchior von Hörnlingen 528, 532, Michael Saxer 536, Werner von Reitnau 518, Wilhelm von Fulach 532
– Bad 515–547
– Liber Viventium 181, 184 f., 188–191, 200, 208 f., 227 f.
– Pfäfers-Valens, Vogtei 295
Pfefferhard, Familie 296, 297 A, Johannes s. Chur, Bischöfe, Konrad 290
Pfullingen 88, 89 A
Philipp, König 322
Phoebus, Gaston, Comte de Foix 481
Pilatus 589
Pippin von Italien, König 81, 189, 191 ff., 200, 208
Pisa 98 f.
Pistor, Wigand, von Amelborg 508
Pitasch (Pitase, Pictaso) GR 271 ff., 293, de Reynardus 274, 275 A, Walter 274
Placidus, Hl. 148, 157
Planta, von, Andreas, von Zuoz 298, Friedrich, Kan. von Chur 509, Johann 475
Plata, de, Digantinus 429
Plaunca, de, Jacobus 430
Pleif, Gem. Vella (Burch, Burg, Burge), St. Vinzenz 276 A, 283, 287 ff., 290 f., 297 A, 300 ff., 350, 509
Poling, Johannes, Kan. von Chur 504
Pommat 422
Ponstrils, de, Johannes 304 A
Pontaningen (Pontelenga), von, Heinrich 430, 438, Petrus s. Disentis, Äbte, Ugallinus, von Disentis 422
Pontresina GR 584
Ponziano, St. Salvatore, Kl. 99
Populonia 98 f.
Porlezia, de, Coradollus Bergianus, in Locarno 434, Johannes Bergianus 434
Poschiavo GR 550, 552
Prad, Vinschgau 298
Prada (Prades), Hof, Gem. Alvaschein 299, 313, 324 ff., 327 f.
Praden GR 456
Prag 499 A, 506
Prättigau 61, 442 f., 445–449, 455, 462, 467

Praw skürs, Gem. Scheid 57
Präz s. Dalin
Probst, Jost, von Valens 519
Puontzh, Rudolph, Churer Kleriker 499 A

Quadratsch bei Landeck 626
Quinto, Kt. Tessin 414 A

Räber, Hans Ulrich, Maler 625
Radziwill, Janusz, Fürst 536
Ragaz s. Bad Ragaz
Rahtuuar, Nonne der Fraumünsterabtei Zürich 219, 231
Ramosch GR 34 – St. Florinus 186, 395, s. auch Mottata – Ritter von 297, Hans 395, Schwikker 396
Ramoz, Alp, Gem. Arosa 293, 320
Randegg (Randeck), von, Familie 564f., Heinrich, Kan. von Chur 498, Konrad, Vogt zu Chur 573–577
Rankweil (Ranguila, Rankwilo) (Vorarlberg) 125 A, 193, 197, 200, 206, 311, 316, 319, 328, 348, 448f., 452f.
Rapperswil SG 482, 532, Grafen von, Rudolf 347, Rudolf IV. 369, Mechthild s. Neifen
Raron, Kt. Wallis 622
Raschèr, Peter s. Chur, Bischöfe
Ratchis, Sohn des Walfred 98
Räter 138f., – Sprache 63
Raetianorum dux 182, 184f.
Raeticarum vel Jurensium partium dux 186–189, 192
Ratold s. Strassburg, Bischöfe
Ratpert von St. Gallen 214
Ratùra, Gem. Salouf 57
Ravenna 81, 235, 243, 250
Ravensburg 533
Rebstain, Philipp, Vogt zu Strassberg 454 A
Rechberg, von, Konrad s. Chur, Bischöfe
Regensburg 211, 374f., 620
Reginlind, Frau des Schwabenherzogs Burkhard I. 214
Reginwart 185f.
– Priester 186
Reichenau, Kl. 81, 196, 198, 226, 240, 318, Verbrüderungsbuch 184, 186, 195, 199f., 215–231 – Oberzell, St. Georg 241 A
Reider'sche Elfenbeintafel, München 247
Reischen, Gem. Zillis 38
Reitenau, von, Familie 569
Rem, Lukas, Handelsherr aus Augsburg 533f.
Remedius s. Chur, Bischöfe

Remiremont, Kl. 222 A, 224, 226, 228, Gedenkbuch 187f.
Repetinus, de, Jacobus von Locarno 434, Repetinus 434
Retia Curiensis s. Churwalchen
Reussegg, von, N. 278 A
Reutlingen, von, Walter s. Chur, Domscholaster
Rhäzüns GR 57–60 – Schloss 432, 436f., 471–492 – St. Georg 92 A, 124, 584f.
– Freiherren von 281, 284, 286, 300, 303, 306, 356, 359ff., 417, 442 A, 471, 473, 565f., Stammbaum 427 A, Adelheid 278 A, Albero II. 293, Donat I. 278 A, 426f., 436, Elisabeth s. Sax-Misox, Hans I. 576, Heinrich II. 281, 295f., Heinrich III. Brun 355, 358, Heinrich IV. 278 A, 302, 305, Heinrich V. 576, Ulrich II. Brun 278, 280 A, 281 A, 306 A, 412f., 415, 421, 426, 428ff., 432, 434–439, Ulrich III. Brun 576
Rheinau, Kl. 212, 217 A, 226
Rheintal, St. Galler 15–23, 26
Rheinwald 304, 419, 550
Rialt, von, Konrad 281, Walter 293
Ribi, Ulrich s. Chur, Bischöfe
Richgard, Gemahlin Karls III. 213, 225f.
Riein (Rahene, Raine), St. Nazarius 271ff. – von, Peter 350 A, Wilhelma 350 A
Rietberg, von, Ulrich 355
Riga 494
Rigazio, de, Henricus 437, Henzius 437
Rihhilt, Nonne der Fraumünsterabtei Zürich 219f., 231
Ringg, Berthold s. Chur, Domkustoden
Riom GR 6, 8, 12f., 325f. s. auch Cadra, Tigignas
Ritz, Johann, Bildhauer, von Selkingen, Kt. Wallis 623
Rivaira, de, Martin, Mistral der Cadi 430
Riviera, Kt. Tessin 425, 428
Rixcia s. Churwalchen
Robenberger Anna, Vorsteherin der Beginen in Altenstadt 381
Roberto, de, Martinus, aus der Leventina 422
Rodels GR 564, 572f. – von, Gaudenz 356
Rodeneck 497
Roderich, Graf 130, 182, 193–198, 201, 205–207
Roduna (2) 184f.
Rohrbach, Kt. Bern 124
Rom 28, 81, 97, 197, 207, 235f., 238, 242, 316, 318, 381, 399f., 406, 493–513, 550, 553, 555, 577, 621 – Santa Constanza 237, San Giovanni in Laterano 237, Santa Maria Mag-

giore 237, 243, 245 f., San Paolo fuori le mura 241, Sixtinische Kapelle 242
Romanshorn, Kt. Thurgau 124
Rorschach, von, Rudolf, Kan. von Chur 509
Rosmoth, Nonne der Fraumünsterabtei Zürich 219, 231
Rostach, de, Eglolfus 499
Röthenbach (Landeskreis Lindau) 393
Röthis (Vorarlberg) 108, 501 f., 504, 507
Rotswindta 76 A
Rottweil 22
Roveredo GR 419 f.
Ruachar, Linzgaugraf 194
Ruadheid, Nonne der Fraumünsterabtei Zürich 219, 231
Ruadrud, Nonne der Fraumünsterabtei Zürich 219, 221 ff., 231
Ruadsind, Nonne der Fraumünsterabtei Zürich 219, 230
Ruck, Bartholome, Ammann in Schiers 455 A
Rüdberg, von, Herdegen, Vogt von Bludenz 574
Rudnal 40
Rudolf, dux Raetianorum, Bruder der Kaiserin Judith 182, 184–187, 196
– Graf im Zürichgau 182, 186
– von Habsburg, König 369, 395, 400
– II. von Hochburgund, König 186 ff.
– von Locarno 292 f.
Rüedger von Limpach 322
Rueun GR 276 s. auch Valsins
Ruf, Greta 519
Runder Büchel, Gem. Balzers 32, 117
Ruodpert 195, 198
Ruodrud, Nonne der Fraumünsterabtei Zürich 219, 230
Rusca, Franchino 415
Ruschein, S. Gieri 124
Ruschenberg, von, Friedrich 358
Russ, Jakob, Altarbauer 585
Russinger, Johann Jakob s. Pfäfers, Äbte
Russonch, Gem. Scuol 32, 34, 42 f.
Ruthard 189, 208 f.
Rüti, Kt. Zürich, Prämonstratenserkl. 482
Rüttimann, Placidus, Benediktinerpater von Disentis 632, 634

Saastal 61
Sacco, de, Albertonus 417 A, Pizinus 417 A
Sacho, de, Caspar 416
Sachsen, von, Rûmelant 608
Sachsenspiegel 479
Safien 304, 360, 426

Sagogn (Sagens, Segannio, Sigannes) GR 13, 276, 280 A, 285, 299 f., 319, 326, 356 – St. Maximin 283, 300, St. Peter 283, 300 s. auch Cangina, Schiedberg – Herren von 272 A, 273, 276 A, 288 A, 352, Chuno (2) 274, Lutifridus 275 A
Saint s. Sankt
Salas, Gem. Surcasti 352
Salem, Kl. 292 A
Saline, Zanes 438
Salomo III. s. St. Gallen, Äbte
Salomon 589
Salouf (Salux) GR 159, 510 – St. Georg 584 s. auch Motta Vallac, Ratůra
Salzburg, Bischof: Eberhard II. 293 A
Salzmann (Salandronius), Jakob, aus Marbach 540
Saint-Benoît-sur-Loire 71
San Bernardinopass 419 f.
Saint-Denis, Kl. 79
St. Gallen 462
– Kloster 85 A, 182, 192, 204, 212, 214, 217 A, 226, 228, 237, 318, 381, Äbte: Heinrich von Wartenberg 394, Salomo III. 145, Ulrich von Güttingen 393, Wilhelm von Montfort 390, 392–395, 400, Propst 347, Klosterplan 619, Verbrüderungsbuch 184, 199 f., 202, 217 A, 227 ff.
– St. Leonhard 496
– Heinrich von SG 393 ff., 396, 398 f., Walter von SG 393, 395
San Giacomopass 420 f., 423
Sancto Julio, de, Henricus 437, Zaninus 437
Santa Maria, Hospiz, Gem. Medel (Lucmagn) 413
S. Maria di Cornuta bei Tivoli 97 A
Saint-Maurice (d'Agaune) Kl. 71, 74 A, 76 A, 186
Saint-Médard, Kl. 78
St. Patricks-Fegfeuer 521, 525
St. Peter GR 459, 463
S. Pietro di Monteverdi, Kl. 98 ff.
Saint-Riquier, Kl. 184
St. Severina, Erzbischof Roger von 372
St. Urban, Kl., Abt Marcellinus 335, 346, Prior 346
St. Vaast, Abt: Adalung 81, 193, 197
St. Viktorsberg (Vorarlberg), Kl. 381 f., 385
St. Viner, von, Heinrich, Landammann im Walgau 574
St. Wolfgang am Abersee 630
Sansch, von, Hartwig, Vogt zu Strassberg 454, Werner, Ammann 445 A

Sarazenen 131, 145
Sargans SG 6, 14, 25f., 36, 38, 42, 289A, 326, 379, 528 – Beginenklause 371, 379ff.
Sarmensdorf, Kt. Aargau, Einsiedelei St. Wendelin 629f.
Sasse, Friedrich, Kölner Kleriker 501ff.
Sattelberg, von, Ulrich, Kan. von Chur 336, 338, 346
Saettli, Heinrich, Kan. von Chur 496
Savognin (Sueningin, Swainingen) GR 313, 316, 324–328 – St. Michael 326, s. auch Lass
Sax SG, von, Hermann, Kan. von Chur 336, 338, 344
Sax-Hohensax, Ulrich III., Freiherr von 295A
Sax-Misox, Freiherren von 272A, 278, 280A, 283–286, 360, 417, 459, 551, 568, 576, Albert 350, Albert (III.) 295, Albert V. 415, 425, 430, 438, Elisabeth, geb. von Rhäzüns 276, 278, 280f., 305f., 425, Franz 429, Heinrich 460, 575, Johann 281, Johann Peter 282, Kaspar 278A, 281, 305, 416, 425, 576, Kaspar, Pleban der Kirche Pleif 509, Katharina 460, Ulrich 350
Sax (zu Fiorenzana?), von, Floribella 304
Sbaraz, Herzog 536
Scaliger, Familie 552, 556
Schaan FL 36, 40, 43, 106, 117 – St. Peter 44 – s. auch Kastell, Krüppel, Schaanwald
Schaanwald, Gem. Schaan 14, 36, 42
Schaffhausen, Kl. Allerheiligen 275A – von, Wilhelm, Magister 395f.
Schams, Landschaft 246, 550
Schanfigg, Tal 30, 442ff., 447, 449, 455ff., 458f., 463, 467 – von, Anna 444, Hans 452, Hermann, Kan. v. Chur 336, 338, 344, Johann 444
Schänis 81f. – Beginen 378f. – Kloster 322, 379
Scharans GR s. Spundas
Schauenstein (Schowenstein), von, Albert 276A, 283A, 294, Johannes, Kan. von Chur 509, Ursula 519
Scheer (Landeskreis Sigmaringen), Burg 391ff., 400, 404
Scheid (Sched) GR s. Praw skürs
Schellenberg FL 319 – von, Marquard 324
Scherer, Wilhelm, Vogt zu Maienfeld 454
Schettler, Martin, Kan. von Chur 510
Schiedberg, Burgstelle, Gem. Sagogn 14, 31, 38, 42, 44, 84A
Schiers GR 34, 36, 43f., 92A, 118, 443, 455, 459, 462, 467
Schiflans, Gem. Vella 280A, 283, 306
Schlans GR, Burg 303, 306 – von, Walter, Kan. von Chur 336, 338, 341

Schlettstadt 227
Schlick, Kaspar, Reichskanzler 448, 450, 460
Schluchler Peter s. Chur, Domscholaster
Schluein (Schleuis) GR 273, 275f., 279, 281, 284
Schmid, Conrad, Kan. von Chur 505, 511
Schmid, Valentin, Baumeister 524
Schmitten GR 55
Schmitz, Johannes 508f.
Schnaus GR 575
Schneller, Gem. Eschen 105
– Gem. Gamprin 32
Schöllenen-Schlucht 420
Schorandi, Gunthelm, Kan. von Chur 500
Schuhmacher, Kunz, von Rueun 305
Schuppine, Hof 297
Schütz, von Belfort 454A
Schwaben, Herzogtum 131, 182f., 187, 189
Schwabenspiegel 479
Schwarzach am Main, Kl. 212f., 221
Schwarzenberg (Bregenzerwald) 395
Schwyz 419, 421
Schzintenayr 279A s. auch Tschentaneras
Scuol GR 40 – Kl. St. Maria 317 – s. auch Crastuoglia, Munt Baselgia, Russonch
Seengen, von, Immer, Schultheiss von Bremgarten 574
Seewis GR 462, 467, 469A – s. auch Fracstein, Solavers, Stürfis
Seger, Hans, Vogt zu Maienfeld 454A, Johann, Vogt zu Maienfeld 454A, Uli 451
Segnespass 418
Sengen, von, Johann, Kan. von Chur 508
Sent 186 s. auch Spejel
Septimerpass 5, 326, 449
Serfaus bei Landeck 626
Sermondi, Kaspar 534
Sessafret, Gem. Castrisch 273, 306
Seuse, Heinrich 635
Sevelen SG 55, 282A s.auch Sonnenbühl
Severgall, Gem. Vilters 23ff., 32, 34, 43
Sevgein 6f., 14, 273, 279, 284A, 300, 360 – St. Thomas 38
Shaftesbury Abbey (-Psalter) 238f.
Sigberg, von, Heinrich 452f.
Sigisbert, Hl. 148, 157
Sigismund, Hl. 82
Sigmund, König 450, 576f.
Sigristen, Anton, Bildhauer von Brig 617
Silenen, von, Jost s. Sitten, Bischöfe
Sils im Domleschg GR s. auch Baldenstein – von, Ulrich 356
Sils im Engadin GR 40, 326 – Silsersee 299
Silvacandida, Bischof von 197

Silvaplana, s. Sülapiena
Simeon, Patriarch 604
Sitten 71, 80 A, 621 – Bischöfe: Hildebrand Jost 621, Jost von Silenen 621
Škofja Loka (Slowenien) s. Bischofslack
Slavenasca, Hof, Gem. Vals 283, 302 A, 304 A, 305 A
Sogn Gagl, Gem. Medel (Lucmagn) 413
Soissons, Saint-Médard 69 f., 78 ff. – Bischof Drausius 78
Solavers, Burg, Gem. Seewis 442 f., 454 f.
Solis, Gem. Vaz/Obervaz 40
Solle, de, Wilhelm 422
Somvix GR, St. Benedikt 584, 614
Sonnenbühl, Gem. Sevelen 34, 43
Sophonias 589
Sozius, Albertollus 434, Antonius, von Luino 434
Spangozza, Nonne der Fraumünsterabtei Zürich 219, 231
Spejel, Gem. Sent 14, 38, 43
Speyer, Dompropst: Konrad 335
Spiez-Einigen, Kt. Bern 90 f.
Spitzli, Rudolf, Dr. decr. 454 A
Sprinczen, Johannes, Churer Kleriker 499 A
Spundas, Gem. Scharans 4, 11, 14, 31
Stadion, von, Walter 443 A
Stalla s. Bivio
Stams (Tirol), Zisterzienserkl. 626
Stefani, Heinrich, Kan. von Chur 509
Steg im Tösstal 482
Stein am Rhein 30, 479
Steinen, Kt. Schwyz 251
Steinheim, von, Heinrich, Mainzer Kleriker 501
Stephanus, Hl. 79
Stierva GR, St. Maria Magdalena 147–180, 584
Stöcklin, Augustin s. Pfäfers
Strahlegg, Burg, Gem. Fideris 446, 452
Straiff, Familie 356, 446, Albrecht 446, Anna 446, Hans 359, Johann 446, Nesa 446, Ott 446, Simon 446, Ursula 446
Strassberg, Burg, Gem. Malix 442, 449, 452 A, 454, 456 f., 463, 469 A, von, Albero 358, Ulrich 297
Strassburg 540 – Bischöfe: Bernold 206, Ratold 224, 226, Bischofssiegel 316 – Kanoniker 395 St. Stephan 217 A, 220 A
Strittiuras, Gem. Luzein 55, 57
Stubay, von, Anton, Sekretär Herzog Albrechts 493
Stukki, Rudolf, aus Winterthur, Kan. von Chur und Brixen 499
Stumpf, Johann, Chronist 516, 524 f., 528 A, 536

Stürfis (Sainfaz), Alp bei Seewis 443, 446, von, Gilli 452
Stürvis s. Stierva
Suaneilt, Nonne der Fraumünsterabtei Zürich 219, 222, 230
Sülapiena (Silvaplana), de, Antoniolus, Notar 437, Johannes 437
Sulvanine 275 A
Sulz (Vorarlberg) 125 A, Herren von 283
Supra silvam, Archidiakonat 510
Sur, Heinrich, Kan. von Chur 511
Surcasti GR (sur Kastiel, super Castellum, Vbercastel, uber Castel) 43, 349 ff., 351 A s. auch Übercastel, Salas – Johannes 351 A, Margaretha de 350, Minicus 351 A, Vincentius de 350
Surselva 49, 56, 60 f., 418, 420 s. auch Vorderrheintal
Susch GR 451
Swellgruibel, Johannes, Konstanzer Kleriker 499 A

Tacitus 86
Taglaching 96 A
Taiso 98
Tamins GR 275 A – s. auch Imboden
Tanheim, Johannes, Konstanzer Kleriker 506
Tarasp, Herren von 293 A, 294, Ulrich s. Chur, Bischöfe
Tarnolgio, Kt. Tessin 423
Tassilo, Herzog 70, 76 A, 80 A
Taverne, Kt. Tessin 292
Tegernsee, von, Marquard, Kaufmann aus Brixen 383 f.
Tein, Alp, Gem. Wiesen 454 A
Teller, Rudi 530
Tello s. Chur, Bischöfe
Tengatino, Guglielmo 549 f., 552 f., 555
Tengler, Ulrich 588
Tenna GR 572 f.
Terracina, Bischof von 372
Tessin 19, 52 f., 56, 59
Tetikover Rudolf s. Konstanz, Dompröpste
Tettnang, Burg 391
Teuderigus-Reliquiar in Saint-Maurice 71, 74 A
Teutonia, Dominikanerprovinz 374, 376
Tgilväderlishöhle, Gem. Felsberg 43
Thamasch, Andreas, Bildhauer 626
Theodelinde 77 A
Theoderici, Conradus, aus Mainz 506 f.
Theodichild, Hl. 76 A
Theodosius, Kaiser 130
Theophilus-Legende 608

Theotbert s. Marseille
Theutberga, Königin 222 ff.
Theudebert, König 130
Theuderich III. 78
Thidrekssaga 480
Thomali 586, 600, Ulrich, aus Malix 586
Thomas von Aquin 609
Thuli, Familie aus Vilters 516
Thurgau (Durgowe) 192, 347
Tiefencastel GR 8, 42, 325 f.
Tigignas, Gem. Riom 14, 31
Tinizong GR 43, 325 – St. Blasius 585
Tirol, Schloss 480 – Grafen von 294 A, Adelheid 295, Albert 293
Tocetal 422
Toggenburg, Grafen von 441–448, 455, 501, Diethelm VI. 447, Donat 447, 451, Elisabeth 466, Friedrich V. 441–445, 449, 454 A, Friedrich VII. 444, 447–454, 456–459, Kunigunde s. Vaz/Obervaz
Torriti, Iacopo 237
Tosabeciis, de, Antonius s. Chur, Bischöfe
Tours, Saint-Martin 79
Tovo (Veltlin) 551
Trans (Traun) GR 60 s. auch Valeta schira
Trevisio (Veltlin) 551
Tricabas, Conrad, Churer Priester 499 A
Trient, Bischöfe: Heinrich 396 – Kathedrale 298 – Konzil von 382 – Mark 193
Trier 28, 317 A
Triesen FL 14, 36, 40, 42 f.
Trimmis GR 38, 282, 297, 303 – de, Paulus 59
Trin (Trums) GR 57, 60, 287 s. auch Crap Sogn Parcazi
Tristansage 471
Trivento, Bischof von 372
Trogino, de, Gaudenzius 437
Trostberg, von, Rudolf s. Chur, Domdekane
Trums s. Trin
Trun GR 108, 632 s. auch Grepault
Trusun, Nonne der Fraumünsterabtei Zürich 219, 229, 231
Tschentaneras 279 A s. auch Schzintenayr
Tschiertschen GR 456 – v., Disch, Ammann 455 A, This, Vogt zu Strassberg 469 A
Tschudi, Aegidius (Gilg), Chronist 271, 316, 325, 515 f., 524, 528 A, 546 f.
Tschuggli, Stephan s. Chur, Weihbischöfe
Tübingen-Lichteneck, von, Gottfried 304 f.
Tuggen, Kt. Schwyz 498
Tugwass, Johannes 506
Tumblaz 287

Tumegl/Tomils GR, Pfarrkirche Mariä Krönung 584
Tummihügel, Gem. Maladers 14, 38, 42, 44
Turriani, Joachim, Generalmeister des Dominikanerordens 380
Tyfer, Friedrich, aus Konstanz, doctor decretorum 507, Leonhard, päpstlicher Kollektor 507

Überkastel, Herren von 349–352, 361, 571, Hartwig 438, Hartwig III. 353, 355 f., 359, 361, Hartwig IV. 356, Hiziga 349 f., 353, Konrad (versch.) 349 f., 352 f., 357, 361, Ulrich (versch.) 350–353, 356, 358, 361, Wibergis 351, 353, Wilhelm II. 353, 356, 359, 361 s. auch Löwenstein
Übersaxen (Vorarlberg) 125 A
Udalrich (Odalrih), Graf 196 f., 199
Ulin, Matthäus, Dr. 533 A
Ulm 400
Ulrich der Reiche, Aargaugraf 80 ff.
– vicedominus 328
Ungarn 131
Unroch, Sohn des Eberhard von Friaul 188
Unterrätien 130
Untervaz s. Flummis
Unterwalden 55, 421, 551
Unterwegen, von, Burkart, Vogt zu Strassberg 454, Peter 574
Uors/Peiden s. Aradyra, Peiden
Urban V., Papst 498
– VI., Papst 496 f.
Uri 55, 59, 211, 420 f., 424, 426, 551
Urseren 411, 414 A, 420 f.
Ursicinus, Hl. 482
Utrecht 70
Uuieldrud, Nonne der Fraumünsterabtei Zürich 219, 229 f.

Vaduz FL 14, 32, 34, 43 – Grafschaft 319
Vaistli, Veystli, Farssli, Albrecht 459 A, Jodok, Kan. von Chur 506
Val Fassa (Trentino) 62
Val di Fiemme (Fleimsertal) 62, 64
Valär, Ott, Vogt zu Strassberg 452, 454 A, Ott, Ammann in Castels 455 A
Valdolgia, Hospiz 423
Valduna (Vorarlberg), Klarissenkl. 383–386
Valendas GR 279 A s. auch Allüg – Familie von 564
Valens, Kaiser 28
Valens SG 517 ff., 531, 535
Valeta schira, Gem. Trans 57
Vallůla, Gem. Churwalden 57

Vals GR, Gericht 283, 286 s. auch Slavenasca
Valserberg 419f.
Valsins (Valzúns), Meyerhof, Gem. Rueun 283, 305
Valula, Wallülla, Gem. Degen 57
Vaneschen, Hans 306
Varena, de, Antonius, in Locarno 434, Petrus 434
Varese 419
Vatzerol, Johannes, Kleriker von Chur 508
Vaz/Obervaz GR 14, 38, 92–96, 100, 124, 148, 271 s. auch Dal, Solis – Freiherren von 271, 272A, 280, 292, 294, 348, 357ff., 360f., 441, 455f., Donat 296, 300, 358, 360, 441f., 444, 446, Heinrich 356, 358, Johannes 296, 358, 360, Kunigunde 441–444, 446, Liukarda, geb. von Kirchberg 296A, Ursula s. Werdenberg-Sargans, Walter III. 292f., Walter IV. 292A, Walter V. 294ff., 298, 352, 357f., 360, Walter VI. 292, 296
Vella GR 276 s. auch Ort, Pleif, Schiflans
Veltlin 550–553
Vendrogno, Prov. Como 437
Venedig 234, 552, 554
Venetien 130
Venetisch (Sprache) 63ff.
Verdun, Vertrag von (843) 131, 191
Vergilis, Jacobus 430
Vergilis Romanus 250
Veringen, von, Wolfhard 333A, 405f.
Versam GR 275A
Veulden s. Feldis/Veulden
Veystli s. Vaistli
Viel, Gem. Zernez 14, 38
Vienne 76A – Synode 380
Vignogn (Vigens) GR 276
Viktor, Hl. 381
Viktor 275
– III. s. Chur, Bischöfe
– Praeses 85A, 130, 189, 208
Viktoriden 85A, 86, 130, 381
Villa s. Vella
Villa, Giovanolo, Notar 417
Vils, Familie aus Vilters 516
Vilters SG 36, 40, 516 s. auch Severgall
Vindonissa 22
Vinschgau 185, 288
Vinzenz, Hl. 289
Visconti, Familie, von Mailand 416, 424, 549, 552, 555, Gian Galeazzo 413, 426, Giovanni Maria 552, Mastino 550f., Matteo 296
Visp, Kt. Wallis 623
Vogler, Familie 515f., 521, 524, 546f.

Volrat, Nicolaus, päpstlicher Kuriale 503f.
Vorderrheintal 360f., 411 s. auch Sursleva
Vrin GR 57, 60, 63, 280A, 283, 306, 414A, 630 s. auch Wiradůres
Vualtarat, Nonne der Fraumünsterabtei Zürich 219, 221–228, 231
Vualterat, Nonne der Fraumünsterabtei Zürich 219f., 231
Vuanburc 229
Vuirtun, Nonne der Fraumünsterabtei Zürich 219, 229, 231

Wädenswil, von, Ulrich, Dominikaner von Chur 374
Waidhofen 404
Walahfrid Strabo 192, 194, 196
Waldburg, von, Truchsess Hans 533
Walder, Heinrich, Konstanzer Kleriker 507
Waldo, Abt 196f.
Waldo s. Chur, Bischöfe
Waldsee, Kl. 342
Walenstadt SG 36, 129, 132–136, 144ff. – Beginenklause 380 – Walensee 131, 144, 532
Walfred 98ff.
Walgau 574
Wallis 420, 424
Walser 420, 444, 446, 450, 452A, 456, 461ff.
Waltensburg/Vuorz GR 43, 276, 283, 294 – Waltensburger Meister 478
Walter, magister 347
Walter s. Gurk, Bischöfe
Wandalbert von Prüm 195
Wangen im Allgäu 394f., 403, 407
Wangen-Burgeis, von, Agnes 294A
Wangen, von, Berall II. 295A, 326
Warin 189, 208f.
Warnebert 69–82
Warrat 185
Wartau SG 8, 280A – Burg 280A, 281f., 302 s. auch Gretschins, Oberschan, Ochsenberg, Malans
Wartenberg, von, Heinrich s. St. Gallen, Äbte, Konrad 395
Wattwil SG 506
Weesen SG, Kl. 366–370 – Beginen 378
Weingarten, Kl. 532, 629
Welfen, welfisch 132, 184–188, 191, 195f., 209, 283, 287–291
Wemlingen, von, Jörg 453
Wendenzen, Augustin, Pfarrer aus Vella 632
Wenns bei Imst (Tirol) 626
Werdenberg-Heiligenberg, Grafen von 276A, 279f., 282, 284, 300, 303, Albrecht II. 303,

357, 421, Hugo II. 296, 298, 360, 371f., 379, Hugo III. 300, 302, Sophie 371
Werdenberg-Sargans, Grafen von 280A, 285A, 286, 306, 445, Georg 518, 528, Hartmann III. 443, Hartmann IV. s. Chur, Bischöfe, Heinrich (VIII.) 451, Heinrich (XI.) 576, Johann I. 280A, 304, 444, 518, Margaretha 464, Rudolf IV. 302, 379, 442, Rudolf (VI.) s. Chur, Dompröpste, Ursula, geb. Vaz, 304, 442ff., Verena 464
Werner, Ammann zu Maienfeld 443f.
Werulinus Sparegg de Cloten, Konstanzer Kleriker 499A
Westfranken, -reich 187, 224, 226
Wettini, Visio 194, 196ff.
Wickgram, Petrus, Sittenprediger 540
Wido s. Chur, Bischöfe
Wiener Konkordat 495
Wiesberg, Burg und Herrschaft 396
Wiesen GR s. Tein
Wil SG 400
Wil, von, Ludwig, Kapuzinerpater 624f.
Wildbad bei Calw 530, 533
Wildenberg, Freiherren von 272–275, 276A, 284, 352, Heinrich 283A, 294f., 354
Wildgrafen, Emicho 404, Friedrich 404, Hugo 402f., Konrad s. Freising, Bischöfe
Wilhelm, Ammann zu Davos 455A
Windegg, Burg, Gem. Schänis/Niederurnen – Meier von 442, Anna 444f., Hartmann II. 445, 454
Winkler, Haintz, Ammann zu Langwies 455A, Thöni, Ammann zu Langwies 455A
Winter (Günther), Johann, von Andernach, Arzt 527
Winterstetter, Georg 512
Wiradůres, Gem. Vrin 57
Wismair, Leonhard s. Chur, Bischöfe
Wissin, Elsbet, Schwester des Kl. Weesen 370
Wittinbrunn, von, Burkhard s. Chur, Dompröpste
Wittislingen 77A, 89
Witz, Konrad, Maler 623

Wolfertschwenden, Herren von 288A
Wolfleoz s. Konstanz, Bischöfe
Wolkenstein, von, Margaretha 480, Michael 480, Oswald 480
Wollmatingen (Landkreis Konstanz) 395
Worms 76A – Bischof Bernheri 202
Wormser Reichstag (829) 191
Wurmsbach, Zisterzienserinnenkl. 369
Würzburg 221, 294, 384A – von, Konrad, 605
Wynegg, Burg, Gem. Malans 442, 457A

Ybbs 404
Yverdon, Kt. Waadt 76A

Zähringen, von, Berthold V. 481
Zainer, Lux, Glasmaler 481
Zehngerichtenbund 441–469
Zernez GR 8 – Friedhof 14, 42, 44 s. auch Viel
Zillis GR 8, 14 – St. Martin 106, 233–270 s. auch Reischen
Zisterzienser(innen) 620, 627, 632
Zizers GR 195, 198, 445A, 469A s. auch Clus, Cultura, Danter mûre
Zofingen, Kt. Aargau, Propstei 503
Zucz, Hensli, Vogt zu Belfort 454
Zug 419
Zuoz GR 43
Zürich 81, 124, 131, 186f., 386, 418f., 453, 456, 479, 482, 495, 538, 553, 574 – Bürgermeister und Rat 450f., 457A, 469A – Chorherrenstift 212, 217A, 346f., 511f., Chorherren (einzelne) 346f. – Dominikanerkl. 367f., 374, 376, 378f., Priore: Hugo 367A, 369 – Franziskanerkl. 370 – Fraumünsterabtei 211–231 – St. Peter 211
Zürichgau 182, 186f.
Zurzach, Kt. Aargau, St. Verena, Kl. 392, Chorherren (einzelne) 505
Zuseler, Johannes, Kan. von Chur 511
Zussen, Peter, Pfarrer von Münster, Kt. Wallis, 620, 623
Zwingli, Andreas 538
– Ulrich, Reformator 538, 540

Verzeichnis der Mitarbeiter

Pater Dr. Urban Affentranger OSB, Kloster, CH-7180 Disentis/Mustér
PD Dr. Michael Borgolte, Seminar für lateinische Philologie des Mittelalters,
    Colombistrasse 4, D-7800 Freiburg i.Br.
Lic. phil. Ursus Brunold, Staatsarchiv Graubünden, Reichsgasse 37, CH-7000 Chur
Dr. Martin Bundi, Hegisplatz 6, CH-7000 Chur
Prof. DDr. Karl Heinz Burmeister, Vorarlberger Landesarchiv, Kirchstrasse 28,
    A-6901 Bregenz
Prof. Dr. Otto P. Clavadetscher, Schopfacker 67, CH-9043 Trogen
Lic. phil. Urs Clavadetscher, Archäologischer Dienst Graubünden, Loestrasse 14,
    CH-7000 Chur
Dr. Lothar Deplazes, Tessiner Namenbuch, Universitätsstrasse 54, CH-8006 Zürich
PD Dr. Christoph Eggenberger, Langwattstrasse 21, CH-8125 Zollikerberg
Prof. Dr. Dieter Geuenich, Historisches Seminar der Universität,
    Werthmannplatz (KG IV), D-7800 Freiburg i.Br.
Dr. Irmgard Grüninger, Kantonsarchäologie, Lämmlisbrunnenstrasse 62,
    CH-9000 St. Gallen
Prof. Dr. Konrad Huber, Auf der Grueb 38, CH-8706 Meilen
Dr. Bruno Hübscher, Bischöfliches Archiv, Hof 19, CH-7000 Chur
Dr. Georg Malin, Lutzfeld 333, FL-9493 Mauren
Dr. Elisabeth Meyer-Marthaler, Wiesenstrasse 1, CH-8500 Frauenfeld
Dr. Jürg L. Muraro, Rychenbergstrasse 104, CH-8400 Winterthur
Dr. Peter Ochsenbein, Stiftsbibliothek, Klosterhof, CH-9000 St. Gallen
Prof. Dr. Carl Pfaff, Mediävistisches Institut der Universität, Miséricorde,
    CH-1700 Fribourg
Prof. Dr. Margarita Primas, Universität Zürich, Abteilung Ur- und Frühgeschichte,
    Seilergraben 53, CH-8001 Zürich
Lic. phil. René Projer, Stiftsbibliothek, Klosterhof, CH-9000 St. Gallen
Prof. Dr. Adolf Reinle, Alte Zürcherstrasse 21, CH-8122 Pfaffhausen
Dr. Hans Rutishauser, Kantonale Denkmalpflege, Loestrasse 14, CH-7000 Chur
Prof. Dr. Karl Schmid, Historisches Seminar der Universität, Werthmannplatz,
    D-7800 Freiburg i.Br.
Prof. Dr. Ludwig Schmugge, Historisches Seminar der Universität, Blümlisalpstrasse 10,
    CH-8006 Zürich
Dr. Anita Siegfried-Weiss, Attenhoferstrasse 42, CH-8032 Zürich
Lic. phil. Regula Steinhauser, Talstrasse, CH-6403 Küssnacht
Dr. Werner Vogler, Stiftsarchiv, Regierungsgebäude, CH-9001 St. Gallen